戸籍法
コンメンタール

南　敏文
櫻庭　倫　編著

日本加除出版株式会社

は し が き

　漸く無事に戸籍法の逐条解説書を世に出すことができたというのが，正直な感想である。

　戸籍法のコンメンタールとしては，青木義人氏・大森政輔氏著の『全訂戸籍法』（日本評論社，1982年）や加藤令造氏著（岡垣學氏補訂）の『全訂戸籍法逐条解説』（日本加除出版，1985年）などが既に上梓されているが，各改訂の日から数えてもいずれも40年近くが経過し，現在までの間に，民法や戸籍法等において重要な改正が相次いでなされてきた。そこで，日本加除出版では，令和元年に，最新の情報に基づく戸籍法の逐条解説書を出版することを企画され，小池信行氏（元釧路地方・家庭裁判所長）と南が編集代表となり，個々の条文の解説は，執筆者一覧に記載された方々に担当していただいた。企画の当初は，戸籍の完全コンピュータ化を目指した令和元年の戸籍法の改正がなされており，当面の間は，民法や戸籍法に関して大改正はないであろうと思われたので，今が好機であるとして，企画されたのである。

　執筆に当たった方々が原稿を完成され，編者がそれをチェックしている間に，3つの出来事が起きた。第1は，小池氏が逝去されたことである。同氏は，当時の民事局第二課長も担当され，本企画の編者として最適の方であるとともに，夫婦別氏の立法化に並々ならぬ情熱を有しておられた家族法の大家である。同改正は現政権下においても未だ光明が当たっていないが，天国からその実現を見守っておられるものと確信している。第2は，法務省民事局民事第一課が，この企画に賛同していただき，近時の改正部分について櫻庭課長自らが編集，執筆されたり，担当の方々に原稿をチェックしていただけたりしたことである。第3は，上

はしがき

記企画後に，民法では，嫡出推定に関する法制の大改正や，離婚後の夫婦共同親権の制度をはじめとする夫婦親子間の権利義務の改正，さらには，戸籍法の分野では，完全コンピュータ化を目指す改正や氏名の振り仮名の記載等の改正がなされたことである。これまでは，身分法の改正はどちらかと言えば時間を十分に掛けて議論をした上で改正がなされてきたが，改正のスピード感には驚かされる。これらの改正をフォローし，最新の内容により本書を上梓することができたことは編者にとって無上の喜びである。

　実務上，戸籍の完全コンピュータ化が実現し，紙戸籍を前提とする規定の中には，現実の戸籍事務の処理に当たり適用されない条文が存在することとなったが，戸籍法に現に規定されていることや，戸除籍の謄本を参照する等の際に役に立つことから，本書においては解説することを惜しまなかった。また，本文をご覧頂ければお分かりになると思われるが，昭和年代や平成年代の民法の改正につき，特別養子の制度が「新設」された等，何年も前に行われた法改正がつい先日行われたような記載がある。これは，原稿を執筆された方々にとっては，改正前の問題点や改正理由が生々しく記憶されており，執筆に当たってはその点を触れられずにはおられなかったからと推察し，編者としても，その心意気をできる限り尊重した上で，表現等の統一に努めた。

　さて，新憲法の下，昭和22年に全面改正された民法親族編・相続編と戸籍法はこれまでに数多くの改正がされてきた。これらの改正は，妻の相続分を増加する等の男女平等の実質的推進，特別養子制度の制定等にみられる子の保護，成年後見制度への鞍替え等の弱者保護を目的としたものである。また，戸籍法では，個人情報保護やデジタル社会への対応のため，戸籍公開の原則の見直しやコンピュータ戸籍への改正も行われてきた。現在，夫婦別氏や同性婚等が問題となっているが，これは，家

族の多様性への対応ということができよう。

　本書は，戸籍の実務や理論に精通した方々の執筆による逐条解説書であって，現時点で考えられる最高の布陣によるものとして，編者としても自信をもって皆様にお届けするものである。本書をご愛読頂き，また，ご忌憚のないご意見を頂戴できれば，望外の幸せである。

　令和7年2月

編著者を代表して　南　　敏　文

凡　例

第1　内容現在

　本書は，令和7年6月1日現在施行されている戸籍法（昭和22年法律224号）について解説するものである。

　本書刊行時（令和7年3月）においては令和4年法律68号及び令和5年法律48号に基づく戸籍法の改正は未施行ではあるが，令和7年6月1日までにはいずれの改正法も施行されるため，本書では，同日現在における条文を掲載し，これに関する解説も行っている。

　さらに，戸籍法は，令和6年法律33号又は令和5年法律53号に基づいて一部改正されているが，令和7年6月1日現在未施行のため，該当条文の直下に改正後の条文内容を注記し，必要に応じて本文でも改正内容を解説した。

　なお，本書の記述は，本書の編集時点（令和7年2月）の法令情報に基づいていることをお断りするとともに，本書を参照される際には常に最新の法令をも参照されたい。

第2　戸籍法条文の表示

1　条文見出し

　戸籍法は，条文見出しが付されていない法律であるため，本書では，〔　〕内に編者において付した見出しを掲載した。ただし，改正法附則などで公布時に（　）内に入れられた条文見出しが付されている条文については，それに従った。

2　項番号

　戸籍法は，項番号が付されていないため，本書では，②，③，などの丸付き数字によって，項番号を示した。ただし，改正法附則などで公布時に，2，3，などの項番号が付されている条文については，それに従った。

3　目次及び章・節の見出し

　戸籍法には，本来，条文のほか，題名，目次，章名や節名も含まれるが，本書では，これらを省略し，条文のみを罫線囲みで示した。しかし，本書の章名及び節名は，冒頭の「序にかえて」を除き，全て戸籍法の章名及び節名と一致させている。

凡例

4 数字の表記

本書は，横書きで記述しているため，数字は，原則として漢数字ではなくアラビア数字を使用した。

第3 略記

1 法令名

法令名等につき，本書中では，戸籍法につき「法」と略記したほか，主に括弧内においては，以下の略記を用いた。

戸	戸籍法（昭和22年法律224号）（ただし，本文中では「法」）
戸 規	戸籍法施行規則（昭和22年司法省令94号）（ただし，本文中では「規則」）
準 則	戸籍事務取扱準則制定標準（平成16年4月1日通達850号）
憲	日本国憲法
通 則 法	法の適用に関する通則法
国	国籍法
国 規	国籍法施行規則
民	民法
旧 民	(旧)民法第4編・第5編（明治31年法律9号）
応急措置法	日本国憲法の施行に伴う民法の応急的措置に関する法律
刑	刑法
民 訴	民事訴訟法
人 訴	人事訴訟法
人 訴 規	人事訴訟規則
非 訟	非訟事件手続法
家 事	家事事件手続法
家 事 規	家事事件手続規則
児 福	児童福祉法
性 特	性同一性障害者の性別の取扱いの特例に関する法律
地方分権一括法	地方分権の推進を図るための関係法律の整備等に関する法律

住　基	住民基本台帳法
住基施行令	住民基本台帳法施行令
行　手	行政手続法
情報公開	行政機関の保有する情報の公開に関する法律
整 備 法	行政機関の保有する情報の公開に関する法律の施行に伴う関係法律の整備等に関する法律
デジタル手続	情報通信技術を活用した行政の推進等に関する法律
マイナンバー法	行政手続における特定の個人を識別するための番号の利用等に関する法律
相 続 税	相続税法

2　法令条数，項番号，号番号

本書中において，括弧内で法令条文を示すときは，条数はアラビア数字，項番号はローマ数字，号番号は丸付き数字で，以下のように略記した。

　　戸49Ⅱ①　　　　戸籍法第49条第2項第1号
　　戸規15Ⅰ①　　　戸籍法施行規則第15条第1項第1号

3　裁判例・先例

裁判例・先例につき，本書中では，以下のように略記した。

（裁判例）
　　最判平31・2・19　　　最高裁判所平成31年2月19日判決
　　東京家審令元・7・26　東京家庭裁判所令和元年7月26日審判

（先例）
　　令和元・6・20通達286号　　令和元年6月20日民一第286号法務省民事局長通達
　　令和元・6・11回答211号　　令和元年6月11日民一第211号法務省民事局民事第一課長回答

4　判例集・雑誌

判例集及び雑誌につき，本書中では，以下の略記を用いた。

（判例集）

民　　集	最高裁判所民事判例集
裁判集民	最高裁判所裁判集民事
民　　録	大審院民事判決録
大審院民集	大審院民事判例集
高　　民	高等裁判所民事判例集

凡　例

　　　東高民時報　　東京高等裁判所民事判決時報
　　　下　民　集　　下級裁判所民事裁判例集
　（雑誌）
　　　民　　　月　　民事月報
　　　訟　　　月　　訟務月報
　　　家　　　月　　家庭裁判月報
　　　曹　　　時　　法曹時報
　　　戸　　　時　　戸籍時報
　　　戸　　　籍　　月刊戸籍
　　　ジ　ュ　リ　　ジュリスト
　　　ひ　ろ　ば　　法律のひろば
　　　判　　　時　　判例時報
　　　判　　　タ　　判例タイムズ
　　　家　　　判　　家庭の法と裁判
　　　新　　　聞　　法律新聞

5　文献

　文献につき，本書中では，以下のように表示したが，頻出する文献については下記の略記を用いた。

　　（単行本）　著者名『書名』（出版社名，出版年）○頁
　　（論　文）　著者名「論文名」『掲載書籍名』（出版社名，出版年）○頁
　　　　　　　　著者名「論文名」掲載雑誌名○巻○号○頁

　　青木＝大森『全訂戸籍法』　青木義人＝大森政輔『全訂戸籍法』（日本評論
　　　　　　　　　　　　　　　　社，1982）
　　加藤＝岡垣『全訂戸籍法逐条解説』　加藤令造著＝岡垣學補訂『全訂戸籍
　　　　　　　　　　　　　　　　法逐条解説』（日本加除出版，
　　　　　　　　　　　　　　　　1985）
　　谷口『戸籍法（第3版）』　谷口知平『戸籍法（第3版）〔法律学全集25-
　　　　　　　　　　　　　　　Ⅰ〕』（有斐閣，1986）

目　次

序にかえて ── 戸籍法の沿革 ─────────────── 1

  1　戸籍制度の創設　*1*
  2　民法典の成立と戸籍制度　*2*
  3　大正4年の戸籍法改正　*3*
  4　現行戸籍法の制定　*3*
  5　現行戸籍法制定後の重要な改正　*5*
  6　現行戸籍法の主要な改正経過　*9*
  7　日本の戸籍制度の特色　*17*

第*1*章　総　則 ─────────────────── 19

 前　注 ··· 19
 第1条〔戸籍事務の管掌者等〕 ·· 20
  1　戸籍に関する事務の管掌者　*20*
  2　戸籍に関する事務に使用するコンピュータの共同運用等　*23*
  3　戸籍に関する事務の民間事業者への委託等　*24*
  4　第1号法定受託事務　*25*
 第2条〔戸籍事務管掌者の除斥〕 ·· 27
  1　本条により除斥される者　*27*
  2　除斥の対象となる戸籍事件の範囲　*27*
  3　除斥の対象とされた戸籍事件の処理　*28*
  4　本条に違反する職務の執行の効力　*28*
 第3条〔戸籍事務処理の基準・関与〕 ·· 29
  1　戸籍事務処理の基準　*30*
  2　管轄法務局長等の関与　*31*
  3　管轄法務局長等が行う調査　*33*
  4　地方自治法の規定の適用除外　*34*
 第4条〔特別区・指定都市の区及び総合区への準用〕 ·· 35
  1　特別区　*35*
  2　指定都市の区及び総合区　*35*
 第5条　削除 ··· 37

目 次

第2章 戸籍簿 ──── 39

前 注 ──── 39
 1 本章の構成 39
 2 戸籍の公開 39
 3 戸籍の証明力 43

第6条〔戸籍の編製〕 ──── 44
 1 戸籍編製の基準 44
 2 戸籍編製の単位 44
 3 氏の変動と戸籍 45
 4 戸籍に記載されるべき者 47
 5 本 籍 48

第7条〔戸籍簿〕 ──── 51
 1 戸籍のつづり方 51
 2 戸籍用紙 52
 3 戸籍簿の見出帳・見出票 53

第8条〔戸籍の正本・副本〕 ──── 57
 1 戸籍の正本 57
 2 戸籍の副本 58

第9条〔戸籍の表示〕 ──── 63
 1 戸籍の筆頭に記載した者(筆頭者) 63
 2 本 籍 64
 3 筆頭者の除籍 64

第10条〔戸籍の謄本等の本人等請求〕 ──── 66
 1 請求者 66
 2 請求事項及び請求の方法 68
 3 請求に当たって明らかにすべき事項 69
 4 市町村長の処分 70
 5 戸籍謄本等の作成・交付 73

第10条の2〔戸籍の謄本等の第三者請求・公用請求・弁護士等請求〕 ──── 74
 1 戸籍の公開制度の変遷 77
 2 第三者請求 78
 3 公用請求 82
 4 弁護士等による請求 83

第10条の3〔戸籍の謄本等の交付請求における本人確認等〕 ──── 87
 1 請求の任に当たっている者の確認 87
 2 代理権限等の確認 94

第10条の4〔戸籍の謄本等の交付請求における説明要求〕............................ 99
    1   説明を求める相手方   99
    2   説明を求める場合   99
    3   説明を求める方法   100
    4   説明を求めた後の対応   100
第11条〔戸籍簿の再製・補完〕... 102
    1   戸籍簿の全部又は一部が滅失した場合の再製の手続   102
    2   戸籍簿の全部又は一部が滅失のおそれがある場合の再製・補完の手続   107
    3   本条に掲げる事由以外の事由による戸籍の再製   109
第11条の2〔申出による戸籍簿の再製〕... 111
    1   制度導入の背景・趣旨   112
    2   申出再製の要件   112
    3   申出再製をすることができない場合   116
    4   申出再製の対象となる戸籍の範囲   120
    5   申出再製の方法   120
    6   再製の手続   121
    7   再製原戸籍の取扱い   122
    8   記録事項証明書における申出再製に関する事項の取扱い   123
第12条〔除籍簿〕.. 124
    1   除かれた戸籍と除籍簿   124
    2   除籍簿の保存   126
    3   除かれた戸籍の副本   127
    4   除かれた戸籍の表示及び再製，補完   128
第12条の2〔除かれた戸籍の謄本等の交付請求〕.. 129
    1   平成19年改正前の取扱い   129
    2   平成19年改正後の取扱い   130
    3   令和元年改正後の取扱い   130

第3章　戸籍の記載 ─────────────────────── 131

前　注 131
    1   戸籍の記載   131
    2   戸籍の変動   132
第13条〔戸籍の記載事項〕... 136
    1   本条の趣旨   137
    2   戸籍の記載方法に関する規則   138

目　次

　　　3　戸籍記載の順序　*139*
　　　4　戸籍記載の場所と形式　*140*
　　　5　戸籍の記載事項　*140*
　　　6　各欄の記載　*142*
　　　7　移　記　*158*
　　　8　氏名の振り仮名　*160*
第14条〔氏名の記載順序〕 ··· *163*
　　　1　筆頭者　*163*
　　　2　配偶者　*164*
　　　3　子　*164*
　　　4　戸籍を編製した後にその戸籍の入るべき原因が生じた者　*165*
第15条〔戸籍記載の事由〕 ··· *166*
　　　1　戸籍記載の基本事由　*166*
　　　2　戸籍記載の例外的事由　*169*
　　　3　届出等の受理，戸籍の記載及びその後の手続　*170*
第16条〔婚姻による戸籍の変動〕 ······································· *179*
　　　1　総　論　*179*
　　　2　夫婦同氏同一戸籍の原則　*180*
　　　3　夫婦に関する戸籍の編製方法　*182*
　　　4　外国人と婚姻した場合　*184*
第17条〔三代戸籍禁止の原則〕 ··· *188*
　　　1　本条の趣旨　*188*
　　　2　本条が適用される場合　*189*
　　　3　本条が適用されない場合　*190*
　　　4　本条に基づく新戸籍の編製　*191*
第18条〔子・養子の戸籍〕 ··· *193*
　　　1　本条の趣旨　*193*
　　　2　出生による入籍　*194*
　　　3　子の氏の変更による入籍　*200*
　　　4　父又は母と同氏の場合における入籍　*201*
　　　5　養子縁組による入籍　*203*
　　　6　本条が適用されない場合　*204*
第19条〔離婚・離縁等により復氏する者等の戸籍〕 ······················· *205*
　　　1　離婚又は婚姻の取消しによる復氏　*205*
　　　2　離縁又は縁組の取消しによる復氏　*207*
　　　3　離婚若しくは婚姻の取消し又は離縁若しくは縁組の取消しにより
　　　　　復籍すべき場合において，その戸籍が全員の除籍によって既に除か

　　　　れているとき　*213*
　　　4　離婚若しくは離縁又は婚姻若しくは縁組の取消しによる復籍と新
　　　　戸籍編製の事由　*214*
　　　5　生存配偶者の復氏とそれによる復籍又は新戸籍編製　*215*
　　　6　未成年の子が成年に達した後の復氏又は新戸籍編製　*216*
　　　7　離婚又は婚姻の取消しの際に称していた氏を称する旨の届出が
　　　　あった場合の新戸籍編製　*216*
　　　8　離縁又は縁組の取消しの際に称していた氏を称する旨の届出が
　　　　あった場合の新戸籍編製　*217*
第20条〔入籍すべき者に配偶者がある場合の新戸籍編製〕……………………*218*
　　　1　本条の趣旨　*218*
　　　2　夫婦に戸籍が編製されていても本条の適用があること　*219*
第20条の2〔氏の変更による新戸籍編製〕………………………………………*221*
　　　1　外国人と婚姻した日本人配偶者の氏変更　*221*
　　　2　父又は母が外国人である場合の氏変更　*222*
第20条の3〔特別養子縁組による新戸籍編製〕…………………………………*223*
　　　1　特別養子縁組の概要　*223*
　　　2　戸籍の編製　*224*
　　　3　養親の戸籍の記載　*225*
　　　4　特別養子の従前の戸籍の記載　*226*
　　　5　養子の新戸籍の記載　*227*
　　　6　養父母が外国人の場合　*227*
　　　7　養子が養親の戸籍に在籍している場合　*229*
　　　8　特別養子の記載　*231*
第20条の4〔性別の取扱いの変更による新戸籍編製〕…………………………*234*
　　　1　性同一性障害特例法の概要　*234*
　　　2　戸籍の記載内容　*235*
　　　3　戸籍の記載手続　*237*
　　　4　戸籍受付帳の記録　*239*
　　　5　裁判所書記官への戸籍謄本の交付　*239*
第21条〔分籍〕………………………………………………………………………*240*
　　　1　分籍の意義　*240*
　　　2　分籍の要件　*240*
　　　3　新戸籍の編製　*241*
　　　4　届出の添付書類等　*242*
第22条〔無籍者の新戸籍編製〕……………………………………………………*243*
　　　1　無籍者について新戸籍を編製すべき場合　*243*

2　新戸籍編製の際の氏　*243*
　第23条〔除籍〕 *244*
　　1　他の戸籍への入籍による除籍　*244*
　　2　戸籍に記載される事由がなくなった場合の除籍　*245*
　　3　除籍の方法　*245*
　第24条〔錯誤遺漏の通知・職権による戸籍訂正〕 *246*
　　1　市町村長による通知（本条Ⅰ）　*247*
　　2　管轄法務局長等の許可を要する戸籍の職権訂正（本条Ⅱ）　*248*
　　3　管轄法務局長等の許可を要しない戸籍の職権訂正（本条Ⅲ）　*249*
　　4　職務上戸籍の記載が訂正されるべきものであることを知った裁判
　　　所その他の官庁等の職員による市町村長への通知義務（本条Ⅳ）　*252*

第4章　届　出 ─────────────────────────── *255*

　前　注 *255*
　　1　戸籍の記載　*255*
　　2　報告的届出と創設的届出　*255*

第1節　通　則 ───────────────────────── *261*

　前　注 *261*
　　1　届出をすべき者　*261*
　　2　届出能力　*262*
　　3　届出の代理　*264*
　第25条〔届出地〕 *266*
　　1　届出地に関する原則　*266*
　　2　届出地に関する原則に対する例外　*268*
　第26条〔本籍分明届〕 *271*
　　1　本籍が明かでない者（本籍不明者）　*271*
　　2　本籍がない者（無籍者）　*272*
　　3　本籍不明者等に関する届出（基本の届出）　*273*
　　4　基本の届出と本籍分明届の処理　*275*
　第27条〔届出の方法〕 *277*
　　1　書面による届出　*277*
　　2　口頭による届出　*278*
　　3　電子情報処理組織による届出　*278*
　第27条の2〔創設的届出における本人確認・不受理申出〕 *280*
　　1　届出の際の本人確認　*282*

目　次

　　2　不受理申出　*283*
第27条の3〔届書審査における調査権〕……………………………………………*287*
　　1　本条の趣旨　*287*
　　2　質問と必要な書類の提出　*288*
第28条〔届書の様式〕………………………………………………………………*289*
　　1　届書の様式　*289*
　　2　届書様式を用いた届出　*290*
第29条〔届書の記載事項〕…………………………………………………………*291*
　　1　届出事件　*291*
　　2　届出の年月日　*291*
　　3　届出人の出生の年月日，住所及び戸籍の表示　*292*
　　4　届出事件の本人の氏名及び氏名の振り仮名　*293*
　　5　届出人と届出事件の本人とが異なるとき　*293*
　　6　署　名　*294*
　　7　届書の記載方法　*294*
第30条〔届書における戸籍の表示〕………………………………………………*296*
　　1　届出人又は届出事件の本人の戸籍の変動　*296*
　　2　届出人若しくは届出事件の本人でない者の戸籍の変動　*298*
　　3　届出人でない者の新本籍　*299*
第31条〔未成年者又は成年被後見人の報告的届出〕……………………………*301*
　　1　本条の改正経過　*301*
　　2　届出をすべき者が未成年者又は成年被後見人である場合の届出　*301*
　　3　届書に記載すべき事項及び添付書類　*303*
第32条〔未成年者又は成年被後見人の創設的届出〕……………………………*305*
　　1　本条の改正の経緯　*305*
　　2　本条の趣旨　*305*
　　3　戸籍法のみに規定されている創設的届出について　*307*
第33条〔証人を必要とする事件の届出〕…………………………………………*309*
　　1　証人を必要とする事件　*309*
　　2　届書の記載事項　*310*
第34条〔記載事項の不存在又は不知〕……………………………………………*312*
　　1　届書の記載事項に関して存しないもの又は知れないものがあるとき　*312*
　　2　特に重要であると認められる事項の記載を欠いた届出　*312*
第35条〔法定外の事項の記載〕……………………………………………………*315*
　　1　法令に定められている事項　*315*
　　2　戸籍に記載すべき事項を明かにするために必要なもの　*316*

xv

目　次

第36条〔届書の通数〕 ……………………………………………………………… 317
　　1　2箇所以上の市町村が戸籍の記載をする場合　317
　　2　本籍地外で届出をする場合　319
　　3　市町村長による届書の謄本の作成　320
第37条〔口頭による届出〕 ………………………………………………………… 324
　　1　口頭による届出の方法等　324
　　2　市町村長における処理　325
　　3　代理人による口頭の届出　325
第38条〔同意・承諾・許可を要する事件の届出〕 ……………………………… 327
　　1　父母その他の者の同意又は承諾を必要とするとき　327
　　2　届出事件について裁判を必要とする場合　328
　　3　届出事件について官庁の許可を必要とする場合　329
　　4　戸籍の届書に添付するその他の書類　330
　　5　添付書類がない場合　331
第39条〔届書の規定の準用〕 ……………………………………………………… 332
　　1　口頭による届出に際し市町村長が作成する書面　332
　　2　届出に際し同意又は承諾を証する書面　332
第40条〔外国における日本人の届出〕 …………………………………………… 333
　　1　戸籍法の属人的適用　333
　　2　届出の特則　333
　　3　報告的届出　334
　　4　創設的届出　335
　　5　補正を必要とする場合　338
第41条〔外国の方式による証書の謄本〕 ………………………………………… 339
　　1　身分行為に関する準拠法　339
　　2　証書の真正性　340
　　3　届出の方法　341
　　4　外国裁判所の判決謄本　342
　　5　当該国に大使等が駐在していない場合の処理　343
第42条〔在外公館で受理した書類の送付〕 ……………………………………… 344
　　1　事件本人の本籍地市町村長への送付　344
　　2　在外公館で受理した書類に不備がある場合等の処理　345
第43条〔届出期間の起算日〕 ……………………………………………………… 347
　　1　届出期間　347
　　2　届出期間の起算日　347
　　3　届出期間の満了日　348
　　4　裁判確定日から起算される場合　349

5　法定期間内に届出をしない場合　*350*

第44条〔届出の催告と職権記載〕 351
　　1　催告の方法・催告を受ける者　*351*
　　2　再催告　*352*
　　3　職権記載　*353*
　　4　官公署の通知義務　*355*

第45条〔届出の追完〕 356
　　1　制度の趣旨　*356*
　　2　追完の手続　*359*
　　3　無効な身分行為の追認のための追完届　*361*

第46条〔期間経過後の届出〕 364

第47条〔死亡後に到達した届書〕 365
　　1　本条の沿革　*365*
　　2　郵送による届出　*366*
　　3　届出人の死亡　*367*
　　4　市町村長の処理　*369*

第48条〔受理・不受理の証明，届書等の閲覧，記載事項の証明〕 372
　　1　受理又は不受理の証明　*372*
　　2　届書その他市町村長が受理した書類の閲覧等　*374*
　　3　戸籍の謄本等の請求に関する規定の準用　*378*

第2節　出　生 ── 379

前　注 379
　　1　概　説　*379*
　　2　出生子の身分関係について　*379*
　　3　出生の届出による入籍又は新戸籍編製　*385*
　　4　日本国籍の証明（日本人たることの登録）　*385*

第49条〔出生の届出〕 387
　　1　出生の届出の性質　*387*
　　2　届出期間　*388*
　　3　届書の記載事項　*389*
　　4　子の男女の別及び嫡出子又は嫡出でない子の別（本条Ⅱ①）　*389*
　　5　出生の年月日時分及び場所（本条Ⅱ②）　*390*
　　6　父母の氏名及び本籍，父又は母が外国人であるときは，その氏名及び国籍（本条Ⅱ③）　*390*
　　7　その他法務省令で定める事項（本条Ⅱ④）　*391*
　　8　出生届の添付書類（本条Ⅲ）　*394*

目 次

第50条〔子の名に用いる文字〕·· 396
    1 常用平易な文字の範囲 *396*
    2 出生届等に記載される子の名の取扱い *399*
第51条〔出生の届出地〕·· 406
    1 本条の沿革 *406*
    2 本条の趣旨 *407*
    3 本条2項の規定の趣旨 *408*
    4 日本国外において出生があった場合 *408*
第52条〔届出義務者・資格者〕·· 409
    1 嫡出子の出生届の届出義務者 *409*
    2 嫡出でない子の出生届の届出義務者 *411*
    3 父又は母以外の出生届の届出義務者 *412*
    4 出生届の届出義務を負わない届出人 *413*
第53条〔嫡出子否認の訴えを提起したとき〕······································ 415
    1 嫡出否認の訴え *415*
    2 嫡出否認の訴えが提起された場合における出生の届出と戸籍の処
      理 *417*
第54条〔父未定の子の出生届〕·· 420
    1 父を定める訴え *420*
    2 嫡出の推定が重複する場合の出生届 *421*
第55条〔航海中の出生〕·· 423
    1 航海日誌 *423*
    2 本条の内容 *424*
第56条〔公設所における出生〕·· 426
    1 公設所において出生があった場合の届出義務者 *426*
    2 届書及び戸籍の記載事項 *427*
第57条〔棄児発見の申出と調書〕·· 428
    1 棄　児 *428*
    2 棄児発見の申出者 *429*
    3 申出後の手続 *429*
第58条〔棄児の死亡〕··· 432
    1 棄児の死亡 *432*
    2 市町村長の処理 *432*
第59条〔棄児の引取り〕·· 433
    1 棄児の引取り *433*
    2 戸籍の訂正 *434*

第3節 認　知 ——————————————— 435
前　注 ——————————————————————— 435
- 1　認知制度　*435*
- 2　任意認知　*435*
- 3　認知の無効・取消し　*439*
- 4　強制認知　*441*
- 5　認知の効果　*444*

第60条〔任意認知の届出〕 ————————————— 446
- 1　任意認知　*446*
- 2　認知の届出　*448*
- 3　不受理の申出　*451*
- 4　市町村長による処分　*451*
- 5　認知届の効果　*453*

第61条〔胎児認知の届出〕 ————————————— 455
- 1　胎児認知　*455*
- 2　胎児認知の届出　*457*

第62条〔準正子の嫡出子出生届による認知の効力〕 ——— 461
- 1　届出人　*461*
- 2　認知の要件の具備　*462*
- 3　父母の婚姻　*462*
- 4　出生子の入籍戸籍　*463*
- 5　外国人母の出生した子について日本人父がする本条の届出　*463*

第63条〔裁判による認知の届出〕 —————————— 465
- 1　裁判認知　*466*
- 2　裁判認知の届出　*468*

第64条〔遺言による認知の届出〕 —————————— 470
- 1　遺言による認知　*470*
- 2　届出人等　*471*
- 3　添付書類　*471*

第65条〔認知された胎児の死産届〕 ————————— 473
- 1　認知された胎児の死産　*473*
- 2　届出義務者等　*473*
- 3　届書の記載事項及び添付書類　*474*

目　次

第4節　養子縁組 —— 475
前　注 —— 475
I　養子縁組 —— 475
　　1　養子制度の概説　475
　　2　養子縁組の実質的要件　476
　　3　縁組の届出　486
　　4　養子縁組の効果　487
　　5　養子縁組による戸籍の変動　489
　　6　渉外的養子縁組　489
II　特別養子縁組 —— 493
　　1　概　説　493
　　2　特別養子縁組の成立要件　494
　　3　特別養子縁組の効果　501
　　4　特別養子縁組の無効，取消し　501
第66条〔縁組の届出〕 —— 503
　　1　届出人　503
　　2　届出地　504
　　3　届書の記載事項　504
　　4　添付書類　504
第67条　削除 —— 505
第68条〔縁組代諾者の届出〕 —— 506
　　1　養子縁組の代諾者（届出人）　506
　　2　親権者，後見人の届書の記載　509
第68条の2〔特別養子縁組の届出〕 —— 510
　　1　届出人　510
　　2　届出期間　511
　　3　届出地　511
　　4　添付書類　511
　　5　職権記載　511
　　6　特別養子の戸籍の編製及び記載　512
第69条〔縁組の取消しの届出〕 —— 513
　　1　養子縁組の取消しの届出　513
　　2　戸籍の記載　514
　　3　縁組無効の場合　515
第69条の2〔縁組の取消しの際の氏を称する届出〕 —— 516

第5節 養子離縁 ———————————————————————— 517

前 注 ———————————————————————————————— 517
    1 養子離縁　*517*
    2 特別養子離縁　*520*

第70条〔離縁の届出〕———————————————————————— 523
    1 届出人　*523*
    2 証人等　*523*
    3 届出地　*524*

第71条〔協議離縁の届出人〕—————————————————————— 525
    1 養子の離縁後に法定代理人となるべき者　*525*
    2 添付書類等　*527*

第72条〔縁組当事者の一方死亡後の離縁届出〕————————————— 529
    1 当事者の一方死亡後の離縁　*529*
    2 養子が15歳未満の場合の死後離縁の申立人と届出人　*531*
    3 死亡養子との離縁許可の申立人と届出人　*531*

第73条〔裁判による離縁・離縁の取消しの届出〕———————————— 532
    1 裁判上の離縁の種別と離縁原因　*532*
    2 戸籍事務管掌者に対する通知　*534*
    3 裁判上の離縁の届出　*534*
    4 離縁の取消しとその届出　*534*
    5 特別養子離縁の届出　*535*
    6 検察官が特別養子離縁の裁判を請求した場合　*536*
    7 特別養子離縁の戸籍の処理　*536*

第73条の2〔離縁の際の氏を称する届出〕———————————————— 538
    1 届出の性質　*538*
    2 届出の要件　*539*
    3 届出能力　*541*
    4 縁氏続称の効果　*542*
    5 戸籍上の処理　*543*

第6節 婚 姻 ————————————————————————— 545

前 注 ———————————————————————————————— 545
    1 解 説　*545*
    2 婚姻の実質的成立要件　*546*
    3 婚姻の届出（形式的成立要件）　*551*
    4 婚姻の届出による戸籍の変動　*552*

目　次

  5　渉外的婚姻　*555*
 第74条〔婚姻の届出〕··· *557*
  1　届出人及び証人　*557*
  2　届出地　*558*
  3　届出の方法　*558*
  4　届　書　*559*
  5　市町村長による処分　*563*
  6　婚姻届の効果　*564*
 第75条〔婚姻の取消しの届出〕··· *566*
  1　婚姻の取消し　*566*
  2　婚姻の取消しの届出・戸籍記載の請求　*567*
  3　婚姻の無効　*568*
  4　渉外婚姻の取消し又は無効　*569*
 第75条の2〔婚姻の取消しの際の氏を称する届出〕···························· *570*

第7節　離　婚 ───────────────────── *571*

 前　注 ·· *571*
  1　概　説　*571*
  2　協議上の離婚　*571*
  3　裁判上の離婚　*572*
  4　離婚の際の親権者の指定　*574*
  5　婚氏続称　*576*
  6　離婚の届出による戸籍の変動　*576*
  7　渉外的離婚　*577*
 第76条〔協議離婚の届出〕·· *578*
  1　協議離婚　*578*
  2　協議離婚の届出　*580*
  3　市町村長による処分　*585*
  4　協議離婚届の効果　*586*
 第77条〔裁判離婚・離婚の取消しの届出〕··· *588*
  1　裁判上の離婚　*588*
  2　離婚の取消し　*593*
  3　離婚の無効　*593*
 第77条の2〔婚氏を称する届出〕··· *594*
  1　婚氏続称　*594*
  2　婚氏続称の届出　*598*
  3　戸籍上の処理　*598*

第 8 節　親権及び未成年者の後見 ―― 601

前 注 ―― 601
- 1　親権者　*601*
- 2　未成年後見　*609*

第78条〔協議による親権者指定届〕―― 612
- 1　親　権　*612*
- 2　協議による親権者指定の届出　*613*

第79条〔裁判による親権者指定届・親権者変更届・親権喪失等の審判取消届〕―― 616
- 1　裁判所による親権者指定　*616*
- 2　親権者の変更　*617*
- 3　親権の喪失，停止及び管理権の喪失　*618*
- 4　戸籍の届出　*620*

第80条〔親権・管理権の辞任・回復の届出〕―― 622
- 1　親権又は管理権の辞任　*622*
- 2　親権又は管理権の辞任又は回復の届出　*623*

第81条〔指定未成年後見人による後見開始届〕―― 625
- 1　概　説　*625*
- 2　未成年者の後見の開始　*626*
- 3　未成年後見人　*627*
- 4　未成年者の後見の開始の届出　*631*
- 5　選定未成年後見人　*632*

第82条〔未成年後見人地位喪失の届出〕―― 634
- 1　未成年後見人の地位の喪失―主として欠格事由について　*634*
- 2　未成年後見人の地位喪失の届出　*637*

第83条　削除 ―― 640

第84条〔未成年者の後見終了の届出〕―― 641
- 1　未成年後見の終了　*641*
- 2　未成年後見の終了についての戸籍の記載　*642*
- 3　未成年後見終了の届出　*644*

第85条〔未成年後見監督人の準用〕―― 645
- 1　未成年後見監督人　*645*
- 2　未成年後見監督人に関する届出　*646*

目　次

第9節　死亡及び失踪 ―――――――――――――――――――― 651
前　注 ――――――――――――――――――――――――――― 651
　　1　死亡の事実の戸籍への記載　651
　　2　失踪宣告　652
　　3　戸籍法に定める措置以外の措置　654
第86条〔死亡の届出〕――――――――――――――――――――― 656
　　1　届出期間　656
　　2　届書の記載事項　656
　　3　添付書類　658
　　4　戸籍の処理　660
第87条〔死亡の届出人〕―――――――――――――――――――― 662
　　1　本条の趣旨　662
　　2　届出義務者　663
　　3　届出資格者　664
　　4　届出義務者及び届出資格者以外の者による届出　665
第88条〔死亡の届出地〕―――――――――――――――――――― 666
　　1　届出地　666
　　2　死亡地が分明でない場合　666
第89条〔事変による死亡報告〕―――――――――――――――――― 668
　　1　事変の意義　668
　　2　官公署による報告　669
第90条〔刑死・被収容者死亡の報告〕――――――――――――――― 672
　　1　死刑執行の報告　672
　　2　刑事施設での死亡の場合の報告　673
第91条〔死亡報告書の記載事項〕――――――――――――――――― 674
　　1　本条の趣旨　674
　　2　記載の内容　674
第92条〔本籍不明者・認識不能者の死亡報告〕―――――――――――― 676
　　1　警察官による報告　676
　　2　届出義務者による届出　677
　　3　戸籍の記載　677
第93条〔航海中又は公設所における死亡の届出〕――――――――――― 679
　　1　本条の趣旨　679
　　2　本条の内容　679
　　3　戸籍の記載　680

目　次

　　第94条〔失踪宣告又はその取消しの届出〕 ································· 682
　　　　1　失踪宣告及びその取消しの制度　682
　　　　2　失踪宣告の届出　684
　　　　3　失踪宣告の取消しの届出　685

第**10**節　生存配偶者の復氏及び姻族関係の終了 ─────────── 687
　　前　注 ··· 687
　　第95条〔生存配偶者の復氏の届出〕 ····································· 689
　　　　1　生存配偶者の復氏　689
　　　　2　生存配偶者の復氏の届出　690
　　　　3　戸籍の処理　691
　　第96条〔姻族関係終了の届出〕 ·· 692
　　　　1　姻族関係の終了　692
　　　　2　姻族関係終了の届出　693

第**11**節　推定相続人の廃除 ─────────────────── 695
　　前　注 ··· 695
　　第97条〔廃除又は廃除の取消しの届出〕 ································· 697
　　　　1　推定相続人の廃除及びその取消し　697
　　　　2　推定相続人の廃除及びその取消しの届出　699

第**12**節　入　　籍 ────────────────────── 701
　　前　注 ··· 701
　　第98条〔父又は母の氏を称する入籍の届出〕 ···························· 703
　　　　1　子の氏変更　703
　　　　2　入籍の届出　709
　　　　3　戸籍の処理　716
　　第99条〔成年に達した子の復氏の届出〕 ································· 717
　　　　1　成年に達した子の復氏　717
　　　　2　成年に達した子の復氏の届出　718
　　　　3　戸籍の処理　720

第**13**節　分　　籍 ────────────────────── 721
　　前　注 ··· 721
　　第100条〔分籍の届出〕 ··· 722
　　　　1　分籍の意義　722
　　　　2　分籍の届出　723

xxv

目次

第101条〔分籍届出地の特例〕 726

第14節　国籍の得喪　727

前注 727
  1　国籍法の制定・改正による国籍の得喪の変遷　727
  2　国籍の得喪に関する戸籍の記載　729
  3　国籍の証明　730

第102条〔国籍取得の届出〕 731
  1　届出による国籍取得　732
  2　国籍取得の届出の諸要件　735
  3　国籍取得の届出と戸籍の処理　736
  4　国籍取得者の氏名に用いる文字　739

第102条の2〔帰化の届出〕 741
  1　帰化した者　741
  2　帰化の届出　742
  3　帰化の届出と戸籍　743
  4　帰化者の氏名に用いる文字　744

第103条〔国籍喪失の届出〕 746
  1　国籍の喪失　746
  2　国籍喪失の届出　748
  3　国籍喪失の届出と戸籍　750

第104条〔国籍留保の届出〕 751
  1　国籍留保の制度　751
  2　国籍留保の届出　752
  3　国籍留保届に基づく戸籍の記載　757

第104条の2〔国籍選択宣言の届出〕 759
  1　国籍選択の制度　759
  2　国籍選択の届出と戸籍の記載　762
  3　法務大臣の催告があった場合の市町村長の戸籍事務の処理　764

第104条の3〔国籍選択未了者通知〕 765
  1　国籍選択未了者　765
  2　市町村長の通知　766
  3　通知を受けた管轄法務局長等の処理　767

第105条〔国籍喪失の報告〕 768
  1　日本国籍の喪失　768
  2　国籍喪失の報告　769
  3　国籍喪失の戸籍の記載　770

第106条〔外国国籍喪失の届出〕·· 772
    1　本条の趣旨　772
    2　外国国籍喪失の届出　773
    3　外国国籍喪失の届出と戸籍の記載　774

第15節　氏名の変更 — 775

前　注 ··· 775
    1　氏名の変更の意義　775
    2　氏名の変更の制度の沿革　775
    3　昭和59年戸籍法改正による措置　776

第107条〔氏変更の届出〕··· 778
    1　本条1項による氏の変更届　779
    2　本条2項による氏の変更届　786
    3　本条3項による氏の変更届　789
    4　本条4項による氏の変更届　792

第107条の2〔名変更の届出〕·· 795
    1　正当な事由による名の変更　795
    2　名の訂正・更正と名の変更　802
    3　家庭裁判所の手続　804
    4　名の変更の効果　805
    5　届　出　805
    6　戸籍の処理　806

第15節の2　氏名の振り仮名の変更 — 807

前　注 ··· 807
第107条の3〔氏の振り仮名の変更届〕·· 808
    1　本条の趣旨　808
    2　氏の振り仮名の変更手続　808
第107条の4〔名の振り仮名の変更届〕·· 810
    1　本条の趣旨　810
    2　名の振り仮名の変更手続　810

第16節　転籍及び就籍 — 813

前　注 ··· 813
    1　転　籍　813
    2　就　籍　813

目　次

第108条〔転籍の届出〕 ·· 815
　　1　転　籍　815
　　2　転籍届　816
　　3　戸籍の処理　818
第109条〔転籍届出地の特例〕 ·· 822
　　1　届出地の一般原則　822
　　2　届出地の特例　822
第110条〔就籍の届出〕 ·· 823
　　1　就　籍　823
　　2　就籍の届出　826
第111条〔判決による就籍の届出〕 ·· 829
　　1　判決による就籍　829
　　2　確定判決による就籍の届出　831
第112条〔就籍届出地の特例〕 ··· 834
　　1　原　則　834
　　2　本条による特則　834

第5章　戸籍の訂正 ——————————————— 835

　前　注 ·· 835
　　1　戸籍訂正とは　835
　　2　戸籍訂正の方法　836
　　3　戸籍訂正の範囲　838
第113条〔違法な記載又は錯誤・遺漏の訂正〕 ·· 840
　　1　家庭裁判所の許可を得てする訂正　840
　　2　戸籍の記載が「法律上許されないものであること」　841
　　3　戸籍の記載に「錯誤があること」　842
　　4　戸籍の記載に「遺漏があること」　842
　　5　戸籍訂正手続許可の申立て　843
　　6　利害関係人　844
第114条〔無効な創設的届出による記載の訂正〕 ·· 845
　　1　「届出によつて効力を生ずべき行為」　845
　　2　申立人等　847
第115条〔戸籍訂正申請の義務〕 ··· 848
　　1　申請義務者　848
　　2　申請の期間　849
　　3　申請地　850

4　申請書の記載事項　*850*
　　　5　添付書類　*850*
　第116条〔確定判決による戸籍訂正〕..*851*
　　　1　「確定判決」　*851*
　　　2　確定判決に基づく戸籍訂正の範囲　*853*
　　　3　本条の規定による訂正と法113条の規定による訂正との関係　*854*
　　　4　申請義務者等　*856*
　　　5　申請期間・添付書類等　*856*
　　　6　検察官が訴えを提起した場合　*857*
　第117条〔届出の規定の準用〕..*858*

第6章　電子情報処理組織による戸籍事務の取扱いに関する特例等 ─── *859*

　前　注 *859*
　　　1　本章の沿革　*859*
　　　2　現行規定の概要　*861*
　第118条〔電子情報処理組織による戸籍事務〕.....................................*868*
　　　1　電子情報処理組織による戸籍事務　*869*
　　　2　電子情報処理組織によって取り扱うことが相当でない戸籍又は除かれた戸籍　*870*
　　　3　市町村長の申出による指定と告示　*871*
　第119条〔磁気ディスクによる戸籍・除かれた戸籍〕............................*872*
　　　1　磁気ディスクによる戸籍の記録・調製　*872*
　　　2　磁気ディスクによって調製される戸籍簿及び除籍簿　*873*
　第119条の2〔戸籍・除かれた戸籍の副本の保存〕...............................*876*
　　　1　本条の趣旨　*876*
　　　2　戸籍の正本と副本　*877*
　　　3　法務大臣による戸籍の副本の保存　*879*
　第120条〔戸籍・除かれた戸籍の記録事項の証明〕..............................*880*
　　　1　戸籍証明書等の請求等　*881*
　　　2　戸籍証明書等の効力　*882*
　第120条の2〔戸籍証明書等の請求市町村〕..*883*
　　　1　本人等による戸籍証明書等の請求　*884*
　　　2　広域交付の請求の手続　*885*
　　　3　公用請求の場合　*887*

目　次

第120条の３〔戸籍電子証明書提供用識別符号の発行〕 ……………………………… 889
　　1　本条の趣旨　890
　　2　本条のうち本人等請求の場合の説明　891
　　3　戸籍電子証明書等の広域交付等　894
　　4　公用請求の場合　894
第120条の４〔届書等情報の法務大臣への提供〕 ………………………………………… 895
　　1　本条の趣旨　895
　　2　本条の説明　896
　　3　本条の副次的な意義　897
第120条の５〔法務大臣による届書等情報提供通知〕 …………………………………… 899
　　1　戸籍記載指定市町村長が複数存在する場合の届書等情報の提供を
　　　受けた法務大臣による戸籍記載指定市町村長への通知　900
　　2　戸籍記載指定市町村長が複数存在する場合の届書又は申請書の提
　　　出手続の例外　900
　　3　戸籍記載指定市町村長が単独である場合の届書等情報の提供を受
　　　けた法務大臣による戸籍記載指定市町村長への通知　901
　　4　戸籍記載指定市町村長が単独である場合の届書又は申請書の提出
　　　手続の例外　901
第120条の６〔届書等情報の請求〕 …………………………………………………………… 902
　　1　届書等情報の公開　902
　　2　届書等情報公開の請求者及び請求の事由　903
　　3　届書等情報の請求方法　904
　　4　不正手段による届書等情報の取得等に対する過料等　904
第120条の７〔分籍届の特例〕 ………………………………………………………………… 905
第120条の８〔転籍届の特例〕 ………………………………………………………………… 906
第121条〔秘密漏えい等の保護措置〕 ………………………………………………………… 907
　　1　秘密漏えい防止，適切な管理の必要性　907
　　2　保護の対象となる規定　908
　　3　適切な管理のために講ずべき措置　908
第121条の２〔秘密保持義務等〕 ……………………………………………………………… 909
　　1　事務従事者の秘密保持　909
　　2　保護の対象となる秘密　909
　　3　秘密の漏えいに対する罰則　910
第121条の３〔法務大臣による副本の利用〕 ………………………………………………… 911
　　1　本条の趣旨　911
　　2　マイナンバー法に基づく戸籍関係情報の提供　911

第7章 不服申立て ———————————————————— 913

- 前 注 913
- 第122条〔不服の申立て〕.. 914
  - 1 本条の趣旨　914
  - 2 本条の対象となる市町村長の処分　915
  - 3 家庭裁判所の審判手続　918
  - 4 行政訴訟提起の可否　919
- 第123条〔行政不服審査法の適用除外〕................................ 920
  - 1 本条の趣旨　920
  - 2 本条の例外　920
- 第124条〔戸籍の謄本等の交付請求等についての市町村長の処分又はその不作為に対する審査請求〕...................................... 922
  - 1 戸籍情報の公開請求及びこれについての市町村長の対応　922
  - 2 不交付決定　924
  - 3 審査請求　925
- 第125条　削除 928

第8章 雑 則 ———————————————————————— 929

- 前 注 929
  - 1 学術研究のための戸籍情報の提供　929
  - 2 関連行政法の不適用・特例等　929
  - 3 法務省令への委任　931
- 第126条〔学術研究等における戸籍情報の提供〕...................... 932
  - 1 学術研究等のための戸籍情報の利用　932
  - 2 学術研究等のための戸籍情報提供の基準及び手続　933
  - 3 手数料について　934
- 第127条〔行政手続法の適用除外〕.................................... 935
  - 1 行政手続法の概要　935
  - 2 戸籍事件に関する市町村長の処分についての行政手続法の適用除外　936
- 第128条〔情報公開法の適用除外〕.................................... 938
  - 1 情報公開法及びその関連法律の概要　938
  - 2 戸籍法のその後の改正　939
- 第129条〔個人情報保護法の適用除外等〕.............................. 941
  - 1 個人情報保護法の概要　941

目　次

　　　2　法務局等が保有する戸籍情報についての個人情報保護法の適用除
　　　　外　*943*
　第130条〔電子情報処理組織による届出等の特例等〕 *945*
　　　1　デジタル手続法の概要　*945*
　　　2　本条の定めについて　*946*
　第131条〔法務省令への委任〕 *949*
　　　1　本条制定の経緯　*949*
　　　2　規則に定める事項　*949*

第9章　罰　則　*951*

　前　注 *951*
　　　1　刑罰の対象となる行為　*951*
　　　2　過料の制裁の対象となる行為　*952*
　　　3　過料の裁判管轄　*953*
　第132条〔秘密の漏えい・盗用に対する罰則〕 *954*
　　　1　法121条の2の規定　*954*
　　　2　本条の規定　*955*
　第133条〔戸籍事務処理従事者に対する罰則〕 *956*
　　　1　個人情報としての戸籍情報の保護の必要性　*956*
　　　2　本条の趣旨　*957*
　第134条〔戸籍の記載を要しない事項について虚偽の届出をした者に対
　　　する罰則〕 *959*
　　　1　戸籍の記載を要する事項についての虚偽の届出　*959*
　　　2　戸籍に記載等を要しない事項についての虚偽の届出　*959*
　第135条〔不正手段により謄本の交付を受けた者に対する罰則〕 *961*
　　　1　本条の沿革　*961*
　　　2　本条の解説　*964*
　第136条〔不正手段により届書等の閲覧・証明書の交付を受けた者に対
　　　する過料〕 *965*
　　　1　本条の対象となる行為　*965*
　　　2　行為の態様・過料の制裁　*966*
　第137条〔届出を怠った者に対する過料〕 *967*
　　　1　届出又は申請の懈怠　*967*
　　　2　簡易裁判所に対する通知　*968*
　　　3　外国人に対する適用　*969*

第138条〔催告期間を徒過した者に対する過料〕·················· 970
 1 本条の趣旨 *970*
 2 届出の追完についての本条の適用の有無 *971*
 3 簡易裁判所への通知 *972*
 4 過料の額 *972*
第139条〔市町村長に対する過料〕································ 973
 1 本条の対象者 *973*
 2 職務懈怠の態様 *974*
 3 過料の額 *975*
第140条〔過料の裁判の管轄〕······································ 976
 1 過料の手続 *976*
 2 失期通知 *977*

附　則 — 979

前　注 ··· 979

第1　戸籍法制定時の附則 — 980

前　注 ··· 980
第1条〔施行期日〕·· *981*
第2条〔新法・旧法・新旧民法・応急措置法〕················ *981*
第3条〔旧法による戸籍と本籍〕······························ *982*
第4条〔旧法を適用する場合〕································ *983*
第5条〔新法施行前の届出等による戸籍の記載と新法の適用〕··· *983*
第6条〔旧法戸籍の在籍者についての新戸籍編製〕············ *984*
第7条〔旧民法の規定で入籍した子の復氏〕··················· *985*
第8条〔配偶者の一方の分籍禁止〕···························· *985*
第9条〔応急措置法による親権の決定についての届出〕········ *986*
第10条〔新法施行の際婚姻関係のない父母の親権〕············ *987*
第11条〔新法施行の際の後見監督人〕························· *987*
第12条〔旧戸籍についての転籍〕····························· *988*
第13条〔廃止された法令・新法施行前の届出委託の効力〕····· *988*
第14条〔施行前の行為に対する過料〕························· *989*
第15条〔係属中の過料事件〕·································· *990*

目　次

第2　戸籍法の改正も含まれる法律（令和7年6月1日までに施行済みのもの）の附則 ―――――― 991

前　注 ―――――――――――――――――――――――― 991
国籍法の施行に伴う戸籍法の一部を改正する等の法律（昭和25年5月4日法律第148号）附則（抄） ―――――――――――――― 992
民法等の一部を改正する法律（昭和51年6月15日法律第66号）附則（抄） ―― 993
国籍法及び戸籍法の一部を改正する法律（昭和59年5月25日法律第45号）附則（抄） ―――――――――――――――――― 995
　1　婚姻に関わるもの　996
　2　届出期間に関するもの　997
　3　国籍の得喪に関するもの　997
民法等の一部を改正する法律（昭和62年9月26日法律第101号）附則（抄） ―――――――――――――――――――――― 999
戸籍法及び住民基本台帳法の一部を改正する法律（平成6年6月29日法律第67号）附則（抄） ――――――――――――――――― 1000
後見登記等に関する法律（平成11年12月8日法律第152号）附則（抄） ―― 1002
戸籍法の一部を改正する法律（平成14年12月18日法律第174号）附則（抄） ――――――――――――――――――――― 1003
戸籍法の一部を改正する法律（令和元年5月31日法律第17号）附則（抄） ―― 1005
行政手続における特定の個人を識別するための番号の利用等に関する法律等の一部を改正する法律（令和5年6月9日法律第48号）附則（抄） ―― 1006
　1　本附則制定の趣旨　1011
　2　届出による氏又は名の振り仮名等の記載　1012
　3　本籍地の市町村長による振り仮名等の記載　1013
　4　氏又は名の振り仮名の変更　1014
　5　情報の提供　1016
　6　氏又は名の振り仮名を記載する文字　1016

第3　戸籍法の改正も含まれる法律（令和7年6月1日現在未施行のもの）の附則 ―――――――――――――――― 1017

　1　電子判決に関する改正法附則　1017
　2　離婚後共同親権に関する改正法附則　1018

事項索引　1019
先例索引　1037
判例索引　1061

著 者 一 覧

編著者

南　　敏　文　　弁護士・元東京高等裁判所部総括判事

櫻　庭　　　倫　　法務省民事局民事第一課長

執筆者【五十音順】

〈敬称・肩書略〉

青　木　　　惺
浅　利　有　美
阿　部　栄　一
新　城　安　朝
市　川　　　剛
伊　藤　慶　祐
猪　原　功　浩
宇　美　隆　浩
遠　藤　勝　久
大　野　正　雄
梶　田　聖　子
樫　村　幸　男
梶　谷　健二郎
上　條　聡　子
川　﨑　明　祐
川　島　　　潤
川　本　浩　二
神　崎　輝　明
小　池　信　行
斎　藤　和　博
佐々木　孝　範
佐々木　直　人
杉　浦　直　紀
鈴　木　和　男
関　矢　庄　司
千　手　茂　美
武　見　敬太郎
田　中　　　普
堤　　　秀　昭
仲宗根　春　喜
新　谷　雄　彦
野　林　浩　光
羽　澤　政　明
林　　　金一郎
樋　口　貴　弘
前　野　政　彦
森　野　　　誠

序にかえて
──戸籍法の沿革

1 戸籍制度の創設

　「戸籍」制度とは，現在の法制の下では，国家の構成員である国民の身分関係を公の帳簿に登録し，これを公証する制度と説明される。このような意味での戸籍制度が我が国に導入されたのは，明治維新によって近代国家が形成され，欧米の先進国の仲間入りを目指してスタートした明治初期のことである。明治4年に公布された「戸籍法三三則」による制度の創設がそれであり，翌年から施行されたことから，明治5年式戸籍又は壬申戸籍と呼ばれる。この戸籍には，個人の氏名，年齢，本籍，身分関係（婚姻・養子縁組）等とともに，職業，印鑑，宗旨，犯罪などの事項も登録することとされていたから，純粋な身分関係の登録・公証だけでなく，各種の行政上の取締りを目的とするものでもあった。(注1)

　その後，明治19年に至って，出生届や死亡届その他の届出を懈怠した者に制裁を科す（明治19・9・28内務省令19号）ほか，戸籍手続の細則も定められて（明治19・10・16内務省令22号による戸籍取扱手続の制定），制度の整備が図られた。また，戸籍の様式も改められて，後述の昭和22年法律224号による現行戸籍法が定める様式に類似するものになった。これが明治19年式戸籍と呼ばれるものであるが，行政取締りの色彩を帯びた上記の複合的性格に変わりはなかった。

（注1）　江戸時代においても，地方ごとに，課税などの行政的目的，殊に切支丹禁圧に由来する宗門人別改帳の制度が設けられて，庶民の身分関係についても，ある程度の把握はされていたようである。

序にかえて──戸籍法の沿革

2 民法典の成立と戸籍制度

　上記の戸籍制度の複合的な性格を根本的に改めて，国民の身分関係の登録・公証という近代的な制度に純化したのが，明治31年，民法の親族編・相続編の施行に併せて制定された戸籍法（明治31年法律12号）である。同じ時期に，戸籍事務の中央主管庁が内務省から司法省に移管されたことが，この戸籍制度の変質を象徴している。そして，この新主管庁によって，戸籍手続の詳細を定める戸籍法取扱手続（明治31年司法省訓令5号）が定められた。これが，いわゆる明治31年式戸籍であるが，その特色は次の3点にあった。

① 　民法に国民の各種の身分関係に関する綿密な規定が設けられ，そのうちの特に重要な身分行為については，戸籍法の定めるところによる届出によって効力を生ずるものとされたことである。これによって，戸籍法は民法が定める身分行為を実現する手続法として位置づけられることになった。現行法制にも承継されている民法と戸籍法の連携関係は，正にこの時に形成されたのである。

② 　民法が国家の基礎的な構成単位として「家」を制度化し，戸籍法においても，これに対応して「家」を戸籍の編製単位としたことである。「家」とは，一定範囲の親族により構成される団体であって，その中心人物である戸主と他の家族との間の権利義務関係によってその連結が維持されるものである。全ての国民は，いずれかの「家」に属し，夫婦，親子，相続その他あらゆる身分関係において「家」による制約を受けることとされた。新しい戸籍は，このような「家」を編製単位とし，その家に属する者の身分関係を明らかにする仕組みであって，正に「家」の登録という性格を持つことになったのである。(注2)

③ 　「家」の登録である戸籍のほかに，西欧の先進国の制度に倣った身分登記制度が導入され，戸籍との二本建ての仕組みとされたことである。出生・死亡・婚姻・縁組などの身分事項は，まず身分登記簿に登記し，そのうち重要な身分事項を戸籍に転記するものとされた。ただし，この

ような処理は手続としては二重手間であるし，実際に身分登記簿が利用されることも少なかったので，次に述べる大正4年の戸籍法改正において廃止された。

◆◆

(注2) 我が国における「家」は，既に江戸時代に社会慣習（事実上の制度）として存在し，それぞれの「家」ごとに身分及び職業を固定する機能を有していたといわれる。明治31年に施行された民法が定めた「家」が，この江戸時代の「家」を制度化したものであるか否かは明らかではないが，民法上の「家」は，家族及び個人の生活実態とは遊離した抽象的な概念であったとされる（青木＝大森『全訂戸籍法』2頁）。明治31年式戸籍は，このような概念としての「家」を戸籍の編製単位としたのであるが，それは，民法の付属手続法としての役割を担うことになった戸籍法としては，必然の措置であった。そして，これにより，民法には明文の定義規定がなかった「家」というものの外形が，戸籍によって判明することになったのである。

3 大正4年の戸籍法改正

　明治31年に制定された戸籍法は，大正3年法律26号により全部改正され，大正3年10月3日司法省令7号により制定された戸籍法施行細則とともに，大正4年1月1日から施行された。大正4年式戸籍と呼ばれる。戸籍法の「全部改正」ではあったが，その実質的な内容は明治31年式戸籍と異なるところはなく，戸籍の記載事項が精細に規定されるという改善が図られた。この戸籍法は，その後若干の手直しがされたが，基本的な体系を維持したまま，戦後の昭和23年1月に現行戸籍法が施行されるまで存続した。

4 現行戸籍法の制定

(1) 制定の経緯

　戦後，昭和22年5月3日に日本国憲法が施行されたのと同時に，民法に関しては日本国憲法の施行に伴う民法の応急的措置に関する法律（昭和22年法律74号）が施行されて，従前の「家」制度が廃止されるに至った。戸主とそ

の他の家族との間の服従的な権利義務関係が，日本国憲法の「家族生活における個人の尊厳と両性の平等」の理念（憲24）に相反するものとされたからである。このため，民法及び戸籍法については抜本的な改正を要することとなったのであるが，日本国憲法の施行に伴う民法の応急的措置に関する法律では，民法の個別の条文を改めるまでの措置はされず，戸籍法に至っては何らの措置もされないままであった。そこで，戸籍の手続については，司法省の通達（昭和22・4・16通達317号）により，暫定的に従前の方式（大正4年式戸籍）を踏襲すると定めることで，急場をしのぐことになった。日本国憲法の上記理念に沿う民法の親族編・相続編の改正及びその手続法としての現行戸籍法の制定が取り急ぎ行われて，それらの施行をみたのは昭和23年1月1日のことであった。

(2) 現行戸籍法における主要な改正点

① 戸籍の編製単位を「家」に代えて「夫婦・親子」とした。通常の家族の生活実態に合わせた編製単位に切り替えたのである。

② ①の改正に伴い，婚姻によって夫婦の新戸籍を編製し，その子は親の戸籍に入るものとした。したがって，三世代の親子の同籍は不可とされた。

③ 戸籍の変動（新戸籍の編製・入籍・除籍）は，旧戸籍法では，民法が定める「家」への入去，戸主の交代などを原因とするものとされていたのを改めて，戸籍法中に，それぞれ個別に戸籍の変動原因を定めた。ただし，「家」の名称であった氏は個人の呼称に代わったものの，その変更は戸籍の変動を生ずるものとされた。

④ 旧戸籍法中の「家」制度を前提とする規定（例えば，隠居，家督相続，入籍，離籍，分家，廃家，絶家等）に関する規定が削除され，これに代わる新たな届出等の規定が挿入された。

以上のような改正などによって，戸籍法は「家」の登録としての制度の性格を払拭したのであるが，他方で，戸籍の手続に関しては，基本的には旧戸籍法の規定が活用されているところが多かった。旧戸籍法のうち，国民の身

分関係に関する事実を迅速に把握し、これを正確に戸籍の記載に反映させて公証するという戸籍の手続に関する規定は、言わば技術的なものであって、「家」制度とは無関係に、時々の要請に応じて的確な改正がされ、全体として極めて合理的な体系に組み立てられていたのである。このため、現行戸籍法の制定当初においても、旧戸籍法の手続規定の多くが取り込まれ、現在の法制において、なお存続しているものもある。明治以来、戸籍の事務に携わってこられた無数の先人の叡智に感嘆するばかりである。

なお、旧戸籍法による戸籍の改製は、一挙にではなく、段階的に実施することとされ、その改製までは、暫定的に旧戸籍法が効力を有するものとされた。

5 現行戸籍法制定後の重要な改正

現行戸籍法の制定後今日までの改正経過については、次に主要なものを列挙することとするが、その中でも戸籍制度にとって重要なのは、①戸籍の公開制度の大幅な改正、及び、②電子情報処理組織による戸籍事務の取扱いの導入とその範囲の拡大である。以下にその要点を述べておく。

(1) 戸籍の公開制度の改正

戸籍謄抄本の交付を柱とする戸籍の公開の制度は、明治31年戸籍法において公開の原則を規定し、「正当な理由」がある場合には公開を拒むことができるとする制度として、大正4年戸籍法、さらには現行戸籍法にも引き継がれて運用されてきた。しかし、昭和30年代以降、我が国が高度経済成長を遂げ、社会・経済生活が複雑化・多様化してくるに及んで、個人に関する高度な秘密情報を多く含む戸籍を悪用する事例が次第に増加し、従来の「正当な理由」という拒否事由のみをもってしては適切な対応ができない事態に至った。このため、昭和51年の戸籍法改正において、上記の公開原則を維持しつつ、戸籍謄抄本等の交付を請求する場合には、一定の場合を除き、その事由を明らかにすべきものとされ、市町村長は、この請求が不当な目的によるこ

とが明らかなときは，これを拒むことができることとされた（当時の法10条）。

このような戸籍公開に対する規制は，その後，我が国におけるプライバシー保護の要請が一段と高まるに従って更に強化され，平成19年の戸籍法改正においては，いわゆる戸籍謄抄本の第三者請求について厳格な要件が課せられ，また弁護士等によるいわゆる職務上の請求についても類型別に要件が定められた（戸10の2Ⅰ・Ⅲ～Ⅴ）。さらに，本人請求を含む全ての請求において，請求者の本人確認（代理人・使者による請求の場合には，その権限の確認）が実施されることになった（戸10の3）。

以上の立法の流れに鑑みると，我が国における戸籍公開の制度は，明治以来の「全面公開原則」の建前から，時代の変遷に応じて，近時における「第三者請求の原則非公開」へと移行してきたものとみることができる。

(2) 戸籍事務のコンピュータ処理

　ア　コンピュータ・システムの導入

戸籍事務をコンピュータを用いて処理するシステムの導入の検討については，法務省民事局において，市町村側の強い要望に応えて昭和60年度から開始された。

明治の時代からの先人たちが営々と作り上げてきた極めて精巧な戸籍事務をコンピュータ化するには様々な難問があり，これを克服して実用化の途が開けるまでに長期間を要したが，平成5年には，東京都豊島区が実験システムを開発してその実用性が検証され，翌平成6年の戸籍法の改正によって，コンピュータを用いて戸籍事務を処理することが制度的に可能となった。もっとも，全市町村が一斉にコンピュータ化するのは不可能であったから，法務大臣が指定する市区町村から順次開始することとされ，その最初の指定が平成7年2月28日に告示された。その対象となったのが東京都の豊島区と台東区で，実際にコンピュータを用いた事務処理が開始されたのは同年3月13日であった。

以降，全国1892の市区町村において，順次コンピュータ化の作業が進められ，令和2年に，最後に残った東京都の御蔵島村にこのシステムが導入され

た。平成7年から始まったこの全国規模の大事業の完遂までに，実に四半世紀近い歳月を要したことになる。

　　イ　コンピュータ・システムの進展

　以上のような過程を経て導入された戸籍事務のコンピュータ・システムには，その後新たなシステムが付加されて，国民の利便に供されている。以下に，この点を概観しておこう。

　　　(ア)　オンライン届出・請求

　平成10年代に入って，「高度なIT国家の実現を目指す」という政府の方針に沿って，様々な行政手続につき，従来の書面による申請・請求・届出等に代えて，各人の自宅のパソコンからのオンライン申請等が導入されるようになった。戸籍事務についても，平成16年に規則の規定が整備されて，コンピュータ処理を行っている市区町村の長に対する戸籍の届出及び戸籍記載事項証明書の交付の請求はコンピュータを使用して行うことが可能となった。戸籍記載事項証明書のオンライン請求については，平成24年頃から，一部の市区町村が地域内のコンビニ店舗内に設置した自動交付機を使って行うことができる方法を採用するようになり，需要は順調に伸びてきている。

　　　(イ)　戸籍副本データ管理システム

　平成23年の東日本大震災が発生した際，津波によって東北地方の一部の市町で戸籍の正本データが失われ，そのうち1つの正本データのバックアップデータとなるべき法務局保管の副本データも，危ういところで津波の被害を免れるという事態に遭遇した。そこで，このような事態に備えるために法務省が考案したのが，戸籍副本データ管理システムである。

　このシステムは，法務省が東日本と西日本にそれぞれ1か所ずつ戸籍副本データ管理センターを設置し，東日本地域の市町村の戸籍データは西日本に設置されたセンターに，逆に，西日本地域の市町村の戸籍データは東日本に設置されたセンターにそれぞれ保管するというものである。こうすれば，先のような広域災害が起こっても，戸籍の正本データと副本データが同時に滅失するというリスクは著しく軽減されることになる。このため，戸籍事務を

コンピュータで処理している市町村長は，戸籍又は除かれた戸籍に記録した時は，遅滞なく，その戸籍の副本データを，電気通信回線を通じて上記の東日本又は西日本の戸籍副本データ管理センターに送信することとされた。

このシステムは，平成25年9月から稼動しているが，これにより，戸籍データの保全がほぼ万全になったほか，次に述べるように，戸籍の利用者に対する新しいサービスの展開や戸籍事務処理の迅速化も可能となったのであって，このシステムの導入は，近時の戸籍制度の改正の中でも格別に重要な意義を持つものといえる。

　(ウ)　マイナンバー制度への対応等

平成25年に行政手続における特定の個人を識別するための番号の利用等に関する法律が成立し，平成26年に政府が戸籍事務をマイナンバーの利用範囲とする方針を決定したことを受けて，法務省においてこの問題が検討されてきたが，令和元年の戸籍法改正で，この問題への制度的な対応策が講じられた。その方策の根幹となるのが，法務省と他の行政機関との間で戸籍情報を行政手続における特定の個人を識別するための番号の利用等に関する法律の定める情報連携の対象とするためのネットワークシステムを構築することであるが，ここにおいても，上記の戸籍副本データが利用されることになる。他の行政機関との情報連携の対象となる事務としては，当面，①健康保険の被扶養者の認定・検認に関する事務，②国民年金・厚生年金の未支給年金の支給に関する事務，③児童扶養手当の認定に関する事務などが想定されている。この改正法は，令和6年3月1日から施行された。

さらに，令和元年の戸籍法改正においては，法務大臣の使用に係る電子計算機と全国の市町村長の使用に係る電子計算機を通信回線で接続する新たな電子情報処理組織を構築して，上記の戸籍副本データを活用する構想も取り入れられた。この新システムの稼動により，全国いずれの市役所又は町村役場においても戸籍記載事項証明書等の交付を受けることが可能になった（いわゆる戸籍謄本等の広域交付）。また，複数の市町村長の関与を要する戸籍の届出等の処理においても，当該市町村長相互間で必要な情報を共有・参照で

きることになるなど，戸籍事務処理の効率化・迅速化が大幅に促進されることとなった。

6 現行戸籍法の主要な改正経過

　前述のとおり，現行戸籍法は昭和23年1月1日から施行されているが，それ以降の主要な改正の経過は，次のとおりである。あわせて，戸籍法施行規則における主要な改正も掲げておく。

(1)　**昭和23年法律260号による法改正**

　裁判所法の一部改正に伴い，法の条文中に「家事審判所」とあるのを「家庭裁判所」と改めた。

(2)　**昭和24年法律137号による法改正**

　法務局及び地方法務局が設置されたことに伴い，法の条文中の官庁・官職の名称を整理した。例えば，「司法事務局」とあるのを「法務局又は地方法務局」と改めた。

(3)　**昭和25年法律148号による法改正**

　新たに国籍法が制定されたことに伴い，法第4章第14節の「国籍の得喪」に関する規定を全面的に改めた。

(4)　**昭和27年法律268号による法改正**

　法務府が法務省に改められたのに伴い，法の条文中に，戸籍事務の主管大臣として「法務総裁」とあるのを「法務大臣」と改めた。

(5)　**昭和31年法律148号による法改正**

　地方自治法の改正によって，従来の特別市がいわゆる「指定都市」に変更されたことに伴い，法の条文中の用語を整理した。

(6)　**昭和37年法律40号による法改正**

　民法の改正により失踪宣告の効果が生ずる時期が改められたことに伴い，法の関係条文を改めた。

(7) 昭和37年法律161号による法改正

行政不服審査法の制定・施行に伴い、戸籍事件については、行政不服審査法による不服申立てをすることができない旨の定め（当時の法119条の２の規定）を新設した。

(8) 昭和45年法律12号による法改正

従前は、出生及び死亡の届出は事件発生地においてすべき旨の制限があったのを、届出人の便宜を図るため、事件本人の本籍地又は届出人の所在地においてするものとするほか、事件発生地でもすることができることとした。

(9) 昭和51年３月30日政令41号による戸籍手数料令の全面的な改正

(10) 昭和51年法律66号による法改正

この改正の主要事項は、以下の３項目であった。

① 民法における離婚後の氏に関する規定の改正（婚氏続称制度の導入等）に伴う関係規定を設置

② 戸籍の公開制度の改正

個人のプライバシーが不当に侵害されるのを防止するため、

(ｱ) 他人の戸籍謄抄本の交付を請求するには、原則として、その事由を明らかにすべきものとし、請求が不当な目的によることが明らかなときは、市町村長は、その請求を拒むことができるものとした。

(ｲ) 戸籍及び除籍の閲覧の制度を廃止した。

(ｳ) 他人の除籍謄抄本の交付請求は、原則として、相続関係を証明する等の必要がある場合に限りすることができるものとした。

③ 嫡出子出生届等の届出義務者の範囲の拡大

従前は、父を第一順位の届出義務者としていたのを改め、母も同順位において届出をすることができることとした。このほか、死亡届及び裁判に基づく戸籍の届出について、届出人の範囲を拡大した。

(11) 昭和54年８月21日法務省令40号による規則改正

戸籍の記載事項及び戸籍記載例を改めた。

(12) 昭和55年12月15日法務省令68号による規則改正

民法及び家事審判法の一部改正に伴い，家庭裁判所の「嘱託」による記載等戸籍の記載手続を改めた。

(13) 昭和56年10月1日法務省令51号による規則改正

常用漢字表の制定に伴い，子の名に用いる文字の範囲を改めた。

(14) 昭和59年法律45号による法改正

国籍法及び戸籍法の改正により，①出生による国籍取得につき父母両系血統主義の採用，②国籍取得・国籍選択制度の創設，③外国人との婚姻による新戸籍の編製，④外国人配偶者等の称する氏への氏変更等の制度が設けられた。

これに伴い，国籍取得，帰化，国籍喪失，国籍留保，国籍選択，外国国籍喪失の各届出に基づく戸籍の取扱いに関する規定のほか，国籍の選択の催告がされた場合，上記④の氏の変更があった場合等の戸籍の処理に関する規定を設けた。

(15) 昭和59年11月1日法務省令40号による規則改正

上記(14)の国籍法の改正に伴い，身分事項欄の記載事項等を改めた。

(16) 昭和62年法律101号による法改正

民法の改正により，特別養子縁組制度が創設され，普通養子縁組制度・養子離縁後の氏・子の氏変更等の各制度の見直しがされたことに伴い，戸籍の取扱いを改めた。

(17) 昭和62年10月1日法務省令36号による規則改正

上記(16)の民法改正に伴い，戸籍の記載のひな形，記載例，届書様式等を改めた。

(18) 平成2年3月1日法務省令5号による規則改正

人名用漢字の追加及び改元に伴い，戸籍の記載のひな形，記載例，届書様式等を改めた。

(19) 平成5年法律89号による法改正

行政手続法の施行に伴い，戸籍事件に関する市町村長の処分については行

政手続法の適用除外とする旨の規定を新設した（当時の法117条の2）。
  (20) 平成6年法律67号による法改正
  戸籍事務を電子情報処理組織によって取り扱うことができる制度（この場合は戸籍を磁気ディスクをもって調製する。）を創設した。
  (21) 平成6年10月21日法務省令51号による規則改正
  上記(20)により戸籍事務を電子情報処理組織をもって取り扱う場合の特例を新設したほか，出生・婚姻・離婚及び死亡の各届書様式を改めた。
  (22) 平成11年法律87号による法改正
  地方分権の推進を図るための機関委任事務を廃止するほか，法務局・地方法務局長の戸籍事務に対する関与の在り方に関する規定を改めた。
  (23) 平成11年11月12日政令357号による戸籍手数料令の廃止
  (24) 平成11年法律151号による法改正
  禁治産・準禁治産制度を廃止して成年後見制度を導入する民法の改正及び任意後見契約に関する法律の制定に伴い，法の条文中の用語を整理した。
  (25) 平成11年法律152号による法改正
  後見登記等に関する法律の制定に伴い，後見に関する戸籍の届出規定の用語を整理した。
  (26) 平成12年2月24日法務省令7号による規則改正
  機関委任事務の廃止，成年後見制度の創設等に伴う規則の条文中の用語を整理し，戸籍記載例・別表第一を改正した。
  (27) 平成11年法律43号による法改正
  行政機関の保有する情報の公開に関する法律の施行に伴い，当時の法48条2項本文に規定する文書につき上記法律の適用除外とする旨を定めた。
  (28) 平成14年法律174号による法改正
  不実の記載等及びその訂正がされた戸籍につき，当該戸籍に記載された者から再製の申出があった場合には，法務大臣はその再製につき必要な処分をすることができるとする制度を創設した。

(29)　平成14年12月18日法務省令59号による規則改正

上記(28)の再製の申出がされた場合における市町村及び法務局等の手続に関する規定を新設した。

(30)　平成15年4月1日法務省令29号による規則改正

民間事業者による信書の送達に関する法律の施行に伴う関係法律の整備等に関する法律の施行に伴い，当時の法10条4項による戸籍謄抄本等の交付請求は，郵便によるほか，一般信書便事業者又は特定信書便事業者による信書便によることができる旨を定めた。

(31)　平成16年4月1日法務省令28号による規則改正

人事訴訟法の施行に伴い離婚届書の記載事項を追加し，行政手続等における情報通信の技術の利用に関する法律（当時）の施行に伴い電子情報処理組織を使用してする戸籍の届出等に関する規定を新設した。

(32)　平成15年法律111号による法改正

性同一性障害者の性別の取扱いの特例に関する法律の制定に伴い，同法に基づく性別の取扱いの変更による新戸籍の編製に関する規定を新設した。

(33)　平成16年6月23日法務省令46号による規則改正

上記(31)の法律に基づく性別の取扱いの変更の裁判が発効した場合の戸籍の記載事項の定めを新設した。

(34)　平成16年11月1日法務省令76号による規則改正

嫡出でない子の父母との続柄欄の記載について，そのひな形，出生届書の様式及び記載例を改めた。

(35)　平成19年法律35号による法改正

個人情報を保護する観点から，①戸籍の公開の制度を改め（いわゆる第三者請求の要件を厳格化するなど），②虚偽の届出によって戸籍の記載がされることを未然に防止するための措置（届出によって効力を生ずべき行為について戸籍の届出をする者につき本人確認を実施する措置）を講じた。ほかに，③死亡届の届出資格者の拡大，戸籍謄本等の交付請求についての市町村長の処分に対する不服申立てについて審査請求前置主義の採用，学術研究のための戸

籍情報の提供についての法制化，戸籍の記載事項以外の虚偽の届出に対する懲役刑等の刑事罰の導入等の改正が行われた。

このうち，上記①の改正の要旨は，次のとおりであった。

(ア) 戸籍に記載されている者等の一定の者は，その戸籍の謄抄本又は記載事項証明書の交付請求（以下「戸籍謄抄本等の交付請求」という。）をすることができる。

(イ) (ア)に規定する者以外の者は，相続関係を証明するために必要がある場合，官公署に提出する必要がある場合，戸籍の記載事項を確認するにつき正当な利害関係がある場合等に限り，戸籍謄抄本等の交付請求をすることができる。この場合には，これらの事由に該当することを明らかにしなければならない。

(ウ) 戸籍謄抄本等の交付の請求をする者について，本人確認を実施する。

なお，除かれた戸籍の謄抄本・記載事項証明書の交付請求をする場合にも，上記(ア)から(ウ)までと同様の措置がされることとなった。

(36) 平成20年4月7日法務省令27号による規則改正

上記(35)の改正に伴い，関係規定を新設・改正した。

(37) 平成22年5月6日法務省令22号による規則改正

①除籍簿等の保存期間を150年に伸長したほか，②上記(35)の法改正後の実務の運用を踏まえて，戸籍謄本等の交付請求の際の権限確認書面の有効期限，戸籍の手続において提供された書面の原本還付，不受理申出及びその取下げの方法について明確化した。

(38) 平成23年法律61号による法改正

民法における親権・未成年後見制度の改正（親権停止の制度の新設，未成年後見人について法人又は複数の選任を認める等の改正）に伴い，法第4章第8節の規定について所要の改正を行った。主なものは，①裁判による親権者指定届・親権者変更届・親権喪失等の審判の取消届（戸79），②指定未成年後見人による後見開始届（戸81）の各規定の手入れ，及び③未成年後見人地位喪失の届出の規定（戸82）の全部見直し等である。

(39) **平成23年12月26日法務省令42号による規則改正**

上記(38)の改正に伴い，親権及び未成年後見等に関する記載例を新設・改正した。

(40) **平成24年2月29日法務省令6号による規則改正**

戸・除籍謄本等の交付請求，届書類の閲覧・証明請求，創設的届出，不受理申出及びその取下げ等における本人確認の方法を改めた。

(41) **平成25年1月25日法務省令1号による規則改正**

平成23年に発生した東日本大震災の際に，戸籍の正本及び副本が同時に滅失する危険が生じた経験に鑑み，このような同時滅失の事態を未然に回避するため，「戸籍副本データ管理システム」を導入した。このシステムは，磁気ディスクをもって調製されている戸籍又は除かれた戸籍の正本データをリアルタイムに近い形で反映した副本データを作成し，これを遠隔地のサーバで管理することを内容とするものである。

(42) **平成27年12月4日法務省令51号による規則改正**

行政手続における特定の個人を識別するための番号の利用等に関する法律等の改正に伴い，規則11条の2の規定（戸籍謄本等の交付請求における本人確認の方法に関する規定）に上記法律に規定する個人番号カードを追加した。

(43) **平成26年法律69号による法改正**

行政不服審査法の施行に伴い，関係規定（戸10の2・123・124）における用語を整理し，また，当時の法125条の規定を削除した。

(44) **令和3年法律37号による法改正・令和3年8月27日法務省令40号による規則改正**

戸籍の届書等への押印に関する整備が行われた。

(45) **平成30年法律59号による法改正**

民法の一部を改正する法律により成年年齢が「20歳」から「18歳」とされ，関連規定の整備が行われた。

(46) 令和元年法律17号による法改正・令和6年2月26日法務省令5号による規則改正

改正の主要な内容は，次のとおりである。

① 行政手続における特定の個人を識別するための番号の利用等に関する法律19条8号又は9号（当時の7号又は8号）の規定による他の行政機関との「情報連携」の対象に戸籍に関する情報を追加することを可能とすることとした。

そのための方法として，前記(41)の戸籍副本データ管理システムの仕組みを活用した新たなシステムを構築し，戸籍に記載された各人について戸籍の副本に記録された情報により作成される個人単位の情報（戸籍関係情報）を整備して，情報連携の対象に戸籍関係情報を追加することを可能にすることとした。

② 戸籍の副本データを戸籍事務において利用して，本籍地以外での戸籍記載事項証明書の発行を可能とするなどの措置を講ずることとした。

③ 戸籍訂正の手続を見直すとともに，死亡届の届出人の範囲を拡大することとした。

(47) 令和5年法律48号による法改正

戸籍の記載事項として，氏名の振り仮名を追加し，氏名として用いられる文字の読み方として一般に認められているものでなければならないものとされた。また，戸籍の届書及び棄児発見調書の記載事項にも氏名の振り仮名を追加するものとすることとされた。

氏又は名を変更しようとするときは，家庭裁判所の許可を得て，その旨を届け出なければならず，やむを得ない事由によって氏の振り仮名を変更するときは，戸籍の筆頭に記載した者及びその配偶者が，家庭裁判所の許可を得てその旨を届け出なければならないものとし，正当な事由によって名の振り仮名を変更する者は，家庭裁判所の許可を得て，その旨を届け出なければならないものとすることとされた。

⑷8　令和4年法律68号による法改正

　刑法等の一部を改正する法律の施行に伴う関係法律の整理等に関する法律により懲役及び禁錮が廃止され「拘禁刑」が創設されたため，関係規定の整備が行われた。

⑷9　令和6年法律33号による法改正

　民法等の一部を改正する法律により子の権利利益を保護する観点から，離婚等の場合の親権者につき共同親権が認められたことに伴って，関係規定の整備が行われた。離婚届の記載事項のうち親権者の氏名につき，親権者の氏名に代えて，親権者の指定を求める家事審判又は家事調停申立てがなされている場合はその旨の記載を可能としている。

⒇　令和5年法律53号による法改正

　民事関係手続等における情報通信技術の活用等の推進を図るための関係法律の整備に関する法律による裁判書類の電磁的記録化に伴い，関係規定の整備が行われた。

7　日本の戸籍制度の特色

　民法の規定によれば，身分関係の創設又は解消は，戸籍に関する届出（婚姻届や認知届等）をすることによりなされるか，裁判（人事訴訟のみならず，審判や調停を含む。）により（特別養子縁組や裁判離婚等）なされる。また，戸籍法では，このような裁判があった場合に裁判の申立人に戸籍の届出義務を課したり（戸63等），人が出生や死亡した場合等は一定の者に戸籍の届出義務を課している（戸49等）。このようにして，日本人について身分関係に変動が生じた場合は，必ず戸籍に反映される仕組みとなっている。

　さらに，日本人が出生によりある戸籍に入籍後，他の戸籍に入籍した場合，入籍した戸籍には従前の戸籍が記載され，また，従前の戸籍にはいずれの戸籍に入籍したかの事実が記載されるので，ある日本人につき複数の戸籍に身分事項が記載されたとしても，これらの従前の戸籍や入籍後の戸籍の記載を

手掛かりに調査すると，当該者の全ての身分事項が判明する仕組みとなっていて，当該者の身分事項の全てが実質的には1つの帳簿に記載されたものと同視することができる。

　そこで，例えば，令和○年○月○日に婚姻したとの戸籍事項の記載があった場合，その日に婚姻したとの事実（積極的身分関係）が判明するのみならず，その後離婚の事実の記載がないときは，婚姻関係が継続していること（継続的身分関係）が判明する。さらには，婚姻の記載がない場合や，婚姻後に離婚の記載があるときは，その者は現在婚姻関係にないこと（消極的身分関係）も判明することになる。

　また，戸籍は，夫婦及びその子を中心に編製されるため（戸6），子にとってみると，父母の従前の戸籍等を調査することにより，自己の直系尊属が全て判明し，同様に父母にとっても，子の戸籍等を調査することにより直系卑属が全て判明する。さらには，ある者のきょうだいの戸籍や配偶者の従前の戸籍等を調査することにより，傍系親族関係も判明する。このために，ある者が死亡した場合，その相続人は誰であるかは，戸籍を調査すれば判明する仕組みとなっている。さらに，これらの戸籍同士の連携により，全国の戸籍が制度上有機的に組織されているものということもできる。

　このような仕組みがあるので，例えば，婚姻に際して婚姻予定公告を行わずとも戸籍の調査により婚姻要件の具備の有無が判明し，また，相続に際しても相続人調査の公告を行わずとも戸籍の調査により相続人が誰であるのかが判明し，遺産を分割することができる。

　上記が日本の戸籍制度の特色であって，世界に冠たる戸籍制度であると評されることもある。

第 *1* 章 総 則

【前 注】

　昭和22年の戸籍法制定以来，戸籍事務は，国の事務ではあるが国の機関としての市町村長に委任する「いわゆる機関委任事務」として処理されてきたが，地方分権の推進を図るための関係法律の整備等に関する法律（平成11年法律87号）が平成12年4月1日から施行されたことに伴い，法定受託事務と位置づけられ，市町村長がその執行機関としてこれを管掌することとされた。これに伴い戸籍法の一部も改正された。
　本章においては，戸籍事務を管掌する機関を定め，これに関する規定を置くとともに，その戸籍事務に対する報告を求め，助言又は勧告をすることができる機関について定めている。すなわち，戸籍事務の管掌者について1条及び4条に，その除斥について2条に，戸籍事務の処理基準を定め，助言，勧告又は指示をする機関を3条に，それぞれ規定している。

第1章　総　則

> 〔戸籍事務の管掌者等〕
> 第1条　戸籍に関する事務は，この法律に別段の定めがあるものを除き，市町村長がこれを管掌する。
> ②　前項の規定により市町村長が処理することとされている事務は，地方自治法（昭和22年法律第67号）第2条第9項第1号に規定する第1号法定受託事務とする。

　本条は，戸籍に関する事務は，戸籍法中に別段の定めがあるものを除き，市町村長がこれを管掌すること，市町村長が処理する戸籍に関する事務は，地方自治法上の第1号法定受託事務とすることについて，定めるものである。

1　戸籍に関する事務の管掌者

(1)　市町村長

　本条1項は，戸籍法中に別段の定めがある場合を除いて，市町村長が戸籍に関する事務を管掌することを明らかにしている。
　「戸籍に関する事務」とは，人(注1)の親族的身分関係を登録・公証する戸籍制度に関する事務である。出生・死亡といった人の親族的身分関係に関する報告や，婚姻・離婚・縁組・離縁といった人の親族的身分関係の形成又は解消を目的とする各種届出について，受理をして戸籍に記載をするなどの事務のほか，これに付随する所要の事務を包括したものをいう。
　また，「管掌する」とは，自らの責任をもって事務を取り扱うことを意味する。
　戸籍に関する事務は，国民の親族的身分関係について，登録・公証のみならず，形成・解消にも関与する国の根幹に関わる事務であることから，国が本来果たすべき役割に係る事務であると理解されている。しかし，一方では，戸籍に関する事務は，地域に住む国民に係る市町村の行政と密接な関係があること，また，明治以来，市町村が戸籍に関する事務を担当してきた歴史的

経緯があることから，原則として，市町村長が管掌することとされている（本条Ⅰ）。(注2)

戸籍法中の「市長」に関する規定については，特別区の区長並びに指定都市の区長及び総合区長に準用される（戸4）から，これらの者もまた，戸籍に関する事務を管掌することとなる。

市町村及び特別区は，その事務の一部を共同処理するため，その協議により規約を定め，一部事務組合を設けることができる（地方自治法284Ⅱ）。一部事務組合には，市町村に関する規定が準用され（地方自治法292），戸籍に関する事務は，一部事務組合の執行機関が組合に所属する市町村の長に代わって管掌することとなる。

(2) **市町村長以外の管掌者**

戸籍に関する事務の管掌者を定める本条1項中に「この法律に別段の定めがあるものを除き」という文言があるのは，市町村長以外にも同事務の管掌者がいることを留保するものである。この文言は，戸籍法の一部を改正する法律（令和元年法律17号，以下「令和元年改正法」という。）により挿入されたもので，その改正前の同項は，単に，「戸籍に関する事務は，市町村長がこれを管掌する。」とされていた。これは，「戸籍に関する事務」の中心を成す戸籍の届出の受理や戸籍の記載が，市町村長の権限に属することを踏まえたものであったといえる。

令和元年改正法によって上記の文言が追加される以前においても，外国に駐在する日本の大使，公使及び領事は，戸籍の届出を受理するなどの権限を有する（戸40等）など，市町村長以外に戸籍に関する事務の管掌者があることは，想定されていた（南敏文監修＝髙妻新著＝青木惺補訂『最新体系・戸籍用語事典』（日本加除出版，2014）129頁）。これに加えて，令和元年改正法においては，磁気ディスクをもって調製された戸籍又は除かれた戸籍の副本は，法務大臣が保存すること（戸119の2），市町村長から提供を受けた届書等情報を法務大臣が磁気ディスクに保存するとともに，戸籍の記載をすべき市町村長に対して届書等情報の提供を受けた旨を通知する旨（戸120の4・120の

5)等が定められた。さらに，令和元年改正法では，戸籍法以外の法律においても，法務大臣が磁気ディスクをもって調製された戸籍又は除かれた戸籍の副本を保存することを前提とする規定（マイナンバー法9Ⅲ等）が設けられた。

そこで，これらの法律の規定の改正と併せて，市町村長以外に戸籍に関する事務を行う主体が法律上存在することを明確化するため，本条1項に，「この法律に別段の定めがあるものを除き」との文言が追加されたものである。

(3) 戸籍事務管掌者の代理

市町村長に事故があるとき又は市町村長が欠けたときは，地方自治法152条の規定に従って，職務代理者が戸籍に関する事務を代理して取り扱う(注3)。また，地方自治法152条の規定により市町村長の職務を代理する者がないときは，都道府県知事は，市町村長の被選挙権を有する者で当該市町村の区域内に住所を有するもののうちから臨時代理者を選任し，当該市町村の長の職務を行わせることができる（地方自治法252の17の8Ⅰ）。

これらのほか，新たな市町村が設置された場合には，市町村長が選挙されるまでの間，地方自治法施行令1条の2第1項及び第2項による職務執行者が戸籍に関する事務を取り扱う。

なお，地方自治法153条においては，普通地方公共団体の長は，その権限に属する事務の一部をその補助機関である職員に委任し，又はこれに臨時に代理させることができるとするほか，その権限に属する事務の一部をその管理に属する行政庁に委任することができるとしている。これに関し，昭和25年5月2日回答931号は，「戸籍法第1条の規定は，戸籍事務の性質上これを専ら市町村長に管掌せしめる趣旨であり，また，地方自治法第153条第1項の規定は，かかる事務を市町村の他の吏員に委任することを認める趣旨ではないと解するのが相当である。」として，戸籍に関する事務については，地方自治法153条による委任等をすることはできないとしており，現在でもこの考え方が維持されている（南ほか・前掲『最新体系・戸籍用語事典』131頁）。

(注1) ここにいう「人」には，日本国民のほか，外国人（日本国籍を有しない者）も含まれる。戸籍には日本国民しか記載されないが，外国人のみを当事者とする届出（外国人の出生届等）もその所在地の市町村において受理され，当該市町村において届書が保存される（戸25Ⅱ，戸規50）。
(注2) 青木＝大森『全訂戸籍法』22頁，加藤＝岡垣『全訂戸籍法逐条解説』30頁。
(注3) 市町村長の職務を代理する者が，戸籍の記載をするときは，その文末に代理資格を記載しなければならない（戸規32Ⅱ・77，準則45・付録34号記載例）。戸籍の謄本等の認証文についても，同様である。

2　戸籍に関する事務に使用するコンピュータの共同運用等

　一の市町村が他の市町村に対して戸籍に関する事務に使用するコンピュータの管理に関する事務を委託すること（地方自治法252の14Ⅰ）は，戸籍に関する事務の実質的な権限の所在が変わるものではないことから，本条1項に抵触しないとされている（平成14・4・1回答835号）。

　また，複数の市町村が戸籍サーバを区域外の民間データセンターに設置して共同管理することは，一定の要件(注4)を満たせば，戸籍に関する事務の実質的な権限の所在が変わるものではなく，本条1項に抵触しないとされている（平成25・11・14回答947号）。さらに，民間のクラウド事業者が所有，提供する仮想化サーバに戸籍業務サーバを移設することも認められている（平成30・1・18回答19号）。

(注4) 平成25年11月14日回答947号の解説（民月69巻2号81頁）では，①中央処理装置と端末装置が専用回線で接続されていること，②中央処理装置の機能上，磁気ディスクは各市町村ごとに独立した領域を確保されていること，③各市町村が相互に直接アクセスできないこと，④民間データセンターから戸籍サーバにアクセスできないこと，⑤民間事業者に委託する作業内容や運用体制等がガイドラインで明確化されていることを挙げている。

第1章　総　則

③ 戸籍に関する事務の民間事業者への委託等

⑴　民間事業者への委託

　競争の導入による公共サービスの改革に関する法律34条1項1号は，民間事業者が地方公共団体から委託を受けて，戸籍等に記載されている者等による戸籍謄本等の交付の請求についての受付及び引渡しをすることができるとして，市町村長が戸籍に関する事務を管掌するとする本条1項の特例を定めている。

　また，これ以外の事務であっても，戸籍の届書の受領及び本人確認のように，事実行為又は補助行為と評価されるものは，事務を受託した民間事業者の裁量の余地がないものである。また，市町村長が契約時に包括的に業務内容を示した上で業務を委託し，その実施に当たっては，市町村の職員が業務実施官署内に常駐し，不測の事態等に際しては当該職員自らが臨機適切な対応を行うことができる体制が確保されていれば，市町村長が当該事務を管掌しているものと評価することができる。

　これらを踏まえ，以下の業務については，市町村長の判断が必要となる業務について，市町村の職員が関与する体制を確保することを前提として，民間事業者に委託することができるとされている（平成25・3・28通知317号4）。

　ア　戸籍証明書等の交付請求に関する業務
　①　事実上の行為又は補助的行為
　　　交付請求書又は発行請求書の受領及び本人確認，請求書への記載及び添付書面の確認，副本情報の確認，戸籍証明書等の作成及び引渡し，戸籍電子証明書提供用識別符号等の作成及び提供，交付請求書又は発行請求書の整理等
　②　市町村長の判断が必要となる業務
　　　交付請求又は発行請求の要件該当性を確認した上での交付，若しくは不交付又は発行若しくは不発行の決定等

イ　戸籍の届出に関する業務
　　①　事実上の行為又は補助的行為
　　　　届書の受領及び本人確認，届書への記載及び添付書面の確認，届書等情報及び副本情報の確認，戸籍発収簿への記載，戸籍の記載，届書の整理等
　　②　市町村長の判断が必要となる業務
　　　　届書の受理の要件を確認した上での受理又は不受理の決定，戸籍記載後の決裁（校合）処理等
　(2)　**郵便局・地方独立行政法人への委託**
　市町村長は，地方公共団体の特定の事務の郵便局における取扱いに関する法律の規定に基づき，地方公共団体が指定した郵便局に，戸籍等に記載されている者等による戸籍の謄本等の交付の請求の受付及び引渡しといった取次業務を行わせることが認められている（地方公共団体の特定の事務の郵便局における取扱いに関する法律2①）。

　また，市町村長は，地方独立行政法人法の規定等に基づき，地方独立行政法人に，戸籍の謄本等の交付の請求の受付及び引渡し，戸籍等に記載されている者や国・地方公共団体による戸籍の謄本等の交付の請求に係る事実についての審査等を行わせることが認められている（地方独立行政法人法21⑤・別表1号，地方独立行政法人法別表及び地方独立行政法人法施行令第5条第1項の総務省令で定める事務を定める省令1）。

4　第1号法定受託事務

　本条2項の規定は，地方分権の推進を図るための関係法律の整備等に関する法律（以下「地方分権一括法」という。）により追加されたもので，それ以前においては，戸籍に関する事務は，国がその事務の処理を国の機関としての市町村長に委任する機関委任事務と解されていた。地方分権一括法は，国と地方公共団体との間の役割分担の見直しを図ったもので，地方公共団体を

第1章　総　則

国の機関と構成した上で国の事務を処理させる仕組みである機関委任事務の制度を廃止するため，地方自治法中の国等の市町村長に対する一般的な指揮監督権に関する規定を削除し，また，地方公共団体が処理する事務を自治事務と法定受託事務とに区分した。

そして，法定受託事務については，これを，「法律又はこれに基づく政令により都道府県，市町村又は特別区が処理することとされる事務のうち，国が本来果たすべき役割に係るものであつて，国においてその適正な処理を特に確保する必要があるものとして法律又はこれに基づく政令に特に定めるもの」（地方自治法2Ⅸ①）と，「法律又はこれに基づく政令により市町村又は特別区が処理することとされる事務のうち，都道府県が本来果たすべき役割に係るものであつて，都道府県においてその適正な処理を特に確保する必要があるものとして法律又はこれに基づく政令に特に定めるもの」（地方自治法2Ⅸ②）とに区分した。前者を「第1号法定受託事務」，後者を「第2号法定受託事務」と呼ぶ。

戸籍に関する事務は，国が本来果たすべき役割に係る事務であると理解されてきたことから，地方自治法2条9項1号の「国が本来果たすべき役割に係るもの」に当たる。また，戸籍に関する事務は，人の親族的身分関係について，登録・公証のみならず，形成・解消にも関与する国の根幹に関わる事務であって，地域ごとに区々にわたることがない全国統一的な運用が特に強く要請されるため，地方自治法2条9項1号の「国においてその適正な処理を特に確保する必要があるもの」に当たる。

そこで，本条2項において，戸籍に関する事務は，第1号法定受託事務とされたものである。

> 〔戸籍事務管掌者の除斥〕
> 第2条　市町村長は，自己又はその配偶者，直系尊属若しくは直系卑属に関する戸籍事件については，その職務を行うことができない。

　戸籍に関する事務は，人の親族的身分関係について，登録・公証のみならず，形成・解消にも関与する事務であることから，その職務の執行の公正を担保する必要がある。そこで，本条は，戸籍に関する事務の管掌者である市町村長が，自己又は近親者の戸籍事件の職務を行うことができない旨を定めるものである。

1　本条により除斥される者

　本条により，自己又は近親者の戸籍事件に係る職務の執行から除斥されるのは，戸籍事件に係る職務を行う市町村長，特別区の区長並びに指定都市の区長及び総合区長（戸1Ⅰ・4）である。また，地方自治法152条等により市町村長等の職務を代理する者（職務代理者等）についても，本条が類推適用されるものと解されている（青木＝大森『全訂戸籍法』27頁）。

　一方，市町村長等の補助機関である職員については，地方自治法152条3項により職務代理者とならない限り，戸籍事件に係る職務の権限を市町村長と同様の地位において行使するものではないから，本条の適用はない。

　また，外国に駐在する日本の大使，公使及び領事は，戸籍の届出を受理するなどの権限を有する（戸40等）が，本条の適用はない。

2　除斥の対象となる戸籍事件の範囲

　本条により職務の執行から除斥される対象となる戸籍事件は，市町村長本人，配偶者，直系尊属又は直系卑属に関する戸籍事件である。

　「戸籍事件」とは，前述の者を事件本人とする戸籍の届出の受理及び記載，

再製並びに戸籍謄本等の作成・交付をいう。単なる書類・帳簿の保管・整理は含まれない。

③ 除斥の対象とされた戸籍事件の処理

本条により市町村長等が戸籍事件に係る職務の執行から除斥される場合には，その職務代理者が代わって，職務を行う（地方自治法152）。^(注)

なお，この場合，除斥の対象となる戸籍の届出に係る届書は，本来，職務代理者宛てとするのが相当であるが，除斥された市町村長宛てであっても差し支えないとされている（大正3・12・28回答1125号）。

◆◆

（注）　戸籍に関する事務における職務代理者の表記の方法については，戸籍事務取扱準則制定標準において書式及び記載例が示されている（準則付録2号〜4号書式・34号記載例）。

④ 本条に違反する職務の執行の効力

本条に違反する戸籍事件の職務の執行は，当然に無効とは解されていない。例えば，本条に違反して受理された届出は，既に受理された以上は，効力が生じており，また，その届出に係る戸籍の記載も無効とはされず（昭和2・4・22回答2979号），本条に違反することのみをもって戸籍の訂正がされることはない。

〔戸籍事務処理の基準・関与〕
第3条　法務大臣は，市町村長が戸籍事務を処理するに当たりよるべき基準を定めることができる。
②　市役所又は町村役場の所在地を管轄する法務局又は地方法務局の長（以下「管轄法務局長等」という。）は，戸籍事務の処理に関し必要があると認めるときは，市町村長に対し，報告を求め，又は助言若しくは勧告をすることができる。この場合において，戸籍事務の処理の適正を確保するため特に必要があると認めるときは，指示をすることができる。
③　管轄法務局長等は，市町村長から戸籍事務の取扱いに関する照会を受けたときその他前項の規定による助言若しくは勧告又は指示をするために必要があると認めるときは，届出人，届出事件の本人その他の関係者に対し，質問をし，又は必要な書類の提出を求めることができる。
④　戸籍事務については，地方自治法第245条の4，第245条の7第2項第1号，第3項及び第4項，第245条の8第12項及び第13項並びに第245条の9第2項第1号，第3項及び第4項の規定は，適用しない。

　本条は，戸籍事務の処理に関して，法務大臣又は管轄法務局長等と市町村長との間の関係等について定めるものである。
　まず，法務大臣は，市町村長が戸籍事務を処理するに当たりよるべき基準を定めることができるとする（本条Ⅰ）。
　また，管轄法務局長等は，戸籍事務の処理に関し必要があると認めるときは，市町村長に対し，報告を求めるなどの関与をすることができるとする（本条Ⅱ）。そして，その関与のために必要があると認めるときは，管轄法務局長等は，届出人等に対し，質問等をすることができるとする（本条Ⅲ）。
　さらに，都道府県知事の法定受託事務に対する関与等について定めた地方自治法の規定につき，戸籍事務への適用を除外している（本条Ⅳ）。

第1章 総　則

1　戸籍事務処理の基準

　「戸籍事務」とは，法1条の「戸籍に関する事務」と同義であり，地域に住む国民に係る市町村の行政と密接な関係があること，また，明治以来，市町村が担当してきたという歴史的経緯があることから，原則として，市町村長が管掌することとされている（戸1Ⅰ）。一方，戸籍事務は，国民の親族的身分関係について，登録・公証のみならず，形成・解消にも関与する国の根幹に関わる事務であることから，国が本来果たすべき役割に係る事務であると理解されており，地域ごとに区々にわたることがない全国統一的な運用が特に強く要請される。

　そこで，地方分権の推進を図るための関係法律の整備等に関する法律（以下「地方分権一括法」という。）による改正前の法1条では，戸籍事務は，国がその事務の処理を国の機関としての市町村長に委任する機関委任事務とされていた。これを前提として，改正前の法3条では，「戸籍事務は，市役所又は町村役場の所在地を管轄する法務局又は地方法務局の長がこれを監督する。」として，管轄法務局長等による一般的な監督規定が設けられていた。[注1]

　ところが，法1条の解説にあるように（法1条の解説4を参照），地方分権一括法により，機関委任事務の制度が廃止され，戸籍事務は，第1号法定受託事務とされた（戸1Ⅱ）。そして，地方自治法245条の2において，「普通地方公共団体は，その事務の処理に関し，法律又はこれに基づく政令によらなければ，普通地方公共団体に対する国又は都道府県の関与を受け，又は要することとされることはない。」とされた。しかし，戸籍事務について全国的に統一的な運用を図ることが求められることに変わりはないことから，そのための仕組みを維持する必要があった。

　本条1項は，その仕組みの1つとして，法務大臣が戸籍事務処理の基準を定めることができることとしたものである。[注2]「処理基準」とは，市町村が処理する戸籍事務の処理の方法を定めるものであり，法務省令，通達，通知等の形式で示されるものをいう。この処理基準は，法務大臣の所管に係る事

務を地方支分部局として分掌する管轄法務局長等（法務省設置法4Ⅰ㉑・18Ⅰ）においても定めることができる（平成12・3・15通達600号第1の1(2)）。[注3]

━━
(注1) 地方分権一括法による改正前の地方自治法150条では，機関委任事務における国又は都道府県知事の一般的な指揮監督権の規定が設けられていた。しかし，戸籍事務については，地域ごとに区々にわたることがない全国統一的な運用が特に強く要請されるため，改正前の法3条の規定が適用されることにより，都道府県知事の指揮監督権に係る地方自治法150条の適用は排除されると解されていた（青木＝大森『全訂戸籍法』29頁）。
(注2) 地方自治法245条の9第3項では，「各大臣は，特に必要があると認めるときは，その所管する法律又はこれに基づく政令に係る市町村の第1号法定受託事務の処理について，市町村が当該第1号法定受託事務を処理するに当たりよるべき基準を定めることができる。」とされるが，戸籍事務については，本条1項が適用されることから，本条4項により，地方自治法245条の9第3項の規定の適用が排除されている。
(注3) 管轄法務局長等が市町村長に処理基準を示す場合には，行政組織上の上下関係を前提とする用語である「通達」，「移達」，「訓令」等といった形式ではなく，「通知」によることとされた（平成12・3・15通達600号第1の1(2)，鈴木和男「改正戸籍法及び改正戸籍法施行規則の施行等に伴う戸籍事務の取扱い等に関する通達の概要」民月55巻5号16頁）。

２　管轄法務局長等の関与

(1) 趣旨・目的

　前述したように，戸籍事務は，原則として，市町村長が管掌することとされている一方で，全国的に統一した運用を図ることが求められる。このため，本条2項により，管轄法務局長等（市役所又は町村役場の所在地を管轄する法務局又は地方法務局の長をいう。）は，戸籍事務の処理に関し必要があると認めるときは，市町村長に対し，報告を求め，又は助言若しくは勧告をすることができるとされており，また，戸籍事務の処理の適正を確保するため特に必要があると認めるときは，市町村長に対し，指示をすることができるとさ

れている。地方分権一括法の施行前から長年にわたって行われてきた市町村の戸籍事務所における現地指導や，市町村の戸籍事務従事職員を対象とする研修は，上記の「助言」に当たることになる（平成12・3・15通達600号第1の1(2)）。

このような本条2項による法務局長等の関与の措置も，前述の地方自治法245条の2の規定の趣旨に沿って定められたものにほかならない。

(2) **関与の方法**

ア 求報告

本条2項で定められている関与の方法のうち，「報告を求め」は，実務上，「求報告」といわれており，管轄法務局長等が市町村長に対し，戸籍事務の処理体制，具体的な届出事件の処理等に関して必要な報告を求めることをいう。規則では，戸籍簿を役場外に持ち出した場合（戸規7Ⅱ），戸籍簿等が滅失した場合（戸規9Ⅰ）等における市町村長の管轄法務局長等に対する報告について規定を置いているが，報告を求めることができる場合は，これらの場合に限られるものではない。

イ 助言

「助言」とは，管轄法務局長等が市町村長に対し，戸籍事務の処理体制，具体的な届出事件の処理等に関して助けとなる意見を伝えることをいう。

ウ 勧告

「勧告」とは，管轄法務局長等が市町村長に対し，戸籍事務の処理体制，具体的な届出事件の処理等に関して必要な事項の申出をして，その申出に沿う処置をとることを勧め，促すことをいう。[注4]

エ 指示

「指示」とは，戸籍事務の処理の適正を確保するために特に必要があると認める場合に，管轄法務局長等が市町村長に対し，具体的な処理の方針，基準等を示して実施させることをいう。[注5]

(注4) 例えば，届出の審査を適正に行うため，届出事件の処理をする職員を複数配置して相互チェック体制を強化することを勧めるなどがこれに当たる（鈴木・前掲（注3）17頁）。
(注5) 例えば，規則82条では，「戸籍事務の取扱に関して疑義を生じたときは，市町村長は，管轄法務局若しくは地方法務局又はその支局を経由して，法務大臣にその指示を求めることができる。」としている。

③ 管轄法務局長等が行う調査

　管轄法務局長等は，市町村長から戸籍事務の取扱いに関する照会を受けたときや，本条2項の助言，勧告又は指示をするために必要があるときは，本条3項により，届出人等に対し，質問をしたり，必要な書類の提出を求めるなどの調査を行うことができる。

　本条3項は，戸籍法の一部を改正する法律（令和元年法律17号）において新設された。この改正前においては，上記の調査を行う権限については，明確な根拠規定が設けられていなかったところ，調査の対象となる者に対して当該調査の行政目的を明らかにし，もって，戸籍事務に係る事務処理を円滑に進めることを可能とするなどの観点から，管轄法務局長等が行う調査について法律上の根拠を明確にすることが望ましいと考えられた。そこで，上記の改正において調査の根拠規定が定められたのである（北村治樹＝遠藤啓佑＝櫻庭倫「戸籍法の一部を改正する法律の概要(2)」民月74巻9号19頁）。上記の改正の際に，市町村長の届書審査における調査権も法27条の3として規定されている。この点については，法27条の3の解説を参照されたい。

　このように，本条3項は，管轄法務局長等が従前からいわゆる任意調査として行っていた届出人等に対する調査について，法律上の根拠を明確にするにとどまり，同項が設けられる前後において任意調査としての性質が変更されたものではない。また，届出人その他の関係者に対して過料等の罰則を科す規律は，採用していない。

第1章　総　則

4　地方自治法の規定の適用除外

　戸籍事務については，全国的に統一した運用を図ることが求められることから，平成11年の地方分権一括法による地方自治法の改正以前から，市町村長に対する都道府県知事の指揮監督権（地方分権一括法による改正前の地方自治法150）は及ばないと解されていた。

　本条4項は，地方分権一括法による改正後の地方自治法の下でも，戸籍事務について都道府県知事の関与を受けないことを明らかにするため，都道府県知事の法定受託事務に対する関与について定めた規定につき戸籍事務への適用を排除するなど，地方自治法中の規定の適用除外を定めているものである（平成12・3・15通達600号第1の1⑵）。(注6)

◆◆

（注6）　具体的に，戸籍事務について適用が除外される地方自治法の規定は，次のとおりである。
　① 　地方自治法245条の4（主務大臣又は都道府県知事から普通地方公共団体に対する技術的な助言及び勧告並びに資料の提出の要求等）
　② 　地方自治法245条の7第2項1号・3項及び4項（主務大臣又は都道府県知事から市町村に対する法定受託事務に係る是正等の指示）
　③ 　地方自治法245条の8第12項及び13項（法令等に違反する市町村の法定受託事務の管理・執行に対する主務大臣の是正勧告，代執行等）
　④ 　地方自治法245条の9第2項1号・3項及び4項（法定受託事務の処理に係る主務大臣又は都道府県知事による処理基準の制定）

第4条〔特別区・指定都市の区及び総合区への準用〕

> 〔特別区・指定都市の区及び総合区への準用〕
> 第4条　この法律中市，市長及び市役所に関する規定は，特別区においては特別区，特別区の区長及び特別区の区役所に，地方自治法第252条の19第1項の指定都市においては区及び総合区，区長及び総合区長並びに区及び総合区の区役所にこれを準用する。

　本条は，戸籍法中の「市」，「市長」及び「市役所」に関する規定について，特別区等（特別区・特別区の区長・特別区の区役所）及び指定都市等（指定都市の区及び総合区，区長及び総合区長並びに区及び総合区の区役所）に準用する旨を定めるものである。

1　特別区

　東京都の区は，「特別区」といい（地方自治法281Ⅰ），特別地方公共団体とされている（地方自治法1の3Ⅲ）。特別区は，法律又はこれに基づく政令により都が処理することとされているものを除き，地域における事務及びその他の事務で法律又はこれに基づく政令により市が処理することとされるもの等を処理するとされる（地方自治法281Ⅱ）。

　本条は，特別区の区長もまた，戸籍に関する事務を管掌する市長（戸1Ⅰ）と同じ職責を担うものとして，戸籍法中の市，市長及び市役所に関する規定を特別区，特別区の区長及び特別区の区役所にそれぞれ準用することとしたものである。

2　指定都市の区及び総合区

　指定都市（注1）（政令で指定する人口50万以上の市（地方自治法252の19Ⅰ）をいう。）は，市長の権限に属する事務を分掌させるため，条例で，その区域を分けて区を設けることとされている（地方自治法252の20Ⅰ）。また，指定

第1章　総　則

　都市は，その行政の円滑な運営を確保するため必要があると認めるときは，市長の権限に属する事務のうち特定の区の区域内に関するものを総合区長に執行させるため，条例で，区に代えて総合区を設けることができる（地方自治法252の20の2Ⅰ）。(注2)

　このように，指定都市の区及び総合区は，市長の権限に属する事務を分掌又は執行する機関であるところ，本条は，指定都市の区長及び総合区長もまた，戸籍に関する事務を管掌することとして，戸籍法中の市，市長及び市役所に関する規定を区及び総合区，区長及び総合区長並びに区及び総合区の区役所にそれぞれ準用することとしたものである。

◆◆◆

(注1)　令和7年2月現在，指定都市に指定されている市は，次のとおりである（地方自治法252条の19第1項の指定都市の指定に関する政令（昭和31・7・31政令254号））。
　　　　大阪市　名古屋市　京都市　横浜市　神戸市　北九州市　札幌市　川崎市　福岡市　広島市　仙台市　千葉市　さいたま市　静岡市　堺市　新潟市　浜松市　岡山市　相模原市　熊本市
(注2)　令和7年2月現在，総合区を設けている指定都市はない。

> 第5条　削除

　本条は，戸籍に関する手数料についての規定であり，法施行当時は，手数料の額は法律でこれを定めることとされ，戸籍手数料の額を定める法律（昭和23年法律51号）が制定されていた。昭和24年法律137号により本条が改められ，「手数料の額は，物価の情況，戸籍の謄本の交付等に要する実費その他一切の事情を考慮して，政令でこれを定める。」（改正前の本条Ⅱ）こと等とされた。

　しかし，平成11年，地方分権の推進を図るための関係法律の整備等に関する法律（平成11年法律87号）の制定に伴い，本条は削除され，これに伴い戸籍手数料令（昭和24・5・31政令141号により制定，昭和51・3・30政令41号によって改正）も廃止された（戸籍手数料令を廃止する政令（平成11・11・12政令357号））。そして，地方公共団体の手数料の標準に関する政令（平成12・1・21政令16号）が新たに制定され，同政令の標準事務8項として，戸籍に関する手数料の標準金額が定められている。

第2章　戸籍簿

【前　注】

1　本章の構成

　本章は，戸籍に関する基本的事項を定めている。6条では戸籍の編製の原則について，7条及び8条では戸籍簿の調製の方法について，9条では戸籍の表示方法について，10条から10条の4までは戸籍の公開に関する事項について，11条及び11条の2では，戸籍の再製・補完について，12条では除籍簿について，そして，12条の2では除かれた戸籍の公開について，それぞれ定めている。

　このように本章は6条から9条までは戸籍の編製やその特定方法といった基本的な事項を定めているが，条文の体裁は紙戸籍を前提としている。もっとも，現在では磁気ディスクによる戸籍が用いられているので，法119条でこのための特則が設けられたり，6条以下をコンピュータ戸籍に適合するように解釈している。

　次に，10条から10条の4及び12条の2は，戸籍の公開に関する規定である。11条から12条までは，上記のとおりである。

　この前注においては，2において，戸籍の公開に関する概括的な説明を行った後に，3において，このようにして公開された戸籍謄本等の証明力について触れることとする。

2　戸籍の公開

(1)　戸籍の公開制度の意義・沿革

　　ア　概　要

　戸籍の公開とは，戸籍事務の管掌者である市町村長が，戸籍の記載事項の

利用を必要とする者の請求に基づき，その事項を開示して，これを公証することをいう。我が国における戸籍の公開の制度は，明治31年戸籍法によって導入されたものであるが，現在までの100余年にわたるその沿革をたどってみると，「全面的に公開を認める」制度から「正当な理由がある場合に限って公開を拒むことができる」制度へ，さらに，「第三者の請求による戸籍の公開については厳格に制限する」制度へと変質してきたということができる。

戸籍には，国民の身分関係に関する事項が記載されているから，みだりに探索・公表されることを許容するならば，国民のプライバシーが侵害されるおそれがある。したがって，戸籍の公開の制度は，社会生活上必要かつ相当な戸籍情報の利用を確保しつつ，他方で，その利用により生じ得る個人のプライバシーの侵害を防止するという2つの要請を満たすものとして制定・運用されることを要する。上に述べた戸籍の公開の制度の変遷は，それぞれの時代における上記2つの要請の調和の有り様を具現するものである。こうした流れの中で，平成19年に改正された現行の制度は，我が国社会の近代化・高度化の進展に伴って個人情報の保護という要請が高まってきたことを，鋭敏に反映するものと評することができる。

イ　制度の変遷

上記の制度の変遷の跡を簡単に振り返ると，次のとおりである。

当初の明治31年の戸籍法において採用されたのは，「何人も」戸籍等の閲覧請求や戸籍謄抄本等の交付請求することができるとする「全面公開」の制度であった（同法13・174）。この原則は大正3年の戸籍法に踏襲されたが（同法14），ここでは，市町村長は「正当な理由」がある場合に限り，戸籍の公開の請求を拒むことができるとする若干の制約が付加され，この制度が，戦後の昭和22年に制定された現行戸籍法にも引き継がれた（戸10）。これらの制度の運用において「正当な理由」がある場合とは，終戦直後の先例では，一時にみだりに多人数の謄本を請求する場合，災害等により執務困難な場合その他これに類する特殊な場合を指すものとされていたが（昭和23・9・9回答2484号），国民の権利意識の変化に対応して，戸籍の公開が個人の名誉

やプライバシーの侵害につながるおそれがある場合もこれに当たるとの説を生じ，昭和40年代後半には，請求が人権侵害や差別的事象につながるおそれがある場合には，これに応じない取扱いをすることができるとする先例も現れた（昭和49・9・5福井協議会決議，昭和50・10・7鳥取協議会決議）。しかし，当時の制度においては，市町村長において請求を拒むべき正当な理由の有無を判断するための法律上の根拠に欠けるところがあったために，適正な戸籍公開の運用に支障が生じていた。[注1]

そこで，昭和51年の戸籍法の改正により，戸籍謄本等の交付請求をする場合には，原則として請求の事由を明らかにしなければならないこととし，市町村長は，これを手掛かりにして，請求が不当な目的によることが明らかであると判断されるときは，これを拒むことができるとする手続が創設された。あわせて，上記の改正では，戸籍公開の手段としての意義が薄れる割には多くの手間と費用を要する閲覧の制度を廃止し，除籍の謄抄本等の交付請求について，除籍の性質を考慮して，第三者による請求が認められる場合につき，相続関係を証明する必要がある場合などに限定するなどの措置も講じられた。

これらの手当てによって，不当な目的による戸籍の公開の請求を排除する体制が整備されたが，平成年代に入ると，自己の情報を他人に知られたくないとする国民の意識の高まりを背景にして個人情報保護の社会的要請が一層強まり，また，他人の戸籍謄本等を不正に取得するという事件が発生・発覚したことから，戸籍の公開制度を厳格なものに改めるべきであるとの要望が関係各界から法務省・法務局に寄せられるに至った。[注2] このため，平成19年に，「戸籍の制限的公開」の流れを更に推し進める戸籍法の改正が行われた。これが，現行の戸籍の公開制度である。

━━━━━━━━━━━━━━━━━━━━━━━━━━━━━━━━━━━━━

（注1）　青木＝大森『全訂戸籍法』66頁。
（注2）　小出邦夫「『戸籍法の一部を改正する法律』の解説」民月62巻6号7頁。

第2章　戸籍簿

(2) 現行の戸籍公開制度の枠組み

　上記の平成19年の戸籍法改正により，戸籍の公開に関する規定は従前よりも極めて詳細・複雑なものになった。そこで，この現行制度の枠組みを，最も主要な公開手段である戸籍の謄本・抄本及び戸籍事項証明書（以下「戸籍謄本等」という。）の交付請求についてみると，これは2つの柱から成り立っている。その詳細は，法10条と10条の2の解説を参照されたいが，1つは，戸籍謄本等の交付の請求をする者を区別し，本人等請求，第三者請求，公用請求，弁護士等請求のそれぞれについて請求の要件（請求をすることができる理由）を明確に定め，市町村長がこれを確認するものとしたことである。

　他の1つは，戸籍謄本等の請求の手続を行う者がその本人であることを確認するに足りる資料の提示を義務付けた上で，市町村長においてこれを確認すべきものとしていることである（戸10の3・10の4）。これらの取扱いは，上記昭和51年の制度とは異なり，除かれた戸籍の謄本・抄本及び除かれた戸籍に記載した事項に関する証明書に準用され（戸12の2），その結果，戸籍の謄抄本等と除籍の謄抄本等の請求について，同一の規準で対処することになっている。

　さらに，令和元年法律17号による戸籍法の改正が令和6年3月1日に全面施行となり，かつ，法118条1項に基づく法務大臣の指定が令和2年9月28日に全ての市町村で完了したことから，戸籍の公開は，全市町村で磁気ディスクをもって調製された戸籍又は除かれた戸籍に記載されている事項の全部若しくは一部を証明した書面である「戸籍証明書」や「除籍証明書」によりなされている（戸120）。そして，この改正により，本人等が行う戸除籍の証明書の請求は，他の市町村に本籍がある場合についても，いずれの市町村に対しても行うことができることとなった（広域交付，戸120の2）。また，同一の市町村内で請求から交付までの手続が完結する場合に限り，公用請求についても広域交付が認められる。これらの詳細は，第6章の前注及び各該当条文の解説を参照されたい。

(3) 手数料の納付

戸籍謄本等の交付の事務は，地方自治法2条9項に規定する地方公共団体の法定受託事務であって特定の者のためにするものであるから，条例で手数料を定めることができるとされている（地方自治法227・228Ⅰ）。したがって，戸籍謄本等の交付を請求する者は，各市町村が条例で定める手数料を納付しなければならない。

3 戸籍の証明力

戸籍は人の身分に関する事項（国籍に関する事項を含む。）を公証するものである。その記載は一応真実なものとして証明力を有する（最判昭28・4・23民集7巻4号396頁）。

戸籍の記載事項については，その届出に当たり，届出事項を証明する書面の提出を求めたり（戸27の3），また，虚偽の届出をした者に対して刑罰を科したりして（刑157Ⅰの公正証書原本不実記載等），その真正を担保しようとしている。しかし，戸籍事務は実体的な事実関係の審査の方法に限界を有する市町村長が管掌するものであるから，戸籍の記載に公信力は与えられておらず，証明力はあるものの反証を許さない絶対的なものではなく，裁判所はその記載の内容が真実か否かにつき，自由な心証をもってこれを判断することができる（大決大11・1・16大審院民集1巻1頁）。それゆえ，裁判上，戸籍の記載と異なる事実の主張をする場合にも，戸籍の記載を訂正した後でなければならないわけではない（大判昭7・12・14大審院民集11巻2323頁）。

戸籍の訂正は，単に戸籍の記載を真実に合致させようとする方法にすぎず，これにより身分関係が変更される作用をもつものではない（大決大11・11・6大審院民集1巻633頁）。

戸籍の証明力について述べた以上のことは，除かれた戸籍についても同様に当てはまる。

第 2 章　戸籍簿

> 〔戸籍の編製〕
> 第 6 条　戸籍は，市町村の区域内に本籍を定める一の夫婦及びこれと氏を同じくする子ごとに，これを編製する。ただし，日本人でない者（以下「外国人」という。）と婚姻をした者又は配偶者がない者について新たに戸籍を編製するときは，その者及びこれと氏を同じくする子ごとに，これを編製する。

本条は，戸籍編製の基準を定めたものである。

1　戸籍編製の基準

　戸籍制度は，日本国民の各人について，身分法上の事実又は法律関係を登録し，公証する制度であるが，一の戸籍をどのような基準で編製すべきかは，種々考えられるところである。国民の一人ひとりを個別に編製することも，数人をもって編製することも可能である。旧戸籍法は，戸主を中心とする一の戸（家）ごとに一の戸籍を編製するものとしていたが（旧戸 9），家の制度を廃止した現行法は，一の夫婦及びこれと同氏の子を単位として一の戸籍を編製することを原則としている。そして，その後の身分行為によって戸籍の変動が生じるときは，全てこの基準に合致した処理をすることになる。

2　戸籍編製の単位

(1)　夫婦及び同氏の子

　戸籍は，一の夫婦及びこれと氏を同じくする子ごとに編製するのが原則である。夫婦は婚姻によって同じ氏を称し（民750），夫婦につき新戸籍を編製するか又はその一方が他方の戸籍に入ることになるが（戸16），以後婚姻中，戸籍を異にすることはない。戸籍は，一の夫婦につき編製するから，二の夫婦が一の戸籍に入ることは認められない。そして，戸籍は父母と同氏の子ご

とに編製すべきものであるから，三代にわたる親族が同一戸籍に入ることも認められない（戸17）。したがって，父母と氏を同じくする子はその父母の戸籍に入るが（戸18），これと氏を異にする子はその父母の戸籍に入ることはできないし，直系卑属でも孫は祖父母の戸籍に入ることはできない。また，夫婦の戸籍に入る子は，必ずしも夫婦双方の子に限らず，夫婦の一方の子でも氏を同じくする限り，夫婦の戸籍に入ることができる。さらには，子は嫡出子であると嫡出でない子であるとを問わないし，養子もこれに含まれる。

(2) 外国人と婚姻した者及び同氏の子

日本人が外国人と婚姻した場合は，その一方が外国人であるため，夫婦いずれもが入籍する新戸籍を編製することはない。戸籍の筆頭者でない者が外国人と婚姻をした場合は，外国人と婚姻した者につき新戸籍を編製し，戸籍の筆頭者が外国人と婚姻した場合は，新戸籍を編製することはないが（戸16Ⅲ），いずれの場合も外国人との婚姻事項を記載するのみであり，外国人配偶者がその戸籍に入ることはない。その者に同氏の子又は養子が生じたときは，子又は養子は日本人である父若しくは母又は養親の戸籍に入ることになる（戸18）。

(3) 筆頭者又は配偶者以外の者及び同氏の子

戸籍の筆頭者又は配偶者以外の者が同氏の子又は養子を有するに至ったときは，その者につき新戸籍を編製する（戸17）ほか，これらいずれの戸籍にも入らない単身者については，その者につき新戸籍を編製する（戸22）。これらの者と同氏の子又は養子は，父若しくは母又は養親につき編製した戸籍に入ることになる（戸18）。

③ 氏の変動と戸籍

(1) 同氏の親子同籍の原則

氏は，名とともに個人の同一性を識別する呼称であるが，原則として，これを自由に創設したり，変更したりすることは認められない。民法及び戸籍

法は，子は出生によって原始的に父母の氏を称して，父母の戸籍に入ることとしているが（民790，戸18Ⅰ・Ⅱ），その氏はその後の身分行為によって変動することがある。養子は養親の氏を称し，離縁によって縁組前の氏に復するものとし（民810・816），夫婦は婚姻によって同一氏を称し，婚姻によって氏を改めた者は離婚によって復氏するものとしている（民750・767）。また，子が父母と氏を異にするときは，子の氏を父母の氏に変更することを認めている（民791）。そして，これらの行為による氏の変動に伴って，戸籍の変動が生じるのである（戸16・18・98）。

(2) **同氏の親子同籍の例外**

同氏の親子は必ず戸籍を同一にするとは限らない。例えば，戸籍の筆頭者でない生存配偶者である父又は母が，筆頭者の死亡後，自己の氏を称する婚姻をして，夫婦につき新戸籍が編製された場合（戸16Ⅰ）は，その婚姻前の戸籍に在る子は父又は母と同氏であり，また，父又は母の離婚，生存配偶者の復氏又は離縁により父又は母につき新戸籍が編製された場合（戸19）は，その婚姻前又は縁組前の戸籍に在る子は，離婚，生存配偶者の復氏又は離縁により復氏した父又は母と同氏であるが，これらいずれの場合も父又は母と戸籍を異にすることになる。(注1) そのほか，子の分籍，離縁等により，子につき新戸籍が編製された場合（戸21・19）にも，その子は，父母と同氏であるが，父母と戸籍を異にすることになる。

━━

(注1) 父又は母の婚姻，離婚，生存配偶者の復氏又は離縁により，父又は母につき新戸籍が編製された場合，その婚姻又は縁組前の戸籍に在る子は，父又は母と同籍する旨の入籍の届出により父又は母の戸籍に入ることができる（平成6・11・16通達7005号第1の1(1)，昭和51・11・4通達5351号）。また，父又は母が離婚又は離縁後に，離婚又は離縁の際に称していた氏を称したことにより，父又は母につき新戸籍が編製された場合（民767Ⅱ・816Ⅱ，戸77の2・73の2）は，その婚姻又は縁組前の戸籍に在る子は，父又は母と同籍する旨の入籍の届出により父又は母の戸籍に入ることができる（昭和62・10・1通達5000号第3の4(2)・第4の2(2)）。外国人と婚姻した父又は母がその氏を外国人の称する氏に変更（戸107Ⅱ）したことによ

第6条〔戸籍の編製〕

り，父又は母につき新戸籍が編製されたため，その婚姻前の戸籍に在る子が父又は母の戸籍に入る場合や，氏を外国人配偶者の称する氏に変更した父又は母が離婚後にその氏を婚姻前の氏に変更（戸107Ⅲ）したことにより，父又は母につき新戸籍が編製されたため，離婚前の戸籍に在る子が父又は母の戸籍に入る場合も，同様の取扱いである（昭和59・11・1通達5500号第2の4(1)カ・(2)イ）。

4 戸籍に記載されるべき者

(1) 日本国民

戸籍は，日本国民（天皇及び皇族を除く。）に関する身分法上の事実や身分関係を登録し，公証するものであるから，日本人についてのみ編製されるものであり，日本人である限り，日本に居住すると否とにかかわらず，全ての者が戸籍に記載されるべきであるが，二重に戸籍に記載されてはならない。また，外国人は戸籍に記載されない。

日本人の子は，出生によって日本の国籍を取得する（国2①・②）から，出生の届出（戸49～56・104）により戸籍に記載される（戸18）。そのほか，棄児は，棄児発見調書によって（戸57），就籍者は，就籍届によって（戸110・111）戸籍に記載され，法務大臣への国籍取得の届出（国3・17）又は帰化（国4～10）により日本の国籍を取得した者は，国籍取得又は帰化の届出（戸102・102の2）によって戸籍に記載される（なお，後記注4参照）。また，志望による外国国籍の取得（国11Ⅰ），外国の法令による外国国籍の選択（国11Ⅱ），日本国籍の離脱（国13），日本国籍の不選択（国15）又は日本国籍の喪失宣告（国16）により日本の国籍を喪失した者は，国籍喪失の届出又は官公署からの国籍喪失の報告によって戸籍から除かれる（戸103・105）。

このようなことから，戸籍は，日本人の身分関係を公証する機能のほか，日本国籍の有無について公証する機能をも有する。

(2) 天皇及び皇族

日本人でありながら，戸籍に記載されない唯一の例外として，天皇及び皇族がある。天皇及び皇族については，戸籍法の適用はなく，その身分に関す

る事項は，皇室典範の適用により，皇統譜に登録される（皇室典範26，皇統譜令）。皇族の身分を離れた者については，戸籍法が適用されることになり，新たに戸籍に記載されなければならないし，皇族となった者については，戸籍法の適用がなくなるため，戸籍から除く必要が生じるが，その戸籍の処理については，皇族の身分を離れた者及び皇族となつた者の戸籍に関する法律に定められている。

5 本　籍

(1) 本籍の意義

本籍は，戸籍を特定するための戸籍の所在場所であり，戸籍の編製基準である一定の場所であるが，後述のとおり，現実の生活関係とは全く無関係のものである。したがって，本籍は，単に戸籍を表示するための符号の役割を持つにすぎないものといえる。本条は，戸籍は市町村の区域内に本籍を定める者について編製するものと規定する。新戸籍を編製する場合は，必ず本籍を定める必要があり，戸籍の編製はその本籍の所在場所を管轄する地の市町村長が行う。

　　ア　本籍の場所

本籍は，日本国内であれば，いずれの場所にも定めることができ[注2]，いずれの場所に定めるかは，これを定める者の自由な意思に委ねられる。本籍と定める場所は，必ずしも住居と一致することを要しない（大正5・10・21回答629号）。分籍，婚姻，離婚，離縁等に伴って新戸籍を編製する場合は，一度定めた本籍を従前の場所と異なる場所に定めることも自由である。

　　イ　本籍の決定

子は，原則として，出生によって父母（父又は母）の戸籍に入る（民790，戸18）から，出生によって当然に本籍が決定される。[注3]

法務大臣への国籍取得の届出（国3・17）又は帰化（国4～10）により日本の国籍を取得した者は，既にある戸籍に入る場合を除き，新たに本籍を定

めなければならない。^(注4)なお，同一の戸籍に在る者は本籍を共有することになる。

(2) 本籍の表示方法

本籍は，土地の地番号，又は住居表示に関する法律に定める街区符号^(注5)によって表示するものとされ（戸規3），いずれの表示によることも可能であるが，土地の地番号で表示されている本籍の表示を街区符号の表示に変更する場合は，全て転籍として取り扱うものとされる（昭和51・11・5通達5641号）。地番号と街区符号とは全く異質のものだからである。

▼▼▼

(注2) 国有財産台帳に登録されているが，土地登記簿には不動産登記に基づく地番の設定がされていない島根県の竹島（島根県穏地郡五箇村（現・隠岐郡隠岐の島町）竹島官有無番地）に本籍を定めることもでき（昭和42・9・26回答2650号），北海道の歯舞群島は北海道根室市に属しているので，同群島に本籍を定めることもできる（昭和44・3・11回答422号，昭和56・5・18回答3112号）。また，いわゆる北方領土に属する国後，択捉，色丹の諸島についても，北方領土問題等の解決の促進のための特別措置に関する法律（昭和57年法律85号）11条1項の戸籍事務管掌者の指名に関する告示（昭和58年法務省告示63号）により，北海道根室市長が戸籍事務管掌者に指名されているので，同諸島に本籍を定めることが可能である。

(注3) 日本人男から胎児認知された外国人母の嫡出でない子や，日本で出生したが，父母が知れないか又は無国籍である子は，出生により日本の国籍を取得するが，氏及び入るべき戸籍がないので，子について新たに氏及び本籍を定めて新戸籍を編製しなければならない（昭和29・3・18回答611号，昭和38・1・7回答3771号）。

(注4) 国籍法3条により国籍を取得した者については，原則として，新たに氏を定めて新戸籍を編製するが，その者が国籍取得時に日本人の養子であるときは，養親の氏を称してその戸籍に入り，日本人の配偶者であるときはその配偶者とともに届け出る氏をもって新戸籍を編製するか又は日本人配偶者の戸籍に入る（平成20・12・18通達3302号第1の2(1)ア・イ）。また，国籍法17条1項により国籍を取得した者については，国籍取得時に氏を同じくする父又は母があるときはその戸籍に入り，その戸籍がないときは新戸籍を編製する。国籍法17条2項により国籍を取得した者については，国籍喪失時に在籍していた戸籍に入り，その戸籍が除かれているとき又はその者が日本国籍を引き続き保持していたとすればその戸籍から除籍する理由があるときは，新戸籍を編製する（昭和59・11・1通達5500号第3の1(2)イ・ウ）。

第2章　戸籍簿

　　　帰化により国籍を取得した者については，新戸籍を編製するのが原則であるが，日本国籍を有する父母がある場合は，その父母と異なる氏又は本籍を定めて新戸籍を編製するか又は父母の戸籍に入る（昭和25・9・12回答2468号）。
（注5）　街区符号とは，町又は字の区域を道路，鉄道若しくは軌道の線路その他の恒久的な施設又は河川，水路等によって区画された地域につけられる符号をいい，当該街区内にある建物その他の工作物につけられる住居番号とは異なる（住居表示に関する法律2①）。住所は何市何町何番何号と表示されるが，「何番」に当たる部分が街区符号であり，「何号」に当たる部分が住居番号である。このうち，本籍に用いることができるのは街区符号のみであり，住居番号を本籍に用いることはできない。

〔戸籍簿〕
第7条 戸籍は，これをつづつて帳簿とする。

　本条は，紙の戸籍に関し，多数の戸籍をつづって戸籍簿とすることを定めた規定である。現在，全ての市町村はコンピュータ戸籍により事務を処理しているが，本条に定める処理方法は，コンピュータ戸籍についても基本的に当てはまる。コンピュータ戸籍に関する特例は，法118条以下の解説を参照されたい。なお，戸籍の用紙，戸籍簿のつづり方，保管の方法等については，規則1条から6条までにおいて定められている。

1 戸籍のつづり方

　戸籍は多数存在するから，その検索の便宜と散逸防止のため，これをつづって帳簿として保管するが，そのつづり方は，市町村長が定める区域ごとに，本籍を表示する土地の地番号若しくは住居表示に関する法律による街区符号の番号の順序又はその区域内に本籍を有する者の戸籍の筆頭に記載した者の氏のあいうえおの順序による（戸規3）。つづり方をどのようにするかは，市町村の実情に応じて適宜定めることとなる。

(1) **帳簿方式**

　戸籍簿は，新たな戸籍をつづり込んだり，除籍となった戸籍を取り除いたりしなければならないため，その加除の利便性から，バインダー式の帳簿にするのが一般的であるが，戸籍簿には，戸籍の検索，簿冊の管理等の便宜上，規則附録2号様式による表紙をつけ，これを分冊する場合には，その表紙に番号を記載し，地区によって分冊するときは，その地区の名称をも記載しなければならない（戸規4）。[注1]

(2) **フォルダー方式**

　戸籍簿は，事務の能率化の観点から，10程度の戸籍を1のフォルダーに収納して保管することが認められている（昭和36・2・28回答486号）。この場合，

第2章　戸籍簿

その表紙に番号を付し，地区の名称を記載すること等は，帳簿による場合と同様であるが，フォルダーによる場合は，表紙の記載は横書きとしても差し支えない（昭和36・2・28回答486号）。

◆◆

（注1）　地区によって分冊した場合において，その地区の行政区画又は土地の名称が変更したため，これを更正するときは，表紙に記載した名称を更正し，その裏面にその事由を記載しなければならない（戸規46Ⅱ）。

②　戸籍用紙

戸籍用紙は，日本産業規格Ｂ列4番の丈夫な用紙を用い，一定の様式(注2)によって，調製しなければならないが，例外的に美濃判の丈夫な用紙を用いることも認められる（戸規1）。

(1)　様　式

戸籍用紙は初葉の用紙と2葉以下の用紙について各別に様式が定められており，2葉以下の用紙は，同一戸籍に4名以上の記載を要する場合の継続用紙として用いられる。用紙に印刷される各欄及びその行数は定められているが，枠の寸法の定めはないから，その寸法は市町村長が適宜定めることができる（昭和27・6・14法務府令66号による改正後の戸規附録1号様式，昭和27・6・16通達842号）。この様式に合致しない用紙を用いることは許されない（明治31・9・27回答1240号）。違法な様式の用紙を用いて編製された戸籍は，管轄法務局又は地方法務局の長の許可を得て職権で消除した上，適正な様式の用紙を用いて編製し直すのが相当とされる（昭和26・5・10回答947号）。

(2)　契　印

戸籍が数葉にわたるときは，市町村長は，職印で毎葉のつづり目に契印をし，かつ，その毎葉に丁数を記入しなければならないが（戸規2Ⅰ），2葉以下については，丁数のほか筆頭者の氏名の記載を要する（昭和33・12・17法務省令67号による改正後の戸規附録1号様式・6号様式，昭和33・12・20通達

2612号)。当該戸籍が数葉にわたり、一体となって編製されていることを明らかにし、戸籍の散逸を防止するためである。

(3) 掛　紙

戸籍の一部の記載欄の記載事項が多くなり、その記載欄に収まらなくなったときは、掛紙をすること(戸籍用紙の上に紙を貼り付けること。幾重にも貼付されることもある。)ができるが、この場合には、市町村長は、職印で掛紙と本紙とに契印をしなければならない(戸規2Ⅱ)。この掛紙は、掛紙を要する記載欄全欄と同一様式、寸法のものを用いることになるが、戸籍事項欄の場合は、その上欄と同一様式、寸法のものでも差し支えない(昭和39・4・6回答1497号)。

- -

(注2)　戸籍用紙の各欄の名称は、次のとおりである。
　　　後掲(55頁)の戸籍用紙の様式中、①は本籍欄、②は筆頭者氏名欄、③は戸籍事項欄、④は身分事項欄、⑤は父母欄、⑥は父母との続柄欄、⑦は養父母欄、⑧は養父母との続柄欄、⑨は配偶欄、⑩は名欄、⑪は出生年月日欄と称する。このうち、⑦及び⑧の養父母欄及び養父母との続柄欄は養子に限り設けられ、⑨の配偶欄は配偶者を有する者に限り設けられる。
　　　コンピュータ戸籍の場合は、後掲(56頁)の戸籍の全部事項証明書の様式中に①から⑪までの番号表示の箇所にそれぞれ、本籍等が表示される。
　　　戸籍の記載事項の詳細については法13条を参照されたい。

③ 戸籍簿の見出帳・見出票

戸籍事務の処理のためには、戸籍簿のほかにも種々の帳簿が調製される。除籍簿(戸12)や受附帳(戸規21)のように法令によって調製が義務付けられているものがあるほか、事務処理の便利のため管轄法務局又は地方法務局の長が定める戸籍事務取扱準則(注3)によって、又は市町村長の任意によって調製される帳簿も少なくない。戸籍の見出帳・見出票は規則6条によって調製が義務付けられている。

第2章　戸籍簿

(1)　見出帳

　戸籍簿や除籍簿には多数の戸籍や除籍がつづり込まれ，しかも簿冊も少なくないので，その中から特定の戸籍や除籍を検索することは極めて困難である。戸籍の見出帳はその検索を容易にするために必要不可欠なものである。この見出帳は，規則附録3号様式によって，戸籍簿及び除籍簿について各別に調製し，これに戸籍の筆頭に記載した者の氏のいろは順又はあいうえお順に従い，その者の氏名，本籍その他の事項を記載しなければならない（戸規6Ⅰ）。戸籍簿の見出帳には，上記の順序に従って，筆頭者の氏名，本籍，戸籍編製の年月日及び備考欄の記載をし，除籍簿の見出帳には，上記の順序に従って，筆頭者氏名，本籍，年度，冊数，丁数及び備考欄の記載をすることになる。なお，見出帳は，戸籍簿及び除籍簿について各別に縦書きで調製するのが原則であるところ，管轄法務局又は地方法務局の長の認容を得て，これを横書きで一体化して調製することもできる（昭和39・9・30回答3190号）。

(2)　見出票

　見出帳は帳簿であるが，市町村長において，カード式が便利であると認めるときは，規則附録4号様式による見出票により，上記の記載事項を記載し，上記順序により整序して，見出帳に代えることができる（戸規6Ⅱ）。なお，見出票は，戸籍簿及び除籍簿について一体化され，横書きとなっている（戸規附録4号様式）。

◆◆

（注3）　法務局又は地方法務局が戸籍事務取扱準則を定める参考として，平成16年4月1日通達850号によって戸籍事務取扱準則制定標準が示されている。

第7条〔戸籍簿〕

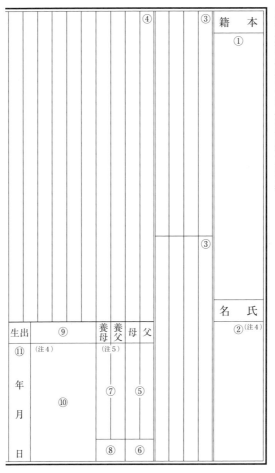

戸籍用紙の様式の一部（規則附録一号様式）

(注4) 規則附録1号様式は，規則の改正により，氏及び名の振り仮名を記載することが予定されている。
(注5) 前掲（注2）のとおり，戸籍用紙の養父母欄（⑦）及び養父母との続柄欄（⑧）は養子に限り設けられ，同様に配偶欄（⑨）は配偶者を有する者に限り設けられる。

第2章　戸籍簿

		(2の1)	全部事項証明

本　　籍	①		
氏　　名	②		
氏の振り仮名 (注6)			
戸籍事項	③		
戸籍に記録されている者	【名】⑩ 【名の振り仮名】 【生年月日】⑪　　　　【配偶者区分】⑨ 【父】⑤ 【母】⑤ 【続柄】⑥ 【養父】⑦ (注7) 【養母】⑦ 【続柄】⑧		
身分事項	④		
戸籍に記録されている者	【名】 【名の振り仮名】 【生年月日】 【父】 【母】 【続柄】		
身分事項			

（縦書き右側）コンピュータ戸籍の全部事項証明書（規則付録二十二号様式）

（注6）　規則付録22号様式は，本書編集時点において想定されている，氏の振り仮名欄，名の振り仮名のインデックスが含まれた様式を参考として掲載している。

（注7）　前掲（注5）同様に，コンピュータ戸籍の養父母欄（⑦）及び養父母との続柄欄（⑧）は養子に限り「養父」「養母」等のインデックスが設けられ，配偶欄（⑨）は配偶者を有する者に限り「配偶者区分」のインデックスが設けられる。

> 〔戸籍の正本・副本〕
> 第8条　戸籍は，正本と副本を設ける。
> ②　正本は，これを市役所又は町村役場に備え，副本は，管轄法務局若しくは地方法務局又はその支局がこれを保存する。

　本条は，戸籍が日本国民の身分関係を登録公証する唯一の重要な帳簿であることに鑑み，正本の滅失に備え，正本のほかに副本を設けることとともに，正本及び副本の保管，保存場所を定めたものである。その正本の保管，副本の作成，保存等について，規則7条・8条・15条・16条・18条及び19条に規定がある。

　一部例外を除き，戸籍を，紙を媒体として調製していたものから，磁気ディスクをもって調製，処理（以下「コンピュータ処理」という。）することとなった現在，正本・副本の意義等に変更はないが，本条2項にあるその保管方法や送付方法は変化している。コンピュータ処理に係る正本については，法119条，副本については，法119条の2にその規定があるので参照されたい。これは，災害時における戸籍の正本・副本の同時滅失等を防止し，国民の身分関係情報の保全及び災害時における市町村長の戸籍事務の継続的な処理を目的とすることとして改正されたものである。

1　戸籍の正本

(1)　正本の備付け

　正本は，副本に対する原本の意味である。法において，単に戸籍というときは，戸籍の原本すなわち正本のことを指す。正本は戸籍事務管掌者である市町村長が保管し，市役所又は町村役場に備え付ける。

(2)　保存の方法

　改製不適合戸籍等の紙を媒体として調製している戸籍簿は，重要な帳簿であるから，施錠のある耐火性の書箱又は倉庫におさめて厳重に保管しなけれ

ばならない（戸規8）。庁舎が鉄筋コンクリートの耐火性建物であっても，戸籍簿等の安全を確保するため保管施設を完備する必要がある（昭和37・11・21通知495号）。

(3) **持出禁止**

改製不適合戸籍等の紙を媒体として調製している戸籍簿は，水害，火災その他の事変を避けるためでなければ，市役所又は町村役場の外に持ち出すことはできない（戸規7Ⅰ）。裁判所その他の官公庁から原本の提出の命令又は嘱託があっても，これに応じることはできない（明治34・7・1回答667号）。戸籍簿が重要な帳簿であるということのほかに，各種届出の審査，戸籍の記載，謄抄本の発行等の事務処理のため，常時取り出せる場所に備えておく必要があるからである。

戸籍簿を市役所又は町村役場の外に持ち出したときは，市町村長は，遅滞なくその旨を管轄法務局若しくは地方法務局又はその支局に報告しなければならない（戸規7Ⅱ）。これを原状に回復したときも同様である。[注1]

◆◆◆◆◆◆◆◆◆◆◆◆◆◆◆◆◆◆◆◆◆◆◆◆◆◆◆◆◆◆◆◆◆

(注1) 災害を避けるため戸籍簿，除籍簿又はこれらに関する帳簿書類を事務所外に持ち出した場合における報告は，①災害発生の年月日時，②災害の状況，及び③持ち出した戸籍簿，除籍簿又はこれらに関する帳簿書類の名称及び数量並びに持ち出した場所を明らかにすべきである。また，これらの帳簿書類を原状に回復したとき，又は移動させたときは，その旨を報告すべきであり，回復又は移動の報告をするときは，①回復又は移動の年月日時，②回復した旨又は移動した場所，及び③異状の有無を明らかにすべきである（準則13参照）。

②　戸籍の副本

ここでいう，副本の作成・保管等については，紙戸籍における規定である。コンピュータ処理における作成・保管等については，法119条及び119条の2の解説を参照されたい。

第 8 条〔戸籍の正本・副本〕

(1) 副本の作成・送付

　副本は，正本が水害，火災その他の事変によって正本が滅失した場合の再製資料とするため作成されるものである。副本は，市町村長が，次に掲げる場合に，1 か月ごとに正本に基づいて作成し，遅滞なくその目録とともに管轄法務局若しくは地方法務局又はその支局に送付しなければならない（戸規15Ⅰ）。目録には発送の年月日及び発送者の職名を記載しなければならない（戸規16）。

① 新たに戸籍を編製したとき（戸規15Ⅰ①）

　法16条・17条・19条から22条までの規定により新戸籍を編製したときは，副本を作成しなければならない。転籍（戸108）により新戸籍が編製されたとき，戸籍を再製（戸11・11の2）したとき及び戸籍訂正により従前の戸籍を回復したときもこれに該当する。

② 戸籍編製の日から25年を経過したとき（戸規15Ⅰ②）

　新戸籍の編製による副本の作成後，正本に記載される事項が生じても，副本には記載されないため，時日の経過によって，副本の記載は正本の記載と一致しなくなる。その場合に備えて，市町村長は戸籍記載の基本である届書，申請書その他の書類を，副本を保存している管轄法務局若しくは地方法務局又はその支局に送付しなければならず（戸規48Ⅱ），送付された届書等はそこで当該年度の翌年から27年間保存されることとされている（戸規49Ⅱ）。このように届書等の書類も多量となり，その保存に困難を来すことから，新戸籍の編製後25年を経過したときは，新たに副本を作成し，送付することとされた。これによって，副本の記載を正本の記載と合致させるとともに，保存する届書等の書類を廃棄することが可能となった。また，このような届書等の送付により，正本が滅失しても，副本作成以降の戸籍（正本）記載の異動を反映させることができ，完全に再製することが可能になっている。

③ 戸籍の全部を消除したとき（戸規15Ⅰ③）

　上記のほか，法務局若しくは地方法務局又はその支局は，その保管する副本の焼失その他の事由により，新たに副本の送付を必要とするときは，市町村長に対しいつでも副本の送付を求めることができるが，その求めがあったときは，市町村長は副本を作成して送付しなければならない（戸規15Ⅱ）。この副本を送付したときは，その後25年を経過するまで前記②による副本の作成，送付を要しない（昭和26・4・23回答851号）。

　戸籍又は除かれた戸籍が磁気ディスクをもって調製されている場合（コンピュータ処理の場合）における副本の作成・送付については規則75条1項で定められ，市町村長は，戸籍等に記録をした後遅滞なく，当該戸籍の副本を電気通信回線により法務大臣に送信するものとされている。そして，同条3項では「第1項に規定する場合において，第15条の規定は，適用しない。」と定めており，上記のような紙の副本を管轄法務局若しくは地方法務局若しくはその支局に送付すること等を要しない。

(2) 副本の保存

　戸籍の副本の送付を受けた法務局若しくは地方法務局又はその支局は，その副本を市町村の区別に従って目録とともにつづり，戸籍簿の副本として保存しなければならない（戸規18Ⅰ）。その場合，暦年ごとに別冊としてつづり，丁数を記入し，その表紙に「令和何年戸籍簿（副本）」の例による記載をしなければならない（戸規18Ⅱ・5Ⅰ）。

　戸籍簿の副本は分冊してつづることができ，この場合には，表紙に番号を記載し，地区によって分冊したときは，その地区の名称をも記載しなければならない（戸規18Ⅱ・5Ⅱ・4Ⅱ）。また，数年分を合して一括してつづることもでき，その場合には，表紙に「自令和何年至令和何年戸籍簿（副本）」の例による記載をしなければならない（戸規18Ⅱ・5Ⅲ）。

　法務局若しくは地方法務局又はその支局は，戸籍簿の副本の保存に当たっては，戸籍関係帳簿保存簿を備え，これに副本の保存状況を記載して保存し，適宜異常の有無を点検しなければならない（戸規18Ⅳ，平成28・3・22通達

296号第1の4,令和6・2・9通達317号)。なお,副本は公開されるものではないので,この謄本を求めることはできない。これを求めるには市町村長保管の正本についてされるべきである。なお,副本については,正本の場合と異なり,裁判所その他の官公庁からの送付嘱託に応じることができる(昭和39・5・30回答2044号)。

コンピュータ処理の場合は,法119条の2において「磁気ディスクをもつて調製された戸籍又は除かれた戸籍の副本は,第8条第2項の規定にかかわらず,法務大臣が保存する。」と規定され,戸籍の副本等は法務大臣が保存し,その後の手続は,規則75条の2等において定められている。

(3) 副本の廃棄

法務局若しくは地方法務局又はその支局は,前記(1)の規則15条1項2号,3号及び2項の規定により作成される戸籍の副本又は除籍の副本の送付を受けたときは,前に送付を受けた戸籍の副本は,保存する必要がなくなるので,廃棄することができる(戸規19)。この場合,保存している当該戸籍に関する届書等の書類は,市町村長が受理し又は送付を受けた年度の翌年から5年を経過したものは,本来の保存期間である27年の経過を待たないで廃棄することができる(戸規49の2Ⅰ・49Ⅱ)。戸籍の副本は,廃棄することができるまでの間,保存する必要がある。

副本を廃棄するときは,あらかじめ法務局又は地方法務局の長はその旨の決定をしなければならないが,その場合は廃棄決定書を作成しなければならず,廃棄の決定をしたときは,速やかに廃棄すべきである(戸規18Ⅲ,平成28・3・22通達296号第1の3)。[注2]

コンピュータ処理における副本の廃棄については,規則75条の2第4項・5項で定められている。その概要は,法務大臣が保管している,除かれた戸籍の副本及び再製原戸籍の副本について保存期間を満了し廃棄する場合には,あらかじめ廃棄する旨の決定をすることを要し,廃棄したときは,本籍地の市町村長に通知するものとされている。

第2章　戸籍簿

◆◆◆

（注2）　法務局又は地方法務局の支局が保存する副本を廃棄する場合には，当該支局の長は，法務局又は地方法務局の長に廃棄申請書を提出して廃棄の決定の申請をし，法務局又は地方法務局の長は，当該副本の廃棄を決定し，廃棄決定書を作成したときは，これを当該支局の長に送付しなければならない。

第9条〔戸籍の表示〕

〔戸籍の表示〕
第9条　戸籍は，その筆頭に記載した者の氏名及び本籍でこれを表示する。その者が戸籍から除かれた後も，同様である。

　本条は，戸籍の表示方法を定めたものである。
　数多くの戸籍を特定するためには，その表示方法が定まっていることが必要である。そこで，本条は，戸籍の表示方法を戸籍の筆頭に記載した者の氏名及び本籍によってすることにしたものである。なお，戸籍の記載事項（戸13Ⅰ⑧），届書の記載事項（戸29③・④・30Ⅰ）等に関する規定で「戸籍の表示」というのは，本条で定める表示の意味である。

1　戸籍の筆頭に記載した者（筆頭者）

　戸籍の筆頭に記載した者，いわゆる筆頭者とは，戸籍の最初に記載されている者のことである。一人のみの戸籍ではその者を意味する。一の戸籍に数人が記載される場合は，その記載順序が定められている（戸14）。筆頭者については，その氏名が戸籍の表示に利用されるだけでなく，特別な取扱いがされる場合がある。例えば，婚姻による戸籍の変動（戸16Ⅰただし書・Ⅲただし書），三代戸籍の禁止（戸17），分籍（戸21Ⅰただし書），氏変更の届出（戸107Ⅰ），転籍の届出（戸108Ⅰ），戸籍の見出帳・見出票（戸規6Ⅰ），管外転籍の場合の記載事項（戸規37④）等に関する取扱いの場合である。しかし，これらの場合は，戸籍事務の取扱い上必要とされる技術的なものであって，これによって，筆頭者が特別な身分法上の地位を取得するものではない。戸籍用紙の様式及びその記載について筆頭者氏名欄が特に設けられていること（戸規附録1号様式・付録22号様式参照）を除けば，その他については全て他の者と異なるところはない。

第 2 章　戸籍簿

2　本　籍

　本籍の場所，決定等については，法 6 条の解説を参照されたい。なお，戸籍の表示として本籍を記載する場合の都道府県名の取扱いは，次のとおりである。

　戸籍の表示として本籍欄に本籍の記載をする場合の表示は，政令指定都市（地方自治法第252条の第191項の指定都市の指定に関する政令（昭和31年政令254号））については，道府県名を省略することができるが，それ以外の市については，都道府県名から記載するのが相当である（昭和30・4・5通達603号）。

　しかし，戸籍事項欄及び身分事項欄に記載する場合には，当該市が同一都道府県内のときは，都道府県名を省略することができる（昭和30・6・6回答1086号）ほか，県庁所在地で県名と同じ名の市については，県名の記載を省略することが認められる（昭和45・3・31通達1261号，昭和46・11・17回答3408号）。ただし，東京都23区に属する地域を表示する場合には，全て都名から記載しなければならない（昭和35・8・1回答1902号）。

　コンピュータ処理では，戸籍総合システムに用意されている住所辞書によって処理するため，都道府県名を省略することなく，記録してよいこととなる。これは，従前の先例では，事務能率向上のため都道府県名を省略して記載して差し支えないとされていたが，コンピュータ処理上では上記の自動処理方法が採られていること及び事務処理上，省略するとなると処理の際，修正が必要となることからである。

3　筆頭者の除籍

　法23条の規定により，筆頭者が死亡，他の戸籍への入籍，その他の事由によって，戸籍から除かれる場合があるが，その場合でも，戸籍の表示としての筆頭者の氏名に変更は生じない。なお，除かれた場合には，紙戸籍では名欄を朱線で交差し，コンピュータ戸籍では 除籍 マークを記録して除籍者で

第9条〔戸籍の表示〕

あることを表記している。

　筆頭者が除籍されても戸籍を特定するための手段として戸籍の表示に除籍者の氏名を使用しても何らの妨げもないばかりでなく，戸籍の表示を変更することは，他の戸籍とのつながりをわかりにくくし，無用の混乱を招くこととなるからである。

　また，戸籍内の全員が除籍されるとその戸籍は戸籍簿から除いて除籍簿に移されるが（戸12Ⅰ・119），他に除籍されないものがあるときは，除籍簿に移されることはなく，戸籍簿として法の適用を受ける。なお，コンピュータ戸籍の場合は，戸籍の左上部に除籍の旨，記録し，戸籍と除籍の区別を図っている。

第2章　戸籍簿

> 〔戸籍の謄本等の本人等請求〕
> 第10条　戸籍に記載されている者（その戸籍から除かれた者（その者に係る全部の記載が市町村長の過誤によつてされたものであつて，当該記載が第24条第２項の規定によつて訂正された場合におけるその者を除く。）を含む。）又はその配偶者，直系尊属若しくは直系卑属は，その戸籍の謄本若しくは抄本又は戸籍に記載した事項に関する証明書（以下「戸籍謄本等」という。）の交付の請求をすることができる。
> ②　市町村長は，前項の請求が不当な目的によることが明らかなときは，これを拒むことができる。
> ③　第１項の請求をしようとする者は，郵便その他の法務省令で定める方法により，戸籍謄本等の送付を求めることができる。

本条は，戸籍謄本等の本人等請求について定めるものである。まず，戸籍に記載されている者又はその配偶者，直系尊属若しくは直系卑属は，当該戸籍の戸籍謄本等の交付を請求することができるとする（本条Ⅰ）。請求の方法は，市町村の窓口に出頭してするほか，郵便等による送付を求めることもできる（本条Ⅲ）。この請求をする場合には，請求の理由を明らかにすることを要しないが，その請求が不当な目的によるものであるときは，市町村長はこれを拒絶することができる（本条Ⅱ）。以下に分説する。

1　請求者

(1)　戸籍に記載されている者

「戸籍に記載されている者」とは，現にその戸籍に在る者のほか，既に除かれた者（例えば，その戸籍の筆頭者の子で婚姻により新戸籍が編製されたため除籍された者）を含む。戸籍から除かれた者にとって，当該戸籍はその人の親族的身分関係が登録されていた公文書であり，登録された事項によっては（例えば，過去の身分行為），その戸籍のみによって公証されることもあって，当該戸籍を利用する必要性が高いからである。ただし，除かれた者が当初戸

籍に記載された原因が市町村長の過誤によるものであって，当該記載が法24条2項の規定によって訂正されたという場合（市町村長の職権訂正）には，その除かれた者は，ここにいう「戸籍に記載されている者」には含まれない（本条Ⅰ括弧書き）。その者が戸籍に在籍していたのは，関係者の過誤によってではなく，市町村長の過誤によるものであって，そこに在籍すべき正当な根拠が全くなかった—したがって，その戸籍の謄本等の交付を請求する資格がない—ことによる。(注1)

(2) 配偶者・直系尊属・直系卑属

ここで，「配偶者」とは，戸籍に記載されている者と現に法律上の婚姻関係にある者をいう。離婚をした元の配偶者を含まず，もとより内縁の夫又は妻を含まない。また，配偶者には，戸籍に記載されている者が死亡し，又は失踪宣言を受けた場合における生存配偶者も含まれる。

「直系尊属」とは，「戸籍に記載されている者」をその子孫とする者，すなわち，「戸籍に記載されている者」の父母や祖父母である。

「直系卑属」とは，「戸籍に記載されている者」の子孫に当たる者，すなわちその子や孫である。これらの者が本条1項の請求権者とされているのは，戸籍の利用に関しては，社会通念上「戸籍に記載されている者」と同等に扱うことが相当と考えられたことによる。(注2)

●●●

(注1) 平成19年法改正の立案担当者は，本文に掲げた者が「戸籍から除かれた者」に含まれないとする理由の1つとして，そのような者については，訂正された戸籍記載に対応した事実上の生活実態が認められるケースは想定し難いことを挙げる（小出邦夫「『戸籍法の一部を改正する法律』の解説」民月62巻6号10頁）。しかし，ここで問題になるのは，訂正前の戸籍記載に対応した「事実上の生活実態」の存否ではなく，そのような者が当該戸籍に在籍する正当な根拠の存否である。当該戸籍の記載が関係者の過誤によってではなく，市町村長の過誤によるものである場合には，その記載は正当な手続上の根拠を欠く（そもそも当該戸籍への在籍が許されない）ものとして職権訂正の手続が採られたのであるから，当該記載に係る者を「戸籍から除かれた者」とみることはできないのである。

なお，小出解説においては，もう1つの理由として，上記のようなケースでは，

戸籍に「誤記」と表示されるから，戸籍記載に対応した事実上の生活実態が認められ得る他の戸籍訂正のケース（例えば，真実は父母との間に血縁関係がないが，引き続き親子としての生活を続けている場合等）と戸籍面上も区別することができ，市町村における事務処理においても明確な区別が可能であることを挙げている。

(注2) 平成19年法改正の立案の段階では，配偶者，直系尊属及び直系卑属を本条による請求権者（請求の理由を明らかにすることなく請求をすることができる者）に含まないとする案も検討の俎上に載せたことがあったようである（小出・前掲（注1）10〜11頁）。しかし，上記のような者については，本文で述べたように，戸籍に記載されている者と同等に取り扱うことが相当だという理由のほかに，これらの者が当該戸籍を利用しようとする場合には，常に戸籍に記載されている者の代理人として請求をしなければならないとすると，請求者及び市町村の窓口の双方にとって負担となるとの理由から，上記のような請求者限定案は採用されなかったとされている（小出・前掲（注1）同頁）。

2　請求事項及び請求の方法(注3)

(1)　請求できる事項

　本条1項の規定により請求できるのは，市町村長に対して，戸籍の謄本，戸籍の抄本及び戸籍に記載した事項に関する証明書を交付することである。「戸籍の謄本」とは戸籍の全部を謄写したものをいい，「抄本」とはその一部を抄写したものをいう。「戸籍に記載した事項に関する証明」は，戸籍の記載事項のうち必要なもののみについて証明し，謄抄本交付の手数を省くために認められるものである。この証明の対象は，戸籍の記載そのものであって，戸籍に記載された事項の効力，あるいは記載された事実の真否を証明するものではない。(注4)

　本条1項では，上記の戸籍の謄本若しくは抄本又は戸籍に記載した事項に関する証明書を総称して「戸籍謄本等」と呼んでいる。

(2)　請求の方法

　請求の方法は，実際に請求行為をする者（請求者自身又はその代理人若しくは使者。法ではこれらの者を「現に請求の任に当たつている者」と総称している。）

第10条〔戸籍の謄本等の本人等請求〕

が，市町村の窓口に出頭して戸籍謄抄本等の交付を求める方法のほか，郵便その他の法務省令で定める方法により戸籍謄本等の送付を求めることもできる（本条Ⅲ）。「法務省令で定める方法」とは，郵便のほか，民間事業者による信書の送達に関する法律2条6項に規定する一般信書便事業者又は民間事業者による信書の送達に関する法律2条9項に規定する特定信書便事業者による民間事業者による信書の送達に関する法律2条2項に規定する信書による方法である（戸規11）。さらに，本籍地の市町村長に対するオンラインシステムによる戸籍の記録事項証明書の交付請求も認められている（戸規79条の2の4，令和6・2・26通達503号）。なお，本条については，広域交付の申請ができる（戸120の2）。

なお，請求に当たっては，市町村が定める手数料を納付しなければならない（その詳細は，第2章前注2(3)を参照されたい。）。

- -

(注3) ここで解説する「請求事項及び請求の方法」に関する規律は，本人等請求の場合だけでなく，次条（戸10の2）に定める「第三者請求」及び「弁護士等請求」の場合にも同様に働く。
(注4) 市町村長は，戸籍に記載した事項について証明すべきであって，戸籍の記載から得られる結果を証明すべきではないとする先例がある（昭和16・9・29通牒907号）。

③ 請求に当たって明らかにすべき事項

本条1項の請求をする際には，請求の事由を明らかにすることを要しない。「戸籍に記載されている者」又はその配偶者，直系尊属又は直系卑属については，社会生活上の様々な場面で当該戸籍を利用する必要があり，配偶者，直系尊属及び直系卑属を含めて「戸籍に記載されている者」と同様に扱うことは社会通念に照らして相当であり，また，これらの者が常に戸籍に記載されている者の代理請求をしなければならないとすることは，請求者及び市町村の窓口双方にとって負担となると考えられたため，「請求の事由」の明示

を求めるまでもないと考えられたからである(注5)。

　これに対して，明らかにする必要があるのは，「現に請求の任に当たつている者」を特定するために必要な事項である（戸10の3Ⅰ）。本条1項の請求をする場合の「現に請求の任に当たつている者」とは，同項に規定する請求者が自ら請求行為をするときはその者を，代理人又は使者によって請求行為をするときはこれらの者をそれぞれ指す。この「現に請求の任に当たつている者」は，運転免許証その他の書類によって，自己の氏名等を明らかにする必要がある。加えて，「現に請求の任に当たつている者」が代理人又は使者であるときは，これらの者が請求者の依頼又は法令の規定により当該請求の任に当たるものであることを明らかにする書面をも提供することを要する（戸10の3Ⅱ）。以上の請求者本人等の確認及び代理権等の確認については，法10条の3の解説を参照されたい。

(注5)　「戸籍に記載されている者」の配偶者が，配偶者の資格でその戸籍の謄抄本等の交付請求をする場合とは，例えば，妻が婚姻前の夫の戸籍についての謄抄本等の交付請求をする場合や，外国人である妻が（外国人については戸籍が編製されない），日本人である夫の戸籍の謄抄本等の交付請求をする場合が考えられる（小出・前掲（注1）10頁）。

4　市町村長の処分

　市町村長は，次に掲げる場合を除いて，当該請求にかかる書類の交付に応じなければならない（もとより，法令で定める他の手続要件が具備されていることを要する。）。市町村長が請求を拒絶できる場合ではないのにこれを拒絶すると，過料に処せられる（戸139④）。なお，市町村長のする処分に不服のある者は，市役所又は町村役場の所在地の管轄法務局長等に審査請求をすることができる（戸124。ただし，家庭裁判所に不服の申立てをすることはできない（戸122括弧書き）。）。

　市町村長が請求を拒絶できるのは，次の3つの場合に限られる。

(1) 請求が不当な目的によることが明らかである場合（本条Ⅱ）

ここでいう「不当な目的」とは，平成19年改正法の施行に際して発せられた法務省民事局長の通達（平成20・4・7通達1000号第1の1）によれば，「嫡出でない子であることや離婚歴等他人に知られたくないと思われる事項をみだりに探索し又はこれを公表するなどプライバシーの侵害につながるもの，その他戸籍の公開制度の趣旨を逸脱して戸籍謄本等を不当に利用する場合をいう。」とされる。この通達に例示されているもののほか，請求が差別的行為につながるものもこれに当たる。[注6] このような不当な目的による戸籍謄本等の交付請求は，本人等請求の制度を濫用するものであって，許されない。条文の表現は（市町村長が）「拒むことができる」とされているが，これは，市町村長に拒絶の権限を付与することを意味するものであって，市町村長に拒絶するか否かの裁量権を与えたものと解すべきではない（青木＝大森『全訂戸籍法』68頁）。

では，市町村長は，請求が不当な目的によるものであることをいかにして認定するのか。本条1項の請求をするには，請求の利用を明らかにすることを要しないから，市町村長はこれを手掛かりとすることはできない。市町村長としては，現に請求の任に当たっている者等の言動・態度等外部に現れた事情から判断するほかないが，このような事情によって不当な請求であることが強く疑われる場合には，[注7] 請求者に請求の理由を確認した上で，その請求の不当性が明らかであると認められれば，これを拒絶すべきである（相馬博之＝堤秀昭「戸籍法及び戸籍法施行規則の一部改正に伴う戸籍事務の取扱いに関する通達の解説」民月63巻6号9頁）。

(2) 現に請求の任に当たっている者の確認・代理権限等の確認ができない場合

既に述べたとおり，現に請求の任に当たっている者は，運転免許証を提示する方法等によりその者の特定に必要な氏名等を明らかにすることを要する。市町村長は，提示又は提供された書類を審査することになるが，これらによっても当該請求の任に当たっている者の特定に必要な事項が明らかにされ

ないときは，当該請求を拒絶しなければならない（平成28・3・31通達346号第1の1(3)）。このような場合は，なりすましによる請求であることが強く疑われるからである。現に請求の任に当たっている者が請求者の代理人又は使者である場合において，提供された権限確認書面等によりその権限の存在を確認することができなかったときも，同様の処分をすべきである（平成28・3・31通達346号第1の1(4)）。

(3) 請求者の確認ができない場合

本条1項による請求の請求者は，戸籍に記載されている者，その配偶者又は直系尊属若しくは直系卑属に限られるから，市町村長は，当該請求の請求者がこれらの者であることを確認しなければならない。その認定方法をどうするかというと，「戸籍に記載されている者」については，その者が現に請求の任に当たっているものであるときは，提示された運転免許証等でその者を特定するために必要な事項を確認することによって認定し，代理人又は使者が現に請求の任に当たっている者であるときは，提供された権限確認書面等によって請求者を認定することになる（相馬＝堤・前掲49頁）。これに対して，戸籍に記載されている者の「配偶者，直系尊属又は直系卑属」については，これらの者が自ら請求の任に当たるときも，また代理人又は使者によって請求するときも，当該戸籍に記載された者と当該請求者との配偶者関係又は直系親族関係を戸籍謄本等を提示させる方法によって認定することになる（相馬＝堤・前掲50頁）。

以上の方法によっても請求者を確認できないときは，本条1項の規定による請求であることが確認できないものとして，当該請求を拒絶すべきである（平成28・3・31通達346号第1の1(1)）。

◆◆◆◆◆◆◆◆◆◆◆◆◆◆◆◆◆◆◆◆◆◆◆◆◆◆◆◆◆◆◆◆◆◆◆

（注6）　戸籍謄本等の請求が不当な目的によるものであることが明らかである場合に，市町村長がこれを拒絶することができるとする制度は，昭和51年の戸籍法の改正によって導入されたものである。この改正法施行に際して発せられた昭和51年11月5日通達5641号－の3では，「不当な目的」とは，平成20年4月7日通達1000号に記

載されたもののほか,「戸籍の記載事項を手がかりとして同和地区出身者であるか否かを調査する等差別行為につながるもの」が掲げられていたのであるが,平成20年通達では,このような差別行為につながるものは掲げられていない。その理由は,次の点にあると考えられる。すなわち,昭和51年改正によって導入された「不当な目的」による請求を拒絶するという規制は,請求者が誰であるかにかかわらず働くものではあったが,昭和51年11月5日通達5641号が上記のような差別行為につながる請求をその例示の1つに掲げていたのは,主として第三者請求の場合に適用される規制事由であることを念頭に置いていたものと推測される。本人等がそのような請求をするのは,稀有な事例と考えられるからである。しかるに,平成19年改正は,本人等請求と第三者請求を類型的に区別して規制する法制を採用し,「不当な目的」による請求の拒絶は本人等請求の場合に作用する規制になったのであるから,平成20年4月7日通達1000号においては,もはや上記のような差別行為につながる請求を明示的に例示しておく意味が乏しくなった。これが平成20年4月7日通達1000号の考え方と理解できる(相馬=堤・前掲10頁参照)。もっとも,本人等請求の場合であっても,上記のような「不当な目的」による請求であることが明らかであると認められるときは,市町村長がこれを拒絶すべきであることは,平成19年改正後においても変わりがない(相馬=堤・前掲10頁)。

(注7)「不当な目的による請求」の具体例として,相馬=堤・前掲10頁は,「ある有名人に未公表の離婚歴がある場合に,当該有名人とその親が仲違いをして,親が当該有名人の離婚歴を公表することを公言し,マスコミを連れて当該有名人の戸籍謄本の交付請求をするような場合」を挙げている。

5 戸籍謄本等の作成・交付

戸籍又は除かれた戸籍が磁気ディスクをもって調製されている場合,本条1項の請求によって,戸籍謄本等又は除籍謄本等に代えて,磁気ディスクをもって調製された戸籍に記録されている事項の全部若しくは一部を証明した書面又は磁気ディスクをもって調製された除かれた戸籍に記録されている事項の全部若しくは一部を証明した書面を出力し,交付することになる(戸120)。

〔戸籍の謄本等の第三者請求・公用請求・弁護士等請求〕
第10条の2 前条第1項に規定する者以外の者は，次の各号に掲げる場合に限り，戸籍謄本等の交付の請求をすることができる。この場合において，当該請求をする者は，それぞれ当該各号に定める事項を明らかにしてこれをしなければならない。

一 自己の権利を行使し，又は自己の義務を履行するために戸籍の記載事項を確認する必要がある場合　権利又は義務の発生原因及び内容並びに当該権利を行使し，又は当該義務を履行するために戸籍の記載事項の確認を必要とする理由

二 国又は地方公共団体の機関に提出する必要がある場合　戸籍謄本等を提出すべき国又は地方公共団体の機関及び当該機関への提出を必要とする理由

三 前二号に掲げる場合のほか，戸籍の記載事項を利用する正当な理由がある場合　戸籍の記載事項の利用の目的及び方法並びにその利用を必要とする事由

② 前項の規定にかかわらず，国又は地方公共団体の機関は，法令の定める事務を遂行するために必要がある場合には，戸籍謄本等の交付の請求をすることができる。この場合において，当該請求の任に当たる権限を有する職員は，その官職，当該事務の種類及び根拠となる法令の条項並びに戸籍の記載事項の利用の目的を明らかにしてこれをしなければならない。

③ 第1項の規定にかかわらず，弁護士（弁護士法人及び弁護士・外国法事務弁護士共同法人を含む。次項において同じ。），司法書士（司法書士法人を含む。次項において同じ。），土地家屋調査士（土地家屋調査士法人を含む。次項において同じ。），税理士（税理士法人を含む。次項において同じ。），社会保険労務士（社会保険労務士法人を含む。次項において同じ。），弁理士（弁理士法人を含む。次項において同じ。），海事代理士又は行政書士（行政書士法人を含む。）は，受任している事件又は事務に関する業務を遂行するために必要がある場合には，戸籍謄本等の交付の請求をすることができる。この場合において，当該請求をする者は，その有する資格，当該業務の種類，当該事件又

は事務の依頼者の氏名又は名称及び当該依頼者についての第1項各号に定める事項を明らかにしてこれをしなければならない。
④　第1項及び前項の規定にかかわらず，弁護士，司法書士，土地家屋調査士，税理士，社会保険労務士又は弁理士は，受任している事件について次に掲げる業務を遂行するために必要がある場合には，戸籍謄本等の交付の請求をすることができる。この場合において，当該請求をする者は，その有する資格，当該事件の種類，その業務として代理し又は代理しようとする手続及び戸籍の記載事項の利用の目的を明らかにしてこれをしなければならない。
一　弁護士にあつては，裁判手続又は裁判外における民事上若しくは行政上の紛争処理の手続についての代理業務（弁護士法人については弁護士法（昭和24年法律第205号）第30条の6第1項各号に規定する代理業務を除き，弁護士・外国法事務弁護士共同法人については外国弁護士による法律事務の取扱い等に関する法律（昭和61年法律第66号）第80条第1項において準用する弁護士法第30条の6第1項各号に規定する代理業務を除く。）
二　司法書士にあつては，司法書士法（昭和25年法律第197号）第3条第1項第3号及び第6号から第8号までに規定する代理業務（同項第7号及び第8号に規定する相談業務並びに司法書士法人については同項第6号に規定する代理業務を除く。）
三　土地家屋調査士にあつては，土地家屋調査士法（昭和25年法律第228号）第3条第1項第2号に規定する審査請求の手続についての代理業務並びに同項第4号及び第7号に規定する代理業務
四　税理士にあつては，税理士法（昭和26年法律第237号）第2条第1項第1号に規定する不服申立て及びこれに関する主張又は陳述についての代理業務
五　社会保険労務士にあつては，社会保険労務士法（昭和43年法律第89号）第2条第1項第1号の3に規定する審査請求及び再審査請求並びにこれらに係る行政機関等の調査又は処分に関し当該行政機関等に対してする主張又は陳述についての代理業務並びに同項第1号の4から第1号の6までに規定する代理業務（同条第3項第1号に規定する相談業務を除く。）

六　弁理士にあつては，弁理士法（平成12年法律第49号）第4条第1項に規定する特許庁における手続（不服申立てに限る。），審査請求及び裁定に関する経済産業大臣に対する手続（裁定の取消しに限る。）についての代理業務，同条第2項第1号に規定する税関長又は財務大臣に対する手続（不服申立てに限る。）についての代理業務，同項第2号に規定する代理業務，同法第6条に規定する訴訟の手続についての代理業務並びに同法第6条の2第1項に規定する特定侵害訴訟の手続についての代理業務（弁理士法人については同法第6条に規定する訴訟の手続についての代理業務及び同項に規定する特定侵害訴訟の手続についての代理業務を除く。）

⑤　第1項及び第3項の規定にかかわらず，弁護士は，刑事に関する事件における弁護人としての業務，少年の保護事件若しくは心神喪失等の状態で重大な他害行為を行った者の医療及び観察等に関する法律（平成15年法律第110号）第3条に規定する処遇事件における付添人としての業務，逃亡犯罪人引渡審査請求事件における補佐人としての業務，人身保護法（昭和23年法律第199号）第14条第2項の規定により裁判所が選任した代理人としての業務，人事訴訟法（平成15年法律第109号）第13条第2項及び第3項の規定により裁判長が選任した訴訟代理人としての業務又は民事訴訟法（平成8年法律第109号）第35条第1項に規定する特別代理人としての業務を遂行するために必要がある場合には，戸籍謄本等の交付の請求をすることができる。この場合において，当該請求をする者は，弁護士の資格，これらの業務の別及び戸籍の記載事項の利用の目的を明らかにしてこれをしなければならない。

⑥　前条第3項の規定は，前各項の請求をしようとする者について準用する。

　本条は，法10条1項に規定する者以外の者からの戸籍謄本等の交付の請求（以下「第三者請求」という。）について定めるものである。まず，第三者請求をする者は，戸籍の記載事項の確認を必要とする理由等の事項を明らかにして請求しなければならない（本条Ⅰ）。国又は地方公共団体の機関が請求す

第10条の2〔戸籍の謄本等の第三者請求・公用請求・弁護士等請求〕

る場合（本条Ⅱ），弁護士等が，受任している事件又は事務に関する業務を遂行するために必要がある場合（本条Ⅲ），弁護士等による請求について，受任事件に紛争性があり，紛争処理手続の代理業務を遂行するために必要がある場合（本条Ⅳ），弁護士が，主として刑事の性質を有する事件に関する業務及び裁判所から選任された代理人としての業務について，これらの業務を遂行するために必要がある場合（本条Ⅴ）には，戸籍の記載事項の利用目的を明らかにして戸籍謄本等の交付の請求ができる。請求の方法は，法10条に規定する本人等請求の場合と同様，市町村の窓口に出頭してするほか，郵便等による送付を求めることもできる（本条Ⅵ）。以下に分説する。

なお，請求に当たっては，市町村が定める手数料を納付しなければならない（その詳細は，第2章前注(3)を参照されたい。）。

1 戸籍の公開制度の変遷

戸籍は，国民の身分関係を登録・公証するためのものであるから，社会生活において身分関係の証明を必要とする場合には，広く一般の利用に供されるべきことは当然である。沿革的にみると，明治31年戸籍法が13条及び174条において初めて戸籍公開の原則を規定し，これは大正3年戸籍法14条を経て，昭和51年の戸籍法の一部改正前の10条に受け継がれてきた。このように広く公開するのは，身分関係の公証のみならず，戸籍の虚偽記載の発見にも寄与することもその理由とされた。昭和51年の一部改正では，公開の方法として，謄抄本の交付と戸籍記載事項の証明とを定め，昭和51年の改正前は，このほか，閲覧，謄抄本の再認証及び省略謄本の交付が認められていたが，これらの廃止といった見直しがされた。また，昭和51年の改正時においても，請求に当たっては「請求の事由」を明らかにすることが要求されたが，「法務省令で定める場合」として例外が設けられ，国若しくは地方公共団体の職員が職務上請求する場合や弁護士等が職務上請求する場合がこれに該当し（平成20・4・7法務省令27号による改正前の戸規11②・③），これらの者からの

請求に当たっては，その資格を具体的に明示すべきであるが，その確認については，特段の事情がない限り，身分証明書等これを証する書面の提示を求めることは必要ないとされていた（昭和51・11・5通達5641号一の4）。その後約30年の期間が経過し，自己の情報を他人に知られたくないという国民の意識の高まりを背景として個人情報の保護の社会的要請が強まり，また，他人の戸籍謄本等を不正に取得するという事件が発生・発覚したことから，戸籍の公開制度を厳格なものに改めるべきであるという要望が関係各界から出されたことを受けて，平成19年の戸籍法の一部改正により，第三者請求の要件がより明確かつ具体的なものとされた。なお，令和2年には，弁護士等の中に弁護士・外国法事務弁護士共同法人も含める等の改正もされている。これらの改正に関しては，平成20年4月7日通達1000号（本条の解説に当たり単に「通達」とのみ表示する。）が参考となる。[注]

なお，本条に規定する第三者請求等については，法10条3項の規定が準用されており（本条Ⅵ），戸籍の謄本等の請求は，郵便その他の法務省令で定める方法によっても，することができる。

◆◆

(注) 本文で掲げた通達の解説については，相馬博之＝堤秀昭「戸籍法及び戸籍法施行規則の一部改正に伴う戸籍事務の取扱いに関する通達の解説」民月63巻6号7頁以下を参照されたい。

②　第三者請求

本条1項では，戸籍に記載されている者等以外の者は，①自己の権利行使又は義務履行のために戸籍の記載事項を確認する必要がある場合（本条Ⅰ①），②国又は地方公共団体の機関に提出する必要がある場合（本条Ⅰ②）又は③その他戸籍の記載事項を利用する正当な理由がある場合（本条Ⅰ③）に戸籍謄本等の交付請求をすることができるとしている。そして，そのような要件を認定するために交付請求書上には，①の場合には「権利又は義務の発生原

第10条の2〔戸籍の謄本等の第三者請求・公用請求・弁護士等請求〕

因及び内容並びに当該権利行使等のために戸籍の記載事項の確認を必要とする理由」を，②の場合には「戸籍謄本等を提出すべき国又は地方公共団体の機関及び当該機関への提出を必要とする理由」を，③の場合には「戸籍の記載事項の利用の目的及び方法並びにその利用を必要とする事由」をそれぞれ明らかにしなければならない。そして，これらの事項が交付請求書上で具体的に明らかにされていれば，市町村長としては，原則として更なる資料の提供や説明を交付請求者に求めずに交付請求に応じる取扱いとされている。

(1) **本条1項1号の請求**

本条1項1号にいう「自己の権利を行使し，又は自己の義務を履行するために戸籍の記載事項を確認する必要がある場合」とは，例えば，①債権者が，貸金債権を行使するに当たり，死亡した債務者の相続人を特定するために当該債務者が記載されている戸籍の記載事項を確認する必要がある場合，②生命保険会社が，保険金を支払うに当たり，その受取人とされている法定相続人を特定するために戸籍の記載事項を確認する必要がある場合などがこれに該当する。

なお，権利を行使するに当たり，間接事実を立証するために戸籍の記載事項を確認する必要がある場合も，一般的に本要件の該当性が認められるものと考えられる。例えば，詐害行為取消権（民424）の行使に当たり，債務者と財産譲受人とが親族関係にあることは，一般的には詐害の意思を推認させる間接事実であるが，そのような間接事実を立証するために当該債務者及び財産譲受人が記載されている戸籍の記載事項を確認する場合は本要件の該当性が認められる。

本条1項1号にいう権利又は義務の「発生原因」とは，権利又は義務が発生する原因となった具体的事実を，権利又は義務の「内容」とは，権利又は義務の内容の概要を，「当該権利を行使し，又は当該義務を履行するために戸籍の記載事項の確認を必要とする理由」とは，権利行使又は義務履行と戸籍の記載事項の利用との具体的な関係をそれぞれ指す。

(2) **本条1項2号の請求**

本条1項2号にいう「国又は地方公共団体」とは，国については，個人情報の保護に関する法律（平成15年法律57号）2条8項に定める「行政機関」（省，委員会，庁等の国の全ての行政機関）のほか，国会及び裁判所を指し，また，地方公共団体については，地方自治法上の行政機関（都道府県知事，市区町村長，執行機関及び附属機関）のほか，議会を指す。

国又は地方公共団体の機関に提出する必要がある場合とは，例えば，①乙の兄の甲が，死亡した乙の財産を相続によって取得し，その相続税の確定申告書の添付書類とされる乙が記載されている戸籍謄本を税務署に提出する場合，②乙の兄の甲が，死亡した乙の遺産についての遺産分割調停の申立てを家庭裁判所にする際の添付資料として，乙が記載されている戸籍謄本を家庭裁判所に提出する必要がある場合，③債権者甲が，貸金請求訴訟を提起するため，被告となる死亡した債務者乙の相続人を特定するために乙が記載されている戸籍謄本を裁判所に提出する必要がある場合等が考えられる。

なお，本条1項2号により明らかにすべき事項中の「戸籍謄本等を提出すべき国又は地方公共団体の機関」については，国又は地方公共団体の機関の名称を明らかにし，「当該機関への提出を必要とする理由」としては，国又は地方公共団体の機関への戸籍謄本等の提出を必要とする具体的な理由を明らかにしなければならない。

(3) **本条1項3号の請求**

本条1項3号の「戸籍の記載事項を利用する正当な理由がある場合」とは，上記本条1項1号又は2号に準ずる場合である（通達第1の2）。これは，第三者請求が認められる場合は，おおむね前記の権利行使等に必要な場合又は国等に提出するために必要な場合に包摂され，本要件の該当性が認められるのは実際にはそれほど多くないと考えられる。このような観点から，前記の権利行使等に必要な場合又は国等に提出する必要がある場合に準ずる場合とは，社会通念上当該他人の戸籍の記載事項を利用してある行為をすることが一般に期待され，又は許容されている場合をいうものと限定的に考えるべき

第10条の2〔戸籍の謄本等の第三者請求・公用請求・弁護士等請求〕

である。そして，婚姻をしようとする相手方の婚姻要件等又は財産的取引をしようとする相手方の行為能力等を確認するため，当該相手方の戸籍の記載事項を利用することについては，この要件に該当しないものとされている（通達第1の2）。前者については戸籍の記載事項を手掛かりとして同和地区出身者であるか否かを調査する等差別行為につながる場合に利用されるおそれがあるとの問題が指摘されていたこと，交付請求者において本当に婚姻意思があるのか，本当に契約締結意思があるのかについての確認は困難であること，これらのような場合には相手方からその戸籍謄本等の提供を受けることが可能であること（代替性）等を踏まえ，個人情報の保護に対する社会的要請が強まっている今日の情勢からすると，社会通念上当該相手方の戸籍謄本等の交付の請求を認めることが一般に期待され，又は許容されているとはいえず，本要件には該当しないものと考えられるからである。その他戸籍の記載事項を利用する正当な理由がある場合とは，例えば，①成年後見人であった者が，死亡した成年被後見人の遺品を相続人である親族に渡すため，当該成年被後見人が記載されている戸籍謄本を請求する場合が考えられるほか，②所有者不明土地の利用の円滑化等に関する特別措置法（平成30年法律49号。以下「特措法」という。）に規定する地域福利増進事業等の実施の準備のため，事業区域内の土地の所有者を知る目的で，特措法施行規則に基づく書面を添付して戸籍謄本等の交付の請求があった場合には，当該書面の内容に特段の疑義がない限り，本条1項3号に該当するものとされている（平成30・11・15通知1586号）等限られたものになると考えられる。

また，本条1項3号の場合に明らかにすべき事項は，法文上「戸籍の記載事項の利用の目的及び方法並びにその利用を必要とする事由」とされているが，このうち「戸籍の記載事項の利用の目的」については，戸籍の記載事項を利用する具体的な目的を，「戸籍の記載事項の利用の方法」については，戸籍の記載事項を利用する具体的な方法を，「戸籍の記載事項の利用を必要とする事由」については，戸籍の記載事項を利用する必要があることの具体的な事由を，それぞれ明らかにすることを要するものと考えられる。

第2章　戸籍簿

③ 公用請求

　本条2項は，国又は地方公共団体の機関は，法令の定める事務を遂行するために必要がある場合に，請求の任に当たる権限を有する職員が，その官職，当該事務の種類及び根拠となる法令の条項並びに戸籍の記載事項の利用の目的を明らかにして戸籍謄本等の交付請求をすることができるとしている。平成19年の戸籍法の一部改正前は，国又は地方公共団体の職員が職務上請求する場合は請求事由の記載を要しなかったが（平成19年改正前戸10Ⅱ及び戸規11②），これを変更するに当たり，公用請求の性質に鑑み，前記2の第三者請求の場合と同程度の詳細な記載は要求しないものとし，交付請求書上で明らかにすべき事由が限定されたものとした。

　公用請求の主体は，「国又は地方公共団体の機関」に限定され，公文書によってされることを要するものとされている（通達第1の3）。「国又は地方公共団体」の意義については，前記2(2)を参照されたい。公用請求は，国又は地方公共団体の機関が「法令の定める事務を遂行するために必要がある場合」にすることができるが，このような場合とは，例えば，①市町村長が生活保護の決定をするために扶養義務者の存否を戸籍の記載事項によって確認する場合，②法務局が戸籍事件の調査をするために事件本人の関連戸籍の記載事項を確認する場合等である。

　また，公用請求の場合には，「当該請求の任に当たる権限を有する職員は，その官職，当該事務の種類及び根拠となる法令の条項並びに戸籍の記載事項の利用の目的を明らかにして」しなければならないが，ここにいう「当該請求の任に当たる権限を有する職員」とは，法令の定める事務について権限の委任を受けている国又は地方公共団体の内部部局の長（局長，課長等）のほか，当該内部部局の長から当該事務の遂行上，戸籍謄本等の交付の請求の依頼を受けた当該内部部局の長を補助する職員（係長，主任等）も含まれる。なお，「戸籍の記載事項の利用の目的」については，公用請求の性質に鑑み，第三者請求の場合と同程度の詳細な明示は要求されず，概括的な記載をもっ

て足りると解されている。

4　弁護士等による請求

(1)　弁護士等請求の概要

　本条では，3項から5項にかけて弁護士等からの請求に関する要件等を規定している。本条3項は，「受任している事件又は事務に関する業務を遂行するために必要がある場合」との一般的な場合についての要件を定め，4項では，このうち紛争処理等の手続についての代理業務のために必要がある場合につき，要件を緩和している。また，5項は，弁護士に特化し，刑事弁護等に関連して戸籍謄本等を必要とする場合について規定している。なお，弁護士等からの請求において「統一請求書」が用いられるが，この点については次条の解説を参照されたい。

(2)　業務遂行上必要な場合

　本条3項は，弁護士，司法書士，土地家屋調査士，税理士，社会保険労務士，弁理士，海事代理士又は行政書士（海事代理士を除き，弁護士法人等の各資格者法人を含む。以下これらを併せて「弁護士等」という。）は，受任している事件又は事務に関する業務遂行のために必要がある場合には戸籍謄本等の交付請求をすることができるとし，当該業務に関して戸籍謄本等が必要な場合における交付請求の要件を規定している。具体的には，交付請求しようとする弁護士等は，その有する資格，当該業務の種類，当該事件又は事務の依頼者の氏名又は名称及び当該依頼者について前記2記載の第三者請求に際して明らかにすべき事項を明らかにしなければならないとしている。平成19年の戸籍法の一部改正前（改正前戸10Ⅱ及び戸規11③）は，弁護士等が職務上請求する場合について請求事由の記載を要しなかったが，個人情報の保護の観点から改められた。

　ここでいう「受任している事件又は事務に関する業務を遂行するために必要がある場合」とは，弁護士等が特定の依頼者からその資格に基づいて処理

すべき事件又は事務の委任を受けて，当該事件又は事務に関する業務を遂行するために必要がある場合をいう。そこで，請求者が司法書士である場合を例にとると，明らかにすべき事項は「①請求者は司法書士であり，②土地の相続登記手続事務を，③Aから依頼を受けたところ，④Aは，令和○年○月○日に死亡した兄Bの遺産である土地につき法定相続分に基づく相続登記を行う際の添付資料として，Bが記載されている戸・除籍謄本を○○法務局に提出する必要がある。」という程度のものとなる。

　他方，弁護士等であっても，破産管財人等としての権限を行使するために戸籍謄本等の請求を行う場合は，特定の依頼者のためではなく，その固有の業務を遂行するために請求を行うのであるから，本条１項が規定する第三者請求により請求を行うことになり，また，成年後見人等として成年被後見人等のために請求を行う場合は，弁護士等がその資格に基づいた事務を受任しているものではないから（成年後見人等に選任される者は，弁護士等の資格者に限られるわけではない。），成年被後見人等の代理請求として請求を行うことになる。もっとも，請求の任に当たっている者を特定するための方法等及び権限確認書面の取扱いについては，弁護士等請求と同様に取り扱って差し支えないものとされている（通達第１の４・５）。なお，法10条の３の解説を参照されたい。

　次に，資格者法人が事件又は事務の委任を受けた場合には，契約上の受任者は資格者法人であるが，現に依頼者から事情を聴取して当該事件又は事務に関する業務を処理するのは当該資格者法人に所属する個々の弁護士等であるという実質等に鑑み，資格者法人が事件又は事務の委任を受けた場合において，当該資格者法人に所属する弁護士等（資格者法人を除く。）が当該事件又は事務に関する業務を遂行するために戸籍謄本等の交付の請求をするときも，これに該当するものとして取り扱われる（通達第１の４）。

　さらに，弁護士等請求については，弁護士等は，受任している事件又は事務の依頼者のために活動するものであるが，第三者請求と異なり，個々の請求について依頼者から個別の委任がなくても，受任している事件又は事務に

第10条の2〔戸籍の謄本等の第三者請求・公用請求・弁護士等請求〕

関する業務を遂行するために必要がある場合には独自に請求をすることができ，弁護士等が本要件による交付の請求をする場合は，依頼者からの委任状の提出は要しない（通達第1の4）。

(3) **紛争処理手続における代理業務の場合**

本条4項は，紛争処理手続における代理業務等の際の緩和措置を規定している。弁護士等が行う業務のうち，特定の依頼者から紛争処理手続の代理業務を受任し，これを遂行する場合は，依頼者の権利行使の意思が明確である上に，争われている権利実現のため，紛争の相手方や事件に関係する第三者の戸籍の記載事項を利用して当該権利の存在や範囲を対外的に証明する必要性が類型的に存在する。そして，弁護士等が依頼者を代理する場合は，自ら紛争処理手続において立証活動を行う必要があることから，このような紛争処理手続における代理業務において戸籍謄本等の請求の必要がある場合について，請求要件を緩和する措置がとられている。すなわち，この場合は，有する資格，当該事件の種類，その業務として代理又は代理しようとする手続及び戸籍の記載事項の利用の目的を明らかにすることにより戸籍謄本等の交付請求をすることができ，依頼者の氏名や受任事件の詳細を明らかにする必要はないものとされる。紛争処理手続には，裁判手続のみならず，各種ADRや行政不服申立手続も含まれるため，弁護士，司法書士，土地家屋調査士，税理士，社会保険労務士及び弁理士は，それぞれ業務の広狭はあるものの，このような権限を有し，その権限に基づく紛争処理手続の代理業務を遂行するために必要がある場合に本条4項の特則が適用される。

本条4項各号に掲げられた「業務を遂行するために必要がある場合」とは，弁護士等が現に紛争処理手続における代理業務を行っている場合のほか，紛争処理手続の対象となり得る紛争について準備・調査を行う場合も含まれる。弁護士等がこの要件による交付の請求をする場合は，依頼者からの委任状の提出は要しない（通達第1の4）。

また，本要件の場合に明らかにすべき事項としては，紛争処理手続の代理業務について特則を設けた趣旨に鑑み，請求の理由について前記(2)の場合と

第2章　戸籍簿

同程度の詳細な明示は要求されておらず，例えば，弁護士では「①請求者は弁護士であり，②家屋明渡請求事件の，③訴訟手続の代理業務の，④準備のため必要である。」程度の記載で足りる。

(4) 弁護士が行う特別な業務の場合

　本条5項は，弁護士が行う業務であって，本条4項が適用される業務，すなわち，特定の依頼者から事件を受任し，かつ，紛争処理手続を代理する業務とはいえないが，性質上紛争性を有する事件に関する業務であって，本条4項の業務と同様の扱いをすることが適切と考えられるものを遂行するために必要がある場合には，本条4項と同じ要件で戸籍謄本等の交付請求をすることができるとしている。このような業務の内容は本条5項で列挙されており，具体的には次に掲げるものである。

　　ア　刑事に関する事件における弁護人としての業務
　　イ　少年の保護事件又は心神喪失等の状態で重大な他害行為を行った者の医療及び観察等に関する法律に規定する処遇事件における付添人としての業務
　　ウ　逃亡犯罪人引渡審査請求事件における補佐人としての業務
　　エ　人身保護法14条2項の規定により裁判所が選任した代理人としての業務
　　オ　人事訴訟法13条2項及び3項の規定により裁判長が選任した訴訟代理人としての業務
　　カ　民事訴訟法35条1項に規定する特別代理人としての業務

　戸籍謄本等の申請においては，①弁護士の資格，②本条5項に掲げられた業務の別，③戸籍の記載事項の利用の目的を記載することを要する。例えば，「①請求者は弁護士であり，②刑事事件の弁護業務に関し，③刑事訴訟手続の準備を行うために必要である。」程度の記載をすれば足り，請求の理由について，前記(2)の場合と同程度の詳細な明示は要求されない。

第10条の3〔戸籍の謄本等の交付請求における本人確認等〕

〔戸籍の謄本等の交付請求における本人確認等〕
第10条の3　第10条第1項又は前条第1項から第5項までの請求をする場合において，現に請求の任に当たつている者は，市町村長に対し，運転免許証を提示する方法その他の法務省令で定める方法により，当該請求の任に当たつている者を特定するために必要な氏名その他の法務省令で定める事項を明らかにしなければならない。
②　前項の場合において，現に請求の任に当たつている者が，当該請求をする者（前条第2項の請求にあつては，当該請求の任に当たる権限を有する職員。以下この項及び次条において「請求者」という。）の代理人であるときその他請求者と異なる者であるときは，当該請求の任に当たつている者は，市町村長に対し，法務省令で定める方法により，請求者の依頼又は法令の規定により当該請求の任に当たるものであることを明らかにする書面を提供しなければならない。

　本条は，戸籍謄本等の交付請求の際に，現に請求の任に当たっている者を確認する方法（本条Ⅰ）及び現に請求の任に当たっている者が請求者と異なる者である場合の代理権又は使者の権限を確認する方法（本条Ⅱ）について定めるものである。以下に分説する。なお，本条の実際の運用に関しては，平成20年4月7日通達1000号（本条の解説に当たり単に「通達」とのみ表示する。）が発出されている。[注]

(注)　本文で掲げた通達の解説については，相馬博之＝堤秀昭「戸籍法及び戸籍法施行規則の一部改正に伴う戸籍事務の取扱いに関する通達の解説」戸籍815号1頁以下を参照されたい。

1　請求の任に当たっている者の確認

(1)　現に請求の任に当たっている者

　戸籍謄本等の交付請求の際に，現に請求の任に当たっている者は，運転免

第2章　戸籍簿

許証を提示する方法等により当該請求の任に当たっている者を特定するために必要な事項を明らかにしなければならない。ここでいう「現に請求の任に当たっている者」とは，請求が市町村の窓口への出頭によりされる場合（以下「窓口請求」という。）には窓口に出頭した者であり，請求が送付の方法によりされる場合（以下「送付請求」という。）において，交付請求書に請求者の氏名のみが記載されているときは請求者，請求者以外の代理人又は使者の氏名が記載されているときは代理人又は使者を指す。

(2)　窓口請求の場合

窓口請求の場合における現に請求の任に当たっている者の具体的な確認方法は，以下に述べるとおりである。

　ア　本人等請求及び第三者請求

　　(ｱ)　明らかにすべき事項は，氏名及び住所又は氏名及び生年月日である（戸規11の3本文）。本人等請求（戸10）及び第三者請求（戸10の2Ⅰ）については，市町村長は，窓口で提示された後記(ｲ)の1号書類又は2号書類により，現に請求の任に当たっている者の氏名及び住所又は氏名及び生年月日を確認する。

　　(ｲ)　氏名及び住所又は氏名及び生年月日を明らかにする方法は，運転免許証，写真付きの個人番号カード等の国又は地方公共団体の機関が発行し写真が貼付された証明力の高い書類（規則11条の2第1項に掲げられた書類。以下「1号書類」という。）の提示による確認を原則とする。1号書類とは，具体的には運転免許証，旅券，在留カード，特別永住者証明書，規則別表第一に掲げる書類（船員手帳，身体障害者手帳，無線従事者免許証，海技免状，小型船舶操縦免許証，宅地建物取引士証，航空従事者技能証明書，耐空検査員の証，運航管理者技能検定合格証明書，動力車操縦者運転免許証，猟銃・空気銃所持許可証，教習資格認定証，運転経歴証明書（平成24年4月1日以後に交付されたものに限る。），電気工事士免状，特種電気工事資格者認定証，認定電気工事従事者認定証，療育手帳，戦傷病者手帳，警備業法23Ⅳに規定する合格証明書），個人番号カード（マイナンバー法2Ⅶ）又は写真付きの公務員の身分証明書である。

第10条の3〔戸籍の謄本等の交付請求における本人確認等〕

(ウ) そのような書類を所持しない場合に配慮し，1号書類による確認ができないときは，国民健康保険の被保険者証等下記aの書類や写真付きの学生証等下記bの書類（戸規11の2②。以下「2号書類」といい，更に前者を「2号イの書類」という。）をその性質に応じて複数枚組み合わせて提示する方法が認められている。具体的には，以下のaに掲げられている書類のいずれか1枚以上及びbに掲げられている書類のいずれか1枚以上を提示する方法であるが，bに掲げられている書類を提示することができないときは，aに掲げられている書類のいずれか2枚以上を提示する方法である。

a　国民健康保険，健康保険，船員保険若しくは介護保険の被保険者証，共済組合員証，国民年金，厚生年金保険若しくは船員保険に係る年金証書，共済年金若しくは恩給の証書，戸籍謄本等の交付を請求する書面に押印した印鑑に係る印鑑登録証明書又はその他市町村長がこれらに準ずるものとして適当と認める書類

b　学生証，法人が発行した身分証明書（国若しくは地方公共団体の機関が発行したものを除く。）若しくは国若しくは地方公共団体の機関が発行した資格証明書（1号書類を除く。）で，写真が貼り付けられたもの又はその他市町村長がこれらに準ずるものとして適当と認める書類

(エ) そのほか，そのような複数枚組み合わせる方法による確認もできないときは，請求を受けた市町村長が現に請求の任に当たっている者の戸籍を管理している場合に，当該市町村長がその者の戸籍の記載事項について質問することによって確認する方法（例えば，交付の請求の対象となっている戸籍の記載事項のうち，現に請求に当たっている者が知っていると考えられる事項（続柄，父母その他の親族等の氏名等）の説明をいう。通達第1の5）や，その他の市町村長が適当と認める方法（面識を利用する方法等）による確認が許容されている（戸規11の2③）。

(オ) なお，1号書類及び2号書類については，市町村長が提示を受ける日において有効なものに限られている（通達第1の5）。有効期限の定めがないものについては，ここにいう有効なものと考えられる（後記イ(イ)，ウ(イ)(ウ)

及び(3)において同じ。)。

　イ　公用請求

　(ｱ)　明らかにすべき事項は，氏名及び所属機関，氏名及び住所又は氏名及び生年月日である（戸規11の3ただし書）。ここでいう所属機関とは，国にあっては「法務省」，「東京法務局」等，地方公共団体にあっては「東京都」，「千代田区」等を指す。

　(ｲ)　氏名及び所属機関等を明らかにする方法は，1号書類の提示によって確認することとされている（規則11の2①）。公用請求にあっては，原則として写真付きの公務員の身分証を提示する方法によって確認するものとすれば実務上不都合はないと考えられることから，1号書類を所持しない一般人のための補充的な方法である2号書類を複数枚提示する方法や聴聞・面識を利用する方法等による確認は認められていない。なお，1号書類のうち，国又は地方公共団体の機関が発行した身分証明書は，氏名，所属機関の名称，発行機関の名称が記載されたものとされている（通達第1の5）。

　ウ　弁護士等請求

　(ｱ)　明らかにすべき事項は，氏名及び住所，氏名及び生年月日又は氏名及び請求者（弁護士等）の事務所の所在地である。

　(ｲ)　明らかにする方法は，1号書類又は弁護士等であることを証する書類（以下「資格者証」という。後記(ｳ)参照）若しくは弁護士等の補助者であることを証する書類（以下「補助者証」という。後記(ｳ)参照）を提示し，弁護士等の職印が押されている統一請求書（以下単に「統一請求書」という。）を提出する方法とされている（戸規11の2④）。統一請求書とは，弁護士等の所属する会が発行した戸籍謄本等の交付請求をするための書面であって，統一の様式によるものをいう。資格者証の提示と統一請求書との併用，又は補助者証の提示と統一請求書との併用によって確認することとされているのは，弁護士等へのなりすまし防止の観点から設けられたものであり，資格者証又は補助者証の提示に加えてこのような統一請求書による請求を要求することにより，なりすまし防止の効果を期待できることによる。弁護士等請求につい

第10条の3〔戸籍の謄本等の交付請求における本人確認等〕

ても，公用請求と同様，1号書類を所持しない一般人のための補充的な方法である2号書類を複数枚提示する方法や聴聞・面識を利用する方法等による確認を認めない取扱いとしても実際上の不都合はないと考えられることから，1号書類に限定されている。

(ｳ)　前記(ｲ)の資格者証及び補助者証は，次に掲げる事項が記載され，写真が貼付されたものとされる。なお，これらの証明書は，市町村長が提示を受ける日において有効なものに限られる。資格者証の記載事項は，弁護士等の氏名，登録（会員）番号，事務所の所在地及び発行主体とされる。また，補助者証の記載事項は，補助者の氏名，補助者を使用する弁護士等の氏名，事務所の所在地及び発行主体である（通達第1の5）。

(ｴ)　弁護士による請求の場合に，弁護士の所属する会が会員の氏名及び事務所の所在地を容易に確認することができる方法により公表している場合に限り，市町村長は，弁護士記章の提示と統一請求書の記載により，弁護士の氏名及び事務所の所在地を確認することができるものとされている。この場合において，市町村長は，疑義があるときは，弁護士の事務所の所在地を当該弁護士の所属する会のホームページ等で確認するものとされている（通達第1の5）。

(ｵ)　確認の方法は，本人等請求及び第三者請求の場合と同様とされている。なお，資格者証又は補助者証に住所又は生年月日が記載されている場合であっても，弁護士等の事務所の所在地を確認するために利用するものであることから，当該記載によっては，住所又は生年月日を確認することはできないとの扱いである（通達第1の5）。

(ｶ)　弁護士等が，固有権限を行使する等の場合，すなわち①破産管財人等として固有の権限を行使するために第三者請求をする場合，②成年後見人等として成年被後見人等の代理請求をする場合（後記(3)ウ及び2(1)ウ(ｳ)において同じ。）についても，弁護士等へのなりすまし防止の観点からすると，現に請求の任に当たっている者を特定するための方法等については，弁護士等請求の場合と同様の取扱いとしても不都合はないと考えられること等から，

弁護士等請求と同様に取り扱って差し支えないものとされている（通達第1の5）。

(3) **請求が送付を求める方法による場合**

請求が送付を求める方法により行われる場合における現に請求の任に当たっている者の具体的な確認方法については，明らかにすべき事項は窓口請求の場合と同じであるが，明らかにする方法及びその取扱いは，以下のとおりである（戸規11の2⑤）。

ア　本人等請求及び第三者請求

(ア)　請求者が個人の場合にあっては，①1号書類又は2号イの書類のいずれか1枚以上の写しを送付し，当該書類の写しに記載された現住所を戸籍謄本の送付先に指定する方法，②戸籍の附票の写し又は住民票の写しを送付し，当該写しに記載された現住所を戸籍謄本の送付先に指定する方法，又は③請求を受けた市町村長の管理に係る現に請求の任に当たっている者の戸籍の附票又は住民票に記載された現住所を戸籍謄本等の送付先に指定する方法によって確認することとされている（戸規11の2⑤イ本文）。戸籍謄本等の送付先はこれらの書類に記載された現住所であるから，現住所が証明の対象とされていない書類（旅券等）については，送付請求の場合における現に請求の任に当たっている者を特定するために必要な事項の確認書類とはならない。また，代理人又は使者が現に請求の任に当たっている場合は，請求者が現に請求の任に当たっている場合と同様に，代理人又は使者についての上記①若しくは②の写しに記載された現住所又は当該請求を受けた市町村長の管理に係る代理人又は使者についての③の帳簿に記載された現住所を送付先に指定する方法とすることとされている。確認方法等については，市町村長は，送付先に指定された住所及び氏名により，交付請求書に記載されている現に請求の任に当たっている者を特定するものとし，当該住所，氏名の実在性は，上記①若しくは②の写し又は③の帳簿によって確認するものとされている（後記(イ)③において同じ。）。なお，①の写しについては，市町村長が送付を受ける日において，その原本が有効なものに限られる（以上，通達第1の5）。

第10条の3〔戸籍の謄本等の交付請求における本人確認等〕

(イ) 請求者が法人の場合にあっては，①法人の代表者が現に請求の任に当たっているときは，当該代表者の1号書類又は2号イの書類の写しを送付し，代表者の資格を証する書面に記載された当該法人の本店又は支店の所在地を戸籍謄本等の送付先に指定する方法，②法人の支配人が現に請求の任に当たっているときは，当該支配人の1号書類又は2号イの書類の写しを送付し，支配人の資格を証する書面に記載された当該法人の支店の所在地を戸籍謄本等の送付先に指定する方法，又は③法人の従業員が現に請求の任に当たっているときは，当該従業員の1号書類又は2号イの書類の写し及び当該従業員が所属する法人の営業所又は事務所等の所在地を確認することができる書類を送付し，当該書類に記載された当該所在地を戸籍謄本等の送付先に指定する方法によって確認することとされている（戸規11の2⑤イただし書）。請求者が法人である場合についても，請求者が個人である場合と同様，戸籍謄本等の送付先を限定すべきであるところ，この場合において，当該法人の代表者，支配人又は従業員が現に請求の任に当たっているときにそれらの者個人の住所を戸籍謄本等の送付先とすることは適当ではないため，現に請求の任に当たっている者の立場に応じた適切な場所を送付先としたものである。なお，①の代表者の資格を証する書面とは代表者事項証明書を指し，②の支配人の資格を証する書面とは登記事項証明書を指す。③の「当該従業員が所属する法人の営業所又は事務所等の所在地を確認することができる書類」とは，法人の営業所又は事務所等の記載のある社員証のほか，法人の営業所又は事業所等の一覧が記載されたパンフレット等が考えられる。

イ 公用請求

公用請求の場合における現に請求の任に当たっている者を明らかにする方法は，請求者である国又は地方公共団体の事務所の所在地を戸籍謄本等の送付先に指定する方法であり（戸規11の2⑤ロ），市町村長は，特段の事情がない限り，事務所の所在地を確認することができる書類の提出を求めることは要しないものとされている（通達第1の5）。送付先は当該請求の任に当たる権限を有する職員が所属する事務所の所在地に限られる。この場合において

は，現に請求の任に当たっている者の公務員の身分証の写しの送付を要しない。公用請求の場合においても，現に請求の任に当たっている者である公務員個人の住所を送付先とすることは適当ではないため，当該請求をする国又は地方公共団体の機関の事務所の所在地を送付先に指定する方法によることとされた。

　　ウ　弁護士等請求

　弁護士等請求の場合における現に請求の任に当たっている者を明らかにする方法は，①１号書類の写しの送付と弁護士等の職印が押印してある統一請求書，又は②資格者証の写しの送付と弁護士等の職印が押印してある統一請求書を併用し，当該弁護士等の事務所の所在地を送付先に指定する方法によって確認するほか，③「弁護士等の所属する会が会員の氏名及び事務所の所在地を容易に確認することができる方法により公表しているとき」は，弁護士等の職印が押印してある統一請求書のみを送付し，当該弁護士等の事務所の所在地を戸籍謄本等の送付先に指定する方法によって確認することである（戸規11の２⑤ハ）。弁護士等請求については，戸籍謄本等の送付先は，当該弁護士等又は当該資格者法人の代表者の事務所の所在地に限られる。また，②の資格者証の写しについては，市町村長が送付を受ける日において，その原本が有効なものに限られる（通達第１の５）。

2　代理権限等の確認

　戸籍謄本等の交付請求の際に，現に請求の任に当たっている者が請求者と異なる者である場合，すなわち，その者が請求者の代理人又は使者である場合は，法務省令で定める方法により，請求者の依頼又は法令の規定により当該請求の任に当たるものであることを明らかにする書面を提供しなければならない。

　この法務省令で定める方法とは，委任状，法人の代表者又は支配人の資格を証する書面その他の現に請求の任に当たっている者に戸籍謄本等の交付の

請求をする権限が付与されていることを証する書面を提出する方法によって代理権限又は使者の権限を確認することとされている（戸規11の4Ⅰ）。代理権限又は使者の権限の確認についての運用方法は，次のとおりである。

(1) **窓口請求の場合**

　ア　本人等請求又は第三者請求

　(ア)　請求者がその意思に基づいて権限を付与した場合には，当該請求者（請求者が法人であるときはその代表者）が作成した委任状の提出を要する。

　(イ)　請求者の法定代理人（未成年者の親権者，成年被後見人の成年後見人等）が現に請求の任に当たっている場合には，戸籍謄本等，後見登記等の登記事項証明書又は裁判書の謄本その他のその代理権限を証する書類の提出を要する。

　(ウ)　請求者が法人である場合（第三者請求に限る。）において，①その代表者が現に請求の任に当たっているときは，代表者の資格を証する書面（代表者事項証明書）を，②当該法人の支配人が現に請求の任に当たっているときは，支配人の資格を証する書面（登記事項証明書）を，③ ①，②以外の当該法人の従業員が現に請求の任に当たっているときは，社員証の提示又は当該法人の代表者が作成した委任状の提出及び当該代表者の資格を証する書面（代表者事項証明書）の提出を要する。本来，請求者の依頼により当該請求の任に当たるものであることは委任状により証するものと考えられるが，請求者が法人である場合に従業員が現に請求の任に当たっているときは，その者が社員証によって当該法人の従業員であることを確認することができれば，当該法人の業務の一環として当該交付の請求をしている蓋然性が高いといえるので，社員証を権限確認書面として取り扱っている。

　イ　公用請求

　現に請求の任に当たっている者が当該請求の任に当たる権限を有する者以外の者である場合には，公務員の写真付きの身分証明書の提示，又は当該請求の任に当たる権限を有する職員が作成した委任状の提出を要する。

　公用請求についても，本来，請求者の依頼により当該請求の任に当たるも

のであることは委任状により証するものと考えられるが，請求者が法人である場合に従業員が現に請求の任に当たっているときと同様，その者が公務員の身分証明書によって当該国又は地方公共団体の機関に所属していることを確認することができれば，当該機関の業務の一環として当該交付の請求をしている蓋然性が高いといえるので，公務員の身分証明書を代理権限書面として取り扱うのである。

　ウ　弁護士等請求

　(ア)　弁護士等の補助者が現に請求の任に当たっている場合には，補助者証の提示又は弁護士等が作成した委任状の提出を要する。

　(イ)　資格者法人が請求者である場合において，その代表者が現に請求の任に当たっているときは，代表者の資格を証する書面（代表者事項証明書）の提出を要する。当該法人の代表者以外の者（事務所に所属する弁護士等又は補助者）が現に請求の任に当たっているときは，資格者証若しくは補助者証の提示又は当該代表者が作成した委任状及び代表者の資格を証する書面の提出を要する。

　(ウ)　固有権限行使等の場合は，上記(ア)及び(イ)と同様に取り扱って差し支えないこととされている（通達第1の6）。

　弁護士等請求についても，本来，請求者の依頼により当該請求の任に当たるものであることは委任状により証するものと考えられるが，請求者が法人である場合に従業員が現に請求の任に当たっているときと同様，その者が補助者証によって当該資格者の補助者であること（請求者が資格者法人である場合は，資格者証又は補助者証によって当該法人に所属していること）を確認することができれば，当該資格者の業務（請求者が資格者法人である場合は，当該法人の業務）の一環として当該交付の請求をしている蓋然性が高いといえるので，補助者証（請求者が資格者法人である場合は，資格者証又は補助者証）を代理権限書面として取り扱われる。

　なお，補助者証の発行主体については弁護士会等だけでなく弁護士等本人でも認められているところ，個人事務所に雇用されている弁護士等が，同じ

第10条の3〔戸籍の謄本等の交付請求における本人確認等〕

事務所に雇用されている事務員を補助者として職務上請求を行う場合等職務上請求書に記載された請求者たる弁護士等本人の氏名と，補助者証の補助者を使用する弁護士等の氏名又は発行主体である弁護士等本人の氏名が異なることがあり得るが，この場合であっても，事務所名又は事務所の所在地の記載を照合することにより，請求者と補助者が同一の弁護士事務所等に所属することが確認できる場合は，当該補助者証により権限確認ができたものとして，交付請求に応じて差し支えないものと考えられる。

(2) **請求が送付を求める方法による場合**

(1)と同様に取り扱い，窓口請求の場合に提示しなければならない書類についてはその写しを提出しなければならない（通達第1の6）。

(3) **証明書面の有効期間等**

提出を要する戸籍謄本等及び後見登記等の登記事項証明書並びに(1)のア(ウ)及び(1)のウ(イ)の代表者又は支配人の資格を証する書面は，その作成後3か月以内のものに限られ（戸規11の4Ⅱ），これらの書面の還付請求に応じることができる（戸規11の5Ⅰ本文）。委任状についても，当該委任状に還付を請求する権限を証する旨の記載がある場合には，還付に応じることができる（通達第1の6）。委任状に還付を請求する権限を証する旨の記載があるものについては，その趣旨を踏まえ，還付に応じることができるものとされたと考えられる。

(4) **請求者本人の特定の要否**

市町村長は，原則として，委任状を作成した請求者を特定するために必要な事項を確認しないこととして差し支えないとされる。ただし，委任状が偽造されたものである疑いがあると認められる等の特段の事情がある場合には，適宜の方法で請求者を特定するために必要な事項の確認を行うものとされている（通達第1の6）。戸籍法の規定上，代理権限を偽る不正請求は，現に請求の任に当たっている者を特定するために必要な事項の確認を一律に行うことによって相当程度抑止されており，委任状の偽造は有印私文書偽造・同行使罪（刑159Ⅰ・161Ⅰ）という刑罰によって抑止されていること，他人（代

理人又は使者）に身分証明書の写しを交付することに抵抗を覚えることも考えられること等から，委任状を作成した請求者の運転免許証の写し等により，当該請求者を特定するために必要な事項の確認を一律に行うこととはされていないため，市町村長は，原則として，委任状を作成した請求者を特定するために必要な事項を確認しないこととして差し支えないが，委任状が偽造されたものである疑いがあると認められる等の特段の事情がある場合には，適宜の方法で請求者を特定するために必要な事項の確認を行うものとされている。

第10条の4〔戸籍の謄本等の交付請求における説明要求〕

> 〔戸籍の謄本等の交付請求における説明要求〕
> 第10条の4　市町村長は、第10条の2第1項から第5項までの請求がされた場合において、これらの規定により請求者が明らかにしなければならない事項が明らかにされていないと認めるときは、当該請求者に対し、必要な説明を求めることができる。

　本条は、法10条の2第1項から5項までの戸籍謄本等の第三者請求がされた場合において、請求者が明らかにしなければならない事項が明らかにされていないと認めるときは、市町村長は、当該請求者に対し、必要な説明を求めることができる旨を定めたものである。

1　説明を求める相手方

　説明を求める相手方は、戸籍謄本等を第三者請求した者である。代理人による請求の場合には代理人に対し、使者による請求の場合は使者に対して、必要な説明を求めることができる（平成20・4・7通達1000号第1の7⑴）。

2　説明を求める場合

　市町村長は、原則として交付請求書に記載された内容自体から各交付要件の存否を認定し、明らかにすべき事項が明らかにされていないと認めるときに限り、請求者に対して必要な説明を求めることができる（平成20・4・7通達1000号第1の7⑶）。明らかにすべき事項が明らかにされていないと認めるときとは、交付請求書上に記載された内容が、①不十分である場合、②矛盾がある場合、③職務上知り得た他の事情等から内容が真実でない強い疑いがある場合等である。
　このうち、①交付請求書上に記載された内容が不十分である場合とは、例えば、「貸金債権を請求するため」というように行使する権利について具体

的な記載がない場合等を指し，②当該内容に矛盾がある場合とは，例えば，債権者が，死亡した貸金債権の債務者の相続人を知るためとの理由で交付の請求をする際に，交付請求書に記載された貸付年月日が債務者の死亡後となっているような場合等を指す。また，③職務上知り得た他の事情等から内容が真実でない強い疑いがある場合とは，例えば，関係者から請求者の請求の理由の内容が虚偽である旨の資料が事前に提供された場合や，紛失届のあった統一請求書によって交付の請求がされた場合等が考えられる（相馬博之＝堤秀昭「戸籍法及び戸籍法施行規則の一部改正に伴う戸籍事務の取扱いに関する通達の解説」戸籍815号41頁）。具体的には，貸金債権者が死亡した債務者の相続人を特定するために死亡した債務者が記載されている戸籍謄本の交付の請求をした場合に，関係者から当該債務が弁済された旨の資料が事前に提供された場合が考えられる。この場合において，請求者である貸金債権者に対して必要な説明を求め，請求者である貸金債権者が弁済の事実を否定しないときは，当該交付の請求を却下すべきことになると考えられる。他方，請求者である貸金債権者が弁済の事実は裁判で争う旨説明するときは，弁済の事実の真実性は後の裁判にゆだねるほかなく，市町村長としては当該交付の請求に応じることになると考えられる。

3 説明を求める方法

　説明を求める方法には，請求者に口頭の説明を求めるほか，資料の提出を求めることも含まれる（平成20・4・7通達1000号第1の7(2)）。

4 説明を求めた後の対応

　市町村長は，必要な説明を求めた結果，交付請求書上の記載が十分となり又は矛盾が解消されたときに限り，交付の請求を認めることができる（平成20・4・7通達1000号第1の7(4)）。本条の規定に基づき説明を求めたにもか

かわらず，説明がなされない場合又は説明が不十分なため法10条の2第1項から5項までに定める事項が明らかでないときは，市町村長は請求を拒むことができる。

第2章　戸籍簿

> 〔戸籍簿の再製・補完〕
> 第11条　戸籍簿の全部又は一部が，滅失したとき，又は滅失のおそれがあるときは，法務大臣は，その再製又は補完について必要な処分を指示する。この場合において，滅失したものであるときは，その旨を告示しなければならない。

　本条は，紙の戸籍に関し，戸籍簿の全部又は一部が滅失したとき又は滅失のおそれがあるときの再製又は補完について定めるものである。

　戸籍簿は，火災，水害，虫害，毀棄，変造，汚損その他の自然的又は人為的な原因によって，その全部又は一部が滅失することがある。また，長年の使用による摩滅等によって，そのまま放置すれば戸籍簿として使用できなくなる状態となり，滅失のおそれがある状況に至ることもある。このような場合に，戸籍簿の再製又は補完の措置が執られる。

　「滅失」とは，戸籍の全部又は一部がその原形を失ったときや，戸籍記載の一部の数文字が汚損や破損で不明となるようなことをいう。「再製」とは，戸籍が滅失した場合に，滅失前の状態に復元すること，又は滅失のおそれがある戸籍について，これを新たな用紙に移記することをいう。「補完」とは，滅失までには至らないものの，戸籍簿を現状のまま放置すると滅失のおそれがあるときに，該当部分を補修することをいう。

　なお，磁気ディスクをもって調製されている戸除籍については，市町村に副記録が備えられており，これにより復元可能なので，本条の手続をすることを要しない。その詳細は，法119条の解説2(3)ア(イ)を参照されたい。

1　戸籍簿の全部又は一部が滅失した場合の再製の手続

(1)　滅失の報告・具申・告示

　ア　滅失の報告

戸籍簿の全部又は一部が滅失したときは，市町村長は，まず，速やかに，

管轄法務局若しくは地方法務局又はその支局に対して概況を報告し（準則14），次いで，遅滞なく，滅失の事由，年月日，帳簿の名称，冊数その他必要な事項を，書面により管轄法務局等に報告しなければならない（戸規9Ⅰ）。

　　イ　滅失の具申

　市町村長からの報告を受けた管轄法務局等は，必要な調査（例えば，担当者を市役所又は町村役場に派遣し，報告事項の確認や善後策のための所要の調査を行うなど）をした後，その再製又は補完の具体的な方法を定め，法務大臣に具申しなければならない（戸規9Ⅱ）。

　　ウ　滅失の告示

　滅失の具申を受けた法務大臣は，滅失した戸籍を一般に周知させるとともに，関係市町村長や関係人等から再製の資料の送付又は提出の協力を求めるため，さらには既に届出された事項について再申出等を求めるために，所要事項を告示する。この告示は，官報に掲載してするのが通例である。

　(2)　**法務大臣による管轄法務局等の長への指示**

　法務大臣は，上記の滅失の告示とともに，管轄法務局等の長に対し，再製資料の収集，再製の方法その他必要な事項について具体的に指示する。その主眼は，再製資料を収集することにあり，通常次の内容が指示される。

　　ア　管轄法務局等保存資料の送付

　法務大臣は，戸籍簿を再製するための資料として，管轄法務局等において保存中の戸籍の副本，届書その他の関係書類を，滅失の報告をした市町村長に送付させる。

　この戸籍の副本は，市町村長が新たに戸籍を編製したときや，戸籍の編製の日から25年を経過したとき等において，管轄法務局等に送付することとされているものである（戸規15Ⅰ・18Ⅰ）。そして，この副本の送付後に戸籍の記載事項に変動があったときは，市町村長は，記載手続を完了した後に，当該届書，申請書その他の書類を管轄法務局等に送付することを要するとされている（戸規48Ⅱ・49Ⅰ）。このような手当てがされているため，戸籍簿が滅失した場合であっても，これら管轄法務局等に保存された資料に基づいて，

第 2 章　戸籍簿

滅失前の状態に再製することができるのである。

　イ　関係市町村長又は関係人保存資料の提供要求

　上記アの諸資料が完全に保存されていれば、それのみで戸籍の再製が可能であるが、管轄法務局等においても、大規模な災害等により、戸籍の副本、届書その他の関係資料の全部又は一部が滅失している場合には、上記アの方法により再製することは困難となる。このような場合には、再製に資する資料を保管している関係市町村長や関係人に対し、以下の方法により当該資料の提供を求めることになる。

　①　当該市町村長から届書その他の書類の送付を受け、又は当該市町村長に届書その他の書類を送付したことのある関係市町村長から、それらの書類の写しを入手する。

　②　戸籍の謄抄本又は戸籍に記載した事項に関する証明書の交付を受けたことのある者から、それらの書類を入手する。

　③　戸籍の届出や申請等の手続をしたことのある者から、再度当該事項の申出をするよう求める。(注1)

　もっとも、上記①〜③の各資料によっては、その性質上、必ずしも完全な再製を期待することはできない。このため、これらの資料による再製は、上記アの方法によることが困難な場合に、その補助的な役割を果たす方法と考えられる。

(3)　**戸籍の再製**

　上記(2)により収集された資料に基づいて滅失した戸籍を再製する。その要領は以下のとおりである。

　ア　戸籍の用紙

　戸籍の再製は、滅失前の状態に復元することを目的とすることから、旧法の戸籍を再製するには、旧用紙を用いてよい（昭和24・9・5回答1940号）とされている。また、新用紙を用いる場合の方法も示されている（昭和25・4・18回答1012号）。

イ　戸籍の記載

戸籍の記載に当たっては，まず，再製に関する事項を戸籍事項欄に記載する。(注2)

記載例は，従前のものをそのまま用いるのが建前であるが（昭和24・9・5回答1940号，昭和46・6・9回答2071号），新記載例に引き直してもよい（昭和48・11・17依命通知8522号）。除籍者についても全て再記載し（昭和25・4・18回答1012号），戸籍の各人の記載順序も従前のとおりとする（昭和28・9・3回答1609号）。再度の届出に基づいて記載する場合でも，前の届出の日に受理したものとして記載すべきであり（昭和7・7・16回答740号），再製中に新たに受理した届出等に基づいて記載する事項は，再記載した事項の後に記載する（昭和5・4・25回答292号）。各記載の文末の認印は，戸籍事項欄（旧法にあっては戸主の事項欄）への再製事由の記載を除いて，その必要はない（昭和7・5・28回答542号）。なお，滅失した掛紙を再製する場合は，掛紙が貼付された一葉全部を再製するのが相当である（昭和40・10・2回答2887号）。

ウ　戸籍記載の遺漏

滅失戸籍を再製する際に記載を遺漏した者については，市町村長は，再製の資料がある場合には，事件本人又は利害関係人の申出により，法務局長又は地方法務局長の許可を得て職権記載をし，同資料がない場合は，原則として，法113条に規定する戸籍訂正の手続をとらなければならない（昭和37・12・5回答3514号）。

(4)　仮戸籍の調製

戸籍の再製には，その作業に相当の期間を要する場合がある（例えば，大規模災害等により再製資料が存在しない場合や，存在していても不十分である場合など。）。この期間に新たに受理した届出等があった場合，再製が完了するまで戸籍への記載を保留しなければならないとすると，再製までの間は国民の身分関係を公証する手段がなく，社会生活上の支障を生じさせかねない。

そこで，実務では，以前から，戸籍が再製されるまでの応急的な措置として，仮戸籍を調製するという取扱いがされている。仮戸籍は本人や利害関係

第2章　戸籍簿

人の申出等に基づき戸籍謄抄本や住民票等の資料により戸籍に準じて調製される帳簿で、これに滅失後新たに受理した届出等に基づく記載をしておき、当該記載事項を再製が完了した後の戸籍に移記するのである（大正11・4・29回答1177号）。(注3) このように、仮戸籍の記載は、本来の戸籍の記載に代わるものであり、再製後の戸籍に移記する前であっても、戸籍の記載と同一の効力を有するとされる。したがって、仮戸籍の記載を訂正する場合には、通常の戸籍訂正の手続によるべきである（大正14・2・27回答537号）。

なお、再製中に受理した届出等に基づいて新戸籍を編製すべき場合には、仮戸籍に記載をするまでもなく、直ちに新戸籍を編製すべきである（昭和24・9・5回答1940号）。

(5) 再製の効力の発生

再製手続が完了したときは、市町村長は、これを管轄法務局等に報告する（準則16）。この報告に基づいて、管轄法務局等が適正に再製戸籍の記載がされているかどうかの調査をし、その結果、適正であることが確認されれば、再製戸籍としての効力が生じる（大正13・5・6回答7383号、昭和33・10・9回答478号）。再製戸籍が多数にわたる場合には、その一部ずつを調査した上、効力を生じさせることとしても差し支えない（昭和7・12・20回答1451号）。この調査の完了日をもって、戸籍事項欄（旧法戸籍にあっては戸主の事項欄）に再製事由の記載及び押印がされる。

上に述べたことと関連して、前記(2)の法務大臣による再製指示がされた後再製戸籍の効力が発生するまでの間に、滅失したとされた戸籍が発見された場合、その戸籍の効力の問題がある。先例は、法務大臣の再製指示があった以上は、再製の手続が優先するとして、発見された戸籍は効力のないものとなるとしている（大正15・12・9回答9557号）。もっとも、この場合には、その戸籍を再製資料とすることができるから、再製が簡便に行われることになる。

(6) 副本の送付

再製手続が全て完了したときは、市町村長は、新戸籍編製の場合に準じて

(戸規15Ⅰ①），遅滞なく，再製戸籍の副本を作成して管轄法務局等に送付しなければならない（昭和33・11・18回答551号）。戸籍の一部を再製した場合であっても，全紙葉を複写して副本を作成することを要する（昭和37・9・13回答2620号）。この副本の送付を受けた管轄法務局等は，調査の上，従前の副本を取り除くことになる（昭和24・9・5回答1940号）。

◆◆

（注1）　前の届出をした者が既に死亡している場合は，利害関係人に再届出を求めることができる（明治43・1・14回答25号）。再届出においては，前の届出の年月日及び再届出である旨を記載する（明治36・1・13回答1112号）。また，できるだけ，かつて届出をしたことを証する書面の提出を求めることとするが（昭和7・7・16回答740号），届出に当たり添付書面を要する事項についての再届出にあっては，なるべくこれを証明させるのが相当とされている（大正11・4・29回答1177号）。
（注2）　戸籍の再製又は改製に関する事項は，戸籍事項欄に記載しなければならないが（戸規34⑥），補完に関する事項については，条文上明記されていない。一方で，戸籍の記載例上は，再製と補完の区別がされておらず，実務では両者の取扱いに異なるところはない。そこで再製と補完を区別する実益はないと考えられている（南敏文監修＝髙妻新著＝青木惺補訂『最新体系・戸籍用語事典』（日本加除出版，2014）183頁，都竹秀雄『新版　戸籍再製の実務』（日本加除出版，2004）297頁）。
（注3）　仮戸籍は，制度として法定されていないが，応急的な措置として，古くから先例により運用されている。また，法定の制度ではないことから，戸籍事務としてこれを公開の対象とすることはせず，必要があるときに一般行政証明として仮戸籍の記載事項の証明をするという取扱いがされている（昭和20・5・22通牒88号）。

2　戸籍簿の全部又は一部が滅失のおそれがある場合の再製・補完の手続

(1)　再製の指示

この場合も，市町村長による報告及び管轄法務局等による具申は，滅失の場合に準じて行われるべきものとされている（戸規9Ⅲ）。これを受けての法務大臣の処分については，この場合，戸籍の原本自体が存在しているので告示が行われることはないが，再製の指示の面では，過去にこの滅失のおそれによる戸籍の再製の事例が多かったことから，実務上困難に直面してきたという経緯がある。その最たるものが，戦時中・戦後の物資が不足していた

第2章　戸籍簿

時代に用いられた戸籍の用紙が極めて粗悪であったため摩滅のおそれが生じたものが膨大な数に及び，その再製・補完の作業が管轄法務局等及び市町村の大きな負担となったことである。このため，事務処理の簡素化が火急の課題となり，その一環として法務大臣による個別の指示を省略して，管轄法務局等の長が市町村長の報告に基づき再製に関する具体的な指示を出すものとされた（昭和33・9・15通達1847号）。その後，この取扱いは変更されて，一般的に法務局長又は地方法務局長が法務大臣の再製命令を専決処分することとされ，市町村長の報告に基づいて，法務大臣の名において再製に関する指示を発するものとされた（昭和44・4・1訓令481号，平成14・12・18訓令2999号，平成14・12・18依命通達3002号）。

(2)　再製・補完

滅失のおそれがある戸籍の再製は，原則として前記1(3)の要領により行われる。

補完の作業は，原則として，戸籍中の当該用紙を取り除き，これと同一の様式の用紙に従前の記載事項を移記した上（昭和25・8・30回答2354号），補完事項を記載すること（戸規34⑥）により行われる。

(3)　再製原戸籍・仮戸籍の保存期間

滅失のおそれがあるとして本条により再製された戸籍の原戸籍の保存期間は，当該年度の翌年から1年とされている（戸規10の2Ⅰ）。また，除籍及び改製原戸籍を再製した場合又は再製戸籍に移記を了した後の仮戸籍についても，これに準じて差し支えないとされている。[注4]

◆◆◆◆◆◆◆◆◆◆◆◆◆◆◆◆◆◆◆◆◆◆◆◆◆◆◆◆◆◆◆◆◆◆◆◆◆◆

(注4)　滅失のおそれある戸籍を再製した場合における原戸籍の保存期間については，かつては改製原戸籍に準じて，再製の翌年から50年とされていたが，その後，この保存期間が10年に改められるとともに，除籍及び改製原戸籍を再製した場合又は再製戸籍に移記を了した後の仮戸籍についても，これに準じて差し支えないとされた（昭和39・2・27通達381号）。さらに，平成14年の戸籍法の改正により法11条の2（申出による戸籍簿の再製）の規定が新設されたことに伴って，再製原戸籍の保存期間が規則に定められ，滅失のおそれある戸籍を再製した場合の原戸籍の保存期間

は1年に短縮された（戸規10の2Ⅰ）。

　なお，仮戸籍の保存期間については，（注3）のとおり法定されているものではなく，省令に明示はされていないものの，滅失のおそれある戸籍を再製した場合の原戸籍と区別する理由はなく，これに準じて差し支えないとする昭和39年2月27日通達381号の趣旨にのっとった取扱いがされている。

③ 本条に掲げる事由以外の事由による戸籍の再製

(1) 戸籍法が定めるもの

　本条は戸籍が滅失した場合又は滅失のおそれがある場合における戸籍の再製について規定するものであるが，戸籍法では，これとは別に，虚偽の届出等若しくは錯誤による届出等又は市町村長の過誤によって記載がされ，かつ，その記載につき所定の訂正がされた戸籍について，当該戸籍に記載されている者から，当該訂正に係る事項の記載のない戸籍の再製の申出があったときは，法務大臣の指示によりその再製に関する処分をするとする規定を設けている（戸11の2Ⅰ本文）。戸籍に上記のような事由によって真実とは異なる記載がされ，これについて訂正の措置がされていても，訂正される前の記載はなお判読できるから（戸規42参照），関係者にとって多大な迷惑・不都合を及ぼしかねない。このため，当該戸籍に記載されている者からの申出により，滅失のおそれがある戸籍の再製手続に準じて，戸籍を再製することを認めたのである。

　これと同様の趣旨で，市町村長が記載をするに当たって文字の訂正，追加又は削除をした戸籍についても，当該戸籍に記載された者からの申出による再製が認められている（戸11の2Ⅱ）。

　以上の戸籍の再製についての詳細は，法11条の2の解説を参照されたい。

(2) 後見登記等に関する法律附則2条5項による戸籍の再製

　戸籍法以外の法律により戸籍の再製が義務付けられるものとしては，後見登記等に関する法律附則2条5項に定める成年被後見人又は被保佐人とみなされる者の戸籍の再製がある。

第2章　戸籍簿

　平成11年法律149号によって民法の一部改正がされ，従前の禁治産者・準禁治産者制度に代えて，現代社会の実情に沿った内容の成年後見制度が導入された。この従前の制度では，家庭裁判所が禁治産・準禁治産の宣告をすると，当該本人の戸籍にその旨が記載され，公開される仕組みとなっていたため，関係者から強い抵抗感が示されていたところであった。そこで，上記の民法改正と同時に後見登記等に関する法律が制定されて，新たな法定後見の類型である後見，保佐及び補助に関する登記の制度を創設するとともに，従前の制度における戸籍の記載を廃止した。そして，これらの改正に伴う経過措置を後見登記等に関する法律附則2条に規定し，従前の制度の下で，戸籍に禁治産宣告又は準禁治産宣告を受けた旨の記載がされた者につき，一定の手続を経て，その戸籍を再製しなければならないとする措置を講じた（後見登記等に関する法律附則2Ⅴ）。従前の制度の下で，言わば桎梏となっていた戸籍の記載を，新制度の趣旨に沿って修正しようとする措置なのである。^(注5)

◆◆◆

（注5）　本文に引用した平成11年法律149号による改正法附則3条では，①旧法の規定による禁治産の宣告は新法の規定による後見開始の審判と，当該禁治産の宣告を受けた禁治産者は当該後見開始の審判を受けた成年被後見人とみなし（改正法附則3条Ⅰ），②旧法の規定による心神耗弱を原因とする準禁治産の宣告は新法の規定による保佐開始の審判と，当該準禁治産の宣告を受けた準禁治産者は当該保佐開始の審判を受けた被保佐人とみなしている（同条Ⅱ）。これを受けて，後見登記等に関する法律附則2条は，上記により成年被後見人又は被保佐人とみなされる者又はその一定範囲の親族は後見又は保佐の登記を申請することができ（後見登記等に関する法律附則2Ⅰ・Ⅱ），登記官がこの申請に基づく登記をしたときは，遅滞なく，戸籍事務を管掌する者に対し，その旨の通知をしなければならないとする（同条Ⅳ）。この通知を受けた戸籍事務管掌者は，当該通知に係る成年被後見人とみなされる者又は被保佐人とみなされる者の戸籍を再製しなければならないとしているのである（同条Ⅴ）。この場合の再製手続は，法11条の2の申出による戸籍簿の再製の手続に準じて行うとされている（平成12・2・24法務省令7号による附則4）。

〔申出による戸籍簿の再製〕
第11条の2　虚偽の届出等（届出，報告，申請，請求若しくは嘱託，証書若しくは航海日誌の謄本又は裁判をいう。以下この項において同じ。）若しくは錯誤による届出等又は市町村長の過誤によつて記載がされ，かつ，その記載につき第24条第2項，第113条，第114条又は第116条の規定によつて訂正がされた戸籍について，当該戸籍に記載されている者（その戸籍から除かれた者を含む。次項において同じ。）から，当該訂正に係る事項の記載のない戸籍の再製の申出があつたときは，法務大臣は，その再製について必要な処分を指示する。ただし，再製によつて記載に錯誤又は遺漏がある戸籍となるときは，この限りでない。
②　市町村長が記載をするに当たつて文字の訂正，追加又は削除をした戸籍について，当該戸籍に記載されている者から，当該訂正，追加又は削除に係る事項の記載のない戸籍の再製の申出があつたときも，前項本文と同様とする。

　本条は，虚偽の届出等によって不実の記載がされ，かつ，その記載につき訂正がされた戸（除）籍について，当該戸（除）籍に記載されている者からの申出による戸（除）籍の再製（以下「申出再製」という。）の制度を定めるものである。
　この制度は，不実の記載等の痕跡のない戸籍の再製を求める国民の要請に応えるため，平成14年法律174号による戸籍法の一部改正において導入された。この法律の公布・施行は平成14年12月18日であり，同時に規則の一部を改正する省令（平成14・12・18法務省令59号）が公布・施行されるとともに，その事務の取扱いについて定めた法務省民事局長通達が発出された（平成14・12・18通達3000号）。以下，これら法令と通達を踏まえて解説する。

第2章　戸籍簿

1　制度導入の背景・趣旨

　戸籍は，日本国民の親族的身分関係を登録・公証することを使命とする公簿であり，その記載は真実であるとの推定力を有するものであるが，平成13年夏頃から，当事者の知らない間に偽造の婚姻届等が提出され，戸籍に不実の記載がされるという事件が相次いで発生・発覚していた。

　戸籍に不実の記載がされ，これを訂正する事項が記載されていると，当該戸籍の公証機能が阻害されてしまう。このため，不実の記載とその記載の訂正事項を省いた方がより真実と合致した記載内容となり，公証機能を十全なものとすることができる。また，国民の間には，戸籍の訂正事項を「戸籍の汚れ」として嫌う感情があることから，訂正の痕跡のない戸籍の再製を求める要請が各方面から寄せられていた。このような背景から，本制度が導入された。(注1，注2)

◆◆◆

(注1)　伊東浩司「『戸籍法及び戸籍法施行規則の一部改正に伴う戸籍事務の取扱いについて（平成14年12月18日付け民一第3000号民事局長通達）』の解説」民月58巻3号8頁。

(注2)　本制度の導入以前は，訂正の記載のある戸籍を存置することが社会通念上著しく不当と認められる場合に，いわゆる「おそれ再製」（戸11）の手続に準じて再製する運用が実務上行われていた（昭和46・12・21通達3589号）。この運用については，そもそも法解釈上可能なのかといった疑義のほか，「社会通念上著しく不当」と認められるか否かをめぐって疑義が生じることも指摘されていた（伊東・前掲（注1）9頁）。本制度の導入により，これら疑義は解消され，この運用は廃止された（平成14・12・18通達3000号本文）。

2　申出再製の要件

(1)　本条1項本文による再製

　ア　虚偽の届出等若しくは錯誤による届出等又は市町村長の過誤によって戸籍又は除かれた戸籍に不実の記載がされたこと

(ア) 虚偽の届出等により不実の記載がされたこと

「虚偽の届出」とは，真実と異なることを認識してされた届出をいい，「届出行為に虚偽がある場合」[注3]と「届出内容の全部又は一部に虚偽がある場合」[注4]の双方を含む。

この虚偽の届出等には，婚姻や養子縁組などの創設的届出に限らず，出生や死亡などの報告的届出も含まれる。

(イ) 錯誤による届出等により不実の記載がされたこと

「錯誤による届出」とは，真実と異なることを認識せずにされた届出をいい，「届出行為に錯誤がある場合」[注5]と「届出内容の全部又は一部に錯誤がある場合」の双方を含む。また，後者については，「届出人が真実の届出事項を覚知していたにもかかわらず届出書に誤記した場合」[注6]と「届出人が真実の届出事項を覚知していなかった場合」[注7]の双方を含む。[注8]

(ウ) 市町村長の過誤により不実の記載がされたこと

届出内容は真実に合致し，かつ，届出行為に瑕疵はなかったが，市町村長が真実と齟齬し，又は法律上許されない戸籍の記載をした場合をいう。[注9]

イ 戸籍訂正手続により不実の記載について訂正がされていること

アの不実の記載につき，法24条2項（法務局又は地方法務局の長の許可を経た市町村長の職権訂正）・113条・114条（いずれも家庭裁判所の許可を経た申請訂正）又は116条（確定判決を経た申請訂正）の規定によって戸籍訂正がされていることを要する。これは，戸籍の記載は，その記載が真実であるとの推定力を有することから，再製は，法定の手続により裁判所等による判断を経て訂正がされた場合に限って認めるのが相当と考えられたことによる。[注10]

なお，いわゆる市町村長限りの職権訂正は，戸籍の訂正内容が軽微なものであって，かつ，戸籍に記載されている者の身分関係についての記載に影響を及ぼさないものについては，法務局又は地方法務局の長の許可を得ることなく訂正することができる（戸24Ⅲ）。

ウ　当該戸籍に記載されている者から申出があったこと
(ア)　申出をすることができる者の範囲

アの不実の記載について，イによる訂正がされた戸籍に記載されている者全てである。この戸籍に「記載されている者」には，既に除籍されている者も含まれる。

申出をしようとする者が15歳未満であるときは，その法定代理人が申出をすることができる（平成14・12・18通達3000号第2の1(3)イ）。(注11)

(イ)　申出の方法・相手先

申出は，(ア)の者1名以上から書面又は口頭でしなければならない。口頭で申出があった場合，市町村長は，後日のトラブルを避けるための措置として，申出内容を記録するものとされている（平成14・12・18通達3000号第2の1(3)ウ）。

申出の相手先は，現に申出再製に係る戸（除）籍を保管している市町村長である。(注12) 対象となる戸（除）籍が複数の市町村にまたがって保管されている場合には，申出は，各市町村長ごとにする（伊東・前掲（注1）13頁）。

(2)　本条2項による再製
ア　いわゆる「欄外訂正」(注13)がされていること

所定の手続により欄外訂正された戸籍であっても，戸籍に訂正の痕跡があることに変わりがないから，申出再製の対象とされる。

イ　当該戸籍に記載されている者から申出があったこと

申出が要件であることについては，(1)ウと同様である。

◆◆◆◆◆◆◆◆◆◆◆◆◆◆◆◆◆◆◆◆◆◆◆◆◆◆◆◆◆◆◆◆◆◆◆◆◆

(注3)　「届出行為に虚偽がある場合」の例としては，第三者が他人の婚姻届を偽造して届出をしたような場合である。
(注4)　「届出内容の全部又は一部に虚偽がある場合」の例としては，養親及び養子共に実際には養親子関係を成立させる意思はないにもかかわらず，養子の氏を変える手段として養子縁組の届出をしたような場合である。
(注5)　「届出行為に錯誤がある場合」の例としては，届出人が別途指示するまで届出をしないことを付言して届書を使者に託したところ，指示する前に使者が届出をした

場合のように，届出人の届出意思がないにもかかわらず届出がされた場合である。
（注6）「届出人が真実の届出事項を覚知していたにもかかわらず届出書に誤記した場合」の例としては，実際の死亡日が1月1日で届出人がそれを知っていたにもかかわらず，届出書に死亡日を1月2日と記載したような場合である。
（注7）「届出人が真実の届出事項を覚知していなかった場合」の例としては，実際の死亡日が1月1日であるにもかかわらず，医師が死亡診断書の死亡日を1月2日と記載し，届出人もそれを信じて届出書に死亡日を1月2日と記載したような場合である。
（注8）性同一性障害により性別の取扱いの変更の審判を受けた夫とその妻との婚姻中に出生した子につき，既に嫡出でない子として戸籍に記載されている場合は，嫡出子としての記載に訂正する取扱いとされるとともに，申出再製ができるものとされた（平成26・1・27通達77号）。このような場合は，結果的に（嫡出でない子とする）従前の取扱いが誤っていたため，錯誤による届出等によって戸籍の記載がされたことに当たる（武見敬太郎＝大西勇＝田中寿径「性同一性障害により性別の取扱いの変更の審判を受けた夫とその妻との婚姻中に出生した子に関する戸籍事務の取扱いについて（平成26年1月27日付け法務省民一第77号民事局長通達）の解説」民月69巻4号30頁）。
（注9）真実と齟齬する記載をした例としては，出生を死亡と誤記したり，記載すべき戸籍を取り違えたような場合である。法律上許されない記載をした例としては，戸籍に記載することが認められていない者又は事項を記載したり（出生前の胎児認知等），入籍できない戸籍に入籍させた（三代戸籍等）ような場合である。
（注10）自見武士「申出による戸籍の再製の制度の概要」民月58巻1号78頁。
（注11）法定代理人が再製の申出をする例としては，父母が離婚し復籍した母が子の親権者となったという身分関係において，父が管外転籍した戸籍に同籍する子の記載について訂正すべき事項があるのに，父が申出をしないか，又は死亡等により申出ができない場合に親権者である母が再製の申出をするケースが考えられる。この場合，管外転籍後の戸籍には母は記載されていないが，戸籍に記載されている者である子の法定代理人として申出ができることになる。しかし，通常は，親権者たる父母と未成年者は同籍しており，父又は母自身が「戸籍に記載されている者」として申出をすることができるため，親権者が法定代理人として再製の申出をするケースは少ないものと考えられる。

また，申出が「できる」とされていることから，未成年者が15歳未満であっても意思能力があると認められる場合には，未成年者本人からの申出を認めても差し支えないと解される（以上，伊東・前掲（注1）12頁）。
（注12）申出再製に係る戸（除）籍を保管していない市町村長が，申出書を誤って受け付

けてしまった場合や申出人から郵送されてきたような場合は，申出再製に係る戸(除)籍を保管している市町村長に送付する取扱いで差し支えないと解される（伊東・前掲（注1）13頁）。
(注13) 紙で調製されている戸籍への記載に当たり，記載の誤りに気づいた場合における規則31条4項所定の訂正方法（文字を訂正，追加又は削除した字数を欄外に記載し，市町村長が認印を押す方法）をいう。

3 申出再製をすることができない場合

以下に述べる場合には，申出再製をすることができない。
(1) **本条1項本文の要件を満たさない場合**
　ア　嫡出否認や親子関係不存在確認の裁判確定により嫡出性を排除する旨の訂正がされている場合

当該訂正の対象となった出生届は，民法の規定に基づき嫡出推定を受ける母の夫又は夫であった者の子として届け出られたものであり，届出自体に虚偽又は錯誤はないので，申出再製はできない。

ただし，他人の子を戸籍上の夫婦の嫡出子として出生届をしている場合に，戸籍上の父母双方との親子関係不存在確認の裁判が確定したときは，当該出生届は虚偽の届出に該当するので，訂正がされた当該戸籍は，申出再製の対象となる（伊東・前掲（注1）17頁）。

　イ　父の認知又は父母の婚姻により準正した子及び同一父母の嫡出子の父母との続柄につき訂正がされている場合

この場合は，認知又は父母の婚姻という新たな身分行為に伴って戸籍の記載が変動するものであり，当該届出自体に虚偽又は錯誤はないので，申出再製はできない。[注14]

　ウ　婚姻等の取消しの裁判に基づく記載がされている場合

取消しの裁判に基づく戸籍の記載のうち，戸籍法上その届出が義務付けられている縁組，離縁，婚姻，離婚，失踪宣告及び推定相続人の廃除の各取消し（戸69・73・75・77・94・97）の記載は，有効な身分行為に基づいて戸籍の

記載がされた後，その取消しの裁判及び届出によって新たな戸籍の記載がされるものであり，戸籍の記載が当初から誤りである場合を対象とする「戸籍の訂正」の概念には該当しないので，申出再製はできない。

ただし，認知取消しの裁判については，届出義務がなく，訂正の対象となるため，申出再製の対象となる。[注15]

　エ　行政区画の変更等により戸籍の記載を更正する場合

行政区画，土地の名称，地番号の変更等により戸籍の記載が更正された場合は，申出再製はできない。当初の戸籍の記載はその時点では真実に合致していたのであるから，その更正は「戸籍の訂正」に当たらない。[注16]

　オ　戸籍の記載が全部遺漏していた場合

戸籍の記載を全部遺漏していた場合は，事後に記載遺漏であった旨を記載して届出事項が記載されることになる。この場合は，そもそも当初から戸籍の記載が全くなかったのであるから，その遺漏されていた記載をしても，それは，戸籍法上の戸籍訂正の範疇に入らない。また，申出再製の要件である「戸籍訂正手続により不実の記載について訂正がされていること」（前記2(1)イ）にも該当しない。以上の理由により，全部遺漏の場合は，申出再製をすることができない。

これに対して，記載事項の一部に遺漏がある場合は，当該記載は一部遺漏により真実と合致しない記載となっており，また，法24条2項以下の戸籍訂正手続により遺漏事項が補記されることになるから，申出再製の対象となる（伊東・前掲（注1）18頁）。

(2)　**本条1項ただし書に該当する場合**

申出再製がされた場合，不実の記載部分及び訂正の趣旨・事由部分は再製後の戸籍に移記されないことになるが，それにより「再製後の戸籍の記載に錯誤又は遺漏がある」と認められる場合は，申出再製をすることができない。ここに「錯誤又は遺漏がある」とは，戸籍の記載が真実に合致しないことをいう。このうち，「錯誤がある」とは記載されている事項が真実と異なることをいい，「遺漏がある」とは戸籍に記載すべき事項の一部の記載が脱漏し

ていることをいう。具体的には，再製前後の戸籍との間に関連性がなくなる場合や，当該戸籍において記載内容に矛盾を生じる場合などいい，その主な例^(注17)は，次のとおりである。

　ア　父からの嫡出子出生届により父母の戸籍に入籍している子について，母との親子関係不存在確認の裁判が確定し，同裁判の理由中に戸籍上の父と子との間に事実上の親子関係があることが認定されている場合

　この場合，母子の親子関係不存在確認の裁判の確定により戸籍訂正がされたときは，子は実母の戸籍に入籍し，父の届出に係る出生事項及び訂正による移記事項（親子関係不存在確認の裁判確定及び移記元の父の戸籍の表示）が記載されることとなるが，その後に，仮にこの実母の戸籍について申出再製を認めるとすると，当該移記事項が記載されないこととなる。その結果，嫡出でない子であるのに，戸籍面上，届出資格のない父が出生届をした旨の記載だけが残ることになって，「再製後の戸籍の記載に錯誤がある」ことに該当する。

　加えて，この場合は，本来，父からの出生届には認知の効力が認められる（昭和57・4・30通達2972号）ところ，再製後の戸籍には「父届出」との記載しかされず，戸籍訂正による移記元の父の戸籍の表示がされないため，戸籍面上，父の戸籍とのつながりが不明となり，認知の事実が明らかにならないから，「再製後の戸籍の記載に遺漏がある」ことにも該当する。

　イ　婚姻後に出生した嫡出子がある夫婦について婚姻無効の裁判が確定した場合

　この場合，母子は，母の婚姻前の実方戸籍に入籍・除籍されて，母の新戸籍に入籍することになる（法6条が定める三代戸籍禁止の原則に抵触するため，母子について新戸籍を編製せざるを得ない。）が，仮に母の婚姻前の実方戸籍について申出再製を認めると，移記先の戸籍の表示が記載されず，戸籍面上，母について前後のつながりが不明となり，「再製後の戸籍の記載に遺漏がある」ことに該当する。

ウ　訂正によって除かれた戸籍となった場合

　虚偽の届出等によって仮装された婚姻について無効の裁判が確定したことにより戸籍訂正がされた場合，当該届出によって新たに編製された戸籍は，当該訂正によって除かれた戸籍となるが，これについて仮に申出再製を認めると，本籍欄及び筆頭者氏名欄の記載，戸籍事項欄中の新戸籍の編製に関する事項及び身分事項欄中の出生事項しか移記されないから，全く意味不明の戸籍を作り出すことになり（戸籍面上，関係の不明な二人が同籍することになる。），「再製後の戸籍の記載に遺漏がある」ことに該当する。

◆◆◆

（注14）　平成16年11月１日法務省令76号による戸籍法施行規則の一部改正に伴い，嫡出でない子の出生の届出がされた場合には，子の父母との続柄は，父の認知の有無にかかわらず，母との関係のみにより認定し，母が分娩した嫡出でない子の出生の順により，「長男（長女）」，「二男（二女）」等と記載する取扱いとされた。この取扱いを踏まえ，既に戸籍に記載されている嫡出でない子については，その父母との続柄の記載を申出により「男（女）」から「長男（長女）」等の記載に更正するものとし，更に準正により嫡出子の身分を取得したときは，続柄の記載を訂正するものとされた。その上で，父母との続柄欄の記載が更正された場合において，当該更正に係る事項の記載のない戸籍の再製の申出があったときは，（申出再製ではなく）「おそれ再製」の手続（戸規９）に準じて再製することができる取扱いとされた（平成16・11・１通達3008号）。また，親子関係不存在確認の裁判等が確定したことにより続柄を訂正した場合及び父未定の子，就籍する者又は棄児の続柄欄の記載を「長男」又は「長女」に更正した場合にも，滅失のおそれがある戸籍簿の再製手続に準じて行うものとされている（平成22・３・24通知730号，平成22・３・24通知731号）。

（注15）　自見・前掲（注10）80頁。

（注16）　旧字体で記載されている氏又は名の文字を通用字体に更正する場合も，これに含まれる（伊東・前掲（注１）18頁）。

（注17）　アからウまでに掲げた例以外にも，「俗字」で記載された氏又は名を申出により正字に訂正する場合も，従前戸籍との関連で訂正の経緯が不明となり，「再製後の戸籍の記載に遺漏がある」ことに該当し，申出再製はできないと考えられている。一方，「誤字」で記載されている氏又は名を正字に訂正している場合は，戸籍の変動があった場合等において正字に引き直されるものであることから，「再製後の戸籍に錯誤又は遺漏がある」ことに該当せず，申出再製の対象になると解されている（伊東・前掲（注１）21頁以下）。

第2章　戸籍簿

4　申出再製の対象となる戸籍の範囲

(1)　原　則

　申出再製は、戸籍のみならず、除籍及び改製原戸籍（改製により除かれた戸籍）についてもすることができる（戸12Ⅱ）。これは、親族的身分関係の公証という点では、戸籍と変わるところがないからである。

　また、一般的に法律は施行日以降に生じた事案しか適用されないが、申出再製については、当該改正法施行前に生じた事案についても遡及適用が認められている（平成14年法律149号による改正法附則2Ⅰ本文・Ⅱ本文）。

(2)　例　外

　除かれた戸籍のうち、旧戸籍法に基づく旧様式の戸籍（明治19年式、明治31年式、大正4年式の各戸籍）については、申出再製をすることができない（平成14年法律149号による改正法附則2Ⅰただし書・Ⅱただし書）。これら旧様式の戸籍は、家制度を前提とし、現行のものとは本質的に異なる身分登録・公証簿であることや、用紙自体が既になく再製処理が困難であることを理由とするものである（伊東・前掲（注1）15頁）。

5　申出再製の方法

　本条1項の場合は、訂正に係る事項（不実の記載部分及び訂正の趣旨・事由部分）を、本条2項の場合は、欄外訂正に係る事項（文字の訂正、追加又は削除部分）をそれぞれ除いて、再製後の戸籍に移記することになる。このような申出再製に固有の処理以外は、いわゆる「おそれ再製」（戸11）の処理に準じた取扱いとなる。[注18]

▼▼

(注18)　例えば、①再製前の戸籍に旧記載例で記載されている事項があれば新記載例に引き直すことや、②再製前の「戸籍」に氏又は名が誤字で記載されている場合は正字に引き直す（再製前が「除籍」であれば誤字のまま記載する。）など、おそれ再製の処理に準じて取り扱われる（伊東・前掲（注1）16頁）。

第11条の2〔申出による戸籍簿の再製〕

6 再製の手続

(1) 報 告

再製を求める申出を受けた市町村長は，遅滞なく，その事由，年月日その他必要な事項を記載した書面により，管轄法務局若しくは地方法務局又はその支局に報告しなければならない（戸規10）。報告に際しては，処理の迅速化のため，可能な限り「再製案」（後記(4)参照）を提出することとされている。

(2) 具 申

報告を受けた管轄法務局等は，申出再製の要件を満たしているか，本条1項ただし書に該当しないかなどを調査し，その結果，再製が相当と認められる場合には，法務局長又は地方法務局長は法務大臣に具申をしなければならない（戸規10）。

(3) 再製の指示

申出再製をするに当たって必要な処分を指示するのは，法務大臣とされている。申出再製における法務大臣の指示は，「おそれ再製」（戸11）と同様，法務局長又は地方法務局長が専決し，法務大臣の名義である（平成14・12・18訓令2999号，平成14・12・18依命通達3002号）。

(4) 再製完了報告

法務大臣名での指示に基づき，戸籍を再製した市町村長は，管轄法務局等の長に対して再製完了報告をする。この報告には，再製事項を記載する前の再製後の戸籍の写しを「再製案」として添付し，管轄法務局等においてその記載の適否を調査する（前記(1)の報告で再製案を添付していた場合には，再製後の戸籍の写しを添付することになる。）。

(5) 調査完了通知

管轄法務局等の長が再製完了報告を調査した結果，これを相当と認める場合には，調査完了の旨を市町村長に通知することとされている。通知を受けた市町村長は，同通知に記載されている調査完了日を再製の日として，再製された戸籍を備え付けることになる（前記(1)で再製案を添付していた場合は，

121

管轄法務局等において事前に調査できることから，前記(3)の法務大臣の指示とともに調査完了の通知をし，市町村長において当該通知の日を再製の日として処理することになる。この場合にあっても，市町村長は，再製戸籍の写しを添え，前記(4)の再製完了報告をすることになる。)。

7 再製原戸籍の取扱い

(1) 保存期間

申出再製による再製原戸籍の保存期間は，本条1項の場合は再製の翌年から150年，本条2項の場合は再製の翌年から1年である（戸規10の2Ⅱ・Ⅲ）。その起算点は，再製の翌年からとされたことから，再製された年（当該年度）の翌年1月1日となる。

(2) 公　開

再製原戸籍は，戸籍法にいう戸籍ではなく，一般の行政文書であることから，戸籍法上の公開の対象とならない。また，申出再製制度の趣旨に照らし，原則として非公開として扱うべきとされている。

しかし，公開の必要性・相当性があると認められる場合(注19)には，一般行政証明（再製原戸籍の写しに市町村長の認証を付した証明書）を発行することを認めるのが相当ともされている（昭和37・11・2回答3175号参照）。

(3) 法務局又は地方法務局の長の関与

再製原戸籍の公開の必要性・相当性の有無の判断は，全国的・統一的に行われる必要があるので，法務局又は地方法務局の長は，市町村長に対し，法3条に基づき，必要かつ相当な範囲内で助言，指示等の関与を行うこととされている。

(注19)　一般行政証明の発行が認められる場合として，①再製原戸籍を利用する公益的要請が強い場合（裁判所からの民事訴訟法223条・226条に基づく文書提出命令・文書送付嘱託，捜査機関からの刑事訴訟法197条2項に基づく照会等があった場合など），

②再製原戸籍の写しの交付を認めないと証明請求者に不利益となる場合（証明請求者が再製原戸籍に記載されている者である場合に，婚姻無効により実方戸籍に回復された者が，戸籍上，筆頭者の氏を称していた事実を立証することを必要としている場合など）が掲げられているが，申出再製制度の趣旨を十分踏まえ，個別具体的に必要性・相当性の有無を判断することとされている（平成14・12・18通達3000号第7の2(2)）。

8 記録事項証明書における申出再製に関する事項の取扱い

　コンピュータ化された戸籍にあっては，全部事項証明書又は個人事項証明書には再製事項が出力されず，再製事項についての一部事項証明書が求められた場合にのみ出力されることとされている。これは，再製原戸籍に不実の記載があることを知られたくないという国民の意識を考慮したものとされている（伊東・前掲（注1）31頁）。

> 〔除籍簿〕
> 第12条　一戸籍内の全員をその戸籍から除いたときは，その戸籍は，これを戸籍簿から除いて別につづり，除籍簿として，これを保存する。
> ②　第9条，第11条及び前条の規定は，除籍簿及び除かれた戸籍について準用する。

　本条は，紙の戸籍に関し，除かれた戸籍及び除籍簿について定めるものである。除かれた戸籍とは，一戸籍内の全員がその戸籍から除かれたものを指すが，従来の戸籍とその様式及び身分関係を公証するという機能に変わりはない。そこで，戸籍の表示について定めた法9条並びに戸籍の再製又は補完について定めた法11条及び11条の2の規定を準用している。

　なお，磁気ディスクをもって調製され，除かれた戸籍を蓄積した除籍簿については，法119条の解説を参照されたい。

1　除かれた戸籍と除籍簿

(1)　除かれた戸籍

　戸籍に記載された者について新戸籍が編製され，又は他の戸籍に入籍した場合には，その者は従前の戸籍から除籍される。その者が死亡し，失踪の宣告を受け又は国籍を失った場合も同様である（戸23）。このようにして，一戸籍内の全員がその戸籍から除かれたときは，帳簿の整理のため戸籍簿から除き，除籍簿につづられる。[注1]　なお，除かれた戸籍のことを「除籍」ともいうが，除籍とは，本来，戸籍の全部又は一部を消除する手続をいう。「除籍簿」とは，このような手続により一戸籍内の全員が除かれた戸籍を帳簿にまとめたものである。

　また，新本籍を他の市町村とする転籍の届出がされた場合における従前の戸籍や，戸籍訂正により戸籍の全部が消除された戸籍についても，戸籍内の全員が除かれたものとして本条1項が適用され，戸籍簿から除かれることに

戸籍を戸籍簿から除く場合には，除籍消除の年月日を戸籍事項欄に記載し，その戸籍の全部を消除又は訂正した上（戸規34④・⑤・40Ⅱ），戸籍簿の見出帳に所要の記載をする。

さらに，戸籍の様式の改製により新たな戸籍を編製した場合や法118条1項の指定を受け，磁気ディスクによる戸籍が調製された場合における従前の戸籍は改製原戸籍と称され，これらも除かれた戸籍として扱われる。

(2) **除籍簿**

除かれた戸籍は，これを戸籍簿とは別につづり，除籍簿とする。除籍簿は，年ごとに別冊とし毎葉に丁数を記入して，その表紙には「令和何年除籍簿」と記載する（戸規5Ⅰ）。ただし，市町村長が相当と認めるときは，数年度の除籍簿を一括してつづることができ，この場合には更に表紙を付け，「自令和何年至令和何年除籍簿」と記載する（戸規5Ⅲ）。また，上記いずれの場合も除籍簿を分冊することができ，この場合には表紙に番号を記載するほか，地区によって分冊したときは，地区の名称をも明らかにすることとされている（戸規5Ⅱ・4Ⅱ，大正3・12・28回答1962号6）。

除籍簿には，見出帳を調製し，除かれた戸籍を特定する事項として筆頭者及び本籍を記載するほか，年度，冊数及び丁数を記載する。なお，除かれた戸籍を除籍簿につづり込む順序については，検索の便宜を考慮し，戸籍簿から除いた順序によるのが通例である。

━━

(注1) 旧法（大正3年戸籍法）下においては，家制度の下，戸主を中心として戸籍が編製されていたから，戸籍は，戸主の変更（隠居又は死亡）によって戸籍簿から除かれ，新戸主の下に新戸籍が編製されていた。現行戸籍法では，筆頭者が除籍されても他に同籍者がある限りその戸籍は除かれず，戸籍内の全員が除籍されるに至ったときに，これを戸籍から除くことに改められた。

第2章　戸籍簿

② 除籍簿の保存

(1) 除籍簿の保存

　除かれた戸籍が人の身分関係を公証するために欠くことのできない公正証書であることは戸籍と同様である。例えば、死亡者は、管外転籍等においても新戸籍に移記されることはない（戸規37③）。また、新戸籍を編製され、又は他の戸籍に入籍したために除籍された者についても、その身分関係の全てが入籍した戸籍に移記されるとは限らないから（戸13参照、戸規39。例えば、認知事項については、嫡出でない子の戸籍に関しては新戸籍に移記されるが、認知した父の戸籍に関しては新戸籍に移記されない。）、移記されなかった身分関係を把握するためには除かれた戸籍に遡って調査をしなければならない。特に、相続が発生した場合のように、他の戸籍にある者との間の親族関係を明らかにし、全ての相続人を把握するためには、除かれた戸籍に遡って調査をしなければならないことも多い。そのため、除かれた戸籍は、直ちに廃棄することなく、別につづって除籍簿とし、一定の期間保存するものとされている(注2)。

(2) 除籍簿の保存期間等

　除籍簿は、除籍簿を編製した年度の翌年から150年の間保存する（戸規5Ⅳ）。除籍簿の保存期間は、近年における国民の平均寿命の推移及びこれに伴う相続における資料としての必要性から、昭和36年12月8日法務省令57号による改正によって50年から80年に延長され、さらに平成22年5月6日法務省令22号によって150年に延長された。なお、平成22年5月6日法務省令22号施行時点において、既に保存期間を経過している除籍簿で市町村長による廃棄決定をしていないものについては、保存期間延長の適用を受けることとされ、また、廃棄決定をしたものであっても、市町村が廃棄処分を留保して保管しているものについては、当該廃棄決定を取り消し、改正後の保存期間に関する各規定を適用するものとされた（平成22・5・6通達1080号第1の1）。廃棄決定のされた除籍簿は除かれた戸籍としての効力を失うので、その効力

を復活させるために，当該廃棄決定を取り消すのである。

　除籍簿について，施錠可能な耐火性の書庫又は倉庫に保存すること（戸規8）及び事変を避けるためでなければ，市役所又は町村役場の外に持ち出すことができないこと（戸規7）は，戸籍簿と同様である。

◆◆◆
（注2）　除籍は，滅失のおそれがあるときにする再製の手続（本条Ⅱ・戸11，戸規10）に準じた手続によりマイクロフィルムに撮影し，これを原本とすることができる（昭和40・9・18回答2533号，昭和50・2・4通達664号）。また，法118条1項の指定を受けた市町村長は，戸籍又は改製原戸籍の記載事項を画像情報処理方式により光ディスクや磁気ディスクに記録し，これらを正本として取り扱うことが認められている（平成7・2・28通達2003号，平成8・9・24通達1700号）。

③　除かれた戸籍の副本

(1)　除かれた戸籍の副本の作成及び送付

　市町村長は，戸籍の全部を消除したとき，すなわち戸籍を戸籍簿から除いたときは，除かれた戸籍の副本を作成し，これを1か月ごとにまとめて，また，管轄法務局若しくは地方法務局又はその支局から副本の送付を求められたときには，その都度，目録とともに，管轄法務局若しくは地方法務局又はその支局に送付することとされている（戸規15Ⅰ③・Ⅱ）。これは，戸籍の副本と同じく，除かれた戸籍が滅失又は毀損した際の再製資料とすることを主な目的とするものである。

　除かれた戸籍は，戸籍と異なり，その記載内容が変動することはまれであること及び副本の作成に膨大な事務作業を伴うことから，紙で調製された除かれた戸籍については，除かれた戸籍に訂正事項などを記載した場合のみ新たな副本を作成することとされ，戸籍における25年経過副本（戸規15Ⅰ②）のように定期的な送付を求める規定はない。一方で，除かれた戸籍が磁気ディスクをもって調製されているときは，その複製は容易であることから，除かれた戸籍に記録をした場合には遅滞なく，また，法務大臣から副本の送

付を求められたときには，その都度，副本を電気通信回線を通じて，法務大臣の使用する電子計算機に送信することとされた（戸規75）。[注3]

除かれた戸籍の副本の作成及び送付の手順は，戸籍の副本の場合と同様である（戸8，戸規15・16・75）。

(2) **除かれた戸籍の副本の保存**

管轄法務局若しくは地方法務局又はその支局が除かれた戸籍の副本の送付を受けたときは，市町村の区別に従い，これを目録とともにつづって，除かれた戸籍の副本として保存する（戸規18）ほか，その取扱いは戸籍の副本と同様である。

◆◆◆

(注3) 平成25年1月25日法務省令1号による改正前においては，市町村長は，1年ごとに磁気ディスク（一般的には磁気テープが利用される）をもって調製された副本を管轄法務局に送付することとされていた。

4　除かれた戸籍の表示及び再製，補完

(1) **除かれた戸籍の表示**

除かれた戸籍は，戸籍に除籍消除の年月日を記載するなど所要の手続を経て作成され，その様式は戸籍と同じであるから，戸籍と同様に筆頭に記載した者の氏名及び本籍で表示される（本条Ⅱ・戸9）。

(2) **除かれた戸籍の再製，補完**

除籍簿の全部又は一部が滅失したとき，又はそのおそれがあるときは，戸籍簿の場合と同様の手続により再製又は補完される。なお，除籍簿の再製は，関係戸籍その他の公文書によって再製できる限度にとどめ，関係人の申出のみによって不明な部分を補記することは相当でないとされているが（昭和8・12・19回答1740号，昭和26・3・30回答666号），死亡による除籍事項が関係戸籍等からは判明しないが，当該除かれた戸籍の記載からその事項が推定される場合について，寺の過去帳を資料として滅失した除かれた戸籍の再製が認められた例がある（昭和58・2・28依命回答1294号）。

〔除かれた戸籍の謄本等の交付請求〕
第12条の2　第10条から第10条の4までの規定は，除かれた戸籍の謄本若しくは抄本又は除かれた戸籍に記載した事項に関する証明書（以下「除籍謄本等」という。）の交付の請求をする場合に準用する。

　本条は，除かれた戸籍の謄抄本等（以下「除籍謄本等」という。）の交付請求について，戸籍の謄抄本等の交付請求に関する規定を準用する旨の規定である。本条は，平成19年法律35号による戸籍法の一部改正（以下「平成19年改正」という。）により，改められている。

1　平成19年改正前の取扱い

　平成19年改正前の本条の規定は，昭和51年法律66号による戸籍法の一部改正の際に制定されたものであるが，その内容は戸籍謄本等に比較して，除籍謄本等の交付請求ができる場合は制限され，除かれた戸籍に記載されている者や弁護士等一定の者が請求する場合を除き，相続関係を証明する必要がある場合等に限られていた（平成19年改正前本条，平成19年改正前戸規11の3及び11の4）[注]。

(注)　除かれた戸籍も，一定の場合には，国民の親族的身分関係を公証するために必要であるが，通常は，戸籍を利用することによって足りる上，除かれた戸籍の中には，旧民法における「庶子」，「私生子」等の記載のほか，族称といわれる「華族」，「士族」，「平民」の記載が残っていたものもあり，出生地の記載として「刑務所」，死亡地の記載として「鉄道線路上」等の記載がされていたものもあった。このようなことから，除かれた戸籍の公開については，昭和51年法律66号による戸籍法の一部改正の際に，国民のプライバシー保護の観点から，戸籍よりも慎重に対処することが必要とされ，戸籍よりも厳しい公開制度が取り入れられた。

第2章　戸籍簿

2 平成19年改正後の取扱い

　前記戸籍法の一部改正により，戸籍謄本等の交付請求自体がより制限されたこと，国民のプライバシー保護の観点からより慎重な取扱いとすべき除かれた戸籍に記載されていた事項の塗抹作業が既に完了したこと等により，あえて戸籍謄本と除籍謄本の扱いに差を設ける必要はないとされ，法10条から10条の4までの戸籍謄本等の請求の規定が除籍謄本等の請求にも準用するものとされている。なお，除籍謄本等の交付請求については，法10条から10条の4までの解説を参照されたい。

3 令和元年改正後の取扱い

　ところで，令和元年法律17号による戸籍法の改正が令和6年3月1日に全面施行されており，除かれた戸籍が磁気ディスクをもって調製されているときは，除籍謄本の交付申請ではなく「除籍証明書」の交付請求によりなされる（戸120）。そして，この除籍の証明書の請求は，本人等請求の場合は，他の市町村に本籍があるものについても，いずれの市町村に対しても行うことができる（広域交付，戸120の2）。

第3章　戸籍の記載

【前　注】

　本章においては，戸籍の記載に関して必要不可欠な基本的事項について規定している。すなわち13条では戸籍の記載事項，14条では戸籍に記載する氏名の順序，15条では戸籍記載の事由，16条から23条までは新戸籍の編製，入籍及び除籍の原因，24条では職権による戸籍訂正の各事項を規定している。

1　戸籍の記載

　戸籍事務は，主として戸籍の記載を目的としてされる一連の手続から構成され，この手続は，法に定められるところに従い処理される。その過程の1つとして戸籍の記載があるが，これは，届出・報告・申請等に基づき行うことを原則とし，例外的に市町村長が職権で行うものとされている。戸籍を記載する端緒の主なものは届出であるので，戸籍法は第4章に「届出」に関する規定を設けている。

　戸籍の記載については，法13条で法定されているが，その1項9号において，詳細な事項については規則に委ねている。届書の記載事項は，国民の権利義務に関わるので，婚姻等の個別の身分事項についても主な点を法律により規定し，かつ，これに基づき戸籍に記載することを法定する（戸15）ことにより，間接的に個別の戸籍記載事項のうち主なものは戸籍法で規定している。また，戸籍編製の原則（戸6）やそれを具体化した三代戸籍の禁止等の戸籍の基本的な構造や，個人の特定に関する事項も戸籍法で規定しているが，個別の身分事項等に関する詳細は，いわば行政内部のものとして，規則事項としているのである。この規則事項は戸籍法の委任に基づくものであるので，以下の解説においては，規則で定められている事項も含め「法定されてい

る」と記載することがある。

　法13条では，本人を特定する基本的な事項が挙げられ，規則において，戸籍記載のひな形や身分事項を特定する事項等が規定されている。法13条の解説では，関連する規則についても言及しておく。

　現在，戸籍事務は，法務大臣の指定を受け電子情報処理組織によって取り扱っているが，電子情報処理組織により取り扱う場合には，法119条により，戸籍は磁気ディスクに記録し，これをもって調製するとされており，これを蓄積したものを戸籍簿としている。そして，電子情報処理組織により取り扱う場合についても，紙戸籍特有の事項や適用が除外された条文以外のものは適用するものとされているので，磁気ディスクで調製されている戸籍簿に記録する場合にも法13条が適用される。

2　戸籍の変動

(1)　戸籍変動の原因

　法16条から23条の規定は，どのような事由がある場合に新戸籍が編製されたり，他の戸籍に入ったり，また，除籍されたりするのかという，いわゆる戸籍の変動の原因となる事項及びその場合に入るべき戸籍等について規定している。旧法においては，戸主の変更，入家，一家創立等，家に関する変動が直ちに戸籍の変動をもたらす原因とされていたところ，戸籍の変動の原因は民法が規定し，戸籍法はその場合の手続について規定していた。家制度の廃止された現行法の下では，民法からは戸籍変動に関する規定が除かれ，戸籍法において直接これを規定することになった。そして，戸籍変動の原因としては，法16条から23条に規定する場合に限られることになっている。

　現行法の定める戸籍変動の原因は，法6条に規定する戸籍編製の原則に合致させており，法16条から23条の規定は，法6条に明示されている戸籍の編製の原則の具体的な展開ともいうことができる。そして，ここでの中心的課題は「氏」であり，氏の変動は民法の定めるところによるとしても，その変

動は，主として戸籍の変動との関連において解釈運用されている。それは，氏の変動があれば常に戸籍の変動も生じるものとし，両者を極めて密接な関係に置いているからである。しかしながら，戸籍の変動の全てが氏の変動の結果によるものではない。例えば，帰化その他による国籍の取得，国籍の喪失又は分籍など氏の変動はないが，戸籍の変動をもたらすのであり，このような場合も少なくないことを注意しなければならない。なお，現行法における戸籍の変動は，旧法当時と異なり，何ら実体的身分関係の変動を伴うものではない。

(2) **新戸籍の編製**

次に，新戸籍編製とこれに関連する諸点を明らかにすることとする。

ア　新戸籍編製の原因

戸籍編製のうち新戸籍の編製は，次の場合に行われる。

① 婚姻の届出があったとき。ただし，婚姻の際に氏を改めない夫又は妻が筆頭者である場合を除く（戸16Ⅰ）。

② 筆頭者及びその配偶者以外の者がこれと同一の氏を称する子又は養子を有するに至ったとき（戸17）。

③ 離婚・離縁・婚姻若しくは縁組の取消し又は民法751条1項若しくは791条4項の規定によって氏を復する場合において，復籍する戸籍が既に除かれているとき又はその者から新戸籍編製の申出があったとき（戸19Ⅰ・Ⅱ）。

④ 離婚若しくは婚姻の取消し又は離縁若しくは縁組の取消しの際に称していた氏を称する旨の届出があった場合において，その届出をした者を筆頭に記載した戸籍が編製されていないとき，又はその者を筆頭に記載した戸籍に他の者が入籍しているとき。この場合は，その届出をした者につき新戸籍を編製する（戸19Ⅲ）。

⑤ 配偶者のある者が縁組その他の事由により氏を改めたとき（戸20）。

⑥ 法107条2項又は3項の規定により，氏を変更する旨の届出があったとき（戸20の2）。

⑦　特別養子縁組の届出があったとき（養子が養親の戸籍に在るときは除く。）。この場合は，まず，養子について新戸籍を編製する（戸20の3Ⅰ）。
⑧　性別の変更の審判を受けた者の戸籍に記載されている者（その戸籍から除かれた者を含む。）が他に在るときは，当該性別の取扱いの変更の審判を受けた者について新戸籍を編製する（戸20の4）。
⑨　分籍の届出があったとき（戸21）。
⑩　入るべき戸籍のないものについて新たに戸籍の記載をすべきとき（戸22）。

なお，他の市町村に転籍届があったとき，又は戸籍の再製・改製のときにも新戸籍が編製されるが，これらの場合は，新旧戸籍の同一性に変わりはない。したがって，ここにいう新戸籍の編製には該当しない。

　イ　氏及び本籍の決定

民法は，氏については夫婦又は親子の身分関係に基づいて，一定要件の下に法律上これを決定しているのであり，原則として，国民に自由な選定を許していない。夫婦は婚姻に当たり夫婦いずれの氏を称すべきかを協議で定めるし，子は父母又は父若しくは母の氏を称するものとされている。もっとも，国籍の取得，就籍又は棄児等の場合で民法の規定によって氏の決定ができない場合については，その選定は当事者の自由に任されている（昭和23・1・13通達17号）。他方，本籍については，新戸籍編製の場合に，それがいかなる原因による新戸籍編製であると，またいかなる地での届出であるとを問わず，日本国内の地である限り，選定は全く自由である（昭和23・3・9回答82号，昭和23・4・21回答658号）。ただし，新戸籍を編製される者が自ら届出人とならないときは，その者の従前の本籍と同一場所を新本籍と定めたものとみなされる（戸30Ⅲ）。

　ウ　新戸籍編製する者と入籍する者の定義

新戸籍を編製される者と入籍する者とは概念上区別される。例えば，婚姻の届出により編製される新戸籍に記載される者でも，当該夫婦は新戸籍を編

製される者に該当するが，これとともにその新戸籍に記載される子は，父母につき編製される新戸籍に入籍する者であって，父母とともに新戸籍が編製されるとはいわない。法17条に規定する子又は養子についても，法17条により編製される新戸籍に同時に記載されるが，これも同様に新戸籍に入籍する者である。そのほか新戸籍の編製と同時にこれに入籍する者は多いが，その関係は先に述べたとおりである。なお，既に編製されている戸籍にその後に入籍する者（戸16Ⅱ・18・19Ⅰ本文等）については，「入籍する者」というのはもちろんである。もとよりこのような概念上の区別は別段異なる法律効果を伴うものではないが，法の用語はこれを使い分けているし，また戸籍の記載の仕方も異なっている（戸規附録6号及び付録24号ひな形参照）。

第3章　戸籍の記載

〔戸籍の記載事項〕
第13条　戸籍には，本籍のほか，戸籍内の各人について，次に掲げる事項を記載しなければならない。
　一　氏名
　二　氏名の振り仮名（氏に用いられる文字の読み方を示す文字（以下「氏の振り仮名」という。）及び名に用いられる文字の読み方を示す文字（以下「名の振り仮名」という。）をいう。以下同じ。）
　三　出生の年月日
　四　戸籍に入つた原因及び年月日
　五　実父母の氏名及び実父母との続柄
　六　養子であるときは，養親の氏名及び養親との続柄
　七　夫婦については，夫又は妻である旨
　八　他の戸籍から入つた者については，その戸籍の表示
　九　その他法務省令で定める事項
②　前項第２号の読み方は，氏名として用いられる文字の読み方として一般に認められているものでなければならない。
③　氏名の振り仮名に用いることができる仮名及び記号の範囲は，法務省令で定める。

　本条は，法定受託事務として市町村長が戸籍を記載するに当たり，統一的処理を行うため，戸籍の記載事項を法定したものであり，これにより，全国の全ての戸籍について，統一した事項が記載される。また，行政手続における特定の個人を識別するための番号の利用等に関する法律等の一部を改正する法律（令和５年法律48号）により，氏名の振り仮名を戸籍の記載事項とするための改正が行われた。この改正は，令和６年からマイナンバーカードにローマ字表記をして海外利用したり，金融機関等において本人確認に利用等したりする上で氏名の振り仮名を一意化して公証する必要があるとの意見を踏まえたものであり，これにより，戸籍における氏名の振り仮名（カナ表記）の記載の法制化が図られたものである。改正の結果，本条は，従前の規定と

比較すると，2号以下が繰り下がって新2号が付加され，2項と3項も付加された。

　法は，紙の戸籍について，その記載方法，記載事項等を規定している。したがって，本条は，紙の戸籍の記載についての規定である。しかし，現在では，全ての市町村において，法118条1項の電子情報処理組織を使用して戸籍の記載等の処理を行っているが，その場合でも，コンピュータ処理の特殊な場合を除き，本条が適用される。そのため，本条では，紙の戸籍での解説のほか，コンピュータ処理に係る特殊な取扱いの解説も合わせて行うこととする。

1 本条の趣旨

　本条は，戸籍の記載事項を法定し，極めて厳格な取扱いを要求している。市町村長は，法定の記載事項を任意に省略することができないとともに，法定の記載事項以外の事項を戸籍に記載することも許されていない。なお，本条は，従来の紙戸籍を前提に記載事項が定められているが，磁気ディスクによる戸籍簿の記載にも紙戸籍特有の事項を除いて適用がある（磁気ディスクによる戸籍簿については，法119条の解説を参照されたい。）。また，記載方法等について，規則は多くの規定を設けて統一している。

　戸籍の記載は，規則附録6号のひな形に定めた相当欄に附録7号の法定記載例に従い，事件ごとに行を改めてしなければならない（戸規33）。戸籍事務をコンピュータシステムによって取り扱う場合には，戸籍は，磁気ディスクに記録し，これをもって調製することになるが（戸119Ⅰ），その戸籍の記録事項，記録手続は，戸籍用紙で調製する戸籍の記載事項，記載手続と基本的には変わりがなく，法第3章及び規則第2章の戸籍の記載に関する規定は，原則として，磁気ディスクをもって調製する戸籍についても適用される（この場合には，これらの規定中「記載」とあるのを「記録」と読み替えることになる。）。ただし，磁気ディスクへの記録方法を規則で直接規定するのは困難で

第3章 戸籍の記載

あるため，目に見える記録事項証明書の記載方法について規定し，これにより，間接的に戸籍の記録方法を規制することとしているほか，磁気ディスクをもって調製される戸籍に特有の性質から適用が除外される規定もある。

なお，いかなる記載事項をいかなる欄に記載するかについては，規則33条から40条，規則附録6号及び付録24号のひな形に定められており，これらの条文等では，戸籍事項欄及び身分事項欄の記載に関する総論的な定めもされている。また，戸籍事項欄及び身分事項欄の記載については，その代表的事例が規則（戸規33Ⅱ・附録7号及び付録25号—法定記載例）及び民事局長通達（平成2・3・1通達600号別紙及び平成6・11・16通達7000号別紙2号—参考記載例）において定められている。

なお，令和5年法律48号の法改正により，氏名の振り仮名について，筆頭者氏名欄の下に「氏の振り仮名」欄が設けられ，また「戸籍に記録されている者」欄の名欄の下に「名の振り仮名」欄が設けられることになった。

②　戸籍の記載方法に関する規則

戸籍の記載は，正確にして誤りのないようにしなければならない。その具体的な方法等について，紙戸籍での記載方法，コンピュータ戸籍での記載方法等，また，どちらにも共通して適用される内容等について，法，規則を基に解説する。

現在，コンピュータ戸籍を取り扱う場合がほとんどであるが，一部，改製不適合戸籍や除籍，改製原戸籍の訂正の際等，紙戸籍の記載方法を必要とする場合もあるので留意されたい。

(1)　**共通事項**

戸籍に記載する文字については，略字又は符号を用いず，字画を明らかにしなければならない（戸規31Ⅰ）。この文字については，地名・人名等の特別な場合を除き，平成22年内閣告示2号で示された常用漢字表に掲げる漢字の常用字体及び平仮名を用いる。また，外国文字の使用は許されない（大正

12・2・6回答328号)。したがって，例えば，氏をローマ字のみを使用して記載した出生届はこれを受理しないのが相当であるが，ローマ字と片仮名とを併記して氏名を記載した出生届はこれを受理し，戸籍には片仮名をもって氏名の記載をすべきであるとされる（大正12・2・6回答328号）。なお，近年，法人名にローマ字を用いたものもあり，商業登記に登記されているローマ字で表示された法人名を届出人として表示して差し支えないとされている（令和元・12・19回答1000号）。

(2) 紙の戸籍

文字の改変は許されず，もし，訂正，加入，削除したときは，その字数を上部欄外に記載し，市町村長が認印を押印する（戸規31Ⅳ）。また，削除された文字は明らかに読むことができるように字体を存置しておかなければならない（戸規31Ⅳ）。

(3) コンピュータ戸籍

紙の戸籍における訂正方法の規定は，適用されないが，訂正等をした場合，従前の記録が保全される（平成6・11・16通達7002号1の2）。

数字を記録する場合は，アラビア数字により記録する（戸規73Ⅴ）。

3 戸籍記載の順序

1つの戸籍に2人以上を記載する場合の記載の順序は，法14条の定めるところによる。すなわち，第1番目に，夫婦が，夫の氏を称するときは夫，妻の氏を称するときは妻を記載する（戸14Ⅰ）。第2番目は，配偶者である（同項）。第3番目は子である（同項）。子の間では出生順で記載するものとし（戸14Ⅱ），また，戸籍の編製後にその戸籍に入籍した者は末尾に記載するものとしている（戸14Ⅲ）。その詳細は，法14条の解説を参照されたい。

第3章　戸籍の記載

4　戸籍記載の場所と形式

(1)　共通事項

戸籍に記載する事項をどの記載欄に記載すべきかについては，規則において定めている。なお，この記載欄については，規則34条の戸籍事項欄であるとか規則35条の身分事項欄のほかにも各欄に名称が付されている。

(2)　紙の戸籍

規則33条1項において，附録6号のひな形に定めた相当欄に記載することとされている。なお，その記載欄に記載する余白がなくなったときは，掛紙を貼って記載すべきであって（戸規2Ⅱ），戸籍用紙を追加継続することはできない。追加継続できるのは，1つの戸籍に多数者を記載する場合のみに限られる。

(3)　コンピュータ戸籍

コンピュータの記録内容については，規則で定めることは難しいことから，記録した内容を出力する証明書の様式として，規則73条6項により，付録24号のひな形に定めた相当欄に付録25号の法定記載例に従って記載することとされている。コンピュータ戸籍は記載欄の行数の制限はないので，紙戸籍における付箋処理のようなものを行う必要はない。

5　戸籍の記載事項

(1)　共通事項

戸籍に記載する事項は，本条及び規則30条に掲げる事項である。すなわち本条各号に掲げる氏名，出生の年月日，戸籍に入った原因及び年月日，実父母の氏名及び実父母との続柄，養子であるときは，養親の氏名及び養親との続柄，夫婦については，夫又は妻である旨，他の戸籍から入った者については，その戸籍の表示，その他法務省令で定める事項であり，改正法施行後は，氏名の振り仮名の事項が追記される。

上記のうち「その他法務省令で定める事項」(本条Ⅰ⑨)は，規則30条において次のとおりと定められている。
  1　本条1項1号から8号までに掲げる事項のほか，身分に関する事項
  2　届出又は申請の受付の年月日並びに事件の本人でない者が届出又は申請をした場合には，届出人又は申請人の資格及び氏名（父又は母が届出人又は申請人であるときは，氏名を除く。）
  3　報告の受付の年月日及び報告者の職名
  4　請求，嘱託又は証書若しくは航海日誌の謄本の受付の年月日
  5　他の市町村長又は官庁からその受理した届書，申請書その他の書類の送付を受けた場合には，その受付の年月日及びその書類を受理した者の職名
  6　戸籍の記載を命ずる裁判確定の年月日
そして，いかなる事項をどの欄に記載するかは，規則33条から40条に定められており，どの欄に記載するかは，紙及びコンピュータのそれぞれの戸籍ごとに説明する。

　(2)　紙の戸籍

　各事項を記載すべき戸籍の様式は，規則1条及び附録1号様式で定められ，規則33条により，附録6号のひな形でどの事項をどの欄に記載すべきかを示している。

　(3)　コンピュータ戸籍

　コンピュータ戸籍の場合，上記のとおり磁気ディスクへの記録方法を規則で直接規定するのは困難であるため，磁気ディスクに記録された内容を出力する証明書の様式を規則73条が定める付録22号様式により定め，これにより戸籍の記録方法を定めている。様式には，「戸籍事項」等，欄の名称が記載されているが，これは附録1号様式に対応するものである。

第3章　戸籍の記載

6　各欄の記載

(1)　本籍欄

　この欄は，本籍すなわち，戸籍の所在場所を記載する欄である（本条柱書）。

　本籍は1つの戸籍内に記載されるべき各人に共通のものであるから，各人について記載する必要はない。そこで，戸籍様式の筆頭に設けられた本籍欄に記載する。この記載は，筆頭者の氏名とともにその戸籍を表示する役割をもつと同時に，各人の戸籍を特定する意味をもつ（戸9）。

　本籍の表示は「何県何郡何町大字何何番地」又は「何県何市何町何丁目何番」のように行政区画・土地の名称及び地番号若しくは街区符号の番号で記載する（大正4・1・11回答1800号，戸規3）。なお，地方自治法252条の19第1項の指定都市及び県庁所在地で県名と同名の市については，都道府県名の表示を省略することができる（昭和30・4・5通達603号，昭和45・3・31通達1261号）。土地の名称・地番号は土地登記簿の記載によってこれを記載し，架空の地番や単なる土地の通称を記載すべきではなく（大正4・10・25回答1674号，昭和7・8・26回答858号），官有地のように地番の定めのない場合には，町村などで付けている番号を便宜使用しても差し支えない（昭和34・1・19回答61号）。地番号が大字を基準にして付けられている場合には，小字は省略しても差し支えない（昭和38・5・14回答1359号）。さらに，住居表示制度による街区ごとに，土地番号の親番（この親番は街区符号と一致する）を設け，各1筆ごとの番号については親番の枝番としている場合においては，戸籍事務の処理に支障がないならば，便宜土地番号の支号を記載しないで，本籍を記載しても差し支えない（昭和40・7・22回答1723号）。しかしながら，干拓地などのように，行政区画が未だ定まっていない土地には，戸籍事務管掌者も定まっていないので，かかる土地に本籍を定めることはできない（昭和25・12・27回答3352号）。

　行政区画，土地の名称，地番号又は街区符号に変更があったときは，戸籍の記載は訂正されたものとみなされる。ただし，戸籍の記載を更正すること

を妨げない（戸規45）。戸籍の記載を更正するには，規則附録10号の様式に従って本籍欄の記載を更正し，行政区画，又は土地の名称の記載の更正をする場合には，戸籍簿の表紙に記載した名称を更正し，表紙の裏面にその事由を記載しなければならない（戸規46）。

(2) 筆頭者氏名欄及び名欄

ア 筆頭者氏名欄

同一の本籍に複数の戸籍が存在し得るから，本欄の記載は，本籍の記載とともに当該戸籍を表示するためのもので，その戸籍の検索に便利なように，特にこの記載欄が設けられている。本欄には，筆頭者の氏及び名を記載する。筆頭者については，本欄に氏名を記載するほか，本人の名欄に名が記載される。これは検索の便宜のためのものであるから，たとえ筆頭者が婚姻，死亡その他の事由により除籍されても，本欄の記載は消除しない。法107条による氏の変更があった場合は，規則34条2号の規定によって，戸籍事項欄に訂正の趣旨及び事由を記載して本欄の氏を訂正する。法107条の2の名の変更があった場合は，筆頭者本人の身分事項欄に訂正の趣旨及び事由をそれぞれ記載し，規則附録9号様式のとおり名欄の名を訂正するとともに本欄の氏名の記載を訂正する（戸規44）。

氏の振り仮名欄には，氏の振り仮名を片仮名や長音で記載する。

イ 名 欄

各人の名は，それぞれ各人の名欄に記載される。氏については，同一戸籍内の者全てがこれを同じくすることから，筆頭者の氏名欄に記載されているので，本欄には氏を記載せず名のみを記載する（戸規附録6号ひな形参照）。名未定の子については，命名後名の追完の届出があるまでは，一時空欄にしておくほかない（大正3・12・9回答1684号）。出生届の前に死亡した子が命名前で無名であるときは「無名」と記載する（明治32・1・26回答1788号）。戸籍には外国文字による記載は許されないので，ローマ字と仮名を用いた届出があったときは，仮名のみによって記載する（大正12・2・6回答328号）。法107条の2による名の変更があった場合は，本人の身分事項欄に名の変更

事項を記載し，規則附録9号様式によって，朱で旧の名を消して，新しい名を記載する（戸規44）。コンピュータ戸籍の場合は，朱抹に代え，【従前の記録】として変更前の名を記録する。

各人の名欄の下の名の振り仮名欄には氏と同様，片仮名や長音で振り仮名を記載する。

(3) 父母欄

父母欄には，実父母の氏名を記載する。紙の戸籍の記載では，子が嫡出子の場合，父母の氏は同氏であるから，母の氏は記載しない取扱いであるが，コンピュータ戸籍では，コンピュータの特性から，省略することなく，母も氏名を記載する。

嫡出でない子で父の認知がない者については，父の氏名欄が空欄となる。特別養子の父母欄については，特別養子の法律上の父母は特別養子縁組上の養父母だけとなるため，養父母の氏名を父母欄に記載する。

従来，父又は母が死亡したときは，申出により父母欄に「亡」の字を冠記する取扱いがされていたが，この「亡」の字冠記の取扱いは，事務処理を煩雑にするだけでなく「亡」の文字の有無によって，父母の生死を判断するほどの公証性もなく，戸籍による証明を利用する国民をいたずらに混乱させているように思われるとの理由から，「亡」の文字の冠記は行わないこととされ，従前戸籍の父母（養父母）欄に「亡」の文が冠記されていても，移記は要しないこととされた（平成3・11・28通達5877号）。

父母の氏名が婚姻・離婚・養子縁組その他の理由により，あるいは法107条・107条の2の規定に基づく改氏又は改名により，あるいは戸籍訂正等により変更された場合には，父母のそれらの届出に際し，届書に子の父母欄をも更正する旨の記載をさせ，子の身分事項欄に，その旨を記載し父母の氏・名の記載を更正又は訂正して差し支えないとされている（昭和12・4・7回答371号）。

また，市町村長が父母の氏名変更による戸籍訂正の届書に基づいて子の父母欄を訂正するに当たっては，戸籍訂正書を作成し，父母と子が同籍の場合

は直ちに子の父母欄の更正をするのが相当であるが，父母と子が同籍していないときは，必ずしも父母欄の更正をするには及ばないとされている（昭和27・2・13回答133号）。

戸籍の記載は事実関係と一致させるのが理想であるから，その記載が正確性を欠くことは極力防止すると同時に，常にその記載の正確性を担保するため補完に努めるべきである。このことは父母欄の記載にも当てはまり，例えば，母が不明のため母が記載されていない場合において，母が判明したときは，戸籍訂正又は届出の追完の手続によって，母の氏名を記載する（昭和6・7・7回答724号，昭和11・6・18回答616号）。また，婚姻届その他の届出をする場合において，届書に母の氏名の記載があれば，これを追完と見て直ちに戸籍に記載して差し支えない（大正7・10・16回答2031号）。なお，認知の届出があれば，その届出に基づき従来空白であった父欄に父の氏名を記載すべきである。

(4) 父母との続柄欄

父母との続柄欄には，実父母との続柄を記載する。そして，次のような続柄の表記をすることによって，本人の男女の別が明らかになる。嫡出子については，父母たる夫婦を基準として，出生の順序に従って「長男，長女」「二男，二女」「三男，三女」と記載し，これは男女別に数える。なお，「二」は「次」と記載してもよいとされている（明治36・2・28回答158号）。また，特別養子（民817の2）についても，嫡出子と同様に男女別に「長男，長女」「二男，二女」の例により記載する。なお，父母兄姉と戸籍を異にしていても，戸籍を同じくしていても，父母との続柄の数え方に影響はない。

父母との続柄欄の記載については，以下の点に注意する必要がある。

　ア　命名前に死亡した子があれば，その後の出生子の父母との続柄は死亡児を加えて数える（明治32・1・26回答1788号）。

　イ　日本の国籍を留保しない子（国12，戸104）は日本国籍を有しないので，戸籍に記載されていないが，父母との続柄を数えるときは算入するのが相当と思われる（昭和27・8・29〜30福岡協議会決議，昭和47・10・12〜13

145

宮崎協議会決議）。

ウ 双生児は出生の前後により，その続柄を定める（明治31・11・10回答1857号）。

エ 出生届をしていなかった者について出生届出があった場合には，他の嫡出子の父母との続柄の変更は，その事由を届書に記載すべきであるが，届書及び戸籍によって自ら明らかなときは，届書にその事由の明記を待つことなく，戸籍訂正をすべきである（大正4・7・1回答691号）。

オ 市町村長において，父母との続柄を誤記したことが出生届書及び同届書に添付の出生証明書によって明らかな場合には，市町村長限りで職権訂正をすることができる（昭和32・11・11回答2150号）。

カ 嫡出でない子の父母との続柄については，父の認知の有無にかかわらず，母との関係のみにより認定し，嫡出子と同様に「長男，長女」，「二男，二女」と記載する（平成16・11・1通達3008号）。それ以前は，嫡出でない子の父母との続柄は単に「男」又は「女」と記載していたが，従前の記載を更正する申出があれば市町村長限りで更正できる。

キ 養子については，(6)の養父母との続柄欄の説明を参照されたい。

ク 特別養子については，前述したように法律上の父母は養父母のみであるので，嫡出子も含んで，嫡出子と同様に男女別に「長男，長女」「二男，二女」の例により記載する。

(5) **養父母欄**

養父母欄は，養子縁組をした養子について，養父母の氏名を記載する欄である。

この欄は，あらかじめ設けられていないが，必要に応じて設けて，これに養父母の氏名を記載する。この記載は，養子が養子縁組によって養親の戸籍に入籍するか否かを否とを問わず行い（昭和5・6・17回答622号），夫婦で養子となったときは，夫婦それぞれにつき養父母欄を設けてその記載をし（大正5・10・28回答988号），また，自己の嫡出でない子を養子としたときも，養父母欄の記載をする（昭和22・8・16回答789号）。養親が養父又は養母の一

方のみのときは，その一方のみについて本欄を設けて記載をする（大正6・3・5回答363号）。

転縁組により数回縁組をした養子については，本来従前の養父母についても本欄を設けて記載すべきであるが，これは煩雑にすぎるので，最後の縁組における養父母についてのみ記載すれば足りるとされている（大正3・12・28回答1125号）。死亡した養親についても縁組関係が継続している限りは記載を要する。離縁又は縁組の取消しにより養親子関係が消滅したときは，その届出に基づき当該養親に関する本欄及び養父母との続柄欄の記載は消除する（昭和23・12・1回答1998号）。

コンピュータ戸籍の場合，養父母の氏名及び養父母との続柄は，新たにインデックスを設け，記載する。

コンピュータ記載では，戸籍の異動のない養子離縁届等により養親子関係が消滅した場合は，養父母の氏名及び養父母との続柄の記載は，消除される。

(6) 養父母との続柄欄

養父母との続柄欄は，前述の養父母欄と同様あらかじめ設けられていないので，必要に応じて養父母欄と同時に設けられる。養子が男である場合は単に「養子」と，養子が女子であるときは単に「養女」と記載し，同一養親に数人の養子・養女がある場合も変わるところはない。養親夫婦の離婚後その一方と離縁した養子・養女の戸籍の養父母の氏名欄については，離縁した養親のみの氏名を消除する（昭和23・12・1回答1998号）。

コンピュータ戸籍の場合，養父母の氏名及び養父母との続柄は，新たにインデックスを設け，記載する。

(7) 配偶欄

配偶欄も，紙の戸籍の場合には，その様式に初めから設けられていないので，配偶者のある者について「名欄」の上部に横線を引いて特に設ける。その欄には「夫」又は「妻」と記載する。この配偶欄に関する記載は，その婚姻が配偶者の死亡や離婚等によって解消したときは，届出によって他の配偶欄の記載を消除する（昭和23・1・13通達17号）。その消除の方法は「夫」又

は「妻」の文字の中央に朱線を縦に1本引いて行う（戸規42）。しかし，婚姻の解消と同時に除籍される一方については除籍の手続がとられるので，従前の記載の消除は別段必要でない（昭和23・10・15回答207号，昭和36・1・14回答113号）。なお，外国人と婚姻した日本人（戸籍の筆頭者でない場合）については，法16条3項に基づき新戸籍が編製され，配偶欄も設けられる。そこで，当該婚姻の解消があれば，配偶欄の記載が消除される。

コンピュータ戸籍の場合，婚姻関係が生じた場合，新たに【配偶者区分】のインデックスを設け，夫又は妻と記載する。なお，離婚等により婚姻の解消がなされた場合は，【配偶者区分】のインデックスとともに夫及び妻の記録を消除する。

(8) **出生年月日欄**

出生年月日欄には，出生の年月日を記載する。出生の時分は出生届書には記載しなければならないが，本欄にも身分事項欄にも記載されない（大正3・12・28回答893号）。大正4年戸籍法施行当時は，出生事項に出生年月日の記載はなく，本欄のみに出生年月日が記載されていたが，欄の場所が左下隅にあることから，摩滅により判別不能となることがあるため，現行法においては，出生事項にも出生年月日の記載を行うようになった。したがって，この欄の記載と身分事項欄の出生年月日の記載は一致しなければならない。紙戸籍の場合は，年月日を記載するには壱，弐，参，拾の文字を使用しなければならないが（戸規31Ⅱ），コンピュータ戸籍の場合は，算用数字で記録する。出生年月日を西暦で記載された出生届も受理されるが，記載は元号で記載される（昭和54・6・9通達3313号）。

(9) **事項欄**

事項欄とは，戸籍事項欄及び身分事項欄を総称し，この欄に届出，申請，報告等に基づく諸種の身分事項が記載される。戸籍の最も重要な記載欄である。

　ア　事項欄の記載方法

紙の戸籍における事項欄の記載方法については，まず，事件ごとに行を改

めて記載することを要し（戸規33Ⅱ），初行は一字下げて書き始めることになっている。これは，多数の事項が記入される本欄の記載を読みやすくするとともに事件の区別をするためである。ここに「事件」というのは，法第4章第2節以下に定めている事件の区分に従って定める出生，認知，死亡等をそれぞれ1件とする趣旨である。別件であれば，一の本人につき同時に届出がされても，それぞれ1件ずつとみるので別行に記載する。例えば，子1人について出生届と死亡届が同時にされた場合，それぞれ別の行に記載する（昭和23・8・21回答2438号）。また，1つの届書により数件が届け出られた場合，例えば，数人の子を1つの認知届で認知するときでも被認知者のそれぞれの身分事項欄に認知の記載をするのはもちろん，認知者の戸籍にも認知事項を被認知者ごとに別項に記載しなければならない（昭和23・8・12回答2127号）。なお，法104条の国籍留保の届出は，出生届に付随するものであるので，両者を1件として記載することが認められている（法定記載例3・4参照）。

　コンピュータ戸籍における場合は，事件ごとに点線で区切りを設け，左端タイトルにより事件名を記載することとし，何の事件であるかが一目瞭然となっている。また，1事項と件数の考え方は，上記紙の戸籍と同様であるが，コンピュータ戸籍の訂正事項については，事例によってはシステムの特性上2件となる場合もある。

　紙の戸籍では，1つの事項の文末には市町村長が認印をし（戸規32Ⅰ），その責任の所在を明らかにするとともに，以後の追加的変造を防ぐため，記載が完了していることを明らかにしている。市町村長の職務代理者が戸籍事務を行うときは，文末に代理資格を「副市（町村）長」，「職員」，「臨時代理者」というように記載して職務代理者が認印する（戸規32Ⅱ，準則45）。補助職員は，市町村長の認印を代わって押すことはあっても自己の認印を押してはならない。前任者の認印が遺漏していることを発見したときは，後任者において，戸籍記載事項に引き続き「年月日認印漏発見」と記載した上これに認印するものとされている（昭和3・12・12回答11462号）。

149

第3章　戸籍の記載

　コンピュータ戸籍の場合は，市町村長又はその職務代理者は，識別番号を記録すべきものとされ（戸規77条），また，システム上戸籍の記録の保全等の措置がとられているべきものとされている（平成6・11・16通達7000号，7002号）。

　この事項欄の記載は，戸籍本来の機能を発揮させるために最も主要な中核的役割を担っている。また，その記載事項は極めて複雑多岐にわたり，しかも簡明的確に表現することを要し，さらに戸籍の取扱い上も全国的に文例の統一が必要であるので法定されている。

　事項欄の記載例については，紙戸籍においては，規則附録7号に法定記載例（戸規33Ⅱ）が，また，平成2年3月1日通達600号に参考記載例が示されている。そして，コンピュータシステムによる記載事項証明書の記載例として，規則付録25号の法定記載例（戸規73Ⅰ・Ⅵ）と平成6年11月16日通達7000号別紙2号で参考記載例がそれぞれ示されている。これらの記載例は法令の改廃や取扱いの変更に伴いその都度改変されている。

　　イ　事項欄の記載事項

　事項欄には，戸籍に記載される事項のうち他の欄に記載される以外のことは全て記載される。本欄に記載されるべき事項は次のとおりである。

　　　㈦　戸籍に入った原因及び年月日（本条Ⅰ④）

　「戸籍に入った原因」とは，出生のように新たに戸籍に記載される場合はもちろん，婚姻・縁組などのように一の戸籍から除かれて新戸籍が編製されたり，また他の戸籍に入ったりするそれらの全ての事由をいう（戸16～22）。これらの事由は，出生・帰化のように届出前に既に発生した事実又は法律関係であることもあり，また，婚姻・縁組のように届出それ自体（当該届出により身分行為が成立する。）であることもある。「年月日」は入籍又は新戸籍編製の原因である事由が発生した年月日をいう。つまり出生，帰化の場合には当該事実又は法律関係が発生した日であり，婚姻，縁組などの場合においては，届出が受け付けられた日である。

　この後者の年月日は，新戸籍を編製した新本籍地又は入籍地の市町村長が

届出を受理した場合は，その受附の日であり，他の市町村長において受理した場合には，その市町村長から届書等情報として法務大臣に提供し，法務大臣から通知を受けた日である（戸120の5Ⅰ・Ⅲ，令和6・2・26通達500号第3の8(5)。紙戸籍の場合は，届書等の送付を受けた日である。）。そこで，戸籍事項欄中戸籍編製の年月日は，新本籍地の市町村長が届書等を受理した場合は，その受附の日を，他の市町村長が届出等を受理した場合は，その市町村長から届書等情報として法務大臣に提供し，法務大臣から通知を受けた日を記載する。

　次に，ある戸籍から除かれる場合には，その戸籍に除かれた原因（戸23）及びその年月日を記載しなければならない（戸規35・33Ⅱ）。この除籍の原因は，婚姻・縁組などにより一の戸籍から除かれて他の戸籍に入り，又は新戸籍が編製される場合は，入籍する戸籍又は新戸籍の側からすれば，前記の戸籍に入った原因と同じ事項を指称することとなる。なお，除籍原因の年月日のほか除籍の手続をした年月日をも記載すべきであるが，この年月日は，除籍地の市町村長が届出等を受理したときはその受理の日を，他の市町村長がこれを受理したときは，その市町村長から届書等情報として法務大臣に提供し，法務大臣から通知を受けた日を指す（戸120の5Ⅰ・Ⅲ，令和6・2・26通達500号第3の8(1)。紙戸籍の場合は，届書等の送付を受けた日である。）。

　(イ)　他の戸籍から入った者については，その戸籍の表示（本条Ⅰ⑧）

　一の戸籍にあった者について新戸籍が編製され，他の戸籍に入った場合には，新戸籍又は入籍する戸籍に，従前の戸籍を表示する。これは，従前の戸籍に遡って身分関係を調査する必要があることが多いことから，従前の戸籍とのつながりを明らかにするためである。したがって，従前の戸籍においても，新戸籍又は入籍すべき戸籍を表示して，その者の戸籍上の行く先を明らかにすることになっている（本条Ⅰ⑧，戸規34①）。このように入除籍する前後の戸籍に相互のつながりをもつようにして，初めて戸籍としての十分な機能が発揮できるようになっている。これによって，全国の戸籍が制度上有機的に組織されているものということができる。

第3章　戸籍の記載

　(ウ)　その他法務省令で定める事項（本条Ⅰ⑨）

　本条は，1号から8号まで直接戸籍に記載すべき事項を明記するとともに，このほかに何を記載すべきかを法務省令で定めている。この規定に基づき規則30条は，次に掲げる事項を戸籍に記載しなければならないと定めている。

　①　本条1項1号から8号までに掲げる事項のほか，身分に関する事項（戸規30①）

　　本条1項1号から8号までに掲げる事項のほか身分に関する事項とは，認知・親権・後見　死亡・失踪・推定相続人の廃除などの事項，その他戸籍に記載されるべきあらゆる身分関係を包含し，これを列挙することは困難であるから概括的に「身分に関する事項」と規定している。

　　戸籍法及びその特別法である皇族の身分を離れた者及び皇族となつた者の戸籍に関する法律に基づく届出又は報告等の対象となる事項については，外国人に関する戸籍の届出や死産の届出等，特殊の例外を除き，全て戸籍に記載すべきである。さらに戸籍の訂正・更正の事由も広義の身分関係に包含されるから，戸籍の記載事項とされる。そして，いかなる事項が戸籍事項欄に記載されるべきかについては規則34条が，いかなる関係者の身分事項欄に記載すべきかについては規則35条が，基本的な定めをしており，その他の関連事項については，規則36条から39条がそれぞれ定めている。

　②　届出又は申請の受附の年月日並びに事件本人でない者が届出又は申請をした場合には，届出人又は申請人の資格及び氏名（父又は母が届出人又は申請人であるときは，氏名を除く。）（戸規30②）

　　ここでいう受附の年月日とは，戸籍事務管掌者たる市町村長又は在外日本公館が届出等を事実上受領した日を意味し，受理の決定をした日ではない。このことは，創設的届出においてはもちろんのこと，その他の報告的届出等についても重要な記載事項である。事件本人でない者が届出人又は申請人である場合には，その届出又は申請が適法で

あるか否かを審査する必要上，その届出人又は申請人の資格及び氏名を届書に記載させており，後々届出人やその資格等が問題となる場合（例えば，創設的届出の効力の有無）もあるので，戸籍にも記載する。この資格については，各届出又は申請の性質に従って一定の範囲の者に届出又は申請の義務を課している場合がある（戸52・87・116参照）。例えば，出生の届出であれば，父，母，同居者，出産に立ち会った医師，助産師，出産介護者であるし，確定判決による戸籍訂正の申請であれば訴えを提起した者である。事件本人が届出等をする場合，資格等の記載は不要なので，その資格及び氏名の記載のない場合は，事件本人の届出又は申請にかかる戸籍の記載であることが分かる。

③　報告の受附の年月日及び報告者の職名（戸規30③）

　報告とは届出を期待し難い場合又は届出すべき者に届出をさせることが酷な場合などになされる官公署からの報告のことであり，その報告に基づき直ちに戸籍の記載をすべしとするものである。水難，火災，その他の事変により死亡した者がある場合に，その取調べをした官公署からの報告（戸89），死刑の執行があった場合における刑事施設の長からの報告（戸90），死亡者の本籍が明らかでない場合又は死亡者を認識することができない場合における検視調書を添付しての警察官の報告（戸92），職務上国籍を喪失した者があることを知った場合における国籍喪失を証すべき書面を添付しての官公署からの報告（戸105）などであり，補充的なものである。

　戸籍への報告者の記載に当たっては，水難事故や国籍喪失の報告では報告者の職名を○○警察署長とか○○総領事と記載し氏名は記載しないが，刑務所における死亡の場合は，死亡者の遺族の名誉等を考慮し報告者の氏名を記載し，職名等は記載しない扱いである（昭和27・1・31回答44号）。

④　請求，嘱託又は証書若しくは航海日誌の謄本の受附の年月日（戸規30④）

　　請求とは，検察官が人事訴訟を提起し，勝訴の判決が確定した場合に，その届出をすることがあり，私人の場合の申請に代わって「請求」という（戸75Ⅱ・116Ⅱ）。受附の年月日については，届出又は申請の受附の年月日と同じく，現実に受領した日を指称する。なお，請求は検察官が行うことが明らかであるので，戸籍には，「年月日請求」と記載されるのみで請求者の職名や氏名は記載されない。

　　嘱託とは，裁判所その他の官公署が事務の便宜その他の事由に基づき身分関係事項を戸籍に記載する旨を依頼することであり，法令に規定がある場合に限って許される。現在これが認められているのは，家事事件手続法116条に基づくものだけであって，家事事件手続法39条別表第一に掲げる事項についての審判が効力を生じた場合は，裁判所書記官が戸籍記載の嘱託をしなければならないとされている。嘱託による受附年月日は必要的記載事項である。

　　外国にある日本人がその国の方式に従って戸籍届出の対象となるべき事件に関する証書を作らせたときは，その証書の謄本を提出させ，これによって，戸籍の記載がされる（戸41，通則法24Ⅰ・34）。また，航海中に出生又は死亡があった場合には，船長からその作成に係る航海日誌の謄本を提出させ（船員法18），これに基づいて戸籍の記載がされる（戸55・93）。これらの戸籍に記載すべき場合には，証書又は航海日誌の謄本を市町村長が現実に受領し，受け付けた年月日を記載しなければならない。

⑤　他の市町村長又は官庁からその受理した届書，申請書その他の書類の送付を受けた場合には，その受附の年月日及びその書類を受理した者の職名（戸規30⑤）

　　戸籍に記載すべき届書，申請書等の書類を本籍地以外の市町村長又は在外公館などの官庁が受理すると，戸籍に記載のために本籍地市町

村長に送付されるが，この場合には，受理した市町村長又は在外公館が受理した年月日を記載するほか，本籍地市町村長がその送付を受けた日，すなわち戸籍記載の日をも記載し，さらに，受理した市町村長又は在外公館の権限と責任を明らかにするために，その職名を記載すべきものとされる。

なお，令和6年3月1日から令和元年法律17号による改正戸籍法が施行され，届書等を受理した市町村長は，法務大臣に届書等の画像情報を提供することとし，法務大臣は，提供を受けた届書等情報のうち，受理地以外に戸籍の記載を要する市町村がある場合には，当該届書等情報を通知し，戸籍の記載をすることとされた。

届書等の送付における事務処理の規定が整理され，規則上の送付の規定は適用しないこととされた（戸規78の4Ⅱ）。

⑥　戸籍の記載を命ずる裁判確定の年月日（戸規30⑥）

ここにいう戸籍の記載を命ずる裁判とは，市町村長の戸籍事件についての処分を不当として当該市役所又は町村役場の所在地を管轄する家庭裁判所に不服の申立てがあり，その結果戸籍の記載を命ずる裁判のことであり（戸122），これが確定すると裁判の主文に記載された戸籍事項を記載するほか，当該裁判の確定した年月日を記載しなければならない（家事226・230・別表第一の125項，法定記載例66〜68）。なお，ここにいう裁判は，法113条・114条・116条の戸籍訂正の許可の裁判や，認知の裁判，縁組の取消しの裁判，離縁又は離縁の取消しの裁判，婚姻の取消しの裁判，離婚又は離婚の取消しの裁判などを指すものではない。

　ウ　各事項欄に記載すべき事項

事項欄は，戸籍事項欄と身分事項欄に分かれているため，ある事項をいずれの欄に記載すべきか，誰の事項に記載すべきかが問題となる余地があるが，規則は次のように定めている。

第3章　戸籍の記載

(ア)　戸籍事項欄に記載すべき事項（戸規34）

規則34条は，戸籍内各人に共通する次の事項を記載すべきものとしている。

① 　新戸籍編製に関する事項（戸規34①）
② 　氏の変更に関する事項（同条②）
③ 　転籍に関する事項（同条③）
④ 　戸籍の全部の消除に関する事項（同条④）
⑤ 　戸籍の全部に係る訂正に関する事項（同条⑤）
⑥ 　戸籍の再製又は改製に関する事項（同条⑥）

なお，改正法施行後は，氏の振り仮名の変更に関する事項が追記される。

(イ)　身分事項欄に記載すべき事項（戸規35）

戸籍事項欄に記載すべき事項のほかは，全て身分事項欄に記載される。いかなる者の身分事項欄に記載すべきかについては，規則35条により次のように定められている。

① 　出生に関する事項については，子（戸規35①）
② 　認知に関する事項については，父及び子（同条②）
③ 　養子縁組（特別養子縁組を除く。）又はその離縁に関する事項については，養親及び養子（同条③）
④ 　特別養子縁組又はその離縁に関する事項については，養子，養子が日本人でない者（以下「外国人」という。）であるときは，養親（同条③の2）
⑤ 　法73条の2（戸69の2において準用する場合を含む。）に規定する離婚の際に称していた氏を称することに関する事項については，その氏を称した者（同条③の3）
⑥ 　婚姻又は離婚に関する事項については，夫及び妻（同条④）
⑦ 　戸籍法77条の2（戸75の2において準用する移場合を含む。）に規定する離婚の際に称していた氏を称することに関する事項については，その氏を称した者（同条④の2）
⑧ 　親権又は未成年の後見に関する事項については，未成年者（同条⑤）

⑨　死亡又失踪に関する事項については，死亡者又は失踪者（同条⑥）
⑩　生存配偶者の復氏又は姻族関係の終了に関する事項については，生存配偶者（同条⑦）
⑪　推定相続人の廃除に関する事項については，廃除された者（同条⑧）
⑫　法98条又は99条に規定する入籍に関する事項については，入籍者（同条⑨）
⑬　分籍に関する事項については，分籍者（同条⑩）
⑭　国籍の得喪に関する事項については，国籍を取得し，又は喪失した者（同条⑪）
⑮　日本の国籍の選択の宣言又は外国の国籍の喪失に関する事項については，宣言をした者又は喪失した者（同条⑫）
⑯　法107条2項から4項までに規定する氏の変更に関する事項については，氏を変更した者（同条⑬）
⑰　名の変更に関する事項については，名を変更した者（同条⑭）
⑱　就籍に関する事項については，就籍者（同条⑮）
⑲　性別の取扱いの変更に関する事項については，その変更の裁判を受けた者（同条⑯）
⑳　死亡による婚姻解消に関する事項については，生存配偶者（戸規36Ⅰ）
㉑　外国人配偶者の国籍に関する事項については，日本人配偶者（同条Ⅱ）
　　この場合国籍に関する事項は単に国名を表示するだけで足りる（昭和22・8・15回答791号）。
㉒　新戸籍が編製され，又は他の戸籍に入る者の入籍に関する事項及び従前の戸籍の表示については，その者（戸規38）
㉓　除籍の事由については，除籍される者（戸規40Ⅰ）
㉔　戸籍の一部を訂正する場合における訂正の趣旨及び事由については，訂正すべき記載のある者（戸規44）

なお，改正法施行後は，氏及び名の振り仮名の変更に関する事項が追記される。

第3章　戸籍の記載

7　移　記

　1つの戸籍から除かれて他の戸籍に書き移し記載されることを移記という。例えば，従前の戸籍に記載されていた事項を新戸籍又は入籍すべき戸籍に記載することや，ある者についての戸籍記載全部を従前の戸籍に基づき復活記載することを移記という。移記は，様々な原因で行われる。従前は移記すべき事項は，単に「重要な事項」とだけ定め，その具体的内容は先例によって明らかにされていたが，これを明確にするために昭和42年3月16日法務省令14号により，規則39条を改正し，その事項が明示された。その後昭和59年11月1日法務省令40号をはじめとして数次にわたって改正されている。現在移記されるべき事項は，大別すると次の2つであり，その場合に移記される事項及び省略される事項は次のとおりである。

(1)　新戸籍編製，入籍又は回復の場合の移記

　1つの戸籍から除かれて新戸籍が編製され，又は他の戸籍に入る場合には，従前の戸籍に記載されていた事項は，後の戸籍にも同様に記載しておくのが理想といえるが，実務上煩雑であり，しかもその必要のないものもあるので，事項欄の記載については，特に重要とみられる事項のみを規則で定め，これを新戸籍又は入籍する戸籍に書き移すべきものとされた（戸規39Ⅰ）。いったん消除された戸籍の記載について，婚姻，縁組などの無効の理由による戸籍訂正の手続により，又は失踪宣告の取消しなどよりこれを回復すべき場合も同様である（戸規39Ⅱ）。移記すべき事項は次の9項目である。

　①　出生に関する事項（戸規39Ⅰ①）
　②　嫡出でない子について，認知に関する事項（同条Ⅰ②）
　　　父については，認知事項を移記しない。外国人たる子を認知したときも同様である（昭和44・5・7回答892号）。準正により嫡出子の身分を取得した場合には，父母欄及び父母との続柄欄において明らかとなるから，子についても認知事項の移記を必要としない（昭和24・11・5通達2563号）。

③　養子について，現に養親子関係が継続するその養子縁組に関する事項（同条Ⅰ③）

　　養親については，移記を要しないが（昭和25・2・3回答154号）。養子については，たとえ養親が死亡していても，縁組関係の継続している限り，その縁組事項は移記を要する（昭和24・11・11回答2641号）。実父母の養子となっている場合でも移記する（昭和38・3・27回答900号）。しかし，離縁又は縁組の取消しがあった場合には，その縁組及び離縁，縁組の取消しの事項は移記しない。もっとも，離縁又は縁組の取消しにより編製される新戸籍又は復籍すべき戸籍には，離縁又は縁組取消しの事項が記載されるが，これは，入籍事由として記載されるものであって，移記によるものでない。

④　夫婦について，現に婚姻関係の継続するその婚姻に関する事項及び配偶者の国籍に関する事項（同条Ⅰ④）

　　夫婦双方につき移記を要するが，離婚，死亡等により婚姻が解消した場合は，婚姻及びその解消に関する事項は移記を要しない。

⑤　現に未成年者である者についての親権又は未成年者の後見に関する事項（同条Ⅰ⑤）

　　親権，後見が終了した場合には，これに関する事項は移記を要しない。また，親権者，後見人を更迭した場合の前任者に関する事項も移記を要しない。

⑥　推定相続人の廃除に関する事項でその取消しのないもの（同条Ⅰ⑥）

　　廃除の取消しがあれば，廃除，及びその取消しに関する事項の移記は不要である。

⑦　日本の国籍の選択の宣言又は外国の国籍の喪失に関する事項（同条Ⅰ⑦）

⑧　名の変更に関する事項（同条Ⅰ⑧）

⑨　性別の取扱いの変更に関する事項（同条Ⅰ⑨）

　　本号は性同一性障害者の性別の取扱いの特例に関する法律（平成15

年法律111号）の施行に伴うものである。

なお，改正法施行後は，名の振り仮名の変更に関する事項が追記される。

(2) 管外転籍の場合の移記

本籍を他の市町村へ移す転籍により戸籍が編製される場合（戸108Ⅱ）にも，次の事項については，移記を省略する取扱いとなっている。

① 規則34条１号，３号から６号に掲げる事項

前記６(9)ウ(ア)の①，③から⑥，つまり，戸籍事項欄の氏の変更に関する事項を移記するほかは移記の必要はないことになる。

② 戸籍の筆頭者以外の者で除籍されたものに関する事項

③ 戸籍の筆頭者で除籍された者の身分事項欄に記載した事項

④ その他新戸籍編製の場合に移記を要しない事項

8 氏名の振り仮名

明治31年当時から，子の名に傍訓（振り仮名）を付した出生届は受理し，戸籍にも記載して差し支えないとされていた。その後，名の傍訓の記載の申出がほとんどなくなるとともに，傍訓としての相当性に疑義があってその受否の判断が難しい等の問題もあって，戸籍のコンピュータ化導入の際に，平成６年11月16日通達7005号により名の傍訓は戸籍に記載しない取扱いに改められていた（平成６・11・16通達7005号第３）。しかし，冒頭でも説明したとおり，行政手続における特定の個人を識別するための番号の利用等に関する法律等の一部を改正する法律（令和５年法律48号，以下「改正法」という。）により，法も改正され，令和７年５月26日から，氏名の振り仮名が戸籍の記載事項とされることとなった。この改正の理由には，令和６年からマイナンバーカードにローマ字表記をして海外利用したり，金融機関等において本人確認に利用等したりする上で，氏名の読み方を一意のものに特定して公証する必要があると考えられたことが挙げられる。

以下においてその概要を説明する。

(1) **氏名の振り仮名として許容される範囲**

　本条1項2号で，氏名の振り仮名，すなわち，氏に用いられる文字の読み方を示す文字（氏の振り仮名）と名に用いられる文字の読み方を示す文字（名の振り仮名）は，戸籍の記載事項とされ，本条2項では，氏名の振り仮名の読み方は，氏名として用いられる文字の読み方として一般に認められているものでなければならないことを定めている。我が国では，昔から源頼朝の朝（トモ）や池田勇人の勇人（ハヤト）のように通常の音訓とは異なる「名乗り訓」がある一方，最近ではキラキラネームと呼ばれる難読な読み方もあるが，子の利益や社会の混乱防止の観点から，上記のとおりのような規律が設けられた。本条2項に定める読み方に該当するかどうかは，「わが国の命名文化や名乗り訓が創造された慣習，名に名乗り訓が多用されてきた歴史的経緯も念頭に入れ，社会において受容され又は慣用されているかという観点から判断され」よう。(注) そこで，「太郎」を「サブロウ」とするような読み違いと思われる読み方，「高」をヒクシとするような漢字とは正反対の読み方，「弘」をマイケルとするような関連性のない読み方は認められないと考えられる。

　なお，本条3項では，氏名の振り仮名に用いることができる仮名及び記号の範囲は法務省令で定めるものとされ，片仮名や長音で表記される。

(2) **戸籍記載の手続**

　ア　新たに戸籍に入籍する場合

　出生や帰化等により改正法施行後に新たに戸籍に入籍する場合は，その届書に届出事件の本人の氏名のほか氏名の振り仮名も記載し（戸29④），これにより，戸籍に記載する。棄児発見調書による届出も同様である（戸57Ⅱ）。

　イ　既に戸籍に入籍している場合

　改正法施行後1年以内に，戸籍の筆頭者は氏の振り仮名を届けることができ，この場合は本条2項の制限を受けない（改正法附則6）。また，同期間内に戸籍に記載されている者は，名の振り仮名を届けることができ，この場合も本条2項の制限を受けない（改正法附則6）。

　改正法施行後1年を経過したときは，本籍地の市町村長は，管轄法務局長

第3章　戸籍の記載

等の許可を得て，氏名の振り仮名を戸籍に記載することができるが，この場合は，事前に戸籍に記載されている者に通知をする。なお，市町村長が記載した氏名の振り仮名は，1度に限り，家庭裁判所の許可を得ずに変更することができる（改正法附則9）。

これらの詳細は，附則第2の令和5年6月9日法律48号の附則の解説を参照されたい。

(3) **氏又は名の変更等**

法107条又は107条の2の規定に基づき，氏又は名を変更する場合は，氏又は名の振り仮名も変更するものとされた（法107・107の2）。また，氏又は名の振り仮名のみの変更の手続も法制化され，法に107条の3及び107条の4の規定が新設された（その詳細は，これらの条文の解説を参照されたい）。

(4) **戸籍記載の場所**

氏の振り仮名については，筆頭者氏名欄の下の「氏の振り仮名」欄に，名の振り仮名については，名欄の下の「名の振り仮名」欄に記載される。

◆◆

（注）　櫻庭倫＝国分貴之＝長橋佑里香「行政手続における特定の個人を識別するための番号の利用等に関する法律等の一部を改正する法律における戸籍法改正の概要」民月78巻8号26頁以下参照。同論考では，この戸籍法改正の経緯等が詳細に説明されている。なお，引用部分は35頁。

〔氏名の記載順序〕
第14条　氏名を記載するには，左の順序による。
　第一　夫婦が，夫の氏を称するときは夫，妻の氏を称するときは妻
　第二　配偶者
　第三　子
② 　子の間では，出生の前後による。
③ 　戸籍を編製した後にその戸籍に入るべき原因が生じた者については，戸籍の末尾にこれを記載する。

　本条は，1つの戸籍に2人以上の者を記載する場合についての規定であり，1項では，その原則を定め，2項では子の間についての，3項では編製後の戸籍に入るべき者のそれぞれについての記載の順序を定めている。

　旧法は戸主を中心とする戸籍であったため，戸主を第1順位に置くが，次順位以下については，1つの家に諸種の続柄の者が属することから，その間の順序を定めるに当たっては，家における順位によることとなり，複雑な規定が置かれていた（旧戸19）。

　現行法における戸籍は，1つの夫婦及びこれと氏を同じくする子のみで編製することを前提としており（戸6），記載の順序も簡単となり，親を先に記載し，次に子を記載するものとしている。

1　筆頭者

　夫婦は，婚姻の際にそのうちいずれかの氏を称するかを協議によって定めるが，第1順位に記載される者は，このようにして定められた者である（民750，戸74①）。そして，夫の氏を称することにした場合は夫を，妻の氏を称することにした場合は妻を，それぞれ戸籍の筆頭に記載する。夫婦となるべき者が，例えば，いずれも「田中」等と同一呼称の氏であっても，同様である。これは単に戸籍編製の技術的な問題（すなわち，夫婦のいずれを戸籍の筆

頭に記載するかを決めるための技術的な問題）であって，旧法の戸主のような実体法上の法律関係に影響のあるものではない。なお，帰化の場合には，夫婦のいずれの氏を称したか明らかでないから，帰化の届出においてこれを定めて記載すべきものとされている（戸102の2・102Ⅱ）。親子が同時に帰化した場合，又は父・母が日本人である場合に子が帰化した場合，子は帰化届書に新戸籍を作るか，父母の戸籍に入るかを記載して届出ができ，父母と同籍を望めば父母の戸籍に入る（昭和25・6・1通達1566号）。

2 配偶者

　第2順位に記載されるべき者は，第1順位に記載された筆頭者の配偶者である。夫が筆頭者であれば，その妻であり，妻が戸籍の筆頭に記載されていれば，その夫である。なお，この記載の順序は婚姻の届出によって編製される新戸籍についてのみならず，当該夫婦については，その後の氏の変動に応じて編製されるあらゆる新戸籍においても変更されることがない。それは，夫婦は婚姻に際して定めた称すべき氏を婚姻継続中に協議により変更することが許されないと解されているからである。

3 子

　第3順位に記載されるのは子である。子の間では，嫡出子・嫡出でない子，男・女，夫婦間の子・その一方の子，養子・実子の別なく，特別養子の場合も同様，それぞれ子の出生の前後によって記載する（明治32・12・14回答2052号，大正8・10・20回答4374号，昭和23・5・6回答652号，昭和23・10・11回答2301号）。もっとも，養子については，縁組の際に本条3項に基づき，戸籍の末尾に記載されるし，嫡出でない子が民法791条の規定に基づき従前の戸籍から入籍する場合も同様である。

4 戸籍を編製した後にその戸籍の入るべき原因が生じた者

　戸籍の編製後にその戸籍に入るべき原因が生じた者については，戸籍の末尾に記載する。

　したがって，子の間でも後で生まれた子の出生届により戸籍に記載された後，先に生まれていた子の出生届があった場合や筆頭者と子の在籍する戸籍に筆頭者の配偶者が婚姻により入籍してきた場合などいずれも戸籍の末尾に記載される。しかし，その後転籍などによって新戸籍を編製するときは，本条の規定に基づき，配偶者は第2順位で記載し，年長の子は出生の順番に引き直して記載することになる（昭和23・1・13通達17号）。

第3章　戸籍の記載

> 〔戸籍記載の事由〕
> 第15条　戸籍の記載は，届出，報告，申請，請求若しくは嘱託，証書若しくは航海日誌の謄本又は裁判によつてこれをする。

　本条は，戸籍の記載は市町村長の職権的調査に基づいてされるものではなく，届出その他法律で定められている申出を受けて，それに基づいて記載されるべきものであることを明らかにした原則的な規定である。

　なお，本条には規定されていないが，戸籍記載の錯誤又は遺漏の場合の職権で訂正する記載（戸24Ⅱ・Ⅲ等）や，届出を催告し，その届出がない場合の管轄法務局長等の許可を得てする職権による記載（戸44Ⅲ）などもある。

　また，令和6年における改正法施行後は，本解説中，事務処理の部分について大きく変更となっているため留意されたい。改正後の取扱い等については簡単に触れるが，詳細はそれぞれの条文を参照されたい。

1　戸籍記載の基本事由

(1)　届　出

　届出とは，出生，婚姻，離婚，縁組，離縁等の届出をいい，戸籍の記載は，これらの届出に基づいてされるのが原則であり，この届出が戸籍記載の大半を占めている。したがって，届出による戸籍の記載は，最も重要な部分を占めており，法は，これに関して詳細な規定を設けている。すなわち，法第4章第1節において届出地，届出をすべき者及び戸籍記載の真実性を担保するための本人確認の方法並びに市町村長の任意調査権等の届出の通則を，さらに，法第4章第2節から第16節まで届出の種類ごとの特則を定め，また，経過規定として法附則7条（平成19年法律35号改正前の戸132），法附則9条から11条（平成19年法律35号改正前の戸134～136）を定めるほか，皇族の身分を離れた者及び皇族となつた者の戸籍に関する法律5条から7条の定めがある。なお，棄児発見調書のように本来は届書ではないが，これを届書とみなし届

出と同様に取り扱われるものもある（戸57Ⅱ）。(注1)

(2) 報　告

報告とは，届出を期待し難い場合又は関係者に届出を強制するのが酷な場合などに補充的に認められるものであって，これに基づいて直ちに戸籍の記載がされるものである。すなわち，水難，火災その他の事変によって死亡した者がある場合におけるその取調べをした官公署からの報告（戸89），刑死した者又は被収容者が死亡し，引取人がない場合の刑事施設の長の報告（戸90），本籍不明者又は認識不能者についての警察官の報告（戸92Ⅰ・Ⅱ），国籍の喪失について職務上これを知った官公署の報告（戸105）である。この場合は，報告に基づいて直ちに戸籍の記載をする。

(3) 申　請

申請とは，法113条及び114条並びに116条に規定する戸籍訂正の申請をいう。戸籍の記載が違法であったり，真実と異なるときは，届出人又は届出事件の本人その他の利害関係人が，家庭裁判所の戸籍訂正の許可，又は確定判決(注2)を得て，戸籍の訂正を申請し，これに基づき戸籍訂正が行われる。なお，父又は母が棄児を引き取った場合の棄児の引取り（戸59）は，ここにいう申請に含まれる。

(4) 請　求

請求とは，検察官が原告となって婚姻の取消しの訴え（民744Ⅰ）を提起し，その裁判の勝訴が確定した場合における戸籍記載の請求を意味する（戸73Ⅱ・75Ⅱ・116Ⅱ）。裁判により戸籍の記載事項である身分関係が形成又は確認された場合は，通常，訴えを提起した者において届出をすることになるが，検察官が訴えを提起した場合には，届出によらずこの請求によって戸籍の記載をすることとしたものである。

(5) 嘱　託

嘱託とは，家事事件手続法116条に定めるところにより，裁判所書記官が特定の身分関係事項につき戸籍への記載を依嘱することであり，具体的には，家事事件手続規則76条に規定されている。(注3)

第3章　戸籍の記載

(6)　証書の謄本

証書の謄本とは，外国に在る日本人がその国の方式に従って身分に関する法律行為をし，届出事件に関する証書を作らせた場合におけるその証書の謄本である。この場合には，3か月以内にその国に駐在する日本の大使，公使又は領事にその証書の謄本を提出しなければならないとされ，これに基づいて戸籍の記載がされる（通則法10・24Ⅱ，戸41Ⅰ）。大使，公使又は領事が証書の謄本を受理したときは，遅滞なく，外務大臣を経由してこれを本人の本籍地の市町村長に送付しなければならないとされている（戸42）。また，大使，公使又は領事がその国に駐在しないときは，当該国所在の日本人は，3か月以内に本籍地の市町村長に証書の謄本を発送しなければならないとされている（戸41Ⅱ）。

(7)　航海日誌の謄本

航海日誌の謄本とは，一定の船舶の船長が作成を義務付けられている航海日誌（船員法18）の謄本をいうのであって，航海中の船舶内で出生又は死亡があったときは，これを記載した航海日誌の謄本に基づいて戸籍の記載をする（戸55・93）。

(8)　裁　判

裁判とは，法122条に規定する戸籍事件について，市町村長の処分を不当とする者が，家庭裁判所に不服の申立てをした場合に，家庭裁判所が申立てを相当と認めて受理を命ずる審判であり，これに基づいて戸籍の記載をする。この申立ては，不受理とした市役所又は町村役場の所在地を管轄する家庭裁判所にする（家事226④）。

◆◆

（注1）　出生事項の戸籍記載例は，当初は「年月日出生月日千代田区長の調書により記載」としていたが，昭和63年1月1日からは，「年月日出生月日東京都千代田区長届出入籍」（コンピュータ戸籍の場合の記録は，木村三男監修『改訂第2版注解コンピュータ記載例対照戸籍記載例集』（日本加除出版，2013）34頁を参照）とされた。

（注2）　裁判による認知（戸63），縁組の取消しの裁判（戸69），離縁又は離縁の取消しの

裁判（戸73Ⅰ），婚姻取消しの裁判（戸75Ⅰ），離婚又は離婚取消しの裁判（戸77Ⅰ）の各届出は，その裁判の謄本及び確定証明書を添付して，裁判確定の日から10日以内に届出することになり，戸籍訂正の申請の対象となる判決からは除外される。
（注3） 家事事件手続規則76条1項は，戸籍記載の嘱託を要する審判及びこれに代わる裁判として，①親権喪失，親権停止又は管理権喪失の審判，②未成年後見人又は未成年後見監督人の選任の審判，③未成年後見人又は未成年後見監督人の辞任についての許可の審判，④未成年後見人又は未成年後見監督人の解任の審判，⑤未成年後見人又は未成年後見監督人の権限の行使についての定め及びその取消しの審判，⑥性別の取扱いの変更の審判を掲げている。また，同条2項は，審判前の保全処分で，戸籍記載の嘱託を要するものを規定している。

2 戸籍記載の例外的事由

　戸籍の記載は，上記1の(1)から(8)までの事由のみに基づいてされるのが原則であり，これらの届出等は，単に市町村長の戸籍記載の職権発動を促すというものではなく，戸籍記載の積極的な意味を持つものである。なぜなら，届出によって身分関係が形成される場合はもちろんのこと，それ以外の報告的な届出等であっても，市町村長による随意の認定に基づく記載よりは，むしろ当該事項について最も密接な関係に立つ者からの届出・報告等に基づいて戸籍の記載をするのが，通常の場合，真実に合致するものといえるし，また，これによって戸籍の公証力と信頼性が高められると考えられるからである。しかし，上記1の(1)から(8)までは一般的原則であって，届出主義によることができず，又はそれによることが適当でない次のような場合には，例外的に戸籍事務管掌者である市町村長の職権による戸籍の記載が認められている。

① 届出を怠った者があることを知った場合において，催告をすることができないとき，又は催告をしても届出がないときの職権による戸籍の記載（戸44・45）
② 戸籍訂正申請を怠った者があることを知った場合において，催告をすることができないとき，又は催告をしても届出がないときの職権による

戸籍の訂正（戸117・44）
③　市町村長の過誤により戸籍の記載がされ，その訂正の内容が軽微で，かつ，身分関係についての記載に影響を及ぼさないものについてする職権による戸籍の訂正（戸24Ⅲ）
④　戸籍の記載が法律上許されないものであること又はその記載に錯誤，遺漏があることを発見した場合において，関係人に通知をしても戸籍訂正の申請がないときの管轄法務局長等の許可を得てする職権による戸籍の訂正（戸24Ⅱ）
⑤　同一事件について数個の届出があった場合の職権による戸籍の訂正（戸規43）
⑥　本籍地の変更後に届書類を受理した場合（戸規41Ⅰ）
⑦　行政区画等の変更があった場合（戸規45）

3　届出等の受理，戸籍の記載及びその後の手続

　戸籍に関する届書・申請書等が提出されると，戸籍事務の管掌者である市町村長は，その届書・申請書等の記載内容と添付書類などにより，要件具備の有無を審査する。この審査は形式的審査（すなわち，上記各書面に記載された事項が，書面間に矛盾のない限り，正しいものとして，当該記載事項に基づき審査すること。）で足りるが，市町村長は，後記(1)のとおり，任意調査権を有している。受理すべきものとして決定した場合は，届書・申請書等の受附（戸規20），受付帳の調製（戸規76），戸籍の記載（戸規24），受付帳情報の法務大臣への送信（戸規76Ⅲ），届書等情報の法務大臣への提供（戸120の4）のほか，関係法令等に基づく処理，人口動態調査票の作成（人口動態調査令3），住民票の記載と住所地市町村への通知（住基9）などの手続がある。
　なお，法務大臣の指定を受け，戸籍事務をコンピュータで処理する場合は，これらの手続のうち，受付帳や戸籍の記載等，戸籍総合システムにより一元的に処理できるようプログラムが組まれている。また，令和2年9月28日を

もって，全ての市町村長が法務大臣の指定を受け，電子情報処理組織により処理することとなった。

(1) 受　理

届書・申請書等の提出があったときは，市町村長は，その届書等が民法・戸籍法等の戸籍関係法令等に照らして，適法か否かを審査して受否を決定する。その審査は，形式的なもので足りるが，届出の受理に際して，法の規定により届出人が明らかにすべき事項が明らかにされていないとき，その他戸籍の記載のために必要があるときは，届出人，届出事件の本人その他の関係者に対し，質問をし，又は必要な書類の提出を求めることができるとされている（戸27の3）。このような審査方法を，市町村長が有する任意調査権という。

したがって，受理とは，市町村長が当該届出等を適法なものと判断して，これが受領を容認する行政処分であって，単なる書類等の受領の事実たる受付の概念と区別しなければならない。

なお，現在，上記のとおり，全ての市町村長が指定市町村長（法118条の規定により法務大臣の指定を受けた市町村長）となっており，戸籍総合システムを用い，システムに登載される自動審査機能を活用して審査の一部を行うようプログラムされており，受理に当たっての判断の一部や後述する受付帳等の記録，戸籍の記載も一元的に処理されている。

また，令和6年3月1日以降は，届書等を受理したときは，届書等をスキャニングして画像データ（画像情報ともいう。）として作成し，画像データ化した届書等情報について電子情報処理組織を使用して法務大臣に提供する（戸120の4 I）。提供を受けた法務大臣は，これを磁気ディスクに記録する（戸120の4 II）。また，法務大臣は，当該届出を受理した市町村長以外の市町村長が戸籍の記載をすべき場合は，その市町村長に対し，届書等情報の提供を受けた旨を通知する（戸120の5）。これらの詳細は該当条文の解説を参照されたい。

第3章　戸籍の記載

(2)　受理の手続
　ア　届書等への受附の番号及び年月日の記入
　市町村長は，届書・申請書等を受理したときは，これらの書類に受附の番号と受附の年月日を記載しなければならない（戸規20Ⅰ）。この受附の年月日は，受理を決した日ではなく，書類を事実上受領した日を意味し，また，届出人が届書等に記載する届出等の年月日（戸29②参照）とも異なる。受理は，当該届出等を届出人等から最初に受領した市町村長がなすべき行為（行政処分）であり，届出等を受領した日よりも後に受理決定をした場合でも，届出等を受領した日に遡ってその効力が生ずるものとされている。なお，他の市町村長が受理した届書等を法務大臣から本籍地市町村長に通知された場合の通知を受けた市町村長の行為は「受領（受付）」であって，受理には当たらない。
　イ　受附帳への記入
　届書等の受附の事実を明らかにするために，市町村長は，受附帳を備えなければならない。受附帳は，所定の様式によって毎年調製すべきであって（戸規21Ⅰ），市町村長は，相当と認めるときは，本籍人に関するものと非本籍人に関するものを各別に調製することができるとされ（戸規21Ⅱ），その保存期間は，調製年度の翌年から150年とされている（戸規21Ⅲ）。また，受附帳を廃棄するときは，市町村長が，帳簿書類廃棄決定書を作成しなければならないとされている（準則54）。
　なお，戸籍事務を電子情報処理組織によって取り扱う場合には，受付帳は磁気ディスクをもって調製するものとされている（戸規76Ⅰ）。また，その保存は，市町村長が相当と認めるときは，磁気ディスクによる保存に代えて，これに記録されている事項の全部を記載した書面を保存することもできるとされている（戸規76Ⅱ）。令和6年3月1日以降，磁気ディスクをもって受付帳が調製されているときは，受付帳に記録した後，遅滞なく，法務大臣の使用に係る電子計算機（戸籍情報連携システム）に送信しなければならないとされている（戸規76Ⅲ）。

(3) 受理後の手続
　ア　戸籍の記載
　届書等を受理した市町村長が本籍地の市町村長，すなわち，当該届出等に基づいて戸籍の記載をすべきその戸籍のある市町村長であるときは，前記(2)の手続をした後に，遅滞なく戸籍の記載をすることを要する（戸規24）。
　イ　他の市町村長への届書等の送付
　令和6年3月1日から，法改正により，原則として，他の市町村長への送付事務はないが，それまでの送付事務を知ることは，届書未着事件や戸籍訂正事件が発生したときにその端緒を知る上でも必要となるものなので，初めに，それまでの送付事務について述べる。なお，令和6年の法改正の施行後の事務については，簡単に述べるが，詳細は該当条文を参照されたい。
　届書等を受理した市町村長のみが戸籍の記載をすべきときには，自ら戸籍の記載をすれば足り，他の市町村長に届書等を送付する必要はない。
　これに対し，受理市町村長が本籍地市町村長でなく他の市町村長が戸籍の記載をすべき場合には，これに対し，届書等の1通を送付することを要し，また，受理市町村長が本籍地市町村長であるとともに他の市町村長においても戸籍の記載をすべき場合には，受理市町村長は自ら戸籍の記載をするとともに，遅滞なく届書等の1通を他の市町村長に送付しなければならない（戸規26）。戸籍の記載をすべき他の市町村長が2以上ある場合には，各別にそれぞれ届書等の1通を送付しなければならない。送付を要するのは，届書・申請書についてはもちろん，報告書・請求書・航海日誌の謄本・証書の謄本などについても同様であり（戸規28前段），また，職権による戸籍の記載又は訂正の場合の許可書についても他の市町村長がともに記載又は訂正をすべきときは，これに対し，送付する必要がある（大正4・1・16回答1184号）。
　この届書等の送付は，当該届出等によって本人の本籍が他の市町村に転属することのない場合，例えば，戸籍の変動をみない認知届のあった場合などにも生じ得るが，本籍が一の市町村から他の市町村に転属する場合には，必ず届書等を送付しなければならない。例えば，婚姻・縁組・転籍その他多く

第3章　戸籍の記載

の場合にみられ，その本籍の転属は，受理した市町村から他の市町村へ，また，逆に他の市町村から受理した市町村へ，あるいは，他の市町村間で行われる。このいずれの場合にも，入籍地と除籍地の双方で戸籍記載の手続をとる必要があるから，受理した市町村長は，他の市町村長に対し，届書等の送付を要するのである（戸規25）。

　届書の送付は，本人の本籍が明らかでないか又は本籍がない場合には不可能であるから，受理した市町村長において手元に留め置くほかないが（戸26・本籍分明届参照），その後本籍分明の届出があったときは，他の市町村長において戸籍記載の必要がある限り，これに対し，先の届書と本籍分明の届書を送付しなければならない（戸規27）。

　なお，法36条1項は，「2箇所以上の市役所又は町村役場で戸籍の記載をすべき場合には，市役所又は町村役場の数と同数の届書を提出しなければならない。」と，法36条2項は，「本籍地外で届出をするときは，前項の規定によるものの外，なお，1通の届書を提出しなければならない。」とそれぞれ規定し，法36条3項は，「前二項の場合に，相当と認めるときは，市町村長は，届書の謄本を作り，これを届書に代えることができる。」としているが，実務の取扱いは，届書を複数提出しなければならない場合でも，届出人の負担軽減及び市町村の事務処理の効率化を図る等の観点から，届書の通数は，1通で差し支えないとしている（平成3・12・27通達6210号）。届書を1通とした場合の原本の取扱いについては，昭和52年4月6日通知1672号2に，具体的に示されている。

　また，令和6年3月1日から，それまでの送付に係る戸規25条から29条までの規定を適用しない等の整理が行われた（戸規78の4Ⅱ）。

　これらの整理により，電子情報処理組織による戸籍事務を取り扱う市町村長（戸118Ⅰ，以下「指定市町村長」という。）に対し，届出等がなされた場合は，市町村長の使用に係る電子計算機（以下「戸籍情報システム」という。）に記録する方法により行うこととされ（戸規78の2Ⅱ），受理した市町村長は，届書等の画像情報とともに戸籍情報システムに入力した文字情報を法務大臣

に提供する（戸120の4Ⅰ）。送信を受けた届書等情報及び画像情報の中に受理市町村長以外の市町村長が戸籍の記載をすべき情報があるときは，法務大臣からの通知により記載されることとされた（戸規78の2～78の5）。なお，詳細は，当該条文を参照されたい。

　ウ　人口動態調査票の作成

　出生・死亡・婚姻及び離婚の届出を受理したときは，受理した市町村長は，届書その他関係書類に基づいて人口動態調査票を作成し，遅滞なくこれに人口動態調査票市町村送付票を添え，保健所の所管区域によって，当該保健所長に送付しなければならない（人口動態調査令2・3・5，人口動態調査令施行細則1～3）。この4事項（死亡には失踪が含まれる。）に関しては，届出についてのみならず，報告，航海日誌の謄本，証書の謄本（戸41）についてもその手続を必要とする（人口動態調査令施行細則1Ⅱ）。

　人口動態調査票は，届書等を受理した市町村長において作成すべきであって，それは，本籍人に関するものであると，非本籍人に関するものであるとを問わない。受理した市町村長から届書等の送付を受けた他の市町村長はこれを作成すべきではなく，もしこれを誤ると統計上重複して計上される不当な結果となる。したがって，この過誤を防止するために，受附帳に受理又は送付の別を記載する（戸籍事務を電子情報処理組織により処理している場合は，受付帳入力画面に「受理・送付区分」が設けられている（平成6・11・16通達7002号第4の1の受付データベース参照）ので，これに受理又は送付と入力する。）ほか，4届書の標準様式中に「戸籍記載」及び「調査票」欄が設けられ，左側欄外に人口動態調査票の調査項目とリンクした括弧書きの数字が印字されている（4届書の様式参照）。この届書の「戸籍記載及び調査票」欄は，戸籍の記載をし又は調査票を作成した市町村長がこの欄に認印することと定められ（昭和23・1・13通達17号[26]）。なお，受理した市町村長は，届書の欄外に種類ごとに一連番号を記入し，また，人口動態調査票作成事件簿を備えてその都度これに記載することとされている（昭和24・12・17通達2943号）。

　なお，人口動態調査事務の具体的事務処理方法等は，厚生労働省から人口

第3章　戸籍の記載

動態調査必携がなされているので参照されたい。
(4) 他の市町村長の手続
　ア　受　附

　届書等を受理した市町村長から送付されてこれを受け付けたときは，前記(2)と同様に届書等に受附の番号及び年月日を記載し（戸規20Ⅰ），受附帳に所定の事項を記載する（戸規21Ⅰ）。受理市町村長が法定要件を具備しない届出等を誤って受理した場合でも，既に受理の処分があった以上，これが送付を受けた市町村長においてその受附を拒むべきものではないとされている（大正5・3・23回答413号）。しかし，戸籍の記載ができない場合には，届書の追完の手続をしてもらうため，受理した市町村長に返送しても差し支えない。

　なお，令和6年の改正法施行後においても，上記受附の処理については，準用されているため（戸規78の4Ⅳ），通知を受けた市町村長は同様の事務処理を行うこととなる（令和6・2・26通達500号第3の8(4)イ）。

　イ　戸籍の記載

　受理した市町村長の送付した届書等を受け付けたときは，遅滞なく戸籍の記載をしなければならない（戸規24）。なお，この場合には，人口動態調査票を作成するべきではないことは前記のとおりである。

　令和6年の改正法施行後は，法務大臣に提供された文字情報及び画像情報の届書等情報を参照し（戸規78の4），戸籍の記載を行うこととされ，戸籍の記載も「送付を受けた日」から「通知を受けた日」として記録することとされた（戸規78の4Ⅳによる読替え後の戸規30⑤）。

(5) 戸籍記載完了後の届書類の処理
　ア　管轄法務局等への書類の送付

　届書等を受理し又はその送付を受けた市町村長が戸籍の記載手続を完了したときは，これらの書類を1か月ごとに，遅滞なく管轄法務局若しくは地方法務局又はその支局に送付する（戸規48Ⅱ）。また，届書等を受理した市町村長が本籍地市町村長でない場合（非本籍地市町村長の場合）は，戸籍の記載

を要する市町村長に届書等を送付し（指定市町村長の場合は，前記(3)イを参照），受理した市町村長（非本籍地市町村長）は，非本籍人に関する届書等として1通を保存することになるが，その保存期間は，当該年度の翌年から5年とされている（戸規48Ⅲ）。

なお，令和6年の改正法施行後においては，前述の規則48条2項の適用を排除し，本籍人，非本籍人の区別をすることなく，管轄法務局への送付をすることなく受理した市町村長において，5年間，保存することとされている（戸規48Ⅲ）。

したがって，改正法施行前の本籍人の届書等は，管轄法務局において所定の年限保管，改正法施行後は，受理した市町村長において，5年間保管となる。

また，市町村において書庫が狭あいである等の事情がある場合は，市町村長との協議により，法務局又は地方法務局が管理する書庫等において届書等を保管することとしても差し支えないとされている。

　イ　管轄法務局等における届書等の保存

管轄法務局若しくは地方法務局又はその支局は，その管内の市町村長から上記アで述べたように，送付される届書等の書類を，受理し又は送付を受けた市役所又は町村役場の区別に従い，年ごとに各別につづって，当該年度の翌年から27年間，保存しなければならないとされている（戸規49Ⅰ・Ⅱ）。なお，この保存期間は，管内の市町村長から，戸籍又は除かれた戸籍の副本の送付を受けたときは，当該戸籍に関する書類で市町村長が受理し又は送付を受けた年度の翌年から5年を経過したものは，これを廃棄し，又は当該市町村長の申出を受けて市役所又は町村役場に移管することができるとされている（戸規49の2Ⅰ）。この取扱いは，磁気ディスクをもって調製された戸籍又は除籍の副本の送信を受けた場合も同様である（戸規79・75Ⅰ）。

したがって，令和6年の改正法施行前の届書等については，この取扱いにより管轄法務局等において保管されているが，施行後は受理した市町村長において5年間保管することとされた。

第3章　戸籍の記載

　ウ　戸籍の記載を要しない届書等の保存
　市町村長の受理した届書類のうち，戸籍の記載を要しない事項に関する届書等の書類とは，①外国人に関する届書類（昭和22・7・17回答618号），②認知された胎児の死産届（戸65）及び当該胎児の認知届（戸61），③国籍法11条又は13条の規定による国籍喪失届（戸103）と国籍喪失者があることを知った官公署からの国籍喪失報告（戸105）が競合した場合に，後で受理した届書類又は報告書類，④法92条2項に規定する警察官からの本籍分明報告と法92条3項に規定する死亡届が競合した場合に，後で受理した報告書類又は届書類（昭和24・9・30回答2175号），⑤数人の届出義務者から各別に届け出られ，最初に受理した届書によって戸籍の記載をした後，後から受理した届書が他の市町村長から送付された場合のその届書類（大正7・12・21回答2436号），⑥在外邦人等から重複してされた届書類のうち，後から受理した届書類（昭和24・9・28通達2204号3）等がある。
　これらの書類は，前記ア及びイで述べたところと全く異なる取扱いとなる。すなわち，これらの届書類は，戸籍簿の再製に当たって何らその資料として必要のないものばかりである。そこで，受理した市町村長は，これを管轄法務局長等には送付せず，自ら年ごとに各別につづり，目録をつけて保存しなければならない（戸規50Ⅰ）。この保存期間は，届出によって効力を生ずべき行為に関するものは，当該年度の翌年から50年，その他のものは，当該年度の翌年から10年とされている（戸規50Ⅱ）。ただし，外国人に関する届書類のうち，在日朝鮮人の戸籍届書の保存期間は，規則50条2項の規定にかかわらず，当分の間そのまま保存するとされている（昭和41・8・22通達2431号）。

〔婚姻による戸籍の変動〕
第16条　婚姻の届出があつたときは，夫婦について新戸籍を編製する。但し，夫婦が，夫の氏を称する場合に夫，妻の氏を称する場合に妻が戸籍の筆頭に記載した者であるときは，この限りでない。
② 　前項但書の場合には，夫の氏を称する妻は，夫の戸籍に入り，妻の氏を称する夫は，妻の戸籍に入る。
③ 　日本人と外国人との婚姻の届出があつたときは，その日本人について新戸籍を編製する。ただし，その者が戸籍の筆頭に記載した者であるときは，この限りでない。

本条は，婚姻の届出があったときは，原則として夫婦について新戸籍を編製することを規定し，夫婦同氏同一戸籍の原則を定めるものである。

1　総　論

本条から法18条までの規定は，氏と戸籍との関係についての３つの原則である夫婦同氏同一戸籍の原則，親子同氏同一戸籍の原則及び三代戸籍禁止の原則を定めている。本条は，冒頭の説明にあるとおり，夫婦同氏同一戸籍の原則を定めるものである。法６条本文は，「戸籍は，市町村の区域内に本籍を定める一の夫婦及びこれと氏を同じくする子ごとに，これを編製する。」と規定し，１つの夫婦親子を同一戸籍内で身分関係を登録するべきものと定め，また，氏が戸籍編製の基準となることを明示しているが，この３原則は，氏との関係で，具体的な戸籍の編製方法の原則を定めるものである。そして，本条が定める夫婦同氏同一戸籍の原則は，夫婦が社会生活における共同体の基本を成すことから，個人登録簿との対比における家族簿として戸籍の編製の根幹を成すものと位置づけることができる。

2　夫婦同氏同一戸籍の原則

(1)　夫婦同氏の原則

　民法750条は,「夫婦は,婚姻の際に定めるところに従い,夫又は妻の氏を称する。」と規定し,夫婦は同氏であることを定めている。そして,この点を確保するため,民法は,739条1項で「婚姻は,戸籍法（昭和22年法律第224号）の定めるところにより届け出ることによって,その効力を生ずる。」と定めるとともに,740条で「婚姻の届出は,その婚姻が第731条,第732条,第734条から第736条まで及び前条第2項の規定その他の法令の規定に違反しないことを認めた後でなければ,受理することができない。」とし,さらに法74条1号で,婚姻の届書には「夫婦が称する氏」を記載しなければならないものと定めている。このように,婚姻をした場合,夫婦は,同氏とすることが強制されていて,婚姻後の氏を定めなければ婚姻届を受理することができず,したがって婚姻をすることができない制度となっている。そして,この氏の選定に当たっては,全く新たな氏を定めることができず,夫婦の氏のいずれかを選択しなければならないものとしている。これは,親が子に自己の氏を承継させたいとの世俗的な要求と,夫婦が協議して定めることによる男女平等の精神を調和させたものといわれている。もっとも,現実には夫の氏が選択されることが多く,男女平等に違反する（憲14違反）,氏を強制的に変更しなければならないのは幸福追求の権利に違反する（憲13違反）等と主張して争われた事件があるが,最高裁平成27年12月16日判決（民集69巻8号2586頁）は,これらの規定を合憲としている。

(2)　夫婦同氏同一戸籍の原則

　上記のとおり,民法では夫婦同氏の原則を定めているが,本条では,そのような夫婦は同一戸籍に入籍するべきことを定めている。そして,本条1項と法14条を併せて読めば,婚姻後に「夫婦が称する氏」として婚姻届に記載された氏により,その氏を称している夫又は妻を筆頭者とする新戸籍を編製

第16条〔婚姻による戸籍の変動〕

して，これに夫婦が入籍することを定めている。このことは，夫婦となるべき者の呼称上の氏が同一であっても（例えば，鈴木さん同士の婚姻）同様であり，婚姻届に「夫婦が称する氏」として記載された氏に基づき筆頭者を決定して戸籍に記載する。また，実子と養子が親の戸籍に同籍している場合において婚姻したとき（この場合は，婚姻前も民法上の氏は同一である。）も同様であり，「夫婦が称する氏」として婚姻届に記載された氏を称する者を筆頭者とする戸籍に夫婦が入籍する。

　このような夫婦同氏同一戸籍の原則は，婚姻継続中は維持されており，この点で親子間の同氏の関係とは異なるが，離婚や生存配偶者の復氏がされることにより解消される。もっとも，このことは，婚姻中における夫婦の氏の変更を否定するものではなく，夫婦の双方又は婚姻の際に氏を改めなかった配偶者が他の者の養子となる等の場合に，夫婦の氏が変更されることがある。すなわち，夫婦がそろって他の者の養子となった場合は，縁組の効果により夫婦は養親の氏を称し（民810本文），夫婦について養親の氏による新戸籍を編製する（戸20）。夫婦に子がいる場合も同様であるが，この場合，子は従前の戸籍にとどまったままであって，夫婦のみについて新戸籍を編製する。夫婦のうち婚姻により氏を改めなかった者（筆頭者）のみが他の者の養子となった場合も養親の氏による新戸籍を編製するが，この場合は，その配偶者も筆頭者に引きつられて養親の氏を称し，新戸籍に入籍する。この効果は，夫婦のうち筆頭者の氏の変動に随伴する当然の効果である（なお，婚姻により氏を改めた者のみが養子となっても，同人の氏に変更を来さない。民810ただし書）。すなわち，婚姻継続中における夫婦の氏の変更は，専ら婚姻により氏を改めなかった者を基準として決定され，婚姻により氏を改めた者は，夫婦同氏の原則により随伴する。なお，民法796条本文によれば，配偶者のある者が養子縁組をするにはその配偶者の同意を要するが，これは縁組自体に関する同意であり，同意する配偶者は，氏の変更も念頭に置いて同意することになる。

また，夫婦のうちの筆頭者について，民法791条の規定に基づく氏の変更があったときは，その効果は他方配偶者にも及び，夫婦同氏の原則により他方配偶者の氏も変更する。法107条1項の規定に基づき氏を変更する場合も，夫婦が共同で家庭裁判所の許可を得た上で，氏変更の届出を行わなければならない。

　なお，婚姻時に定めた氏は，後に合意によっては変更することができず，例えば，夫の氏を称して婚姻した夫婦が婚姻中に妻の氏を称するためには，一旦離婚して妻の氏による再婚をするか，法107条1項に規定する事由があることを要件として同項の定める手続により氏変更をすることが必要である。

③ 夫婦に関する戸籍の編製方法

(1) 原　則

　本条1項本文は，婚姻の届出があったときは，夫婦について新戸籍を編製すると定めているが，この場合の戸籍記載の順序は法14条により定められ，婚姻により氏を改めなかった者，その配偶者の順で記載される。このように，夫又は妻の氏のうち「夫婦が称する氏」として婚姻届に記載された氏を称する者を筆頭者として新戸籍を編製するものとしている。この新戸籍については，夫婦は自由に本籍地を定めることができる。そして，法6条が規定するように，戸籍は，「一の夫婦及びこれと氏を同じくする子ごとに」編製するのであって，個人登録簿ではなく家族登録簿の性質を有する。婚姻により新戸籍を編製する場合，従前に入籍していた戸籍（本籍）も記載するので，この情報を手掛かりとして直系血族や傍系血族はもとより，姻族の関係も検索できる仕組みとなっていて，ある者に相続が発生した場合，その相続人の探索は容易なものとなっている。

　なお，在外公館等で日本人男女間の婚姻届を受理した場合などでまれに重婚が生じることがある。例えば，乙女と夫の氏を称する婚姻をした甲男が，

後日非本籍地において筆頭者である丙女と妻の氏を称する婚姻届をなし，これが誤って受理された場合は，後婚も有効であるので，甲丙夫婦につき丙の氏による新戸籍を編製する。この場合，甲男を後婚により除籍をし，新戸籍の甲男の身分事項に前婚事項の移記をなすべきものとされている（昭和31・2・15回答295号，昭和44・11・17回答2144号）。甲男について重戸籍の発生を防ぎ，かつ，前婚も有効であることを示すためである。また，夫甲の氏を称する婚姻をした乙女が，後日非本籍地において丙男と夫の氏を称する婚姻届をなし，これが誤って受理された場合も同様とされ，乙女を後婚により除籍をし，新戸籍の丙男の身分事項に前婚事項の移記をなすべきものとされている（昭和31・9・3回答2058号）。

　本条により新戸籍が編製されたときは，その後婚姻が解消しても，これにより当然には当該戸籍が除籍となることはない。婚姻が解消したときは，婚姻の際に氏を改めた者は，その戸籍から去り（離婚の場合），又は去ることができるが（生存配偶者の復氏），婚姻の際に氏を改めなかった者は，婚姻解消後に，当該新戸籍から除かれて従前の戸籍に復することはできない。

(2) **例　外**

　次に，本条1項ただし書は，夫婦が，夫の氏を称する場合に夫，妻の氏を称する場合に妻が戸籍の筆頭に記載した者であるときは，その配偶者は当該戸籍に入籍すれば，新戸籍を編製した場合と同様，夫婦中心の戸籍となって法6条の趣旨に沿うので，新戸籍編製の煩わしさを避けるため，新戸籍を編製しないものとしている。すなわち，本条2項は，本条1項ただし書が適用されるときは「夫の氏を称する妻は，夫の戸籍に入り，妻の氏を称する夫は，妻の戸籍に入る」ものとしている。本条1項ただし書は，例えば，①夫の氏を称して婚姻していたところ，離婚し，夫が他の女性と再婚するに当たり，その夫の氏を夫婦の氏として定めた場合や，②父母の戸籍から分籍して，単身の戸籍が編製されていたところ，当該者の氏を夫婦の氏として定めた場合，さらには，③父母の戸籍に入籍していた女性が嫡出でない子を出産したこと

により，当該女性を筆頭者とする戸籍が編製されていたところ，女性の氏を夫婦の氏として定めて婚姻する場合などが考えられる。また，本条1項ただし書が適用されるのは，婚姻の時に戸籍の筆頭者であればよく，例えば，当該戸籍から婚姻や養子縁組により除籍されたものの離婚や離縁により復籍した場合も含まれる（昭和23・12・15回答2321号）。これらの場合に，既に筆頭者である夫又は妻に子がいても，同様であり，配偶者は，当該子の次の身分事項欄に記載される。

なお，夫婦のうち筆頭者が死亡し，生存配偶者がその氏で再婚する場合は，当該生存配偶者は配偶者の死亡により戸籍の筆頭者となるわけではないから，本条1項ただし書は適用されず，本条1項本文により新戸籍を編製する（昭和23・5・7回答249号）。

なお，婚姻前に夫婦のいずれかに子がいる場合における子の入籍については，法18条の解説を参照されたい。

4 外国人と婚姻した場合

(1) 婚姻による戸籍の取扱い

本条3項本文は，日本人が外国人と婚姻した場合，その日本人について新戸籍を編製することを定めた規定である。本条3項ただし書は，本条1項ただし書と同趣旨の規定である。本条3項は，昭和59年の国籍法改正の際に新設された規定であり，それまでは，日本人が外国人と婚姻しても，父母の戸籍等従前の戸籍にとどまったままであり，日本人の子が出生したときに，法18条の規定に基づき新戸籍を編製していた。上記国籍法改正までは，我が国では父系血統主義を採用していて，日本人と外国人との婚姻により子が出生したときは，父が日本人である場合にのみ，子は出生により日本国籍を取得し，父の戸籍に入籍するものとされていた。そして，その頃までの国際結婚では日本人女性が外国人男性と婚姻する事案が多数であったので，日本人と

第16条〔婚姻による戸籍の変動〕

外国人との婚姻により日本国籍を有する子が出生する事例はそれほど多数ではなかった。しかしながら，上記の国籍法改正により，父母両系血統主義が採用され，父母のいずれかが日本人である場合，子は国籍を取得するものとされ，国際結婚により日本国籍を有する子の出生数の増加が見込まれたので，日本人が外国人と婚姻した機会に当該日本人について新戸籍を編製することとしたのである。

　日本人が外国人と婚姻した場合における夫婦の氏については，学説上，婚姻という身分変動の効果として生ずる問題である点に注目して，婚姻の効力の準拠法を適用すべきであるとするのが通説的見解であるが，戸籍の先例上は，夫婦それぞれの人格権たる氏名権に関する問題であるとして，当事者の属人法（本国法）を準拠法としている（昭和55・8・27通達5218号等）。そして，外国人には日本民法上の氏は存在しないので，日本人が外国人と婚姻した場合は，日本人について民法750条の規定は適用しないもの（民法750条は当事者双方が日本人の場合にのみ適用されるもの）と考えられており（昭和26・12・28回答2424号，昭和40・4・12回答838号），外国人との婚姻によっては，氏の変動はなく，日本人は，婚姻前の氏を称して婚姻するものとしている。そこで，日本人と外国人とが婚姻し，日本人が外国人の氏を称するものと合意したとしても，上記のとおり外国人が民法750条にいう氏を有していないので同条は適用されず，夫婦間の合意では日本人の氏は変更しないとの取扱いをしている（昭和42・3・27回答365号）。法107条2項等の規定は，この考えを前提に立法されている。

　なお，本条3項は，婚姻についての創設的届出の場合のみならず，外国で外国の方式により日本人と外国人とが婚姻したとして，法41条の規定に基づき婚姻の証書を添付して報告的届出があった場合も適用される。

　新戸籍編製に当たっては，日本人配偶者の氏によりこれを編製し，当該日本人が筆頭者となり，当該日本人に配偶欄が設けられて（紙戸籍の場合），身分事項欄に婚姻の事実，外国人配偶者の国籍，氏名及び生年月日が記載され

る。既に日本人配偶者が筆頭者となっている戸籍があるときは，当該戸籍において同様の記載をする。また，昭和59年改正法施行時既に戸籍の筆頭者となっている日本人配偶者から申出があったときは，その者につき配偶欄を設ける（昭和59・11・1通達5500号第2。ただし，紙戸籍の場合）。

(2) **外国人との婚姻に伴う氏の変更**

上記のとおり，日本人が外国人と婚姻しても氏に変更を来さない。しかし，日本人配偶者は，外国人配偶者とともに夫婦としての生活を営む上で，同一呼称の氏である必要性が典型的に認められることから，法107条2項は，「外国人と婚姻をした者がその氏を配偶者の称している氏に変更しようとするときは，その者は，その婚姻の日から6箇月以内に限り，家庭裁判所の許可を得ないで，その旨及び変更しようとする氏の振り仮名を届け出ることができる。」と規定し，外国人と婚姻をした者が外国人配偶者の氏に変更するには，婚姻後6か月以内であれば，家庭裁判所の許可を得ることなく，市町村長への届出のみで，可能としている。婚姻後6か月を経過した場合，原則どおり，法107条1項の規定に基づき家庭裁判所の許可を得ることを要する。その詳細は，法107条の解説を参照されたい。

法107条2項に基づき氏を変更することが認められるのは，外国人配偶者の姓に該当する部分（すなわち，子に承継される部分）に変更する場合に限るものとされており（昭和59・11・1通達5500号第2の4(1)イ），いわゆるミドルネームとして付加する場合や，結合氏とする場合は，原則どおり，法107条1項の規定に基づき家庭裁判所の許可を得ることを要する。また，外国人の本国で登録されている氏に限り行うことができ，外国人が日本で通称として使用している氏への変更は，原則どおり，法107条1項によることが必要である。この場合における変更には否定的な審判例もあるが（大阪家審平元・7・13家月42巻10号68頁等），通称が実生活に定着していれば実氏と同視するとして肯定するものもある（大阪高決平3・8・2家月44巻5号33頁）。外国人配偶者の住民票に通称氏が併記されているときは，法107条1項の規定に基

づく氏の変更として認容される可能性が高いものと思われる。

　法107条2項に基づく届出の場合は，外国人姓を片仮名表記するのが原則である。外国人配偶者が本国で漢字表記であり，かつ，その漢字が日本文字でもあるときは，その漢字を用いて表記することができる（昭和59・11・1通達5500号第2の4(1)ウ）。

　なお，日本人と婚姻した外国人妻がその本国法に基づき氏名が変更されたことが婚姻登録簿謄本により認められれば，日本人夫の身分事項欄や子の母欄に記載してある外国人妻の氏名を変更後の氏名とすることができる（昭和55・8・27通達5218号）。

第3章　戸籍の記載

> 〔三代戸籍禁止の原則〕
> 第17条　戸籍の筆頭に記載した者及びその配偶者以外の者がこれと同一の氏を称する子又は養子を有するに至つたときは，その者について新戸籍を編製する。

　本条は，三代にわたって同一戸籍に入籍することを避けるため，夫婦の戸籍に同籍する子等がこれと同一の氏を称する子又は養子を有するに至ったときは，その者について新戸籍を編製することを定めた規定である。

1　本条の趣旨

　本条は，三代戸籍禁止の原則を述べたものである。戦前の戸籍は，戸主制度の下「戸主ヲ本トシテ一戸毎ニ」編製され（旧戸9），戸主の子の妻や戸主の孫まで同一戸籍に記載していたが，戦後の戸籍は，これを改め，「一の夫婦及びこれと氏を同じくする子ごとに」編製するものとされた（戸6）。このように，同一戸籍内には夫婦及びその子のみを入籍するものとされたため，当該戸籍内の女子に子（夫婦にとって孫）が出生した等の場合は，新戸籍等他の戸籍に入籍させて，親子孫の三代にわたる戸籍への入籍を禁止するために本条の規定は設けられた。本条は，数世代の同籍は家制度を戸籍の上に残存させるものであるとの考えから，これを排除する目的を有するが，さらに，法6条の規定の趣旨を貫通させるために設けられている。「これには，子の成育によってその戸籍を親の戸籍から分離独立させようとする考えが根底にあるのであって，それは，子の婚姻によって新戸籍を編製すること（前条）や，子が成年に達した後分籍しうること（21条）と相通ずる意図によるものということができる」（青木＝大森『全訂戸籍法』151頁）のである。

　さて，「戸籍の筆頭に記載した者及びその配偶者以外の者」，すなわち当該夫婦の子又は養子で当該夫婦の戸籍に同籍する者が，「これと同一の氏を称する子又は養子を有するに至」る場合としては，子が出生して報告的届出が

された場合や第三者を養子とする創設的届出がされた場合があるが、いずれも本条が適用される。なお、子が婚姻した場合は、法16条1項本文により、当該子とその配偶者につき新戸籍が編製される。

ところで、本条にいう配偶者には、筆頭者が死亡して除籍されている場合における生存配偶者を含む。そして、当該生存配偶者が再婚により当該戸籍から除籍されたものの、離婚により復籍したときは、同人は、筆頭者の生存配偶者の地位に復すると解されている（昭和23・10・23回答1994号）。夫婦が離婚後、当該配偶者同士が再婚したときも、ここにいう「配偶者」に該当する。

本条の規定に基づき新戸籍を編製すべき場合と、法18条の規定等に基づき「戸籍の筆頭に記載した者及びその配偶者」の戸籍に入籍すべき場合との区別は、先例等によれば後記2以下で説明するとおりである。

2　本条が適用される場合

戸籍の筆頭に記載した者及びその配偶者以外の者がこれと同一の氏を称する子又は養子を有するに至る事例には様々なものがある。

まず、AB夫婦の戸籍に同籍する当該夫婦の子C又は養子Dが女子であって婚姻外の子Eを出生した場合や、当該夫婦の子C又は養子Dが養子縁組により第三者Fを養子として迎えた場合がこれに該当し、この場合は、本条の規定に基づきC又はDにつき新戸籍を編製し、C又はDの子E又は養子Fを法18条の規定に基づき新戸籍に入籍させる。また、戸籍の筆頭者Aの前婚の子Cが同籍している場合において後婚により配偶者Bが入籍したところ、子Cが婚姻外の子Eを出生する場合がある。さらに、筆頭者である夫Aが妻以外の女との子Cを認知したところ、被認知者Cが民法791条の規定に基づき夫婦の戸籍に入籍した場合や、筆頭者Aが配偶者Bの子Cを養子としたり、配偶者Bの同意を得て成年者Dを養子としたことにより、C又はDが夫婦の戸籍に入籍することがあり、これらの場合において、C又はDが、同人らと

同一の氏を称する子又は養子を有するに至ったときも，本条の規定が適用される。さらに，筆頭者A女の配偶者B男が，妻以外の女との子Cを認知したところ，被認知者が民法791条の規定に基づきAB夫婦の戸籍に入籍した場合や，筆頭者Aの配偶者Bが筆頭者の子Dを養子としたり，A又はBが配偶者の同意を得て成年者Eを養子としたことにより，養子D又はEがAB夫婦の戸籍に入籍することがあるが，これらの場合において，被認知者C又は養子D若しくはEにつき，同人と同一の氏を称する子F又は養子Gを有するに至ったときも同様である。このように，本条による新戸籍の編製は，氏を同じくする子を有することとなったことに伴う効果としてなされる。

次に，父母AB（本条にいう「戸籍の筆頭に記載した者及びその配偶者」）の子Cが離婚によりABの戸籍に復氏した後に，当該復氏した者Cの子Dが，民法791条の規定に基づき，当該復氏した者Cの氏を称することとなった場合は，本条の規定に基づき，復氏者Cについて新戸籍を編製し，当該子Dを法18条の規定により新戸籍に入籍させる。

なお，同籍者の子の出生による場合は，その届出が誰によりなされても本条の適用があり，また，子の出生と同時に死亡の届出があった場合も本条の適用がある。

③ 本条が適用されない場合

戸籍の筆頭に記載した者及びその配偶者がこれと同一の氏を称する子又は養子を有するに至ったときは，法18条の規定により当該夫婦の戸籍に入籍するので，本条の適用外である。

次に，戸籍の筆頭に記載した者及びその配偶者以外の者（同籍者）が他の夫婦の双方を養子とした場合は，法20条に基づき当該養子夫婦に新戸籍を編製し，三代戸籍となることがないので，同籍者（養親）につき本条の適用はなく，新戸籍は編製されない（昭和33・5・29回答1064号）。さらに，この事例に限らず，筆頭者及び配偶者以外の者（同籍者）が同一の氏を称する子を

有するに至っても，その子について新戸籍が編製され，親子が同籍しない場合には，親につき新戸籍を編製しない（昭33・3・29通達633号）。例えば，同籍者の子が民法791条の規定に基づき父又は母と同一の氏を称するに至ったとしても，同人に配偶者がいるときは，当該夫婦につき新戸籍を編製するので（戸20），本条の適用はない。

さらに，上記のとおり，本条にいう配偶者には，筆頭者が死亡して除籍されている場合における生存配偶者も含むものと解されているので，生存配偶者がこれと同一の氏を称する子又は養子を有するに至ったときも本条の適用外であり，法18条の規定に基づき，当該子又は養子（配偶者がいない場合）は，当該戸籍に入籍する（昭和23・5・7回答249号）。

なお，戸籍の筆頭に記載した者及びその配偶者以外の者で当該戸籍に同籍している者（例えば，夫婦の子）が子を有するに至っても，当該同籍者と氏を同じくすることになる場合でなければ，本条の適用はない。そこで，当該同籍者が婚外子を認知したとしても，そのことにより被認知者の氏が認知者の氏に変更するわけではないので，本条は適用されず，当該同籍者の身分事項欄に認知事項が記載されるにとどまる。もっとも，被認知者が民法791条の規定に基づき認知者の氏に変更したときは，認知者（すなわち夫婦の戸籍の同籍者）につき本条の規定に基づき新戸籍を編製し，被認知者を法18条の規定に基づき，当該新戸籍に入籍させる。また，父母が第三者の養子となり，次いで，子が同一養親の養子となっても，養子相互間に氏の同一性の問題は生じないから，父・母につき本条は適用されない（昭和23・5・7回答249号）。

4 本条に基づく新戸籍の編製

本条の規定に基づき新戸籍を編製する場合，その本籍は，当該新本籍の筆頭者となるべき者（すなわち，戸籍の筆頭に記載した者及びその配偶者以外の者）が届出人であるときは，日本国内であれば自由に定めることができる。この場合は，その旨を届書に記載しなければならない（戸30Ⅰ）。他方，子の出

第3章　戸籍の記載

生届が同居人である等の理由で，当該新本籍の筆頭者となるべき者以外の者が届出人である場合は，新本籍の筆頭者となるべき者の従前の本籍と同一の場所を新本籍と定めたものとみなされるので（戸30Ⅲ），選択の余地はない。

なお，本条の規定に基づき編製された新戸籍には，同一の氏を称するに至った子又は養子は，法18条又は19条の規定により入籍する。

本条の規定により新戸籍を編製された者は，当該子又は養子がその戸籍から除籍されても従前の戸籍に復籍することはなく，また，本人の意思によって新戸籍を廃し，従前の戸籍に復籍することも認められていない（青木＝大森『全訂戸籍法』154頁）。

> 〔子・養子の戸籍〕
> 第18条　父母の氏を称する子は，父母の戸籍に入る。
> ②　前項の場合を除く外，父の氏を称する子は，父の戸籍に入り，母の氏を称する子は，母の戸籍に入る。
> ③　養子は，養親の戸籍に入る。

　本条は，実子（父母の氏を称する場合又は父若しくは母の氏を称する場合）又は養子は，父母（実父若しくは実母）又は養親の戸籍に入籍することを定めた規定である。

1 本条の趣旨

　民法790条は，1項で「嫡出である子は，父母の氏を称する。ただし，子の出生前に父母が離婚したときは，離婚の際における父母の氏を称する。」と，また，2項で「嫡出でない子は，母の氏を称する。」と規定し，さらに，民法810条本文は「養子は，養親の氏を称する。」と規定し，子はどのような氏を称するかを定めている。このように，民法は，親子の共同生活の実態に即して親子同氏を原則としていて，実子又は養子につき自由な氏の選択を認めていない。本条は，子がこれらの規定に基づき氏を称する場合に，子がいずれの戸籍に入籍するかを定めている。この入籍は，後述するように，実子又は養子の氏と父母又は養親の氏との異同により決せられる。そして，本条をはじめとする入籍に関する規定を通観すると，「子が親の養育監護を要する間は父母または養親の戸籍にあるのを通常とし，成育するに及んでその戸籍から離れることを建前とするといえる。このことは，戸籍編製の基準を夫婦親子に置いたことと照応し，これからの当然の帰結ともいえる」（青木＝大森『全訂戸籍法』155頁）であろう。なお，この入籍においては，親権の有無又はその変更とは関連性を有しない（昭和23・7・1回答1804号）。

　本条1項及び2項の規定は，子が出生した場合に入籍すべき戸籍を定め

ているのみならず，その後の問題として，父母と氏を異にする子がその氏を改める場合の入籍等についても適用される。この点は，後記3，4において説明する。この関係で，本条2項で規定する「父の氏を称する子は，父の戸籍に入」る場合とは，民法791条に基づき子が父の戸籍に入籍する場合であるが，この点も後述する。

このように，実子又は養子は，父母又は養親の戸籍に入籍することが原則であるが，子が婚姻した等の場合は，本条の適用を受けない。また，本条が適用されないその他の場合は後に説明する。

2 出生による入籍

(1) 嫡出子の場合

ア 原則

出生した子の氏については，民法上，出生の時に原始的に取得し，かつ，実母の婚姻関係いかんにより称すべき氏が決められており（民790），本条は，これに基づき，子が入籍するべき戸籍を定めている。すなわち，子の氏は，出生届により定められるものではなく，法律により出生の時に決定されている。もっとも，その後における父母と子の氏が常に同一であるべきことは定められておらず，父母の氏と子の氏が変更することがあるが，これにより当然には子の氏が変更されることはない。この点は，後に説明する。

さて，実父母の婚姻中に子が出生した場合は，子は出生により父母の氏を称するので（民790Ⅰ），本条1項の規定に基づき，子は，父母の戸籍に入籍する。この点，嫡出推定に関する民法772条の規定は，令和4年法律102号による民法改正の際に改められ（令和6年4月1日施行），改正後の民法772条は，1項で「妻が婚姻中に懐胎した子は，当該婚姻における夫の子と推定する。女が婚姻前に懐胎した子であって，婚姻が成立した後に生まれたものも，同様とする。」，2項で「婚姻の成立の日から200日を経過した後又は婚姻の解消若しくは取消しの日から300日以内に生まれた子は，婚姻中に懐胎したも

のと推定する。」と規定し，また，3項以降で女が再婚した場合の嫡出推定の規定を設けており（その詳細は，後記ウ参照），このような多重の推定により，婚姻後又は婚姻の解消若しくは取消しの日から300日以内に生まれた子は，嫡出子であると推定されている。そこで，子が父母の婚姻後に出生したときは，父母が婚姻中であれば，子は，嫡出子として，本条の規定に基づき，父母の戸籍に入籍する。

なお，令和4年民法改正前においては，民法772条は，1項前段と2項のみの規定であって（すなわち，1項後段及び3項，4項を欠く規定で，2段による嫡出を推定するもの），子が父母の婚姻の日から200日を経過する前に出生した場合は，法律上は，子は嫡出子として推定されていなかった。もっとも，いわゆる「推定されない嫡出子」として，出生と同時に当然に嫡出子たる身分を有する（大連判昭15・1・23大審院民集19巻1号54頁）とされ，父の認知を待つまでもなく出生と同時に父母の嫡出子の身分を有するものとして，本条の規定に基づき，父母の戸籍に入籍する（昭和15・4・8通牒432号）ものとされていた。そして，この場合は，嫡出推定が働かないので，母が嫡出でない子として届け出ることも差し支えないものとされていた（昭和26・6・27回答1332号）。しかしながら，令和4年民法改正により民法772条1項に後段の規定が付加されたので，令和6年4月1日以降に，父母の婚姻の日から200日を経過する前に出生した子についても，夫の子と推定され，上記のような届出はすることができなくなり，子は，父母の嫡出子としてのみ出生届をすることができることになる。この場合においても，子の出生届がされる前に嫡出否認の裁判が確定したときは，母は，同裁判の謄本等を添付して，嫡出でない子として届け出ることができるものと考えられる。

イ　父母が離婚したままの場合

父母の婚姻解消又は取消しの日から300日以内に子が出生した場合は，子は，民法772条2項により夫の子と推定されるので，子は，離婚の際における父母の氏を称する（民790Ⅰただし書）。そこで，子は，離婚により復氏した親の氏と異なることとなるが，この氏の決定は法律により定められており，

父母の協議で子に離婚後の父又は母の氏を称させることは許されておらず，離婚当時の父母の戸籍に入籍する（本条Ⅰ）。なお，離婚により復氏しなかった親が子の出生前に氏を改めた結果，父母の離婚当時の戸籍に在籍しない場合があるが，この場合も，子は当該戸籍に入籍する（昭和23・8・9回答2076号）。父母の離婚後300日以内に出生した子につき，入籍すべき戸籍が改製され又は他の市町村に転籍している場合は，本来，父母が同籍していた当時の改製前の戸籍（改製原戸籍）又は転籍前の戸籍に入籍させた後，法98条の趣旨に準じ父母の現在の戸籍に入籍する旨の申出をさせる取扱いとなるが，より簡便に，改製前の戸籍又は転籍前の戸籍にそのまま一旦入籍させると同時に，改製による新戸籍又は転籍後の戸籍に直ちに入籍させる取扱いが相当であるとされている（昭和23・8・9回答2076号）。父母と氏を同じくする子は父母の戸籍に入籍させ，子とその実父母との関係を戸籍上明瞭にさせるためである。

　ウ　母が再婚した場合

　民法772条3項は，「第1項の場合において，女が子を懐胎した時から子の出生の時までの間に2以上の婚姻をしていたときは，その子は，その出生の直近の婚姻における夫の子と推定する。」と規定し，例えば，甲女が乙男との離婚後に丙男と再婚した場合において，乙男との離婚後300日以内に子が出生したときは，丙男の子と推定している。再婚を繰り返した場合も，子の出生の直前の婚姻における夫の子と推定している。この規定がなければ，民法772条1項によれば丙男の子と推定され，2項によれば乙男の子と推定されるが，後婚の関係を優先して子の嫡出推定を行っているのである。このように甲女が乙男との離婚後に丙男と再婚し，乙男との離婚後300日以内に子が出生した場合というのは，乙男との婚姻関係が破綻していて再婚後の夫である丙男との間に懐胎するのが通常の場合であると考えられたことによる。もっとも，再婚後の夫との間で嫡出否認の裁判が確定することもあり，この場合は，民法772条2項による推定をいかす必要があるので，民法772条4項は「前三項の規定により父が定められた子について，第774条の規定により

その父の嫡出であることが否認された場合における前項の規定の適用については，同項中「直近の婚姻」とあるのは，「直近の婚姻（第774条の規定により子がその嫡出であることが否認された夫との間の婚姻を除く。）」とする。」と定められている。上記の例だと，父であると推定された丙男の嫡出子であることが否認された場合は，当該否認された父を除く直近の婚姻の夫である乙男の子と推定される。

そこで，このような嫡出否認の裁判が確定されない限り，上記の例でいうと丙男の子と推定されるので，当該子は，甲丙間の嫡出子としてのみ出生届をすることができ，この届出により子は父母である甲丙の戸籍に入籍し，その氏を称することになる。

エ 子の出生前に父が死亡していた場合

子が出生する前に既に父が死亡し，死亡の日から300日以内に子が出生した場合は，子は，出生により，当該死亡による婚姻解消時における父母の氏を称し，その当時の戸籍に入籍するものと解するのが相当である。子の出生前における父母の離婚の場合と異ならないからである。そして，生存配偶者が子の出生前に民法751条の規定に基づき復氏をする等して氏の変更を来したとしても，子は父の死亡当時の氏を称し，死亡当時の父母の戸籍に入籍する。この場合において，当該戸籍が除かれていたときは，上記父母の離婚の場合と同じく，父母の同籍していた従前の戸籍（除籍）に一旦記載すると同時に，婚姻によって編製された現在の戸籍に入籍させるのが相当である。

オ 父母の氏が変更された場合

子が出生したものの，出生届がされる前に，父母の氏が縁組その他の事由で変更することがある。この場合も，子は，出生当時の父母の氏を称し，子は，父母の従前の戸籍に入る（昭和23・3・5回答327号）。もっとも，子の出生の日に父母が縁組により氏を変更した場合は，縁組の効力発生の時期は，届出当日の午前零時に遡るものと解されるので，子の出生の時刻にかかわらず，子は父母の縁組後の氏を称し，父母の縁組後の戸籍に入籍する（昭和41・1・5回答3707号）。さらに，子の出生により入籍すべき父母の戸籍から

父母が除籍されていても，出生子のきょうだいが当該戸籍にとどまっている場合（父母が縁組により養親の氏による新戸籍に入籍しても，当該きょうだいは従前の戸籍にとどまったままである。）は，上記のとおり出生子は当該戸籍に入籍するが，当該戸籍から全ての者が除籍され，その戸籍が除籍簿の一部になっている場合がある。この場合は，市町村長限りの職権で戸籍回復の手続をした上で，出生子を入籍させ（昭和23・3・4回答246号，昭和23・5・18回答1028号），その後，父母の新戸籍又は転籍後の戸籍に直ちに入籍させるものとしている（昭和38・10・29通達3058号）。

カ　婚姻前の出生子

子が父母の婚姻前に出生したときは，嫡出でない子としての身分しか有しないため，このままでは，子は，出生当時の母の氏を称し（民790Ⅱ），その当時の母の戸籍に入籍する（本条Ⅱ，後記参照）。しかし，子の出生後，父母が婚姻し，その後，父の認知があれば，子は準正して嫡出子たる身分を取得する（民789Ⅱ，認知準正）。そして，法62条は，「民法第789条第2項の規定によつて嫡出子となるべき者について，父母が嫡出子出生の届出をしたときは，その届出は，認知の届出の効力を有する。」と規定しているので，父母の婚姻後，父が子の出生届を提出したときは，婚姻後に出生した子の場合と同様の振り合いにより戸籍の記載を行い（昭和13・3・1回答1728号），子は父母の氏を称し，直ちに父母の戸籍に入るものとされている。なお，この届出は父のみからして差し支えないものとされている（昭和23・1・29通達136号）。このように準正によって嫡出子となった子については，父母の氏を称し父母の戸籍に入籍するのが親子の共同体に即応するし，国民感情にも合致することから，既に出生届に基づき母の戸籍に入籍している嫡出でない子に関して認知準正や婚姻準正（父が認知届をした後に父母が婚姻した場合であり，民789Ⅰの規定により準正する。）があった場合についても，嫡出子の身分取得と同時に父母の氏を称するに至ったものと解し，当該婚姻届又は認知届に基づいて直ちに父母の氏を称し父母の戸籍に入るものとしていた（昭和35・12・16通達3091号）。もっとも，昭和62年の民法及び戸籍法の改正により，父

又は母が氏を改めたことにより父母と氏が異なることになった子は，父母が婚姻中であるときは，家庭裁判所の許可を得ないで父母の氏を称することができることとされたので，従前の取扱いを改め，準正嫡出子は，当然には父母の氏を称しないものとした。この場合，準正嫡出子が父母の氏を称するには，法98条に規定する入籍の届出により行うべきものとされた（昭和62・10・1通達5000号第5）。

(2) **嫡出でない子の場合**

民法790条2項によれば，嫡出でない子は，母の氏を称するので，本条2項の規定に基づき，母の戸籍に入籍する。母が未婚で，その父母又は養父母の戸籍にある場合において，子の出生届がされたときは，母につき新戸籍を編製して（戸17），子はその戸籍に入籍する。子が父から認知されても，これにより氏や戸籍に変動を来さず，子の父母欄に父の氏名が記載され，また，身分事項欄に認知者の氏名及び戸籍が表示される。また，認知者の戸籍の身分事項欄にも子を認知したことが記載される。なお，法62条の規定は，父母が婚姻した場合についてのみ適用され，血縁上の父というだけでは，父の資格で出生届を提出することができず（誤って受理された場合は，認知効があると解されている。)，同居人等の資格で出生届をすることができるにとどまり，子を認知するためには別途認知の届出が必要である。

嫡出でない子の称するべき氏は，子の出生当時に母が称する氏であり，子の出生後に母の氏が変更しても，出生当時の母の氏を称し，その当時の母の戸籍に入籍する。その当時の戸籍が除かれている場合は，これを回復して子を入籍させるべきであることは，前記(1)オの場合と同様である。

妻が婚姻中に夫以外の男との間で子を出生しても，民法772条により夫の子と推定される限り，夫の子としての出生届しか受理されないのが原則であるが，父子関係不存在確認の裁判の謄本と確定証明書を添付すれば，父の名を空欄にして出生届をすることができ，この場合は，子は婚姻中の母の戸籍に入籍する。この場合に，血縁上の父からの認知があれば，これに基づき子の父母欄に父の氏名が記載され，また，身分事項欄に認知事項と父の本籍及

び氏名が記載される。

3 子の氏の変更による入籍

氏は，出生とともに原始的に取得するのが原則であるが，婚姻や養子縁組等の身分行為に伴い，民法の規定に基づき変動することがある。また，子が，父又は母と氏を異にする場合があるが，親子同氏の原則から，民法791条の規定に基づき，子の氏を父又は母の氏に変更することができる場合もある。この場合は，本条2項に規定に基づき，父の氏を称する子は，父の戸籍に入り，母の氏を称する子は，母の戸籍に入る。具体的には，次のとおりである。

(1) 家庭裁判所の許可を要する場合

子が父又は母と氏を異にする場合（例えば，父母が離婚して母が復氏した場合）においては，子は，家庭裁判所の許可を得た上で，入籍届をすることによって，父又は母の氏を称して，その戸籍に入籍する（上記の例では，復氏した母の戸籍に入籍する。母がその父母の戸籍に復氏していたときは，母を筆頭者とする新戸籍を編製し，子は当該新戸籍に入籍する。）ことができる（民791Ⅰ）。また，上記のとおり，嫡出でない子は母の氏を称し（民790Ⅱ），父が認知した場合であっても，子は母の氏を称したままであるので，このような場合には，子は，家庭裁判所の許可を得て，父の氏を称して，当該父の戸籍に入籍することができる。

(2) 家庭裁判所の許可を要しない場合

父母が婚姻中の場合，民法791条2項は「父又は母が氏を改めたことにより子が父母と氏を異にする場合には，子は，父母の婚姻中に限り，前項（家庭裁判所）の許可を得ないで，（中略）その父母の氏を称することができる。」と規定しており，民法791条2項に定める要件を満たすときは，入籍するに当たり家庭裁判所の許可を要しない。このような場合としては，①父又は母の縁組，②父若しくは母の離縁又は縁組の取消し，③父母の婚姻，④父又は母の民法791条の規定による氏の変更，⑤父母の婚姻又は父の認知による準

正嫡出子の身分の取得，⑥父又は母の帰化により，子が父母と氏を異にするに至った場合（昭62・10・1通達5000号第5の1⑴）があるが，その詳細は，法98条の解説に委ねる。

4 父又は母と同氏の場合における入籍

　前記1で述べたとおり，戸籍の編製基準の1つとして親子同氏同一戸籍の原則があるので，分籍や婚姻等の特別の事由によって戸籍を異にすることとなった場合を除き，子が独身であるときは，国民感情を考慮して，この原則と民法791条2項の類推適用により，親子が同氏の場合に家庭裁判所の許可を得なくても父又は母の戸籍に入籍することが認められている場合がある。例えば，夫婦の一方の子のうち，婚姻により氏を改めなかった親（婚姻後の筆頭者）に子がいた場合は，当該子については，親の婚姻の前後を通じて親の氏と同一であるから，家庭裁判所の許可を得なくても「父又は母と同籍する入籍届」により父又は母の戸籍に入籍することが認められている。すなわち，筆頭者の死亡後，その生存配偶者が自己の氏を称して婚姻し新戸籍が編製された後，その婚姻前の戸籍に在籍している子が当該父又は母の新戸籍に入籍を希望する場合（平成6・11・16通達7005号第1の1⑴）である。この場合は，母子共にその氏は死亡筆頭者の氏と同一なので，この取扱いが可能であるが，婚姻により氏を改めた親の子については，親の婚姻により親と子の氏が異なることになるので，この手法を用いることができず，民法791条の規定に基づき氏の変更許可を経て初めて父又は母の戸籍に入籍することができる。

　その他，本条と民法791条2項の類推適用については，先例上，次のような場合が認められている。

　① 　子が離婚等で復籍すべき戸籍が除かれているため，新戸籍を編製した後に父又は母が離婚により復氏して子と同氏になった場合（昭和34・1・20回答82号）。

② 離婚（離縁）によって一旦復氏した父又は母の戸籍に子が同籍していたが，その父又は母が法77条の2の届出（婚氏続称又は縁氏続称）をしたことにより，その父又は母についてのみ新戸籍が編製された後，従前の戸籍に在籍している子がその父又は母と同籍を希望する場合（昭和62・10・1通達5000号第3の4(2)及び第4の2(2)）。この場合は，婚氏続称又は縁氏続称により呼称上の氏は変更するが，民法上の氏の変更はないと理解されているので，この取扱いが認められる。

③ 父又は母が離婚（離縁）等で復氏した場合において法19条1項ただし書又は3項の規定によって新戸籍が編製された後，その父又は母の婚姻（縁組）前の戸籍に在籍する子が同籍を希望する場合（昭和51・11・4通達5351号）。

④ 外国人が日本人を養子とした後に帰化し，その帰化後の養親の戸籍に養子が入籍を希望する場合（昭和40・4・10回答781号）。この場合は，帰化後の氏は創設されたものであって，養子の氏とは同一とはいえないので，便宜的なものである。

⑤ 父又は母が，外国人配偶者の称している氏に変更する届出（戸107Ⅱの届出）をしたことにより新戸籍が編製された後，氏変更前の戸籍に在籍している子が同籍を希望する場合（昭和59・11・1通達5500号第2の4(1)カ）。また，父又は母が，外国人との離婚による氏の変更届（戸107Ⅲ）をした後，氏変更前の戸籍に在籍している子が同籍を希望する場合（昭和59・11・1通達5500号第2の4(2)イ）。この場合の父又は母の氏の変更については，呼称上の氏の変更と理解されているので，この取扱いがされる。

⑥ 外国人と日本人とが婚姻し，出生した未成年の嫡出子について，法定代理人が法107条4項により子の氏の変更を行い，その後日本人親が法107条1項又は2項の規定により同一呼称への氏の変更をした後に，子が日本人親との同籍を希望する場合（平成26・6・19回答713号）。

⑦ 性別の取扱いの変更の審判を受けた者につき新戸籍が編製された後，

その者の従前の戸籍に在籍している成年に達した子が当該新戸籍に入籍することを希望する場合（平成20・12・12通知3217号）。この場合も変更の審判を受けた者の民法上の氏に変更はないと解されているからである。

5　養子縁組による入籍

　民法810条本文によれば，養子は，養親の氏を称するので，本条3項の規定に基づき，養子縁組により養親の戸籍に入籍するのが原則である。

　もっとも，養子となるべき者が配偶者を有する場合において，夫婦又は婚姻の際に氏を改めなかった者が養子となる縁組をしたときは，縁組により養親の戸籍に入籍することはなく新戸籍を編製するものとされ（戸20。この場合は，養親については新戸籍は編製されない。），このことは，養親となるべき者の氏の異同を問わないものとされている（平2・10・5通達4400号）。なお，婚姻によって氏を改めた者が単独で第三者の養子となった場合も，婚姻の際に定めた氏を称すべき間は，養親の氏を称しないから（民810ただし書），養親の戸籍に入籍しない。

　養親となるべき者が，戸籍の筆頭に記載した者及びその配偶者以外の者であるときは，その者について新戸籍を編製した上で（戸17），養子は当該戸籍に入籍する。

　なお，母の氏を称する嫡出でない子については，母子間で養子縁組をすることができるが，既に母子が同氏かつ同籍であるので，氏及び戸籍に変動を来さない。父が嫡出でない子を認知した後に，民法791条の規定により子が父の氏を称して父の戸籍に入籍した場合において，その後に父子間で養子縁組がされても同様である（昭和24・5・31回答1277号）。これに反して，母又は父と氏が同一であっても戸籍を異にしている場合において養子縁組がされたときは，本条3項の規定により，養子は母又は父の戸籍に入籍する（昭和26・5・18通達1004号）。

第3章　戸籍の記載

6　本条が適用されない場合

　本条1項の例外として，父母の氏を称する子であっても，父母の戸籍に入らない場合がある。例えば，子がその氏を称して婚姻した場合，子は，父母の氏を称したままであるが，婚姻により新戸籍を編製し，同戸籍に入籍する。また，父母の戸籍にある子が子を出生し，又は養子を有するに至ったときは，父母の子を筆頭者とする新戸籍を編製し，新生児又は養子は当該戸籍に入籍する（戸17）。

　さらに，子が成年に達した後に分籍した場合も，子は，父母の氏を称したままであるが，分籍により編製された新戸籍に入籍する（戸21）。なお，この場合は，父母の戸籍に復籍することができない。

> 〔離婚・離縁等により復氏する者等の戸籍〕
> 第19条　婚姻又は養子縁組によつて氏を改めた者が，離婚，離縁又は婚姻若しくは縁組の取消によつて，婚姻又は縁組前の氏に復するときは，婚姻又は縁組前の戸籍に入る。但し，その戸籍が既に除かれているとき，又はその者が新戸籍編製の申出をしたときは，新戸籍を編製する。
> ②　前項の規定は，民法第751条第１項の規定によつて婚姻前の氏に復する場合及び同法第791条第４項の規定によつて従前の氏に復する場合にこれを準用する。
> ③　民法第767条第２項（同法第749条及び第771条において準用する場合を含む。）又は同法第816条第２項（同法第808条第２項において準用する場合を含む。）の規定によつて離婚若しくは婚姻の取消し又は離縁若しくは縁組の取消しの際に称していた氏を称する旨の届出があつた場合において，その届出をした者を筆頭に記載した戸籍が編製されていないとき，又はその者を筆頭に記載した戸籍に在る者が他にあるときは，その届出をした者について新戸籍を編製する。

　本条は，(1)離婚・離縁その他の事由によつて，従前の氏に復する者についての入籍又は新戸籍編製，(2)離婚・婚姻の取消しの際に称していた氏を称する旨の届出及び離縁・縁組の取消しの際に称していた氏を称する旨の届出があつた場合における新戸籍編製に関する規定である。(1)に関する本条１項，２項の規定は，法制定当初から存在していたが，(2)に関する本条３項の規定は，離婚又は婚姻の取消しの際に称していた氏を称する婚氏続称の制度の新設に伴い，昭和51年法律66号により新たに付加され，その後，離縁又は縁組の取消しの際に称していた氏を称する縁氏続称の制度の新設に伴い，昭和62年法律101号により所要の改正がされている。

1　離婚又は婚姻の取消しによる復氏

　婚姻により氏を改めた夫又は妻は，離婚によつて当然に婚姻前の氏に復す

る（民767Ⅰ・771）。婚姻の取消しがあった場合も同様である（民749）。

　離婚又は婚姻の取消しによって，婚姻前の氏に復するときは，原則として婚姻前に在籍していた戸籍に入籍する。これを復籍という。なお，この復籍すべき者が婚姻により除籍された際，その戸籍の筆頭に記載された者であっても，その戸籍の末尾に復籍する（昭和23・1・13通達17号）。この復氏は，婚姻による改氏に対して，婚姻関係の解消による氏の復元であって，そのための特別な届出を要するものではなく，離婚に伴い法律上当然に生じる効果である。婚姻前の氏に復するのであるから，その際自由に氏を選択できないことは当然である（昭和23・1・13通達17号）。ただし，旧国籍法の規定に基づき，婚姻により日本の国籍を取得した者（平和条約発効前に婚姻により日本の戸籍に入籍した元朝鮮人，台湾人を含む。）は，離婚の場合に復氏すべき氏がないから，自由に氏を選定することが認められている（昭和23・10・16回答2648号）。

　ここにいう婚姻前の氏とは，通常婚姻直前の氏をいい，それ以前に称したことのある氏をいうものではない。婚姻前の氏については，婚姻後離婚までの間に法107条の規定による改氏により呼称上の氏が変更されていても，それは氏そのものを変更するものではなく，単に呼称上の氏が変更されたものであるとの理由で，復氏する者は改氏後の氏を呼称上の氏として称すべきものとされている（昭和23・1・13通達17号）。

　また，夫婦が婚姻前の氏の呼称を同じくしていた場合でも，婚姻の際にはいずれかの氏を選定しているので，この婚姻によって一方の氏を称した者は，離婚によって婚姻前の氏に復し，婚姻前の戸籍に復籍することに変わりがない（昭和23・4・15回答373号）。

　離婚の際に氏を改めなかった者において民法791条により改氏したため，他方の氏も当然に変更された場合には，当該他方の者は，離婚によって直接に婚姻前の氏に復する。しかし，婚姻の際に氏を改めた者が，婚姻後に配偶者とともに他の者の養子となった場合又は配偶者の父母の養子となった場合には，離婚しただけでは婚姻前の氏に復することはなく，養親の氏を依然と

して称したままである。その者が婚姻前の氏に復するためには，離婚のみならず養親とも離縁することを要する（昭和23・12・6回答3000号）。すなわち，養親子関係が継続する限り，実方の氏に復することはない。また，縁組後に婚姻しこれにより氏を改めた者が離婚したときは，養親の氏に復すべきであって実方の氏に復しない（昭和23・10・23回答1640号）。

次に，婚姻により氏を改めた者が，配偶者の死亡後に実方の氏に復することなく，婚方から直接に再婚し，氏を改めていた場合において，離婚したときは，順次復氏すれば実方の氏に復することができることから，戸籍事務の取扱例では，第一の婚姻の氏に復するか，実方の氏に復するかを本人の選択に委ねている（昭和23・1・13通達17号）。また，数回の転婚の場合にはいずれの従前の戸籍に復するかは，復籍者の自由であるとされている（昭和23・1・13通達17号）。これは，離婚の届出において民法751条1項に規定する生存配偶者の復氏の行為も同時になし得るものとして，手続を簡略化する措置にほかならない。なお，生存配偶者の復氏は姻族関係の終了とは無関係であるから，第一の婚姻につき姻族関係の終了がなくても直ちに実方の氏に復することができるし，また姻族関係が終了しても，第一の婚姻による氏に復することもできる（昭和23・4・15回答373号）。

なお，父又は母が離婚によって婚姻前の氏に復しても，婚姻後の戸籍に在るその子の氏は，これに伴って当然変更されないので，その子は復氏した父又は母にしたがってその婚姻前の戸籍に入ることはない（昭和23・3・8回答165号）。

2 離縁又は縁組の取消しによる復氏

養子は離縁によって，法律上当然に縁組前の氏に復する（民816）。縁組の取消しがあった場合も同様である（民808Ⅱ）。縁組前の氏に復する養子は，本条1項本文の規定によって原則として縁組前に在籍していた戸籍に復籍するものとされている。なお，この復籍すべき者が縁組により除籍された際，

その戸籍の筆頭に記載された者であっても，その戸籍の末尾に復籍する（昭和23・1・13通達17号）。ここにいう「縁組前の氏」とは縁組直前の氏をいい，自由に氏を選定することは許されない。養子の復籍すべき戸籍も縁組直前に在籍していた戸籍でなければならない。ただ，旧国籍法に基づき縁組により日本国籍を取得した者は，離縁に当たって自由に氏の選定ができるし，縁組後離縁前に復すべき氏について法107条の規定による改氏があっても，単に呼称上の氏の変更にすぎないという理由により改氏後の氏に復する（昭和23・1・13通達17号）。なお，養子は養親の死亡によって復氏することはなく，死亡養親との離縁（民811Ⅵ）によって初めて復氏する。

次に，縁組後に養子が更に他の者の養子となるいわゆる転縁組の場合に第二の縁組が離縁になったときは，第一の縁組による氏に復して，第一の縁組の戸籍に復籍することになるのであって直ちに実方の氏を称して実方の戸籍に復籍することはない（昭和23・1・13通達17号）。第一の縁組による養親子関係が継続している限り，その縁組による養親が既に死亡していても，第二の縁組が離縁によって解消すれば，養子は第一の縁組による氏に復することになるのは当然である（昭和26・1・26回答67号）。しかし，第一の縁組が既に離縁によって解消している場合には，第二の縁組が離縁によって解消すれば，直ちに養子は実方の氏に復して，実方の戸籍に復籍できる。また，第二の縁組が継続している以上，第一の縁組について離縁となっても養子の復氏，復籍の問題は起きないことは，民法809条及び810条並びに法18条3項の規定に照らして明らかである。なお，第一の縁組をした後に実親と第二の縁組をしその後に準正によって嫡出子の身分を取得した子については，第二の縁組について離縁をしても，これによって第一の縁組の養親の氏に復すべき場合でない限り，引き続き嫡出子として実父母の氏を称するのであって，縁組前の戸籍に復することはない（昭和25・5・16通達1258号）。これは，無益な氏及び戸籍の変動は避けるべきものとする趣旨による。

養親又は養子が夫婦である場合は，離婚又は婚姻の取消しの場合のように当事者が夫と妻だけという一対一の簡単な関係ではない。この場合には，養

親と養子との関係が共に複雑である上，当該養親夫婦又は養子夫婦のうち婚姻の際に氏を改めた者はこれを改めなかった者の氏の変動に追随することになるので，極めて複雑な関係となる。

(1) **養子の側が夫婦である場合**

　養子が夫婦である場合には，養子夫婦が共に離縁すれば，双方が縁組前の氏に復することは明らかである（昭和23・4・20回答208号）。養子が縁組後その養親の他の養子と婚姻した場合において，夫婦共に離縁したときは，婚姻の際に氏を改めなかった養子は，その縁組前の氏に復し，その配偶者である養子は，夫婦同氏の原則によりこれに従って氏が変わることになる（昭和24・2・4回答200号）。また，上記各場合において，養子夫婦の一方のみが離縁したときも，夫婦同氏の原則の適用を受け，離縁した者が婚姻の際に氏を改めなかったものであれば，その者は縁組前の氏に復し，その配偶者は，縁組関係を継続しながらこれに従い氏が変わり（昭和23・5・6回答652号），その後に離婚をすれば養親の氏に復することになる。これとは逆に，離縁した者が婚姻により氏を改めたものである場合には，離縁によって従前の氏に復することなく，そのまま他方の配偶者の氏を持続し，その後離婚をすれば実方の氏に復することになる。この理は，養子が縁組後に婚姻した相手が養親の他の養子でない場合も同じであって，養子が婚姻の際氏を改めない者であるときは，離縁により復氏するが（昭和23・10・23回答1640号），婚姻の際氏を改めた者であるときは，離縁によってもその婚姻の継続中は縁組前の氏に復せず（昭和23・6・18回答1916号），その後に離婚すれば婚姻前の氏に復することになる。

　次に，夫婦で養子となった場合において，婚姻により氏を改めた配偶者が死亡した後に他方である生存配偶者が離縁したときは，その生存配偶者は，縁組前の氏に復する。反対に，婚姻の際に氏を改めなかった配偶者が死亡した後に生存配偶者が離縁したときは，生存配偶者は民法751条1項，法95条の規定によってのみ婚姻前の氏に復すべきものであるので，離縁のみによって直ちに実方に復籍・復氏することはない（昭和24・7・21回答1647号）。た

だし，この場合に離縁届に復氏の旨が記載されているときは，手続の省略を認めて，これにより婚姻前の氏に復するものとされている（昭和25・10・16通達2404号）。このことは，養子が縁組後に婚姻により氏を改めた場合にその配偶者が死亡し，その後に離縁したときも同様であり，さらに，婚姻の際に氏を改めた者が配偶者の死亡後に養子となり離縁するときも，離縁の届出に実方の氏に復する旨を明らかにすることにより，直接その氏に復することが認められている（昭和25・9・28通達2634号）。

(2) **養親の側が夫婦である場合**

民法816条1項は「養子は，離縁によって縁組前の氏に復する。ただし，配偶者とともに養子をした養親の一方のみと離縁をした場合は，この限りでない。」と規定し，養親夫婦が共に縁組した場合において養子がその一方とのみ離縁しただけでは，養子は縁組前の実方に復することはない。民法816条1項は，昭和62年の民法等の一部改正（昭和62年法律101号）の際にただし書が付加されたものであるが，この改正前は，養親の一方のみと離縁をした場合の養子の氏の取扱いは複雑なものであった。しかし，この改正の結果，養親夫婦が共に縁組をした場合において養親の一方のみと離縁したときは，次のいずれのケースにおいても，養子は，他の一方の養親と縁組が継続している限り，縁組前の実方の氏に復することはない（昭和62・10・1通達5000号第2の3(1)）。

① 養親夫婦の婚姻中に，成年の養子が養親の一方と離縁をした場合，又は養親夫婦の一方がその意思を表示することができない場合において未成年の養子が意思表示をすることができる養親とのみ離縁したとき

② 養親夫婦の離婚又は婚姻の取消し後，婚姻の際に氏を改めなかった養親（筆頭者）のみと離縁をした場合

③ 養親夫婦の離婚又は婚姻の取消し後，婚姻の際に氏を改めた養親とのみ離縁した場合

④ 養親夫婦の一方の死亡後，生存養親又は死亡養親のみと離縁した場合

⑤ 養親夫婦の双方死亡後，その一方のみと死後離縁した場合

次に，養親夫婦がともに縁組をした後に離婚し，養子が民法791条の規定に基づき離婚復氏をした養親の氏を称している場合において，その養親のみと離縁したときであっても，他方養親との縁組が継続している限り，縁組前の実方の氏に復さず，離縁した養親の氏を称して入籍の届出をする前の氏（縁組が継続している養親の氏）に復する。

　ところで，養親夫婦と個別に縁組した養子が，養親の一方とのみ離縁することがあるが，この場合は，後の縁組は転縁組として取り扱われており，転縁組をした養子が離縁をした場合と同様に処理するものとされる（昭和62・10・1通達5000号第2の3(3)）。その具体的取扱いは次のとおりである。

　　ア　単身者が縁組をした後に，その養親が自己の氏を称する婚姻をし，その後に養親の配偶者と養子が縁組した場合（養子は「前の縁組」によって筆頭者となった養親の氏を称し，その者の配偶者と縁組しても，その縁組により称する養親の氏は養親の婚姻中の氏，すなわち筆頭者と同じ氏を称している）において，養親の一方と離縁した場合

　　　①　養親夫婦が婚姻中であるときは，養親のいずれか一方と離縁をしても養子は縁組が継続している他の養親の氏を称するから，養子の氏に変動はない。

　　　②　養親夫婦が離婚しているときは，筆頭者である養親と離縁しても，養子は後に縁組をした離婚復氏している養親の縁組時の氏を称しているから復氏しない。また，離婚復氏した養親のみと離縁したときも，養子の氏に変動は生じない。

　　イ　単身者が縁組をした後に，その養親が相手方の氏を称して婚姻をし，その後養子が養親の配偶者である筆頭者と縁組したことによって養親夫婦の戸籍に入籍した場合（養子は「前の縁組」によって，後の婚姻により氏を改めることになる養親の氏を称し，その後養親の配偶者である筆頭者と縁組することにより筆頭者の氏，すなわち婚姻中の養親の氏を称している。）において，養親の一方と離縁した場合

　　　①　養親が婚姻中か離婚後かにかかわらず，後に縁組をした筆頭者で

ある養親と離縁したときは，養子は婚姻によって氏を改めた養親の縁組時の氏，すなわち養親の婚姻前の氏を称することになるので，復氏することになる。

② 「前の縁組」をした筆頭者でない養親のみと離縁しても，「後の縁組」をした筆頭者である養親の氏を称しているから，養子の氏に変動はない。

ウ　単身者が縁組をした後に，その養親が相手方の氏を称して婚姻をしたので，養子が民法791条1項の規定によって養親の氏を称して入籍し，その後養親の配偶者である筆頭者の養子となった場合（養子は「前の縁組」によって養親の婚姻前の氏を称するが，その後の入籍届により養親の婚姻中の氏を称し，更に「後の縁組」により筆頭者の氏を称することになる。結局，養子の称している氏は「後の縁組」前の氏と同じである。）において，養親の一方と離縁した場合

①　養親夫婦が婚姻中であるときは，「後の縁組」をした筆頭者と離縁をしても，復する氏は養子が入籍届により称している「前の縁組」の養親の婚姻中の氏であるから，養子の氏に変動はない。また，筆頭者でない「前の縁組」の養親と離縁しても，養子は「後の縁組」の養親である筆頭者の氏を称すべきであるから，その氏に変動はない。

②　養親夫婦が離婚しているときは，離婚復氏した「前の縁組」の養親と離縁しても養子は「後の縁組」の養親である筆頭者の氏を称すべきであるから，その氏に変動はない。また，筆頭者である「後の縁組」の養親と離縁しても，養子は「後の縁組」をするまでは入籍届により「前の縁組」の養親の婚姻中の氏を称していたのであるから，養子が称する氏はその入籍届により称した氏（すなわち筆頭者の氏と同じ。）であり，この場合も養子の氏に変動はない。なお，この場合，養子は縁組の継続する離婚復氏した「前の縁組」の養親の氏を称するには，民法791条1項の規定によって家庭裁判所の許可

第19条〔離婚・離縁等により復氏する者等の戸籍〕

を得て，入籍届（戸98）をすることが必要である。

③ 離婚若しくは婚姻の取消し又は離縁若しくは縁組の取消しにより復籍すべき場合において，その戸籍が全員の除籍によって既に除かれているとき

　離婚若しくは婚姻の取消し又は離縁若しくは縁組の取消しによって，婚姻又は縁組前の氏に復する場合には，婚姻又は縁組前の戸籍に入るべきであるが，入るべきその戸籍が全員の除籍により既に除かれているときは，その除籍にそのまま復籍できないので，本条１項ただし書の規定により新戸籍を編製する。なお，復籍すべき戸籍が他の市町村への転籍により除籍となっている場合は，転籍地で編製された戸籍と原籍地で除かれた戸籍とは同一性を失わず，ここにいう「除かれている」場合に該当しないから，復籍者は転籍地の戸籍に復籍する。

　次に，本籍不明者又は無籍者として婚姻したものが離婚したときは，当該離婚届により離婚事項の記載をし，直ちに婚姻中の戸籍から除籍する。当該本人はもともと復籍すべき戸籍はなく，本条１項ただし書の適用がないため，新戸籍の編製の対象ともならず，離婚により消除した旨を本人に伝えるとともに，就籍又は戸籍訂正の手続によって正当な戸籍を作るよう勧めることとされている（昭和31・5・2通達838号）。なお，旧国籍法施行当時婚姻又は縁組によって日本の国籍を取得した者は，新国籍法施行後に離婚又は離縁などをしても，これによって日本の国籍を喪失しない。しかも，復籍すべき氏も戸籍もないので，氏を自由に定め新戸籍を編製する（昭和23・10・16回答2648号，昭和26・2・20回答312号，昭和27・6・19回答852号）。これと同様の取扱いが，平和条約発効後，従前，婚姻又は縁組によって内地戸籍に入籍しているところの朝鮮人又は台湾人が離婚又は離縁をした場合の戸籍処理に適用されている。

4 離婚若しくは離縁又は婚姻若しくは縁組の取消しによる復籍と新戸籍編製の事由

　離婚若しくは離縁又は婚姻若しくは縁組の取消しによって復氏する場合，その氏を自由に選択することは，法律上氏が当然に決定されないように例外の場合を除いて許されないが，従前の戸籍に復籍するか新戸籍を編製するかは，復籍者の自由な意思によることになる。もっとも，離婚又は離縁の際に，他の事由により当然に新戸籍が編製されるべき場合，例えば，夫婦養子の離縁の場合や，旧国籍法に基づいて婚姻又は縁組によって日本の国籍を取得した者の離婚又は離縁の場合などには，新戸籍編製の申出は無意味であって，そのような申出の余地はなく（昭和25・4・10回答933号），当然に新戸籍が編製される。そうでない場合には，この新戸籍編製の申出は広く認められている。例えば，復籍によってその戸籍の筆頭者又は配偶者たる地位を回復すべき者でも許されるし（昭和24・4・18回答898号），復籍すべき戸籍に父又は母があって復籍者と同籍することについて何の支障のない場合でも許される（昭和24・2・3回答195号）。この新戸籍編製の申出は，離婚若しくは離縁又は婚姻若しくは縁組の取消しの当該届出の際に表示されるべきであって，従前の戸籍に復籍した後になって，新戸籍を編製する旨の追完をすることは許されないとされている（昭和24・4・6回答436号）。この申出は復氏者本人がすべきものであって，届出本人以外の者からすることは許されないところ，裁判又は調停による離婚等の届出人でない者が，当該届出によって復氏する場合に，同届書の「その他」欄に新戸籍を編製する旨を記載し，署名して届け出た場合，又はその旨の申出書を添付して届出があった場合には，これに基づいて新戸籍を編製して差し支えない（昭和53・7・22通達4184号）。また，離婚の調停調書の条項中に，当該調停の相手方（復氏者）について，離婚により新戸籍を編製する旨及び新本籍の場所が記載されている場合は，当該調停の申立人から離婚届をする際に相手方の申出がなくても，新戸籍を編製する取扱いをして差し支えないとされている（昭和55・1・18通達680号）。なお，

15歳未満の養子の離縁の届出等に際しては，離縁の協議に当たった者が当該養子本人に代わって申出できる（昭和23・8・30回答2474号）。この新戸籍編製の申出に当たっては，他の者の同意その他何らの手続を必要としない。

5　生存配偶者の復氏とそれによる復籍又は新戸籍編製

　夫婦の一方が死亡した場合において，その生存配偶者が婚姻により氏を改めた者であるときは，その者の意思によって婚姻前の氏に復することができる（民751Ⅰ）。この復氏は法95条に定める届出によってその効力を生ずる。復氏する氏は婚姻直前の氏であって，自由な選択は許されない。また，婚姻直前の実方の氏が法107条の規定によって改氏されている場合は，その改氏後の氏に復氏する（昭和23・1・13通達17号）。婚姻中に配偶者の氏の変動に伴って氏の変動があっても，直接婚姻前の氏に復すること，また，婚姻中に他の者の養子となった場合には，その養子縁組の存続する限り復氏しないことなどは，前記1・2で述べたとおりである。

　生存配偶者が復氏をする前に自己の氏を称する再婚をしても，前婚の生存配偶者として前婚前の氏に復することができる。この場合には，復氏した者の後婚の配偶者の氏も当該復氏に伴って変更される（昭和23・12・1回答3429号）。逆に，生存配偶者が再婚において氏を改めた場合には，その婚姻が継続する限り復氏が許されないことは，夫婦同氏の原則上当然である。また，生存配偶者が縁組によって氏を改めた場合は，離縁復氏後でなければ，この民法751条1項の復氏はできない。さらに，生存配偶者が民法791条1項の規定によって氏の変更をした場合は，自らの意思によって氏を選択したものであるから，生存配偶者としての復氏は認められない。なお，以上の復氏による復籍又は新戸籍の編製については，前記1から3において述べたとおりである。

6 未成年の子が成年に達した後の復氏又は新戸籍編製

　15歳以上の未成年の子が，民法791条1項又は2項により父又は母の氏に改める場合には，自ら法98条1項の届出をすることができ，15歳未満の未成年の子については，その法定代理人が上記の各行為をすることができるとされている。そして，これらの子は，成年に達した時から1年以内に従前の氏に復することが認められている（民791Ⅳ）。この復氏は，法99条の復氏届によってその効力を生ずる。復氏すべき従前の氏とは，民法791条1項から3項までの規定によって氏を変更した直前の氏をいい，この復氏に当たって自由な氏の選択は許されない。また，成年に達した子の復氏の届出による戸籍の変動については，当該子は，本条2項で準用する本条1項の規定に基づいて従前の戸籍に復するのが原則であるが，その戸籍が既に除かれているとき，子が新戸籍編製の申出をしたとき，又は子に配偶者があるときには，新戸籍が編製される。その他従前の氏の意味や復氏又は復籍に関しては，前記1から3において述べたとおりである。

7 離婚又は婚姻の取消しの際に称していた氏を称する旨の届出があった場合の新戸籍編製

　民法749条，767条2項の規定によれば，離婚・婚姻の取消し（以下この項では，両者を併せて「離婚等」という。）により婚姻前の氏に復した者は，離婚等の日から3か月以内に戸籍法の定める届出（戸75条の2・77条の2）をすることによって，離婚等の際に称していた氏を称することができる（民767Ⅱ）。一般に「婚氏続称」と呼ばれる制度であるが，この制度によって離婚等による復氏の原則に変更を生じたわけではない（民767Ⅰ）。この婚氏続称の制度は昭和51年の民法改正により新設されたが，その制度の詳細については，法77条の2の解説を参照されたい。そして，本条3項は，法77条の2の規定に基づく婚氏続称の届出があった場合の戸籍の記載について定めてい

る。これによれば，その届出をした者を筆頭に記載した戸籍が編製されていないとき，又はその者を筆頭に記載した戸籍に在る者が他にあるときは，その届出をした者について新戸籍を編製するものとされている。このように届出人が筆頭者であるか，同籍者がいるか，離婚届と婚氏続称の届出が同時にされたか，異時であるかにより戸籍の取扱いが異なるが，その詳細についても，法77条の2の解説を参照されたい。

8 離縁又は縁組の取消しの際に称していた氏を称する旨の届出があった場合の新戸籍編製

民法816条2項の規定によれば，養子縁組によって氏を改めた養子が，縁組の日から7年を経過した後に離縁したことによって縁組前の氏に復した場合に，離縁の日から3か月以内に法73条の2の規定による届出をすることによって，離縁の際に称していた氏を称することができる。上記7の婚氏続称の制度と同趣旨のものを離縁の場合にも適用させるものであり「縁氏続称」といわれている。この制度は，昭和62年における養子縁組に係る民法改正の際に新設されたものであり，その制度の詳細については，法73条の2の解説を参照されたい。そして，本条3項は，法73条の2の規定に基づく縁氏続称の届出があった場合の戸籍の記載について定めている。これによれば，その届出をした者を筆頭に記載した戸籍が編製されていないとき，又はその者を筆頭に記載した戸籍に在る者がほかにあるときは，その届出をした者について新戸籍を編製するものとされている。このように届出人が筆頭者であるか，同籍者がいるか，離縁届と縁氏続称の届出が同時にされたか，異時であるかにより戸籍の取扱いが異なるが，その詳細についても，法73条の2の解説を参照されたい。

第3章　戸籍の記載

> 〔入籍すべき者に配偶者がある場合の新戸籍編製〕
> 第20条　前二条の規定によつて他の戸籍に入るべき者に配偶者があるときは，前二条の規定にかかわらず，その夫婦について新戸籍を編製する。

　法6条によれば，戸籍は一の夫婦とこれと氏を同じくする子ごとに編製することとされていることから，本条は，法18条又は19条の規定に基づき他の戸籍に入籍すべき者に配偶者があるときは，その夫婦について新戸籍を編製すべきことを定めている。

1　本条の趣旨

　戸籍編製の基準は法6条で明らかにされており，一の夫婦とこれと氏を同じくする子ごとに編製することとされている。したがって，配偶者のある者は，他の者につき既に編製されている戸籍に入籍することは許されない。
　例えば，夫婦が養子となった場合には，養親の戸籍に入るべき事由が生じたことになるが，養親の戸籍に入ることは許されないから，新戸籍を編製することになる。この新戸籍編製は別段の意思表示を要しない。配偶者がある者について法18条，19条に規定する事由が生じ，他の戸籍に入るべき場合は，本条の規定によって当然に新戸籍が編製される。
　本条によって新戸籍が編製される主な場合を挙げれば次のとおりである。
　①　婚姻の際に氏を改めなかった者が民法791条1項の規定によって父又は母の氏に変更した場合
　②　夫婦で養子となった場合，又は婚姻の際氏を改めなかった一方が養子となった場合
　③　夫婦養子につき共に離縁又は縁組の取消しがあった場合，さらに婚姻の際に氏を改めなかった養子について離縁又は縁組の取消しがあった場合

④ 民法751条の規定により生存配偶者が復氏する場合において、自己の氏を称する再婚により配偶者を有するとき
⑤ 民法791条4項により従前の氏に復する場合において、自己の氏を称する婚姻により配偶者を有するとき

なお、本条の適用があるのは、現に配偶者を有する場合に限られ、かつて配偶者があった場合でも死亡、離婚などにより婚姻が解消しているときは、その適用がない。また、婚姻の際氏を改めた配偶者のみが養子となった場合も、民法810条ただし書の規定に基づき氏に変動がないから、本条の適用はない。

2 夫婦に戸籍が編製されていても本条の適用があること

本条により新戸籍を編製する場合は、夫婦についてその夫婦を中心とする戸籍が既に編製されている場合でも同様である。

夫婦の氏に変動がある場合、必ずその夫婦について新戸籍が編製されるので、従前の戸籍をそのままにしておいて、その戸籍に氏の変動のあったことを記載するにとどめるわけにはいかない。なぜならば、氏の変動には戸籍の変動を伴うことが原則であるばかりでなく、氏の変動があったときに戸籍をそのままにすると、その夫婦と氏を同じくする子が同籍している場合であっても、子の氏は父母の氏の変動に伴い当然変動するものではないため、同一戸籍に呼称上の氏を異にする者が同籍する結果となり、法6条の戸籍編製の大原則に反することとなるからである。

そして、夫婦を中心とする戸籍から縁組等によりその夫婦が除籍された後に離縁等により復籍する場合には、当初の戸籍に子が在籍しているときでも、これに復籍することなく新戸籍が編製される（昭和25・4・10回答932号、昭和25・1・30通達194号）。

新戸籍の編製に当たり夫婦のうちいずれを筆頭者にするかは、法14条の解説を参照されたいが、民法750条及び法14条の定めるところによって、婚姻

の際協議によってその者の氏を称することに定まった者を戸籍の筆頭に記載する。

　なお，本条により新戸籍が編製された後は，筆頭者は，離婚又は死亡等によって婚姻が解消しても，その新戸籍から除籍して，配偶者がいなければ入籍したはずの戸籍（例えば，養親の戸籍）に入籍することは許されない。

〔氏の変更による新戸籍編製〕
第20条の2　第107条第2項又は第3項の規定によつて氏を変更する旨の届出があつた場合において，その届出をした者の戸籍に在る者が他にあるときは，その届出をした者について新戸籍を編製する。
②　第107条第4項において準用する同条第1項の規定によつて氏を変更する旨の届出があつたときは，届出事件の本人について新戸籍を編製する。

　本条は，昭和59年法律45号による法改正に基づき法107条の2項が改正されるとともに3項，4項が新設されたことに伴い，新戸籍を編製する場合を明らかにした規定である。これらの規定による氏の変更については，法107条の解説を参照されたい。

1　外国人と婚姻した日本人配偶者の氏変更

　外国人と婚姻した日本人配偶者は婚姻成立の日から6か月以内に限り家庭裁判所の許可を得ないで，その氏を外国人配偶者の称している氏に変更する旨の届出をすることができる（戸107Ⅱ）。

　この届出人が戸籍の筆頭者であり，かつ，当該戸籍に同籍者がないときは，その戸籍に外国人配偶者の氏に変更した旨の記載を法定記載例185及び186により記載すれば足り，新戸籍を編製する必要はない。

　これに対し，この届出があった場合にその届出人の戸籍に同籍者があるときは，氏変更の効果を同籍者に及ぼすことができないことから，届出人につき新戸籍を編製することになる。この場合の記載例は，法定記載例187から189に示されている。また，法107条2項により外国人配偶者の称している氏に変更した者は，離婚，婚姻の取消し又は配偶者の死亡により婚姻が解消した場合には，その解消の日から3か月以内に限り，家庭裁判所の許可を得ないで，その氏を変更の際に称していた元の氏に変更する旨の届出ができる

(戸107Ⅲ)。この場合にもその届出人の戸籍に同籍者があるときは，届出人につき新戸籍を編製することになる。この場合の記載例は，法定記載例190から192に示されている。

2 父又は母が外国人である場合の氏変更

　戸籍の筆頭者及び配偶者以外の者であって，父又は母が外国人であるときは，家庭裁判所の許可を得て，その氏を外国人である父又は母の称している氏に変更することができる（戸107Ⅳ）。この届出を受理したときは，氏を変更した者について新戸籍を編製する。未成年者であっても，その者のために新戸籍が編製され，その戸籍の筆頭者となる。

> [特別養子縁組による新戸籍編製]
> 第20条の3　第68条の2の規定によつて縁組の届出があつたときは，まず養子について新戸籍を編製する。ただし，養子が養親の戸籍に在るときは，この限りでない。
> ② 第14条第3項の規定は，前項ただし書の場合に準用する。

　本条は，特別養子縁組の届出（戸68の2）があった場合の戸籍の編製及び記載について定めるものである。まず，原則として特別養子縁組の届出によって養子について新戸籍を編製すべきことを規定し（本条Ⅰ本文），例外的に養子が既に養親の戸籍に在籍しているときは，その戸籍の末尾に記載すべきことを規定している（本条Ⅰただし書・Ⅱ）。

1 特別養子縁組の概要

　特別養子縁組の制度は，養子制度の大幅な改善等を目的とする，民法等の一部を改正する法律（昭和62年法律101号，昭和63年1月1日施行）によって従来の普通養子制度に加えて新たに創設されたもので，その目的とするところは，専ら子の利益を図ることにある。すなわち，普通養子縁組は，実親及びその血族との親族関係を維持したまま養親子間に法定血族関係を創設する縁組であるのに対し，特別養子縁組は，養親子間に法定血族関係を創設するものであることは普通養子縁組と異なるところはないが，父母による監護が著しく困難又は不適当であること，その他特別の事情がある場合において，子の利益のため特に必要があると認めるときに（民817の7），実親及びその血族との間の親族関係を終了させる縁組であり，実親子関係と同様の強固で安定した養親子関係を形成させようとするところに，その際立った特徴がある。したがって，離縁は原則として認められない（民817の10）ばかりでなく，戸籍上においても嫡出子とほぼ同様の記載がされることになっている。[注1]

第3章　戸籍の記載

(注1)　特別養子縁組の制度の概要については，本書第4章第4節及び細川清「養子法の改正」民月42巻9号6頁以下，民月42巻号外（養子法改正特集）2頁以下の解説を参照されたい。

2　戸籍の編製

特別養子も普通養子と同じく養子であり，原則として普通養子に関する民法の規定（民792〜817）のうちその性質に反しないものは，当然に適用されるから，特別養子は養親の氏を称し（民810），養親の戸籍に入ることになる（戸18Ⅲ）。ところで，特別養子は，その縁組成立のときから実方の父母（養父母を含む。）及びその血族との親族関係が終了するので，その効果を戸籍に表示するため，夫婦が戸籍を異にする者を特別養子とした場合には，養親の戸籍に入る前に，まず特別養子について新戸籍を編製することとされている（本条Ⅰ本文）。

この新戸籍は，特別養子縁組が審判の確定により成立していることから，養子は，養親の氏を称するとの原則（民810）に基づいて，養親の氏で編製することになる。また，届出人は，常に養父又は養母であり（民817の2Ⅰ，戸68の2・63Ⅰ），養子が届出人となることはないところ，届出人でない者について新戸籍を編製すべきときは，その者の従前の本籍と同一の場所を新本籍と定めたものとみなされることから（戸30Ⅲ），養子の従前の本籍地を本籍地として編製されることになる。このようにして編製された新戸籍から，養子は養親の戸籍に入るという原則（戸18Ⅲ）に従い，直ちに養親の戸籍に養子を入籍させる（昭和62・10・1通達5000号第6の1(2)ア(ア)）。したがって，上記の新戸籍は，編製された後，ただ1人在籍していた養子が除かれるので（戸23），直ちに除籍となる（戸12Ⅰ）。

なお，棄児又は日本人父により胎児認知された外国人を母とする子は，その子の単独戸籍が編製されることから（戸22），このような子が特別養子と

なった場合は，養子を筆頭に記載した単独戸籍が既に編製されていることになるが，その戸籍から直ちに養親の戸籍に入籍させる取扱いをすることはできない。この場合であっても，本条１項本文が適用されるので，原則どおり，まず養子について養親の氏で従前の本籍地に新戸籍を編製した上，直ちにその新戸籍から養親の戸籍に養子を入籍させなければならない。

3 養親の戸籍の記載

　特別養子縁組が成立し，届出がされると，養子は最終的に養親の戸籍に入ることになるが，養親の戸籍に入籍した養子の身分事項欄に記載する事項（戸規35③の２）として，まず特別養子縁組の成立年月日である審判の確定年月日が記載される。この年月日は，特別養子と養父母間に嫡出親子関係の発生した時を表すと同時に，特別養子とその実方の父母及びその血族との親族関係が終了した時を表すものでもある。法定記載例31によって，紙の戸籍の記載には，「民法817条の２による裁判確定」と示され，コンピュータ戸籍のタイトルには，「民法817条の２」と示されており，特別養子縁組であることが民法の条文をもって間接的に表現されている。

　一般に，事件本人でない者が届出をした場合には，届出人の資格及び氏名（父又は母が届出人であるときは氏名を除く。）を記載することになっている（戸規30②）。この点，特別養子縁組の届出については，先に述べたとおり，常に養父又は養母が届出人であることから，養子の身分事項欄にはその旨が記載されることになるところ，特別養子縁組成立後に編製する新戸籍及び養親の戸籍に入籍後の養子の父母欄には，法律上の父母である養父母の氏名のみを記載することになるので（昭和62・10・１通達5000号第６の１(2)ウ(ウ)），この場合の届出人の資格は，養父母としなくても紛れることがなく（実父母は法律上父母ではなくなっている。），単に「父母」と記載することとされている。

　さらに，特別養子が養親戸籍に入籍するときに記載する従前の戸籍の表示（戸13Ⅰ⑧，戸規38）は，養子自身の新戸籍であるため，養方戸籍には実親の

氏名が全く記載されないことになる。

以上のように養方戸籍における養子の戸籍の記載については，特別養子縁組あるいは養父母等の字句を用いないこととしているばかりでなく，実親の氏名が全く出ないなどの配慮がされている。これは，養親子間の心理的安定に資するとともに，戸籍の記載を手掛かりにして無責任な第三者が養親子関係に不当に介入したり，年少の養子が戸籍の記載から不用意に養子であることを知ったりすることを防止するべく考慮された記載方法であるとされている。[注2]

- -

(注2) 山本宏一「民法等の一部を改正する法律の施行に伴う戸籍事務の取扱いについて（基本通達）の解説　第6特別養子縁組に関する取扱い」民月42巻号外（養子法改正特集）272頁以下参照。

4 特別養子の従前の戸籍の記載

次に，特別養子の従前の戸籍については，養親の戸籍の場合のような配慮を要しない部分もあり，また，特別養子縁組の成立により，実方の父母及びその血族との親族関係が終了したことを明確に表示する必要があるので，特別養子の身分事項欄には，法定記載例34によって，紙の戸籍の記載には，「〇年〇月〇日特別養子となる縁組の裁判確定」と示され，コンピュータ戸籍のインデックスには，【特別養子縁組の裁判確定日】と示されており，特別養子であることを明示することとされている。しかし，血族関係のなくなった実父母やその血族，第三者などから正当な理由もなく詮索されることを防ぐため，養父母の氏名は記載されないこととされている。[注3]

- -

(注3) 山本・前掲（注2）283頁。

5　養子の新戸籍の記載

　特別養子の新戸籍は，特別養子の従前の戸籍と養方の戸籍とをつなぐ唯一のものであること，更には，この新戸籍は養子が養方戸籍に入籍することによって，直ちに除籍となり（戸12Ⅰ），特別養子縁組制度が立案された時期には除籍については公開が一定の者に制限されていて，[注4] 不当なアクセスが生じる心配も少ないと考えられたことから，その身分事項欄には特別養子であることのほか養父母の氏名，従前の戸籍の表示，入籍すべき養方の戸籍の表示等必要な全ての事項が明記されている。[注5]

　なお，現在は戸籍及び除籍の公開の規律は同一であり，特別養子の新戸籍編製の意義は，実親との親子関係の断絶を戸籍においても反映させ，その後，養親の戸籍に入籍させるというものであろう。

（注4）　除籍の保存期間（戸規5Ⅳ）は，従前は除籍された年度の翌年から80年間とされていたが，近時における国民の平均寿命（長寿化）の推移等から，相続登記等の関係で80年以上経過した除籍の謄抄本を必要とする場合も少なくないとして，その保存期間を伸長してほしいとの要望があり，また，市町村の実情としても，その重要性を考慮して，保存期間が経過しても廃棄の手続を採ることなく，なお引き続き保存するなどされていたことから，平成22年法務省令22号の改正により150年間に延長された（林史高「戸籍法施行規則等の一部を改正する省令の解説」民月65巻5号9～10頁）。

（注5）　山本・前掲（注2）283頁。

6　養父母が外国人の場合

(1)　養父母の一方が外国人である場合

　養父母の一方が外国人である場合，養子について新戸籍を編製した上，日本人である養父又は養母の戸籍に養子を入籍させる（昭和62・10・1通達5000号第6の1(2)ｱ(ｲ)）。

なお，養父母の婚姻が昭和59年12月31日以前であり，(注6) 日本人である養父又は養母について筆頭に記載した戸籍が編製されていない場合は，特別養子縁組によって日本人である養父又は養母について新戸籍が編製されることとなる。

(2) **養父母の双方が外国人の場合**

養父母の双方が外国人である場合は，養父母の戸籍はなく，また，日本民法上の氏も有しないから，日本人の子が外国人夫婦の養子となってもその氏は変わらない取扱いがされてきた（昭和23・12・14回答2086号）。特別養子縁組においても養子の氏に変更はなく，また，新戸籍編製後に入るべき養親の戸籍もないことから，養子について新戸籍が編製されるにとどまる（昭和62・10・1通達5000号第6の1(2)ア(ウ)）。

この新戸籍は，養子が入るべき養親の戸籍がないので，現在戸籍のまま存続することになるが，この戸籍は本条1項本文の規定に基づいて編製される新戸籍であるから，養子の身分事項欄に特別養子であることを明示した記載がされることになる。この場合，前記の戸籍は現在戸籍であるからとの理由で，「民法817条の2による裁判確定」という間接的な表記方法（前記3参照）の例に準じて記載することも一応考えられる。しかし，このような記載がされると，戸籍上養親の氏名は父母欄の記載により明らかにはなるが，その国籍及び生年月日が表記されないため，養親の特定が困難となり，戸籍の公証上支障を来すことにもなり適当でない。また，外国人夫婦の特別養子となった日本人は，国外で生活し日本とのつながりも少なくなることも予想されることから，特にその記載を配慮する必要性も少ないと考えられたものである。(注7)

外国人夫婦と特別養子縁組をした養子は，縁組に伴う氏の変動はないので，外国人父又は母の称している氏を称しようとするときは，養子が既に戸籍の筆頭に記載されている者であるから，法107条4項の規定に基づき家庭裁判所の許可を得て，氏の変更をすることになる。

◆◆◆

(注6)　昭和59年法律45号により戸籍法の一部が改正された際に，法16条に3項（本文）が新設され，「日本人と外国人との婚姻の届出があつたときは，その日本人について新戸籍を編製する。」こととされた。
(注7)　山本・前掲（注2）286頁。

7　養子が養親の戸籍に在籍している場合

(1)　養父母の双方が日本人である場合

　既に養子となっている者が養父母の特別養子になることができるか，あるいは先妻の子が後妻の特別養子になることができるかは，民法817条の7のいわゆる子の要保護性の点から問題があり，このような場合に特別養子となる審判がされる例は少ないと考えられる。しかし，特別養子縁組の審判が確定した場合に，同籍する普通養子を特別養子とするときは，その普通養親子関係は特別養子縁組が成立した時点で終了し，特別養親子関係に切り替わることになるが，実質的な養親子関係は継続し，また，同籍する先妻の子を後妻が特別養子としても実父との父子関係は終了しない（民817の9ただし書）。したがって，特別養子縁組の届出があっても，特別養子を養親の戸籍から除籍する理由もないし，その必要もなく，また，法律上の親子関係が終了したという効果を表すための新戸籍を編製する必要もない。仮に，養子が養親と戸籍を異にしている場合のように，養子について一旦新戸籍を編製し，その新戸籍から養親の戸籍に入籍させても，入籍する戸籍は，新戸籍編製前の戸籍であるから，新戸籍を編製する実益もない。(注8)

　このように，養子が既に養親の戸籍に在籍している場合は，新戸籍が編製されることなく（本条Ⅰただし書），戸籍上養父母が唯一の父母であることを明らかにするために，同じ戸籍の末尾に養子を記載し直すこととされている（本条Ⅱ・戸14Ⅲの準用）。

　ところで，本事例における特別養子縁組後の戸籍が管外転籍をする場合の

移記に関しては、規則等に何ら定められていない。しかし、従前、養子が記載されていて消除された戸籍の一部に、例えば、普通養子縁組事項の記載があったとしても、それは特別養子縁組の成立により終了した事項であり（民817の9本文）、また、父母離婚後の親権事項が記載されていたとしても、それは特別養子縁組によって養子が実父（母）と養母（父）との嫡出子となるため、現に効力を有していない事項であるなど、いずれも新戸籍編製の場合に移記を要しない事項である（戸規37⑤）。したがって、本事例における管外転籍の場合の養子に関する移記事項は、通常は、特別養子縁組によって末尾に養子が記載された「戸籍の一部に記載されている事項」を移記すれば足りることになるから、結局は、入籍の事項を除き、養子が養親と戸籍を異にしている場合の記載と同じになる。ただし、例外的に、規則39条1項7号（日本国籍の選択・外国国籍の喪失）及び8号（名の変更）に掲げる事項が、従前養子が記載されて消除された戸籍の一部に記載されていた場合は、これを転籍地の戸籍の養子の身分事項欄に移記しなければならない。[注9]

(2) **養父母の一方が外国人である場合**

日本人母の嫡出でない子が、日本人母及びその夫である外国人の特別養子となった場合、あるいは日本人とその外国人配偶者の普通養子となっている養子が、養父母の特別養子となった場合等、養父母の一方が外国人である場合も、養子は既に日本人である実親又は養親の戸籍に在籍しているときであるから、前記の場合と同様に、特別養子縁組の届出によって養子が戸籍の末尾に記載された上、従前養子が記載されていた戸籍の一部が消除される。[注10]

（注8）　山本・前掲（注2）288頁。
（注9）　山本・前掲（注2）289頁。
（注10）　山本・前掲（注2）290頁。

8 特別養子の記載

(1) **縁組事項**

　普通養子縁組の場合は，夫婦が養子となった場合のように，養子縁組が成立しても養子が養親の戸籍に入らないときがあるので（戸20），養親子関係にあることを養親の戸籍及び養子の戸籍の双方に縁組事項を記載して明らかにしておく必要がある。これに対し，特別養子縁組の場合は，養子となる者は，原則として申立ての時に15歳未満でなければならないから（民817の5），養子は必ず養親の戸籍に入り（戸18Ⅲ），養父母と同籍することになる。したがって，養子の身分事項欄に縁組事項を記載しておけば，養親子関係が戸籍上明らかとなるため，あえて養親の身分事項欄に縁組事項を記載する必要はないとされている。

　しかし，養子が外国人である場合は，養子の戸籍がなく，縁組事項を記載することができないので，この場合は，日本人の養父母の身分事項欄に縁組事項を記載して，特別養子縁組が成立していることを戸籍上明らかにすることとされている（戸規35③の2）。

　外国人を特別養子とした場合に，日本人養父母の身分事項欄に記載する縁組事項は，特別養子という語を用いず，「民法817条の2による裁判確定」と，間接的な記載（前記3参照）をすることとされている。この場合でも，養子が帰化をし，養父母の戸籍に入籍しても，当然には養親の身分事項欄に縁組事項は記載されない。しかし，管外転籍又は新戸籍が編製され，若しくは養親が他の戸籍に入る場合は，普通養子縁組事項と同様に，養子について，現に養親子関係の継続する特別養子縁組に関する事項を移記すれば足り，養親については移記を要しない（戸規37⑤・39Ⅰ③）。

(2) **出生事項**

　特別養子の出生事項は，従前のとおり移記することとされている。養子の出生事項が従前のとおり移記されると，届出人の表示が父又は母とある場合には，その「父」又は「母」とは出生当時の実父又は実母であるのに，特別

養子縁組後の父又は母，すなわち養子の父母欄に記載されている父又は母と誤解されるおそれはある。しかし，届出当時は父又は母の資格により届け出られて記載され，しかもその後に特別養子縁組によって実親子関係が終了したものであり，また，出生事項の記載は届出年月日と母の表示が記載され，戸籍上も届出人である母は，出生当時の母であることが明らかであるから，戸籍の公示上特に支障はない。仮に届出人の母の表示を氏名で表記した場合には，養子の実方の者の氏名が明記されることになり，縁組事項中に実父母が記載されないよう配慮した趣旨が失われかねないから，[注11]そのまま出生事項を移記することとされている（昭和62・10・1通達5000号第6の1(2)ウ(イ)）。

(3) **父母欄及び続柄**

普通養子縁組における養子の実父母については，父母欄にその氏名を記載し，養父母については，これに併記して養父母欄を設けてその氏名を記載することとされている（戸13Ⅰ⑤・⑥，戸規33）。これに対し，特別養子縁組の場合は，その成立により原則として養子と実方の父母（養父母を含む。）及びその血族との親族関係が終了するので（民817の9），特別養子の法律上の父母は，特別養子縁組上の養父母だけとなることから，父母欄には，養父母の氏名のみを記載することとされている。これによって戸籍上養父母が唯一の父母であることを明らかにし，当事者の心理的な安定を図るとともに，緊密な養親子関係の維持に資することとされたものである[注12]（従来の実父母及び養父母については，法律上の親子関係がないので，何らその記載をしない（戸規33・附録6号ひな形・付録24号ひな形「啓二郎」の欄参照）。）。

父母との続柄欄の記載は，普通養子縁組においては養父母との続柄を養父母との続柄欄に「養子」又は「養女」と記載されるが，これは，実父母との親族関係が縁組後も継続しているから，実子と同じ続柄を記載することができないこと及び養子であることを明らかにしておくためである。これに対し，特別養子縁組の場合は，実父母との親族関係が終了していることから，法律上唯一の父母である養父母との続柄を嫡出子と同様に「長男（長女）」，「二男（二女）」と記載しても，戸籍の表示上特に問題が生ずることもないこと

から，このような取扱いとされたものである。[注13]

　特別養子について，父母との続柄欄に養父母との続柄を子の出生の前後に従って「長男（長女）」，「二男（二女）」等嫡出子の例により記載した場合，養親に養子より年少の子（特別養子を含む。）がほかにあるときは，その子は養子の入籍によって兄（姉）をもつことになるため，その子の父母との続柄が変更（続柄欄の記載が更正）されることとなるが，戸籍の記載においては，父母との続柄の訂正として処理されている。[注14]

●●●

(注11)　山本・前掲（注2）292頁。
(注12)　山本・前掲（注2）295頁。
(注13)　山本・前掲（注2）295頁。
(注14)　山本・前掲（注2）295頁〜296頁。

第3章　戸籍の記載

> 〔性別の取扱いの変更による新戸籍編製〕
> 第20条の4　性同一性障害者の性別の取扱いの特例に関する法律（平成15年法律第111号）第3条第1項の規定による性別の取扱いの変更の審判があつた場合において，当該性別の取扱いの変更の審判を受けた者の戸籍に記載されている者（その戸籍から除かれた者を含む。）が他にあるときは，当該性別の取扱いの変更の審判を受けた者について新戸籍を編製する。

本条は，性同一性障害者の性別の取扱いの特例に関する法律（以下「性同一性障害特例法」という。）の規定による性別の取扱いの変更の審判を受けた者の戸籍の編製及び記載について定めるものである。

1　性同一性障害特例法の概要[注1]

性同一性障害特例法は，性同一性障害者に関する法令上の性別の取扱いの特例について定めるものである（性特1）。ここに「性同一性障害者」とは，「生物学的には性別が明らかであるにもかかわらず，心理的にはそれとは別の性別（以下「他の性別」という。）であるとの持続的な確信を持ち，かつ，自己を身体的及び社会的に他の性別に適合させようとする意思を有する者であって，そのことについてその診断を的確に行うために必要な知識及び経験を有する2人以上の医師の一般に認められている医学的知見に基づき行う診断が一致しているもの」をいう（性特2）。この性同一性障害者であって一定の要件（18歳以上であることなど，性同一性障害特例法3条1項各号に規定する要件）を満たすものは，家庭裁判所に対し，その者についての性別の取扱いの変更を求めることができ，家庭裁判所がこれを認める旨の審判をしたときは（性特3），その者は，民法その他の法令の規定の適用については，法律に別段の定めがある場合を除き，その性別につき他の性別に変わったものとみなされる（性特4）。したがって，国民の親族的な身分関係を登録し公

証する戸籍においても，性別の取扱いの変更が認められた場合には，これを登録し公証する必要がある。この場合の戸籍事務の取扱いについては，法，規則，家事事件手続法等の関係法令が整備されるとともに，法務省から通達（平成16・6・23通達1813号）が発出されている。

◆◆

(注1) 性同一性障害特例法の概要の詳細については，自見武士「性同一性障害者の性別の取扱いの特例に関する法律の概要」民月59巻8号164頁以下を参照されたい。

2　戸籍の記載内容

(1)　新戸籍の編製

　本条は，性同一性障害特例法3条1項の規定による性別の取扱いの変更の審判があった場合において，当該審判を受けた者の戸籍に記載されている者（その戸籍から除かれた者を含む。）が他にあるときは，当該審判を受けた者について新戸籍を編製することを規定する。これは，当該審判を受けた者が在籍する戸籍内に他の在籍者がある場合，例えば，「両親」，「長男」及び「長女」が在籍する戸籍において，「長男」が性別の取扱いの変更の審判を受け，その戸籍において，父母との続柄を「長男」から「長女」に更正した場合には，同一戸籍内に「長女」が2人存在することとなるため，このような戸籍面上の記載の混乱を避けるべきであること等が考慮されたものである。(注2)

　なお，仮に，当該審判を受けた者について，新戸籍編製後，従前の戸籍に入籍（同籍）する旨の申出があったとしても，同様の趣旨からこれを認めることはできない。(注3)

(2)　身分事項の記載

　性別の取扱いの変更の審判を受けた者の身分事項欄には，当該変更に関する事項を記載しなければならない（戸規35⑯）。そして，性別の取扱いの変更の審判を受けた者について新戸籍が編製されるか，又はその者が他の戸籍に入る場合には，当該変更に関する事項で従前の戸籍に記載したものを，新

戸籍又は他の戸籍に移記しなければならないこととされている（戸規39Ⅰ⑨）。これは，性別の取扱いの変更の審判を受けた者については，法令上の性別の取扱いが他の性別に変わったものとみなされるという重大な効果が生ずることに鑑み，当該変更に関する事項については，重要な身分事項として戸籍に記載し，その後に，戸籍の変動があった場合にも同事項の記載を維持する必要があると考えられたことによる。(注4)

性別の取扱いの変更の審判を受けた者の戸籍の続柄の記載も変更する必要がある。この記載は，当時においては正しいものであったが，その後に発生した原因（性別の取扱いの変更の審判）により法令上の性別の取扱いとしては事実に反することになったのであるから，その記載を正しくするという意味で，「更正」の手続（戸規45参照）によることとされている。具体的には，続柄の性別部分の記載を他の性別に変更することとなる。(注5)

（注2） 中村雅人「性同一性障害者の性別の取扱いの特例に関する法律の施行に伴う戸籍事務の取扱いに係る関係通達等の解説」民月59巻8号180頁以下参照。
（注3） 性同一性障害特例法では，平成20年の改正前は，家庭裁判所が性別の取扱いの変更の審判をするに当たっては，性同一性障害特例法3条1項3号において請求者である性同一性障害者に「現に子がいないこと」が要件の1つとされていたが，現に子がいる性同一性障害者であっても，当該子が全て成年に達している場合には，性別の取扱いの変更の審判をすることができるようにするため，その審判に係る要件を緩和することとされた。具体的には，性別の取扱いの変更の審判をするに当たっての請求者である性同一性障害者に関する要件のうち，「現に子がいないこと」を「現に未成年の子がいないこと」に改められた（平成20年法律70号，同年12月18日施行）。この改正により，性同一性障害特例法3条1項による性別の取扱いの変更の審判を受けた者の戸籍に成年に達した子がある場合は，本条により当該性別の取扱いの変更の審判を受けた者について新戸籍を編製するものとされ，子がその戸籍から除かれている場合も同様の取扱いとされたが，新戸籍を編製した父又は母の従前の戸籍に在籍していた子が，父又は母の新戸籍に入籍を希望するときは，子から父又は母と同籍する旨の入籍の届出をすることができるものとされた（平成20・12・12通知3217号）。
（注4） 中村・前掲（注2）181頁。
（注5） 自見・前掲（注1）179頁。

第20条の4〔性別の取扱いの変更による新戸籍編製〕

3 戸籍の記載手続

(1) 戸籍の記載の嘱託

　家事事件手続法116条には，家事事件手続法39条別表第一に掲げる事項についての審判又はこれに代わる裁判（戸籍の記載又は後見登記等に関する法律に定める登記の嘱託を要するものとして最高裁判所の定めるものに限る。）が効力を生じた場合は，裁判所書記官は，戸籍事務管掌者又は登記所に対し，戸籍の記載又は後見登記等に関する法律に定める登記を嘱託しなければならないと定められている。そして，家事事件手続法39条別表第一の126項には「性別の取扱いの変更」が掲げられており，家事事件手続規則において，戸籍の記載の嘱託を要するものとして，性同一性障害特例法3条1項の規定による性別の取扱いの変更の審判が定められている（家事規76Ⅰ⑥）。これにより，性別の取扱いの変更の審判があった場合には，裁判所書記官から当該審判を受けた者の本籍地の市町村長に対し，戸籍の記載の嘱託がされることとなる。

(2) 具体的な記載方法

　平成16年6月23日通達1813号3によれば，具体的な記載方法は次のとおりである。

　　ア　性別の取扱いの変更（男から女）の審判があった場合において，当該審判を受けた者（以下「変更者」という。）の戸籍に記載されている者（その戸籍から除かれた者を含む。）が他にあるとき

　①　変更者の身分事項欄に「○年○月○日平成15年法律第111号3条による裁判確定同月○日嘱託○県○市○丁目○番地に新戸籍編製につき除籍」（法定記載例218参照，コンピュータ戸籍の記載も同記載例参照）のように，性同一性障害特例法の法律番号及び条番号により性別の取扱いの変更に関する事項が記載され，[注6] 変更者が除籍された上，従前の本籍と同一の場所を本籍として，変更者を筆頭者とする新戸籍が編製される。

　②　新戸籍においては，身分事項欄に「○年○月○日平成15年法律第

111号3条による裁判確定同月○日嘱託○県○市○丁目○番地○戸籍から入籍父母（及び養父母）との続柄の記載更正」（法定記載例217参照，コンピュータ戸籍の記載も同記載例参照）という性別の取扱いの変更に関する事項が記載され，父母との続柄の記載が更正される（変更者が養子である場合には，実父母との続柄の記載とともに，養親との続柄の記載も更正される。）。

③　変更者が管外転籍した場合には，性別の取扱いの変更に関する事項は，転籍後の戸籍の身分事項欄に移記されることになるが，父母との続柄の記載は，更正後の続柄をもって移記される（戸規37⑤・39Ⅰ⑨）。

④　新戸籍における父母との続柄の記載の更正は，従前戸籍における他の在籍者の続柄の記載に影響を与えることはない。例えば，「両親」，「長男」及び「長女」が在籍する戸籍において，「長男」が変更者であり，変更者について編製された新戸籍において父母との続柄が「長男」から「長女」に更正されたとしても，従前戸籍における「長女」の父母との続柄の記載には何ら変動はない。

イ　性別の取扱いの変更の審判（男から女）があった場合において，変更者が筆頭者であって他に在籍者がないとき（過去に在籍者があり，除籍となっているときを除く。）

変更者の身分事項欄に「○年○月○日平成15年法律第111号3条による裁判確定同月○日嘱託父母（及び養父母）との続柄の記載更正」（法定記載例217参照，コンピュータ戸籍の記載も同記載例参照）という性別の取扱いの変更に関する事項が記載され，父母との続柄の記載が更正される（変更者が養子である場合には，実父母との続柄の記載とともに，養親との続柄の記載も更正される。）。

◆◆

（注6）　性同一性障害特例法の法律番号及び条番号による記載をすることとしたのは，性別の取扱いの変更の審判を受けた者について，編製された新戸籍と元の戸籍との関連を付けつつ，当事者のプライバシーに配慮したためとされている（自見・前掲（注1）178頁）。

4 戸籍受付帳の記録

　上記のとおり，家事事件手続規則において性同一性障害特例法3条1項の規定による性別の取扱いの変更の審判が戸籍の記載の嘱託を要するものとして定められているが，この嘱託を受けた市町村の戸籍受付帳の件名の記録においては，同審判に基づく戸籍の記載の嘱託事件を父母との続柄の更正事件として捉え，「続柄の記載更正（嘱託）」とすることとされている（平成16・6・23通達1813号4）。

　なお，戸籍届出事件の統計である，戸籍事務取扱準則制定標準付録18号様式の戸籍事件表にも，訂正・更正事件の一類型として「続柄の記載更正（嘱託）」の項目が設けられている。

5 裁判所書記官への戸籍謄本の交付

　裁判所書記官は，戸籍の記載の嘱託の結果を確認する必要があることから，戸籍記載嘱託書において，当該嘱託に基づく記載がされた戸籍の謄本の交付を請求する。当該嘱託に基づき戸籍の記載をした市町村長は，裁判所書記官に対して，当該戸籍の謄本を交付することになるが，性別の取扱いの変更の審判を受けた者について新戸籍を編製した場合には，当該新戸籍により性別の取扱いの変更事項が確認できることから，当該新戸籍の謄本のみを交付すれば足りることとされている。[注7]

（注7）　中村・前掲（注2）185頁。

第3章　戸籍の記載

> 〔分籍〕
> 第21条　成年に達した者は，分籍をすることができる。但し，戸籍の筆頭に記載した者及びその配偶者は，この限りでない。
> ②　分籍の届出があつたときは，新戸籍を編製する。

　本条は，分籍の要件を明らかにするとともに，分籍の届出によって新戸籍を編製すべきことを明らかにした規定である。分籍とは，戸籍の筆頭者及びその配偶者以外の者が，その在籍する戸籍から，氏の変動を伴わずに（ただ単に戸籍の変動を目的とする行為に基づいて）分離して，単独の新戸籍を編製することである。この分籍の効果は分籍の届出によって生ずる（戸100・101）。したがって，この届出はいわゆる創設的届出の一種である。

1　分籍の意義

　現行法の分籍は，旧戸籍法の分家のような家の制度と関係があるものではなく，実体法上の身分関係には何の影響を及ぼすものではない。旧戸籍法の分家のように戸主権の分立ではなく，単に戸籍を分けて別にその者について新戸籍を編製するにすぎず，分籍しても本人の氏に変動が生じないのはもちろん，従前の戸籍に在る父母又は養親等との身分上の権利義務等に消長を来すものではない。そのため，民法は分籍に関しては何ら規定せず，専ら戸籍法の定めるところに委ねている。

　分籍は法定の要件を充足する限り本人の自由意思に基づいて行われ，何人の同意又は許可などを必要としない。

2　分籍の要件

(1)　成年者であること（本条Ⅰ）

　旧民法においては，家族は戸主の同意を得て分家をすることができるとさ

れた（分家者が未成年である場合には，親権者又は後見人の同意を必要とした（旧民743）。）が，現行法の下においては，成年に達すれば，何人の同意をも必要とせず，全く本人の自由な意思によって分籍することができる。未成年者について分籍を認めなかったのは，未成年者は親又は後見人の監督養育によって成人に達すべきものであるから（民818・820・857），親の監護養育を必要とする間はなるべく親と戸籍も同じくすることが国民感情にも沿い，かつ，社会生活上においても望ましい（親権者の証明が容易である。）との配慮によるものと解される。未成年者についての分籍の届出が誤って受理されても，その効力が生じるものではなく，たとえ成年に達した後に至っても，それは戸籍訂正の方法によって是正すべきとされている（昭和25・8・17回答2205号）。

(2) 戸籍の筆頭者及びその配偶者以外の者であること（本条Ⅰただし書）

戸籍の筆頭者及びその配偶者については，既にこれを中心とする戸籍が編製されているので（戸6），これらの者に分籍を認める必要はない。筆頭者が死亡した後も生存配偶者については分籍は認められない（昭和23・3・20回答171号，昭和23・4・27回答757号）。これは姻族関係終了の届出をした後であっても同様である（昭和24・2・4回答200号，昭和24・2・17通知349号）。筆頭者及びその配偶者でない者は，たとえ筆頭者及びその配偶者がその戸籍から除籍されている場合であっても，分籍の届出をすることができる。

3 新戸籍の編製

分籍の届出によって，分籍者につき新戸籍が編製される（本条Ⅱ）とともに，従前の戸籍から除籍される（戸23）。分籍は従前の氏を変動させないで新戸籍が編製されるのであるから，自由な氏を選定することは許されない。また，一旦分籍した以上は，従前の戸籍に復籍することを目的とする届出等は一切認められない。^(注) 子が分籍している場合に，父母が婚姻，縁組等によって除籍された後，離婚，離縁等によって従前の戸籍に復籍するか又は新

戸籍が編製されたときでも，既に分籍している子は（この場合，子は，上記離婚又は離縁した父又は母と再び氏を同じくするに至るが），その父又は母の戸籍（すなわち，同復籍戸籍又は新戸籍）に入籍することもできないとされている（昭和23・2・20回答87号）。

なお，分籍に関する戸籍の記載については，分籍前の戸籍には，その身分事項欄に除籍事項が記載され，分籍後の新戸籍には，その戸籍事項欄に戸籍編製事項が記載されるとともに，身分事項欄に入籍事項が記載されることになる（戸規34①・35⑩）。

◆◆◆

(注) 分籍者がたとえ単身者であっても，分籍前の父母の戸籍に復籍することができないとする理由は次のとおりである。すなわち，民法上，父母と氏を同じくしている子が分籍しても，分籍により氏の変動は生じないので，戸籍は別となるが，引き続き父母と氏を同じくすることに変わりはなく，また，現行法の下では，戸籍の異動によって実体法上の権利義務等に消長を来すものでもない。したがって，分籍した子が父母と氏を同じくしたまま再びこれと同籍できる取扱いを認めることは何らの実益がなく，本条の趣旨を没却することとなるからである（昭和26・12・5回答1673号参照）。

④ 届出の添付書類等

他の市町村に新本籍を定めて分籍しようとする場合には，戸籍の謄本を分籍の届書に添附しなければならない（戸100Ⅱ。ただし，法120条の7で例外がある。）。他の市町村に新本籍を定めてするこの分籍の届出は分籍地ですることもできる（戸101）。

> 〔無籍者の新戸籍編製〕
> 第22条　父又は母の戸籍に入る者を除く外，戸籍に記載がない者についてあらたに戸籍の記載をすべきときは，新戸籍を編製する。

　新たに戸籍に記載されるべき者は，通常は，出生届等によって，その父母又はその父若しくはその母の戸籍に入ることになる（民790・810，戸18）。ただし，それによることができない特殊な場合には，その者について新戸籍を編製しなければならない。本条は後者に関する規定である。

1　無籍者について新戸籍を編製すべき場合

　特殊の場合を挙げると，①棄児（戸57），②法務大臣への届出による国籍取得（戸102），③帰化による国籍取得（戸102の2），④就籍（戸110・111）である。その他，先例において，⑤無国籍の女が日本で嫡出でない子を出生し，母から出生届があった場合には，新戸籍を編製すべきものとされている（昭和28・3・3回答284号）。この場合，出生子は国籍法2条3号に該当し，日本国籍を取得することになるからである。

2　新戸籍編製の際の氏

　上記1に掲げる①～⑤の場合には，新たに戸籍に記載されるべき者の氏は，民法等によっては当然には決定されないので，これを自由に選定できるとされている。しかも，帰化の場合は，従前の氏名と異なる氏名を用いても差し支えない（昭和28・6・24通達1062号）。しかし，法6条の戸籍編製の大原則（夫婦又は親子の同氏同戸籍の原則）の適用上，必ずしも各人についてそれぞれ新戸籍を編製するとは限らず，配偶者又は父母の戸籍に入籍させることもある（昭和25・6・1通達1566号）。なお，帰化する者が兄弟姉妹だけであるときは，各自別個に新戸籍が編製される。

第3章　戸籍の記載

> 〔除籍〕
> 第23条　第16条乃至第21条の規定によつて，新戸籍を編製され，又は他の戸籍に入る者は，従前の戸籍から除籍される。死亡し，失踪の宣告を受け，又は国籍を失つた者も，同様である。

　本条は戸籍に記載されている者についての除籍に関する規定である。戸籍に在籍する各々が同時に又は時を異にして本条によって除籍され，その戸籍内の全員が除籍されると，当該戸籍を除籍簿に移すことになる（戸12Ⅰ・119参照）。

1　他の戸籍への入籍による除籍

　法16条から21条までの規定によって新戸籍が編製される場合，又は他の戸籍に入る者は，必ず従前の戸籍から除籍される。このことは，日本人であれば必ず戸籍に記載されるべきではあるが，1人の者が複数の戸籍に記載されるべきではないことから，当然の措置である。

　同一市町村において，入除籍の双方の手続をするときは，入籍と除籍との間に時間的な間隔はないが，異なる市町村長が入籍と除籍の手続をするときは，届書等情報の作成・提供・通知等に要する時間だけ戸籍記載上のずれが生じる。

　これにより，一時的に無戸籍・複本籍の事態が物理的に生じ得るが，早晩解消されるのでやむを得ないことである（なお，戸120の4・120の5参照）。

　なお，他の市町村に転籍した場合は，従前の本籍地の戸籍は除籍となり，法12条の規定に基づき当該戸籍を除籍簿に移すが，これは戸籍の所在場所の変更であって，本条にいう除籍には該当しない。

2 戸籍に記載される事由がなくなった場合の除籍

　戸籍に記載された日本人が死亡した場合，失踪の宣告を受けた場合，又は日本国籍を喪失した場合には，当該日本人については戸籍に記載する必要がなくなり，他の戸籍への入籍や新戸籍の編製はせず，当然に除籍されることになる。国籍喪失を直ちに除籍の原因としたのは，戸籍の記載は日本人についてのみされるべきであるからである。

3 除籍の方法

　除籍の方法について，同一戸籍内にある1人又は数人を本条の規定によって戸籍から除く場合には，除籍される者の身分事項欄にその事由を記載して，戸籍の一部を消除しなければならない（戸規40Ⅰ）。さらに，一戸籍の全員がその戸籍から除かれたときは，その戸籍の全部が消除される（戸規40Ⅱ）。そして，この全員が除籍された戸籍は，戸籍簿から除いて別につづり，除籍簿として保存する（戸12，戸規5）。なお，磁気ディスクをもって調製された除籍については，法119条2項によりそれらを蓄積して除籍簿とするとされている。

第3章　戸籍の記載

〔錯誤遺漏の通知・職権による戸籍訂正〕
第24条　戸籍の記載が法律上許されないものであること又はその記載に錯誤若しくは遺漏があることを発見した場合には，市町村長は，遅滞なく届出人又は届出事件の本人にその旨を通知しなければならない。ただし，戸籍の記載，届書の記載その他の書類から市町村長において訂正の内容及び事由が明らかであると認めるときは，この限りでない。
②　前項ただし書の場合においては，市町村長は，管轄法務局長等の許可を得て，戸籍の訂正をすることができる。
③　前項の規定にかかわらず，戸籍の訂正の内容が軽微なものであつて，かつ，戸籍に記載されている者の身分関係についての記載に影響を及ぼさないものについては，同項の許可を要しない。
④　裁判所その他の官庁，検察官又は吏員がその職務上戸籍の記載が法律上許されないものであること又はその記載に錯誤若しくは遺漏があることを知つたときは，遅滞なく届出事件の本人の本籍地の市町村長にその旨を通知しなければならない。

　本条は，戸籍について正しさを欠く状態にあることが発見された場合における市町村長等の戸籍の訂正に関する手続について定めるものである。
　こうした状態にある戸籍の訂正は，届出人又は届出事件の本人（以下「届出人等」という。）が家庭裁判所への申立て等を通じ，裁判所の関与の下に申請により行うべきものであり（法第5章），届出人等にこれを促すための通知をすることを原則とするが（本条Ⅰ），市町村長において訂正の内容及び事由が明らかな場合には，通知することなく管轄法務局長等の許可を得て市町村長が職権で訂正でき（本条Ⅰただし書・Ⅱ），さらに訂正の内容が軽微で身分関係についての記載に影響を及ぼさないものについては市町村長限りで職権訂正ができる（本条Ⅲ）。裁判所その他の官庁の職員等には，戸籍の正確性を担保するため，職務上戸籍が正しさを欠いた状態であることを発見したときには，市町村長にそれを伝える義務が課されている（本条Ⅳ）。

第24条〔錯誤遺漏の通知・職権による戸籍訂正〕

1　市町村長による通知（本条Ⅰ）

　戸籍は，人の親族的身分関係を公証するものであるため，正しさが確保されなければならない。戸籍の記載が違法又は真実に反する場合にこれを公示し続けることは，戸籍の信頼を欠くことになることから，速やかに訂正される必要がある。戸籍は，届出人等による届出によって記載されるのが原則であることから，届出によって記載された戸籍の訂正もその記載が市町村長の過誤によるものでない限り，届出人等が申請によって行うのが相当であり，市町村長が戸籍の記載が違法又は真実に反することを知った場合に，届出人等に対する通知義務が課されている（本条Ⅰ）。この通知は，書面ですることを要し，そのための書式が定められている（戸規47・附録18号書式）。この通知を受けた届出人等は，法113条以下の裁判所への申立てや場合によっては人事訴訟の提起により，戸籍訂正手続を行うべきことになる。

　令和元年改正前には，市町村長の過誤によって戸籍の記載が事実に反することになった場合は，届出人等に通知をして戸籍訂正手続を行わせるのは妥当でないことから，市町村長の過誤による場合に限り，通知を要しないこととされていたが（改正前戸24Ⅰただし書），令和元年改正により，通知を要しない場面が市町村長にとって戸籍の記載，届書の記載その他の書類から訂正の内容及び事由が明らかな場面にまで拡張された。[注]このような職権訂正の範囲の拡張は，戸籍が正しさを欠いた状態にある場合には速やかにこれを正す必要があるところ，常に裁判所への戸籍訂正の申立て等を促すことは迂遠である一方，市町村長が過度な調査をすることなく，戸籍の記載等から訂正の内容及び事由が分かるのであれば，職権で訂正することが可能であり，かつ迅速に戸籍の訂正を実現できるからである。

　なお，①「戸籍の記載が法律上許されないものであること」の例としては，死者や届出資格のない者からの届出に基づく記載（昭和22・7・18回答608号），偽造・変造の届出に基づく記載（大正4・1・16回答1184号）がある。②「戸籍の記載に錯誤があること」の例としては，出生年月日，性別及び氏名の誤

記等がある。③「戸籍の記載に遺漏があること」の例としては，転籍における同籍者の一部の移記の脱漏等がある。上記①～③については，法113条の解説も参照されたい。

◆◆

（注）　令和元年改正前の本条1項のただし書では，「その錯誤又は遺漏が市町村長の過誤によるものであるとき」は届出人等に対する通知を不要とする旨が規定されていたが，改正後の条文にはその旨の言及を欠く。しかし，そのような過誤がある場合は，改正後の本条1項ただし書にいう「戸籍の記載，届書の記載その他の書類から市町村長において訂正の内容及び事由が明らかであると認めるとき」に該当するものと考えられる。さらに，令和元年改正前の本条2項には，上記の届出人等に対する通知をしても戸籍訂正の申請がなされない場合に職権訂正をすべきことが規定されていたが，改正法ではこの点の言及を欠く。しかし，本条1項本文の通知をしても戸籍訂正の申請がなされない場合は，本条1項ただし書を適用し，次に説明する本条2項の手続を行うのが相当である。

2 管轄法務局長等の許可を要する戸籍の職権訂正（本条Ⅱ）

　戸籍や届書の記載等から訂正の内容及び事由が明らかであるときは，市町村長が管轄法務局長等の許可を得て，職権で戸籍の訂正をすることができる（本条Ⅱ）。管轄法務局長等の許可が必要とされたのは，市町村長限りで戸籍の記載の訂正を自由にできるとすれば，戸籍の記載に関する信頼を失わせる危険性があるためであり，職権による戸籍訂正については管轄法務局長等の許可を得ることを原則としている。この例として，縁組等の届出が受理された場合において，当該届出について届出に先んじて不受理申出がされていたことが戸籍の記載がされた後に判明したときは，管轄法務局長等の許可を得て，戸籍の訂正をすることとされる（平成20・4・7通達1000号第6の5）。この場合は，戸籍の記載と不受理申出書を対比すれば，縁組等の記載をすべきでないことが明白であるからである。

　市町村長が許可を申請するには，訂正の趣旨及び事由を記載した許可申請

書を管轄法務局長等に提出し（準則22・付録19号書式），管轄法務局長等が許可を相当とするときは，申請書に許可の旨を記載して返送される。返送を受けた市町村長は，許可書に受付の番号及び年月日を記載し（戸規20Ⅱ），受付帳に所要の記録をした上で，訂正の処理を行う。また，市町村長は，これらの手続を行うのと同時に管轄法務局長等から返送を受けた許可申請書を届書等情報として作成し，法務大臣に電子情報処理組織を使用して提供する（令和6・2・26通達500号第3の1～5）。

　訂正の許可は，訂正を要する戸籍を備え付け，又は保存する市町村役場の所在地を管轄する法務局又は地方法務局の長によって行われることが原則である（戸3）が，訂正の対象となる事項が本人の現在戸籍と従前戸籍又は除かれた戸籍にそれぞれ記載されている場合，あるいは，同一の事項が一又は数戸籍に在る数人について記載されている場合（例えば，数人の子についての父母の氏名など）などにおいては，それぞれの戸（除）籍が異なる市町村にあるとき，又は異なる管轄法務局の管内に属するときでも，一の許可によってそれぞれの戸籍を訂正することができる。そして，法務大臣は，上記のとおり，ある市町村長から許可申請書を届出等情報として受けた場合において，他の市町村長においても戸籍訂正手続を行うべき場合は，当該市町村長に対して届書等情報の提供を受けた旨を通知し（令和6・2・26通達500号第3の8），当該他の市町村長は，これに基づき戸籍の訂正を行う。

　なお，本条2項による職権訂正は届出人等が知らないまま行われることがあるので，市町村長は，職権訂正をした場合は，速やかに届出人又は届出事件の本人に連絡を行わなければならない（戸規47の2）。

３ 管轄法務局長等の許可を要しない戸籍の職権訂正（本条Ⅲ）

　戸籍の訂正の内容が軽微なものであって，かつ，戸籍に記載されている者の身分関係についての記載に影響を及ぼさないものについては，管轄法務局長等の許可を得ることなく，市町村長が職権で戸籍訂正をすることができる。

第3章　戸籍の記載

　本条3項は，戸籍実務上，戸籍の訂正がされても身分関係に影響を及ぼさないような軽微な事項について，戸籍面上誤記・遺漏があることが明白な場合には，管轄法務局長等の包括的な許可があるものとして，市町村長限りでの職権による戸籍訂正手続を認める運用が定着していることから，令和元年改正において法律上の根拠規定を設けるために新設された。

　「戸籍の訂正の内容が軽微であつて，かつ，戸籍に記載されている者の身分関係についての記載に影響を及ぼさないもの」の具体例は，以下のとおりである。

(1)　**軽微顕著な誤記又は遺漏**
　　①　戸籍上明瞭な都道府県郡市町村名の誤記（昭和6・7・8回答730号）
　　②　配偶者の死亡による婚姻解消事由の記載遺漏（昭和26・9・18回答1805号，昭和31・6・29通達1468号）
　　③　父，母の氏が婚姻，離婚等によって変更した場合において，申出又は職権による父母欄の記載の更正（昭和26・12・20回答2416号）
　　④　他の戸籍から入籍した者の名の誤記
　　⑤　都道府県知事から死亡報告の取消しの通知があった場合の訂正（昭和21・2・14通牒78号）
　　⑥　戸籍記載の錯誤又は遺漏が市町村長の過誤によるものであることが届書類によって明白であり，かつ，その内容が軽微で，訂正の結果が身分関係に影響を及ぼさない場合の訂正（昭和47・5・2通達1766号）

(2)　**法令の改廃によるもの**
　　①　日本国憲法の施行に伴う民法の応急的措置に関する法律により父母との続柄が変更されたことによる訂正（昭和22・10・14通達1263号）
　　②　旧法中の届出によって他の戸籍に入籍したため除籍すべきところを入籍通知がなく除籍手続が未済となっている場合の除籍（昭和23・1・13通達17号）

(3)　**届出又は申請に付随して訂正するもの**
　　①　子について父母との続柄を訂正したことに伴う他の子の父母との続

柄の訂正
② 婚姻準正又は認知準正に関連する訂正（昭和35・12・16通達3091号，昭和35・12・16通知472号）
③ 父母が子の親権者を定めて離婚した後，その離婚が取り消された場合の親権事項の消除（昭和23・3・17回答137号）
④ 妻死亡により未成年後見人が選任されている妻の子（婚姻前に出生）を夫が認知した場合（準正嫡出子となる）の未成年後見事項の消除（昭和25・12・6回答3081号）
⑤ 父母の名の変更届による同籍の子の父母欄の記載の更正（昭和27・2・13回答133号）

(4) 申出によるもの
① 令和5年法律48号による戸籍法改正の施行前における名の傍訓（振り仮名）の消除（昭和56・9・14通達5537号）
② 氏又は名の文字の記載の訂正及び更正（平成2・10・20通達5200号）
③ 旧法中婿養子縁組婚姻又は入夫婚姻した者について，新法後新戸籍を編製する際に，申出により夫を筆頭者とすること（昭和27・8・5通達1102号）
④ 父が同居者の資格でした嫡出でない子の出生の届出に基づく記載について，認知後届出人の資格を父とする更正（昭和49・10・1通達5427号）
⑤ 既に戸籍に記載されている嫡出でない子について，父母との続柄の記載「男（女）」を「長男（長女）」とする更正（平成16・11・1通達3008号）
⑥ 送付した出生の届書の未着等による記載の遅延理由の補記（昭和55・3・26通知1914号）
⑦ 民法の一部を改正する法律（平成30年法律59号）により，成年年齢の引下げ及び女性の婚姻開始年齢の引上げが行われた令和4年4月1日時点で16歳以上18歳未満の女性（平成16年4月2日から平成18年4月

第3章　戸籍の記載

　　　1日までに生まれた女性）で，親権又は未成年後見に服している未成年者が成年に達し，親権又は未成年後見に服さなくなった旨の記載（昭和54・8・21通達4391号，令和4・3・17通達555号）
　⑧　平和条約の発効後，従前の取扱いにより国籍を「朝鮮」と記載しているものについて，申出により「韓国」とする場合の訂正（昭和41・9・30通達2594号）

(5)　戸籍法施行規則によるもの
　①　届書に基づいて戸籍の記載をしたところ，届書受理前に本籍地が変更していたことが明らかとなった場合の訂正（戸規41）
　②　同一事件について重複して届出があった場合の訂正（戸規43）
　③　行政区画，土地の名称，地番号又は街区符号の変更があった場合の更正（戸規45）

なお，本条3項による職権訂正は届出人等が知らないまま行われるので，市町村長は，職権訂正をした場合は，速やかに届出人又は届出事件の本人に連絡を行わなければならない（戸規47の2）。

4　職務上戸籍の記載が訂正されるべきものであることを知った裁判所その他の官庁等の職員による市町村長への通知義務(本条Ⅳ)

　裁判所その他の官庁等の職員が職務上戸籍の記載が訂正されるべきものであることを知った場合には，遅滞なく届出事件の本人の本籍地の市町村長にその旨，通知しなければならない。
　戸籍は，親族的身分関係を公証する公簿であり，官民問わず，多くの人がこれを信頼することになることから，誤りがある場合には速やかに訂正される必要がある。戸籍の訂正は，本来，届出人等が行うべきものであるが，戸籍に誤りがあることについて届出人や市町村長が認識していない場合には，事後，届出人等又は職権による速やかな戸籍の訂正を期待して，戸籍の利用者ともなり得る官庁等の職員に，職務上知り得た範囲において市町村長に通

知する義務を与えたものと考えられる。市町村長がこの通知を受けた場合には，本条1項本文とただし書の別に応じて，届出人等に通知し，戸籍訂正の申請を促すか，2項及び3項の規律に従い職権で戸籍を訂正するかの対応を行うことになる。

「官庁」とは，一般に国家機関を指し，この中には在外公館も含まれる（大正11・4・17通牒1057号）。

「吏員」とは，一般に地方公務員を指す。これは国家公務員を指して「官吏」と称する（憲73④参照）のに対して用いられる用語である（憲93Ⅱ参照）。なお，地方自治法等の一部を改正する法律（平成18年法律53号）による改正前の地方自治法においても「吏員」の用語が用いられていた（改正前地方自治法172・173）が，改正後は「職員」とされている。

本条4項の通知に係る処理の事例は，以下のとおりである。

① 出生の届出義務者に対し届出の催告をしても届出がない場合には，家庭裁判所からの本条4項の通知に基づき，職権記載をすることが認められる（昭和44・11・25回答2620号）。

② 検察官から戸籍の記載が偽造に係り没収の確定判決があった旨の通知を受けたときは，本条1項の通知をすることなく直ちに職権訂正する（大正6・2・26回答352号）。

③ 刑事訴訟法498条2項ただし書の規定に基づく通知が検察官から市町村長に送付された場合において，戸籍の記載に錯誤遺漏があることが明らかであるときは，職権訂正をすることができる（平成元・2・20回答470号）。

④ 管轄法務局において市町村長の過誤による錯誤・遺漏を発見したときは，本条4項の通知によらず，直ちに戸籍訂正の許可をした上で，市町村において戸籍を訂正する（大正4・7・1回答691号）。

第4章 届　出

【前　注】

1　戸籍の記載

　戸籍の記載は，届出，報告，申請，請求若しくは嘱託，証書若しくは航海日誌の謄本又は裁判によってするものとされているが（戸15），届書に基づいて記載されるのが通例であり，届出が戸籍記載の基となる事由のうち最も重要なものである。そこで，戸籍法は多くの条文を届出に費やしており，本章の第1節において届出に関する一般の通則を規定し，第2節以降において出生をはじめとする各種の届出について規定している。

2　報告的届出と創設的届出

　届出には報告的届出と，創設的届出とがある。この区別は，戸籍法上重要な意義をもち，次に説明するとおり戸籍事務の取扱いにおいても差異を生ずることが多い。

(1)　報告的届出

　報告的届出は，既に生じた事実（出生や死亡等）又は法律関係（裁判離婚等）を戸籍に反映するための届出であって，全て届出義務者及び届出期間に関する定めがあり，これを怠る者に対しては過料の制裁を科することによって，その届出を強制している。しかし，届出がされなかったからといって既に生じた事実又は法律関係が否定されるものではない。

　この届出に属するものとしては，出生届（戸49～56・59），裁判による認知届（戸63），遺言認知届（戸64），認知された胎児の死産届（戸65），特別養子縁組届（戸68の2），縁組取消届（戸69），裁判による離縁届（戸73），特別養

子離縁届（戸73），離縁取消届（戸73），婚姻取消届（戸75），裁判離婚届（戸77），離婚取消届（戸77），裁判による親権者指定届（戸79），親権者変更届（戸79），親権停止取消届（戸79），親権（管理権）喪失取消届（戸79），未成年者の後見開始届（戸81），未成年者の後見人地位喪失届（戸82），未成年者の後見終了届（戸84），未成年後見監督人に関する届出（戸85），死亡届（戸86～93），失踪宣告届（戸94），失踪宣告取消届（戸94），推定相続人廃除届（戸97），推定相続人廃除取消届（戸97），国籍取得届（戸102），帰化届（戸102の2），国籍喪失届（戸103），外国国籍喪失届（戸106），就籍届（戸110・111），本籍分明届（戸26）等がある。

なお，特別法の規定するものとして，皇族の身分を離れた者及び皇族となつた者の戸籍に関する法律（昭和22年法律111号）5条から7条までの届出がある。

(2) **創設的届出**

創設的届出は，既に生じた事実又は法律関係に関する届出でなく，当該届出（婚姻届等）によってその届出の対象である身分関係（婚姻等）の発生・変更・消滅の効果が生ずるものをいう。重要な身分行為については，これを慎重かつ明確にするため，これを要式行為とし，その発生や消滅等を届出にかからしめている（戸15）。このような身分関係の変動を伴う届出については，これを強制せず，届出人の意思に任されるべきであり，この届出には，届出義務者や届出期間の定めはなく，届出懈怠に対する制裁も存在しない。しかし，届出により法律上の身分関係が形成される前に事実関係が先行したものの，届出がされていないため当該身分関係が成立していない状態（例えば，内縁関係）が生ずることがあり，この状態をいかにして保護するべきかをめぐり困難な問題が存する。

創設的届出に属するものとしては，任意認知届（戸60～62），養子縁組届（戸66・68），協議離縁届（戸70・71），死亡養親又は死亡養子との離縁届（戸72），縁氏続称の届（戸73の2），婚姻届（戸74），協議離婚届（戸76），婚氏続

称の届（戸77の2），協議による親権者指定届（戸78），親権（管理権）辞任届（戸80），親権（管理権）回復届（戸80），復氏届（戸95），姻族関係終了届（戸96），入籍届（戸98・99），分籍届（戸100），国籍留保届（戸104），国籍選択届（戸104の2），氏及び氏の振り仮名の変更届（戸107），名の変更届（戸107の2），氏の振り仮名の変更届（戸107の3），名の振り仮名の変更届（戸107の4），転籍届（戸108）等がある。

　創設的届出は，当事者本人の意思だけによって行われるものがほとんどであるが，親権（管理権）辞任又は回復，氏の変更の許可による入籍，未成年者を養子とする縁組，後見人が被後見人を養子とする縁組，死亡養親又は死亡養子との離縁の届出などのようにあらかじめ家庭裁判所の許可の審判を必要とするものがある。しかし，家庭裁判所の許可審判は，後見的な立場から身分の変動について当事者を保護監督し，当事者の親族その他の利害関係人との利害を調整する手続と解すべきであって，許可の審判によって法律上当然に身分の変動をももたらすものではないので，許可審判があっても届出をする義務はなく，この創設的届出によって初めて身分変動の効果が発生する。これらの届出には，許可審判の謄本を添付すべきであるが，その添付を欠いた届出も誤って受理されると瑕疵のある届出であるから追完されれば完全に効力が生じるし，また，瑕疵ある届出として取消しの対象となるが，身分行為としては成立する。

(3) 報告的届出と創設的届出との交錯

　報告的届出について，法が一定の効果を付与するものがあり，例えば法62条の嫡出子出生届には創設的性質の認知の効果を与えられる。また，報告的届出においてその届出事項中に創設的事項を付加するもの，例えば，裁判上の離婚届における新本籍の定め，帰化届，就籍届における新本籍の定めなどがある。なお，国籍留保の旨を記載した出生届は，報告的届出と創設的届出を併有しているものである。

　なお，一定の身分関係が届出又は裁判のいずれによっても形成されるもの，

例えば，認知，離婚，離縁等と，届出によってのみ形成されるもの，例えば，婚姻，縁組，姻族関係の終了等がある。後者においては，たとえ調停が成立しても，これによってその効力を生じることはない。したがって，その調書を添付した報告的届出は許されない（昭和25・2・6回答284号）。ただ，その届出を創設的届出とみて受理する場合もあるが，この場合は，当該届出は報告的届出の性質を有しない。

(4) 裁判の要否

届出に当たり，裁判を要するものとそうでないものがある。そして裁判を要する場合にも，報告的届出に関するものと創設的届出に関するものとでは，裁判と届出との関係につき，その態様が全く異なる。

報告的届出に関しては，裁判によって身分関係の形成されたその事項について，事後的に，戸籍記載のための届出がなされるのであって，この場合に，市町村長が裁判の当否を実質的に審査する権限はない。

創設的届出に関しては，特定の場合に，その届出の前にあらかじめ審判を要するものとされ，その審判が届出の一要件となっていることがある。例えば，子の父又は母の氏への改氏（民791Ⅰ・Ⅲ），後見人が被後見人を養子とする縁組（民794），未成年者を養子とする縁組（民798），養親・養子死亡後の離縁（民811Ⅵ），親権・管理権の辞任・回復（民837），氏名の変更（戸107・107の2）などにおいて許可審判を要するものとされるのがこれに当たる。この審判は，これらの場合に，当事者の保護，恣意の抑制又は関係人間の調整等の目的のために，市町村長の判断に委ねるのを不適当とする特定事項についての実質的判断を家庭裁判所に行わせようとするものである。しかし，この審判によっては，身分関係形式の効果が生ずるものではなく，その後の届出によって初めてその効果が発生する。したがって，当事者は，審判を受けても，届出をする義務を負わず，また，市町村長においては審判により当該事件の受否につき拘束を受けるものではない。市町村長は，独自の権限をもってその届出に関するその他の法定要件を審査してその受否を決すべ

きである（昭和23・7・1回答1676号，昭和24・11・21回答2693号）。もっとも，家庭裁判所の許可審判の当否については，同審判の確定力（これを覆すには再審等の審判を要する。）により，市町村長の審査の権限外であると考えられる。

(5) 戸籍への記載の有無

届出には，その届出事項が戸籍に記載されるものと記載されないものとがあり，そのうち前者を原則とする。後者としては，死産児認知や死産の届出などのほか，後に説明する外国人に関する届出がある。両者は受理後の届書の取扱いにおいても異なる。戸籍に記載される届出は戸籍の再製の場合の重要な資料であり，市町村長は本籍人に関する届書を1か月ごとに遅滞なく管轄法務局若しくは地方法務局又はその支局に送付しなければならない（戸規48・49。なお，届書については，令和6年改正省令5号によって届書等の保存に係る規定（戸規48Ⅱ・49・49の2）は適用しないこととされ（戸規78の4Ⅱ），届書等の保存期間に係る規定（戸規48Ⅲ・53の4Ⅶ）が改正又は追加された。）。これに対し，戸籍に記載を要しない届書は戸籍再製の資料とはならないので，市町村長において年ごとに各別につづり，目録をつけて保管すれば足りる（戸規50Ⅰ）。

戸籍の記載を要しない届出のうち特に注意を要するものとして，外国人に関する届出がある。外国人に関しては，日本人との間に身分関係があるような場合のほかは戸籍には記載されることはない。しかし，外国人が戸籍法の施行区域内に在るときは，属地的効力として同法の一部の適用があり，報告事項がその施行区域内で発生すれば，外国人も当然報告的届出をすべき義務を負い，日本の駐在する本国の公館に届け出ても，その義務は免れない（昭和24・3・23回答3961号，昭和27・9・18回答274号）。外国人に届出義務が課せられるのは出生，死亡などである。これは届出によって外国人の身分関係を公証し，また，行政的見地からも国内に発生した人口動態を調査把握する必要があるからである。外国人に関する事項の届出についても，届出義務者

第4章　届　出

である外国人の届出懈怠について罰則の適用がある（昭和24・11・10通達2616号）。創設的届出も，その身分行為の方式に関して日本法も準拠法となっている場合には，外国人も民法及び戸籍法の規定に従って届け出ることができ，その身分行為の実質的成立要件の準拠法上の要件を満たしているときは，当該身分行為を成立させることができる。

第1節　通　則

【前　注】

　本節では，出生届をはじめとする各則におけるそれぞれの届出につき，一般的に適用される規定が定められている。したがって，各則の規定は，本節の規定に対する特則規定の関係に立つのであって，各則の規定が優先適用される。また，本節の規定は，皇室の身分を離れた者及び皇族となつた者の戸籍に関する法律に規定される届出に対しても，その通則として適用される。なお，本節の規定の大部分は戸籍訂正申請にも準用されている（戸117。戸籍訂正は第5章に所収されているので，この準用が必要である。）。

　以下においては，通則における基礎的な問題である届出をする者に関して説明する。

1　届出をすべき者

　戸籍の届出をすべき者は，特定の届出をすることができる適格者でもあり，民法及び戸籍法においてそれぞれ規定されている。しかし，その態様は各届出において必ずしも一様ではなく，特に報告的届出と創設的届出との間に本質的な差異がある。そしてこの適格性の有無については，他の届出の諸要件とともに，市町村長が届出の受理に当たって審査すべき事項である。なお，「届出をすべき者」と区別すべき者に「届出人」がある。届出人とは，現実に届出をしようとし，又は届出をした者を指称する。

(1)　報告的届出

　報告的届出にあっては，届出をすべき者は，法の規定によって定められており，届出が義務付けられている者を「届出義務者」という。

　1つの届出について数人の届出義務者が規定されているときは，一応その

順序が定められている（戸52・87）。他方，未成年者，成年被後見人が届出をなすべき者であるときは，その法定代理人が届出義務者となるが，意思能力のある未成年者・成年被後見人による届出も許される（戸31Ⅰ）。このように届出義務者以外に届出資格のある者が定められている場合もあり，このような場合としては，前記のほかに，死亡の届出についての同居の親族以外の親族，後見人，保佐人，補助人，任意後見人及び任意後見受任者（戸87Ⅱ）や，認知，離縁，離婚等につき訴えを提起した者が届出をしない場合におけるその相手方（戸63Ⅱ・73Ⅰ・77Ⅰ等）などがある。報告的届出において，その届出が届出義務者でない者からされたときは，市町村長は，原則として当該届出を受理すべきでなく，もし仮に誤って受理しても，戸籍の記載はせず，真の届出義務者に対する届出の催告又は職権記載の資料として用いることができるにとどまる。

(2) **創設的届出**

創設的届出については，各届出の身分行為が民法の定めるもの（例えば，婚姻）であるときは，民法においてその行為の当事者（例えば，婚姻しようとする両当事者）として定められるとともに，法の各則において，これに対応して届出をすべき者がそれぞれ明らかにされている。また，戸籍法に規定する身分行為（例えば，名の変更）に関しては，届出の各則においてこれ（例えば，名を変更しようとする者）を規定している。いずれの場合においても届出をすべき者でない者が届け出たときは，これを受理すべきではなく，仮に誤って受理したとしても，その届出の目的たる身分関係の形成の効力は発生しないので，法24条又は114条若しくは116条の規定によって戸籍訂正を要することになる。

2 届出能力

届出能力とは，自ら単独で届出をするのに必要な行為能力をいう。報告的届出であると創設的届出であるとを問わず，意思能力のない者は，届出能力

も有しない。そして、意思能力のある者については、原則として届出能力が認められており、この点は、身分行為における届出能力と財産行為における行為能力とが異なっている。意思能力の有無は、届出受理に当たっての審査事項であって、意思能力を欠く者の届出は受理されるべきではないが、意思能力の有無の判定については、困難を伴うこともある。

(1) **報告的届出**

報告的届出に関しては、これにより既成の法律関係に消長を及ぼすものでなく、戸籍の記載などの行政目的のためになされる届出である。未成年者又は成年被後見人が届出をすべき者とされるときは、親権を行うもの又は成年後見人を届出義務者とするが、未成年者又は成年被後見人でも意思能力のある限り、その届出を否定する理由はないから、法定代理人の同意なくして自ら届出をすることが認められている（戸31）。

(2) **創設的届出**

創設的届出に関しては、これによって民法上の法律効果を伴う身分行為の場合は、その行為能力は、民法によって決せられるべきである。そして、このような身分行為においては、本人独自の意思を特に尊重すべきため、意思能力を有する以上は、本人が単独でこれをなし得るとするのが通説である。したがって、未成年者又は成年被後見人についても、意思能力のある限り、法定代理人の同意を要せず、単独で身分行為たる届出を有効にすることができる。婚姻・離婚・認知・縁組・離縁等については、民法においてこのことを明言し（民738・764・780・799・812）このような規定のないものについても、この点は異ならない。そして戸籍法は、未成年者又は成年被後見人が親権者又は成年後見人の同意を得ないですることのできる行為については、未成年者又は成年被後見人自身が届け出ることを要するものとする（戸32）。

次に、民法に規定のない戸籍法上の行為（分籍・転籍等の届出）についても、広い意味での身分行為にほかならないから、意思能力のある限り、成年被後見人自らがこの届出をすることができる。

なお、これらの原則に対して、例外と認められる次の場合がある。すなわ

ち，縁組・協議上の離縁又は民法791条による改氏においては，養子又は子が15歳未満のときはその届出能力を否定し，法定代理人など所定の者が代わって届出をすべきものとされている（民797・811Ⅱ・791Ⅲ）。これは，意思能力のない未成年者について養子関係の発生・消滅又は改氏を可能にさせようとするためであるが，画一的に年齢を一定としたため，15歳未満の者は，たとえ意思能力を有する場合でも，自ら届出をすることは認められないこととなる。そして，この年齢は，未成年者の意思能力が通常この時期に生ずべきことを考慮して定められているのであり，一般的に意思能力の有無を判定する際の標準とされている（戸32）。

③ 届出の代理

(1) 委任代理

報告的届出は，既成の事実又は法律関係と密接な関係のある一定の者のみから届出させることによって，その届出に係る事象の真実性をできる限り確保しようとするものであり，届出義務者が代理人によって届出をすることは，原則的に禁じられる。ただ，口頭の届出においては，比較的弊害が少なく，また届出義務者の便宜を図る必要もあるので，特に，届出人が疾病その他の事故により出頭することができない場合に限り，委任代理が許される（戸37Ⅲ）。

創設的届出に関しては，身分行為が代理に親しまないとするのが通説であり，書面による届出においては，委任代理は許されない（大判昭11・6・30大審院民集15巻1290頁）。口頭の届出においては，重要な身分行為たる認知・縁組・協議上の離縁・婚姻及び協議上の離婚について，委任代理の認められないのは当然であるが（戸37Ⅲ），その他の民法上の身分行為や戸籍法上の創設的届出については，異論はあるが，前記規定及び口頭の届出を認めた趣旨に鑑み，代理人による口頭の届出は許されると解される（青木＝大森『全訂戸籍法』200頁）。

なお，書面による届出については代理が全く許されない（大正3・12・28回答999号）としても，本人が届書を完成させ，第三者にその提出を託した場合は，ここにいう委任代理ではなく，使者によるものであって，法的には，本人からの届出として評価されるから，この方法による届出は許される。

(2) 法定代理

報告的届出に関しては，未成年者又は成年被後見人の法定代理人である親権者又は成年後見人が届出義務者となることは，前記1で述べたとおりである。他方，創設的届出に関しては，身分行為は，法定代理人によることなく，本人自らすべきであることを原則とすることは，前記2のとおりである。そこで，認知・縁組・婚姻その他民法の規定する身分行為については，後に解説する特殊な場合を除き，法定代理人による届出を受理すべきでなく，また，たとえこれを受理しても，その効力を生ずることはない（昭和4・8・30回答7926号，昭和9・2・12回答175号）。なお，報告的性質と創設的性質を併有する法62条の嫡出子出生届においては，父による届出によって認知の効力を生ずることから，その法定代理人による届出では，出生に関する報告的届出としては許されるが，これによって認知の効力は生じないというべきである（昭和9・2・12回答175号）。他方，縁組，協議上の離縁又は民法791条により氏を改めることについては，本人が15歳未満の場合は，所定の者が本人に代わって届出をすべきことが法定されている（民797・811Ⅱ・791Ⅲ）。なお，特に明文の規定はないが，名の変更・転籍などの実質的身分効果を伴わない届出においては，本人が意思能力を欠く場合には法定代理人によることが認められている（大正7・10・4回答1082号，昭和23・10・15回答660号）。

> 〔届出地〕
> 第25条　届出は，届出事件の本人の本籍地又は届出人の所在地でこれをしなければならない。
> ②　外国人に関する届出は，届出人の所在地でこれをしなければならない。

　本条は，届出地に関する原則規定である。どこの市町村長（戸籍事務管掌者）に対して届出をすべきものとするかについては，届出人の便宜を考慮すべきことは当然ではあるが，同時に戸籍事務や人口動態統計調査事務等の適正な処理という観点からも定められるべきものである。本条では，これらの点から届出地に関する一般原則について定めているが，この原則に対しては多くの例外がある。

1　届出地に関する原則

(1)　届出地の一般原則

　届出は，その届出事項を速やかに戸籍に記載するのが主たる目的であるから，この点のみを考慮すれば，届出事件本人の本籍地の市町村長に届出させるのが一応理想と考えられる。しかし，このように本籍地のみに限定したとすると，届出事件本人の本籍地に居住していない届出人にとっては極めて不便であるばかりでなく，届出の励行を期待し難くなるおそれも生じる。そこで，届出事件本人の本籍地以外の地に居住している届出人の利便等をも考慮して，前述のとおり，届出事件本人の本籍地のほかに，届出人の所在地の市町村長に対しても届け出ることが認められている。したがって，以上のいずれの地に届出をするのかは届出人の自由の選択に委ねられる。

(2)　届出地としての「本籍地」

　(1)にいう届出事件本人の「本籍地」については，届出当時において現に本籍の所在する市町村，すなわち当該事件本人の戸籍が所在する市町村をいう。

例えば、出生届であれば、その事件本人である出生子の入籍すべき戸籍のある市町村ということであり、死亡届であれば、その事件本人である当該死亡者につき除籍される戸籍が在る市町村ということになる。

また、届出事件本人の本籍地が、その届出によって一の市町村から他の市町村に転属する場合、すなわち、婚姻、縁組、離婚、離縁等の場合のように、その届出事件の本人が当該届出によって一の戸籍から除かれて他の戸籍に入籍する場合における本籍地については、届出当時における本籍地、すなわち、当該届出によって除籍される戸籍が在る地を指称し、入籍すべき戸籍が在る地は含まないものと解されている（昭和24・7・19回答1643号）。これらの場合には、転籍、分籍等のように入籍地での届出を認める旨を特に規定していないからである（戸101・109・112参照）。したがって、婚姻等の届出によって新戸籍が編製される場合に、その新本籍地に届出がされても受理すべきでないとする取扱いがされている（明治36・4・7回答163号）。もっとも、これらの場合に、入籍地又は新本籍地が届出人の所在地であるときは、後記(3)により届出地となり得るが、それは上記とは別個の問題である。

(3) 届出地としての「所在地」

本条にいう届出人の「所在地」とは、届出当時における届出人のいわゆる「住所地」（住基4、民22）のみを指すのではなく、「居所地」あるいは「一時的な滞在地」をも含めた広い意味に解すべきものとされている（明治32・11・15回答1986号）。このことは、一般の届出につき届出人の利便を考慮し、届出を容易にする上から届出事件本人の本籍地のほかに届出人の所在地をも戸籍の届出地として認めた本条の趣旨からして当然のことといえる。したがって、例えば、A市に本籍を有し、B市に住所を有する者が、たまたま商用（又は公務出張）等で旅行し、C市に一時滞在中にある事項について届出義務が発生した場合、その滞在地C市長に対し届出をすることも認められる。

なお、婚姻、縁組等のように1つの届出について当事者又は届出人が数人いるときは、そのいずれの本籍地又は所在地でも届け出ることができると解されている。

(4) 届出地以外で受理した届出の効力

　戸籍法で定める届出地以外での届出は，市町村長は，不適法な届出として受理すべきではない（昭和24・7・19回答1643号）。しかし，もし誤って受理した場合には，その届出は有効なものとして処理することとなる（大判昭11・12・4大審院民集15巻23号2138頁，昭和12・9・22通牒1283号）。すなわち，届出地は戸籍事務等の便宜と届出人の利便を考慮して定められたものにすぎず，これに違背したからといってその届出の効力を否定するまでの必要がないからである。したがって，創設的届出については届出地以外での届出であっても，受理された以上は身分関係変動の効果が当然生じる（昭和12・9・22通牒1283号）。

2 届出地に関する原則に対する例外

(1) 別個の届出地を定めているもの

　胎児認知の届出地は，母の本籍地に限定されており（戸61），また，認知された胎児の死産届は，認知の届出地でしなければならない（戸65）。

　日本人母の胎児を認知する場合の届出地については，上記のとおりその母の本籍地となるが，例えば，外国人母の胎児を認知する場合の届出地については，その母の住所地とされている（昭和29・3・6回答509号）。

　本籍不明者に係る死亡の報告又は水難，火災その他の事変による死亡の報告は，いずれも死亡地の市町村長にすべきものとされている（戸89本文・92Ⅰ）。

(2) 付加的に届出地を定めているもの

　出生届，死亡届，分籍届，転籍届及び就籍届については，前述した一般原則による届出地，すなわち，届出事件本人の本籍地又は届出人の所在地の市町村長への届出が認められるが，そのほかに出生地，死亡地，分籍地，転籍地，就籍地等それぞれの市町村長に対してもその届出をすることが認められている（戸51Ⅰ・88Ⅰ・101・109・112）。

(3) 外国に在る日本人に関するもの

外国に在る日本人の届出については，法40条の規定するところにより，その国に駐在する日本の大使，公使又は領事に届出をすることが認められている。

しかし，この場合でも前述の一般原則により，届出事件本人の本籍地への届出を妨げるものではない。したがって，本籍地の市町村長に対し直接郵送により届出をすることは差し支えない（昭和24・9・28通達2204号）。

(4) 外国人の届出に関するもの

日本の国籍を有しない者，すなわち外国人に関しては戸籍簿がない（したがって本籍地としての概念もあり得ない。）ので，その届出は，届出人の所在地に限定される（本条Ⅱ）。しかし，例えば，外国人と日本人を当事者とするいわゆる渉外的戸籍届出（婚姻，離婚，縁組，離縁等）事件の場合には，その日本人の本籍地又は所在地においても届け出ることができる。

(5) 本籍分明届に関するもの

ア 本籍不明者等と届出

本籍が明らかでない者，すなわち，日本国内に本籍を有することは確かなのだが，それがどこにあるか具体的に明らかでない者，あるいは本籍がない者，すなわち，日本人として日本国内に本籍を有すべき者であるところ，何らかの原因（出生届未済等）により戸籍に記載されていない者に関しての届出については，一応届出人の所在地でこれをするほかはないことになる。しかし，その後において本籍が明らかになり，又は本籍を有するに至ったときは，届出人又は届出事件の本人は，その事実を知った日から10日以内に，届出事件を表示して，前の届出を受理した市町村長にその旨を届け出なければならないとされている（戸26）。

これらの者についても，一般の場合と同様に報告的届出はもちろん，創設的届出も認められるが，戸籍を有しないので，届出がされても戸籍の記載をすることができない。すなわち，これら本籍不明者又は本籍がない者と本籍の明らかな者（いわゆる有籍者）とを当事者とする婚姻，縁組等の届出についても，その届出により有籍者については婚姻，縁組等の事項を戸籍に記載

することはできるが，本籍不明者又は本籍のない者については戸籍の記載をすることは不可能である（明治34・3・9回答175号）。

　イ　本籍分明届の届出地

　そこで，上記の者の届書については，これを受理した市町村長においてそのまま保管しておかざるを得ない（大正3・11・17回答1599号）。しかし，後日に至って本籍が判明し，又は就籍手続等によって本籍を有するに至れば，先にされた届出につき処理を完了させる必要があるため，その当事者は，前述の期間内に，先に届出を受理しそれを保管している市町村長に対し本籍分明届をすべきものとしている。したがって，この場合の届出については，上記以外の市町村長に対し届け出ても受理できない。なお，この本籍分明届は一種の追完届と解されている。(注)

(6)　**電子情報処理組織による届出**

　戸籍に関する届出の多くは，法27条の解説3で説明するように電子情報処理組織による届出（オンラインシステムによる届出）をすることができるが，この方法による届出地については，胎児認知の届出等一部例外を除いて，届出事件の本人の本籍地に限るものとされている（戸130，戸規79の8Ⅱ）。その詳細は法130条の解説2(1)を参照されたい。

◆◆◆

（注）　婚姻，縁組等の創設的届出は，理論的には，たとえ本籍不明者又は本籍のない者の間であっても，また，本籍のない者同士の間であっても届出が可能であり（昭和3・6・13回答7035号，明治32・10・5回答1107号），戸籍法の上でもこれを肯定している（戸26，戸規27）。しかし，上記の者等のように，戸籍がない場合又は戸籍がどこに在るのか不明の場合には，その者が日本国籍を有する者であるということを立証することが困難であり，また，婚姻，縁組等の要件の具備を証明することも至難であるといえる（通則法24・31）。そのため，これらの者については，現実には婚姻又は縁組等の届出をすることは事実上不可能である。すなわち，過去の取扱いでは，これらの者から単に届書にその旨を記載して届出があればこれを受理していたが，この取扱いによるときは，日本国籍を有しない者が本籍不明者又は無籍者と偽って届出をするという不都合な事態も生じかねないことから，取扱いが変更され，その者が日本国籍を有する者であることや婚姻又は縁組の要件を具備していることを認めるに足る資料を添付しない限り受理できないこととされている（昭和29・11・20通達2432号）。

> [本籍分明届]
> 第26条　本籍が明かでない者又は本籍がない者について，届出があつた後に，その者の本籍が明かになつたとき，又はその者が本籍を有するに至つたときは，届出人又は届出事件の本人は，その事実を知つた日から10日以内に，届出事件を表示して，届出を受理した市町村長にその旨を届け出なければならない。

　本条は，本籍不明者又は無籍者（以下「本籍不明者等」という。）に関する死亡や認知等の届出後に，その者の本籍が明らかになつたとき又はその者が本籍を有するに至つたときにする本籍分明届についての規定である。この届出は，追完届（戸45）の一種であり，報告的届出である。

1　本籍が明かでない者（本籍不明者）

　「本籍が明かでない者」とは，本籍がどこに設定され，あるいはいずれかの本籍に所属し，その戸籍に入籍しているが，本籍地及び筆頭者の氏名が判明しないため，探索できない者をいう（木村三男＝竹澤雅二郎編著『詳解処理基準としての戸籍基本先例解説』（日本加除出版，2008）643頁）。例えば，届出事件の当事者がいわゆる記憶喪失者となって自己の本籍の所在を亡失した場合や，幼時期に父母等と死別して最初から不知の場合がある。また，死亡届のように他人が同居者として届出義務を有する場合に，死亡者本人の本籍を知らない場合がある。(注1，注2)

◆◆
（注1）　本籍不明者であっても，生存者であれば，就籍の手続（戸110・111）により戸籍を設けることが許される（大正10・4・4回答1361号）。木村三男『改訂設題解説戸籍実務の処理　Ⅰ　総論編』（日本加除出版，1993）394頁。
（注2）　本籍不明者と無籍者の区別
　　　戸籍法の規定上，本籍不明者については本籍分明届（本条）を，無籍者については就籍届（戸110）をすることとされ，両者を判然と区別しているかにみえるが，

この区別は結果からみたもので，実質的に区別することは困難とされている（木村＝竹澤・前掲643頁）。

なお，無籍者に係る具体的な手続であるが，原則として，出生の届出義務者がいるときは，これに対して届出の催告をして（戸44），その届出に基づいて戸籍の記載をすることになるが，届出義務者がなく，また，職権で戸籍に記載することができないときは，結局，家庭裁判所の就籍許可の審判（戸110）又は確定判決（戸111）を得た上，これに基づく就籍届によって戸籍の記載をすることになる（木村・前掲（注1）365頁）。

また，令和6年4月10日現在，法務省民事局の統計によれば，無戸籍者等の数は768人とされており，そのうち，戸籍に記載されていない理由として「記憶喪失等，本籍が認識できない」とする者は90人（約12％）となっている。

② 本籍がない者（無籍者）

「本籍がない者」とは，日本人でありながら，出生当時何らかの事由で出生届がされず，出生届出義務者が存在しないため，戸籍に登載されていない者をいう（木村＝竹澤・前掲643頁）。例えば，出生届未了のうちに出生届出義務者が死亡し又は行方不明となり，出生に関する資料が得られないため，職権による戸籍記載手続（戸44Ⅲ・24Ⅱ）をとることができない者と，従前，樺太又は千島（色丹島，国後島，択捉島，歯舞群島を除く。）に本籍を有していた者で，平和条約発効前に内地に転籍しなかった者とがある。また，出生の届出に基づいて，一旦戸籍に記載されたが，親子関係不存在確認の裁判確定に基づく法116条の戸籍訂正又は虚偽記載を訂正原因とする法113条の戸籍訂正の申請によって消除された場合において，改めて出生の届出（又は職権による戸籍記載）をすることができない（出生届出義務者の死亡，出生に関する資料不足等）者等も無籍者に該当するものと解される（木村・前掲（注1）397頁）。

3 本籍不明者等に関する届出（基本の届出）

(1) 創設的届出

本籍不明者等についても，本籍が明らかである者の場合と同様に出生届などの報告的届出はもちろん認知届などの創設的届出（以下まとめて「基本の届出」という。）についてもすることができる。すなわち，婚姻，縁組等の創設的届出は，理論的には，たとえ本籍不明者又は無籍者の間であっても，また，本籍のない者同士の間であっても届出が可能であり（昭和3・6・13回答7035号，明治32・10・5回答1107号），本条は，これを肯定するからこそ，規定されているわけである。しかし，上記の者のように，戸籍がない場合又は戸籍がどこにあるか不明の場合には，その者が日本国籍を有する者であるということを立証することが困難であり，さらに，外国国籍を有していないことを前提としての届出であるから，外国国籍の立証もなされないため，婚姻，縁組等の要件の具備を証明することも至難の業である。そのため，これらの者については，現実には婚姻又は縁組等の届出をすることは事実上不可能といえる。従前は，これらの者から単に届書にその旨を記載して届出があればこれを受理していたのであるが，この取扱いによるときは，日本国籍を有しない者が本籍不明者又は無籍者と偽って届出をするという不都合な事態も生じかねないことから，昭和29年11月20日通達2432号によってこれが変更され，同日以降は，その者が日本国籍を有する者であること，婚姻又は縁組の要件を具備していることを認めるに足る資料を添付しない限り受理できないこととされた。身分行為の成立に関し当事者の本国法を適用する場合において，当該当事者の国籍が不明のため本国法も不明であるときは，当該創設的届出について的確な審査をすることができないので，このような措置はやむを得ないと考えられる。そして，上記通達が発出された時は，日本の国際私法である法例（平成元年法律27号による改正前）では，婚姻，認知，養子縁組といった身分行為の成立に関する準拠法は関係当事者の本国法を配分的適用するものであり，このために，上記通達は，法的にも正当なものであった

ということができる。法の適用に関する通則法（平成元年法律27号による改正後の法例も同じ。）の下においても，婚姻は各当事者の本国法により（通則法24），また，認知は，認知する者の本国法を準拠法とする場合には子の本国法の保護要件も重複適用し（通則法29Ⅰ），さらには，養子縁組についても養親の本国法を準拠法としつつ子の本国法の保護要件も重複適用するので（通則法31）上記に述べたことがそのまま当てはまる（高妻新ほか『最新体系・戸籍用語事典』（日本加除出版，2014）243頁，木村三男＝神崎輝明『全訂戸籍届書の審査と受理』（日本加除出版，2019）56頁）。しかしながら，子が日本人であることが判明している場合（本籍を有している場合）は，認知は日本法のみによることができるので（通則法29Ⅱ），認知者が本籍不明者等であっても要件審査は可能であり（認知者の本籍不明の事実が不受理の根拠とならないことは，本条の規定により明らかである。），認知者の本籍不明として当該認知の届出を受理するほかはないと思われる。このことは，日本人母の胎児につき日本法を準拠法として認知する場合も同様である。これ以外の創設的届出に関しては，上記の理由から，本籍不明者等が届出をする前提として，就籍の手続により本籍を確定する必要がある。

(2) **報告的届出**

戸籍法の属地的効力により，その者が日本国民であると外国人であるとを問わず，日本国内で出生し又は死亡した場合等は，戸籍法の定めるところに従って，出生届又は死亡届等をすることとされている（昭和24・3・23回答3961号，昭和24・11・10通達2616号）。仮に，死亡届のように他人が同居者として届出義務を有する場合に死亡者本人の本籍を知らない場合などは，死亡者が日本国籍を有しているか否かを審査することなく，本籍不明者としての基本の届出（死亡届）が許容される。なお，棄児については，法57条の規定に基づく申出により新戸籍に記載されるが，父母が棄児を引き取ったときは，法59条に基づき戸籍訂正をするべきことが定められていて，本条の適用はない。

(3) 届出受理後の措置

　本籍不明者等は，本籍が判明しない又は戸籍を有しない状態にあることから，基本の届出があっても戸籍の記載をすることができないため，本籍不明者等について受理した基本の届出に関する届書は，後発の届出となる本籍分明届が届出されるまでは，そのまま受理した市役所又は町村役場で保存することになる（大正3・11・17回答1599号）。この点，昭和29年11月20日通達2432号以前に，本籍不明者等（無籍者）として婚姻又は縁組している者については，本籍分明届（就籍の手続により本籍を有するに至った旨の届出）の可能性を否定することはできない（成毛鐵二『新版　戸籍の実務とその理論』（日本加除出版，1971）288頁）。

　なお，基本の届出は，届出人の所在地でするほかはない（戸25）。

4　基本の届出と本籍分明届の処理

　前記3の基本の届出は，戸籍の記載がされないまま暫定的な措置がとられているが，その後，本籍不明者等の本籍が判明するか又は就籍の手続によって本籍を有することとなった場合には，本条所定の本籍分明届をすることになる。本籍分明届は，基本の届出に対する追完届（戸45）とみられるから，前後の届書を合わせてこれに基づき戸籍の記載をすることになる。すなわち，本籍分明届の受理市町村が本籍地の場合は，直ちに戸籍の記載をすべきであり，戸籍の記載には，本籍分明届の受附年月日とその旨を表示する。また，本籍分明届の受理市町村が本籍地でないときは，基本の届出（書）と本籍分明届（書）の通知を受けた本籍地では，これらの届書を合わせて1件として処理するので，戸籍の記載に本籍分明届のあった旨を表示する必要はない。なお，本籍分明届は，基本の届出が報告的届出であると創設的届出であるとを問わず報告的届出である。したがって，基本の届出が創設的届出（例えば，婚姻届）である場合には，本籍分明届に関係なく届出によって生じる身分上の効果は，当初の届出のときに生じている（髙妻ほか・前掲244頁）。

第4章 届 出 第1節 通 則

　本籍分明届も届出の一種である以上，届出の一般通則の規定が適用されるほか，留意すべき事項は次のとおりである。

(1) 届出義務者

　本籍分明届の届出義務者は，基本の届出の届出人又は事件本人である。ここでの届出人とは，基本の届出をした者を指称する。

(2) 届出期間

　届出期間は，本籍が明らかになったこと又は本籍を有することになったことを知ったときは，その日から10日以内に届出すべきものとされている。なお，就籍の場合は，就籍の許可審判が確定してから10日以内ということになる。

(3) 届出地

　届出地は，基本の届出が受理された市町村に限定される。本籍分明届は追完届の一種であり，基本の届出と一体となって処理されるべき性質のものであるから，届出地が基本の届出を保存する市町村に限定されることは当然の帰すうである。

(4) 届書の記載事項

　届書の記載事項は，本節で定められる一般記載事項のほか，基本の届出事件を表示する。

> 〔届出の方法〕
> 第27条　届出は，書面又は口頭でこれをすることができる。

　本条は，届出の方法について定めており，届出は書面又は口頭のいずれの方法によってもすることができることを明らかにした規定である。この届出の方法は報告的届出であると創設的届出であるとを問わずいずれの届出にも適用がある。

1　書面による届出

　書面による届出の場合，つまり届書の提出は，届出人本人（証人を含む。）が市役所又は町村役場に直接出頭して行うのが原則であるが，直接出頭しなくても届出をすることができる（明治31・7・26回答569号，明治31・9・28回答975号）。すなわち，届出人本人が市役所又は町村役場に出頭できないときは，郵便又は民間事業者による所定の信書便での届出も認められるし（戸47），また，本人名義の届書を作成した上で，他人（第三者）を使者として提出させることもできる（大判昭11・6・30大審院民集15巻1290頁）。このことは，報告的届出はもちろん，創設的届出についても，その取扱いに差異はない（大判大5・5・11民録22輯940頁，明治31・9・28回答975号）。もっとも，創設的届出については，直接出頭かどうかにより，法27条の2に定めるとおり本人確認等の方法が異なる。

　なお，届書の提出を他人（第三者）に委託した場合には，それは単なる伝達機関としての使者にすぎないのであり代理人ではないから，届出人からの委任状は必要ない（明治31・10・1回答813号）。

　数事件の届出を1通の届書ですることは原則として認められないが，例外的に事務処理上支障のない次の場合などは，先例で認められている。

　①　同一の戸籍に在る数人の子を同時に認知する場合の認知届（大正4・5・4回答508号）

第4章 届出 第1節 通則

② 同一の戸籍に在る数人が共に同一の戸籍に入籍する場合の入籍届（大正4・7・13回答952号）
③ 同一の戸籍に在る数人の未成年被後見人について同時にする後見開始届（大正5・3・15回答226号）
④ 養子が死亡養親と生存養親の双方と同時に離縁する場合の離縁届（昭和37・8・9回答2258号，昭和31・11・7～8岩手協議会決議）

2 口頭による届出

口頭による届出については，法37条にその方法が具体的に定められている（詳細は法37条の解説を参照されたい。）が，現実的には，同条で規定する届出はほとんどない。なお，この届出は，民法739条2項・764条・799条及び812条に明文規定があるが，それら以外の届出（戸37Ⅲただし書の届出を除く。）の場合も許容される。

婚姻，縁組等のように数人の届出人がある場合には，各届出人とも一様に書面又は口頭によることを要し，1つの届出事件について届出人の1人は口頭で他の者は書面によるというような届出の形式を二様する届出は認められない（大正5・6・7回答465号）。

3 電子情報処理組織による届出

法務大臣の指定する市町村長（戸118Ⅰ）に対してする規則別表第六に掲げる届出は，市町村長の使用に係る電子計算機と届出をする者の使用に係る電子計算機とを電気通信回線で接続した電子情報処理組織（以下，「オンラインシステム」という。）を使用してすることができる（戸規79の2の4Ⅱ）[注]。

オンラインシステムによる戸籍事務の取扱いについては，令和6年2月26日通達503号が発出されている。

第27条〔届出の方法〕

(注) 行政手続等における情報通信の技術の利用に関する法律（当時）及び行政手続等における情報通信の技術の利用に関する法律の施行に伴う関係法律の整備等に関する法律の施行に伴い，行政手続のオンライン申請，届出が可能となった。あわせて，戸籍法施行規則の一部を改正する省令（平成16・4・1法務省令28号）が平成16年4月1日に公布・施行され，市町村長は，オンラインシステムを使用して戸籍事務を行うことができることとされた。同規則は，さらに数次の改正を経て，現在の条文となっている。

〔創設的届出における本人確認・不受理申出〕
第27条の2　市町村長は，届出によつて効力を生ずべき認知，縁組，離縁，婚姻又は離婚の届出（以下この条において「縁組等の届出」という。）が市役所又は町村役場に出頭した者によつてされる場合には，当該出頭した者に対し，法務省令で定めるところにより，当該出頭した者が届出事件の本人（認知にあつては認知する者，民法第797条第1項に規定する縁組にあつては養親となる者及び養子となる者の法定代理人，同法第811条第2項に規定する離縁にあつては養親及び養子の法定代理人となるべき者とする。次項及び第3項において同じ。）であるかどうかの確認をするため，当該出頭した者を特定するために必要な氏名その他の法務省令で定める事項を示す運転免許証その他の資料の提供又はこれらの事項についての説明を求めるものとする。
② 　市町村長は，縁組等の届出があつた場合において，届出事件の本人のうちに，前項の規定による措置によつては市役所又は町村役場に出頭して届け出たことを確認することができない者があるときは，当該縁組等の届出を受理した後遅滞なく，その者に対し，法務省令で定める方法により，当該縁組等の届出を受理したことを通知しなければならない。
③ 　何人も，その本籍地の市町村長に対し，あらかじめ，法務省令で定める方法により，自らを届出事件の本人とする縁組等の届出がされた場合であつても，自らが市役所又は町村役場に出頭して届け出たことを第1項の規定による措置により確認することができないときは当該縁組等の届出を受理しないよう申し出ることができる。
④ 　市町村長は，前項の規定による申出に係る縁組等の届出があつた場合において，当該申出をした者が市役所又は町村役場に出頭して届け出たことを第1項の規定による措置により確認することができなかつたときは，当該縁組等の届出を受理することができない。
⑤ 　市町村長は，前項の規定により縁組等の届出を受理することができなかつた場合は，遅滞なく，第3項の規定による申出をした者に対し，法務省令で定める方法により，当該縁組等の届出があつたことを通知しなければならない。

第27条の2〔創設的届出における本人確認・不受理申出〕

　本条は，創設的届出の際の本人確認（本条Ⅰ），届出の受理通知（本条Ⅱ），不受理申出（本条Ⅲ・Ⅳ）及び届出の不受理通知（本条Ⅴ）について定めるものである。

　なお，本条に係る戸籍事務の取扱いについては，法務省から通達（平成20・4・7通達1000号）が発出され，その基本的な取扱いの指針が示されている。(注1)

◆◆

（注1）　平成20年5月1日，戸籍法の一部を改正する法律（平成19年法律35号，以下「平成19年改正法」という。）及び戸籍法施行規則の一部を改正する省令（平成20・4・7法務省令27号，以下「平成20年改正省令」という。）が施行されたが，この改正によって，本条が新設され，届出の際の本人確認及び不受理申出制度の法制化が図られた。これらの制度は，虚偽や偽造による届出を防止し，戸籍記載の真実性を担保しようとする趣旨に基づくものであり，それまで法務省民事局長通達（平成15・3・18通達748号，昭和51・1・23通達900号）によって運用されていたが，前者にあっては，例えば，届書を窓口に持参した者が使者の場合や，届出人の一部のみについて本人確認ができた場合の扱いが必ずしも統一されていないなどの問題があり，虚偽等の届出による戸籍の記載を防止する措置としては十分機能していないと指摘されていたことから，これらの取扱いを統一して法制化されたものである。また，後者にあっては，協議離婚の届出については一律に不受理申出を認めるものの，それ以外の届出についての不受理申出を認めるか否かは，市町村長の判断に委ねられていたほか，不受理申出の有効期間を6か月に制限するものであったことなどから，平成19年改正法では，不受理申出の適用対象となる届出を拡大する一方，申出有効期間の制限を設けないこととするなど，その制度を発展させてより利用しやすいものとされた。

　　平成19年改正法の詳細については，小出邦夫「「戸籍法の一部を改正する法律」の解説」民月62巻6号7頁以下を，平成20年改正省令については，相馬博之「戸籍法の一部改正に伴う省令の解説」民月63巻5号7頁以下を，改正に伴う戸籍事務の基本的な取扱いの指針を示す平成20年4月7日通達1000号については，相馬博之＝堤秀昭「戸籍法及び戸籍法施行規則の一部改正に伴う戸籍事務の取扱いに関する通達の解説」民月63巻6号7頁以下をそれぞれ参照されたい。

第4章 届 出 第1節 通 則

1 届出の際の本人確認

(1) 確認手続

　市町村長は，届出によって効力を生じる認知，縁組，離縁，婚姻又は離婚の届出（以下「縁組等の届出」という。）に際し，法務省令で定めるところに従い，市町村の窓口に出頭した者に対して，その者を特定するために必要な氏名等の法務省令で定める事項を示す運転免許証その他の資料の提供又は説明を求めるものとされている（本条Ⅰ）。この「法務省令で定める事項」とは，窓口に出頭した者の氏名及び住所又は生年月日である（戸規53・11の3）。また，本条1項は，「法務省令で定めるところにより」と定めて，確認方法を細則により定めるものとしているところ，窓口に出頭した者の確認方法については，次のように定められている。まず，原則的な方法は，運転免許証，個人番号カード等の国又は地方公共団体の機関が発行し写真が貼付された証明力の高い書類（戸規53の2・11の2①）の提示によって確認することとされている。次に，そのような書類を所持しない場合に配慮して，同書類による確認ができないときは，国民健康保険の被保険者証等や写真付きの学生証等（戸規53の2・11の2②）をその性質に応じて複数枚組み合わせて提示する方法も認められている。さらに，そのような複数枚組み合わせる方法による確認もできない場合であっても，届出を受けた市町村長が窓口に出頭した者の戸籍を管理しているときは，当該市町村長がその者の戸籍の記載事項について質問することによって確認する方法その他の市町村長が適当と認める方法による確認を許容することとされている（戸規53の2・11の2③）。そして，以上の確認方法を行うに当たり必要な範囲で，戸籍謄本等の交付請求における規則の該当規定を準用することとされ，必要な読替規定が置かれている（戸規53の2）。

　なお，縁組等の届出については，身分行為の当事者である届出事件の本人の意思が重要であるため，届出事件の本人から届書の提出を頼まれた者による届出（使者からの届出）については，端的に窓口に出頭した者が届出事件

の本人であることの確認ができない場合として扱い（このため，その権限の確認は行わない。），また，郵送（信書便を含む。）の方法による届出についても，窓口に出頭した者が届出事件の本人であることの確認ができない場合として扱い，次に説明する本条２項で定める通知を行うものとされている。^(注2)

(2) 本人確認ができない場合の通知方法

縁組等の届出があった場合において，窓口に出頭した者が届出事件の本人であることの確認ができなかった場合には，市町村長は，当該縁組等の届出を受理した後遅滞なく，当該本人に対し，法務省令で定める方法により，当該縁組等の届出が受理されたことを通知しなければならない（本条Ⅱ）。この「法務省令で定める方法」としては，戸籍の附票又は住民票に記載された現住所に，転送不要の郵便物又は信書便物として送付して通知する方法が定められている（戸規53の３）。[注3]

(注2) 相馬・前掲（注１）17頁。
(注3) 封書や本人以外の者が内容を読み取ることのできないような処理をしたはがきで送付することとされている（平成20・４・７通達1000号第５の２(2)）。

2 不受理申出

(1) 不受理申出の方法等

本条３項は，何人も，その本籍地の市町村長に対して，あらかじめ，法務省令で定める方法により，自らを届出事件の本人とする縁組等の届出がされた場合であっても，自らが出頭して届け出たことが確認できない限り，届出を受理しないよう申出をすることができることを定めている。この申出のことを「不受理申出」と称している。この「法務省令で定める方法」として，次のとおり定められている。まず，不受理申出の申出地は市役所又は町村役場（申出人の本籍地に限らない。）であり，[注4] この申出は自ら出頭してすべきもの（出頭主義）とされている（戸規53の４Ⅰ）。出頭という手続を要件とし

たのは，不受理申出の効果（縁組等の届出を受理しないため，これらの身分行為をすることができない事態も生じ得る。）の重要性に鑑み，本人確認をはじめとして，その手続を厳格にすべきであるとの観点から定められたとされている。(注5) 次に，不受理申出は，所定の事項を記載した書面（以下「不受理申出書」という。）により行うものとされている（戸規53の4Ⅱ）。さらに，不受理申出は，規則11条の2の1号から3号までに規定する方法のいずれかにより，出頭した者が当該不受理申出をした者であることを明らかにしてしなければならないとされ，当該申出をする者の確認事項及び確認方法について，縁組等の届出におけるものと同様の規律が採用されている（戸規53の4Ⅲ）。

なお，法文上は，「その本籍地の市町村長に対して」と規定していて，申出をする者は日本人に限っているが，通達では，日本国内にいる外国人も不受理申出をすることができるものとしている（平成20・5・27通達1503号）。

以上のとおり，不受理申出は，原則として出頭してすべきものとされているが，不受理申出をする者が疾病その他やむを得ない事由により自ら出頭することができないときは，本籍地の市町村長に不受理申出書を送付する方法その他これに準ずる方法(注6)によりすることができるとされ，この場合には，所定の事項を記載した公正証書（代理人の嘱託により作成されたものを除く。）を提出する方法その他の方法(注7)により当該不受理申出をする者が本人であることを明らかにしなければならないとされている（戸規53の4Ⅳ）。

(2) 不受理申出がなされている場合の当該縁組等の届出の取扱い

本条4項は，不受理申出がなされている場合の市町村長における当該縁組等の届出の受否について，定めている。すなわち，本条3項の規定による申出に係る縁組等の届出があった場合において，不受理申出をした者が市役所又は町村役場に出頭して届け出たことについて，本条1項の規定による確認をすることができなかったときは，当該縁組等の届出を受理することができないと定めている。市町村長は，縁組等の届出がされた場合においては，窓口に出頭した者が届出事件の本人であることの確認ができたときを除き，受理又は不受理を決するため当該届出について不受理申出がされているか否か

を確認する必要がある(注8)。

　したがって，縁組等の届出があった場合，市町村長としては，不受理申出の有無を確認しなければ当該届出の受否審査につながらないが，縁組等の届出人の本人確認ができれば，仮に不受理申出がなされていたとしても，当該申出をした本人自身が届出をしていることが明らかであるから，当該申出の有無を確認しなくても，他の要件が充足していれば，縁組等の届出を受理しても差し支えないわけである。

　しかし，縁組等の届出人の本人確認ができなければ，不受理申出の有無の確認が必要となり，その確認の結果いかんにより縁組等の届出の受否を決するべきである。

(3) 不受理申出の取下げ

　不受理申出をした者は，いつでも当該不受理申出を取り下げることができ（戸規53の４Ｖ），その取下げの方法については，不受理申出の方法に関する規定が準用される（戸規53の４Ⅵ）。これによると，不受理申出の取下げの方法は，次のとおりである。不受理申出の取下げは，当該申出の取下げをする者が，自ら市役所又は町村役場に出頭して（戸規53の４Ⅰ），所定の事項を記載した書面でしなければならない（戸規53の４Ⅱ）。この所定事項とは，①不受理申出の取下げをする旨，②申出の取下げの年月日，③申出の取下げをする者の氏名，出生の年月日，住所及び戸籍の表示等である（戸規53の４Ⅱ各号）。あわせて，規則11条の２の１号から３号までに規定する方法のいずれかにより，出頭した者が当該申出の取下げをした者であることを明らかにしてしなければならない（戸規53の４Ⅲ）。

　以上が原則的な方法であるが，当該申出の取下げをする者が疾病その他やむを得ない事由により自ら出頭することができない場合には，本籍地の市町村長に上記書面を送付する方法その他これに準ずる方法によりすることができる（戸規53の４Ⅳ）。この場合には，上記事項を記載した公正証書（代理人の嘱託により作成されたものを除く。）を提出する方法その他の方法により当該申出の取下げをする者が本人であることを明らかにしなければならない

第4章 届 出 第1節 通 則

（戸規53の4Ⅳ）。

・・

（注4）　例外として，在外公館においても不受理申出ができるとされている（平成23・9・12通知2132号）。

（注5）　林史高「戸籍法施行規則等の一部を改正する省令の解説」民月65巻5号24頁。

（注6）　「これに準ずる方法」とは，本籍地又は非本籍地の市町村の職員に対し，市町村役場外において，不受理申出書を提出する方法が考えられる（林・前掲（注5）24頁注64）。

（注7）　「その他の方法」については，例えば，①不受理申出をする旨を記載した私署証書に公証人の認証を受けたもの（代理人の嘱託により作成されたものを除く。）を市町村長に提出する方法，②不受理申出書に矯正施設の被収容者が申出人として署名し，刑事施設の長，少年院長又は少年鑑別所長が本人が署名したものであることを奥書証明したものを市町村長に提出する方法（平成20・5・27通達1504号）などが考えられる（林・前掲（注5）24頁注68）。

（注8）　非本籍地の市町村に縁組等の届出があったときは，非本籍地の市町村長は，本籍地の市町村長に不受理申出がされているか否かを不受理申出情報等の方法によって確認することとされている（相馬・前掲（注1）19頁注37，平成20・4・7通達1000号第6の2(1)）。

　なお，令和6年改正省令5号によって新設された規則78条の4により，不受理申出がされているか否かを届書等情報の内容を参照にすることにより確認することができることとされた。

> 〔届書審査における調査権〕
> 第27条の3　市町村長は，次の各号のいずれかに該当すると認めるときは，届出人，届出事件の本人その他の関係者に対し，質問をし，又は必要な書類の提出を求めることができる。
> 　一　届出の受理に際し，この法律の規定により届出人が明らかにすべき事項が明らかにされていないとき。
> 　二　その他戸籍の記載のために必要があるとき。

　本条は，市町村長が届出の受理に際し，届出人が明らかにすべき事項が明らかにされていない場合のみならず，戸籍の記載のために必要があるときは，届出人，届出事件の本人その他の関係者に対し，質問をし，又は必要な書類の提出を求めることができることを定めるものである。任意調査であることから，届出人その他の関係者がこれに応じない場合でも過料が科されることはない。

1　本条の趣旨

　届出の受理や戸籍の記載の場面における調査は，任意調査として，令和元年改正前の規則63条によって行われてきたところである。もっとも，夫婦関係，親子関係等の親族関係や出生，死亡等といった戸籍によって公証される事項に関して様々な資料の提出や回答を求めるものであることを踏まえると，調査の対象となる者に対して当該調査の行政目的を明らかにすることが戸籍に係る事務処理を円滑に進めることにつながると考えられることや省令によって行われている実務の取扱いを法律で明確にすることが望ましいことから，本条は令和元年法律17号による改正において新設された。

　なお，本条は，法117条により，戸籍訂正の申請についても準用される。

2 質問と必要な書類の提出

　市町村長における審査は，届出人等から提出される書類や市町村長が保管する戸籍等の資料を基に行うが，必要な範囲で質問をしたり，必要な資料の追加を求めたりすることが認められて初めて円滑に戸籍事務を行うことが可能となる。仮に誤った届出がされた場合に，それを見過ごして戸籍に記載してしまうと，戸籍に対する信頼が損なわれることとなるため，可及的に戸籍の記載を正しいものとするためには，本条による任意調査は重要なものということができる。

　戸籍実務上も，虚偽の養子縁組が社会問題化したことに伴い，成年同士の養子縁組のうち一般的に虚偽の養子縁組と疑われる蓋然性の高い一定の類型にあるものについて，法務局に受理照会を行い，法務局において調査を行うという運用が行われている（平成22・12・27通達3200号）。

　本条にいう「その他の関係者」には，例えば，使者のほか，婚姻届や縁組届の場合の署名した証人（民739Ⅱ・799），出生届の場合の出産に立ち会った医師，助産師，死亡届の場合の同居者等が含まれる。

　本条による調査は，届出の受理又は戸籍の記載のために行われるものであり，適法な審査において解明が求められる事項であれば，その対象に限定はなく，届出人等も調査に協力すべきであると考えられる。本条の調査は任意調査であって届出人等がこれに応じない場合でも過料が科されることはないとしても，届出人等が明らかにすべき事項を明らかにしない場合には，届出が受理されないことがある。しかし，このように調査に対する非協力により事実上の不利益が生ずるとしても，それは，調査への非協力が原因ではなく，市町村長が資料不足のため届出に対する受否の判断をすることができないことによるものである。

　本条は，戸籍事務における審査を円滑に行うため，市町村長に任意調査を行う権限があることを示すものであって，市町村長に任意調査を行う義務を課すものではない。したがって，市町村長が質問をしなかったり，書類の提出を求めなかったりしたからといって，本条違反を問うことはできない。

第28条〔届書の様式〕

> 〔届書の様式〕
> 第28条　法務大臣は，事件の種類によつて，届書の様式を定めることができる。
> ②　前項の場合には，その事件の届出は，当該様式によつてこれをしなければならない。但し，やむを得ない事由があるときは，この限りでない。

　本条は，届書の様式について定めるものである。届書の様式は，原則として適宜のものでよいとされているが（明治31・9・20回答849号），必要がある場合には，法務大臣は，事件の種類によって届書の様式を定めることができる。本条の規定を受け，現在は，規則において出生，婚姻，離婚及び死亡の4つの届出に関する様式が定められている（戸規59・附録11号様式～附録14号様式）。

1　届書の様式

(1)　法定様式

　届書の記載事項は，各届出に共通する事項（戸29～31・33～35）のほか，届出ごとに定められる（戸49等）。本条は，所定の様式を定めることによって，これらの戸籍の届出をするために届書に記載すべき事項を順序よく示すほか，人口動態調査の必要性から同調査に必要な事項も加えるため，出生，婚姻，離婚及び死亡の届出の様式を統一することを主たる目的として設けられたものであるとされる[注]。

　規則59条（附録11号様式～附録14号様式）において，出生届及び死亡届は日本産業規格Ａ列4番の規格により，また，婚姻届及び離婚届は同規格Ａ列3番の規格によることとされているが，出生届及び死亡届にはそれぞれ，出生証明書及び死亡診断書又は検案書を添付する必要があるため（戸49Ⅲ・86Ⅱ），通常，出生届及び死亡届の法定様式に，これらの添付書面を一体とした同規

289

格A列3番の規格による様式（次項を参照）が用いられる。

(2) 標準様式

　本条により様式を定められた届出以外の届出についても，全国的にその様式を統一し，これによって届書の作成や事務処理を正確にすることを目的として，戸籍関係届書類標準様式が示されている（令和3・8・27通達1622号，令和6・2・26通達504号）。なお，この標準様式には，法定様式が定められている婚姻等4つの届出についても登載され，受理年月日記載事項欄等の戸籍事務処理に使用する事項のほか，例えば，離婚届における未成年の子がいる場合の親子交流の取決めの有無等を確認するための事項も付加されている。これにより，戸籍の届出を行う際に，離婚に当たり父母の協議で定めるものとされている事項を確認する等，各種施策の周知や遂行のために必要な事項も付加している。

◆◆◆◆◆◆◆◆◆◆◆◆◆◆◆◆◆◆◆◆◆◆◆◆◆◆◆◆◆◆◆◆◆◆◆◆

（注）　加藤＝岡垣『全訂戸籍法逐条解説』245頁，青木＝大森『全訂戸籍法』210頁。

2 届書様式を用いた届出

　本条により届書の様式が定められている事件の届出は，必ず当該様式を用いてしなければならない（本条Ⅱ本文）。もしこの様式に反する届出があったときは，これを受理すべきではない。ただし，やむを得ない事由があるときは，所定の様式によらない届出も認められる（本条Ⅱただし書）。

　一方，法定様式以外の標準様式として示された事件の届出については，その様式によらない届出であっても，法定された要件を具備する限りこれを受理することを拒むべきではない。なお，標準様式としても示されていない事件の届出については，これらの様式に準じて適宜作成された書面によるほかはない。

> 〔届書の記載事項〕
> 第29条　届書には，次に掲げる事項を記載し，届出人が，これに署名しなければならない。
> 　一　届出事件
> 　二　届出の年月日
> 　三　届出人の出生の年月日，住所及び戸籍の表示
> 　四　届出事件の本人の氏名及び氏名の振り仮名
> 　五　届出人と届出事件の本人とが異なるときは，届出事件の本人の出生の年月日，住所及び戸籍の表示並びに届出人の資格

　本条は，法30条・31条・33条から35条までとともに，届書の記載事項について定めるものである。これらの条文では，各届出に共通する一般的記載事項が定められており，各届出に特有な記載事項は，各則において事件ごとに規定されている。

　なお，本条は令和5年法律48号による改正に伴い，届書の記載事項として「氏名の振り仮名」を加えるため4号が追加されるとともに，5号（従来の4号）に所要の改正が施されている。

1　届出事件

　「届出事件」とは，出生届，死亡届又は婚姻届のように，どのような事項についての届出であるかの表示であって，それぞれの事件名を記載する。

2　届出の年月日

　「届出の年月日」とは，市町村長に届書を提出する日の年月日であって，届書を作成した日ではない（昭和36・1・11回答63号）。つまり，市町村の窓口において届出をする場合には，その日であり，郵送により届出をする場合

には，届書を市町村長宛てに発送する日である。したがって，例えば，届書に不備があって市町村長において受理をすることができずに返戻され，後日再提出された場合には，届出の年月日は，届出人において再提出の日に訂正をする必要があるが，届出人がこれをしないときは，市町村長においてその旨を記載した付箋を付して受理する取扱いとする先例（昭和36・1・11回答63号）がある。なお，戸籍情報連携システムが稼働した令和6年3月1日からは市町村において確認した情報により，戸籍を記載することができるときは，市町村長において補記する取扱いとなった（令和6・2・26通達500号第3の4，準則33）。

年月日は，元号で表記されるのが通例であるが，西暦を用いた届出でも受理する。ただし，戸籍の記載は，公簿記載の統一を図るため，元号をもってされる（昭和54・6・9通達3313号）。

3 届出人の出生の年月日，住所及び戸籍の表示

「届出人の出生の年月日，住所及び戸籍の表示」は，署名された氏名と併せていずれも当該届出をする者（届出人）を特定し同一性を明らかにする記載事項である。

また，出生の年月日は，届出能力（戸31等）の有無や個々の身分行為に必要な年齢（例えば，婚姻の届出では18歳に達していること。民731参照）を確認するためにも必要である。住所は，届出地（戸25）の決定，届出人に対する連絡等（戸27の3・44・45等）においても必要となる。戸籍の表示の記載は，その事件をいかなる戸籍に記載すべきかを特定するために必要である。

なお，住所は住所地と用語上区別され，法において場所を表示するに当たり，本籍地，所在地，出生地，死亡地など字句の終わりに地のつくものは，最小行政区画たる市町村の区域をいい，その表示には市町村名までの記載で足りるとされるが，この地の付されない本籍，住所，所在，出生の場所，死亡の場所などは最小行政区画内の特定の場所をいい，これを表示するには地

番号までの記載が必要とされる。

4　届出事件の本人の氏名及び氏名の振り仮名

　令和5年法律48号による戸籍法改正により，戸籍の記載事項として，氏名に加え新たにその読み方としての振り仮名が追加された（その詳細は，法13条の解説を参照されたい。）。この改正を受けて，本条4号として「届出事件の本人の氏名及び氏名の振り仮名」が追加規定された。

　戸籍に記載される氏名の振り仮名については，片仮名又は長音で記載されることになることから，届書に記載する氏名の振り仮名も片仮名又は長音で記載する。戸籍に記載される氏名の振り仮名については，片仮名又は長音で記載されることになることから，届書に記載する氏名の振り仮名も片仮名又は長音で記載する。

5　届出人と届出事件の本人とが異なるとき

　届出事件の本人の法定代理人が届出人となる場合等，届出人と届出事件の本人とが異なるときは，「届出事件の本人の出生の年月日，住所及び戸籍の表示並びに届出人の資格」を記載する。届出事件の本人に関するこれらの記載は，本人及び記載すべき戸籍を明らかにするために必要であり，住所は，住民票に必要な事項の記載をするために必要である。なお，届出人と届出事件の本人とが同一であるときは当然に記載する必要のない事項である。

　届出事件の本人の氏名は，婚姻，縁組その他当該届出によって氏又は氏名も変更する場合は，変更前の氏又は氏名を記載すべきである（明治31・12・15回答2154号，昭和26・8・14回答1640号）。

　届出人の資格は，届出事件又はその本人との関係を明らかにし，届出人の適格性を判定するために必要なものである。例えば出生届であれば，届出義務者である父，母，同居者，医師，助産師又はその他の者（戸52Ⅰ～Ⅲ）や，

第4章 届 出 第1節 通 則

届出義務者とはされないが，父又は母が届出をすることができない場合の法定代理人（戸52Ⅳ）がこれに当たり，これは戸籍にも記載される（戸規30②）。

6 署　名

届出の真正性を確保するため，事件の届出人は届書に上記の記載事項を記載した後，これに署名するのが原則である。署名とは氏名の自署であって，記名とは異なる。

令和3年法律37号による本条改正前は，署名と共に届書への押印が求められていたが，デジタル社会の形成を図るための関係法律の整備に関する法律7条により本条が改正され，押印義務は廃止された。しかしながら，明治以来，戸籍届書には押印することとされ，また，重要な文書に押印してきた我が国の慣習や，婚姻の届出には押印をなくすべきではないとの国民の声を踏まえ，届出人の意向により任意に押印することは可能とする標準様式が示されている（令和3・8・27通達1622号，令和6・2・26通達504号）。

署名ができないときは，氏名を代書させれば足り（戸規62）,[注]この場合には，届書にその事由を記さなければならないが，氏名を代書させたときに代書人の署名は必要とされない（明治32・2・20回答2301号）。なお，署名又は代書について，届出人が事件本人である場合に，当該届出により氏又は氏名も変更になる場合においては，変更前の氏又は氏名を記載すべきである。

◆◆

（注）　代書について，青木＝大森『全訂戸籍法』214頁5行目以下を参照のこと。

7 届書の記載方法

以前は，届書の記載には，時間の経過により退色，汚損を来すおそれのないインクその他（大正10・12・27回答2449号），良質のボールペン（昭和38・3・16回答800号）を使用しても差し支えないとされていた。届書には日本語

を使用することはもちろんであるが（明治34・5・22回答284号），外国語で作成した書類については，翻訳者を明らかにした訳文を添付すべきである（戸規63）。

　記載する文字には，略字又は符号を用いず字画を明らかにし，また，文字の改変は許されず，もし，訂正，追加又は削除したときは，その字数を欄外に記載しこれに署名し，かつ，削除された文字をなお明らかに読むことができるようにしておかなければならない（戸規67）。これは戸籍の記載方法を準用したものであるが，規則67条は規則31条2項を準用していないので，年月日の記載をするに当たっては，壱弐参拾の多角文字を用いる必要はない。

　なお，押印廃止前の取扱いであるが，届書等が数葉にわたる場合には，届出人全員が枚葉に契印すべきもの（昭和10・10・21回答1222号）とされているところ，令和3年法律37号により押印が廃止された後においては，届書の一体性を確保するため，届出人全員が届書別紙余白部分に署名することとされ，署名欄に押印しているときは，別紙余白部分への届出人全員の押印でも差し支えないとされる。また，届出人全員が署名欄に押印している場合には，届出人全員の契印でも差し支えないと考えられる（民月76巻11号53頁）。

第4章 届出 第1節 通則

> 〔届書における戸籍の表示〕
> 第30条 届出事件によつて，届出人又は届出事件の本人が他の戸籍に入るべきときは，その戸籍の表示を，その者が従前の戸籍から除かれるべきときは，従前の戸籍の表示を，その者について新戸籍を編製すべきときは，その旨，新戸籍編製の原因及び新本籍を，届書に記載しなければならない。
> ② 届出事件によつて，届出人若しくは届出事件の本人でない者が他の戸籍に入り，又はその者について新戸籍を編製すべきときは，届書にその者の氏名，出生の年月日及び住所を記載する外，その者が他の戸籍に入るか又はその者について新戸籍を編製するかの区別に従つて，前項に掲げる事項を記載しなければならない。
> ③ 届出人でない者について新戸籍を編製すべきときは，その者の従前の本籍と同一の場所を新本籍と定めたものとみなす。

　本条は，法29条と同じく届書の記載事項について定めるものであるが，本条では主として戸籍の変動，すなわち，新戸籍の編製，入籍及び除籍の場合について記載すべき事項を定めている。届出事件によって戸籍の変動が生じる場合には，戸籍の記載をするために入籍又は除籍をする戸籍の表示を届書に記載することが必要であり，これに基づいて入籍する戸籍には従前の戸籍の表示が，除籍される戸籍には入籍先の戸籍の表示がそれぞれ記載され，関係戸籍の間における連絡が図られることとなる。

1 届出人又は届出事件の本人の戸籍の変動

(1) 届出人又は届出事件の本人が他の戸籍に入るべきとき

　「届出人又は届出事件の本人が他の戸籍に入るべきとき」とは，養子縁組又は入籍届（例えば，父母が第三者の養子となって新戸籍を編製した後，父母の戸籍にいた成年の子が，民法791条2項の規定により父母の新戸籍に入籍するために届け出る場合）などのように届出人自身が当該事件の本人であって自ら他

の戸籍に入る場合と、出生届、裁判上の離婚における戸籍の筆頭者からの届出（戸籍筆頭者が裁判を提起した場合又は裁判を提起した配偶者が届出をしない場合）、法定代理人による入籍届（例えば、子の親権者を母と定めて父母が離婚し、母が復氏した後に、法定代理人である母が子について民法791条1項に基づき家庭裁判所の許可を得て母の復氏後の戸籍に入籍させる場合）などのように、届出人でない届出事件の本人が他の戸籍に入る場合とがある。いずれの場合にも届書に入るべき戸籍の表示をする必要がある。なお、出生届のように新たに戸籍に記載する場合には、入るべき戸籍の表示を記載するだけで足りるが、養子縁組又は入籍届などのように、ある戸籍から除かれて他の戸籍に入る場合には、入るべき戸籍の表示のほかに除かれるべき従前の戸籍の表示を記載することが必要である（後記(2)参照）。

(2) **届出人又は届出事件の本人が従前の戸籍から除かれるべきとき**

「届出人又は届出事件の本人が従前の戸籍から除かれるべきとき」とは、養子縁組届又は入籍届などのように当該届出人が事件本人として従前の戸籍から除かれる場合と、死亡、裁判上の離婚・離縁における戸籍の筆頭者からの届出、法定代理人による入籍届などのように、届出人でない届出事件の本人が従前の戸籍から除かれる場合とがあり、いずれの場合にも届書に従前の戸籍の表示を記載する必要がある。死亡又は国籍の喪失などの届出については、単に従前の戸籍の表示のみで足りるが、前述したように、ある戸籍から除かれて他の戸籍に記載される場合には、このほかに、入るべき戸籍の表示をも記載する必要がある。また、婚姻、夫婦養子の縁組届のように、ある戸籍から除かれて新戸籍が編製される場合には、従前の戸籍の表示とともに、新戸籍を編製する旨、その原因及び新本籍を記載することを要する（後記(3)参照）。

(3) **届出人又は届出事件の本人について新戸籍を編製すべきとき**

「届出人又は届出事件の本人について新戸籍を編製すべきとき」とは、婚姻、夫婦養子の縁組届などのように当該届出人について新戸籍が編製される場合と、裁判上の離婚における戸籍の筆頭者からの届出につき他方配偶者の

復籍すべき戸籍が除かれているときのように届出人でない届出事件の本人について新戸籍が編製される場合とがあるが，これらの場合には，届書に新戸籍編製の旨，その原因及び新戸籍を記載する。帰化又は就籍などのように従前戸籍に記載されていなかった場合について新戸籍を編製すべきときは，新戸籍の記載のみで足りるが，婚姻又は夫婦養子の縁組などのようにある戸籍から除かれて新戸籍を編製すべきときは，このほかに従前の戸籍の表示を記載すべきである。

ここで「新戸籍編製の原因」とは，婚姻又は帰化などのように新戸籍が編製される事由を指し（戸16・17・19・22参照），これは，法13条1項4号の戸籍に入った原因の1つである。なお，法19条の新戸籍編製の申出（例えば，離婚により復氏すべき配偶者が新戸籍編製を申し出る場合）は，当該届出においてなされるべきであるが，この場合には，この申出がここにいう新戸籍編製の原因に当たる。新戸籍の筆頭者に誰がなるかは，届書の他の記載により明らかとなるから，記載事項として掲げられていない。

②　届出人若しくは届出事件の本人でない者の戸籍の変動

(1)　届出人若しくは届出事件の本人でない者が他の戸籍に入るとき

「届出人若しくは届出事件の本人でない者が他の戸籍に入るとき」とは，届出人でもなく届出事件の本人でもない第三者が他の戸籍に入るときをいう。例えば，かつての取扱いであるが，筆頭者が死亡した後に生存配偶者が自己の氏を称する婚姻をした場合に，同一氏である生存配偶者の子が親の婚姻によって編製された新戸籍に入る（随従入籍）ときなどである（昭和29・7・1回答1335号）。このように本条2項に規定する場合とは，本来の届出事件の本人の戸籍の変動に加え，これに端を発して第三者の戸籍の変動も来す場合を想定したものである。この場合には，届書に他の戸籍に入る者（上記の例の場合では随従入籍する子）の氏名，出生の年月日及び住所を記載するほか，本条1項の規定に従い必要な事項を記載する。上記の例の場合には，その者

の入るべき戸籍及び従前の戸籍の表示を記載することが必要である。なお，この随従入籍の取扱いは，平成6年11月16日通達7005号により，子は当然には母の戸籍に入籍することなく，子が母の戸籍に入籍するためには，同籍する旨の入籍の届出によってすることと変更されたため，現在においては本規定に該当する例は見当たらない。

(2) **届出人若しくは届出事件の本人でない者について新戸籍を編製すべきとき**

「届出人若しくは届出事件の本人でない者について新戸籍を編製すべきとき」とは，例えば，戸籍の筆頭者及びその配偶者でない母（すなわち，当該戸籍内にいる女子）について子の出生届により母が同一氏の子を有する場合に，その出生届が母以外の者からなされるときなどである。この場合は，本条2項の「届出事件の本人」は出生した子であり，「でない者」は，当該子を出生した女子（母）である。この場合は，届書に新戸籍を編製される者（例の場合には母）の氏名，出生の年月日及び住所を記載するほか，本条1項の規定に従い必要な事項を記載する。上記の例の場合には，新戸籍を編製する母について，新戸籍編製の旨，その原因及び新戸籍並びに従前の戸籍の表示を記載する。なお，随伴入籍する子についても，その者の氏名，出生の年月日及び住所を記載し，必要に応じて入籍すべき戸籍の表示等を記載する。

③ 届出人でない者の新本籍

新戸籍が編製される場合には，それがいかなる事由に基づくものであっても新本籍を定めなければならない。この新本籍は，日本国内であればいかなる場所でも選定することができる。そして，新本籍を定め得る者は新戸籍が編製されるその者，すなわち法16条の場合には夫婦，法17条の場合には同一の氏を称する子又は養子を有するに至った者，法19条の場合には復氏する者又は婚氏を続称する者，法20条の場合には夫婦，法21条の場合には分籍者，法22条の場合には新たに戸籍に登載される者である。これらの者は当該新戸

籍編製の原因となる届出において新本籍を定め，その届書にこれを記載しなければならない。なお，夫婦について新戸籍が編製される場合には，新本籍は夫婦が協議で定めるべきである（昭和23・5・18回答963号）。

　ところが，新本籍を編製される者が当該届出の届出人ではない場合には，新本籍の選定についての問題が生じる。同様の問題は，戸籍の筆頭者が離婚の確定判決に基づき離婚届をするに当たり，復氏すべき配偶者につき新戸籍を編製すべき場合などにも生じる。新本籍を届出人に定めさせると本人の意に沿わない思い掛けない場所が選定されるおそれがあるし，また，届出において本人の意思を表示させることとすると，届出をいたずらに複雑にする結果となる。このため，本条3項は，この新本籍を法定することとし，しかも本人にとって最も不都合の少ないものと推測される従前の本籍と同一の場所に定められたものと擬制したのである（昭和23・5・29回答1454号）。ここで「従前の本籍」とは，その届出当時における当該本人の本籍をいうが，離婚等によって復籍する場合においては，新戸籍編製前の復籍すべきであった従前戸籍の本籍をいい，これが転籍しているときは，転籍後の本籍をいうとされる（昭和50・4・30回答2221号）。

　なお，新戸籍を編製される者が自ら届出人となる場合においても，その届書に新本籍の記載がされておらず，かつ，届出人の所在不明等の事由によってその補正が困難なときは，本条3項の規定を準用し，市町村長は，管轄法務局等の許可を得て，従前の本籍と同一の場所に新本籍を定めたものとみなして処理すべきものとされる（昭和23・4・21回答945号）。

第31条〔未成年者又は成年被後見人の報告的届出〕

> 〔未成年者又は成年被後見人の報告的届出〕
> 第31条　届出をすべき者が未成年者又は成年被後見人であるときは，親権を行う者又は後見人を届出義務者とする。ただし，未成年者又は成年被後見人が届出をすることを妨げない。
> ②　親権を行う者又は後見人が届出をする場合には，届書に次に掲げる事項を記載しなければならない。
> 一　届出をすべき者の氏名，出生の年月日及び本籍
> 二　行為能力の制限の原因
> 三　届出人が親権を行う者又は後見人である旨

　本条は，届出をすべき者が未成年者又は成年被後見人である場合における届出義務者及びその者が届出をする際の届書の記載事項について定める規定であり，全ての報告的届出に適用される。

1　本条の改正経過

　本条は，平成11年法律149号の民法改正により，従来の禁治産制度を廃止して成年後見人制度が導入されたことから，同改正の際に従前の「禁治産者」が「成年被後見人」に改められた。この禁治産制度の廃止と成年後見制度の導入の詳細については，法81条の解説注1を参照されたい。なお，この改正により，未成年後見に関しては従前と同様戸籍の記載事項とされているが，成年後見については登記事項とされ戸籍の記載事項ではなくなっている。

2　届出をすべき者が未成年者又は成年被後見人である場合の届出

(1)　届出義務者による届出

　「届出をすべき者」とは，特定の届出をなし得る適格のある者をいい，未成年者又は成年被後見人であっても意思能力があれば，届出をすることがで

きる（本条Ⅰただし書）。ただ，意思能力を有していても，これらの者を届出義務者とすることは妥当ではない。これらの者に過料の制裁を科して届出を強制するのは酷であるし，そのようにしたところで進んで届出をすることが期待できるわけでもないからである。そこで，本条1項は，届出をすべき者が未成年者又は成年被後見人であるときは，その者の意思能力の有無を問わず，一律に親権を行うべき者又は後見人を届出義務者と定めた（大判大12・7・23大審院民集2巻518頁参照）。

これにより，親権者が父母である場合には，双方が届出義務を負い，共同して届出をすべきである（昭和22・4・16通達317号）。これが原則であるが，共同しての届出が不可能であるとか，その一方が届出に応じないなどの事情があるときであっても，届出義務を果たすことができなくなるのではなく，他方のみで届出をすべきである。親権者も未成年者である場合には，その親権者又は後見人が親権代行者となるから（民833・867），この者が届出義務を負うことになる（昭和11・2・13回答166号）。

未成年後見人が届出をする場合は，それに先立って後見開始の届出（戸81Ⅰ）をしておくのが相当であるが（昭和6・8・14回答699号参照），その届出がされていなくても受理することができる（昭和10・6・26回答662号）。

(2) **未成年者又は成年被後見人による届出**

未成年者又は成年被後見人は届出義務を負わないが，意思能力があれば，前述のとおり，自ら進んで届出をすることは差し支えない。この場合には，もとより法定代理人の同意を要しない。報告的届出は，既に生じた事実又は法律関係について事後に報告するにすぎないものであって，未成年者又は成年被後見人に不利益を及ぼす性質のものではないからである。もっとも，上記の本人による届出が可能な場合であっても，届出義務者がこれによりその義務を免れるわけではない。その義務は，本人が届出をしたときに消滅することになる。

3　届書に記載すべき事項及び添付書類

(1)　届書に記載すべき事項

　本条2項は，親権者又は後見人が届出をする場合に届書に記載すべき事項を定めている。この規定は，創設的届出についても適用される。

　　ア　届出をすべき者の氏名，出生の年月日及び本籍（本条Ⅱ①）

　これは，届出をすべき者である未成年者又は成年被後見人を表示して適法な届出であることを明らかにさせるための記載である。これらの者が届出事件の本人である場合には，法29条5号の記載で足りるのであるが，報告的届出についてはそうでないこともあり得るため，上記の記載を要するのである。例えば，未成年者が生んだ嫡出でない子の出生届を当該未成年者の親権者又は後見人が親権代行者としてする場合が，これに当たる。

　　イ　行為能力の制限の原因（本条Ⅱ②）

　これは，未成年者又は成年被後見人であることの記載である。

　　ウ　届出人が親権を行う者又は後見人である旨（本条Ⅱ③）

　これは，親権者又は成年後見人の届出資格，すなわち，未成年者又は成年被後見人に代わって届出をすることができるという資格を明らかにするための記載である。法29条5号にいう届出人の資格と同じものである。

(2)　添付書類

　成年後見人が本条2項により届出をするときは，原則として，届出人が成年後見人であることを証する書面を提出すべきものとされている（平成12・3・15通達600号第2の2(1)イ）。これは，成年後見制度の導入に伴い，新たに後見登記の制度が創設され，法定後見に関する事項は後見登記等ファイルに記録されることになったため，戸籍の記載からは届出人が成年後見人であることが判明しなくなったためにとられた措置である。上記の書面としては，後見登記等ファイルに記録されている事項に関する証明書，後見開始の審判書の謄本などがある。(注)

第4章 届 出 第1節 通 則

◆◆

(注) 本条が届出義務者とする成年後見人には，前記1の禁治産・準禁治産制度から成年後見制度への移行に伴う経過措置として「成年後見人とみなされる者」が含まれる。その経過措置とは，成年後見関連4法のうち民法の一部を改正する法律（平成11年法律149号，以下「改正法」という。）の附則が定めるもので，改正前の民法の規定により禁治産の宣告を受けた者の後見人は改正後の民法の規定により後見開始の審判を受けた成年被後見人の成年後見人とみなすこととするものである（改正法附則3Ⅰ）。そして，このような者については，従前からの戸籍の記載によって「成年後見人とみなされる者」であることが明らかになる場合もあり得る。そこで，本文で引用した平成12年3月15日通達600号において，このような場合には，届出人が成年後見人であることを証する書類を提出する必要はないとしている。

第32条〔未成年者又は成年被後見人の創設的届出〕

〔未成年者又は成年被後見人の創設的届出〕
第32条　未成年者又は成年被後見人がその法定代理人の同意を得ないですることができる行為については，未成年者又は成年被後見人が，これを届け出なければならない。

本条は，未成年者又は成年被後見人が自ら届出をすべき場合であって，専ら創設的届出について適用がある。

1　本条の改正の経緯

本条も，法31条の解説にある，成年後見制度の導入に伴って，その一部が改正された。改正前は2つの項が設けられており，1項は，「無能力者がその法定代理人の同意を得ないですることができる行為については，無能力者が，これを届け出なければならない。」と規定し，2項は，禁治産者が届出をする場合にその届出能力を証明する診断書を添付すべきとするものであった。上記改正により，1項の「無能力者」が「未成年者又は成年被後見人」に改められて本条となり，2項は，戸籍の記載から成年被後見人であることが判明しないことになったため，削除された。

2　本条の趣旨

(1)　未成年者又は成年被後見人が届出をすべき場合

本条は，未成年者又は成年被後見人が自ら届出をすべき場合として，「その法定代理人の同意を得ないですることができる行為については」と規定している。この規定ぶりからすると，未成年者又は成年被後見人がその法定代理人の同意を得なければすることができない行為が存在することを含意しているものと解されるが，現行法上そのような制限を設けたものは見当たらない。およそ，身分法上の行為については，当事者に意思能力がある限り，自

らこれをするのが建前であり，委任代理はもとより法定代理も認められないし，法定代理人の同意を要件とすることも許されないのである。そうすると，本条は，単に未成年者又は成年被後見人が単独でできる行為については，自らその届出もすべきであるという自明の理を定めたものにすぎないことになる。

　もっとも，上記の建前は，法が口頭による届出において代理を認めている場合（戸37Ⅲ）にまで適用されるものではない。届出人となることができる未成年者又は成年被後見人が疾病その他の事故によって市役所又は町村役場に出頭できないときは，代理人によって届出をすることができる（ただし，認知・縁組・協議上の離縁・婚姻及び協議上の離婚の届出については，この限りでない。戸37Ⅲただし書）。

(2) 意思能力の判定

　ここまで，未成年者又は成年被後見人であっても意思能力があれば有効な届出をすることができる旨を述べてきたところであるが，この意思能力の有無は，市町村長が届出の受否の審査に当たって判定しなければならない事項である。このため，成年後見制度が導入される前の本条2項においては，禁治産者が届出をする場合には，届書に「届出事件の性質及び効果を理解するに足りる能力を有することを証すべき診断書を添附しなければならない。」とする規定が置かれていた。この規定は，成年後見制度を導入する平成11年法律151号による法改正がされた際に削除されたのであるが，同改正後も，法の解釈としては，市町村長は，未成年者又は成年被後見人が届出人である場合には，「届出事件の性質及び効果を理解するに足りる能力」の有無について審査すべきであるとする規範がなお存在しているものと解される。ただし，法31条の解説にあるとおり，上記法改正後は，成年被後見人に関する事項は後見登記等ファイルに記録されることとなったため，戸籍の記載のみからは届出人が成年被後見人であるかどうかを正確に確認することができなくなった。その結果，届出人が成年被後見人である場合には，事実上，上記の審査を省略して，「理解力あり」という判定をすることにならざるを得ない。

他方，未成年者についても，その意思能力とは，上記の禁治産者の例に倣って，大体において自己のする届出の性質及び効果を理解し得る程度に知能が発達していることをいうと解されてきた（大正7・5・11回答613号）。そして，戦後の先例では，民法791条3項・797条・961条等の規定から，15歳以上の者は，通常意思能力を有するものとする取扱いがされている（昭和23・10・15回答660号4）。したがって，未成年者が届出人である場合には，届書に記載される届出人の出生の年月日が審査資料となる。

3 戸籍法のみに規定されている創設的届出について

　未成年者又は成年被後見人は意思能力がある限り身分行為をすることができ，それに関する創設的届出もしなければならないという建前に立つと，問題となるのは，法においてのみ規定される創設的届出，例えば，分籍・転籍・氏名の変更等の創設的届出についても同様に解してよいかである。この点については，かかる創設的届出も，広義の身分行為に属するものではあるが，未成年者又は成年被後見人について重要な身分関係の発生・変動を生じさせるものではなく，主として同人の戸籍に関する処理に影響をもたらすものにすぎないから，なおさらに民法の制限行為能力者に関する規定を適用すべきではないといえる。戸籍の先例等もこれを肯定しており，その届出については法定代理人の同意を要しないとしている（大判大15・6・17大審院民集5巻468頁，昭和23・4・15回答373号）。(注)禁治産者の後見人がした法77条の2に基づく届出（離婚の際の氏を称する旨の届出）は受理すべきではないとしている先例がある（昭和58・6・13回答3356号）。また，未成年者又は成年被後見人が意思能力を有する場合には，法定代理人によるこれらの届出は効力を生ぜず，これに基づく戸籍の記載は訂正すべきである（昭和4・8・30回答7926号，昭和9・2・12回答175号）。もっとも，この場合は，本人から追完の届出をすることは可能である（転籍の届出に関する昭和32・1・14回答63号，名の変更の届出に関する昭和32・2・26回答381号）。

第4章　届　出　第1節　通　則

　未成年者又は成年被後見人が意思能力を有しない場合には，上記のような届出が実際上必要になることがあり得るから，法定代理人による届出が許されると解すべきである。先例においても，法定代理人による転籍の届出（大正7・10・4回答1082号），子の氏変更の届出（昭和25・10・8回答2712号）などが有効とされている。

◆◆◆

（注）　学説にもこの見解を支持するものが多い（谷口知平『戸籍法（第3版）』81頁，青木＝大森『全訂戸籍法』223頁など）。

> 〔証人を必要とする事件の届出〕
> 第33条　証人を必要とする事件の届出については、証人は、届書に出生の年月日、住所及び本籍を記載して署名しなければならない。

　本条は、証人を必要とする事件について届出をする場合の届書に関する規定である。

1 証人を必要とする事件

　「証人を必要とする事件の届出」とは、婚姻、協議上の離婚、縁組及び協議上の離縁の届出である（民739Ⅱ・764・799・812）。これらの届出において証人を必要とする趣旨は、当該届出が当事者の任意の合意に基づくことを第三者に証明させ、もって、当該届出の真正を担保し、真実に反する身分関係が戸籍に記載されるのを防ぐことにある。このため、証人には当該身分行為が当事者双方の意思に基づくものであることを確認すべき法律上の義務があり、この義務の履行を怠って当事者に損害を生じさせた場合には、その賠償義務を免れないと解されている。裁判例には、当事者間に離婚の合意が成立していないのに、証人が双方の意思の確認をせず、一方のみの言を軽信して、虚偽の届書に署名押印をした結果、戸籍に不実の記載がされたという事案において、証人は上記の義務に違反したと判断したものがある（高松高判昭37・1・20下民集13巻1号45頁）。

　証人は、2人以上で、いずれも成年者であることを要する。我が国の成年年齢は、明治29年の民法制定以来20歳とされてきたが、平成30年に民法の一部を改正する法律（平成30年法律59号）が成立して18歳に改められ、令和4年4月1日から施行されており、本条にいう証人も18歳以上の者を意味する。この年齢要件以外に証人となり得る資格について格別の制限はなく、届出事件の本人及び届出人以外の者であれば何人も証人になり得る。届出を受理すべき当該市町村長又はその戸籍事務担当者でもよく（明治34・5・23回答489

号），日本国籍を有しない者であっても差し支えない（昭和6・7・24回答794号）。(注1)

　問題は，証人を必要とする事件の届出において所定の証人が欠けていたのに誤ってこれが受理された場合，その届出の効力がどうなるかであるが，前述のように，本条の趣旨は届出が当事者の任意の合意又は双方の意思に基づくものであることを担保することにあるから，当事者間の合意が有効に成立している限り，当該届出は効力を生じ，当該身分行為の無効・取消しを来すことはないと解すべきである（明治31・9・28回答975号）。同様の理由により，証人が届書に署名後届出前に死亡した場合にも，当該届出の受理を妨げられないと解する。(注2)

◆◆

（注1）　本文で引用した平成30年法律59号の民法改正による改正前民法においては，成年に達する年齢を20歳としつつ（改正前民4），婚姻適齢については，男18歳以上，女16歳以上（改正前民731）とした上で，20歳未満の者であっても婚姻により成年に達したものとみなすとしていた（成年擬制，改正前民753）。また，他方で，未成年者が婚姻をするには父母の同意を要するものとしていた（改正前民737）。これらの民法の規定を受けて，本条の証人についても，婚姻擬制によって成年とみなされる者も「成年者」として証人適格を有し，また，子の婚姻に同意した父母も証人となることができると解されていた（大正5・3・18回答353号）。

　しかし，上記の民法改正において，成年に達する年齢の改正と併せて婚姻適齢についても男女とも18歳以上とする旨の改正がされたことにより，上記改正後は，未成年者の婚姻という事態は生じないことになり，父母の同意という制度も不要のものとなった。

（注2）　青木＝大森『全訂戸籍法』225頁。

2　届書の記載事項

　届書には，証人がその生年月日，住所及び本籍を記載しなければならない。これらの記載事項は証人を特定するために必要とされるものであり，そのうち生年月日は，証人が成年者であることを確認するのに必要なものでもある。

証人が署名することができない場合には、氏名を代書させることもできる（戸規62Ⅰ）。なお、従前の本条では、届書に証人が押印すべきことが求められていたが、行政のデジタル化の一環として、令和3年法律37号をもって戸籍法の一部改正がされ、戸籍の届書には押印を要しないこととされた。

　証人は、届出が書面によってされる場合には、もとより市役所又は町村役場に出頭する必要はない（明治31・9・28回答975号）。ただし、口頭による届出の場合には、法37条1項の規定が類推適用されるから、証人は、出頭して、届書に記載すべき事項を陳述することを要する。

> 〔記載事項の不存在又は不知〕
> 第34条　届書に記載すべき事項であつて，存しないもの又は知れないものがあるときは，その旨を記載しなければならない。
> ② 市町村長は，特に重要であると認める事項を記載しない届書を受理することができない。

　本条は，届書における記載事項のうち，存在しないもの又は知れないものがある場合や，特に重要な事項の記載を欠いた届書の取扱いに関する規定である。

1　届書の記載事項に関して存しないもの又は知れないものがあるとき

　本条1項にいう「存しないもの又は知れないもの」とは，例えば，本籍が明らかでない又はない場合（戸26），さらには，父母を記載すべき場合に届出人において父母が明らかでないときなどである（明治31・10・22回答915号）。
　このような場合，本来記載すべき事項が空欄の状態となっていることから，届出人をして届書のその他欄に，記載事項のうち，存しないもの又は知れないものがある旨を記載し，記載すべき事項を誤って遺漏したものではないことを明らかにしておく必要がある。

2　特に重要であると認められる事項の記載を欠いた届出

　届出は，法定の要件を備えた適法なものである必要があり，法29条をはじめとして届書における必要記載事項が規定されている。これらの記載事項には，当該届出の対象となっている身分行為の適否又は事実の有無を審査するために必要な事項や，戸籍に記載すべき事項が含まれている。そこで，必要記載事項を欠く届出については，これによって上記の審査や戸籍の記載をすることができないため，市町村長は，当該届出を不受理とすることができる。

第34条〔記載事項の不存在又は不知〕

　しかし，実務上は，届出人に対して記載の不備を補正するよう努めるべきであり，また，軽微な記載事項の不備のみをもって不受理とすることは相当でない。仮に，受理した後に特に重要とは評価できない軽微な記載事項の不備や，記載漏れがあることを理由として戸籍の記載ができない場合にあっては，届出人に追完させれば足りることを法は予定しているからである（戸45）。

　本条2項は，届書において特に重要な記載事項を欠く場合においては，市町村長がこれを受理することができないことを明らかにしたものである。ここで，本条2項にいう「特に重要であると認める事項」とは何かが問題となるが，「『特に重要であると認める事項』とは，届出にその事項の記載を欠くときは，当該届出の対象となっている身分行為の適否又は事実の有無を判断することができないような事項をいうものと解する。」とされている（昭和31・9・3回答2046号）。そうすると，届出人や届出事件本人の氏名，創設的届出における変動する身分関係に関する事項，出生届における男女の別や出生年月日時分，死亡届における死亡年月日時分などが，これに当たると考えられる（明治31・10・26回答1539号）。

　他方で，婚姻や縁組の届出における入籍者の出生事項は，当該届出の対象となる身分行為の適否又は事実の有無を判断できない事項ではないことから，入籍者の出生事項が届書に記載されていなかったとしても市町村長は受理することになろう。婚姻や養子縁組等の届書の様式等（戸規附録12号様式）においても生年月日欄は設けられているものの，出生事項を記載する欄は設けられていない。もっとも，婚姻や養子縁組によって，新戸籍を編製し，又は他の戸籍に入籍する者については，当該戸籍に入籍するにあたり，出生事項は戸籍に記載すべき事項であるから（戸規39），それを明らかにする必要から届書に記載すべきかが問題となる。このような事案で，昭和31年9月3日回答2046号は，上記のとおり述べた上で，法35条により所問の出生事項は届書の記載要件とされているので，市町村長は，届出を受理した上で，法45条の規定によってその事項を追完させなければならないとしている。もっとも現在は，法118条1項の電子情報処理組織を利用して，出生事項を確認して

戸籍の記載ができるようになったため，追完させる必要がなくなった。なお，判例では，「婚姻届書中，本籍地の町名地番あるいは届出人氏名中の一字に訂正印の押捺を欠くということは，婚姻届書において本質的に重要な事項とは認められないので，このことを理由に受理を拒むこともまた許されない」と示されている（東京家審昭45・5・11家月22巻11・12号94頁）。

　なお，婚姻，離婚，縁組，離縁の届出について，民法の規定その他の法令に違反しないことを認めた後でなければ，これを受理することができないと規定されている（民740・765Ⅰ・800・813Ⅰ）。しかし，これは規則の定めるもののうち軽微な事項についてまで受理を拒否すべきだとする趣旨のものではなく，前記の範囲で取り扱うことを妨げるものではない。[注]

◆◆

（注）　加藤＝岡垣『全訂戸籍法逐条解説』264頁，青木＝大森『全訂戸籍法』227頁。

第35条〔法定外の事項の記載〕

> 〔法定外の事項の記載〕
> 第35条　届書には，この法律その他の法令に定める事項の外，戸籍に記載すべき事項を明かにするために必要であるものは，これを記載しなければならない。

　本条は，届書には，①法令に定められている事項，及び②それ以外の事項であっても，戸籍に記載すべき事項を明らかにするために必要なものを記載しなければならないとする規定であり，②も届書の記載事項とする点に主眼を置いている。

1　法令に定められている事項

　本条にいう「法令に定める事項」は，法及び規則において定められている。このうち，戸籍の記載事項の通則である法13条では，戸籍には，本籍のほか，戸籍内の各人について，①氏名，②氏名の振り仮名，③出生の年月日，④戸籍に入った原因及び年月日，⑤実父母の氏名及び実父母との続柄，⑥養子であるときは，養親の氏名及び養親との続柄，⑦夫婦については，夫又は妻である旨，⑧他の戸籍から入った者については，その戸籍の表示，⑨その他法務省令で定める事項を記載しなければならないとしている（戸13Ⅰ①～⑨）。そして，上記の⑨（戸13Ⅰ⑨）の規定を受けて，規則30条には，戸籍に記載すべき事項として，(a)法13条１項１号から８号までに掲げられた事項のほか，身分に関する事項，(b)届出又は申請の受附の年月日並びに事件の本人でない者が届出又は申請をした場合には届出人又は申請人の資格及び氏名（父又は母が届出人又は申請人であるときは氏名を除く。），(c)報告の受附の年月日及び報告者の職名，(d)請求，嘱託又は証書若しくは航海日誌の謄本の受附の年月日，(e)他の市町村長又は官庁からその受理した届書，申請書その他の書類の通知又は送付を受けた場合には，その受附の年月日及びその書類を受理した者の職名，及び(f)戸籍の記載を命ずる裁判確定の年月日が挙げられている

（戸規30①〜⑥）。これらの詳細は，法13条の解説を参照されたい。

したがって，届書には，まず，以上の事項を記載しなければならない。

2 戸籍に記載すべき事項を明かにするために必要なもの

本条にいう「戸籍に記載すべき事項を明かにするために必要であるもの」には様々なものがあり，逐一法令の規定によって明かにするのは煩瑣に堪えないから，本条において，それらも届書の記載事項とすべき旨を包括的・抽象的に定めている。若干の具体例を挙げると，新戸籍又は入籍する戸籍に従前の戸籍の記載から移記すべき事項（戸規39），父母の婚姻による準正子の身分事項の変更に関する事項などがある。

これらの事項も届書に記載すべきであるが，特に，上記の移記事項については，これを届書に記載することは，届出人にとって煩わしく，またその正確性を確保し難いので，戸籍の実務では，届書の記載に代えて戸籍謄抄本を添附することが認められている（大正4・2・19回答207号）。なお，これとは逆に，届書に記載することを要しない事項が記載されている場合であっても，実務では，それによって他の記載事項が不明になるなどの支障がない限り，これを受理して差し支えないとする取扱いがされている。

〔届書の通数〕
第36条　2箇所以上の市役所又は町村役場で戸籍の記載をすべき場合には，市役所又は町村役場の数と同数の届書を提出しなければならない。
②　本籍地外で届出をするときは，前項の規定によるものの外，なお，1通の届書を提出しなければならない。
③　前二項の場合に，相当と認めるときは，市町村長は，届書の謄本を作り，これを届書に代えることができる。

　本条は，戸籍の届出に当たり提出すべき届書の通数について定めているが，法118条1項の規定に基づく戸籍事務を電子情報処理組織によって取り扱うべき市町村の指定が令和2年10月に全ての市町村で完了したこと，及び令和元年法律17号による改正法で本条に関する部分が令和6年3月1日に施行されたことにより，実質的に適用されなくなり，法120条の5による取扱いがされている。もっとも，誤記等が発見され，その当時の取扱いを確認することも必要となる場面もあると思われるため，以下のとおり解説する。

　本条で定める原則は，戸籍の記載をすべき市町村の数と同数の届書を提出しなければならないというものである（本条Ⅰ）。また，本籍地外で届出をするため，届出を受理した市町村で戸籍の記載をしない場合には，届書を1通多く提出する必要がある（本条Ⅱ）。ただし，数通の届書を提出すべき場合であっても，届出人に所定数の届書の提出を求めることが相当でないとき等には，市町村長は，自ら届書の謄本を作成し，これを他の市町村長等に送付することができる（本条Ⅲ）。以下に分説する。

1　2箇所以上の市町村が戸籍の記載をする場合

(1)　届書の通数

届出が本籍地でされ，当該市町村のみで戸籍の記載がされる場合には，届

書は1通で足りる。これに対して，例えば，同一の市町村に本籍がない者の間の婚姻や縁組の届出，転籍の届出等があった場合には，本籍地市町村においても戸籍の記載をしたり，本籍が他の市町村に転属して入籍地及び除籍地で戸籍の記載が必要となることがある。本籍の転属がなくても，例えば，認知の届出がされた場合であって父と子の本籍が同一市町村にないときは，父及び子のそれぞれの本籍地の市町村長が認知事項を記載しなければならない（戸規35②）。これらの場合には，戸籍の記載をするそれぞれの市町村長において戸籍を記載するために届書が必要となる。そこで，本条1項は，戸籍の記載をすべき市町村の数と同数の届書の提出を要するものと定めている。

(2) **届書の送付と戸籍の記載**

　ア　届書の送付

　届出によって本籍が一の市町村から他の市町村に転属する場合には，届出を受理した市町村長は，戸籍の記載をした後に，遅滞なく，届書の1通（当該届出人から上記(1)により提出されたもの）を当該他の市町村長に送付しなければならない（戸規25）。この送付をするときは，必要に応じ，その届書類の初葉右側上部その他の適当な箇所に準則付録25号ひな形の印判を押さなければならない（準則35Ⅰ）。また，届書類の所要欄に発送の年月日及び発送者の職名を記載し，受付帳の備考欄に発送の年月日を記載しなければならないとされている（準則35Ⅱ）。なお，上記のような他の市町村長に送付すべき届書等について，未着事故の発生を早期に把握し，速やかに事後の措置を講ずることができるようにするため，届書等が送付先の市町村に到達したかどうかを確認する取扱い（到達確認）を積極的に推進することとされていた（平成7・12・26通達4491号）。

　イ　戸籍の記載

　上記アにより届書の送付を受けた市町村長は，その届書に基づいて戸籍の記載をした上，本籍人に関するものとして，事件の種類によって，受附の順序に従い各別にこれをつづり，それぞれ目録をつける。そして，1か月ごとに，遅滞なく管轄法務局若しくは地方法務局又は支局にこれを送付する（戸

規48)。

(3) 本庁及び支所に戸籍がまたがる場合

　1つの届出によって2以上の戸籍に記載すべき場合でも，その戸籍が同一市町村長の保管に係るときは，届書が1通で足りる。ただし，同一の市役所又は町村役場であっても，本庁及び支所に備え付けられた戸籍にそれぞれ記載しなければならない場合には，戸籍の数と同数の届書が必要となる。このため，管轄法務局又は地方法務局の長は，届出人に戸籍と同数の届書又は申請書を提出させるべきことを市町村長に指示することができる（戸規54本文）。なお，この場合でも，相当と認めるときは，市町村長は，受理した届書又は申請書の謄本を作って，届書又は申請書に代えることができる（戸規54ただし書）。

2　本籍地外で届出をする場合

(1) 受理市町村長が戸籍の記載をする必要がない場合

　上記1に述べた2か所以上の市町村で戸籍の記載をすべき場合のほか，届出を受理した市町村長が戸籍の記載をする必要のない場合には，届書を1通多く提出しなければならない（本条Ⅱ）。受理市町村長が戸籍の記載を要しない場合とは，届出事件本人の本籍地ではない地（届出人の所在地（戸25Ⅰ），出生地（戸51）又は死亡地（戸88）など）において届出がされる場合である。これらの場合に，例えば，受理市町村以外の2つの市町村で戸籍の記載をすべきときは，2通の届書に加えて，さらにもう1通（合計3通）届書を提出しなければならない。付加される1通は，当該受理市町村において，当該届出が受理された事実を明らかにするため，保存されることになる。この届書の保存期間は，当該年度の翌年から5年と定められている（戸規48Ⅲ）。

　上記の場合，受理市町村長は，遅滞なく，提出を受けた残りの届書を戸籍の記載をすべき市町村長に送付しなければならない（戸規26）。

第4章 届出 第1節 通則

(2) 本籍不明者又は無籍者の届出

本籍が明らかでない者又は本籍がない者について届出があった場合には、その時点では戸籍の記載をすべき市町村長はまだ不明であるが、当該届出（以下、この項では「前の届出」という。）を受理した後に、その者の本籍が明らかになった旨又はその者が本籍を有するに至った旨の届出がされることがある。そのような届出があったときには、前の届出を受理した市町村長は当該届書を本籍地の市町村長に送付しなければならないとされている（戸規27による戸規25及び26の準用）。このため、前の届出を受理する際には、あらかじめ、戸籍の記載をすべき市町村長と同数の届書のほか、更に1通多く提出させておく措置をとるのが適当である。

なお、戸籍実務の取扱いでは、本籍不明者又は無籍者の婚姻又は縁組の届出は、その者が日本国籍を有する者であること及び婚姻又は縁組の実質的成立要件を具備していることを認めるに足りる資料を添付しない限り、受理しないこととされている（昭和29・11・20通達2432号）。他方で、日本国籍を有するものの戸籍に記載がない者（無籍者）を事件本人の一方とする婚姻の届出がされた場合であっても、他方の事件本人が戸籍に記載されている者であり、その他方の氏を夫婦が称する氏とする婚姻の届出であれば、婚姻要件を満たすことが認められる限り、これを受理することができるとされている（平成26・7・31通知819号）。

(3) 外国人に関する届出

想定している2か所以上の市町村で当該届出を扱うことがなく、また、戸籍の記載不要届書類は受理市町村長が保存すると定められているので（戸規50）、届書は常に1通で足りる。

③ 市町村長による届書の謄本の作成

(1) 届書の1通化

数通の届書を提出すべき場合であっても、相当と認めるときは、市町村長

は，自ら届書の謄本を作成し，これを他の市町村長等に送付することができる（本条Ⅲ）。届出人に所定数の届書を提出させることが相当でないとか，提出した届書の数の不足分を追加させることが困難又は煩雑であるなどの事情がある場合に，市町村長がとることができる措置を定めるものである。この措置は，届出人の負担軽減及び市町村の事務処理の効率化を図る等の観点から認められているもので，戸籍実務では「届書の1通化」と称され，これを積極的に推進することとされている（平成3・12・27通達6210号）。

(2) 市町村長による謄本の作成

市町村長が届書の謄本を作成する場合には，戸籍謄本の作成に準じて認証文（この謄本は，届書の原本と相違ないことを認証する。）及び職氏名を記載して職印を押し，謄本が数葉にわたるときは，毎葉に職印による契印をし又は加除を防止するため必要な措置をしなければならない（戸規67・12Ⅱ・Ⅲ）。

この認証方法（戸規67・12Ⅱ）に代えて，届書発送欄に「これは謄本である」旨を付記して認証しても差し支えない（昭和52・4・6通達1671号，昭和52・4・6通知1672号）。この場合，①文字が鮮明に写出され，かつ，変色又は退色のおそれのない謄本に限る，②届書の関係市町村への送付に当たっては，原本が本籍人に関する届書類として管轄法務局で保存できるように配意するという要件に従い，届書の謄本を電子複写機で作成する必要がある。

(3) 届書の1通化における原本の取扱い

届書の原本については，おおむね次の基準により取り扱うものとされている（昭和52・4・6通達1671号，昭和52・4・6通知1672号）。

ア 本籍地市町村に届出があった場合

当該届書に基づいて他の市町村において戸籍の記載をする必要があるときは，届出を受理した市町村は，当該他の市町村に「届書の謄本」を送付する。

イ 非本籍地市町村に届出があった場合

(ア) 戸籍の記載を要する市町村が1か所の場合は，必ず，当該戸籍の記載をすべき市町村に「届書の原本」を送付する。

(イ) 戸籍の記載を要する市町村が2か所以上にわたる場合は，次に掲げ

る市町村に「届書の原本」を送付する。

① 事件本人につき新戸籍の編製を要する届出については，当該新戸籍を編製すべき市町村

② 事件本人が一の戸籍から除かれて他の戸籍に入籍する届出については，その者の入籍すべき戸籍を保管する市町村

③ 認知又は養子縁組の届出等の場合で，事件本人につき戸籍の変動を生じない事例については，子（養子）の戸籍を保管する市町村

ウ 令和6年3月1日以降の取扱い

本条の届書の通数に関する定めは，令和元年法律17号により新設された法120条の5の規定に特例が設けられ，令和6年3月1日から同条は施行されている。これによれば，関係する市町村長がいずれも指定市町村長である場合には，他の市町村長に送付するために提出が義務付けられている届書の提出は不要になる。その詳細については，法120条の5の解説を参照されたい。

なお，取扱いの概要について簡単に述べると次のとおりである。

(ア) 届書の通数

改正法施行後は，連携システムにより届書等情報を利用することが可能になったことから，法120条の5により，本条の規定にかかわらず届出人は1通提出すれば足りるとされている（令和6・2・26通達500号第3の8(3)）。

(イ) 届書の送付と戸籍の記載

届出によって本籍が一の市町村から他の市町村に転属する場合等の届書送付に係る具体的な取扱いである規則25条から29条の規定は，適用しないものとされ（戸規78の4），戸籍の記載は，法務大臣からの届書等情報の提供を受けた旨の通知により，届書等情報を参照し，それによって記載する。

なお，記載は，従来の「送付を受けた日」に代えて，「通知を受けた日」として記載することとされた。

(ウ) 届書等の保存

規則48条2項の規定は適用せず（戸規78の4Ⅱ），届書等情報の基となった届書の保存は，本籍人，非本籍人の区別なく自庁で5年間保存することとさ

れた（戸規48Ⅲ）。なお，その保存は，厳重にしなければならないとされているところ，「適切と認められる方法」により保存すれば足りることとされた（戸規78の3Ⅳ）。

(4) **本条の準用**

本条の規定は，法117条において，戸籍訂正の申請に準用されている。

第4章　届　出　第1節　通　則

〔口頭による届出〕
第37条　口頭で届出をするには，届出人は，市役所又は町村役場に出頭し，届書に記載すべき事項を陳述しなければならない。
②　市町村長は，届出人の陳述を筆記し，届出の年月日を記載して，これを届出人に読み聞かせ，かつ，届出人に，その書面に署名させなければならない。
③　届出人が疾病その他の事故によつて出頭することができないときは，代理人によつて届出をすることができる。ただし，第60条，第61条，第66条，第68条，第70条から第72条まで，第74条及び第76条の届出については，この限りでない。

　戸籍の届出は，書面によるほか，口頭によってすることができると定められているが（戸27），本条は，そのうち口頭による届出を行う場合の具体的方法（代理人による場合を含む。）について定めるものである。

1　口頭による届出の方法等

　口頭による届出の方法は，届出人自身が市町村役場の窓口に出頭して，届書に記載すべき事項を陳述しなければならない（本条Ⅰ）。もし，届出人が病気その他の事故によって市町村役場の窓口に出頭できないときは，市町村長が届出人の所在地に出張して，その届出を受理することができるとされている（昭和11・9・24回答1159号）。

　なお，口頭により届出をする場合において，当該届出事件について届出人が複数ある場合には，全員が共に出頭して陳述する必要があり，同一の事件について1人は書面により他の者は口頭によって届出をすることは許されない（大正5・6・7回答465号）。1つの届出行為を複数の方法によって行うのは相当でないからである。また，証人を必要とする事件については，証人も共に出頭して必要な事項を陳述しなければならない。さらに，当該届出に添付書類を必要とする場合には，口頭による届出においても届出人から添付す

第37条〔口頭による届出〕

べき書類の提出をしなければならない。

2 市町村長における処理

　市町村長が口頭による届出を受理するに当たっては，届出人の陳述を規則に定められた様式又は戸籍関係届書類標準様式の届書に筆記し，届出の年月日を記載して届出人等に読み聞かせ，届出人にこれに署名させた上（本条Ⅱ），その書面の適当な箇所に戸籍事務取扱準則制定標準付録21号記載例によって記載をする必要がある。

　なお，届出人等が署名すべき場合において，当該届出人が署名をすることができないと市町村長が認める場合については，氏名を代書することも認められる（戸規62）。

　市町村長が届出人等の陳述した内容を筆記した書面については，届出に関する全ての規定が準用されることから（戸39），届書の処理を行うに当たり必要な措置（様式，受付の番号，年月日の記載，受付帳の記録，届書等情報の作成及び提供，届書類の保存）を行うのは，書面による届出の場合と同様である。

3 代理人による口頭の届出

　口頭によって届出をする場合に，届出人が疾病その他の事故によって市町村役場の窓口に出頭できないときは，代理人によって，当該届出をすることができる（本条Ⅲ）。なお，書面による届出の場合は，任意代理人によることは許されていない。

　代理人による口頭の届出に当たっては，委任者である届出人本人の委任状が必要とされる（大正5・6・7回答465号3項）。

　また，代理人による口頭の届出を受理するに際して市町村長が作成する書面には，代理人の氏名，出生年月日及び本籍を記載することを要するとされている（大正3・12・28回答1994号7項）。

代理人による口頭の届出は，当該届出が報告的届出であるか創設的届出であるかを問わないが（戸27），創設的届出のうち，その性質上本人の自由な意思を確認する必要のある，任意認知，胎児認知，養子縁組（代諾者による縁組を含む。），協議離縁（離縁協議者によるもの及び縁組当事者の一方の死亡後の離縁），婚姻及び協議離婚の各届出については，代理人による口頭の届出は許されず，必ず，届出事件本人が市町村長に対し陳述することを要する。
　なお，本条3項ただし書中には，法62条による，いわゆる認知効のある出生届は挙げられていないが，この届出は認知の効力を伴うものであるから，認知の届出と同様に，代理人による届出は許されないと解すべきである（青木＝大森『全訂戸籍法』232頁参照）。

第38条〔同意・承諾・許可を要する事件の届出〕

> 〔同意・承諾・許可を要する事件の届出〕
> 第38条　届出事件について父母その他の者の同意又は承諾を必要とするときは，届書にその同意又は承諾を証する書面を添付しなければならない。ただし，同意又は承諾をした者に，届書にその旨を付記させて，署名させるだけで足りる。
> ② 　届出事件について裁判又は官庁の許可を必要とするときは，届書に裁判又は許可書の謄本を添付しなければならない。

（注）　本条は，民事訴訟における電子判決書の制度の新設に伴い，令和5年法律53号によって，一部改正され，公布から5年以内の政令で定める日から施行される。具体的には，2項の「届書に裁判」の次に「の謄本若しくは裁判の内容を記載した書面であつて裁判所書記官が当該書面の内容が当該裁判の内容と同一であることを証明したもの」を加えるものである。その概要や施行期日の見込等については，本書の附則解説第3の1「電子判決に関する改正法附則」の解説を参照されたいが，令和8年4月以降に施行される見通しである。なお，電子判決書による裁判がされたときは，改正後の本条で定める裁判所書記官の証明書の添付を要する。そこで，電子判決がされたときは，下記の解説で「裁判所の謄本」とあるのは，「裁判所書記官の証明書」と読み替えて理解されたい。

　本条1項は，届出事件本人以外の者の同意又は承諾を要する届出事件についての同意又は承諾を証する手続について定め，本条2項は，裁判又は官庁の許可を要する届出事件に関する添付書類について定めるものである。また，本条は，添付書類に関する一般的な原則も示している。

1　父母その他の者の同意又は承諾を必要とするとき

　本条1項にいう「届出事件について父母その他の者の同意又は承諾を必要とするとき」とは，身分的法律行為をするに当たり当事者以外の者の同意又は承諾を必要とする場合を指し，例えば，成年者を認知する場合の被認知者の承諾等（民782・783Ⅱ），胎児認知の場合の母の承諾（民783Ⅰ），配偶者のある者が縁組をする場合の当該配偶者の承諾（民796）等がこれに該当する。

そして，これらの届出をするためには，その同意又は承諾を証する書面を当該届書に添付することを要する。このように，本条1項に定める同意等は，創設的届出の場合に添付を要するのであり，報告的届出の場合には，このような同意等はあり得ない。

　本条1項では，同意又は承諾には特定の方式が定められていないため，これを証する書面については別段の制約はない。同意権者などの作成する同意書等が一般的であるが，同意を与える条項を包含する調停調書の謄本でも差し支えない（昭和20・6・23回答130号）。また，届書に同意権者等がその旨を付記して，これに署名させることでも足りるとされている（本条Ⅰただし書）。この署名については，代書を認める規則62条の適用もある。なお，口頭による届出の場合は，同意権者等が共に戸籍事務管掌者の面前に出頭して，法37条の手続によって同意等を証することもできる。

② 届出事件について裁判を必要とする場合

　届出事件について裁判を必要とする場合には，創設的届出についてあらかじめ裁判を必要とする場合と裁判によって効力の生じた事項に関する報告的届出の場合に大別される。前者の場合としては，養子縁組をするについての家庭裁判所の許可等，各種の許可審判があり，この場合は，本条2項の規定によって裁判書の謄本を添付すべきものとされている。後者の場合は，認知，離縁又は離婚等の裁判が確定し，これを戸籍に反映させるために届出をする場合であり，このような報告的届出については，届出各則にそれぞれ裁判書の謄本を添付すべきことが規定されている（戸63・73Ⅰ・77Ⅰ）。これらの裁判には，家事事件手続法が定める家事審判若しくは家事調停又は人事訴訟法が定める判決，和解若しくは認諾があり，いずれも家庭裁判所においてなされる。

　以上の裁判の謄本には，裁判所書記官が作成する審判や調書の謄本や裁判書の正本を添付するのが原則である（大正3・11・17回答1110号）。調停調書

において調停条項中の戸籍の記載を要しない事項（例えば，養育費支払事項）を省略した謄本でも差し支えないが（昭和38・3・30回答925号），主文のみを記載した裁判の謄本は適当ではない（昭和31・10・17回答2397号）。

裁判に対して不服申立てを許さないもの（例えば，就籍許可の審判）についてはその告知によって直ちに効力を生ずるので，その必要はないが，不服申立てを許す裁判（例えば，失踪の宣告の審判）については常にその裁判の確定証明書を添付すべきである（昭和23・5・20回答1074号）とされている。

なお，家庭裁判所書記官は，家事事件手続規則130条2項の規定によって，離婚・離縁その他戸籍の届出又は訂正を必要とする事項について家事調停が成立し，又は家事事件手続規則134条・136条の規定によって，合意に相当する審判若しくは調停に代わる審判がありそれが確定したときには，遅滞なく事件本人の本籍地の戸籍事務管掌者に対してその旨を通知しなければならないので，その通知があれば上記の各裁判は確定していることが明白であるから，確定証明書の添付を要しないとされている（昭和24・2・4回答200号，昭和29・12・24回答2601号）。なお，調停調書の謄本を届書に添付すべき場合でも，家庭裁判所の通知に調停調書の謄本が添付されているときは，調停調書の謄本を届書に添付することは省略しても差し支えない（昭和33・8・6回答1586号）。上記の審判書の謄本も同様である。

さらに，裁判書の謄本は，各届書に添付しなければならないのが原則であるが（大正3・11・17回答1110号），裁判が数人の当事者についてされたものであって，当該裁判の当事者であった届出事件の本人が各別に届出をする場合において，その届出が同時でしかもその本籍を同じくするときは，最初に受理される届書にだけ当該裁判の謄本を添付してある旨を附記させて受理するのが相当である（昭和32・11・7回答2107号）。

③ 届出事件について官庁の許可を必要とする場合

届出事件について裁判所以外の官庁の許可を必要とするのは，創設的届出

としては，児童福祉施設の長が入所中の15歳未満の児童で法定代理人のいない者に対して親権を行っている場合において，未成年養子縁組の代諾をするときは，都道府県知事の許可が必要であるような場合であり（児福47Ⅰ），この場合の届出にはその許可証の謄本を添付しなければならない。また，報告的届出としては，帰化の届出についての法務大臣の帰化の許可がある（国4Ⅱ）。この帰化の許可に関しては，昭和30年２月１日以降は，帰化の届出に添付すべき書面は，法務大臣の帰化の許可書ではなく，法務局又は地方法務局の長が発給する帰化者の身分証明書でよいとされている（昭和30・１・18通達76号，昭和35・10・27通達2616号，昭和59・11・１通達5500号）。

④ 戸籍の届書に添付するその他の書類

上記１から３で述べたもの以外にも戸籍の届書に添付する必要がある書類がある。例えば，出生届出における出生証明書（戸49Ⅲ），遺言による認知届の場合における遺言書の謄本（戸64），死亡届における診断書又は検案書（戸86Ⅱ），国籍喪失届における国籍喪失を証する書面（戸103Ⅱ）などである。これらのうち，出生証明書や死亡診断書等については，取扱いの便宜上，届書と同一用紙に記載するように，届書の標準様式が定められている。また，他の市町村への分籍又は転籍の届出には，戸籍の記載事項を移記するために，戸籍謄本等の添付を要する（戸100Ⅱ・108Ⅱ）。もっとも，令和元年法律17号による改正後の戸籍法において，転籍又は分籍に係る戸籍が電算化戸籍であって，届出地及び分籍（転籍）地市町村長が法118条の指定を受けているときは，戸籍謄本等の添付を要しないものとされている（戸120の７・120の８）。なお，添付書類ではないが，提出を求めていた（戸27の３）が，規則75条の３第１項により，市町村長は，戸籍事務の処理に必要な範囲内において，戸籍若しくは除かれた戸籍又は再製原戸籍の副本に記録されている情報を参照することができることとなり，戸籍謄本等の提出を求めることを要しない（令和６・２・26通達500号第２の３）。

第38条〔同意・承諾・許可を要する事件の届出〕

5 添付書類がない場合

　添付書類を要する場合において，その添付がないとき又は届書に署名がないときは，届書を受理すべきではない。届書の記載については，逐一当該記載が真実であることの証明を要しないのが原則であるが，特に重要な事項については，当該事項の証明をさせるため，添付書類を要求しているのである。そこで，届書を審査する市町村長は，当該記載と添付書類の内容が一致することを確認しなければならない。

　なお，裁判書謄本，戸籍謄本等及び医師の診断書等の添付書類は，裁判所，戸籍事務管掌者及び医師のそれぞれ作成に係る謄本又は原本を各届書に添付しなければならないが，市町村長において届書の謄本を作るべき場合には添付書類も市町村長において謄写して差し支えない（大正3・11・17回答1110号）。また，数通の届書に同一種類を添付すべきときは，1通のほかは，市町村長が正確なことを確認すれば届出人自らが謄写したもので差し支えない（大正4・7・7回答638号）。

第4章　届　　出　第1節　通　則

〔届書の規定の準用〕
第39条　届書に関する規定は，第37条第2項及び前条第1項の書面にこれを準用する。

本条は，届書に関する規定を他の書面に準用することを定めたものである。

1　口頭による届出に際し市町村長が作成する書面

　口頭による届出をするには，届出人自身が市町村役場の窓口に出頭して，届書に記載すべき事項を陳述しなければならないが（戸27・37Ⅰ），この場合において，市町村長は，届出人が陳述した事項を，法定様式又は標準様式による届書に筆記するとともに，届出の年月日を記載した上で届出人に読み聞かせ，なおかつ，届出人にこれに署名させなければならない（戸37Ⅱ）。
　この書面は，届書に代わるものであるから，届書に関する一般の規定は全て準用される。したがって，届書に記載すべき事項，その様式及び添付書類等については，書面による届出と同一に取り扱われる。
　また，規則で届書につき定めている受附の番号及び年月日の記載，書面の送付及び保存等，市町村において届書の処理のために行う必要な措置についても，書面による届出と同様のことを行う必要がある。

2　届出に際し同意又は承諾を証する書面

　法38条1項に規定する同意又は承諾を証する書面は，届書の添付書類ではあるが，届書に関する規定のうち書面の正確性を担保するために必要なもの，例えば，法29条の規定（同意者又は承諾者の出生の年月日，住所及び戸籍の表示等）については，これらの添付書類について準用される。
　しかし，届書において戸籍法その他の法令に定める事項のほか，戸籍に記載すべき事項を明らかにするために必要な事項を記載すべきであることを定めた法35条の規定などは準用されない。

第40条〔外国における日本人の届出〕

> 〔外国における日本人の届出〕
> 第40条　外国に在る日本人は，この法律の規定に従つて，その国に駐在する日本の大使，公使又は領事に届出をすることができる。

　本条は，法41条及び42条とともに外国に在る日本人の戸籍の届出に関する特則を定めたものである。

1　戸籍法の属人的適用

　戸籍法は，日本国内で施行されるのみならず，全ての日本人について，属人的に適用される。(注1) 戸籍は日本人の身分関係を登録し公証するものであるから，日本人については戸籍法の施行地域内に居住しているか否かに関わりなく戸籍法を適用して，戸籍を編製する必要がある（戸6）。そして，戸籍は国籍に関する事項を公証するための基本となる公的資料でもあるから，外国で出生した日本人や，日本人と外国人の間に外国で出生した子の国籍の認定など，日本人が外国に居住する場合においても重要な役割を果たしている。これらの点が，戸籍法を日本人に属人的に適用すべき実質的な理由である。

（注1）　前者については「属地的効力」といい，日本の領域内で適用され，国内に居住している日本人はもちろんのこと，外国人に対しても適用される。

2　届出の特則

　外国に在る日本人についても，報告的届出について届出義務が課されるほか，創設的届出についても，当該身分行為の方式に関する準拠法が日本法によるものである限り，戸籍法に基づく届出が認められる。しかるに，戸籍の届出については，法25条1項で定めるとおり，届出事件本人の本籍地又は届

出人の所在地でこれをしなければならないのが通則である。この点，外国に在る日本人についても，自己の本籍地に郵送等による届出をすることができるとしても（昭和24・9・28通達2204号），外国からの郵送は，各国の郵便事情もあり迅速な配達が期待できないこともあり，戸籍の届出方法を本籍地への郵送等のみに頼ることは相当ではない。また，創設的届出についても，日本人が所在する外国の官憲への届出に限れば，複雑な手続を踏むことが要求されることもある。そこで，本条の規定により，その国に駐在する日本の大使，公使又は領事にその届出をすることができるものとしたのである。

当該国に駐在する大使，公使又は領事は，戸籍の届出について戸籍事務管掌者たる市町村長と同一の権限を有する。したがって，創設的届出については在外公館の届出の受理によってその効力を生じ，本籍地市町村長への届出に関する書類の送付及び受附は，実際に戸籍に記載するための事後的な手続と位置づけられる。届出人が本籍地以外の市町村長に届書を提出したのと同様である。この在外公館への届出については，その性質に反しない限り，法又は規則の届出に関する規定が適用される。ただし，出生，婚姻，離婚及び死亡の届出についても，届書は所定の様式による必要はないとされている（昭和26・3・19通達454号）。

3 報告的届出

外国において日本人が出生又は死亡した場合には，戸籍法の規定により，当該事実があった時（死亡については事実を知った日）から3か月以内に届出しなければならない（戸49・86・43）。そして，その届出は本条の規定により，その国に駐在する日本の大使，公使又は領事にすることができる。この届出義務は，外国官憲に対する届出義務の有無にかかわらず存在し，外国官憲への届出によって，当該義務が免除されるものではない。

この場合，外国で子が出生した場合の外国人父や死亡した日本人の外国人配偶者については，戸籍法の適用はなく，届出義務は課せられないが，届出を

することができるものとされている（昭和39・5・14～15徳島協議会決議―昭39・12・16変更指示，昭和46・4・23回答1608号，昭和59・11・1通達5500号）。[注2]

　さらに，日本人が外国の裁判所において離婚をした場合等，戸籍法において報告的届出事項となっている事実が発生した場合についても，同様に届出義務を負うことになるが，当該届出についても本条が適用される。この点については，法41条の解説4を参照されたい。

◆◆

（注2）　なお，未婚の外国人女から出生した子について，日本人父が胎児認知をしていなかった場合，日本人父は出生届を届出することはできないから，法62条の出生届についても届出することはできない（昭和28・10・13回答1831号）が，誤って受理された場合は，認知の効力が認められるとされている。

4　創設的届出

　渉外的な身分行為に関する創設的届出については，準拠法との関係を考慮する必要がある。本条は，在外日本人についての身分行為に関する方式の準拠法を定めているものではなく，法の適用に関する通則法（以下本条において「通則法」という。）により方式の準拠法が日本法でも差し支えないとされる場合における，手続的な規定であると位置づけられる。通則法は，基本的に行為地法による方式と実質的成立要件の準拠法に定める方式を有効と定めているところ，外国にある日本人の身分行為の行為地は当該外国であるので，本条は，当該身分行為の実質的成立要件が日本法である場合のうち，届出人が日本人のみであるときに適用される。以下において，個別の身分行為について説明する。

(1)　婚　姻

　渉外的な婚姻に関しては，通則法では，婚姻挙行地の法又は当事者の一方の本国法の方式によるものとされている（通則法24Ⅱ・Ⅲ）。

　そして，外国に在る日本人同士は，当事者の本国法の方式によるものとし

て，当該国に駐在する日本の大使，公使又は領事に届出することにより，創設的な婚姻をすることが認められている（民741）。そこで，外国に在る日本人同士は，本条に基づき，その国に駐在する日本の大使，公使又は領事に届出をすることができる。しかし，外国に在る日本人と外国人間の創設的な婚姻については，本条に基づく届出をすることは認められていない。当事者の一方が日本人の場合は，日本法の方式により婚姻することができるが（通則法24Ⅲ），本条の届出は，前述のとおり届出人が「外国に在る日本人」であることが必要であるからである。なお，当事者の一方が日本人である場合は，当事者の一方の本国法の方式によるものとして，外国から郵送により本籍地市町村へ届出することが認められている（平成元・10・2通達3900号）。

　ところで，日本人と外国人との間の婚姻届が外国に駐在する日本の大使，公使又は領事に誤って受理され，日本人の本籍地市町村へ送付された場合は，当事者の一方の本国法である日本法の方式による届出として，郵送による届出と同様に取り扱うこととされており（昭和35・8・3回答2011号），この場合の婚姻成立日は，本籍地市町村へ送付された日とされている。大使らは外国に在る日本人のする届出を受理する権限を有するにとどまり，外国人からの創設的届出の性質をもつ婚姻届を受理する権限を有しないからである。

(2) 離　婚

　婚姻以外の親族関係についての法律行為の方式については，通則法34条により，当該法律行為の成立について適用すべき法によるほか，行為地法に適合する方式によるものとされている。在外日本人同士の離婚については，夫婦の本国法が同一であるから，離婚の方式は成立の準拠法である日本法によることもできる（通則法34Ⅰ・27・25）。民法上，協議離婚については，民法764条で741条の規定を準用していないが，民法741条が類推適用される。さらに，本条の規定も根拠となって，外国に駐在する日本の大使，公使又は領事に届出をすることができる（大正12・1・6回答4887号，昭和27・3・5回答239号）。

　しかし，日本人と外国人夫婦間の協議離婚届については，離婚の成立の準

拠法は夫婦の常居所地法が同一であるときはその法，それがない場合は，夫婦に最も密接に関係がある地の法とされている（通則法25）。離婚の方式の準拠法（通則法34）が日本法によることとなっても，外国人も届出人となるので，本条の規定は適用されない。なお，婚姻と同様に，当事者の一方が日本人である場合は，外国から郵送により本籍地市町村へ届出することが認められる。この場合，外国に在る日本人がその本籍地市町村に郵送により届け出ることにより，離婚が有効に成立するのは，外国人配偶者が日本に常居所を有するとき，又は夫婦の密接関連地法として，日本法が指定されている場合に限られることになる(注3)。

(3) 養子縁組及び養子離縁

養子縁組及び養子離縁の方式の準拠法についても，通則法34条の規定により指定される。養子縁組の実質的成立要件の準拠法は，縁組当時の養親の本国法である（通則法31）ことから，養親の本国法の定める要件を満たしたときに成立する。

在外日本人同士の養子縁組については，縁組の実質的成立要件の準拠法が日本法であるから，形式的成立要件については日本法によることができ，婚姻と同様，外国に駐在する日本の大使，公使又は領事に届出をすることが認められている（民801）。

しかし，日本人が外国人養子と縁組しようとする場合は，前述と同様に外国に駐在する日本の大使等へ届出をすることは認められない。また，外国人が日本人養子と縁組しようとする場合は，準拠法が日本法とはならないことからも，本条の適用はない。

これらは養子離縁についても同様である。

(4) 認　知

認知の方式の準拠法についても，通則法34条の規定により定められるところ，認知の実質的成立要件の準拠法は，子の出生当時又は認知の当時の認知する者の本国法と規定されている（通則法29）。

そこで，在外日本人同士の認知については，日本法が適用となることから，

本条が適用され，外国に駐在する日本の大使，公使又は領事に届出をすることが認められる。

また，認知は婚姻・縁組等と異なり，認知者の単独行為であるから，日本人が外国人を認知する場合は，届出人が当該日本人のみであるから，外国に駐在する日本の大使，公使又は領事に届出をすることが認められる。

(5) その他

その他の身分行為の方式についても，その行為の成立を定める法又は行為地の法によるもの（通則法34）とされており，外国に居住している日本人の身分行為について，当該身分行為の形式的要件が日本法とされ，民法及び戸籍法の規定により届出をすることにより有効に成立させることができる場合には，本条の規定を適用することができる。例えば，日本人が父母である日本人子の親権に関する創設的届出については，本条を適用することができる。なお，戸籍法による分籍（戸100），転籍（戸108）等の創設的届出については，戸籍法が日本人に属人的に適用されるから，本条の規定を適用して届出をすることができる。

◆◆

(注3) 外国人と婚姻した日本人が，その外国において協議離婚ができるかどうかについては，まず，当該外国で協議離婚の制度があることが前提となる。そして，通則法上，協議離婚の可否は方式の問題ではなく実質の問題とされているので，通則法27条の規定による離婚の成立の準拠法，すなわち，夫婦の共通常居所地法，それがないときは密接関係法が協議離婚を認めているときに限られる。

5 補正を必要とする場合

在外公館では，届出人と連絡が取れず，又は連絡が取れても適正な補正等がされないことに鑑み，届書の補正等の手続は上記の市町村長の取扱いに準じて行うことを原則としつつ，補正等に要する期間の単位を3か月として運用する等の取扱いがされている（平成25・3・6回答203号）。

第41条〔外国の方式による証書の謄本〕

〔外国の方式による証書の謄本〕
第41条　外国に在る日本人が，その国の方式に従つて，届出事件に関する証書を作らせたときは，3箇月以内にその国に駐在する日本の大使，公使又は領事にその証書の謄本を提出しなければならない。
②　大使，公使又は領事がその国に駐在しないときは，3箇月以内に本籍地の市町村長に証書の謄本を発送しなければならない。

　本条は，外国に在る日本人が行為地である当該外国の方式に従って身分行為を行い，その結果，証書が作成された場合における，当該証書の謄本の提出に関する規定である。

1 身分行為に関する準拠法

　外国に在る日本人が，当該外国の官憲が関与して身分行為をするためには，当該外国が制定した国際私法の指定する準拠法によらなければならないが，わが国が当該身分行為の成否を判断するに当たっては，法の適用に関する通則法（以下，本条において「通則法」という。）が指定する準拠法に基づいてこれを行うのであって，外国でされた身分行為をそのまま有効として認めるような「裸の既得権」なるものは存在しない。もっとも，当該身分行為は外国で既に成立しているので，我が国で身分行為を成立させるのと同様の方法で通則法を適用させるのではなく，通則法が指定する準拠法によれば無効である場合にこれを無効とするが，取消事由があったとしても，当該身分行為が取り消されるまでは有効であるので，取消事由があったとしても，受理を拒むことはできないものとされている（大正15・11・26回答8355号，昭和26・7・28回答1544号等）。次に，身分行為の方式については，婚姻であれば婚姻挙行地の法によることのみならず，外国人配偶者の本国法の方式にもよることができ（通則法24Ⅱ・Ⅲ本文），また，その他の身分行為の方式については，通則法34条の規定により，行為地法の定める方式によることが認められてい

る（通則法34Ⅱ）。そこで，婚姻挙行地又は行為地の法の定める方式により身分行為を行った場合は，当該身分行為が無効でない限り，その時に身分行為が成立し，効力を生ずることになる。なお，本条に関する先例上，その受理に当たっては，その駐在国の方式に違反していない限り，身分行為の実質的成立要件を審査する必要はないとされているところ（昭和25・1・23回答145号），身分行為の実質的成立要件についての無効事由の有無は判断されるべきとも考えられる。

　上記のとおり，渉外的身分関係については，身分行為を当該国の定める方式により成立させたときは，我が国でも，その時に身分行為が成立したものと取り扱い，当該身分行為を戸籍に記載するため，本条の規定に基づき，その証書の謄本の提出が必要であり，この届出は報告的届出である（大正14・11・7回答9510号）。

2　証書の真正性

　外国官憲等が作成した証書の謄本が市町村に提出された場合，その謄本の真正性について審査する必要があるが，戸籍法では，その真正性の担保につき，法27条の3に規定する調査権のほかは，何らの定めもない。しかし，法27条の3に基づき届出人に必要書類を求めても的確な書類が提出されることが期待できない場合があるので，市町村において，その証書の謄本の作成権限や内容に疑義があるときは，管轄法務局長等に照会することができる（戸3Ⅲ）。管轄法務局長等は，必要に応じ，法務省に照会し，さらには，法務省から外務省を通じて在外公館等に確認することもある。

　なお，真正性を担保する方法として，「外国公文書の認証を不要とする条約」（1961年10月5日のハーグ条約）により，同条約の批准国間においては，領事認証[注1]に代わり，文書発行国政府によるアポスティーユの付与により，それに代えることができる。しかし，アポスティーユが付された証書の謄本でなければ受理できないというものではなく，証書の謄本にアポス

ティーユが付されていない場合は，その真正性について，個別に判断する必要がある。

なお，この届出に添付される証書の謄本は，外国官憲が作成した証書の謄本自体を提出する必要があり，原本還付は認められない（戸規67Ⅱによる11の5の準用）。(注2)

◆◆

（注1）　外国の公的機関が作成した証書（証書の謄本を含む。）について，当該国に駐在する他国の大使館等が，「その外国の公的機関が作成した書類に相違ない」旨の証明をする取扱いのこと。
（注2）　平成22年5月6日通達1080号第9の3(2)ウでは，「法第41条第1項所定の届出事件に関する証書の謄本」は，「規則第67条第2項において準用する規則第11条の5第1項ただし書の『当該届出又は申請のためにのみ作成された委任状その他の書面』として原本還付請求をすることができないものと」されている。
　　　なお，在外公館において，証書の謄本の複写を謄本自体と確認し，相違ない旨の確認をした上で受理された届出が本籍地市町村へ送付された場合，在外公館で謄本を確認していることから，受理処分の撤回までは不要と考えられている（戸籍938号70頁以下）。

3　届出の方法

外国に在る日本人が本条1項の証書を作らせたときは，その者は3か月以内にその証書の謄本を在外公館に提出しなければならない。(注3)　前述したとおり，その身分行為の証書の謄本は，戸籍の記載をするために提出が必要であり，この提出は，日本人間の身分行為に限らず，外国にある日本人と外国人との間の身分行為である場合でも必要であるが，一方の日本人がこれを提出すれば足りると解される（昭和28・4・8回答561号）。(注4)　また，届出期間を経過した後の提出でも，その受理を拒むべきではなく（戸46参照），その場合，遅延理由書を提出させて，当該届書とともに本籍地市町村へ送付すべきとされており（大正14・10・9回答9049号），この場合，規則65条による失期通知は要しないこととされている（平成10・7・24通知1374号）。

ところで，証書の謄本の提出だけでは戸籍の記載ができない場合には，所要の事項を申出させることが必要であり，例えば，日本人同士の婚姻の証書の提出があった場合では，婚姻後に夫婦が称すべき氏や新本籍の記載を求めるべきである。もっとも，婚姻又は離婚に関する人口動態統計調査に要する届出事項については，記載の必要はないとされている（昭和26・3・19通達454号）。

　本条１項の証書のように，届書に添付するため外国官憲等が作成した書類は，多くの場合外国語で作成されていることから，このような書類については，翻訳者を明らかにした訳文を添付しなければならない（戸規63）。

（注３）　昭和59年法律45号による法改正までは，その期間は「１箇月」であったが，在住地から在外公館所在地までが遠隔である場合や，添付すべき証書の入手が困難な場合があることを考え，同法改正により「３箇月」に伸長された。

（注４）　日本人同士の婚姻の場合は，夫婦の称する氏（民750），夫婦について戸籍を編製することになる場合の新本籍（戸16・30Ⅰ）等を夫婦の協議により定める必要があるから，夫婦双方で提出することとなる（昭和25・１・23回答145号）。

４　外国裁判所の判決謄本

　外国裁判所において，判決が確定し，その判決書の謄本を添付して届出がされた場合は，受理して差し支えない。外国の判決については，その承認の問題として，民事訴訟法118条の要件により判断し，受否を決することとなる。なお，判決確定証明書（判決謄本により確定日が判明する場合は不要）及び被告が呼出しを受けたこと又は応訴したことを証する書面（前同）及びそれらの訳文を添付する必要がある（平成元・10・２通達3900号，昭和51・１・14通達280号）。[注５]

（注５）　平成30年の人事訴訟法等の一部を改正する法律（平成30年法律20号）により，外国裁判所の家事事件における確定裁判については，民事訴訟法118条をそのまま準

用することが明文化された（家事79の2）。本改正以前は，養子縁組の成立を内容とする外国裁判所の裁判は，民事訴訟法118条の規定を適用せずに，通則法により指定された準拠法により審査することとしていたが，改正後は，外国裁判所の確定判決と同じ方法で，当該縁組の裁判を承認する扱いとなった。

5 当該国に大使等が駐在していない場合の処理

　当該国に日本の大使等が駐在していない場合については，本条1項に規定する手続によることができないので，証書の謄本を3か月以内に直接本籍地市町村に送付しなければならない（本条Ⅱ）。この送付については，仮に当該国に大使等が駐在している場合であっても構わないし，日本人が帰国した際に，直接本籍地市町村等へ届出しても差し支えないものとされている（大正3・12・28回答893号，昭和26・7・19回答1542号）。[注6]

(注6)　この場合における証書の提出は，届出人が国内にいるのであるから，法25条を適用し，届出地は本籍地に限らず，住所地においても可能であると考える。

第4章 届 出 第1節 通 則

> 〔在外公館で受理した書類の送付〕
> 第42条 大使,公使又は領事は,前二条の規定によつて書類を受理したときは,遅滞なく,外務大臣を経由してこれを本人の本籍地の市町村長に送付しなければならない。

本条は,在外公館において受理した届書等の書類の送付に関する規定である。

1 事件本人の本籍地市町村長への送付

　法40条及び41条の規定により在外公館で受理した届書その他の書類は,戸籍の記載をするため,外務大臣を経由して,事件本人の本籍地の市町村長に送付される。

　法40条及び41条の規定によって受理した書類とは,①外国に在る日本人が,戸籍法の規定に従って,その国に駐在する日本の大使,公使又は領事に届出をした場合における当該届書等(戸40),又は②外国に在る日本人が,その国の方式に従って作らせた届出事件に関する証書の謄本であって,交付を受けた日から3か月以内にその国に駐在する日本の大使,公使又は領事に提出したもの(戸41Ⅰ)である。

　事件本人が複数であってその本籍地を異にする場合,実務の取扱いでは,これらの書類は,各当事者の本籍地にそれぞれ送付されるのではなく,そのうちのいずれかの市町村長に対して送付するものとされている。送付を受けた市町村長は,自ら戸籍の記載をするとともに,届書等情報を作成し,法務大臣に提供する(戸120の4)。その後,法務大臣から戸籍の記載を要する市町村長に通知がされる(戸120の5,令和6・2・26通達500号第3の6)。

第42条〔在外公館で受理した書類の送付〕

② 在外公館で受理した書類に不備がある場合等の処理

　在外公館で受理した上記1の書類の送付については，これが本籍地市町村長に到達しないとか，到達した書類に不備があるという場合が往々にして生じる。これらの場合における市町村長の処理の概要は，次のとおりである。

(1) 書類未着の場合

　上記1の書類が本人の本籍地市町村長に対して発送されたのに，何らかの事情（当該外国の政情，通信事情等）により，これが到着しない場合には，市町村長は，当該届出事件の本人において当該書類が在外公館で受理されたことを証明する資料を所持していない限り，新たな届出をさせるべきであるとされる（昭和26・8・29回答1745号）。

(2) 書類に不備がある場合

　この場合の取扱いには変遷があり，近時においては，平成22年7月21日通達1770号によって，その整備が図られた。

ア　従前の取扱い

　在外公館から本籍地市町村長に送付されてきた上記1の書類に不備がある場合については，従前の実務では，その不備が重要な点についてのものでないときは，便宜これを受理すべきものとし（昭和24・9・28通達2204号，昭和25・1・19通達129号，昭和25・5・23通達1357号），その不備により戸籍の記載ができないときは，市町村長は，不備の点を付箋等により指摘し，関係戸籍の謄抄本等を添付して，遅滞なく管轄法務局若しくは地方法務局又はその支局を経由して，法務省民事局に回送し，法務省が外務省を経由して在外公館へ返戻することとされていた（昭和25・5・23通達1357号，昭和50・3・26通知1600号）。また，届書類に不備があっても追完可能な程度のものである場合には，追完届を催告するため，これを外務省を経由して受理公館に返戻されることとされていた（昭和52・5・14回答2647号）。

イ　現在の取扱い

　平成22年7月21日通達1770号が発せられた背景には，近年における海外在

345

留邦人の増加に伴い，返戻対象事案も増加し，戸籍の処理が遅延することによって届出人に必要な手続ができなくなるなどの不利益が生じることから，戸籍への身分事項の記載をより迅速化することが求められたという事情がある。当該通達の概要は次のとおりであり，これにより，昭和25年5月23日通達1357号は廃止された。

(ア) 届書の不備が軽微であり，外務省及び在外公館を通じて届出人に事実関係を確認することによって戸籍の記載をすることができる場合

この場合，市町村長は，外務省を通じて在外公館に対し，届出人への事実関係の確認を依頼し，在外公館において届出人に確認した事項について外務省から連絡を受けたときは，市町村において補記を行い戸籍の記載をするものとする（令和6・2・26通達500号第3の4）^(注)。

(イ) 届書の追完によって届書の不備を補正することができない場合

この場合，市町村長は，外務省を通じて在外公館に対し，届出人に届書の追完を促すよう依頼し，届出人から在外公館及び外務省を経由して遅滞なく追完がされたときは，これに基づき戸籍の記載をするものとする。

(ウ) 届出人への事実関係の確認又は届書の追完によって届書の不備を補正することができない場合

この場合は，従来の取扱いどおり，直ちに謄抄本等を添付して管轄法務局等を経由して当該届書を法務省へ回送する（法務省において外務省を経由し，在外公館へ返戻する。）。

◆◆◆

(注) この取扱いをする具体例としては，次のものが挙げられる（民月65巻9号75頁）。

① 当該届書に基づき事件本人について新戸籍が編製される場合において，届書に新本籍として記載された地番が存在しない場合等

② 出生届書に記載された出生子の父母との続柄が，父母の戸籍に在籍している他の子に関する記載等と整合しない場合

③ 出生届書に記載された生年月日又は婚姻届書に記載された婚姻年月日がそれぞれ出生証明書に記載された生年月日又は婚姻証明書に記載された婚姻年月日とそごする場合

第43条〔届出期間の起算日〕

> 〔届出期間の起算日〕
> 第43条　届出期間は，届出事件発生の日からこれを起算する。
> ②　裁判が確定した日から期間を起算すべき場合に，裁判が送達又は交付前に確定したときは，その送達又は交付の日からこれを起算する。

本条は，戸籍の届出期間の起算日について定めたものであり，民法140条の例外規定である。

1　届出期間

創設的届出については，身分変動の効果は通常はその届出によって発生することから，届出期間という概念はない。

一方，報告的届出については，出生・死亡など既成の事実又は法律関係を速やかに戸籍に記載する必要があるため，一定の期間を定めてその届出を強制している。したがって，この届出期間に届出を怠った者に対する罰則の適用がある（戸137・138）。その期間はそれぞれの届出によって異なり，いずれも各則において個別に規定されている。なお，民法767条2項・816条2項又は791条4項による届出（婚氏又は縁氏の続称の届出，子の氏の変更）のできる期間は，民法上の期間であって本条の適用はない（戸73の2・77の2・99参照）。

2　届出期間の起算日

届出期間の起算日については，それぞれの届出について特に規定しているもの（戸26・63・64・86・102Ⅰ等）と起算日について特に規定していないもの（戸49Ⅰ・84，皇族の身分を離れた者及び皇族となつた者の戸籍に関する法律5・6・7等）とがある。特に起算日について規定されていない場合には本条の規定が適用され，届出事件発生の日，例えば，出生届については出生の日から起算することとされ，届出義務者が事件発生の事実を知ったか否かに

関係なく期間が進行する。この場合，期間の計算方法は，事件発生の日から起算し（本条Ⅰ），民法140条の規定により，翌日から起算すべきではない（大決大11・4・10大審院民集1巻182頁）。本条の規定が民法138条にいう「法令……に別段の定めがある場合」に該当するからである。

届出期間については，届出義務者が事実を知った日から起算されるもの（戸65・86・103等）は，当該日から起算されるが，そうでないものについては，期間は，届出義務者が事実を知ったかどうかを問わず，当該事実発生日から起算される。もっとも，管轄官庁の許可書の謄本を添付して届出すべき場合の届出期間は，本条2項の類推適用により，許可書の交付を受けた日から起算すべきものとされる（明治31・9・21回答1143号）。

③ 届出期間の満了日

次に，期間の満了日であるが，期間の末日が一般の休日[注1]に当たるときはその翌日をもって期間は満了し（民142），[注2]月をもって定められた期間は暦に従い計算されるが，月の初めから起算しないときは，その期間は最終の月で，その起算日に応当する日の前日に満了する。応当日がないときは，その期間はその月の末日をもって満了する（民142・143参照）。これらの期間満了日については，法に特段の定めがないので，民法の規定が適用されるからである。

◆◆◆◆◆◆◆◆◆◆◆◆◆◆◆◆◆◆◆◆◆◆◆◆◆◆◆◆◆◆◆◆◆◆◆◆◆◆◆

(注1) 大審院当時の判決は，年末年始の休暇はいずれも一般の休日（祝祭日）ではないとしていたが，最高裁は，1月3日は一般に元旦，2日とともに三が日として休暇休業とするのが一般国民の慣行であるから，休日であるとした（最判昭33・6・2民集12巻9号1281頁）が，12月29日（最決昭43・1・30民集22巻1号81頁），12月30日（最判昭43・9・26民集22巻9号2013頁），12月31日（最判昭43・4・26民集22巻4号1055頁）は，いずれも官庁の休日にとどまり，一般の休日には当たらないとしている。

(注2) 届出期間満了の日が一般の休日に当たるときは，その翌日をもって満了する（大

第43条〔届出期間の起算日〕

正4・1・14回答1805号4項）。

戸籍の届出期間の末日が届出地市町村の休日に当たるときは，昭和64年1月1日からは，その市町村の休日の翌日が当該届出等の期間の末日となる（昭和63・12・20通達7332号）。この通達は，一時期戸籍の実務に混乱があったので，その統一を図る目的で発出された。

4 裁判確定日から起算される場合

　裁判（判決等）のうち不服申立てができないものについては言渡し又は告知により裁判の効力が発生するが，不服申立てができるものについては，不服申立期間内に不服の申立てがないか，不服申立てはあったが不服申立てが理由のないことに決まれば原審の裁判は確定する。

　家事審判についても同様に，審判（申立てを却下する審判を除く。）は，特別の定めがある場合を除き，審判を受ける者（審判を受ける者が数人あるときは，そのうちの1人）に告知することによってその効力を生ずる。ただし，即時抗告のできる審判は，確定しなければその効力を生じない（家事74Ⅱ）。

　このように判決や審判の確定によって戸籍の届出をしなければならない場合は，その届出には審判書の謄本のみならず確定証明書の添付も要する（戸63・69・73・75Ⅰ・77Ⅰ・116等）。

　ところで，上告事件のように判決の言渡しにより直ちに裁判が確定することがあるので，本条2項では，裁判の送達又は交付を受ける前に裁判が確定する場合には，届出期間はその裁判書の送達又は交付を受けた日からこれを起算すべきものと規定し，届出人に酷とならないようにしている。審判事件では，例えば，就籍許可の審判は，即時抗告が許されないので告知によりその効力が生ずるが，法110条1項に定める届出期間は，本条2項の規定により審判書の送達又は交付を受けた日から起算される。

5 法定期間内に届出をしない場合

　出生や死亡等の届出事実を知ったときから法定期間内に届出すべき場合においても，市町村長はその事件発生の日から法定期間内に届出をしない者があることを発見したときは，届出を怠った者として届出の催告をしても差し支えない（戸44，大正3・12・28回答1125号）。また，第2順位以下の届出義務者の懈怠の責は，市町村長の催告の後なお届出を遅滞する場合に生ずると解すべきであるとされている（昭和34・11・30回答595号，昭和37・1・13回答20号）。

　なお，出生届の届出義務者等が法定期間経過後に届出をした場合であっても，そのことを理由に不受理とすべきではなく，当該届出を受理した上で，これに基づき戸籍に届出事項を記載すべきである（戸46）。この点，前記1で説明した婚氏続称等の届出の場合は，民法に定める届出期間が経過している場合は，届出を受理すべきではなく，不受理とすべきである。

第44条〔届出の催告と職権記載〕

> 〔届出の催告と職権記載〕
> 第44条　市町村長は，届出を怠つた者があることを知つたときは，相当の期間を定めて，届出義務者に対し，その期間内に届出をすべき旨を催告しなければならない。
> ②　届出義務者が前項の期間内に届出をしなかつたときは，市町村長は，更に相当の期間を定めて，催告をすることができる。
> ③　前二項の催告をすることができないとき，又は催告をしても届出がないときは，市町村長は，管轄法務局長等の許可を得て，戸籍の記載をすることができる。
> ④　第24条第4項の規定は，裁判所その他の官庁，検察官又は吏員がその職務上届出を怠つた者があることを知つた場合にこれを準用する。

本条は，戸籍の報告的届出を怠った者がある場合に，市町村長がどのように取り扱うべきかを定めるものである。まず，市町村長は，届出義務者に対し，相当の期間を定めて届出をするように催告することを要し（本条Ⅰ），催告をしても，その期間内に届出がないときは，更に催告をすることができる（本条Ⅱ）。催告をすることができないか又は催告をしても届出がないときは，市町村長において，管轄法務局又は地方法務局の長（以下「管轄法務局長等」という。）の許可を得て，戸籍の記載をすることができることとしている（本条Ⅲ）。

1　催告の方法・催告を受ける者

(1)　催告の方法

戸籍の基本的な役割は，国民の身分関係を正確に反映し，これを公証することにあるから，市町村長は，既成の事実又は法律関係について届出を怠っている者がいることを知ったときは，その責務として，所要の届出を促すべきことは当然である。その「促す方法」として法が定めるものが，届出義務者に対し，相当の期間を定めてする催告である（本条Ⅰ）。もとより，この

催告は報告的届出の対象となる事項に限られる。

届出を催告する市町村長は，本籍地の市町村長だけでなく，届出義務者の所在地の市町村長でも差し支えない（大正5・3・18回答252号）。この催告は，規則付録19号書式により書面で行い（戸規64），これを郵便その他便宜の方法で相手方に送付して行う（大正3・12・28回答1994号8項）。

(2) **催告の相手方・時期**

催告を受ける者は届出義務者である。例えば，裁判に基づいて届出をすべき場合には，催告の相手方は，訴を提起した者又は裁判を請求した者に限られ，その相手方（被告・被申立人）に対してこの届出の催告をすべきでない（昭和24・9・5回答1942号）。

届出義務者が当該事件の事実を知った日から届出期間が起算されるべき場合（戸65・86Ⅰ・103Ⅰ等）において，事件発生の日から法定期間内に届出がないときは，たとえ届出義務者が届出を怠ったとはいえなくても，市町村長がその催告をすることは差し支えない（大正3・12・28回答1125号）。市町村長は，届出義務者が事件の発生をいつ知ったかを確認し得ないからである。

2 再催告

上述の催告をしても届出義務者がこれに応じないときは，更に相当の期間を定めて催告することができる（本条Ⅱ）。これは，戸籍の記載は届出に基づいてすることを原則としているから，できるだけ催告によって届出を促すという手段を尽くすべきとの趣旨による。この催告も，規則付録19号書式によって書面でしなければならない（戸規64）。そして，本条1項又は2項の規定に基づく催告に応じない者に対しては，単に届出期間を懈怠したという者に比して，重い制裁が科される（戸138・137）。

③ 職権記載

(1) 職権記載

　本条1項又は2項の規定が意図するところは，催告によって届出義務者による届出を促すことにあるが，催告をしても届出義務者が届出をしない場合，又は届出義務者がいない場合（昭和25・12・5回答3082号）や，届出義務者の所在が不明で催告ができない場合もある。このような場合，当該届出事項が市町村長に判明しているときは，届出を待たずに，市町村長の職権で戸籍の記載をすることができる（本条Ⅲ）。当該届出事項を未記載のまま放置することは，戸籍制度の目的に照らして妥当ではないからである。これが，市町村長のいわゆる「職権記載」であり，法15条が定める戸籍の記載事由の例外を成すものである。

　市町村長が職権記載をするには，あらかじめ管轄法務局長等の許可を得ることを要する（本条Ⅲ）。この許可は書面ですることとされ（大正7・11・11回答1389号），その許可書は，届書等情報として作成し，法務大臣へ提供しなければならない（令和6・2・26通達500号第3の1(3)）。

(2) 高齢者消除等

　戸籍実務では，職権による戸籍の記載は各種の報告的届出事項について行われているが，このうち，いくつか特記すべきものがある。

　その1つは，生存するとは常識上考えられない所在不明の高齢者についての取扱いである。このような高齢者については，届出義務者がないときは，職権（高齢者消除）によって死亡の記載をするほかない。なお，一般に，法には死亡の記載について，死亡報告（戸89～92）に基づく記載も含めてきめの細かい措置が講じられている。

　このほか，とかく怠られがちな届出に未成年者が成年に達した場合の後見終了届がある。この場合も，未成年後見人が死亡した場合は，職権による記載をするほかはないが，未成年後見人が生存する場合には，終了の届出をさせ，これにより戸籍の記載をすべきものとされる（大正5・3・22回答69号）。

また,国籍喪失届も怠られることの多い届出であるが,これについては,特に法105条において,官庁又は公署による国籍喪失者の報告義務が定められている。

(3) **家庭裁判所からの通知等**

裁判に基づいて戸籍の届出をすべき事項に関しては,後述のとおり,家庭裁判所から本籍地市町村長に通知がされるから,それによって本条の催告をし,又は職権記載が可能であれば,その措置をするように努めるべきである（昭和23・1・13通達17号）。

問題は,届出資格がない者からの届出があった場合である。戸籍の記載は届出義務者又は届出資格者からの届出であることを要し,届出資格のない者からの届出があったとしても,それを正式に受理することはできない。しかし,戸籍に未記載の事項についてせっかくの情報提供がされたのであるから,この届出を職権記載の申出とみなして,添付された資料に基づき,管轄法務局長等の許可を得て職権で戸籍に記載することもできる（昭和22・6・11回答335号）。

(4) **職権記載の実務**

ア 不明な部分がある場合

職権による戸籍の記載をするに当たって,市町村長が調査を尽くしても,なお記載事項に不明な部分が残るという場合がある。このような場合には,不明な部分を省略した戸籍の記載も許される（大正4・1・9回答1009号）。例えば,出生事項を職権で記載するときは,子の名は記載せず,届出義務者からの申出を待って子の名を記載すべきとされている（昭和25・9・21回答2537号）。

イ 複数の本籍地にわたる場合

市町村長が職権記載をするには,原則として管轄法務局長等の許可を得る必要があるが,この許可の求めは,原則として,当該職権記載を要する戸籍を保管している市町村長ごとにする必要がある。ただし,職権記載の内容が,婚姻,離婚,縁組,離縁等の入除籍を伴う一体性のある関係にある場合には,

関係市町村の許可も合わせて受けた市町村長が，その許可書の謄本を届書等情報として作成し，法務大臣に提供することにより（戸120の4Ⅰ，戸規78の2Ⅰ），関係市町村（管轄法務局等が異なる場合も含む。）にはその届出等情報について法務大臣から通知がなされ（戸120の5Ⅰ・Ⅲ），関係市町村の長はその通知に基づいて職権記載をする。

4 官公署の通知義務

裁判所その他の官庁，検察官又は吏員がその職務上戸籍の届出の懈怠があることを知ったときは，遅滞なく，届出事件の本人の本籍地の市町村長にその旨通知しなければならない（本条Ⅳ）。この通知を受けた市町村長は上に述べたような措置（本条Ⅰ～Ⅲ）を講じることを要する。これは，官庁・公署が戸籍事務管掌者と連携して，可及的に正しい身分関係を戸籍簿に記載するための仕組みの1つである。

このほかに，人事訴訟規則及び家事事件手続規則により，家庭裁判所において，戸籍の届出又は申請を要する事項について調停が成立したり，審判が確定したときには，遅滞なく事件本人の本籍地の市町村長に通知すべきものと定められている（人訴規17・31・35，家事規89・94・95・100・119・130Ⅱ・134・136等）。これらの規則の規定も，本条4項の規定と趣旨を同じくする。もっとも，戸籍の届出等を要する事項についての家庭裁判所の審判であっても，創設的届出の要件となる審判（例えば，未成年者を養子とする縁組，氏変更，死亡後の離縁等）が確定した場合には，これらの身分関係は届出に基づいて創設されるものであり，審判の確定によって創設されるものではないから，戸籍事務管掌者に対して通知されることはない。

第4章 届 出 第1節 通 則

> 〔届出の追完〕
> 第45条 市町村長は，届出を受理した場合に，届書に不備があるため戸籍の記載をすることができないときは，届出人に，その追完をさせなければならない。この場合には，前条の規定を準用する。

　戸籍の届出を受理するに当たっては，その届書の記載事項が完備しているかどうかを調査し，不備があれば補正させた上で受理すべきであるが，その不備を見落として届出を受理した場合，又はその不備が軽微であるため後に補正させることにして届出を受理した場合には，不備がある点について追完届をさせた上，戸籍の記載をしなければならない。本条は，この追完届に関する規定である。

1　制度の趣旨

(1)　届書の不備の追完

　市町村長が届出を受理するに当たっては，届書が所定の要件を備えているか，また，その記載が完備しているかどうかを調査して，不備があることを発見したときは，そのままでは受理することができないので，届出人にこれを補正させた上で受理すべきである。この場合において，当該届書類の内容その他市町村長において確認した情報により，当該市町村長において戸籍記載をすることができるときは，届出人に当該不備を追完させることなく，市町村長において届書に補記を行った上で，戸籍の記載をするものとされている（準則33）。従来は，付箋に正しい内容を表記して届書に貼り付ける処理（付箋処理）をしていたが，届書等情報を法務大臣に提供するものとされたため（戸120の4），上記付箋処理は行わないこととされた（令和6・2・26通達502号）。

　届書に不備があるのに，これを看過して届出を受理した場合には，本条により不備を補正させる必要がある。届書の不備が軽微なものであるため，後

に補正させることにして届出を受理した場合も，同様である。これらの場合，届出人に届書自体を訂正・補充させるという便宜な方法をとることも可能であるが（大正4・7・13回答952号），本条によって届書の追完をさせるのが正式な手続である（本条前段）。ただし，上記のとおり市町村長による補記等が可能であれば，上記の届書の処理をすれば足りる。

　これに対して，たとえ届書に不備がある場合であっても，戸籍の記載がされた以上は，もはや本条による届書の追完によってその記載を訂正することは許されず（本条も，「戸籍の記載をすることができないとき」としている。），戸籍法が定める戸籍訂正の手続によらなければならない（大正4・7・7回答1008号）。戸籍の記載が届書の誤記によることが明白な場合も，同様である（昭和24・6・24回答1396号，昭和25・1・30回答173号）。本籍地市町村長に不備のある届書を送付し，戸籍の記載がされた場合には，たとえ，それ以前に追完届があったときでも，これにより戸籍の訂正をすることはできない（大正5・3・23回答319号）。もっとも，戸籍の記載がされた場合であっても，当該届出事項の全部ではなく，その一部の事項については届書の不備のため記載できなかったというときは，その部分に限り届書の追完が認められる（大正3・5・19回答793号，大正4・1・9回答1009号）。同様に，数名についての転籍の届出が転籍地においてされ，当該届書のうち1通が原籍地に送付されたところ，当該届書に添付された戸籍謄本に1名の記載が欠けていることが発見されたという場合には，その者についての転籍戸籍への記載は，追完の届出に基づいてされるべきである（大正5・3・15回答226号）。

(2)　届書の不備

　追完の届出をすべき届書の不備は，いかなる事項に関するものであるかを問わない。戸籍に記載することを必要としない事項に関するものも含まれる（大正4・6・26回答519号）。

　不備の態様としては，届書の記載に漏れがある場合のほか，誤った記載がされている場合もこれに当たる（大正4・7・7回答1008号）。具体例を挙げると，出生届における子の名の記載を欠く場合，父母の氏名又は続柄が不詳

とある場合（昭和9・12・28回答1110号），随従入籍すべき子の記載を遺漏した場合（昭和23・12・9回答2929号），婚姻届に父母の婚姻により嫡出子たる身分を取得する子の記載を遺漏した場合（大正5・3・15回答226号，昭和7・7・16回答765号，昭和11・7・15回答785号），死亡者につき通称の氏名で届出がされたため本籍不明者として処理保管中の死亡届について，死亡者の氏名が判明した場合（昭和57・12・25回答7679号）など様々なものがある。ただし，事件本人などの表示に多少の不備があっても，その者の同一性を確認することができ戸籍の記載をするのに支障がないときは，追完届をさせる必要はない（大正3・12・28回答1125号，大正4・1・15回答1717号8項）。このような場合は，前述の補記等の処理をすれば足りる。また，届出において届出人の意思に委ねられている事項については，その記載を欠いても届書の不備には当たらないから，追完届は許されない。例えば，離婚又は離縁の届書に復氏者について新戸籍を編製する旨の申出がされない場合には，復籍の手続がとられるので，後日の追完届によりこれを変更することは許されないのである（昭和24・4・6回答436号）。

このほか，届書の記載と戸籍の記載とが符合しない場合，届書に添付すべき書類が欠けている場合，その添付書類に不備があって戸籍の記載ができない場合にも，本条による追完を要する。

(3) **追完の対象となる届出**

本条は，報告的届出についてはもとより，創設的届出についても適用がある。創設的届出が受理された後に当該届書に不備が発見されて，戸籍の記載をすることができないときは，追完の届出がされるべきである（大正8・6・26回答841号）。本条による追完は，後に述べるように過料の制裁をもって強制されるものであるから，これを創設的届出に適用することはその性質に反するのではないかとも考えられるが，創設的届出が受理されて当該身分行為の効力が生じた後に，これを戸籍の記載に正確に反映させるため，届出人に対して不備な事項につき追完の義務を負わせることは，戸籍手続上の要請であって，創設的届出の本質に相反するものとはいえない。なお，創設的

届出はその本質的事項に欠陥があるときは無効であり，これによって当該身分関係の発生・消滅の効力が生ずることはないのであるが，このような無効な行為であっても，後に追認により遡って効力を生じさせることができるかという問題がある。現在の判例はこのような効力をもつ追認を認めており，戸籍実務では，これを戸籍に反映させる手段として本条の追完届が用いられている。この点については，後述する（後記3参照）。

2 追完の手続

(1) 追完をすべき者

　追完の手続をすべき者は，不備のある届出をした届出人である。婚姻又は縁組など届出人が数人となる創設的届出においては，追完事項が届出によって生ずる効力に影響を及ぼす重要事項であるときには，全ての届出人によって追完届がされることを要する。そうでない場合には，そのうちの1人の届出人による追完届でも差し支えないものとされる（大正8・6・26回答841号）。さらに，戸籍の先例では，追完の届出をすることができる者について，必ずしも不備のある届出をした届出人に限られず，当該事件の届出をすべき義務を負う者であれば他の者でも差し支えないとして，追完届出人の範囲を緩やかに解している（大正3・12・28回答1962号，昭和53・2・3回答633号）。

(2) 追完の届出についての市町村長の処理

　届書の不備についての追完も，届出の形式によってされることを要する（大正4・6・26回答519号）。この追完届には，原則として届出に関する一般の規定が適用される。

　その市町村長の処理の実例を挙げると，次のとおりである。

　　ア　届書を受理した市町村長が戸籍記載をすべき場合

　市町村長が追完届を受理したときは，まず，その届書類及び先に受理した届書類について，後日の検索のために受付ファイルを用いて関連付ける措置が必要である。

第4章 届 出 第1節 通 則

届出を受理した後，戸籍の記載をする前に追完届があった場合には，当該届と追完届とを合わせて1つの完全な届出があったものとし，両届書に基づいて戸籍の記載をすべきであって，別に追完事項の記載を要しない（大正6・3・6回答197号，昭和25・2・16回答450号）。不備のある届書に基づき戸籍の記載をした後に，未記載の部分について追完届があった場合には，この届出に基づいて戸籍の記載をすべきである（大正5・10・21回答629号）。また，日本人男と外国人女間の婚外子につき出生届及び認知届がされた後に，当該子の日本国籍確認の裁判が確定した場合において，当該判決の謄本を添付して出生届及び認知届に対する追完届があったときは，子について新戸籍を編製し，出生事項及び認知事項を記載した上，父の戸籍については，各追完届を資料として，法24条2項の訂正手続により職権で訂正する（平成10・1・16回答94号）。

イ 届書を受理した市町村長によって作成され法務大臣に提供された届書等情報の通知を受けた市町村長が戸籍記載をすべき場合

非本籍地市町村長において婚姻届を受理し，これを夫婦双方の本籍地市町村長が，届書等情報の通知を受けた場合において，夫の本籍地市町村ではその通知に基づいて戸籍の記載がされたが，妻の本籍地ではその届書等情報に不備があるため戸籍の記載をすることができないときは，夫の本籍地においては，その更正は戸籍訂正の手続によるべきであるが，妻の本籍地においては，追完届により届書の不備を補正して戸籍の記載をすべきである（大正4・6・24回答634号）。なお，不備のある届書に基づき戸籍の記載をした後に，未記載の部分について追完届があった場合には，この届出に基づいて戸籍の記載をすべきとする取扱いは，届出を受理した市町村長から当該届書等情報の通知を受けた他の市町村長が戸籍の記載をする場合にも，適用される（大正6・1・20回答1997号3）。

以上に述べたように，非本籍地市町村長が不備のある届書を受理した場合には，追完届を待たずに届書等情報を作成することはできる。しかし，受理地市町村長は，届出人に対し速やかに追完届をするよう促し，先の届書と追

完の届書とを併せて届書等情報を作成することが望ましいとされる。

(3) 追完の届出をしない場合の催告

　市町村長は，追完届を怠っている者があることを知ったときは，届出人に対し，相当の期間を定めて，その期間内に追完届をすべき旨を催告しなければならない（本条後段による法44条の準用）。この催告は，届出を受理した市町村長だけでなく，本籍地の市町村長もすることができる（大正4・7・1回答691号）。催告先の相手方は不備のある届出をした届出人に限られ，届出人とならなかった届出義務者は追完届をする義務を負わないから，同人に対し催告をすることはできない。ただし，制限行為能力者が届出をした場合には，届出義務者である法定代理人に対して催告すべきであるとされる（大正3・12・28回答1962号）。

　この催告は，法44条の催告と同じく書面によらなければならないし，その様式も，規則付録19号書式によるべきものと定められている（戸規64）。この書式は縦書となっているが，横書にしても差し支えない（昭和34・7・22回答1550号）。

　追完の催告を受けた者が所定期間内にこれに応じない場合には，再度の催告をし，これにも応じないとき，又は届出人の所在不明などのため催告をすることができないときは，市町村長は，管轄法務局長等の許可を得て，判明している事項だけを職権で戸籍に記載することができる（大正4・6・26回答519号）。この記載をしたときは，市町村長は，戸籍法違反事件として，届出人の住所地を管轄する簡易裁判所にその旨を通知すべきである。催告にもかかわらずこれに応じなかった者には，過料の制裁が科されることになる（戸138）。

3　無効な身分行為の追認のための追完届

　既に述べたように，創設的届出はその本質的事項に欠陥があるときは無効である。例えば，婚姻や縁組などの届出において，届書に当事者を誤って記

載したときは，その届出は無効であり，これに基づく戸籍の記載は戸籍訂正の手続により抹消されることになる。このような無効な身分行為を後に追認によって有効なものにできるか否かについては，大審院時代の判例は，その追認の方式に関して何らの規定がないほか，追認による効力発生の時点についても疑問があることなどを理由として消極に解してきた。ところが，戦後の下級審の裁判例には，漸次このような追認を可能とするものが現れ，最高裁昭和27年10月3日判決（民集6巻9号753頁）において，代諾権のない者の代諾による養子縁組につき15歳に達した養子による追認を認め，これにより当該縁組は初めから有効となるものと解さなければならない旨判示するに至った。この判決を契機にして，最高裁は，さらに，当事者の一方の意思に基づかない婚姻の届出や協議上の離婚の届出についても，本人からの追認により有効となることを認めている（婚姻の届出につき最判昭47・7・25民集26巻6号1263頁，協議上の離婚の届出につき最判昭42・12・8家月20巻3号55頁）。

　そうなると，戸籍の手続においても，上記のような裁判の受け皿となる措置が必要になってきたのであるが，法には，本来無効な身分行為の追認の届出に関する規定が設けられていない。このため，戸籍先例は，本条の追完届の形式を借用した届出による追認を認めて，これに基づく戸籍の記載をすることとした（昭和34・4・8通達624号）。そして，このような取扱いは，無効な代諾縁組についての15歳に達した養子又は正当な代諾権者による追完の届出，離縁についての同様の者による追完の届出，夫婦共同縁組の要件を欠く届出についての追完の届出，15歳未満の者又はそれ以上の未成年者につき正当な届出人でない者のした入籍届についての追完の届出にも認められている。さらには，身分関係の形成・消滅に関係のない戸籍上の措置である転籍届についても，15歳以上の子又は正当な届出人による追完の届出が容認されている。

　しかしながら，上記のような，本来無効な届出の追認という意味をもつ追完の届出（以下「追認の届出」という。）は，本条が予定するところではない。本条が定める追完の届出は，有効な届出ではあるが当該届書に不備のあるも

のについて，その不備を補完するための措置であり，上記のような追認の届出とは，その本質を全く異にするものであるが，その方式を借用したにすぎない。したがって，追認の届出について本条の規定をそのまま適用することが相当でないことは，事柄の性質上明らかである。すなわち，無効な身分行為を追認するか否かはその者の自由であるから，追完の届出を義務付けることができないのは当然であって，本条が準用する法44条により追完の催告をすることは許されない。まして，追完の届出がないことを理由に，管轄法務局長等の許可を得て戸籍の職権記載をすることなど許されるはずもないのである。

　なお，追認の届出があった場合の戸籍の記載についてであるが，まだ先の届出に基づく戸籍の記載がされていないときは，両届出に基づいて戸籍の記載をすべきである。もっとも，実務上は，既に戸籍の記載がされた後に追認の届出がされるのが通常であろうから，この届出は，実質上無効な戸籍の記載を有効にするための届出ということになる。

> [期間経過後の届出]
> **第46条** 届出期間が経過した後の届出であつても，市町村長は，これを受理しなければならない。

　報告的届出については届出期間が定められているが，これは届出の励行を促すための措置にほかならないから，その期間を経過したことを理由に届出を受理しないというのは，戸籍制度の目的に反する。したがって，届出期間を経過した後の届出であっても，これを受理して戸籍に記載しなければならないことは当然であって，本条はこのことを注意的に規定したものである。もっとも，期間を経過した後に届出をしても，これによって期間懈怠の責めを免れることはできない（戸137）。

　なお，市町村長は，届出期間を経過した後に届出があった場合は，遅滞なく，管轄の簡易裁判所に対して通知しなければならない（戸規65）。この場合の通知の方法は，戸籍事務取扱準則制定標準41条に定められている。また，この通知を行ったときには，届書又は申請書に，失期通知済みである旨を記載しなければならない。

　また，本条で定める「届出期間」とは，戸籍法に定める届出期間を指すのであって，民法が定める婚氏続称等の届出期間を指すものではない。後者の場合は，当該届出期間内に届出をしなければ，実体的な権利は消滅し，届出を受理することができなくなる。

第47条〔死亡後に到達した届書〕

> 〔死亡後に到達した届書〕
> 第47条　市町村長は，届出人がその生存中に郵便又は民間事業者による信書の送達に関する法律（平成14年法律第99号）第2条第6項に規定する一般信書便事業者若しくは同条第9項に規定する特定信書便事業者による同条第2項に規定する信書便によつて発送した届書については，当該届出人の死亡後であつても，これを受理しなければならない。
> ②　前項の規定によつて届書が受理されたときは，届出人の死亡の時に届出があつたものとみなす。

　本条は，届出人が生存中に発送した届書が，届出人死亡後に市役所又は町村役場に到達した場合の市町村長の処理について定めるものである。

1　本条の沿革

　届書が届出人死亡後に到達した場合の取扱いについては，大正3年戸籍法には明文の規定がなく，これを受理するという取扱いは先例により認められていたが，戦時立法である「委託又ハ郵便ニ依ル戸籍届出ニ関スル件」（昭和15年法律4号）の施行に伴い法律上に明記されることとなった。同法は，現行戸籍法の施行により昭和23年1月1日付けで廃止されたが，郵送による届出の取扱いについての上記の趣旨は平時でも必要性が失われるものでないことから，本条に引き継がれたという経緯がある(注1)。

　また，本条は，平成17年法律102号により改正され，届書の発送方法について，民間事業者による信書の送達に関する法律2条6項に規定する一般信書便事業者又は同条9項に規定する特定信書便事業者による同条2項に規定する信書便によることとされた（以下，本条において「郵送」とは，本条1項に規定する発送をいうものとする。）。

（注1）「委託又ハ郵便ニ依ル戸籍届出ニ関スル件」は，戦時中における出征軍人のため

の特別法であり，昭和15年4月1日から施行された。戦時中は，出征軍人が自ら届書の提出を行うことができないため，委託又は郵送により届出を行うことが多かったが，当該届出が受理される前に死亡する事例もあることから，これらの点に配慮し，従来の先例による取扱いを法律上明記することとしたものである。

２ 郵送による届出

　戸籍に関する届出は書面又は口頭でこれをすることができるとされている（戸27）が，書面による届出の場合，郵送による届出をすることができるかについては，戸籍法にはこれを正面から認める規定はない。しかし，本条が郵送による届出を認めることを前提とした規定であるから，これを根拠として郵送による届出が認められると解することができる。また，口頭による届出については，届出人が市役所又は町村役場に出頭する旨の規定がある（戸37）が，書面による届出については届出人の出頭を求める規定を設けていないから，郵送による届出を否定するものでないといえる。戸籍の先例も，届出は必ずしも届出人又は代理人が持参する必要はなく（明治31・7・26回答569号），郵送によることができるとしている（法27条の解説参照）。そして，郵送による届出は，創設的届出及び報告的届出の全ての届出について認められる。

　なお，平成19年法律35号による戸籍法の改正により，縁組等の創設的届出につき出頭した者が届出事件の本人か否かを確認することとされた（戸27の２Ⅰ）が，その確認をすることができない場合は，その事件本人に届出を受理したことを通知することとされており（戸27の２Ⅱ），本人確認を行うことが受理の要件とはされていない。したがって，当該規定が設けられた後も，郵送による届出をすることは差し支えない。[注2]

◆◆◆
（注2）　平成19年法律35号による改正に伴い，規則が改正され（平成20・4・7法務省令27号），規則53条の3により本人確認ができない場合の通知方法が定められるとと

もに，併せて戸籍事務の取扱いについての通達が発出された（平成20・4・7通達1000号）。同通達において，届出が郵送により行われた場合は，事件本人全員を法27条の2第2項に定める通知の対象者とすることとしている。

3 届出人の死亡

(1) 死亡前に発送した届出の効力（本条Ⅰ）

民法は，隔地者に対する意思表示は，その通知が相手方に到達した時から効力を生ずると定めている（到達主義の原則，民97Ⅰ）が，その意思表示の表意者が通知を発した後に死亡し，意思能力を喪失し，又は行為能力の制限を受けた場合にも，その意思表示の効力の発生を否定することは妥当でないので，このような場合にはその効力は妨げられないとしている（民97Ⅲ）。本条1項は，戸籍に関する届出についても，上記民法の規定と同じ趣旨により，届書の郵送後到達前に届出人が死亡した場合でも，市町村長はこれを受理しなければならないとしている。戸籍法に明文の規定はないが，届出人が届書を郵送した後に意思能力を喪失した場合も，同様の取扱いをすべきものと解される。[注3] このほか，戸籍の先例では，届書の記載に不備があったため当該届書を返送した場合において，届書を補正して再送するまでの間に死亡したときも，市町村長はこれを受理すべきであるとしている（大正9・11・10回答3663号）。[注4]

(2) 届出人死亡後に受理した場合の受理日（本条Ⅱ）

郵送による届出の場合には，当該届書が市役所又は町村役場に到達した日を受理日とするのが原則であるが，届出人が死亡した後に届書が到達した場合にこの原則を適用すると，創設的届出については届出人が死亡した後に身分変動が生じることとなるため，理論上の不都合が生じる。このため，本条2項は，死亡時に届出があったものとみなすこととした。例えば，婚姻の届書を郵送した後，その到達前に当事者が死亡した場合には，本条2項によってその死亡の時に婚姻が成立したことになるが，同時に，その婚姻は，当事

第4章 届 出 第1節 通 則

者の死亡によって解消することになる。(注5)

(3) 届出人死亡時の判断

上に述べたことから明らかなように，届出について本条を適用するに当たっては，届出人の死亡と届書の発送の先後関係が重要になる。届出人が届書を作成した後に死亡し，その後に届出人以外の者が当該届書を発送した場合は，届出人が届出を行ったとはいえないから，本条の適用はない。これは報告的届出であっても同じである（昭和22・7・18回答608号）。(注6) 発送が死亡前かどうかを確認するためには，基本的には，届書が封入されていた封筒の通信日付印によって判断することとなる。(注7)

◆◆◆

(注3) 最高裁判所の判例では，婚姻届につき，届書作成後，受理時に意思能力を喪失していても，翻意したなどの特段の事情のない限り婚姻は有効に成立するものとし（最判昭44・4・3民集23巻4号709頁），縁組届についても同様とする（最判昭45・11・24民集24巻12号1931頁）。また，認知届についても同様としており（最判昭54・3・30判時931号60頁），このような届出については，民法97条3項や本条の趣旨によっても，受理すべきである。

(注4) 書面による届出は，必ずしも届出人が持参する必要がないとされているから，本条が認める郵送によるほか，届出人が委託した使者によることも認められる。この使者による届出の方法は，前記の「委託又ハ郵便ニ依ル戸籍届出ニ関スル件」において規定されていたものであるが，同法が廃止された後は，この届出の規定は現行の戸籍法に引き継がれていない。したがって，届出人が届書の提出を使者に委託したものの，この届書が受理される前に届出人が死亡した場合には，その届出の効力を認めるべきではない。

(注5) 婚姻又は離婚の日から期間を計算すべき場合，例えば，民法772条2項（嫡出推定）などにおいては，届書到達の日ではなく，届出人の死亡の日から期間の計算がされることとなる（昭和13・8・4回答940号）。

(注6) 報告的届出については，事実を報告するものであるから，死亡後に発送された届出であっても，これに基づく戸籍の記載をして差し支えないとも考えられるが，理論上は，死亡者は届出を行うことはできないから，当該届出は無効と解するほかない。同届出に基づいて戸籍の記載がされたときは，戸籍訂正により消除することになる。

(注7) 郵便の場合，郵便物の切手等は通信日付印で消印することとされており，通信日

付印には年月日及び時間帯が表示されている。消印は郵便ポストから回収した後に取扱郵便局で行われる。したがって、届出人が通信日付印の日付及び時間帯より後に死亡していれば、発送した時には生存していたと推測することができるが、通信日付印の日付及び時間帯より前に死亡している場合は、投函（発送）から消印までに時間差が生じるため、その前後関係を特定することができない。また、料金別納郵便や料金後納郵便を利用することは極めてまれではあると思われるが、その場合には通信日付印が押されない取扱いであることなどから、これらの場合にも前後関係の特定は困難となる。この場合、形式的審査権しか有しない市町村長としては、管轄法務局等に指示を求めることになるが、法務局等において、届出事件の一方当事者、関係人、死亡の状況等を調査し、届出人の死亡後に郵送されたことが明らかな場合以外は、届出人の生存中に発送した届書として処理せざるを得ない。

なお、届書到達日を争う利害関係人がある場合は、法116条、114条又は113条の戸籍訂正申請をすることができる（「郵送した届書が役場に到達する前に届出人が死亡した場合の取扱い」戸籍477号35頁参照）。

４ 市町村長の処理

(1) 受理時の処理

届出人が生存中に郵送した届書は届出人死亡後であっても受理されるが、その処理の方法は、届出受理時に届出人の死亡が明らかになっている場合とそうでない場合とによって若干異なる。前者の場合には、受理時において、死亡と発送の前後関係を認定して受否を判定することになる。後者の場合、すなわち、死亡前に発送した届書が届出人死亡による死亡届よりも先に市役所又は町村役場に到達した場合は、市町村長は、通常の郵送による届出と同じ処理をし、その後、死亡届により届出人の死亡が判明したときに、死亡と発送の前後関係を確認の上、受理するかどうかを判断することになる。これらの認定に当たっては、届書を封入した封筒が重要な資料となる。このため、郵送により届書が送付された場合は、その封筒を市町村において受理後6か月間保存することとされている（昭和15・3・26通牒359号）。それだけでなく、上記の保存期間が満了し封筒が廃棄された後になって当該届出の効力につい

て争い等が生じることも想定されることから，市町村長は，郵送により届書を受理した場合は，受付帳の備考欄に「年月日（封筒に施されている通信日付印中の年月日）郵送」の旨記載することとされている（準則27）。また，市町村の窓口等において，届出人から届書を郵送する旨の相談等を受けた場合は，できるだけ書留等の特殊な郵便を利用するよう勧めるというきめの細かい配慮もされている（昭和28・4・15通達597号）。(注8)

(2) **戸籍の記載**

届書を受理する前に届出人の死亡が判明している場合は，死亡と届書発送の前後関係を確認し，死亡が届書発送よりも後である場合は，当該届書を受理し，身分事項欄に届出事項を記載する。その際には，当該届出の日付に「死亡後受理」の旨記載することとされている（昭和28・4・15通達597号）。例えば，婚姻届を受理したが夫が受理前に死亡していた場合は，夫の婚姻事項には「死亡後受理」，妻の婚姻事項には「夫死亡後受理」と記載する（婚姻により新たに夫婦の戸籍を編製した場合は，戸籍訂正により夫の死亡事項を移記する。）。

届書を受理した後に届出人の死亡が判明した場合は，戸籍訂正により「死亡後受理」の旨追記することになる。(注9)

なお，後日の争いを避けるため，届出人の死亡が届出前に明らかになっている場合，届出受理後に明らかになった場合のいずれにおいても，市町村長は，管轄法務局長等の指示を受けて戸籍の記載を行うこととされている（昭和28・4・15通達597号）。

(3) **本人確認ができないことによる通知**

前述のように，縁組等の創設的届出においては，届出の際に届出事件の本人確認を行うこととされており（戸27の2Ⅰ），本人確認をすることができない場合は，確認をすることができない事件本人宛てに届出を受理したことを通知することになる（戸27の2Ⅱ）。一方，郵送による届出の場合は，本人確認ができない場合に準じて，届出事件の本人の全員に同通知を行うこととされている（平成20・4・7通達1000号第5の2(1)イ）ため，届出人が死亡して

いる場合にも当該届出人宛てに通知を送付することになる。この場合，届出受理時に届出人の死亡が判明していても，通知を発送すべきかについては疑義のあるところだが，この通知は戸籍法が義務付けるものであり，法にはこれを省略できる旨の規定がないことから，上記の取扱いをすべきである。戸籍実務では，死亡した事件本人の届書発送時の戸籍の附票又は住民票に記載された住所に通知を送付し（戸規53の3），返送された場合は，市町村において保管することとされている（平成20・4・7通達1000号第5の2(2)エ）。[注10]

- (注8) 戸籍事務取扱準則制定標準27条には，受付帳の備考欄に昭和28年4月15日通達597号のとおりの記載をするとともに，封筒に届出事件名，受付の番号及び年月日を記載して届書に添付することと規定している。システム処理においては，受付ファイルの記録によって代えている。
- (注9) 届出人が届書発送後に死亡した場合は，本条2項により死亡の時に届出があったものとみなすこととされているが，戸籍に記載する年月日は，市役所又は町村役場に到達した日となるので注意を要する。コンピュータシステムによる記録事項証明書の記載例では，例えば認知届を受理した場合，【認知日】は当該届書が市役所又は町村役場に到達した日を記載し，【特記事項】として「死亡後受理」，「父死亡後受理」と記載されることになる（参考記載例28・29参照）。
- (注10) 郵送による創設的届出を受理した時点で，事件本人の一方又は双方が死亡していることが判明している場合，すなわち，当該届書が市役所又は町村役場に到達する前に死亡届が既に提出されているという場合は，現在の郵便事情等を考慮すると極めてまれではあろうが，起こり得ないわけではない。仮に，このような事例が発生した場合，死亡した事件本人宛てに通知を送付しても当該事件本人が通知の内容を了知できないことが明らかではあるが，本通知は，届出が受理されたことを事件本人に通知することにより，虚偽の届出等が放置されることを防止するものであり，死亡した事件本人の同居の親族等が通知を受領すれば，当該親族等が利害関係人として届出の効力を争う契機ともなり得ることから，通知を送付することにも意味があるといえる。

第4章 届出 第1節 通則

> 〔受理・不受理の証明，届書等の閲覧，記載事項の証明〕
> 第48条　届出人は，届出の受理又は不受理の証明書を請求することができる。
> ②　利害関係人は，特別の事由がある場合に限り，届書その他市町村長の受理した書類の閲覧を請求し，又はその書類に記載した事項について証明書を請求することができる。
> ③　第10条第3項及び第10条の3の規定は，前二項の場合に準用する。

本条は，届出人が届出の受理又は不受理の証明書を請求することができること（本条Ⅰ），利害関係人が特別の事由がある場合に届書等の閲覧又は記載事項証明書を請求することができること（本条Ⅱ）を定めた規定である。[注1]

なお，届書等の画像情報が法務大臣に提供された場合における届書等情報の請求については，法120条の6の解説を参照されたい。

(注1)　本条は，平成11年に制定された地方分権の推進を図るための関係法律の整備等に関する法律（平成11年法律87号）による戸籍法の一部改正によって，1項及び2項に定められた手数料に関する部分が削除されたという経緯がある。本条1項及び2項の事務は，地方公共団体の手数料の標準に関する政令において標準事務とされ，記載事項証明書の標準とする手数料の金額は1件につき350円等とされている。

1　受理又は不受理の証明

(1)　届出の受理又は不受理の証明制度

届出の受理とは，届書等の提出を受けた市町村長が書面等の審査により当該届書等を審査し，適法・適式なものと判断した場合に所定の内部的手続を進めることをいう。また，不受理とは，当該届出が法令の規定（民740・765・800・813参照）に違反するものであったり，届書に特に重要であると認められる事項が記載されていない場合（戸34）などに，その受理を拒んで届

書を届出人に返戻する行為をいう。このように，受理も不受理も届出人に対して積極的に明示の行為がされるわけではない(注2)。しかし，届出人にとっては，当該受理・不受理に関する市町村長の証明を必要とする場合が生ずることがあり得る。例えば，創設的届出については，届出人において，届出の受理によって身分関係が形成されたことを明らかにする必要がある場合があり，他方で，届出の不受理については当該処分を不当として家庭裁判所に不服申立てをする（戸122）ために，その証明を必要とする場合がある。そこで，本条において，届出人は，市町村長に対し，受理又は不受理の証明書を請求することができるとしたのである。同様の請求は届出のほかに戸籍訂正の申請についても認められているが（戸117），その他の報告，請求，証書の謄本等の提出については，受理又は不受理を証明する実益がないので認められていない。

(2) **証明書**

届出の受理又は不受理の証明書は，規則附録20号書式によって作成することとされている（戸規66Ⅰ）。ただし，婚姻，離婚，養子縁組，養子離縁及び認知の届出の受理の証明書については，請求があれば規則附録21号書式による上質紙を用いた日本産業規格Ｂ列４番の証明書が作成される（戸規66Ⅱ）。また，請求書又はその付箋に証明の趣旨及び年月日を記載して証明書に代えることも認められる（戸規66Ⅰによる同14Ⅰの準用）。

なお，出生届を受理した場合には，当該届出を受理した市町村の担当者が母子手帳に無料で出生届出済証明の記載をする取扱いがされているが（昭和23・5・17通達1310号），これも受理証明の１つの形態である。

◆◆

(注2) 平成19年法律35号による戸籍法の一部改正により，縁組等の創設的届出において，出頭した者が届出事件の本人かどうかを確認することとされ（戸27の2Ⅰ），確認することができない場合はその者に届出を受理したことを通知することとされた（戸27の2Ⅱ）。この改正に伴い，規則が改正され（平成20・4・7法務省令27号），規則53条の3により本人確認ができない場合の通知方法が定められるとともに，あわせて戸籍事務の取扱いについての通知が発出され，通知の様式が示されている

（平成20・4・7通達1000号第5の2(2)ア同別紙5）。

　また，同じく平成19年改正では，自らを事件本人とする縁組等の届出がされた場合でも，出頭した者の本人確認をすることができないときは，当該届出を受理しないように申し出ることができることとされ（戸27の2Ⅲ），この申出により届出を不受理とした場合は，当該申出をした者に対し届出があったことを通知することとされており（戸27の2Ⅴ），その様式は平成20年4月7日通達1000号に示されている（第6の3(1)同別紙8）。

　以上に掲げた受理又は不受理の通知は，市町村長による処分の告知ではなく，受理又は不受理の事実を通知するものであり，各通知の宛先も，受理については本人確認ができなかった事件本人，不受理については不受理申出を行った申出人とされているから，本条に規定する受理又は不受理の証明書とはその性格が異なるものである。ただし，その通知の内容に鑑みると，受理又は不受理の証明書に代わるものと解することもできる。

2　届書その他市町村長が受理した書類の閲覧等

　本条2項は，利害関係人は，特別の事由がある場合に限り，届書その他市町村長の受理した書類の閲覧を請求し，又はその書類に記載した事項について証明書を請求することができると定める。

(1)　届書その他市町村長が受理した書類

　届書その他市町村長が受理した書類とは，法15条に規定する届出，報告，申請，請求若しくは嘱託，証書若しくは航海日誌の謄本の提出により受理した書類をいう。死亡届に添付された死亡診断書（又は死体検案書）等の附属書類もこれに含まれる（昭和5・5・9回答404号）。これに対し，戸籍謄抄本交付請求書は，「届書その他市町村長が受理した書類」には該当しない（昭和63・10・3回答5341号）。

(2)　利害関係人

　利害関係人とは，戸籍の先例では，届出事件の本人，その親族若しくは届出人，又は職務の執行に当たる官公吏に限られている。届出事件の本人の債権者，債務者など単なる財産上の利害関係人は含まれない（昭和22・4・8

通達277号)。古い先例においては，身分上の利害関係人だけではなく，財産上の利害関係人も広くこれに含まれると解されていたが（昭和5・5・9回答404号)，昭和22年4月8日通達277号により，その解釈が改められた。[注3]

(3) 特別の事由

本条2項に基づく請求をするに当たっては，利害関係人であることに加えて，特別の事由が必要とされる。どのような事由がこれに該当するかについては，法に具体的な定めはなく，一般的な基準を示した通達等も見当たらない。したがって，この事由に該当するかどうかは，本条2項の趣旨及び関連する事案に係る先例の解釈を参考にして，個別に判断するほかない。

そこで検討するに，まず，本条2項は，届書等の公開の要件として，請求者が利害関係人であること及び特別の事由があることを求めているから，届書等は原則として非公開であることを前提としているものと解される。届書等を非公開とする理由は，①身分関係の公証は，通常は戸籍謄本等の交付を受ければ十分であって届書等を確認するまでの必要はないこと，②届書等には戸籍に記載されない個人の秘密に関する事項が多数記載されているため，これらの情報の秘密を保持する必要があること，③さらに，これらの情報が公開される可能性があると，届書に正確な記載がされなくなるおそれが生じることなどの諸点にあるものと考えられる。しかしながら，戸籍の記載に錯誤，遺漏がある場合，あるいは届書類の記載が偽造，変造されたような場合には，届書等の記載を直接確認する必要が生じるし，外国人が市町村長に届け出た婚姻，養子縁組等の身分行為が有効に成立したことを証明する必要がある場合には，届書等を用いるほかないことから，このような場合には，届書等を公開する特別の事由があるといえる。

以上のような本条2項の趣旨を踏まえて「特別の事由」を定義すると，「戸籍又は除籍に記載されていない届出事項で，届書類及びその添付書類の閲覧又はその証明を得なければ判明しない事項であって，これを利用しなければ，利害関係人として意図する権利行使ができない場合」をいうと解するのが相当である（大西勇「戸籍法第48条第2項の特別の事由について」民月69巻

375

3号8頁以下参照)。^(注4)

なお，学術研究等の目的による届書等の記載事項の証明については，かつては通達によりその取扱いが定められていたが（昭和57・2・17通達1282号，平成12・3・15通達600号），平成19年の戸籍法の一部改正においてこの取扱いが法制化され（戸126），その具体的な基準及び手続は法務省令により定められた（戸規79の10～79の12。その詳細については，法126条の解説を参照されたい。）。

(4) **届書等の公開の方法**

届書等の公開の方法は，閲覧又は記載事項証明書の請求に限られる。届書等の謄抄本の交付を請求することは，これを認める規定がないから，利害関係人の請求があったとしても応じることはできない（明治31・10・15回答979号）。ただし，訴訟上の必要などのため，届書等の記載事項の全部についての証明書の請求があった場合は，これに応じて差し支えない（昭和35・10・27回答2679号）。

届書等の閲覧は，その破損等を防止するため吏員の面前でこれをさせなければならない（戸規66の2）。これが建前であるが，閲覧の際に届書等の謄写を認めてもよく（明治31・12・20回答1335号参照），写真撮影も事務に支障がない範囲で認められる（昭和31・2・18回答326号）。

届書等の記載事項の証明に関しては，証明書の書式及び証明の方法について，戸籍の記載事項証明書に準じた方法によることとされている（戸規67による14の準用）。これによれば，証明書は，規則附録17号書式によってこれを作らなければならない。ただし，市町村長は，証明を求める事項を記載した書面又はその付箋に証明の趣旨及び年月日を記載し，かつ，これに職氏名を記し，職印を押して証明書に代えることもができる。なお，戸籍実務では，届書等の記載の全部について証明を求められた場合には，当該届書を複写して所要の証明等を行うのが一般的である。

第48条〔受理・不受理の証明，届書等の閲覧，記載事項の証明〕

◆◆◆

(注3) 市町村長が保管する届書等の公開に関する規定は，大正3年戸籍法において導入されたものであるが（当時の戸67Ⅱ），そこにいう利害関係人とは，身分上の利害関係人だけでなく財産上の利害関係人も広く含まれると解されていた（昭和5・5・9回答404号）。しかしながら，昭和21年9月9日勅令421号により法の一部が改正され，出生，婚姻，離婚及び死亡の各届書に記載する事項が複雑かつ詳細になったため，これらの情報の秘密を保持する必要があることに加え，これらの情報が公開される可能性があると，届書に正確な記載がされなくなるおそれが生じることから，これらの届書については，昭和22年4月8日通達277号により，利害関係人を身分上の利害関係人に限定することとし，財産上の利害関係人は除かれることとなった。そして，さらに，昭和22年の法の改正により，本条2項の規定は，全ての届出における統一した取扱いとされたため，4種以外の届出についても同じ取扱いとされた（昭和27・11・19回答661号参照）。

(注4) 本文にいう「特別の事由」とは，戸籍実務の取扱いにおいては，①法令によって届書類の証明書の提出が義務付けられている場合，②国又は地方公共団体の職員が職務上必要とする場合，③戸籍訂正申請又は身分行為の無効確認の裁判若しくはその前提として届書類の記載事項を確認する必要がある場合等身分上の権利行使のため必要とする場合，④外国人に関する届書類のように他の方法で身分関係を証明することができない場合，⑤出生，死亡に関する証明書を必要とする場合で，病院等においてカルテが法定保存期間の経過により廃棄されており，他に証明が得られない場合，⑥その他証明書を必要とすることが特に認められる場合とされている。

実務上問題になるのは上記⑥に該当する事由があるか否かであるが，これを肯定した戸籍先例としては，(i)戦傷病者，戦没者遺族等援護法に基づく遺族年金又は弔慰金の請求のため，死亡届書の記載事項証明書の交付を請求する場合（昭和27・11・8回答609号），(ii)在郷死没の旧軍人等に関する死亡届書類の記載事項証明書の交付請求をする場合（昭和29・6・3通達1116号），(iii)地方簡易保険局（現，簡易保険事務センター）から保険金支払上の必要により，死亡届書に記載の病名及び発病から死亡までの期間等について照会があった場合（昭和33・9・10回答449号），(iv)労働者災害保険法の遺族補償給付等の請求書に添付するため，労働基準監督署長発行の「死亡届書記載事項証明書交付の依頼について」の書面を添付して，死亡届書の記載事項証明書の交付請求があった場合（平成5・10・29通知6934号）がある（大西・前掲22頁）。

これに対して，特別の事由を認めなかったものとしては，次に掲げる届出に係る届書等について閲覧などの請求があった場合がある。(a)郵政省（当時）職員の請求

による出生届（簡易保険の勧誘を目的とするもの。昭和30・8・3回答1656号），(b)日本電信電話株式会社職員の請求による出生届（祝電打電を目的とするもの。昭和32・11・5回答2124号），(c)生命保険会社の請求による死亡届（生命保険医学研究上の参考資料とするため死因及び病名等を調査することを目的とするもの。昭和40・5・28回答1080号），(d)税務署長からの請求による出生届（医師等に対する課税の参考資料とすることを目的とするもの。昭和41・2・1回答315号）。

3 戸籍の謄本等の請求に関する規定の準用

　本条3項は，受理・不受理の証明書の請求又は届書類の記載事項証明書の請求について，法10条3項の規定を準用しているから，これらの請求をしようとする者は，郵便のその他の法務省令で定める方法により，上記の各証明書の送付を求めることができる（戸10の3）。これを受けて，規則11条2号では，その方法として，民間事業者による信書の送達に関する法律2条6項に規定する一般信書便事業者又は同条9項に規定する特定信書便事業者による同条2項に規定する信書便と定めている。もとより，上記の郵送等による請求をする場合の費用は請求者の負担となる。なお，届書等の閲覧については，その性質上，郵送等による請求の余地はない。

　また，本条3項は，本条1項の受理・不受理の証明書の請求及び本条2項の届書類の閲覧・記載事項証明の請求について法10条の3の規定を準用しているから，現にこれらの請求の任に当たっている者については，戸籍謄本等の交付請求をする場合と同様の本人確認（戸10の3Ⅰ）及びその権限の確認（代理人・使者による請求の場合。戸10の3Ⅱ）が行われることになる。

第2節 出生

【前注】

1 概説

　人は出生によって、法律上の権利義務の主体となる（民3Ⅰ）のであり、出生は人のあらゆる身分関係の出発点であり、基礎である。戸籍制度は、この権利義務の主体である人の身分関係を登録し、公証することを目的とするから、その始期となる人の出生の事実は、できるだけ速やかに戸籍に記載する必要がある。

　本節は、出生の事実を迅速、正確かつ漏れなく戸籍に反映させるために、周到な規定を設けている。また、出生については届出又は航海日誌の謄本に基づいて、棄児については法57条2項の調書に基づき人口動態調査が行われる（人口動態調査令2・3、人口動態調査令施行細則1）。

　本節では、届出義務者及び届出資格者については、法52条・54条・56条が、届出期間については、法49条1項・59条が、届出地については、法51条が、届書の記載事項については、法49条2項・50条・54条1項が、添付書類については法49条3項がそれぞれ定めている。なお、嫡出否認の訴えについては、法53条が、航海日誌の謄本については、法55条が、棄児については、法57条から59条がそれぞれ定めている。

2 出生子の身分関係について

　出生子については、実親との関係において嫡出子と嫡出でない子に区別される。両者は従前は民法900条4号ただし書で相続分において「嫡出でない子の相続分は、嫡出である子の相続分の2分の1」とされていたが、平成25年法律94号の民法の一部を改正する法律によりこの部分が削除されたことに

より，父との法律上の親子関係の存否及びその推定の有無以外，両者に実体法上の身分関係に差異はなくなった。他方，戸籍においては，出生届において区別を記載することを要し（戸49Ⅱ①），届出義務者を異にし（戸52），入籍すべき戸籍も異なる（戸18）。また，戸籍の記載方法についても従前は，嫡出子については父母との続柄「長男（女）」「二男（女）」と記載し，嫡出でない子については「男（女）」と記載されていたが，平成16年11月1日法務省令76号による規則の一部改正により，母の出生の順により「長男（女）」「二男（女）」と嫡出子と同様に記載されることとなった。なお，嫡出子は婚姻関係において生まれた子であり，そうでない子は嫡出でない子ということになる。

ところで，嫡出子はもちろん嫡出でない子であっても，母子関係は分娩の事実で明らかであるから，棄児であるときなど特別の場合を除いて，特に認知などの行為はなくとも，母子関係は分娩の事実に基づいて当然に発生すると解されている（最判昭37・4・27民集16巻7号1247頁）。なお，行政解釈では，一貫して，母の認知を待つまでもなく母子関係は分娩の事実によって発生するとの立場がとられていた（大正5・10・25回答709号，大正7・5・30回答1159号三，大正11・5・16回答1688号）。

(1) **嫡出子について**

嫡出子は婚姻関係において生まれた子であり，そうでない子は嫡出でない子であるが，妻が生んだ子が夫の子であるか否かは必ずしも容易に判断できないので，民法は嫡出の推定について定めている。(注) すなわち①妻が婚姻中に懐胎した子は当該婚姻における夫の子と推定するものとし，②女が婚姻前に懐胎した子であって婚姻成立後に生まれたものも当該婚姻における夫の子と推定するものとしている（民772Ⅰ），さらに，③婚姻成立の日から200日以内に生まれた子は婚姻前に懐胎したものと推定し，婚姻成立の日から200日を経過した後又は婚姻解消若しくは取消しの日から300日以内に生まれた子は婚姻中に懐胎したものと推定することとしている（民772Ⅱ）。また，④前記①②の場合において，女が懐胎した時から子の出生の時までの間に2以

上の婚姻をしていたときは，その子はその出生直前の婚姻における夫の子と推定するものとしている（民772Ⅲ）。ただし前記①から④により父が定められた子については，民法774条の規定により父の嫡出であることが否認された場合は，当該否認された父を除く直近の婚姻の夫の子と推定される（民772Ⅳ）。このように幾重にもわたる推定規定によって嫡出子として推定される子が「嫡出子」である。嫡出推定の詳細については法18条の解説を参照されたい。

　嫡出子の推定は裁判によって覆すことができるが（民775），その場合の否認権の行使に係る嫡出否認の訴えは，①父の否認権は，子又は親権を行う母に対して父が子の出生を知った時から3年以内，②子の否認権は父に対してその出生の時から3年以内，③母の否認権は父に対して子の出生の時から3年以内，④前夫の否認権は父及び子又は親権を行う母に対して前夫が子の出生を知った時から3年以内にそれぞれ提起することを要する（民775・777）。ただし，夫が子の出生前に死亡し，又は否認の訴えの提起前に死亡している場合には，その子のために相続権を害される者その他父の3親等内の血族は父の死亡の日から1年以内に限り，その訴えを提起することができる（人訴41）ことをはじめとし，特別の場合には特則が定められているが，その詳細は法53条の解説を参照されたい。なお，嫡出否認の訴えを提起したときであっても，出生の届出はしなければならない（戸53）。

　嫡出否認の訴えが提起され，その判決が確定するに至るまでは，この推定を受ける子は，戸籍上全て嫡出子として取り扱われる。この推定を覆す事情が存在する場合には，この推定が働かず，嫡出否認の訴えによらなくても，親子関係不存在確認の訴えにより，さらに訴訟の前提問題として，夫の子であることを争うことができる。そしてこれに該当する場合として，妻が懐胎した当時，夫の服役・入院・行方不明，夫又は妻の外国滞在・別居などにより，夫婦の同棲を欠き，夫の子でないことが外観上明白である場合などを挙げることについては学説上もほとんど異論はなく，最高裁判所の判例もこれを認めている（最判昭44・5・29民集23巻6号1064頁等）。また，下級審裁判例

には，嫡出推定が及ばない例として，①子が夫と人種を異にする場合，②夫に生殖能力がない場合，③血液型の不一致の場合などにこれを肯定するものがあるが，これらについては学説上必ずしも一致していない。これに関する戸籍実務の取扱いとしては，①夫の生死が３年以上不明を理由とする離婚判決後に出生した場合（昭和２・10・11回答7271号，昭和28・７・20回答1238号），②同様の判決確定前であるが，夫が不明となった１年後に出生した場合（昭和９・３・５回答300号），③失踪宣告を受けた妻が，その失踪中に出生した場合（昭和28・12・11回答2335号），④悪意の遺棄による離婚判決の理由中に子の出生前数年間，夫婦がアメリカと日本に分かれて別居し，かつ音信のなかったことが認められる場合（昭和38・７・１回答1837号，昭和39・６・15回答2086号），⑤母の夫が失踪宣告の裁判により，子の出生前長期間にわたり行方不明であったことが明らかな場合（昭和39・２・６回答276号），⑥母の夫との親子関係不存在確認の裁判を得ている場合（昭和40・９・22回答2834号）などには，嫡出でない子又は母の後夫の嫡出子として出生届を受理すべきであるとする。しかし，①出生証明書の妊娠月数の記載により婚姻解消後に懐妊した子であると考えられる場合（昭和24・９・５回答1942号），②長子と母の夫との間の親子関係不存在確認の裁判の理由中で，母の夫が次子出生の約６か月前まで外国に滞在していて不在であったと認定されている場合（昭和28・12・２回答2273号），③アメリカ人夫と日本人妻の離婚判決の理由中で夫婦が子の出生の数年前から別居していることが認定されている場合（昭和41・６・４回答1252号）には，いまだ嫡出推定を排除するに十分な資料とはいえないとしており，父子関係の不存在が裁判上明確にされない限り嫡出子としての届出をすべきものとされる。これは嫡出の推定を否定することは，父子関係の安定上慎重であるべきであるばかりでなく，事実の実質的審査は裁判手続によるのが建前だからである。

(2) **嫡出でない子について**

嫡出でない子は，婚姻によらない子である。嫡出でない子であっても，母との関係では分娩という事実に基づき法律上の親子関係が発生するが，父と

の関係で法律上の親子関係を発生させるためには認知が必要である。父が認知した子は，その父母の婚姻によってその時から嫡出子の身分を取得する。これを「婚姻準正」という（民789Ⅰ）。また，婚姻中の父母が認知したときは，認知の時から子は嫡出子の身分を取得する。これを「認知準正」という（民789Ⅱ）。後者の場合，条文は「父母が認知」とあるが，母子関係については分娩の事実で親子関係が発生しているので，「父」のみが認知すれば足りることになる。また，「認知の時から」とあるが，認知の遡及効により，婚姻時まで遡って，その時から嫡出子として取り扱うべきであるとするのが近時の通説であり，先例も同様である（昭和42・3・8回答373号）。これらがいずれもいわゆる準正による嫡出子である。法62条は，婚姻前の出生子についてのみ適用があり，婚姻後の出生子については，生来の嫡出子として取り扱われることになる。

(3) **戸籍の訂正について**

戸籍の記載によって実親子関係の有無は左右されないので，実親子関係がないのに戸籍に虚偽の記載があるときは，これを真実に合致させるため戸籍の訂正をしなければならない。しかし，親子関係のような重大な身分関係についての戸籍の訂正は，確定判決によることが望ましいことから，親子関係不存在確認の訴えが許される（大判昭15・9・20大審院民集19巻1596頁等）。この訴えには出訴期間の制限がなく，また確認の利益を有する限り誰からも提起することができる。しかし，嫡出否認の訴え，認知無効・取消しの訴え又は父を定めることを目的とする訴えなどのように，判決の確定によって初めて身分関係に変動が生ずる場合には，これらの訴による必要があり，親子関係不存在確認の訴えによることはできない。特に嫡出否認の訴えについては，出訴期間の経過等による夫の否認権の喪失後は，これによることができず，しかも前記(1)で述べたような嫡出推定が否定される特殊な場合を除き，一般には親子関係不存在確認の訴えをも提起し得ないとされることに注意すべきである（大判昭13・12・24大審院民集17巻2533頁）。しかし，親子関係不存在確認の訴えによることができない前記の場合であっても，その判決が確定した

ときは，これに基づく戸籍訂正の申請は受理して戸籍の訂正をすべきものとされる（昭和19・1・18回答1051号，昭和25・2・16回答449号）。なお，親子関係不存在確認の訴えは，従来，戸籍上の父母又は子の一方が死亡している場合には許されないとしていたが（大判昭10・7・16大審院民集19巻1278頁，最判昭34・5・12民集13巻5号576頁），その後これを変更し，このような場合には検察官を被告として訴えの提起ができるものとした（最判昭45・7・15民集24巻7号861頁）。

親子関係不存在確認の確定判決に基づく戸籍訂正においては，子の出生届による記載を訂正消除し，更に先の出生届が真実の届出義務者によりされたものである場合に正しい記載をするのは別として（昭和43・6・28回答2304号），改めて，正しい出生の届出をさせて戸籍の記載をすることになる（昭和11・3・26回答286号）。もし，この出生届につき届出義務者がないときには，裁判等により親子関係が明白な場合には，職権により，記載することも認められるが，それ以外の場合には就籍の手続により戸籍の記載をすべきである（昭和25・3・24回答766号）。

次に，親子関係不存在確認とともに真の親子関係を確認する判決があったとしても，これに基づく戸籍訂正は，従前の記載の削除にとどめ，これに代わる積極的記載は親子関係不存在確認のみの場合と同様に，別の出生届によってなされるのを本則とする（昭和8・7・18回答1040号）。

◆◆

(注) 民法772条の規定は令和4年法律102号により改正されたものであり，改正前の民法772条1項では，「妻が婚姻中に懐胎した子は，夫の子と推定する。」，2項では「婚姻の成立から200日を経過した後又は婚姻の解消若しくは取消しの日から300日以内に生まれた子は，婚姻中に懐胎したものと推定する。」と規定されていたが，2項の規定により（前）夫の子と推定される子について，出生届をせず，無戸籍者が生ずることがあったことや近年離婚と再婚の増加，懐胎を契機として婚姻をする夫婦の増加などの社会の変化に対応するため，明治以来の規定の見直しがされた。

③ 出生の届出による入籍又は新戸籍編製

　出生の届出による入籍又は新戸籍の編製については，①嫡出子は父母の戸籍に入る（戸18Ⅰ）。②嫡出でない子は常に母の戸籍に入る（戸18Ⅱ）。③筆頭者及びその配偶者でない者に子が出生したときは，出生の届出又は航海日誌の謄本により，その者につき新戸籍を編製し，出生子はその新戸籍に入る（戸17）。④棄児については新戸籍が編製される（戸22）。なお，出生事項は子についてのみ記載され，父母の身分事項欄には記載されない（戸規35①）。

④ 日本国籍の証明（日本人たることの登録）

　日本国民たる要件は法律でこれを定めると日本国憲法10条に規定され，これを受けて国籍法では日本国民となる要件が定められている。日本国籍を有する者についての国籍簿というようなものは特に設けられていないが，出生届がされて戸籍に記載されていることで，一応日本国籍者たることの推定を受けることになる。すなわち，国籍法2条1号によれば，子は出生の時に父又は母が日本国民であるときは，出生により日本国籍を原始取得するが，父又は母が日本国民として戸籍に記載されているときは，当該戸籍に出生により入籍することにより，国籍法2条1号の要件を満たすものと考えることができる。このようなことから，戸籍の記載の有無が，日本国籍の有無の証明を兼ねる結果となっている。

　国籍法は出生による国籍取得につき，血統主義をとり，上記のとおり出生の時に父又は母が日本国民であることを要件としているが（国2①），例外として，日本で生まれた場合において父母が共に知れないとき又は国籍を有しないときは，生地主義をとり，日本国籍を与えているので（国2③），棄児についても戸籍に記載する。もっとも，本来日本国籍を有しない者が何らかの事由によって，戸籍に記載されているというだけの事実によっては，日本国籍を取得することはない。

もしもこのように日本国籍を有しない者が戸籍に記載されているとすれば，その記載は法律上許されないものとして，法113条等の規定による戸籍訂正の手続によって消除されるべきものである。例えば，出生により外国の国籍を取得した日本国民で外国で生まれた者は，法104条3項に定める場合を除き，3か月の法定期間内に出生届とともに日本国籍を留保する旨の届出をしないと，出生時に遡って日本国籍を失うことになる（国12，戸104Ⅰ）。ところが，この法定期間を経過した出生届を在外公館が誤って受理し，その出生届の送付を受けた市町村長がこれに基づいて戸籍の記載をした場合や国籍法の規定により日本の国籍を喪失しているにもかかわらず，戸籍上は消除されていない者があるとしても，その者は既に日本国籍を喪失しているが戸籍にまだ登載されているというだけであり，国籍喪失の事実は変わるものではない。例えば，国籍法11条1項により自己の志望により外国国籍を取得し日本の国籍を失った者が法103条の国籍喪失の届出を怠っているため戸籍が消除されていない場合であっても，その者は既に日本の国籍を喪失し日本国民ではないのである。さらに，出生又は帰化によって日本の国籍を取得したにもかかわらず，その届出を懈怠するか，その届出がされたにもかかわらず，戸籍の記載が遺漏している場合も，その者の日本の国籍の取得の効果には何ら影響することはない。

このように，戸籍制度は，出生，死亡，婚姻，縁組等による親子夫婦の関係，その他親族関係など，個々の身分関係を登録公証する制度であると同時に，例外的な事象を除き，国籍関係を公証する機能をもっている。特に我が国の戸籍制度においては，戸籍に記載される資格を有する者は，日本の国籍を保有する者に限定され，かつ，原則として日本の国籍を有する者は，全て戸籍に記載される建前となっているので，我が国の戸籍制度の国籍についての証明資料としての信憑力は特に強大であるということができる。

〔出生の届出〕
第49条　出生の届出は，14日以内（国外で出生があつたときは，3箇月以内）にこれをしなければならない。
②　届書には，次の事項を記載しなければならない。
一　子の男女の別及び嫡出子又は嫡出でない子の別
二　出生の年月日時分及び場所
三　父母の氏名及び本籍，父又は母が外国人であるときは，その氏名及び国籍
四　その他法務省令で定める事項
③　医師，助産師又はその他の者が出産に立ち会つた場合には，医師，助産師，その他の者の順序に従つてそのうちの1人が法務省令・厚生労働省令の定めるところによつて作成する出生証明書を届書に添付しなければならない。ただし，やむを得ない事由があるときは，この限りでない。

本条は出生の届出について，その届出期間，届書の記載事項及び添付書類に関する規定である。

1　出生の届出の性質

出生の届出は，市町村長に対してする報告的届出である。なお，法62条による嫡出子出生の届出には，認知の効力が認められる届出であることから，この届出は創設的届出としての性質をも有するとされる。

出生の届出は，書面又は口頭ですることができるとされている（戸27）。法28条において，法務大臣は事件の種類によって届書の様式を定めることができるとされ，法28条2項において，事件の届出は当該様式によってこれをしなければならないが，やむを得ない事由があるときはこの限りではないとしている。その上で，規則59条によって出生の届書は規則附録11号様式によるべきものと定められており，この様式によって出生の届出がされている。

この様式は国勢調査の実施年においては，戸籍の記載に直接必要のない事項についてまで，記載が要求されている。この場合において，届出人には，求められている事項を記載して届け出るよう指導すべきであるが，届出人がこれに応じない場合であっても届出の受理を拒むことは相当でないとされている（平成7・1・30通達669号）。また，双生児の出生届は各別の届書によらなければならない（昭和23・12・3回答2194号）。

2 届出期間

届出期間は出生の日から起算して14日以内である。ただし，国外で出生があった場合には，事実上この期間の遵守が困難であるため，3か月以内とされる（本条Ⅰ）。

戸籍の届出期間は届出事件発生の日から起算する（戸43Ⅰ）こととされているので，出生届の場合は，子が出生した日が届出期間の初日として算入される。もっとも，届出期間が経過した後の届出であっても，これを受理しなければならない（戸46）。正当な理由がなくて期間内に届出をしなかった者は，5万円以下の過料に処せられる（戸137）。

国外で出生した日本国民である子の出生届は，出生の日から3か月以内にしなければならないが，子が出生により外国の国籍をも取得している場合（例えば，生地主義をとる国で出生したときは，日本国籍との重国籍の状態になる。）には，「日本の国籍を留保する」旨の届出を出生届とともにしなければ，出生の時に遡って日本国籍を失う（国12，戸104Ⅰ）。したがって，期間内になされた出生届に留保の記載がないときは，国籍留保の旨の追完をさせ（昭和35・6・20回答1495号），また，届出人の所在不明若しくは死亡等によって国籍留保の追完ができない場合は，出生届出自体をもって国籍を留保する意思表示と解して，国籍留保の届出があったものとして取り扱って差し支えないとされている（昭和32・6・3回答1052号）。なお，天災その他国籍留保の届出をすることができる者の責めに帰することのできない事由によって出生

の日から3か月以内に届出をすることができないときは，届出期間は届出をすることができるに至った時から14日とされている（戸104Ⅲ）。

棄児引取りの場合における出生届の届出期間は，引取りの日から1か月以内である（戸59）。

届出期間経過後の出生届も受理を拒むことはできないが（戸46），子が学齢に達した後に届け出られた出生届については，往々にして重複した届出である場合や外国人の子を日本人として出生届をする事案などが見受けられるので，親子関係不存在による戸籍訂正等の結果による再提出の場合を除き，管轄法務局等の調査に基づく指示を待って受理を決すべきものとされている（昭和34・8・27通達1545号）。

3　届書の記載事項

届書の記載事項については，本章第1節の通則に規定する一般的記載事項（子の名については，法29条4号で「届出事件の本人の氏名及び氏名の振り仮名」が記載事項とされており，その文字については法50条の解説参照）のほかに，次の4から7の事項が定められている。特に出生届に基づいて人口動態調査及び住民票の職権記載が行われる関係上，その記載事項はかなり詳細である。

4　子の男女の別及び嫡出子又は嫡出でない子の別（本条Ⅱ①）

この事項は戸籍の記載のためにも必要な事項であって，嫡出子については，父母との続柄を同一の父母間の子につき長男（女），二男（女）の振り合いで，また嫡出でない子については，父の認知の有無にかかわらず，母との関係のみによって認定し，母が分娩した嫡出でない子の順により，長男（女），二男（女）と記載する。法62条に規定する出生届においては，その子は嫡出子として記載される。子の男女の別は出生証明書の記載によることになる。

5　出生の年月日時分及び場所（本条Ⅱ②）

　出生の年月日及び出生地は戸籍に記載されるが，出生の時分は記載されない。しかし，人口動態調査票の作成上，届書に出生の時分を記載する必要があり，この時分は日本標準時によって記載するのが原則である。なお，外国で出生した場合は，出生地における標準時で記載する（昭和30・6・3回答1117号）。時分の表示は，24時間制によらず，午前，午後の12時間制によるものとされ，正子の時刻は午前零時，正午の時刻は午後零時とする扱いである（大正3・4・8回答586号）。

　出生の場所は，最小行政区画までを記載することとされている（昭和45・3・31通達1261号。昭和45・3・31法務省令8号による改正後の戸籍記載例）。汽車，電車その他の交通機関内で出生があった場合には，出生の際進行していた大体の場所及び交通機関の種類をできるだけ具体的に記載すべきだとされている（昭和22・1・7通牒896号）。なお，外国で出生した者については，外国の国籍，行政区画，土地の名称等を日本国内の場合に準じて記載しなければならない。この場合その出生地の外国が，国籍の取得について生地主義をとる国であるときは，国籍法12条の定めるところにより，日本国籍を留保する旨の届出を出生届とともにしなければならない（出生届の「その他」欄に留保する旨を記載すれば足りる。）。

6　父母の氏名及び本籍，父又は母が外国人であるときは，その氏名及び国籍（本条Ⅱ③）

　この事項は戸籍の記載にも必要な事項である。嫡出子については父母，嫡出でない子については母の氏名及び本籍（届出当時のもの）を記載するが，嫡出でない子でも胎児認知がされている場合は，父に関する記載もしなければならない。しかし，事実上の父が判明していても，認知のない限り父に関する記載はすべきではない（昭和22・12・10回答1500号）。嫡出子については

父母の氏名は戸籍の記載と符合し、かつ、母の氏名は出生証明書の記載と符合しなければならない。嫡出でない子については、母の氏名は戸籍及び出生証明書の記載と符合しなければならない。子の入籍すべき戸籍の表示が必要であるが、嫡出子は父母の戸籍に入り、嫡出でない子は母の戸籍に入るから、父母の戸籍を表示すれば、子の入るべき戸籍を明らかにしたことになる（戸18）。筆頭者の氏名の記載も必要である。父母の双方又は一方が日本の国籍を有しないときは、本籍に代えてその者の国名を記載する（昭和22・8・15回答791号）。もしいずれの国籍も有しないときは、「無国籍」と記載することになる。父母の国籍に関する記載は、出生子が国籍法の規定するところにより日本の国籍を取得したか否か（国2）、すなわち戸籍に記載すべきか否かについて判断する基礎となるものである。

7 その他法務省令で定める事項（本条Ⅱ④）

その他法務省令で定める事項としては、規則55条1号から4号で規定された事項で、世帯主の氏名及び世帯主との続柄、父母の出生の年月日及び子の出生当時の父母の年齢、子の出生当時の世帯の主な仕事等、主として人口動態調査票の作成及び住民基本台帳法に基づく住民票の記載のために必要な事項である。

(1) 世帯主の氏名及び世帯主との続柄（戸規55①）

これは、住民基本台帳事務を処理するための記載事項である。

住民基本台帳法は、転入、転居、転出をした場合、あるいは転出しようとする場合、世帯又は世帯主に変更があった場合には、事件本人又は世帯主に届出の義務を課し、届出主義を採用しているが（住基22～26）、出生、死亡、婚姻及び縁組等身分関係の変動によって住民票の記載事項に変更が生じた場合については、職権主義を採用し、市町村長の職権処理事項としている（住基施行令12Ⅱ①）。ところで、出生の届出は、人の身分関係の発生を市町村長に届け出るものであるが、その居住関係も出生によって開始するわけである

から，出生の届書に子の住所関係も記載すれば，それによって市町村長は子の居住の事実を知ることができ，住民票の記載もできる。つまり，子が出生した場合に出生届と別個に住民登録をするという手続の重複を避けることによって，住民に対する届出義務の負担を軽減するためのものであり，それが出生届書には住民票の記載をするために必要な事項を記載しなければならないことにした理由である。なお，出生届を受理した市町村長は，他の市町村内に住所があるときは，その市町村長が住民登録をするために，これにその記載事項を通知すべきである（住基9Ⅱ）。また，子が学齢に達してから出生届をする場合は，戸籍の附票に住所を定めた年月日を記載する必要から出生届書の「その他」欄に子の住所を定めた年月日を記載することとされている（昭和37・7・7通達1873号）。

　ア　世帯主の氏名

　世帯主とは，世帯の中心となってその世帯を維持し代表している者，いわゆる世帯の主宰者をいうから，その者の氏名を記載する。世帯主の氏名は，子が属している世帯の住民票を検索するための事項であるから，住民票に記載されている世帯主の氏名を記載しなければならない。

　イ　世帯主との続柄

　世帯主との身分上の関係であり，必ずしも戸籍上の父母との続柄とは一致しない。例えば，「妻」，「子」，「父」，「母」，「妹」，「弟」，「子の妻」，「妻（未届）」，「妻の子」，「縁故者」，「同居人」等と記載する。世帯主の嫡出子，養子及び特別養子についての「世帯主との続柄」は，「子」と記載する。内縁の夫婦は，法律上の夫婦ではないが準婚として各種の社会保障の面では法律上の夫婦と同じ取扱いを受けているので「夫（未届）」，「妻（未届）」と記載する。内縁の夫婦の子の世帯主（夫）との続柄は，世帯主である父の認知がある場合には「子」と記載し，世帯主である父の認知がない場合には「妻（未届）の子」と記載する。縁故者については，親族で世帯主との続柄を具体的に記載することが困難な者，事実上の養子等がある。夫婦同様に生活している場合でも，法律上の妻のあるときは，「妻（未届）」と記載すべきでは

ないとされている（昭和42・10・4通達2671号「住民基本台帳事務処理要領」第2の1(2)エ(オ)を参照のこと。）。

(2) 父母の出生の年月日及び子の出生当時の父母の年齢（戸規55②）

これは，後述の(3)及び(4)とともに人口動態統計事務処理のための記載事項である。

人口動態調査票は，戸籍届書等に基づいて作成するので（人口動態調査令3），戸籍の届書には住民基本台帳事務処理に必要な事項と同様，人口動態統計事務の処理として調査票を作成するのに必要な事項を記載して届け出ることとされている。規則55条2号は公衆衛生統計上，子の出生当時の父母の年齢を知るために必要があるため設けられた（このほか，届出の受理に当たって戸籍に記載されている者と出生子の父母が同一人かどうかについても調査することが可能となる。）ものであり，この届書に記載された父母の年齢はそのまま人口動態調査の出生票に移記される。もし，実際の生年月日と戸籍上の生年月日が相違するときは，出生届書には戸籍に記載されている生年月日を記載し，実際の生年月日は「その他」欄に記載する（昭和26・5・30通達1140号）。子の出生前に父が死亡している場合は，子の出生当時の年齢による。

(3) 子の出生当時の世帯の主な仕事（戸規55③）

これ（国勢調査実施年の4月1日から翌年3月31日までに発生した出生については，父母の職業）は，上記(2)の場合と同様に人口動態統計事務処理のための記載事項である。

市町村長は，出生，死亡，死産，婚姻及び離婚の届出を受けたときは，これに基づき速やかに人口動態調査票を作成し（人口動態調査令施行細則1Ⅰ）遅滞なくこれに人口動態調査票市町村送付票を添え，管轄保健所に送付しなければならない（同細則2）。人口動態の調査は，本来は個人に関する事項であるところ，届出事件本人又はその父母がどのような世帯分類に属するかという社会的属性の把握のためには父母の職業によることが望ましいといわれている。

したがって，従前は「子の出生当時の父母の職業」を届書に記入することとされていた。しかし，この欄の記載を当初から正確に届け出る例は少なく，

いたずらに市町村の窓口担当者の手を煩わすだけで、その記載の信憑性が乏しい実情にあったことから、昭和42年から、父母の職業は国勢調査実施年のみ記載することとされた。このようにして、父母の職業については国勢調査が実施される年の4月1日から翌年3月31日までの1年間に発生した事件について記載することになっているが、この場合の職業分類は国勢調査の際に定められる分類に従って記入することになる。

(4) **父母が同居を始めた年月**（戸規55④）

父母が同居を始めた年も、前記(2)及び(3)の場合と同様に人口動態統計事務処理のための記載事項である。この欄に記載する年月（日の記載は不要）は、婚姻の届出をした月ではなく、実際に結婚式を挙げたとき又は同居を始めたときのうち早い方を記載することになっている。

8 出生届の添付書類（本条Ⅲ）

出生の届出に際し添付すべき書類としては、出生の事実の真正を担保し、戸籍に虚偽の記載がなされることを防止するため、出生に立ち会った医師、助産師又はその他の者が作成した「出生証明書」があるほか、国籍留保の届出が期間経過後になされた場合における、届出人の責めに帰することのできない事由を明らかにした書面などがある。

(1) **出生証明書**

出生の届出の内容である出生の事実の真正を担保し、出生の年月日・場所等についての虚偽の届出、あるいは嫡出でない子を出産した母を他の者とする等の虚偽の届出に基づく戸籍の記載を防止するとともに、人口動態調査上医師・助産師等から出産に関する統計資料を得るために、出産に立ち会った医師・助産師等が作成した「出生証明書」が添付書類として要求されている（本条Ⅲ）。もっとも、親子関係不存在確認の裁判等によって消除された子について、新たに出生届をする場合において、出生後相当期間を経過しているため出生証明書が得られないときは、その裁判書の謄本により出生届書に記

載された父母と出生子との親子関係，出生の年月日などが明らかであれば，管轄法務局長等の指示を受けることなく受理して差し支えない取扱いである（昭和42・8・4回答2152号）。ところで，出生証明書が出生届の添付書類とされてはいるものの，出生届の標準様式として届書と同一用紙に記載することとされている（令和6・2・26通達504号別紙1）。なお，電子情報処理組織による届出については，出生証明書は，作成者が電子署名した添付書面情報として，届書情報と併せて法務大臣に送信しなければならない（戸規79の3Ⅰ後段・79の3Ⅱ前段）。

(2) **国籍留保届が「届出人の責めに帰することができない事由」により，届出期間内にできなかったことを明らかにした書面**

外国で出生した日本人の子が出生によって外国の国籍を取得した場合は，日本の国籍を留保する意思を表示する届出を，出生の日から3か月以内に出生届とともにしないと，子は出生の時に遡って日本の国籍を失う（国12，戸104Ⅰ）。しかし，国籍留保の届出人が天災その他届出人の責めに帰することができない事由によって，期間内に届出ができなかったときは，届出ができる状態になった時から14日以内に届出すればよいことになっている（戸104Ⅲ）。この届出人の「責めに帰することができない事由」に該当するかどうかは，一律にこれを定めることは困難であり，具体的事案により個別に判断するしかない。したがって，国籍留保届を期間の経過後にするときは，「届出人の責めに帰することができない事由」を明らかにした書面（申述書等）を添付する必要がある。

(3) **出生証明書の添付のない出生届の処理**

出産に立ち会った者がいない場合，その他やむを得ない事由があるときは，出生証明書の添付を要しないが（本条Ⅲただし書），この場合には事前に管轄法務局長等の指示を得て受否を決する扱いである（昭和23・12・1回答1998号）。外国で出生し，当該国の官憲の発給した出生登録証明書や外国の医師の発給した出生証明書によって，出生の年月日，親子関係などが明らかな場合も，管轄法務局長等の指示を求める必要はない。

第4章 届 出 第2節 出 生

> 〔子の名に用いる文字〕
> 第50条 子の名には,常用平易な文字を用いなければならない。
> ② 常用平易な文字の範囲は,法務省令でこれを定める。

　本条は,出生届に記載される子の名に用いることができる文字の制限について定めるものである。[注1] まず,子の名に用いる文字は,常用平易な文字を用いなければならないとする(本条Ⅰ)。常用平易な文字の範囲は,規則で定めるとし(本条Ⅱ),規則60条では,①常用漢字表(平成22年内閣告示2号)に掲げる漢字(括弧書きが添えられているものについては,括弧の外のものに限る。),②規則別表第二(漢字の表)に掲げる漢字,③片仮名又は平仮名(変体仮名を除く。)と定めている。

◆◆◆

(注1)　現行戸籍法の施行前においては,子の名に用いる文字の制限に関して特別の規定はなく,届書及び戸籍の記載について「略字・符号を用いることなく,字画明瞭に」すべきことが定められていただけであった(旧戸28Ⅰ・55)。子の名に用いる文字については,先例によりローマ字等の外国文字の使用を認めなかった(大正12・2・6回答328号)ほか,歴代天皇の御諱・御名の使用を禁止する(明治6年太政官布告118号)にとどまっていた(太政官布告は,現行戸籍法の制定時に廃止)。このため,子の命名に用いられる漢字には難解なものが多く,日常の社会生活に支障を来すことが多かった。
　　そこで,昭和21年に漢字制限の問題が公式に取り上げられ,「当用漢字表」(昭和21年内閣告示32号)が制定されたこと等から,現行戸籍法はその趣旨に従って,出生届に記載される子の名の文字を制限して簡明にすることを図り,新たに本条を設けるに至ったのである。

1 常用平易な文字の範囲

(1) 漢字の字種及び字体

　子の名に用いる漢字の字種は,規則60条の規定に基づき,常用漢字表(平成22年内閣告示2号)に掲げる漢字に掲げる漢字2136字及び規則別表第二(漢

字の表）に掲げる漢字863字の合計2999字に限られている。[注2]

　また，子の名に用いる漢字の字体については，原則として，1字種につき1字体とされている。すなわち，上記のとおり，規則60条1号では，常用漢字表に掲げる漢字のうち，括弧書きが添えられているものについては，括弧の外のものに限られており，[注3]また，規則60条2号に基づく規則別表第二（漢字の表）では，原則として1字種につき1字体を定めている（平成16・9・27通達2664号3）。もっとも，一定の字種について2字体を用いることが認められているものもあり（昭和56年民事行政審議会答申），常用漢字表に掲げる漢字のうち212字（規則別表第二の二（漢字の表）の漢字）及び規則別表第二の一（漢字の表）に掲げる漢字のうち18字の合計230字については，1字種につき2字体を用いることができるものとしている。[注4]

　このような子の名に用いる文字の制限については憲法違反となるかどうかにつき問題となったことがあり，最高裁判所は，「戸籍法に定める戸籍は，国民各自の民法上の身分行為及び身分関係を公簿上に明らかにしてこれを一般的に公証する制度であつて，戸籍法が右の身分行為や身分関係上の地位の取得にあたつて氏名を付した届出を要求するとともに，その氏名の選択につき従来からの伝統や社会的便宜を顧慮しながら一定の制限を設けているのも，専ら右の法の趣旨・目的から出たものと解されるから，戸籍上の氏名に関する限り，戸籍法の定めるところに従つて命名しなけれはならないのは当然であつて，これらの規定かかわりなく氏名を選択し，戸籍上それを公示すべきことを要求しうる一般的な自由ないし権利が国民各自に存在すると解することはできない。他方，戸籍法は，各自が戸籍上の氏名以外の関係でこれと異なる氏名を呼称することを別段禁止してはいないのである。それ故，戸籍法50条の規定が子の名につき制限を課していることをもつて個人の氏名選択の自由を制限し，憲法13条に違反する旨の抗告人の主張は，その前提を欠くから，採用の限りでない。」（最決昭58・10・13判時1104号66頁）としている。

(2) 片仮名及び平仮名

　片仮名及び平仮名を用いることができるが，変体仮名は用いることはでき

ない（戸規60③）。なお，「ヰ」，「ヱ」，「ヲ」，「ゐ」，「ゑ」及び「を」の旧仮名は，片仮名及び平仮名に含まれるので，これを用いることができる（平成16・9・27通達2664号1）。

また，名の表示方法として，長音符号「ー」については，直前の音を引き延ばす場合に限り用いることができるし，同音の繰り返しに用いる「ゝ」及び「ゞ」並びに同字の繰り返しに用いる「々」については，直前の繰り返しに用いる場合に限り用いることができる（平成16・9・27通達2664号2）。

◆◆

(注2) 昭和56年に当用漢字表に代わる「常用漢字表」の制定に際し，規則60条が改正され，①「常用漢字表」（昭和56年内閣告示1号）に掲げる漢字，②規則別表第二（人名用漢字別表）に掲げる漢字，③片仮名及び平仮名，並びに当分の間用いることができる漢字の字体として④改正省令の附則別表（人名用漢字許容字体表）が，子の名に用いる文字の範囲として示されるに至った。

その後，上記昭和56年の常用漢字表が廃止され，新たに常用漢字表（平22年内閣告示2号）が告示されたことから，平成22年11月30日通達2903号により，平成2年10月20日通達5200号別表が改正された。

(注3) 「常用漢字表」においては，漢字2136字のうち，362字につき，康熙字典体が括弧書きで添えられている。これは通用字体（常用漢字表において採用された標準的な印刷文字の字体）と明治以来行われてきた字体との間に著しい差異のあるもの（原則として画数が異なるか否かを基準として選別）について，その間のつながりを示すために，いわゆる康熙字典体の活字を適宜括弧に入れて掲げたものとされている（「常用漢字表（答申）の前文」）。

(注4) 1字種につき2字体を用いることが認められた理由について，昭和56年5月の民事行政審議会答申（「子の名に用いる文字の取扱いに関する答申」）では「1字種1字体に定めた方が社会生活上便利であり，ひいては，戸籍事務の円滑適正な処理に資することにもなる。しかし，国民の漢字使用の実情に照らすと，現在用いることができる字体を，この際一気に否定することは問題であるとして，結論としては，当分の間これを引き続き認めるべきである」という意見が多数を占めた。

第50条〔子の名に用いる文字〕

2　出生届等に記載される子の名の取扱い

(1)　子の名が常用平易な文字の範囲外の出生届等

　子の名が常用平易な文字の範囲外の文字で記載された出生届があったときは訂正を求め，これに応じないときは不受理として返戻すべきである（昭和23・1・13通達17号等）。

　誤って受理してしまったときは，戸籍記載前であれば届出人に対し追完届をするよう催告すべきであり，また，戸籍記載後であれば，利害関係人に対し戸籍訂正の申請をするよう通知すべきである（昭和23・3・29回答452号）。これに応じないときは戸籍にそのまま記載をするほかなく（昭和39・9・9回答3019号等），職権により消除したり，別の文字・字体を記載することは許されない。

　なお，後記アからエまでに掲げる届出については，社会に広く通用している名は変更しない方が本人の同一性を確認するのに役立ち，社会にとっても利益があることから，例外として制限外の文字を用いて差し支えないものとされている（昭和56・9・14通達5537号）。

　　ア　親子関係存否確認等の裁判に基づく戸籍訂正によって戸籍を消除された子の出生届

　親子関係存否確認の裁判が確定し，先にされていた出生の届出は，届出義務者以外の者がした無効のものであることが裁判の理由によって明らかになったため，戸籍訂正の申請により消除された場合は，その子について改めて出生の届出をすることになる。このような場合，従前の名の文字が制限外のものであっても（従前の名の文字が誤字であるときは，それを正字に訂正したものに限る。），これを前記の出生の届出をする際に用いて差し支えないとするものである（平成13・6・15通達1544号）。これは上記で述べたように，戸籍上の名が突然変わってしまうことは，本人にとって不便であり苦痛であるばかりでなく，社会生活上の支障が生ずることも予測されること，新たな出生の届出に基づく戸籍の記載が，消除された従前の戸籍の記載の移記の性

質をもつものと考えられることによる。

　イ　出生後長年経過し相当の年齢に達した者の出生届

　出生後長年経過し，相当の年齢に達した者について，卒業証書，免許証，保険証書等により社会に広く通用していることを証明することができる名を記載して出生の届出をする場合は，その名の文字が制限外のものであっても（従前の名の文字が誤字であるときは，それを正字に訂正したものに限られる。），これを用いることができる。その理由は，前記アとほぼ同じであるが，この場合は，従前の戸籍上の名はないので，制限外の文字を用いることが認められるには，出生後長年経過し，相当の年齢に達していること，及び卒業証書等によって社会に広く通用していることが証明できることの2つの要件が必要である。

　ウ　就籍届

　就籍許可の審判の主文には，就籍後の戸籍の記載事項である本籍，氏名，出生の年月日，父母の氏名，父母との続柄が記載されるのが通常である。その就籍許可の審判で制限外の文字を用いた氏名による就籍が許可され，その氏名を用いた就籍の届出がなされたときは，受理して差し支えないとされている。これは，通常，その氏名が就籍者の通称名であろうし，その氏名を用いることの必要性等については，審判をする裁判官の判断に委ねられているものであるから，このような場合は，制限外の文字を用いても差し支えないとされた。

　エ　名の変更届

　戸籍に記載された名の変更は，「正当な事由」がある場合に認められる（戸107の2）。変更後の名が制限外の文字を用いたものであっても，市町村長としては，家庭裁判所の許可の審判書が添付されてその届出がされたときは，受理して差し支えないとされる。

　なお，家庭裁判所が名の変更許可の審判をする場合において，法107条の2にいう「正当な事由」の有無を判定するに当たっては，「新たな名は，戸籍法第50条の規定の趣旨に鑑み，同条にいう平易な文字を用いているもので

あること」を参酌すべきものとされている（昭和23・1・31回答37号）が，審判例の中には，制限外の文字を用いた名に変更を認めた例もある（東京家審昭35・10・3家月13巻3号152頁）。

(2) **誤字・俗字で記載された名の取扱い**

従前の名の文字が俗字であるときは，そのままこれを用いることができる。これら具体的な誤字・俗字と正字との対応関係についての判断は，「氏又は名の記載に用いる文字の取扱いに関する通達等の整理について（平成2・10・20通達5200号）」第2の「戸籍の氏又は名の文字の記載の訂正」の取扱いに準じて処理することになろう。(注5, 注6)

(3) **子の名が常用平易な文字とデザイン上の差又は筆写における書き方の習慣上の差である出生届**

規則60条1号及び2号に掲げる字体以外の漢字の字体を子の名に用いた出生届は受理することはできないが，出生届に記載された漢字の形が同条1号及び2号に掲げる字体と異なる場合であっても，その差が活字のデザイン上の差又は筆写における書き方の習慣上の差であるときは，字体の差異の問題ではないから受理することができる。ただし，戸籍への漢字の記載は，同条1号及び2号に掲げる字体で行うものとされる（平成16・9・27通達2664号3・4，常用漢字表「(付) 字体についての解説」）。

(4) **子の名が同一戸籍内の者と同一名を用いる出生届**

子の名が同一戸籍内の者と同一名を用いられている場合，その名を事実上長年使用している等の事由があっても受理しないのが相当であるとされている（昭和40・6・21回答1430号）。しかし，戸籍さえ異にしていれば，出生子に家族と同一の名を付して出生の届出をして差し支えないとされている（昭和39・8・5〜6島根協議会決議）。同一戸籍内でも既に死亡によって除籍されている者と同じ名をつけることは差し支えないとする先例もある（昭和7・8・18回答828号）。

また，出生子の入籍すべき戸籍に，その名と同名の者が以前に在籍（婚姻等により除籍されている。）していた場合でも，その子の出生届を受理して差

し支えないとされている（昭和38・5・15回答1421号，昭和47・8・23回答420号）。

(5) **命名権を濫用した子の名が記載されている出生届**(注7)

出生届の子の名の記載に，制限内の文字を用いて命名した場合であっても，これにより将来にわたってその子に著しく悪影響を及ぼし，いわれない差別を受けることなどが予測されるような場合，命名権の範囲を逸脱する権利の濫用に該当する場合（民1Ⅲ）は受理すべきではない。

仮に受理した場合であっても戸籍の記載前であれば，そのまま処理することなく，届出人に新たな子の名を追完させ，その追完があるまでは名未定の出生届として処理すべきとされている（平成5・9・14回答6145号）。

なお，命名権の濫用に当たるか否かについては，極端な事例として個々の具体的事例について判断すべき事柄であり，また，その判断において疑義を生じたときは，結局，管轄法務局長等に照会の上，その指示を得て受否を決定すべきであろう（大里知彦「「人名」について考える―『悪魔』ちゃん騒動から学ぶべきもの」戸籍623号38頁）。

(6) **出生届における外国人である子の氏名の表記**

子が外国人である場合には，出生届に記載する子の氏名は片仮名で，氏，名の順に記載し，併せてローマ字を付記すべきものとされている。ただし，ローマ字を付記しないときでも，これを受理して差し支えないとされている（昭和56・9・14通達5537号，平成24・6・25通達1550号）。

子が，韓国，中国のような漢字使用国の外国人である場合には，出生の届書に記載する子の氏名は，正しい日本文字としての漢字を用いるときに限り，片仮名による表記をさせる必要はない（昭和56・9・14通達5537号二）。(注8) また，外国人については，本条の規定は適用されないので注意しなければならない（昭和23・1・29通達136号）。

なお，外国人の氏名の表記方法に関して，昭和59年11月1日通達5500号第4の3(1)は「戸籍の身分事項欄及び父母欄に外国人の氏名を記載するには，氏，名の順序により片仮名で記載するものとするが，その外国人が本国にお

いて氏名を漢字で表現するものである場合には，正しい日本文字としての漢字を用いるときに限り，氏，名の順序により漢字で記載して差し支えない。片仮名で記載する場合には，氏と名とはその間に読点を付して区別するものとする。」としている。

(7) 子の氏名が記載されていない出生証明書を添付した出生届

命名前に出生証明書の交付を受けたため，子の氏名が記載されていない場合において，当該出生届の「その他」欄に，上記の事由が記載されているときは，子の氏名を追記させるまでもなく受理して差し支えない（昭和50・5・23通達2696号）。

(8) 子の名に振り仮名（傍訓）を付した出生届

子の名に振り仮名（傍訓）を付した出生届の取扱いの経緯については，法13条の解説8を参照されたいが，平成6年11月16日通達7005号により名の傍訓は戸籍に記載しない取扱いとされていた（平成6・11・16通達7005号第3）。

しかし，令和5年法律48号の行政手続における特定の個人を識別するための番号の利用等に関する法律等の一部を改正する法律（以下本条において「改正法」という。）により，氏名の振り仮名が戸籍の記載事項とされ，法13条も改正された。そして，法13条2項は，氏名の読み方は，氏名として用いられる文字の読み方として一般に認められているものでなければならないことを，また，同条3項では，氏名の振り仮名に用いることができる仮名及び記号の範囲は法務省令で定めることを規定している。この改正法は，令和5年6月9日の公布の日から2年以内の政令で定める日（令和7年5月26日）から施行されており，名については振り仮名を付すことを要する。その詳細については，同じく法13条の解説8を参照されたい。

━━━━━━━━━━━━━━━━━━━━━━━━━━━━━━━━━━━━━

（注5） 本文に掲げた平成2年10月20日通達5200号における「正字」とは，社会一般において正しいと認められる文字であって，常用漢字表など公的裏付けのあるもの及び康熙字典，漢和辞典等で正しいとされている文字のことであり，「俗字」とは，慣習により用いられている俗用の文字で，漢和辞典等で俗字とされている文字をいい，

「誤字」とは以上の正字及び俗字でない文字をいう（日本加除出版株式会社編集部編『新訂　人名用漢字と誤字俗字関係通達の解説』（日本加除出版，2011）133頁）。

(注6)　現行戸籍法は，子の名の文字については，常用平易な文字を用いることとなったため，少なくとも昭和23年1月1日以後の出生届における子の名の文字には，原則的に誤字・俗字は存在しないことなる。

　　しかし，現実的には，戸籍の記載が手書きで行われていた時代には，戸籍事務担当者の書き癖等から書き誤っているものが存在していた。

　　これらの誤字・俗字を解消するために，昭和25年以降，戸籍に記載されている文字の取扱いを示した通達が数回にわたって示されたが，いずれの通達も本人からの申出によって訂正する取扱いであったため，その解消は進まない状況があった。

　　その後，平成2年1月の民事行政審議会答申（「人名用漢字等に関する答申」）において，将来のコンピュータ化をも考慮して，戸籍に記載されている氏名の誤字・俗字の解消についての方針が示された。この答申を踏まえて平成2年10月20日通達5200号が発出され，これによって氏又は名に用いる文字の記載の更正又は訂正に関する通達等を整理するとともに，これに反する従前の先例は廃止することとされた。

　　平成2年10月20日通達5200号においては，平成3年1月1日から，新戸籍編製等の際，従前戸籍等において氏又は名が誤字又は俗字で記載されている場合，本人からの申出を待たずに市町村長の職権によって正字に訂正する取扱いが認められたため，徐々に誤字・俗字の解消が図られることになった。

　　さらに，コンピュータ化の際の大量の誤字・俗字の解消の在り方が問題となり，平成6年11月16日通達7005号によって，漢和辞典に俗字として搭載されている文字の使用が認められた。

　　なお，平成6年11月16日通達7005号により平成3年1月1日から平成6年11月30日までの間に俗字を正字に引き直して記載されている文字については，本人からの申出があれば元の俗字に更正することが可能となった。

(注7)　a　出生子の名を誰がつけるかについては，民法には規定がなく，わずかに棄児について市町村長の命名権を定めた法57条2項の規定があるのみであるが，命名権については次のように考え方が分かれている。

　　1つは，法的な監護関係という観点から親権の一作用として親権者にあるとし，親権者両名ある場合はその協議により決すべきであるとする考え方である（大阪家岸和田支審昭41・3・2家月18巻10号76頁）。これに対し，命名権は命名される子自身にあり，親のする命名は「自分の名についての子の固有権」の代行行為にすぎないとする考え方があり（戒能通孝「子を命名する権利と義務」末川博ほか編『穂積先生追悼論文集　家族法の諸問題』（有斐閣，1952）331頁以下），この主旨を判示した審判例もある（名古屋家一宮支審昭38・10・8家月15巻12号183頁）。

命名権が誰にあるかについては，現行法上は，親子関係という性格から導き出すのが素直な考え方というべきであるから，自然的親子関係という観点から，原則的には父母にある（中川淳「子どもの名前―『悪魔』くん命名事件」ひろば47巻3号75頁）と解することができ，一般的にも，出生子の父母が命名権者となるのが通常であろうと考えられる。

　b　命名権の行使に当たっては，子の福祉を無視した社会通念上いわれのない差別や偏見を受けることが予想されるような命名をすることは，たとえ命名権が親権の行使であるとする考え方に立つとしても，権利の濫用として許されないものと考えられる。

　人の名は，前述のように社会生活上当人が自らを指示し，他人がその人を特定指示するために用いるものであるという社会性からみても，命名に当たっては，難読な文字や突飛なものを避けて文字を選ぶことが，その子の将来のためであることは，社会通念上あるいは一般人の常識として了解されることと思われる（大森政輔「子の名に用いる文字の取扱いに関する民事行政審議会の答申及びその実施について」戸籍441号1頁以下）。

（注8）　漢字使用国の国民である中国人，朝鮮人等の場合を除き，本国法で漢字以外の文字でその氏名が表記される外国籍の出生子については，その子が我が国で出生した場合でも，その命名は，出生子の本国の法令あるいは命名習慣に準拠してされ，同国で用いられる文字によって表記されるべきものであるから，片仮名あるいは片仮名に外国文字を表記すべく，漢字で名を表記した出生届は受理すべきではないとされている（昭和57・2・16回答1480号）。

〔出生の届出地〕
第51条　出生の届出は，出生地でこれをすることができる。
② 汽車その他の交通機関（船舶を除く。以下同じ。）の中で出生があつたときは母がその交通機関から降りた地で，航海日誌を備えない船舶の中で出生があつたときはその船舶が最初に入港した地で，出生の届出をすることができる。

　本条は，出生の届出地について，本人の本籍地又は届出人の所在地(注1)のほか，出生地においてもすることができること等を定めた規定である。

◆◆◆

（注1）　所在地とは，住所地（住基4，民22）のみを指すのではなく，居所地あるいは一時的な滞在地も含めた広い意味に解すべきものとされている（明治32・11・15回答1986号）。

1　本条の沿革

　出生の届出地に関する法制については，戦後，現行戸籍法が制定される以前からの沿革がある。最初にこれを定めたのは明治31年法律12号による戸籍法であったが，その後，大正3年法律26号による改正を得て，昭和21年6月26日司法省令47号で，出生の届出は，外国等で生まれた場合を除き，事件の発生地である出生地又は母が交通機関から降りた地でしなければならないとされた。これは，人口動態調査を適確・迅速に行うためには，出生の届出を出生地のみに限ることが便宜にかなうとの見解に基づくもので，この取扱いが昭和22年法律224号の現行戸籍法に引き継がれて，昭和45年まで続いた。
　しかし，戦後の社会復興が進み，国民の生活スタイルが変化してくる（例えば，病院での出産が増えてきたことなど）に伴い，出生の届出地を出生地のみに限るのは，届出義務者にとって極めて不便であり，戸籍の正確性を期する上でも必ずしも有意ではないとの見解が有力に唱えられるようになった。

これを受けて，昭和45年法律12号による法改正において本条が改正される措置がされたのであった。(注2)

◆◆◆

(注2)　従前，出生の届出地を出生地に制限してきたのは，人口動態統計上の措置として，人口動態の調査は，その事件発生地である出生地のみで出生の届出その他の手続をさせるのが，迅速適確にこれを把握するのに便宜であるとの見解の下に，これを強制したのである。しかし，このような制限は，戸籍の記載の本来の目的のためのものではなく，また，届出人に不便を強いることになり，かえって迅速な届出を期し得ないものであった。そこで，全国連合戸籍事務協議会総会で法務省に対し，改正についての要望がされ，また，民事行政審議会戸籍部会においても改正についての意見が答申されたことから，昭和45年法律12号により本条が改正され，即日施行された。

　なお，従前においても，真実の出生地ではないが形式上は出生地における出生届出となっている届出はもちろん，それ以外の本条違背の出生の届出についても直ちに不受理とはせず，便宜これを受理し，人口動態統計上の必要事項を出生地の市町村長に通知するとともに，出生場所の記載が事実と符合しないときは，その点の戸籍訂正をすべきであるとの弾力的な事務処理が行われていた（昭和22・12・18回答1766号，昭和26・12・20通達2413号，昭和31・11・8通達2590号）。

2　本条の趣旨

　本条1項により，出生の届出は，届出地に関する一般原則に従って事件本人の本籍地又は届出人の所在地ですることができる（戸25Ⅰ）ほか，出生地においてもすることができることとされた（本条Ⅰ）。届出人にとっては，届出地についての選択の範囲が拡大されたことになる。外国人及び無国籍人についても，一般原則である届出人の所在地（戸25Ⅱ）のほかに，出生地において出生の届出をすることが認められる（昭和22・7・17回答618号）。

　このように，出生地における届出を認めることとすると，交通機関の中で出生した場合には，その出生地がいずれであるか明確でないため，本条2項の規定が設けられている。

第4章 届 出 第2節 出 生

3 本条2項の規定の趣旨

　船舶を除く交通機関の中で出生があった場合には，母がその交通機関から降りた地で出生の届出をすることができるとされる（本条Ⅱ）。交通機関とは，電車，バス等のいわゆる「乗り物」を意味するが，自家用車等も含まれると解されている（昭和34・9・22通知489号）。また，航海日誌を備えない船舶の中で出生したときは，その船舶が最初に入港した地で出生の届出をすることができる（本条Ⅱ）。航海日誌を備えた船舶の航行中に出生があった場合(注3)については，法に別の取扱いが定められているので（戸55），本条では触れられていない。

◆◆◆

（注3）　航海日誌を備える船舶の中で出生した場合には，船長又はその職務代行者が，24時間以内に出生届の様式に準じて定められている航海日誌に記載し，その謄本に基づいて戸籍の記載がされることになっている。

4 日本国外において出生があった場合

　日本国外で出生があった場合，届出地に関する一般原則（戸25Ⅰ）に基づき事件本人の本籍地の市町村長に郵送によって届け出るか，又は届出義務者が日本国内に所在するときはその所在地の市町村長に届け出ることができる。また，その国に駐在する日本の大使，公使又は領事に届け出ることもできる（戸40）。

> 〔届出義務者・資格者〕
> 第52条　嫡出子出生の届出は，父又は母がこれをし，子の出生前に父母が離婚をした場合には，母がこれをしなければならない。
> ②　嫡出でない子の出生の届出は，母がこれをしなければならない。
> ③　前二項の規定によつて届出をすべき者が届出をすることができない場合には，左の者は，その順序に従つて，届出をしなければならない。
> 　第一　同居者
> 　第二　出産に立ち会つた医師，助産師又はその他の者
> ④　第1項又は第2項の規定によつて届出をすべき者が届出をすることができない場合には，その者以外の法定代理人も，届出をすることができる。

　本条は，報告的届出である出生の届出についての届出義務者及び届出資格者に関する原則的な規定である。出生届の届出人については，本条以外に法54条や56条にも規定されている。

1　嫡出子の出生届の届出義務者

　嫡出子の出生届は，父又は母が届出義務者となる。また，子の出生前に父母が離婚した場合は，母が届出義務者となる。

　従前は，嫡出子の出生届について「父がこれをし，父が届出をすることができない場合又は子の出生前に父母が離婚をした場合には，母がこれをしなければならない。」と規定され，父が第1順位の届出義務者であり，母は第2順位の届出義務者とされていた。しかし，母を第2順位の届出義務者とする合理的理由に乏しく，男女の実質的平等の趣旨に反する嫌いもある等の理由から，民法等の一部を改正する法律（昭和51年法律66号）により，本条1項の規定が改正され（昭和51年12月1日施行），母も父と同順位で届出義務者とされた。[注1]

　したがって，父母が共同で届出をすることも認められる。また，父又は母

から各別に出生の届出があった場合は、先にされた届出に基づいて戸籍の記載をすることになる（青木＝大森『全訂戸籍法』278頁）。

このように父と母は同順位で届出の義務を負うため、父母双方が法49条1項の届出期間内に届出をしない場合は、各自が法137条に規定する届出懈怠の責めを負う。したがって、規則65条に定める簡易裁判所への通知（いわゆる失期通知又は懈怠通知）は、父及び母についてしなければならないことになる（昭和22・5・29通達445号、昭和51・11・5通達5641号）。また、届出期間内に父又は母のいずれか一方が届出をした場合は、他方の届出義務は当然に消滅するため、懈怠の責めを負うことはない。

父母が子の出生前に離婚した場合は、父に出生の届出義務を課するのは実情に適合しないことから、母が届出義務者となる。[注2]

━━

（注1）父母共同による届出とされなかったのは、出産直後における母親の肉体的条件などを考慮し、かつ、出生の届出が報告的届出にすぎず、なるべく手続を簡略にして迅速に届出がなされることを期待して、父を第1順位の届出義務者としたものと考えられる。

　　　このように父母婚姻中に嫡出子の出生届をする場合については、届出義務者に順位が付されており、母が届出をするのは、父が届出をすることができない場合に限定されていた。しかし、届出は届出人が届書を作成すれば、あとは使者又は郵便ですることが可能であり、必ずしも母親の肉体的条件などを考慮する必要はなく、母が実家近くの産院で出産するような場合は、遠方の父が迅速な届出をするのが不都合なこともあり、父母婚姻中に嫡出子の出生届をする場合において、母を第2順位の届出義務者としなければならない合理的理由に乏しいこと等から、母も父と同順位で届出ができるよう改正された。

（注2）もっとも、父母の離婚後300日以内に出生した子、つまり母の夫の子と推定される嫡出子について、父が出生届をする資格まで否定するものではないと解される。したがって、その父は届出をする義務は負わないが、母と同順位で「父の資格」で子の出生の届出をすることができる（昭和38・7・18栃木協議会決議）。

2 嫡出でない子の出生届の届出義務者

　嫡出でない子の出生届は，母が届出義務者となる。(注3) 母子関係は，原則として母の認知を待たずに分娩の事実によって当然に発生するとされており（大正11・5・16回答1688号），母による出生の届出については，特に認知の効力を与える必要はないと解されている（青木＝大森『全訂戸籍法』278頁）。

　胎児認知がされた子についても，父母が婚姻し，嫡出子の出生届をしない限り，母が届出義務者となる。

　父母の婚姻前に出生した子について，婚姻後に父が法62条の規定に基づき出生の届出をする場合も，その届出が受理されるまでは嫡出でない子であるから，母が届出義務者となる。したがって，父が届出期間経過後に法62条の規定に基づく出生の届出をしたときは，母が届出懈怠の責めを負わなければならない（大正5・5・17回答417号）。

━━━━━━━━━━━━━━━━━━━━━━━━━━━━━━━━━━━━━━

（注3）　嫡出でない子の母が未成年者又は成年被後見人である場合は，母の親権を行う者又は成年後見人が届出義務者となる（戸31Ⅰ）。

　　届出をすべき者が未成年者又は成年被後見人である場合において，意思能力を欠くときはその者の届出は認められず，仮に意思能力を有する場合でも，その者を届出義務者として過料という制裁をもって届出を強制するのは酷である上，届出の励行を期待することもできない。このような場合には，未成年者又は成年被後見人にはその義務を負わせないものとされている。

　　嫡出でない子の母が未成年者であり，父母の共同親権に服している場合は，当該父母が共に出生の届出義務を負い，共同による届出をするのが原則である（昭和22・4・16通達317号）。しかし，共同で届出できない事情がある場合は，いずれか一方のみから届出することができ，その義務があるものと解される（青木＝大森『全訂戸籍法』221頁）。

　　しかし，報告的届出である出生の届出は，出生という既成の事実を報告的に届け出るにすぎないものであるから，未成年者又は成年被後見人であっても，母に意思能力がある限り，本人からの届出を拒む理由はなく，自ら進んで届出をするときはその届出を認めている。この本人からの届出には法定代理人の同意は不要であり，本人が単独ですることができる（戸31Ⅰただし書）。もっとも，未成年者又は成年

被後見人が意思能力を有する場合であっても，親権を行う者又は後見人は，これによって届出義務を免れるものではなく，本人からの出生の届出があった場合に，その義務が消滅するにすぎない。

　この意思能力の有無の判断は，出生の届出当時において個々的に判定しなければならないとされているが（大正 5・4・19回答481号），未成年者の意思能力については，年齢でこれを決定し，満15歳に達すれば意思能力を有するものとして取り扱われている（大正 7・5・11回答613号，昭和23・10・15回答660号㈣）。

3　父又は母以外の出生届の届出義務者

　父又は母（本条Ⅰ・Ⅱ）が届出をすることができない場合は，次の順位として，出生当時に子の母と同居していた者が届出義務者となる（本条Ⅲ第一）。なお，嫡出でない子につき，父から同居者の資格で出生届をした場合において，子が父によって認知されるとき又は認知されているときは，申出があれば出生届出人の資格を「父」と更正して差し支えないものとされている（昭49・10・1通達5427号）。また，嫡出でない子について，父が出生届と認知届を同時にした場合，戸籍に出生届の届出人の資格を便宜最初から「父」と記載して差し支えないとされている（昭和50・2・13回答747号）。同居者も届出をすることができない場合は，出産に立ち会った医師，助産師又はその他の者（本条Ⅲ第二）が届出義務者となる。

　なお，後順位の者が届出をする場合は，先順位の者が届出をすることができない事由を届書の「その他」欄に記載し，その事由を明らかにすべきものとされている（大正 4・2・19回答220号）。

　届出をすることができない場合とは，父又は母が死亡した場合，行方不明の場合，長期不在，病気その他どのような事由でもよく，届出を怠っている場合など理由もなく届出を懈怠する場合についても含まれると解されている（大正 8・6・4回答1276号）。

　なお，父母以外の者が届出義務者となる場合，子の名の記載をどのようにするのかが問題となる。法57条2項を除き制定法で子についての命名権者は

定められておらず，この点は，解釈に委ねられている。そして，旧戸籍法の解釈で「名ナキ者ハ名ヲ設定スル権利ヲ有シ（此ノ権利ハ人格権ノ一種ナリ）其者カ意思能力ナキ者ナルトキハ親権ヲ行フ者又ハ後見人之ニ代ハリテ設定行為ヲ為ス」とされており（島田鐵吉『戸籍法正解』（法令審議会事務局，1920）37頁），現行法でもこの解釈が正解であると考えられる。そこで，父母等以外の者が届出義務者となる場合において，命名権者（代行者）が子の名を定めていたときは，その名により出生届をすればよいが，そうでない場合は，「名未定」の子として出生届を提出するのが相当である（外国人出生の場合であるが，子の名につき「未定である」として届け出るのが相当とする先例がある（平成4・1・8回答178号））。市町村長は，命名権者以外の者が子の名を付した出生届も受理せざるを得ないが，この場合における名の訂正方法については，法107条の2の解説2を参照されたい。

4　出生届の届出義務を負わない届出人

　父又は母（本条Ⅰ・Ⅱ）が届出をすることができない場合は，父又は母以外の法定代理人からも届出をすることができる（本条Ⅳ）。

　従前は，法定の届出義務者以外の者から出生の届出があっても，それに基づく戸籍の処理はできず，就籍の裁判か職権記載の手続によらなければならなかったが，昭和59年5月25日に国籍法及び戸籍法の一部を改正する法律（昭和59年法律45号）により国籍法の旧9条（現行12条（国籍留保届））が改正（昭和60年1月1日施行）された際に，本条4項が新設され，届出義務者以外の者に届出資格を認め，出生届をすることができる者の範囲が拡大された。[注4]

　すなわち，改正後の本条4項及び法54条2項の規定により，父又は母以外の法定代理人も出生の届出をすることができることとされた。ただし，これらの法定代理人は，届出の資格を付与されたものであって，届出の義務を負うものではなく，あくまで第1順位の父又は母が出生の届出をすることができない場合に限って届出資格が認められている。また，この場合において，

父又は母以外の法定代理人は，第2順位の同居者等の届出義務者があるときでも，届出をすることができる。ただし，これらの場合に届出の懈怠があっても，過料に付されることはない（戸137）。

なお，法定代理人が届出をする場合は，第1順位の届出義務者である父又は母が届出をすることができない事由を届書の「その他」欄に記載するとともに（大正4・2・19回答220号），届出人が法定代理人であることを証する書面，例えば，未成年後見人選任の審判書の謄本等を届書に添付すべきである。

例えば，子の出生後，届出前に届出義務者である父又は母の親権者が死亡し，未成年後見人が選任され，その者から出生の届出がされる場合がこれに当たる。

▶▶

（注4） 従来，国籍留保の届出をすることができる者は，出生届の届出義務者に限定されていた（昭和59年法律45号による改正前の戸104Ⅰ）。そのため，父又は母が法定期間内に出生及び留保の届出をしないで死亡した場合には，その子は日本国籍を取得することができなかった（昭和25・8・5回答2128号）。しかし，国籍の保存行為である留保の届出が，このような場合にできないとすることの妥当性に問題があるので，法改正により後見人その他の法定代理人も留保の届出ができることとされた。国籍留保の届出は，出生届とともにしなければならないので，法定代理人からの留保届を認めるためには，同時に出生届の届出資格も認める必要があるが，子の命名権等の問題もあり，父母と同資格で出生の届出をすることを認めることは相当でないため，本条3項に規定する同居者等の届出義務者と同順位で出生の届出をすることができることとしている。

本条4項に規定する法定代理人としては親権者と未成年後見人が該当するところ，親権者は子の本国法又は常居所地法により，未成年後見人は被後見人の本国法により定まる（通則法32・35）。

第53条〔嫡出子否認の訴えを提起したとき〕

> 〔嫡出子否認の訴えを提起したとき〕
> 第53条　嫡出子否認の訴を提起したときであつても，出生の届出をしなければならない。

　本条は，母の夫をはじめとする嫡出子否認の訴えを提起し得る者が当該訴えを提起した場合であっても，法52条に規定する出生届の届出義務者は，同条の出生届の義務を免れないことを規定するものである。

1 嫡出否認の訴え

(1) 嫡出性の否認

　嫡出子とは，婚姻関係にある男女間に生まれた子をいう。ただし，出生した子がこの要件を満たすことを直接認定することは事実上困難であるので，民法は，子の父を早期に確定させて，子の身分の安定を図るため，複数の推定規定を置いている。すなわち，①妻が婚姻中に懐胎した子は当該婚姻における夫の子と推定するものとし，②女が婚姻前に懐胎した子であって婚姻成立後に生まれたものも当該婚姻における夫の子と推定するものとしている（民772Ⅰ）。さらに，③婚姻成立の日から200日以内に生まれた子は婚姻前に懐胎したものと推定し，婚姻成立の日から200日を経過した後又は婚姻解消若しくは取消しの日から300日以内に生まれた子は婚姻中に懐胎したものと推定することとしている（民772Ⅱ）。また，④前記②の場合において，女が懐胎した時から子の出生の時までの間に2以上の婚姻をしていたときは，その子はその出生直前の婚姻における夫の子と推するものとしている（民772Ⅲ）。ただし前記①から④により父が定められた子については，民法774条の規定により父の嫡出であることが否認された場合は，当該否認された父を除く直近の婚姻の夫の子と推定される（民772Ⅳ）。

　この推定は経験則を基礎とするものであるが，あくまでも推定であるから，真実の事実関係がこれと異なる場合があり得る。その場合には，父，子又は

母等後記(2)アに記載した者は，嫡出の否認をすることができる（民774）。この否認権は，訴えによって行使しなければならない（民775）。父子関係の存否という身分上の重大事であるから，単なる意思表示では足りず，裁判という厳格な手続によることを要する。

ただし，嫡出否認の訴えについては，調停前置主義が適用されるから，まず家庭裁判所に調停の申立てをしなければならない（家事244・257・258）。調停の結果，当事者間に合意が成立し，家庭裁判所がその内容を真実と認めた場合には，合意に相当する審判がなされる（家事277）。この審判が確定したときは，確定判決と同一の効力を生じる（家事281・279）。

(2) **嫡出否認の訴え**

　ア　訴えの当事者等

否認権を行使することができる者は上記のとおりであるが，その相手方も法定されており，次のとおりである（民775）。

① 父の否認権は，子又は親権を行う母に対して行使する。
② 子の否認権は，父に対して行使する。
③ 母の否認権は，父に対して行使する。
④ 前夫の否認権は，父及び子又は親権を行う母に対して行使する。
⑤ 父が子の出生前に死亡した場合又は民法777条1号又は778条1号に定める期間内に嫡出否認の訴えを提起しないで死亡した場合等には，その子のために相続権を害される者等は父の死亡の日から1年以内に限り，嫡出否認の訴えを提起することができ（人訴41Ⅰ），また，訴えの提起後に父が死亡した場合には，一定の訴訟承継を認めている（人訴41Ⅱ）。

　イ　出訴期間

出生子の身分を長期間不安定なままに放置することは好ましくないし，証拠が散逸するおそれもあるので，訴えの提起期間は，次のとおり制限されているが，事案により伸張される場合もある。

(ア)　原則（民777）
　①　父の否認権は，父が子の出生を知った時から３年以内
　②　子の否認権は，子の出生の時から３年以内
　③　母の否認権は，子の出生の時から３年以内
　④　前夫の否認権は，子の出生を知った時から３年以内
　(イ)　母が２以上の婚姻をしていた場合（民778）
　母が懐胎した時から子の出生の時までの間に２以上の婚姻をしていた場合において，子の出生直前の婚姻における夫との関係で嫡出否認の裁判が確定したときは，当該婚姻の前の婚姻における夫との関係での否認権も問題となるが，この出訴期間は，当該夫，子，母，前夫につき，それぞれ，当該嫡出否認の裁判が確定したことを知った時から１年以内に提起することを要する。
　(ウ)　その他の例外（民778の２）
　子の母が提訴期間の６か月前に死亡して親権を行使できなかった等の場合には，未成年後見人就職等の時から６か月間伸張される。
　また，子が父と継続して同居しているときは，21歳に達するまで否認権を行使し得る。もっとも，父による養育の状況に照らして父の利益を著しく侵害するときは，この伸張をすることができない。

(3)　**否認権の喪失**

　父又は母は，子の出生後に，その嫡出であることを承認したときは，否認権を失う（民776）。また，前記(2)アで掲げた否認権者が前記(2)イの出訴期間内に裁判を提起しない場合は，当該否認権者の否認権も喪失する。後者による否認権の喪失は，子が他人の子として戸籍に記載されている場合であっても異ならない（大判昭13・12・24大審院民集17巻2533頁）。

2　嫡出否認の訴えが提起された場合における出生の届出と戸籍の処理

(1)　**本条の趣旨**

　前記のとおり，本条は，嫡出否認の訴えを提起し得る者が当該訴えを提起

した場合であっても，法52条に規定する出生届の届出義務者は，同条の出生届の義務を免れないとするものであるが，実際には，母又は母の夫が，父を母の夫とする出生届をすべき義務に関する規定である。

　嫡出否認の訴えを起こしたとしても，その判決が確定するまでの間は，出生子は民法772条の規定により母の夫（母が懐胎した時から子の出生の時までの間に2以上の婚姻をしていたときは，子の出生直前の婚姻における夫）の嫡出子と推定されるのであり，そもそも当該訴えにおいて原告勝訴の判決がされるとは限らないから，本条が定める措置（届出義務の継続）は，子の出生の届出の義務者の層を厚くし，14日以内の届出を義務付けている法の趣旨（戸52・49Ⅰ）に照らして，妥当なものというべきである。もっとも，この義務は，上記のように，子の出生の事実を確実・迅速に戸籍に反映させるための手続上の義務であるから，母の夫がこの義務に従って出生届をしたとしても，これによって子の嫡出性を承認したものと解すべきではない（明治32・1・10回答2289号）。

(2)　**嫡出否認の訴えが確定する前に届出があった場合**

　ア　届　　出

　この場合の出生届についての規律は，一般の場合と異なるところはない。母は第1順位の届出義務者であり，その夫も「父」として同順位で届出義務を負うことは，上記のとおりである（戸52Ⅰ）。届出期間（戸49Ⅰ）も，届書の記載事項（戸49Ⅱ）も，一般の場合と同じである。届書には，子は嫡出子と記載するほかない。

　イ　戸籍の処理

　上記の届出により戸籍の記載がされた後に嫡出否認の判決（これと同一の効力を有する審判を含む。）が確定した場合には，法116条が定める戸籍訂正の申請に基づいて，戸籍の記載を嫡出でない子に訂正することを要する（昭和24・7・6回答1532号）。この戸籍の先例の事案は，子の出生前に母が離婚をして復氏をしていたというものであり，子は出生により母の氏を称したことになるから，戸籍訂正により，父の戸籍にある子の記載を消除して母の戸

籍に入籍させる措置がされている。

(3) **嫡出否認の裁判が確定した後に届出があった場合**

　ア　処理の在り方

　上記のとおり，本条は嫡出否認の訴えが提起された場合であっても，子の出生届は戸籍法の定めに従ってされることを期待しているのであるが，実際には，当該判決が確定するまで，出生子の出生届が未済のまま放置されることがある（大判昭13・12・24の大審院判例は，嫡出否認の訴えは嫡出子出生届がされていなくても提起することができるとしている。）。この判決確定後における出生届及び戸籍処理の在り方としては，一旦嫡出子出生届をさせた上で，戸籍訂正をするという手順を踏むのが戸籍処理の一応の建前といえる。まず出生届がされ，その子について嫡出否認の訴えが提起され，その結果戸籍訂正がされたという一連の事実経過を戸籍に反映させることが望ましいとする見地からは，そのような解釈が導かれる。現に，このような取扱いをすべきものとした戸籍の先例もある（昭和20・5・25回答114号）。しかしながら，この取扱いについては，嫡出否認の判決が確定した後にあっては，特に母の夫の抵抗感が強く，関係者の間における実情にも沿わない面があると言わざるを得ない。このため，戸籍の実務では，上記の厳格な取扱いを緩和する運用がされている。以下に項を改めて述べる。

　イ　戸籍実務の取扱い

　母が嫡出否認の訴えを提起した夫と離婚をして復氏し，当該判決の確定後に，母から，その判決の謄本のほかに，子の氏を母の離婚後の氏に変更することを許可する旨の家庭裁判所の審判書（民791Ⅰ参照）の謄本を添付し，届書のその他欄に母の氏を称する旨の記載をして，嫡出でない子としての出生の届出がされた場合には，これを受理して，離婚後の母の氏を称してその戸籍に直接入籍させることができる（この場合は，出生事項中の特記事項に嫡出否認の裁判が確定した旨のほか，その入籍届があった旨を記載する。昭和46・2・17回答567号）。

〔父未定の子の出生届〕
第54条　民法第773条の規定によつて裁判所が父を定むべきときは，出生の届出は，母がこれをしなければならない。この場合には，届書に，父が未定である事由を記載しなければならない。
②　第52条第3項及び第4項の規定は，前項の場合にこれを準用する。

本条は，妻が重婚禁止の定めに違反して婚姻した場合における出生子に関する出生届について定めるものである。

令和4年法律102号による改正前の民法773条の規定は，「第733条第1項の規定に違反して再婚をした女が出産した場合において，前条の規定によりその子の父を定めることができないときは，裁判所が，これを定める。」と規定し，再婚禁止の規定に反して婚姻したために，当時の民法772条に定める嫡出推定が重複した場合のために父を定める訴えの制度を設けていたものである。しかし，上記法律による民法改正の結果，母が懐胎した時から子の出生の時までの間に2以上の婚姻をしていたときは，その子はその出生直前の婚姻における夫の子と推定する制度となったため（民772Ⅲ），母の再婚による嫡出推定の重複がなくなり，女の再婚禁止の規定も廃止された。

もっとも，当時からも，改正前の民法773条の規定については，重婚による嫡出推定の場合にも類推適用すべきものとされており（我妻栄『親族法』（法律学全集23巻）（有斐閣，1961）218頁等），上記改正の際に，改正前の民法773条の「第733条第1項の規定に違反して再婚をした」を「第732条の規定に違反して婚姻をした」に改め，民法773条は重婚による嫡出推定の場合に対処するための父を定める訴えに修正された。

1　父を定める訴え

父を定める訴えは，人事訴訟法2条2号に定める人事訴訟である。この訴えを提起することができるのは，次のとおりである。①子又は母は，前婚の

夫又は後婚の夫（片方が死亡したときは生存する夫）に対して，②前婚の夫又は後婚の夫の一方は，他方の夫に対してである（人訴45Ⅱ）。その出訴期間には制限がなく，子の嫡出否認をすることができる期間が経過した後であっても，訴えを提起することができる。

この訴えについても，調停前置主義（家事257）が適用されるから，訴えに先立って家事調停の申立てをしなければならない。調停手続において，いずれが子の父であるかについて当事者間に合意が成立し，裁判所がこれを真実と認めれば，合意に相当する審判がされ（家事277），この審判が確定すれば，確定判決と同一の効力が生ずる。これに対し，調停が成立しなければ，上記の訴訟に移行する。

2 嫡出の推定が重複する場合の出生届

(1) 後婚の夫又は前婚の夫を父とする出生届

本条は，重婚のため嫡出推定が重複する場合に，父が未定であるとして出生届がされる場合を想定しているが，実務では，この場合でも後婚の夫又は前夫を父として出生届がされるのが通例である。しかし，このような届出は，法律上父未定のままにされたものであるからこれを受理すべきではない（大正7・5・16回答1030号）。ただし，戸籍上は重婚のため嫡出推定が重複する記載となっている場合であっても，嫡出否認の訴えが確定していれば，嫡出推定の重複は解消されているから，他方を父と認めればよい。また，出生した子が前婚の夫又は後婚の夫の子ではあり得ないと客観的に認められる特殊な事情があるときも，同様である。例えば，いずれかの夫のみが長年外国に居住していたとか，いずれかの夫と長期間にわたり別居生活をしていたなどの事情があり，そのことが親子関係不存在確認・離婚等の裁判上明らかにされた場合がある。このような場合は，他方の夫の嫡出子としての出生届があるときは受理して差し支えないと考えられる。

(2) **本条による届出及び戸籍の記載**

　ア　届　出

　本条によれば，嫡出の推定が重複する場合の出生届は，母がしなければならない。父も嫡出子の出生届の義務者とされているが（戸52Ⅰ），この場合は法律上の父が確定していないから，父による届出の余地がない。本条２項では法52条３項及び４項の規定を準用しているから，母において届出ができないときは，同条３項に掲げる者がその順序により届出の義務を負うことになり，また，同条４項に掲げる者（父母以外の法定代理人）も届出をすることができる。

　本条による届出の届書には，一般の記載事項のほか，父が未定である事由を記載しなければならない（本条Ⅰ）。

　イ　戸籍の記載

　上記アの出生届がされた場合の戸籍の処理としては，出生子は，父が未定であるから，一応出生当時の母の氏を称して，その当時の母の戸籍に入籍させる。父欄は空欄のままにしておき，身分事項欄に父が未定である旨を記載するのであるが，その後に，裁判（判決又は合意に相当する審判）によって父が確定した場合には，法116条の規定による戸籍訂正の申請に基づいて，出生当時から当該父の嫡出子であったこととして戸籍の記載が訂正される。

〔航海中の出生〕
第55条　航海中に出生があつたときは，船長は，24時間以内に，第49条第２項に掲げる事項を航海日誌に記載して，署名しなければならない。
②　前項の手続をした後に，船舶が日本の港に到着したときは，船長は，遅滞なく出生に関する航海日誌の謄本をその地の市町村長に送付しなければならない。
③　船舶が外国の港に到着したときは，船長は，遅滞なく出生に関する航海日誌の謄本をその国に駐在する日本の大使，公使又は領事に送付し，大使，公使又は領事は，遅滞なく外務大臣を経由してこれを本籍地の市町村長に送付しなければならない。

　本条は，航海日誌を備える航行中の船舶内において出生があった場合には，航海日誌に出生に関する事項を記載し，その謄本に基づいて戸籍への記載をすることを定めた規定である。

1 航海日誌

　「航海日誌」とは，船員法18条１項３号の規定により，①船舶法１条に定める船舶（いわゆる日本船舶）及び②これ以外の国土交通省令で定める船舶に乗り込む船員である「船長」が備えるべきものとされている帳簿である。上記②の船舶としては，(i)船舶法１条３号及び４号に掲げる法人以外の日本法人が所有する船舶（船員法施行規則１①），(ii)日本船舶を所有することができる者及び前号に掲げる者が借り入れ，又は国内の港から外国の港まで回航を請け負った船舶（船員法施行規則１②），(iii)日本政府が乗組員の配乗を行っている船舶（船員法施行規則１③），(iv)国内各港間のみを航海する船舶（船員法施行規則１④）などがある。ただし，(a)総トン数５トン未満の船舶，(b)湖，川又は港のみを航行する船舶，(c)船員法第１条第２項第３号の漁船の範囲を定める政令の定める総トン数30トン未満の漁船，(d)スポーツ又はレクリエーションの用に供するヨット又はモーターボートは除外される（船員法１Ⅱ，

船員法施行規則1の2)。

　航海日誌に関し必要な事項は，国土交通省令で定めるとされている（船員法18Ⅱ）。船長に事故があるときは，船舶の運航に従事する海員（船長以外の乗組員）がその職掌の順序に従って船長の職務を代行するが，船長が特に選任した者があるときは，その者が代行する（船員法20）。

2 本条の内容

　本条は，航海日誌を備える船舶の航海中に出生があった場合に限って適用される規定であり，航海日誌を備えない船舶における出生の場合には，一般の出生届の手続によるべきである。なお，後者の場合の届出地については特則がある（戸51Ⅱ）。

(1) **航海日誌への記載**

　航海日誌への記載を要するのは，船舶の航海中に子が出生した場合である。その海域がいずれであるか，また，出生子がいずれの国の国籍を取得することになるかを問わない。その記載は出生の時から24時間以内にしなければならず，記載すべき事項は法49条2項に掲げる事項である（本条Ⅰ）。航海日誌の書式は，前記1のとおり国土交通省令で定められており，出生に関する事項の記載については出生届に準じた書式が示されている（船員法施行規則11・2号書式）。必要事項を記載した航海日誌には，船長が署名をしなければならない（本条Ⅰ）。なお，デジタル社会の形成を図るための関係法律の整備に関する法律（令和3年法律37号）7条により，戸籍法の一部が改正され，押印に関する規定が削除され，署名のみに改められた。

(2) **戸籍の手続**

　ア　航海日誌の謄本に基づく場合

　航海日誌に出生に関する事項の記載をした後に，その船舶が日本の港に到着したときは，船長は，遅滞なく出生に関する航海日誌の謄本をその地の市町村長に送付しなければならない（本条Ⅱ）。この謄本を受理した市町村長が，

出生子の入るべき戸籍の本籍地市町村長の場合は，直ちに戸籍に出生事項の記載をする。受理市町村長が出生子の本籍地の市町村長でないときは，受理市町村長において届書等情報を作成し法務大臣に提供しなければならない（令和6・2・26通達500号第3）。法務大臣から届書等情報の通知を受けた出生子の本籍地市町村長は，出生子の入るべき戸籍に出生事項の記載をする（戸120の5Ⅲ）。その他の手続についても届出の場合と同様であり，船長等から航海日誌の謄本を最初に受理した市町村長は，その謄本の記載に基づき人口動態調査票を作成しなければならない（人口動態調査令施行細則1Ⅱ）。

最初の入港地が日本の港でなく外国の港であるときは，船長は，遅滞なく出生に関する航海日誌の謄本をその国に駐在する日本の在外公館に送付し，在外公館は外務大臣を経由の上，本籍地市町村長に当該謄本を送付しなければならない（本条Ⅲ）。この手続によって航海日誌の謄本の送付を受けた本籍地市町村長は，送付書類に基づいて出生子の入籍すべき戸籍に出生事項の記載をすることになる。

　イ　届出義務者による出生届出に基づく場合

本条の規定によって戸籍の記載がされるべき場合には，一般の規定による届出義務者はその義務を負わないが，戸籍の先例は，その者からの届出があった場合に，これに基づく戸籍の記載も許容している（大正7・5・23回答1105号）。届出義務者からの届出により戸籍の記載を完了した後に航海日誌の謄本の送付があった場合は，これを受理した上，その謄本を戸籍の記載を要しない書類として保存する。反対に，航海日誌の謄本により戸籍の記載を完了した後に届出義務者から出生の届出があった場合には，その届書について同様の処理をすることになる（戸規50，大正7・5・23回答1105号，大正7・12・21回答2436号，昭和24・9・28通達2204号，昭和24・9・30回答2175号）。

> 〔公設所における出生〕
> 第56条　病院，刑事施設その他の公設所で出生があつた場合に，父母が共に届出をすることができないときは，公設所の長又は管理人が，届出をしなければならない。

　本条は，公設所において出生があった場合の届出について，第2順位の届出義務者を定めるものである。

1　公設所において出生があった場合の届出義務者

　本条の「病院，刑事施設その他の公設所」とは，国，公共団体等が設置した公の施設をいう（昭和50・9・25回答5667号）。これらの施設で出生があった場合でも，嫡出子については父又は母が，嫡出でない子については母がそれぞれ第1順位の届出義務者であることに変わりはない（戸52Ⅰ・Ⅱ）。本条は，その父及び母が共に出生の届出をすることができない場合に備えて，当該公設所の長又は管理人を第2順位の届出義務者とするものである。したがって，この場合は，法52条3項に規定する者（同居者，出産に立ち会った医師等）は届出義務を負わないことになる(注)。

　私立の病院は本条の公設所に含まれないから，本条は適用されない。私立病院で出生した子については，その父又は母が出生の届出をすることができない場合には，法52条3項に規定する者が届出義務を負う。

（注）　産院で出生したが出生届未済のまま母が行方不明となったため，警察署長からの棄児発見の申出により市町村長が棄児として戸籍を編製した子については，当該病院長から本条による出生の届出をさせ，市町村長において適宜本籍及び氏名を定めて，出生子につき新戸籍を編製するものとされている。この場合，先に棄児発見調書により編製された戸籍は，法24条2項の規定により消除することになる（昭和39・5・4回答1617号）。

② 届書及び戸籍の記載事項

　本条による届出についても出生届に関する一般の規定が全て適用され，届書には公設所の長の職名，公設所の名称及び所在を記載しなければならない。ただし，法29条3号が規定する届出人の出生年月日及び戸籍の表示は，当然のことながら，届書に記載することを要しない（大正4・8・6回答1293号）。

　本条による届出に基づいて戸籍に記載するには，かつては，本人の名誉を考慮して，刑事施設で生まれた場合には，刑事施設名及び届出人である刑事施設の長の資格の記載は省略し（大正14・12・12通牒10648号），病院その他公設所の長からの届出の場合も，病院等の名称及び届出人の資格の記載は省略する取扱い（昭和27・1・31回答44号，昭和16・7・22回答708号）とされていたが，昭和45年3月31日法務省令8号によって戸籍記載例が改められ，一般に，戸籍に記載する出生場所は，最小行政区画までにとどめる取扱いに改められた（昭和45・3・31通達1261号）。

> 〔棄児発見の申出と調書〕
> 第57条　棄児を発見した者又は棄児発見の申告を受けた警察官は，24時間以内にその旨を市町村長に申し出なければならない。
> ②　前項の申出があつたときは，市町村長は，氏名及び氏名の振り仮名を付け，本籍を定め，かつ，附属品，発見の場所，年月日時その他の状況並びに氏名，氏名の振り仮名，男女の別，出生の推定年月日及び本籍を調書に記載しなければならない。その調書は，これを届書とみなす。

　本条は，棄児が発見された場合における戸籍の記載までの手続に関する規定である。棄児については，父母が不明な場合の暫定的措置として戸籍に記載等するために，本条以下に所要の規定が設けられている。

　なお，本条は，令和5年法律48号による改正に伴い，調書の記載事項として「氏名の振り仮名の変更」も規定されるようになった。

1　棄　児

　棄児とは，父母不明の乳幼児のうち出生届未済のまま，遺棄された者である。出生届がされた後に遺棄されたり，迷子になった者は，置き去りにされた子であっても，棄児ではない。父母不明のまま出生届がされている場合や，逆に父母があるのに出生届未済の場合は，いずれも棄児ではない。しかし，出生届がされているか不明の場合は，棄児として取り扱わざるを得ないことになる。すなわち，出生の届出がされたか否かが明らかでなく，しかも，届出義務者がないか届出義務者の所在が不明であるときに，本条が適用される（明治31・9・22回答972号）。

　棄児は，日本で生まれたものと認められる限り，日本の国籍を取得するので〔国2③〕，これを戸籍に記載するため本条の手続がとられる。

　棄児とは，乳幼児をいい，それ以上の意思能力があると認められる者で法

第57条〔棄児発見の申出と調書〕

令によって法定代理人の職務を行うべき機関がある場合は，本条の申出に基づいて調書を作成すべきでなく，就籍の手続によるべきである（昭和25・11・9回答2910号）。申出に基づいて調書を作成し得るのは棄児発見地の市町村長であるが，10歳に達した者について棄児発見地以外の市町村長において申出に基づいて調書を作成し，その調書に基づいて新戸籍が編製されている場合には，これを有効と認めて取り扱って差し支えないとされている（昭和29・2・15回答297号）。

迷子についても棄児の要件が充足されているときは，本条の適用があり得る（大正4・6・23回答361号）。

2 棄児発見の申出者

棄児を発見した者又は発見者から申告を受けた警察官は，申出者として，発見地の市町村長に，発見から24時間以内に申出しなければならない（本条Ⅰ）。これは申出に基づく市町村長の戸籍記載の手続を早期に促すためであるが，申出の懈怠に対する過料の規定はなく，また，申出は口頭又は電話でもよいとされ，必ずしも書面による必要はないとされている（大正3・12・28回答1994号）。

3 申出後の手続

(1) 調書に基づく新戸籍編製

市町村長は棄児発見の申出を受けると，その棄児に氏名及び氏名の振り仮名を付け，本籍を定め，本条2項所定の事項を記載した調書を作成しなければならない。この調書は，出生の届書とみなされ，これに基づいて戸籍の記載をするが，棄児は法52条1項・2項の父又は母が不明なため，入るべき戸籍が判明しないことから，新戸籍を編製する（戸22参照）。

調書に基づく新戸籍編製及び戸籍記載の手続及びその後の処理は届出の場

合と異ならない。棄児の本籍は調書作成地の市町村内に定めるのが通常であるが，他の市町村内に本籍を定めるのを適当とする特殊な事情がある場合には，他の市町村内に定めても差し支えない（昭和25・4・10回答932号）。他の市町村内に本籍が定められたときは，当該地で届書等情報を作成し法務大臣に提供し，通知に基づいて戸籍の記載をすることになる。

なお，棄児についても，調書を作成した市町村長により，人口動態調査票が作成される（人口動態調査令3）。

(2) **戸籍の記載**

棄児発見の届出には推定の出生年月日を記載するのが相当とされる（明治36・10・26回答866号）。(注1) 棄児発見調書に基づき戸籍の記載をするに当たっては，父母欄は空白とし，父母との続柄欄には棄児の性別が男の場合には「長男」，女の場合には「長女」と記載し，いずれも「不詳」の字句は記載しない。なお，棄児発見調書においては父母との続柄が記載事項とされていない（本条Ⅱ前段，準則付録31号書式）が，同調書は届書とみなされている（本条Ⅱ後段）ため，同調書の適宜の箇所に，「長男」又は「長女」と記載して，棄児の父母との続柄を明らかにするものとされている（平成22・3・24通知731号）。

また，出生年月日欄に「推定」の字句は記載しない取扱いである（昭和27・4・7回答399号）。仮に，戸籍の出生の年月日に「推定」の文字が記載され，又は父母欄に「不詳」「不明」等の記載がされている者があっても，その戸籍の謄抄本を交付する場合にはその記載を省略し，またその者が新戸籍を編製し，又は他の戸籍に入る場合には，これを移記しないものとされている（昭和27・6・7通達804号）。

(3) **棄児発見届によらない事務処理の例**

棄児発見届による事務処理は，例外的な措置であり，これに基づく戸籍の記載は子にとって好ましいものではないため，他の手続による方法がある場合には，棄児発見の申出による事務処理を避けるのが望ましい。

先例では，病院で出産した母が出生届をしないまま行方不明になった場合には，当該病院長から法56条による出生届をさせ，本籍及び氏名は市町村長

が適宜に定めて子の新戸籍を編製し，もし既に棄児発見の申出により戸籍が編製されているときは，法24条2項により管轄法務局長等の許可を得て，戸籍訂正により消除すべきとされる（昭和39・5・4回答1617号）。[注2]

また，上記の状況の場合に，母が出生届をしたものの，届書に記載した母の本籍等が架空であったときは，警察官からの棄児発見の申出があっても，市町村長は適宜の場所（出生の場所等）に新本籍を定め，母からの出生届によるものとして，その子につき新戸籍を編製するのが相当であるとされている（昭和36・10・11回答2556号）。

このように，本条に基づく棄児の戸籍への記載は，暫定的な性格を有し，父母が棄児を引き取ったときは戸籍訂正の手続を行うことを要するが（戸59），父母が現れなかったときは，棄児にとって当該戸籍は恒久的な存在となる。

◆◆◆

(注1) 出生後，短期間の経過にとどまる場合でないと（出生年月日の）推定は困難であるから，棄児とは出生後間もなく出生届も出されないまま棄てられた，身元あるいは父母の判明しない児とする見解がある（「棄児雑感—棄児の概念を考える—」戸籍424号58頁）が，「棄児とは乳幼児をいい」とする先例（昭和29・2・15回答297号）もある。また，乳幼児とは，乳児と幼児を合わせた呼び名で，乳児は生後0日から満1歳未満までの子をいい，幼児は満1歳から小学校就学までの子をいうとされている（児福4Ⅰ①・②参照）ことから，生後間もない子に限定されるものではないと解すべきである。

(注2) 2007年から熊本市の慈恵病院が運営する，親が育てられない子どもを預かる「こうのとりのゆりかご」（赤ちゃんポスト）と本条の棄児との関係については，赤ちゃんポストに子を預けた状況により，他の手続の方法によることができない場合に本条の要件に該当するケースについては，本条の棄児として取り扱っている。

なお，同病院においては，2019年12月に，母が病院にのみ身元を明かして出産するいわゆる「内密出産」を導入し，さらに2022年6月には，母が病院にも身元を明かさない「匿名出産」を受け入れる方針を表明しているが，これらはいずれも棄児ではない。これまであった内密出産は，法24条2項に基づき，管轄法務局長等の許可を得た上，市長（区長）の職権により戸籍が作成されている。

> [棄児の死亡]
> 第58条　前条第1項に規定する手続をする前に，棄児が死亡したときは，死亡の届出とともにその手続をしなければならない。

本条は，棄児発見の申出をする前に棄児が死亡した場合の手続についての規定である。

1 棄児の死亡

棄児発見申出の手続をしない前に，棄児が死亡した場合には，法57条1項の申出をすべき者は，その申出とともに死亡の届出をしなければならない。出生届未了と見られる棄児の死体を発見した場合も同様と解される。この死亡届は棄児の発見者又は棄児発見の申出を受けた警察官が届出義務者となるが，届出義務者の点を除いて，届出地，届出期間，届出事項，届出様式等は一般の死亡届の場合と同様である（大正3・11・21回答1575号）。

2 市町村長の処理

棄児発見の申出及び死亡届を受理した市町村長は，法57条2項に定める手続により，棄児について新戸籍を編製した上，死亡の記載をして除籍することになる（大正4・9・17回答1413号）。

> 〔棄児の引取り〕
> 第59条　父又は母は，棄児を引き取つたときは，その日から1箇月以内に，出生の届出をし，且つ，戸籍の訂正を申請しなければならない。

　本条は，棄児発見申出に基づいて，棄児の戸籍が編製された後に，棄児の父又は母が判明して棄児を引き取った場合の手続に関する規定である。

1　棄児の引取り

　父又は母が棄児を引き取ったときは，引取りの日から1か月以内に出生の届出をするとともに戸籍訂正の申請をしなければならない。

　棄児発見の調書に基づく戸籍の記載は，棄児の身元が判明した以上これを消除すべきであるからである。この場合の出生届は，届出期間の点を除いて全て一般の出生届と異なるところはない。しかし，子の名については，棄児発見地の市町村長が命名しているのでその名によるべきものとされる（昭和3・9・27回答10510号）。

　ここにいう父又は母は，法律上の父又は母である。すなわち，法52条1項・2項に規定する届出義務者に該当する父又は母を指し，母が引き取る場合については，母子関係は，原則として分娩の事実によって生じるので，別段認知の届出を要しない。この場合において，当該届出人が棄児の母であることについては，DNA鑑定技術が高度化した現在においては，科学的に確認することが可能である。

　嫡出でない子を父が引き取ったときは，その父が出生当時同居者として法52条3項の規定により出生の届をすることができる場合は別として，そうでない場合には，子を認知して父子関係を生じさせて初めて父として行動し得ると解すべきである。

　本条による出生届によって手続をする場合は，棄児発見調書に基づく戸籍の記載は当然訂正消除され，棄児が本来入籍すべき戸籍に入籍することにな

るので，本条による戸籍訂正の申請については，家庭裁判所の許可は不要である。しかし，父又は母以外の者（嫡出でない子につき，認知未了の父を含む。）が法52条3項の規定による出生の届出をした場合の戸籍訂正は，法113条の定めによって，家庭裁判所の許可を要するものとされる（昭和25・9・12回答2506号）。

②　戸籍の訂正

　戸籍訂正の申請に基づいて，棄児発見調書により発見地の市町村長が編製した戸籍の記載は消除し，除籍する。また，子は出生当時から父母又は父若しくは母の氏を称するから（民790），一般の原則によって子の入るべき戸籍に入籍させることになる。この戸籍の訂正は当然の付随的措置であるから，家庭裁判所の許可は不要であり，管轄する法務局長等の許可も必要ない。なお，棄児の名は，先に市町村長が付けた名がそのまま維持される。

　棄児発見調書に基づいて新戸籍が編製される前に，当該棄児について既に出生届がされ戸籍の記載がされていることが判明した場合は，同一人について戸籍の記載が重複する，いわゆる複本籍を生じてしまうため，棄児引取りの際に再度出生届をすべきでないことはもちろんである。この場合における棄児発見調書に基づく新戸籍の消除のための戸籍訂正の申請は，通常どおり法113条に基づき家庭裁判所の許可を得てすべきものとされている（昭和2・8・5回答6488号）。

第3節 認　知

【前　注】

1 認知制度

　嫡出子の親子関係は，①子と父母との血縁関係があること（事実的要素），及び②その父母が婚姻関係にあることを要件として成立する（しかも，②の要件があれば①の父子関係が推定される。）。これに対し，嫡出でない子の親子関係は，①の要件にプラスして，親が自分の子として認めるという意思表示をすることによって成立する（意思的要素）。この意思表示を認知と呼ぶ。このように，認知制度とは，親子の間に血縁関係があることを前提として，一定の者の意思表示により，法律上の親子関係を成立させる制度であり，「嫡出でない子は，その父又は母がこれを認知することができる」と定める民法779条が，その根拠規定である。ただし，母子関係については，母の分娩という事実によって当然に成立し，母の認知を要しないとするのが確立した判例である。我が国の法制における認知が問題になるのは，専ら父子関係についてである。

　認知には，父となるべき者がその自由意思に基づいて子を自分の子として承認する任意認知と，父となる者の意思にかかわらず裁判によって父子関係の存在を確定する強制認知とがある。これらの詳細については，2以下において詳述する。

2 任意認知

(1) 認知者

　ア　父の認知

前述のように，認知が問題になるのは，父子関係についてだけである。

第4章　届　出　第3節　認　知

　嫡出でない子については，血縁上の父がこれを認知することができる。認知者の真実の子が他人の嫡出子として戸籍に記載されている場合でも，これを認知することは可能ではあるが，この場合は，いきなり認知の届出をすることができない。戸籍事務管掌者である市町村長の審査権に限界があり，当該認知の届出に係る父子関係と現に戸籍に記載されているそれのいずれが真実であるかについて審査をすることができないからである。そこで，この場合は，認知をする前提として，その戸籍の記載が事実に反することを明らかにした上で，所要の戸籍訂正を経ていなければならない。その戸籍に記載されている子が嫡出推定を受ける者であれば，戸籍上の父等からの訴えにより嫡出が否認されている必要があるし，嫡出推定を受けない者であれば，親子関係不存在確認の訴えにより戸籍上の父が真実の父でないことを確定しておく必要がある（大判大5・4・29民録22輯824頁，大正7・7・4回答1296号）。また，既に他男から認知を受けた子であれば，その認知の無効・取消しを確定していなければならない（大正5・11・2回答1331号）。

　なお，胎児についても母の承諾があれば認知することができる（民783Ⅰ）。胎児は権利能力を有さず，母はその法定代理人ということができないから，下記で説明する裁判認知（強制認知）を求めることができず，胎児認知は，任意認知のみによりすることができる（胎児認知についての詳細は，法61条の解説を参照されたい。）。

　　イ　母の認知

　母子関係についても，判例は，かつては，認知によって親子関係が成立すると解していたが（大判大10・12・9民録27輯2100頁），最高裁は，「母とその非嫡出子との間の親子関係は，原則として，母の認知を俟たず，分娩の事実により当然発生すると解するのが相当である」と判断し（最判昭37・4・27民集16巻7号1247頁），現在では，これが確定した判例となっている。そこで，民法779条のうち，母も認知をすることができるとする部分は空文化しているとみる考え方が有力である。

(2) 認知の意思表示

認知は意思表示であるから，父がこれをするには意思能力があれば足りる。未成年者や成年被後見人であっても，意思能力があれば認知することができ，法定代理人の同意を要しない（民780）。認知を受ける子の承諾を得ることも，原則として必要ではない。ただし，子が成人であるときはその子の承諾を要し（民782），子が胎児であるときはその母の承諾を要する（民783Ⅰ）。死亡した子についても，その直系卑属があるときに限り認知することができるが（民783Ⅲ前段），その直系卑属が成人であるときは，その承諾を得なければならない（民783Ⅲ後段）。父から認知を受けることは，子（特に成人の子）にとって負担になることもあるから（例えば，老齢の父を扶養する義務を負う。），それらの者の承諾があることをも要件とする趣旨である。

(3) 認知の方式

ア 原則

認知の意思表示は，戸籍法の定める届出又は遺言という方式に従ってしなければならない（民781）。認知は父子関係の成立という重大な法的効果を生じさせるものであるから，慎重を期して，厳格な方式を踏むことが要件とされる。届出による認知はそれによって認知の効力を生じさせるから創設的届出である。他方，遺言による認知は父の死亡の時に効力が生じるから，遺言執行者がする届出（戸64）は報告的届出である。

イ 届出以外の方式による認知

このように，民法上，認知はその旨の届出がなければ効力が生じないとされているが，戸籍法においては，準正子について父母が嫡出子出生の届出をしたときは，その届出は認知の効力を有すると規定している（戸62）。嫡出子としての出生届がされた以上，その子との間に父子関係を成立させる父の意思が表明されているとみて，認知の届出をするまでもなく，その出生届に認知の効力が与えられるのである。そこで，実務上，これ以外にも，認知の届出によらずに認知の効果が生ずる場合がないかが問題となり，多数の判例・先例が存在する。そのいくつかを取り上げると，次のとおりである。

① 夫が妻以外の女性との間にもうけた子を妻の子として嫡出子出生届をしたという事案である。判例は，古くから，このような届出に認知としての効力を認めており（大判大15・10・11大審院民集5巻703頁），最高裁も同じ見解を維持している（最判昭53・2・24民集32巻1号110頁）。この最高裁判例は，嫡出でない子について父がした嫡出子出生届又は嫡出でない子としての出生届であっても，戸籍事務管掌者によってそれが受理されたときは，父が，戸籍事務管掌者に対し，その子が自己の子であることを認めて，その旨申告する意思が含まれていると判示している。

② 夫が婚姻外でもうけた子を，全く無関係の別の夫婦の嫡出子として届け出てもらい，その後当該夫婦から，養子として，妻とともにもらい受けたという事案も問題にされたが，大審院は，認知届の方式に従わないものとして認知の効力を否定した（大判昭4・7・4大審院民集8巻686頁）。

③ 父からされた嫡出子出生届に基づいて戸籍の記載がされた後に，母子関係不存在又は婚姻無効の確定判決がされ，それらの判決において父子関係が認められている場合には，上記の出生届に認知の効力を認めた上で，所要の戸籍訂正をする（昭和40・1・7通達4016号）。

④ 嫡出でない子について父が届出人の資格を父としてした嫡出子出生届又は嫡出でない子の出生の届出が誤って受理された場合の戸籍の処理については，上記①に掲げた最高裁昭和53年2月24日判決に鑑み，その出生の届出に認知の効力を認めた上で，所要の訂正をする（昭和57・4・30通達2972号）。

⑤ 婚姻届において，妻の子が嫡出子の身分を取得する旨の記載をしていても，これにより認知の効力は生じない（昭和4・1・17回答271号）。

以上の①から⑤までを通覧すると，これまでの判例・先例は，父からの出生届以外の届出に認知の効力を認めることに慎重な態度を保っていることがうかがえる。この中で，②の判例については，学説には反対する見解が多いが，養子縁組の届出と出生届とでは，その方式も性質も異なるから，判例の

見解を支持すべきであろう。⑤については婚姻届の余事記載であって子についての届出ではないことから、安易に認知の効力を認めることはできない。

3 認知の無効・取消し

(1) 認知の無効

ア 意思能力のない者による認知

認知は意思表示であるから、意思能力のない者がした認知届は無効であり、認知者の意思に基づかない届出による認知も同様である。たとえ、認知者と被認知者との間に親子関係が存在しても、無効であることに変わりはない（最判昭52・2・14家月29巻9号78頁）。

イ 真実の親子関係がない子に対する認知

真実の親子関係がないにもかかわらず認知者がした認知の効力が問題となるところ、認知の無効に関しては、令和4年法律102号による民法改正により、従前の民法786条の規定が全面改正されている。従前は、「子その他の利害関係人は、認知に対して反対の事実を主張することができる。」とする認知に対する反対の事実の主張に関する規定であり、特に、認知した本人が認知の無効を主張し得るか否かにつき争いがあった（判例は、意思的要素を重視し、血縁関係のないことを知りつつ認知した場合は否定し、錯誤により血縁関係があると認識していた場合は肯定的に解釈していた。他方、学説では、事実的要素を重視し、真実の親子関係が存在しない以上、認知者からの無効主張を認めるべきであるとするのが通説的見解であった。いずれも肯定するのが主流であった。）。民法786条は、上記改正により、次のとおり、認知無効の訴えを提起し得る者と出訴期間に関する規定に全面改正された。

民法786条によれば、次に掲げる者は、それぞれに示す時（民法783条1項の規定による認知がされた場合にあっては、子の出生の時）から7年以内に限り、認知について反対の事実があることを理由として、認知の無効の訴えを提起することができるものとされている（民786Ⅰ）。

① 子又はその法定代理人　子又はその法定代理人が認知を知った時
② 認知をした者　認知の時
③ 子の母　子の母が認知を知った時

なお，子の母は，その認知の無効の主張が子の利益を害することが明らかなときは，当該裁判を提起することができない。

次に，子は，その子を認知した者と認知後に継続して同居した期間（当該期間が2以上あるときは，そのうち最も長い期間）が3年を下回るときは，上記にかかわらず，21歳に達するまでの間，認知の無効の訴えを提起することができるものとされている。ただし，子による認知の無効の主張が認知をした者による養育の状況に照らして認知をした者の利益を著しく害するときは，この限りでない（民786Ⅱ）。さらに，子の法定代理人が認知の無効の訴えを提起する場合も，この期間伸張は適用されない（民786Ⅲ）。

　ウ　認知者が死亡した後の認知無効の主張
認知無効に関するもう1つの問題は，民法786条による子その他の利害関係人からの認知無効の主張は，認知者が死亡した後も可能かである。大審院の判例はこれを認めなかったが，最高裁は，これを変更して，認知者の死亡後であっても，人事訴訟手続法2条3項（当時）の類推適用により，検察官を相手方として認知無効の訴えを提起することを認めた（最判平元・4・6民集43巻4号193頁）。子が，認知者の死亡後であっても残っている父子関係の外形（戸籍の記載など）を解消したいと望むのであれば，これを認めるべきであろうし，子の法的地位の安定を害するおそれも危惧する必要はない。

(2) **認知の取消し**

認知は意思能力があれば有効にすることができるから，未成年者や成年被後見人がした認知も，行為能力の制限を理由として取り消すことはできない。

認知の意思表示が詐欺や強迫によってされた場合につき，「認知をした父又は母は，その認知を取り消すことができない。」と定める民法785条の規定が適用されるか否かが問題になる。この点に関する判例は見当たらないが，通説は，認知の意思表示に瑕疵があっても，被認知者との間に真実の親子関

係が存在していれば，この規定が適用されて，認知者は取り消すことができないとしている。これは，前述の事実的要素を重くみる見解である。

他方で，認知に一定範囲の者の承諾を要する場合（民781～783）において，その承諾がないのにされた認知の届出が誤って受理されたときは，当該承諾権者は，認知を取り消すことができると解されている（昭和26・10・5新潟協議会決議報告―昭和27・5・19変更指示）。

(3) 認知無効・取消しの主張の手続

認知無効の主張は判決を待たずに誰でもできるとする見解もあるが，判例は，認知無効は訴訟によって形成されるものと解しており（大判大11・3・27大審院民集1巻137頁），令和4年の民法改正においてもそのように整理された。その手続は人事訴訟法の定めによる（人訴2②）。

認知の取消しの主張も訴訟によってする（人訴2②）。前述のとおり，詐欺や強迫を理由とする認知の取消しは許されないと解すると，この取消しの訴えは，認知について一定の者の承諾を要する場合に，その承諾を得ることなくなされた認知に対して，当該承諾権者が提起するものに限られる。

4 強制認知

(1) 認知の訴え

ア 訴えの法的性質

父が任意認知をしない場合には，「子，その直系卑属又はこれらの者の法定代理人は，認知の訴えを提起することができる。」（民787本文）。子の直系卑属又はその法定代理人は，子が死亡している場合にのみ訴えを提起することができる（民783Ⅲ参照）。被告となるのは父であり，父が死亡した後は検察官である（人訴44Ⅰ）。訴訟という手段を用いて強制的に父子関係を確定する制度であるので，「裁判認知」又は「強制認知」と呼ばれる。その法的性質については，単に父と子の血縁関係の存在を確認する確認訴訟とする見解と，父子関係という法律関係を形成する形成訴訟であるとする見解に分か

れている。判例は後者の見解をとり（最判昭29・4・30民集8巻4号861頁），通説もこれと同旨と解されている。

　嫡出推定との関係であるが，認知者の真実の子であっても，他男の嫡出子たる推定を受ける子については，嫡出子否認の裁判が確定した後でなければ，任意認知はもちろん，強制認知も認められない（大判大5・4・29民録22輯824頁）。他方，認知の訴えは，任意認知とは異なり，子が戸籍上に他人夫婦の嫡出子として記載されている場合であっても（この場合は，戸籍上の母の子ではないので嫡出推定は働かない。），戸籍の訂正を経ないまま，真実の父に対して提起することができる（最判昭49・10・11家月27巻7号46頁）。戸籍の記載そのものには身分関係を確定する効力がないのに対して，認知の訴えにおいてこれを認める判決が確定すれば，新たな父子関係が既判力をもって形成されるのであるから，その判決を待って既存の戸籍の訂正をするのが合理的であり，認知を求める子の利益にもかなう。さらに，離婚前2年間別居していたため民法772条の嫡出推定を受けないけれども戸籍上嫡出子として記載されている子が認知の訴えを提起する場合についても，当該訴えを認めている（最判昭44・5・29民集23巻6号1064頁）。

　　イ　子の意思に反する訴え
　身分行為については，一般に，当事者が15歳以上の未成年者である場合は，その意思を尊重すべきであって，代理に親しまないと解されているが，この考え方が強制認知について適用されるか否かが問題となる。例えば，①子が成人年齢に近い者である場合には，子だけが原告となり得るのか，あるいは，②少なくとも，子の意思に反する場合には，法定代理人は訴えの提起をすることができないと解すべきかである。判例は，①については，法定代理人からの認知請求は子を代理して提起するものであるとした上で，子に意思能力があっても法定代理人は認知の訴えを提起することができるとした（最判昭43・8・27民集22巻8号1733頁）。この判例の事案は，子が実の父親を嫌って，父子関係を生じさせることを全く望んでいなかったのに，その意思を無視して提起されたというものであったから，判例は，②の点についても否定的な

見解をとるものと考えられる。

(2) 提訴期間（出訴期間）

認知の訴えについては，父の生存中は提訴期間の制限がなく，子の出生後何年を経ても提起することができるが（民787本文），父が死亡した後は，その死後3年を経過するまでに制限される（民787ただし書）。

この死後認知の期間制限の理由は，身分関係に伴う法的安定性を維持する必要性や証拠が不明確になることなどにあるとされる。また，その期間の起算点は「父死亡の日」とされ，子がその死亡の事実を知っていたか否かという主観的事情は，原則として問わないとされる。もっとも，子又はその法定代理人が父死亡の事実を知らず（かつ知る由もなく），出訴期間徒過を理由に認知請求を許さないことが酷に失するというケースについては，例外的に，その期間経過後も出訴できるとしている（最判昭57・3・19民集36巻3号432頁）。

(3) 訴えにおける審理

ア　調停前置

認知の訴えは人事訴訟法の定める手続による（人訴2②）。したがって，調停前置主義が適用され，訴えを提起しようとする者は，まず家事調停の申立てをしなければならない（家事257Ⅰ）。調停で合意が成立した場合には，家庭裁判所は，必要な事実を調査した上で，合意に相当する審判をすることができる（家事277Ⅰ）。合意が成立しなかった場合において，所定の期間内に，当該事件について訴えの提起がされたときは，家事調停の申立ての時に，その訴えが提起されたものとみなされる（家事272Ⅲ）。

イ　裁判における審理

認知の訴えにおける父子関係の存在についての立証責任は原告にある。この立証責任に関しては，大審院時代の判例（大判明45・4・5民録18輯343頁など）は，原告は，まず，「原告（子）の懐胎可能な時期に，子の母と男性との間に性的関係があった」ことを立証しなければならないとし，その上で，被告の側から，「その時期に母が他の男性とも性的関係を持っていた」とい

う主張（「不貞の抗弁」あるいは「多数関係者の抗弁」と呼ばれるもの）がされた場合には，母に他の男性との性的関係がなかったことを証明することを要するとされていた。このような立証責任の分配は，あたかも女性の不貞を推定するかのような前提に立つもので合理性に疑問があり，認知の訴えを著しく困難にするので，戦後の最高裁の判例は，不貞の抗弁についての立証責任を転換して，被告（父とされる男性）の側にあるとする見解をとるに至ったとみられている（最判昭32・6・21民集11巻6号1125頁参照）。もっとも，現在では，DNA鑑定によりほぼ確実に父子関係の存否を確認することができるので，この論争は歴史的なものとなっている。

(4) 認知請求権の放棄

嫡出でない子の父が，その子に対し，相当な金銭を贈与する代わりに認知請求をしないと約束させることがある。そのような約束につき，最高裁昭和37年4月10日判決（民集16巻4号693頁）は，「子の父に対する認知請求権は，その身分法上の権利たる性質およびこれを認めた民法の法意に照らし，放棄することができないものと解するのが相当」であるとした。他方，学説では，強制認知の目的は，所詮は，相続や扶養などの経済的利益を得るにあるのだから，認知請求権の放棄が金銭の給付を伴うのであれば，これを認めるのが子の利益にかなうとする見解が有力である。

5 認知の効果

認知の本体的な効果は，認知した父と子との間に親子関係が生ずることである。しかも，その効果は子の出生の時に遡って生ずる（民784本文）。ただし，この遡及効は第三者が既に取得した権利を害することができない（民784ただし書）。認知以前に生じた法律関係がこの遡及効によって覆ることになると，第三者が既に取得した権利を害することになって法的安定性が損なわれるため，これが制限される。もっとも，相続の関係では（例えば，父の相続が開始され，相続人間で遺産分割が終了した後に，子が死後認知を受けた場

合),民法に特則があって,認知を受けた者には価額のみによる支払請求権を認めるという合理的な調整が図られている(民910)。

　認知によって父子関係を生ずるとしても,それまで母が有していた子に対する親権(民819Ⅳ)が当然に父に移行するわけではない(令和6年法律33号による改正民法施行後は,父母双方又は父が親権者となるわけではない。)。ただし,認知後の父母の協議により又は家庭裁判所の審判によって,父を親権者と定めることができる(民819Ⅳ・Ⅵ。なお,前記改正民法施行後は,父のみならず父母の双方を親権者と定めることができる。)。監護者についても,上記の手続を踏んで,父又は母と定めることができる(民788・766)。子の氏も認知によって当然には変更が生じず,子は母の氏を名乗り続けることになるが,氏変更の手続(民790Ⅱ・791)により,父の氏を称して,その戸籍に入ることができる。なお,子の扶養料の負担は父母の協議によって定める。母がそれまでに支出した分は父に求償することができる。

　なお,日本人父による外国人子の認知には,日本国籍を取得する効果があるが,その詳細は,法60条の解説5を参照されたい。

第4章 届出 第3節 認 知

> 〔任意認知の届出〕
> 第60条 認知をしようとする者は,左の事項を届書に記載して,その旨を届け出なければならない。
> 　一　父が認知をする場合には,母の氏名及び本籍
> 　二　死亡した子を認知する場合には,死亡の年月日並びにその直系卑属の氏名,出生の年月日及び本籍

1 任意認知

本条は,嫡出でない子の血縁上の父が,自らの意思で進んで,その子について認知の届出をする場合の届書の記載について定めるものである。

(1) **認知をする者**

認知をする者は,嫡出でない子の血縁上の父である。未成年者や成年被後見人であっても,身分行為をする意思能力を有するものは,自ら認知をすることができ,法定代理人の同意を得ることを要しない(民780)。

外国人の父が日本人女の子を認知する場合の要件は,子の出生の当時における父の本国法(通則法29Ⅰ前段)又は認知の当時における認知する者若しくは子の本国法による(通則法29Ⅱ前段)。前者の場合において,認知の当時における子の本国法によればその子又は第三者の承諾又は同意があることが認知の要件であるときは,その要件をも備えなければならない(通則法29Ⅰ後段)。この規定は,後者の場合において,認知する者の本国法によるときに準用される(通則法29Ⅱ後段)。

(2) **認知を受ける子**

　ア　出生後の子

認知は嫡出でない子に対してのみなされるものであって,生来の嫡出子を認知することはできないが,[注1]その子が婚姻の禁じられる近親者間(民734～736)に生まれた者であっても,認知することを妨げられないし(昭和5・6・5回答611号),自己の養子と擬制されて戸籍に記載されている子を認知

することもできる（明治32・3・29回答224号）。なお，特別養子については，特別養子縁組によって既に存在する嫡出又は嫡出でない親子関係も終了するから，血縁上の父から認知を受けないまま特別養子となった子を，縁組後に認知することはできない。

　出生した子について母及びその他の届出義務者が出生届をしない場合に，父から出生証明書及び母の戸籍謄本を添付して認知届がされたときは，市町村長はこれを受理して差し支えない（昭和36・12・14回答3114号）[注2]。

　他人の嫡出子又は嫡出でない子として戸籍に記載されている子については，それに反する事実を明らかにして戸籍訂正をした後でなければ認知することができない（本節前注2(1)ア参照）。子が未成年者であれば，その意思にかかわらず認知することができ，その母の承諾も要しないが，子が成年者であれば，その承諾を得なければならない（民782）。後者の場合，子が意思能力を欠くときは，その法定代理人が代わって承諾できる（昭和18・12・3回答943号）。ほかに第三者の承諾・同意を要する事例としては，平成11年法律149号による改正前の民法の禁治産制度の下で後見人が成年の禁治産者を認知する場合には，後見監督人の同意，もしそれが置かれていないときは特別代理人の同意が必要であるとする先例があるが（昭和45・1・31回答464号），この先例は，平成11年法律149号による改正後の民法の成年後見制度の下で後見人が成年被後見人を認知する場合にも妥当すると考えられる。

　　イ　死亡した子

　死亡した子でも，その直系卑属があるときに限り，認知することができる（民783Ⅲ前段）。この場合において，その直系卑属が成年者であるときは，その承諾を得なければならない（民783Ⅲ後段）。死亡した子に数人の成年者たる直系卑属があるときは，そのうち承諾をした者のみについて認知の効力が生じ，承諾しなかった者に対しては，後日追完手続によりその承諾があった時から認知の効力が生ずる（昭和7・6・4回答250号，昭和38・3・30回答918号）。

第4章 届出 第3節 認知

◆◆

(注1) 婚姻後200日以内に出生した子も生来の嫡出子であるから，父が認知をすることができない。もっとも，令和4年法律102号による改正民法が施行される前に，この子について母が嫡出でない子として出生届をした後，父から認知の届出がされた場合，その届出は，嫡出子への記載訂正申出書として取り扱われていた（昭和34・8・28通達1827号）。
(注2) この場合，本籍地の市町村長は，添付の出生証明書を資料として，管轄法務局の長の許可を得て職権で出生の記載をした上で，認知の記載をすべきであるとされる（昭和36・12・14回答3114号）。

2 認知の届出

(1) 認知の届出

　認知の届出は，嫡出でない子について，血縁上の父が自分がその子の父であることを認める旨の意思表示である。その手続・方式については，以下に述べる戸籍法の定めるところによる。

　この正規の認知の届出以外の当該子に関する身分関係の届出に認知の効力が認められる場合があることは，既に述べた（本節前注2(3)イ①，③及び④）。(注3)

(2) 届出人

　届出人は，認知をしようとする者，すなわち当該嫡出でない子の血縁上の父である。未成年者又は成年被後見人であっても，意思能力を有する限り，法定代理人の同意を得ないで届出をすることができる（戸32）。

　その届出の時点で認知者が意思能力を失っていた場合に届出の効力がどうなるかという問題がある。これは，婚姻や養子縁組など届出を要する身分行為全般に共通する問題であるが，判例は，認知に関しては，血縁上の父が認知の意思を有し他人に届出を委託した場合，「受理の前に翻意したなど特段の事情のない限り」認知は有効に成立するとしている（最判昭54・3・30家月31巻7号54頁）。

(3) 届出地

届出は，届出事件の本人の本籍地又は届出人の所在地でしなければならない（戸25Ⅰ）。認知の届出においては，認知者及び被認知者が「本人」であるから，そのいずれの本籍地においても届出をすることができる。

(4) 届出の方法

届出は，書面又は口頭でこれをすることができる（戸27）。このうち，書面による届出は，郵便その他の所定の信書便により届書を送付することによってもすることができる（戸47Ⅰ）。

書面による届出の場合，届出をする本人が市役所又は町村役場の窓口に直接出頭して届書を提出する方法がとられるのが通常であろうが，本人の出頭は要件ではない（明治31・7・26回答569号）。他人を使者として届書を提出させることもできる。この場合の使者は，単に本人の届出を伝達するものにすぎず，代理人ではないから，委任状を提出することを要しない（明治31・10・1回答813号）。なお，上記のように，届書を送付する方法による届出も認められるから，書面による届出にあっては，代理を認める必要性はないことになる（大正3・12・28回答999号）。

口頭で届出をするには，届出人が市役所又は町村役場に出頭し，届出書に記載すべき事項を陳述しなければならない（戸37Ⅰ）。口頭による認知の届出は，代理人によってすることはできない（戸37Ⅲただし書）。創設的効果を生ずる認知の届出については，市町村長において届出人の意思を確認する必要があるからである。

(5) 届書及び添付書類

　ア　届書の記載

届書には，一般的記載事項（戸29）のほか，本条1号・2号に掲記の①子の母の氏名及び本籍，並びに②死亡した子を認知する場合には，死亡の年月日並びにその直系卑属の氏名，出生の年月日及び本籍を記載しなければならない。②の事項は，死亡した子に成年者の直系卑属があるときは，その者の承諾を要することになるから，この要件を審査するために必要となる。

なお，認知により子が嫡出子としての身分を取得する場合は，父母の戸籍に入籍することになるから（戸18Ⅰ），この場合の届書には，子の入籍すべき戸籍の表示及び嫡出子の身分取得後の父母との続柄を記載しなければならない（戸30Ⅰ・13⑤）。

　イ　添付書類
　㈦　子その他の者の承諾を証する書面

認知について一定の範囲の者の承諾を要するときは，届書にその承諾を証する書面を添付しなければならない（戸38Ⅰ本文）。ただし，承諾をした者に，届書にその旨記載させて，署名させるだけで足りる（戸38Ⅰただし書）。実務においては，後者の方法によるのが一般的である。

　㈣　認知者が外国人である場合の国籍を証する書面等

外国人の父が日本人女の子を認知する場合は，父の国籍を証する書面を提出しなければならない。ただし，父母の婚姻により母の戸籍に父の国籍が記載されているときは，その添付を要しない（昭和28・8・1回答1343号）。

父の所属国がアメリカ合衆国のように州ごとに法律を異にする国であるときは，所属州の法律により日本法で認知ができる旨の権限ある者の証明書をも添付することを要する（昭和25・8・29通達2324号）。ただし，その証明書の交付を受けることが困難であるときは，認知者のその旨の申述書をもってこれに代えることができる（昭和28・10・21回答1957号，昭和34・7・11回答1508号）。

◆◆◆

（注３）　先例（昭和57・4・30通達2972号）は，嫡出でない子について父が届出人の資格を父としてした嫡出子出生届又は嫡出でない子の出生の届出について，これに認知の効力を認めた上で，所要の戸籍処理をすべしとするものである。最高裁昭和53年2月24日判決（民集32巻1号110頁）が出る以前は，戸籍実務では，嫡出でない子について父が届出人の資格を父としてした嫡出子出生届又は嫡出でない子の出生の届出は，本来，市町村長において受理すべきものではなく，これが誤って受理されたとしても，それはせいぜい同居者の資格においてされた出生届にすぎないから，これに父の認知としての効力を認めることはできないとする取扱いがされていた。

この取扱いを改め，上記の最高裁判決に従って，前述のような出生の届出にも認知の効力を認めた上で，所要の戸籍訂正の処理をすべきである旨を明らかにしたのが，昭和57年4月30日通達2972号である。

3 不受理の申出

　何人も，その本籍地の市町村長に対し，あらかじめ，自らを届出事件の本人とする認知の届出がされた場合であっても，自らが市役所又は町村役場に出頭して届け出たことを下記4(1)に掲げる本人確認のための措置により確認することができないときは，当該認知の届出を受理しないよう申し出ることができる（戸27の2Ⅲ）。創設的届出において本人を偽る等の虚偽の届出がされ，真実に反する身分関係が戸籍に記載されるのを未然に防止するために，平成20年法律35号による戸籍法改正において導入された措置である。詳細は，法27条の2の解説を参照されたい。

4 市町村長による処分

(1) 本人確認

　市町村長は，認知の届出が市役所又は町村役場に出頭した認知者によってされる場合には，その認知者について本人確認をするため，同人に対し，同人を特定するのに必要なその氏名及び住所又は生年月日を示す資料の提供又はこれらの事項についての説明を求めなければならない（戸27の2Ⅰ，戸規53・53の2・11の3・11の2①～③）。この本人確認の制度は，創設的届出における真正担保のための手段であり，この制度の詳細，特に市町村長がとるべき措置については，法27条の2の解説を参照されたい。

(2) 受理・不受理の判定

　一般に，市町村長が戸籍の届出について審査をするには，当該届出が戸籍法その他の法令の規定に照らして適法か否かという観点からこれを行い，その受否を判定することになるが，認知の届出の審査において特に留意すべき

事項を挙げると，次のとおりである。

　　ア　不受理の申出がされている場合

　市町村長は，前記3の申出に係る認知の届出があった場合において，当該認知者が市役所又は町村役場に出頭して届け出たことを上記(1)に掲げる本人確認のための措置により確認できなかったときは，当該認知の届出を受理することができない（戸27の2Ⅳ）。この場合においては，市町村長は，遅滞なく，当該不受理の申出をした者に対し，当該認知の届出があったことを通知しなければならない（戸27の2Ⅴ，戸規53の5・53の3）。

　　イ　承諾権者の承諾がない場合

　認知について一定の範囲の者の承諾を要する場合（前記1(2)ア・イ）において，届書に，その承諾を証する書面の添付がなく，かつ，承諾をした者に届書にその旨記載させて，署名させる措置がされていない場合には，市町村長は，当該届出を受理してはならない。市町村長が誤ってこれを受理した場合の効力については，見解が分かれているが，戸籍実務では，承諾権者において取り消すことができると解されている（昭和26・10・5新潟協議会決議報告—昭和27・5・19変更指示）。

　　ウ　被認知者死亡の場合

　認知の届出が郵便その他の所定の信書便により届書を送付する方法でされた場合において，その発送後到達前に当該被認知者が死亡したときは，市町村長は，当該届出を受理すべきではない。認知届出における被認知者については，法47条のような規定が置かれていないからである。

　　エ　数人の子の認知の場合

　同一の戸籍内にある数人の子を認知する場合には，1通の届書によってすることができるが，市町村長がこれを受理する場合には，各別に受理の手続をとり，父の事項欄の記載も，原則としてそれぞれの子につき別行とすべきである。

5　認知届の効果

(1)　一　般

　任意認知は認知の届出が市町村長によって受理されることにより効力が生じ，その効果は子の出生の時に遡って生ずる。認知者と被認知者との間に父子関係が成立し，相互間の扶養，相続などの法律関係が，また親権者や子の氏の変更の可能性などが生ずる。これらの私法上の身分関係に係る効果については既に述べた（本節前注5参照）。これとは別に，日本人父からの認知の届出が当該子について，18歳未満の場合は，国籍法上，届出により日本国籍を取得することができるとの公法上の効果をもたらす（詳細は第14節前注を参照されたい。）。さらに，一定の場合，日本人父からの認知により国籍法が定める生来的な日本国籍取得という公法上の効果をもたらす。これを認めたのが次に述べる最高裁平成9年10月17日判決（民集51巻9号3925頁）である。

(2)　**最高裁平成9年10月17日判決**（民集51巻9号3925頁）

　判決は，韓国人母Aが他の日本人男Bと婚姻していたため，血縁上の日本人父CがХ胎児認知することができなかったが，子Xの出生後，AとBは離婚し，XとBとの間で親子関係不存在確認の審判が確定したため，ほどなく，日本人であるCがXを認知する旨の届出をした事案で，Xが上記の認知の届出により生来の日本国籍を取得したと主張しY（国）を相手に訴訟を提起したというものである。

　上記の事案で，Aが未婚であるか，又はXが戸籍の記載上Aの夫Bの嫡出子と推定されないという場合であれば，日本人である父CからのXへの胎児認知の届出により，Xは出生の時に日本国籍を取得したものと解される（国2①）。しかし，上記事案では，XがAとBの嫡出子と推定されるゆえに，Cにおいて胎児認知をするには障害があって，これをすることができず，ようやくXの出生後に，その障害を除去して認知の届出をすることにより，生来的に日本国籍を取得した旨の主張をした。当時の国籍実務では，昭和59年法律45号による改正前の国籍法2条1号にいう「出生の時に父が日本国民で

あるとき」とは，出生時に日本国民である父との間に法律上の親子関係が存在することをいうものであり，子が胎児である間に日本人父が認知していない限り，国籍法2条1号（当時）には該当しないとの見解がとられていた。

最高裁は，従前の実務の解釈によれば，同じく外国人の母の嫡出でない子でありながら，戸籍の記載のいかんにより，子が生来的に日本国籍を取得するみちに著しい差異があることになるが，そのような解釈に合理性があるとはいい難いとし，できる限り上記両者に同等のみちが開かれるように，改正前の国籍法2条1号の規定を合理的に解釈するのが相当であるとした。その上で，最高裁は，「右の見地からすると，客観的にみて，戸籍の記載上嫡出の推定がされなければ日本人である父により胎児認知がされたであろうと認めるべき特段の事情がある場合には，右胎児認知がされた場合に準じて，国籍法2条1号の適用を認め，子は生来的に日本国籍を取得すると解するのが相当である。そして，生来的な日本国籍の取得はできる限り子の出生時に確定的に決定されることが望ましいことに照らせば，右の特段の事情があるというためには，母の夫と子との間の親子関係の不存在を確定するための法的手続が子の出生後遅滞なく執られた上，右不存在が確定されて認知の届出を適法にすることができるようになった後速やかに認知の届出がされることを要すると解すべきである。」とし，本件における上記の事実関係の下では，客観的にみて，戸籍の記載上嫡出の推定がされなければCにより胎児認知がされたであろうと認めるべき特段の事情があるというべきであるとした。

(3) 実務の取扱いの変更

最高裁平成9年10月17日判決（民集51巻9号3925頁）を受けて，先例も，同判決にいう「特段の事情」がある場合には，胎児認知に準じて国籍法2条1号（当時）の適用を認める取扱いをするに至った（平成10・1・30通達180号）。

第61条〔胎児認知の届出〕

> 〔胎児認知の届出〕
> 第61条　胎内に在る子を認知する場合には，届書にその旨，母の氏名及び本籍を記載し，母の本籍地でこれを届け出なければならない。

　本条は，血縁上の父が，母の胎内に在る子を認知する場合の届書の記載及びその届出地について定めるものである。なお，胎児認知は，遺言によってもすることでき（民781Ⅱ），これについては，法64条の解説を参照されたい。

1　胎児認知

(1) 胎児認知の意義

　父は，母の胎内に在る子を認知することができる。この場合においては，母の承諾を得なければならない（民783Ⅰ）。これを胎児認知という。胎児認知の効力は，胎児が出生した時に生じ，認知者である父との間に法律上の父子関係が生じる。すなわち，胎児認知は，生まれてくる嫡出でない子に生来的に法律上の父子関係を与えることに実質的な意義がある。そこで，外国人女に懐胎させた日本人男が，出生する子に生来的に日本国籍を取得させる場合に，胎児認知の実益がある（国2①）。

　なお，胎児は，権利能力を有しないから，母がその法定代理人であるということはできないので，胎児自身はもとより，母も，調停又は裁判による認知を請求することができない（大判明32・1・12民録5輯1巻7頁，昭和25・1・7回答22号）。

(2) 認知をする者

　認知をする者は，胎児の血縁上の父である。未成年者や成年被後見人であっても，身分行為をする意思能力を有するものは，自ら認知することができ，法定代理人の同意を得ることを要しない（民780）。

　なお，胎児認知をするためには母の承諾を要する（民783Ⅰ）。この承諾は，当該認知者が血縁上の父であるとの事実関係の確認と母の名誉維持を目的と

したものとされている。

　渉外胎児認知の準拠法は，法の適用に関する通則法29条の規定の趣旨から（法の適用に関する通則法29条では子の本国法も準拠法の1つとされているが，胎児には本国法がないので，これを母の本国法と読み替えて同法29条を適用する。平成元・10・2通達3900号第4の1(3)），認知する者の本国法（この場合は，母の本国法の保護要件を重複適用する。）又は母の本国法のいずれでも差し支えない。そこで，日本人父が外国人母の胎児を認知する場合は，日本法による胎児認知の要件を具備し，かつ，外国人母の本国法上の第三者の承諾又は同意等の要件を満たす必要がある。なお，母の本国官憲の証明書又は認知することのできる旨の法文等とその訳文が提出されれば，胎児認知届を受理することができる。外国人母の本国法上の保護要件については，当該本国法と該当する戸籍先例を参照されたい。

　外国人父が日本人母の胎児を認知する場合は，母の本国法である日本民法の要件が備われば，認知が可能である。母の承諾は，日本民法上の胎児認知の要件であるから，父の本国法によれば母の承諾は胎児認知の要件とならない場合（例えば，韓国人男が，日本人母の胎児を認知する場合）であっても，同法の要件を具備するだけでは足りず，日本民法上の母の承諾は，母の本国法上の第三者の承諾又は同意に該当し，この要件を備えなければ胎児認知をすることができない。

(3)　**胎児認知される子**

　胎児認知される子は，嫡出でない子でなければならないが，胎児の母の離婚後に胎児認知の届出がされた場合は，届出の時期を問わずこれを受理するとされている（大正7・3・20回答364号，昭和57・12・18回答7608号）。また，日本人男から，外国人母の胎児を自分の子として認知したい旨の相談があった場合は，母が婚姻中であるか否かにかかわらず，胎児認知の届出の手続を説明した上，胎児認知の届出を適法なものと認めたときは，これを受理し，その旨を受付帳に記録する等の取扱いがある（平成11・11・11通知2420号）。(注)

(注) 「渉外的胎児認知届の取扱い等について」戸籍694号83頁以下参照。

2 胎児認知の届出

(1) 届出人

　胎児認知の届出人は，胎児認知をしようとする者，すなわち胎児の血縁上の父である。上記のとおり未成年者又は成年被後見人であっても，意思能力を有する限り，法定代理人の同意を得ないで届出することができる（民780，戸32）。

　届出の時点で認知者が意思能力を失っていた場合につき，判例は，血縁上の父が認知の意思を有し他人に届出を委託したときは，「受理の前に翻意したなど特段の事情のない限り」認知は有効に成立するとしている（最判昭54・3・30家月31巻7号54頁）。

(2) 届出地

　本条は，胎児認知の届出は，母の本籍地でしなければならないと定め，届出地を限定しており，法25条1項の一般届出地に関する規定の適用はない。これは，下記のとおり胎児認知の届出により直ちに戸籍に記載するのではなく，その後になされる出生届を待って処理するので，届書を保存する市町村長を一定する必要があり，嫡出でない子は母の戸籍に入籍するのが原則であるからである。なお，外国人母の胎児を認知する届出は，外国人母の住所地に届出をしなければならないとされる。この場合，子が出生したときに父の身分事項欄にする胎児認知の記載を遺漏するおそれもあるので，備忘的措置として（昭和29・3・6回答509号），届書等情報を作成した上，法務大臣に提供し，法務大臣から父の本籍地に事前に参考通知されるので，当該父の個人状態区分に胎児認知届がなされている旨，入力しておく（令和6・2・26通達500号第3の1）。

(3) 届出の方法

届出は，書面又は口頭でこれをすることができる（戸27）。このうち，書面による届出は，郵便又はその他の信書便により届書を送付することによってもすることができる（戸47Ⅰ）。

(4) 届書及び添付書類

ア 届書の記載

届書には，一般的記載事項（戸29）を記載するが，認知される子は胎児であるから，認知される子の氏名欄は，単に「胎児」と記載し，胎児には住所はないので，住所欄は空欄とするほか，①子の母の氏名及び本籍，②「その他」欄に胎児を認知する旨を記載する。また，日本人男が外国人母の胎児を認知する場合は，母の国籍を記載する。なお，認知する胎児が多胎の場合は，届書を複数必要とするかについての戸籍先例はないが，胎児認知の届出後，双子が出生した場合の取扱いについては，その双方について認知の効力を認めるとしている（明治43・5・28回答416号）。[注3]

イ 添付書類

㈦ 母の承諾を証する書面

民法783条1項は，胎内に在る子を認知するには母の承諾を得なければならないとしているので，届書にその承諾を証する書面を添付しなければならない（戸38Ⅰ本文）。ただし，承諾をする母が，届書の「その他」欄にその旨を記載し，署名することで足りる（戸38Ⅰただし書）。実務においては，後者のただし書による方法が一般的である。

㈦ 認知者が外国人父である場合

外国人父が日本人母の胎児を認知する場合は，認知する者の国籍証明書を添付しなければならない。胎児認知の実質的成立要件は，上記のとおり日本法又は認知する者の本国法であるが（通則法29Ⅰ・Ⅱ），国籍証明書は，子が出生した場合において，認知事項中に父の国籍を記載するためにも必要である。

(ウ)　認知者が日本人父で胎児の母が外国人である場合

　胎児の母が外国人である場合は，準拠法は，認知する日本人父の本国法と母の本国法上の保護要件の重複適用又は母の本国法であるので，認知される母の本国法により胎児認知をすることができる旨の証明書等の提出があれば，届出が適法なものと判断し得る。そこで，韓国人母の胎児を認知する届出の場合は，母の本国法である韓国民法を適用することができ，この場合は，母の承諾は要件とされていないので，母の承諾を証する書面がなくても差し支えない。

　(エ)　認知する者及び胎児の母のいずれもが外国人の場合

　認知する者及び胎児の母のいずれもが外国人の場合は，当該国の権限ある者の胎児認知ができる旨の証明書又は法文等（訳文）の提出があれば，届出が適法なものと判断し得る。

(5)　母が婚姻中である場合の胎児認知の届出

　認知は，嫡出でない子に対してのみされるものであって，嫡出子を認知することはできない。胎児認知も同様であり，胎児が出生した場合において民法772条の規定により，その子の父が定められるときは，なされた胎児認知は，その効力を生じない（民783Ⅱ）。もっとも，離婚した女の胎児認知届を不受理とした後，胎児が出生し，その子について嫡出子否認の裁判が確定したときは，不受理とされた胎児認知届の効力が認められる（平成3・1・5回答183号）。

　胎児の母が婚姻中の外国人の場合については，最高裁平成9年10月17日判決（民集51巻9号3925頁）や平成11年11月11日通知2420号を参照されたい。

(6)　届出受理後の手続

　胎児認知の届書を受理してもその性質上，直ちに戸籍の記載をすべきものではなく，胎児の出生を待って出生事項とともに戸籍に記載すべきものである。したがって，受付帳に記録後の胎児認知届書は，胎児認知に関する届書つづりにつづり，出生の届出又は法65条の認知された胎児の死産の届出があるまで保存しなければならないとされている（準則38Ⅰ）。また，出生の届

出又は法65条の認知された胎児の死産の届出があった場合には，規則48条1項又は50条1項の規定により胎児認知届書を保存しなければならないとされている（準則38Ⅱ）。

(7) **胎児認知された子が出生した場合**

　日本人母の胎児認知された子について出生の届出があった場合に，父母が婚姻の届出をしていないときは，母の戸籍に子の出生事項を記載した上，胎児認知に関する事項を記載する。また，父の戸籍にも胎児認知事項を記載する（参考記載例20・21参照）。これに対し，胎児認知後その出生前に父母が婚姻すれば，胎児の出生の時にたとえ父母が離婚していても出生子は生来の嫡出子であるから，通常の嫡出子出生の届出をし，特に戸籍に胎児認知事項の記載はしないものとされている（明治36・6・23回答518号，大正6・3・19回答370号，大正10・4・11回答849号）。また，胎児認知された子が出生した後に父母が婚姻し，父からの嫡出子出生の届出がされた場合には，戸籍に胎児認知事項の記載を要するとされている（昭和60・2・19回答871号）。これは，法律上の父子関係及び嫡出子の身分取得の経過を明らかにするためのものである。

　日本人父が胎児認知した外国人女の胎児は，出生により日本国籍を取得する（国2①）ので，出生の届出によりその子について新戸籍を編製する。この場合は，出生届書の「その他」欄に，①出生子は，年月日日本人父から胎児認知されている旨，②氏及び新本籍を定める旨を記載する。

◆◆

（注3）「三つ子が出生した場合の胎児認知の効力について」戸籍567号50頁参照。

第62条〔準正子の嫡出子出生届による認知の効力〕

〔準正子の嫡出子出生届による認知の効力〕
第62条　民法第789条第2項の規定によつて嫡出子となるべき者について，父母が嫡出子出生の届出をしたときは，その届出は，認知の届出の効力を有する。

　本条は，民法789条2項の規定（認知準正）によって嫡出子となるべき者について，父が嫡出子出生の届出をしたときは，その届出は，認知の届出の効力を有するとする規定である。これは，父母の婚姻前に出生した子について，その出生の届出に先立ち，父母が婚姻した場合，出生の届出と認知の届出を各別にするまでもなく，父から嫡出子出生の届出がされたときは，これに認知の届出の効力を認めるものである。したがって，この出生届は，報告的届出の性質とともに創設的届出の性質を併有する届出である。

1　届出人

　法文上は，「父母が嫡出子出生の届出」とあるが，母子関係は，原則として，母の認知を待たず，分娩の事実により当然発生する（最判昭37・4・27民集16巻7号1247頁）ので，父母が共同で届出人となる必要はない。もとより，父母が共同で出生届を提出することは差し支えなく，この場合，届出人父との関係で本条の適用があり，認知効が認められる。他方，母のみが出生届をする場合は，本条によることができず，嫡出でない子としての出生届をすることを要する（昭和9・2・12回答175号）。父の死亡後は，この届出をすることはできないが，母が死亡していても，父が届出をするには支障はない（大正7・5・30回答1159号，大正8・9・13回答3685号）。母その他の者から既に嫡出でない子の出生の届出がされている場合，父は，この届出をすることはできない。

2 認知の要件の具備

　本条は，認知の届出の効力が認められる嫡出子出生の届出であるから，認知の実質的要件を具備していなければならない。例えば，成年に達した子についてこの届出をしようとする場合，子の承諾を要する（民782，昭和43・4・5回答689号）。また，既に死亡した子についてこの届出をしようとする場合，死亡した子に直系卑属があることを要し（民783Ⅲ，大正6・3・6回答197号），直系卑属が成年に達しているときは，その承諾を要する。また，認知は，認知する者に行為能力がないときは法定代理人が代わってすることができないから，法定代理人は，本条の届出をすることができない。

　なお，本条の性質については，嫡出子出生届に認知の効力を認めるとの実体的規定であるように考えられるが，特別な場合における民法781条1項にいう「戸籍法に定めるところに」よる届出として，手続的規定であるともみることができる。

3 父母の婚姻

　この嫡出子出生の届出は，父母の婚姻成立後に届出をすることが要件の1つであるが，父母の婚姻が一旦成立すれば，父母の婚姻の継続は要件ではないので，母の死亡又は父母の離婚は，この届出の妨げとはならない（大正8・3・28回答710号）。

　なお，父母の婚姻前にこの嫡出子出生届を誤って受理したときの取扱いについては，次のような変遷がある。古くは，①嫡出でない子の出生届として追完させるべきであるとし（大正6・6・8回答903号），次に，②嫡出でない子の出生届として追完させる前に，父母の婚姻の届出があったときは，父母婚姻の旨を追完させて本条による嫡出子出生の届出として受理するのが相当であるとし（昭和23・7・10回答2052号，昭和23・10・28回答3274号），さらに，③父母の婚姻前にされた嫡出子出生届が，受理地から本籍地に到達する以前

第62条〔準正子の嫡出子出生届による認知の効力〕

に父母が婚姻しているときも，②と同様父母婚姻の旨の追完をさせて，便宜これを適法な嫡出子出生の届出として受理して差し支えないとした（昭和24・3・7回答499号）。そして，④誤って受理した嫡出子出生の届出に認知の効力を認める最高裁昭和53年2月24日判決（民集32巻1号110頁）を受け，出生の届出に基づき子を父母の婚姻の後の戸籍に入籍させるものとし，また，出生の届出後相当の期間内に父母が婚姻の届出をしないときは，出生の届出について子の父母との続柄，父又は母の戸籍の表示等に関する所要の追完をさせた上，子を母の戸籍に入籍させ，父欄に届出人である父の氏名を記載し，出生の届出人の資格は父と記載するものとした（昭和57・4・30通達2972号）。

④ 出生子の入籍戸籍

本条の嫡出子出生の届出によって認知の届出の効力を生じ，既に父母が婚姻しているから，同時に子は準正によって嫡出子たる身分を取得する（民789Ⅱ）。そこで，子は当初から父母の氏を称するものとして直ちに父母の戸籍に入籍する（昭和23・1・29通達136号，法定記載例5・6）。また，戸籍の記載も父母の婚姻後に出生した子と同様の振り合いによるとされている（昭和13・3・1回答1728号）。誤って嫡出子出生の届出を受理し，その後父母が婚姻したときも，子は婚姻により準正子となるから（民789Ⅰ），上記3で説明したとおり，同じような取扱いとなる。

⑤ 外国人母の出生した子について日本人父がする本条の届出

外国人女と日本人男の婚姻前の出生子について，本条の嫡出子出生の届出がされたときは，その子は，国籍法2条の規定に照らし日本国籍を取得することはないが，法の適用に関する通則法29条1項又は2項が規定する父の本国法である日本法により認知の効力が認められるため，出生子は，国籍法3条1項の規定によって，法務大臣に届け出ることによって日本国籍を取得す

ることができる。^(注1) この場合の日本人父の戸籍の記載例は，参考記載例19に示されている。

　これに対して，外国人父と日本人母との間の婚姻前の出生子について，本条の嫡出子出生の届出（届出人は，当然，外国人父である。）がされたときは，子は，日本人母の子として，出生により日本国籍を取得し，出生当時の母の戸籍に入籍する。また，外国人父との間には，法の適用に関する通則法29条2項が規定する子の本国法である日本法により認知の効力が認められるので，その旨の出生事項の記載をする。^(注2)

（注1）　最高裁平成20年6月4日判決（民集62巻6号1367頁）は，国籍法3条1項（当時）が，日本国民である父と日本国民でない母との間に出生した後に父から認知された子につき，父母の婚姻により嫡出子たる身分を取得した場合に限り日本国籍の取得を認めていることにより国籍の取得に関する区別を生じさせていることは，遅くとも平成15年当時において，憲法14条1項に違反するとし，日本国民である父と日本国民でない母との間に出生した後に父から認知された子は，父母の婚姻により嫡出子たる身分を取得したという部分を除いた国籍法3条1項の所定の国籍取得の要件が満たされるときは，日本国籍を取得するとした。

　　　なお，外国人妻の子に関しては，法の適用に関する通則法29条1項後段の規定により子の本国法の保護要件も備えなければ，日本人夫は法62条の嫡出子出生の届出をすることができないが，その審査をすることなく誤って当該届出が受理された場合は，子の本国法が定める保護要件の欠缺が認知に無効を来さない限り，認知の効力は認められ，子は日本国籍取得の手続をとることができる。

（注2）　この外国人父がする本条の出生の届出の場合の記載は，通常の嫡出子出生の届出による記載方法とは異なり，出生事項中に父の国籍及び生年月日を記載する。

〔裁判による認知の届出〕

第63条 認知の裁判が確定したときは，訴を提起した者は，裁判が確定した日から10日以内に，裁判の謄本を添附して，その旨を届け出なければならない。その届書には，裁判が確定した日を記載しなければならない。

② 訴えを提起した者が前項の規定による届出をしないときは，その相手方は，裁判の謄本を添附して，認知の裁判が確定した旨を届け出ることができる。この場合には，同項後段の規定を準用する。

（注）　本条は，民事訴訟における電子判決書の制度の新設に伴い，令和5年法律53号によって，一部改正され，公布から5年以内の政令で定める日から施行される。具体的には，1項中「訴」を「訴え」に，「裁判の謄本を添附して」を「裁判の謄本又は裁判の内容を記載した書面であつて裁判所書記官が当該書面の内容が当該裁判の内容と同一であることを証明したものを添附して」に改め，2項中「裁判の謄本」を「裁判の謄本又は裁判の内容を記載した書面であつて裁判所書記官が当該書面の内容が当該裁判の内容と同一であることを証明したもの」に改めるものである。その概要や施行期日の見込等については，本書の附則解説第3の1「電子判決に関する改正法附則」の解説を参照されたいが，令和8年4月以降に施行される見通しである。

本条は，裁判認知（強制認知）の場合の届出に関する規定である。この場合は，認知の訴えを認容する旨の裁判の確定によって認知が成立するから，この届出は，認知が既になされた旨を届け出るところの報告的届出である。

本条は，法73条（離縁等の裁判があった場合の届出），法77条（離婚等の裁判があった場合の届出）等他の人事事件に関する裁判が確定した場合の届出についても準用されている。

第4章 届 出 第3節 認 知

1 裁判認知

(1) 認知請求権

　父が任意に認知しないときは，訴えによってその意思に反しても，認知を請求することができる（民787本文）。この訴えが認知の訴えである。そして，この訴えによりされる認知が裁判認知（「強制認知」ともいわれる。）であり，認知を求める権利を認知請求権という。

　なお，民法787条では「母」も相手方として明記されているが，母子関係は，母の認知を待たず分娩の事実により当然発生する（最判昭37・4・27民集16巻7号1247頁）ので，母子関係を裁判で確定するためには，「母子関係存在確認の訴え」による。

(2) 認知の訴えの当事者等

　この訴えの原告となり得るのは，子，その直系卑属又はこれらの者の法定代理人である（民787本文）。子は，行為能力がなくとも意思能力さえあれば，法定代理人の同意を得ることなく独立して訴えを提起することができる（人訴13・44）。子の直系卑属は，子の死後においてのみ訴えを提起し得る（通説）。民法783条3項との権衡や子の生存中は子の意思を尊重するべきであるというのがその理由である。法定代理人は，代理人たる資格で訴えを提起するというのが判例・通説であり，また，判例は，子が意思能力を持つときでも，子を代理して訴えを提起することができるとしている（最判昭43・8・27民集22巻8号1733頁）。胎児は，権利能力を有しないから，母がその法定代理人であるということはできず，胎児自身はもとより，母も認知の裁判を提起することができない（大判明32・1・12民録5輯1巻7頁）。

　被告となるのは，認知を求められる父である。訴えの提起は，被告となる父の生存中であれば，出生後何年経ってからでも差し支えない。認知請求権は，長年月行使しなかったからといって行使できなくなるものではないからである。父が成年被後見人である場合には，その成年後見人が，父のために訴えられることができる（人訴14Ⅰ）。

被告となるべき父が死亡した後は，検察官を相手方とするが（人訴44Ⅰ），父が死亡した日から3年を経過したときは，もはや訴えを提起することができなくなる（民787ただし書）。この出訴期間の制限について，嫡出推定を類推適用される内縁の子には適用すべきでないとする有力な学説がある。この点，判例は原則としてその適用除外を認めないが（最判昭44・11・27民集23巻11号2290頁），最高裁昭和57年3月19日判決（民集36巻3号432頁）は，例外的な場合に「父の死亡が客観的に明らかになつた時から起算すべき」ものとし，これを緩和している。(注) このように出訴期間の制限をしているのは，父の死後に長期にわたって身分関係を不安定な状態に置くと身分関係に伴う法的安定性が害され，また，あまり長い期間を経過すると証拠が散逸し事実関係が不明確になるばかりでなく，濫用による弊害が生ずるので，これを避けるためである。さらに，判例は，この出訴期間を制限することは立法の範囲に属することであり，合理的な根拠があるから憲法13条に違反せず，全ての権利者について一律平等に取扱い，その間に何ら差別を加えていないから憲法14条にも違反しないとしている（最大判昭30・7・20民集9巻9号1122頁）。

(3) 裁判認知の成立

認知の裁判は，家事事件手続法257条の規定によって調停前置主義が採られ，まず家庭裁判所に家事調停の申立てをしなければならない。調停手続において当事間に合意が成立しても調停を成立させることができず，家庭裁判所が必要な事実を調査した上，当事者間の合意を正当と認めたときは，合意に相当する審判をし（家事277），当該審判が確定すると，その審判は，確定判決と同一の効力を有する（家事281）。

調停が不調に終わったときは，原告は，人事訴訟を提起し，その裁判が確定することにより，認知が成立する。なお，このようにして成立した認知の効力は，任意認知の場合と同じく，子の出生の時に遡って生ずる（民784）。

第4章　届　出　第3節　認　知

(注)　内縁の夫が出奔行方不明になってから子が生まれたので、妻が勝手に婚姻届と夫名義で作成した出生届をし、子が嫡出子として戸籍に記載された後、親族の了解を得て協議離婚をし、子は母の氏を称する入籍の届出により母の戸籍に入籍していたところ、3年前に夫が死亡していることが確認されたため、婚姻届を含む一連の届出が全部無効となり、認知の訴えが父死亡後3年を経過した事案について、最高裁は、「父死亡の日から3年以内に認知の訴えを提起しなかつたことはやむをえなかつたものということができ、しかも、仮に右認知の訴えを提起したとしてもその目的を達することができなかつたことに帰するところ、……、他に特段の事情が認められない限り、右出訴期間〔民787但書所定の認知の訴えの出訴期間〕は、父の死亡が客観的に明らかになつた時から起算することが許されるものと解するのが相当である。」と判示した（最判昭57・3・19民集36巻3号432頁）。

② 裁判認知の届出

(1) 届出地及び届出義務者

　裁判上の認知は、審判又は判決が確定することによって認知が成立する。そこで、戸籍に裁判上確定した認知に関する記載をするため、認知の裁判を提起した者は、裁判の確定の日から10日以内に、審判又は判決の謄本を添付して、認知の裁判が確定した旨の報告的届出をしなければならない（本条Ⅰ）。これらの者が届出をしないときは、裁判の相手方は、届出期間経過後に届出をすることができる（本条Ⅱ）。届出地は、特別の規定がないので、法25条の一般原則による。

(2) 届書の添付書類

　届書には、審判又は判決の謄本及びその確定証明書を添付しなければならない。冒頭に記載したとおり、今後、判決が電子化される予定であり、その際は、審判も電子化されるので、この場合は、電子判決又は電子審判の内容を証明した書面が添付書類となる。このことは、本書で、日本の裁判所による判決や審判があった場合の判決や審判の謄本について言及している箇所（法68条の2や69条等において本条を準用している場合を含む。）全てに当てはまる。

第63条〔裁判による認知の届出〕

　なお，認知の裁判が確定した場合は，裁判所書記官から遅滞なく事件本人の本籍地の戸籍事務を管掌する者に対し，その旨の通知がされる（人訴規17，家事規134・136）ので，この通知があったときは，審判又は判決の確定証明書を省略することができる（昭和24・2・17通知349号）。

第4章　届　出　第3節　認　知

> 〔遺言による認知の届出〕
> 第64条　遺言による認知の場合には，遺言執行者は，その就職の日から10日以内に，認知に関する遺言の謄本を添付して，第60条又は第61条の規定に従つて，その届出をしなければならない。

　本条は，遺言による認知の届出に関する規定である。遺言による認知も一般の認知と胎児認知とに区別し，それぞれの手続によるべきものとしている。以下で説明するように，遺言による認知は遺言が効力を生じた時に成立すると解されるので，この届出は，報告的届出である。

1　遺言による認知

　遺言による認知（民781Ⅱ）は，任意認知ではあるが，認知の成立は届出の時ではなく，その遺言が効力を生じた時，すなわち，遺言者が死亡した時であると通説は解している（民985Ⅰ）。このようにして成立した遺言認知も，子の出生の時に遡ってその効力が生ずる（民784）。遺言による胎児認知もすることができる（民783Ⅰ）。もし，遺言による胎児認知がなされた後，その届出前に子が出生したときは，出生子の認知として届け出るべきである（大正4・1・28回答125号）。認知は遺言によってもすることができるとしたのは，父の生前の家庭内の紛争を避ける等，何らかの事情によって父が生存中に認知ができなかった場合に備えたからである。

　遺言による認知の場合でも，認知が実質的にその効力を生ずるためには，認知の実質的成立要件を充足していなければならない。例えば，成年に達した子を認知するためには被認知者の承諾が，胎児を認知するためには母の承諾が，それぞれ必要である（民782・783Ⅰ）。

　なお，遺言は，遺言者が遺言の効力を生ずるまでは自由にこれを撤回することができるところ，このことは，認知の遺言であると他の遺言事項であるとにより異ならない（民1022）。

第64条〔遺言による認知の届出〕

　上記のように遺言による認知は，遺言者が死亡した時に成立すると解されるから，父の死亡後にいわゆる死後認知の裁判が確定しその旨の戸籍記載があっても，遺言による認知が優先するので，その届出があれば，これを受理し，先の戸籍記載は法113条による戸籍訂正の手続によって消除すべきである（昭和42・3・8回答373号）。

2 届出人等

　遺言による認知の届出義務者は，遺言執行者である。遺言で遺言執行者が指定されていたり，その指定を第三者に委託してあって指定される場合はそれで足りる（民1006）。遺言執行者が指定していなかったり，指定されていても遺言執行者が存在しなくなれば，利害関係人の請求により，相続開始地の家庭裁判所が遺言執行者を選任する（民1010・883，家事209Ⅰ・210Ⅱ・別表第一の104項）。

　遺言による認知の届出期間は，遺言執行者が就職した日（民1007・1008）から10日以内である。

　届出地は，一般の認知については法25条の届出地に関する原則によるが，胎児認知については母の本籍地に限定される（戸61）。

3 添付書類

　添付書類は，認知に関する遺言の謄本であり，これを添付してしなければならない。この場合，遺言が自筆証書遺言（民968）又は秘密証書遺言（民970）である場合は，家庭裁判所の検認（民1004Ⅰ，家事209・別表第一の103項）を必要とするが，公正証書遺言の場合は，この検認は不要である。

　なお，法務局における遺言書の保管等に関する法律（平成30年法律73号）により法務局における自筆証書遺言書の保管制度を利用した自筆証書遺言[注]の場合は，公正証書遺言と同様，家庭裁判所の検認は不要である。

第4章　届　出　第3節　認　知

◆◆◆

（注）　法務局における遺言書の保管等に関する法律は，遺言書の検認の適用除外として，「第11条　民法第1004条第1項の規定は，遺言書保管所に保管されている遺言書については，適用しない。」と規定している。

> 〔認知された胎児の死産届〕
> 第65条　認知された胎児が死体で生まれたときは，出生届出義務者は，その事実を知つた日から14日以内に，認知の届出地で，その旨を届け出なければならない。但し，遺言執行者が前条の届出をした場合には，遺言執行者が，その届出をしなければならない。

本条は，認知された胎児が死産となった場合の届出義務に関する規定である。

1　認知された胎児の死産

認知された胎児が死産となったときは，その認知は実効を生ずるに実益はなく，戸籍には何らの記載もされない。しかし，先にされた胎児認知の届出は，胎児の出生届を待って母の本籍地の市町村長が保存しているため，その結末を付ける必要から本条の届出を必要としたのである。

死産については，人口動態調査のため別に「死産の届出に関する規程」（昭和21・9・30厚生省令42号）により，認知の有無を問わず，別個に死産の届出が要求されているが，両者はそれぞれ異なる目的のためにする届出であるので，いずれか一方の届出をしたことによって他方の義務を免れることはできない（昭和23・10・11回答3100号）。したがって，死産の範囲も両届出が必ずしも一致する必要はなく，本条による死産の届出は，胎児認知の届出がされていれば足り，必ずしも妊娠4か月以後における死児の出産（死産の届出に関する規程2）に限定する必要はない。

2　届出義務者等

届出義務者は，その胎児が出生したとすれば，その出生届をすべき義務を負う者である（戸52・55・56参照）。しかし，遺言による胎児認知の場合は，

遺言執行者が届出義務者となる。また，届出期間は，届出義務者が死産の事実を知った日から14日以内である。

届出地は，胎児認知の届出をした地である。本条の死産の届出は，胎児認知の届出をした市町村長に対してしなければならない。胎児認知の届出を受理した後，出生の届出又は法65条の認知された胎児の死産の届出があった場合には，規則48条1項又は50条1項の規定により胎児認知届書を保存しなければならない（準則38Ⅱ）。

なお，本条の死産の届については，胎児認知届とともに保存することが相当であるから，届書等情報を作成する対象となる（令和6・2・26通達500号第3の1）。

③ 届書の記載事項及び添付書類

届書の記載事項としては，一般の記載事項（戸29参照）のほか，死産の旨を明らかにすべきである。

添付書類は，胎児が死産したことを証する医師又は助産師作成の死産証書（死胎検案書）である。

第4節　養子縁組

【前　注】

I　養子縁組

1　養子制度の概説

　養子縁組は，血縁上親子でない者等の間に，その合意に基づいて法律上実親子と同一の身分関係を人為的に創立させようとする制度である。なお，養子は嫡出子としての法的地位を与えられるので，血縁上は親子であるが，嫡出でない子とその親との間でも養子縁組をすることができる。

　我が国における養子縁組には，普通養子縁組と特別養子縁組がある。普通養子縁組は，養子縁組の当事者双方が市町村長に届け出ることにより成立するが，特別養子縁組は家庭裁判所の審判の確定により成立する。なお，普通養子縁組の届出をするに当たり，家庭裁判所の許可を要する場合もある。特別養子縁組については，後記Ⅱで説明する。

　民法は，養子縁組の成立要件として，当事者間に縁組する意思のあることと，縁組の届出をすることの2つの要件を定めている（民802・799・739）。したがって，「養親」「養子」と称して一緒に生活し，縁組する意思があっても，養子縁組届をしない限り，養親子関係を生ずることはない。なお，他人の子を自分の子として届け出る「藁の上からの養子」は，養子縁組届がないため，養子縁組としては不成立無効である（最判昭25・12・28民集4巻13号701頁，この関係を裁判上明らかにするには，縁組無効確認訴訟ではなく，親子関係不存在確認訴訟を提起することが必要である。）。また，縁組意思がなく，氏を変更することを目的とした養子縁組は，制度本来の趣旨を逸脱しており許されない（平成22・12・27通達3200号）。

　さらに，認知の届出が事実に反しており無効であるときは，認知者が被認

知者を自己の養子とすることを意図し，被認知者の母と婚姻した事実があるとしても，認知届をもって養子縁組届とみなして，有効に養子縁組が成立したものとすることはできない（最判昭54・11・2判時955号56頁）。

養子縁組の届出については，法66条及び68条の解説を参照されたい。

この養子縁組の制度は，封建的家族制度の下では「家」のための制度であったが，後に「親」のための制度となり，さらに「子」のための制度に進化したといわれている。しかし，現実は家業を承継させるため，老後の扶養をしてもらうため，相続人を得るため，子の保護養育のため等々種々の目的により，縁組がなされており，現状は必ずしも理想どおりではない。ただし，昭和62年法律101号により創設された特別養子縁組の制度は，専ら子の利益を図るための制度である。

養親子関係は，人為的に創設された親子関係であるから，実親子関係とは異なり，離縁や縁組の取消しなどにより解消する。すなわち，普通養子縁組の当事者は，その協議で離縁をすることができ，協議ができないときは調停を申し立てたり，訴えを提起することにより離縁をすることができる。特別養子縁組の場合には，離縁をするには審判によることを要する。

縁組の取消しは，取消事由が民法に定められており（民803・804～808），裁判によることを要する。養子離縁については，第5節を参照されたい。縁組の取消しの届出については法69条に，縁組の取消しの際の氏を称する届出については法69条の2に，それぞれ規定が設けられている。

2 養子縁組の実質的要件

(1) 当事者間に縁組の意思があること（民802①）

上記のとおり，養子縁組の成立のためにはその届出が必要であるが，届出当事者間に真に縁組をする意思がないときは，縁組の届出があっても，縁組は有効に成立しない（民802①）。この縁組をする意思は，法定代理人が縁組を代諾する場合（民797）には，代諾をする者にその意思があったか否かに

よって決めなければならない。この縁組意思は，当事者の自由意思によるべきであり，また，縁組の届出をするときに存在していることを要するので，たとえ縁組の予約があったとしても，その届出を求めることは許されない。この縁組をする意思とは，養親になるべき者と養子となるべき者との間において，真に親子と認められるような身分関係の設定を欲する効果意思であり，単に養子縁組の届出をすることについての意見が合致しているだけでは足りないと解されている（最判昭23・12・23民集2巻14号493頁）。

縁組意思が欠けている事例としては，当事者の知らない間の届出（大判明40・11・6民録13輯1093頁）とか，届出の当時，届出人に意思能力が欠けていたこと（大判大6・12・20民録23輯2178頁）などのほか，芸娼妓稼業を主としてなさしめることを目的とする縁組（大判大11・9・2大審院民集1巻448頁）など，当事者において真に養子とする意思を欠いている場合も該当する。

従来市町村長は形式的審査権を有するにとどまるから，届出の受理に当たり，縁組意思の有無を実質的に審査しなければならない責任はないとされていたが，法27条の2（平成19年法律35号で新設）の不受理申出における届出人の本人確認，氏変更を目的とする虚偽の養子縁組と思われる届出の縁組意思の確認（平成22・12・27通達3200号）等においては，実質的審査をすることができることが明らかにされている。

(2) 養親が20歳以上であること（民792）

養親には親としての身分と責任を生ずるのであるから，この要件が設けられたのは当然である。民法792条は平成30年法律59号で改正されたものであり，改正前においては，「成年に達した者は，養子をすることができる。」とされていたが，同改正により民法4条の成年年齢が「20歳」から「18歳」に引き下げられたことに伴って，上記の条文中の「成年」が「20歳」と改められた。この改正は，次のような考え方の下に行われたものである。すなわち，改正前の条文表現のままでは，成年年齢と養親年齢が一致してしまうことになるが，成年年齢は若年者が親の監督や保護を離れて，自ら単独で契約等の法律行為をするのに適した年齢を定めているのに対して，養親年齢は，他人

の子を法律上自己の子として，これを育てるのに適した年齢を定めているため，必ずしも両者を一致させる必要はない。このような認識に立った上で，養親になることは他人の子を法律上自己の子として育てるという重い責任を伴うものであることに鑑みると，養親年齢を18歳に引き下げることは適切でなく，これを20歳とするこれまでの規律を維持することが望ましいと考えられたのである。

なお，上記の民法改正前においては，未成年者でも，婚姻により成年に達したものとみなされたことから（改正前民753），養親となることができたが，同改正により婚姻年齢と成年年齢とがともに18歳とされ，未成年者の婚姻は生じないことになったため，上記の民法の規定は削除された。したがって，同改正後は，婚姻していたとしても20歳以上の者でなければ養親にはなれないこととなった。20歳以上の者である限り，制限行為能力者であっても差し支えなく，婚姻をしているかどうか，実子又は養子がほかにあるかどうかも問わない。20歳未満の者を養親とする縁組は取消しの対象となる（民804）。

(3) **養子が養親の尊属又は年長者でないこと**（民793）

民法793条は，尊属又は年長者は，これを養子とすることができないと規定していて，養子は，養親よりも年齢が低いことと，尊属であってはならないことが定められている。前者については，例えば，叔父が甥よりも年齢が低いこともあり得るが，こうした場合でも，甥が尊属である叔父を養子とすることはできないとするものである。弟妹や従弟妹のように，自分と同列の世代の者は，年長者でなければ養子とすることができる（大判大4・3・13民録21輯312頁）。なお，夫婦が相互に縁組をすることは認められないが，離婚後，一方が元配偶者である一方を養子縁組することはできる（昭和24・9・9回答2034号）。

養子が養親よりも年少者でなければならないという要件については，その年齢差がたとえ僅かであっても，この要件を満たすものとされている（昭和24・4・6回答436号）。夫婦が養親又は養子となるときは，夫婦の双方共にこの要件を満たしていなければならない（昭和10・10・26回答1239号）。

上記の要件に違反した縁組は，その取消しを家庭裁判所に請求することができる（民805）。なお，養子夫婦の一方が養親夫婦より年長であることを理由に縁組全部の取消しが請求された場合には，年長の養子と年少の養親との間の縁組だけを取り消せば足りる（最判昭53・7・17民集32巻5号980頁）。夫婦共同縁組は，夫の縁組と妻の縁組の2つの縁組が合同でなされるものであり，法律上はそれぞれの縁組が成立することから，夫婦共同縁組の趣旨にもとるものでないときは，一方のみの取消しをすることができるからである。

(4) 養子が養親の嫡出子又は養子でないこと

自己の認知した子や自己の嫡出でない子を養子とすることができる（明治45・5・7回答725号）が，自己の嫡出子又は養子をさらに養子とすることはできない（昭和23・1・13通達17号(17)）。自己の嫡出子が他人の養子となった後でも同様である（昭和23・10・15回答660号）。したがって，夫婦が養子となろうとする場合において，一方が養親の嫡出子であるときは，他方のみが縁組をすることが可能であり（昭和23・3・27回答401号），夫婦の一方が他の一方の嫡出子を養子とするときは，実親は縁組の当事者から除外する（昭和23・5・14回答904号，民795・796参照）。

旧民法施行時には，自己の嫡出子が他家の戸籍にあるときは，家督相続の順位上の不利益を避けるため，これを養子縁組によって自己の戸籍に入籍させることが認められていた（大正3・4・23回答157号）。応急措置法の施行当時においても，他家の戸籍にある嫡出子を実親の戸籍に入籍させるため養子縁組によることが認められていた（昭和22・6・20回答522号，昭和23・1・13通達17号により変更）。しかし，現行民法施行後は，両者が戸籍を異にしていても親族・相続上の身分関係に全く影響することなく，また，子（又は養子）が父母（又は養父母）と氏及び戸籍を異にしている場合は，子（又は養子）は民法791条の規定に基づく法98条の入籍届をすることによって父母（又は養父母）と同籍することができる（その子に配偶者があるときは，父母（又は養父母）と同氏の新戸籍を編製することができる。）から，同籍すること又は氏を同じくすることのみを目的とした縁組は実益があるとはいえない。したがっ

て，自己の嫡出子又は養子を更に養子とするのは認められないこととされたのである（昭和23・1・13通達17号(17)）。これに対しては，民法798条ただし書の規定が実親子であっても利益の存する限り縁組を認めるものとも解されること，さらには，例えば，養子縁組前に出生した養子の子は養親及びその血族との間には親族関係は生じないが，養子となった者が当該縁組後にその子を養子としておけば，その子と父（又は母）の養親との間に親族関係が生じ，民法887条の規定に基づく代襲相続人となり得ることがあることから，養子縁組をする実益があるのではないかとする見解もないではないが，この理由をもって自己の嫡出子又は養子と更に養子縁組ができるとすることは，縁組の本来的な目的等から考えて無理があると思われる。養親は，養子が死亡した場合において養子の子に相続させたい時は遺言すれば足りる。

　なお，自己の嫡出子を養子とする縁組届が誤って受理された場合には，これを有効な縁組として取り扱い，取消しの対象にもならないとされている（昭和24・3・15回答3268号）。

(5) **後見人が被後見人を養子とする場合は家庭裁判所の許可を得ること（民794）**

　民法794条は「後見人が被後見人（未成年被後見人及び成年被後見人をいう。以下同じ。）を養子とするには，家庭裁判所の許可を得なければならない。後見人の任務が終了した後，まだその管理の計算が終わらない間も，同様とする。」と定め，成年後見人が成年被後見人を養子としたり，未成年後見人が未成年被後見人を養子とするためには，家庭裁判所の許可を要するものとしている。後見人は，被後見人の財産管理責任を負っており（民859），その程度は，善良な管理者の注意義務であって（民869・644），家庭裁判所や後見監督人は後見人の不正防止のために，財産の状況の報告を求めることができるところ（民863），後見人の不正の隠蔽を防止するため，縁組の許可を要するものとしているのである。特に未成年後見人が養親になれば，後見は終了し，自己の財産と同一の注意義務を負うにとどまり，また，家庭裁判所の職権による調査もできなくなることを指摘することができる。したがって，

後見人の任務が終了した後であっても，まだその管理の計算が終わらない間は，許可を要するものとされている。許可の審判については，家事事件手続法39条別表第一の61項・161条に規定されている。なお，未成年後見人が未成年被後見人を養子とする場合，民法798条に定める未成年者を養子とする縁組についての許可と，民法794条に定める後見人が被後見人を養子とする縁組についての許可とでは制度の趣旨が異なるので，双方を得ることを要する（昭和25・10・10回答2633号）。もっとも別々の許可の申立ては不要であり，1つの許可申立てにおいて，双方について家庭裁判所が許可をするように記載すれば足りる。

(6) **配偶者のある者が未成年者を養子とする場合は配偶者とともにすること**（民795）

昭和62年法律101号による民法等の一部を改正する法律（昭和63年1月1日施行）による改正前の民法795条は，「配偶者のある者は，その配偶者とともにしなければ，縁組をすることができない。」と定め，改正前の民法795条ただし書（「夫婦の一方が他の一方の子を養子とする場合は，この限りでない。」とする規定）に該当する場合を除いて，この要件は養親についても，また養子についても適用され，夫婦の一方のみによる養子縁組は認められないとされていた。しかし，上記の改正法が，民法795条の本文を「配偶者のある者が未成年者を養子とするには，配偶者とともにしなければならない。」と改めたことにより，養子となる者が婚姻していても当該夫婦が共に養子となる必要はなく，夫婦の一方だけでも養子となることができることになった。また，養親となる者が婚姻している場合でも，養子となる者が成年に達しているときは，当該夫婦が共に養親となる縁組をする必要はなく，養子となる者が未成年者であるときに限り，夫婦双方が養親となることを要するものとした。その一方で，上記の改正法は，配偶者のある者が縁組をするには，原則として配偶者の同意を得なければならないとする規定を新設した（民796）。これは，配偶者のある者が養子となる場合も養親となる場合も配偶者の同意を要するとする趣旨であり，未成年者を養子とする場合を除き，夫婦の一方だけ

でも縁組をすることができるとしたことに伴って配偶者の法的利益を保護するため、その同意を縁組の要件としたものである。

なお、民法795条ただし書には、「配偶者の嫡出である子を養子とする場合又は配偶者がその意思を表示することができない場合は、この限りでない。」との規定が設けられている。そこで、夫婦がその一方の子（未成年者）と養子縁組をする場合において、当該子が夫婦の一方の嫡出子であるときは、他方配偶者との単独縁組のみをすることができる。他方、当該子が夫婦の一方の嫡出でない子であるときは、民法795条本文に基づき夫婦共同縁組をしなければならない（昭和62・6・15通達1544号第1の1⑵イ）。また、配偶者が心神喪失、行方不明等の事由によってその意思を表示することができない場合は、他方配偶者が単独縁組をすることができる。

(7) **配偶者のある者が縁組をするにはその配偶者の同意を得ること**（民796）

上記(6)で述べたとおり、夫婦の一方が成年者を養子とする場合又は養子となる場合は、単独で縁組をすることができるが、他の一方の同意を得る必要がある。その理由は、配偶者の一方の縁組が相続・扶養等の関係で他方配偶者の法的地位に影響を及ぼすことや、配偶者が養子となると夫婦の氏が変更することもあることから、他方配偶者の意思を尊重し、その利益を保護するためである。夫婦が共同で縁組をする場合には、互いに同意を要しない。また、夫婦の一方が心神喪失、行方不明のため意思表示ができない場合にも、その同意を要しない（民796ただし書）。

配偶者の同意のない届出が受理されたときは、同意していない配偶者はその縁組の取消しを裁判所に請求できる（民806の2Ⅰ）。その反面として、配偶者の同意を得ていない縁組も、取り消されるまでは有効なものとされる。取消権者が配偶者に限られているのは、この要件が配偶者の利益を保護するためのものであるからである。この取消権の性質及びその行使の手続は、他の成立要件を欠いた縁組の取消権と同じである。この取消権は、縁組の取消しを請求することができる者が縁組を知った後6か月を経過し、又は追認したときは、消滅する（民806の2Ⅰただし書）。この追認は、他の場合の取消

権を消滅させる追認と同様、実体上されれば足り（民123参照）、追認の性質を有する追完届をする必要はなく、戸籍手続上も、取消権を消滅させる追認の性質を有する追完届は認められていない。また、詐欺又は強迫によって配偶者の同意を得てした縁組も、その同意をした配偶者は、縁組の取消しを裁判所に請求することができる（民806の2Ⅱ）。この取消権も、同様に、縁組の取消しを請求することができる者が、詐欺を発見し、若しくは強迫を免れたときから6か月を経過したとき、又は追認をしたときは、消滅する（民806の2Ⅱただし書）。

(8) 15歳未満の者を養子とする縁組（民797）

　ア　法定代理人の代諾（15歳未満の者の縁組）

　民法は、未成年者のうち15歳未満の者が縁組をするについては、意思能力の有無にかかわりなく、一律に縁組の意義とその当否を判断し得ない者とし、その法定代理人の代諾を要するものとしている。この場合、法定代理人のほかに、父又は母である監護者（父母離婚の際に、その協議又は家庭裁判所の審判により、子の監護をすべき者として定められた者（民766））がいるときは、法定代理人が養子に代わって縁組の承諾をするには、その監護者の同意を得なければならないものとされている。これは、縁組により当該子の親権者となった者が、その親権を濫用して、監護者の意思にかかわりなく監護権を失わせる等の措置に及ぶことなどを防止するためである。

　同意を得ることを要する監護者がその意思を表示することができない場合は、そのままでは、縁組をすることはできない。縁組をするには、家庭裁判所の審判により監護権を喪失させて監護者の同意なしに代諾縁組をするか、又は監護者を変更し、変更後の監護者が父又は母であるときは、その者の同意を得て代諾縁組をすることになる（民766Ⅱ）。監護者の同意がないままに届出が受理された場合は、縁組に同意していない監護者である父又は母は、縁組を取り消すことができる（民806の3）。反面、取り消されるまでは、有効なものとされる。この取消権の性質、行使手続は、他の成立要件を欠いた場合の縁組の取消権についてと同じである（民803）。

なお，民法は令和6年法律33号により一部改正がされ（同法律は，公布後2年以内に施行される。），民法797条も3項以下が付加された。同改正後は，代諾による縁組をすることが子の利益のために特に必要であるにもかかわらず，養子となる者の父母でその監護をすべき者であるものが縁組の同意をしないときは，家庭裁判所は，養子となる者の法定代理人の請求により，その同意に代わる許可を与えることができる。代諾による縁組をすることが子の利益のために特に必要であるにもかかわらず，養子となる者の父母で親権を停止されているものが縁組の同意をしないときも同様とされる（以上，民797Ⅲ）。また，父母が共同で親権を行使する場合において，縁組の代諾に関して父母間に協議が調わないため，民法824条の2第3項の規定に基づく請求がなされたときは，家庭裁判所は，代諾による縁組をすることが子の利益のために特に必要であると認めるときに限り，同条3項の規定による審判をすることができることとされ，この審判が確定したときは，当該請求をした親が単独で代諾をすることができる（民797Ⅳ）。これらの審判に関する手続については，改正後の家事事件手続法161条の2で規定されており，同条5項によれば即時抗告が可能なので，審判の確定を要する。

　イ　父母の一方のみの代諾

　親権者である父母の一方が所在不明その他の事由により意思表示をすることができないときは，他の一方のみの代諾で差し支えない（民818Ⅲただし書。令和6年法律33号施行後は民824の2Ⅰ②となる。昭和23・11・12回答3579号）。しかし，父母の意見が一致しないため一方のみが代諾している場合には，その縁組を受理することはできない（昭和23・6・9回答1636号(3)）。

　ウ　特別な場合の代諾

　㈦　管理権のない親権者（民835・837）であっても，縁組は子の身上に関する行為であるから，代諾する権利を有する（昭和28・11・24回答2207号）。

　㈥　養子となるべき嫡出でない子の母が未成年者であるときは，母の親権者が母の親権を代行する者として代諾しなければならない（民833）。

　㈧　児童福祉施設に入所中の児童が養子となる場合において，その者に

親権者又は未成年後見人がないときには，当該施設の長が都道府県知事の許可を得て縁組の代諾をすることができる（児福47）。なお，この場合にも民法798条の家庭裁判所の許可が必要である（昭和26・11・5通達2102号）。

㈢　親権者がその親権を行使する自己の嫡出でない子を養子にする場合には，利益相反行為として，特別代理人の承諾を要する（民826）。

親権者が自己の15歳未満の嫡出でない子を配偶者とともに養子とする場合には，親権者とその子との縁組については，特別代理人の選任を要しない（昭和63・9・17通達5165号）。後見人が被後見人を養子とする場合には，後見監督人があれば同人が代諾をすることができるが（民851④），後見監督人がないときには，特別代理人が代諾すべきである。この後者の場合，被後見人を養子とすることについて家庭裁判所の許可を得ていることは，特別代理人選任不要の理由とはならないとされている（昭和23・12・22回答3914号）。

エ　代諾のない縁組届出がされている場合の取扱い

縁組について一定の者の代諾を要する場合は以上のとおりであるが，その代諾のない縁組の届出がされている場合における戸籍事務の取扱いは，次のとおりである。

㈦　縁組につき届出当時の正当な代諾権者から，当該届書の誤記を理由に代諾する旨の追完届があった場合には，これを受理し，関係戸籍に追完があった旨を補記する（昭和30・8・1通達1602号）。

㈣　15歳に達した養子自ら当該縁組を追認している旨の追完届があった場合は，これを受理し，その旨を戸籍に補記する（昭和34・4・8通達624号）。なお，追認は，養親の一方又は双方が死亡している場合には，養子側の一方的届出で差し支えない（昭和34・5・29回答265号）。

㈫　後見人が15歳未満の被後見人を養子とする場合において，代諾権のない後見人の代諾した縁組が誤って受理されたときは，後日選任された特別代理人から当該縁組につき代諾する旨の追完届があれば，これを受理して有効な縁組とすることができる（昭和33・4・23回答204号）。

(9) 未成年者を養子とする場合は，家庭裁判所の許可を要すること（民798）

民法798条本文は「未成年者を養子とするには，家庭裁判所の許可を得なければならない。」と定め，未成年者との間の養子縁組については，家庭裁判所の許可を要するものとしている。これは当該未成年者の保護のために，養子縁組の趣旨・目的に反した身分関係（例えば，労働力搾取や性的行為目的のため）が形成されることを防止するための措置である。家庭裁判所は，縁組の目的や縁組後の生活基盤等を調査して，当該縁組が未成年者の利益や福祉に叶うかどうかを判断し，問題がないときに許可審判をするものとされている。この許可の審判は，家事事件手続法39条別表第一の61項・161条に規定されている。ただし，自己又は配偶者の直系卑属を養子とする場合は，上述のようなおそれがないから，家庭裁判所の許可は不要とされている（民798ただし書）。ここにいう配偶者には，死亡した配偶者は含まない（昭和23・8・15回答2413号，昭和24・2・4回答3876号）。また，養親となるべき夫婦が家庭裁判所の許可を得たが，その届出前に夫婦の一方が死亡したときは，許可当時の養子の利益の判断の基礎事実に重大な変動を来したといえるから，改めて縁組の許可を得なければならない（昭和24・7・19回答1648号，昭和34・7・22回答3261号）。外国人との養子縁組については法の適用に関する通則法31条1項後段により，養子となる未成年者の本国法により許可が必要か否かも判断されることになる。

3 縁組の届出

養子縁組の届出については，先に述べた要件や他の形式的要件を審査し，これを具備充足する場合でなければ受理することができない（民800）。家庭裁判所の許可を要する場合にその許可があっても，他の要件を欠くときは，これを受理すべきではない。すなわち，この許可は市町村長による届出の受否の判断を拘束する効果を付与するものではない。

なお，養子となる者が15歳未満である場合において，法定代理人のほかに

養子となる者の監護をすべき者（監護者）があり，その者が父又は母（養父母を含む。）であるときは，その監護者の同意を得なければならないが（民797Ⅱ），この場合は，縁組の届書の所定欄に同意を要する監護者の有無を記載させ，その記載により監護者の有無を審査するものとされている。そして，同意を要する監護者がある場合には，届書にその同意を証する書面を添付させるのが原則であるが，この書面に代えて，監護者に届書の「その他」欄に同意する旨を付記させて，署名させることでも差し支えないものとされている（戸38Ⅰ。以上，昭和62・10・1通達5000号第1の2）。また，令和6年法律33号による改正民法の施行後は，家庭裁判所が同法797条3項又は4項の審判をしたときは（その詳細は，前記2⑻ア後段参照），その審判の謄本と確定証明の添付をすることとなる。

　もし誤ってこれらの要件を欠く届出を受理した場合，前述の要件（当事者間に縁組の意思があること。）に抵触するものが無効とされる。その他の要件が欠缺しているときは取消しの対象となる場合もあるが，届出が受理された以上は，有効な縁組として取り扱うのが相当とされている（昭和24・3・15回答3268号）。

4　養子縁組の効果

　養子縁組は，上記のとおり市町村長に届けることにより成立する（民799，739）。家庭裁判所が縁組に関する許可審判をした場合も同様であり，当該審判により縁組が成立するものではなく，その成立のためには，審判の謄本を添えて市町村長に届け出ることを要する。

　このようにして成立した養子縁組の効力は，次のとおりである。

⑴　嫡出子の身分の取得等

ア　養親の嫡出子の身分等の取得

　養子は，縁組の日から，養親の嫡出子の身分を取得する（民809）。したがって，養子と養親とは，お互いにその相続人となり得る。

次に，養子と養親及びその血族との間においては，養子縁組の日から，血族間におけるのと同一の親族関係を生ずる（民727）。もっとも，養子縁組前の養子の直系卑属と養親との間には，養親族関係は発生しない（大決大6・12・26民録23輯2229頁等）。養子が縁組前に出生した子を縁組後に認知しても，認知の効力が遡及するので，同様である。したがって，当該養子の子は，養子が養親よりも早く死亡しても，代襲相続をしない。しかし，縁組後に養子が子を儲けたときは，当該子と養親との間に養親族関係が発生し，代襲相続も生ずる。

　イ　養子の親権者

養子が未成年であるときは，養父母が親権者となる（民818Ⅱ，令和6年法律33号の施行後は民818Ⅲとなる。）。養子の実親と養親が婚姻したときは，養子縁組と婚姻の前後を問わず，実親と養親の共同親権となる（昭和25・9・22通達2573号）。実親が子の親権者でなかったとしても，縁組及び婚姻の後は，実親と養親の共同親権となる（昭和26・6・22回答1231号）。

　ウ　後見との関係

未成年被後見人が養子となった場合，未成年者には養親という親権者が存在することとなるので，未成年後見は終了する。そこで，未成年後見人は未成年者の本籍地に未成年者の後見の終了届（戸84，報告的届出）を提出することを要する。なお，成年者である被後見人が養子となっても，そのことを理由に養親が後見人とならないので，別途，後見人の変更（辞任の許可と選任の審判）が必要である。

(2)　養子の氏

養子は，養親の氏を称する（民810本文）。そこで，養子が配偶者を有していないときは，養子は，縁組によって，養親の戸籍に入籍する。養子が配偶者を有している場合には，各種の事案に応じて，養親の氏を称したり，婚姻の氏のままであったり，新戸籍が編製されたり，従前の戸籍にとどまったりするが，その詳細は，下記5の解説を参照されたい。

5 養子縁組による戸籍の変動

養子縁組の届出による戸籍の変動については次のとおりである。
① 養子縁組がされた場合，その効果として養子は養親の氏を称することとなり（民810），養子が単身者であれば養親の戸籍に入籍する（戸18Ⅲ）。
② 夫婦がともに養子となる場合は，養子夫婦について養親の氏をもって新戸籍を編製する（戸20）。養子に配偶者がある場合において，当該養子が戸籍の筆頭者である場合も同様である。
③ 夫婦のうち戸籍の筆頭者でない配偶者のみが養子となる場合は，戸籍に変動はなく，当該養子の身分事項欄に縁組事項を記載する。
④ 戸籍の筆頭者及びその配偶者以外の者が単身者を養子とする縁組をした場合は，養親について新戸籍を編製し（戸17），養子をその戸籍に入籍させる。
⑤ 養子が縁組によって他の戸籍に入り，又は新戸籍を編製したときは，従前の戸籍から除籍される（戸23）。③の場合において，新戸籍を編製した養親についても同様である。
⑥ 養子の縁組前の戸籍に在籍する子がある場合，子については父又は母の養子縁組による氏変更の効果が及ばないから，子は現在の戸籍にとどまることになる。

6 渉外的養子縁組

渉外的養子縁組とは，日本国内でなされる養子縁組のうち養親又は養子の一人又は双方が外国人であるもの，及び外国でなされる養子縁組の全てを指す。換言すれば，日本人同士が日本国内で縁組をする場合以外の養子縁組ということになる。渉外的養子縁組の成立要件は，以下のとおりである。

(1) 実質的成立要件

法の適用に関する通則法（以下「通則法」という。）31条1項前段は「養子

縁組は，縁組の当時における養親となるべき者の本国法による。」と定めている。つまり，渉外的な養子縁組が有効に成立するためには，まず，当事者双方について，縁組当時における養親となるべき者の本国法上の要件を満たしていることを要する。その理由は，養親子の生活が営まれる地は養親の属人法国であるのが通常であって，養子縁組の成立には，その国の法が定める要件を具備する必要があることや，養子縁組により養子は養親の家族になることや養親の国籍を付与する国が多いことなどが考慮されたものである。

　渉外的養子縁組の実質的成立要件としては，次のような事項がある。

　　ア　養子縁組の可否

　まず，養親の本国法上，養子縁組が認められていることを要する。養親の本国法上養子縁組の制度がなければ，我が国でも養子縁組はできない。

　　イ　養子及び養親の年齢等

　　　(ｱ)　養親の年齢その他に関する要件

　日本の民法では，20歳に達した者は養子をすることができることや（民792），特別養子の場合は養親となるべき者は原則として25歳以上であること（民817の4）と定められているが，このような養親となることができる年齢は養親の本国法によることになる。また，国によっては，子を有する者は養子をすることができないとするものや，養子の数を制限するものなどもある。このような事項は養親の本国法が適用される。

　　　(ｲ)　養子の年齢その他に関する要件

　日本の民法では，普通養子の場合は，養親の尊属でないことや養親よりも年齢が低いこと（民793），特別養子の場合は，特別養子縁組の審判の申立てのときに原則として15歳未満であること（民817の5）を要件として定めているが，このような養子となることが可能な制限年齢も養親の本国法による。また，養子縁組についての法定代理人の代諾や承諾については，養親の本国法によるとともに，養子の本国法上の保護要件にも該当することになる（通則法31Ⅰ後段）。

(ウ) 養親子の年齢差

日本の民法では普通養子については，養親よりも年齢が低ければ足り（民793），養親間の年齢差の制限を設けていないが，国によってはこの制限を設けているものもある。この年齢差については，養親の本国法が適用される。

ウ 養親子間の身分関係を理由とする縁組の禁止

嫡出でない親子関係にある場合の養子縁組は認めないとしたり，後見人が被後見人を養子とすることを禁止する制度を設けている国もある。これらの養親子間の身分関係を理由とする縁組の禁止も，養親の本国法が適用される。

エ 国家機関の関与等

日本の民法では，未成年者を養子とする場合には原則として家庭裁判所の許可を必要としている（民798）が，外国人養親の本国法が要求する国家機関の関与については養親の本国法が適用される。また，実親等の同意や承諾が要件とされるときは，これも満たす必要がある。なお，これらの要件は養子の本国法上の保護要件ともされる（通則法31Ⅰ後段）。

オ 夫婦共同縁組

日本民法では，配偶者のある者が未成年者を養子とする場合は原則として配偶者とともにしなければならないとされ（民795本文），基本的に夫婦共同縁組が強制されているが，外国ではこれと異なる規制がされているものがある。この夫婦共同縁組や配偶者の同意なども，養親の本国法が適用される。

カ 養子縁組の直接的効力

養子縁組が成立した場合における養親と養子の法律上の親子関係の成立等縁組の直接的効力についても，養親の本国法による。

キ 養子縁組の無効や取消事由の有無

養子縁組の実質的要件を満たしていない場合，当該養子縁組が無効であるのか，取り消すことができるのかについても，縁組の実質的成立要件の準拠法としての養親の本国法が適用される。

次に通則法31条1項後段は「この場合において，養子となるべき者の本国法によればその者若しくは第三者の承諾若しくは同意又は公的機関の許可そ

の他の処分があることが養子縁組の成立の要件であるときは、その要件をも備えなければならない。」と定めている。これは、縁組が養子となる者の保護に欠けることがあってはならないことから、養子の本国法に親の同意、関係機関の許可などについての規定がある場合は、これも充足しなければならないとするもので、保護要件といわれている。例えば、民法の規定する保護要件としては、養子となる本人の承諾、配偶者のある者が縁組をする場合の配偶者の同意（民796）、普通養子となる者が15歳未満の場合の法定代理人が本人に代わってする承諾（民797Ⅰ）、法定代理人のほかに監護者がいる場合のその同意（民797Ⅱ）、未成年者を普通養子とする場合の家庭裁判所の許可（民798）、特別養子となる者の父母の同意（民817の6）などがこれに当たる。

(2) 形式的要件

通則法34条は、親族関係についての法律行為の方式は、当該法律行為の成立について適用すべき法によるとしつつ（通則法34Ⅰ）、行為地法に適合する方式も有効とするとしている（通則法34Ⅱ）。そこで、養子縁組の形式的成立要件の準拠法は、養子縁組の実質的成立要件の準拠法（縁組の当時における養親となるべき者の本国法）と養子縁組する地の法の選択的連結となり、いずれかに適合するときは、その方式は有効とされる。例えば、我が国において、外国人が日本人を養子とする縁組をする場合には、行為地法である日本の法律と養親となるべき者の本国法のいずれかに適合するときは、方式上有効とされる。日本民法上の方式は、普通養子の場合は、市町村長への届出である。もっとも、各国の養子縁組の法制度上、縁組をするためには裁判所の決定を要するとの法制をとる国が多々あるが、養親となるべき者の本国法がそのような法制度の場合は、その要件を満たす必要がある。なお、我が国でも、特別養子縁組成立には家庭裁判所の審判を要する（民817の2）。

なお、このように外国裁判所等の決定により縁組が成立した場合につき、家事事件手続法79条の2は「外国裁判所の家事事件についての確定した裁判（これに準ずる公的機関の判断を含む。）については、その性質に反しない限り、民事訴訟法第118の規定を準用する。」と規定し、外国判決の承認と同じような方法で我が国でもその効力を認めるものとしている。

Ⅱ 特別養子縁組

1 概 説

　我が国の養子制度としては，前述した普通養子制度のほか，昭和62年法律101号で創設された特別養子縁組の制度がある。特別養子縁組制度については，令和元年法律34号で一部改正がされた。
　特別養子縁組は，父母に養育の意思があっても，正常な家庭環境でないことなどにより，適切な監護ができないこと，また，一応父母による監護はされているが，その監護方法が著しく不適切であるなど，特別の事情がある場合において，原則として15歳未満の子について，その者の利益のために特に必要があるときに限り認められる。普通養子縁組が縁組当事者間の身分契約としてその合意と届出によって成立するのに対して，特別養子縁組は，家庭裁判所が養親となる者の申立てに基づき，6か月以上の試験養育期間の養育状況をみて，特別養子適格の確認の審判を経た後，特別養子縁組成立の審判によって成立する。この縁組の成立により，特別養子は，養親の嫡出子としての身分を取得し，実親及びその親族との法律上の関係は，婚姻障害を除き消滅する。
　特別養子縁組制度の特色を挙げれば次のとおりである。
　(1)　成立の方式
　普通養子縁組は，養子縁組に合意した当事者が戸籍法の定めるところに従って，届け出ることによって成立するが（民799・739，戸66），特別養子縁組は，家庭裁判所の審判によって成立する（民817の2）。
　(2)　成立の要件
　普通養子縁組における養親又は養子になる要件は，20歳に達した者は養子をすることができること（民792），尊属又は年長者はこれを養子とすることができないこと（民793）など極めて緩やかであるが，特別養子縁組については，実の親子関係と同様の親子関係が形成されるようにするため，養子と

なる者は，原則として15歳未満であることを要し（民817の5），養親となる者は，夫婦でなければならず（民817の3），その年齢は25歳以上でなければならない（ただし，夫婦の一方が25歳に達していなくても，その者が20歳以上であればよい。民817の4）など養親又は養子について厳格な要件が定められている。

(3) 縁組の効果

普通養子縁組においては，縁組の成立後においても，養子の実方の父母その他の親族との親族関係は継続するが，特別養子縁組においては，縁組によって実方の父母その他の親族との法律上の関係は，婚姻障害を除き消滅する（民817の9）。

(4) 特別養子の戸籍

普通養子の戸籍は，その父母欄には実父母と養父母の氏名が記載され，養父母との続柄は「養子」，「養女」と記載されるが，特別養子の戸籍においては，養父母のみが法律上の父母となるので，父母欄には実父母の氏名は記載されず，養父母の氏名が父母として記載され，続柄欄には「長男」，「長女」と実子と同じように記載される（戸規附録6号ひな形・付録24号ひな形）。

2　特別養子縁組の成立要件

(1) 実質的成立要件

ア　夫婦共同縁組（民817の3）

養親となることができる者は配偶者のある者に限られる（民817の3Ⅰ）。夫婦の一方のみでは養親となることはできない。これは，特別養子縁組が養親を唯一の親として子の健全な育成を図ることを目的とするものであることによる。ただし，夫婦の一方が他の一方の実子たる嫡出子又は特別養子と縁組をする場合には，その他の一方が改めて養子縁組をする必要はない（民817の3Ⅱただし書）。それ以外の場合，すなわち，夫婦の一方の嫡出でない子又は夫婦の一方若しくは双方の普通養子と特別養子縁組をする場合は，夫

婦が共に養親となることを要する。

　イ　養親となる者の年齢（民817の４）

　養親となる者は25歳以上でなければならないのが原則であるが，夫婦が共に養親となる場合において，その一方が25歳以上であるときは，他方は20歳以上であれば足りる（民817の４ただし書）。前述のとおり，夫婦の一方が他方の実子たる嫡出子又は特別養子を特別養子とする場合には，夫婦の一方のみが養親となるが，その者は常に25歳以上であることを要する。年齢の基準時については，特に規定されていないので，養親の年齢に関する要件は，審判の時に充足されていれば足り，必ずしも申立ての時に充足されていることを要しない。

　ウ　養子の年齢（民817の５）

　特別養子となることができる者の年齢については，昭和62年法律101号で民法等の一部改正によりこの制度が新設された当初の規定では，原則として，家庭裁判所に対する縁組の成立の請求の時に６歳に達しない子に限られるが（令和元年法律34号による改正前民817の５本文），その者が６歳に達する前から引き続き養親となる者に監護されている場合には，請求の時に８歳未満であれば養子となることができる（同条ただし書）とされていた。この年齢制限は，令和元年法律34号の民法等の一部改正により改められ，原則として，家庭裁判所に対する縁組成立の請求の時点で15歳に達しておらず（民817の５Ⅰ前段），かつ，縁組が成立するまでに18歳に達していない者（民817の５Ⅰ後段）に限られるが，養子となる者が15歳に達する前から引き続き養親となる者に監護されており，かつ，15歳に達するまでに特別養子縁組の成立の審判の申立てがなされなかったことについてやむを得ない事由があるときは，審判申立時において15歳に達している子についても，特別養子縁組を成立させることができることとされた（民817の５Ⅱ。なお，この場合にも後記エのとおり，縁組成立時に18歳に達していれば，特別養子縁組を成立させることはできない。）。

　上記の「やむを得ない事由」に当たるかどうかは，最終的に裁判所の判断

に委ねられるが、例えば、養親となる者が養子となる者の養育を開始してから間がなく、十分な熟慮期間がないうちに養子となる者が15歳に達した場合などがこれに当たり得るものと考えられる。この改正の目的は、特別養子縁組制度の利用の促進を図り、家庭的な環境の下で養育することが適切である子がその必要に応じて制度を利用することができるようにするため、養子となる者の請求時における原則的な上限年齢を6歳未満から15歳未満に引き上げるとともに、養親となる者が特別養子適格の確認の審判を得てから養子となる者の試験養育を行うことができることとし、また、一定の要件の下で実親の同意の撤回を制限し、さらには、児童相談所長の手続関与を認めることにするなど、特別養子縁組の成立の手続を合理化することにあった。

養子となる者の上限年齢を15歳未満とした理由は、民法上15歳に達した者は法定代理人によらずに自らの意思で普通養子縁組をすることができるとされていることから（民797Ⅰ）、この年齢に達している者について家庭裁判所の審判によって養子縁組を成立させることは、原則として不適当であると考えられたことによる。これに加えて、子の利益の観点からは、できる限り早期に特別養子縁組を成立させることが望ましいと考えられることから、上限年齢を15歳未満とすることによって、遅くとも義務教育期間中には縁組の申立てがされるよう促す効果が期待されること、さらには特別養子縁組が未成年者の養育のための制度であることからすれば、縁組成立後に一定の養育期間が確保されるようにする必要があること等も考慮されて、養子となる者の上限年齢を原則として15歳未満でなければならないとしたのである。

エ　縁組成立時の上限年齢

民法817条の5第1項後段は、特別養子縁組が成立するまでに18歳に達した者については、養子となることができないこととしている。これは、特別養子縁組は、未成年者の養育のための制度であり、令和4年4月1日から成年年齢が18歳に引き下げられたことから、18歳に達した者を養子とする特別養子縁組を成立させるのは相当ではないとされたものである。なお、この上限年齢の判断基準時は特別養子縁組成立の審判の確定時であり、縁組の審判

がされた後で，その審判が確定するまでに養子となる者が18歳に達した場合には，その審判は確定せずに，家庭裁判所によって職権で取り消されることになる（家事164ⅩⅢ）。

　　オ　養子となる者の同意

　養子となる者が15歳に達しているときは，特別養子縁組を成立させるためには，養子となる者の同意がなければならない（民817の5Ⅲ）。前述のとおり，民法上，15歳に達した者は自らの意思で普通養子縁組をすることができることとされていることからすれば，この年齢に達した者について，特別養子縁組の養子となる場合にも，その者の同意が必要であるとされるのも当然であろう。

　なお，家庭裁判所は特別養子縁組成立の審判をするに当たっては，養子となる者の意思を考慮しなければならないこととされている（家事65）。家庭裁判所は，養子となる者が15歳未満の場合であっても，その意思を考慮した上で，縁組を成立させるか否かを判断することになる。

　　カ　父母の同意

　特別養子縁組は，養子となる者とその実方の親との法律上の親子関係が断絶する効果を伴うものであるため，その成立には，養子となる者の父母の同意を要する（民817の6本文）。ここにいう父母とは，養子となる者の法律上の父母全てが含まれる。すなわち，実父母のほか養父母があればその同意も必要である。また，法律上の父母であれば，親権者，監護者であるかどうかは問わない。ただし，父母の同意が常に必要であるとすると，父母が行方不明等の場合には，特別養子縁組が子の福祉にとって必要であるにもかかわらず，それができないという不都合な事態が生じるので，特別養子となる者の父母がその意思を表示することができない場合又は父母による虐待，悪意の遺棄その他養子となる者の利益を著しく害する事由がある場合には，父母の同意を要しない（民817の6ただし書）。

　この実親の同意については，従来，一旦同意しても特別養子縁組の審判が確定するまでその同意の撤回ができるという取扱いがされていたが，令和元

年法律34号の改正により，第1段階の特別養子適格の確認の審判手続において実親が裁判所における審問の期日等でした同意については，同意をした日から2週間が経過した後は撤回することができないこととされた（家事164の2Ⅴ・239Ⅱ）。実親の同意の撤回制限は，実親が特別養子縁組の成立について同意をした後に翻意してもその成立を阻止することができなくなるという重大な効果を有するものであるため，撤回が制限される同意は，実親が，裁判所の審問期日においてしたものか，又は家庭裁判所調査官の調査を得て書面でしたものに限られる。また，子を出産した直後に実母がした同意は精神的に不安定な状態でされることが少なくないため，撤回が制限される同意は，子の出生の日から2か月を経過した後にされたものに限ることとされている（家事164の2Ⅴ①）。

キ　縁組の必要性（民817の7）

特別養子縁組は，父母による養子となる者の監護が著しく困難又は不適当であることその他特別の事情がある場合において，子の利益のため特に必要があると認めるときに成立させることができる。

「子の利益のため特に必要がある」とは，児童の健全な育成ないしその福祉の向上のため特に必要があることを意味する。この要件が満たされるためには，養親との間に新たに実親子関係と同様の強固な親子関係が設定されることにより，養子となる者の監護，養育の状況が将来にわたり永続的に確実に向上することが明らかであること，及び実方の父母との間の親子関係の終了が養子となる者の利益となることを要する。「父母による養子となる者の監護が著しく困難又は不適当である」とは，実方の父母との親子関係の終了が子の利益に合致する場合であることをより具体化させたものである。父母による監護が著しく困難である場合とは，実方の父母に養子となる者の監護，養育の意思があっても，貧困，正常な家庭がないこと等により，子の適切な監護が客観的に期待できない場合をいい，父母による監護が著しく不適当である場合とは，一応実方の父母により監護はされているが，子を虐待し，あるいは通常子の養育に必要な措置をほとんどとっていない等，子の監護方法

が著しく不適切である場合をいうとされている。「その他特別の事情」とは，親子関係を断絶させてまで子の利益を守るのを相当とするような事情がある場合をいう。なお，夫婦の一方がその配偶者の嫡出子たる実子を特別養子とするいわゆる連れ子養子の場合において，実方の父母の他の一方との親子関係の終了を特に必要とする「特別の事情」があるときは，縁組を成立させることができるが（民817の3Ⅱただし書参照），戸籍や健康保険証等から養子の記載を消去したいというようなことは，「特別の事情」に当たるとはいえない。

　ク　その他の要件

　特別養子縁組の成立要件について，民法817条の2は，民法817条の3から817条の7までに定める要件があるときは，特別養子縁組を成立させることができるものとしているが，民法中の養子縁組に関する規定は，成立要件の規定（民792～801）を含めて，特別養子に関する規定中に特則がない限り，特別養子についても適用される。しかし，縁組の成立要件に関する規定のほとんどは，明文の規定により（民817の2Ⅱ）又は特別養子に関する規定の趣旨に鑑みて特別養子縁組への適用が排除されるので，理論的に適用の可能性があるものは，民法793条（尊属を特別養子とすることができない。）及び799条により準用する738条（成年被後見人が特別養子をするにつき，成年後見人の同意を要しない。）のみである。特別養子縁組の成立については，これらの要件も，併せて特別養子縁組の審判において検討されることになる。

(2)　形式的成立要件

　特別養子縁組は，養親となる者の請求により，家庭裁判所が成立させる（民817の2）。

　特別養子縁組の成立の審判事件は，申立人たる養親となる者の住所地の家庭裁判所が管轄する（家事164Ⅰ）。特別養子縁組を成立させる審判は，2段階の手続による2つの審判によって成立する。まず第1段階の手続は，「特別養子適格の確認の審判」である（家事164の2）。これは，実親に関する要件，すなわち「父母による養子となる者の監護が著しく困難又は不適当であ

ることその他特別の事情がある場合」（民817の7）に該当するか，また，養親の同意の有無及び実親の同意がない場合に「父母がその意思を表示することができない場合又は父母による虐待，悪意の遺棄その他養子となる者の利益を著しく害する事由がある場合」に該当するか（民817の6）について審理し，それが認められる場合に，特別養子適格の確認をする審判である（家事164の2Ⅰ）。この審判の申立ては，児童相談所長もすることができる（児福33の6の4Ⅰ）。なお，子の「特別養子適格の確認の審判」及び児童相談所長に申立権を付与する制度は，令和元年法律34号により新設されたものである。

次に，第2段階の手続（特別養子縁組成立の審判手続）においては，養子となる者は第1段階の審判を受けた者でなければならず，第1段階の審判は第2段階の審判事件の係属する裁判所を拘束することとしている（家事164Ⅶ前段）。しかも，第1段階の審判は第2段階の審判をする時にされたものとみなされる（家事164Ⅶ後段）。これらの手当てがされていることから，養子について第1段階の審判が確定しているときは，第2段階の審判手続においては，実親に関する要件は当然に満たされていることになり，したがって，養親に関する要件，すなわち養親の監護能力や養親子の適合性の審理，判断がされることになる。このように2段階の手続を設けることにより，第1段階の審判においてその子が特別養子の対象となる（特別養子適格がある）ことを確定した上で，第2段階の手続において安心して試験養育などの手続が進められるようになるのである。

なお，家事事件手続法164条7項後段の規定により，第1段階の審判は第2段階の審判をする時にしたものとみなされることから，第1段階の審判がされた後に，例えば，実親が養育能力を回復するなどの事情の変更があったとしても，家庭裁判所は，第2段階の審判をするに当たってその事情を考慮することはできない。

3 特別養子縁組の効果

(1) 実方親族等との親族関係の終了

　特別養子縁組の成立により普通養子縁組と同一の効果が生ずる（民727・734〜736・809・810・818Ⅱ）ほか，特別養子とその実方の父母及びその血族との親族関係は終了する（民817の9）。血族関係が終了する「実方の父母」とは，民法817条の6に規定する父母と同じく縁組前の全ての法律上の父母をいう。したがって，血縁上の父母である実父母はむろん，養父母があればその養父母との親族関係もこの縁組によって終了する。

　夫婦の一方が他の一方の嫡出子たる実子又は特別養子を特別養子としたとき（いわゆる連れ子養子）には，その他の一方及びその血族との親族関係は終了しない（民817の9ただし書）。なお，生理上の父からの認知を受けないまま特別養子となった子を縁組後に認知することができるかという問題があるが，これについては，特別養子縁組によって既に存在する嫡出又は嫡出でない親子関係が終了する結果，認知前に存在した嫡出でない親子関係は当然に終了しているので，認知は許されないことになる。また，特別養子縁組の審判確定前に実方の父母が死亡してその相続が開始しているような場合は，その相続の効果は，特別養子縁組の成立前に生じているので影響を受けることはない。

(2) 婚姻障害

　特別養子縁組によって，実方の親族との間の親族関係が終了した後も，これらの者と特別養子となった者との間の婚姻障害については，縁組前と同様で変わることはない（民734Ⅱ・735）。なお，特別養子とその養親の実子との婚姻が妨げられないことは，普通養子の場合と同様である（民734Ⅰただし書）。

4 特別養子縁組の無効，取消し

　養子縁組の無効，取消しに関する民法802条から808条までの規定は特別養

子縁組については，適用されない。これらの規定は，当事者の合意によって成立する普通養子縁組を対象とした規定であり，人違い等その合意の基礎である意思表示に瑕疵がある場合の効力に関する規定である。したがって，家庭裁判所の審判によって成立する特別養子縁組については，合意の瑕疵に関する規定は適用の余地がない。

　なお，特別養子縁組の審判について，家事事件手続法103条2項が準用する民事訴訟法338条1項において規定する再審事由があるときは，再審の申立てをすることができる（家事103Ⅰ）。

第66条〔縁組の届出〕

> 〔縁組の届出〕
> 第66条　縁組をしようとする者は，その旨を届け出なければならない。

　本条は縁組の届出に関する一般的規定である。縁組の届出は，届出によって効力を生ずる創設的届出であることは，民法799条・739条1項の規定及び本条の規定に照らして明らかである。

1 届出人

　養子縁組の届出人は，縁組当事者たる養親及び養子である（民799・739Ⅱ）。養親又は養子が夫婦で共同して縁組をする場合は，夫婦が共に届出人となる。養子が15歳未満の場合は，養親と養子の法定代理人（親権者又は未成年後見人）が届出人となる（民797，戸68）。

　また，親権を行う父又は母が自己の15歳未満の嫡出でない子を養子とする場合又は未成年後見人が15歳未満の未成年被後見人を養子とする場合には，利益相反の関係が生ずるため，養親と養子の特別代理人が届出人となる（民826，昭和23・11・30回答3186号二，昭和23・12・22回答3914号）。

　ただし，未成年後見人が15歳未満の未成年被後見人を養子とする場合であっても，未成年後見監督人が選任されているときは，未成年後見監督人が届出人となる（民851④・860ただし書）。また，15歳に達した未成年者又は成年被後見人は，その法定代理人の同意を得ないですることができる行為については，自ら届出をするものとされているから（戸32），養子縁組の届出をする場合は，当事者として自ら届け出ることになり，法定代理人の同意を要しない（民799・738）。

　なお，縁組の届出には成年の証人2人以上の連署を必要とされる（民799・739Ⅱ，戸33）。しかし，この場合の証人は届出人という概念には含まれない。

2　届出地

届出地は，法25条の一般原則による。つまり，届出事件本人の本籍地又は届出人の所在地ですることになる。この所在地は一時の滞在地を含むとされている（明治32・11・15回答1986号）。養親，養子のいずれの本籍地又は届出人の所在地で差し支えない。

3　届書の記載事項

届書の記載事項には，一般の記載事項のほか，特別の記載事項は定められていない。なお，届書の標準様式が定められている（令和6・2・26通達504号別紙6）。

4　添付書類

添付書類は，次のとおりである。

① 　後見人が被後見人（未成年被後見人及び成年被後見人をいう。）を養子とする場合は，家庭裁判所の許可の審判書謄本（民794，家事161・39・別表第一の61項）

② 　自己又は配偶者の直系卑属以外の未成年者を養子とする場合は，家庭裁判所の許可の審判書の謄本（民798，家事161・39・別表第一の61項）

③ 　特別代理人が縁組の承諾を要する場合は，家庭裁判所の特別代理人選任の審判書の謄本（民826，家事168①・39・別表第一の65項）

④ 　児童福祉施設の長が15歳未満の入所者につき親権者として縁組の承諾をする場合は，都道府県知事の許可書（児福47・33の2・33の8）

> 第67条　削除

　本条は，配偶者の一方が双方の名義で縁組をする場合の規定であったところ，昭和62年法律101号により，同制度が廃止されたため，全改（削除）された。

> 〔縁組代諾者の届出〕
> 第68条　民法第797条の規定によつて縁組の承諾をする場合には，届出は，その承諾をする者がこれをしなければならない。

本条は民法797条の規定に対応する戸籍の届出に関する規定である。

本来縁組の届出については代理による届出は許されないのであるが（戸37Ⅲ），他方で，意思能力のない幼児を養子とする縁組を希望する者も多く，現に相当数存在している。そこで，15歳未満の者が養子となる場合には，法定代理人が本人に代わって縁組の承諾ができることとしている。しかも，15歳未満の者の縁組については，意思能力の有無を問わず必ず法定代理人の代諾によらなければならないと解されている（大判大11・7・29大審院民集1巻443頁）。

これに対して，15歳に達した未成年者は，その法定代理人の同意を得ないですることができる行為については，自ら届出をするものとされている（戸32）。したがって，養子縁組の届出をする場合は，当事者として自ら届け出ることになり，法定代理人の同意は要しない。親権を行う父母が届出をし誤って受理された場合は，当該縁組の届出は無効であるが（大正3・12・28回答1125号），養子から追完届があれば，この縁組は遡って有効と解される（昭和29・8・20回答1721号，昭和30・5・1回答905号）。

1　養子縁組の代諾者（届出人）

15歳未満の者の養子縁組については，養親と養子となるべき者の代諾者が養子縁組届をする。縁組の代諾者は法定代理人，すなわち親権者又は未成年後見人であり，父母であっても親権のない者は代諾できない。

代諾者につき，父母が共同で親権を行う場合には父母が共同で代諾をすべきであり，父母の意見が一致しないときは縁組は成立しないことになる（昭和23・6・9回答1636号，昭和26・12・28回答2476号）。もっとも，親権を行う

父母の一方が所在不明又は意思表示をすることができないときは，他の一方のみの代諾により縁組をすることができる（民818Ⅲただし書，令和6年法律33号施行後は民824の2Ⅰ②。昭和23・11・12回答3579号）。この場合，縁組届書の「その他」欄に，意思を表示することができない旨及びその事由を記載する必要がある（昭和62・10・1通達5000号第1の1(1)イ）。

児童福祉施設に入所している15歳未満の児童が養子となる場合において，その者に親権者又は未成年後見人がないときは，児童福祉施設の長が，都道府県知事の許可を得て親権者として縁組の承諾をする（児福47Ⅰ，昭和24・8・30回答1933号(1)，昭和26・11・5通達2102号）。

親権者又は後見人がその親権に服する子又は被後見人を養子とする場合は，上記のような代諾を行えば親権者又は後見人は養親と養子双方の立場で届出人となり，民法826条（利益相反行為）の趣旨に反するので，この場合は特別代理人の選任を要し，この者の代諾によることが必要とされており（昭和23・11・30回答3186号(2)），未成年養子縁組に関する家庭裁判所の許可を得たとしても，特別代理人の代諾を要することに変わりはない（昭和22・12・22回答3914号）。なお，後見人に後見監督人がいるときは，後見監督人が代諾すればよい（民851④）。

15歳未満の自分の嫡出でない子を養子とする場合において，養親となるべき父又は母が当該子の親権者であるときは，特別代理人の選任を要し，その特別代理人が縁組の代諾をする（昭和23・7・20回答2225号）。もし，養親となるべき父又は母が親権者でないときは，その子の現在の親権者又は未成年後見人が縁組の代諾をする（民797Ⅰ）。父母が共同で親権を行っている場合には，父母のうち養親となるべき者に代わる特別代理人と，もう一方の親権者とが共同して代諾をなすべきである（最判昭35・2・25民集14巻2号279頁）。

特別代理人の選任手続については，家事事件手続法39条別表第一の65項・168条1号を参照されたい。

なお，従前は，15歳未満の嫡出でない子が実母及びその夫とともに養子縁組をする場合については，夫との縁組の代諾は実母がするが，実母との縁組

第4章　届　出　第4節　養子縁組

については，実母に代わる特別代理人を選任し，その者の代諾によるとされてきたが（昭和32・2・13回答256号），昭和62年法律101号により民法795条が改正され，配偶者のある者が未成年者を養子とする場合は，原則として配偶者とともにしなければならないとされた趣旨を勘案して，上記のような事例については，特別代理人の選任を要しないこととされた（昭和63・9・17通達5165号）。

15歳未満の者が養子となる縁組が有効に成立するためには，代諾権者が代諾意思に基づいて代諾をし，かつ，その代諾者が届出をしなければならない。戸籍簿上に父母として記載されていても真実の父母ではない者の代諾によりなされた15歳未満の者の養子縁組は，代諾があったものとは言えず当然無効である（大判昭13・7・27大審院民集17巻1528頁）。

代諾権者である父母のどちらか一方の代諾が欠如するときも，縁組は無効とされる（大判昭11・11・18新聞4079号14頁）。

しかし，他人の子を実子として届け出た者の代諾による養子縁組について，最高裁昭和27年10月3日判決（民集6巻9号753頁）は，民法総則の無権代理の追認に関する規定及び取消事由のある養子縁組の追認に関する規定（民804等）の趣旨を類推して，民法797条（代諾縁組）の場合においても，養子は満15歳に達した後は，父母ではない者が代諾した養子縁組を有効に追認することができるとした。また，先例においても，15歳未満の子が父母の代諾によって養子縁組をした後，その子と父母の間に親子関係不存在確認の裁判が確定し，その確定判決に基づく戸籍訂正がされた後に，縁組の届出当時の養子の正当な代諾権者であった者から，縁組届書の誤記を理由として，代諾の追完届があった場合には，これを受理し，関係戸籍の当該縁組事項に続けて届出人の表示を補記して差し支えないこととされた（昭和30・8・1通達1602号）。さらに，代諾権を有しない者の代諾によって他の養子となった15歳未満の者について，15歳に達した養子本人から縁組の追完届があった場合には，これを受理するものとされている（昭和34・4・8通達624号）。

こうした養子縁組が無効な場合における「追認」は，他の事例にも当ては

まる。例えば，共同で親権を行う父母の一方を遺漏した届出が受理された後，追完届をしたとき（昭和25・8・22回答2245号），未成年の母がその嫡出でない子の縁組を代諾した場合において，母の後見人が代諾の追完届をしたとき（昭和25・9・12通達2467号）など，いずれも受理すべきものとされ，縁組は遡って有効なものとなる。

2 親権者，後見人の届書の記載

　本条による届出に当たっては，法31条2項各号に掲げられた事項を届書に記載しなければならない。また，特別代理人が代諾をするときは，家庭裁判所の特別代理人選任の審判書謄本を添付する。児童福祉施設の長が15歳未満の入所者につき親権者として縁組の承諾をするときは，都道府県知事の許可書を添付する（児福47，昭和26・11・5通達2102号）。

> [特別養子縁組の届出]
> 第68条の２　第63条第１項の規定は，縁組の裁判が確定した場合に準用する。

　本条は特別養子縁組の審判が確定した場合に，その届出について法63条１項の裁判による認知の届出の規定を準用したものである。

1 届出人

　特別養子縁組の審判が確定したときは，審判を請求した者は，審判が確定した日から10日以内に審判の謄本を添付してその旨を届け出なければならない（本条・戸63Ⅰ）。特別養子縁組は家庭裁判所が審判によって成立させるものであるから（民817の２），その縁組の市町村長への届出は，審判の確定によって法律上既に成立している縁組の届出，すなわち，報告的届出であり，仮にその届出がされなくても，特別養子縁組が実体法上成立していることに何ら影響を及ぼすものではない。

　実体法上既に成立している養子縁組についての報告的届出に関する規定は，従来戸籍法上には存在しなかったのであるが，昭和62年法律101号の民法改正により特別養子縁組制度が新設されたことに伴って，本条が新たに設けられたという経緯がある。特別養子縁組の届出義務者は，法63条１項の「訴を提起した者」に相応する特別養子縁組の審判を請求した者であるが，その請求は，「養親となる者」（民817の２Ⅰ参照）がすることから，具体的には養父と養母ということになる。もっとも，この届出は報告的届出であるから，養父母双方で届け出る必要はなく，養父又は養母のみで届け出ても差し支えなく，そのいずれかの者が法定期間内に届出をすれば，他方はその義務を免れることになる。

2 届出期間

特別養子縁組の届出期間は，特別養子縁組の審判が確定した日から10日以内である（本条・戸63Ⅰ）。ただし，審判確定後に審判書の送達又は交付があったときは，その送達又は交付の日から起算する。なお，外国の方式により特別養子縁組（実親との親子関係が断続する縁組）が成立した場合は，成立の日から3か月以内であると考えられる（戸41）。

3 届出地

特別養子縁組の届出地については特別の規定がないので，法25条の一般原則が適用されることになり，養親若しくは養子の本籍地又は届出人の所在地である。

4 添付書類

特別養子縁組の届書には，特別養子縁組成立の審判の謄本を添付する必要がある（戸63Ⅰを準用）。また，この審判には即時抗告が認められているので（家事164ⅩⅣ），確定証明書の添付も要する。なお，特別養子縁組の審判が確定したときは，養親の本籍地市町村長にその旨が通知されるので（家事116），既にその確定通知があった後にその本籍地に届出をするときは，確定証明書の添付がなくても差し支えない（昭和24・2・17通知349号）。

5 職権記載

特別養子縁組の審判を請求した者が，審判確定の日から10日以内に届出をしないときは，届出義務者に対して届出の催告を行うことになるが，催告しても届出をしない場合は，市町村長は，管轄法務局長等の許可を得て，職権

で戸籍の記載をすることになる（戸44）。また，特別養子縁組の審判確定後，その届出前に養父母双方が死亡したときのように所定の催告をすることができないような場合にも，同様に職権で戸籍の記載をすることになる。

6 特別養子の戸籍の編製及び記載

(1) **養子が養親と戸籍を異にしている場合**

特別養子縁組の届出によって，まず養子について養親の氏で従前の本籍地に新戸籍を編製した上，直ちにその新戸籍から養親の戸籍に養子を入籍させる（戸20の3Ⅰ・18Ⅲ・30Ⅲ）。養子を筆頭に記載した戸籍が既に編製されている場合も同様である（昭和62・10・1通達5000号第6の1の(2)）。

この場合の戸籍の記載方法は，法定記載例31から34までの例による。

(2) **養子が既に養親の戸籍に在籍している場合**

特別養子縁組の届出によって，その戸籍の末尾に養子を記載した上，従前養子が記載されていた戸籍の一部を消除する（戸20の3Ⅱ・14Ⅲ，戸規40Ⅲ・Ⅰ）。

この場合の戸籍の記載方法は，参考記載例75及び76の例による。

> [縁組の取消しの届出]
> 第69条　第63条の規定は，縁組取消の裁判が確定した場合にこれを準用する。

　本条は縁組の取消しの届出について規定している。縁組の取消しの裁判が確定したときは，養子縁組関係は将来に向かって消滅するので（民808・748Ⅰ），本条の規定に基づき，訴えを提起した者は，裁判確定の日から10日以内に，裁判の謄本及び確定証明書を添付して届出をすることを要する。本条の届出は報告的届出である。

1　養子縁組の取消しの届出

　養子縁組の取消原因となる事由は次のとおりである。
① 　20歳未満の者が養親として縁組した場合（民804）
② 　養子が養親の尊属又は年長者であった場合（民805）
③ 　家庭裁判所の許可を得ないで後見人が被後見人（未成年被後見人及び成年被後見人をいう。）を養子とした場合（民806）
④ 　配偶者の同意がない場合（民806の2Ⅰ）
⑤ 　詐欺又は強迫によって，配偶者としての同意をした場合（民806の2Ⅱ）
⑥ 　監護者の同意がない場合（民806の3Ⅰ）
⑦ 　詐欺又は強迫によって，監護者としての同意をしたとき（民806の3Ⅱ）
⑧ 　家庭裁判所の許可を得ないで，自己又は配偶者の直系卑属でない未成年者を養子とした場合（民807）
⑨ 　詐欺又は強迫により縁組した場合（民808・747）
　縁組の取消しは，民法803条及び804条から808条までにおいて，家庭裁判所に申し立てることを要することのほか，上述した個々の取消事由，当該取

消事由に基づき取消しを求めることができる者，裁判の提起期間，追認について定められている（上記①〜⑨参照）。

　訴訟手続は人事訴訟法2条3号の規定による訴えの提起によるが，家事事件手続法257条の規定による調停前置主義により調停の申立てをすることを要し，この手続で合意が成立すれば合意に相当する審判（家事277）がされ，その確定によって確定判決と同一の効果が与えられる（家事281）。したがって，ここにいう縁組の取消しの裁判には，判決のほか，この審判が含まれる。縁組取消しの裁判が確定したときは，養子縁組関係は将来に向かって消滅し，縁組の際に氏を改めた養子は，縁組前の氏に復する（民808Ⅰ・748Ⅰ・808Ⅱ・816Ⅰ）。縁組の取消しの裁判が確定した場合の戸籍の手続としては，訴えを提起した者は，裁判確定の日から10日以内に裁判の謄本を添付してその届出をしなければならない。その者が届出をしないときは，訴えの相手方が届け出ることができる。その他の届出期間，届出地，届書の記載事項，添付書類は法63条の解説を参照されたい。

② 戸籍の記載

　縁組取消しの効果は，縁組届出の当時に遡及することなく，その裁判が確定したときに生じ，養親子関係が消滅して，それにより養子は縁組前の氏に復する。したがって，縁組取消届により，法19条の規定に基づいて，離縁の場合と同様に，養子を縁組前の戸籍に復籍させ又は養子の復籍すべき戸籍が除籍になっているとき若しくは復籍すべき養子が新戸籍編製の申出をしたときは，その者について縁組前の氏で新戸籍を編製することになる。

　なお，縁組が取り消された場合も，民法808条2項により離縁の際に称していた氏の続称を定める民法816条2項が準用されているので，離縁の場合の取扱いに準じて，縁氏続称の取扱いをすることができる（戸69の2・73の2・19Ⅲ）。

3 縁組無効の場合

　縁組無効の場合は，本条のような規定がないので，その旨の戸籍訂正を求める必要があるときは，これを主張する法律上の利益のある者において，縁組無効の判決又はこれと同一の効力を有する審判を得て，これらの裁判の確定後に法116条の戸籍訂正の方法によって戸籍訂正をすべきである。なお，戸籍の記載のみからその無効であることが明らかである場合（例えば，縁組当時既に縁組当時者が死亡していた場合）には，法113条の規定による戸籍訂正をすることが可能であり，さらに戸籍の記載，届書の記載その他の書類から市町村長において訂正の内容及び事由が明らかであるときは，法24条2項の規定によっても戸籍の訂正が可能であるが，そうでない場合には，当事者の異議の有無にかかわらず，法116条の戸籍訂正の方法によるべきである（戸114括弧書，昭和26・2・10回答209号，大正11・6・7回答2156号）。縁組無効の裁判が確定したときは，法116条の戸籍訂正の方法によって，戸籍を縁組がなかったと同じ状態に復させるべきであるから，縁組により入籍又は新戸籍が編製された養子は，従前の戸籍に回復される（昭和19・3・6回答124号，昭和7・7・8回答709号）。

第4章　届　出　第4節　養子縁組

> 〔縁組の取消しの際の氏を称する届出〕
> 第69条の2　第73条の2の規定は，民法第808条第2項において準用する同法第816条第2項の規定によつて縁組の取消しの際に称していた氏を称しようとする場合に準用する。

　本条は，縁組が取り消された場合も縁組の取消しの際に称していた氏を称することができるとする民法の規定を受けて，この場合の戸籍の取扱いも，離縁があった場合の縁氏続称の取扱いに準じて処理することとされたことを明らかにするものである。

　すなわち，縁氏続称をすることができることを定める民法816条2項の規定が民法808条2項により縁組が取り消された場合に準用されていることを受けて，本条により，縁氏続称の届出について定める法73条の2の規定を縁組が取り消された場合の届出に準用しているのである（昭和62・10・1通達5000号第3の9参照）。この場合の届出の方法及び戸籍の処理等については，法73条の2の縁氏続称の取扱いに準じてこれをすることになる（法73条の2の解説参照）。

第5節　養子離縁

【前　注】

1 養子離縁

(1) 離縁の意義と種類

　養親子関係は、もともと相互に血縁的な親子関係のない者、又は血縁的な親子関係はあっても嫡出親子関係のない者の間に、法律に基づき嫡出親子関係を創設する、いわば人為的な法定血族関係であるので、何らかの事由によってこの親子関係を継続することが困難になった場合には、血縁的な親子関係とは異なり、法的に解消させることが可能であり、このための方法として養子離縁の制度が設けられている。なお、第2の縁組がなされても、これにより第1の縁組が解消するものではないから（昭和23・4・20回答208号）、この場合も、第1の縁組を解消させるために離縁の方法が考えられる。

　離縁の効果は、縁組の取消しの場合と同じように遡及するものではない。しかし、縁組の取消しが縁組の成立に際しその要件に瑕疵があったためになされるのに対し、離縁は、縁組成立後に生じた事由による点で異なる。

　なお、民法は、婚姻とは異なり、縁組当事者の一方が死亡しても縁組は解消しないものとしている。これは、縁組によって生ずる法定血族関係（養親族関係）を縁組の効果の重要なものとみて、親族関係を残存させるために縁組を解消しないものとしたのである。もっとも、婚姻に関しては、生存配偶者に姻族関係を終了させる手段を与えているのと同様に、縁組に関しては、当事者の死亡後の離縁を認めている（民811Ⅵ）。すなわち、縁組の当事者の一方が死亡した場合においては、生存当事者は、残存する養親族関係を解消するために、生存当事者が家庭裁判所の許可を得た上で離縁の届出をすることを認めている（民811Ⅵ、戸72）。

　養子離縁には、届出による離縁と裁判による離縁（民814）がある。届出

による離縁には協議離縁（民811Ⅰ・Ⅱ）と生存当事者の一方的行為による死後離縁（民811Ⅵ）がある。本節では，届出による離縁に関しては法70条と法71条において，死後離縁に関しては法72条において，裁判による離縁と離縁の取消しに関しては法73条で所要の事項を定めている。そして，離縁の際に称していた氏を称することができる民法の規定（民816Ⅱ）に基づく縁氏続称の届出を，法73条の2に設けている。

(2) **離縁の方法**

縁組の当事者は，その協議で，離縁をすることができる（民811Ⅰ）とし，養子が15歳未満であるときは，養親と養子の離縁後にその法定代理人となるべき者との協議である（民811Ⅱ）こととしている。届出による離縁には，当事者の協議すなわち合意が必要であり，離縁の意思を要件とする。また，養子が15歳未満である場合の離縁の訴えについては，養親と養子の離縁後にその法定代理人となるべき者から，又はこれに対して，これを提起することができる。

なお，夫婦である養親と未成年者との離縁は，夫婦が共にしなければならないが，夫婦の一方がその意思を表示することができないときは，他の一方との間で離縁をすることができる（民811の2）。縁組とは異なり民法796条のような規定がないので，夫婦共同縁組の場合において，その一方と離縁をするためには，他方配偶者の同意は不要である。また，養親が夫婦の場合にその一方の死亡後，生存する養親と離縁しても，これにより死亡養親との養親子関係が終了するものではなく（昭和23・7・1回答1788号），その終了のためには，別途死後離縁の手続（戸72）が必要である。

(3) **離縁による養子の氏の変動の有無**

養子は，離縁によって縁組前の氏に復する（民816Ⅰ本文）が，配偶者とともに養子をした養親の一方のみと離縁をした場合は，復氏しない（民816Ⅰただし書）。したがって，養親の一方のみと離縁をした場合において，復氏するか否かは，次のアからウのようになる（昭和62・10・1通達5000号第2の3）。養親の一方が外国人である場合については，エを参照されたい。

なお，縁氏続称の制度（民816Ⅱ）があり，縁組の日から7年を経過した後に離縁した場合，離縁の日から3か月以内に法73条の2の定めるところにより届出をすることにより，離縁の際に称していた氏を称することができる。詳細は，法73条の2の解説を参照されたい。

　ア　次の場合は，養子は離縁によって実方の氏に復しない。
　①　養親夫婦の婚姻中にその一方のみと離縁をした場合
　②　養親夫婦の離婚又は婚姻の取消し後，その一方のみと離縁をした場合
　③　養親夫婦の一方の死亡後，生存養親又は死亡養親のみと離縁をした場合
　④　養親夫婦の双方の死亡後，その一方のみと離縁をした場合

　イ　配偶者とともに養子をした養親が離婚によって婚姻前の氏に復したため，養子が入籍の届出により復氏した養親の氏を称している場合において，その養親のみと離縁をしたときは，養子は，入籍の届出前の氏（他方の養親の氏）に復する。

　ウ　夫婦と順次個別に縁組をした養子が養親の一方のみと離縁をした場合の養子の氏は，縁組の前後に従い，転縁組をした養子が離縁をした場合と同様であって，復氏しない。

　エ　日本人と外国人である夫婦が養親の場合は，養子が日本人養親とのみ離縁をした場合は，外国人養親との養子縁組が継続していても，養子は，縁組前の氏に復する。この理由は，縁組の際に民法上の氏を有しない外国人養親との関係においては氏の変更がないため，民法上の氏を有する日本人養親との関係においてのみ養子の氏が変更したからである。[注]

(4)　離縁による戸籍の変動

　養子離縁の届出による戸籍の変動は，次のとおりである。

　ア　養子が単身者の場合

　養子が離縁により縁組前の氏に復する場合，縁組前の戸籍に復籍する（戸19Ⅰ）。転縁組について離縁するときは，転縁組前の氏に復する。例えば，

第4章 届出 第5節 養子離縁

第2の縁組の離縁により第1の縁組の氏に復するので，その戸籍に復籍する。

復籍すべき戸籍が既に除かれているとき，又は復籍する者が新戸籍編製の申出をしたときは，新戸籍を編製する（戸19Ⅰただし書）。離縁した養子が15歳未満の場合には，離縁協議者が新戸籍編製の申出をすることができる（昭和25・11・9回答2909号）。復氏による新戸籍編製の申出については，復氏者本人がすべきであるが，復氏者が離縁の届出人でない場合において，復氏者が同届書の「その他」欄に新戸籍を編製する旨を記載して署名し，又はその旨の申出書を添付して，届出があったときは，これに基づいて新戸籍を編製して差し支えない（昭和53・7・22通達4184号）。

　イ　夫婦が養子となった場合

夫婦が養子となった場合の養子縁組の形態は，①夫婦が共に養子となった場合，②婚姻の際に氏を改めなかった者のみが養子となった場合，③婚姻の際に氏を改めた者のみが養子となった場合がある。この縁組形態のうち，①と②の場合は，養親となるべき者の氏の異同を問わず，夫婦について新戸籍が編製されるが，これらの縁組について離縁届があった場合にも，新戸籍を編製しなければならない（戸20，平成2・10・5通達4400号）。③の場合は，縁組によっては養親の氏を称しなかったので，離縁による氏や戸籍の変動はない。

◆◆◆

（注）　南敏文「渉外的身分関係と氏」戸時652号2頁。

2　特別養子離縁

(1)　概　説

特別養子縁組は，子の利益のために特に必要があると認められるときに家庭裁判所の審判によって成立するものであり，実方との親族関係を断絶し，養親を唯一の親としてその間に実親子と同様な関係を発生させるものであるから（民817の2・817の9），普通養子縁組のような当事者の合意による離縁

は認められず、厳格な要件の下に、家庭裁判所の審判によってのみ離縁が認められている（民817の10Ⅰ）。

(2) 特別養子離縁の要件及び手続

家庭裁判所は、①養親による虐待、悪意の遺棄その他特別養子の利益を著しく害する事由があり、かつ、②実父母が特別養子となった子につき相当の監護をすることができる場合において、特別養子の利益のために特に必要があると認めるときは、特別養子、実父母又は検察官の請求により、審判によって特別養子縁組の当事者を離縁させることができる（民817の10Ⅱ）。

特別養子離縁は、養親の一方のみとすることはできない。したがって、養親が離婚し、又は養親の一方が死亡している場合でも、残存する一方のみとの離縁は許されず、養親の双方と離縁しなければならない。この場合、民法817条の10第2項により、特別養子縁組については、民法811条の適用が排除されているので、死亡養親との離縁に当たっては、死亡養親との離縁許可を必要としない。また、養親の双方が死亡した場合には、もはや離縁することはできない（細川清「養子法の改正―民法及び家事審判法の改正の解説―」民月昭和62年号外68頁）。離縁の審判はこれが確定した時に効力を生じる（家事74Ⅱ）。

(3) 特別養子離縁の効果

離縁の審判が確定すると、特別養子と実父母及びその血族との間においては、離縁の日から、特別養子縁組によって終了した親族関係と同一の親族関係を生じる（民817の11）。例えば、縁組前に実父母の嫡出でない子であった者については、離縁によって嫡出でない子としての血族関係が生じることになるし、その嫡出でない子の縁組後離縁までの間に実父母が婚姻していれば、離縁によって準正嫡出子としての血族関係が生じる。また、実父母間に他の子が出生していれば、その子との間に兄弟姉妹の関係が生ずる（細川・前掲71頁）。

特別養子縁組前に別の養子縁組があった場合については、特別養子離縁による親族関係の復活は、実父母及びその親族との間に限られていることから、

当該養子縁組は復活しない。したがって前記の例で，特別養子縁組前に実父母がその嫡出でない子を養子としていた場合においても，嫡出でない親子関係のみが復活する（細川・前掲72頁）。そのほか，特別養子離縁の審判確定により，養方の親族関係の終了（民729），離縁による復氏（民816），離縁による復氏の際の権利の承継（民817・769），離縁後の婚姻障害（民736）等の普通縁組の離縁と同一の効果が生じる。離縁の際に称していた氏を続称することも可能である（民816Ⅱ，戸73の2）。

(4) 特別養子離縁の届出及び戸籍の処理

特別養子離縁の届出及び戸籍の処理については，法73条の解説5から7を参照されたい。

> 〔離縁の届出〕
> 第70条　離縁をしようとする者は，その旨を届け出なければならない。

　本条は，協議上の離縁に関する一般的規定である。この届出が創設的届出であることは，民法812条で準用する同法739条1項の規定によって明らかである。協議離縁の届出は，関係法令の定める要件及び方式に合致しない限り受理すべきでないことも，民法813条の明示するところである。

1 届出人

　届出人は，離縁の当事者である養親及び養子である（民811Ⅰ）。成年被後見人でも，本心に復している場合には，離縁をすることができ，成年後見人の同意を要しない（民812・738）。

　また，15歳以上の成年に達していない養子は，自らの意思によって離縁することができ，法定代理人の同意を要しない。法定代理人による届出は，法71条による場合に限られる。

　したがって，それ以外の場合には，法定代理人が本人に代わって協議する途は閉ざされているので，離縁をするには離縁の訴訟によるべきである。もっとも，養親夫婦が未成年者と離縁する場合において，夫婦の一方が心神喪失，行方不明等の事由によってその意思を表示することができないときは，他の一方が単独で離縁することができる（民811の2ただし書）。

2 証人等

　協議離縁の届書には，成年の証人2人以上が，その出生の年月日・住所・本籍を記載し，署名しなければならない（民812・739Ⅱ，戸33）。

　なお，届書の記載事項については，一般記載事項のほか特別な事項は定められていない。

第4章　届　出　第5節　養子離縁

③ 届出地

届出地については，法25条の一般原則による。

> 〔協議離縁の届出人〕
> 第71条　民法第811条第2項の規定によつて協議上の離縁をする場合には，届出は，その協議をする者がこれをしなければならない。

本条は，養子が15歳未満の場合に協議上の離縁をする場合の届出に関する規定である。

15歳未満の養子が協議上の離縁をするには，養子の離縁後に法定代理人となるべき者が養子に代わって離縁の協議をしなければならない（民811Ⅱ）。なお，養子が15歳未満である限り，その意思能力に関係なく，離縁後に法定代理人となるべき者が養子に代わり離縁の協議を養親とすべきであり，このことは養子縁組の場合（民797Ⅰ）と異ならない。

1　養子の離縁後に法定代理人となるべき者

15歳未満の養子に代わって協議離縁の届出をすべき者は，養子の離縁後に法定代理人となるべき者である（民811Ⅱ）。通常は，離縁後に親権者となるべき実父母であり，実父母の一方が死亡しているとき又は親権を行使することができないときは，他方である。実父母が離婚している場合には，父母の協議で親権者となるべき者を定め（令和6年法律33号による改正法施行後は，親権者となるべき者として，父母の双方又は一方を定め），協議が調わないとき又は協議をすることができないときは，協議に代わる家庭裁判所の審判で，親権者となるべき者を定める（民811Ⅲ・Ⅳ）。また，離縁後に養子の法定代理人となるべき者がないときは，家庭裁判所は，養子の離縁後に未成年後見人となるべき者を選任する（民811Ⅴ）。

以下に，15歳未満の養子が離縁をする場合の協議離縁者を例示する。

(1)　**養父母の離婚後に親権を行う養親と離縁をする場合，又は養親の一方の死亡後に生存養親と離縁をする場合**

これらの場合は，離縁によって実親の親権は復活せず，後見が開始する。

養親の一方が死亡した後，生存養親と離縁した場合も，死亡養親との縁組は解消していないので実親の親権は復活せず，後見が開始する（昭和25・3・30回答859号）。したがって，これらの場合における離縁協議者は，養子の離縁後に未成年後見人となるべき者であるから，これを選任しなければならない（民811Ⅴ，昭和37・7・14回答1989号）。なお，養父母の離婚後に親権を行わない養親と離縁をする場合は，親権を行う養親が離縁協議者となる。

(2) **養父母の一方が死亡した後，生存養親・死亡養親と同時に離縁をする場合**

この離縁によって実親の親権が回復するから，生存養親との離縁の協議者は，実親である（昭和37・11・29回答3439号）。

(3) **実親と養親の共同親権に服する養子が離縁をする場合**

　ア　身分行為が，①実父母が離婚（親権者を父と定める。）し，②実母が他男（養親となる者）と再婚し，③実母の配偶者と縁組（代諾者父）をしたという順に行われた場合において，④離縁をする場合は，③の縁組によって，養子は，養父と実母の共同親権に服する（昭和25・9・22通達2573号）から，離縁後に親権者となるのは実父ではなく実母であるので，実母が離縁協議者である（昭和26・8・14回答1653号）。

　イ　身分行為が，①実父母が離婚（親権者を父と定める。）し，②子が他男（実母の再婚相手となる者）と縁組（代諾者父）し，③実母と養父が婚姻をしたという順に行われた場合において，④離縁をする場合も，アと同様，実母が離縁協議者である（昭和26・6・22回答1231号）。

　ウ　身分行為が，①実父母が離婚（親権者を父と定める。）し，②実母が他男（養親となる者）と再婚し，③実母の配偶者と縁組（代諾者父）し，④実母と養父が離婚をしたという順に行われた場合において，⑤離縁をする場合は，④において親権者を養父と定めたときは，⑤の離縁によって，縁組前の親権者であった実父が親権者となるから，実父が離縁協議者である（昭和26・1・10回答3419号）。また，④において親権者を実母と定めたときは，⑤の離縁によって親権者は変わらないから，

実母が離縁協議者である（昭和26・6・22回答1231号）。
　　エ　身分行為が，①実父母が離婚（親権者を父と定める。）し，②子が他男と縁組（代諾者父）し，③実母と養父が婚姻し，④親権者を実母と定めて実母と養父が離婚をしたという順に行われた場合において，⑤離縁をする場合も，上記ウと同様，実母が離縁協議者である。
(4)　**転縁組をしている場合**
　　ア　第1の縁組について離縁をするときは，転縁組の養親が離縁協議者である（昭和24・4・11回答725号）。
　　イ　転縁組について離縁をするときは，第1の縁組における養親が離縁協議者である（昭和26・11・5回答1915号）。
(5)　**父母の代諾で縁組をした場合**
　　ア　父母の一方が死亡している場合は，生存する父又は母が離縁協議者となる。
　　イ　父母の双方が死亡している場合は，離縁後の未成年後見人が離縁協議者となる（民811Ⅴ，昭和37・5・30通達1469号）。
(6)　**父母離婚後に縁組した場合**
　　ア　縁組代諾者が死亡している場合は，離縁後の未成年後見人が離縁協議者となる（民811Ⅴ）。
　　イ　縁組代諾者とならなかった父又は母が死亡している場合は，縁組代諾者であった父又は母が離縁協議者となる。

2　添付書類等

縁組継続中に実父母が離婚した後に離縁をする場合は，実父母の協議（民811Ⅲ）又は家庭裁判所の審判（民811Ⅳ）による離縁後に親権者となるべき者を定めたことを証する書面が必要である。また，縁組の代諾をした実父母が共に死亡している場合は，家庭裁判所の未成年後見人選任の審判書（民811Ⅴ）の謄本が必要である。

なお，離縁届と同時に親権者指定届又は未成年者の後見届をするときは，離縁届書の「その他」欄にその旨を記載することにより上記書類の添付を省略することができる（昭和37・6・29回答1839号）。

> 〔縁組当事者の一方死亡後の離縁届出〕
> 第72条　民法第811条第6項の規定によつて離縁をする場合には，生存当事者だけで，その届出をすることができる。

　本条は，死亡した養親又は養子との離縁の届出に関する規定である。縁組は，当事者の一方の死亡によっては解消せず，養子及びその配偶者並びに直系卑属及びその配偶者と，養親及びその血族との親族関係は，縁組当事者の死亡によっては消滅しないので（民729），その解消や復氏を目的として本条の届出の制度がある。

1　当事者の一方死亡後の離縁

　本条は，民法811条6項が規定する「縁組の当事者の一方が死亡した後に生存当事者が離縁をしようとするとき」に関する規定である。(注)
　この離縁（「死後離縁」というのが一般的である。）は，協議上の離縁ではないが，届出によってその効力を生ずる。したがって，この届出は，創設的届出である。この点では協議上の離縁に近く，死後離縁は，離縁の裁判によって離縁の効力が生ずる裁判上の離縁と異なる。死後離縁をするためには，生存当事者は，家庭裁判所の許可を得ることが必要であるが（民811Ⅵ），利害関係人（申立人を除く。）は，死後離縁を許可する審判に対し，即時抗告をすることができるので（家事162Ⅳ①），死後離縁の許可の審判書謄本及び確定証明書を添付しなければならない（戸38Ⅱ）。

(1)　養親死亡後の離縁

　夫婦が養親の場合においてその一方死亡後に，死亡した養親と養子が離縁をしても，他方の養親との養親子関係には影響がない。
　死亡養親との離縁事項は，養子の身分事項欄にのみ記載し，死亡養親の身分事項欄には離縁事項を記載しない（昭和24・7・11回答1585号）とされており，養親双方が死亡した後，その双方と離縁しても，養親の身分事項欄には

離縁事項を記載しない（昭和24・4・21回答925号，法定記載例45参照）。

養親双方が死亡後，養子が縁組前の氏に復するには，死亡した養親双方と離縁することが必要である（昭和62・10・1通達5000号第2の3(1)オ）。

死亡した養親と離縁するには，申立人は養子（養子が15歳未満のときはその法定代理人）である。

(2) 養子死亡後の離縁

養子死亡後の離縁については，死者に復氏という概念がないため，戸籍の変動もない。したがって，死亡養親と同様，死亡した養子が離縁された場合は，死亡養子との離縁事項は，養親の身分事項欄にのみ記載し，養子の身分事項欄には離縁事項を記載しない（昭和62・10・1通達5000号第2の2，法定記載例46参照）。

◆◆

(注) 本条は，昭和62年の民法等の一部を改正する法律（昭和62年法律101号）により民法811条6項が改正されたのに併せて，同時に改正された。民法811条6項は，改正前は「養親が死亡した後に養子が離縁をしようとするとき」であった（すなわち，生存養子のみが死後離縁をすることができた。）のを，「縁組の当事者の一方が死亡した後に生存当事者が離縁をしようとするとき」と改められた。改正前の同項は，明治31年民法862条を承継したものであり，養子の子で縁組後に生まれたものを養親の家に残そうとする家制度的な思想に基づくものとして，かねてより批判があった。また，死後離縁の実質は，縁組の生存当事者と死亡当事者の親族との法定血族関係の解消であって，相互の相続，扶養関係の解消を含むものである。その意味で，死後離縁は，夫婦の一方の死亡後の生存配偶者の姻族関係の終了の意思表示（民728Ⅱ）よりも法律上の効果が大であり，当事者にとってはより切実な問題である。縁組の大多数を占める成年者を養子とする縁組においては，実際上も養親からの死後離縁を必要とする場合も少なくないと考えられる。

改正前の規定の下においても，養子の死後の養親からの離縁を許すべきであるとの見解もあったが（我妻栄『親族法（法律学全集23巻）』（有斐閣，1961）295頁），明文の規定に反してそのように解釈することができるかは，疑問のあるところであったので，改正法は死後離縁につき縁組当事者の対等が図られた（細川清「養子法の改正―民法及び家事審判法の改正の解説―」民月昭和62年号外23頁）。

2 養子が15歳未満の場合の死後離縁の申立人と届出人

(1) 養父母双方が死亡している場合

この場合には、既に後見が発生しているので（昭和23・11・12通達3585号）、次のとおりとなる。

　ア　死亡養親の一方のみと離縁をするときは、未成年後見人が離縁許可の申立て及び離縁の届出をする。

　イ　死亡養親の双方と死後離縁をするときも、同様である。ただし、実父母があれば、死後離縁によって後見が終了し、実父母が離縁後の親権者となるが（昭和37・9・13依命通知396号）、実父母が離縁許可の申立て及び離縁届をすることはできず、いずれも、養子の法定代理人である未成年後見人がする（昭和39・2・13回答319号）。

(2) 養父母の一方が死亡している場合

この場合は、次に掲げる者が離縁許可の申立てをする。

　ア　死亡養親とのみ離縁をするときには、生存養親

　イ　生存養親・死亡養親双方と同時に離縁するときは、実父母（昭和37・11・29回答3439号）

3 死亡養子との離縁許可の申立人と届出人

この場合は、生存養親が離縁許可の申立て及び離縁の届出をする（昭和62・10・1通達5000号第2の2）。

> 〔裁判による離縁・離縁の取消しの届出〕
> 第73条　第63条の規定は，離縁又は離縁取消の裁判が確定した場合にこれを準用する。
> ②　第75条第2項の規定は，検察官が離縁の裁判を請求した場合に準用する。

　本条は，裁判上の離縁及び離縁の取消しに関する届出並びに検察官が離縁の裁判を請求した場合についての規定である。いずれも，裁判確定によってその効力を生じるから，これに関する届出は，報告的届出である。本条2項の規定は，昭和62年の民法等の一部を改正する法律により新設された。

1 裁判上の離縁の種別と離縁原因

　当事者間に離縁意思の合致がみられない場合には，協議離縁をすることができないが，一定の離縁事由がある場合には，裁判上の離縁をすることができる（民814）。離縁の訴えは，人事に関する訴え（人訴2③・4）であるから，まず，家庭裁判所に家事調停の申立てをしなければならない（家事257Ⅰ）。これを調停前置主義という。裁判離縁の種別と離縁原因は，次のとおりである。

(1) **裁判離縁の種別**

　ア　調停離縁

　裁判上の離縁をするには，まず，家庭裁判所に家事調停の申立てをしなければならない（家事257Ⅰ）。

　調停において，当事者間に合意が成立し，これを調停調書に記載したときは，調停が成立し，その記載は，確定判決と同一の効力を有する（家事268Ⅰ）。

　イ　審判離縁

　家庭裁判所は，調停が成立しない場合において相当と認めるときは，当事者双方のために衡平に考慮し，一切の事情を考慮して，職権で，調停に代わ

る審判をすることができる（家事284Ⅰ）。この審判は、当事者がこれに対し、2週間以内に異議の申立てをしなければ、確定判決と同一の効力を有するが、異議の申立てがされるとその効力を失う（家事286Ⅴ・287）。

　ウ　判決離縁

　人事訴訟法は、人事訴訟の第一審を家庭裁判所とし、離縁訴訟等の紛争は、調停から訴訟までを家庭裁判所で取り扱っている。この家庭裁判所でされた判決又は上級裁判所でされた判決による離縁を判決離縁という。離縁の裁判を提起するためには、下記(2)で説明する離縁原因があることを要する。離縁の訴えが提起された場合において、次に述べる和解や請求の認諾がされないときは、判決により決着が図られる。

　エ　和解離縁

　人事訴訟法は、訴訟上の和解により紛争の最終的な解決が図られるようにするため、離縁訴訟についても和解を認め、和解により直ちに離縁が成立するとしている（人訴46・37）。離縁をする旨の和解を調書に記載したときは、その記載は、確定判決と同一の効力を有する（人訴46・37、民訴267）。

　オ　請求の認諾離縁

　上記エと同様、請求の認諾により紛争の最終的な解決が図られるようにするため、離縁訴訟についても請求の認諾を認め、請求の認諾により直ちに離縁が成立する（人訴46・37）。離縁をする旨の請求の認諾を調書に記載したときは、その記載は、確定判決と同一の効力を有する（人訴46・37、民訴267）。

(2)　**裁判上の離縁原因**

　縁組の当事者の一方は、次の場合に限り、離縁の訴えを提起することができる（民814Ⅱ・770Ⅱ）。

　　ア　他の一方から悪意で遺棄されたとき
　　イ　他の一方の生死が3年以上明らかでないとき
　　ウ　その他縁組を継続し難い重大な事由があるとき

　以上の離縁原因のうち、ア及びイについては、裁判所は、一切の事情を考慮して縁組の継続を相当と認めるときは、離縁の請求を棄却することができる。

2 戸籍事務管掌者に対する通知

戸籍の届出又は訂正を必要とする事項について，家庭裁判所において調停が成立し，又は審判が確定したときは，裁判所書記官は，戸籍事務管掌者に対して通知をしなければならない（家事規130・134）。これは，調停の成立又は審判の確定があったのに，戸籍の届出義務者が所定の期間内に行わない場合に備えての措置である。通知を受けた戸籍事務管掌者が，そのような事態を把握し，届出をしない当事者に対して催告の手続（戸44）をとるなど，可及的速やかに戸籍の整備に努めることを可能にするためのものである（青木＝大森『全訂戸籍法』247頁）。人事訴訟規則でも，戸籍の届出又は訂正を必要とする事項について，人事訴訟の裁判が確定したときの戸籍事務管掌者に対する通知について規定している（人訴規17）。

3 裁判上の離縁の届出

前記1の各裁判上の離縁がなされたときは，訴えを提起した者（又は調停の申立人）は，裁判が確定した日又は調停が成立した日等から10日以内に裁判の謄本を添付して，離縁の届出をしなければならない。判決又は審判による場合は，届書には確定証明書を添付しなければならないが，裁判所から戸籍事務管掌者に裁判が確定した旨の通知がされているときは，確定証明書の添付を要しない（昭和24・2・17通知349号）。なお，訴えを提起した者（又は調停の申立人）が離縁の届出をしないときは，その相手方からも裁判の謄本を添付して，届け出ることができる（本条Ⅰ・戸63Ⅱ）。

4 離縁の取消しとその届出

詐欺又は強迫によって協議上の離縁をした者は，その取消しの訴えをすることができる（民812・747）。詐欺強迫以外の事由による離縁の取消しは認め

られていないし，また，離縁の当事者以外の者は取消しを求めることができない。また，当事者が，詐欺を発見し，若しくは強迫を免れた後6か月を経過したとき，又は追認をしたときは，その離縁を取り消すことができなくなる（民812・747）。

離縁の取消しは，人事に関する訴え（人訴2③・4）であるから，まず家庭裁判所に家事調停の申立てをしなければならない（家事257Ⅰ）。もっとも，離縁の取消しについては，調停において当事者間に合意が成立したとしても調停を成立させることができず，家庭裁判所が必要な事実を調査した上で合意を相当と認めるときは，「合意に相当する審判」を行う（家事277Ⅰ）。そして当該審判が確定すれば，離縁取消しの確定判決と同一の効力を有する（家事281）。調停が不調となり，本訴となって離縁取消しの裁判が確定すると離縁は確定的に取り消される。このような審判又は裁判が確定すると，離婚取消しの場合と同様にその取消しの効果は遡及し，当初から離縁はなく縁組が継続していたものとして取り扱われる。

離縁取消届は，離縁の取消しを請求した者が取消しの裁判が確定した日から10日以内に，裁判の謄本を添付して，届出をしなければならない（本条Ⅰ・戸63Ⅰ）。なお，これらの者が届出をしないときは，相手方が届出をすることができる（本条Ⅰ・戸63Ⅱ）。

5 特別養子離縁の届出

特別養子について，その養子の利益のため特に必要があると認めるときは，家庭裁判所は，養子，実父母又は検察官の請求により，特別養子縁組の当事者を離縁させることができる（民817の10）。離縁の審判が確定し，離縁が成立したときは，検察官を除く離縁の審判を請求した養子又は実父母（届出義務者）は，裁判が確定した日から10日以内に審判の謄本を添付して，その旨届出をしなければならない（本条Ⅰ・戸63Ⅰ）。この場合には届書に審判が確定した旨の証明書を添付することを要する。離縁の審判確定の日から10日以

内に届出義務者が届出をしない場合には，その相手方である養父母も届出をすることができる（本条Ⅰ・戸63Ⅱ）。

6 検察官が特別養子離縁の裁判を請求した場合

特別養子については，上記5で説明したとおり検察官も特別養子縁組の離縁の審判を求めることができる（民817の10）。検察官は，公益の代表者として，特別養子縁組の離縁の申立人に加えられている。児童相談所その他の公的社会福祉機関，家庭裁判所等の官公署が離縁の申立てをすべき場合であることを知ったときは，これを管轄家庭裁判所に対応する検察官に通知しなければならない（非訟41，家事48）。この通知を受けた検察官が，離縁の裁判を請求し，家庭裁判所が離縁を認める審判をし，当該審判が確定したときは，検察官は，本条2項の規定に基づき，遅滞なく戸籍記載の請求をしなければならない。そして，これに基づき，戸籍の記載がされる（戸15）。

7 特別養子離縁の戸籍の処理

(1) 離縁によって養子が復氏する場合

特別養子縁組の離縁の場合も，普通養子離縁の場合と同様に，養子は離縁によって原則として縁組前の氏すなわち実親の氏に復する（民816Ⅰ）。

復氏する養子は，実親の戸籍に復籍するが，その戸籍が既に除かれている場合又は新戸籍編製の申出があった場合には，養子について新戸籍を編製する（戸19Ⅰ）。

養子が離縁の際に，特別養子縁組によって除籍された戸籍以外の戸籍に復籍したとき，又は養子について新戸籍が編製されたときは，当該除籍された戸籍の養子の身分事項欄にも離縁事項を記載しなければならない（昭和62・10・1通達5000号第6の2(2)ウ）。特別養子縁組によって除籍された戸籍以外の戸籍に復籍する場合としては，養子が普通養子又は特別養子になった後に

更に特別養子となって従前の養方の戸籍から除籍されたが，特別養子離縁により実方の氏に復してその戸籍に復籍する場合や，特別養子離縁中に，復籍すべき実親の戸籍が転籍している場合がある（小鷹勝幸「特別養子縁組に関する取扱い　2離縁」民月昭和62年号外309頁）。また，養子について新戸籍が編製される場合とは，復籍する実親の戸籍が既に除かれている場合，又は養子が新戸籍の編製の申出をした場合である（戸19Ⅰただし書）。そして，特別養子縁組によって養子が除籍された戸籍が転籍，在籍者全員の除籍により除籍となっている場合は，離縁事項は，その除籍にも記載する（昭和62・10・1通達5000号第6の2⑵ウ）。実親及びその親族との身分関係の復活を戸籍上明らかにするためである。また養子が離縁した場合において，特別養子縁組成立時に養子が既に養親の戸籍に入籍していたため，縁組によって養子の戸籍に変動を生じなかったが，その後に養子がその戸籍から除籍されているときは，その除籍前の戸籍の末尾に記載された養子の身分事項欄にも同様の記載をすることとされている（昭和62・10・1通達5000号第6の2⑵エ）。

(2) **離縁しても養子が復籍しない場合**

離縁しても養子が復氏しない場合には，子の身分事項欄に離縁事項を記載するのみで養子の戸籍に変動はない（昭和62・10・1通達5000号第6の2⑵イ）。

特別養子離縁によっても養子が復氏しない場合としては，①婚姻により氏を改めた実母が死亡し又は離婚した後に，実父が自己の氏を称して再婚し，子がその後妻の特別養子となった場合において養子の氏に変動がないまま離縁したときや，②配偶者の一方の連れ子を他の一方が入籍届により同籍させた後に特別養子とした場合において養子の氏に変動がないまま離縁したときなどを挙げることができる（小鷹・前掲307頁）。

(3) **離縁事項を記載する欄**

離縁事項は，養子の身分事項欄にのみ記載する。養父母の身分事項欄には何らの記載も要しない。ただし，養子が外国人である場合は，養父母の身分事項欄に記載する（戸規35③の2）。

第4章 届 出 第5節 養子離縁

> 〔離縁の際の氏を称する届出〕
> 第73条の2 民法第816条第2項の規定によつて離縁の際に称していた氏を称しようとする者は，離縁の年月日を届書に記載して，その旨を届け出なければならない。

　本条は，養子縁組によって氏を改めた養子が，離縁によって縁組前の氏に復することとなった場合に，この離縁が縁組の日から7年を経過していたときは，離縁の日から3か月以内に戸籍法の定めるところにより届出をすることにより，離縁の際に称していた氏を称することができる場合の規定である。本条は，昭和62年の民法等の一部を改正する法律により新設された。

1 届出の性質

　養子は，離縁によって当然に縁組前の氏に復するが，養親の氏を永年使用していたときは，復氏により社会生活上の不便，不利益が生じるので，これを救済するため，及び婚氏続称の制度（法77条の2の解説参照）との均衡上，縁氏続称の制度が設けられた。本条の届出は，縁組の日から7年を経過した後に離縁によって復氏した者が，その復氏した氏の呼称を離縁の際に称していた氏と同じ呼称に変更する目的をもってする届出である。その意味において，実質的には，法107条1項の規定に基づく氏の変更と同視できるが，氏を変更するについて家庭裁判所の許可を必要としないので，法107条の特則ともいえる。また，民法816条2項の規定は，縁組の取消しについて準用されているので（民808Ⅱ），縁組の取消しによって縁組前の氏に復した者も，離縁の場合と同様の要件により，縁組の取消しの際に称していた氏を称することができる（戸69の2）。なお，以下の解説については，縁組の取消しの場合における縁氏続称（戸69の2）も同様である。

第73条の2〔離縁の際の氏を称する届出〕

2 届出の要件

届出の要件は，次のとおりである。

(1) **離縁によって復氏したこと**

離縁の際に称していた氏を称する届出（以下「縁氏続称の届出」という。）をすることが認められるのは，民法816条1項の規定によって縁組前の氏に復した者である（民816Ⅱ）。離縁をしても氏に変動を生じない場合，又は縁組前の氏以外の氏を称する場合には，離縁によって縁組前の氏に復していないので，縁氏続称の届出をすることができない。したがって，次のような場合は，縁氏続称の届出をすることができない。

① 配偶者とともに養子をした養親の一方のみと離縁をした場合（民816Ⅰただし書）

② 養親夫婦の共同縁組によって養子となった者が，離婚復氏した養親の氏を称する入籍の届出をした後に，その養親のみと離縁した場合（昭和62・10・1通達5000号第2の3(2)参照）

③ 養子が配偶者の氏を称して婚姻した場合，又は配偶者の氏を称して婚姻をした後に養子となった場合において，その婚姻中又は配偶者が死亡しても生存配偶者の復氏をしていない間に離縁をしたとき

④ 転縁組をした養子が，第2の縁組の継続中に，第1の縁組の養親と離縁をした場合

⑤ 実母の配偶者（夫の氏を称する婚姻）の養子となった者が，養父と実母の離婚後，養父との縁組継続のまま，離婚復氏した母の氏を称する入籍の届出をし（昭和26・9・4通達1787号参照），その後，養父と離縁をした場合

⑥ 外国人の養子となった者が離縁をした場合（外国人と縁組をし，又は離縁をしても氏に変動はない。）

(2) **他に称すべき氏がないこと**

離縁によって縁組前の氏に復した者であっても，縁氏続称の届出をするま

での間に他の氏を称すべきものとされる場合は，縁氏続称の届出をすることはできない。例えば，離縁復氏後において，他の者の養子となった場合，又は相手方の氏を称して婚姻した場合には，縁組によって養親の氏を称することになり，あるいは婚姻によって相手方配偶者の氏を称する（民750，夫婦同氏の原則）こととなるからである。

(3) 縁組の日から7年を経過していること

縁氏続称の届出について，婚氏続称の場合と異なり，縁組期間の要件を置いたのは，婚氏続称の場合は，社会生活上の不利益のほかに，婚姻中の子と養育監護する親との氏が異なることの不都合が問題となるのに対し，縁氏続称の場合はこのような問題もなく，社会生活上の不利益の点でも続称を認めなければならない必要性が少ないものと認められること，また，法107条1項に定める氏の変更の要件を潜脱する目的で利用されるおそれが大きいことからであり，7年間縁組が継続した場合に氏の変更を認めたとしても，弊害の生ずることがないであろうと解されたことによる（西本暢「離縁の際に称していた氏の続称に関する取扱い」民月昭和62年号外205頁）。なお，縁組後7年経過前に離縁する場合であっても，法107条1項により離縁の際の氏に変更することを妨げられない。

縁組の日とは，特別養子縁組を除く縁組については，その届出の日であり，特別養子縁組については，家庭裁判所の審判が確定した日である。外国の方式による縁組については，その縁組証書の謄本が提出された日ではなく，その縁組が外国の方式により成立した日である。

縁組の日から7年を経過した後とは，縁組の日から継続して7年が経過した後ということであり，縁組の期間を通算した場合に7年を超えることになるときは，含まれない。例えば，一旦離縁をしたが，再び同一人（前養親）の養子となり，更にその後離縁をした場合に，前の縁組と後の縁組の期間を合算すると7年を経過するときであっても，「縁組の日から7年を経過した後」には当たらない。

また，この期間は，養親の氏を称していた期間ではなく，縁組をしていた

期間であるから，丸7年間養親の氏を称していたことを要するものではない。したがって，例えば，縁組をした翌日に，養子が婚姻によって氏を改めた場合において，その後養子が離婚をし，その翌日に離縁をしたときであっても，それが，縁組の日から継続して7年を経過した後であれば，現実に養親の氏を称した期間が僅かな期間であったとしても，縁氏続称の届出をすることができる。

(4) **離縁の日から3か月以内に届け出ること**

縁氏続称の届出期間は，離縁の日から3か月以内である（民816Ⅱ）。離縁の日とは，協議離縁の場合にはその届出の日，裁判離縁の場合には裁判確定の日，特別養子離縁の場合には，審判確定の日であるが，初日は算入されない（民140）。また，外国の方式により離縁が成立した場合又は外国の裁判所による裁判離縁があった場合には，外国の方式又は外国裁判所の判決により離縁が成立した日であって，離縁証書の謄本の提出があった日又は裁判離縁の届出の日を基準とすべきものではない。

また，期間の満了日については，暦によって計算することになるので，3か月後のその起算日に応答する日の前日をもって満了し（民143），期間の末日が大祭日，日曜日，その他の休日に当たるときは，その翌日が期間の満了日となる（行政機関の休日に関する法律2）。また，3か月の猶予期間が置かれているのは，裁判離縁や外国の方式による離縁の届出の状況や氏の社会的機能を考慮してのことである。

③ 届出能力

親族法上の身分行為は，本人の意思を尊重すべきであるから，明文の規定がない限り，本人自らすべきものとされている。そして，身分行為をする者に意思能力がない場合には，父又は母の氏を称する入籍届を法定代理人ができること（民791Ⅲ）や，15歳未満の者が養子となる場合に法定代理人が代わって縁組の承諾をすることができること（民797Ⅰ）等の規定がない限り，

当該身分行為をすることができないものとされている。しかし，15歳未満の者から離縁の際に称していた氏を称する届出がされた場合，市町村長は，その受理又は不受理につき，管轄法務局長等に照会し，管轄法務局長等は，届出人の意思能力の有無について十分調査した上，指示を行うとしたものがある（平成27・3・9通知308号）。[注]

したがって，制限行為能力者であっても，法律に明文の例外規定がない以上，意思能力を有する限り，本人が単独で当該身分行為をすることができ，法定代理人が代わってこれをすることができない。本条に基づく縁氏続称の届出も同様である。

◆◆

（注） 15歳未満の者から離縁の際に称していた氏を称する届出がされた場合の取扱いに関する先例（平成27・3・9通知308号（戸籍917号83頁参照））である。昭和62・10・1通達5000号第3の1なお書は，「この届出は，法定代理人が15歳未満の者に代わってすることはできない。」としているため，取扱いを明確にするために発出された通知である。

4 縁氏続称の効果

縁氏続称の届出をした者は，離縁の際に称していた氏を引き続き称することができる。したがって，縁組時又は縁組中に称した氏と離縁の際（離縁時）に称していた氏が異なる場合は，後の氏を称することになる。例えば，甲が乙の養子となる縁組によって乙の氏を称した後，丙の氏を称する婚姻によって丙の氏を称し，離婚によって乙の氏に復した場合のように，縁組中に一時氏を変更している場合でも，縁氏続称の届出によって称することができる氏は離縁の際に称していた氏であるから，この届出によって婚姻中の氏（縁組中の氏でもある。）である丙の氏を称することはできず，称する氏は，乙の氏である。

縁氏続称の届出の効果が及ぶ範囲については，届出をした者の配偶者は夫

婦同氏の原則により，当然その効力が及ぶが，同籍者等それ以外の者については，当然には及ばない（昭和62・10・1通達5000号第3の4(2)）。縁氏続称による氏の変更は，離縁によって当然に復氏を余儀なくされた者について，専らその離縁後の社会活動等を行う上での必要性を考慮して創設されたものであって，縁組前の子とは本来関係のない事柄であり，また，離縁復氏者の自由な意思による届出によって氏変更の効果が，同籍する子に当然及ぶとすることは妥当ではないからである。

この届出により民法上の氏を同じくする子は，父又は母との同籍を希望する場合には，同籍する旨の入籍の届出によってすることができる（昭和62・10・1通達5000号第3の4(2)参照）。

5 戸籍上の処理

本条の届出があった場合における戸籍上の処理は，離縁により復氏した後に本条の届出があった場合と，離縁の届出と同時に本条の届出があった場合とでは，その処理方法が異なる。

(1) **離縁の届出がされた後に本条の届出があった場合**

　ア　届出人が戸籍の筆頭者でないとき

例えば，離縁復籍して父母と同籍している場合は，本条の届出によってその者について新戸籍を編製する（戸19Ⅲ，昭和62・10・1通達5000号第3の3）。この場合の戸籍の具体的記載方法については，法定記載例53から55までに示されている。

　イ　届出人が戸籍の筆頭者であるとき

例えば，離縁によって新戸籍を編製している場合において本条の届出がされたときは，戸籍に変動はなく，法107条1項の規定による氏の変更の場合の記載に準じてその旨が記載される（昭和62・10・1通達5000号第3の5）。戸籍の具体的記載方法は，法定記載例56及び57に示されている。

(2) 離縁の届出と同時に本条の届出がされた場合
　　ア　届出人が縁組前の戸籍で筆頭者でなかったとき
　例えば，縁組前父母の戸籍に同籍していたときは，法19条3項が適用され，直ちにその者を筆頭者とする新戸籍が編製される（昭和62・10・1通達5000号第3の2）。戸籍の具体的記載方法については，法定記載例50から52までに示されている。この取扱いは，協議離縁の場合だけでなく，裁判離縁，特別養子離縁又は外国の方式による離縁の報告的届出と同時に本条の届出があった場合にも同様に取り扱われる（昭和62・10・1通達5000号第3の2）。
　　イ　届出人が縁組前の戸籍で筆頭者となっており，かつ，子が在籍する
　　　ため戸籍が除かれていないとき
　例えば，従前戸籍で嫡出でない子を有する未婚の女性が離縁した場合は，離縁復籍後であっても離縁と同時であっても本条の届出により届出人について新戸籍を編製する。この場合，親と子は民法上の氏は同じであるが呼称が異なることと，氏の変更の効果は子に及ばないことから，届出人について新戸籍を編製するが，当該子が親（離縁した者）と戸籍を同籍したいと望むときは，親と同籍する旨の入籍届をすることにより，親と同籍することができる（昭和62・10・1通達5000号第3の4の(2)）。

第6節 婚　姻

【前　注】

1 解　説

　婚姻は，戸籍法の定めるところにより届け出ることによって，その効力を生ずる（創設的届出，民739Ⅰ）。すなわち，民法上婚姻は実質的成立要件（民731～736・738・742①）と形式的成立要件（方式，民739～741・742②）を満たすことによって成立する。婚姻の成立方式には多様なものが存するが，近代では国家の定めた一定の法律上の手続に従うことによって婚姻を成立させる法律婚主義が採られるようになった。我が国においては，明治4年以降フランス法の影響を受けて身分吏の面前での合意を要する民事婚が定められたが，明治23年以降は慣習上の婚姻の儀式及び事前の申出・事後の届出を要する儀式婚が採用された。明治31年制定の民法親族編は，手続の煩雑さの回避や婚姻の成否の明確化といった立法者意思を背景に，婚姻届の提出による届出婚を採用し，現行民法に継承されている（二宮周平編『新注釈民法(17)親族(1)』（有斐閣，2017）81～83頁［二宮周平執筆］，132・133頁［高橋朋子執筆］）。このような形式婚主義の下においては，たとえ事実上夫婦関係が認められる場合であっても，戸籍上の届出がない限り法律上婚姻は成立することはないので，いわゆる内縁の夫婦関係の問題が生ずる。この内縁関係は法律上の婚姻関係ではないが，判例は，大審院大正4年1月26日判決（民録21輯49頁）以来，内縁関係における個々の問題を法的なものとして取り上げて，これを保護することに努めてきた。同様の内縁関係保護の措置は，立法上も諸種の特別法に多くみられるところである。[注1]

　しかし，この保護は，内縁関係を婚姻関係そのものにまで高めるものではなく，殊に戸籍においては，内縁関係は全く考慮の対象外に置かれ，内縁関係により生ずる子と血縁上の父やその他の者との関係も戸籍に反映されるこ

とはない。このように，内縁関係には戸籍制度のメリットを享受できないという不利益があるが，婚姻は当事者の完全な自由意思のよって成立されるべきものであるので，たとえ内縁関係が存在している場合であっても，婚姻の届出を強制し，これを訴求することが許されない。

　本節においては，法74条で婚姻の届出につき，法75条で婚姻の取消しに関する届出について，法75条の2で婚姻の取消しの際の氏を称する届出について規定している。

（注1）　法律婚主義の下において内縁関係にある者をいかに保護するかということが問題となるが，立法上も特別法において内縁の妻を法律上の妻と取扱いを同一にしようとする配慮がみられる。例えば，労働者災害補償保険法16条の2第1項，労働基準法施行規則42条1項，健康保険法3条7項1号，船員法92条の2・93条（船員法施行規則62条の2・63条），雇用保険法10条の3第1項・36条2項・61条の4第1項，国家公務員共済組合法2条1項2号，厚生年金保険法3条2項，国民年金法5条7項，戦傷病者戦没者遺族等援護法24条1項等である。しかし，この保護は内縁関係を婚姻関係そのものにまで高めようとするものではない。

２　婚姻の実質的成立要件

(1)　婚姻の意思

ア　婚姻の意思の意義

　婚姻の実質的成立要件として，婚姻当事者双方における婚姻の意思を要し，これを欠く婚姻の届出は無効である（民742①）。婚姻の意思について，夫婦としての実体を重視し，社会観念上夫婦であると認められる関係を創設しようとする意思の存在を要するとする見解（実質的意思説）が通説とされる。判例も，婚姻の意思を「当事者間に真に社会観念上夫婦であると認められる関係の設定を欲する効果意思」とし，たとえ婚姻の届出自体について当事者間に意思の合致があったとしても，それが単に他の目的を達するための便法として仮託されたにすぎないときは，婚姻は無効であるとし（最判昭44・

10・31民集23巻10号1894頁。子に嫡出子の地位を与えるための便法としてされた婚姻を無効と判断した。なお，婚姻の無効について法75条の解説を参照されたい。），基本的に実質的意思説を採用している。

　　イ　婚姻の意思の存在時期
　婚姻の意思は，婚姻の効力が届出をした時に生じることから，その時に存すること要する。(注2) このため，届書作成時に婚姻の意思の合致があっても，届出時に婚姻当事者の一方が翻意して婚姻の意思を失った場合には，婚姻の届出は無効となる（最判昭44・4・3民集23巻4号709頁は，このことを前提としている。）。(注3) 他方，届書作成時に婚姻の意思の合致があったが，その後届出時までに婚姻当事者の一方が意思能力を喪失するに至った場合，届書の受理前に同人が翻意したなどの特段の事情のない限り，婚姻は有効に成立するものと解される（最判昭44・4・3民集23巻4号709頁）。
　なお，当事者の一方に婚姻の意思のない無効な婚姻につき，当該当事者がこれを追認(注4)したときは，その婚姻は当初から有効なものとして扱われる（最判昭47・7・25民集26巻6号1263頁）。

　　ウ　婚姻適齢
　婚姻は，18歳にならなければすることができない（民731）。この要件に反して婚姻届が受理された場合，婚姻は一旦有効に成立するが，取消事由に該当する（民744Ⅰ・745）。
　平成30年法律59号による改正前の民法731条は，男女間に心身の発達に差異があることを理由に女性の婚姻適齢を16歳と定めていたが，今日重視すべき社会的・経済的成熟度において男女間に特段の違いがないと考えられることなどから，同改正（令和4年4月1日施行）により男女の婚姻適齢を18歳にそろえることとされた（笹井朋昭＝木村太郎編著『一問一答　成年年齢引下げ』（商事法務，2019）48頁・49頁）。

　　エ　重婚禁止
　配偶者のある者は，重ねて婚姻をすることができない（民732）。この要件に反して婚姻届が受理された場合，婚姻は一旦有効に成立するが，取消事由

に該当する（民744Ⅰ）。

　実務上，①離婚後再婚したが前婚の離婚無効・取消しが確定した場合，②国外で婚姻していたことが覚知されないまま国内で婚姻届が受理された場合，③死亡と認定された前婚の配偶者の生存が確認された場合（昭和21・3・20通牒164号）などに重婚として取り扱われる事案がみられる。

　失踪宣告を受けた前婚の配偶者について，他方の配偶者の再婚後に失踪宣告が取り消された場合については，前婚は復活せず，重婚関係にならないとするのが実務の取扱いである（昭和6・10・19回答805号）[注5] 失踪宣告の取消しの前又は後に再婚が解消された場合も同様である（昭和9・6・25回答921号，昭和25・2・21回答520号）。

　　オ　近親者間等の婚姻禁止
　以下の場合は，婚姻をすることができない。この要件に反して婚姻届が受理された場合，婚姻は一旦有効に成立するが，取消事由に該当する（民744Ⅰ）。

　　①　直系血族又は三親等内の傍系血族の間
　　　（民734。養子と養方の傍系血族との間を除く。特別養子と特別養子縁組成立後の実方親族との間を含む。[注6]）[注7]

　　②　直系姻族の間
　　　（民735。離婚，死別後の意思表示又は特別養子縁組成立により姻族関係が終了した後を含む。）

　　③　離縁により親族関係が終了した後の養子・その配偶者又は養子の直系卑属・その配偶者と養親・その直系尊属との間
　　　（民736。養親子関係存続中は民734Ⅰ・735により婚姻禁止）

(2)　その他
　　ア　未成年者の婚姻
　平成30年法律59号による改正前の民法737条は，未成年者の婚姻には父母の同意を要するものとし，父母の一方が同意しないときや，知れないとき，死亡したとき，意思表示をすることができないときは，他の一方の同意で足

りる旨規定していたが，[注8] 婚姻適齢が成年である18歳と定められ，法律上未成年者が婚姻をする事態が生じないこととなったため，同改正（令和4年4月1日施行）により削除された（笹井＝木村・前掲58頁）。

　　イ　成年被後見人の婚姻

　成年被後見人は成年後見人の同意を要さず単独で婚姻をすることができるが（民738，戸32），意思能力を回復していることを要する。なお，平成11年法律149号の民法改正により禁治産制度が廃止され，成年後見制度が創設されたのに伴い，一定の能力を証する医師の診断書の提出制度は廃止された。[注9]

　　ウ　旧再婚禁止期間内の婚姻

　平成28年法律71号による改正前の民法は，女は，前婚の解消又は取消し（以下この項において「解消等」という。）の日から起算して6か月を経過した後でなければ，再婚をすることができず（改正前民733Ⅰ），この要件に反して婚姻届が受理された場合，婚姻は一旦有効に成立するが，取消事由に該当するものとされていた（改正前民744Ⅰ。取消権の消滅について，改正前民746）。[注10] しかし，最高裁平成27年12月16日大法廷判決（民集69巻8号2427頁）は，このうち100日を超えて再婚禁止期間を設ける部分は，遅くとも平成20年当時において，憲法14条1項及び24条2項に違反するに至っていた旨判示し，6裁判官による補足意見は，およそ父性の推定の重複を回避する必要がない場合には再婚禁止期間の適用除外を認めることが許容されているとした。これを踏まえた平成28年法律71号の民法改正（平成28年6月7日施行）により，[注11] 再婚禁止期間が100日に短縮された上，①女が前婚の解消等の時に懐胎していなかった場合及び②女が前婚の解消等の後に出産した場合には再婚禁止期間の規定を適用しないものとされた（民733Ⅱ）。[注12] これらの適用除外規定により前婚の嫡出推定が及ばないものとして，再婚の嫡出子又は嫡出でない子として戸籍に記載する場合には，妻の婚姻前の戸籍及び新戸籍における妻の婚姻に関する身分事項には，特記事項[注13]として「民法第733条第2項」と記載された（平成28・6・7通達584号）。

　さらに，令和4年法律102号の民法等改正（令和6年4月1日施行）により，

嫡出推定の規定が見直され，女が子の懐胎から出生までの間に複数の婚姻をしていたときは，出生直近の婚姻における夫の子と推定するものとされ（民772Ⅲ），法律上父性の推定の重複により，父が定まらないということがなくなったため，再婚禁止期間に関する規定は全面的に削除された。

　エ　同性婚

　当事者双方の性別が同一である婚姻（いわゆる同性婚）の可否については，政府は，民法・戸籍法上の「夫婦」とは，婚姻当事者である男である夫及び女である妻を意味しており，同性婚をしようとする者の婚姻届を受理することはできないとの見解を採っている[注14]。

◆◆

（注２）　届出を効力発生要件と解し，届書作成時に婚姻意思があれば足りるとの見解もあるが，通説・実務は届出を成立要件と解し，届出時に婚姻意思を要すると解している（二宮・前掲142・143頁［高橋朋子執筆］）。

（注３）　協議離婚の届出について，最高裁昭和34年8月7日判決（民集13巻10号1251頁）。

（注４）　追認は，一定の様式を必要とせず，黙示のものであってもよい（最判昭47・7・25民集26巻6号1263頁）。

（注５）　学説上見解が分かれている（二宮・前掲110・111頁［高橋朋子執筆］参照）。

（注６）　このため，特別養子を当事者とする婚姻届の場合は特別養子縁組前の戸籍の調査を要する（昭和62・10・1通達5000号第6の1(4)）。

（注７）　縁組前に生まれた養子の子と養親の間では親族関係が生じないため（大判昭7・5・11大審院民集11巻1062頁），民法734条による婚姻禁止の対象とならない（明治32・4・13回答39号）。

（注８）　改正前は，添付資料として父母の同意を称する書面の提出を要し（戸38Ⅰ），父母の一方又は双方の同意が得られないときはその事由を届書に記載する取扱いとされていた（大正6・7・13回答853号）。

（注９）　平成11年法律151号による改正前の戸籍法32条2項は，禁治産者が届出をする場合に，届出事件の性質及び効果を理解するに足りる能力を有することを証する医師の診断書の提出を義務付けていたが，同年の民法改正により禁治産制度が廃止され，成年後見制度が創設されたのに伴い，上記診断書の提出制度も廃止された。

（注10）　平成28年法律71号による改正前から，次の場合には，医師の証明書がなくとも再婚禁止期間内の婚姻届を受理することが相当とされていた。

　　①　直前の婚姻における夫との再婚の場合（大正元・11・25回答708号）

②　夫の3年以上の生死不明を理由とする離婚判決によって前婚を解消した場合（大正7・9・13回答1735号，昭和25・1・6回答2号）
③　女性が懐胎することのできない年齢（67歳）である場合（昭和39・5・27回答1951号）
④　3年前から音信不通状態にあり悪意の遺棄を理由とする離婚判決によって前婚を解消した場合（昭和40・3・16回答540号）

(注11)　平成27・12・16事務連絡により，最高裁判決直後から，前婚の解消等の日から100日を超えて6か月を経過していない女性について，他の要件を具備する場合には婚姻届を受理することができる旨が示された。

(注12)　平成28年法律71号による改正から令和4年法律102号による改正までの間の戸籍事務の取扱いについては，平成28年6月7日通達584号，平成28年6月7日依命通知585号及びこれらの解説記事である北村治樹＝金田充弘「前婚の解消又は取消しの日から起算して100日を経過していない女性を当事者とする婚姻の届出の取扱いに関する通達等の解説」戸籍929号1頁参照。

(注13)　この特記事項は，再婚禁止期間内の婚姻届の受理が適法であることを明らかにするとともに，前婚の解消等の日から300日以内の出生子につき直ちに再婚の嫡出子又は嫡出でない子として扱うことができることを示す意義がある。新本籍を編製した場合には，移記を要しない（北村＝金田・前掲10頁）。

(注14)　下級審裁判例においては，同性婚を認めない民法・戸籍法の規定が法の下の平等に関する憲法14条や，婚姻や配偶者の選択に関する憲法24条1項，2項に違反するか否かで見解が分かれている（大阪地判令4・6・20判時2537号40頁は合憲，札幌高判令6・3・14判タ1524号51頁，東京高判令6・10・30，福岡高判令6・12・13はいずれも違憲）。

③ 婚姻の届出（形式的成立要件）

　婚姻の届出は，届出という方式に従って婚姻意思を表示し，これを合致させることによって婚姻を成立させるという婚姻の成立要件としての法的性質を有すると説明するのが通説的見解(注15)である。その手続・方式については，以下に述べる民法・戸籍法の定めるところによる。

　戸籍事務管掌者は，届出の法令適合性を確認した後でなければ届出を受理（届出を適法なものと判断してその受領を認容する行政処分をいう。）することができない（民740）。民法739条1項は「婚姻は，戸籍法の定めるところによ

り届け出ることによって，その効力を生ずる。」と規定し，届出のみで婚姻が成立するかのように読めるが，民法740条の規定と合わせて読めば，当該届出に対する戸籍事務管掌者による受理行為があって初めて有効に成立することは明らかである。そして，婚姻の届出が受理されると，受付日に遡って婚姻が成立し，効力が発生するとするのが実務の取扱い（大正4・1・11回答1800号）であり，(注16) 受理後は届出を取り下げることはできない（昭和23・12・1回答1998号）。他方，既に受付後であっても，受理前であれば，届出人は単独でその届出を取り下げる（撤回する）ことができる（昭和52・4・4回答1861号，水戸家常陸太田支審昭55・10・23戸籍431号59頁，加藤＝岡垣『全訂戸籍法逐条解説』472頁）。なお，婚姻は戸籍事務管掌者による受理行為があれば完了し，戸籍に記載されていなくても婚姻は成立している（大判昭16・7・29大審院民集20巻1019号）。

◆◆

(注15) 二宮・前掲134・135頁［高橋朋子執筆］参照。婚姻の届出を既に成立した婚姻の効力を発生させるための要件と解する見解もある。

(注16) 谷口『戸籍法（第3版）』187頁，林良平＝大森政輔編『注解判例民法4　親族法・相続法』（青林書院，1992）66頁［大森政輔執筆］も同旨。

4　婚姻の届出による戸籍の変動

　夫婦は，婚姻の際に協議して，夫又は妻のいずれの氏を称するかを定めなければならない（民750）。そして，その定められた氏は夫婦間に生まれた嫡出子が称する氏になる（民790Ⅰ本文）。これらの民法の規定を前提にして，法は，戸籍の編製単位は「一の夫婦及びこれと氏を同じくする子ごとに，これを編製する。」（戸6本文）としているので，結局，戸籍は1つの夫婦を中心に編製するのが原則ということになる。これが「夫婦同氏・同一戸籍の原則」といわれるものである。戸籍の手続としては，婚姻の届書には夫婦のいずれの氏を称するかを記載すべきこととされており（戸74①），この届出に

基づいて戸籍を編製することになるが、その処理の仕方（夫婦につき新戸籍を編製するか、又は一方が他方の戸籍に入籍することになるか）は、上記の夫婦の称する氏がいずれの氏であるかによって異なる（戸16）。

(1) **夫（又は妻）の氏を称する場合において夫（又は妻）が戸籍の筆頭者であるとき**

婚姻の際に夫の氏を称すると定めた場合において、夫が既に戸籍の筆頭者であるときは、その戸籍に妻が入籍する（戸16Ⅰただし書・Ⅱ）。妻が婚姻前の戸籍の筆頭者であったか否かにかかわりなく、入籍することになる。

反対に、妻の氏を称すると定めた場合において妻が既に戸籍の筆頭者であるときは、その戸籍に夫が入籍すればよい。夫が婚姻前の戸籍の筆頭者であったか否かにかかわりないことは、前記と同じである。

(2) **夫（又は妻）の氏を称する場合において夫（又は妻）が戸籍の筆頭者でないとき**

婚姻の際に夫の氏を称すると定めた場合において、夫が戸籍の筆頭者でないときは、夫婦について新戸籍を編製する（戸16Ⅰ本文）。この新戸籍における氏名の記載の順序は、夫を筆頭に記載し、次に妻を記載することになる（戸14Ⅰ）。この場合も妻が婚姻前の戸籍の筆頭者であったか否かにかかわりがないことは、前記(1)で述べたところと同じである。婚姻事項は夫及び妻の身分事項欄に記載すべきものとされている（戸規35④）。

反対に、婚姻の際に妻の氏を称すると定めた場合において妻が戸籍の筆頭者でないときも、同様に夫婦について新戸籍を編製する。この場合の氏名の記載の順序は、妻を筆頭に記載し、次に夫を記載することになる。

なお、婚姻事項は規則35条4号の規定によって、夫及び妻の身分事項欄に記載すべきものと定められている。また、法27条の3によって、市町村長は届出又は申請の受理に際し、戸籍の記載又は調査のため必要があるときは、戸籍の謄本又は抄本その他の書類の提出を求めることができるようになっているので、入籍地の市町村長が婚姻又は縁組の届出を受理するに当たって、便宜戸籍の謄本又は抄本その他の書類を提出させたときは、戸籍の記載後に

原籍地の市町村長に送付する届書に便宜提出させた前記書類を添付するのが相当である。入籍地でないところの市町村長が婚姻又は縁組の届出を受理するに当たって便宜戸籍の謄本又は抄本その他の書類を提出させたときは，入籍地で新戸籍を編製する場合の便宜のため届書を送付する際これらの書類も併せて添付するのが相当であるとされている（昭和25・4・11回答918号）。なお，コンピュータ戸籍の場合は，法120条の5第2項及びその解説を参照されたい。

(3) **子の入籍**

前記(2)の新戸籍が編製される場合において，婚姻によって自己の氏を称する夫又は妻に同一氏の子又は養子がいるときは，その子又は養子は当然に随従入籍することはなく，父又は母と同籍する旨の届出をしなければ入籍できない（平成6・11・16通達7005号）。また，婚姻により氏を改めた者の子も父又は母の氏の変動に従うことはない（昭和23・4・20回答208号）。なお，婚姻により新戸籍が編製される場合，この戸籍に記載される者又は入籍する者は従前の戸籍から除かれることになる（戸23）。

(4) **外国人との婚姻の場合の戸籍変動**

日本人が外国人と婚姻したときは，日本人について新戸籍が編製され，その戸籍に外国人との婚姻事項が記載されるので，婚姻の届書には新本籍を記載しなければならない。ただし，日本人が戸籍の筆頭者となっているときは，その戸籍に外国人との婚姻事項が記載されるので，新戸籍は編製されない（戸16Ⅲ）。[注17] なお，外国人は日本人との婚姻によって日本国籍を取得することはないから，日本人の戸籍に入籍することもない。

(5) **重婚の戸籍変動**

重婚となる婚姻届を誤って受理した場合も，当該婚姻は取消しの裁判が確定するまでは有効であるから，重婚者が筆頭者でないときは，後婚夫婦について新戸籍を編製して，重婚者につき前婚戸籍より除籍し，新戸籍の身分事項欄に前婚事項を移記する（昭和31・2・15回答295号）。

(注17) 従来，日本人が外国人と婚姻した場合は，日本人の戸籍の身分事項欄に外国人との婚姻事項を記載するのみで新戸籍を編製するということはなかった（昭和26・1・24回答59号）。この取扱いが改められたのは，昭和59年法律45号の国籍法及び戸籍法の一部を改正する法律によって，法6条ただし書に「日本人でない者（以下「外国人」という。）と婚姻をした者又は配偶者がない者について新たに戸籍を編製するときは，その者及びこれと氏を同じくする子ごとに，これを編製する。」との規定が設けられ，あわせて，法16条3項に「日本人と外国人との婚姻の届出があつたときは，その日本人について新戸籍を編製する。ただし，その者が戸籍の筆頭に記載した者であるときは，この限りでない。」との規定が設けられたことによる。この改正は以下の理由に基づくものであった（法務省民事局第二課職員「改正戸籍法の実務(1)」戸籍490号58頁）。
① 従来の取扱いでは，日本人同士が婚姻の当事者である場合には，必ず父母の戸籍から分離して夫婦の戸籍が編製されるのに対し，当事者の一方が外国人である場合には，日本人は婚姻後もなお父母の戸籍にとどまることになるから，その身分事項欄に婚姻事項の記載がされるとはいえ，戸籍の編製上はあたかも未婚者のような外形を呈するのであって，前者と後者の場合とで取扱いに差異が生じ，相当でない面があった。
② 前記の改正法により国籍法が改正され（昭和59年法律45号），出生による国籍取得につきいわゆる父母両系血統主義が採用されたことにより，外国人と婚姻した日本人の嫡出子は全て日本国籍を取得することになるため，従来の取扱いを維持しても，いずれ将来においては，多くの場合，子の出生によって日本人である父又は母につき新戸籍を編製することになると想定されることから，あらかじめ婚姻の際に新戸籍を編製しておくことが妥当であると考えられた。
なお，戸籍の届出だけでなく，法41条の規定による証書の謄本の提出があった場合も，同様に日本人配偶者について新戸籍を編製すべきである（昭和59・11・1通達5500号第2の1）。

5　渉外的婚姻

　渉外的婚姻の実質的成立要件は，法の適用に関する通則法（以下「通則法」という。）24条1項により，各当事者についてそれぞれの本国法に準拠すべきものとされている。一方，婚姻の形式的成立要件である方式については，

第4章　届　出　第6節　婚　姻

　婚姻を挙行する国の社会秩序とより密接な関係があるところから，通則法24条2項で婚姻の挙行地の法に準拠すべき旨が定められている。在外の日本人同士の婚姻については，民法741条の規定により在外公館の大使，公使又は領事に届出することができるし，また，当該外国の方式に従った婚姻も有効である。

　渉外的婚姻の審査に当たって，婚姻要件を具備しているか否かの点に関しては，当該外国の権限のある官憲の発行したその旨の証明書を提出させて受理することになる（昭和26・6・21回答1289号，昭和28・1・14回答40号）。ただし，この要件具備証明書の交付を受けることが困難である場合には，宣誓書又は申述書を提出させこれに代えて差し支えないとされている（昭和30・2・9通達245号，昭和31・4・25通達839号）。また，外国人と日本人が婚姻する場合，いずれの当事者についても，日本の国籍に関する限り，国籍の変動（日本の国籍を取得したり，これを喪失したりすることなど）は生じないから，国籍の得喪に基づく戸籍の変動はない。外国人と婚姻した場合の戸籍の変動については前記4(4)で説明したとおりである。

> 〔婚姻の届出〕
> 第74条　婚姻をしようとする者は，左の事項を届書に記載して，その旨を届け出なければならない。
> 　一　夫婦が称する氏
> 　二　その他法務省令で定める事項

　本条は婚姻の届出に関する規定であり，この届出は創設的届出である（民739Ⅰ）。たとえ，申立人と相手方との間に婚姻をする旨の合意があり，調停が成立したとしても，双方からの婚姻の届出をすることにより，婚姻が成立するのであるから，その調停によって婚姻の効力を生ずるものではなく，申立人の一方からする婚姻届は受理すべきでないとされる（昭和26・2・12回答237号）。

1 届出人及証人

　届出人は，婚姻をして夫婦となろうとする婚姻当事者双方である（民739Ⅱ，本条柱書き）。届出時に，少なくとも一方が死亡していた場合には婚姻は成立しない。もっとも，婚姻の届書が郵送された場合において，その発送後，到達時までの間に届出人が死亡したときは，市町村長はこれを受理しなければならない（戸47Ⅰ）。この場合には届出人の死亡の時に届出があったものとみなされ（戸47Ⅱ），婚姻関係が死亡時に発生すると同時に，死亡により解消される。届書の発送前に届出人が死亡していた場合には，この規律が適用されず，婚姻の届出が受理された場合も届出は無効であって，戸籍訂正を要する取扱いである（出生届等について昭和22・7・18回答608号）。

　また，婚姻の届出には，成年の証人2人以上が，生年月日，住所及び本籍の記載とともに届書に署名することを要する（民739Ⅱ，戸33）。

第4章　届　出　第6節　婚　姻

2　届出地

　届出は，届出事件の本人の本籍地又は届出人の所在地（夫婦となるべき者のいずれかの本籍地又は所在地）でしなければならない（戸25Ⅰ）。

　婚姻当事者の双方が外国にある日本人であるときは，その国に駐在する日本の大使，公使又は領事にその届出をすることができる（民741，戸40）。婚姻当事者の双方又は一方が外国にある日本人であるときは，本籍地市町村に届書を郵送して届出をするか（平成元・10・2通達3900号第1の1(2)），外国の方式で婚姻することもできる（通則法24Ⅱ。この場合は3か月以内に証書の謄本提出を要する（戸41，報告的届出）。）。

3　届出の方法

　届出は，書面又は口頭でこれをすることができ，書面の場合は婚姻当事者及び証人の署名[注1]を要する（民739Ⅱ，戸27・29柱書き）。本人による出頭の要否，使者による届書の提出，口頭による届出の方法については，法60条の解説を参照されたい。

　届書の通数については，法36条1項及び2項に基づくと，婚姻当事者の本籍地がそれぞれ異なる場合や，本籍地外で届出をするときには複数通の提出を要することとなるが，戸籍実務上，法36条3項に基づき届出を受理した市町村長において届書の謄本を作成し，戸籍記載を要する他の市町村長にこれを送付する取扱い（届書の1通化）が積極的に推進されている（平成3・12・27通達6210号）。なお，令和元年法律17号により法120条の5が新設され，その2項で電子情報処理組織をもって戸籍事務を処理する法務大臣の指定市町村間にあっては届書は1通でよいとされている。現在全国全ての市町村長が指定市町村となっているので，届書は全国どこに届出する場合も1通で足りる（令和6・2・26通達500号第3の8(3)）。詳細については，法120条の5の解説を参照されたい。

◆◆

(注1)　署名をすることができないと市町村長が認めるときは，代書で足り，届書にその事由を記載しなければならない（戸規62）。この記載を欠いたまま届出が受理された場合でも，現に本人の意思に基づき代書されたものである限り，婚姻は有効に成立するものと解される（養子縁組の届出について大判昭11・6・30大審院民集15巻1290頁，最判昭31・7・19民集10巻7号908頁，協議離婚の届出について最判昭44・1・31裁判集民94号193頁参照）。

　なお，かつては創設的届出についてあくまで自署を要求する実務があり（昭和11・9・24回答1159号），学説上は規則62条を適用して代書を認めることを消極に解するものが有力であるが（中川善之助『註釋親族法（上）』（有斐閣，1950）398頁等），大審院・最高裁とも一貫してこれを積極に解しており，実務上も氏名を代書した書面をもってした創設的届出があったときには受理して差し支えないとの取扱いに改められた（昭和14・10・9通牒1100号）。

　また，令和3年戸籍法改正により，届書への押印は任意的なものとなった。

4　届　書

　届書には，一般的記載事項（戸29）のほか，次の事項を記載しなければならない。もっとも，誤ってこれらの記載や本人・証人の署名（適法な代書を含む。）を欠く届書であっても，これが受理された場合には，婚姻は有効に成立する（民742②ただし書参照）。届書の様式については，規則59条・規則附録12号様式に定めがある。

〈法律上の記載事項〉

　① 　夫婦が称する氏（本条①）

　② 　新本籍（婚姻により氏を改めない者が既に戸籍の筆頭者であるときを除く。戸16Ⅰ・30Ⅰ）

〈法務省令上の記載事項（本条②の委任による。）〉

　③ 　当事者が外国人であるときは，その国籍（戸規56①）

　④-1 　当事者の父母の氏名及び父母との続柄（戸規56②）

　　-2 　養親の氏名（当事者が特別養子以外の養子であるとき。戸規56②）

⑤-1　当事者の初婚又は再婚の別（戸規56③）
　-2　直前の婚姻について死別又は離別の別及びその年月日（初婚でないとき。戸規56③）
⑥　同居を始めた年月（戸規56④）
⑦-1　同居を始める前の当事者の世帯の主な仕事（戸規56⑤）
　-2　当事者の職業（国勢調査実施年の4月1日から翌年3月31日までの届出のみ。戸規56⑤）
⑧　当事者の世帯主の氏名（戸規56⑥）

これらの詳細は次に説明するとおりである。

(1) 夫婦が称すべき氏（戸74①）

ア　夫婦同氏の原則

夫婦は，婚姻の際に定めるところに従い，夫又は妻の氏を称する（民750）。このため，婚姻に当たって，夫の氏か妻の氏のいずれか（第三の氏は許されない。）を協議により選定し，届書上に表示しなければならず，これを欠く届出は受理することができない。これは，婚姻当事者が呼称上の氏を同じくしているときや，同一戸籍にある場合（実子と養子間の婚姻）でも同様であり，自己の氏を選定した者は，その父母との関係における氏の同一性を持続するものと解される。夫婦が称すべき氏としていずれの氏を定めたかは，戸籍の変動，戸籍上の氏名の記載順序，復氏・復籍などを決定する基礎となるのみならず，婚姻継続中における夫婦同氏の原則上，その後における夫婦の氏及び戸籍の変動に決定的な影響をもたらす原因となる（加藤＝岡垣『全訂戸籍法逐条解説』469・470頁，青木＝大森『全訂戸籍法』339・340頁）。

夫婦同氏の原則の合憲性が争点となった最高裁平成27年12月16日大法廷判決（民集69巻8号2586頁）は，①氏名が人格権の一内容を構成すること（最判昭63・2・16民集42巻2号27頁）を確認しつつ，氏に，名とは切り離された存在として社会の構成要素である家族の呼称としての意義があることからすれば，氏が，親子関係など一定の身分関係を反映し，婚姻を含めた身分関係の変動に伴って改められることは，その性質上予定されているといえるとし，

このような氏の性質等に鑑みると、婚姻の際に「氏の変更を強制されない自由」が憲法上の権利として保障される人格権の一内容であるとはいえず、民法750条は憲法13条に違反しない。また、②氏の上記意義や夫婦同氏制それ自体に形式的不平等が存するものでないこと等から憲法14条及び24条にも違反しない旨判示した。(注2、注3)

　イ　婚姻当事者の一方が外国人である場合

　日本人と外国人の間の渉外的婚姻における夫婦の氏の変更に関する準拠法について、学説上は、婚姻の効力の問題として法の適用に関する通則法25条を適用する見解が多数である。(注4) これに対し、戸籍実務においては、一貫して、夫婦各自の人格権に関する問題として各当事者の本国法により、(注5) 民法750条は渉外的婚姻において適用されないと解されるから、(注6) 外国人と婚姻した日本人は、引き続き従前の氏を称し、婚姻届に「夫婦が称すべき氏」を記載する余地がないものとされている（昭和26・4・30回答899号、昭和40・4・12回答838号、昭和42・3・27回答365号等。なお、このように民法上の氏の変動はないものの、配偶者となる日本人について、昭和59年の戸籍法改正（昭和59年法律45号）により、戸籍の筆頭者であるときを除き、新戸籍を編製することとなり（戸16Ⅲ）、また、家庭裁判所の許可を要せず、呼称上の氏を配偶者の称する氏に変更することが可能となった（戸107Ⅱ）。(注7)

(2)　**新本籍**（戸16Ⅰ・30Ⅰ）

　婚姻の届出があったときは、夫婦について新戸籍を編製することとなるから（戸16Ⅰ本文）、新本籍を届書に記載しなければならない（戸30Ⅰ）。新本籍は、夫婦の協議によって任意に定めることができ（昭和23・5・18回答963号）、婚姻により氏を改めない者が新戸籍の筆頭者となる（戸14Ⅰ）。

　他方、婚姻により氏を改めない者が既に戸籍の筆頭者であるときは、新戸籍を編製しないため（戸16Ⅰただし書）、新本籍の記載は不要であり、婚姻により氏を改める者は、これを改めない者の戸籍に入る（戸16Ⅱ）。

(3)　**国籍**（戸規56①）

　当事者が外国人であるときは、婚姻の準拠法について調査を要し、氏の変

動の有無等にも影響することから（前記(1)イ，後記5(2)参照），その場合には国籍の記載を要するものとされている。

(4) **当事者の父母等に関する事項**（戸規56②）

戸籍及び住民基本台帳に関する事務処理の便宜上記載を要するものとされている。なお，従前は父母同居中は当事者の母の氏を記載しない取扱いであったが，現在は記載して差し支えないものとされている（平成29・10・2通達1150号）。

(5) **初婚・再婚の別，同居・別居時期，住所及び仕事に関する事項**（戸規56③～⑤）

婚姻届に基づいて人口動態調査が行われるため（人口動態調査令2・3），その調査に必要な記載事項が定められている。ここでの婚姻には内縁関係は含まれない（昭和21・11・12通牒767号）。

(6) **当事者の世帯主の氏名**（戸規56⑥）

届出受理後の市町村における住民基本台帳に関する事務処理の便宜を図るため，当事者の世帯主の氏名の記載を要するものとされている。

◆◆

(注2) 最高裁令和3年6月23日決定（判タ1488号94頁）も同様の判断を示した。いずれの大法廷判決も，民法750条を違憲とする複数の反対意見がある。

(注3) 平成8年に法制審議会及び民事行政審議会が，選択的夫婦別氏制度の導入及びこれに伴う戸籍の取扱いについて法務大臣に答申をしているが，現在まで民法・戸籍法の改正法案の国会提出には至っていない。

(注4) 山田鐐一『国際私法（第3版）』（有斐閣，2004）559頁等。

(注5) 学説上同様の見解をとるものとして，溜池良夫『国際私法講義（第3版）』（有斐閣，2005）445頁等。法の適用に関する通則法33条を根拠とすることも考えられる（南敏文『改正法例の解説』（法曹会，1992）224頁参照）。

(注6) 外国人は民法750条の「氏」を有していないと説明されることもある。民法750条の不適用の理由としては，民法上の氏の変更が戸籍の編製の単位を定める基準となるもので，身分行為の双方共に戸籍に登載されている日本人であることを前提とするものであるためと説明される（渉外戸籍実務研究会『改訂設題解説渉外戸籍実務の処理Ⅰ総論・通則編』（日本加除出版，2013）170頁～172頁）。

(注7) 氏名の準拠法に関する実務・学説の概要を紹介するものとして，櫻田嘉章＝道垣内正人編『注釈国際私法 第2巻』(有斐閣，2011) 173頁以下 [北澤安紀執筆] がある。

5 市町村長による処分

　市町村長は，届出人について本人確認（戸27の2Ⅰ・Ⅱ等参照）の上，その受理・不受理を判断することとなるが，婚姻の届出の審査において特に留意すべき事項を挙げると，次のとおりである。

(1) 婚姻意思の審査の要否

　実質的成立要件の1つである婚姻意思の欠缺は婚姻無効の原因となるが，一般に届書及び法定の添付書類から判断することが容易なものではなく，不受理申出により形式的に処理される場合をおいて，これを認定することは基本的に市町村長の審査になじまず，(注8) 現に婚姻意思が欠けていた場合には，事後的に婚姻の無効の裁判（人訴2①，家事244・257・277）及び戸籍訂正手続（戸116）をとることにより是正される。

(2) 婚姻当事者に外国人がある場合

　婚姻の実質的成立要件の準拠法は，各当事者それぞれの本国法(注9)によるが（配分的適用。通則法24Ⅰ），各本国法で定められる要件には，その当事者についてのみ適用されるもの（一方的要件。婚姻意思の有無，婚姻適齢等）と当事者双方に重畳的に適用されるもの（双方的要件，重婚・近親婚禁止，再婚禁止期間等）があり，後者については双方共に当該要件を満たす必要がある。これを満たさない場合は，より重い効果を有する法を適用する（東京家審昭43・4・25家月20巻10号91頁）。外国法が適用される外国人当事者については，届出に際し原則として本国官憲の発行する「婚姻要件具備証明書」の添付を要するものとされており（昭和22・6・25回答595号，昭和24・5・30回答1264号），これを資料として審査を行うこととなる。(注10, 注11)

　婚姻の方式（形式的成立要件）の準拠法は，原則として婚姻挙行地法によ

り（通則法24Ⅱ。日本で婚姻が挙行された場合において，婚姻当事者の一方が日本人であるときは，婚姻挙行地法である日本法のみが適用される（通則法24Ⅲただし書）。），市町村長に婚姻届が提出される限り，外国人間の創設的届出であっても，方式については婚姻挙行地法である日本法に照らして審査すれば足る。(注12)

◆◆◆

(注8) 養子縁組については平成22年12月27日通達3200号等により，短期間に成年同士の養子縁組を繰り返し行っている等，戸籍上明確な一定の条件を満たすなどして虚偽が疑われる縁組について，縁組意思の有無を法務局において調査する運用が行われている。これは，戸籍の正確性の担保の観点から限定的な場面を対象として行われるもので，婚姻意思・縁組意思の内容に実体法上大きな問題があることに照らせば，こうした枠組みには慎重な対応が必要であるとの指摘がある（窪田充見『家族法─民法を学ぶ（第4版）』（有斐閣，2019）28～30頁）。
(注9) 重婚，直系親族・2親等間の婚姻，人種・宗教的理由による婚姻禁止等，外国法が我が国の公序に反する場合には適用されない（通則法42）。
(注10) 婚姻要件具備証明書は，法27条の3（訳文については戸規63）に基づき提出を求めることができるが，これを得ることができない場合には，宣誓書，婚姻・独身証明書，その他の身分事項を証明する資料を提出させて個々の実質的成立要件の審査を行うこととなる。
(注11) 日本人が外国の方式で婚姻する場合に，我が国官憲の婚姻要件具備証明書の発行が求められる場合がある。この場合は一般行政証明として，市町村長，在外の領事等，法務局若しくは地方法務局の長がこれを発行する（昭和31・11・20回答2659号，昭和35・9・26回答392号）。
(注12) 婚姻の効力は，①夫婦の共通本国法，②夫婦の共通常居所地法，③夫婦に最も密接な関係がある地の法の順に段階的連結によって決定される（通則法25）。

6 婚姻届の効果

　婚姻の届出が受理されることにより，婚姻当事者が相互に配偶者となって法律上の婚姻関係が生じ，姻族関係も発生する（民725②・③）。法律上の婚姻関係の創設後は，夫婦は氏を同じくする（民750）ほか，夫婦の身分関係

について，同居・協力・扶助義務（民752），貞操義務（民770Ⅰ①参照），婚姻費用の分担義務（民760），夫婦間の契約取消権（民754，後記なお書参照），日常家事債務の連帯責任（民761），帰属不明財産の共有推定（民762Ⅱ），配偶者の後見開始審判等の請求権（民7等），子の嫡出推定（民772），準正（民789），(注13)親権の共同行使（818Ⅲ，令和6年法律33号施行後は818Ⅱ），普通養子縁組・離縁要件の付加（民795・796・811の2），特別養子縁組の養親資格取得（民817の3Ⅰ），法定相続分の取得（民890・900），配偶者居住権の取得（民1028以下），性別取扱い変更の不許（性特3Ⅰ②）などの効果が生じる。なお，令和6年法律33号により民法754条は削除され，同法施行後は，夫婦間の契約であっても，民法総則に定める一般原則によるほかは取り消されなくなる。

また，戸籍上は，一の夫婦（及びその子）単位の戸籍編製（戸6・16，夫婦の一方のみの入籍や分籍は不可（戸20・21Ⅰただし書））や身分事項の記載（戸13Ⅰ⑧，戸規35④）のほか，戸籍事務管掌者の除斥（戸2），戸籍謄本等の交付請求権の取得（戸10Ⅰ），自ら又は子の氏の変更・転籍における共同の届出義務（戸98Ⅱ・99Ⅱ・107Ⅰ・108Ⅰ）などの効果が生じる。

◆◆◆◆◆◆◆◆◆◆◆◆◆◆◆◆◆◆◆◆◆◆◆◆◆◆◆◆◆◆◆◆◆◆◆◆◆◆

（注13）昭和62年の民法・戸籍法等の改正（昭和62年法律101号）により，準正子は，婚姻により当然に父母の氏を称するのではなく，入籍届を要することとなった（民791Ⅱ，戸98）。昭和62・10・1通達5000号第5の3。

〔婚姻の取消しの届出〕
第75条　第63条の規定は，婚姻取消の裁判が確定した場合にこれを準用する。
②　検察官が訴を提起した場合には，裁判が確定した後に，遅滞なく戸籍記載の請求をしなければならない。

　本条は，婚姻の取消しに関する届出及び戸籍記載の請求についての規定である。婚姻の取消しは，法定の取消権者による家庭裁判所に対する請求に基づいてされる裁判の確定によって，婚姻を将来に向かって無効とする効力を発生させる（民748Ⅰ）。したがって，この届出又は戸籍記載の請求は，既に生じた婚姻の取消しについて，その効果を報告的に届け出るもの又はその状態を戸籍記載に符合させることを求めるものである。

1 婚姻の取消し

(1) 成立要件

　婚姻の取消しは，民法744条・745条及び747条の規定によって家庭裁判所に請求することのみによって可能であり（民743），①公益的要件の欠缺を原因とする不適法婚[注1]（不適齢婚（民731），重婚（民732），近親婚（民734～736））の取消し（民744）と，②私益的要件の欠缺を原因とする詐欺又は強迫による婚姻の取消し（民747）の各場合にのみ上記請求をすることができる。

　取消権者や取消権の消滅については民法上法定されており，公益の代表者たる検察官が取消権者となるのは，婚姻当事者双方の生存中における上記①の不適法婚の取消しの場合のみである（民744Ⅰ）。裁判手続については，調停申立てを前置した上，合意が成立すれば家事事件手続法277条に基づく合意に相当する審判により，[注2]調停不成立となれば確定判決によることとなる（養子縁組の取消しに関する法69条の解説を参照されたい。[注3]）。

(2) 効　力

　上記のとおり婚姻の取消しは将来効を有するにとどまるため，婚姻の無効と異なり，婚姻は成立時から取消しの効力発生までの間は有効に存続していたことになる。この点は裁判離婚による婚姻の解消と同様であるから，離婚に関する民法上の規定（姻族関係の終了，復氏・婚氏続称，子の親権者の指定など）が婚姻の取消しに準用される（民749）。戸籍の変動についても離婚に準じる（法76条の解説を参照されたい。）。

　また，当事者の死亡後に婚姻が取り消されたときは，死亡の時に取り消されたものとみるべきであると解されている[注4]。

◆◆

（注1）　令和4年法律102号による改正前の民法では，再婚禁止期間違反の婚姻（民733Ⅰ）も含まれる。この改正法施行日より前に成立した再婚禁止期間違反の婚姻については，改正後もその取消請求が可能である（令和4年法律102号による改正法附則2。ただし，改正前民法746条の期間制限に注意を要する。）。

（注2）　公益の代表者である検察官が調停申立てを経て，合意に相当する審判を得ることはないものと解される（金子修編著『逐条解説　家事事件手続法（第2版）』（商事法務，2022）978頁）。

（注3）　普通養子縁組の取消しにおいては，検察官が取消権者として訴訟上原告となることはない点が異なる。

（注4）　我妻栄『親族法（法律学全集23巻）』（有斐閣，1961）67頁。

2　婚姻の取消しの届出・戸籍記載の請求

(1) 届　出

　婚姻の取消しの届出に関する届出義務者，届出地，届出期間，届書の記載・添付書類一般については，法63条の解説を参照されたい。ただし，次の点に留意を要する。

　まず，本条の届出により戸籍の記載をすべきときは，別に法116条の戸籍訂正の申立てをすべきものではない（大正4・9・8回答1334号）。

次に，未成年の子がある場合は，裁判離婚と同様，届書に親権者と定められた当事者の氏名及びその者が親権を行う子の氏名の記載を要する（戸77Ⅱ①参照。人口動態調査は行われない。）。(注5)

また，先例上，重婚による後婚の離婚後に後婚の取消しの審判が確定しても，その婚姻取消届は受理しないものとされる（昭和52・10・7回答5117号）。この先例の後，最高裁決定は，戸籍事務管掌者は，親権者変更の確定審判に基づく戸籍の届出について，当該審判が無効であるためその判断内容に係る効力が生じない場合を除き，当該審判の法令違反を理由に上記届出を不受理とする処分をすることができない旨判示しており（最決平26・4・14民集68巻4号279頁），その趣旨は他の確定裁判に基づく報告的届出一般に当てはまると解されるが，(注6) 離婚成立後にされた離婚判決が無効と解されていること(注7)に鑑みれば，昭和52年10月7日回答5117号は維持されるべきものと考えられる。

(2) 戸籍記載の請求

検察官が不適法婚の取消しを家庭裁判所に請求し，取消判決が確定したときは，本条2項により，当該検察官は遅滞なく戸籍記載の請求をしなければならず，これに基づき戸籍の記載がされることとなる（戸15）。この請求書には，届書と同一の事項を記載し，同様に添付書類を付して届出事件の本籍地の市町村長に対し提出すべきものとされる（大正3・5・19回答793号）。

(注5) 青木＝大森『全訂戸籍法』342頁。
(注6) 法曹会編『最高裁判所判例解説 民事篇（平成26年度）』（法曹会，2017）173頁〔谷村武則〕。
(注7) 伊藤眞『民事訴訟法（第8版）』（有斐閣，2023）541頁。

3 婚姻の無効

婚姻の届出が受理されても，当事者の一方又は双方に婚姻意思がないとき

は，婚姻は無効となる（民742，本節前注2⑴参照）。裁判手続については，調停申立てを前置した上，合意が成立すれば家事事件手続法277条に基づく合意に相当する審判により，調停不成立となれば確定判決によることとなる（養子縁組の無効に関する法69条の解説を参照されたい。）。この場合は，法116条に基づく戸籍訂正の申請によって，戸籍は婚姻の届出がなかったのと同一の状態に復することとなる（令和元年の戸籍法改正（令和元年法律17号）により，婚姻無効は法114条の訂正の対象ではないことが明らかにされた。）。

4　渉外婚姻の取消し又は無効

　婚姻が実質的成立要件を欠く場合に，その効果が取消しか無効か，取消権の行使，その存続期間，取消しの遡及効，無効に判決を要するかなどの要件欠缺の効果に関する事項は，その要件の欠缺が生じている当事者の本国法による（通則法24Ⅰ）。両当事者の本国法が異なる場合に，ある要件の欠缺につき，一方では取消し，他方では無効というように効果が異なるときは，より厳重な効果を求める法によるとされる[注8]。

　婚姻を取り消し，又は無効とする外国裁判に基づく届出でも，当該裁判が民事訴訟法118条所定の要件を備えている限り，我が国においてもその効力を有するものと解すべきであり，準拠法上の要件を審査する必要はない（外国の離婚判決に関する昭和51・1・14通達280号参照）。

◆◆

（注8）　櫻田嘉章＝道垣内正人編『注釈国際私法　第2巻』（有斐閣，2011）17・18頁〔横溝大〕。

> [婚姻の取消しの際の氏を称する届出]
> 第75条の2　第77条の2の規定は，民法第749条において準用する同法第767条第2項の規定によつて婚姻の取消しの際に称していた氏を称しようとする場合に準用する。

　本条は，婚姻の取消しによって婚姻前の氏に復した夫又は妻が，民法749条が準用する民法767条2項に基づき，婚姻の取消しの際に称していた氏を称する旨の届出についての規定である。婚姻の取消しの効果は離婚と類似するため，婚氏続称も同様に認められている。

　すなわち，民法749条が準用する民法767条1項の規定により，婚姻によって氏を改めた夫又は妻は，婚姻の取消しによって婚姻前の氏に復するところ，この規定により復氏した夫又は妻は，民法749条が準用する民法767条2項の規定により，婚姻の取消しの日（合意に相当する審判又は判決確定の日）から3か月以内に戸籍法の定めるところにより届け出ることによって，婚姻の取消しの際に称していた氏を称することができる。届書には，一般的記載事項（戸29）のほか，婚姻の取消しの年月日を記載しなければならない（本条が準用する戸77の2）。

　その他，戸籍事務の処理は離婚における婚氏続称の届出の場合に準じて処理するものとされており（昭和51・5・31通達3233号），法77条の2の解説を参照されたい。

第7節 離 婚

【前 注】

1 概 説

　離婚とは，有効に成立した婚姻関係を夫婦の生存中に将来に向かって消滅させることをいう。離婚には，協議上の離婚（民763）と裁判上の離婚（民770）とがあり，協議上の離婚は届出が受理されることによって，その効力を生ずる（民764・739）。裁判上の離婚としては，判決による離婚，訴訟上の和解による離婚，請求の認諾による離婚，審判による離婚及び調停による離婚があり，判決若しくは審判の確定又は調停調書への記載により，その効力が生ずる。

　本節では，法76条で協議離婚の届出につき，法77条で裁判上の離婚につき，法77条の2で婚氏を称する届出について規定している。

2 協議上の離婚

　協議上の離婚は，裁判離婚のように一定の離婚原因があることは必要でなく，当事者である夫婦の合意により離婚の届出をすることによって，いつでも自由にすることができる。しかし，離婚の意思の存在が要件になっているので，当事者間に離婚の意思がないときは，無効である（大判大11・2・25大審院民集1巻69頁）。もっとも，このために離婚が無効な場合でも，離婚の意思を欠く配偶者の追認により当初から有効となり（最判昭42・12・8家月20巻3号55頁），この追認は，一定の方式を要せず，黙示でもよいとされている。離婚をするとの当事者の意思が合致するときは，前述したように特定の離婚原因は必要でない。また，制限能力者であっても離婚の性質及び効果を理解することができる能力を有する限り，何人の同意を得ることなく，配偶

者と協議離婚をすることができる。したがって，成年被後見人であっても，離婚の意味を理解し，判断することができる能力があれば，有効な協議離婚届をすることができるし（戸32，昭和25・7・1回答1790号），成年後見人の同意も必要としない（民764・738）。

3 裁判上の離婚

(1) 離婚原因

夫婦間で上記2の離婚の協議が成立しない場合であっても，夫婦の一方は，法定の原因があるときは，家庭裁判所に離婚の訴えを提起することができ（民770，人訴2①・4），この訴えによって婚姻を解消させることができる。この法定の原因を一般に離婚原因と称し，民法は離婚原因を，次のとおり定めている。

① 配偶者の不貞行為（民770Ⅰ①）

夫婦間の貞操を守るべき義務に反する一切の行為をいう。

② 悪意の遺棄（民770Ⅰ②）

遺棄とは，正当な理由がないのに夫婦間の同居・協力・扶助の義務（民752）を放棄することをいう。一時的に別居する場合や扶助義務を怠るという域を超えて，婚姻生活そのものをある程度決定的に放棄することを意味する。「悪意」というのも，単に遺棄の事実を知るのみならず，意図的に倫理に反するという要素を含む。したがって，病気治療のため一時的に別居する場合や，季節労働に従事するため家を離れる場合は，悪意の遺棄に当たらない。

③ 3年以上の生死不明（民770Ⅰ③）

生死不明の原因は多々考えられるが，その原因のいかんを問わない。3年の期間の起算点は最後の消息があったときである。生死不明の状態が3年以上経過した後に，生存していること又は既に死亡していることが判明した場合には，民法770条1項3号に基づく離婚の訴えは

許されないと解されている。前者の場合，この要件を満たさないことになるし，後者の場合，配偶者死亡により婚姻が既に解消されているからである。

④　回復の見込みのない強度の精神病（民770Ⅰ④）

強度の精神病に罹患していて，その回復の見込みがない場合である。ただし，判例は，更に要件を加えて，患者の今後の療養・生活などについてできる限り具体的な方途が講じられ，ある程度のその方途の見込みがつくことを要するとしている（最判昭33・7・25民集12巻12号1823頁，最判昭45・11・24民集24巻12号1943頁）。

なお，令和6年法律33号施行後は，民法770条1項4号は削除され，配偶者が回復の見込みのない強度の精神病となった場合は，そのことが次の「その他婚姻を継続し難い重大な事由」に該当するときに，同号の離婚事由となるものと考えられる。

⑤　その他婚姻を継続し難い重大な事由（民770Ⅰ⑤）

これは，いわば抽象的ないし相対的な離婚原因である。かつての本条は具体的な離婚原因を制限的に列挙するにとどまっていたのであるが，それでは個別事案の妥当な解決を図る上で不都合があったため，本号の規定が追加されたという立法経緯がある。

何が「婚姻を継続し難い重大な事由」に該当するかは，裁判所の判断に委ねられるが，当事者間における全ての事情を総合考慮して，円満な夫婦生活を営んでいくことが到底困難であると認められる場合に離婚が許されるものと解されよう。なお，その際に，当該離婚原因について有責な配偶者が離婚訴訟をすることができるかという問題がある。判例は，当初，消極的な態度をとっていたが，徐々にこれを和らげ，最高裁昭和62年9月2日大法廷判決（民集41巻6号1423頁）において，有責配偶者の離婚請求であっても，相当の長期間の別居が続き，かつ，夫婦間に未成熟の子がいないような場合には，認められると判示するに至った。

(2) 判決以外の手続による裁判上の離婚

裁判上の離婚の訴えを提起するには，人事に関する訴訟事件としてまず家庭裁判所に調停の申立てをしなければならない（家事244・257Ⅰ）。ただし，民法770条１項３号又は４号の事由を離婚原因とする事件は，相手方の出頭を期待することができず調停を行うことができないから，直接に訴えを提起することができる。調停において当事者間に合意が成立し，これを調停調書に記載したときは，調停が成立したものとされ，その記載は，確定判決と同一の効力を有する（家事268Ⅰ）。すなわち，戸籍の届出を待たずに離婚が成立する。

合意が成立しない場合であっても，家庭裁判所は，相当と認めるときは，当事者双方のために衡平を考慮し，一切の事情を考慮して，職権で，事件の解決のために必要な審判（ここでは，離婚及びそれに付随する親権者指定等の審判）をすることができる（家事284Ⅰ本文）。この調停に代わる審判に対して，当事者は，家庭裁判所に異議を申し立てることができ（家事286Ⅰ），この申立てがあったときは，調停に代わる審判は，その効力を失う（家事286Ⅴ前段）。この場合は，家庭裁判所の判決によって決着することになる。調停に代わる審判に対して異議の申立てがないとき，又は異議の申立てを却下する審判が確定したときは，調停に代わる審判は確定判決と同一の効力を有するから（家事287），離婚が成立する。

このような調停や審判による離婚ができなかったときは，家庭裁判所に離婚の訴訟を提起するほかはないが（家事286Ⅵ参照），当該訴訟で離婚判決が確定すれば，裁判確定により離婚が成立する。さらに，離婚訴訟手続においても，一定の要件の下で，訴訟における和解（これにより離婚がされるものに限る。），請求の放棄・認諾が認められる（人訴37）。

④ 離婚の際の親権者の指定

夫婦の間に未成年の子がある場合には，協議上の離婚に当たり，当事者の

いずれを親権者とするかを協議で定め（民819Ⅰ），その協議が調わないか又は協議ができないときは，家庭裁判所が請求により協議に代わる審判をする（民819Ⅴ）。そして離婚届書に協議又はこれに代わる審判の内容を記載することを要する（戸76Ⅰ）。この記載を欠く届出は受理すべきではない（民765Ⅰ）。したがって，協議離婚においては，当事者の合意が成立しても，親権者の指定につき協議が調わない場合は，これに代わる審判が確定するまでは離婚の届出はできないことになる（昭和25・1・30回答230号）。

令和6年法律33号施行後は，離婚後においても共同親権のままとすることが可能となり，協議上の離婚に当たり，父母の双方又は一方を親権者として定めるものとされる（改正民819Ⅰ）。離婚後も共同親権のままのほうが，父母が適切な形で子の養育に関わり，その責任を果たすことが可能と考えられたからであるが，他方DV等の問題もあるので，まずは，父母が離婚後も共同親権とするか単独親権とするかを協議により決めるのである。その協議が調わないか又は協議ができないときは，家庭裁判所が請求により協議に代わる審判をするが（改正民819Ⅴ），改正民法819条7項において，裁判所が審判をするに当たり考慮すべき点が規定されている。また，従前とは異なり，離婚の届出があった場合において，夫婦間に未成年の子があるときは，「親権者の定めがされていること」，又は「親権者の指定を求める家事審判又は家事調停の申立てがされていること」のいずれかに該当することを認めた後でなければ，当該届出を受理することができないものとされる（改正民765Ⅰ）。改正前の取扱いでは，父母の離婚前に家庭裁判所が親権の帰属を決めたとしても，父母のいずれかがこれに反発したときは，協議離婚の届出がされない事態が生じ得たが，改正民法の下では，離婚自体は合意しているものの親権の帰属に争いがあるような場合は，夫婦が，親権者の指定を求める家事審判又は家事調停の申立てを行い，離婚後に家庭裁判所が関与する形で親権の帰属を決定することに合意した場合は，協議離婚の届出をすることができるようになる。この場合は，父母の離婚後に家庭裁判所が親権者を定めることになる。同改正後の親権の帰属や行使方法等については，第8節の前注を参照

されたい。

　なお，法改正の前後を問わず，離婚の際の親権者の指定を欠く離婚届が誤って受理されたときは，離婚そのものは効力を妨げられない（民765Ⅱ）。

　裁判上の離婚の場合には，裁判所が親権者を父母のいずれかに定め（民819Ⅱ。上記法改正後は，夫婦の双方又は一方を親権者として定め），その指定を離婚の届書に記載する（戸77Ⅱ①）。この親権者の指定は本来離婚する夫婦間の子につきなされるべきものであるから，たとえ戸籍上では夫婦間の子であるとして記載されていても，離婚判決の主文には親権者の指定がなく，判決の理由に子が夫婦間の子ではない旨の記載がされているときは，離婚届書に親権者の指定に関する記載がなくても受理して差し支えないものとされている（昭和30・6・3回答1117号）。

5　婚氏続称

　婚姻の際に氏を改めた夫又は妻は，離婚により婚姻前の氏に復する。ただし，婚姻前の氏に復した夫又は妻は，離婚の日から3か月以内に届け出ることによって離婚の際に称していた氏を称することができる（民767・771）。その詳細は，法77条の2の解説を参照されたい。

6　離婚の届出による戸籍の変動

　離婚の届出による戸籍の変動は，次のとおりである。
　　① 　婚姻の際に氏を改めた夫又は妻は離婚の届出により原則として婚姻前の戸籍に復籍する（戸19Ⅰ）。
　　② 　しかし，その戸籍が既に除かれているとき，又は，その者が新戸籍編製の申出をしたときは，新戸籍を編製する（戸19Ⅰただし書）。
　　　なお，新戸籍編製の申出は，離婚届の際にされる必要があり，この申出のない離婚届は受理することによって既に復籍の効力が生じてい

るので，届出受理後の新戸籍編製の追完の申出は許されない（昭和24・4・6回答436号）。
③　このようにして復籍又は新戸籍が編製される者は，その復籍又は新戸籍編製によって従前の戸籍から除籍される（戸23）。
④　本籍不明者又は無籍者として婚姻した者が，婚姻前の戸籍の表示を明確になし得ないままで離婚したときは，以前は離婚届出に伴う復籍すべき戸籍がないとの理由で直ちに戸籍の編製がされていた（昭和29・8・4回答1588号）。しかし，昭和31年5月2日通達838号によって，新戸籍を編製することなく当該離婚届に基づき離婚事由を記載して直ちに婚姻後の戸籍から除籍し，その旨本人に通知し，就籍又は戸籍訂正の申請をさせるべきものとされた（昭和31・7・12回答1557号）。
⑤　次に，婚姻当時の戸籍に同籍している子であるが，離婚当事者の子はもちろんのこと，離婚により復氏する者のみの子であっても，父母の氏及び戸籍の変動に当然従うものではない（昭和23・4・20回答208号）。この場合において復籍する父又は母の戸籍に入籍するためには，民法791条，家事事件手続法160条・39条別表第一の60項の規定による家庭裁判所の許可が必要である。

7　渉外的離婚

渉外的離婚に関しては，法の適用に関する通則法27条において準拠法が定められている。その第1は夫婦の本国法が同一であるときはその法により，第2はその法律がない場合において夫婦の常居所地法が同一であるときはその法により，第3にそのいずれの法もないときは，夫婦に最も密接な関連のある地の法によるものとされる（通則法27本文・25）。さらに，夫婦の一方が日本に常居所を有する日本人であるときは，常に日本法によるものとされている（通則法27ただし書）。そこで，配偶者の1人に日本人がいるときは，日本法が準拠法となる場合が圧倒的に多い。

〔協議離婚の届出〕
第76条　離婚をしようとする者は，左の事項を届書に記載して，その旨を届け出なければならない。
一　親権者と定められる当事者の氏名及びその親権に服する子の氏名
二　その他法務省令で定める事項

(注)　本条は，令和6年法律33号によって，一部改正され，公布から2年以内の政令で定める日から施行される。具体的には，本文中の「左の事項」を「次に掲げる事項」に修正し，1号について「親権者と定められる当事者の氏名及びその親権に服する子の氏名」を「親権者と定められる当事者の氏名（親権者の指定を求める家事審判又は家事調停の申立てがされている場合にあつては，その旨）及びその者が親権を行う子の氏名」に改めるものである。

本条は協議離婚の届出に関する規定である。協議離婚は届出によって効力を生ずるので，創設的届出である。

1　協議離婚

夫婦は，その協議で離婚をすることができる（民763）。協議離婚は，裁判上の離婚と異なり，戸籍法所定の届出をすることによって婚姻関係の解消という効力を生じさせるものである（創設的届出，民764・739Ⅰ）。本条は，夫婦が協議離婚の届出をする場合の届書の記載について定めている。協議離婚の実質的成立要件は，次のとおりである。

(1)　**離婚の意思**
　ア　離婚の意思の意義

協議離婚の実質的成立要件として，離婚当事者双方における離婚の意思を要し，これを欠く離婚の届出は無効である。離婚の意思として，学説では，従来から実質的に夫婦関係を解消する意思の存在を要するとする見解（実質的意思説）と離婚の届出をする意思が存すれば足るとの見解（形式的意思説）等の対立があるが，判例は，離婚後も事実上の婚姻関係を継続していても，

法律上の婚姻関係を解消する意思があれば足るものとし，強制執行回避の目的（大判昭16・2・3大審院民集20巻70頁），夫に戸主の地位を与える方便（最判昭38・11・28民集17巻11号1469頁），生活扶助を受ける方便（最判昭57・3・26裁判集民135号449頁）でされた協議離婚の届出をいずれも有効と判断した。

イ　離婚の意思の存在時期

離婚の意思は，協議離婚の効力が届出により生じることから，届出時に存することを要する。このため，届書作成時に離婚の意思の合致があっても，届出時に離婚当事者の一方が翻意して離婚の意思を失った場合には，協議離婚の届出は無効となる（最判昭34・8・7民集13巻10号1251頁）。他方，届書作成時に離婚の意思の合致があっても，届出時に離婚当事者の一方が意思能力を喪失していた場合には，婚姻と同様，同人が翻意していたなどの離婚の意思を失う特段の事情がない限り，離婚は有効に成立するものと解される（法74条の解説参照）。

なお，当事者の一方に離婚の意思のない無効な離婚につき，当該当事者がこれを追認[注1]したときは，その離婚は当初から有効なものとして扱われる（最判昭42・12・8裁判集民89号361頁）。

(2)　その他

協議離婚の実質的成立要件としては離婚の意思が存すれば足り，離婚の訴えの要件（民770Ⅰ）のような法定の離婚原因を要しない。

また，成年被後見人は成年後見人の同意を要さず配偶者との間で協議離婚をすることができるが（民764・738，戸32），意思能力を回復していることを要する。なお，平成11年の民法改正により禁治産制度が廃止され，成年後見制度が創設されたのに伴い，一定の能力を証する医師の診断書の提出制度は廃止された（平成11年法律151号による改正前の戸32Ⅱ）。

●●●

(注1)　追認は，明示して行われることを要さず，離婚届提出の事情を知りながら他の者との婚姻届を提出すること（東京高判昭44・11・13下民集20巻11・12号815頁）などによっても認定され得る。

第4章 届　出　第7節 離　婚

2 協議離婚の届出

(1) 協議離婚の届出

協議離婚の届出は，離婚をしようとする夫婦が（法律上の）婚姻関係を解消するために行う意思表示である。その手続・方式については，以下に述べる民法・戸籍法の定めるところによる。

(2) 届出人及び証人

届出人は，離婚をしようとする夫婦である離婚当事者双方である（民764・739Ⅱ，本条柱書き）。届出時に少なくとも一方が死亡していた場合には，婚姻関係は死亡により既に解消されているので，離婚は成立しない。もっとも，離婚の届書が郵送された場合において，その発送後，到達時までの間に届出人が死亡したときは，市町村長はこれを受理しなければならない（戸47Ⅰ）。この場合には届出人の死亡の時に届出があったものとみなされ（戸47Ⅱ），婚姻関係は死亡ではなく離婚により解消される。届書の発送前に届出人が死亡していた場合には，この規律が適用されず，離婚の届出が受理された場合も婚姻関係解消後の届出として，当該届出は無効であって，戸籍訂正を要する（出生届等について昭和22・7・18回答608号）。

また，協議離婚の届出には，成年の証人2人以上が，生年月日，住所及び本籍の記載とともに届書に署名することを要する（民764・739Ⅱ，戸33）。

(3) 届出地

届出は，届出事件の本人の本籍地又は届出人の所在地でしなければならない（戸25Ⅰ）。協議離婚の届出においては，離婚をしようとする夫婦の本籍地又はそのいずれかの所在地で届出をすることができる。他方，離婚当事者の一方が復籍や新戸籍編製をする地は，「届出事件の本人の本籍地」に当たらないものと解される（明治36・4・7回答163号参照）。

(4) 届出の方法

届出は，書面又は口頭でこれをすることができ，書面の場合は離婚当事者及び証人の署名(注2)を要する（民764・739Ⅱ，戸27・29柱書き）。本人によ

る出頭の要否，使者による届書の提出，口頭届出の方法については，法60条の解説を参照されたい。

届書の通数については，法36条1項及び2項に基づくと，夫婦の本籍地とその一方が復籍や新戸籍編製をしようとする地が異なる場合や，本籍地外で届出をする場合は複数通の提出を要することとなるが，戸籍実務上，法36条3項に基づき届出を受理した市町村長において届書の謄本を作成し，戸籍記載を要する他の市町村長にこれを送付する取扱い（届書の1通化）が積極的に推進されている（平成3・12・27通達6210号）。なお，コンピュータ戸籍の場合は，法120条の5第2項及びその解説を参照されたい。

(5) **届　書**

届書には，一般的記載事項（戸29）のほか，次の事項を記載しなければならない。もっとも，誤ってこれらの記載を欠く届書であっても，これが受理された場合には，離婚は有効に成立する（民765Ⅱ）。届書の様式については，規則59条・附録13号様式に定めがある。また，通達上の措置として，親子交流及び養育費の取決めの有無に関するチェック欄[注3]が設けられている。

〈法律上の記載事項〉

① 離婚によって復氏すべき者が除かれるべき従前の戸籍（すなわち，婚姻当時の戸籍）の表示（戸30Ⅰ。戸29③と重なる）

② 離婚によって復氏すべき者が復籍するか新戸籍を編製するかの別，復籍する場合には復籍すべき戸籍の表示，新戸籍を編製する場合にはその原因及び新本籍（戸19Ⅰ・30Ⅰ）

③ 親権者と定められる当事者の氏名及びその親権に服する子の氏名（本条①）。なお，令和6年法律33号施行後は，「親権者と定められる当事者の氏名（親権者の指定を求める家事審判又は家事調停の申立てがされている場合にあつては，その旨）及びその者が親権を行う子の氏名」が記載事項となる。

〈法務省令上の記載事項（本条②の委任による）〉

④ 協議上の離婚である旨（戸規57Ⅰ①）

⑤　国籍（当事者が外国人であるとき。戸規57Ⅰ②）
⑥-1　当事者の父母の氏名及び父母との続柄（戸規57Ⅰ③）
　-2　養親の氏名（当事者が特別養子以外の養子であるとき。戸規57Ⅰ③）
⑦　同居を始めた年月（戸規57Ⅰ④）
⑧　別居した年月（戸規57Ⅰ⑤）
⑨　別居する前の住所（戸規57Ⅰ⑥）
⑩-1　別居する前の世帯の主な仕事（戸規57Ⅰ⑦）
　-2　当事者の職業（国勢調査実施年の4月1日から翌年3月31日までの届出のみ。戸規57Ⅰ⑦）
⑪　当事者の世帯主の氏名（戸規57Ⅰ⑧）

これらの詳細は，次に説明するとおりである。

　ア　復氏すべき者に関する戸籍の表示（戸19Ⅰ・30Ⅰ）

　婚姻によって氏を改めた者は，協議離婚によって婚姻前の氏[注4]に復する（民767Ⅰ）。この復氏すべき者は，原則として婚姻前の戸籍に入るが（復籍），その戸籍が既に除かれているとき，又はその者が新戸籍編製の申出をしたときは，新戸籍を編製する（戸19Ⅰ）。

　婚姻により氏を改めた者が婚姻後養子縁組により養子となっていた場合において，その者が離婚するときは，婚姻前の実方の氏ではなく養親の氏を称し，養親の戸籍[注5]に入籍する。この場合，新戸籍編製の申出をすることも可能と解される（平成6・4・4回答2437号参照。ただし，婚姻中に配偶者とともに養子となっていた事案）。

　また，婚姻中に帰化した者は，離婚によって復すべき婚姻前の氏を有しないため，任意に離婚後に称すべき氏及び新本籍を定めて新戸籍を編製することができる（昭和23・10・16回答2648号）。

　なお，婚姻中に復氏すべき者の復籍すべき戸籍（実方の戸籍）が他市町村に転籍の上除籍になっているときは，転籍後の本籍を法30条3項の「従前の本籍」と解し，これと同一の場所を新本籍として新戸籍を編製するものとさ

れている（昭和50・4・30回答2221号）。

　　イ　親権者の指定に関する事項（戸76①）

　離婚をしようとする夫婦に未成年の子がある場合には，夫婦はその協議で，その一方(注6)を親権者(注7)と定めなければならない（民819Ⅰ）。このため，本条1号は，協議離婚の届書に親権者と定められる当事者の氏名及びその親権に服する子の氏名の記載を求めており，全ての子についてその記載がない限り届書を受理することはできない（民765Ⅰ）。なお，令和6年法律33号による法改正の前後を問わず，誤って親権者の指定に関する記載を欠く届書が受理された場合にも離婚は有効に成立することとなる。(注8)法改正前の戸籍先例上，この場合において，届出時において親権者を指定する協議が調っていたときは，追完の届出（戸45）をさせ，いまだ調っていなかったときは，親権者指定の届出(注9)をさせるものとされ，後者の場合には，親権者指定の届出がされるまでは，離婚当事者双方が共同で親権を行使するものとされている（昭和25・6・10回答1653号）。

　親権者の指定に条件・期限を付すことは，子の地位の安定を害するおそれがある上，親権者の変更（民819Ⅵ）を家庭裁判所の審判事項とした法の趣旨に反するため許されず，指定は無条件・無期限でされたものと取り扱われる（於保不二雄＝中川淳編『新版注釈民法⑳』（有斐閣，2004）39頁［田中通裕］，昭和31・11・13回答2394号，昭和34・12・16回答2896号）。

　戸籍先例上，離婚前に子が出生したが，出生の届出がされていない子については，出生の届出後親権者指定の届出をさせ（昭和24・3・7回答499号），離婚後既に母が死亡している場合は父が親権者となる（昭和29・10・23回答2206号）との取扱いによっている。

　　ウ　協議離婚である旨（戸規57Ⅰ①）

　協議離婚の届出であるか裁判上の離婚の届出（戸77）であるかによって戸籍の記載も異なることから，協議離婚である旨の記載を要するものとされている。協議離婚をする旨の調停が成立した場合も協議離婚として取り扱われる（昭和23・8・17回答2177号）。

エ　国籍（戸規57Ⅰ②）

当事者が外国人であるときは，離婚等の準拠法について調査を要することから（後記3⑶参照），その場合には国籍の記載を要するものとされている。

オ　当事者の父母等に関する事項（戸規57Ⅰ③）

戸籍及び住民基本台帳に関する事務処理の便宜上記載を要するものとされている。なお，従前は，父母同居中は，当事者の母の氏を記載しない取扱いであったが，現在は記載して差し支えないものとされている（平成29・10・2通達1150号）。

カ　同居・別居時期，住所及び仕事に関する事項

人口動態調査のために記載を要するものとされている。同居・別居時期については，婚姻期間中に懐胎した子の嫡出性又は父について争いが生じた際に若干意味を持つ（谷口『戸籍法（第3版）』204頁）。

キ　当事者の世帯主の氏名（戸規57Ⅰ⑧）

届出受理後の市町村における住民基本台帳に関する事務処理の便宜を図るため，当事者の世帯主の氏名の記載を要するものとされている。

●●●

（注2）　署名をすることができないと市町村長が認めるときは，代書で足り，届書にその事由を記載しなければならない（戸規62）。この記載を欠いたまま届出が受理された場合でも，現に本人の意思に基づき代書されたものである限り，離婚は有効に成立する（最判昭44・1・31裁判集民94号193頁参照）。

　令和3年戸籍法改正（デジタル社会の形成を図るための関係法律の整備に関する法律（令和3年法律37号））により，届書への押印は任意的なものとなった。

（注3）　戸籍届書類標準様式（令和6・2・26通達504号別紙3）。平成23年の民法改正（平成23年法律61号）において，父母離婚時に定めるべき子の監護について必要な事項（民766Ⅰ）として面会交流や監護費用の分担（養育費）が明示されたことに伴い，改正の趣旨を周知するために設けられた。受理要件ではない（平成24・2・2通達271号1）。

（注4）　実方の氏が法107条1項の規定により変更されていた場合には，その変更された氏に復する（昭和23・1・13通達17号⑸）。

　第1の婚姻において氏を改めた者が配偶者死亡後に復氏しないまま第2の婚姻

(転婚) により更に氏を改めた場合には，第2の婚姻の離婚届において第1の婚姻前の氏に復氏することもできる（第1の婚姻における復氏届（民751Ⅰ，戸95）の省略。昭和23・1・13通達17号(2)）。
(注5) この場合において，養親が戸籍の筆頭者又はその配偶者でない場合は，養親について新戸籍を編製することを要する（戸17）。
(注6) 令和6年法律33号施行前は，離婚当事者双方の共同親権とすることはできない（昭和23・5・8回答977号）。また，養親と実親の離婚時につき，かつて養親の単独親権とする実務があったが，現在は養親であるか否かによって取扱いは異ならない（昭和25・9・22通達2573号）。
(注7) 親権者は，子の利益のために子の監護及び教育をする権利を有し，義務を負うものであり，子の人格の尊重等，子の法律行為の同意，営業許可，居所指定，財産管理・代表等を行う（民5・6・820～824）。
(注8) 名古屋高裁昭和46年11月29日判決（判タ272号232頁）は，離婚届の代書を依頼された妻が，親権者に関し協議をしていないにもかかわらず親権者欄に自己の氏名を記載して届出をした場合，離婚は無効ではないとし，戸籍訂正手続により親権者を母と定める戸籍記載を抹消すべきとする。
(注9) 法78条の要件を満たさないため，これに準じるものと解される。

3 市町村長による処分

　市町村長は，届出人について本人確認（戸27の2Ⅰ・Ⅱ等参照）の上，その受理・不受理を判断することとなるが，協議離婚の届出の審査において特に留意すべき事項を挙げると，次のとおりである。

(1) 不受理申出がされている場合

　協議離婚の届出は創設的届出であり，裁判上の離婚の届出と異なり，法27条の2第3項の規定に基づき不受理申出をすることができる（法27条の2の解説参照）。

(2) 離婚意思の審査の要否

　前述した離婚意思の内実に鑑みても，一般には，市町村長において「仮装離婚」を問題とする必要はない。離婚当事者の翻意は，不受理申出により形式的に処理される場合を除いて，これを認定することは基本的に市町村長の

審査になじまず，現に翻意があった場合には事後的に協議離婚の無効の裁判（人訴2①，家事244・257・277）及び戸籍訂正手続（戸116）をとることにより是正される。ただし，筆頭者変更の便法として協議離婚届と婚姻届が同時にされた場合は受理すべきでない。[注10] 法律上の婚姻関係を解消する意思がないことが明白であり形式的判断が可能であることによる。

(3) **離婚当事者に外国人がある場合**

離婚の可否，実質的成立要件及び効力の準拠法については，法の適用に関する通則法によって規律され，原則として婚姻と同様に①夫婦の共通本国法，②夫婦の共通常居所地法，③夫婦に最も密接な関係がある地の法の順に段階的連結によって決定されるが（通則法27本文・25），夫婦の一方が日本に常居所を有する日本人であるときは日本法となる（通則法27ただし書）。これによって定まる準拠法に照らし，協議離婚が認められるか否か，認められる場合の実質的成立要件を満たすかを審査することとなる。方式については，行為地法である日本法に照らして審査すれば足りる（通則法34Ⅱ）。

他方，実務上，離婚による復氏については人格権の問題として当事者の本国法によることになる（婚姻についての昭和55・8・27通達5218号参照）。また，未成年の子の親権の問題は，親子間の法律関係の準拠法により，①子と父又は母の本国法が同一であるときは子の本国法，②その他の場合は子の常居所地法に照らして審査することとなる（通則法32）。

(注10) 木村三男監修『改訂第二版設題解説戸籍実務の処理Ⅴ婚姻・離婚編(2)離婚』（日本加除出版，2024）14頁。

4 協議離婚届の効果

協議離婚の届出が受理されることにより，離婚当事者間の法律上の婚姻関係が解消され，姻族関係も終了する（民728Ⅰ）。また，婚姻に伴う夫婦間の権利義務（民752・754等）が消滅し，財産分与請求権（民768）が発生し，前

述のとおり，婚姻により氏を改めた者の（民法上の）氏が婚姻前の氏に復する（民767Ⅰ）ほか，再婚が可能となる（民732参照。ただし，直系姻族であった者との間では不可（民735後段）。）。子に関して，協議離婚届記載のとおり親権者が指定され（民819Ⅰ），子の監護について必要な事項を定めることとなる（民766）。なお，監護権者の指定がされても，これは戸籍記載事項ではない。

第4章 届出 第7節 離婚

> 〔裁判離婚・離婚の取消しの届出〕
> 第77条 第63条の規定は，離婚又は離婚取消の裁判が確定した場合にこれを準用する。
> ② 前項に規定する離婚の届書には，左の事項をも記載しなければならない。
> 一 親権者と定められた当事者の氏名及びその親権に服する子の氏名
> 二 その他法務省令で定める事項

（注） 本条は，令和6年法律33号によって，一部改正され，公布から2年以内の政令で定める日から施行される。具体的には，2項本文中の「左の事項」を「次に掲げる事項」に改め，同項1号を「親権者と定められた当事者の氏名及びその親権に服する子の氏名」から「親権者と定められた当事者の氏名及びその者が親権を行う子の氏名」に改めるものである。

本条は，裁判上の離婚又は離婚の取消しに関する届出についての規定である。いずれの届出も全て報告的届出である。

1 裁判上の離婚

(1) 裁判上の離婚の種類

ア 調停離婚

夫婦の一方は，法定の離婚原因事実があるときは，離婚の訴えを提起することができる（民770Ⅰ）。もっとも，調停前置主義が採用され，まず家庭裁判所に家事調停の申立てをしなければならない（家事257Ⅰ）。[注1] 家事調停の手続で離婚に関する合意[注2]が成立し，その旨の調停調書が作成されると，離婚の確定判決と同一の効力を生ずる（家事268Ⅰ）。

イ 審判離婚

家庭裁判所は，調停が成立しない場合において相当と認めるときは，当事者双方のために衡平に考慮し，一切の事情を考慮して，職権で，事件の解決のため必要な審判（調停に代わる審判）をすることができる（家事284Ⅰ）。こ

の審判が確定^(注3)すると，離婚の確定判決と同一の効力を生ずる（家事286Ⅰ・Ⅱ・287）。

　　ウ　判決離婚

　家事調停手続において離婚の調停が成立せず，調停に代わる審判もされず，又は確定しないときは，離婚を請求する当事者は，家庭裁判所^(注4)に対し，人事訴訟手続による離婚の訴えを提起することを要する（人訴2①）。裁判所が法定の離婚原因事実（民770Ⅰ）の存在を認めたときは，離婚の請求を認容する判決がされる。この判決が確定^(注5)すると，離婚の効果が対世的に生じ，再訴が禁じられ，何人もこれと矛盾する主張は許されないこととなる（人訴24Ⅰ・25）。

　　エ　訴訟上の和解・請求の認諾による離婚^(注6)

　人事訴訟手続において，確定判決に至る前に，当事者間に離婚に関する合意が成立し，その旨の和解調書が作成されると，離婚の確定判決と同一の効力を生ずる（人訴37Ⅰ，民訴89・267）。また，同手続において，養育費，財産分与等の附帯処分や親権者指定の請求がない場合に限り，確定判決に至る前に，離婚請求の被告となる当事者が請求を認諾し，その旨の期日調書が作成されると，同様に離婚の確定判決と同一の効力を生ずる（人訴37Ⅰ，民訴266Ⅰ・267）。

(2)　**本籍地市町村長への通知**

　裁判所書記官は，裁判上の離婚が成立すると，いずれの場合も遅滞なく事件本人の本籍地の市町村長に対しその旨を通知しなければならない（家事規130Ⅱ①・136①，人訴規17・31）。この通知を受けた後は，市町村長において既に裁判上の離婚により離婚の効果が生じていることが明らかである以上，協議離婚の届出を受理すべきではない（昭和24・11・5回答2545号）。^(注7)通知を受けた市町村長は，戸籍の届出を懈怠している届出義務者等に対して届出等の催告をし，催告をしても届出等がないときは，管轄法務局長等の許可を得た上で，職権で戸籍の記載をすることとなる（戸44，平成16・4・1通達769号1）。

(3) 裁判上の離婚の届出

　裁判上の離婚の届出に関する届出義務者・資格者，届出地，届出期間，届書の記載・添付書類一般については，裁判認知の届出に関する法63条の解説を参照されたい。ただし，次の点に留意を要する。

ア　届出義務者・資格者

　裁判上の離婚の届出義務者は離婚訴訟の原告（反訴原告を含む。(注8)）や調停の申立人であり，これらの者が裁判確定日から10日以内に届出をしない場合に限り，被告・相手方は届出資格者となる（本条Ⅰ・戸63参照）。もっとも，復氏すべき者が離婚調停の申立人ではなく，直ちに届出資格を有しない場合などにおいて，調停調書に「相手方の申出により離婚する」旨の記載をし，調停成立直後から届出資格者とすることがある（昭和50・2・12東京協議会決議）。この手法は，離婚調停の相手方が，離婚の届出と同時に婚氏続称の届出をする場合（法77条の2の解説3(2)参照）になされることがある。

　また，復氏すべき者が届出人とならない場合には，①届書の「その他」欄に新戸籍を編製する旨の記載をして署名する方法，②その旨の申出書を添付する方法，又は③調停条項中に新戸籍を編製する旨及び新本籍の場所を記載する方法により，新戸籍を編製して差し支えないものとされている（昭和53・7・22通達4184号，昭和55・1・18通達680号）。

イ　親権者の指定に関する記載事項

　未成年の子がある場合は，届書に親権者と定められた当事者の氏名及びその者が親権を行う子の氏名の記載を要する（本条Ⅱ①）。なお，令和6年法律33号施行後は，「親権者と定められた当事者の氏名及びその者が親権を行う子の氏名」が記載事項となる。なお，法改正の前後を問わず，離婚に関する届書や裁判書において親権者の指定に関する定めが欠けているときも，裁判上の離婚としては有効であり，欠缺部分は後に追完又は訂正手続によって補充すべきとされる（昭和25・6・10回答1653号，昭和34・10・31回答2426号）。(注9)

ウ　その余の記載事項

　裁判が確定した日（本条Ⅰ・戸63Ⅰ後段）のほか，届書に調停離婚，審判

離婚，和解離婚等又は判決離婚の別の記載を要する（本条Ⅱ②，戸規57Ⅱ①）。その余の記載事項は協議離婚の届出と同じであって（本条Ⅱ②，戸規57Ⅱ②），届書の様式は協議離婚の届書と同一のものであり，「離婚の種別」欄で該当事由をチェックするものとなっている（戸規59・附録13号様式）。

　　エ　添付書類

　裁判認知の場合と異なり，裁判上の離婚は調停・訴訟上の和解・請求の認諾によっても成立するため，これらの場合はその調書の謄本を添付する必要がある。調書記載により直ちに確定するため，判決・審判の場合と異なり確定証明書の添付は要しない。

(4)　**渉外裁判離婚**

　離婚の準拠法については，協議離婚の届出に関する法76条の解説を参照されたいが，裁判上の離婚においては，準拠法に関する解釈・適用は当該裁判手続において判断される。日本人と外国人の夫婦について，日本の家庭裁判所で調停離婚が成立した場合も，一般には，日本法を適用したものと解してこれを受理して差し支えない。[注10]

　外国の離婚裁判に基づく届出でも，当該裁判が民事訴訟法118条所定の要件を備えている限り，我が国においてもその効力を有するものと解すべきであり，同要件を欠いていると明らかに認められる場合を除き，準拠法上の要件を審査することなく，届出を受理して差し支えないものとされている（昭和51・1・14通達280号）。この場合には，原則として外国判決の確定証明書の添付がない限り受理すべきではないが（民訴118柱書き，加藤＝岡垣『全訂戸籍法逐条解説』498頁，昭和59・8・30回答4661号），離婚請求の被告・相手方が離婚の裁判に対し，期間内に上訴・異議申立てをしなかった旨の申述書を添付して届出をしたときは，受理して差し支えないとする先例がある（昭和35・6・8回答1400号）。

◆◆

（注１）　夫婦の一方が家事調停の申立てをすることなく離婚の訴えを提起した場合には，裁判所は，事件を調停に付することが相当でないと認めるときを除き，職権で，事

件を家事調停に付さなければならない（家事257Ⅱ）。
(注2)　「本日協議離婚をする」旨の調停が成立しても，裁判上の離婚の届出としては受理されない（昭和23・8・17回答2177号）。
(注3)　審判告知日から2週間以内に異議の申立てがないとき，又は異議の申立てを却下する審判が確定したとき（家事286Ⅱ・279Ⅱ・287）。
(注4)　平成15年の人事訴訟法制定（平成15年法律109号，平成16年4月1日施行）により，地方裁判所から移管された。
(注5)　判決は，判決送達日から2週間以内に上訴がないとき（民訴285・313），上訴の取下げ・上訴権の放棄があったとき（民訴292・284・313），又は上訴却下・棄却の判決等が確定したとき（民訴290・302等。以上につき民訴116）に確定する。なお，離婚請求を認容した判決のうち附帯処分や親権者指定に係る部分のみを不服として控訴された場合も，上記判決の確定日は附帯処分や親権者指定の裁判の確定日となる（仙台高秋田支判昭37・8・29高民15巻6号452頁）。
(注6)　平成15年人事訴訟法制定（上記（注4）参照）により，訴訟上の和解・請求の認諾による離婚の規定が設けられた。かつては，離婚の記載のある和解調書を添付して，当事者の一方のみから離婚の届出がされても，協議離婚をする旨の合意にすぎないとして受理しない実務があった（昭和35・12・28回答3364号等）。
(注7)　これとは逆に，協議離婚の届出の受理後に裁判上の離婚が成立し，これに基づく届出がされたときは，離婚成立後にされた離婚判決が無効と解されていること（伊藤眞『民事訴訟法（第8版）』（有斐閣，2023）572頁，秋山幹男ほか『コンメンタール民事訴訟法Ⅱ（第3版）』（日本評論社，2022）475頁）に鑑み，当該裁判上の離婚の届出は受理すべきではないものと解される。
(注8)　昭和33年12月3日回答2432号。
(注9)　離婚判決の主文に未成年の子に対する親権者の定めがなく，理由中に「戸籍上の未成年の子は夫婦間の子ではない」旨の記載があるときは，離婚届を受理して差し支えないが，法24条1項により戸籍訂正手続を促すべきとされる（昭和30・6・3回答1117号）。
(注10)　渉外戸籍実務研究会『改訂設題解説渉外戸籍実務の処理Ⅲ—離婚編—』（日本加除出版，2019）284頁参照。なお，準拠法が裁判離婚しか認められていない外国法となる場合の日本の家庭裁判所における調停離婚等の可否についての学説・裁判所・戸籍実務の概要について，櫻田嘉章＝道垣内正人編『注釈国際私法　第2巻』（有斐閣，2011）52頁以下〔青木清〕。

2 離婚の取消し

　詐欺又は強迫によって離婚をした者は，その離婚の取消しを家庭裁判所に請求することができる（民764・747Ⅰ）。裁判手続については，調停申立てを前置した上，合意が成立すれば家事事件手続法277条に基づく合意に相当する審判により，調停不成立となれば確定判決によることとなる（離縁の取消しに関する法73条の解説参照）。離婚の取消しの裁判が確定した場合の届出については，離縁の取消しの場合と異ならない。

3 離婚の無効

　離婚の届出が受理されても，当事者の一方又は双方に離婚意思がないときは，離婚は無効である（離婚の届出に関する法76条の解説参照）。裁判手続については，離婚の取消しと同様である。裁判が確定すると，法116条に基づく戸籍訂正の申請によって，戸籍は離婚の届出がなかったと同一の状態に復することとなる（令和元年の戸籍法の改正（令和元年法律17号）により，協議離婚の無効は法114条の訂正の対象ではないことが明らかにされた。）。

第4章 届 出 第7節 離 婚

> 〔婚氏を称する届出〕
> 第77条の2 民法第767条第2項（同法第771条において準用する場合を含む。）の規定によつて離婚の際に称していた氏を称しようとする者は，離婚の年月日を届書に記載して，その旨を届け出なければならない。

本条は，昭和51年法律66号によって民法の離婚復氏の制度が改正され，民法767条2項が新設されたことに伴い，離婚の際に称していた氏を称しようとする者の戸籍上の届出に関して設けられた規定である。

1 婚氏続称

本条は，離婚によって婚姻前の氏に復した夫又は妻が，民法767条2項に基づき，離婚の際に称していた氏（以下「婚氏」という。）を称する旨の届出（以下「婚氏続称の届出」という。）についての規定である。本条による届出により初めて婚氏続称の効力を生じるから，創設的届出であり，離婚の届出とは法律上別個の届出である。

(1) 趣 旨

民法767条1項の規定により，婚姻によって氏を改めた夫又は妻は，離婚（民法771条により裁判上の離婚にも準用）によって婚姻前の氏に復するところ，この規定により復氏した夫又は妻は，民法767条2項の規定により，離婚の日から3か月以内に戸籍法の定めるところにより届け出ることによって，離婚の際に称していた氏を称することができる。

婚氏続称制度は，離婚による復氏の原則を維持しつつ，離婚により復氏する者が従前の社会活動の継続が突然の復氏により困難となったり，その者が子の親権者となる場合に親子の氏が異なることになるなどの社会生活上の不利益を回避するために，家庭裁判所の許可を得ることなく婚姻前の氏から婚氏に呼称を変更（続称）することを可能とするもので，昭和51年の民法改正（昭和51年法律66号）により新設された。この制度は，法107条1項の特則と

理解されている。

(2) **実質的要件**

　離婚の成立及び民法767条1項の規定により婚姻前の氏に復した者であることが求められる。このため，離婚により復氏した後に更に氏の変更があると，その後は婚氏続称の届出をすることができなくなる。例えば，第1の婚姻に際して相手方の氏を称した者が，相手方の死亡後に実方の氏に復さないでいるうちに第2の婚姻（転婚）をして氏を改めた後に離婚する場合において，転婚者が第2の婚姻の離婚時に第1の婚姻当時の氏に復することを選択した後，更に生存配偶者の復氏の届出をして実方の氏に復したとき（昭和51・11・4通達5353号）は，その後に婚氏続称の届出をすることができない。

　戸籍先例上，上記の転婚者は，離婚の際に実方の氏と第1の婚姻当時の氏のいずれも任意に選択することができるところ（昭和23・1・13通達17号），このうち実方の氏に復する場合は，第2の婚姻の離婚の届出（これにより婚姻前の氏に復する。）と生存配偶者の復氏の届出（民751Ⅰ）を同時にするものと解されている。[注1] そうすると，第2の婚姻の離婚時に直ちに実方の氏に復する選択をした場合は，前述と同様に婚氏続称の届出要件を欠くとの疑義が生じる。もっとも，婚氏続称制度の上記趣旨は，実方の氏と第1の婚姻当時の氏のいずれを選択した場合にも等しく及ぶところ，戸籍先例上，第2の婚姻の離婚時に直ちに実方の氏に復する選択をした場合に，婚氏続称の届出がされたときは，これを受理して差し支えないものとされている（昭和51・11・4通達5353号）。[注2]

　次に，「離婚の際に称していた氏」というのは，婚姻中に称していた最後の氏である。婚姻中に夫婦が縁組，離縁，法107条による氏変更その他の事由により氏に変更があったとしても，その最後に称していた氏がこれに当たる。この離婚の際に称していた氏を称する制度は，理論上は，法107条の規定による氏の変更と同視し得るものであり，ただその変更につき「やむを得ない事由」の存在や家庭裁判所の許可も要しない点でその特則であると解されている。そのため，復氏した者がこの届出をすると，離婚前の戸籍に在籍する子と氏の呼称は同じであるが，民法上は同氏ではないので，その子を同

籍させるには民法791条1項及び3項の規定による家庭裁判所の許可を得なければならない。

なお、婚姻前の氏と婚氏の呼称が同一である場合には、婚氏続称の届出は受理しないものとされている（昭和58・4・1通達2285号）。(注3)

(3) 期間の制限

この届出は離婚の日から「3か月以内」にしなければならない。ここに「離婚の日」というのは、協議離婚にあってはその届出の受理日、裁判離婚にあっては裁判確定の日（調停・和解・認諾の場合はその調書記載日）、外国の方式による離婚にあってはその成立の日である。このような届出期間の制限が設けられた理由は、離婚の際に称していた氏を称する旨の届出は、離婚により復氏した者が引き続き従前の氏を称することを認めるものであるという趣旨に鑑みて、離婚後直ちにされるべきであり、離婚後長期間を経過した後にまで認める必要性に乏しいことにある。ただし、その反面、届出期間をあまり短期間に制限すると裁判離婚や外国の方式による離婚の場合に、復氏した者の届出を困難にすることになる。これらの事情を総合的に考慮して、届出期間は3か月程度とすることが適当と考えられたのである。

届出期間の起算日は、協議離婚の場合は離婚の届出の日から、判決又は審判による離婚の場合はこれらの裁判の確定の日から、調停による離婚の場合は調停成立の日から、訴訟上の和解又は請求の認諾による離婚の場合は和解又は請求の認諾が調書に記載された日から、それぞれ3か月以内である。(注4)届出期間は民法767条2項に規定されていることから戸籍法43条の適用はなく、民法140条により初日不算入となる。期間の満了日は暦に従って計算し、その起算日に応当する日の前日とされ、その最後の月に応当日がないときは、その月の末日をもって満了するものとされる（民143）。

また、民法の一般原則によると、期間の末日が日曜日、国民の祝日に関する法律（昭和23年法律178号）に規定する休日その他の休日に当たる場合に、その日に取引をしない慣習があるときは、期間はその翌日をもって満了するものとされている（民142）。

戸籍事務においては、この民法の規定を適用するのみならず、この規定の

類推適用により，届出期間の満了日が市町村の条例で定める休日に当たるとき，換言すれば日曜日，土曜日，祝日，年末又は年始の条例で定める休日に当たるときは，その翌日をもって期間は満了し，また，在外公館に対する届出の満了日については，行政機関の休日に関する法律に定める日，すなわち日曜日と土曜日，祝日，12月29日から翌年1月3日まで，及び在外公館の所在地における休日に当たるときは，いずれもその休日の翌日が期間の末日になるものとされている（昭和63・12・20通達7332号）。

(4) 効　果

婚氏続称の届出が受理された時から呼称が婚氏に変更されることとなる。戸籍実務上，「民法上の氏」は婚姻前の氏に復したままで身分変動がないため変更せず，「呼称上の氏」のみを婚氏に変更するものと解されている。

(5) その他

婚氏続称の届出後に婚姻前の氏を称しようとする場合には，法107条1項に基づく氏の変更手続によることを要する。

また，婚氏続称の届出後，婚氏が親子関係不存在確認の裁判確定により訂正されても，これに伴って婚氏続称の届出による届出人の氏を訂正することは要しないとされている（昭和59・8・9回答4115号）。

◆◆◆◆◆◆◆◆◆◆◆◆◆◆◆◆◆◆◆◆◆◆◆◆◆◆◆◆◆◆◆◆◆

(注1)　青木＝大森『全訂戸籍法』166頁以下。

(注2)　転婚者が離婚の届出と同時に婚氏続称の届出をする場合には，その者が実方の氏に復することを希望する場合に限り，離婚届書の「婚姻前の氏にもどる者の本籍」欄の記載をさせて当該離婚の届出に基づく復氏復籍の処理をした後，婚氏続称の届出に基づく処理をするものとされる（昭和58・4・1通達2285号）。

(注3)　この場合には呼称上の氏に変更がない以上必要がないためとされる（都竹秀雄「離婚の際に称していた氏を称する届出に関する取扱いについて」戸籍466号34頁）。

(注4)　離婚判決に対し控訴提起後，控訴が取り下げられると，初めから控訴の係属がなかったものとみなされるため（民訴292Ⅱ・262Ⅰ），裁判の確定は控訴期間が経過した日となるが，婚氏続称の届出の期間は控訴取下げの日の翌日から起算すべきである（昭和59・6・1第148回戸籍事務連絡協議会結論（戸籍482号40頁以下），「戸籍法第77条の2の届出の届出期間に関する1，2の問題」戸籍478号72頁以下）。

2 婚氏続称の届出

(1) 届出人

届出人は，離婚により復氏したが，「離婚の際に称していた氏を称しようとする者」である（本条）。なお，離婚の相手方の同意は要しない。

(2) 届出地

法25条の一般規定により定まる。

(3) 届出期間

前述のとおり，離婚後の呼称秩序の早期安定を目的として離婚の日から3か月以内に届け出ることを要するものとされている（同期間については，前記1(3)を参照されたい。）。

期間経過後に婚氏を称しようとする場合には，法107条1項に基づく氏の変更手続によることを要する。

(4) 届書

届書には，一般的記載事項（戸29）のほか，離婚の年月日を記載しなければならない（本条）。これは，離婚の成立の有無及び届出期間の充足を審査するための資料とする趣旨である。[注5] 届書の様式については標準様式が示されている（令和6・2・26通達504号別紙11）。

(注5) 乙部二郎「民法等の一部を改正する法律の解説―4完―」曹時28巻12号49頁参照。

3 戸籍上の処理

離婚の届出がされ，婚姻により氏を改めた者が復氏した後に本条の届出があった場合と，離婚の届出と同時に本条の届出があった場合とでは，戸籍の記載方法が異なる。

(1) 離婚の届出後に婚氏続称の届出がされた場合

離婚の届出により復氏する際に婚姻前の戸籍に復籍する等して，婚氏続称の届出をする者が戸籍の筆頭者でないときと，離婚の際に新戸籍を編製した

上で復氏したため，当該者が戸籍の筆頭者となっているときとでは，戸籍の処理方法が異なる。

　　ア　届出人が戸籍の筆頭者でないとき

　例えば，届出人が実方の父母の戸籍に在籍していたり，戸籍の筆頭者で死亡した前婚の配偶者であってその戸籍に復籍したような場合には，本条の届出によって，その者について新戸籍を編製する（戸19Ⅲ，昭和51・5・31通達3233号一の3）。これは復籍した戸籍の氏と本条の届出の氏の呼称が異なることから，新戸籍を編製することにしたものであり，この場合における戸籍の具体的記載方法については，法定記載例96から98までに示されている。

　　イ　届出人が戸籍の筆頭者であるとき

　例えば，離婚により届出人が新戸籍を編製し，筆頭者となっている場合において，当該戸籍に同籍する者がいないときは，本条の届出により，当該戸籍に法107条1項の規定による氏の変更があった場合の記載に準じて，その旨が記載される（昭和51・5・31通達3233号一の4）。この場合における戸籍の具体的記載方法は，法定記載例99及び100に掲げられている。

　他方，当該者が戸籍の筆頭者であるものの，当該戸籍に他の者が在るときは，当該届出人につき新戸籍を編製する（戸19Ⅲ）。この場合における戸籍の具体的記載方法は上記アと同じである。なお，この場合において婚氏続称の届出をした父又は母と同籍を希望する子は，その父又は母と民法上の氏を異にしているものではないため，民法791条1項の家庭裁判所の許可を得ることなく，同籍する旨の入籍の届出のみをすることによって，その父又は母の新戸籍に入籍することができる（昭和51・11・4通達5351号，昭和62・10・1通達5000号第4）[注6]。

(2)　**離婚の届出と婚氏続称の届出が同時にされた場合**

　この場合も，届出人が婚姻前の戸籍で筆頭者となっていたか等により，戸籍の処理方法が異なる。

　　ア　届出人が婚姻前の戸籍で筆頭者でなかったとき

　例えば，婚姻前父母の戸籍に同籍していたときや，従前の戸籍で筆頭者の配偶者であったときなどは，法19条3項が適用され，直ちにその者を筆頭者

とする新戸籍が編製される（昭和51・5・31通達3233号一の2）。このように当該離婚の届出に基づく復氏復籍の処理を省略するのは，届出人を筆頭者とする戸籍が編製されていないときに該当することや，いたずらに手続を煩雑にしても実益がないこと等が理由である。

　この場合における戸籍の具体的記載方法については，法定記載例93から95までに掲げられている。この取扱いは創設的届出による協議離婚の場合のみならず，裁判離婚（調停・審判を含む）又は外国の方式による離婚の報告的届出とともに本条の届出があった場合にも同様である（昭和51・5・31通達3233号一の2後段）。

　　イ　届出人が婚姻前の戸籍で筆頭者となっており，かつ，子が在籍するためその戸籍が除かれていないとき

　例えば，未婚女性が嫡出でない子を生み新戸籍が編製されていたときや，届出人が転婚をした者であって，前婚の際に届出人の氏を称する新戸籍が編製され，前婚当時の子が在籍しているときなどが，これに当たる。この場合において本条の届出があったときは，その届出人について新戸籍を編製する（昭和62・10・1通達5000号第4の2(1)，法定記載例96～98）。この場合，本条の届出による効果は当然には同籍者には及ばないが，その同籍者と届出人とは呼称こそ違え同氏であるので，その同籍者は，父又は母と同籍する旨の入籍の届出によって父又は母の新戸籍に入籍することができる（昭和62・10・1通達5000号第4の2(2)）。他方，夫婦の子として婚姻当時の夫婦の戸籍に入籍していた子については，この子と婚氏続称の届出をした父又は母の呼称上の氏は同一であるが，民法上の氏は異なると解されるから，民法791条1項の家庭裁判所の許可を経て法98条に基づく入籍の届出をしなければならない（昭和51・5・31通達3233号一の9）。

◆◆

（注6）　この通達上，同籍する子全員から入籍の届出がされた場合であっても，婚氏続称の届出をした父又は母の新戸籍編製を省略することはできないものとされている。

第8節　親権及び未成年者の後見

【前　注】

　本節は，親権及び未成年者の後見に関する戸籍の取扱いについて規定している。親権及び未成年者の後見に関する民法の規定の概要等は次のとおりである。

1　親権者

(1)　親　権

　親権とは，「親が子を哺育・監護・教育という職分」（我妻栄『親族法（法律学全集23巻）』（有斐閣，1961）316頁）のことを指す。民法820条が「親権を行う者は，子の利益のために子の監護及び教育をする権利を有し，義務を負う。」と規定しているとおり，親権は，権利であると同時に義務でもある。親権の具体的な内容は，未成年者の身上の監護に関するものと財産の管理に関するものとに分けられる。身上の監護に関するものとしては，子の人格尊重及び体罰等の禁止（民821），居所の指定（民822），職業の許可（民823），身分上の行為に関する代理（民775・787・791Ⅲ・797・804・811Ⅱ・815・833）があり，子の財産に関するものとしては，財産の管理及び法律行為についての代表（民824），法律行為の同意（民5），取消権（民120）がある。

　令和6年法律33号による民法の一部改正は，「子の権利利益を保護する観点から，子の養育についての父母の責務に関する規定の新設，父母が離婚した場合にその双方を親権者と定めることができるようにする等の親権に関する規定の整備，子の監護に要する費用の支払を確保するための制度の拡充，家事審判等の手続における父又は母と子との交流の試行に関する規定の新設等の措置を講ずる必要がある」ことを提案理由とするものである。そして，

同改正法施行後は，親族編の「第3章　親子」に「第3節　親の責務等」という新たな節が設けられ，そこには，親の責務として，父母は，子の心身の健全な発達を図るため，その子の人格を尊重するとともに，その子の年齢及び発達の程度に配慮してその子を養育しなければならず，かつ，その子が自己と同程度の生活を維持することができるよう扶養しなければならないことや，父母は，婚姻関係の有無にかかわらず，子に関する権利の行使又は義務の履行に関し，その子の利益のため，互いに人格を尊重し協力しなければならないことが規定され（改正民817の12），また，親子の交流等として，子と別居する父又は母その他の親族がいるときは，当該子との交流について必要な事項は，父母の協議で定めるべきことや，この場合においては，子の利益を最も優先して考慮しなければならないこと等が定められている（改正民817の13）。さらに，改正後の民法818条1項においても，「親権は，成年に達しない子について，その子の利益のために行使しなければならない。」と定められ，子のための親権であることが強調されている。

このように，親権者は子の身上の監護や財産の管理についての責務を有するところ，親権者となる父母が未成年者及び成年被後見人である場合は，その目的を果たすことができないため，親権を行使することができない。例えば，未成年者が嫡出でない子を出生した場合は，未成年者の親権者（父母）又は未成年後見人が，未成年者に代わって親権を行使する（民833・867Ⅰ）。また，未成年者の親が成年被後見人の場合は，未成年後見人が選任される（民838①）。

(2)　**親権の帰属**

親権の帰属については，父母等との法的関係いかんにより次のとおり定められている。

　ア　実子の親権者

民法818条1項（令和6年法律33号による改正前）は，「成年に達しない子は，父母の親権に服する。」との一般原則を示し，同条3項で，父母が婚姻中の場合は，父母が共同親権者となることを明示している。民法818条3項（同

法による改正前）には，「父母の一方が親権を行うことができないときは，他の一方が行う。」とのただし書があり，父母の一方が死亡したときは，生存親の単独親権となる。

　子が嫡出ではなく，いまだ父から認知されていないときは，子には法律上の親としては母しかいないので，民法818条3項（令和6年法律33号による改正前）の規定に基づき，母が単独で親権を行使するが，父が認知したときは，後述する。

　令和6年法律33号による民法改正後も，基本は同一であるが，改正後の民法818条2項で「父母の婚姻中はその双方を親権者とする。」と規定されている。そして，改正後の民法824条の2で「親権は，父母が共同して行う」との原則を定めた上で，ただし書において，①その一方のみが親権者であるとき，②他の一方が親権を行うことができないとき，又は③子の利益のため急迫の事情があるときは，その一方が行うことが明示されている。

　さらに，同条では，父母は，その双方が親権者であるときであっても，監護及び教育に関する日常の行為に係る親権の行使を単独ですることができることや（改正民824の2Ⅱ），特定の事項に係る親権の行使（父母の一方が単独で行うことができるものを除く。）について，父母間に協議が調わない場合であって，子の利益のため必要があると認めるときは，家庭裁判所は，父又は母の請求により，当該事項に係る親権の行使を父母の一方が単独ですることができる旨を定めることができるものとされている（改正民824の2Ⅲ）。この2項及び3項の規定は，後記のとおり，離婚後も父母共同親権である場合等に活用されよう。

　　イ　父母が離婚したとき
　　㋐　協議離婚の場合

　民法819条1項（令和6年法律33号による改正前）は「父母が協議上の離婚をするときは，その協議で，その一方を親権者と定めなければならない。」と規定し，父母が離婚したときは，父母の協議により指定された親の単独親権となる。養親と実親が離婚する場合の未成年養子についても，協議により

養親又は実親のいずれか一方を親権者と定めることが必要であり（昭和25・9・22通達2573号），父母が共同で親権を行使することはできない（昭和23・5・8回答977号）。なお，未成年の子を有する夫婦につき親権者を定める記載のない離婚届を誤って受理した場合，民法765条2項の規定に基づき，協議離婚自体は有効であるので，その届出時に既に夫婦の協議で親権者を定めていたときは追完届によって記載し，親権者を定めていなかった場合であれば，後日協議により親権者を定めるまでの間は，父母が共同で親権を行うものと解されている（昭和24・3・7回答499号，昭和25・6・10回答1653号）。

令和6年法律33号による民法改正後は，離婚後も父母共同親権とするか単独親権とするかを選択することができるようになる。すなわち，子の利益を確保するためには，父母の婚姻中のみならず，その離婚後も父母双方が適切な形で子の養育に関わり，その責任を果たすことが望ましいとの観点からすれば，離婚後も父母共同親権とするのが相当ということができる。他方，DV等が懸念されて単独親権とするほうが望ましい事案もあるので，父母が離婚するときに，離婚後も共同親権とするか，父の単独親権とするか，母の単独親権とするかを協議により定めるものとされた（改正民819Ⅰ）。その協議が調わないときは，家庭裁判所が，子の利益を考慮して父母の双方又は一方を親権者と定めることになる（同条Ⅱ）。そして，改正民法の下では，協議離婚は，「親権者の定めがされている」場合のみならず「親権者の指定を求める家事審判又は家事調停の申立てがされている」場合も，その届出をすることができることになるので（改正民765Ⅰ），その活用が図られよう。次に，離婚後も共同親権とされた場合において，具体的な親権の行使に当たり協議ができないこともある。そこで，子の利益のため急迫の事情があるときは，父母の一方が親権を行使したり（改正民824の2Ⅰ③），監護及び教育に関する日常の行為に係る親権の行使を単独ですることができるとしている（改正民824の2Ⅱ）。

さらに，特定の事項に係る親権の行使について，父母間に協議が調わない場合であって，子の利益のため必要があると認めるときは，家庭裁判所は，

父又は母の請求により，当該事項に係る親権の行使を父母の一方が単独ですることができる旨を定めることができるものとしている（改正民824の2Ⅲ）。なお，これらの親権の行使方法については，父母が婚姻中も同様である。

(イ)　裁判離婚の場合

民法819条2項（令和6年法律33号による改正前）は，「裁判上の離婚の場合には，裁判所は，父母の一方を親権者と定める。」と，裁判所が親権者を指定することを定めている。裁判所は，親権者の指定に当たり，当事者の意見に拘束されず，子の福祉にかなう親を親権者として指定することができる。

令和6年法律33号による改正後の民法819条2項は，「裁判上の離婚の場合には，裁判所は，父母の双方又は一方を親権者と定める。」と，裁判所が親権者を指定することを定め，さらに，同条7項において，「裁判所は，…父母の双方を親権者と定めるかその一方を親権者と定めるかを判断するに当たっては，子の利益のため，父母と子との関係，父と母との関係その他一切の事情を考慮しなければならない。この場合において，次の各号のいずれかに該当するときその他の父母の双方を親権者と定めることにより子の利益を害すると認められるときは，父母の一方を親権者と定めなければならない。」と定め，1号として，父又は母が子の心身に害悪を及ぼすおそれがあると認められるときを，2号として，父母の一方が他の一方から身体に対する暴力その他の心身に有害な影響を及ぼす言動を受けるおそれの有無，親権帰属の協議が調わない理由その他の事情を考慮して，父母が共同して親権を行うことが困難であると認められるときを，それぞれ定めている。

(ウ)　父母の離婚後出生した場合

民法819条3項（令和6年法律33号による改正前）は，「子の出生前に父母が離婚した場合には，親権は，母が行う。ただし，子の出生後に，父母の協議で，父を親権者と定めることができる。」と規定しており，父母の離婚後に出生した子については，父母の協議がない限り，母が親権者となることが法定されている。同項の協議は，父を親権者とする場合になされるが，同条5項は「第1項，第3項又は前項の協議が調わないとき，又は協議をすること

ができないときは，家庭裁判所は，父又は母の請求によって，協議に代わる審判をすることができる。」と規定していて，審判によって，父を親権者とすることができる。

　令和6年法律33号による改正後の民法819条3項のただし書は，「ただし，子の出生後に，父母の協議で，父母の双方又は父を親権者と定めることができる。」と規定し，父母共同親権も可能としている。なお，協議が調わないときは，同条5項が適用され，家庭裁判所が審判によって親権者を定める。

　　ウ　嫡出でない子が父から認知された場合
　民法819条4項（令和6年法律33号による改正前）は，「父が認知した子に対する親権は，父母の協議で父を親権者と定めたときに限り，父が行う。」と規定している。前記アで説明したとおり，嫡出でない子については，母が単独親権を行使するが，父が認知した場合，子には父母がいることになり，民法818条1項の規定によれば，父の認知により父母の共同親権となりそうである。しかし，父が認知したとしても，父母が同居するとは限らない（むしろ，別居が通常である。）ので，母の単独親権を維持しつつ，父母の協議で父を親権者と定めたときは，父の単独親権となるとしている。この場合，父母の共同親権とする内容の協議をすることはできない。この協議が調わないとき，又は協議をすることができないときは，家庭裁判所は，父又は母の請求によって，協議に代わる審判をすることができる（民819Ⅴ）。

　なお，父母の婚姻前に出生した子を父が認知したときは，準正子となって，父母の共同親権となる。また，父母婚姻後の認知の場合において，認知前に母が死亡していたときは，認知の遡及効により，父の単独親権となる（昭和25・12・4回答3089号）。

　令和6年法律33号による民法改正後の819条4項は，「父が認知した子に対する親権は，母が行う。ただし，父母の協議で，父母の双方又は父を親権者と定めることができる。」と規定し，父母共同親権も可能としている。なお，協議が調わないときは，同条5項が適用され，家庭裁判所が審判によって親権者を定める。

エ　養子の親権者
(ア)　養子縁組後の親権の帰属

　民法818条2項（令和6年法律33号による改正前）は，「子が養子であるときは，養親の親権に服する。」と規定し，養子への親権は，実親ではなく養親のみが行使する。

　養子の実親と養親とが婚姻したときは，養子縁組と婚姻との前後を問わず，実親と養親との共同親権となる（昭和25・9・22通達2573号）。実親が子の親権者でなかったとしても，縁組及び婚姻の後は，実親と養親との共同親権となる（昭和26・6・22回答1231号）。

　令和6年法律33号による民法改正後の818条は，その3項で「子が養子であるときは，次に掲げる者を親権者とする。」とし，「①　養親（当該子を養子とする縁組が2以上あるときは，直近の縁組により養親となった者に限る。）」「②　子の父母であって，前号に掲げる養親の配偶者であるもの」と定め，従前の取扱いを明文化している。

(イ)　離縁の場合

　養父母双方と離縁をしたときは，縁組当時の親権者であった実親が親権者となるが，実親が縁組後に離婚している場合は，子が15歳未満の場合は離縁の前に実親の協議で親権者となるべき者を定め，15歳に達しているときは，離縁後協議でこれを定める。令和6年法律33号による民法改正後は，実親の協議で親権者となるべき者を父母双方とするか又はその一方とするかを定める（改正民811Ⅲ）。

　養父母の一方が死亡後は，生存養親の単独親権となるが，当該養親と離縁したときは，理論上は未成年後見が開始する。もっとも，生存養親の離縁と同時に死亡養親と死後離縁をしたときは，実親の親権が復活する（昭和37・11・29回答3439号）。養父母双方の死亡後に双方と死後離縁したときも，実親の親権が復活する（昭和37・9・13依命通知396号）。

　なお，養子が転縁組（最初の縁組を継続したまま，第二の縁組をすること）した後，その転縁組について離縁した場合は，当初の養子縁組における養親

の親権に服することとなるが，最初の養子縁組が離縁されている場合は，実親の親権に服することとなる（昭和31・9・28回答2234号）。また，養父母が離婚した後に親権者でない養親のみと離縁しても親権者に変動はないが，親権者である養親のみと離縁した場合は，他方の養親との縁組関係は継続していることから，実親があってもその親権は回復することはなく，後見が開始する（昭和24・11・5回答2551号）。令和6年法律33号による民法改正後は，養父母が離婚に当たり，その一方を親権者と定めたときは，上記のとおりとなるが，その双方を親権者と定めたときは，他方の養親が単独の親権者となる。なお，養親の一方が死亡した後に他方の養親のみと離縁した場合は，法改正の前後を問わず，実父母の親権は回復することはなく，後見が開始する（昭和25・3・30回答859号）。

(3) **親権又は管理権の喪失，親権の停止等**

父又は母による虐待又は悪意の遺棄があるときその他父又は母による親権の行使が著しく困難又は不適当であることにより子の利益を著しく害するとき等の場合は，親権又は管理権の喪失の審判をすることができ（民834・835）。また，その取消しも認められる（民836）。

また，親権者は，家庭裁判所の許可を得て，親権又は管理権を辞し，又はこれを回復することができる（民837）。

さらに，家庭裁判所は，2年を超えない範囲内で，親権停止の審判をすることができる（民834の2）。

これらの詳細は，法79条及び法80条の解説を参照されたい。

(4) **親権と戸籍の記載**

本節は，親権及び未成年後見に関し戸籍に反映させるべき事項についていくつかの規定を設けている（戸78～85）。このうち，親権に関して，子が親権に服していることは，戸籍上の当該子の生年月日及び親子関係により判明するから，特にその旨及び親権者を戸籍に記載する必要はない。ただし，子の出生前に父母が離婚した場合又は子が父を認知した場合には，前記のとおり，出生時の親権者は母であるが，父母の協議によって父を親権者と定める

こともできるから（民819Ⅲただし書・Ⅳ。令和6年法律33号による民法改正後は，父母の協議によって父母の双方又は父を親権者と定めることができる。），その定めをしようとする者はその旨の届出をしなければならないとされる（この協議に代わる家庭裁判所の審判がされたときは，その審判で親権者と定められた者がその旨の届出をしなければならない。戸78・79・63Ⅰ）。一旦定められた親権者を変更する裁判がされた場合（民819Ⅵ）も同様である（戸79）。これに対し，親権者である父又は母について家庭裁判所が親権喪失・親権停止・管理権喪失の審判をした場合は，親権の失権者が生じたのであるから，公示を速やかにするため，同裁判所書記官の嘱託に基づいて，これを戸籍に記載すべきものとされている（戸15，家事116，家事規76Ⅰ①）。これらの各審判を取り消す審判がされた場合も，上記と同じ理由で戸籍の記載を要するが，この場合には，当該取消しの審判を請求した者が届出をしなければならない（戸79）。親権者が親権若しくは管理権を辞し，又はこれを回復しようとする場合も，親権の変更に係る事項であるから，これらをしようとする者は，届出をしなければならないとされる（戸80）。

2 未成年後見

(1) 未成年後見の開始

　未成年後見は，未成年者に対して親権を行う者がないとき，又は親権を行う者が管理権を有しないときに，未成年者の身上に関する事務や財産に関する事務を行うために開始する（民838①）。親権を行う者がないときとは，未成年者に対する親権者が全くいないときのみならず，親権者がいても法律上又は事実上親権を行使することができない場合（前者の例として，親権喪失又は親権停止の場合，後者の例として，親権者が事理弁識能力を喪失したり所在不明となった場合）を含む。この点，養父母が共に死亡した場合は，実父母の親権は回復せず未成年後見が開始する（昭和23・11・12通達3585号）。なお，離婚の際に父母の一方が親権者として指定されたところ，当該親権者が死亡

した場合は未成年後見が開始すると解されるが，家庭裁判所で他方の実親への親権者変更の審判をしたときは，これによって後見は終了する（昭和26・9・27回答1804号）。

上記にいう「未成年後見が開始する」とは，未成年後見人が選任し得る状態になったことを意味し，上記の事由が発生したときは，家庭裁判所に未成年後見人の選任等を申し立てるべき事態が発生したにとどまる。

なお，親権者（父母双方が親権者の場合は，父母双方）が親権のうち管理権のみを喪失したときも後見が開始するが，この場合は，未成年後見人は，財産管理に関する権限のみを有し，身上監護は親権者が担当する。

(2) **未成年後見人等の指定又は選任**

　ア　未成年後見人

未成年者に対して最後に親権を行う者は，遺言で，未成年後見人を指定することができる。ただし，管理権を有しない者は，この指定をすることができない（民839Ⅰ）。また，親権を行う父母の一方が管理権を有しないときは，他の一方は，遺言で，未成年後見人の指定をすることができる（民839Ⅱ）。

次に，このようにして未成年後見人となるべき者がないときは，家庭裁判所は，未成年被後見人又はその親族その他の利害関係人の請求によって，未成年後見人を選任する。未成年後見人が欠けたときも，同様である（民840Ⅰ）。さらに，未成年後見人がある場合においても，家庭裁判所は，必要があると認めるときは，これらの者若しくは未成年後見人の請求により又は職権で，更に未成年後見人を選任することができる（民840Ⅱ）。

　イ　後見監督人

未成年後見人を指定することができる者は，遺言で，未成年後見監督人を指定することができる（民848）。

また，家庭裁判所は，必要があると認めるときは，被後見人，その親族若しくは後見人の請求により又は職権で，後見監督人を選任することができる（民849）。

(3) 戸籍への記載

　未成年後見に関する事項は，親権の場合よりも戸籍との親和性が高い。まず，未成年者の最後の親権者が遺言で後見人を指定したことにより未成年後見が開始される場合には，その指定された者が届出をしなければならない（戸81）。その指定がされず，家庭裁判所が未成年後見人を選任した場合には，同裁判所書記官の嘱託に基づいて，これを戸籍に記載しなければならない（戸15，家事116，家事規76Ⅰ②）。次に，未成年後見人が死亡し，又は民法847条2号から5号までに掲げる者（未成年後見人欠格者）になったことにより未成年後見人が欠けた場合には，後任者が，未成年後見人が地位を失った旨の届出をしなければならない（戸82Ⅰ。数人の未成年後見人のうち一部の者について上記の事由が生じた場合には，他の未成年後見人が届出義務を負う。戸82Ⅱ）。そして，未成年者の後見が終了した場合には，未成年後見人がその旨の届出をしなければならない（戸84）。なお，未成年後見監督人についても，上記の未成年後見人に関する各事項と同様の事項を戸籍に記載する必要があるものとされている（戸85）。

第4章 届 出 第8節 親権及び未成年者の後見

〔協議による親権者指定届〕
第78条　民法第819条第3項但書又は第4項の規定によつて協議で親権者を定めようとする者は、その旨を届け出なければならない。

(注)　本条は、令和6年法律33号によって、一部改正され、公布から2年以内の政令で定める日から施行される。具体的には、「第3項但書又は第4項の規定」を「第3項ただし書又は第4項ただし書の規定」に改めるものである。

　本条は、子の出生前に父母が離婚し、子の出生後に父母の協議で父を親権者（令和6年法律33号施行後は、父母の双方又は父を親権者）と定める場合の届出及び嫡出でない子を父が認知し、父母の協議で父を親権者（同法施行後は、父母の双方又は父を親権者）と定める場合の届出について定めるものである。

1　親　権

　本節の前注の説明にあるとおり、親権とは、親が未成年の子に対して哺育・監護・教育をなすべき地位に立つことをいう。子が実子であるときは、父母が婚姻中であれば、父母が共同して親権を行使するのを原則とするが（民818Ⅲ本文、令和6年法律33号施行後は民818Ⅱ）、父母の一方がこれを行使することができないときはその一方が行う（民818Ⅲただし書。同法施行後は、民824の2Ⅰ）。子が養子であるときは、養親の親権に服する（民818Ⅱ。同法施行後は、民818Ⅲ）。本条に関係する親権の帰属について説明すると、嫡出子については、父母の婚姻中は、父母が共同して親権を行使するが（民818Ⅲ本文）、嫡出子の出生前に父母が離婚した場合は、母が単独で親権を行使する（民819Ⅲ本文）。しかし、その子の出生後に父母の協議又は協議に代わる家庭裁判所の審判によって、父を親権者（同法施行後は、父母の双方又は父を親権者）と定めることもできる（民819Ⅲただし書。同法施行後は、民818Ⅳ・Ⅴ）。

　次に、嫡出でない子の親権は、父母の協議で父を親権者と定めない限り、

母が行使する（民819Ⅳ）。そして，嫡出でない子を父が認知しても，当然には親権者は変わらないが，父母の協議又は協議に代わる家庭裁判所の審判によって，父を親権者と定めることができる（民819Ⅳ・Ⅴ）。なお，嫡出でない子の母が単独で親権を行使している間に死亡した場合は，後見が開始するため，その後に父が認知しても親権者にはならない（昭和24・3・15回答3499号）。

2 協議による親権者指定の届出

協議による親権者指定の届出には，本条に規定する場合を含め，次のようなものがあり，その手続は以下に記載するとおりである。

(1) **親権者指定の届出**

　ア　嫡出子の父母が離婚した場合

子の出生前に父母が離婚した場合は，母が単独で親権者となることから（民819Ⅲ本文），親権者指定の届出は不要であるが，子の出生後に父母の協議によって父を親権者（令和6年法律33号施行後は，父母の双方又は父を親権者）と定める場合は，親権者指定の届出により，初めて効力が生ずることとなり（創設的届出），子の身分事項欄に親権者は父である旨（同法施行後は，親権者は父母の双方又は父である旨）が記載される（戸規35⑤）。なお，離婚届受理後，審判等による親権者が定められた場合も同様に親権者指定の届出による。

　イ　嫡出でない子を父が認知した場合

嫡出でない子を認知しても親権者は母であることに変わりはないが，父母の協議によって父を親権者（令和6年法律33号施行後は，父母の双方又は父を親権者）と定める場合は，親権者指定の届出により，初めて効力が生ずることとなり（創設的届出），子の身分事項欄に親権者は父である旨（同法施行後は，親権者は父母の双方又は父である旨）が記載される（戸規35⑤）。

　ウ　父母の一方を離縁後の親権者と定めた場合

15歳未満の養子が協議上の離縁をするときは，縁組を承諾した父母が養子

に代わって離縁の協議をすることになるが，その離縁の際に父母が離婚している場合は，離縁後に父母が共同で親権を行使することができないことから，父又は母のいずれか一方（令和6年法律33号施行後は，父母の双方又は一方）を離縁後に親権者となるべき者として定めなければならない（民811Ⅲ）。そして，父又は母のいずれか一方（前同）を親権者と定めたときは，本条に準じて親権者指定届を離縁届と同時に提出することとなるが，親権者指定届が同時に提出されなければ，離縁届が提出されてから10日を経過しても届出がない場合に，法44条の規定によって届出を催告することになる（昭和37・6・29回答1839号）。

　エ　親権者の定めがない離婚届が誤って受理された場合

本節の前注1の(2)イ(ｱ)のとおり，親権者の記載がない離婚届が誤って受理された場合は，父母の協議で親権者（令和6年法律33号施行後は，父母の双方又は一方を親権者）を定めた上で親権者指定の届出をすることとなる。

(2)　届出人

届出人は，上記(1)のいずれの場合も協議者である父母（養父母）である（本条）。

なお，未成年の母が出生した嫡出でない子を未成年の父が認知した場合において，その父母の親権者は，父母に代わって親権の協議をすることはできない（昭和26・3・6回答412号）。

(3)　届出地

届出地は，届出事件の本人である子，父（養父），母（養母）のいずれかの本籍地又は届出人である父（養父），母（養母）のいずれかの所在地である（戸25Ⅰ）。

(4)　届出の方法

親権者指定の届出は，書面又は口頭でこれをすることができるが（戸27），書面による届出は，郵便その他の所定の信書便により届書を送付することによってもすることができる（戸47Ⅰ）。

(5) **届書の記載**

親権(管理権)届に,一般的記載事項(戸29)を記載した上,届出事件の種別欄の「親権者指定」及び「父母(養父母)の協議」にチェックし,届出人欄には,親権者となった父(養父)又は母(養母)が左欄に,親権者指定の協議の相手方となった母(養母)又は父(養父)が右欄に必要な事項を記入し,署名する。

第4章　届　出　第8節　親権及び未成年者の後見

> 〔裁判による親権者指定届・親権者変更届・親権喪失等の審判取消届〕
> 第79条　第63条第1項の規定は，民法第819条第3項ただし書若しくは第4項の協議に代わる審判が確定し，又は親権者変更の裁判が確定した場合において親権者に，親権喪失，親権停止又は管理権喪失の審判の取消しの裁判が確定した場合においてその裁判を請求した者について準用する。

（注）　本条は，令和6年法律33号によって，一部改正され，公布から2年以内の政令で定める日から施行される。具体的には，「第4項の協議」を「第4項ただし書の協議」に改めるものである。

本条は，①家庭裁判所の審判に基づく親権者指定届，②親権者変更届，③親権喪失，親権停止又は管理権喪失の審判の取消届について定めるものである。

なお，これらの届出は，いずれも当該審判又は調停が確定した場合における報告的届出である。

1　裁判所による親権者指定

　子の出生前に父母が離婚した場合は，母が単独で親権を行使するが（民819Ⅲ本文），子の出生後に父母の協議又は協議に代わる家庭裁判所の審判によって，父を親権者（令和6年法律33号施行後は，父母の双方又は父を親権者）と定めることができる（民819Ⅲただし書・Ⅴ）。

　また，嫡出でない子を父が認知しても，当然には親権者は変わらないが，父母の協議又は協議に代わる家庭裁判所の審判によって，父を親権者（同法施行後は，父母の双方又は父を親権者）と定めることができる（民819Ⅳ・Ⅴ。同法施行後は，民819Ⅳただし書・Ⅴ）。

第79条〔裁判による親権者指定届・親権者変更届・親権喪失等の審判取消届〕

2 親権者の変更

　単独親権になった子の利益のため必要があると認めるときは，家庭裁判所は，子の親族の請求によって，親権者を他の一方に変更することができる（民819Ⅵ）。令和6年法律33号施行後は，子又はその親族の請求によって，親権者を変更することができる（改正後の同項）。

　嫡出でない子の母が単独で親権を行使している間に死亡した場合は，後見が開始するため，その後に父が認知した場合でも親権者となることはないが（昭和24・3・15回答3499号），家庭裁判所においてその子の親権者を父に変更する旨の審判がされた場合は，その審判に基づく親権者変更届は受理するほかない（昭和25・2・6回答284号）。

　また，離婚の際に協議で定められた単独の親権者が死亡した場合も未成年後見が開始すると解するのが相当であるが，家庭裁判所で他方の実親への親権者変更の審判をしたときは，その届出を受理することとなり，これによって未成年後見は終了する（昭和26・9・27回答1804号）。

　共同親権を行使する養親の一方が死亡した場合は，他方の養親が単独で親権を行使することとなり，養父母双方の死亡又は単独養親の死亡後は，実父母の親権は回復せず，当該養子のために後見が開始すると解されているが（昭和23・11・12通達3585号），当該養子の親権者として実父母を指定（又は変更）する審判が確定し，本条に基づき，当該審判の謄本を添付して親権者指定（又は変更）届がされたときは，市町村長は，当該審判に無効をもたらす重大な法令違反がない限り，(注1)その受否につき管轄法務局長等に照会をすることなく，受理して差し支えない（平成27・11・19通達1359号）。

◆◆◆

（注1）　平成26年4月14日に，確定審判に基づく戸籍の届出については，当該審判に法令違反がある場合であっても，当該審判が無効であるためその判断内容に係る効力が生じない場合を除き，当該審判の法令違反を理由に届出を不受理とする処分をすることはできないとする最高裁決定（最決平26・4・14民集68巻4号279頁）がされ

た。この平成26年最高裁決定においては，法令上裁判所が判断すべきものとされている事項についての確定審判に基づく戸籍の届出について，戸籍事務管掌者の審査に関する審査の範囲は，当該審判の無効をもたらす重大な法令違反の有無に限られると判示されている（戸籍921号80頁）。

③ 親権の喪失，停止及び管理権の喪失

(1) 親権喪失の審判

父又は母による虐待又は悪意の遺棄がある場合や，父又は母による親権の行使が著しく困難であったり，不適当であることにより子の利益を著しく害する場合は，家庭裁判所は，子，子の親族，未成年後見人，未成年後見監督人，検察官又は児童相談所長の請求により，その父又は母について，親権喪失の審判をすることができる（民834，児福33の7）[注2]。

また，父母の一方が親権喪失の審判を受けた場合，他の一方の父母の単独親権となり，単独で親権を行使する者がこの審判を受けた場合は，後見が開始する（民838①）。

なお，親権喪失の審判が確定した場合は，裁判所書記官から戸籍記載の嘱託がされるので，当該嘱託に基づき確定した事項を戸籍に記載する（戸15，家事116①，家事規76Ⅰ①）。

(2) 親権停止の審判

父又は母による親権の行使が困難であったり，不適当であることにより子の利益を害する場合は，家庭裁判所は，子，子の親族，未成年後見人，未成年後見監督人，検察官又は児童相談所長の請求により，その父又は母について，親権停止の審判をすることができる（民834の2Ⅰ，児福33の7）。この場合，家庭裁判所は2年を超えない範囲内で親権を停止する期間を定める（民834の2Ⅱ）[注3]。

なお，親権停止の審判が確定した場合は，裁判所書記官から戸籍記載の嘱託がされるので，当該嘱託に基づき確定した事項を戸籍に記載する（戸15，

家事116①，家事規76Ⅰ①）。

(3) 管理権喪失の審判

父又は母による管理権の行使が困難であったり，不適当であることにより子の利益を害するときは，家庭裁判所は，子，子の親族，未成年後見人，未成年後見監督人，検察官又は児童相談所長の請求により，その父又は母について，管理権喪失の審判をすることができる（民835，児福33の7）。[注4]

ただし，管理権喪失の審判がされた場合は，財産管理に関する行為は他方が単独で行使することとなるが，子の身上に関しては共同で親権を行使する。また，単独の親権者について管理権喪失の審判がされた場合は，財産に関する権限のみを有する後見人が選任されることとなる（民838①・868）。

なお，管理権喪失の審判が確定した場合は，裁判所書記官から戸籍記載の嘱託がされるので，当該嘱託に基づき確定した事項を戸籍に記載する（戸15，家事116①，家事規76Ⅰ①）。

(4) 親権喪失，親権停止又は管理権喪失審判の取消し

親権喪失，親権停止又は管理権喪失の原因が消滅した場合は，本人，その親族又は児童相談所長の請求によって，家庭裁判所は，親権喪失，親権停止又は管理権喪失の審判を取り消すことができる（民836，児福33の7）。

なお，親権喪失，親権停止又は管理権喪失審判の取消しの審判が確定したときは，その裁判を請求した者は審判確定の日から10日以内に審判書の謄本及び審判の確定証明書を添付して親権喪失，親権停止又は管理権喪失審判の取消届をしなければならない（本条・戸63Ⅰ）。

◆◆

（注2） 平成23年の民法改正（平成23年法律61号）により，親権喪失の原因等が改められた。改正前の民法では，「父又は母が，親権を濫用し，又は著しく不行跡であるとき」（改正前民834）と規定されていたが，「父又は母による虐待又は悪意の遺棄があるときその他父又は母による親権の行使が著しく困難又は不適当であることにより子の利益を著しく害するとき」に改められ，親権喪失の原因が明確化された。また，請求権者も拡大され，子の親族及び検察官のほか，子，未成年後見人及び未成年後見監督人も親権喪失の審判を請求できることとされた。

（注3）　平成23年の改正前の民法では，あらかじめ期限を定めて親権を制限する制度はなかったが，家庭裁判所において，2年以内の期間を定めて親権停止の審判をすることができる制度が創設された。
（注4）　平成23年の改正前の民法では，「父又は母が，管理が失当であったことによってその子の財産を危うくしたとき」（改正前民835）と規定されていたが，「父又は母による管理権の行使が困難又は不適当であることにより子の利益を害するとき」に改正され，管理権喪失の原因が明確化された。また，請求権者も拡大され，子の親族及び検察官のほか，子，未成年後見人及び未成年後見監督人も管理権喪失の審判を請求できることとされた。

4　戸籍の届出

(1)　裁判による親権者指定届

ア　届出人

届出人は，審判又は調停によって新たに親権者になった父（養父）又は母（養母）である。裁判を提起した者にかかわらず，新しく親権者と定められた者が届出人となる（本条・戸63Ⅰ）。

イ　添付書類

調停による場合は調停調書謄本，審判（判決）等による場合は審判（判決）書謄本及び確定証明書である（本条・戸63Ⅰ）。

なお，離婚の際に指定された単独の親権者が死亡後，他方の実親を親権者と定める審判が確定し，審判書謄本を添付して親権者指定届があった場合は，親権者変更届に訂正させた上で受理するのが相当である（昭和54・8・31通達4471号）。

(2)　親権者変更届

ア　届出人

届出人は，審判又は調停によって新たに親権者になった父（養父）又は母（養母）である。裁判を提起した者にかかわらず，新しく親権者と定められた者が届出人となる（本条・戸63Ⅰ）。

イ　添付書類

調停による場合は調停調書謄本，審判による場合は審判書謄本及び確定証明書である（本条・戸63Ⅰ）。

(3)　**親権喪失，親権停止又は管理権喪失審判取消届**

　ア　届出人

届出人は，親権喪失，親権停止又は管理権喪失審判の取消審判を請求した者である（本条・戸63Ⅰ）。

　イ　添付書類

審判書謄本及び確定証明書である（本条・戸63Ⅰ）。

(4)　届出期間

届出人は審判確定又は調停の成立した日から10日以内に上記の書類を添付して届出をしなければならない（本条・戸63Ⅰ）。

(5)　届出地

届出地は，届出事件の本人である子，父（養父），母（養母）のいずれかの本籍地又は届出人である父（養父），母（養母）のいずれかの所在地である（戸25Ⅰ）。

(6)　届出の方法

親権者指定の届出は，書面又は口頭でこれをすることができるが（戸27），書面による届出は，郵便その他の所定の信書便により届書を送付することによってもすることができる（戸47Ⅰ）。

(7)　届書の記載

親権（管理権）届に，一般的記載事項（戸29）を記載した上，届出事件の種別欄の該当する事件にチェックし，審判（許可の審判）の年月日又は調停成立の年月日を記載し，審判等の場合は審判が確定した年月日も記載する。

> 〔親権・管理権の辞任・回復の届出〕
> 第80条　親権若しくは管理権を辞し，又はこれを回復しようとする者は，その旨を届け出なければならない。

本条は，親権若しくは管理権の辞任又は回復の届出について定めるものである。

1 親権又は管理権の辞任

　親権を行う者は，子の財産を管理し，かつ，その財産に関する法律行為について，その子を代表し（民824），自己のためにするのと同一の注意をもって，その管理権を行使しなければならないが（民827），やむを得ない事由があるときは，家庭裁判所の許可を得て，親権又は管理権を辞することができる（民837Ⅰ）。

　この家庭裁判所における許可の審判はやむを得ない事由があるかどうかを判断して，この審判によって親がほしいままにその義務である親権や管理権の行使を免れることを防ぐとともに，外部からの不当な圧力による親権又は管理権を行使することを辞退することも防止しようとするものである（加藤＝岡垣『全訂戸籍法逐条解説』528頁）。

　親権又は管理権の辞任は，家庭裁判所の辞任許可の審判がされただけでは，その効力が生じるものではなく，親権又は管理権を辞任しようとする者が，家庭裁判所の許可の審判書謄本を添付して届け出ることにより，初めて親権又は管理権を辞する効力が生ずる（創設的届出，戸38Ⅱ）。

　なお，親権又は管理権の辞任は調停の対象とはならないことから（家事244），調停謄本を添付して，相手方から届出があった場合は，受理すべきではない（昭和25・2・6回答284号）。

　親権者が親権又は管理権を辞任し，これらを行使する者がいないときは，

後見が開始するが（民838①），親権辞任の許可と後見選任の審判書謄本を添付して後見開始の届出があったとしても，親権辞任の届出がされない限り，後見開始の記載はできない（昭和28・12・11回答2335号）。

また，父又は母は，やむを得ない事由が消滅したときは，家庭裁判所の許可を得て，親権又は管理権を回復することができるが（民837Ⅱ），この回復についても辞任の場合と同様に家庭裁判所の許可の審判書謄本を添付して届け出ることにより，その効力が生ずる（創設的届出，戸38Ⅱ）。

したがって，親権又は管理権の回復により後見が終了する場合は，親権又は管理権の回復届を受理した後に，後見終了の届出を受理することになる。

2　親権又は管理権の辞任又は回復の届出

(1)　届出人

届出人は，親権又は管理権を辞任又は回復しようとする父（養父）又は母（養母）である。

(2)　届出地

未成年の子の本籍地又は辞任若しくは回復しようとする父母の本籍地・所在地である（戸25）。

(3)　届出の方法

届出は，書面又は口頭でこれをすることができる（戸27）。このうち，書面による届出は，郵便その他の所定の信書便により届書を送付することによってもすることができる（戸47Ⅰ）。

(4)　届書の記載

親権（管理権）届に，一般的記載事項（戸29）を記載した上，届出事件の種別欄の該当する事件にチェックし，許可の審判の年月日を記載する。

なお，事件本人である親権者又は管理権者が届出人となる場合は，住所，本籍及び生年月日を重ねて記載しなくても差し支えない。

(5) **添付書類**

親権(管理権)回復許可についての審判書謄本を添付するが,この許可審判については即時抗告を許されないことから(家事85),審判確定証明書は不要である(戸38Ⅱ)。

第81条〔指定未成年後見人による後見開始届〕

〔指定未成年後見人による後見開始届〕
第81条　民法第838条第1号に規定する場合に開始する後見（以下「未成年者の後見」という。）の開始の届出は，同法第839条の規定による指定をされた未成年後見人が，その就職の日から10日以内に，これをしなければならない。
②　届書には，次に掲げる事項を記載し，未成年後見人の指定に関する遺言の謄本を添付しなければならない。
一　後見開始の原因及び年月日
二　未成年後見人が就職した年月日

　本条は，未成年者に対して最後に親権を行う者が遺言で未成年後見人を指定したところ，当該遺言者が死亡したため未成年者の後見が開始した場合における「開始の届出」について，その届出をすべき者，届出期間並びに届書の記載及びその添付書類を定めるものである。未成年者の後見は，開始原因の発生によって当然に開始するので，この届出は報告的届出である。

1　概　説

　広義の後見には，①未成年者に対して親権を行う者がないとき，又は親権を行う者が管理権を有しないときに開始する未成年後見と，②精神上の障害等により事理を弁識する能力を欠く常況にある者について，家庭裁判所の後見開始の審判により後見人を付す成年後見とがある。後者については，戸籍制度とは別の公証・公示の制度として成年後見登記制度が設けられている。[注1]　戸籍制度で取り上げるのは未成年後見である。
　未成年後見には，これを決定する方法により，指定未成年後見人（民839）と選定未成年後見人（民840・841）とがある。未成年後見の開始・終了及び未成年後見人の更迭の場合は，戸籍の届出を要する（本条・戸82・84）。また，これら未成年後見人に関する届出は，未成年後見監督人について準用されて

625

いるので（戸85），未成年後見監督人の就職・更迭・任務終了の場合は，戸籍の記載を要することになり，届出によりいずれの事項も未成年者の戸籍の身分事項欄に記載されることになる（戸規30・35⑤）。

◆◆

（注1） 成年後見制度は，判断能力の不十分な成年者を保護するための制度であり，平成11年法律149号による改正前の民法では，禁治産・準禁治産の制度及びこれを前提とする後見人・保佐人等の制度が設けられていた。しかし，この制度については，かねてよりいろいろな点で利用しにくい制度になっているとの指摘があったことから，従来の制度を利用しやすい制度にするための法改正が行われた（平成11年法律149号等，平成12年4月1日施行）。

　成年後見制度は，従来の禁治産・準禁治産を後見・保佐・補助の制度（法定後見制度）に改め，新たに任意後見制度を創設するとともに，従来の戸籍記載に代えて成年後見登記制度を創設するなど，抜本的な改正が行われた。戸籍記載に代わる新たな公示方法として「後見登記等に関する法律」（平成11年法律152号）による成年後見登記制度が創設され「法務大臣の指定する法務局若しくは地方法務局又はその支局若しくは出張所」が登記所としてつかさどることとされた（後見登記等に関する法律2Ⅰ）。

　したがって，改正法施行後は，後見人に関する戸籍の届出の規定は，未成年者の後見に関する届出の規定に（民838①，本条・戸82・84），保佐人及び後見監督人に関する届出の規定（改正前の戸85）は未成年後見監督人に関する届出の規定に改められたため，戸籍法改正後の後見に関する戸籍記載は，未成年後見に関する事項のみとなった。

２ 未成年者の後見の開始

　未成年者の後見は，未成年者に対して親権を行う者がないとき，又は親権を行う者が子の財産に対する管理権を有しないときに開始する（民838①）。未成年者は，本来，父母の共同親権に服するのであるが（民818Ⅰ），①父母の双方が死亡した場合，②父母の双方又は一方が生存していても，これらの者が親権を喪失し若しくは停止され，又は財産管理権を喪失した場合には，親権による保護を受けることができない。このような場合に親権の延長とし

ての「未成年者の後見」が開始され，後見人によって未成年者の監護・教育及び財産管理が図られることになる。そして，その後見人は，後記3に述べる方法によって定められる。

③ 未成年後見人

(1) 最後に親権を行う者の指定による後見人

　未成年者の後見が開始された場合，未成年者の身上監護・財産管理に当たるのは，民法839条の規定に基づき指定された後見人である（本条Ⅰ）。この民法の規定に基づく後見人の指定の類型は2つあるが（民839），その制度としての基本型は民法839条1項本文が定める「未成年者に対して最後に親権を行う者」が遺言でする指定である。未成年後見は親権の延長であるから，未成年者に対して最後に親権を行う者が，その死後に自分に代わって未成年者の身上監護及び財産管理を担う後見人を指定することが望ましいという考慮によるものである。これを指定未成年後見人という。この指定は遺言でしなければならず，これ以外の方法，例えば，生前の契約などによって特定の者を指定しても，民法上の効力は生じない。

　上記の基本型の典型例は，父母の一方が死亡し，子が他方の単独親権に服している場合において，その他方（生存者）が遺言で後見人を指定していたというケースである。ただし，この他方（父又は母）が親権を喪失（民834）している場合や，親権を停止（民834の2）されているという場合には，「最後に親権を行う者」に当たらないから，遺言で後見人を指定することができない。また，この他方が親権者であっても，管理権を有しない者であるときは，やはり遺言による後見人の指定をすることができない（民839Ⅰただし書）。ここで，「管理権を有しない親権者」とは，親権のうち未成年者の財産の管理権（民859Ⅰ）を喪失し（民835）又は辞した（民837Ⅰ）者をいう。民法はこの管理権を有しない者をなお親権者とするが，このような親権者に未成年後見人を指定する権利が認められないのは，親権を行う者が管理権を有しな

い場合には，管理権に関して未成年後見が開始するとされており（民838①），この場合には，既に後見人が指定（民839）又は選任（民840）されているはずだからである。加えて，自らは未成年者の財産の管理権を有しない親権者が財産管理の権限を持つ後見人を指定することは妥当でないという考慮も働いている。

(2) **親権を行う父母の一方が管理権を有しない場合における他の一方の指定による後見人**

この後見人とは，民法839条2項の規定に基づき指定された者である。同項は「親権を行う父母の一方が管理権を有しないときは，他の一方は，前項の規定により未成年後見人の指定をすることができる」と定めているところ，父母の双方が親権者ではあるが，その一方が管理権を有していない場合には，同人は民法839条1項の規定による後見人の指定をすることが許されず，他の一方のみが「最後に親権を行う者」として，この指定をすることができるのである。これは，上記(1)に示した民法839条1項の規定の解釈により当然に導かれる帰結であるが，民法は，いわば注意書として同条2項に明文の規定を設けたものと解される。

上記の場合に，遺言で後見人を指定した父又は母が死亡したときは，直ちに未成年者の後見が開始し（民838①），当該指定された者が未成年後見人の職に就くことになるが，この後見人は管理権のみを有し，身上監護権は依然として生存している親権者に属することになる。例えば，父が管理権喪失の審判を受けたため，母が遺言で後見人を指定したとする。母が死亡して未成年者の後見が開始された場合，就職した当該指定未成年後見人は管理権のみを有し，身上監護権は依然として親権者である父に残ることになる。問題は，その後に父が死亡した場合，未成年者に対する身上監護権を誰が行うべきかであるが，民法は身上監護のみを有する未成年後見人を予定していないから，結局，この場合は，母が指定した未成年後見人の権限が拡張されて身上監護権にも及ぶことになると解されている（明治34・5・28回答571号，昭和25・2・3回答154号）。

628

(3) 上記(1)又は(2)の規定により未成年後見人となるべき者がいない場合

　未成年者の後見が開始したのに，民法839条1項又は2項の規定により未成年後見人となるべき者がいないときは，家庭裁判所は，未成年被後見人又はその親族その他の利害関係人の請求によって，未成年後見人を選任する（民840Ⅰ前段）。これは，指定未成年後見人となるべき者がいない場合には，家庭裁判所が後見的な立場で関与して，未成年後見人を選任することとするもので，民法上は未成年後見人の確保を図る補充的な規定である。ただし，実務では，最後に親権を行う者の遺言によって未成年後見人となるべき者が指定されるという事例はまれであって，家庭裁判所によって選任された未成年後見人が大部分を占めている。

(4) 法人及び複数の未成年後見人

　未成年後見人選任の選択肢を広げ，未成年後見人の負担を軽減するとの観点から，平成23年法律61号により民法等の一部が改正され，法人の未成年後見人の選任及び複数の未成年後見人の選任が許容されている（民840Ⅱ・Ⅲ，飛澤知行「平成23年民法等の一部改正について」戸籍862号6頁）。[注2]

◆◆

（注2）　民法等の一部を改正する法律（平成23年法律61号，平成24年4月1日施行）により，親権制度の見直しとともに，未成年後見に関する規定の改正も行われた。主な改正点は次のとおりである。

　(1)　法人の未成年後見人の許容

　　従前は，法人を未成年後見人に選任することはできないものと解されていた。しかし，法人であっても，体制の整備によっては身上監護の事務に処することは可能であり，むしろ組織で対応することによって未成年後見人の負担を軽減するという利点も考えられる。また，事実上自立した年長の未成年者であれば，未成年後見人が引き取って監護することはなく，事務内容として財産に関する権限の行使が主なものとなる。このような場合には，法人がその職務を行うことが一律に不適当とはいえない。

　　そこで，改正法は，未成年後見人選任の選択肢を広げ，また，未成年後見人の負担を軽減する観点から，法人の未成年後見人の選任が許容された（民840Ⅲ括弧書き参照）。

(2) 複数の未成年後見人の許容

改正前における民法842条は,「未成年後見人は,一人でなければならない。」としていた。その根拠として,数人の未成年後見人を置くときは責任が分散し,あるいは意見の不一致を来すなどして事務が渋滞し,結局は未成年後見人の不利益を招くおそれがあるとされていた。

しかし,改正理由として,自然人が1人で未成年後見人の職務を担い,その全てを果たすのは,負担が大きい場合があることや,未成年者に多額の財産があり,その財産の管理については,法律の専門家等を未成年後見人に選任し,一方,身上監護を中心とするその余の後見事務は親族を未成年後見人に選任するのが適当な場合があること等が挙げられた。

そして,未成年後見人の選任の仕方や権限行使の定め方次第では,複数の未成年後見人が適切に職務遂行することが可能と考えられた。そこで,改正法では,未成年後見選任の選択肢を広げて,未成年後見人の負担を軽減するとの観点から,従来の未成年後見人を1人に限定した民法842条を削除して,複数の未成年後見人の選任が許容されることとなった(民840Ⅱ)。

(3) 未成年後見人が複数ある場合の権限行使に関する規定の新設

複数の未成年後見人が選任された場合は,身上監護権,財産管理権のいずれについても,権限を共同行使することが原則とされた(民857の2Ⅰ)。もっとも,家庭裁判所は,一部の未成年後見人について,財産に関する権限のみを行使すべきことを定めることができる(民857の2Ⅱ)。また,財産に関する権限について,各未成年後見人が単独で権限を行使すべきこと(単独行使の定め),又は複数の未成年後見人が事務を分掌して権限を行使すべきこと(事務分掌の定め)を定めることもできるとされている(民857の2Ⅲ)。

なお,1人の未成年後見人が複数の未成年被後見人のために未成年後見人となることは差し支えないと解される。

(4) 戸籍記載に関する届出及び嘱託の規定の改正

これらの改正に伴い,戸籍記載に関する届出及び嘱託の規定も改められた。

未成年後見人選任の審判がなされた場合は,従来は届出により戸籍に記載されていたが(改正前の本条),改正後は裁判所書記官からの嘱託により戸籍に記載されることとなった(家事116①・別表第一の71項,家事規76Ⅰ②)。

第81条〔指定未成年後見人による後見開始届〕

④ 未成年者の後見の開始の届出

本条は，未成年者の後見が開始した場合における，その開始の届出について定める。その手続の概要は，次のとおりである。

(1) 届出義務者

届出義務者は，未成年者に対して最後に親権を行う者が遺言によって指定した未成年後見人である（本条Ⅰ）。

前記3(3)に掲げた民法840条により家庭裁判所が選任した未成年後見人は，この届出義務を負わない。この選定の審判が確定したときは，裁判所書記官から当該未成年者（被後見人）の本籍地の戸籍事務管掌者に対して戸籍記載の嘱託がされ，これに基づいてその旨の戸籍の記載がされることになる（民840，家事116①・別表第一の71項，家事規76Ⅰ②，戸15）。

(2) 届出期間

届出期間は，未成年後見人就職の日，すなわち遺言者が死亡した日から10日以内である（本条Ⅰ）。

(3) 届出地

届出地については，通則の規定により，届出事件の本人の本籍地又は届出人の所在地である（戸25Ⅰ）。この場合の届出事件の本人とは，未成年被後見人及び未成年後見人である。

(4) 届書の記載事項及び添付書類

届書の記載事項としては，一般の記載事項（戸29）のほかに，次の事項を記載しなければならない。なお，後見開始の届書については，標準様式が定められている（令和6・2・26通達504号別紙13）。

　ア　届書の記載事項
　㋐　届出事件の本人

届出事件における当事者であり，上記の届書中の「後見を受ける人」の欄に記載される者（被後見人）と「後見（後見監督）をする人」の欄に記載される者（未成年後見人）のことである。

(イ)　未成年後見開始の原因及び年月日

　未成年後見開始の原因としては，未成年者に対して親権を行う者がないこと，又は親権を行う者が管理権を有しないことを記載する。

　後見開始の年月日は，遺言者が死亡した日であり，同時に，遺言によって指定された者が未成年後見人に就職することになる。もし，遺言書が遺言者の死亡後，何日か経過してから発見された場合は，未成年後見人の就職の日は，現実に後見の職務を行うことができる日となる。この場合における未成年者の後見開始の届出は，現実に就職した日から10日以内に届出をすればよいと解される（青木＝大森『全訂戸籍法』373頁）。また，15歳未満の養子の離縁に際して，離縁後の未成年後見人になるべき者に選任されたもの（民811Ⅴ）の就職の日は，離縁の届出が受理された日である。この場合，未成年後見人になるべき者の選任については，家庭裁判所からの戸籍記載の嘱託がなされないため，本条の規定に準じて，当該者が未成年者の後見開始の届出をすることになる（平成25・3・28通知316号）。

　なお，未成年後見開始の届出がなされない場合には，市町村長は届出の催告の手続（戸44Ⅰ・Ⅱ）をし，それでも届出がなされない場合には，管轄法務局長等の許可を得て，職権で戸籍の記載をすることが相当とされている（平成25・3・28通知316号，戸44Ⅲ・24Ⅱ）。

　イ　添付書類

　届書には遺言書の謄本を添付しなければならない。遺言書は，公正証書であることを要せず自筆証書遺言でも差し支えない。ただし，後者については，遺言書の要件を満たしていなければ，遺言が無効になるから（民968），未成年後見人の指定も効力を生じない。

5 選定未成年後見人

　未成年者について未成年後見が開始しているのに指定未成年後見人がない場合には，家庭裁判所は未成年被後見人又はその親族その他の利害関係人の

請求によって未成年後見人を選任する。

　選任の裁判が確定した場合には，裁判所書記官から未成年被後見人の本籍地の戸籍事務管掌者に対する戸籍記載の嘱託をし，これに基づき戸籍の記載をすることになる（民840，家事116①・別表第一の71項，家事規76Ⅰ②，戸15）。

　なお，未成年後見人の選定の審判については即時抗告をすることができないから（家事179），未成年後見人の就職の日は，選任の審判が未成年後見人に告知された日である。口頭による告知の場合は，その告知の日である。審判書謄本の送付による告知の場合は，その謄本が未成年後見人に到着した日である。

〔未成年後見人地位喪失の届出〕
第82条　未成年後見人が死亡し，又は民法第847条第2号から第5号までに掲げる者に該当することとなつたことによりその地位を失つたことによつて未成年後見人が欠けたときは，後任者は，就職の日から10日以内に，未成年後見人が地位を失つた旨の届出をしなければならない。
②　数人の未成年後見人の一部の者が死亡し，又は民法第847条第2号から第5号までに掲げる者に該当することとなつたことによりその地位を失つたときは，他の未成年後見人は，その事実を知つた日から10日以内に，未成年後見人が地位を失つた旨の届出をしなければならない。
③　未成年者，その親族又は未成年後見監督人は，前二項の届出をすることができる。
④　届書には，未成年後見人がその地位を失つた原因及び年月日を記載しなければならない。

　本条は，未成年後見人が，死亡又は欠格事由の発生を原因としてその地位を失った場合の届出について定めるものである。

1　未成年後見人の地位の喪失─主として欠格事由について

(1)　地位喪失の事由

　未成年後見人は，死亡（失踪宣告を含む。），辞任（民844），解任（民846）又は欠格事由（民847）に該当することによって，その地位を喪失する。このうち，辞任は，家庭裁判所の許可を要し（民844），解任は，未成年後見人に任務に適しない事由がある場合に家庭裁判所の審判によってされる（民846）。そして，これらの審判があった場合には，裁判所書記官から，未成年被後見人の本籍地市町村長に対し戸籍記載の嘱託がなされるから（家事116・別表第一の72項・73項，家事規76Ⅰ③・④），戸籍の届出をする必要はない。

このため，本条による届出は，未成年後見人が死亡した場合又は欠格事由に該当するに至った場合にすべきものとされている。この事由のうち，死亡については特段に論及する必要はないので，本解説では，まず上記の欠格事由について概説することとする。

(2) 欠格事由

　ア　趣　旨

　未成年後見人は未成年被後見人の身上監護及び財産管理に関して広範な責務を負う者であり，その任務は，社会的・公益的性格を帯びるものであるから，制限行為能力者であったり，被後見人と利害の対立がある者であったりすることは望ましくない。そこで，次に掲げるような事由がある者は未成年後見人になることはできないし（民847），未成年後見人に就任した後にその欠格事由が発生したときは当然にその地位を失うものとされる（明治32・5・27回答934号）。

　イ　欠格事由

　(ア)　未成年者（民847①）

　未成年者は，制限行為能力者として自ら親権又は後見に服するものであるから，他人の財産を管理すべき義務を負う後見人としての職務を行うのは相当でない。

　なお，平成30年法律59号による民法改正（令和4年4月1日施行）前は，未成年者が婚姻をしたときは，これによって成年に達したものとみなされていたから（成年擬制），このような者は，ここにいう未成年者に含まれなかった。しかし，上記の改正によって成人年齢及び婚姻適齢が男女とも18歳に統一されたため，成年擬制の制度は不要となり，廃止された。

　(イ)　家庭裁判所で免ぜられた法定代理人，保佐人又は補助人（民847②）

　従前に当該未成年被後見人又はその他の者の親権者・後見人，保佐人又は補助人としての地位を免ぜられた経歴（民834・835・846・876の2・876の7）のある者を意味する。当該未成年被後見人の親権者等の地位をかつて免ぜられたことがあるだけでなく，他の者についての同様の地位を免ぜられたこと

も欠格事由となる（通説）。このような者については，家庭裁判所の処分を通じて，一般に未成年後見人として不適任であることが社会通念となっていることによる。なお，法定代理人又は保佐人若しくは補助人を辞任した者は，上記の欠格者に含まれない。

　(ウ)　**破産者**（民847③）

　破産手続開始の決定（破産法15以下）を受けた者は，財産管理に関して社会的に信用を失ったものであり，その者に未成年者の財産の管理を任せるのは相当でなく，また，未成年被後見人に不利益が生じるおそれが多いからである。ただし，破産手続開始の決定を受けた者が復権（破産法255・256）を得たときは，欠格事由は消滅する。

　(エ)　**未成年被後見人に対して現に訴訟をしているか，又はかつてした者並びにその配偶者及び直系血族**（民847④）

　「訴訟をしている」とは，その訴訟の原告であるか被告であるかを問わない。未成年後見人と訴訟で対立する関係にある者（又はあった者）は，未成年後見人としての職務執行においても利益が相反するおそれがあり，また，感情面においても未成年被後見人との間に融和を欠くおそれがあるからである。さらに，これらの者の配偶者や直系血族についても同様の懸念があるため，欠格者の範囲が拡大されている（於保不二雄＝中川淳編『新版注釈民法⑳親族(5)』（有斐閣，2004）345頁参照）。

　(オ)　**行方の知れない者**（民847⑤）

　従来の住所又は居所を去ってその所在が知れない者に未成年被後見人の職務を行うことが事実上不可能であるから，欠格者とされている。実際上は，「行方の知れない」者であることは，家庭裁判所が後任者を選任するときに判断されることになろう。

　ウ　欠格事由の定めの機能

　民法847条が規定する欠格事由は上記のとおりであるが，この事由を有する者が遺言によって未成年後見人に指定されても，その効力は生じない。また，家庭裁判所において欠格者を未成年後見人に選任したときは，その審判

は実体法上無効と解される（我妻栄『親族法（法律学全集23巻）』（有斐閣，1961）358頁）。しかし，裁判所書記官から戸籍記載のための嘱託があったときは，受理するほかはないと考えられる（最決平26・4・14民集68巻4号279頁参照）。

他方，現に未成年後見人である者に欠格事由が発生したときは，前記のとおり当然にその地位を失い，家庭裁判所がその後任者を選任することになる（民840Ⅰ後段）。

2 未成年後見人の地位喪失の届出

冒頭で述べたとおり，本条は，未成年後見人が死亡又は欠格事由の発生を原因としてその地位を失った場合においてすべき届出の手続について定めている。以下にその概要を述べる。なお，本条の届出は報告的届出である。

(1) 届出義務者

未成年後見人となるのは，前記のとおり，最後の親権者の遺言により指定された者又は家庭裁判所の審判により選任された者であるところ，その員数は，通常は1人であるが，複数人のこともある。[注] 前者の場合に，未成年後見人が上記の原因によりその地位を失ったときは，その旨の届出は後任者がしなければならない（本条Ⅰ）。この場合には，未成年後見人が欠けることになり，家庭裁判所によって後任者が選任されるから，その後任者が本条の届出義務を負うのである。後者の場合には，複数の未成年後見人のうちの一部の者が上記の理由によりその地位を失っても，なお他の未成年後見人が就職しているから，そのような事態が生じたときは，他の未成年後見人がその旨の届出をしなければならない（本条Ⅱ）。これは，他の未成年後見人の職務上の義務である。

さらに，これらの未成年後見人地位喪失の届出は，未成年被後見人，その親族又は未成年後見監督人もすることができるとされている（本条Ⅲ）。これは，未成年後見人が死亡し又は欠格事由が発生したことによりその地位を

喪失した場合に，その事実を容易に知ることができる立場にある者の届出も可能にすることによって，当該地位喪失の事実をできる限り早期に戸籍に反映させるための措置にほかならない。なお，未成年後見監督人の職務については，法85条の解説を参照されたい。

(2) **届出期間**

届出期間は，本条1項の場合は，後任の未成年後見人の就職の日から10日以内であり（本条Ⅰ），本条2項の場合は，他の未成年後見人が当該地位喪失の事実を知った日から10日以内である（本条Ⅱ）。

(3) **届出地**

届出地については，通則の規定により，届出事件の本人の本籍地又は届出人の所在地である（戸25Ⅰ）。この場合の届出事件の本人とは，未成年被後見人及び未成年後見人である。

(4) **届書の記載事項及び添付書類**

ア　届書の記載事項

届書には，一般的記載事項（戸29）のほか，届出事件の本人を表示し，未成年後見人がその地位を失った原因及び年月日を記載することを要する（本条Ⅳ）。

(ｱ)　届出事件本人

届出事件本人は，未成年被後見人（地位喪失届書中の「後見を受ける人」の欄に記載される。）及び未成年後見人（同届書中「地位を喪失する人」の欄に記載される。）である。

(ｲ)　未成年後見人地位喪失の原因及び年月日

未成年後見人の地位喪失の原因及び年月日とは，未成年後見人が死亡した場合は，その旨及び死亡の年月日であり，欠格事由が発生した場合には，その旨及びその発生の年月日である。

イ　添付書類

添付書類については，法及び規則に特段の規定がされていないが，未成年後見人が死亡した場合には当該死亡事項が記載された戸籍謄本等を，また，

欠格事由に該当することになった場合には，当該欠格事由に該当することとなったことを証する裁判書の謄本等を，それぞれ添付するのが相当と解される（戸27の3，戸籍実務研究会編『初任者のための戸籍実務の手引き（改訂新版第6訂）』（日本加除出版，2012）166頁）。

また，未成年後見人の後任者が届出をする場合において，家庭裁判所からの当該後任者の選任に関する戸籍の記載の嘱託がいまだされていないときは，その選任の審判書謄本を添付することにより，届出資格を確認することとなる（戸籍実務研究会編・前掲166頁）。

（注）　未成年後見人の員数については，法81条の注2(2)を参照されたい。

第4章　届　出　第8節　親権及び未成年者の後見

> 第83条　削除

　本条は，遺言による未成年後見人の指定の場合又は未成年後見人選任の裁判があった場合における届書の添付書類を定める規定であったところ，平成23年法律61号による民法等の改正により，未成年後見人の指定の場合は法81条で遺言書を添付すべきことが，未成年後見人選任の場合は家事事件手続規則76条4項で裁判所書記官が嘱託するにあたり原因を証すべき書面を添付すべきことが，それぞれ規定される等の手当てがなされたので（法81条の解説参照），本条は，全改（削除）された。

第84条〔未成年者の後見終了の届出〕

> 〔未成年者の後見終了の届出〕
> 第84条　未成年者の後見の終了の届出は、未成年後見人が、10日以内に、これをしなければならない。その届書には、未成年者の後見の終了の原因及び年月日を記載しなければならない。

　本条は、未成年後見が終了した場合における、その終了の届出について規定するものである。

1　未成年後見の終了

　未成年後見は、次の原因によって終了する。

(1)　**未成年被後見人が死亡したとき**

　未成年被後見人が死亡したときは、後見の一方の当事者が存在しなくなるのであるから、後見が終了する。未成年被後見人が不在者となり、家庭裁判所による失踪宣告を受けた場合も（民30）、死亡したものとみなされるから（民31）、これと同様である。

(2)　**未成年被後見人が成年に達したとき**

　未成年被後見人が成年に達したときは、完全な行為能力を取得するから、未成年後見は終了する。成年に達する年齢は、平成30年法律59号（令和4年4月1日施行）による民法改正において、従前の20歳から18歳に引き下げられた。

　なお、上記の民法改正前にあっては、未成年者につき婚姻による成年擬制の制度が存在したが、同改正によりこの制度が廃止されたことについては、法82条の解説を参照されたい。

(3)　**未成年被後見人について新たに親権者が生じたとき又は従前の親権者がその親権又は管理権を回復したとき**

　　ア　新たに親権者が生ずるに至ったとき

　例えば、未成年被後見人が養子となり養親の親権に服するに至ったとき

（大正7・3・16回答402号，昭和23・12・9回答3185号），未成年被後見人である養子につき離縁によって実親が親権を行うに至ったとき（昭和37・9・13依命通知396号），未成年被後見人である嫡出でない子につき準正により父が親権を行うに至ったとき（昭和25・12・4回答3089号）などには，当該未成年被後見人についての後見は終了する。

　イ　従前の親権者が親権又は管理権を回復したとき

　例えば，親権者に対して親権喪失，親権停止又は管理権喪失の審判がされ，これにより未成年の子について後見が開始された場合において，それらの審判が取り消されたとき（民836），親権者が親権又は管理権を辞任したため未成年の子について後見が開始した場合において，後に親権者がこれらの権限を回復したとき（民837Ⅱ），親権者に対して後見開始又は保佐開始の審判があったことにより未成年の子について後見が開始された場合において，後にこれらの審判が取り消されたとき(注)，親権者が行方不明又は長期不在となったため未成年の子につき後見が開始した場合において，その後に親権者が帰来したとき（昭和37・2・13回答309号）などには，未成年者の後見は終了する。

◆◆◆

（注）　平成12年に成年後見制度が導入される前の禁治産・準禁治産制度の下で，親権者に対し禁治産宣告又は準禁治産宣告がされたため，未成年の子につき後見が開始されたが，その後にその宣告が取り消されたときは，当該未成年後見は終了するとした戸籍先例がある（大正9・3・2回答178号）。現行の成年後見制度の下でも，行為能力者でなければ親権者になることはできないと解すべきであるから，親権者に対して後見開始又は保佐開始の審判があった場合には，その親権が失われることになり，他に親権を行使する者がなければ，未成年の子について後見が開始される（そして，これらの審判が取り消されたときは，未成年後見が終了する。）ことになるものと解される。

② 未成年後見の終了についての戸籍の記載

　未成年後見の終了原因は，上記1のとおりであるが，これらの全ての場合に未成年後見終了の届出をする必要はなく，場合によっては，市町村長限り

の職権で，戸籍に未成年後見終了の記載をすることもできる。職権記載の要否は，以下のとおりである。

(1) 未成年被後見人が死亡（失踪宣告を受けた場合を含む。）したとき

未成年被後見人が死亡した場合には，その届出によって戸籍にその旨の記載がなされるから，更に後見終了の記載をする実益がない。このため，後見終了の届出も戸籍の記載も共に不要とされている（大正4・11・6回答1564号）。

(2) 未成年被後見人が成年に達したとき

本条による届出は，この場合に予定されているものであり，これに基づいて未成年後見が終了した旨の戸籍の記載がされる。なお，戸籍事務では，この届出がされない場合の戸籍記載について，市町村長限りの職権で未成年後見が終了した旨の戸籍記載ができるとされている（昭和28・12・25回答2479号等）。もっとも，未成年被後見人が成年に達したことにより未成年後見が終了したことは，本人の戸籍の出生の年月日の記載によって容易に判明することであるから，本人から特に未成年後見終了の記載について申出がない限り，職権でその記載をすることを要しないものともされている（昭和54・8・21通達4391号二の1）。

(3) 未成年被後見人について新たに親権者が生じたとき又は従前の親権者がその親権又は管理権を回復したとき

前記1(3)に例示した各場合においては，当該各届出の受理によって親権の発生・回復・変更の効力が生じるときは，未成年後見終了の届出を待つまでもなく，市町村長限りの職権で未成年後見終了の記載をすることができるとされている（昭和23・12・9回答3185号等）。もっとも，これらの場合は，いずれも，戸籍の記載自体又は縁組，離縁等の届出によって未成年後見が終了したことが明らかであるから，本人から特に申出のない限り，未成年後見終了の職権記載を省略して差し支えないとされている（昭和54・8・21通達4391号）。ただし，行方不明又は長期不在の親権者が帰来し，親権を行使し得るようになった場合には，未成年後見終了の届出を要し，戸籍の記載も省略すべきでないと解されている（木村三男＝神崎輝明『全訂戸籍届書の審査と

受理Ⅱ』（日本加除出版，2022）87頁）。

3 未成年後見終了の届出

本条が規定する未成年後見終了の届出の手続は，以下のとおりである。

(1) 届出義務者

届出義務者は，後見終了の当時に未成年後見人であった者である。

(2) 届出期間

届出期間は，未成年後見終了の原因が発生した日から10日以内である。

(3) 届出地

届出地については，通則の規定により，届出事件の本人の本籍地又は届出人の本籍地又は届出人の所在地である（戸25Ⅰ）。この場合の届出事件の本人とは，未成年被後見人及び未成年後見人である。

(4) 届書の記載事項及び添付書類

届書の記載事項は，一般の記載事項のほか，届出事件の当事者（未成年者及び未成年被後見人）並びに未成年者の後見の終了の原因及び年月日である。後者については，例えば，父母の親権喪失，親権停止又は管理権喪失の審判を取り消す旨の審判が確定したことにより未成年者の後見が終了した場合には，その裁判の確定した日であり，父母の親権又は管理権が回復したことにより未成年者の後見が終了した場合には，その回復の届出がされた日である。

添付書類として，例えば，上記の親権者の親権喪失等の審判の取消しによる終了の場合は，その取消しの審判書の謄本及び審判の確定証明書を添付することを要する。

第85条〔未成年後見監督人の準用〕

> 〔未成年後見監督人の準用〕
> 第85条　未成年後見人に関するこの節の規定は，未成年後見監督人について準用する。

　本条は，指定未成年後見人による後見開始，未成年後見人地位喪失及び未成年者の後見終了についての届出の規定を，未成年後見監督人に準用することを定めた規定である。これらの届出はいずれも報告的届出である。

1 未成年後見監督人

(1) 未成年後見監督人の指定又は選定

　未成年後見監督人は，平成11年法律149号による改正前の民法では，絶対的必要機関とされていたが，現行民法の下では任意機関とされ，遺言で指定（民848）した場合のほかは，必要のある場合に家庭裁判所が未成年被後見人，その親族若しくは未成年後見人の請求により，又は職権で選任（民849）することができる。このように未成年後見監督人は任意の機関であるが，この存否は，未成年後見人の権限に差異をもたらすので（例えば，未成年後見人が民法13条1項各号に掲げる行為をする等の場合は，未成年後見監督人の同意を要する。民864），その公示のため，戸籍の記載事項とされている。

　指定未成年後見監督人の場合は，遺言により指定された未成年後見監督人が，未成年後見監督人就職の届出をすることにより戸籍に記載され，選定未成年後見監督人の場合は，選任の裁判の確定後，裁判所書記官による戸籍記載の嘱託に基づいて記載される。

(2) 未成年後見監督人の欠格事由

　未成年後見監督人は未成年後見人を監督する職務を有しているから，未成年後見人の欠格事由の規定（民847）が準用されるほか，未成年後見監督人が未成年後見人との間に特別な親族関係があるときは，公正な職務を行うことが期待できないため，未成年後見人の配偶者，直系血族及び兄弟姉妹は未

成年後見監督人となることができないとされている（民850）。

2 未成年後見監督人に関する届出

(1) 未成年後見監督人就職届

　未成年者に対して最後に親権を行う者が，遺言で未成年後見監督人を指定した場合（民848・839）に，指定された未成年後見監督人は，その就職の日から10日以内に未成年後見監督人就職届をしなければならない（戸81，法定記載例134・135）。

　　ア　届出義務者
　未成年後見監督人就職届は，未成年後見人の監督機関に関する届出であり，この届出における届出義務者は，当該未成年後見監督人である。

　　イ　届出期間
　届出期間は，未成年後見監督人の就職の日，すなわち遺言の効力の生ずる遺言者の死亡の日（民985Ⅰ）から10日以内である（戸81Ⅰ）。

　　ウ　届出地
　届出地については，特に規定されていないので法25条の原則による。

　　エ　届書の記載事項及び添付書類
　　(ア)　届書の記載事項
　　　(i)　届出事件本人
　届出事件本人は，未成年被後見人，未成年後見人及び未成年後見監督人である。

　　　(ii)　未成年後見監督人の就職の原因及び年月日
　未成年後見監督人就職届がされたときは，一般的記載事項（戸29）のほかに，未成年後見監督人就職の年月日を記載しなければならない（戸81Ⅱ）。就職の年月日は，遺言者の死亡の日である。
　なお，届書の標準様式が定められており，以下の各種の届書についても同様である（令和6・2・26通達504号別紙13）。

(イ) 添付書類

指定未成年後見監督人の場合には，遺言の謄本を添付しなければならない（戸81Ⅱ）。

なお，選定未成年後見監督人の場合は，上記のとおり裁判所書記官から戸籍の記載嘱託がなされるため戸籍の届出を要しない。

(2) 未成年後見監督人地位喪失届

ア 未成年後見監督人地位喪失

未成年後見監督人は，死亡又は民法847条に定める欠格事由が生じたとき（民852・847）は，その地位を喪失する。未成年後見監督人の地位は，その他，家庭裁判所の許可を得て辞任したとき（民852・844），又は家庭裁判所による解任の審判が確定したとき（民852・846）にそれぞれ喪失する。なお，未成年後見監督人の任務終了については，後記(3)を参照されたい。

これらのうち，辞任や解任の場合は，家庭裁判所からの嘱託により，それぞれの事項が戸籍に記載される。

イ 届出義務者

未成年後見監督人地位喪失届の届出義務者は，後任の未成年後見監督人が選定されたときは，同人であり（戸82Ⅰ），他の未成年後見監督人があるときはその未成年後見監督人である（戸82Ⅱ）。もっとも，地位を喪失した未成年後見監督人から，後記(3)で説明する未成年後見監督人任務終了届が提出されたときは，後任者は，重複して届け出ることを要しない。

なお，未成年後見監督人は任意の機関であって，後任者は家庭裁判所が必要と認められる場合に選定する（民849）こともあり，未成年者，その親族又は未成年後見人も，未成年後見監督人地位喪失の届出をすることができる（戸82Ⅲ）。

未成年後見監督人地位喪失届は，未成年後見の監督機関に関する届出であるから，この届出における届出事件本人は，未成年被後見人，未成年後見人及び未成年後見監督人である。

ウ　届出期間

届出期間は，未成年後見監督人が不在となるときは，後任の未成年後見監督人が就職した日から10日以内（戸82Ⅰ），他の未成年後見監督人があるときは，その事実を知った日から10日以内である（戸82Ⅱ）。

エ　届出地

届出地については，特に規定されていないので法25条の原則による。

オ　届書の記載事項及び添付書類

(ア)　届書の記載事項

(ⅰ)　届出事件本人

届出事件本人は，未成年被後見人，未成年後見人及び未成年後見監督人である。

(ⅱ)　地位喪失の原因及び年月日の記載（戸82）

未成年後見監督人地位喪失の原因と年月日とは，未成年後見監督人の死亡，欠格事由の発生等で，当該未成年後見監督人がその地位を失った原因とその年月日である。

(イ)　添付書類

未成年後見監督人地位喪失届の添付書類は特に規定されていないが，未成年後見監督人が死亡により地位を喪失した場合には，当該死亡事項が記載された戸籍謄本等，また，欠格事由に該当することにより地位を喪失した場合には，当該欠格事由に該当することとなったことを証する裁判書の謄本等を添付するのが相当と解される（戸27の3，戸籍実務研究会編『初任者のための戸籍実務の手引き（改訂新版第6訂）』（日本加除出版，2012）166頁）。

また，後任者からなされる未成年後見監督人地位喪失の届出において，当該後任者の選任に関する戸籍の記載嘱託がいまだなされていないときは，選任の審判書謄本を添付することにより，当該届出資格を確認することとなる（戸籍実務研究会編・前掲166頁）。

(3)　**未成年後見監督人任務終了届**

上記(2)で説明したとおり，未成年後見監督人は，死亡又は欠格事由の発生

及び辞任又は解任によってその地位を喪失し，したがって，その任務も終了する。未成年後見監督人の任務は，その他，未成年後見そのものが終了したとき，家庭裁判所の許可を得て辞任したとき（民852・844），及び家庭裁判所による解任の審判が確定したとき（民852・846）もそれぞれ終了する。

　これらのうち，未成年後見監督人の任務が終了したときに任務終了届の提出が問題となるのは，未成年後見監督人に欠格事由が発生した場合であって，後記アで説明する。

　未成年後見監督人が死亡した場合は，前記(2)のとおり，未成年後見監督人地位喪失届がなされる（死者が任務終了届をすることはできない。）。未成年後見そのものが終了したときは，未成年後見人が行う未成年後見終了の届出で足りるから，未成年後見人は，その届出をすることを要しない。また，辞任や解任の場合は，家庭裁判所からの嘱託により，それぞれの事項が戸籍に記載されることは前記(2)で説明したとおりである。

　　ア　届出義務者

　未成年後見監督人に欠格事由が発生したときは，前記(2)で説明したとおり，後任の未成年後見監督人が地位喪失届をなすべきであるが，未成年後見監督人は任意の機関であって，後任が選任されないこともあり，この場合は，地位喪失の届出義務者がいないことになるため，地位を喪失した未成年後見監督人が，自ら未成年後見監督人任務終了の届出をする必要がある（戸84）。さらに，後任者がいるときも，任務終了の届出をすべきものと解される（青木＝大森『全訂戸籍法』383頁）。

　　イ　届出期間

　未成年後見監督人任務終了届の届出期間は，任務終了の原因が発生した日から10日以内である（戸84）。

　　ウ　届出地

　届出地については，特に規定されていないので法25条の原則による。

エ　届書の記載事項及び添付書類
　㋐　届書の記載事項
　　(ⅰ)　届出事件本人
　届出事件本人は，未成年被後見人，未成年後見人及び未成年後見監督人である。
　　(ⅱ)　任務終了の原因及び年月日の記載（戸84）
　未成年後見監督人が破産手続開始の決定を受けたため任務終了したときは，その裁判確定の日である。また，未成年後見監督人が未成年後見人と婚姻したことによって任務が終了したときの年月日は，婚姻の日である。
　㋑　添付書類
　未成年後見監督人が破産手続開始の決定を受けたときは，欠格事由に該当する（民852・847③）ので，任務終了届を要する。この場合は，破産手続開始の決定の裁判書の謄本及び確定証明書を添付する。
　未成年後見監督人が未成年後見人と婚姻したときは，欠格事由に該当するので，任務終了届を要する（民850）。この場合は，婚姻事項が記載された戸籍謄（抄）本を添付することになる。

第9節　死亡及び失踪

【前　注】

1 死亡の事実の戸籍への記載

　人は出生により権利義務の主体となるので（民3Ⅰ），そのことを公示し，かつ，公証するために，出生の事実があると戸籍に記載される（戸49）。他方，人は，死亡により権利義務の主体ではなくなり，相続が開始し（民882），また，婚姻が解消するなど，身分法上重大な影響を及ぼすことになる。したがって，死亡の事実は，漏れなく戸籍に迅速かつ的確に記載されなければならない。このため，本法では，一定の者に死亡の届出をすることを義務付けるほか（戸86・87），水難等の事変等一定の場合に官公庁等に報告義務を課する等の措置を定め，さらに，特殊なものとして航海日誌の謄本に基づいて死亡の事実が戸籍に記載されることとなっている（戸89〜93）。本節においては，死亡の届出につき，法87条・92条3項・93条で届出義務者及び届出人を，法86条1項・92条3項で届出期間を，法88条で届出地を，法86条2項で届書の記載事項を，法86条2項・3項で添付書類についてそれぞれ規定している。また死亡の報告については法89条から92条までで，航海日誌の謄本については法93条で規定しているので，これらの詳細は，該当条文の解説を参照されたい。なお，死亡者については，従前の戸籍から除籍される。

　出生届のない者について死亡届がされたときは，死亡の届出人から出生届をしてもらい，その届出と先に提出された死亡届に基づいて戸籍に記載をする（大正5・2・3回答1833号）。遺棄死体発見の申告を受けた警察官は，法57条1項及び58条の規定を類推して，発見地の市町村長に棄児発見の申出及び死亡の届出をしなければならない（昭和23・10・11通達70号）。

　ところで，100歳以上の高齢者については，その者の所在が不明で，かつ，その生死及び所在につき調査の資料を得ることができない場合に限り，管轄

局の長は，法44条に基づき，戸籍謄本及び附票の謄本のみによって職権消除の許可をすることができるものとされている（昭和32・1・31回答163号）。この場合において，120歳以上の高齢者であって死亡の事実を確認することができないものに係る戸籍の職権消除の許可申請書には，120歳以上の高齢者であり，かつ戸籍の附票に住所の記載がない旨を記載し，当該高齢者の現在戸籍及び戸籍の附票の各謄本を添付すれば足りるものとされている（平成22・9・6通知2191号）。さらに，戸籍の附票に住所の記載のない年齢90歳以上の者で生存の見込みのないものは，関係者から戸籍消除の申出があった場合，管轄局の長の許可を得て高齢者につき死亡と認定して除籍して差し支えないものとされている（昭和32・8・1通達1358号）。もっとも，これらの高齢者の戸籍消除は，死亡の蓋然性の高い高齢者について，一定の要件の下に戸籍上の整理をするにすぎないので，その消除によって相続が開始するものではない。したがって，その者の相続開始の認定や相続登記をするためには，失踪宣告の手続を要する。

2　失踪宣告

(1)　失踪宣告の制度

　ある者の不在の期間が長くなったり，危難に遭遇して行方不明となった場合において当該者をめぐる法律関係を放置すると，推定相続人が失踪者の財産を維持したまま費用を重ねたり，配偶者が婚姻関係に縛られたままとなって相当ではないので，民法は，30条以下において失踪宣告の制度を設けており，家庭裁判所の宣告により失踪者を死亡したものと取り扱うこととしている。失踪には，民法上，通常の失踪（不在者の生死が7年間明らかでない場合。民30Ⅰ）と危難失踪（戦地に臨んだ者，沈没した船舶の中に在った者その他死亡の原因となるべき危難に遭遇した者の生死が，それぞれ，戦争がやんだ後，船舶が沈没した後又はその他の危難が去った後1年間明らかでない場合。民30Ⅱ）がある。また，失踪宣告の特例として未帰還者に関する特別措置法（昭和34年

法律7号）2条及び13条の規定に基づく戦時死亡宣告もある。失踪宣告は，利害関係人の申立てにより家庭裁判所が審判で行い，失踪宣告の裁判が確定すると，民法30条1項の規定により失踪の宣告を受けた者（通常の失踪宣告）は同項の期間である7年間が満了した時に，同条2項の規定により失踪の宣告を受けた者（危難失踪）はその危難が去った時に，死亡したものとみなされる。このため，失踪宣告の審判が確定した場合は，その申立人は，審判が確定した日から10日以内に，審判の謄本を添附してその旨を届けることを要する（戸94前段・63Ⅰ）。

(2) 失踪宣告の取消し

失踪宣告は，これを受ける者が生存しているか死亡しているか不明の場合になされるので，事実と異なる場合があり得る。これには，失踪者が生存することが明らかになった場合のみならず，上記の民法30条に規定に基づき死亡したものとみなされる時と異なる時に死亡したことの証明があった場合もあり，これらの場合は，家庭裁判所は，本人又は利害関係人の請求により，失踪の宣告を取り消す（民32Ⅰ前段）。

家庭裁判所が失踪宣告を取り消したときは，失踪宣告自体の効果は遡って無効となり，例えば，失踪者が生還したときは，継続して生きていたことになり，別の時期に死亡していたことが明らかとなったときは，その時に死亡していたものとされる。もっとも，失踪宣告の制度は，残存者のための権利を確定させるために存在することから，失踪宣告の取消しは，失踪の宣告後その取消しまでの間に善意で行われた行為の効力については原則として影響を及ぼさないものとされている（民32Ⅰ後段）。例えば，失踪者と婚姻していた者が再婚した場合，失踪者との婚姻は復活せず，再婚のみの婚姻関係となる。

失踪宣告の取消しの審判が確定した場合は，その申立人は，審判が確定した日から10日以内に，審判の謄本を添付してその旨を届けることを要する（戸94前段・63Ⅰ）。

第4章 届 出 第9節 死亡及び失踪

③ 戸籍法に定める措置以外の措置

　死亡又は失踪宣告の届出に関連して，住民基本台帳法上の処理をはじめ，次のような各種の行政措置がされる。

(1) **住民基本台帳事務**

　本籍地の市町村長においては，戸籍の届出によって住民票に記載されている戸籍事項に変動を生ずる場合には，住所地の市町村長へその通知をすべきこととされている（住基9）。

(2) **人口動態統計事務**

　死亡又は失踪につき，届出，報告，航海日誌の謄本及び職権記載に基づいて人口動態調査が行われる（人口動態調査令2・3，人口動態調査令施行細則1）。

(3) **埋火葬の許可**

　埋葬又は火葬の許可は，死亡の報告若しくは死産の通知を受け，又は船舶の船長から死亡若しくは死産に関する航海日誌の謄本の送付を受けた市町村長が行うものとされている（墓地，埋葬等に関する法律5Ⅱ）。これは，死亡届出等の届出地の市町村長と埋火葬の許可をする市町村長とを一致させることによって，迅速，的確な死亡の届出，迅速な埋火葬の許可が行われることを期すためとされている。

(4) **相続税法上の通知**

　相続税の徴収事務の便宜のため，法務大臣は，市町村長から届書等情報の提供を受けたときは，提供を受けた日の属する月の翌月末日までに国税庁長官に通知しなければならない（相続税58）。また，死亡報告，航海日誌の謄本を受理したときは，死亡者の本籍地の所轄税務署長に通知するものとされている（昭和25・7・27通達2029号，昭和25・11・17回答2977号）。

(5) **在留外国人の死亡通知**

　ア　我が国は，2国間の個別国際取決めに基づいて，アメリカ合衆国の国民に関する死亡届出を受理した市町村長は，死亡者の住所地を管轄する在日アメリカ合衆国領事館事務所の総領事又は領事にその旨通知しなければなら

ない（昭和39・7・27通達2683号）。また，同様に旧ソヴィエト連邦の国民に関する死亡の届出を受理したときは，当該死亡届書に記載の死亡者の国籍が「ロシア連邦」とある者については，我が国の外務省領事局長宛てに一定の事項を通知するものとされている（昭和42・8・21通達2414号）。

イ　我が国が昭和58年10月3日加入書を寄託した「領事関係に関するウィーン条約」が同年11月2日に発効したことから，前記2か国及び無国籍者を除く全ての在留外国人（旧ソ連邦を構成していたその他の共和国を含む。）に関する死亡の届出を受理したときは，受理した市町村長は，毎月1日から末日までの間に受理した届書の写しを，その翌月20日までに管轄法務局若しくは地方法務局又はその支局に送付し，管轄法務局及び地方法務局の長はこれをとりまとめて外務省領事局長あて通知することになっている（昭和58・10・24通達6115号，令和6・2・26通達507号）。

なお，昭和58年10月24日通達6115号発出時における本条約の締約国は我が国を除き106か国であり将来の増加が予想されることから，外務省への通知は，本条約の締結国の国民であるか否かにかかわりなく通知の対象とされている。

第4章　届　出　第9節　死亡及び失踪

> 〔死亡の届出〕
> 第86条　死亡の届出は，届出義務者が，死亡の事実を知つた日から7日以内（国外で死亡があつたときは，その事実を知つた日から3箇月以内）に，これをしなければならない。
> ②　届書には，次の事項を記載し，診断書又は検案書を添付しなければならない。
> 　一　死亡の年月日時分及び場所
> 　二　その他法務省令で定める事項
> ③　やむを得ない事由によつて診断書又は検案書を得ることができないときは，死亡の事実を証すべき書面を以てこれに代えることができる。この場合には，届書に診断書又は検案書を得ることができない事由を記載しなければならない。

　本条は，死亡届の届出期間，届書の記載事項及び添付書類に関する規定である。

1　届出期間

　死亡届の届出期間は，届出義務者が死亡の事実を知った日から7日以内である（本条Ⅰ）。ただし，国外で死亡があったときは，事実上この期間の遵守が困難であるため，3か月以内とされる（本条Ⅰ括弧書き・43Ⅰ）。また，本籍不明者・認識不能者について警察官から死亡の報告があった後に，法87条1項1号又は2号に規定する死亡届の届出義務者が死亡者を認識したときは，その日から10日以内に死亡の届出をしなければならない（戸92Ⅲ）。

2　届書の記載事項

　届書には，法第4章第1節（通則）が定める一般記載事項（戸29）のほか，①死亡の年月日時分及び場所，並びに②法務省令で定める事項を記載しなけ

ればならない（本条Ⅱ，戸規58）。②の事項は詳細にわたるが，これは死亡届に基づいて人口動態調査が行われるためである。なお，死亡届書の様式は，規則附録14号様式をもって定められている。

(1) **死亡の年月日時分**

届書には「死亡の年月日時分」を記載しなければならない。この記載は，届書に添付される死亡診断書又は検案書（後述）の記載に応ずるものであることを要し，戸籍にも記載される。

このうち「年」の表示については，西暦によっても差し支えない（ただし，戸籍の記載については，全国で統一的な表示をすることを要するため，元号によるとされる。昭和54・6・9通達3313号）。「時分」の表示については，12時制により，例えば午前12時，午後12時と記載してもよい（ただし，戸籍の記載は，それぞれ午後零時，午前零時とするのが原則とされる。大正3・4・8回答586号）。死亡の時刻が不明な場合には，「何時頃」，「推定何時」と記載する（昭和35・4・28回答994号）。

上記の時刻の表示は，日本国内での死亡の場合には，日本標準時によることで見解が一致しているが，国外での死亡の場合には，時差が伴うから，これをどのようにするかという問題がある。戸籍先例は，この点について，死亡地の標準時のみによるとする（昭和30・6・3回答1117号，平成6・11・16通達7005号第4）。

(2) **死亡の場所**

死亡場所の記載は，住居表示番号又は地番号のいずれによることも差し支えない（昭和37・5・29通達1448号）。もっとも，戸籍への記載は最小行政区画までに限られる。この点は，出生の場合と同じである（昭和45・3・31通達1261号）。

(3) **法務省令で定める事項**

これは，規則58条に次のとおり定められている。

　① 死亡者の男女の別

　② 死亡者が外国人であるときは，その国籍

③ 死亡当時における配偶者の有無及び配偶者がないときは，未婚又は直前の婚姻について死別若しくは離別の別
④ 死亡当時の生存配偶者の年齢
⑤ 出生後30日以内に死亡したときは，出生の時刻
⑥ 死亡当時の世帯の主な仕事並びに国勢調査実施年の４月１日から翌年３月31日までに発生した死亡については，死亡者の職業及び産業
⑦ 死亡当時における世帯主の氏名

3 添付書類

(1) 診断書又は検案書

死亡届書には，「診断書又は検案書」を添付しなければならない（本条Ⅱ）。診断書とは，死亡者を診察した医師が作成するものをいい，検案書とは，この診察をしなかった医師が死亡後に死体を検案して作成するものをいう。これらの診断又は検案をした医師は，正当な理由がなければ診断書又は検案書の交付を拒むことができず（医師法19Ⅱ），自ら診断又は検案をしないのにこれを交付することが禁じられる（医師法20）。また，虚偽の記載をしたときは，刑罰の制裁を受ける（刑160）。歯科医師も，診療をした者について診断書の交付をすることができる（歯科医師法19Ⅱ）。

診断書又は検案書には一定の様式が定められており（医師法施行規則20Ⅱ），これを届書に添付するときは，通常は，届書と同一の用紙に記載される。診断書又は検案書に記載すべき事項は，①死亡者の氏名，生年月日及び性別，②死亡の年月日時分，③死亡の場所及びその種別（病院，診療所，介護老人保健施設，介護医療院，助産所，養護老人ホーム，特別養護老人ホーム，軽費老人ホーム又は有料老人ホームで死亡したときは，その名称も含む。），④死亡の原因となった傷病の名称及び継続期間，⑤前記④の傷病の経過に影響を及ぼした傷病の名称及び継続期間，⑥手術の有無並びに手術が行われた場合には，その部位及び主要所見並びにその年月日，⑦解剖の有無及び解剖が行われた場

合には，その主要所見，⑧死因の種類，⑨外因死の場合には，(ⅰ)傷害発生の年月日時分，(ⅱ)傷害発生の場所及びその種別，(ⅲ)外因死の手段及び状況，⑩生後1年未満で病死した場合には，(ⅰ)出生時の体重，(ⅱ)単胎か多胎かの別及び多胎の場合には，その出産順位，(ⅲ)妊娠週数，(ⅳ)母の妊娠時及び分娩時における身体の状況，(ⅴ)母の生年月日，(ⅵ)母の出産した子の数，⑪診断又は検案の年月日，⑫当該文書を交付した年月日，⑬当該文書を作成した医師の所属する病院等の名称及び所在地又は医師の住所並びに医師である旨であり，その作成した医師が署名することを要する（医師法施行規則20）。なお，前記①の氏名が戸籍に記載された文字と異なる仮名で記載されていても，他の記載によってその同一性が識別できるならば，それで差し支えない（昭和52・3・11回答1594号）。

(2) 診断書又は検案書に代わる書面

上記(1)の診断書又は検案書は，医師の作成に係るものであり，その内容も詳細であるから，死亡届書の添付書類として最も適当といえるが，このような書面が必ずしも常に入手できるわけではない。そこで，やむを得ない事由によって診断書又は検案書を得ることができない場合には，これらの書面に代えて，死亡の事実を証明することができる他の書面を添付することが認められる（本条Ⅲ前段）。そのような書面に該当するものとしては，①官公署の調査に基づく証明書（昭和21・5・31通牒358号），②水難死亡者につき船長の証明書（大正6・9・26回答1827号），③災害死亡者につき火葬者・死体実見者等の証明書（大正12・9・28回答3370号），④死亡現認書（昭和24・3・25通達654号，昭和24・6・9通達1309号），⑤死亡状況目撃者の事実陳述書（昭和20・12・6回答631号），⑥遺骨携帯者の証明書又は僧侶等の葬儀執行の証明書（昭和22・12・4回答1717号），⑦死亡の事実を知る者の信書（大正8・6・4回答1518号），⑧犯罪による死亡者につき殺害者に対する刑事判決の謄本（大正5・10・26回答921号），⑨在外邦人について日本人会長等の証明書（昭和19・6・22通牒446号），⑩寄港地の外国官憲作成の海難の事実証明書（昭和40・12・11回答3441号）などがある。これらの書面を届書に添付するときは，

届書に診断書又は検案書を得ることができない事由を記載しなければならない（本条Ⅲ後段）。

　もっとも，上に例示した各書類は，その証明力において診断書又は検案書に比して劣るといわざるを得ない。死亡の事実を戸籍に記載するには特に慎重を期す必要があるから，これらの書面が届書に添付されている場合には，これにより死亡が確認し得るものか否かについて監督庁の調査に基づく指示を得た上で，これを受理すべきものとされる（大正14・1・7回答12645号，昭和23・12・1回答1998号）。

　なお，東日本大震災においては，死体が発見されないものの，被災の状況から死亡したと認められる場合があるので，平成23年6月7日通知1364号では，本件死亡届に添付する「死亡の事実を証すべき書面」としては，①届出人の申述書，②事件本人の被災の状況を現認した者，事件本人の被災直前の状況を目撃した者等の申述書等の書面が考えられるとしている。また，同通知は，本件死亡届については，市区町村長は，市区町村が把握している情報（事件本人の被災前の生活状況，事件本人が被災したとされる地域の被災状況，震災後の死者・行方不明者の捜索状況等）を踏まえて，当該死亡届に添付された「死亡の事実を証すべき書面」から事件本人が死亡した事実を認定することができると判断した場合には，管轄法務局長等に対して当該死亡届の受理又は不受理につき照会することなく，受理して差し支えないものとしている。

4　戸籍の処理

　市町村長は，前記3(1)の診断書若しくは検案書又は上記3(2)の書面を添付した死亡届書を受理するに当たっては，届書の記載とこれらの書面の記載とを対照して，前者に虚偽があればこれを訂正させるべきものとされる（昭和23・1・13通達17号(15)）。一旦受理した診断書又は検案書であっても，それが医師の作成したものでないことが判明したときは，正常な診断書又は検案書を追提出させるべきである（昭和25・4・10回答916号）。前に受理された検案

書につき別人を誤認したものであるとして，再度の死亡届があった場合には，市町村長は，法24条2項により既にされた戸籍の記載を消除し，後の死亡届出に基づく記載をすることを要する（昭和53・11・17回答6220号）。

　以上に対し，死亡届書に診断書，検案書又はこれに代わるべき書面が添付されていない場合には，原則として，当該届出を受理すべきではない。戸籍先例には，これらの書面が添付されていない場合でも，状況により死亡の事実を確認し得るときは，監督官庁の指示により受理できるとするものがあるが（昭和8・3・30回答420号，昭和17・2・25回答86号），これらは，極めて例外的な取扱いとみるべきである。もっとも，東日本大震災の際の取扱いは前記のとおりである。

　なお，市町村長が受理した死亡届書に基づいて人口動態調査死亡票が作成された後に，同届書に添付された診断書に誤記がある旨の申出があったときは，死亡届出の翌年5月末日までの申出に限り，市町村長は，保健所にこれを通知し，その調査を経て死亡票の訂正をするとともに，訂正された診断書を従前のものに掛紙し，又は監督庁に追送するものとされる（昭和48・8・23共同通達6498号，昭和54・9・1通達4481号）。上記の場合に，死亡票の訂正が死亡届書又は戸籍の訂正に及ぶときは，市町村長は，届出義務者より届出の追完又は戸籍訂正の申請をさせるべきであろう。

第4章　届　出　第9節　死亡及び失踪

> 〔死亡の届出人〕
> 第87条　次の者は，その順序に従つて，死亡の届出をしなければならない。ただし，順序にかかわらず届出をすることができる。
> 　第一　同居の親族
> 　第二　その他の同居者
> 　第三　家主，地主又は家屋若しくは土地の管理人
> ②　死亡の届出は，同居の親族以外の親族，後見人，保佐人，補助人，任意後見人及び任意後見受任者も，これをすることができる。

　本条は，死亡届の届出義務者及びその順序，更にその届出資格者について定める規定である。

1　本条の趣旨

　人は死亡によってその権利・義務の主体としての地位を失う。人が生前に有していた権利・義務は，あるものは消滅し，また，あるものは同時に開始される相続によって承継されるなど，その身分・財産関係に法律上重大な影響を及ぼすことになる。このため，戸籍の機能としては，迅速・的確に戸籍にその旨を記載し，戸籍から死亡者を消除することによってこれを公証する必要がある。この要請に応えるために，戸籍法では種々の措置が講じられている。本条が死亡届の届出義務者について第1順位から第3順位までの者を指定し，さらに，届出義務までは負わないが届出資格を有する者まで定めるという手厚い措置を講じているのも，上記の目的を達するためにほかならない。

　なお，死亡届の届出義務者については，航海中又は公設所における死亡の届出について，法93条（戸55及び56を準用するもの）に特則が定められている。

2 届出義務者

(1) 意 義

　届出義務は，同居の親族が第1順位，その他の同居者が第2順位，家主，地主又は家屋若しくは土地の管理人が第3順位で，それぞれこの順序により義務を負う（本条Ⅰ）。死亡した者の近親者又はその身近にいた者に届出義務を負わせる趣旨である。

　第1順位及び第2順位者は，死者と「同居」していたことを要し，その時点は死亡時とされる（大正3・11・17回答1110号）。ただし，この同居の有無は市町村長が実質審査すべき事項ではないから，死亡届出人の資格を「同居の親族」と記載して届出がなされた場合には，右の届出人が同居に準ずべき生活関係にあった者であれば受理して差し支えない（昭和34・12・19回答2946号）。戸籍の先例は，遠隔の地に嫁いでいる娘が生家に到着と同時に発病し，その日のうちに死亡した場合，生家の父は同居の親族として死亡届をすることができるとし（昭和31・1・23回答31号），単身で居住していた者が死亡し，近隣に別居している子から同居者として死亡届があった場合も受理して差し支えないとしている（昭和32・9・13回答1743号）。第3順位者は，死亡の場所である土地又は家屋の所有者又は管理人である（昭和11・5・4回答361号）。これらの者は，人の死亡という事実を知ることができる蓋然性が高い立場にあることから，届出義務者に加えられたものと解される。

(2) 届出義務の順序及び義務者が数人いる場合

　上記の届出義務は絶対的なものではないから，後順位者が先順位者に先んじてした届出も有効であり（本条Ⅰただし書），これに基づいて戸籍の記載がなされるべきである。もっとも，両順位者が共に届出期間を徒過した後に後順位者が届出をした場合，届出懈怠の制裁は，先順位者が受けるべきであって，後順位者にこれを及ぼすべきではない（大正3・12・28回答1992号）。

　同順位の届出義務者が数人いる場合は，そのうちの1人が届出をすれば，他の全員が義務を免れる。順位者の全員が届出を怠った場合には，その全員

が懈怠の制裁を免れない（ただし，先順位者と後順位者との関係で，後順位者が制裁を免れる場合があることは，前記のとおりである。）。

3 届出資格者

　届出資格者とされるのは，①同居の親族以外の親族，②後見人，保佐人，補助人，任意後見人及び任意後見受任者である（本条Ⅱ）。
　①の者は，昭和51年の戸籍法改正（昭和51年法律66号）において追加された。それまでは，同居の親族以外の親族は届出義務を負わず，届出資格も認められなかったのであるが，我が国の経済が高度成長期を迎えて交通・通信手段も発達し，遠隔地にある親族も死亡の事実を把握できるようになったことから，死亡の届出をなし得る者の範囲を拡大することが，前記1に述べた戸籍制度の目的に照らして望ましいとの考慮が働いたことによる。
　②の後見人，保佐人及び補助人は，家庭裁判所が後見開始，保佐開始，補助開始の各審判をした際に，それぞれ本人の身上保護及び財産管理に関する事務を支援する者として職権で選任する者であり，任意後見人とは，委任契約である任意後見契約に基づいて本人のために後見の事務を行う者，任意後見受任者とは，同契約が効力を生ずる前の段階で受任者の地位にある者である（以下これらの者を総称して「後見人等」という。）。後見人等に本人の死亡届の届出資格が付与されたのは，平成19年の戸籍法改正（平成19年法律35号）によってである。この改正がされる前の成年後見実務においては，後見開始等の審判を受けた本人が死亡した場合に，諸般の事情から，本人の親族による死亡届出がされないまま放置される事例が散見された。そこで，後見人等がこの届出をすることが可能かが問題にされたのであるが，後見人等は本人が死亡すればその地位を失うから，法制的には無理があるとの見解が有力であった。このため，上記の法改正において，後見人等を死亡届の届出資格者とする実際の必要性があるとして，本条2項に追加する立法措置がされたのである。

第87条〔死亡の届出人〕

　上記の届出資格者は，届出義務を負わないから，届出をしなかったとしても制裁を受けることはない。他方で，届出義務者との間での届出の順位については制限がないから，届出義務者が届出を懈怠している場合に初めて出番が生ずるというわけではなく，届出義務者に先んじて届出をすることも差し支えない。なお，後見人等が死亡の届出をする場合は，その資格を証明するため，後見登記等に関する法律に基づく登記事項証明書又は後見開始の審判の謄本を提出することを要する。なお，任意後見受任者が，死亡の届出をする場合には，その資格を証明する登記事項証明書又は任意後見契約に係る公正証書の謄本を提出させるものとする（令和2・4・3通達544号）。

④ 届出義務者及び届出資格者以外の者による届出

　死亡の届出が上記の届出義務者及び届出資格者以外の者からされた場合には，これに基づいて戸籍の記載をすることはできない。ただし，市町村長がその届出を受理し，これを資料として，法44条により職権で記載することは差し支えないとされる（大正4・7・7回答942号）。法務省所管課長通知にも，届出義務者がいない場合又は届出義務者からの届出を期待することができない場合における職権による死亡事項の戸籍への記載の取扱いについて指示するものがある（平成25・3・21通知285号）。この通知においては，死亡届の届出義務者がいない場合等に，福祉事務所の長及びこれに準ずる者からの職権記載を促す申出であって，届出事件本人と死亡者の同一性に疑義がないものについては，市町村長限りで死亡事項の職権記載をして差し支えないとされている。

第4章　届　出　第9節　死亡及び失踪

> 〔死亡の届出地〕
> 第88条　死亡の届出は，死亡地でこれをすることができる。
> ②　死亡地が明らかでないときは死体が最初に発見された地で，汽車その他の交通機関の中で死亡があつたときは死体をその交通機関から降ろした地で，航海日誌を備えない船舶の中で死亡があつたときはその船舶が最初に入港した地で，死亡の届出をすることができる。

　本条は，死亡の届出は，通則の定めによるほか死亡地においてもすることができるとする規定である。

1　届出地

　戸籍の届出は，一般に届出事件の本人の本籍地又は届出人の所在地でこれをすべきものとされているが（戸25Ⅰ），本条1項は，これに加えて，死亡地でもすることができるとしている。
　この規定の沿革をいうと，昭和45年の戸籍法の改正前においては，死亡の届出地は死亡地のみに限定されていた。これは，人口動態調査を事件発生地で把握することが便宜にかなうという考慮によるものであった（出生の届出地も同様に出生地に限られていた。）。しかし，社会の実態としては，他の市町村の病院などで死亡する例も多いため，このような限定をすることは届出人に不便を強いることになった。そのため，上記の改正（昭和45年法律12号）において，死亡の届出地についても，法25条1項の届出地に関する通則規定（届出事件本人の本籍地又は届出人の所在地とする規定）を適用するほか，これに加えて，本条により死亡地でも届出をすることができるとしたのである。

2　死亡地が分明でない場合

　死亡の届出は死亡地ですることができるとしても，その地が分明でない場

合がある。本条2項は，そのような場合に届出をいずれの地ですればよいかについて定める補充規定である。

　死亡地が分明でない典型例は，移動中の交通機関の中で死亡した場合であるが，汽車その他の交通機関の中で死亡があったときは死体をその交通機関から降ろした地で，航海日誌を備えない船舶の中で死亡があったときはその船舶が最初に入港した地でそれぞれ死亡の届出をすることができるとされる。これを受けて戸籍の先例では，船舶中の死亡の場合の届出について，本条の定めに準ずる取扱いをすることを認めている。すなわち，海上で難船死亡した場合には，遭難現場の最寄りの市町村長に死亡の届出をすることができ（昭和22・5・16回答391号），船舶が甲地の港に停泊中に乗組員が死亡し，同地の医師の診断書を得て死体を携帯して乙地に帰港し，その地の市町村長に届出があった場合には，航海中に死亡した場合の取扱いに準じて差し支えないとされる（昭和30・8・1回答1545号）。なお，航海日誌を備える船舶の中で死亡があった場合には，法93条により，死亡の届出によらず，船長をして航海日誌の謄本に死亡事項を記載させた上で，その謄本を送付させて戸籍の記載をする方法が定められているため，届出地に関する定めは設けられていない。

　また，上記のような交通機関における死亡の場合ではなく，そもそも死亡地がいずれの地であるか手掛かりがないというような場合には，死体が最初に発見された地で届出をすることができるとされる。

　なお，日本人が外国で死亡した場合には，法87条に規定する届出人に届出義務が生ずる。その届出は，直接死亡者の本籍地の市町村長にしてもよいし（戸25Ⅰ），死亡地の国に駐在する日本の大使，公使又は領事（戸40）に届出をすることもできる。

第4章　届　出　第9節　死亡及び失踪

> 〔事変による死亡報告〕
> 第89条　水難，火災その他の事変によつて死亡した者がある場合には，その取調をした官庁又は公署は，死亡地の市町村長に死亡の報告をしなければならない。但し，外国又は法務省令で定める地域で死亡があつたときは，死亡者の本籍地の市町村長に死亡の報告をしなければならない。

　事変によって死亡した者がある場合には，通常の死亡の届出を期待することが困難であり，しかも，届出よりもその取調べをした官庁又は公署の直接の資料に基づき，戸籍の記載をする方が正確を期すことができる。本条は，そのような場合に，当該官庁等に死亡の報告を義務付ける規定である。

1　事変の意義

　「事変」とは，一般には，普段は起こらない出来事をいうが，本条の事変についても，戸籍の先例は相当広い範囲の事象を含むものと解している。例えば，昭和20年代前半の先例には戦争に起因するものが多く（戦死，戦傷病死，空襲等による死亡，戦時の船舶事故による死亡など），昭和30年代になると，海上自衛隊の航空機の海中墜落による死亡などの先例がある（昭和37・12・3回答3513号）。本条が例示する水難・火災に当たるものとしては，海難（大正5・6・29回答1024号）や震災（大正12・9・14回答3212号）による死亡があり，事故死の事例として炭坑爆発によるもの（大正4・6・12回答784号）や南極越冬中に生じた事故によるもの（昭和35・10・25回答2660号）などがある。ほかに，特異な事例として，一家全員の自殺又は殺害等の人為的異変もある（昭和24・4・6回答3189号）。

第89条〔事変による死亡報告〕

2 官公署による報告

(1) 死亡報告をすべき官公署

　本条で死亡報告をすべきものと義務付けられているのは，当該事変について取調べをした官公署である。その官公署は，当該事変を管轄する機関に限られず，その取調べについて一応の権限を有する機関であれば足りる。例えば，海難死亡については，管轄官庁である海上保安庁が取調べをする事例が多いであろうが（昭和24・3・15通達252号），発見された死体を取り調べた官公署がほかにある場合には，その官公署も本条による報告義務を負う（昭和25・2・8通達343号）。外国沿海における海難については，海上保安庁の権限が及ばないので，その海難事故について取調べをした領事が死亡の報告をすべきものとされている（大正4・2・19回答224号）。また，市町村長が水難救護法によって水難の取調べをしたときは，その市町村長が死亡報告をすべきであるし（大正4・7・13回答1022号），警察署長等も，事変により死亡した者について取調べを行った場合には，同様の報告義務を負う。

(2) 報告先

　上記(1)の官公署による死亡報告の報告先は，死亡地の市町村長である。これは海難による死亡の場合と同様であって，死亡地の最寄りの市町村長に報告すべきものとされている（昭和25・1・6回答2号）。ただし，日本の領海内において海難により死亡した場合であっても，死亡地の推定ができないときやその推定が可能であっても最寄りの市町村を判別することが困難なときは，直接死亡者の本籍地市町村長に報告すべきである（昭和25・7・1通達1677号）。外国で事変による死亡があった場合には，その国の在外公館の職員等がその取調べに当たることになると思われるが，この場合も直接死亡者の本籍地市町村長に報告すべきである（本条ただし書）。

(3) 死亡報告書に記載すべき事項

　死亡報告書に記載すべき事項は，法86条2項で定められている「死亡の年月日時分及び場所」及び「その他法務省令で定める事項」（戸規58）である

(戸91)。この報告書には添付書類を付する必要はないとされる（大正3・12・28回答1125号）。

　死亡報告書に記載すべき事項の記載が欠けている場合には，その報告を受理すべきでない（昭和21・10・12回答679号）。ただし，海難，震災等の事変による死亡報告の場合は，不明な事項が多いことが考えられるため，報告書にその旨を記載して，本来記載すべき事項を誤って遺漏したものではないことを明らかにすれば，これを受理して差し支えない（明治31・10・22回答915号）。もっとも，死亡の日時及び死亡の場所については，その記載を欠くべきでないので，その場合は死亡の推定日時を記載する（昭和19・9・25回答640号）。また，死亡場所については，概括的な地点を明らかにすべきであるとされている（昭和17・2・3通牒60号）。

(4) 戸籍の記載

　官公署による死亡報告に基づいて戸籍の記載がされる。また，この死亡報告に基づいて，人口動態調査死亡票（人口動態調査令施行細則6）が作成される。

　戸籍の記載がされた後に，当該官公署からの訂正の通知により，又は再度の報告によって前の報告に錯誤があることが明らかになった場合には，便宜，市町村長限りの職権で戸籍訂正をすべきであり（昭和16・4・28回答384号，昭和20・7・17回答228号），当該死亡報告を取り消す旨の通知があった場合には，市町村長の職権で，死亡の記載を消除する取扱いが認められている（昭和21・1・7通牒719号，昭和24・11・17通達2681号，昭和25・9・22通達2605号）。他方で，本条による死亡報告に基づき戸籍の記載をした後，当該人についての失踪宣告の審判が確定し，その届出があった場合において，死亡報告と死亡日が異なるときは，先の死亡報告事項を消除して，その届出による戸籍の記載をすべきである（昭和39・7・9回答2480号）。

　以上のほか，戸籍先例には，戦死報告があった者の妻が再婚をした後に前夫が戦地から生還したという場合の戸籍の処理について指示したものもある（昭和21・3・20通牒164号）。この場合，前婚は依然として継続し重婚状態が

生ずることになると解されているから，当該報告の取消通知による訂正は，生還した前夫の戸籍を回復するにとどめ，再婚した妻の戸籍はそのままにしておくものとされている。

　なお，本条による死亡報告が義務付けられている場合であっても，本来の届出義務者による死亡届を拒否する理由はない。そのような届出があった場合には，これに基づいて戸籍の記載をすべきである（後に死亡報告がされた場合，その報告書については規則50条による処理がされることになる。）。

〔刑死・被収容者死亡の報告〕
第90条　死刑の執行があつたときは，刑事施設の長は，遅滞なく刑事施設の所在地の市町村長に死亡の報告をしなければならない。
②　前項の規定は，刑事施設に収容中死亡した者の引取人がない場合にこれを準用する。この場合には，報告書に診断書又は検案書を添付しなければならない。

本条は，死刑の執行等があった場合には，刑事施設の長がその死亡報告をすべき旨を定めるものである。

1 死刑執行の報告

死刑の執行があったときは，その刑事施設の長は，遅滞なく，死刑執行地の市町村長に対して死亡の報告(注)をしなければならない（本条Ⅰ）。法89条の事変により死亡した者がある場合と同様，通常の届出を期待することが困難で，しかも届出よりも刑事施設の長の直接の資料に基づいて戸籍の記載をするのが正確を期すことができることから認められた特例である。

報告書に記載すべき事項は，法86条2項に掲げる事項（①死亡の年月日時分及び場所，②その他法務省令で定める事項）である（戸91）。

なお，戸籍には，関係者の名誉を重んずるため，死亡の場所としての刑務所名や報告者の職名は記載しない取扱いである（大正14・12・12通牒10648号，昭和27・1・31回答44号）。もとより，死刑執行の旨が記載されることはない。

(注)　本文の死刑者の死亡報告に関連する事項として，市町村長が刑事施設の長から死刑執行により死亡した旨の証明書の送付を受けた場合，どのように処理すべきかという問題がある。戸籍の取扱いとしては，この場合，市町村長は，これに基づいて直ちに死亡の記載をすべきではなく，改めて本条の規定による死亡報告を求めて処理すべきであるが，刑事施設の長から死亡報告が得られないときは，先に送付された証明書を資料として管轄法務局の長の許可を得て，職権で死亡の記載をすべきとするものがあ

る（昭和41・5・13〜14愛知協議会決議）。

2 刑事施設での死亡の場合の報告

　刑事施設に収容中の者が，死刑の執行以外の事由で死亡した場合において，その者の引取人がない場合は，当該刑事施設の長は，その死亡地の市町村長に対して死亡の報告をしなければならない（本条Ⅱ）。この場合の報告書の記載事項は上記1の場合と同じであるが，報告書に診断書又は検案書を添付しなければならないとされている。

　上記の死亡者の引取人がいる場合には，法87条に定める届出義務者等から死亡の届出をすることになるが，この届出義務者等がいないとき又は届出をすることができない事情があるときは，刑事施設の長が死亡届をすべき義務を負う（戸93・56。大正4・7・20回答115号）。

第4章 届 出 第9節 死亡及び失踪

> 〔死亡報告書の記載事項〕
> 第91条　前二条に規定する報告書には，第86条第2項に掲げる事項を記載しなければならない。

　本条は，法89条及び法90条に基づき市町村長に提出される死亡報告書に記載すべき事項を定めるものである。

1　本条の趣旨

　法89条は，水難，火災その他の事変によって死亡した者がある場合に，その取調べをした官庁又は公署が，死亡地（一定の場合は死亡者の本籍地）の市町村長に死亡の報告をしなければならないとする規定であり，法90条は，死刑の執行があった場合又は刑事施設収容中に死亡した者の引取人がない場合に，刑事施設の長は，刑事施設所在地の市町村長に死亡の報告をしなければならないとする規定である。上記のいずれの場合も，市町村長に提出される報告書に記載すべき事項が同一であるため，本条にまとめて規定されている。

　その記載事項は，法86条2項に掲げる事項，すなわち，死亡届の届書に記載すべき事項であって，①死亡の年月日時分及び場所，②その他法務省令で定める事項である。これらの内容については法86条の解説を参照されたい。②の事項は，これに基づいて人口動態調査死亡票が作成されるため詳細なものになっていることも，法86条の解説にあるとおりである。

2　記載の内容

　本条に規定する事項を記載していない報告書は受理すべきでないとされている（昭和21・10・12回答679号）。また，死亡の日時は特に重要な事項であるから，その記載のない報告書は原則として受理することができない（戸34Ⅱ参照）。ただし，法89条による報告は，実務上頻繁に活用されているところ

第91条〔死亡報告書の記載事項〕

ではあるが，取調官公署の調査には限界があるから，不明な事項が多いのは避けられず，死亡の日時についても確実な認定ができない場合があり得る。その場合は，推定される日時を記載すべきものとされている（昭和19・9・25回答640号）。これは，死亡の場所についても同様であって，概括的な地点を記載するほかない（昭和17・2・3通牒60号）。その他の記載事項については，不明である旨を記載すれば足りる（戸34Ⅰ）。

第4章　届　出　第9節　死亡及び失踪

> 〔本籍不明者・認識不能者の死亡報告〕
> 第92条　死亡者の本籍が明かでない場合又は死亡者を認識することができない場合には，警察官は，検視調書を作り，これを添附して，遅滞なく死亡地の市町村長に死亡の報告をしなければならない。
> ②　死亡者の本籍が明かになり，又は死亡者を認識することができるに至つたときは，警察官は，遅滞なくその旨を報告しなければならない。
> ③　第1項の報告があつた後に，第87条第1項第1号又は第2号に掲げる者が，死亡者を認識したときは，その日から10日以内に，死亡の届出をしなければならない。

　本条は，死亡者の本籍や身元そのものが不明な場合には，これを取り調べた警察官から一応の報告をさせた上，その後，身元等が判明した時に追加の報告をさせ，あわせて届出義務者からも死亡届をさせることによって，戸籍への記載をすべきことを定めるものである。

1　警察官による報告

(1)　検視調書を添附した報告

　死亡者の身元は明らかであるが本籍が不明な場合又は死亡者が誰であるか認識できない身元不明者である場合は，警察官は，検視調書を作り，これを添附して，遅滞なく死亡地の市町村長に死亡の報告をしなければならない（本条Ⅰ）。[注1]

　報告先は，死亡地の市町村長である。ただし，死亡地が明らかでない場合は，死体が最初に発見された地の市町村長に報告する（戸88Ⅱ）。[注2]

(2)　身元が判明した場合の報告

　警察官は，上記(1)の報告をした後に，死亡者の本籍又は身元が明らかになった場合には，遅滞なく，先の報告をした市町村長に対し，その身元を報告しなければならない（本条Ⅱ）。[注2]

(注1) 本条による死亡報告は，海上保安官もすることができる（昭和38・7・12回答2009号）。
(注2) これらの報告は，死体取扱規則7条に基づき，死亡報告書（死体取扱規則別記様式3号），検視調書としての本籍等不明死体調査書（死体取扱規則別記様式4号）及び死亡者の本籍等判明報告書（死体取扱規則別記様式5号）により行われる（平成25・3・25通達305号）。

2 届出義務者による届出

　警察官による前記1(1)の報告があった後に，死亡者の同居の親族又は同居者（戸87Ⅰ）において死亡者を認識した場合には，その日から10日以内に，死亡の届出をしなければならない（本条Ⅲ）。上記1(2)の警察官による身元判明の報告に併せて，本条3項で届出義務者による死亡届を要求しているのは，これによって戸籍の記載を漏れなく，かつ正確にするためである。一般に，本籍が明らかでない者について届出があった後にその者の本籍が明らかになった場合には，当該届出人又は当該届出事件の本人がその旨を届け出なければならないこととされているが（戸26），本条3項による届出は，法26条の本籍分明届によることは許されず，死亡届でなければならない。この届出については，上記のとおり，その届出期間が特に定められているが，それ以外は通常の死亡届に関する規定が適用される。

3 戸籍の記載

　市町村長は，前記1(1)・(2)の報告，又は上記2の届出に基づいて戸籍に死亡の記載をする。身元が判明した場合の報告，届出のいずれによるかは，先にされた方を優先する。届出義務者による死亡届出が先にされたときは，その届出に基づき，順序がその逆であるときは，警察官の報告に基づいて，それぞれ戸籍の記載をする。これらの場合，警察官による報告又は届出義務者

による死亡届のいずれかが，戸籍の記載を要しない事項について受理した書類となり，規則50条の規定に従った処理がされることになる（昭和24・9・30回答2175号）。

なお，警察官から，死体取扱規則別記様式2号の死体及び所持品引取書（死亡者の本籍が記載されている。）の写しを添付した死亡通知が提出された場合には，不分明報告と分明報告を併合しているものとして，死亡報告に基づく戸籍の記載をして差し支えないとされている（平成26・12・24通知1462号）。

第93条〔航海中又は公設所における死亡の届出〕

〔航海中又は公設所における死亡の届出〕
第93条　第55条及び第56条の規定は，死亡の届出にこれを準用する。

本条は，航海中又は公設所において死亡があった場合の死亡の届出について定めるものである。

1 本条の趣旨

法55条は航海中に出生があった場合の手続について定めるものであり，この規定が，本条で航海中に死亡があった場合に準用されている。この手続の特色は，死亡届によるのではなく，船長が航海日誌に死亡に関する事項を記載し，その謄本を市町村長に送付することにある。

法56条は，公設所において出生があった場合において，父母が共に届出をすることができないときは，公設所の長又は管理人が届出義務を負うとするもので，この規定が，本条の公設所で死亡があった場合に準用されている。公設所における死亡であっても，死刑の執行により又は刑事施設収容中に死亡した場合は，法90条の規定が適用されるから，本条はそれ以外の場合に適用される。

2 本条の内容

(1) 航海中に死亡があった場合

航海日誌を備える船内で航海中に死亡があったときは，船長は，24時間以内に，航海日誌（船員法施行規則11（2号書式の(七)））に，法86条2項に掲げる事項を記載して，署名しなければならない（戸55Ⅰ。なお，令和3年法律37号による戸籍法の改正前は，船長は，署名のほか，印を押すべきものとされていたが，同改正により押印は不要とされた。）。この手続をした後に，船舶が日本

679

の港に到着したときは，船長は，遅滞なく死亡に関する航海日誌の謄本を，寄港地の市町村長に送付しなければならない（本条による戸55Ⅱの準用）。送付を受けた市町村長は，死亡者の本籍が自庁にある場合は戸籍の記録をした上，届書等情報を作成し法務大臣に提供しなければならない（令和6・2・26通達500号第3）。

船舶が外国の港に着いたときは，船長は，遅滞なく死亡に関する航海日誌の謄本をその国に駐在する日本の大使，公使又は領事に送付し，送付を受けた大使等は，遅滞なく外務大臣を経由してこれを本籍地の市町村長に送付しなければならない（本条による戸55Ⅲの準用）。

以上に対し，航海日誌を備えない船舶内で死亡があったときは，通常の死亡の届出に関する規定が適用される。

(2) **公設所で死亡があった場合**

病院・刑事施設その他の公設所で死亡があった場合（死刑の執行により又は刑事施設収容中に死亡した場合を除く。）にも，法87条の規定による届出人がいるときは，これらの者が死亡の届出をすべきである（届出義務者のほかに届出資格者がいる場合もある。）。しかし，これらの届出人がいないか又は届出をすることができないときは，公設所の長又は管理人が，届出をしなければならない（本条による戸56の準用）。この届出は通常の死亡届であって，届出期間，届出地，届書の記載事項・添付書類については，法86条及び88条の規定に従う。

3 戸籍の記載

上記2(1)の航海日誌の謄本は，最終的には死亡者の本籍地の市町村長に届書等情報として通知されるから，ここで戸籍の記載がされる。

上記2(2)の死亡届が死亡者の非本籍地の市町村長に対してされたときは，これを受理した市町村長が届書等情報を作成し法務大臣に提供しなければな

らない（令和6・2・26通達500号第3）。なお，死亡が病院等の公設所であった場合に，その名称を戸籍に記載する必要がないことは，出生の場合と同様である（昭和16・6・5通牒547号）。

第4章 届出 第9節 死亡及び失踪

> 〔失踪宣告又はその取消しの届出〕
> 第94条　第63条第1項の規定は，失踪宣告又は失踪宣告取消の裁判が確定した場合においてその裁判を請求した者にこれを準用する。この場合には，失踪宣告の届書に民法第31条の規定によつて死亡したとみなされる日をも記載しなければならない。

　本条は，失踪宣告又は失踪宣告の取消しの裁判が確定した場合の届出について，法63条1項の規定（裁判による認知の届出に関する規定）を準用することにより，届出義務者，届出期間，添付書類等を定めるものである。失踪宣告又はその取消しは，裁判の確定により効力を生じるから，この届出は報告的届出である。

1　失踪宣告及びその取消しの制度

(1)　失踪宣告

ア　趣　旨

　住所又は居所を去って容易に帰ってくる見込みのない者（不在者）については，家庭裁判所がその残留財産を管理する者（不在者の財産管理人）を選任して，これを保存するという暫定的な制度が置かれているが（民25～29），不在者が生死不明となり，その状態が永年続く事態に至ったときは，これをそのまま放置しておくことは不都合である。このため，このような者に対して家庭裁判所の宣告により，同人の一定の法律関係について死亡と同一の効果を生じさせる制度が設けられている。これが失踪宣告の制度である。[注1]

イ　要　件

　要件は3つである。
　　①　対象となる者は，まず，不在者であって，その生死が7年間明らかでない者であるが（民30Ⅰ），死亡の原因となるべき特別な危難に遭遇した者であって，その生死が当該危難が去った後1年間明らかでな

い者も，対象となる（民30Ⅱ）。前者を普通失踪（者），後者を危難失踪（者）と呼ぶことがある。
② 家庭裁判所に対して失踪宣告の請求をする必要がある。請求をすることができるのは，失踪宣告をすることについて法律上の利害関係を有する者に限られる（民30Ⅰ）。上記①の対象者の生存配偶者，推定相続人，債権者などがこれに当たる。[注2]
③ 家庭裁判所が上記②の請求に対して失踪宣告の裁判をすることを要する（民30Ⅰ）。この裁判は審判手続によって行う（家事148・別表第一の56項）。失踪宣告が審判の確定によって効力を生ずることは，既に述べたとおりである。

　ウ　効　果

失踪宣告を受けた者は，普通失踪にあっては上記失踪期間が満了した時に，危難失踪にあってはその危難が去った時に，死亡したものとみなされ（民31），同人について相続が開始し，生存配偶者との婚姻が終了するなどの効果が生ずる。

もっとも，失踪宣告を受けた者が，世界中のいずれかの地で現に生存している場合には，権利能力を保有し続けていることは当然であり，新しい法律関係が形成されることになる。

(2)　**失踪宣告の取消し**

失踪者が生存すること又は上記(1)ウと異なる時に死亡したことの証明があったときは，家庭裁判所は，本人又は利害関係人の請求により，失踪の宣告を取り消さなければならない（民32Ⅰ前段）。この取消しがされると，失踪宣告を受けた者が上記の時に死亡したものとみなしたことが事実に反したものであったことになり，これによって生じた法律効果は，原則として，全て宣告前の状態に復活・還元されることになる。

ただし，そうなると，失踪宣告を受けた者が死亡したものと信じていた関係者が不測の損害を被ることになって，相当ではない。そこで，民法は，失踪宣告の取消しは，失踪の宣告後その取消し前に善意でした行為の効力に影

響を及ぼさないとした（民32Ⅰ後段）。例えば，失踪宣告により開始された相続で財産を取得した者が，これを他に譲渡した行為は，その相手方が善意であれば，くつがえって無効となることはない。なお，この場合に相続人として譲渡行為をした者は，失踪宣告の取消しによってその対価を保有する権利を失う（その譲渡行為の対価は不当利得になる。民32Ⅱ本文）が，現に利益を受けている限度においてのみ，その財産を返還すれば足りるとされる（民32Ⅱただし書）。

◆◆

(注1) 行方不明者についてその死亡を確認し得るときは，死亡の届出・報告又は法44条3項に基づき職権により戸籍に記載をすることができるが，そうでない場合には，失踪宣告の届出によるのでなければ，死亡に関する戸籍の記載をすることは許されない（昭和20・4・6通牒13号）。

(注2) 第二次世界大戦において軍人・軍属として生死不明となった者に対する失踪宣告については，未帰還者に関する特別措置法に基づき，厚生大臣の委任により都道府県知事も審判の請求ができるものとされたので，この場合には，知事が届出人となるという取扱いが，長年にわたりされてきた。戸籍には，「未帰還者に関する特別措置法に基づき　年　月　日戦時死亡宣告確定　年　月　日死亡とみなされる」と記載するものとされている（昭和34・3・30通達657号，昭和35・2・22通達421号）。

2　失踪宣告の届出

　失踪宣告の審判が確定した場合には，その請求をした者は，確定の日から10日以内にその旨の届出をしなければならない（本条前段・戸63Ⅰ）。届出地については，別段の定めはないから，失踪宣告を受けた者の本籍地又は届出人の所在地である（戸25Ⅰ）。

　届書の記載事項としては，一般的な事項（戸29）のほかに，①民法31条の規定によって死亡したとみなされる日（本条後段），及び②審判が確定した日（本条前段・戸63Ⅰ後段）を記載しなければならない。①の「死亡したとみなされる日」は，普通失踪の場合は7年の失踪期間が満了した日であり，

その期間の計算は民法の定めによる。もし審判で生死不明となった始期について月日又は日が確定されていないときは、その年又は月に対応する年又は月の最終日が失踪期間満了の日に当たるものとして記載する（大正4・1・12回答253号）。危難失踪の場合は、危難の去った日に死亡したものとみなされる。審判に死亡の時刻まで記載されているときは、それも記載する（昭和37・5・30通達1469号）。

届書には、審判の謄本を添付しなければならない（本条・戸63Ⅰ）。審判の確定証明書も添付すべきである。

③ 失踪宣告の取消しの届出

(1) 届　出

失踪宣告の取消しの審判が確定したときは、その取消しの請求をした者は、その旨の届出(注3)をしなければならない（本条前段・戸63Ⅰ）。届出期間、届出地及び届書の記載事項・添付書類については、上記2の失踪宣告の届出の場合と同じである。ただし、届書に「民法31条の規定によって死亡したとみなされる日」を記載する必要はない。

失踪宣告の取消しの審判が確定した後であっても、上記の届出がされるまでの間は、当該失踪宣告を受けた者を届出事件の本人とする新たな届出は、これを受理することができない場合がある。例えば、失踪宣告を受けた者が婚姻又は縁組をしたとしてその旨の届出があった場合（大正8・12・16回答5357号）、既に失踪宣告を受けて除籍された者について重ねて失踪宣告の届出があった場合（昭和36・4・7回答824号、昭和39・3・11回答640号）等である。いずれの場合も、まず失踪宣告の取消しの届出が先行してされなければならない。これに対して、失踪宣告を受けた者についての死亡の届出は、同宣告が取り消される前であってもすることができ、これに基づいて戸籍に死亡の記載がされる（大正9・5・31回答1553号）。なお、この場合も、失踪の記載は、失踪宣告の取消しの届出を待って消除すべきである（上記の各先例）。

(2) 戸籍の記載

　失踪宣告を受けた者が生存していることが判明していても，その取消しがされていない限り，市町村長が職権でその宣告の記載を削除することはできない（大正8・12・16回答5357号）。失踪宣告の記載の削除は，失踪宣告によって生じた効果が宣告前の状態に復活・還元されるという重要な法律関係を公示することになるから，家庭裁判所による審判という慎重な手続を踏まなければならないのである。

　失踪宣告の取消しの審判に基づく届出があった場合には，その者の戸籍を回復する（昭和24・4・27回答842号）。この場合の戸籍の回復は，失踪宣告を受けた者の配偶者が同宣告後に復氏等により戸籍の異動を生じている場合には，その配偶者の戸籍についても，従前の戸籍に回復させるという効果を及ぼす。ただし，配偶者が善意で再婚をしている場合には，前婚は復活しないから，配偶者の戸籍には影響を及ぼさない（昭和6・10・19回答805号）。[注4]

◆◆

（注3）　現行戸籍法が制定される以前の旧戸籍法下においては，失踪宣告の取消しの届出という制度が認められておらず，失踪宣告が取り消された場合の戸籍の回復は，戸籍訂正の手続によっていた。

（注4）　失踪宣告を受けた者の配偶者が再婚をしていた場合には，配偶者が善意である限り，同宣告の取消しにより前婚が復活しないことは本文で述べたとおりであるから，この前婚の解消による復氏の届出や姻族関係終了の届出をすることができる。

第10節　生存配偶者の復氏及び姻族関係の終了

【前　注】

　婚姻によって氏を改めた夫又は妻は，離婚によって婚姻前の氏に復し（民767Ⅰ），当該配偶者は従前の戸籍に復籍するのが原則である（戸19Ⅰ本文）。他方，婚姻により氏を改めなかった配偶者が死亡しても，婚姻の際に氏を改めた生存配偶者は，そのまま婚姻時の氏を称し続ける。生存配偶者の復氏とは，婚姻の際に氏を改めた生存配偶者が，その自由意思に基づいて，戸籍法の定める届出によって婚姻前の氏に復することができる制度である。当該配偶者の単独で，誰の同意を要することもなく当該届出をすることができ，死亡配偶者の親族がこれを反対していてもすることができる。

　また，姻族関係は，離婚によって終了する（民728Ⅰ）。すなわち，配偶者の3親等内の親族との親族関係は消滅し，例えば，配偶者の連れ子，配偶者の両親，きょうだい等との親族関係は消滅する。他方，配偶者の一方が死亡しても，生存配偶者と死亡した配偶者の親族との姻族関係は維持したままである。姻族関係の終了とは，生存配偶者が，婚姻により夫婦の他の一方の血族との間に生じた姻族関係（姻族3親等までが法律上の親族）を法の定める届出によって終了させる制度である。この届出についても，当該配偶者の単独で，誰の同意を要することもなく，かつ，死亡配偶者の親族が反対していてもすることができる。

　本節では，配偶者の死亡により婚姻が解消した後の問題である生存配偶者の復氏と姻族関係の終了に関する届出について規定している。離婚による婚姻の解消の場合には，復氏も姻族関係の終了も共に離婚の効果として法律上当然に生ずるが（民767・728Ⅰ），配偶者の死亡による婚姻の解消の場合には，復氏又は姻族関係の終了のいずれも婚姻解消の効果として当然に生ずるのではなく，その後における生存配偶者の自由の意思に基づき，これを直接の目

第4章 届 出 第10節 生存配偶者の復氏及び姻族関係の終了

的とする行為の効果として生ずる。しかも，復氏と姻族関係の終了との間には相互の関連はなく，生存配偶者は，いずれか一方のみでもすることができるし，また両方を同時又は別々に行って，離婚と同じ結果を得ることもできる。

　本節では法95条で生存配偶者の復氏の届出について，法96条で姻族関係の終了の届出について規定している。

〔生存配偶者の復氏の届出〕
第95条　民法第751条第１項の規定によつて婚姻前の氏に復しようとする者は，その旨を届け出なければならない。

　本条は，生存配偶者が民法751条１項の規定によって婚姻前の氏に復しようとする場合の届出について規定するものである。

1　生存配偶者の復氏

(1)　夫婦の一方が死亡した場合

　夫婦の一方が死亡したときは，婚姻は解消する。もう１つの婚姻解消の事由である離婚の場合には，姻族関係は無条件に消滅し（民728Ⅰ），婚姻によって氏を改めた者は当然に婚姻前の氏に復する（民767）が，夫婦の一方の死亡による婚姻解消の場合は，これとは異なり，姻族関係の終了も復氏も生存配偶者のその旨の意思表示によって生ずる（民728Ⅱ・751Ⅰ）。その意思表示は戸籍の届出という方式でしなければならず，そのうち復氏の届出については本条が，姻族関係の終了については法96条がそれぞれ定めている。

　生存配偶者が婚姻によって氏を改めた者である場合，上記の復氏をするか否かは本人の自由意思に委ねられていて，何人の同意も家庭裁判所の許可も要しない。復氏の時期についての制限もなく，生存配偶者が自己の氏を称する再婚をした後であっても，最初の婚姻の前の氏に復することができる[注1]。また，姻族関係の終了と復氏とは別異の事柄で相互に無関係であるから，姻族関係は終了させないままに復氏をすることも差し支えない（昭和23・4・21回答658号。もとより，これと反対の意思表示も可能である。）。

　なお，婚姻により氏を改めた生存配偶者が死亡した配偶者と共に養子縁組をしていた場合には，その縁組の継続中は養親の氏を称すべきであるから（民810），上記の復氏をすることができない[注2]。

(2) 夫婦の一方が失踪宣告を受けた場合

　夫婦の一方が失踪宣告を受けた場合も，その者は死亡したものとみなされるから（民31），相手方が生存配偶者として上記の復氏をすることができる。ただし，失踪宣告は取り消されることがあり（民32），その取消し前に相手方が再婚をしていた場合には，複雑な問題が生ずる。この場合，失踪宣告が取り消されても前婚の解消の効力には影響を及ぼさない（前婚は復活しない。）と解されるから，相手方は，自己の氏（失踪宣告を受けていた者の氏）を称して再婚をしていたときは，民法751条1項の規定による復氏をすることができる。他方，失踪宣告を受けていた者は，当該婚姻が相手方の氏を称するものであったときは，同様に婚姻前の氏に復することができる（昭和25・6・10回答1655号）。戸籍の先例には，失踪宣告を受けた者がその取消しと復氏の届出を同時にしたという事案（なお，失踪宣告を受けた者の配偶者は再婚している。）について，一旦婚姻当時の戸籍を回復した上で，婚姻前の戸籍に復籍させる取扱いをしたものがある（昭和47・1・8回答48号）。

◆◆

（注1）　生存配偶者が再婚者であって前婚の戸籍から入籍した者である場合には，復することができる氏は，前婚の氏，元の実方の氏のいずれでもよい（昭和23・1・13通達17号(2)）。
（注2）　婚姻によって氏を改めた者が単独で養子となる縁組をした後にその配偶者が死亡した場合において，生存配偶者から復氏の届出があった場合，養親の氏に復する戸籍記載をするという取扱いがされている（昭和62・10・1通達5000号第1の3）。

2 生存配偶者の復氏の届出

(1) 届出の性質

　生存配偶者の復氏の意思表示は，戸籍の届出という方式ですることを要し，これによって初めて効力を生ずるから，この届出は創設的届出である。家庭裁判所の家事調停で生存配偶者が復氏の届出をする旨の調停が成立していても，届出がなければその効力を生ずることはない（昭和25・2・6回答284号）。

(2) 届出の手続

届出人は，婚姻の際に氏を改めた生存配偶者である。同人が本条による復氏の届出と同時に法96条による姻族終了の届出をすることは，もとより差し支えないが，戸籍実務では，この２つの届出を１通の届書に記載して届け出ることは認められない（昭和30・11・4回答2350号）。

届出は，届出事件の本人の本籍地又は届出人の所在地でしなければならない（戸25Ⅰ）。

届書に記載すべき事項については，一般的記載事項（戸29）のほかに特別の定めはない。届書の様式は通達によって定められている（令和6・2・26通達504号別紙16）。

③ 戸籍の処理

生存配偶者の復氏の届出をした者は，原則として，婚姻前の戸籍に復籍する（戸19Ⅱ・Ⅰ本文）。復籍すべき戸籍が除かれているとき又は復氏者が新戸籍編製の申出をしたときは，その者について新戸籍を編製する（戸19Ⅱ・Ⅰただし書）。以上の入籍又は新戸籍の編製に伴って復氏をした者は，従前の戸籍から除かれる（戸23）。

なお，日本人と婚姻した外国人が帰化をして配偶者の氏を称した場合において，配偶者が死亡したときは，帰化者である生存配偶者は復氏の届出をすることができる（昭和63・3・29通達2020号）が，この場合には復籍すべき戸籍がないものとして，法19条1項ただし書に準じて，復する氏を自由に設定して新戸籍を編製することになる。

〔姻族関係終了の届出〕
第96条 民法第728条第2項の規定によつて姻族関係を終了させる意思を表示しようとする者は，死亡した配偶者の氏名，本籍及び死亡の年月日を届書に記載して，その旨を届け出なければならない。

本条は，姻族関係の終了の届出について規定するものである。

1 姻族関係の終了

(1) 夫婦の一方が死亡した場合

夫婦の一方が死亡したときは，生存配偶者は，姻族関係を終了させる意思を表示することができる（民728Ⅱ）。

配偶者が死亡した場合には，この意思表示によってのみ，姻族関係，すなわち生存配偶者と死亡者の血族との親族関係を終了させることができる[注]。したがって，生存配偶者が再婚しても，姻族関係の終了の意思表示がない限り，前婚による姻族関係は継続し（昭和23・4・20回答208号(6)），このことは，法95条の復氏の届出をした場合も同様である。この意思表示は，生存配偶者の自由な意思に委ねられ，何人の同意も，家庭裁判所の許可も必要としない。さらに，この意思表示のできる時期は相手方の死亡後であればいつでもかまわない。この意思表示のできる生存配偶者は，婚姻の際に氏を改めた者か否かは問わないが，この意思表示は生存配偶者にのみ認められ，死亡者の血族の側からすることは許されていない。

(2) 夫婦の一方が失踪宣告を受けた場合

配偶者が失踪宣告により死亡とみなされたときも，姻族関係終了の届出ができる。また，配偶者の失踪宣告後，再婚した場合には，失踪宣告が取り消されても前婚は復活しないので，その後も姻族関係の終了の届出は認められる（昭和25・6・10回答1655号）。

(注) 配偶者の一方と他方の血族との関係を姻族関係といい，3親等内の姻族は親族とされている（民725③）。姻族関係は，姻族関係の終了の届出のほか，離婚又は婚姻の取消しによっても終了する（民728Ⅰ・749）。

2 姻族関係終了の届出

(1) 姻族関係終了の届出

姻族関係終了の意思表示は，届出によって初めて効力を生ずる要式行為であって（民728，本条），本条の届出は創設的届出である。例えこれにつき調停の成立があっても，本条の届出がなされない限り，調停の成立によりその効力を生ずることはない（昭和25・2・6回答284号）。姻族関係終了の届出は，夫婦の一方が死亡したとき，又は失踪宣告によって死亡したものとみなされたときは，生存配偶者は，いつでも届出をすることができる。生存配偶者が届出をするには，家庭裁判所の許可や第三者の同意を必要とせず，自己の意思のみに基づいて行う。

本条の「姻族関係終了の届出」と，法95条の「生存配偶者の復氏の届出」（民751Ⅰ，戸95）は，目的を異にするものであるから，生存配偶者の復氏の届出をしても姻族関係は終了せず，姻族関係終了の届出をしても復氏はしない。また，2つの届出は，異時にすることも同時にすることも可能であるが，これらを1通の届書に記載して届け出ることは認められない（昭和30・11・4回答2350号）。

(2) 届出人

届出人は，生存配偶者本人である。生存配偶者は，成年被後見人であっても，意思能力を有する限り，法定代理人の同意を得ないで届出することができ，家庭裁判所の許可も不要である。

死亡者の血族から姻族関係終了の届出をすることはできない。

日本人と外国人の婚姻後，外国人の配偶者が死亡したときは，日本人の生

存配偶者は，姻族関係終了の届出をすることができる（通則法33，昭和35・12・19回答3195号）。

(3) 届出地・届出方法

届出は，届出事件の本人の本籍地又は届出人の所在地でしなければならない（戸25Ⅰ）。

届出人は，書面又は口頭で届出をすることができる（戸27）。

口頭で届出をするには，届出人は，市町村役場に出頭しなければならない（戸37Ⅰ）。届出人が疾病その他の事故によって出頭することができないときは，代理人によって口頭の届出をすることもできるが（戸37Ⅲ），代理人は，届出人本人の代理権限を証する書面を提出することが求められる（大正5・6・7回答465号三，準則26）。

(4) 届書記載事項

届書には，一般的記載事項（戸29）のほか，死亡した配偶者の氏名，本籍，及び死亡の年月日を記載しなければならない（本条）。

なお，届書の標準様式が定められている（令和6・2・26通達504号別紙17）。

(5) 戸籍の処理

姻族関係終了の届出は，創設的届出であり，生存配偶者からの届出により効果が発生する。

姻族関係終了の届出によって戸籍の変動は生じず，生存配偶者の戸籍の身分事項欄に姻族関係終了の旨が記載されるのみである（戸規35⑦）。なお，生存配偶者の戸籍が再婚，転籍等により変動している場合は，変動後の戸籍に記載され，配偶者の死亡当時の戸籍には何ら記載されない。

第*11*節　推定相続人の廃除

【前　注】

　相続が開始した場合に相続人となるべき者のことを「推定相続人」と称するが，推定相続人が相続人を殺害する等した場合，相続させるのは相当ではないので，民法は，相続の欠格事由を定め，民法891条各号に掲げる者は，相続人となることができないと定めている。さらに，民法892条では，遺留分を有する推定相続人が被相続人に対して虐待を加えたような場合，被相続人の意思により，当該推定相続人をあらかじめ相続人から外すことができることを定めている。対象者につき遺留分を有する推定相続人（被相続人の配偶者，直系卑属及び直系尊属）に限っているのは，遺留分を有しない推定相続人については，遺言で当該者に財産を与えなければ済むからである。

　推定相続人から廃除された場合，相続財産を受け取ることができなくなり，当該推定相続人に多大な影響を与えるので，被相続人の恣意によることを避けるため，実体的要件と手続的要件の双方を定めている。まず，実体的要件としては，①推定相続人が，被相続人に対して虐待をしたこと，②推定相続人が，被相続人に重大な侮辱を加えたこと，又は③推定相続人にその他の著しい非行があったことを要求している（民892）。このような場合，被相続人は家庭裁判所に廃除の請求をすることができる（民892）。また，被相続人は，遺言をもって廃除の意思表示をすることもでき，この場合は遺言執行者が家庭裁判所に対して廃除の請求をしなければならない（民893）。いずれの場合も，家庭裁判所が審判手続によって，推定相続人に廃除するべき事由があるかどうかを判断する。

　推定相続人廃除の審判の確定により，当該推定相続人は相続人から廃除されるが，廃除の効果は被廃除者の一身専属的なものであるので，被廃除者に子がいるときは，当該子は被廃除者を代襲して相続人となる。このような効

第4章　届　出　第11節　推定相続人の廃除

果があるので，当該審判が確定したときは，その旨が被廃除者の戸籍に記載される。

　なお，廃除の審判がされた後であっても，相続人は，いつでも，その取消しを家庭裁判所に請求することができるし，遺言をもって廃除の取消しの意思表示をすることもできる（民894）。本節では，法97条において廃除又は廃除の取消しの届出について規定している。

　上記のとおり，相続人の地位は一定の欠格事由により喪失するが（民891），これに関しては，戸籍の記載事項とはしていない（昭和3・1・18回答83号）。

> [廃除又は廃除の取消しの届出]
> 第97条　第63条第1項の規定は，推定相続人の廃除又は廃除取消の裁判が確定した場合において，その裁判を請求した者にこれを準用する。

　本条は，推定相続人の廃除又はその取消しの裁判が確定した場合に，裁判を請求した者について法63条1項の規定（強制認知の判決が確定したときの訴えを提起した者の届出に関する規定）を準用することを定めるものである。

1 推定相続人の廃除及びその取消し

(1) 推定相続人の廃除

ア　制度の趣旨

　推定相続人が被相続人の財産を不法な手段を使って取得し，又は取得しようとした場合には，刑法による制裁のほかに，民法においても，その推定相続人に相続についての欠格事由があるものとして相続権を剥奪する制度が設けられている（民891）。この欠格事由ほどに重大ではないが，遺留分を有する推定相続人（配偶者，直系尊属及び直系卑属，民1042）に，①被相続人を虐待し，若しくは②これに重大な侮辱を加え，又は③その他著しい非行がある場合には，被相続人において，同人らに自己の財産を承継させたくないと思料することも無理からぬものがある。このような場合に，被相続人の請求に基づく家庭裁判所の審判により，その推定相続人の相続権を剥奪するのが「推定相続人の廃除」の制度である（民892）。

　廃除の対象者を遺留分のある相続人に限っているのは，次の理由による。被相続人が特定の相続人について自己の財産を承継させたくないと思料する場合は，遺言により，その者以外の者に財産を相続させることにより，その者の相続分を排除することが考えられる。遺留分を有しない推定相続人である兄弟姉妹（民1042）については，この方法をとれば足りるが，遺留分を有する推定相続人については，遺留分権利者として遺留分侵害額の請求権を有

するので，その権利が行使されれば，被相続人から遺留分を侵害する遺贈又は贈与を受けた者は，その侵害額に相当する金銭の支払請求に応じなければならないことになる（民1046）。そうなっては被相続人としては，所期の目的を達成させることができないので，あらかじめ遺留分権利者の権利を消滅させておく，というのがこの制度の趣旨である。

　　イ　廃除の請求

　被相続人は，生前に家庭裁判所に廃除の請求をすることも（民892），また遺言によって廃除の意思を表示することもできる（民893）。後者の場合は，遺言執行者がその遺言が効力を生じた後に，その推定相続人の廃除を家庭裁判所に請求しなければならない（民893）。被相続人の請求により廃除の審判が開始されたが，その審判が確定する前に被相続人が死亡した場合には，家庭裁判所が選任した遺産管理人が審判手続を承継することになる（民895Ⅰ）。

　　ウ　廃除の裁判

　家庭裁判所は，上記イの請求に基づいて，審判の手続により（家事39・別表第一の86項），廃除の事由があるか否かを判断する。その手続においては，原則として，当該推定相続人の陳述を聴かなければならない（家事188Ⅲ）。廃除の審判に対しては，当該推定相続人は，即時抗告をすることができる（家事188Ⅴ）。

　廃除の審判が確定した時に廃除の効力が生ずる。被相続人が遺言によって廃除の意思表示をした場合にあっては，廃除の効力は，被相続人の死亡の時に遡って生ずる（民893）。審判が確定したときは，裁判所書記官は，遅滞なく，廃除された者の本籍地の市町村長に対して，その旨を通知しなければならない（家事規100）。

　　エ　廃除の効果

　廃除の効果は，推定相続人の被相続人に対する関係においての相続権が剥奪されることにあり，遺留分権利者としての権利の行使もできなくなる。ただし，この効果は相対的に生ずるにとどまるから，廃除の審判を受けた者が，当該被相続人以外の相続をすることは妨げられない。

(2) 推定相続人の廃除の取消し

推定相続人の廃除の制度は，上記のとおり，遺留分制度の存在を前提としつつ，被相続人の意思を尊重して，推定相続人の相続権を剥奪するためのものであるから，廃除の審判の確定後に，被相続人が当該推定相続人を宥恕するという心境に至った場合には，その効力を失わせるのが相当である。このため，廃除と同じ手続によってその取消しが認められている（民894）。廃除の取消しにも家庭裁判所の審判を要するとしたのは，被相続人の自由な意思に基づくものであるか否かを明確にするためである。取消しはいつでもできるし，取消しのための事由も必要ではない。

取消しの審判は，これに対する即時抗告が認められていないから，その告知によって効力を生じ，廃除は初めからなかったことになる（民894・893）。被相続人について相続が開始された後に，取消しの審判があったときは，当該推定相続人は相続開始の時に相続人の地位にあったことになる。

② 推定相続人の廃除及びその取消しの届出

(1) 廃除の届出

廃除の効力が発生したときは，届出義務者は，その旨を戸籍に記載するために届出をしなければならない。

届出義務者は，廃除の審判を請求した者，すなわち，被相続人又は遺言執行者である。上記1(1)イに掲げる廃除確定前に被相続人が死亡した場合には，家庭裁判所が選任した遺産管理人が届出人となる（昭和36・7・3回答1578号）。

届出は，審判確定の日から10日以内にしなければならない（本条・戸63Ⅰ）。この場合に期間の計算については法43条が適用される。

届出地については，特則がないから，通則の定めに従って廃除された者の本籍地又は届出人の所在地である（戸25Ⅰ）。

届書には，一般的記載事項（戸29）のほか，審判確定の日を記載しなければならない（本条・戸63Ⅰ）。廃除の原因は記載することを要しない。届書の

様式は，標準様式が定められている（令和6・2・26通達504号別紙18）。

届書には審判の謄本を添付しなければならない（本条・戸63Ⅰ）。あわせて，審判は確定していることを要するから確定証明書も添付する必要がある（家事188Ⅴ①・74Ⅱ・86，昭和23・5・20回答1074号参照）。なお，被相続人の遺言に基づいてされた廃除の審判による届出には，遺言書の添付を要しない（大正4・8・6回答1293号）。

(2) **廃除の取消しの届出**

廃除の取消しの届出については，全て上記(1)の廃除の届出に準ずる。ただし，届書に取消しの審判の確定証明書を添付することを要しない。

第12節　入　籍

【前　注】

　入籍とは，日本人がある戸籍に入ることをいい，子が出生により父母又は母の戸籍に入籍する場合，養子縁組の結果養子が養親の戸籍に入籍する場合，婚姻により新戸籍に入籍する場合等がある。これらの入籍は，身分変動に伴いなされるが，身分関係と連動せず，従前の戸籍から他の戸籍に入籍すること，すなわち戸籍の変動や氏の変更を目的として，「入籍届」により入籍する場合があり，これには，転籍や分籍のほか，民法791条に基づくものがある。

　本節においては，民法791条によって子の氏を変更する場合の届出について規定している。すなわち，法98条では，民法791条1項から3項までの規定に基づき，子が父若しくは母又は父母と氏を異にする場合において，子が，入籍届をすることによって，その父若しくは母又は父母の氏を称して，その戸籍に入籍する場合における入籍届出について規定し，法99条では成年に達した子の復氏（民791Ⅳ）について規定している。これらの届出により氏が変更するとともに，当然に戸籍の変動を生ずることになるため，届出の呼称として便宜上「入籍届」と呼ばれている。ただし，入籍の結果を生ずる届出が本節に定める届出に限定されないのであって，参考のために，通常「入籍」と称される場合を挙げると，次のとおりである。

(1)　出生子が父母又は母の戸籍に入る場合（戸18Ⅰ・Ⅱ）
(2)　子が父又は母と氏を異にする場合において，父又は母の氏を称してその戸籍に入る場合（民791Ⅰ・Ⅲ，戸98）
(3)　父又は母が氏を改めたことにより父母と氏を異にする子が，婚姻中の父母の氏を称してその戸籍に入る場合（民791Ⅱ・Ⅲ，戸98）
(4)　養子が養親の戸籍に入る場合（民810，戸18Ⅲ）

(5) 婚姻・縁組・子の氏変更等によって氏を改めた者が前の氏に復する場合（民767・751Ⅰ・816・791Ⅳ，戸19・99）
(6) 婚姻によって新戸籍に入る場合又は筆頭者たる配偶者の戸籍に入る場合（戸16）
(7) 離婚・離縁等によって復氏した者について新戸籍が編製された後，その者の婚姻又は縁組前の戸籍に在籍する同氏の子が，上記の新戸籍に入る場合（昭和51・11・4通達5351号，昭和62・10・1通達5000号第3の4(2)及び第4の2(2)）

これらのうち，「入籍届」という戸籍法上の届出によるのは，(2)及び(3)の場合並びに(5)のうち民法791条4項に規定する場合である。(7)の場合は，戸籍法上に規定はないが，戸籍先例により例外的に入籍の届出が認められている。これら以外の場合は，身分関係に関する届出に関連して，当然に入籍の手続がとられる。

> 〔父又は母の氏を称する入籍の届出〕
> 第98条　民法第791条第1項から第3項までの規定によつて父又は母の氏を称しようとする者は，その父又は母の氏名及び本籍を届書に記載して，その旨を届け出なければならない。
> ②　民法第791条第2項の規定によつて父母の氏を称しようとする者に配偶者がある場合には，配偶者とともに届け出なければならない。

本条は，民法791条1項から3項までの規定により，子が氏変更をする場合の届出について定めるものである。

本条による戸籍の手続について解説する便宜に資するため，まず，民法791条の子の氏変更について概説する。

1 子の氏変更

(1) 子の氏の原始取得

子は，出生と同時に氏を取得する。その称する氏は，嫡出である子と嫡出でない子とでルールが異なる。嫡出である子は，父母の氏を称する（民790Ⅰ本文）。ただし，子の出生前に父母が離婚したときは，離婚の際における父母の氏を称する（民790Ⅰただし書）。嫡出でない子は，母の氏を称する（民790Ⅱ）。父から胎児認知（民783Ⅰ）を受けていても，父の氏を称するのではない。

(2) 子が父又は母と氏を異にする場合

上記のとおり，子が出生によって原始取得する氏は父母の氏又は母の氏に由来するものであるが，その氏が，父又は母の身分行為その他の事由によって父又は母の氏と異なることとなる場合が生じる（子が養子縁組等で氏を改めたことにより父母と氏を異にするに至る場合もあるが，この場合は民法791条の適用外であるので，ここでは触れない。）。民法791条は，この場合に，子の氏をその父若しくは母又は父母の氏に変更することを認める規定であり，その趣

旨は，子が氏の異なる父又は母と共同生活を営む場合には社会生活上様々な不便を来すこと，我が国の国民感情として親と子が同一の氏を称したいという気風が一般的であることなどを考慮したことによる。このため，子の氏の変更は，子が成人であるか，未成年であるかに関係なく，また，子が未婚であること，既婚であることを問うことなく，父又は母の氏への変更する機会を与える制度となっている。(注1)

そこで，民法791条1項の「子が父又は母と氏を異にする場合」というのはいかなる場合かを説明する必要がある。これは，多岐にわたるから，逐一網羅的に掲げることは困難であるが，主要な場合を類型的に示すと，次のとおりである。なお，ここに「父」又は「母」というのは，実親だけでなく，「養父」又は「養母」を含む。

　ア　子が父から認知された場合

　嫡出でない子の父が子を認知した場合（民779），法律上の父子関係が生じ，母の戸籍に在籍する子と父の氏が異なることになる。

　イ　子が準正子の身分を取得した場合

　嫡出でない子が父母の婚姻又は父の認知による準正によって嫡出子の身分を取得した場合において（民789），当該父母の婚姻が父の氏を称するものであって父母につき新戸籍が編製されたときは，従前の戸籍に在籍している子と父母の氏が異なることとなる。

　ウ　父母が離婚した場合

　父母が離婚をした場合には，その婚姻の際に氏を改めた父又は母は復氏をして（民767Ⅰ），婚姻前の戸籍に復籍するから，従前の父母の戸籍に在籍している子と復氏した父又は母の氏が異なることになる。父母の婚姻の解消が婚姻の取消しの場合も同じである。

　なお，上記の父母の離婚又は婚姻の取消しの場合に，復氏をした父又は母が婚氏続称したときは（民767Ⅱ），従前の父母の戸籍に在籍する子の氏と当該父又は母の呼称上の氏は同一であるが，両者の民法上の氏は異なることになるから，民法791条による氏変更をして，婚氏続称した親の戸籍に入籍す

ることが可能である。

　エ　父又は母が生存配偶者の復氏をした場合

　父母の一方で婚姻の際に氏を改めなかった者が死亡し，生存者である父又は母が復氏をして婚姻前の戸籍に復籍した場合には，父母の従前の戸籍に在籍している子と父又は母の氏が異なることになる。

　オ　父又は母が再婚した場合

　(ア)　同一人と再婚した場合

　父母が一旦は離婚をしたが，再び同一人間において前婚で筆頭者でなかった者の氏を称する再婚をして父母につき新戸籍が編製された場合には，前婚中の戸籍に在籍する子と父母の氏が異なることになる。

　(イ)　別人と再婚をした場合

　離婚をした父又は母が，当該婚姻の相手方とは別の者とその者の氏を称する再婚をして同人及び父又は母につき新戸籍が編製された場合には，父又は母の再婚前の戸籍に在籍していた子と父又は母の氏が異なることになる。

　カ　父又は母が縁組をした場合

　(ア)　父母が夫婦共同縁組をした場合

　父母の双方が養子となり，養親の氏を称して（民810本文）父母につき新戸籍が編製された場合（戸20）には，縁組前の戸籍に在籍する子と父母の氏が異なることになる。

　(イ)　婚姻中の父又は母が単独縁組をした場合

　戸籍の筆頭者である父又は母のみが養子となり，双方が養親の氏を称して父母につき新戸籍が編製された場合（戸20）には，縁組前の氏が戸籍に在籍する子と父母の氏が異なることになる。

　(ウ)　上記(ア)及び(イ)以外の場合における父又は母の縁組

　上記(ア)及び(イ)以外の場合で，子の父又は母が養子となり養親の氏を称してその戸籍に入った場合（戸18Ⅲ）には，縁組前の戸籍に在籍する子と父又は母の氏が異なることになる。

キ　父又は母が離縁した場合
(ア)　父母が夫婦共同離縁をした場合
　父母双方が離縁により縁組前の氏に復し（民816Ⅰ本文），父母につき新戸籍が編製された場合には，縁組中の父母の戸籍に在籍する子と氏が異なることとなる。
(イ)　婚姻中の父又は母が単独離縁をした場合
　戸籍の筆頭者である父又は母が離縁により縁組前の氏に復し父母につき新戸籍が編製された場合には，縁組中の父母の戸籍に在籍する子と氏が異なることとなる。
(ウ)　上記(ア)及び(イ)以外の場合における父又は母の離縁
　上記(ア)及び(イ)以外の場合であって，子の父又は母が離縁により復氏して縁組前の戸籍に復籍した場合には，縁組中の戸籍に在籍している子と父又は母の氏が異なることになる。
ク　父又は母が民法791条の規定による氏変更をした場合
　戸籍の筆頭者である父又は母が民法791条の定めに従って，その父若しくは母は父母の氏を称したことにより（筆頭者でない父又は母の氏も当然に変更されることになる。），新戸籍が編製された場合には，父母の入籍前の戸籍に在籍する子と父母の氏が異なることになる。
(3)　**家庭裁判所の許可**
ア　原　則
　民法791条は上記(2)に掲げた「子が父又は母と氏を異にする場合」に，子の氏をその父若しくは母又は父母の氏に変更することを認めるのであるが，その変更をするには，原則として，家庭裁判所の許可を得なければならないものとしている（民791Ⅰ）。この許可を要件とする理由は，子の氏変更を当事者・関係者の自由に任せると，①我が国社会には，氏について，それが戦前の家制度の下で「家の呼称」であった当時の因襲的感情がいまだ残存しており，子の氏変更も，往々にして，個人の利益よりも「家名」のために行われる傾向があること（特に，子が幼少である場合には，法定代理人である親の意

向だけで決められることになる。)，②婚姻外で生まれた嫡出でない子が婚姻中の父の氏を称してその戸籍に入るという場合には，その戸籍に在籍する者（父の妻や異母兄弟）やその他の親族の感情や社会的地位を害することにもなり，関係者間で利害の対立が生じるおそれがあることなどから，家庭裁判所が関与して，当該氏変更が，子の福祉にかなうものであるか，それにより対立する関係者の利害をいかに調整するかなどを審査して，その当否を判断させることにある。

イ 例　外
(ア) 許可を要しない場合

　前記アに述べたところが原則であるが，民法791条はその２項において例外的に家庭裁判所の許可を要しない場合をも定めている。この規定は，昭和62年の民法改正（昭和62年法律101号）の際に新設されたもので，子が父母と氏を異にするのが「父又は母が氏を改めたこと」によるものである場合には，父母の婚姻中に限り，家庭裁判所の許可を要することなく子の氏変更を認めるというのである（民791Ⅱ）。上記のような場合には，子が父母と共同生活を営んでいるケースが多く，子が氏の変更をして改められた父母の氏を称することとしても，家族間の不和を醸成したり，関係者間に利害の対立を引き起こすという事態は想定できず，また，かかる事案について家庭裁判所が許可を拒むということも，通常は考えられない。このため，当事者にわざわざ家庭裁判所の許可の手続をとるという負担を負わせることは好ましくないと考えられたことによる。「父母の婚姻中に限り」とされたのは，父母の婚姻が現に継続中であることが，上記のような家族間の不和などの問題が生じない１つの要因として考慮されたことによる。したがって，父母が離婚をしていたり，父母の一方が死亡している場合は，この例外規定は適用されず，原則に戻って家庭裁判所の許可を要する。

(イ) 具体例

　民法791条２項の規定が適用される例外的な場合とは，「父又は母が氏を改めたことにより子が父母と氏を異にしていること」及び「父母が婚姻中であ

ること」であるが，前記(2)に掲げた「子が父又は母と氏を異にする」場合のうち，これらの要件を満たすのは，次の各場合である。

 a 子が準正子の身分を取得した場合（前記(2)イ）
 b 父母が同一人と再婚した場合（前記(2)オ(ア)）
 c 父母が共同縁組により養子となった場合又は戸籍の筆頭者である婚姻中の父若しくは母のみが養子となった場合（前記(2)カ(ア)又は(イ)）
 d 父母の双方が共同離縁をした場合又は戸籍の筆頭者である父若しくは母が単独離縁をした場合（前記(2)キ(ア)又は(イ)）
 e 婚姻中の父又は母が民法791条の規定による氏変更をした場合（前記(2)ク）

(4) **戸籍法による届出**

　民法791条による子の氏変更は，戸籍法の定めるところにより届け出ることによってその効力を生ずる（民791）。その届出について定めるのが本条及び法99条の規定による届出である。これらの届出によって氏が変更されるとともに当然に戸籍が変動するので，その届出の名称として入籍届と呼ばれる（法第12節の章名が「入籍」である。）。もとより，入籍の効果が生ずる届出がこれらに限られるわけではない。

(5) **法定代理人による代行**

　子が15歳未満であるときは，その法定代理人が，これに代わって民法791条1項及び2項の行為をすることができる（民791Ⅲ）。この場合の法定代理人とは，親権者又は未成年後見人を指す。15歳未満の子は，意思能力があっても，自ら氏変更の手続をすることができない。

(6) **子の成年後の復氏**

　民法791条1項から3項までの規定により氏を改めた未成年の子は，成年に達した時から1年以内に戸籍法の定めるところにより届け出ることによって，従前の氏に復することができる（民791Ⅳ）。未成年の間に氏変更をした子に対し，成年に達した時点で，改めて自己の氏を定める選択権を認めたものである。15歳に達した後に自らの意思で氏変更をした子についても，この

選択権が認められる。

◆◆

(注1) 我妻栄＝立石芳枝『親族法・相続法』(日本評論新社, 1952) 202頁, 中川善之助＝米倉明編『新版注釈民法(23)』(有斐閣, 2004) 630頁〔梶村太市〕。

2 入籍の届出

　民法791条1項から3項までの規定による子の氏変更の届出（入籍届）は、本条で規定されている。

　上記の民法791条が定める子の氏変更の要件のうち、「子が父又は母と氏を異にすること」の意味及び家庭裁判所の許可については、既に上記1に詳述したところであるが、その氏変更の届出の手続においても、これらの要件の有無、すなわち当該届出の受否に関して多数の先例が形成・集積されている。まず、これらの先例を整理して紹介することにする。

(1) 入籍の届出

　ア　氏の同一性について

　民法791条は、子が父又は母と民法上の氏を異にする場合に適用されるものであって、その氏が同一である場合には、民法791条は適用されない（昭和23・2・20回答87号）。たとえ呼称上の氏が異なっていても、同様である。例えば、子が離婚に際して婚氏を続称した場合には、婚姻前の氏を同じくする父・母の氏に変更することはできない（東京高決昭54・9・14家月31巻11号85頁。戸籍先例としては、父が法107条による氏変更をした場合に子のその氏への変更の可否が問題になった事例がある。昭和29・5・21回答1053号）。反対に、子と父・母が呼称上の氏は同一であっても、民法上の氏を異にする場合には、氏変更が可能である（昭和24・3・15回答4022号）。

　イ　戸籍の同一性について

　民法上の氏が同一であれば、子と父・母の戸籍が異なっていても、民法791条の氏変更をすることはできない。その典型例は、子が自己の氏を称す

る婚姻をして新戸籍が編製された場合で，子の氏と婚姻前の戸籍にある父母の氏とが同一であることに変わりはない。したがって，子がその後に離婚をしても，民法791条の氏変更により父母の氏を称して婚姻前の戸籍に復することはできない。子が養子縁組をしたことにより新戸籍が編製されたが，その後に養子を離縁したという場合も，同様である（昭和23・4・8回答193号）。子が父・母の戸籍から分籍をした場合も，氏の同一性は持続するから，子が父母の氏を称してその戸籍に復することはできない（昭和26・12・5回答1673号）。さらに，父と子が戸籍を異にする場合において，父が法107条による氏変更をしても，父と子の民法上の氏は同じであるから，子が変更後の父の氏を称してその戸籍に入る余地はない（昭和29・5・21回答1053号。なお，この事案では，家庭裁判所による氏変更の許可がされていたのであるが，その入籍届は受理されなかった。）。

　ウ　実親の氏・養親の氏について

　子が民法791条の規定による氏変更によって称すべき氏は，実父母の氏のみではなく，養父母の氏を含む（昭和23・3・12回答5号）。したがって，養子が養父又は養母と氏を異にするに至った場合には，民法791条の氏規定により養親の氏に変更することができる。そして，養子は縁組関係が継続している限り養親の氏を称すべきことは，民法810条の趣旨とするところであり，養子がその氏を実父母の氏に改めることは民法810条の趣旨に反して許されない（昭和26・1・23回答20号）。このことは，養親が死亡した後であっても，死後離縁をしない限り，同様である（昭和33・3・10回答110号）。ただし，養親と実親が婚姻し，子が婚姻中の養親と実親の氏を称していた場合において，親が離婚して，実親が離婚復氏をしたときは，子はその実親の氏に変更することができる（昭和26・9・4通達1787号）。

　エ　子に配偶者がある場合について

　夫婦のうち婚姻によって氏を改めなかった者は，その父又は母と氏を異にするに至った場合には，民法791条の規定により氏変更をすることができる。この場合には，婚姻によって氏を改めた他方の配偶者の氏も，当然に（同配

偶者の同意を要することなく）変更される（昭和25・8・9回答2096号）。反対に，婚姻によって氏を改めた配偶者は，婚姻中は他の配偶者の氏を称すべきであるから，上記の民法の規定によって自分の氏をその父・母の氏に変更することはできない。

　　オ　家庭裁判所の許可について
　　㈠　許可のない届出
　民法791条の規定による氏変更には，同条2項に定める場合を除いて，家庭裁判所の許可を要する。この許可を得ないままにされた入籍の届出は，受理されない。許可がされたが，その後に当該父・母の氏が更に変更されたという場合にも，同様である（昭和24・9・17回答2109号）。この場合は，改めて変更後の氏に改めることについて家庭裁判所の許可を得ることを要する。
　なお，子の氏変更の効果は，家庭裁判所の許可によってではなく，この入籍届によって生ずる。したがって，この届出は創設的届出である。
　　㈡　許可を要しない場合
　民法791条2項の規定により家庭裁判所の許可を得ないで子の氏変更が認められる場合については，前記1⑶イ㈡aからeまでに列挙したところであり，昭和62年10月1日通達5000号第5の1⑴においても，同旨の解釈が示されている。ただし，同通達においては，上記の場合に加えて，やや特殊な例として，「父又は母の帰化」が挙げられている。
　すなわち，日本人である父又は母が外国人と婚姻をした後に出生した子は，日本国籍を取得し，出生と同時に日本人父又は母の氏を称して（国2，民790Ⅰ）その父又は母の戸籍に入ることとなるが，その後に，外国人である母又は父が帰化によって日本国籍を取得し，その帰化者を筆頭者とする父母の新戸籍が編製された場合には，子と父母の氏が異なることになる。この場合，子は，家庭裁判所の許可を得ることなく，本条の入籍届により，父母の氏を称して父母の戸籍に入ることができるとする(注2)。
　　カ　父又は母が死亡した後の子の氏変更について
　父又は母が既に死亡している場合には，仮に家庭裁判所が民法791条の規

定により当該子についてその父又は母の氏への変更を許可する審判をしても，これに基づく入籍届は認められない（昭和23・7・1回答1676号，昭和23・12・9回答3780号）。この先例は，父又は母が死亡した場合には，もはや，子と親の氏の異同を問題にすべきではなく，子を親子の戸籍に入籍させる実益もないことを理由とするものと解される。もっとも，審判例には，親の死亡後の子の氏変更を認めたものもある（神戸家審昭36・2・21家月13巻5号152頁，横浜家川崎支審昭43・12・16家月21巻4号158頁）。

キ　父母と氏を同じくする子についての特例としての入籍届

以上に述べたところとは別に，戸籍先例には，子が父・母と氏を同じくする場合，すなわち，民法791条が適用されない場合においても，本条の規定を類推適用して，入籍届により子を父母の戸籍に入籍する取扱いを認めているものがある。その先駆となったのが昭和26年1月6日通達3406号であって，これは，旧民法の家制度の下で，父・母と子が本家と分家に分かれて別の戸籍にある場合に，本条の入籍届により子を父・母の戸籍に入籍させたものである。この通達に従って戸籍処理がされた事例として，以下も参照されたい。

① 　子が離婚等により復籍する場合に，復籍すべき父・母の戸籍が除かれているため新戸籍が編製されたが，その後，父・母が離婚により復氏して子と同氏となり，新戸籍が編製されたとき（昭和34・1・20回答82号）

② 　離婚・離縁等により復氏した父・母につき新戸籍が編製された場合に，婚姻・縁組前の戸籍に子が在籍しているとき（昭和51・11・4通達5351号）

③ 　離婚（離縁）によって一旦復氏した父又は母の戸籍に子が同籍していたが，その父又は母が法77条の2及び法73条の2の届出をしたことにより，その父又は母についてのみ新戸籍が編製された場合（昭和62・10・1通達5000号第3の4(2)及び第4の2(2)）

④ 　父又は母が，外国人の配偶者の氏を称している氏に変更する届出（戸107Ⅱ）をしたことにより新戸籍が編製された場合において従前の戸籍に子が在籍しているとき（昭和59・11・1通達5500号第2の4(1)カ）

⑤ 　父又は母が，外国人との離婚による氏の変更届（戸107Ⅲ）をした場

合において，従前の戸籍に子が在籍しているとき（昭和59・11・1通達5500号第2の4(2)イ・(1)カ）

⑥　筆頭者の死亡後，その生存配偶者が自己の氏を称して再婚をし新戸籍が編製された場合において，その婚姻前の戸籍に子が在籍しているとき（平成6・11・16通達7005号第1の1(1)）

⑦　性別の取扱いの変更の審判を受けた者につき新戸籍が編製された場合において，その者の従前の戸籍に成年に達した子が在籍しているとき（平成20・12・12通知3217号）

⑧　外国人と日本人が婚姻し，出生した未成年の嫡出子について，法定代理人が法107条4項により子の氏変更を行った場合において，その後，日本人親が法107条1項又は2項の規定によって同一呼称への氏の変更をしたとき（平成26・6・19回答713号）

(2) 届出人

届出人は，氏を改めようとする子である（民791Ⅰ）。ただし，当該届出が民法791条2項の規定によるものである場合であって，当該子に配偶者があるときは，その配偶者とともに届け出なければならない（本条Ⅱ）。

　ア　氏を改めようとする子の届出

子が15歳以上である場合には，未成年者であっても自ら届出をなすことを要し，法定代理人による届出は許されない。この場合，法定代理人によりされた届出が誤って受理されても無効であるが，子本人による追完届がされれば有効となるとされている（昭和30・10・31回答2290号）。

子が15歳未満である場合には，たとえ意思能力を備えていても，法定代理人が代わって届出をなすべきである。その法定代理人が親権者であるときは，親権の共同行使の原則（民818Ⅲ本文）により，父母の双方が届出人になるべきであるが，その一方が親権を行使することができないとき（親権喪失又は親権停止の審判を受けた者，成年被後見人など）は，他の一方が届出人となれば足りる（民818Ⅲただし書。令和6年法律33号施行後は，民824の2Ⅰ②）。父母が離婚をした場合には，親権者と定められた一方（民819Ⅰ・Ⅱ。同法施行

後は，親権者と定められた父母の双方又は一方）が届出人となる。この場合，親権者とならなかった他方からの届出がされ，これが誤って受理された場合には，親権者から追完の届出があれば有効となるとされる（昭和32・3・6回答443号）。その親権者が死亡した後でも，15歳に達した本人から追完の届出があったときは，同様である（昭和37・11・29回答3438号）。

　以上に述べた「届出人となるべき者」は，家庭裁判所に当該氏変更の許可の申立てをした者と同一人であるのが通常であろうが，これと異なる者の申立てによって許可がされる場合もあり得る。この場合，届出人となるべき者以外の者から届出がされたときは，これを受理すべきでない（昭和24・11・21回答2693号）。反対に，届出人となるべき者からの届出がされたときは，その者が当該許可の審判の申立てをした者であるか否かを問わず，これを受理すべきである（昭和24・7・19回答1648号）。

　　イ　配偶者とともにする届出
　本条2項は，氏を変更しようとする子が，民法791条2項の規定による届出（父又は母が氏を改めたことにより子が父母と氏を異にすることとなった場合で，かつ，父母が婚姻中であるときの届出）をする場合において，その者に配偶者があるときは，配偶者とともに届け出なければならないと定めている。配偶者のある者は，婚姻の際に氏を改めなかったもののみが民法791条による氏変更をすることができるのであるが，その者が本条の入籍の届出をしたときは，民法750条の夫婦同氏の原則により，その入籍の効果は配偶者にも及び，配偶者の氏も変更されることになる。しかし，その変更が配偶者の意思いかんにかかわらず生ずるとすることは好ましくないため，当該入籍の届出を配偶者とともにする手続を導入することによって，配偶者の意思をも尊重することとしたのである。

　本条2項が定める「ともにする届出」は以上の趣旨に基づくものであるから，婚姻によって氏を改めた配偶者が心神喪失・行方不明などの事由により届出をすることができない場合には，本条2項の定める要件を満たすことができない。このような場合には，氏変更をしようとする子は，民法791条1

項の規定による家庭裁判所の許可を得て，単独で入籍の届出をするほかない。配偶者が意思表示をすることができる場合であって，他方配偶者の氏変更に反対するため，本条2項の「ともにする届出」ができないときも，これと同様の手続を踏むことになる。

(3) 届出地

届出地については，特別の定めがないから，通則により届出事件の本人（入籍者）の本籍地又は届出人の所在地となる（戸25Ⅰ）。

(4) 届書及び添付書類

　ア　届書の記載

届書には，一般的記載事項（戸29）のほかに，その氏に変更しようとする「父又は母の氏名及び本籍」を記載しなければならない（本条Ⅰ）。父又は母の戸籍に入籍する場合には，その戸籍の表示を記載することを要する（戸30）。

法定代理人による届出である場合には，法31条2項に掲げる事項も記載しなければならない。

また，民法791条2項の規定により父母の氏を称する入籍届を配偶者とともにする場合の届書には，配偶者が，その届出人欄に，配偶者の資格において署名等の記載をしなければならない。

なお，上記の届書については標準様式が定められている（令和6・2・26通達504号別紙19）。

　イ　添付書類

民法791条1項又は3項の規定に基づく入籍届には，家庭裁判所の氏変更許可の審判書謄本を添付しなければならない（民791Ⅰ・Ⅲ，戸38Ⅱ）。この審判に対しては，即時抗告を許さないから，確定証明書の添付は必要でない。

◆◆◆◆◆◆◆◆◆◆◆◆◆◆◆◆◆◆◆◆◆◆◆◆◆◆◆◆◆◆◆◆◆◆◆◆◆◆◆

(注2)　本文に述べた帰化の場合の取扱いは，外国人親子のうち子が先に日本に帰化して新戸籍を編製した後，父母が帰化して子と異なる氏で新戸籍を編製した場合にも，同様に認められる。

第4章 届 出 第12節 入 籍

3 戸籍の処理

　本条の入籍届がされた場合の戸籍の処理は，次のとおりである。

　まず，父又は母の氏に改めた子は，父又は母の戸籍に入る（戸18Ⅰ・Ⅱ）。ただし，その子に配偶者があるときは，その夫婦について新戸籍を編製する（戸20）。上記の子が入るべき戸籍に在る父・母が筆頭者及びその配偶者でないときは，その父・母について新戸籍を編製し（戸17，三代戸籍の禁止），子はその新戸籍に入る（戸18Ⅰ・Ⅱ）。いずれの場合にも，子は従前の戸籍から除籍される（戸23）。

〔成年に達した子の復氏の届出〕

第99条 民法第791条第4項の規定によつて従前の氏に復しようとする者は，同条第1項から第3項までの規定によつて氏を改めた年月日を届書に記載して，その旨を届け出なければならない。

② 前項の者に配偶者がある場合には，配偶者とともに届け出なければならない。

本条は，未成年の時期に民法791条1項から3項までの規定によって氏の変更をした者が，成人に達した後に従前の氏に復する旨の届出をする場合の手続について定めるものである。

1 成年に達した子の復氏

民法791条1項から3項の規定により氏を改めた未成年の子は，成年に達した時から1年以内に戸籍法の定めるところにより届け出ることによって，従前の氏に服することができる（民791Ⅳ）。

この規定の趣旨は，思慮分別が不十分な未成年の時期に父又は母の氏に変更した子が，成年に達した後に，自由な意思で再考慮をして，変更前の氏に復するという選択を認めることにある。[注1] その選択は，成年に達した時から1年以内にしなければならない。自分の一生の氏の在り方を熟慮する期間としては，この程度が相応と考えられたことによる。この復氏については，家庭裁判所の許可も，何人の同意も要しない。なお，成年の年齢（民4）は，平成30年法律59号（令和4年4月1日施行）により，「20歳」から「18歳」に改められた。[注2]

子が復すべき氏は，民法791条1項から3項までの規定によって変更する前の氏である。その氏を称する父又は母が既に死亡している場合でも，また，その氏の呼称が変わっている場合（例えば，父・母が法107条の規定による氏変更をしている場合）でも差し支えない（後者の場合，子は呼称が変更された氏を

称することになる。昭和23・1・13通達17号(5))。子が未成年の時代に数回上記の氏変更をしている場合には，いずれの氏に復するかを選択できる（昭和23・1・13通達17号(2))。例えば，出生によってA氏を称した子が，父母が養子縁組をしたことによりB氏に変更し，更に父母の再縁組によりC氏に変更したという場合には，2回目の変更前のB氏に復することも，また，最初の変更前のA氏に復することもできる。未成年の子が民法791条1項から3項までの規定による氏変更をした後に養子となったが，同縁組が離縁となって復氏をする場合に，あわせて，民法791条4項の規定により上記変更前の氏に復することもできる（昭和27・9・17回答220号）。

(注1) 民法791条1項から3項までの規定による氏変更をした未成年の子が，自らの身分行為（婚姻又は縁組）により更に氏を改めた場合には，その婚姻又は縁組の継続中は，民法791条4項の規定による氏変更をすることができない。
(注2) この改正前は，婚姻による成年擬制の制度（改正前の民753）が存在していたから，未成年の子が婚姻をした場合には，民法791条4項の氏変更は婚姻後1年以内にしなければならないと解されていた。

2 成年に達した子の復氏の届出

以下に本条が定める届出の手続について述べる。

(1) 届出人

届出人は，未成年時に民法791条1項から3項までの規定によって父又は母の氏に変更した子であって，成年に達した後に民法791条4項の規定によりその氏を元の氏に復そうとする者である（民791Ⅰ）。ただし，当該子に配偶者があるときは，その配偶者とともに届け出なければならない（本条Ⅱ）。

成年に達した子が，未成年時に変更した氏を変更前の氏に復することについて特段の制約がないことは，前述した。上記の氏変更が子の法定代理人によってされたものである場合には，その子自身の意思に基づくものではなかったから，成年に達した子の判断によって復氏を認めるのが相当である。

さらに，上記の氏変更が15歳に達した未成年の子が自らの意思でしたものであっても，思慮の十分熟していない未成年の時点でされたものであるから，成年に達した後に再度考慮をする機会を与えることにも合理性がある。そこで，成年に達した子は，その自由意思で，本条の入籍届をすることができることとされている。

(2) **配偶者とともにする届出**

復氏をしようとする子に配偶者がある場合には，復氏の届出はその配偶者とともにしなければならない（本条Ⅱ）。配偶者のある者は，婚姻の際に氏を改めなかったもののみが民法791条4項による復氏をすることができるが，その者が本条の入籍の届出をしたときは，民法750条の夫婦同氏の原則により，その入籍の効果は配偶者にも及び，配偶者の氏も変更されることになる。しかし，その変更が配偶者の意思いかんにかかわらず生ずるとすることは好ましくないため，当該入籍の届出を配偶者とともにする手続を導入することによって，配偶者の意思をも尊重することとしたのである。

上記の場合に，復氏しようとする子の配偶者が心神喪失・行方不明などの事由により届出をすることができないときは，民法791条4項の定める要件を満たすことができず，子は本条の入籍の届出をすることができない。かかる場合に子が従前の氏を称することを望むときは，父・母がその氏を称していれば，民法791条1項の規定によって氏変更をすることができる。それもできないときは，法107条1項の規定による氏変更をするほかない。

(3) **届出地**

届出地については，特別の定めがないから，通則により届出事件の本人（入籍者）の本籍地又は届出人の所在地となる（戸25Ⅰ）。

(4) **届出期間**

届出期間は，成年に達した時から1年以内である（民791Ⅳ）。この期間の計算は，民法の定めに従う。

(5) **届書の記載事項**

届書には，一般的記載事項（戸29）のほかに，その子が民法791条1項か

ら3項までの規定によって氏を改めた年月日を記載しなければならない（本条Ⅰ）。これは，未成年であった時期に，父・母の氏に変更したものであることを明確にするためである。

また，本条2項の規定により配偶者とともにする入籍届の届書には，配偶者が，その届出人欄に，配偶者の資格において署名等の記載をしなければならない。

なお，上記の届書については標準様式が定められている（令和6・2・26通達504号別紙19）。

3 戸籍の処理

従前の氏に復する子は，原則として従前の父母の戸籍に復籍する（戸19Ⅱ）。ただし，その従前の戸籍が既に除かれているとき，又はその子が新戸籍編製の申出をしたときは，その子につき新戸籍が編製される（戸19Ⅰ）。その子に配偶者があるときも，同様である（戸20）。復籍すべき戸籍にある父母が筆頭者又はその配偶者でないときは，その父母について新戸籍を編製し（戸17），復氏する子はその新戸籍に入籍する（戸18）。

以上の処理によって，子が他の戸籍に入籍したり，その子につき新戸籍が編製されるときは，従前の戸籍から除籍される（戸23）。

第13節　分　籍

【前　注】

　分籍とは，戸籍の筆頭に記載した者及びその配偶者以外の者であって成年に達しているものが，その者の単独の戸籍を編製するための制度である。その者の身分に関しては，何ら法的効果をもたらすことはない。一般に，戸籍の変動があるときは，氏の変動も生ずるのが通例であるが，分籍は，転籍と同様に，氏に何らの変動がなく，戸籍にのみ変動が生ずる特殊な制度である。

　分籍の要件及びこれによる新戸籍の編製については，法21条で定められており，本節においては，分籍の届出に関する規定を設けている。すなわち，法100条で届出人及び添付書類について，法101条で届出地についてそれぞれ規定している。

第4章 届出 第13節 分籍

> [分籍の届出]
> 第100条　分籍をしようとする者は，その旨を届け出なければならない。
> ②　他の市町村に新本籍を定める場合には，戸籍の謄本を届書に添附しなければならない。

　本条は，分籍の届出における届出人及び届書に添付すべき書類を定めたものである。本条2項については，法120条の7によって適用しないとする特例が定められている。
　なお，分籍の要件及びこれによる新戸籍の編製については，法21条の解説を参照されたい。

1　分籍の意義

　分籍は，成年に達した者が自らの意思によって従前の戸籍から分離独立し，新戸籍を編製する行為である。分籍も広義の身分上の行為と解されるが（青木＝大森『全訂戸籍法』223頁），これによって氏の変動は生じず，父母と氏を同じくしている子が分籍しても，引き続き父母と氏を同じくすることに変わりはない。その他，分籍によって関係者の身分関係に何らの消長を来すことはなく，単に戸籍の分離独立という戸籍法上の効果が生ずるにとどまる。したがって，分籍した子が父母と氏を同じくしたまま再びこれと同籍できる取扱いを認めることには何らの実益がなく，法21条の趣旨を没却することとなるため，分籍をした者は，従前の戸籍に復籍することはできない（昭和26・12・5回答1673号）。
　成年に達した者であっても，戸籍の筆頭者及びその配偶者については，既にこれらの者を中心とする戸籍が編製されているため，分籍が認められない（戸21Ⅰただし書）。筆頭者の配偶者は，筆頭者の死亡後であっても分籍することができず（昭和23・4・27回答757号，昭和23・1・31回答143号，昭和23・5・22回答1089号），たとえ姻族関係終了の届出をした後でも，同様である

（昭和24・2・4回答200号，昭和24・2・17通知349号）。

② 分籍の届出

(1) 届出の性質

分籍の届出（本条Ⅰ）によって，分籍者について新戸籍が編製され（戸21Ⅱ），従前の戸籍から除籍される（戸23）。この効果は，届出によって生じるから，分籍の届出は創設的届出である。

(2) 届出人

届出人は，成年に達した者のうち，戸籍の筆頭者及びその配偶者でない者である。成年年齢は，平成30年法律59号（令和4年4月1日施行）により，20歳から18歳に引き下げられた。

分籍の届出は，上記のとおり，広義の身分上の行為と解されるから，届出人がその行為の意義を理解する能力（判断能力・意思能力）を有していれば単独でこれをすることができると解すべきである。したがって，成年被後見人であっても意思能力がある限りは，本人が自ら単独で届出すべきであり，法定代理人の同意を必要としないものと解される（大判大15・6・17大審院民集5巻468頁，昭和23・4・15回答373号参照）。

(3) 届書の記載事項

通則的届出事項（戸29・30）のほか，特別の事項を記載すべき旨は定められていない。届書については標準様式が定められている（令和6・2・26通達504号別紙20）。

(4) 添付書類

ア　分籍者の戸籍謄本

分籍によって他の市町村に新本籍を定める場合は，分籍者の従前の戸籍謄本を添付することを要する（本条Ⅱ）。ただし，この規定は，法119条の規定により届出事件の本人の戸籍が磁気ディスクをもって調製されている場合において，届出地及び分籍地の市町村長がいずれも指定市町村長であるときは，

適用しないとされている（戸120の7）。これは，令和元年法律17号による戸籍法の改正によって，新たな電子情報処理組織を用いて戸籍事務を処理するシステムが導入されたことによるものであり，その詳細については，法120条の7の解説を参照されたい。

　イ　本条2項の規定の趣旨

　分籍の届出がされた場合には，これに基づいて新戸籍を編製し，届出人の従前の戸籍に記載されていた事項を移記する必要がある。この「移記」も戸籍の記載にほかならないから，法が定める届出の通則によれば，移記すべき事項は届出人において届書に記載して提出するのが建前である（戸35，大正4・2・19回答207号）。しかし，移記は，新たに戸籍にする記載ではなく，従前の記載を書き移すにすぎず，ただ，その正確を期する必要があるという点を考慮するならば，上記の建前を厳格に貫くまでもなく（青木＝大森『全訂戸籍法』118頁），別段の措置がとられて然るべきである。

　この観点からすると，同一の市町村内に新本籍が定められる場合には，当該市町村長にとって，移記すべき事項の内容が当然に明らかであるから，届書にその記載を求める必要はなく，直ちに従前の戸籍によって移記すれば足りる（昭和23・4・20回答208号(11)）。また，他の市町村に新本籍を定める場合においても，当該市町村長において新戸籍を編製して従前の戸籍に記載されている事項を移記するための資料としては，届書にこれを記載することを求めるまでもなく，従前の戸籍の謄本を提出させれば足りる。本条2項の趣旨はこの点にある。

　もっとも，分籍者は成年に達した子1人のみであるから，戸籍実務では更に要件を緩和して，戸籍謄本に代え，戸籍事項欄及び分籍者の身分事項欄の記載を謄写した戸籍の抄本を添付する取扱いでも差し支えないとされている（昭和30・6・15通達1199号）。これに加えて，分籍届に類似する転籍届（戸108Ⅰ）の取扱いに関する戸籍先例の中に，これに準ずる取扱いを分籍届について適用しても差し支えないと考えられるものがある。例えば，戸籍謄本を添付しない管外からの転籍届を誤って受理した場合であっても，これを有

効として取り扱って差し支えないとする先例（昭和30・6・20回答1232号），添付した戸籍謄本に脱漏があったため，転籍先の戸籍に脱漏が生じたときは，届書に不備があったものとして，追完の届出をすることが認められるという先例（大正5・3・15回答226号）などである。

現在は添付されていた戸籍謄本に代えて，法務大臣から提供を受ける副本情報によって戸籍の記録を行うが，本条2項の規定の趣旨と同様である。

第4章　届　出　第13節　分　籍

[分籍届出地の特例]
第101条　分籍の届出は，分籍地でこれをすることができる。

　本条は，分籍の届出は，分籍者の本籍地又は届出人の所在地（戸25Ⅰ）のほか，分籍によって新戸籍を編製する地でもすることができるとする旨の規定である。[注]

◆◆

（注）　この条文は，令和元年法律17号による戸籍法の一部改正前は，「前条第2項の場合には，分籍の届出は分籍地でこれをすることができる。」と定めるものであったが，同改正により「前条第2項の場合には，」が削除された。なお，分籍届の特例を規定した法120条の7の解説を参照されたい。

前 注

第14節　国籍の得喪

【前　注】

　現行の国籍法は，旧国籍法に代わって，昭和25年法律147号をもって制定された法律であり，その後，昭和59年法律45号による一部改正，さらに平成20年法律88号による一部改正等数次の改正を経て現在に至っている。本節の規定も，上記の昭和25年の国籍法の制定に伴ってその一部が改正され，さらに，その後の上記国籍法の改正に伴って所要の改正が行われている。

1　国籍法の制定・改正による国籍の得喪の変遷

　国籍法の制定・改正の要点及び国籍の得喪に関する概要は，次のとおりである。

(1)　昭和25年法律147号による国籍法の制定と国籍の得喪

　旧国籍法（明治32年法律66号）においては，日本国籍取得の原因として，出生及び帰化による取得のほかに，婚姻，縁組，認知等の身分行為に伴う効果として，妻，被認知者及び養子が国籍を取得すること，また，夫又は父・母の国籍取得に随従して，妻又は子が当然に国籍を取得することを認めていた。さらに，一旦国籍を喪失した者が再び国籍を取得する特殊な行為としての国籍の回復についても規定していた。

　現行の国籍法（昭和25年法律147号による国籍法）は，その制定当初は，国籍取得の原因を出生と帰化のみに限っていた。一方，国籍の喪失の原因については，旧国籍法において認められていたもののうち，①本人の志望による外国籍の取得（改正前国8），②国籍の不留保（改正前国9）及び③本人の意思に基づく国籍の離脱（改正前国10）の各制度を承継した。しかし，旧国籍法が認めていたその他の国籍喪失の原因，すなわち，妻の婚姻，婚姻又は縁

727

組により国籍を取得した者の離婚又は離縁，子の認知などのような身分行為の効果としての国籍喪失，さらに，夫又は父・母の国籍喪失に当然随伴する妻又は子の国籍喪失の各制度については，国籍取得の原因を限定するのと同様の趣旨に基づいて廃止した。また，現行国籍法は，夫婦は同国籍であるべきであるとする制度や，未成熟児と親についても同様とする制度を採用しなかった。

(2) **昭和59年法律45号による国籍法の一部改正と国籍の得喪**

昭和59年の改正は，国籍の得喪に関して，個人の自由意思を尊重し，両性の平等を確保するとの見地から行われたものであり，その改正の要点は次のとおりである。

① 出生による国籍の取得について，従来の父系血統主義を改め，父母両系血統主義を採用した（国2①）。

② 準正により日本国民の嫡出子たる身分を取得した者については，届出による国籍取得の制度を新設した（国3）。なお，本条は，後記(3)のとおり，後に改正されている。

③ 日本国民の配偶者である外国人の帰化条件について，その者が夫であるか妻であるかを問わず，同一の条件を定めるとともに，生計条件，重国籍防止の条件など帰化の条件を整備した（国7・5Ⅰ④・Ⅱ・8④）。

④ 国籍留保の制度を国外で出生した血統による重国籍者にも適用するなど同制度を整備した（国12・17Ⅰ）。

⑤ 重国籍者は成年に達した後一定期間内にいずれかの国籍を選択しなければならないとする国籍選択の制度を新設した（国11Ⅱ・14～16・17Ⅱ）。

(3) **平成20年法律88号による国籍法の一部改正と国籍の得喪**

平成20年の改正は，当時の国籍法3条1項が定めていた準正子の国籍の取得に関する規定を改めたものである。改正前の同項は，出生後に父母の婚姻及びその認知により嫡出子の身分を取得したいわゆる「準正子」について，

認知した父又は母が子の出生時に日本国民であることなど一定の条件の下に，法務大臣に対する届出によって日本国籍を取得することができると定めていた。しかるところ，最高裁平成20年6月4日大法廷判決（民集62巻6号1367頁）は，「国籍法3条1項が，日本国民である父と日本国民でない母との間に出生した後に父から認知された子について，父母の婚姻により嫡出子たる身分を取得した（準正のあった）場合に限り届出による日本国籍の取得を認めていることによって，認知されたにとどまる子と準正のあった子との間に日本国籍の取得に関する区別を生じさせていることは，遅くとも上告人が国籍取得届を提出した平成15年当時において，憲法14条1項に違反していたものである。」との判断を示した。すなわち，出生後に父が認知した子のうち，父母の婚姻により準正子となったものには届出による日本国籍の取得を認める一方，認知されたにとどまる子にはこれを認めないという区別は，合理的理由のない差別であり，憲法14条1項に違反するというものであった。

　この判決を受けて上記の国籍法の一部改正が行われ，国籍法3条1項の規定は，子が出生後に日本人父又は母から認知されて法律上の親子関係が生じた場合には，その子は父母の婚姻を要件とせず，一定の条件の下で，法務大臣に対する届出により日本国籍を取得することができるとするものに改められた。

2 国籍の得喪に関する戸籍の記載

　戸籍は日本国籍を有する者についてのみ編製され，国籍の得喪は戸籍の記載事項である（戸6・49Ⅱ③）。そして，上記国籍法の改正に伴い，戸籍法も逐次改正されてきた。現在の戸籍法における国籍の得喪に関する規定の概要は，次のとおりである。

(1) 日本国籍の取得

　出生による国籍の取得は，出生の届出により，その者が戸籍に記載されることによって明らかにされる。日本人が外国で出生した場合において外国の

第4章　届　出　第14節　国籍の得喪

国籍も取得するときは，国籍留保の意思表示をしなければ出生の時に遡って日本国籍を失うが，この場合には，出生の届出とともに法104条による国籍留保の届出がなされたときにのみ戸籍に記載される。

　法務大臣への届出による国籍の取得については，法102条に規定する国籍取得の届出により，帰化による国籍の取得については，法102条の2の規定する帰化の届出によって，それぞれ戸籍に記載される（戸22）。

　(2)　**国籍の選択**

　重国籍者については，国籍法14条が定める国籍選択の制度に従って，日本国籍の選択宣言をした場合には法104条の2の届出により，外国国籍を離脱した場合には法106条の届出により，それぞれ戸籍に記載される。なお，市町村長は，戸籍事務の処理に際し，国籍の選択をすべき者が所定の期限内にその選択をしていないと思料するときは，法104条の3により管轄法務局長等に通知すべきものとされる。

　(3)　**国籍の喪失**

　自己の志望によって外国国籍を取得した者又は日本国籍を離脱した者は日本国籍を喪失する。これらの者については，法103条に規定する国籍喪失の届出によって戸籍から除籍される（戸23）。なお，国籍の喪失による戸籍からの除籍は，この届出によるほか，法105条の規定により官公署から本籍地の市町村長に対してされる報告による場合もある。

3　国籍の証明

　戸籍に記載されていることは，当該者が日本国籍を有することの一応の公的証明となるが，なお必要があるときは，法務局又は地方法務局を経由してされた請求に基づき，法務省民事局において行政証明として，国籍に関する証明を発行することとしている（昭和44・9・1通達1741号，昭和44・9・1依命通知1025号）。

〔国籍取得の届出〕
第102条　国籍法（昭和25年法律第147号）第3条第1項又は第17条第1項若しくは第2項の規定によつて国籍を取得した場合の国籍取得の届出は，国籍を取得した者が，その取得の日から1箇月以内（その者がその日に国外に在るときは，3箇月以内）に，これをしなければならない。
②　届書には，次の事項を記載し，国籍取得を証すべき書面を添付しなければならない。
一　国籍取得の年月日
二　国籍取得の際に有していた外国の国籍
三　父母の氏名及び本籍，父又は母が外国人であるときは，その氏名及び国籍
四　配偶者の氏名及び本籍，配偶者が外国人であるときは，その氏名及び国籍
五　その他法務省令で定める事項

　本条は，国籍法3条1項又は17条1項若しくは2項によつて日本国籍を取得した場合における国籍取得の届出に関する規定であつて，その届出義務者，届出期間，届書の記載事項及び添付書類について定めたものである。[注1]

(注1)　本条は，昭和59年法律45号による法改正により新設されたものである。改正前の法102条は帰化の届出に関する条文であったが，同条が所要の修正の上，繰り下げられて法102条の2となった結果，空となった102条として国籍取得の届出に関する条文が新設された。
　　改正前の国籍法の下では，日本国籍を取得するのは，出生による取得と，帰化による取得の2つに限定されていた。しかし，同改正後の国籍法は，出生及び帰化という従来の類型のほかに，本節前注で説明した一定の要件を具備する者が法務大臣へ届出をすれば，それにより日本国籍を取得するという簡便な方法を創設した。帰化の場合には，その申請に対し日本国籍の付与を認めるか否かは法務大臣の自由裁量に委ねられているが，本届出による場合は，一定の要件を具備する者が所定の届出をすれば，当然かつ自動的に日本国籍を取得することができる。

第4章 届出　第14節　国籍の得喪

　また，昭和59年改正後の国籍法3条1項が日本国籍の取得の要件として「父母の婚姻」及び「嫡出子たる身分を取得した」と規定していたことが，嫡出でない子について合理的でない差別をするものとして，憲法14条1項に違反するとの最高裁平成20年6月4日大法廷判決（民集62巻6号1367頁）が言い渡された。これを受け，違憲状態を解消するために，出生した後に日本国民である父から認知された子について，父母が婚姻をしていない場合にも届出による日本国籍の取得を可能とすることなどを内容とした平成20年法律88号によって，国籍法の改正が行われ，平成21年1月1日から施行された。

1 届出による国籍取得

　届出による国籍取得とは，日本人又は日本国籍に関係する一定の要件を満たす者が，法務大臣に対する意思表示（届出）によって，日本国籍を取得することをいう。

　届出により日本国籍が取得できるのは，現在，次の(1)から(3)までの場合である。(注2)

(1) 認知された子の国籍取得（国3Ⅰ）

　日本人母の子は，嫡出子であると嫡出でない子であるとを問わず，出生によって当然に日本国籍を取得するが，日本人父の子は，嫡出子である場合と胎児認知の場合でなければ，出生によって日本国籍を取得することができない（国2）。

　しかし，日本人父と外国人母の間に生まれた嫡出でない子であって，父が認知した子については，親の一方が日本人であるので，このうち18歳未満の子（ただし，かつて日本国民であったが，後に日本国籍を喪失している者に対しては，簡易な手続による日本国籍の取得を認める必要がないので，これを除く。）は，認知をした父が子の出生時に日本国民であった場合において，その父が現に日本国籍を有しているとき，又はその死亡時に日本国籍を有していたときは，法務大臣への届出によって日本国籍を取得できるとされている。なお，この場合には，当該届出の時に日本国籍を取得する（国3Ⅱ）。

第102条〔国籍取得の届出〕

(2) 国籍不留保者の国籍の再取得（国17Ⅰ）

　出生により外国の国籍と日本国籍を重複して持ついわゆる重国籍者で，国外で生まれたものは，所定の期間内に法の定めるところにより日本国籍を留保する旨の意思表示（届出）をしなければ，その出生の時に遡って日本国籍を失う（国12）。このような重国籍の取得は，日本人親と外国人親との間で出生し，当該外国人親の国籍を取得する場合と，生地主義をとる国で出生したことにより同国の国籍を取得する場合とがあるが，子が外国で出生した場合には，国籍留保の届出が必要である。この規定によって日本国籍を失った18歳未満の者が，日本に住所を有するときは，法務大臣への届出をすることにより日本国籍を再取得できる（国17Ⅰ）。

　なお，本条の対象となる者は，国籍法12条に基づき日本の国籍を留保しなかったことにより日本国籍を喪失した者である。日本国籍喪失の原因が国籍法12条によるものであれば，その後，その者が他の外国国籍を取得していたとしても，本条の対象となると解されている。

　また，18歳を超える者の国籍取得は，従来どおり簡易帰化手続によることとなる。

(3) 官報催告を受けた国籍不選択者の国籍の再取得（国17Ⅱ）

　昭和59年に改正された国籍法では，出生による国籍取得について，父母両系血統主義が採用された。この改正により，日本国籍と外国国籍を併有する重国籍者が増加することが予想されたため，これらの新たに増加する重国籍を解消するために，国籍の選択制度が設けられた（国14）。これにより，重国籍者は国籍選択義務を負うことになった。

　この国籍の選択制度は，日本国籍のほかに外国国籍を併有するに至った重国籍者は，所定の期限までに（重国籍になった時が18歳に達する以前であるときは20歳に達するまでに，その時が18歳に達した後であるときはその時から2年以内に）いずれかの国籍を選択しなければならないものである（国14Ⅰ）。

　次に，法務大臣は，上記選択を怠った者に対して書面により国籍の選択をすべき旨を催告し（国15Ⅰ），もし催告を受けるべき者の所在を知ることが

第4章　届　出　第14節　国籍の得喪

できないとき，その他書面によって催告をすることができないやむを得ない事情があるときは，催告すべき事項を官報に掲載して催告することができる（国15Ⅱ）。これらの催告を受けた者が催告を受けたにもかかわらず，日本国籍の選択宣言又は外国籍の離脱のいずれもしないまま1か月を経過すると日本国籍を喪失する（国15Ⅲ）。上記のうち官報による催告を受け日本国籍を失った者の中には，官報による催告を知らないまま日本国籍を喪失する場合があり得るため，外国の国籍を有せず，又は日本国籍の取得によってその国籍を失うべき場合（国5Ⅰ⑤）に限り，日本国籍の喪失の事実を知った時から原則として1年以内に法務大臣に届け出ることにより，日本国籍を再取得することができる（国17Ⅱ）。

◆◆

（注2）　上記の(1)から(3)までの場合のほか，届出による国籍取得には，次の2つの場合があるが，いずれも届出期間が経過しており，現在では届出が認められない。
　①　平成20年の国籍法3条1項改正に伴う経過措置による国籍取得（平成20年改正法附則2～5）
　　　平成20年法律88号の国籍法改正に伴う経過措置又は特例として，同附則で定める要件（省略）を満たせば，届出による日本国籍の取得が認められた。ただし，この経過措置による届出は，施行日（平成21年1月1日）から3年以内に限るとされた。
　②　昭和59年の国籍法2条1号の改正に伴う経過措置による国籍取得（昭和59年改正法附則5・6）
　　　昭和59年法律45号の国籍法改正に伴う経過措置として，昭和59年改正法施行の日（昭和60年1月1日）に未成年者であって，その出生の時に，母が日本国民であった者について，一定の条件を満たすものは，届出による日本国籍の取得が認められた（昭和59年改正法附則5）。また，国籍取得した者に子がある場合は，一定の条件を満たす場合，国籍取得者の子についても，届出による国籍取得が認められた（同附則6）。ただし，この経過措置による届出については，施行日（昭和60年1月1日）から3年以内に限るとされた。

2 国籍取得の届出の諸要件

　前記1のとおり，法務大臣への届出によって国籍を取得する3つの場合において，法定の要件を具備し，かつ，適法の方式に従って届出がされると，いずれもその届出をした時に日本国籍を取得する（国3Ⅱ・17Ⅲ）。そして，これら国籍取得者は，日本国民である以上，親族的身分関係の公的登録簿である戸籍に登載されなければならない。そのため，これらの者は法務大臣への届出とは別個に，市町村長に対して，戸籍の届出をすることを要する（本条Ⅰ）。この届出は報告的届出である。

(1) 届出期間

　国籍取得者は，国籍取得の日から1か月以内（国籍取得者が国籍取得の日に外国に在るときは，3か月以内）に届出をしなければならない（本条Ⅰ）。

　なお，実務上は，国籍取得証明書が交付された日から届出期間を起算して差し支えないとされている。

(2) 届出人

　届出義務者は，当該国籍取得者本人である（本条Ⅰ）。この届出は報告的届出であるため，その届出に関しては法31条1項の適用があり，本人が未成年者又は成年被後見人である場合には，親権者又は後見人が届出義務者となり，本人は届出資格を有する。

(3) 届出地

　届出地は，届出事件本人の本籍地又は届出人の所在地である（戸25Ⅰ）。国籍取得に基づく届出によって定まるべき本籍地は厳密な意味では届出地ではないが，就籍の届出の場合に準じて（戸112），本籍地となるべき地でも届出ができると解されている。

(4) 記載事項

　届書には，通常，届書に記載される一般的な事項（戸29）のほか，次の事項を記載することを要するが（本条Ⅱ），その標準様式が示されている（令和6・2・26通達504号別紙21）。

① 国籍取得の年月日
② 国籍取得の際に有していた外国の国籍
③ 父母の氏名及び本籍，父又は母が外国人であるときは，その氏名及び国籍
④ 配偶者の氏名及び本籍，配偶者が外国人であるときは，その氏名及び国籍
⑤ その他法務省令で定める下記の事項（戸規58の3Ⅰ）
　ア　出生に関する事項
　イ　認知に関する事項
　ウ　現に養親子関係の継続に関する養子縁組に関する事項
　エ　現に婚姻関係の継続する婚姻に関する事項
　オ　現に未成年者である者についての親権又は未成年者の後見に関する事項
　カ　推定相続人の廃除に関する事項でその取消しのないもの

(5) **添付書類**

　国籍取得の届出には，国籍取得を証すべき書面の添付を要し（本条Ⅱ），また，上記(4)の⑤に記載した事項についても，これを証すべき書面の添付も要する（戸規58の3Ⅱ）。通常は，法務省民事局長又は法務局若しくは地方法務局の長の発行に係る届出を受理した旨の国籍取得証明書がこれに当たり，当該証明書に身分事項に関する記載があるときは，その事項については更に資料を添付することを要しない（平成20・12・18通達3302号第1の4）。

3　国籍取得の届出と戸籍の処理

　国籍取得の戸籍上の届出があると，これを受け付けた戸籍事務管掌者たる市町村長は戸籍上の処理をすることになる。この場合における戸籍の記載例，国籍を取得した者の称すべき氏及び入籍する戸籍，国籍取得者の名など戸籍事務の取扱いは次のとおりである。

(1) 国籍法3条，平成20年法律88号附則2条又は4条により法務大臣に対する届出により国籍を取得した者である場合

　ア　認知により国籍を取得した者は，原則として，新たに氏を定めて（平成20・12・18通達3302号第1の2(1)ア），新戸籍を編製する（同通達第1の2(1)イ）。日本人同士の場合，認知により認知した者の戸籍に入籍するわけではないし，父子双方の戸籍に認知事項も記載されるため，父との関係も明らかであるので，その平仄を合わせたものである。

　イ　国籍を取得した者が国籍取得時に日本人の養子であるときは，養親の氏を称して，養親の戸籍に入る（平成20・12・18通達3302号第1の2(1)ア，イ）。

　ウ　国籍を取得する者が国籍取得時に日本人の配偶者であるときは，国籍取得の届出において日本人配偶者とともに届け出る氏を称することとなる。この場合，当該夫婦も，同氏同戸籍の原則の適用を受けるからである。そこで，上記の届出に係る氏が国籍取得者の氏であるときは，夫婦について新戸籍を編製し，日本人配偶者の氏であるときは，同人の戸籍に国籍取得者が入る（平成20・12・18通達3302号第1の2(1)ア，イ）。

　エ　国籍を取得した者の母が国籍取得時に既に帰化等により日本国籍を取得しているときは，新たに氏を定めて新戸籍を編製するほか，母について戸籍が編製されているので，国籍を取得した者が母と同一の氏を称してその戸籍に入籍することを希望する場合には，母の戸籍に入る（平成20・12・18通達3302号第1の2(1)ウ）。

(2) 改正国籍法（平成20年法律88号）附則5条により国籍を取得した場合

　国籍を取得した者の子の国籍の取得に関する特例を定めた改正国籍法（平成20年法律88号）附則5条により国籍を取得した者は，嫡出子であれば父又は母の附則2条による国籍取得時の氏を称してその戸籍に入り，嫡出でない子であれば母の附則2条による国籍取得時の氏を称してその戸籍に入る（平成20・12・18通達3302号第1の2(2)）。

(3) 国籍法3条に基づく法務大臣に対する届出により国籍を取得した者が準正子である場合

国籍法3条に基づく法務大臣に対する届出により国籍を取得した者が準正子である場合は，準正時（準正前に父母が離婚しているときは離婚時）の父の氏を称して，その戸籍に入る（平成20・12・18通達3302号第1の2(1)ただし書。この場合は，父日本人，母外国人であるので，父母の戸籍ではない。）。上記により入るべき戸籍がないときは，国籍取得者について新戸籍を編製することになるが，この場合においては，親子関係を戸籍上明らかにするため，一旦，父が国籍取得者と同一の氏を称して最後に在籍していた戸（除）籍に入籍させた上，直ちに除籍して新戸籍を編製することとされている（平成20・12・18通達3302号第1の2(1)，昭和59・11・1通達5500号第3の1(2)ア・イ）。

(4) 国籍法17条1項の不留保による国籍喪失者の国籍再取得の場合

国籍法17条1項による国籍の再取得をした者は，出生時の日本人父又は母の氏を称し，国籍取得時において氏を同じくする父又は母の戸籍があるときは，その戸籍に入り，上記の入るべき戸籍がないときは，国籍取得者について新戸籍を編製する。この場合においては，親子関係を戸籍上明らかにするため，一旦，父母が国籍取得者と同一の氏を称して最後に在籍していた戸（除）籍に入籍させた上，直ちに除籍して新戸籍を編製する（昭和59・11・1通達5500号第3の1(2)ア・イ）。

(5) 国籍法17条2項の官報催告による国籍喪失者の国籍再取得の場合

国籍法17条2項により国籍を再取得した者は，国籍喪失時の氏を称し，国籍喪失時に在籍していた戸籍に入る。ただし，国籍喪失時の戸籍が除籍になっているときは，新戸籍を編製する。

また，国籍喪失時の戸籍が現に存している場合であっても，その者が国籍を喪失することなく在籍していたとすればその戸籍から除籍する理由があるときは，新戸籍を編製する（昭和59・11・1通達5500号第3の1(2)ア・ウ）。

(6) 国籍取得者が準正子である場合又は国籍法17条１項及び２項による国籍取得者であり，その者が国籍取得前の身分行為により日本人の養子となっている場合

　国籍取得者が準正子である場合又は国籍法17条１項及び２項による国籍取得者であり，その者が国籍取得前の身分行為により日本人の養子となっている場合は，一旦，上記(3)，(4)及び(5)による氏を取得し，直ちに縁組当時の養親の氏に変更したものとして取り扱うこととされている（昭和59・11・１通達5500号第３の１(2)エ前段）。その趣旨は，直ちに養親の戸籍に入籍させた場合，実父母との関係が戸籍上明らかとならないからである。

4 国籍取得者の氏名に用いる文字

(1) 国籍取得者の氏

　国籍を取得した者が新たに氏を定めるときに用いる文字は正しい日本文字を用いるものとされ，漢字を用いる場合は次に掲げる字体で記載するものとされている（平成20・12・18通達3302号第１の２(3)）。

　　ア　常用漢字表（平成22年内閣告示２号）の通用字体
　　イ　規則別表第二の一に掲げる字体
　　ウ　康熙字典体又は漢和辞典で正字とされている字体
　　エ　当用漢字表（昭和21年内閣告示32号）の字体のうち，常用漢字表においては括弧に入れて添えられなかった従前正字として取り扱われてきた「慨」，「概」，「免」及び「隆」
　　オ　国字でアからエまでに準ずる字体
　　カ　平成22年11月30日通達2903号により改正された平成２年10月20日通達5200号別表に掲げる字体

(2) 国籍取得者の名

　国籍取得者の名に使用する文字は，原則として，出生届の場合と同様に，常用平易な文字（戸50，戸規60）でなければならない。ただし，国籍取得者

が国籍取得前に本国法上氏名を漢字で表記する者であった場合において，制限外の漢字で命名され，出生後相当の年齢に達しており，卒業証書，免許証，保険証書等により日本の社会に広く通用していることを証明することができる名を用いるときは，正しい日本文字としての漢字を用いるときに限り，制限外の文字を用いて差し支えないとされている（平成20・12・18通達3302号第1の3，昭和59・11・1通達5500号第3の1(3)）。

(3) **氏及び名の振り仮名**

令和5年法律48号が施行される令和7年5月26日からは，氏名に振り仮名を付することを要する。振り仮名については，氏名として用いられる文字の読み方として一般に認められているものでなければならない（戸13Ⅱ）が，その詳細については法13条の解説を参照されたい。

> 〔帰化の届出〕
> 第102条の2　帰化の届出は，帰化した者が，告示の日から1箇月以内に，これをしなければならない。この場合における届書の記載事項については，前条第2項の規定を準用する。

　本条は，日本に帰化した者が，告示の日（実務上は，身分証明書の交付の日としている。）から1か月以内に帰化の届出をしなければならない旨及びその届書の記載事項について定めたものである。

1 帰化した者

　帰化した者とは，日本国民でない者（以下「外国人」という。）が，帰化手続によって日本国籍を取得した者のことをいう。

　帰化許可の申請は，国籍の変動という個人の地位に重大な影響をもたらすということを鑑み，原則，帰化によって日本国籍を取得しようとする本人が法務大臣に対して行うことを要する。ただし，本人が15歳未満であるときは，法定代理人が代わりに行う（国18）。申請は，帰化に必要な条件を備えていることを証するに足りる書面を添付し，申請人の住所地を管轄する法務局又は地方法務局の長を経由し，法務大臣に対して書面により申請しなければならない（国規2）。

　また，法定代理人が本人に代わって申請する場合には，法定代理人である旨を証する書面を添付する必要がある（昭和25・6・1通達1566号）。そのほか，帰化の許可の申請に関して，国籍事務の取扱い上の留意事項が通達により示されている（昭和59・11・1通達5506号第2）。

　なお，帰化が許可されるためには，一定の条件を備えることを要するが（国5Ⅰ），帰化しようとする外国人と日本又は日本人との間に関係性がある場合には，帰化の条件が緩和される（国5Ⅱ・6～9。この帰化は「簡易帰化」と言われることがある。）。そして，その条件を備えていれば，法務大臣の許

可により，官報にその旨が告示され，告示の日から帰化の効力を生じる（国10）。なお，日本に特別の功労のある外国人（ボアソナード氏のような功労が例として挙げられる。）については，法務大臣は，このような要件を具備しなくても，国会の承認を得て帰化を許可することができるが（国9），実例は今のところ存在しない。

2 帰化の届出

(1) 帰化の届出

上記1のとおり，帰化は帰化申請を許可する旨が官報に告示されることによって効力を生じるが，これを反映する戸籍を編製するため，戸籍事務管掌者たる市町村長に届出をすることを要する。既に帰化の効力が生じた後での手続であるから，その届出の法的性格は，報告的届出である。その手続・方式については，以下に述べる戸籍法の定めるところによる。

(2) 届出人

届出義務者は，帰化した者本人である（本条前段）。ただし，本人が未成年者又は成年被後見人である場合は，その親権を行う者又は後見人が届出義務者となる（戸31）。

(3) 届出期間

届出期間は，告示の日から1か月以内とされている（本条前段）。ただし，実務上は，帰化者の身分証明書の交付日から起算する取扱いである。

(4) 届出地

届出は，届出事件の本人の本籍地又は届出人の所在地でしなければならない（戸25Ⅰ）。帰化の届出においては，届出人は外国人であったことから本籍は有しないが，就籍の届出の場合に準じて（戸112），本籍地となるべき地で届出を許されるとするのが実務の取扱いである（昭和30・12・5回答596号）。

(5) 届書及び添付書類
　ア　届書の記載
　届書には，一般的記載事項（戸29）のほか，①帰化の年月日，②帰化の際に有していた外国の国籍，③父母の氏名及び本籍，父又は母が外国人であるときは，その氏名及び国籍，④配偶者の氏名及び本籍，配偶者が外国人であるときは，その氏名及び国籍，⑤その他法務省令で定める事項（出生，認知，養子縁組，婚姻，親権又は未成年後見，及び推定相続人の廃除に関する事項。本条後段・戸102Ⅱ，戸規58の3Ⅰ）を記載しなければならない。
　また，このほか，帰化の届書には，住民基本台帳法に定める住民票を速やかに作成し，かつ，その正確を期するため，住民票の作成又は記載に必要な事項も付記することが要請される（昭和30・6・20通達1259号）。
　イ　添付書類
　帰化者については，日本人として新たに戸籍を設けて，その身分関係を公証しなければならないことになるので，届書に帰化前の身分事項を記載し，それを証する書面の添付を要する（本条後段・戸102Ⅱ，戸規58の3）。
　また，帰化に係る許可書の謄本が必要である（戸38Ⅱ）。ただし，実務上は，法務局又は地方法務局の長が発行した「帰化者の身分証明書」（以下「身分証明書」という。）をもって，これらに代えることとされている（昭和30・2・26回答379号，昭和59・11・1通達5500号第3の2(1)）。この身分証明書は，法務局又は地方法務局において帰化申請の審査に際し，帰化者の本国官憲又は市町村長等の発行した諸証明書等の資料に基づいて認定した結果に基づくものであるから，市町村長は，この身分証明書に基づいて戸籍の記載をすればよく，改めて身分関係の成立の有無を審査することを要しない。

③　帰化の届出と戸籍

　帰化者は，原則として新たに創設した氏を称して（大正14・1・28回答34号），新戸籍を編製する（戸22）。ただし，帰化者が出生から帰化までの間に

身分行為をしていた場合は，以下に述べるところによる。

　身分行為については，帰化届に添付された法務局作成の身分証明書を確認し，戸籍の記載はこれに基づき行う（昭和30・1・18通達76号）。

(1) **単身者**

　ア　原則として，創設した氏で新戸籍を編製する（大正14・1・28回答34号）。

　イ　親子が共に帰化した場合，又は親が既に日本人である場合は，子が特に親と異なる氏又は本籍を定めた場合を除いて，子は親の戸籍に入る（昭和25・6・1通達1566号）。なお，帰化者に子がある場合は，新戸籍を編製するときもある。

　ウ　日本人の養子である場合，養子が特に養親と異なる氏又は本籍を定めた場合を除いて養親の氏を称し，養親の戸籍に入る（昭和25・6・1通達1566号）。

(2) **配偶者がある者**

　ア　夫婦が共に帰化したときは，夫婦同氏同戸籍の原則から，夫又は妻のいずれの氏を称するかを定め，創設した氏で夫婦につき新戸籍を編製する（民750，戸16Ⅰ，大正14・1・28回答34号，昭和25・6・1通達1566号）。

　イ　日本人配偶者がある場合に，帰化時に帰化者の氏を選択したときは，帰化者が創設した氏で新戸籍を編製し，日本人配偶者の氏を選択したときは，その戸籍に入る（民750，戸16Ⅰ・Ⅱ，大正14・1・28回答34号，昭和25・6・1通達1566号）。

　ウ　外国人配偶者がある場合は，創設した氏で新戸籍を編製する（戸16Ⅲ，大正14・1・28回答34号）。

4 帰化者の氏名に用いる文字

帰化者の氏名に用いる文字は規則60条に規定する文字によるのが原則であ

るが,「帰化者の身分証明書」に記載されたものと同一の氏名による帰化の届出は受理し,戸籍の記載を行う(昭和56・9・14通知5542号)。

　令和5年法律48号が施行される令和7年5月26日からは,氏名に振り仮名を付することを要するが,これも「帰化者の身分証明書」に記載される。

第4章 届　出　第14節　国籍の得喪

> 〔国籍喪失の届出〕
> 第103条　国籍喪失の届出は，届出事件の本人，配偶者又は4親等内の親族が，国籍喪失の事実を知つた日から1箇月以内（届出をすべき者がその事実を知つた日に国外に在るときは，その日から3箇月以内）に，これをしなければならない。
> ②　届書には，次の事項を記載し，国籍喪失を証すべき書面を添付しなければならない。
> 一　国籍喪失の原因及び年月日
> 二　新たに外国の国籍を取得したときは，その国籍

　本条は，日本国籍を有する者が，その国籍を喪失した場合の届出義務者，届出期間，届書の記載事項及び添付書類について定めたものである。

1　国籍の喪失

　国籍の喪失とは，国民たる資格が消滅することをいう。国籍法においては，日本国民が日本国籍を喪失する事由として，以下の6つを定めている。[注1]

(1) **外国への帰化等，自己の志望による外国国籍の取得**（国11Ⅰ）

　自分の意思で外国国籍を取得した場合には，日本国籍を失う。国籍の積極的抵触を避けるためである。本人の法定代理人が本人のために帰化等の申請をした結果，外国国籍を取得した場合も，「自分の意思で外国国籍を取得した場合」に含まれるが，婚姻等により自動的に外国国籍を取得した場合はこれに含まれない。そして，このように外国国籍を取得したときは，その事実により当然に日本国籍を喪失するので，日本の国内手続は不要である。

(2) **重国籍者の外国国籍の選択**（国11Ⅱ）

　日本と外国の国籍を有する者が，外国の法令に従って，その外国の国籍を選択した場合には，日本国籍を失う。これも，国籍の積極的抵触を避けるためである。

(3) **日本国籍の不留保**（国12）

外国で生まれた子で，出生によって日本国籍と外国国籍を取得した子は，出生届とともに日本国籍を留保する旨を届け出なければ，その出生の時に遡って日本国籍を失う。

(4) **重国籍者の日本国籍の離脱**（国13Ⅰ）

日本と外国の国籍を有する者が，法務大臣に対し，日本国籍を離脱する旨の届出をした場合には，日本国籍を失う。憲法22条2項は「何人も，外国に移住し，又は国籍を離脱する自由を侵されない。」と規定しているが，無国籍の状態は個人の権利保護に欠けるところがあって望ましいものではないので，国籍の離脱は重国籍者のみが行うことができるとしている。この法務大臣に対する届出は戸籍上の届出ではなく，また，その届出の時に日本国籍を失う（国13Ⅱ）。

(5) **国籍選択における日本国籍の不選択**（国14Ⅰ・15）

国籍選択の催告を受けた日本と外国の国籍を有する者が，期限内に日本国籍を選択しなかった場合には，その期間が経過したときに，日本国籍を失う。

(6) **自己の志望により，外国の公務員の職に就いたことによる日本国籍の喪失宣告**（国14Ⅱ・16条Ⅱ・Ⅴ）

日本国籍を選択する旨の宣言をした日本国民で外国の国籍を失っていない者が自己の志望によりその外国の公務員の職（その国の国籍を有しない者であっても就任することができる職を除く。）に就任した場合において，その就任が日本国籍を選択した趣旨に著しく反すると認められるときは，法務大臣は，その者に対し日本国籍の喪失の宣告をすることができる。宣告は官報に告示して行われ，その者はその告示の日に日本国籍を失う。

▶▶▶

(注1) 旧国籍法（明治32年法律66号）においては，自己の志望による外国国籍の取得や，国籍離脱の場合のほかにも日本の国籍を喪失する場合があった。例えば，日本人が外国人の妻となり夫の国籍を取得したり，日本人である被認知者が外国国籍を取得したときは，日本国籍を失うものとされていた（旧国18・23）。しかし，昭和25年

に制定された現行国籍法（ただし，昭和59年法律45号による改正前のもの）では，①自己の志望による外国国籍の取得，②重国籍者の日本国籍の離脱，③生地主義国で生まれたことにより重国籍となった場合における国籍の不留保の主に３つの場合について日本国籍を喪失するとし，上記の婚姻等による外国国籍の取得の場合であっても，国籍の離脱により初めて日本国籍を喪失するものと改められた。したがって，外国人の妻となった日本人は，外国国籍を取得するか否かにかかわらず，婚姻によって日本国籍を失うことはないとされた。

2 国籍喪失の届出

(1) 届出人

届出義務者は，国籍喪失者本人，本人の配偶者又は４親等内の親族である。もっとも，日本国籍を喪失した者は外国人であるから，届出義務があるといっても，それはその者が国内に在る場合に限られ，その者が外国に在る場合は義務ではないとされる。ただし，届出資格を認めることはできるので，国外にある国籍喪失者本人から国籍喪失の届出があったときは，その届出を受理してもよいとされている。(注2)

なお，本人が未成年者又は成年被後見人である場合は，その親権を行う者又は後見人が届出義務者となる（戸31）。

(2) 届出期間

届出期間は，届出義務者が国籍喪失の事実を知った日から１か月以内である。ただし，届出をすべき者がその事実を知った日に国外にあるときは，その日から３か月以内である（本条Ⅰ）。

(3) 届出地

届出は，届出事件の本人が日本国籍を喪失した当時の本籍地又は届出人の所在地でしなければならない（戸25Ⅰ）。届出人が国外に在る場合は，その国に駐在する大使，公使又は領事に届け出ることもできる（戸40）。

(4) 届書及び添付書類

　ア　届書の記載

　届書には，一般的記載事項（戸29）のほか，①国籍喪失の原因及び年月日，②新たに外国の国籍を取得したときはその国籍等（本条Ⅱ）を記載しなければならない。このうち①の事項は，自己の志望による外国国籍の取得か，日本国籍の離脱か等を明らかにするために記載し，②の事項は，当該取得した国籍を戸籍上明らかにするために記載する。

　イ　添付書類

　国籍の喪失を証すべき書面を添付しなければならない（本条Ⅱ）。国籍の喪失を証すべき書面は，国籍の喪失の原因に対応してそれぞれ異なる。例えば，外国への帰化等，自己の志望による外国国籍の取得の場合であれば，外国への帰化証明書等がこれに当たる。そのほかの原因による国籍の喪失を証すべき書面としては，重国籍者の外国国籍選択宣誓書の写し等がある。

　なお，本来は外国への帰化証又はその謄本を必要とするが，帰化証は当該外国に居住するために必要であるため添付できないし，その謄本の交付も受けられない場合があるので，外国への帰化証の写しと同国駐在の在外公館の帰化事実証明書の添付された届出は受理すべきであるとされている（昭和10・2・18回答118号，昭和31・2・17回答190号）。日本の在外公館が外国関係機関に照会し，その者の帰化の事実を確認した旨の書面（電話聴取書でも差し支えない。）を添付した届出も受理できるとされている（昭和46・6・17回答2074号）。

◆◆

（注2）　昭和59年法律45号による国籍法改正前は，国籍喪失者本人が日本国内に在住する場合であっても，届出義務者とされていなかった。その理由は，本人は既に日本国籍を喪失しており，日本国内に在住することがまれであって，届出を期待できないと考えられていたからである（加藤＝岡垣『全訂戸籍法逐条解説』642頁）。そのため，本人にはその届出資格も与えられていなかったので，その届出に基づいて戸籍に記載することは許されず，本人から提出された届書は，職権記載を促す資料となるにすぎなかった（戸44，大正15・9・16回答5800号）。

3　国籍喪失の届出と戸籍

　国籍喪失の届出が受理されると，その原因及び年月日を身分事項欄に記載し，喪失者は従来の戸籍から除籍される（戸23）。夫婦の一方が国籍を喪失した場合には，その配偶者の戸籍の身分事項欄にその旨と外国籍を記載する（昭和26・3・27回答613号，参考記載例190）。

〔国籍留保の届出〕
第104条　国籍法第12条に規定する国籍の留保の意思の表示は、出生の届出をすることができる者（第52条第3項の規定によつて届出をすべき者を除く。）が、出生の日から3箇月以内に、日本の国籍を留保する旨を届け出ることによつて、これをしなければならない。
②　前項の届出は、出生の届出とともにこれをしなければならない。
③　天災その他第1項に規定する者の責めに帰することができない事由によつて同項の期間内に届出をすることができないときは、その期間は、届出をすることができるに至つた時から14日とする。

　本条は、外国で出生した日本人の子が出生によって外国国籍を取得した場合に、日本国籍を留保しようとするときは、その旨の意思表示を戸籍の届出によってすべきことを定めるものである。留意すべきは、国籍留保の届出を出生届とともに法定期間内にしなければ、その子は出生の時に遡って日本の国籍を失うことである。

1 国籍留保の制度

　本条1項の規定が引用する国籍法12条は、「出生により外国の国籍を取得した日本国民で国外で生まれたものは、戸籍法（昭和22年法律第224号）の定めるところにより日本の国籍を留保する意思を表示しなければ、その出生の時にさかのぼつて日本の国籍を失う。」というものである。
　この規定は、日本国籍の不留保によって日本国籍が失われることを定めたもので、その主眼は、出生により日本国籍とともに外国国籍をも取得して重国籍となった国外出生子について重国籍の発生を防止するため、日本国籍の離脱を容易にすることにある。その一方で、国外にあってなお我が国との関係性の維持を望む日本国民の身分関係を、できる限り速やかに戸籍に反映させることをも意図したものともいえる。
　「出生により外国の国籍を取得した日本国民で国外で生まれたもの」とは、

出生による国籍取得について生地主義をとっている国（出生の事実のみによって当該国の国籍を取得することとなる国）で生まれた日本国民だけでなく，父又は母が血統主義をとる国の国籍を有する者であることにより当該国の国籍をも取得した日本国民で国外で生まれた子を含む。[注1]「日本国民」とは，ここでは，国籍法2条1号又は2号により我が国の国籍を取得した者をいう。もっとも，戸籍先例では，形式的には上記の要件に該当する者であっても，在外公館職員の子については当該外国の国籍を取得しないのが通例であるとして，国籍留保の規定の適用がないとする取扱いをしている（昭和32・9・21通達1833号，昭和32・12・14通達2372号）。外務省派遣技術協力専門家の子も同様に取り扱われる（昭和57・8・4回答4844号）。

◆◆

(注1) 本文の国籍法12条の規定は昭和59年法律45号により改正された条文で，その改正前の規定（国9）は，生地主義をとっている国において，当該外国の国籍を取得した日本人のみを規律の対象とするものであった。上記の国籍法12条は「国籍留保」の適用範囲を拡張するものだったのであるが，このような改正がされたのは，その当時，血統主義をとる諸国において父母両系血統主義に改める立法が相次いでされ，我が国においても，上記の改正において従来の父系血統主義を改めて父母両系血統主義の導入を図ることとしたことから，将来的には，生地主義国だけでなく，血統主義国との関係においても重国籍者の発生が予測されるに至ったことによる。

2 国籍留保の届出

(1) 性質・効力

国籍法上の国籍留保の意思表示は，本条1項による戸籍の届出という方式でなされる要式行為である。そして，その意思表示の効力は届出によって生ずるから，この届出は創設的届出にほかならない。もとより，この届出をするか否かは自由意思に任されており，所定の期間内にこれをしないと，当該子は出生の時に遡って日本国籍を喪失する。この場合，出生地は外国であるから，出生届をする義務も負わないことになる。

(2) 届出の方法

国籍留保の届出は，出生届とともにすることを要する（本条Ⅱ）。

国籍の留保がされないままに出生届がされた場合には，当該出生子は日本国籍を喪失しており，戸籍の記載をすることができないから，これを受理すべきではない（昭和23・6・24通達1989号，昭和40・7・19回答1881号）。所定の期間を徒過した届出も無効であるから，同様の取扱いをすべきである（大正13・11・14回答11606号）。以上が建前であるが，出生届がされた場合には，国籍留保の意思があるのが通常と考えられるため，その届出が欠けているときでも，戸籍先例では，やや手続を緩和した取扱いが認められている。例えば，出生届だけが所定の期間内になされた場合には，直ちに不受理とするのではなく，受理を留保する扱いとし，後に国籍留保の届出が追完されたときに，これを有効として受理することができる（昭和35・6・20回答1495号）。このような国籍留保の追完を届出人の死亡又は所在不明等のためにさせることができないときであっても，当該出生届が所定の期間内になされたものであれば，その届出自体に国籍留保の意思表示があったものと解して取り扱ってよいとされている（昭和32・6・3回答1052号）。

反対に，出生届がされずに国籍留保の届出のみがされた場合には，そもそも戸籍の記載をすることができないから，後者の届出を受理すべきではない。もっとも，この場合は，出生届をもする意思があるのが通常と考えられるから，国籍留保の届出が所定の期間内にされたときは，当該市町村長としては，届出人に対し，即刻出生届とともに届出するよう促すのが相当であろう。

(3) 届出人

届出人は，法52条1項及び2項の出生届出義務者である。すなわち，出生子が嫡出子である場合の届出は，父又は母がこれをし，子の出生前に父母が離婚したときは母がこれをしなければならず（戸52Ⅰ），出生子が嫡出でない子の場合は，母が届出をしなければならない（戸52Ⅱ）。その届出が準正子の嫡出子出生届として認知の効力を有するものであるときは，法62条の規定に従って，父母が届出をすることを要する。法52条が定める同居者その他の出生の届出義務者（戸52Ⅲ）は届出人になることができない（本条Ⅰ，昭

和39・3・6回答554号，平成27・5・20回答645号）。届出人を父母に限るのは，国籍留保の届出は事件本人である出生子がこれをすることができないため，その父又は母が代わってするという届出の趣旨・性質に基づく。なお，出生子が嫡出子である場合，日本人父が届出をすることができないときは，外国人母もこれをすることができるとされている（昭和46・4・23回答1608号）。

(4) **届出地**

届出地は，法25条１項の原則に従い，出生子の本籍地又は届出人の所在地である。もっとも，この場合の届出人は外国に在るのが通常と考えられるから，法40条の規定によって在外公館に届け出るのが常例であろう。外国から直接本籍地の市町村長に対し届書を航空郵便などによって届け出ることも可能である。いずれの方法によるとしても，届出が所定の期間内に必ず到達することを要する。

(5) **届　書**

出生届及び国籍留保届の双方について各別の届書を用いても，出生届に国籍留保の旨を記載する方法によっても差し支えない（大正13・11・14回答11606号）。実務では，後者の方法によるのが通常で，届書の「その他」欄に「出生子○○のために日本国籍を留保する」旨が記載される。この点に関して，在外公館において届出人に交付する出生届書については，あらかじめ，「その他」欄に「日本国籍を留保する旨」の不動文字を印刷した様式のものを用いて差し支えないとされている（令和6・2・26通達504号，昭和59・11・15通達5815号）。在外公館における届出事件処理の適正化を図るための措置にほかならない。この届書を用いるときは，上記の不動文字の記載に続いて届出人が署名することによって国籍留保の意思を表示すれば足りることになる。

届書に記載すべき事項については，特段の定めは置かれていない。

(6) **届出期間**

　ア　原　則

国籍留保の届出には期間の制限があり，出生の日から３箇月以内にこれをしなければならない（本条Ⅰ）。この期間は国外で出生した子の出生届における届出期間に対応して定められたものであり，この期間内に届書が届出事

務の管掌者に到達することを要する（大正14・5・19回答4744号）。したがって，法40条によって在外公館に届出をする場合には，上記の期間内に届書を提出すれば足りる。

　この期間内に届出がなかった場合には，当該出生子は出生の日に遡って日本国籍を失うことになるから，期間経過後にされた届出は受理すべきではない。この意味で，届出期間の遵守は届出の有効要件である。ただし，期間の徒過が上記のような重大な効果をもたらすことに鑑みると，届出手続に軽微な瑕疵があった場合に直ちにこれを不受理とすることは，当事者・関係者に酷であるから，相応の配慮をすることが望ましい。例えば，届書の記載に不備がある場合には，直ちに届書を返戻するのではなく，受附をした上で，その補正を促すのが相当である。戸籍先例でも，届書が不備であることを理由に返戻された後，所定の期間経過後に再度の提出されたときには，最初の提出時を基準として期間の遵守の有無を決することを認めている（昭和39・2・5回答273号）。

　　イ　届出期間の伸長
　届出人が上記の所定期間内に届出をしようとしても，何らかの事情によりその期間を遵守できない場合があり得る。そのような場合の救済策を定めるのが本条3項の規定で，天災その他届出人の責めに帰することができない事由によって届出期間を遵守できなかったときは，その期間は，届出をすることができるに至った時から起算して14日以内としている（本条Ⅲ）。
　届出遅延の理由が届出人の「責めに帰することができない事由」に該当するか否かの判断は，具体的事案における個別事情を総合的に勘案して行われるべきものであり，一律に基準を定めることは困難である。
　戸籍先例をみると，届出人の「責めに帰することができない事由」に該当しないと認定されたものとしては，単に職務が多忙であったこと（昭和47・1・27回答560号，昭和51・3・17回答2153号（戸籍380号27頁）），国籍留保の届出手続を知らなかったこと（法令の不知）（昭和34・11・21回答2568号，昭和41・6・8回答1239号），母が嫡出でない出生子につき認知を求めているうちに期間を経過したこと（昭和46・4・26回答1637号，昭和46・7・23回答2423号

参照）などの事例があり，届出人の「責めに帰することができない事由」に該当すると認定されたものには，届出人が在外公館の所在地から遠隔の地に居住していたこと（大正13・11・14回答11606号，昭和51・2・28回答6545号（戸籍380号23頁）），届書が郵送中に紛失したこと（昭和8・3・24回答387号，昭和48・8・20回答6451号（戸籍380号25頁）），在留外国の出生登録機関からの出生証明書の入手が遅れたこと（昭和35・1・19回答147号，昭和37・4・17回答1064号，昭和51・8・12回答4580号），妻の産後の経過不良により出生証明書の取得が遅れたこと（昭和46・12・21回答3592号（戸籍380号26頁））等の事例がある。[注2]

　これらの戸籍先例を総覧すると，戸籍実務においては，具体的事案における個別事情を総合的に勘案した上で，社会通念上，届出遅延の責めを届出人に負わせることが酷であると認められる場合に「責めに帰することができない事由」に該当すると判断しているものと解される。ただし，これらの先例はいずれも昭和59年法律45号による改正前の国籍法の下におけるものであるところ，同改正後は，不留保者の国籍の再取得の規定（国17）が新たに設けられたほか，外国人父又は母にも届出資格が認められている（昭和59・11・1通達5500号第3の4(2)）ことなどから，現行法の下では，「責めに帰することができない事由」の認定もより厳格にされることになるものと思われる（平成5・6・3回答4318号，同4319号に関する解説（戸籍607号84頁）参照）。上記改正後の先例で「責めに帰することができない事由」に当たると認定したものには，届書が郵便等の事故により届かなかったこと（平成9・3・11回答445号），フィリピン人女が日本人男との離婚後300日以内にアメリカ合衆国内で出生した子（出生前に日本人他男から胎児認知されている。）と日本人男との親子関係不存在確認の裁判の確定後に嫡出でない子として届け出たこと（平成12・3・29回答765号），SARSによる混乱から出生証明書の発給が遅延したこと（平成15・11・18回答3426号）等がある。

　なお，「責めに帰することができない事由」は届書に明らかにするとともに，これについて一応の証明をするのが当然であろう。[注3]

(注2) 生地主義国で出生した子の出生届が，14日経過後に在外公館に提出された場合，その届を受理すべきか否か疑義のあるときは，あらかじめ外務省を経由して法務省に照会し，その指示に従って受否を決定すべきであるとされる（昭和46・3・11回答1166号，昭和46・6・24通知158号参照）。

(注3) 青木＝大森『全訂戸籍法』435頁参照。

3 国籍留保届に基づく戸籍の記載

(1) 届出の受否

　国籍留保の届出が適法にされた場合には，出生子は引き続き日本国籍を保有しているから，同時にされた出生届に基づいて戸籍の記載をすることになる。その際には，出生事項のほかに国籍留保事項をも記載することを要する（法定記載例3ほか参照）。

　これに対し，既に述べたように，国籍留保の届出を伴わない出生届のみがされた場合は，出生子は日本国籍を喪失しているから，戸籍の記載をすることができず，当該届出は受理すべきではない。2つの届出が所定の期間の経過後にされた場合も，その届出は無効であるから，同様に受理してはならない。

(2) 誤って受理した場合の戸籍訂正

　上記(1)に述べた不適法な届出が誤って受理され，戸籍の記載がされた場合には，法113条が定める戸籍訂正の手続（利害関係人が家庭裁判所の許可を得て戸籍訂正の申請をする手続）によって，その記載を訂正消除すべきである。この場合に利害関係人が戸籍訂正の申請をしないで放置するときは，市町村長は，法24条2項の規定により管轄法務局長等の許可を得て職権によりその者の戸籍を消除することができる。ただし，このような処理は届出事件本人の利害に重大な影響を及ぼすから，市町村長がその処理をするに当たっては，あらかじめ届出人又は事件本人から申述書を徴した上，管轄法務局長等にその処理につき指示を求めるのが相当であるとされている（昭和33・12・23通達2613号）。[注4]

国籍留保の対象となる外国で出生した子が日本で出生したものとして戸籍に記載されている場合も，上記と同様の手続で訂正消除すべきである（昭和25・3・28最高裁家庭局第二課長回答家庭甲74号）。ただし，戸籍の記載自体によって無効であることが明白でない場合に，戸籍訂正手続によって日本人たる出生の記載をたやすく訂正消除することは相当でない（昭和48・2・7回答1217号参照）。(注5)

国籍留保の対象とならない外国で出生した子につき，誤って国籍を留保する旨を記載した出生届が提出された場合には，その届出は無意味であるから，市町村長は国籍留保に関する部分の記載を消除する旨を補記して受理すればよい（昭和40・12・14回答3688号。令和6年3月1日からは，準則33条によって補記する取扱いとなった。）。もし誤って出生事項中に国籍留保に関する戸籍の記載がされている場合には，これを消除する戸籍訂正の申請をさせるべきである（昭和40・8・23回答2439号）。

◆◆◆

(注4) 国籍留保の届出のない出生届を誤って受理した場合これに基づく戸籍の記載は無効であり，当該届出により戸籍に記載された者が家督相続をした場合の民法応急措置法施行後における戸籍訂正は法113条の場合に該当する（福岡高決昭24・10・7高民2巻2号194頁）。

(注5) この先例は，現行国籍法（昭和25年法律147号）が制定される前の旧国籍法の施行当時の事例に関するものであるが，旧国籍法20条の2の勅令指定国で出生した子について，出生4か月後に受理された出生届に基づいて戸籍に記載されている場合につき，事件本人の国籍留保の届出が届出義務者の責めに帰することのできない事由により届出期間を徒過したものであるか否かが確認できない以上，事件本人の戸籍はそのままにしておくほかはなく，上記の戸籍の記載を消除して，「責めに帰することのできない事由のため期間経過」の旨を記載する取扱いは相当ではないとしたものである。

> 〔国籍選択宣言の届出〕
> 第104条の２　国籍法第14条第２項の規定による日本の国籍の選択の宣言は，その宣言をしようとする者が，その旨を届け出ることによって，これをしなければならない。
> ②　届書には，その者が有する外国の国籍を記載しなければならない。

　本条は，日本国籍のほかに外国国籍も有する重国籍者が，その重国籍状態を解消するため，国籍法14条２項の規定により日本国籍の選択宣言をしようとする場合における戸籍の届出について定めるものである。

1　国籍選択の制度

(1)　国籍を取得する権利及び国籍唯一の原則

　人は，その出生の時から国籍を取得する権利を有するとされる（児童の権利に関する条約７条参照）。世界各国の出生による国籍の取得の立法例は，周知のとおり血統主義と生地主義に大別されており，出生子は，そのいずれか又は双方に従って国籍を取得する。そして，出生後，その取得した国籍のほかに，自ら志望して，又は志望によらずに，他の国の国籍をも取得し，これによって，同一人が複数の国の国籍を有する状態を生ずることがあり得る。これを重国籍という。

　一方で，国籍立法の重要な理想として，「人はいずれかの国籍を有し，かつ，１個のみの国籍を有すべきである。」という国際的通念が存在している。これが，「国籍唯一の原則」と呼ばれる理念である。重国籍については，国際法上，当該国家間において，当該個人に対する義務の履行の要求や外交保護権の行使などに関して摩擦を生じ，あるいは，渉外身分関係に関する準拠法の決定に困難な問題を生じさせる等々，種々の不都合が想定される。このことが，国籍唯一の原則を生み出す基盤となっており，世界各国の国籍法は，国籍の抵触を可能な限り防止するよう配慮している。我が国の国籍法におい

ても，そのための措置として，日本国民が自己の志望により外国の国籍を取得したときは当然に日本国籍を喪失するものとし（国11），外国人の日本国籍取得について重国籍防止条件を課し（国5Ⅰ⑤），さらに，国籍離脱の自由を保障している（国13）のである。

(2) 重国籍解消の方法としての国籍選択義務

　重国籍の発生を防止するために上記(1)のような措置を講じたとしても，もとより万全ではなく，現実には，各国の立法の相違から重国籍者が生ずることは避けられない。我が国の例でいうと，日本国民で外国国籍を併有することになる典型例は，生地主義国で出生し，日本国籍を留保した者であるが（国12），この重国籍は法律上当然に生ずるものであって，その発生につき個人に責任がないことは明らかである。そこで，現に重国籍状態にある者についてその状態を解消するための制度を設ける必要があるところ，我が国の国籍法は，その方法として，重国籍者に対し，一定の時期に，いずれの国籍を選択するかを決定する義務を課している（国14Ⅰ）。すなわち，重国籍者は，18歳[注1]に達する以前に重国籍者となったときは20歳に達するまでに，18歳に達した後に重国籍者となったときはその時から2年以内に，いずれかの国籍を選択しなければならないとされるのである。

　その国籍選択については2つの方法が定められている。1つが，外国国籍を離脱（放棄）することであり，もう1つが，日本国籍を選択し，かつ，外国の国籍を放棄する旨の宣言をすることである（国14Ⅱ）。国籍法は，後者を「選択の宣言」（日本国籍を選択し，外国の国籍を放棄する旨の宣言）と呼び，これを戸籍法の定めるところによってすべき旨を定めている。いずれの方法をとるかは，当該重国籍者の自由な選択に委ねられている（国14Ⅱ）。

　この国籍選択の制度は，昭和59年の国籍法改正（昭和59年法律45号）により導入されたものであるが，当時の立法論としては，重国籍者は一定の期限までに外国国籍を離脱（放棄）しなければ日本国籍を喪失するという制度をとることも考えられなかったわけではない。現に外国法制の中には，そのような制度を採用している例もある。しかし，諸外国の立法例をみると，国籍

離脱の制度を備えていないものが少なくないし，この制度を採用していても，年齢，居住地，兵役義務などの制限を課しているのが通常である。そのため，上記の国籍法改正の時点でこの制度をとっても，重国籍の解消を完全に図ることは困難であると見込まれた。そこで，国籍法は外国国籍の離脱のほかに，「選択の宣言」という方法を認め，これをした者について日本国籍を有する者と確定することにしたのである。もっとも，諸外国の国籍離脱についての上記の立法例に鑑みると，我が国の国籍法上の「選択の宣言」をしても，当該外国の国籍を喪失せず，重国籍状態が依然として継続するという場合が生ずることは避けられない。

このように「選択の宣言」は，重国籍状態を完全に解消するという手段とはなり得ない面はあるが，ともかく日本国籍を確定する手続であり，その手続は簡便なものとするのが望ましいことから，この宣言をしようとする者は戸籍法の定める方式によってすべきものとされたのである。[注2]

(3) **国籍選択の催告**

ア 届出期間を経過した場合の国籍選択の催告

前述のとおり，重国籍者は，国籍法14条1項所定の期限までにいずれかの国籍を選択すべき義務があるが，その期限内及びこれを経過した後にもなおこれを履行しないことがあり得る。その場合には，法務大臣は，その者に対し，書面により国籍の選択をすべき旨を催告することができる（国15Ⅰ）。この催告を受けるべき重国籍者の所在が不明であるとき，その他書面によって催告することができないやむを得ない事情があるときは，催告すべき事項を官報に掲載してすることができ，この場合における催告は官報に掲載された日の翌日に到達したものとみなされる（国15Ⅱ）。以上のいずれかの催告を受けた者が催告を受けた日から1か月以内に日本国籍を選択しなければ，その期限が経過した時に当然に日本国籍を失うことになる。ただし，催告を受けた者が天災その他の責めに帰することができない事由によって所定の期限内に日本国籍を選択することができなかった場合には，その選択をすることができるに至った時から2週間以内に選択をすれば日本国籍を喪失しない

ものとされる（国15Ⅲ）。

　　イ　外国国籍の離脱又は日本国籍の喪失宣告

　重国籍者が日本国籍を選択する宣言の届出をして，その旨の戸籍記載がされても，それによってその者の有する外国国籍が喪失され，重国籍状態を脱するか否かは，当該外国の法制によって異なる。この点は，既に述べたとおりである。そのため，この日本国籍の選択宣言により外国国籍を喪失しない者は，当該外国国籍を離脱するように努めなければならないとされている（国16Ⅰ）。また，法務大臣は，国籍選択の宣言をした日本人で外国国籍を失っていない者が自己の志望によりその外国の公務員の職（その国の国籍を有しない者であっても就任することができる職を除く。）に就任した場合に，その就任が日本国籍を選択した趣旨に著しく反すると認めるときは，その者に対し，日本国籍の喪失を宣告することができ（国16Ⅱ），その手続，効果が定められている（国16Ⅲ～Ⅴ）。上記のように喪失宣告の対象を外国の公務員の職への就任に限定したのは，これによって外国との継続的で強固な公法上の法律関係が生じ，外国国籍の選択の意思が確定的に具現したものと認められるからである（細川清「国籍法の一部を改正する法律の概要」戸籍481号27頁）。

◆◆

（注１）　民法の一部改正（平成30年法律59号，令和４年４月１日施行）による成年年齢の引下げ（改正前の成年年齢は「20歳」とされていた。）に伴い，国籍法14条１項の適用年齢が改正された。すなわち，改正前の国籍法14条１項では「20歳」とあるのは「22歳」と，「18歳」とあるのは「20歳」と規定されていた。

（注２）　田中康久「戸籍法の改正について（第101回国会主要立法―風俗営業法・健康法改正〈特集〉）」ジュリ823号37頁。

2　国籍選択の届出と戸籍の記載

(1)　届　出

　　ア　届出の性質

　国籍法14条２項の規定による「選択の宣言」は，その旨を届け出ることに

よって，これをしなければならない（本条Ⅰ）。この宣言は，届出によって効力を生ずる。したがって，この届出は創設的届出である。

　　イ　届出人

　届出は，日本国籍の選択宣言をする者が15歳以上であれば本人が，15歳未満であるときは法定代理人が代わってこれをしなければならない（国18）。この場合に，法定代理人が外国に在る外国人であっても，その国に駐在する日本の大使，公使又は領事に届出をすることができる（昭和59・11・1通達5500号第3の5(2)）。15歳以上の者について法定代理人が代わって届出をすることはできないし，15歳未満の者について法定代理人でない者がした届出は無効である。

　　ウ　届出地

　特別の規定がないので，法25条の一般原則による。本籍地以外でもよく，届出人が海外在留中であれば在留国に所在する在外公館でも差し支えない（戸40）。

　　エ　届書の記載内容

　届書には，届書の一般的記載事項（戸29）のほか，国籍選択の宣言をする本人が有する外国国籍を記載しなければならない（本条Ⅱ）。この届書については標準様式が示されている（令和6・2・26通達504号別紙25）。

(2)　戸籍の記載

　日本国籍の選択宣言の届出があった場合には，これを受け付けた市町村長は，届出人が明らかに外国国籍を有しないと認められるときを除き，適式なものと認めたときには，届出を受理して差し支えない（昭和59・11・1通達5500号第3の5(1)）。また，その届出が既に所定の期限（国14Ⅰ）を経過した後であっても，国籍を選択すべき者が日本又は外国の国籍を喪失するまでは，これを受理することができる（昭和59・11・1通達5500号第3の5(3)）。届出を受理した場合には，戸籍の身分事項欄に法定記載例178の例によって日本国籍の選択宣言があった旨を記載する（戸規35⑫）。なお，その記載は，本人が管外転籍をする場合又は本人について新戸籍が編製され，若しくは他の

戸籍に入る場合には，移記しなければならない（戸規37・39Ⅰ⑦）。この国籍選択宣言の届出に関し，届出時に既に日本国籍を喪失している場合には，届出があっても届書を返戻すべきであり，もし届出が受理されていても無効であるから，それに基づく戸籍記載がされていたときは，戸籍訂正手続によりこれを訂正・消除しなければならない。

３ 法務大臣の催告があった場合の市町村長の戸籍事務の処理

　前述のとおり，重国籍者が国籍法14条１項所定の期限内及びこれを経過した後にもなおこれを履行しない場合には，法務大臣は，その者に対し，国籍の選択をすべき旨を催告することができる（国15）。このような催告がされた場合に，選択の宣言の届出の受理及び戸籍事務を管掌する市町村長は，次のような事務処理を行う（昭和59・11・１通達5500号第３の８）。

　①　法務大臣が上記の催告をしたときは，法務局又は地方法務局の長は催告を受けた者の氏名及び戸籍の表示並びに催告が到達した日を，その者の本籍地市町村長に通知しなければならない（国規６）。この通知を受けた本籍地市町村長は，戸籍システム上に催告があった旨を明らかにするようにしなければならない。

　②　法務大臣から上記の催告を受けた者は，催告の書面が到達した日（官報に掲載してする催告にあっては到達したものとみなされた日）から１か月を経過した時に日本国籍を喪失する（国15Ⅲ本文）とされ，その時以後はその者についての国籍の選択の届出があっても無効であるから，その届出を受理することができない。ただし，その者が天災その他その責めに帰することができない事由があった（国15Ⅲただし書）として届出がされたときは，その処理につき管轄法務局若しくは地方法務局又はその支局の長の指示を求めるべきである。なお，届出が催告後１か月を経過する前にされた届出は有効であり，仮に国籍喪失を原因として除籍されていても，除籍の処理は誤りであるから，有効な届出であることを確認の上，職権で戸籍を回復すべきである。

〔国籍選択未了者通知〕
第104条の3　市町村長は，戸籍事務の処理に際し，国籍法第14条第1項の規定により国籍の選択をすべき者が同項に定める期限内にその選択をしていないと思料するときは，その者の氏名，本籍その他法務省令で定める事項を管轄法務局長等に通知しなければならない。

本条は，市町村長が戸籍事務の処理に際し，国籍選択の届出をすべき重国籍者が国籍法所定の期限内にその届出をしていないことを発見したときは，管轄法務局長等に通知すべきことを定めるものである。

1　国籍選択未了者

(1)　国籍選択の催告をする必要がある者の把握

法104条の2の解説にあるとおり，重国籍者は所定の期限までにいずれかの国籍を選択しなければならず（国14Ⅰ），この期限を徒過した場合には，法務大臣から国籍選択すべき旨の催告がされる（国15Ⅰ）。そして，この催告を受けた重国籍者が日本国籍の選択をしなければ，同国籍を喪失するから（国15Ⅲ本文），重国籍が解消されることになる。

法務大臣による催告は上記のような効果を有するものであるが，この催告をするためには，法務大臣において重国籍者の存在及びその者が所定の期限内に国籍の選択をしていないことを知る必要がある。これらの情報は，外務省その他の官公署からの通報により，あるいは，出入国管理事務，帰化事務などの法務行政の過程において得られることも少なくないと思われるが，上記の情報を最も一般的かつ的確に知り得る立場にあるのは，戸籍事務の処理に当たる市町村長にほかならない。そのため，市町村長が戸籍事務の処理に際して，国籍選択の催告をする必要があると思われる者があり，しかも所定の期限内に国籍の選択をしていないことを発見した場合には，これを管轄法務局長等に通知すべきものとした。これが本条の趣旨である。

第4章 届　出　第14節　国籍の得喪

(2) 国籍選択未了者の通報義務

　市町村長が戸籍事務の管掌者であるといっても，戸籍に重国籍者である旨の記載がされているわけではなく，また，戸籍事務を処理する上で，当該者が重国籍者であるか否かの認定をする必要があるわけでもない。ただ，戸籍には，外国人との身分関係，出生場所，日本国籍の得喪及び国籍選択（選択宣言の届出，外国国籍喪失の届出）などの事項が記載されているので，それらの記載と各国の法制（生地主義又は血統主義のいずれをとっているか）を対照すると，本人が重国籍であるか否かを推測できる状況にはある。このため，市町村長が戸籍事務の処理に際し，重国籍であって国籍の選択をすべき者が所定の期限内にその選択をしていないことを発見したときは，これを通知することが要請されるのである。

　もっとも，市町村長は，当該本人が重国籍であるか否かを積極的に調査したり，認定・判断をする必要はなく，単に外観上その疑いがあると思料する場合に通知すれば足りる。その者が重国籍であり，選択義務があるか否かの最終判断は，次に述べるように，通知を受けた法務局又は地方法務局の長が行うことになるのである（田中康久「戸籍法の一部を改正する法律の概要」戸籍481号47頁）。

2　市町村長の通知

(1) 通知先

　通知先は，当該市町村長の戸籍事務を管轄する法務局又は地方法務局の長である。ただし，法務局又は地方法務局の支局の管轄内の市町村長は，当該支局の長宛てに通知することとされている（昭和59・11・1通達5500号第3の7⑴）。この通知は，本籍地の市町村長に対応する管轄法務局長等に対してされることが多いと思われるが，本籍地以外の市町村長に婚姻，養子縁組などの届出がされた際に当該本人につき重国籍であることが発見されることもあり得る。その場合には，その市町村長は管轄法務局長等に通知すれば足り，

通知を受けた管轄法務局長等において本籍地の管轄法務局長等に通報することになろう（田中・前掲48頁）。

(2) 通知内容

市町村長が，管轄法務局長等に通知すべき内容は，重国籍であって国籍の選択をすべきであるのに所定の期限内にその選択をしていないと疑われる者の氏名，本籍のほか，その住所及び出生の年月日，国籍の選択をすべき者であると思料する理由である（戸規65の2）。その者の戸籍謄本及び戸籍附票の添付を必要とする。この通知については標準様式が示されている（準則42・付録33号様式）。

3 通知を受けた管轄法務局長等の処理

本条による国籍選択未了者の通知を受けた管轄法務局長等は，通知に係る者が重国籍者であって国籍の選択をすべき者であるか否かを調査判断し，これに該当する者であると認められる場合には，催告の手続を進める措置がとられることとなる。法務大臣による催告が行われたときには，その旨が上記2の通知をした市町村長に通知される（国規6Ⅱ）。なお，上記の者が国籍の選択をすべき者に該当しないことが明らかになった場合にも，同様に，上記2の通知をした市町村長にその旨が通知されることになっている（昭和59・11・1通達5500号第3の7(3)）。

第4章　届　出　第14節　国籍の得喪

> 〔国籍喪失の報告〕
> 第105条　官庁又は公署がその職務上国籍を喪失した者があることを知つたときは，遅滞なく本籍地の市町村長に，国籍喪失を証すべき書面を添附して，国籍喪失の報告をしなければならない。
> ②　報告書には，第103条第2項に掲げる事項を記載しなければならない。

　本条は，法103条が定める国籍喪失の届出とは別に，官庁又は公署がその職務上において国籍喪失した者があることを知った場合に，市町村長に対し，その旨の報告を義務付けたものである。

1 日本国籍の喪失

　我が国の国籍法上，日本国民が日本の国籍を喪失するのは，次の各場合である。
　①　自己の志望によって外国の国籍を取得したとき（国11Ⅰ）
　②　外国の国籍を有する日本国民が，その外国の法令によりその国の国籍を選択したとき（国11Ⅱ）
　③　出生により外国の国籍を取得した日本国民で国外で生まれた者が，戸籍法の定めるところにより日本の国籍を留保する旨の意思を表示しなかったとき（国12）
　④　外国の国籍を有する日本国民が，法務大臣に対して日本の国籍を離脱する旨の届出をしたとき（国13）
　⑤　外国の国籍を有する日本国民であって国籍法14条1項に定める期限内に日本の国籍を選択しないものが，国籍法15条1項又は2項の規定により法務大臣から国籍の選択をすべき旨の催告を受けたが，所定の期限内に日本の国籍を選択しなかったとき（国15Ⅲ本文）
　⑥　国籍法14条2項の規定により日本国籍の選択の宣言をした日本国民で

あって外国の国籍を失っていないものが，自己の志望によりその外国の公務員の職に就任した場合において，その就任が日本の国籍を選択した趣旨に著しく反すると認めるものとして法務大臣から日本の国籍喪失の宣告を受けたとき（国16Ⅱ・Ⅳ・Ⅴ）

以上の各場合のうち，法103条1項の規定により国籍喪失の届出をしなければならないのは，③を除く各場合であり，官庁又は公署が本条による報告を要するのも，これらの場合に該当する者である。もっとも，上記のうち④，⑤，⑥を原因とする国籍喪失については，法務省（民事局長又は法務局若しくは地方法務局の長）から本条の報告に基づき除籍されることとなるため，法103条1項の届出義務が問題となるのは，①及び②の場合である。なお，③の場合は，日本国籍の留保の届出をしない限り，出生の時に遡って日本国籍を喪失し，戸籍にも記載されることがないから，法103条1項の届出を要しない。

2　国籍喪失の報告

(1) 本条の趣旨

上記のとおり，日本国民が日本の国籍を喪失した場合には，法103条所定の国籍喪失に関する届出をすべき義務があるが，従来から，とかくその届出が怠られがちであり，ましてや本人が外国人となって国外に在る場合には，その者にはもはや届出義務すらない（届出資格は失わないが，届出を期待することは事実上困難である。）。このため，本条において，職務上国籍喪失の事実を知る機会が多い官庁又は公署にも報告義務を課して，迅速かつ適正な戸籍処理に資することとしたものである。法24条4項や44条4項の規定と立法趣旨を同じくする。

(2) 官公署による報告

　ア　報告をすべき場合

官公署が国籍喪失の報告をすべきなのは，上記のとおり，法103条による国籍喪失の届出がされるべき場合である。上記1①の志望による外国国籍の

取得の場合，及び②の外国国籍の選択の場合には，その国に駐在する在外公館から報告がされるのが通常であろう。上記④の日本国籍の離脱の場合には，法務省から本条の報告がされる（昭和25・6・1通達1566号）。また，上記⑤の催告期間の徒過による国籍喪失の場合及び⑥の外国公務員への就任による国籍喪失の各場合においても，国籍事務を取り扱う法務省民事局長又は法務局若しくは地方法務局の長が報告をすべきものとされている（昭和59・11・1通達5500号第3の3(2)）。

　　イ　報告先

　この報告は，国籍喪失者本人の本籍地の市町村長宛てにする。

　　ウ　報告書の記載内容

　報告書には，届書の一般的記載事項（戸29）のほか，国籍喪失届に関する法103条2項に規定する事項（①国籍喪失の原因及び年月日，②新たに外国の国籍を取得したときは，その国籍）を記載しなければならない。

　　エ　報告書の添付書類

　報告書には，国籍喪失を証すべき書面を添付しなければならない（戸103Ⅱ参照）。国籍喪失を証すべき書面とは，当該外国の帰化証の写し又は在外公館長の発給する帰化事実証明書（昭和10・2・18回答118号）等がこれに該当する。

３　国籍喪失の戸籍の記載

　このように国籍喪失については，届出と報告の2つの方法によって戸籍の記載が迅速かつ遺漏なく行われるよう考慮されており，市町村長は，届出又は報告のうち先に受理したものに基づいて，戸籍に国籍喪失による除籍の記載をする。処理を完了した書類（届書又は報告書）はスキャナで読み取り，画像情報として法務大臣に提供する（令和6・2・26通達500号第3の1・2）。法務大臣は，提供された画像情報を送信した年度の翌年から10年保存するものとされる（令和6・2・26通達500号第3の7）。また，記載完了後の書類

（届書又は報告書）は，市町村長において当該年度の翌年から5年保存するものとされる（戸規48Ⅲ）。

> **〔外国国籍喪失の届出〕**
> 第106条　外国の国籍を有する日本人がその外国の国籍を喪失したときは，その者は，その喪失の事実を知つた日から1箇月以内（その者がその事実を知つた日に国外に在るときは，その日から3箇月以内）に，その旨を届け出なければならない。
> ②　届書には，外国の国籍の喪失の原因及び年月日を記載し，その喪失を証すべき書面を添付しなければならない。

　本条は，重国籍者が外国国籍を喪失した場合の届出について定めるものである。

1　本条の趣旨

　外国国籍を有する日本国民がその外国国籍を喪失する事由として典型的なものは，自らの志望によってその外国国籍を離脱することであるが，このほかに，当該外国の法制によって同国の国籍を喪失することもある。例えば，国籍剥奪の制度を導入している法制や，我が国の国籍選択制度に類似する制度を設けて他の国の国籍を選択する宣言をすると当該外国国籍を当然に喪失するとする法制などがある。
　このように外国国籍を有する日本国民がその外国国籍を喪失した場合には，その事由のいかんを問わず，届出を義務付けて，戸籍に記載すべきものとするのが本条の趣旨である。
　このことは，国籍法14条2項の規定により重国籍者が日本国籍を選択する旨の届出をした場合に，その旨が戸籍に記載される（昭和59・11・1通達5500号第3の6(1)）のと趣旨を同じくする。すなわち，外国国籍を喪失すると，重国籍者としての国籍選択義務を課せられることはなく，国籍選択の催告をされることもなくなるため，その対象外の者である旨が戸籍に表示されていることが望ましい。そればかりか，重国籍であることが，我が国内での各種

の資格，職種に関して法律上又は事実上の制限となることがあり，これから解放されるなど本人にとって少なからぬ利益をもたらすことにもなる。

2 外国国籍喪失の届出

(1) 届出義務

この届出義務は，上記のとおり，重国籍者が外国国籍を喪失した全ての場合に適用される。この届出は既に行われた外国国籍喪失の事実を届け出るだけのことであるから，その性質は報告的届出である。

3つ以上の国籍を有する重国籍者にあっては，1つの国籍を喪失してもなお重国籍の状態が継続し，引き続き残存する外国国籍との関係で国籍選択義務を課され，選択の催告を受けることになるため，このような場合には，二重三重の外国国籍の喪失届がされることがあり得る。また，重国籍者が日本国籍の選択宣言の届出（戸104の2）をし，それに基づく戸籍の記載がされたが，引き続き重国籍の状態にあるという場合には，その後に外国国籍を喪失したときは，その旨の届出をすべきである。この届出がされると，日本国籍の選択宣言の届出による戸籍記載がされた後，更に本条の外国国籍喪失の届出（本条）による戸籍記載がされることになる。

(2) 届出人

届出義務者は，外国国籍を喪失した本人であるが，本人が未成年者又は成年被後見人である場合には，その法定代理人が本人に代わって届出義務を有する（戸31）。

(3) 届出地

特別の規定がないので，法25条の一般原則による。本籍地以外でもよく，届出人が海外在留中であれば在留国に所在する在外公館でも差し支えない（戸40）。

(4) 届出期間

届出義務者が外国国籍喪失の事実を知った日から1か月以内である。ただ

し，届出義務者が上記事実を知った日に国外に在るときは，その日から3か月以内である（本条Ⅰ）。

(5) 届書の記載内容

届書には，届書の一般的記載事項（戸29）のほか，外国国籍を喪失した原因及びその年月日を記載しなければならない（本条Ⅱ）。この届書については標準様式が示されている（令和6・2・26通達504号別紙26）。

(6) 届書の添付書類

届書には，外国国籍喪失の事実を証すべき書面を添付することを要する（本条Ⅱ）。その書面としては，例えば，当該外国官憲の発行する国籍離脱証明書，国籍を喪失した旨の記載のある外国の戸籍謄本等がこれに該当する。日本の国籍選択の宣言によって他の外国国籍を当然に喪失する場合には，その点に関する証明書を添付することを要する。何らかの事情によって，これらの証明書を添付できないときは，出生又は死亡の届出に際して証明書を添付できないときと同じく，その処理につき管轄法務局若しくは地方法務局又はその支局の長に指示を求めるべきであろう。

③ 外国国籍喪失の届出と戸籍の記載

外国国籍喪失の届出があった場合，これを受理した市町村長は，届書に基づいて戸籍の記載をする。具体的には，戸籍の身分事項欄に法定記載例183の例によって外国国籍喪失の届出があった旨を記載する（戸規35⑫）。なお，その記載は，当該届出の本人が管外転籍をした場合，又は同人につき新戸籍が編製され若しくは他の戸籍に入る処理がされる場合に，移記しなければならない（戸規37・39Ⅰ⑦，昭和59・11・1通達5500号第3の6(1)）。

第15節　氏名の変更

【前　注】

1　氏名の変更の意義

　氏名は，人の同一性を識別するために，社会生活上極めて重要な意義をもつから，みだりにその変更は許されるべきではない。

　氏は原則として出生と同時に自動的に定まり（民790），名は出生の届出を通じて設定される。例外的に，棄児発見調書，国籍取得の届出，帰化の届出，就籍の届出によって氏又は名が設定される場合もある。いずれにしてもこのようにして確定した氏又は名について，当事者又はその周囲の者による恣意的な変更を認めることは，社会生活上混乱を引き起こす原因となるから好ましくなく，通常は認められない。氏については，婚姻や養子縁組などの身分法上の行為あるいは父又は母の氏を称する入籍の届出によって変更されることがあるが，これは，戸籍が夫婦及びこれと氏を同じくする子ごとに編製されるという戸籍法の原則から生じる当然の結果であって，本節が対象とする氏の変更とは別論である。

　もっとも，氏名の社会的機能という観点からすると，それは国民一人ひとりを特定するための表示手段であるから，読みやすいこと，個人の人格を不当に傷つけるおそれがないものであること，一定範囲の親族団体には氏名の呼称を同じくする者が存在しないことなどの要請を満たす必要がある。このため，法は，やむを得ない事由がある等の場合には，家庭裁判所の許可を得て，氏又は名を変更することができる旨を定めている（戸107Ⅰ・107の2）。

2　氏名の変更の制度の沿革

　氏名の変更の制度の沿革についてみると，旧戸籍法が実施された当時に発

第4章 届 出 第15節 氏名の変更

せられた明治5年8月24日太政官布告235号においては，原則として氏名の変更を禁止し，ただ名の変更については，他に同姓同名の人がいる等やむを得ない事由がある場合に，管轄庁である都道府県知事又はその委任を受けた市町村長の許可を得て認められることとされていた。そして，上記布告の運用においても，名の変更（改名）は，同一地区内における同姓同名者の存在，襲名，僧籍編入など特殊な場合に限定され，氏の変更（改氏）は，いわゆる復姓の場合のみ許可されるという，厳しい取扱いがされた。

戦後に改正された戸籍法は，法107条の規定を新設し，氏名変更が認容されるべき事由を定めるとともに，その許可の権限を家庭裁判所に移管した。法107条は氏の変更については，戸籍筆頭者及びその配偶者の申立てにより「やむを得ない事由」があるときとし，名の変更については「正当な事由」のあるときとして，氏と名の変更許可の基準を異にしている。いずれにしても，氏名の変更の事由は太政官布告時代よりも相当緩和されている。

3　昭和59年戸籍法改正による措置

戦後の我が国の経済発展に伴って外国との交流が活発化し，渉外的身分関係が増加して，渉外事件処理の合理化を図る必要が生じたことから，昭和59年法律45号による戸籍法の改正によって氏名の変更に関する規定が改められた。この改正は，従来107条2項に規定していた名の変更に関する規定を107条の2に移し，107条1項の氏の変更に関する基準を維持するとともに，渉外的身分関係に係る氏の変更について，次に掲げる3つの特則を定めるというものである。

① 外国人と婚姻した者は，婚姻の日から6か月以内に限り，家庭裁判所の許可を得ないで，その氏を外国人配偶者の称している氏に変更することができる（戸107Ⅱ）。

② 上記①の婚姻により氏を変更した者が離婚，婚姻の取消し又は配偶者の死亡により外国人との婚姻を解消したときは，解消の日から3か月以

内に限り，家庭裁判所の許可を得ないで，その氏を変更の際に称していた氏に変更することができる（戸107Ⅲ）。

③　戸籍の筆頭者又はその配偶者以外の者で，父母の一方を外国人とする子が，その氏を外国人である親の称している氏に変更するには，単独で，家庭裁判所の許可を得て，その旨の届出をすることができる（戸107Ⅳ・Ⅰ）。

第4章　届　出　第15節　氏名の変更

〔氏変更の届出〕
第107条　やむを得ない事由によつて氏を変更しようとするときは，戸籍の筆頭に記載した者及びその配偶者は，氏及び氏の振り仮名を変更することについて家庭裁判所の許可を得て，その許可を得た氏及び氏の振り仮名を届け出なければならない。
②　外国人と婚姻をした者がその氏を配偶者の称している氏に変更しようとするときは，その者は，その婚姻の日から6箇月以内に限り，家庭裁判所の許可を得ないで，その旨及び変更しようとする氏の振り仮名を届け出ることができる。
③　前項の規定によつて氏を変更した者が離婚，婚姻の取消し又は配偶者の死亡の日以後にその氏を変更の際に称していた氏に変更しようとするときは，その者は，その日から3箇月以内に限り，家庭裁判所の許可を得ないで，その旨を届け出ることができる。
④　第1項の規定は，父又は母が外国人である者（戸籍の筆頭に記載した者又はその配偶者を除く。）でその氏をその父又は母の称している氏に変更しようとするものに準用する。

　本条は氏の変更届出について規定したものである。
　氏は，原則としてこれを変更することは許されないが，本条1項では，「やむを得ない事由」がある場合に「家庭裁判所の許可」を得て，「戸籍の筆頭に記載した者及びその配偶者」から届出がある場合には氏の変更を認めている。また，本条2項・3項では外国人と婚姻及びその解消をした者がその氏を変更しようとするときの特例を定め，所定の届出期間であれば，家庭裁判所の許可を不要としている。本条4項は，父又は母の一方を外国人とする子が，その外国人父又は母の称している氏に変更をする場合の規定であって，本条1項の規定を準用している。なお，本条の変更を認めているのは呼称上の氏であり，民法上の氏を変更するものではない。(注1)
　なお，本条は，令和5年法律48号による改正に伴い，「氏」を変更しようとするときは「氏」だけでなく「氏の振り仮名」の変更についても家庭裁判

所の許可を得る必要がある。「氏」を変更することなく，その「振り仮名」のみを変更する場合（例えば，「西川」の氏を変更しないで，その読み方を「サイカワ」から「ニシカワ」に変更する場合）は，本条ではなく，法107条の3の規定が適用される。

◆◆

（注1） 日本国籍を有する者は，子は出生により親の氏を取得し（大判昭12・12・1大審院民集16巻1691頁），嫡出子は父母の氏，嫡出でない子は母の氏（民790Ⅰ・Ⅱ）を称する。また，棄児（国2③，戸57Ⅱ），帰化者（国4，大正14・1・28回答34号），就籍者（戸110Ⅰ，大正11・4・15回答893号）も，氏を原始的に取得する。さらに，婚姻・離婚（民750・767Ⅰ）及び婚姻・協議上の離婚の取消し（民749・764・747Ⅰ），養子縁組・離縁（民810・816Ⅰ）及び養子縁組・協議上の離縁の取消し（民808Ⅱ・812・747Ⅰ），生存配偶者の復氏（民751）などの身分関係の変動に伴い，氏は，法律上当然に変動する。これらの氏は，身分変動を戸籍に記載する際に，記載されるべき戸籍を特定する基準となり，実務上「民法上の氏」と呼んでいる。これらとの関連で父母と氏を異にする子の氏の変更（民791）の制度も存在する。一方，婚氏続称（民767Ⅱ，戸77の2）及び縁氏続称（民816Ⅱ，戸73の2）や，本条による氏の変更は，氏の変動を欲する意思の効果として変動する。これらは，身分関係の発生・変動とは関係なく認められた氏であって「呼称上の氏」と実務上呼んでいる。

1 本条1項による氏の変更届

(1) やむを得ない事由

　氏名は，個人の呼称として自己を他人から識別し，これにより人の同一性が認識され，個人が特定される。この氏名は，権利義務の主体をなす人の名称となるので，種々の社会制度の構築に当たって個人特定の指標となる等，私法関係及び公法関係の面においてもその影響は大きいものである。

　したがって，みだりに氏名の変更を可能とすると社会に著しい混乱が生じる。特に氏はその者を取り巻く家族集団の表象でもあり，氏の変更は名の変更に比して社会一般に与える影響は一段と大きいため，名の変更の場合は

「正当な事由」があればよいとするのに比し，氏の変更は「やむを得ない事由」がある場合に限られており，氏の変更は名の変更より一層慎重な配慮が要求されている。判例も，氏は「唯その本人のためのみのものではなく，同時に社会のためのものである。」から，氏の変更を許すためには「当人にとつて社会生活上氏を変更しなければならない真に止むを得ない事情があると共に，その事情が社会的客観的にみても是認せられるものでなければならない」(大阪高判昭30・10・15家月7巻11号70頁)とする。

具体的にどのような場合に「やむを得ない事由」が認められるかについては，個々の事件において家庭裁判所の判断によることになるが，判例の示す許可の一般的判断基準は，「現在の氏の継続を強制することが社会観念上甚しく不当と認められる場合をいい，単に氏を変更する方が有利であるとか，現在の氏を称することが心理的，主観的に好ましいとか，そのほか現在の氏を称することにより多少の不便，不都合があるとかいうにすぎない場合はこれに含まれない」とするものである(東京高決昭34・1・12東高民時報10巻1号1頁)。また「身分行為等に伴う姓の変更に伴う不便等は，それが本人又はその家族等に客観的にも堪え難いと認められる損害乃至苦痛を与える例外的な場合を除いて，通常改姓のやむを得ない理由にはならない。」，「改姓，改名が個々の事案としてこれを許しても何等の害もないことは，これを許して差支えない理由にならない。」(大阪高決昭40・6・29家月17巻11号105頁)ともしている。

その他，具体的事案についての一般的判断基準は以下のとおりである。

　ア　珍奇，難解，難読のもの

著しく珍奇な氏で他人から嘲笑されるようなもの，甚だしく難解・難読のもので本人以外の者には読むことができず，氏名が個人を特定し他の者と区別するものであるという本来の目的を十分に果たすことができず本人や社会一般に著しく不利不便を生じている場合，あるいは，その氏の継続を強制することが，社会観念上甚だしく不当と認められる場合は，氏の変更が認められるケースが多いが，その判断基準は，「現在の氏を使用することが本人に

嫌悪の感を覚えさせたり，社会生活上の支障を与えたりするものであって，しかも，その使用の継続を求めることが本人にとって社会観念上不当に難きを強いることになるものと認められる場合でなければならない」（東京高決昭51・11・5判時842号81頁），また，「社会の通常人が一見して難読，難書であると感ずる程度に顕著でなければならないものというべきであり，また或る氏が奇異であるか否かは，個人の主観を基準としてではなく，社会の通常人が奇異と感ずるか否かを基準として客観的に決せらるべきものというべきである」（名古屋高決昭44・10・8家月22巻5号62頁）としている(注2)。

イ　永年使用のもの

永年にわたり戸籍上の氏と異なる通称を使用しているため，通称を戸籍の氏とする変更が認められる場合がある。その判断基準については，「戸籍上の氏と異なる氏の長年使用を理由に氏の変更を許されるには，仮の氏が長期間にわたり社会生活全般において使用されたため，その氏が戸籍上の氏のように扱われ，戸籍上の氏を使用するとかえって別人と間違えられて，本人が困るばかりでなく，その人をめぐる社会にも混乱を生ずるような場合で，かつその仮の氏を使用するについて合理的な理由があることを要する。」（東京高決昭38・7・17東高民時報14巻7号204頁）としている(注3)。

ウ　「やむを得ない事由」の緩和を認めているもの

離婚後，婚氏続称の届出後，継続して婚氏を使用していた者が，婚姻前の氏に変更したいとして許可を求めた事案では，「婚姻によって氏を改めた者は，離婚により原則として婚姻前の氏に復するのであり，婚姻中の氏の継続使用は例外であるから（民法767条1項2項），婚姻中の氏の継続使用を選択した者の婚姻前の氏への変更の場合には，それが戸籍法107条1項の「やむを得ない事由」に該当するか否かを判断するに当たり，一般の氏の変更の場合よりも，緩やかに解釈するのが相当である。」としている（福岡高決平6・9・27判時1529号84頁，大阪高決平3・9・4判時1409号75頁も同旨）。離婚後15年以上婚氏を称した者について，婚姻前の氏への変更を許可した判例もある（東京高決平26・10・2判時2278号66頁）。同様の扱いとして，在日韓国人

第4章　届　出　第15節　氏名の変更

である夫と婚姻している日本人妻の場合，外国人配偶者の通称氏への変更を求めて日本人配偶者が本条1項の氏変更の申立てを求めた事案(注4)において，「やむを得ない事由」を前記ア・イの事案と比べ緩やかに氏の変更を認めている。

　　エ　離婚，離縁により復氏した後の氏を変更するもの
　離婚あるいは離縁により婚姻又は縁組前の氏に復した後に婚姻・縁組中に使用していた氏へ変更するためには，婚氏続称（民767Ⅱ）や縁氏続称（民816Ⅱ）の制度があるが，期間徒過のためこの制度を利用することができなかった場合は，当該徒過の期間の短さに応じて比較的緩和して許可がなされるものと考えられる。他方，養子縁組後7年経過前に離縁した場合は，民法がこの期間を要件としたことに鑑み，縁組期間にもよるが，相当厳格に「やむを得ない事由」の有無の判断がされるものと考えられる。なお，これらの制度が制定される前の裁判例は，消極例と積極例に分かれていた。

(2)　**氏の変更と訂正・更正**

　本条1項で変更される氏は戸籍に正当に記載された氏であり，戸籍を編製するとき，あるいは戸籍の再編の際，市町村長が誤った記載をしたような場合は，その誤記を知らずに正当な氏の呼称を使用しているときには戸籍に表示された氏の記載は戸籍訂正手続により訂正することができる（昭和9・7・20回答1002号）。しかし，誤記された氏を永年にわたって使用しているときは，それを訂正することによって関係人及び社会に及ぼす影響は少なくないことから，先例は「数十年前戸籍に氏が誤記されている者が，誤記前の氏に改めるには，戸籍法第107条第1項の改氏手続によるべきである」（昭和27・5・24回答751号）としている。もっとも，氏変更の手続によるのが相当であると考えられる事案であっても，戸籍訂正の許可審判があった場合には，その戸籍訂正申請を受理するほかはない（昭和27・9・25回答326号，昭和32・3・6回答442号）。

(3)　**家庭裁判所の手続**

　本条1項により氏を変更するには，住所地を管轄する家庭裁判所（家事

226）に申し立て，家庭裁判所の許可を得る必要があるが，この氏変更事件は，審判手続で行われる（家事226①・別表第一の122項）。

なお，氏変更は同一戸籍に在籍する全ての者に効果が及ぶので，名の変更とは異なり同一戸籍内の15歳以上の者には，その陳述を聴かなければならない（家事229Ⅰ）とされ，家庭裁判所は，申立ての動機，変更の必要性，氏変更に対する同一戸籍内の15歳以上の者の意向等を考慮した上で判断を行う。氏の変更を却下する審判に対しては申立人が，許可する審判に対しては利害関係人が，それぞれ即時抗告をすることができる（家事231①・②）。

(4) **氏の変更の効果**

氏を変更するには家庭裁判所の許可がなければならないが，許可されても直ちに氏変更の効力が生ずるのではなく，許可を得た後に届出をすることによって初めて氏変更の効力を生じ，その届出は創設的届出である。したがって，許可を受けても届出をしなければならない義務はなく，届出をしなければ氏の変更の効果は生じない。

現行戸籍法が同一戸籍に在籍する者は全て同一の氏を称することを前提としていることから，氏の変更届があると，その戸籍の筆頭に記載された者の氏名欄の氏の記載が改められ，その者と同籍する全ての者について呼称上の氏が変更される（昭和24・9・1回答1935号）が，たとえ氏は同じであっても戸籍を別にする場合（例えば，氏変更前に分籍している場合など）にはその者にまでは氏の変更の効果は及ばない（昭和27・9・25回答326号）。しかし，氏の変更前に婚姻・養子縁組により従前の戸籍から除かれた者が，離婚・離縁又は生存配偶者が復氏などをするとき，あるいは民法791条4項の復氏をするときに，復氏すべき戸籍が本条による氏の変更をしているときは，変更後の氏を称することとなる（昭和23・1・13通達17号(5)）。本条1項に基づく氏の変更は呼称上の氏の変更であって，民法上の氏は変更されていないからである。

第4章 届 出 第15節 氏名の変更

(5) 届 出
　ア　届出人
　民法750条により，夫婦は婚姻継続中同氏であることを要するので（夫婦同氏の原則），氏の変更を申し立てる者が夫婦である場合は，届出人は夫婦（戸籍の筆頭者及びその配偶者）の双方である。もし，その一方が死亡その他の事由によって除籍されているときは他方のみで足りる（昭和23・6・11回答1750号）。また，届出をすべき者が意思能力を欠くときは，その法定代理人が代わって届出をすることができる（昭和25・10・8回答2712号）。しかし，双方が共に除籍されているときは，他の同籍者は分籍して戸籍の筆頭者にならない限り，氏変更の届出人にはなれない（昭和38・3・14回答751号）。このように氏の変更の届出人は筆頭者及びその配偶者に限られるから，届出人でない者からの氏変更許可申立てを誤って家庭裁判所が許可審判をした場合，その者から許可審判の謄本を添付して氏変更の届出があっても受理することはできない（昭和26・2・13回答274号）。
　イ　届出地・届出期間
　特別の規定がないから，届出地に関する一般原則である法25条1項の規定に従い届出事件の本人の本籍地又は届出人の住所地に提出すればよい。創設的届出であるので届出期間はない。
　ウ　届書の記載
　届書には，法29条による一般的記載事項のほか，同籍者全員を事件本人とし，変更前と変更後の氏及び審判の確定年月日を記載すれば足りるが，制限行為能力者が届け出るときは法31条2項に定める事項を記載することを要する。氏の変更の様式は，戸籍関係届書類標準様式に示されている（令和6・2・26通達504号別紙27）。
　エ　添付書類
　届書には，氏変更の許可審判書謄本（戸38Ⅱ）と，即時抗告をすることができる（家事231①・②）ので審判確定証明書を添付する。なお，日本人に対する氏名変更の許可は，我が国の裁判所の専属管轄に属するから，外国の裁

判所が行った氏名変更の裁判に基づく届書は受理できない（昭和47・11・15回答4679号）。

(6) 戸籍の処理

氏を変更する者の戸籍事項欄にその事項を記載し（戸規34②），筆頭者の氏名欄の氏を変更する（法定記載例184）。氏を変更した者の子の戸籍の父（母）欄の氏を更正しなければならない（昭和12・4・7回答371号）。なお，氏の変更事項は，管外転籍した場合に転籍地の戸籍に移記される（戸規37①）。

◆◆◆

(注2) 許可された例として，①「仁後」という氏は「二号」（妾）を連想させ，人から好奇な目で見られるとして，改氏を許可した（福岡高決昭34・7・4家月12巻6号132頁）。②文字自体は滑稽珍奇とはいえなくても，発音が滑稽珍奇である場合には，その氏は滑稽珍奇な氏というべきであるとして，「大楢」（オオナラ）から「高山」への氏の変更を許可した（岐阜家高山支審昭42・8・7家月20巻2号55頁）。

　許可されなかった例として，①申立人の氏「佃屋（つくや）」が誤読されやすいとしても，人の呼称として人格の同一性の認識に混乱を招く程の誤読とも解されないとする（東京家審昭43・10・3家月21巻2号187頁）。②「簾」という氏は，やや難解・難読であり，道具の名であり，また，英語の「ミス」に通ずるけれども，人に嫌悪の感を起こさせるものではないから，「三須（ミヤズ）」への変更を許可しないとされた（大阪高決昭26・10・12家月5巻5号153頁）。

(注3) 許可された例として，①20年以上同棲してきた内縁の夫が死亡した後，内縁の夫の父と同居したが，同年この父も死亡したため，自らも事実上称してきた内縁の夫の氏を称する者がなくなった場合に，内縁の夫の氏への変更を許可した（大阪高決昭23・4・21家族法大系Ⅰ261頁）。②他家の選定家督相続人となりその家の氏を称していたが，その後実家に帰り，20年以上家畜商あるいは酪農経営者として努力し，社会的，経済的生活の全領域において実家の氏を称してきた事案で，実家の氏への変更を許可した（和歌山家審昭43・12・27家月21巻6号72頁）。

　許可されなかった例として，通姓を永年使用していたとしても，その間妻の氏を称する婚姻をし，かつ，長女が出生している場合（札幌高決昭35・5・27家月12巻8号135頁）。

(注4) ①在日韓国人の夫との婚姻に際し，氏を夫の氏に変更した妻が，婚姻以来，公的に必要な場合以外は夫の日本における通称氏を使用し，夫との離婚後も通称氏を使用して，延べ10年以上にわたって通称氏を使用し続けてきた事案で，申立てを認容

した（東京高決平9・3・28家月49巻10号89頁）。②外国人配偶者が通称氏である日本名を出生以来継続して使用しており、社会生活においてその通称氏が定着しているなどの事情の下では、日本人配偶者の氏の上記通称氏への変更を許可した（福岡高決平22・10・25家月63巻8号64頁）。

2 本条2項による氏の変更届

　日本人と外国人が日本で婚姻する場合、民法750条は適用されず、婚姻により日本人配偶者の氏は外国人配偶者の氏に変更することはないと解するのが戸籍の実務であり（昭和26・4・30回答899号、昭和26・12・28回答2424号、昭和40・4・12回答838号）、外国人と婚姻したことにより、新戸籍が編製される場合（戸6ただし書・16Ⅲ）であっても、その者の民法上の氏の変更はないとしている。しかし、日本人が、外国人配偶者とともに夫婦として日本において社会生活を営む場合、その呼称上の氏を同じくする必要性が高いと認められることから、本条2項により日本人配偶者は、婚姻成立後6か月以内に限り、家庭裁判所の許可を要することなく、その氏を外国人配偶者の称している氏に変更する旨の届出をすることができるとした。

(1) 外国人と婚姻した者の変更後の氏

　氏の変更により戸籍に記載する文字は、日本の公簿である戸籍に記載する氏の変更を認めるものであるから、外国人配偶者の称している氏を日本文字に引き直したものでなければならない。

　また、本条2項による氏変更は、日本人配偶者の戸籍の身分事項欄（婚姻事項中）に記載されている外国人配偶者の氏と異なる氏を変更後の氏とすることはできないとして記載を限定している（昭和59・11・1通達5500号第2の4(1)イ）。例えば、外国人夫の通称氏への変更は認められず、これをするには本条1項による家庭裁判所の許可が必要となる。また、外国人夫との日本人妻の複合氏への変更を求める場合にも、本条1項による家庭裁判所の許可が必要となる。

　ただ、外国人の中には氏を有しない国、又は、姓の全部が氏として取り扱

われない国，あるいは，外国の法制では，婚姻をした者は，相手方配偶者の氏を自己の氏の前に冠記し，若しくは後記する国もある。しかし，戸籍法上予定している氏は，子孫に承継されるものを考えているので，外国人配偶者の氏の部分のうち，その本国法によって子に承継される可能性のない部分は，本条２項に規定する外国人配偶者の称している氏には含まれないと解し，子に承継されない部分を除いたものを変更後の氏とする届出は受理するものとされる。また，届出人の身分事項欄に記載された外国人配偶者の氏と同一のものを変更後の氏とする場合は，その氏の中に明らかに上記部分を含むものと認められる場合を除き，届出を受理して差し支えないとされている（昭和59・11・１通達5500号第２の４(1)イ)。

　もっとも，夫又は妻の氏のうち，子に承継されない部分があるか否かの外国法制の調査は実際に困難であろうから，特段の事情がない限り，届出のとおり受理されることになるであろう（南敏文監修＝髙妻新著＝青木惺補訂『最新体系・戸籍用語事典』（日本加除出版，2014）559頁）。

(2)　届　出
　ア　届出人
外国人と婚姻した日本人配偶者である（本条Ⅱ）。
　イ　届出有効期間
本条２項の氏変更の届出は，外国人との婚姻と同時に届出をすることもでき，婚姻の届出の日（戸43Ⅰ）から６か月以内であれば，いつでも届出をすることができる。これは，「婚姻後，日本人が相当長期間にわたり従前の氏を使ってきた場合には，氏を変更する必要性が乏しかったものと推定されるからである。相当長期間をどの程度に画するかは問題であるが，６か月以内をもって妥当とされたのである。」（加藤＝岡垣『全訂戸籍法逐条解説』674頁・675頁)。

　６か月の届出期間を経過した後は，届出だけで氏変更は認められず，氏の変更のためには，原則に戻って本条１項によって家庭裁判所による氏変更の許可を要する。また，外国人配偶者が死亡した後に本条２項による氏変更届

はすることはできない（昭和59・11・1通達5500号第2の4(1)エ）。

　　ウ　届出地

　一般原則である法25条1項の規定による。

　　エ　届書の記載

　なお，戸籍に記載する氏又は名に漢字を用いるときは，規則68条の3に規定される文字で記載する。氏の振り仮名についても，届書に記載することを要するが，この場合の読み方や振り仮名に用いられることができる仮名及び記号の範囲については，基本的に戸籍の記載事項に係る規律に服する（戸13Ⅱ・Ⅲ）。以下の戸籍の処理に当たっても同様であり，基本的に氏に変更がある場合には，氏の振り仮名も変更する。

　外国人との婚姻による氏の変更届様式は，戸籍関係届書類標準様式に示されている（令和6・2・26通達504号別紙28）。

(3)　戸籍の処理

　　ア　戸籍に記載される文字

　変更後の日本人配偶者の氏は，日本の文字によって表記すべきであり，その表記方法は，片仮名によって記載するが，配偶者が本国において漢字を表記する外国人である場合において，正しい日本文字としての漢字により日本人配偶者の身分事項欄にその氏が記載されているときは，その漢字で記載して差し支えない（昭和59・11・1通達5500号第2の4(1)ウ）。

　　イ　戸籍の筆頭者である場合

　　㋐　同籍者がないとき

　外国人と婚姻した者が，戸籍の筆頭者（戸16Ⅲ）で，他に同籍者がないときの本条2項の氏変更届による届出人の戸籍の記載は，戸籍事項欄及び身分事項欄に所定の氏変更事項（法定記載例185・186）を記載し，筆頭者氏名欄の氏を変更すれば足りる（戸規34②・35⑬）。

　　㋑　同籍者があるとき

　氏変更者の従前戸籍に子があるときは，届出人につき新戸籍が編製される（戸20の2Ⅰ）が，呼称上の氏変更の効果は同籍者に及ばないので，子はその

まま在籍する。この場合において，氏変更前の戸籍に在籍している子は，民法上の氏を同じくする父又は母と同籍する旨の入籍届により，呼称上の氏を変更した父又は母の新戸籍に入籍することができる。なお，父又は母の呼称上の氏変更届と同時に同籍する子全員から入籍届があった場合においても，氏を変更した者につき新戸籍を編製する（昭和59・11・1通達5500号第2の4(1)カ）。

　　ウ　戸籍の筆頭者でない場合

　戸籍の筆頭者でない者から外国人との婚姻の届出があった際に，同時に本条2項の氏変更の届出もあったときは，婚姻の届出による新戸籍を編製した後に，前記イ(ア)の戸籍の記載をする（昭和59・11・1通達5500号第2の4(1)オ）。(注5)

　　エ　外国人配偶者の氏に変更後の嫡出子の母欄

　日本人配偶者が外国人配偶者の氏に変更した場合においても，その嫡出子は，出生により日本国籍を取得し（国2①），日本人たる父又は母の戸籍に入籍するが，この場合の母欄の記載については，父母が離婚，婚姻が取り消されているときを除き，日本人夫婦の嫡出子と同様に母欄の氏の記載を省略して差し支えない（昭和59・11・1通達5500号第2の4(1)キ）。なお，コンピュータ戸籍の場合は，省略されない。

◆◆

（注5）　昭和59年法律45号による改正法施行前に外国人と婚姻した者であっても，昭和59年7月2日以降に婚姻した者は，改正法施行の日から昭和60年6月末までその氏を外国人配偶者の称している氏に変更する旨の届出をすることができたが（改正法附則11），この場合において，届出人が戸籍の筆頭者でないときは，届出人につき新戸籍を編製し（戸20の2），戸籍の記載は，法定記載例187から189までの例に準じて行うものとされていた（昭和59・11・1通達5500号第2の4(1)ク）。

③　本条3項による氏の変更届

　外国人との婚姻により氏を変更した者について，その婚姻が離婚等により

解消しても，当然には氏の呼称は変更しない。しかし，婚姻解消後は，氏の呼称を外国人配偶者であった者と同じくしておく必要がなく，かえって変更前の旧の氏に復する方が社会生活上必要であるなどの理由から，本条3項では，外国人と婚姻をし，本条2項の規定によって氏の変更届をした外国人配偶者が，離婚，婚姻の取消し又は配偶者の死亡の日から3か月以内に限り，家庭裁判所の許可を要することなく，その呼称上の氏を変更前の氏に再変更する届出を認めている。したがって，婚姻継続中は本条3項の届出は認められないが，婚姻継続中であっても婚姻前の氏に再変更することが「やむを得ない事由」があるとすれば，本条1項を適用し，家庭裁判所の許可を得て，同項の届出をすることができる。

(1) **再変更できる氏**

本条3項の届出により変更となり得る氏は，本条2項の変更の際に称していた氏に限定される。例えば，外国人と婚姻後に「鈴木」を「ベルナール」と変更した者は，その婚姻解消後に「鈴木」に変更できるだけであって，その他の新たな氏を称することはできない。また，前述の呼称上の氏「鈴木」を「ベルナール」と変更後に，その婚姻を解消したが，その氏をそのままで韓国人と再婚し，その氏を「金」と変更した場合，その後の配偶者死亡により本条3項の届出により変更できる氏は「ベルナール」だけであり，更に「鈴木」に変更するには原則によって家庭裁判所の許可を得なければならない（本条Ⅰ。南＝髙妻＝青木・前掲561頁）。

(2) **届　出**

ア　届出人

外国人配偶者との婚姻を解消（離婚，婚姻の取消し又は配偶者の死亡）し，本条2項により外国人配偶者の称している氏に変更した本人が届出人となる。したがって，本条1項の規定により「やむを得ない事由」があるとし，家庭裁判所の許可を得て氏を変更した者は，この届出による氏の変更をすることができない。その者が氏を変更するためには，改めて本条1項所定の手続によらなければならない。また，「離婚，婚姻の取消し又は配偶者の死亡」に

第107条〔氏変更の届出〕

よって婚姻を解消した場合であるので，婚姻無効，婚姻関係不存在によって婚姻の不存在が明確にされた場合は含まない。もっとも，この場合は，婚姻無効等による戸籍訂正の際に，本条1項の氏変更の記載を併せて消除できるものと考える。

　　イ　届出有効期間

　本条3項の氏変更の届出は，家庭裁判所の許可を必要としていないが，この届出のできる期間は，婚姻の解消の日から3か月以内とされている。これは，婚姻解消後も長期間にわたって婚姻当時の氏を称している場合には，その必要性は乏しいと推測され，婚氏続称の場合を考慮して，家庭裁判所の許可を要しない届出期間を3か月としたものである。3か月を経過した場合には，本条1項の適用により家庭裁判所の個別的判断に基づく許可を得なければならない。

　　ウ　届出地

　本条2項と同様，一般原則である法25条1項による。

　　エ　届書の記載

　外国人との離婚による氏の変更届様式は，戸籍関係届書類標準様式に示されている（令和6・2・26通達504号別紙29）。

　(3)　戸籍の処理

　本条3項の届出による氏の変更も，本条2項による氏の変更と同じく，民法上の氏そのものの変更でなく，戸籍法上の呼称の変更である。したがって，本条3項の届出による氏変更の効果は，同籍者には及ばないとされている。氏変更者が単身の場合には，戸籍事項欄及び身分事項欄に所定の氏変更事項欄（法定記載例185・186に準ずる）を記載して筆頭者氏名欄の氏を更正すれば足りるが，その届出人の戸籍に子が同籍しているときは，届出人について新戸籍を編製する（戸20の2Ⅰ）。この場合に，氏変更前の戸籍に在籍している子は，同籍する旨の入籍届により，氏を変更した父又は母の新戸籍に入籍することができる（昭和59・11・1通達5500号第2の4(2)イ・第2の4(1)カ）。戸籍の記載例は，法定記載例190から192までに示されており，氏を変更した者

791

の子の戸籍の父（母）欄の氏を更正しなければならない。

4 本条4項による氏の変更届

　婚姻中の外国人と日本人との間に子が生まれると，嫡出子は日本国籍を取得する（国2①）から，その子は出生とともに日本人である親の氏を称し，その者の戸籍に入籍する（戸6ただし書）。その結果，子は日本人父又は母が，本条2項の規定により，その氏を外国人配偶者の称している氏に変更すれば，自らもその氏を称することができる（前記2(3)イ(イ)参照）。しかし，例えば，子は外国人親と外国で生活するために外国人親と同じ氏を称したいのに，日本人親が氏を変更しないような場合には，分籍した上で，本条1項の手続をとることが可能である。しかし，未成年者は分籍ができないのでこの手段を用いることができない。本条4項は，分籍の手続がとれない未成年者のために，家庭裁判所の許可を条件に，その父又は母の戸籍に同籍している子についても，氏の変更を認めたものである。

(1) 対象者

　本条4項による届出は，戸籍の筆頭者及びその配偶者でない者からの氏変更が認められる点で，本条1項の氏の変更届の特則ともいえる。本条4項の対象者は，未成年であることを要件としていないから，成年者でもこの手続をすることができる。対象者となるのは，父又は母が外国人である場合の嫡出子である。また，外国人の養子となっている者も，その氏を外国人養父母の称している氏に変更することができるが，外国人実父母の氏に変更することはできない。養子が転縁組をしているときは，直近の縁組による外国人養父母の称している氏のみに変更することができる（昭和59・11・1通達5500号第2の4(3)イ）。なお，この氏変更の許可申立ては，子が満15歳以上であれば，本人の意思能力を有するものとして直接許可の審判を求め，本人が15歳未満であれば，法定代理人から許可の審判を求めることになる（民791Ⅲ，家事17）。

(2) 氏の変更の範囲

外国人と婚姻した者の変更後の氏と同様（前記2(1)参照），日本人配偶者の戸籍の身分事項欄（婚姻事項中）に記載されている外国人配偶者の氏と異なる氏を変更後の氏とすることはできない（昭和59・11・1通達5500号第2の4(3)エ・第2の4(1)イ）。つまり，本条4項により変更できる氏は，日本人親の戸籍に記載された外国人である父又は母の氏に限定される。

(3) 届　出

ア　届出人

届出人は，氏を変更する者であり，本人が15歳未満であるときは，意思能力がないと解されており，その法定代理人が届出をすべきものとされている（昭和59・11・1通達5500号第2の4(3)ウ）。なお，本条4項の届出を法定代理人からする場合，子の父又は母が外国人であるから，その準拠法は，法の適用に関する通則法32条により子と父又は母の本国法が同一である日本法となり，日本民法が適用される。

イ　届出地と届出期間

一般原則である法25条1項による。

家庭裁判所で許可する旨の審判があっても直ちに氏変更の効果を生ずるのではなく，許可審判の謄本を添付して届け出ることを要し，それによって氏変更の効果を生ずるので，本条1項におけるそれと同じく，その性質はいわゆる創設的届出であるので届出期間については，特に定めはない。

ウ　届書の記載

外国人父母の氏への氏の変更届様式は，戸籍関係届書類標準様式に示されている（令和6・2・26通達504号別紙30）。

エ　添付書類

本条1項と同様である。ただ，この届出は創設的届出であるから，未成年者又は成年被後見人の創設的届出に関する法32条にのっとり取り扱う。

(4) 戸籍の処理

変更後の氏は，片仮名によって記載する（前記2(3)ア参照）が，配偶者が

第4章　届　出　第15節　氏名の変更

本国において漢字を表記する外国人である場合において，正しい日本文字としての漢字により日本人配偶者の身分事項欄にその氏が記載されているときは，その漢字で記載して差し支えない（昭和59・11・1通達5500号第2の4(3)エ・第2の4(1)ウ）。

　本条4項の氏変更は，本人のみに及ぶから，戸籍の処理は，筆頭者でない本人について新戸籍を編製することとされている（戸20の2Ⅱ，昭和59・11・1通達5500号第2の4(3)オ）。したがって，筆頭者でない子が，家庭裁判所の許可を得て氏変更の届出をした場合には新戸籍がつくられる。この新戸籍を編製された子は，自己の意思に基づいて筆頭者になったものであるから，分籍者と同様に，以後は民法上同氏の父又は母の戸籍に入籍することはできない。戸籍の記載方法については，法定記載例193から195までによる。

> 〔名変更の届出〕
> 第107条の2　正当な事由によつて名を変更しようとする者は，名及び名の振り仮名を変更することについて家庭裁判所の許可を得て，その許可を得た名及び名の振り仮名を届け出なければならない。

　本条は，戸籍に記載された名を変更する届出を規定したものである。名の変更は，正当な事由の存在するときには，家庭裁判所の許可を得て，届け出ることによってすることができる。

　「名」を変更しようとするときは「名」だけでなく「名の振り仮名」の変更についても家庭裁判所の許可を得る必要がある。「名」を変更することなく，その「振り仮名」のみを変更する場合（例えば，「裕子」の名を変更しないで，その読み方を「ヒロコ」から「ユウコ」にする場合）は，本条ではなく，法107条の4の規定が適用される。

1　正当な事由による名の変更

　氏は，出生等により原始的に取得し選択の余地がないのに対して，名は出生後命名権者の命名により取得する。名については，同一戸籍における同一名の禁止の原則がある。(注1)

　名は氏とともに個人の呼称として自己を他人から識別し，その同一性を表象するものである。したがって，名は氏と同様に権利義務の主体をなす人の名称として社会的に重大な意義を有するから，みだりに変更できないのが原則である。しかし，特定の人が特別の理由があってその名の変更を希望し，それまでの名を使用することがその人の社会生活上著しく支障があり，戸籍上の名の使用を継続させることが社会通念上不当と認められる場合，名の変更を認める必要性がある。そこで，本条において，名の変更は「正当な事由」がある場合に限り許されるとしている。(注2)　氏の変更の「やむを得ない事由」に比して，やや厳格性が緩和されている。何が「正当な事由」に当た

るかについては，個々のケースについて家庭裁判所の判断によるが，「正当な事由」の有無の判定するに当たっての判断要素として，次のようなものが考えられる。

(1) 最高裁判所事務局民事部長回答（昭和23・1・31回答370号）

同回答では，次のような場合が例示されている。

　ア　営業上の目的から襲名する必要のあること

父祖伝来の家業について歴代の当主が同一名を襲名し，営業上もその呼称によって信用の維持，拡大を図っているなど日常生活上著しい支障が生ずるおそれがある場合や（大阪高決昭27・2・22家月5巻5号159頁），過去350年の家業について，歴代の当主が本件申立てに係る名を襲名しており，得意先に対する営業広告にもその氏名の者が経営を統括することを明記し，それによって社会の信用の維持，拡大を計っており，取引先もその伝統と特色をもち続けることを望み，その上に取引の信用が成立っている場合（東京高決昭44・6・11家月22巻2号49頁）には，正当な事由がある。一般的にみて日常生活上正当な利益が認められる場合は営業上の襲名には限られないとしても，襲名する慣行があるというだけでは正当の事由があるとはいえないとされる（大阪家審昭46・2・23家月23巻11・12号116頁）。

　イ　同姓同名の者があって社会生活上甚しく支障のあること

同姓同名の者があって社会生活上甚しく支障のある場合とは，例えば，近隣に同姓同名者が居住していて，いつも郵便物が誤配されたり，人が誤って訪問するなど日常生活上支障がある場合などで，このような場合には改名の正当事由があるといえる。

他方，呼称が同一あるいは同姓類似名の場合には，類似性の濃淡により積極例と消極例がある。[注3]

　ウ　珍奇，外国人に紛らわしい名又は甚しく難解，難読の文字を用いて
　　　名等で社会生活上甚しく支障のあること

一般的にみて珍奇な名，甚だしく難解・難読で，他人から誤読・誤称・誤記されることが多く，日常生活上甚だ不便・不利と認められる名の場合には

正当な事由があると解される。しかし，必ずしも珍奇低俗な名ではなく，本人の主観的事由による場合とか，改名後に用いようとする名がやはり難読である場合は正当な事由があるとはいえない（大阪高決昭32・5・27家月9巻5号61頁，高松高決昭35・6・11家月13巻5号137頁）。また，「清」という名を「起由」，「季芳」，「貴由」と改名することは正当な事由があるとはいえない（東京高決昭32・2・21家月9巻2号44頁）。このように，日常生活において呼称上混乱を生じ，社会生活上多大の支障を来す場合であるか否かによって正当な事由の有無が判断される。

エ　神官若しくは僧侶となり又はそれを辞めるために改名する必要のあること

僧侶，神道教師等，宗教に従事する者が，いわゆる俗名のままでは，布教伝道上において支障があるとすれば，その名を適当な名に変更することは社会通念からいって是認すべきであり，「荘敬」から「崇奉」に変更することに正当な理由がある（大阪高決昭27・5・27家月5巻5号161頁）。他方，僧侶の分限を取得し法名を称していても，宗教活動がその者の社会活動の主要面を占めることなく，単に一部にすぎない場合は，改名の「正当な事由」に当たらない（福岡高宮崎支決昭38・6・27家月15巻10号138頁）。

オ　帰化した者で日本風の名に改める必要のあること

(2) 通名の永年使用による名の変更

名変更許可の申立ての事由のうち最も多数を占めるのが，この通名を永年使用してきたことを理由とするものである。判例では，通名の使用を理由として名の変更の許されるのは，その使用が永年にわたり，そのため本人の交友関係，職務関係その他一般社会生活のあらゆる面において，通名が戸籍名に取って代わり，戸籍名ではかえって本人の同一性の識別に支障を来すような程度に達した場合に限られる（大阪高決昭40・1・28家月17巻3号54頁）としている。

どのくらいの期間にわたり通称名を使用すると永年使用といえるのかについては「少なくとも5年以上」が1つの目安である（島田充子「改名許可基

準と手続——名の変更・氏名変更手続」判タ1100号267頁）。ただ，幼児の通名使用による名の変更については，「改名の動機は合理的なものと認め難いが不幸な子の幸福を願う実母の真情と，（中略）正式に養子縁組しそれ以来約4年に亘り通称として（中略）使用して来た実績並びに改名による弊害不都合も認められないこと等を考慮」し，改名の「正当な事由」があると認められる（横浜家審昭36・12・27家月14巻6号128頁）として，正当な事由を多少拡張して許可している事例がみられる。この通名への変更については社会的に分野が限定され，戸籍名を使用することによる障害は一時的なものにすぎず，主観的事情による変更は認めないとして申立てを却下する事例も多くみられる（広島高岡山支決昭33・10・17家月11巻2号66頁など）。

(3) **再度の改名**

名を頻繁に変えることは，その個人に対する同一性の認識を不明確にし，社会生活上の混乱を招くことになり，原則として許されるべきではない。もっとも，改名の許可を得て既に名を僧名に変更した者が，その後所属寺院が変わったことから更に改名の許可を求めた事案において，住職としての社会的，宗教的活動を円滑に営むためには改名の必要があり，また，先の改名から20年近くを経ているものの従前の地域，社会関係との交渉はほとんど絶えているので，更に改名することにより混乱を生じさせるおそれはなく，他に不当な目的も認められない場合に，再度の改名を許可した事例がある（広島高岡山支決昭57・11・25家月36巻3号157頁）。なお，改名申立てが却下された場合に，その審判確定時に近接し，ないしは同一事由に基づく再度の申立ては申立権の濫用として許されない（東京家審昭41・2・23家月18巻9号93頁）。

(4) **その他の事例**

ア 性同一性障害と診断された者による通称として使用し定着している名への変更許可の申立てにおいて，生物学的な性と心理的・社会的な性意識としての性の不一致に悩み，生活上の不便が生じており，その不便を解消するために，持続的な確信をもつ心理的な性に合わせた名の使用を開始し，その名は，勤務先や通院先など社会的，経済的な関係において，継続的に使用

されている場合には「正当な事由」が認められる（大阪高決令元・9・18判タ1475号75頁，家判28号91頁）。

イ　犯罪者が親類縁者に及ぼす不名誉を覆うための改名申立ては許されない（大阪高決昭37・2・15家月14巻6号122頁）とした事例があるが，自己の犯罪歴がインターネット上に拡散され，就職の困難を来していると主張する者の名の変更の許否が問題となる。この点，公然わいせつ罪により執行猶予付き有罪判決を受けた者がした，犯罪歴を就職応募先に知られる等の不利益を回避することを理由とする名の変更には「正当な事由」が認められないとしたものがある（東京家審令元・7・26判タ1471号255頁，家判32号83頁）。

ウ　養子縁組した場合に養子の名を変更することを認めるのは，再養子縁組の場合も同様の問題を生じ，かくては各人の恣意による名の変更を認容せざるを得なくなるから是認すべきではない（仙台高決昭46・3・4家月23巻11・12号67頁）とされる。

(5)　法50条等との関係

法50条1項は，子の名が難解・難読であれば自他共に社会生活上の不便を来すことから，子の名には常用平易な文字を用いるべきものと規定しているところ，その趣旨は，名の変更についての「正当な事由」の有無の判断に際しても尊重されるべきである。したがって，変更後の名は，法50条にいう平易な文字を用いるべきことが原則である。

では，法50条，規則60条の規定[注4]に反する場合は，名の変更は許されるのか。この点，東京高裁昭和53年11月2日決定（家月31巻8号64頁）は，法50条の趣旨は改名についての「正当な事由」の有無の判断に際しても尊重されるべきであるとの原則を示した上で，規則60条所定の文字以外の文字を用いた通名を長期間にわたって使用してきた場合において，この通名を戸籍上の正式な名としなければ社会生活上著しい支障を来すような状況にまで達し，しかも，通名に用いられている文字が常用平易な文字の概念から著しく逸脱していないときに限り，改名後の文字として使用し得ると解している。これが基本的な考え方である。

第4章　届　出　第15節　氏名の変更

　　ア　使用している名が常用漢字表にない場合
　名の文字が単に常用漢字表に掲げる文字中にないというだけでは，名変更許可申立ての正当な事由とは解されない。すなわち，常用漢字にないことを理由に安易に名の変更を許すとかえって混乱を生じ，あるいはこれに便乗して別の目的で名の変更を求める場合も予想されるので，戸籍に登録された名は，常用平易な文字の範囲を大きく逸脱した場合を除いては，たやすく変更を認めるべきでない（東京家審昭41・8・2家月19巻2号121頁）。ただし，甚だしく難解・難読の文字を用いた名など，社会生活上支障があるときは，正当な事由として認められる（昭和24・5・21回答1149号，前記(1)のウ）。
　なお，字種ではなく，同一漢字の字体の変更は，後記2で説明するとおり，本条の名の変更手続によるのではなく，「文字の更正」手続による。

　　イ　変更後の名が常用漢字表にない場合
　名の変更については，上記のとおり，出生届が受理されないような改名は基本的に許されない。もっとも，永年使用の場合は，例外的に認められることがあり，出生の届出に関する昭和56年9月14日通達5537号（親子関係存否確認等の裁判に基づく戸籍訂正によって戸籍を消除された子について，従前の名と同一の名を記載してする出生の届出や，出生後長年月経過し，相当の年齢に達した者について，卒業証書等により社会に広く通用していることを証明できる名を記載してする出生の届出を受理して差し支えないとする。）が，子の名の変更に当たっての正当事由の有無の判断においても参考となる。

　　ウ　常用漢字表あるいは人名漢字別表への追加文字への変更
　社会状況の変化や国民感情を考慮することなどから人名に使用する漢字も追加されることがある。ただ，常用漢字表あるいは人名用漢字別表にないため，やむを得ず用いなかった文字が，その後，人名用漢字別表に掲げられたとしても，他に特別の事情がなく，単にそれだけの理由では改名の正当な事由には該当しない（大阪高決昭27・10・31家月5巻5号164頁）。しかし，常用漢字表になかったため戸籍事務管掌者に受理されなかった名を通名として使用してきたところ，その後それが常用漢字に組み入れられた場合には，名を

通名に変更する正当な事由があるとした事例もある（大阪高決昭29・6・4家月6巻6号51頁）。

◆◆◆◆◆◆◆◆◆◆◆◆◆◆◆◆◆◆◆◆◆◆◆◆◆◆◆◆◆◆◆◆◆◆◆◆◆◆

（注1）　同一戸籍内において他の者と同一の名を付けた出生届は，他市町村より送付があっても，受理しないのが相当である（昭和10・10・5回答1169号）。ただし，同名の者が既に死亡している場合は，名の変更は認められる（「出生子が入るべき家の家族及び家族であった者で去家した者と同名の出生届は，受理しないのが相当であるが，死亡者と同名の場合は受理して差し支えない」昭和7・8・18回答828号，昭和47・8・23回答420号）。

（注2）　「改名は正当な事由ある場合に家庭裁判所の許可を得て為し得べきことに定めた所以は（中略），戸籍法に前記制限を設けたことは，何等憲法に違背せず，却て之に適合するもの」である（東京高決昭24・7・28家月1巻9・10号6頁）。

（注3）　積極例として，①近隣に呼称が同一で，字画も大部分類似した者が居住して，社会生活上支障を来している場合（大阪高決昭40・9・21家月18巻2号81頁），②同一世帯内に字画は異なるが名の呼称が同一の者がおり，日常生活において呼称上混乱を生じ多大の支障を生じている場合（広島高岡山支決昭46・2・1家月23巻8号44頁）。

　　　　消極例として，同一集落に同姓類似名の者が居住する場合（広島高岡山支決昭34・5・7家月12巻4号93頁，大阪高決昭27・9・16家月5巻5号167頁）。

（注4）　ア　常用漢字表（平成22年内閣告示2号）に掲げる漢字（括弧書きが添えられているものについては，括弧の外のものに限る。）

　　　　イ　規則別表第二に掲げる漢字

　　　　ウ　片仮名又は平仮名（変体仮名を除く。）

　　　　「ヰ」，「ヱ」，「ヲ」，「ゐ」，「ゑ」及び「を」は，規則60条3号に規定する「片仮名又は平仮名」に含まれる（平成16・9・27通達2664号1）。長音記号「ー」は直前の音を延引する場合に限り，また，同音の繰り返しに用いる「ゝ」及び「ゞ」並びに同音の繰り返しに用いる「々」は直前の文字の繰り返しに用いる場合に限り，いずれも用いることができる（平成16・9・27通達2664号2）。

第4章 届 出 第15節 氏名の変更

２ 名の訂正・更正と名の変更

(1) 訂　正

ア　届出の錯誤

　出生届は報告的届出であるから，届出の際の錯誤が明らかな場合，例えば，名を誤記して届け出たとか，使者が名を誤って届け出たような場合は，子の名が記載された出生届が受理されても，戸籍に記載される前であれば，出生届義務者からの追完届により真実の名を戸籍に記載することができる（大正6・8・25回答924号）。また，名の追完届については，子の出生届出に当たりその届書に子の名を誤記した場合であれば，該出生届に正当な子の名を追完させることができる（昭和30・2・16回答311号）。しかし，届出が受理され戸籍に記載された場合は，錯誤により戸籍の記載が客観的事実と一致しない場合であるから，名変更の手続によるよりも法113条による戸籍訂正手続により真実に合致させるのが正当であると解される。この点，昭和9年7月20日回答1002号は，名が誤記され，かつ，その戸籍を本人も永い間使用している場合，戸籍を整序するには誤記前の真正の名に戸籍訂正をすべきでなく，誤記後使用の名にする改名手続によるべきであるが，本人が誤記前の真正な名を使用している場合は戸籍訂正によるべきものとしている。

　また，昭和25年8月3日第9回法務省・裁判所戸籍事務連絡協議会決議において，当用漢字外の名の出生届を誤って受理し，戸籍に記載後，当用漢字の名に改めるには，「原則として，改名の許可の申立をなすべき」であり，その理由として，「如何なる名に改めるかは当事者の意思によるもので，客観的には定められないから，改名の手続きによるのが適当である。」としている。

イ　命名行為が無効の場合

　親権者が命名権を行使する場合には，親権行使の一般原則である親権者は父又は母であるが，婚姻中は父母が共同して行う（民818Ⅲ。令和6年法律33号施行後は，民818Ⅱ）とされていることから，親権者の一方が他方と協議す

ることなく又は意思に反して命名し届け出た名を，その後両者が協議して定めた名に変更する手続については，本条によるのか，あるいは戸籍訂正によるのか実務上も見解が分かれているところである（注5）。この点，明らかに命名行為に瑕疵があるような場合は，戸籍訂正により名を消除し，正当な命名をして名の追完届をすることになる。ただ，親権者の一方が不在で他方のみで命名権又は代理権を行使したようなときは，無効とはいえない場合もあり得るので，一般的には，子の利益を考え，本条による改名の問題として扱うことが妥当である。なお，戸籍訂正によるとしても家庭裁判所の許可を要するので（戸113又は114），家庭裁判所が，戸籍訂正の許可又は本条による許可をすれば，市町村長は，それに従って手続を進めればよいものと考えられる。

　　ウ　市町村長限りの職権訂正

　戸籍の記載の錯誤又は遺漏の明白性が，当該戸籍記載の基となった戸籍の届書によって確認できる場合は，市町村長限りの職権訂正が認められている（昭和47・5・2通達1766号）。また，法107条1項の規定による氏の変更及び夫婦の一方の名の変更の届出と同時又は届出後に，他の一方から婚姻事項中の配偶者の氏又は名を変更後の氏又は名に更正する旨の申出があった場合は，市町村長限りの職権でその記載を更正して差し支えない（平成4・3・30通達1607号）とされている。

　(2)　**字体の訂正及び更正**

　平成2年10月20日通達5200号では，戸籍の氏又は名の文字が誤字又は俗字等で記載されている場合に，これを正字に改めることを「文字の訂正」と位置づけ，その文字をこれに対応する正字等に訂正する申出があったときは，市町村長限りでこれを訂正して差し支えないものとされている（平成2・10・20通達5200号第2）。また，戸籍の筆頭者氏名欄又は名欄の氏又は名の文字については，次の場合に漢字を改めることを「文字の更正」と位置づけており，申出により，市町村長限りでこれを更正して差し支えないものとされている（平成2・10・20通達5200号第3，平成6・11・16通達7005号第3）。

　　①　通用字体と異なる字体によって記載されている漢字を通用字体の漢

字にする場合
② 規則別表第二の一の字体と異なる字体によって記載されている漢字を規則別表第二の一の字体の漢字にする場合（対応する字体を特定する上で疑義がある場合には，管轄局の長の指示を求めるものとする。）
③ 変体仮名によって記載されている名の文字を平仮名の文字にする場合
④ 片仮名又は平仮名の旧仮名遣いによって記載されている名の文字を現代仮名遣いによる文字にする場合

◆◆

（注5） 戸籍訂正を容認した事例として，出生届に際し，親権者の一方がほしいままに命名して届け出た名を，その後両者協議して命名した名に訂正する事例（大阪家岸和田支審昭41・3・2家月18巻10号76頁）がある。
　名の変更許可をした事例として，命名が親権者間で十分協議されず父の独断によりなされ，かつ命名届出後ごく短時日の間に名の変更許可申立てをした場合において，変更による社会的影響が極めて少ないとして許可した事例（鳥取家米子支審昭42・2・16家月19巻9号82頁）がある。また，父の昔の恋人と同じ名をつけたことが後に妻の知るところとなり，父母とも改名を申し立てている場合は，家庭生活の破壊と子自身の幸福の阻害を防ぐため，子の出生後2か月しかたっていない現時点で別名への改名を許可するのが相当であるとした事例（前橋家沼田支審昭37・5・25家月14巻9号112頁）もある。

3　家庭裁判所の手続

　法107条1項の氏の変更と同様，住所地を管轄する家庭裁判所（家事226）に申し立て，審判手続で行われる（家事226①・別表第一の122項）。名の変更を却下する審判に対しては，申立人が即時抗告をすることができるが，許可する審判に対しては即時抗告を許していない（家事231①・②）。

4 名の変更の効果

　名の変更も氏の変更と同様に家庭裁判所の許可を得ても直ちに名変更の効力が生ずるのではなく，許可を得た後に届出をすることによって初めて名変更の効力が生ずるので，その届出は創設的届出であり，届出をしなければ名の変更の効果は生じない。なお，申立権のない者の申立てによる許可の審判があった場合でも，届出の適格ある者からの届出があれば受理して差し支えない（昭和26・1・31回答71号）とされている。

5 届　出

(1) 届出人

　届出人は，名が変更される15歳以上の本人である。もし，本人が15歳未満のとき，又は意思能力を欠く場合は，その法定代理人が届出をすることができる（戸31）。本人が15歳未満の父母の共同親権に服する子につき，その届出を父のみからして誤って受理された場合の届出は無効であるが，母から追完の届出があったときは，これを有効として取り扱って差し支えない（昭和26・10・17回答1959号）。15歳以上の未成年者の名の変更届が法定代理人よりなされ，戸籍に記載された場合は，本人自らの追完届でもよい（昭和32・2・26回答381号）。なお，婚姻前に名変更許可の申立てをした者が，他の氏を称して婚姻した後，婚姻前の戸籍の表示で許可の審判があった場合，その審判書の謄本を添えて名変更の届出があったときは受理して差し支えない（昭和37・11・24回答3390号）。

(2) 届出地・届出期間

　氏の変更と同様，届出地は一般原則である法25条1項により，創設的届出であるので届出期間はない。

(3) 届書の記載

　届書の記載事項は，戸籍関係届書類標準様式に示すとおりである（令和

6・2・26通達504号別紙31）が，一般記載事項のほか変更前及び変更後の名（よみ方も記載する。）を記載する。法定代理人により届け出る場合には，法31条2項に掲げる事項も記載する。

(4) **添付書類**

添付書類は，許可審判の謄本である（戸38Ⅱ）。名の変更許可審判に対しては即時抗告は許されていない（家事231①・②）から，確定証明書を添付する必要はない。

6 戸籍の処理

名の変更の届出があったときは，これに基づき本人の戸籍における名欄，筆頭者氏名欄の名の記載を更正し，その者の子又は養子についても，その父母欄又は養父母欄の名の記載もできる限り更正する。

第15節の2　氏名の振り仮名の変更

【前　注】

　令和5年法律48号による法改正において，戸籍の記載事項として，氏名に加え，新たにその読み方としての振り仮名が追加されたことから，その変更手続を定めるものとして本節が新設された。

第4章　届　出　第15節の2　氏名の振り仮名の変更

〔氏の振り仮名の変更届〕
第107条の3　やむを得ない事由によつて氏の振り仮名を変更しようとするときは，戸籍の筆頭に記載した者及びその配偶者は，家庭裁判所の許可を得て，その旨を届け出なければならない。

　本条は，やむを得ない事由によって氏の振り仮名を変更しようとするときは，戸籍の筆頭者とその配偶者とが共同して，氏の振り仮名を変更することについて家庭裁判所の許可を得た上で，その許可を得た氏の振り仮名を届け出なければならないことを定めるものである。

1 本条の趣旨

　氏の振り仮名は，氏の読み方を示すものであって，氏と同様に本人確認事項の1つとなることから，その変更を自由に認めることは相当ではなく，変更するための要件を定め，一定の制約を設ける必要がある。
　氏の振り仮名の変更に係る規律を設けるに当たり，届出人及び変更の要件については，氏の変更の場合に準ずるものとすることが適当であると考えられることから，やむを得ない事由によって氏の振り仮名を変更しようとするときは，戸籍の筆頭者及びその配偶者は，家庭裁判所の許可を得て，その旨を届け出なければならないこととされた。

2 氏の振り仮名の変更手続

　戸籍の筆頭者と配偶者とが共同して申立人となり，家庭裁判所に氏の振り仮名の変更についての許可の審判を申し立てる（家事別表第一の122項）。家庭裁判所は，申立人と同一戸籍内に15歳以上の同籍者がいる場合は，当該同籍者の陳述を聴かなければならない（家事229Ⅰ）。
　氏の振り仮名の変更についての許可の審判に求められる「やむを得ない事

由」とは，氏の変更の場合と同様，著しく珍奇なものや甚だしく難解なものなど，本人や社会一般に著しい不利不便を生じている場合がこれに該当する。氏の「振り仮名」特有の問題として，「氏」自体に難解な漢字が用いられていないが，その読み方が難解であるために本人や社会一般に著しい不利不便が生じている場合があり得るところ，これを通常の漢字の読み方に変更することを目的として「氏の振り仮名」のみを変更することを求めることも考えられる。変更後の振り仮名についても，法13条2項の規定の趣旨から，氏として用いられる文字の読み方として一般に認められているものに限られる。

　家庭裁判所において氏の振り仮名の変更についての許可の審判がされた場合には，申立人である戸籍の筆頭者と配偶者とが共同して，本籍地の市町村長に対し，許可された審判書の謄本及び確定証明書を添付して氏の振り仮名の変更の届出を行う（戸38Ⅱ）。

第4章 届 出 第15節の2 氏名の振り仮名の変更

> 〔名の振り仮名の変更届〕
> 第107条の4 正当な事由によつて名の振り仮名を変更しようとする者は，家庭裁判所の許可を得て，その旨を届け出なければならない。

　本条は，正当な事由によって名の振り仮名を変更しようとするときは，名の振り仮名を変更することについて家庭裁判所の許可を得た上で，その許可を得た名の振り仮名を届け出なければならないことを定めるものである。

1 本条の趣旨

　名の振り仮名は，名の読み方を示すものであって，名と同様に本人確認事項の1つとなることから，その変更を自由に認めることは相当ではなく，変更するための要件を定め，一定の制約を設ける必要がある。

　名の振り仮名の変更に係る規律を設けるに当たり，届出人及び変更の要件については，名の変更の場合に準ずるものとすることが適当であると考えられることから，正当な事由によって名の振り仮名を変更しようとするときは，家庭裁判所の許可を得て，その旨を届け出なければならないこととされた。

2 名の振り仮名の変更手続

　氏の振り仮名の変更とは異なり，名の振り仮名の変更は，他に同一戸籍内に在籍者がいる場合でも個別に申し立てることができる。具体的には，名の振り仮名の変更を望む者が申立人となり，家庭裁判所に名の振り仮名の変更についての許可の審判を申し立てる（家事別表第一の122項）。

　名の振り仮名の変更についての許可の審判に求められる「正当な事由」とは，名の変更の場合と同様，珍奇なものや難解なものなど，社会生活上支障がある場合がこれに該当する。名の「振り仮名」特有の問題として，「名」自体に難解な漢字が用いられていないが，その読み方が難解であるために本

人や社会一般に著しい不利不便が生じている場合があり得るところ，これを通常の漢字の読み方に変更することを目的として「名の振り仮名」のみを変更することを求めることも考えられる。変更後の振り仮名についても，法13条2項の規定の趣旨から，名として用いられる文字の読み方として一般に認められているものに限られる。

　家庭裁判所において名の振り仮名の変更についての許可の審判がされた場合には，申立人が本籍地の市町村長に対し，許可された審判書の謄本及び確定証明書を添付して名の振り仮名の変更の届出を行う（戸38Ⅱ）。

第*16*節　転籍及び就籍

【前　注】

1　転　籍

　転籍とは，戸籍の所在場所である本籍を移転する手続であり，戸籍の筆頭者及び配偶者があるときは配偶者とともに届け出ることにより，当該戸籍に同籍している者全員の本籍が移転する。父又は母の戸籍に同籍している成年に達した子のみが本籍の変更をするためには，分籍の制度がある。転籍によって実体的身分関係に変更が生ずるものではなく，戸籍上のみの問題である。

　転籍については，届出人，届書の記載事項及び添付書類を法108条で，届出地を法109条で定めている。

2　就　籍

　就籍とは，日本国籍を有する者が戸籍に記載されていない場合に新しい戸籍を設けて記載する手続である。戸籍は，日本国民の身分関係を公示し，証明するものであることから，日本国民全てについて記録されるべきである。このために，父又は母には出生届の届出義務を課したり，棄児発見調書に基づき戸籍を編製して同戸籍に入籍したり，帰化届等により戸籍に入籍するものとされている。

　しかし，出生届がないままに届出義務者が不明となったために入籍すべき戸籍が不明となったり，幼少の時に親から遺棄される等して，本籍が明らかでないために戸籍の有無が明らかでない場合もある。このように，日本国民でありながら戸籍を有しなかったり，戸籍の存否が明らかでない者（東京高決昭37・10・25家月15巻3号136頁）について，戸籍を新たに編製することを

就籍という。

　就籍は，家庭裁判所の許可に基づき行う通常の方法と，国籍確認訴訟等の確定判決に基づき行う方法とがある。このうち，家庭裁判所の許可は，当該者が日本国籍を有することを確定するものではなく，専ら戸籍の記載に関わるものである。国籍確認訴訟等の確定判決による場合は，当該判決に基づき日本国籍を有するとの身分関係が確定し，これを前提に就籍の手続により戸籍に記載される。

　就籍については，通常の就籍手続に関し，家庭裁判所の許可，就籍届の届出義務者，届出期間及び届書の記載事項を法110条で定め，確定判決による就籍に関し，届出義務者，届出期間，届書の記載事項及び添付書類を法111条で定めている。また，以上の各就籍の届出に関し，その届出地を法112条で規定している。

第108条〔転籍の届出〕

> 〔転籍の届出〕
> 第108条　転籍をしようとするときは，新本籍を届書に記載して，戸籍の筆頭に記載した者及びその配偶者が，その旨を届け出なければならない。
> ②　他の市町村に転籍をする場合には，戸籍の謄本を届書に添附しなければならない。

本条は，転籍，すなわち本籍の所在を変更する場合の届出について規定している。1項は，届書の記載事項と届出人を，2項では，添付書類を定めている。

なお，本条2項については，法120条の8によって適用しないとする特例が定められている。

1　転　籍

転籍届の制度は，本籍が現実の住所と著しくかけ離れて定められているような場合には，戸籍の届出あるいは謄抄本の交付を受けるときなどに種々の不便を伴うところから，これを調整するために設けられたものである。転籍は，本籍(注1)の所在場所を移転，変更することを目的とする戸籍上の行為であって，その効果は同籍者全員に及ぶ。また，転籍は，上記のような事態の発生の有無を問わず，いつでも，また，届出人以外の同籍者をはじめとする何人の同意等を要することなくすることができる。

実務上，移転先が従前の市町村と同一市町村の場合を「管内転籍」といい，他の市町村の場合を「管外転籍」という。

転籍は，その届出によって初めて転籍の効力を生じるので，その性質は創設的届出である。

第4章 届　出　第16節　転籍及び就籍

◆◆◆◆◆◆◆◆◆◆◆◆◆◆◆◆◆◆◆◆◆◆◆◆◆◆◆◆◆◆◆◆◆◆◆◆◆

（注1）　明治初期における戸籍制度下の明治5年式戸籍では，本籍は，人の定住地であり，かつ，生活の本拠地であるとされていた。したがって，住所と本籍とは必ず一致するものとされていたが，現在においては，日本の領土である限り，いずれの場所にこれを定めても差し支えなく，生活の本拠地であることや郷里又は祖先代々の墳墓地でなければならないなどという制約もない（大正5・10・21回答629号）。

２　転籍届

(1)　届書の記載事項

届書には，通則的届出事項（戸29）のほか，新しく本籍を定める場所を記載しなければならない（本条Ⅰ）。どこを新本籍にするかについては，日本領土内であれば届出人が自由に定めても差し支えないが，新本籍を定める場所は，地番号又は街区符号により特定されるものでなければならない(注2)。いずれの地方公共団体にも属していない地域については，戸籍実務を管掌する市町村長がいないことになるので，これらの地域に本籍を定める転籍届は受理することができない(注3)。

(2)　届出人

届出人は，戸籍の筆頭者及びその配偶者(注4)であり，これら夫婦は共同で届け出なければならない（本条Ⅰ）。もし，配偶者である妻が全く不知の間に筆頭者である夫がその名を冒用して届け出た偽造の転籍届によって，夫婦が他所に転籍した形になっている場合には，その届は本条1項の所定の方式を履践した適法なものとはいえないので，法114条により転籍後の戸籍を消除の上，従前の戸籍を回復する（宇都宮家審昭49・8・15家月27巻5号144頁）。

夫婦の一方が死亡している場合は，生存配偶者のみから届出をすることができ（昭和23・5・6回答1131号），生存配偶者が戸籍の筆頭者でなくても同様である。また，一方が所在不明その他の事由によって転籍の意思を表示することができない場合は，その事由を届書の「その他」欄に記載して他の一方が単独で届出をすることができる（昭和23・4・15回答926号(2)）。しかし，

戸籍の筆頭者及びその配偶者の双方が死亡又は復氏などにより除籍されている場合には，他の在籍者が転籍を希望するときでも，その届出をすることができない（昭和23・5・18回答934号）。

届出人となれない者からの転籍の届出は無効であるが，もし誤ってこれを受理し戸籍に記載をした場合には，戸籍訂正の手続によって転籍先の戸籍を全部抹消し，従前の戸籍を回復する（明治43・4・18回答86号）。ただし，後に正当な届出人から追完の届出をすることは認められる（昭和32・1・14回答63号）。

なお，戸籍の筆頭者及びその配偶者でない者が，その者単独で新たな本籍地を定めたい場合は，分籍の届出を行うことによりするしかない（戸100）。

(3) **添付書類**

管外転籍の場合は，転籍後の市町村長は転籍した者について新しい戸籍を編製しなければならない。そのため，これまでの戸籍の記載内容を知る必要があることから，戸籍を編製する資料として戸籍謄本を添付しなければならないとしている（本条Ⅱ）。しかし，令和2年9月28日には日本の全ての市町村について法118条1項に基づく法務大臣の指定が完了し，また，令和6年3月1日から令和元年法律17号による改正法が施行されたので，法120条の8によって本条2項の適用が除外され，戸籍謄本の添付は不要とされた。これは，法務大臣が保管する副本情報を参照することにより，届出の審査及び戸籍の編製の際に必要な情報を参照することができるとされたことによるものである。なお，法改正の前後を通して管内転籍の場合には，戸籍の添付は必要ない。

◆◆

(注2) 戸籍は，市町村長が定める区域ごとに，本籍を表示する地番号若しくは街区符号の番号の順序又は戸籍の筆頭に記載した者の氏の50音順に従ってつづるものとされ（戸規3），市町村名だけでなく，土地の名称及び地番号又は住居表示の街区符号をもって特定された日本国内の一定場所を本籍とするものとされている。市町村長は，その管轄区域内に本籍を定めている者について，戸籍を編製し備え付けている（戸6・8Ⅱ）。

(注3) 竹島（島根県隠岐郡隠岐の島町管内）や，歯舞群島（北海道根室市管内）への転

籍は管轄する市町村長があるので認められている（昭和42・9・26回答2650号，昭和44・3・11回答422号）。また，従前は国後島・択捉島・色丹島へは該地を管轄する地方自治法上の市町村がないので，転籍することはできないものと解されていた（昭和44・7・7回答1348号）が，昭和58年4月1日北方領土問題等の解決の促進のための特別措置に関する法律の施行に伴い，北方地域の三島（歯舞群島を除く色丹島，国後島，択捉島）6か村（北海道色丹郡色丹村，同国後郡泊村，同国後郡留夜別村，同紗那郡紗那村，同択捉郡留別村，同蘂取郡蘂取村）についても本籍を設定することができることになったので，同地域への転籍が認められる。同地域の戸籍事務管掌者には同法11条1項の規定により北海道根室市長が指名されている（昭58・3・14通達1819号，同日付依命通知1821号。南敏文監修＝髙妻新著＝青木惺補訂『最新体系・戸籍用語事典』（日本加除出版，2014）570頁）。

(注4) 本条で規定する配偶者とは，当該戸籍に在籍する配偶者に限られ，外国人であるためその戸籍に在籍していない配偶者からの転籍届は許されない（仙台家審昭47・1・20家月24巻10号117頁）。

３ 戸籍の処理

(1) 管内転籍の場合

管内転籍の場合は，新戸籍を編製することなく，現在の戸籍の戸籍事項欄に転籍事項を記載し（戸規34③），本籍欄を更正する。新戸籍の編製及び除籍の手続は要しない（法定記載例199）。なお，本籍の表示を，地番号から住居表示の街区符号に改めるには，転籍の手続によらなければならないとされている（昭和51・11・5通達5641号三の２）。

(2) 管外転籍の場合（注5）

管外転籍の場合は，転籍地において新戸籍が編製され（戸6），従前の戸籍については，除籍の手続がとられ，除籍簿へ編綴される（戸12・119，法定記載例197・198）。

転籍は単に本籍を移転するものであり，従前の戸籍とその同一性を失ってはならないことから，従前の戸籍の記載を全部移記することが必要である。しかし，移記事項が膨大な量となる場合もあることから，規則37条で管外転籍の場合の記載事項及び移記を要しない事項が定められ，また，身分事項欄

の移記事項については，規則39条によることになる。

　　ア　移記を要しない事項

　転籍において編製される新戸籍には，転籍届書に添付されている戸籍謄本に記載した事項を記載しなければならないが，次に掲げる事項は移記を要しない（戸規37）。

　　㋐　規則34条１号・３号から６号までに掲げる事項（戸規37①）

　転籍後の新戸籍の戸籍事項欄には，従前戸籍の戸籍事項欄に記載されている事項のうち，新戸籍の編製に関する事項（戸規34①），転籍に関する事項（戸規34③），戸籍の全部の消除に関する事項（戸規34④），戸籍の全部に係る訂正に関する事項（戸規34⑤），及び戸籍の再製又は改製に関する事項（戸規34⑥）は移記をすることを要しない。他方，後記イのとおり，氏の変更に関する事項（戸規34②）は移記する。

　　㋑　戸籍の筆頭に記載した者以外で除籍された者に関する事項（戸規37③）

　　㋒　戸籍の筆頭に記載した者で除籍された者の身分事項欄に記載した事項（戸規37④）

　筆頭者が除籍されている場合には，その者の従前の身分事項欄の記載は移記を要しないが，身分事項欄以外の名欄，父母欄，父母との続柄欄，養父母欄，生年月日欄等の記載は移記を要するものとされている。

　　㋓　その他新戸籍編製の場合に移記を要しない事項（戸規37⑤）。

　　イ　移記を要する氏の変更に関する事項

　戸籍事項欄に記載された氏の変更に関する事項（戸規34②）は移記する。ここにいう「氏の変更」とは，民法791条にいう民法上の氏の変更ではなく，①婚氏続称（民767Ⅱ，戸77の２）及び縁氏続称（民816Ⅱ，戸73の２），やむを得ない理由による氏の変更（戸107Ⅰ）及び外国人との婚姻等に伴う氏の変更等（戸107Ⅱ・Ⅲ・Ⅳ）の呼称上の氏の変更をいうものと解されている。

　　ウ　移記を要する身分事項

　身分事項の移記については，規則39条で「新戸籍を編製され，又は他の戸

籍に入る者については，次の各号に掲げる事項で従前の戸籍に記載したものは，新戸籍又は他の戸籍にこれを記載しなければならない」とされている。したがって，新戸籍を編製する管外転籍の身分事項欄については規則39条の適用を受ける。

「次の各号に掲げる事項」とは，以下のとおりである。

　㋐　出生に関する事項（戸規39Ⅰ①）

出生に関する事項で，注意すべき事項は次のとおりである。

　　①　棄児発見調書により子の身分事項欄に記載する事項については，出生に関する事項として移記を要し，従前の戸籍を移記するときは，新記載例に引き直して移記する（昭和62・10・1通達5001号第2）。

　　②　特別養子となる者の出生事項中，届出人の資格氏名が記載されている場合において，養親の戸籍に移記する際は，届出人の氏名を省略して移記して差し支えない（平成3・1・22回答428号）。

　　③　出生に関する事項中，【特記事項】として記録されている事項は，移記を要しない取扱いである。

　㋑　嫡出でない子について，認知に関する事項（戸規39Ⅰ②）

なお，認知した父については，認知事項は移記されない。

　㋒　養子について，現に養親子関係の継続するその養子縁組に関する事項（戸規39Ⅰ③）

　　①　転縁組した者について新戸籍を編製する場合，前養親が死亡していても現に縁組が継続している場合は移記する。ただし，養父母欄及びその続柄欄は，最後の縁組に関する記載のみで足りる。

　　②　養親の身分事項欄の縁組事項は，養親につき新戸籍を編製する場合には，その移記を要しないとされている（昭和23・8・12回答2153号）。なお，夫婦の養子となった者が，その夫婦の一方と離縁した場合における離縁した一方の養親との縁組事項や夫婦で養子となった者の一方のみが離縁した場合における他の一方（縁組が継続している夫又は妻）の縁組事項については，移記を要しない。単独

縁組の記録に引き直して記載する取扱いである。

　㈐　夫婦について，現に婚姻関係の継続するその婚姻に関する事項及び配偶者の国籍に関する事項（戸規39Ⅰ④）

　　①　配偶者の死亡により，生存配偶者の身分事項欄に記録されている生存配偶者の復氏又は姻族関係の終了に関する事項（戸規35⑦）は，いずれも移記しない。

　　②　帰化による国籍取得事項（戸102の2）は帰化により入籍すべき戸籍又はそれによって編製される新戸籍にのみ記載し，その後における婚姻，縁組等の届出による戸籍には移記を要しない。法務大臣に対する届出による国籍の取得に関する事項（戸102）も同様である。

　㈔　現に未成年者である者についての親権又は未成年者の後見に関する事項（戸規39Ⅰ⑤）

父（又は母）を親権者と定めて父母が離婚した後，同一人が再婚したことにより父母の共同親権に服している場合は，同一人が親権者であるので，親権者を定める旨及び共同親権に服するに至る旨のいずれの親権事項も移記を要しない。

　㈖　推定相続人の廃除に関する事項でその取消しのないもの（戸規39Ⅰ⑥）

推定相続人の廃除に関する事項は移記事項であるが，廃除の取消しの届出がされているときは，廃除に関する事項及びその取消しの事項のいずれの事項も移記を要しない。

　㈗　日本の国籍の選択の宣言又は外国の国籍の喪失に関する事項（戸規39Ⅰ⑦）

　㈘　名の変更に関する事項（戸規39Ⅰ⑧）

　㈙　性別の取扱いの変更に関する事項（戸規39Ⅰ⑨）

━━━━━━━━━━━━━━━━━━━━━━━━━━━━━━━━━━━━
（注5）　新谷雄彦『全訂第2版実務戸籍記載の移記』（日本加除出版，2021）8頁・11頁・12頁・34頁。

第4章 届 出 第16節 転籍及び就籍

> 〔転籍届出地の特例〕
> 第109条 転籍の届出は，転籍地でこれをすることができる。

　本条は，管外転籍の場合（戸108）の転籍の届出地の特例を定めたものである。

1 届出地の一般原則

　法25条1項は「届出事件の本人の本籍地又は届出人の所在地でこれをしなければならない」と規定しているので，これによれば転籍の届出は，転籍しようとする者の現在の本籍地又は所在地となる。(注1)

2 届出地の特例

　一般原則に対して，転籍の届出をすべき市町村について，特例として本条で転籍地においてもすることができることを定めている。これは，転籍後の新しい本籍地にも届出を認める方が届出人にとっても利益があるので，便宜を図ったものである。(注2)

◆◆◆◆◆◆◆◆◆◆◆◆◆◆◆◆◆◆◆◆◆◆◆◆◆◆◆◆◆◆◆◆◆◆◆◆

（注1）「届出事件の本人の本籍地」にいう本籍地には，新本籍地を含まない（昭和24・7・19回答1643号）。また，「届出人の所在地」とは，住所地に限らず，居所地，一時滞在地も含む（明治32・11・15回答1986号，戸25）。
（注2）　青木＝大森『全訂戸籍法』448頁・423頁。特例の定めがある戸籍の届出として本条のほか，本籍分明届（戸26），出生届（戸51），胎児認知届（戸61），認知された胎児の死産届（戸65），死亡届（戸88），分籍届（戸101），就籍届（戸112）がある。

> 〔就籍の届出〕
> 第110条　本籍を有しない者は，家庭裁判所の許可を得て，許可の日から10日以内に就籍の届出をしなければならない。
> ②　届書には，第13条第1項に掲げる事項のほか，就籍許可の年月日を記載しなければならない。

　本条は，通常の手続による就籍の届出について定めるものである。本条1項では，本籍を有しない者については，家庭裁判所の許可を得て許可の日から10日以内に就籍の届出をしなければならないと規定し，本条2項では届書の記載について定めている。

1　就　籍

　就籍とは，日本国籍を有していながら，何らかの事由により，いまだ戸籍に記載されていない者について，本籍を設け，新たに戸籍に記載するための手続をいう。

(1)　要　件
ア　日本国民であること

　戸籍は，日本国民の身分関係を登録，公証するものであるから，戸籍に記載される者は日本国籍を有する者に限られる。したがって，当然ながら日本国民でなければ就籍は許されず，かつ本籍を有しない者についてのみ認められるものであるから，外国人や無国籍者について就籍することは許されないのは明白である。

　この点，家庭裁判所において，日本国籍を有しない者に対して就籍許可の審判をしたとしても，市町村長は，戸籍簿その他の書類によって，その者が日本国民でないことを確認することができるときは，これに基づく就籍届は受理すべきでないものとされている（昭和30・2・15通達289号，昭和30・8・1回答371号）。このことは，就籍許可の審判の謄本は就籍をするため（日本

国籍を有することの立証のため）の証拠書類であると理解し，就籍の届出により戸籍に記載されることが就籍である（本条は，創設的届出の性質も兼有する。）と解すれば，当該証拠書類によっては就籍の要件は証されていないものとして当然の措置ということができる。他方，就籍許可の裁判によって就籍の効果が生じ，本条の届出は報告的届出のみの性質を有するものであると解した場合において，最高裁平成26年4月14日決定（民集68巻4号279頁。戸籍事務管掌者は，親権者変更の確定審判に基づく戸籍の届出について，当該審判が無効であるためその判断内容に係る効力が生じない場合を除き，当該審判の法令違反を理由に上記届出を不受理とする処分をすることができないとするもの。）が就籍許可の審判にも及ぶとしても，上記の場合は，同決定にいう「当該審判が無効であるためその判断内容に係る効力が生じない場合」に該当すると考えることができ，同様の結論となろう。

なお，上記の先例と同種のものとして，国籍留保の意思表示をしないため日本国籍を喪失した者について就籍の審判がなされ，これに基づく就籍の届出によって戸籍が編製された場合にも，法24条2項の規定により監督局の長の許可を得てその戸籍を消除する（昭和31・3・6回答389号）とするものなどがある。(注)

　　イ　本籍を有しない者であること

日本国籍を有する者は，全て戸籍法の定めるところにより戸籍に記載されるべきであるが，何らかの原因により，戸籍に記載されなければならない者が登載されていないことがある。そこで，このように戸籍に記載されるべきでありながら記載されていない者を，本籍を有しない者（いわゆる無籍者）といい，次の例が挙げられる。

　　　(ア)　日本国籍を有しているが，出生届をする届出義務者が死亡又は行方不明等により，出生届がされていない場合（昭和29・2・15回答297号）等，出生届の届出義務者がいなくて，出生の届出がされていない者。なお，出生届の届出義務者が存在する場合は，出生して10年たっても出生の届出により戸籍に入籍すべきであって，出生届の届出義務

者がいない場合においてのみ就籍の届出が許される（大正5・6・7回答465号，昭和24・4・2回答798号）。

(イ) 本籍の有無が不明なため（大正10・4・4回答1361号），本籍を有することが明らかでない者

(ウ) 戸籍に記載されている者について，戸籍上の親との親子関係がないことが明らかになり，戸籍訂正によって戸籍から消除されたが，その者を戸籍に記載するためには，改めて届出義務者から出生届をしなければならないところ，その届出義務者がいないため出生の届出がされていない者

(エ) 出生届がされずに戸籍に記載されていない棄児（父母の身元が不明，又は出生の届出の有無が不明の子）。なお，棄児は乳児に限らず幼児でもよいとされる（昭和29・2・15回答297号）。棄児の戸籍は，棄児発見調書により戸籍が作成されるが（戸57），意思能力を有する年齢に達している者については，本人の将来に対する影響等を考慮し，就籍の手続によるのが相当とされている（昭和25・11・9回答2910号）。

ウ 生存している者であること

既に死亡している者については，原則として就籍は許されず（昭和25・8・19回答259号），たとえ死亡者について就籍許可の裁判がされても受理すべきでない（昭和28・4・25回答698号，昭和31・3・6回答91号，昭和40・7・7回答1490号）。

エ 家庭裁判所の許可があること

就籍をしようとする者は，通常，家庭裁判所の許可を得なければならず，この就籍許可の裁判は，審判手続によるとされている（家事39・別表第一の123項）。なお，この就籍許可の審判手続については，特別の定めがないことから即時抗告は許されず（家事85），告知によりその効力が生じる（家事74）。

(2) 就籍の届出によらない場合

ア 上記(1)イ(ウ)の事例で，親子関係不存在確認の判決書謄本の記載により，実母の本籍，氏名が明らかなときは，事件本人の申出により，就籍では

なく，管轄法務局長等の許可を得て職権で戸籍の記載をすることができる（昭和26・12・28回答2483号）。

イ　就籍許可の審判がされたが，その届出前に就籍者が死亡した場合は，市町村長の職権により，就籍に関する戸籍の記載をすることとされている（戸44Ⅲ・24Ⅱ，昭和29・4・14回答752号）。

ウ　出生届がされずに戸籍に記載されていない棄児（父母の身元が不明，又は出生の届出の有無が不明の乳児又は幼児）は，棄児発見調書により戸籍が作成されるため，就籍届によらない（戸57）。

◆◆◆

(注)　本文で掲げたもの以外に，次のような先例もある。
　① 昭和23年に台湾人との婚姻により除籍されている元日本人女が家庭裁判所の許可を得て就籍の届出をした事案について，当該事件本人は，平和条約発効前に台湾人との婚姻により除籍され，台湾にある夫の戸籍に入ったものであるから，平和条約発効と同時に日本国籍を喪失した者であり（昭和27・4・19通達438号），戸籍の記載自体によってその者が日本国籍を有しないことが認められる限り，家庭裁判所がこれと異なる見解の下に就籍許可の審判をしても就籍の効力を生じないものと解し，当該届出を受理することができない（昭和28・6・26回答1075号）。
　② 就籍許可の審判に基づき就籍した者が，外国人登録法等違反事件の判決により，外国人であることが判明した場合には，法24条3項（当時）の規定による検察官の通知に基づき，本籍地の市町村長は監轄局の長の許可を得て，職権でその就籍による戸籍を消除して差し支えない（昭和35・6・17回答1513号）。

2　就籍の届出

(1)　就籍の届出

就籍の届出は，何らかの事由で，本籍を有すべき日本人でありながら，戸籍に記載されていない者について，家庭裁判所の許可を得て戸籍に記載するため，報告的届出であるとする見解と（加藤＝岡垣『全訂戸籍法逐条解説』698頁），上記のとおり創設的届出の性質も兼有するとの見解（青木＝大森『全訂戸籍法』450頁）がある。

(2) 届出人

届出人は就籍する本人であるが，就籍する者が15歳未満の場合は，法定代理人（未成年後見人，親権代行者など）が届出義務者になる。また，成年被後見人の場合は，成年後見人が届出義務者になるが，意思能力ある本人からの届出も受理できる（戸31Ⅰ）。

(3) 届出期間

許可審判の告知の日から10日以内に届出をしなければならない（本条Ⅰ）。

(4) 届出地

届出事件本人の本籍地又は届出人の所在地（戸25Ⅰ）のほか，法112条に掲げられる就籍地においても届出できる。

(5) 届書及び添付書類

　ア　届書の記載

届書には，戸籍の記載事項として規定される法13条の事項を記載したうえ，届書の一般的記載事項（戸29）のほか，届出期間の起算日を明らかにする趣旨から，就籍許可の年月日を記載しなければならない（本条Ⅱ）。

なお，就籍届書の様式は，戸籍関係届書類標準様式により定められている（令和6・2・26通達504号別紙33）。

　イ　添付書類

就籍しようとする地の家庭裁判所において許可された審判書謄本を添付しなければならない（戸38Ⅱ）。ただし，即時抗告が許されないことから確定証明書の添付は不要である。

(6) 就籍者が称する氏及び就籍すべき戸籍

人の称すべき氏は，出生届がされていない場合でも，出生と同時に定まることから，民法790条の規定に従い嫡出子は父母の氏を称し，また，嫡出でない子は母の氏を称する。したがって，就籍者の父母が明らかな場合は，就籍者は，出生当時の父母又は母の氏を称して，その戸籍に就籍する（戸18）のが原則であるが，それ以外の場合は以下のとおりである。

　ア　父母が明らかでない就籍者は，新たな本籍を設定し，新戸籍を編製

する（戸22）。この場合においては，就籍許可審判の申立てにおいて父又は母は何某であったと聞かされていた等の陳述がされ，その氏の下に許可がされたり，1の(1)イ(エ)で述べた意思能力がある棄児について，それまでの通称を就籍後の氏として許可されたときは，当該氏により新戸籍を編製する。

イ　父母又は母が死亡している場合は，その死亡当時に父母又は母が在籍した戸籍に就籍する（昭和39・2・26回答379号）。

ウ　イの戸籍が除かれている場合には，その除籍を回復して就籍者を記載する（昭和26・12・5回答1773号）。

エ　就籍者が成年の場合は，就籍すべき戸籍が除かれていない場合でも，その意思により，父母又は母の戸籍に入らず，新たに本籍を定めて就籍することが認められる（昭和27・6・5通達782号，昭和36・8・5回答1915号）。

(7) **戸籍の記載事項**

ア　届書に記載された一般的記載事項（戸13・29，戸規34①）のほか，就籍許可の年月日を記載する。

イ　戸籍に記載されない出生事項（戸規35①）

　就籍者については，出生届がされなかったなどの特段の事由により就籍の手続となったものであるから，添付された審判書謄本において出生に関する事項の明示がない場合は，その旨を届書に明らかにすれば足りる（明治31・10・22回答915号）。

第111条〔判決による就籍の届出〕

〔判決による就籍の届出〕
第111条　前条の規定は，確定判決によつて就籍の届出をすべき場合にこれを準用する。この場合には，判決の謄本を届書に添附しなければならない。

(注)　本条は，民事訴訟における電子判決書の制度の新設に伴い，令和5年法律53号によつて，一部改正され，公布から5年以内の政令で定める日から施行される。具体的には，本条の「判決の謄本」を「判決の謄本又は判決の内容を記載した書面であつて裁判所書記官が当該書面の内容が当該判決の内容と同一であることを証明したもの」と改め，「添附」を「添付」に改めるものである。その概要や施行期日の見込等については，本書の附則解説第3の1「電子判決に関する改正法附則」の解説を参照されたいが，令和8年4月以降に施行される見通しである。

本条は，通常の手続である家庭裁判所の許可を得て行う就籍の届出について定めた前条に対し，特に判決による就籍の場合について，その届出手続を定めるものである。

1　判決による就籍

通常の就籍は，法110条の解説にあるとおり，日本国籍を有していながら，何らかの事由により，いまだ戸籍に記載されていない者について，家庭裁判所の許可を得た上で新たに戸籍に記載するための手続であるが，これに対し，国籍存在確認，あるいは親子関係存在確認等の確定判決による就籍が本条に該当する。

(1)　要　件

ア　日本国民であること

本条にいう「確定判決」は，親子関係存在確認あるいは国籍存在確認等，就籍しようとする者が日本国民であることを確認する内容であることを要する。なお，確定判決と同一の効力を有する合意に相当する審判（家事277・281）も本条にいう「確定判決」に含まれる。

イ　本籍を有しない者であること

日本国籍を有する者は，全て法の定めるところにより戸籍に記載されるべきであるが，何らかの原因により，戸籍に記載されなければならない者が登載されていないことがある。そこで，このように戸籍に記載されるべきでありながら記載されていない者を，本籍を有しない者（いわゆる無籍者）といい，次の例が挙げられる。

　(ア)　出生届の届出義務者がいなくて，出生の届出がされていない者
　(イ)　本籍を有することが明らかでない者
　(ウ)　親子関係不存在確認の裁判による戸籍訂正の結果，戸籍を消除されてしまったが，出生の届出がされていない者(注1)

ウ　生存している者であること

既に死亡している者については，原則として就籍は許されず，たとえ死亡者について確定判決がされ，それに基づく就籍届出がされたとしても受理すべきでない。

エ　判決が確定していること

判決については，即時抗告が許されない法110条の許可審判と異なり，控訴，上告が許されることから，確定していることを必要とする。家事審判の場合も同様である。

(2)　**確定判決に基づく就籍**

本条に規定されている就籍の確定判決とは，判決によって就籍そのものを命じるのではなく，例えば，以下の例にあるように，結果的に就籍の手続となる身分関係に関する裁判が確定した場合のことをいう。

　ア　戸籍を有する夫婦とその嫡出子（出生届未済の子）について，父母双方との親子関係存在確認の裁判が確定したことによって，子の入籍する戸籍が明らかになった場合
　イ　国を相手取って日本国籍存在確認の裁判が確定した場合（昭和31・7・14回答381号）

(注1) 戸籍上の父母との間に親子関係不存在確認の裁判が確定し，これに基づく戸籍訂正によって消除され，無籍となった子について，出生届義務者がいない場合には，就籍の手続によることも可能であり，また，確定判決の理由中に実親との親子関係の存在及び当該子の入籍すべき戸籍が明らかにされているときは，法44条3項の規定により，市町村長が職権で戸籍の記載をすることも可能と解される。

　なお，この際，当該戸籍から消除された子について，本来，出生届出をすべき者がそれをしない場合には，戸籍訂正（戸113），就籍（戸110・本条），職権記載（戸44・24）のいずれによるべきかが問題となるが，以下のとおり考えられる（竹澤雅二郎『改訂設題解説戸籍実務の処理Ⅸ　氏名の変更・転籍・就籍編』（日本加除出版，2015）336頁・337頁）。

①　当初の届出人が同居者であった場合など，届出義務・資格を有していた場合には，当初の届出行為自体は正当な者から行われたものであるので当該届書を活かした上で，移記の手法を用いて戸籍の記載の正常化を図るのが相当なので，法113条の手続により，先に消除された戸籍を回復し，実親の氏名と父母との続柄を記載し，出生事項中の出生届出人の資格を訂正した上，出生当時に実母が属した戸籍に移記する。

②　当初の届出人が届出義務・資格を有していなかった場合において，本来の届出義務者があるときは，その者から改めて出生の届出をすることにより実親の戸籍に入籍する。

2　確定判決による就籍の届出

(1)　届書の記載事項

　法110条では，一般的記載事項（戸29）のほか，法13条に掲げる事項及び就籍許可の年月日を記載しなければならないとされている（戸110Ⅱ）ところ，確定判決による場合には，判決の確定年月日がこれに該当する。

　したがって，確定判決による就籍届の場合は，「就籍許可の年月日」欄を「年月日親子関係存在確認（又は日本国籍存在確認）の裁判確定」のように補記するか，又は「その他」欄に「年月日○○との親子関係存在確認の裁判確定」（例）と記載する。

また、就籍は、日本国籍を有していながら、いまだ戸籍に記載されていない者について本籍を定める手続であるから、届書の「就籍するところ（本籍）」欄にその本籍を記載して届け出なければならない。この定める本籍は、通常、家庭裁判所の許可審判による場合は、審判書に記載されるからそのとおり記載することになるが、確定判決による場合は、その届出の際に定める本籍を記載する。ただし、父母又は母が判明しているときは、原則としてその父母又は母の戸籍に入籍すべきであるから、その本籍が記載されているか否かを審査の上、受否を判断しなければならない（竹澤・前掲356頁）。

(2) **届出人**

届出人は就籍する本人（戸110Ⅰ）であるが、就籍する者が15歳未満の場合は、法定代理人（未成年後見人、親権代行者）^(注2)が届出義務者になる。

また、成年被後見人の場合は、成年後見人が届出義務者になるが、意思能力ある本人からの届出も受理できる（戸31Ⅰ）。

さらに、就籍許可の審判があった後、その届出前に就籍する本人が死亡した場合には、市町村長は法44条の規定に基づき職権で就籍に関する戸籍の記載をすべきものとされているが（昭和29・4・14回答752号）、これは確定判決による就籍の場合も同様である。

(3) **届出期間**

判決確定の日から10日以内に届出をしなければならない（戸43Ⅱ・本条・110）。

(4) **届出地**

届出事件本人の本籍地又は届出人の所在地（戸25Ⅰ）のほか、法112条に掲げられる就籍地においても届出できる。

(5) **添付書類**

本条に規定された確定判決による就籍の届出の場合は、判決又は家事審判の謄本（戸38Ⅱ）を添付する必要がある。そして、その判決には上訴が許され（人訴29、民訴281・285・311・313）、その上訴期間の経過によって確定するから、確定証明書を添付することを要する（昭和23・5・20回答1074号）。

合意に相当する審判についても異議の申立ての制度があるので(家事279)同様である。

◆◆

(注2) 児童福祉法に定められている親権代行者は,次のとおりである(竹澤・前掲349頁)。なお,同法にいう「児童」とは満18歳に満たない者をいう(児福4Ⅰ柱書)。
　① 「児童福祉施設の長」は,入所中の児童で親権を行う者又は未成年後見人のないものに対し,親権を行う者又は未成年後見人があるに至るまでの間,親権を行う(児福47Ⅰ)。
　② 「児童相談所長」は,一時保護が行われた児童で親権を行う者又は未成年後見人のないものに対して,親権を行う者又は未成年後見人があるに至るまでの間,親権を行う(児福33の2)。
　③ 「児童相談所長」は,親権を行う者のない児童につき,その福祉のために必要があるときは,家庭裁判所に対し未成年後見人の選任の請求をしなければならず,当該児童に対しては,親権を行う者又は未成年後見人があるに至るまでの間,親権を行う(児福33の8)。
　④ 「児童相談所長」は,小規模住居型児童養育事業を行う者又は里親に委託中の児童で親権を行う者又は未成年後見人のないものに対し,親権を行う者又は未成年後見人があるに至るまでの間,親権を行う(児福47Ⅱ)。

〔就籍届出地の特例〕
第112条　就籍の届出は，就籍地でこれをすることができる。

本条は，就籍の届出地に関して特則を定めた規定である。

1 原　則

届出は，法25条1項の規定により届出事件の本人の本籍地又は届出人の所在地でこれをしなければならないのが原則である。そして，就籍の場合は，「本人の本籍地」はいまだ存在しないから，法25条1項によれば，届出は，届出人の所在地で行うことになる。

2 本条による特則

本条では，就籍の届出は，就籍地でもすることができることを定めている。届出は，これから本籍を定めて行うものであるので，「本人の本籍地における届出」に類するものとして，特別に本条が設けられた。その趣旨については，法101条の分籍届及び法109条の転籍届と同旨であって，このように届出地を拡張しても戸籍事務に何らの支障を来さないことから，届出人の便宜を図っての特則である。

第5章　戸籍の訂正

【前　注】

1　戸籍訂正とは

　戸籍訂正とは，戸籍の記載が法律上許されないものであること又はその記載に錯誤若しくは遺漏があることを発見した場合に，その記載を訂正することをいう。

　戸籍制度の目的は，日本国民の親族法上の身分関係を登録公証することにあり，このためには，その記載は真実であること，すなわち，現実の身分関係と合致していることが求められている。そこで，戸籍法は，この目的を達成するため，いろいろな手続的規制を設けて虚偽の届出等の防止を図っている。すなわち，一般に，届書には，届出人が署名しなければならず（戸29），創設的届出のうち特に重要なものである婚姻，離婚，縁組，離縁の各届書には，成年の証人2人以上の署名を必要とし（民739Ⅱ・765Ⅰ・799・812），届出について裁判又は官庁の許可を必要とするときは，届書に裁判又は許可書の謄本を添付しなければならず（戸38Ⅱ），報告的届出のうち重要なものである出生及び死亡の届書には，その事実を証する書面を添付しなければならないとしている（戸49・86）。(注1)　さらに，創設的届出については，届出人の意思不存在による無効の届出が受理され，戸籍に真実に反する記載がされることを防止するため，法27条の2の規定が設けられている。同条の規定は，認知，養子縁組，協議離縁，婚姻及び協議離婚の各創設的届出において本人確認を求め，また不受理申出を認めることにより，積極的に虚偽の届出を防止している（詳細は，法27条の2の解説を参照されたい。）。また，報告的届出については，届出をすべき期間を法定し，その期間内に届出をすることを怠った者に対しては，過料の制裁を科し（戸137），戸籍手続外においては，虚偽の届出により戸籍に不実の記載をさせた者は，公正証書原本不実記載等

第5章　戸籍の訂正

（刑157Ⅰ，5年以下の拘禁刑（注2）又は50万円以下の罰金）として刑罰が科される。

　しかし，このように幾重にも張り巡らされた防御網をかいくぐり，例えば，虚偽の出生証明書を取得の上，これを出生届書に添付したり，届書を偽造するなどして，事実に反する届出がされることがある。このような不正な届出により戸籍に記載された事項は，不適法であったり，錯誤がある。また，戸籍事務担当者の過誤による戸籍の記載の錯誤や遺漏がある場合がある。

　以上のような戸籍の記載が不適法なものである場合又は錯誤や遺漏がある場合に，その記載を訂正する手続が戸籍訂正であり，戸籍訂正の制度は，戸籍の記載の真実性を担保するための最後の砦であるということができる。

◆◆

（注1）　出生届には，出生証明書を添付しなければならない（戸49Ⅲ），死亡届には，診断書又は検案書等を添付しなければならない（戸86Ⅱ・Ⅲ），裁判認知の届出には，裁判の謄本を添付しなければならない（戸63Ⅰ）など，真正を担保すべき証明書等の添付を義務付けている。
（注2）　本条は，令和4年法律68号により「懲役」が「拘禁刑」に改められ，刑法等一部改正法施行日（令和7年6月1日）から施行される。

2　戸籍訂正の方法

　戸籍の記載が不適法又は真実に反するときは，速やかに訂正の方法を講じ，常に戸籍の記載を適法かつ真実に合致するものにしておく必要がある。しかし，他面戸籍は，人の重要な身分に関するものであるから，その訂正は，慎重な手続によることを要し，また，戸籍の記載は人のプライバシーにも関わるので，関係者の意思に基づいてされることが望ましい。

　そこで，戸籍法は，まず当事者その他の利害関係人がその戸籍のある地の家庭裁判所へ戸籍訂正許可の申請手続を行い，許可の審判を得た上，戸籍訂正の申請をさせて，戸籍の記載を訂正することを原則としている。これが，本章の規定する戸籍訂正手続である。そして，当事者にできるだけ速やかに

この手続をしてもらうために，市町村長は，訂正をしなければならない事項を発見した場合には，原則としてその旨を当事者に通知して訂正申請を促すものとされている（戸24Ⅰ本文）。ただし，その戸籍の記載，届書の記載その他の書類から市町村長において訂正の内容及び事由が明らかであると認めるときは，管轄法務局長等の許可を得て，又は訂正の内容が軽微なものであって，かつ，戸籍に記載されている者の身分関係についての記載に影響を及ぼさないものについては，市町村長限りで職権による訂正をすることができることを認めている（戸24Ⅱ・Ⅲ）。

このように，戸籍訂正の手続には，申請に基づく訂正と職権による訂正との２つの方法があるが，訂正事項が，親族相続法上の効果に重大な影響をもつときは，一部の例外[注3]を除き，当事者の申請によることとなる。

戸籍の訂正は，戸籍の記載が当初より不適法又は真実に反する場合にされるものであって，ある身分関係が，一定の事実又は行為により将来に向かって変更・消滅する場合，例えば，縁組・離縁の取消しなどについては，戸籍訂正によるものではなく，縁組の取消し等の届出により戸籍の記載がされるべきである（大正４・９・８回答1334号）。他方，ある身分関係の存在又は不存在が，裁判等により遡及的に確定される場合，例えば，嫡出性の否認，親子関係不存在の確認，認知の無効などについては，戸籍訂正の方法によって従来の戸籍の記載を訂正することになる。もっとも，失踪宣告の取消しなどのように，当初から宣告がなかったことになる場合でも，届出について特別な規定があるときは，戸籍訂正の手続によるべきでなく，失踪宣告取消届等による。

戸籍の訂正は，不適法又は真実に反する戸籍の記載を真実な身分関係に合致させるためのものであって，一旦失った身分関係をこの戸籍訂正によって回復するというものではない（大決大11・11・６大審院民集１巻633頁）。そもそも，戸籍の記載や戸籍の訂正は，これによって身分関係を発生，変更，消滅させようとするものではなく（例えば，婚姻は，戸籍への記載ではなく，届書の受理により効力を生ずる。），戸籍の記載は単にこれを公証するものにすぎ

第 5 章　戸籍の訂正

ないものだからである。

　戸籍訂正の申請には，家庭裁判所の許可に基づいてされるものと確定判決に基づいてされるものがある。前者は比較的軽微な事項に関するものであって，そのうち一般的な場合については法113条で，創設的な届出については法114条で規定している。もっとも，創設的な届出のうち，認知（胎児認知を含む。）・縁組・協議離縁（死後離縁を含む。）・婚姻・協議離婚については，重要な身分関係に関する場合の訂正であって，原則として法116条の規定による。なお，戸籍訂正申請について特殊なものに棄児の引取りによる戸籍の訂正申請がある（戸59）。

　戸籍訂正申請については，法117条により届出の通則に関する大部分の規定が準用される。

◆◆◆

（注3）　例えば，死亡した者との婚姻（婚姻の届出により戸籍の記載をしたところ，その届出前に当事者の一方が既に死亡していることが判明した場合）は，その事実は戸籍の記載から明白である。その他，二重の認知（大正5・11・2回答1331号，昭和33・10・29回答509号）がある。

3　戸籍訂正の範囲

　以下，上記の各訂正申請についての一般的なことに触れておく。

　まず，戸籍の訂正にはその対象となる戸籍の記載があることが前提となる。たとえ届出が受理されていたとしても，本戸籍の記載がない限り訂正申請をする余地はない（大決大11・12・21大審院民集1巻783頁）。また，届出の要件を欠く場合でも，その受理によって効力が生じたときは，戸籍の記載自体に瑕疵がない限り，戸籍の訂正は許されない。しかし，届出人となれない者の届出に基づく戸籍の記載は，たとえ届出事項が事実に合致していても，その記載は訂正により消除されるべきである。

　次に，訂正は現在の戸籍の記載についてのみならず，除かれた戸籍の記載

についてもされる（大判大11・4・25大審院民集1巻222頁，大正7・11・22回答2487号）。同様に，死亡した者の戸籍記載についても訂正の申請が認められる（大正5・7・11回答965号）。また，事実関係が明らかな場合には，誤ってされた死亡の記載を消除し，戸籍に記載されている者を復活するのも訂正申請の手続による（昭和9・12・7回答1612号）。

　戸籍の訂正は，誤って編製された戸籍全部を消除することもあり，戸籍の記載の一部を消除するにとどまることもある。また，他の市町村への転籍の記載を訂正する場合のように，一の戸籍全部を消除するとともに別に除かれた従前の戸籍全部を回復することもあれば，あるいは戸籍の記載の一部を消除の上，これに代え正当な記載をすることを要する場合もある（大決大7・4・9民録24輯510頁参照）。そして，戸籍の記載の一部の訂正は，いかなる部分の記載であるかを問わない。さらに，戸籍の記載が不適法であったり又は真実に反するに至った原因は，届出の欠陥に由来することもあるし（それが創設的届出であると報告的届出であるとを問わない。），届出自体には何らの欠陥はないのに戸籍の記載に当たって過誤を生じる場合もある。いずれに由来するものであっても，戸籍訂正の申請は許される（大決大7・4・9民録24輯510頁）。後者の過誤による場合には，職権で訂正すべきものとされている。

第5章　戸籍の訂正

> 〔違法な記載又は錯誤・遺漏の訂正〕
> 第113条　戸籍の記載が法律上許されないものであること又はその記載に錯誤若しくは遺漏があることを発見した場合には，利害関係人は，家庭裁判所の許可を得て，戸籍の訂正を申請することができる。

　本条は，適用される事例の多い一般的な戸籍訂正の申請に関する規定である。そして，法114条又は116条により訂正申請をすべき場合には，本条の一般の訂正申請手続によることを許さない建前である。

1　家庭裁判所の許可を得てする訂正

　戸籍の記載が不適法又は真実に反するときは，戸籍訂正の申請が許される。本条はこの点を，戸籍の記載が「法律上許されないものであること」又はその記載に「錯誤若しくは遺漏があること」と表現している。
　次に，戸籍の記載の不適法又は真実に反することが，認知・養子縁組・協議離縁・婚姻・協議離婚などの親族的な身分行為を除く無効な創設的届出に基づくときは，その手続は法114条，また，親族的な身分行為の無効等は法116条の確定判決に基づく訂正申請の手続によるべきである（下記に説明する一部例外もある。）。したがって，本条に基づく訂正申請は，訂正すべき事項が親族相続法上の身分関係に重要な影響を及ぼさないものに限られるということになる。例えば，真実の親子関係がないのにその者の子として記載されている場合の訂正は，本条の訂正手続によることは許されない（大正13・11・17回答11904号）。
　しかし，単純な事実，例えば，出生の年月日，届出人の資格（昭和27・7・1回答930号）であるとか，父母との続柄二女とすべきであるのに二男と誤った記載（昭和21・9・7回答570号）であるとか，生存者にされた死亡の記載（昭和9・12・7回答1612号）など明白な場合には，本条によって訂正することができるとされる。また，戸籍の記載自体によってその記載が錯誤であることが明白な場合（大正11・6・7回答2156号），例えば，妻が他男との

間の子を夫婦の子として届出したところ，父は子の出生の300日よりも前に死亡していたことが判明した場合（昭和25・12・5回答3108号），婚姻解消から300日以後の出生子を嫡出子とする記載（民772Ⅱ）などは，本条の訂正手続によって，戸籍の記載を是正することができるとされる。既に本籍で戸籍に記載されている者について，何らかの事由で誤って再度出生の届出をしたため新戸籍が編製されるなどの理由により，同一人について従前の戸籍があるのに新戸籍が編製されたため複本籍となっているときは，本条の訂正手続によって誤って編製された新戸籍を消除して是正し得る。しかし，同一人が異なる父母の子として戸籍面では二重に記載されている場合には，真実の親子関係がない父母に対する親子関係不存在確認の判決によって，法116条の規定にのっとり複本籍を是正すべきである（昭和9・4・14回答519号）。

2 戸籍の記載が「法律上許されないものであること」

戸籍の記載が「法律上許されないものであること」とは，法律上戸籍に記載できない事項について戸籍に記載がされているものをいい，戸籍面上その違法が明らかな場合である。例えば，外国人に関する記載（昭和26・7・23回答1505号），当該市町村に本籍を有しない者に関する記載（大正3・12・28回答893号），戸籍の記載事項とされていない前科，学事，兵事等に関する記載（大正3・12・28回答1125号），[注1] 権限のない者による戸籍の記載（大正3・12・28回答893号）などである。なお，偽造・変造の届書に基づく記載（大正4・1・16回答1184号）もこれに該当する。さらに，従来法114条に基づく許可審判により戸籍訂正をしていた事案（当事者の死亡後にされた婚姻届であることが戸籍面上明らかである場合等）でも，本条にいう「戸籍の記載が法律上許されないものであること」に該当する場合もあると考えられる（法114条の解説参照）。なお，法116条との関係については，同条の解説3を参照されたい。

◆◆◆◆◆◆◆◆◆◆◆◆◆◆◆◆◆◆◆◆◆◆◆◆◆◆◆◆◆◆◆◆◆◆◆◆

（注1） 前科，学事，兵事等に関する戸籍の記載とあるが，これらの記載は，現在においては考えられず，時代を反映した先例であろう。

3 戸籍の記載に「錯誤があること」

戸籍の記載に「錯誤があること」とは，戸籍の記載が事実に合致しないことをいう。出生の年月日又は場所の記載が事実に反する場合，誤ってした死亡の記載（大正3・12・28回答1125号），国籍を喪失しない者についての国籍喪失の記載（昭和14・7・26通牒768号），誤って記載された父母との続柄，入籍すべきでない者を入籍させた記載などがこれに該当する。しかし，戸籍の記載が「法律上許されないものであること」との区別は，概念上必ずしも明確ではないとされている。

4 戸籍の記載に「遺漏があること」

戸籍の記載に「遺漏があること」とは，戸籍に記載することを要する事項に関してその一部の記載が脱漏されている場合をいう。例えば，転籍による戸籍編製の場合の同籍者の記載を脱漏した場合，[注2] 移記の場合に移記事項を脱漏したりした場合などをいう。しかし，戸籍の記載が全くない事項について，遺漏を理由に戸籍訂正の申請をすることは，訂正すべき対象が全くないので許されないとされる。

この点，追完の届出による是正は，先に提出された届書の不備のため当該事項に関する戸籍の記載ができない場合に認められているが，当該届出事項のうち一部分は届書の不備のため戸籍の記載ができなかったときは，記載のできなかった部分に限り届出の追完を認めるべきものとされている（大正4・1・9回答1009号）。したがって，届書の不備のため当該事項に関する一部分の戸籍の記載ができない場合には，追完の届出による是正の方法と戸籍訂正手続とが競合して認められる場合も生じ得るが，追完の届出は，先にされた届書に不備が存する場合に限られ，そうでない場合は，戸籍訂正の手続によって是正するよりほかはないとされている。

(注2) 現在は、戸籍情報連携システムが稼動しており、転籍前の本籍地市町村の戸籍データをそのまま利用することができるようになったので、転籍地市町村長が、このような同籍者を遺漏した場合にはシステム上検知できるようになると考えられる。

5 戸籍訂正手続許可の申立て

戸籍訂正の申請をするには、まず管轄家庭裁判所の許可を得なければならない。許可のない訂正申請は、受理されない。管轄家庭裁判所は、訂正すべき戸籍のある地の家庭裁判所であり（家事226③）、許可の申立てを却下する審判に対しては申立人から、許可の審判に対しては利害関係人から、それぞれ即時抗告をすることができる（家事231④・⑤）。(注3)

ところで、戸籍訂正に当たり、同一事項の記載が二以上の戸籍にわたる場合が少なくない。例えば、一の戸籍から除籍され他の戸籍に入籍している場合に訂正すべき記載が両戸籍に存することがあり（大正5・11・10回答1505号）、あるいは、一の戸籍と他の除かれた戸籍の双方に存することもある（大正7・5・11回答613号）。殊に両戸籍が異なる市町村に在る場合に各別に管轄裁判所の許可を得べきものとなれば、その間に審判の矛盾の生ずることも避けられない。そこで、両戸籍について併せて許可を得るのが妥当であり、一の戸籍の訂正について管轄権のある裁判所は他の戸籍の在る地を管轄していない場合でも同一事項に関する限り、併せて審判し得るものと解すべきである（大正6・10・5回答1884号）。そして、このような場合には、いずれの管轄裁判所の許可を得ても差し支えなく、必ずしも現に事件本人の戸籍の在る地の裁判所の許可を得なければならないものではない（大正8・9・15回答2816号）。なお、たとえ許可の審判においてその訂正すべき戸籍が明示されていなくても、一の許可があれば、その事項に関する限り、両戸籍の記載について訂正申請をすることを妨げない。それだけでなく、管轄権のない裁判所のした許可であっても、それに基づく訂正申請は受理を拒むべきではな

く（大正9・6・26回答2156号），また，確定判決による戸籍訂正の手続によるべき場合であっても，家庭裁判所が本条による許可を与えたときは，その許可に基づく戸籍訂正の申請は受理するよりほかはないとされている（昭和23・10・11回答3097号）。

◆◆

（注3）　即時抗告をすることができる利害関係人について，東京高裁決定は「利害関係人とは，訂正許可の審判がされた戸籍の記載が正確であることにつき法律上の利益を有する者をいい，復氏のように身分関係に影響のない届出・申出行為に基づく戸籍記載の訂正許可の審判においては，右審判に基づいて訂正されるべき戸籍に記載されていない者又は既に分籍などにより当該戸籍から除籍されている者は，これに該当しないと解するを相当とする」としている（東京高決昭54・11・29家月32巻7号50頁）。

6　利害関係人

　本条の許可の審判の申立ては，「利害関係人」がすることになる。ここにいわゆる利害関係人とは，事件本人，届出人その他当該戸籍の記載について身分上又は財産上何らかの利害をもつ者をいう(注4)。また，この許可審判の申立人が，戸籍訂正の申請人になるべきものである。なお，届出人又は事件本人が数人あるときでも，その内の1人で許可の審判を求めることができるが，許可の審判に基づく戸籍訂正の申請は，許可を受けた者からすべきものとされている（大正4・9・17回答1413号）。しかし，許可を受けた者が戸籍訂正の申請をする前に死亡したときは，他の利害関係人から許可審判の謄本を添付して，戸籍訂正の申請をすることができると解されている（大正15・12・1回答8851号）。

◆◆

（注4）　本条にいう利害関係人とは，その誤りのある戸籍により身分上，財産上の利害関係を有する者に限られるから，戸籍管理者である市町村長からされた本条の戸籍訂正は不適法である（広島家審昭41・6・7家月19巻1号61頁）。

第114条〔無効な創設的届出による記載の訂正〕

〔無効な創設的届出による記載の訂正〕
第114条　届出によつて効力を生ずべき行為（第60条，第61条，第66条，第68条，第70条から第72条まで，第74条及び第76条の規定によりする届出に係る行為を除く。）について戸籍の記載をした後に，その行為が無効であることを発見したときは，届出人又は届出事件の本人は，家庭裁判所の許可を得て，戸籍の訂正を申請することができる。

　本条は，創設的届出が無効な場合における戸籍訂正に関する規定である。ただし，創設的届出事件のうち，認知，縁組，協議離縁，婚姻及び協議離婚等の重要な身分に関する届出については，本条の戸籍訂正から除外されている。この種の戸籍訂正は，人事訴訟手続（調停前置のため，合意に相当する審判手続を含む。）によりすることになる。なお，本条の括弧書き部分は，令和元年の戸籍法の一部を改正する法律（令和元年法律17号）により加えられたものであり，令和元年6月20日から施行された。(注)

◆◆

(注)　本条に関する規定の整理がされた理由は，次のように説明されている。「改正前の法第114条においては，法文上は，どのような場合に家庭裁判所の許可を得て戸籍の訂正を申請することができるかについて明確に定められていなかったところ，実務上は，認知，縁組，離縁，婚姻又は離婚といった身分関係の有効性については，人事訴訟手続において判断されるべき事柄であって，それらの身分関係に関する戸籍の訂正は，同条による戸籍訂正の手続によることは相当ではないとの解釈に則った運用がされていたことから，改正法により，このような解釈が明確化された」（令和元・6・20通達286号第2後段）。

1　「届出によつて効力を生ずべき行為」

　「届出によつて効力を生ずべき行為」とは，創設的届出のことであるが，括弧書き部分の身分行為については除外されているから，生存配偶者の復氏，姻族関係の終了，入籍，分籍，国籍留保，氏名の変更，転籍などのように，

845

第5章　戸籍の訂正

戸籍法の定めるところの届出が受理されることによって身分法上又は戸籍法上の効力を生ずる事項に関する戸籍の届出行為をいう。そして，令和元年法律17号による改正前の戸籍実務上，本条の訂正の対象となるものは，創設的行為の無効が戸籍面上明らかであるか，その訂正の結果身分法上重大な影響のない場合に限られると解されてきた。例えば，協議離婚の届出を受理し戸籍に記載した後，夫が当該離婚届出前に既に死亡していたことが判明した場合などは，離婚の無効が戸籍面上明らかなものとして，本条の適用があるものとされてきた（「質疑応答」戸籍993号71頁参照）。先例上も，婚姻又は縁組の無効が戸籍記載のみによって明らかなときは，本条の戸籍訂正手続によって差し支えないとされてきた（昭和26・2・10回答209号）。これは，婚姻や離婚等の身分行為につき法律行為の瑕疵に基づく無効原因があるときは，対世効のある人事訴訟の判決（人訴24Ⅰ）等によりその無効を確定し，その後に法116条に基づき戸籍訂正をするのが相当であるが，戸籍面上無効が明らかであるときはそのような判決まで必要としないと考えられたからである。

しかしながら，令和元年法律17号による法改正により，婚姻等の無効については，一律に本条の適用が除外されたので，本条に基づく従来の取扱いはできなくなったと解される。この点，法113条の規定は戸籍訂正の一般的な規定であるところ（法113条の解説参照），本条に括弧書きが付されるまでは，条文の文理解釈上，戸籍面上明らかな婚姻無効等は本条の守備範囲とされ法113条の守備範囲から除かれていたが，令和元年改正時の括弧書きにより本条の守備範囲から除かれたため，原則どおり同条の守備範囲とすると解するのが相当である。その上で，同条と法116条との関係では，身分行為の無効が戸籍面上明らかな場合に限り同条にいう「戸籍の記載が法律上許されないものであること」に該当するものとして，同条の許可審判があれば，これに基づき戸籍訂正をするのが相当である（この点の詳細は，法116条の解説3を参照されたい。）。

また，父母離婚により子が母（父）の氏を称する入籍の届出により母（父）の戸籍に入籍後，父母の離婚が無効となった場合の母（父）の氏を称する入

第114条〔無効な創設的届出による記載の訂正〕

籍の届出を訂正する場合も，本条の訂正手続による。子の入籍届は親の離婚届とは別個の行為であり，かつ，子は離婚無効訴訟の当事者でないので，別途子の意思に基づき本条による訂正をするのが相当であるからである。なお，婚姻前の氏に復する届出は，入籍，分籍，転籍と同様に身分法上の権利関係に何らの影響がないので，これらの届出が無効である場合には，本条の訂正手続が許される。

2 申立人等

本条の訂正申請をする場合は，あらかじめ管轄家庭裁判所の許可審判を受けなければならない。

許可の審判の申立人となり得る者は，届出人又は届出事件の本人に限られる。届出人又は届出事件の本人が数人あるときは，そのうちの一人から申立てをすることができ，許可を受けた者において戸籍訂正の申請をすべきである。

第5章　戸籍の訂正

> 〔戸籍訂正申請の義務〕
> 第115条　前二条の許可の裁判があつたときは，1箇月以内に，その謄本を添附して，戸籍の訂正を申請しなければならない。

（注）　本条は，民事訴訟における電子判決書の制度の新設に伴い，令和5年法律53号によって，一部改正され，公布から5年以内の政令で定める日から施行される。具体的には，本条の「その謄本を添附して」を「その謄本又は裁判の内容を記載した書面であつて裁判所書記官が当該書面の内容が当該裁判の内容と同一であることを証明したものを添附して」に改めるものである。その概要や施行期日の見込等については，本書の附則解説第3の1「電子判決に関する改正法附則」の解説を参照されたいが，令和8年4月以降に施行される見通しである。

　本条は，法113条及び114条（以下「前二条」という。）の許可の審判が確定した場合に，これに基づく戸籍訂正の申請をすべき義務についての規定である。この訂正申請を懈怠すれば，罰則の規定がある（戸137・138）。しかし，許可の審判を申し立てると否とはその自由に委ねられ何ら強制されないので，この許可を得ない限り訂正申請をすべき義務は生じない。なお，この許可の審判が確定したときは，裁判所書記官から本籍地市町村長にその旨が通知され（家事規119②），申請が懈怠された場合における催告及び職権記載ができるように配慮されている（戸44）。
　本条の適用に関しては，前二条の訂正申請について両者共に異なるところはない。

1　申請義務者

　申請義務者は，前二条によって許可の審判を申し立てた者である。法113条の利害関係人，法114条の届出人又は届出事件の本人が数人ある場合でも，申請義務者は，その中で審判の申立てをした者に限るとされている（大正4・9・17回答1413号）。数人による審判の申立てによって許可審判があったときは，許可審判を得た申立人全員で戸籍の訂正申請をすべきであるが，事

柄の性質上速やかな是正を必要とするので，その内の１名から戸籍訂正を申請することができる（大正８・４・７回答835号）。

　なお，法114条の場合には許可の審判を申し立てられるのは届出人又は当該届出事件の本人に限定される関係上，有資格者の死亡等の事由によって許可審判の申立てをすべき資格者がないことが，時に生ずる（法113条の場合は，利害関係人が資格者であるので，このような事態が生ずる場合はほとんどないであろう。）。また，許可の審判後で戸籍訂正申請前に，申立人の死亡等の事由によって，戸籍訂正の申請ができない事態も生ずる。このような場合にどのようにして誤った戸籍の記載を是正すべきかが問題となる。この点，①創設的届出行為による無効の場合には，直接の関係者の意思を尊重し，みだりに第三者の干渉を許さない法の趣旨と解すべきであるから，許可審判後で戸籍訂正の申請前に許可審判の申立人が死亡その他の事由で戸籍訂正の申請ができないときは，他の届出人又は届出事件本人がいる限り，それらの者からのみ戸籍訂正の申請ができると解されている（大正15・12・１回答8851号）。②法114条所定の当事者の全員が死亡その他の事由によってその意思を表することができない場合には，法113条の原則（戸籍の記載に利害関係のある者から許可の審判の申立て又は戸籍訂正の申請をさせるのが戸籍訂正全体の法の趣旨である。）に基づき，みだりに職権による訂正をすべきではないと解するのが相当であるとされている。

2 申請の期間

　申請の期間は，許可の審判が確定した日から１か月以内である。この場合には，法43条の適用がある（戸117）。なお，申請の期間の末日が申請地市町村の休日に当たるときは，その市町村の休日の翌日が申請の期間の末日となる（昭和63・12・20通達7332号）。

第5章　戸籍の訂正

3　申請地

　申請をすべき地は，特段の定めがないので，届出地に関する原則的規定である法25条1項の定めるところによる（戸117）。

4　申請書の記載事項

　申請書の記載事項については，一般の記載事項（戸29Ⅰ）の他，許可の審判が確定した日を記載すべきである。法117条では，法63条1項を準用していないが，このことは，法35条，法定記載例202に照らし疑いを入れない。

5　添付書類

　添付書類としては，前二条の許可の審判には家事事件手続法231条4号及び5号によって，不服申立てが許される関係上，許可の審判の謄本と，その審判の確定証明書が必要である。なお，裁判所書記官から家事事件手続規則119条2号による裁判が確定した旨の通知がされているときは，確定証明書の添付を省略することができる（昭和24・2・17通知349号）。

第116条〔確定判決による戸籍訂正〕

> 〔確定判決による戸籍訂正〕
> 第116条　確定判決によつて戸籍の訂正をすべきときは、訴を提起した者は、判決が確定した日から1箇月以内に、判決の謄本を添付して、戸籍の訂正を申請しなければならない。
> ②　検察官が訴を提起した場合には、判決が確定した後に、遅滞なく戸籍の訂正を請求しなければならない。

(注)　本条は、民事訴訟における電子判決書の制度の新設に伴い、令和5年法律53号によって、一部改正され、公布から5年以内の政令で定める日から施行される。具体的には、本条の「訴」を「訴え」に改め、「判決の謄本を添付して」を「判決の謄本又は判決の内容を記載した書面であつて裁判所書記官が当該書面の内容が当該判決の内容と同一であることを証明したものを添付して」に改めるものである。その概要や施行期日の見込等については、本書の附則解説第3の1「電子判決に関する改正法附則」の解説を参照されたいが、令和8年4月以降に施行される見通しである。

　本条は、身分行為に関する確定判決があった場合に、これに基づき戸籍の記載を訂正する手続について定めているところ、「確定判決によつて戸籍の訂正をすべきとき」と規定していて、その訂正が身分法上重大な影響のある事項に関するときは、本条の規定に基づき確定判決を得てから戸籍訂正の申請をすべきものと解釈されている。その反面として、それらの事項については、家庭裁判所の許可に基づき訂正申請をするものとされる法113条及び114条の訂正手続が許されないことを明らかにしているということができる。

1　「確定判決」

　本条にいう「確定判決」とは、戸籍の訂正を命ずる判決を意味するのではなく、戸籍の記載の訂正を必要とする基礎となる実体的な身分関係を確定する判決を意味する。通常、この判決の多くは、身分関係の存否を確認する判決であるが、必ずしもこれに限られず、形成的効力をもつ判決によって遡及的に一定の身分関係の存否が確定されるものは、これに基づいて本条による

訂正申請が行われるべきであるとされる。これらの判決の事例としては，嫡出子否認の判決（戸53，民774～778の2，人訴2・4・41），父を定める判決（戸54，民773，人訴2・4・45），認知の無効・取消しの判決（民786，人訴2・4，家事277），縁組無効・離縁無効の判決（人訴2・4），婚姻無効・離婚無効の判決（人訴2・4），親子関係不存在確認の判決（人訴2・4）などが上記に当たるが，もちろんこれのみに限られるのではない。他方，認知の判決（戸63），縁組取消しの判決（戸69），離縁又は離縁取消しの判決（戸73），婚姻取消しの判決（戸75Ⅰ），離婚又は離婚取消しの判決（戸77Ⅰ）については，それぞれの該当条文に基づき戸籍の訂正をすべきであるので，本条にいう確定判決から除かれる。

　これらの手続は，身分関係の形成又は存否の確認を目的とする訴えに係る訴訟である人事訴訟法によってなされ，その確定判決は，対世的効力のあるものとされ（人訴24Ⅰ），既判力の及ぶ人的範囲が拡張されている。さらに，これらの人事訴訟事件の判決と同一の効力を有する家事事件手続法277条1項の確定審判も含まれる（家事281，昭和24・3・28回答652号）。

　人事に関する訴えに係る第一審の裁判所は，家庭裁判所の管轄に専属し（人訴4），家庭裁判所は，人事に関する訴訟事件その他家庭に関する事件について調停を行うほか，審判をするとし（家事244），前記の調停を行う事件は調停前置とされている（家事257）。もっとも，本条を適用すべき人事に関する事件については，当事者の処分に委ねるのが相当ではないため，その調停において当事者間に合意が成立したとしても，調停を成立させることができず，家庭裁判所は，必要な事実を調査した上，その合意を正当と認めるときは，合意に相当する審判をすることができ（家事277Ⅰ），その審判が確定したときは，確定判決と同一の効力を有するとされている（家事281Ⅰ）。

２ 確定判決に基づく戸籍訂正の範囲

　確定判決又は合意に相当する審判に基づく戸籍訂正の範囲は，事案ごとに異なり，明瞭を欠く場合がある。法113条又は114条の規定による訂正の場合は，審判の主文で訂正の範囲が具体的に明示されている（事件本人の戸籍の表示，他の戸籍に入るべきときは入るべき戸籍の表示，戸籍から除かれるべきときはその戸籍の表示，新戸籍を編製すべきときはその旨，新戸籍編製の原因及び新本籍，戸籍に記載すべき事項を明らかにする必要があるときはその事項を明確に記載する等である。）。ところが，確定判決に基づく訂正は，身分関係に関する確定裁判において正しいものと認定された事実関係を戸籍に反映させるというものであって，判決の効力として戸籍訂正が行われるものではなく，訂正事項を明確にさせる証拠方法として確定判決を要するというものである。

　したがって，判決の主文と理由を総合して訂正事項が明確にされるならば，その範囲内で訂正すべきであり（最判昭32・7・20民集11巻7号1314頁），[注1] 判決により確定された身分関係に限定されず，それを前提として，戸籍面上論理的に帰結される事項についても，当該確定判決に基づく訂正をすべきである。例えば，確定判決又は合意に相当する審判があった場合，その訂正事項から論理的に当然帰結され，かつ，そのことが戸籍面上明らかな他の事項もこれに基づき共に戸籍訂正申請をすることを認め，両事項について戸籍訂正をしても差し支えない。[注2] これらの事項については，別途，確定判決や合意に相当する審判又は家庭裁判所の許可を要するとするのは無意味である。

　しかし，当該裁判の対象となり主文に記載された事項以外のものについては，法解釈により種々結論を異にすることもあるので，一律に処理できない場合もある。例えば，無効な身分行為の追認を認める判例（最判昭27・10・3民集6巻9号753頁）によって，他人の子を実子として届け出た者の代諾による養子縁組は，親子関係不存在確認の判決の当然の結果として，代諾する資格がなかったことになるので，従前は訂正していた（昭和12・5・17回答587号）が，縁組の無効が確定するまで，そのままとし，無効の離縁届もこ

第5章　戸籍の訂正

れに準ずるべきものであるとした（昭和30・8・1通達1602号）。また，当該裁判の当事者以外の者の身分行為にも影響を与える場合（例えば，協議離婚の後に子が復氏した親の戸籍に入籍していたところ，離婚無効の裁判があった場合における入籍届に関する戸籍訂正）は，別途，法114条による戸籍訂正をするのが相当である。(注3)

- (注1)　最高裁昭和32年7月20日判決（民集11巻7号1314頁）は，本条は，「確定判決の効力として戸籍の訂正を認めるものではなく，訂正事項を明確ならしめる証拠方法として，確定判決を要するものとするとの趣旨であるから，判決の主文と理由とを綜合して訂正事項が明確にされている以上，必ずしも，主文に訂正事項そのものが表現されていることを必要としない」とする。国籍関係確認請求事件の判決理由中に示されたものである。
- (注2)　養親子が協議離縁した後，養子縁組無効の裁判があった場合は，当該養子縁組無効の確定判決に基づく戸籍訂正申請により，養子離縁の記載も当然無効であるとして，併せて訂正することができる（昭和31・6・13回答1244号）。また，同様に，協議離婚後に婚姻無効の裁判が確定した場合は，婚姻無効の裁判による戸籍訂正申請により，協議離婚の記載も当然無効であるとして，併せて訂正することができる（昭和37・8・11回答2294号）。
- (注3)　その他，確定判決に基づく戸籍訂正の範囲と限界に関しては，青木惺「確定判決に基づく戸籍訂正の範囲と限界についての一考察」民月48巻9号49頁が詳しい。

3　本条の規定による訂正と法113条の規定による訂正との関係

本条と法113条との関係につき，大審院大正5年4月19日決定（民録22輯774頁）は「戸籍法第164條（筆者注：現行法113条）ニ依レハ戸籍ノ記載カ法律上許ス可カラサルコト又ハ其記載ニ錯誤若クハ遺漏アルコトヲ發見シタルトキハ利害關係人ハ區裁判所ノ許可ヲ得テ戸籍ノ訂正ヲ申請スルコトヲ得ヘキモ斯ノ如ク届出人又ハ届出事件ノ本人ニ非スシテ利害關係ヲ有スルニ過キサル者ニ於テ申請ヲ爲スコトヲ得且單ニ區裁判所ノ許可ヲ得ル如キ簡易ナル手續ヲ經ルヲ以テ足ルハ其訂正スヘキ事項ノ輕微ニシテ親族法若クハ相續法

上何等ノ影響ヲ及ホス可キ虞ナキ場合ニ限リ認許セラレサルモノニシテ事苟クモ親族法若クハ相續法上重大ナル影響ヲ及ホス可キ場合ニ於テハ確定判決ニ因ルニ非サレハ戸籍ノ訂正ヲ許ササルモノト解釋スルヲ相當トス」として，法113条の規定による訂正は，訂正事項が戸籍の記載自体から明白である場合及び明白でない場合でも訂正事項が軽微で関係人の身分関係に重大な影響を与えない場合に限り許され，訂正事項が戸籍面上明白でなく，しかも訂正の結果関係人の身分関係に重大な影響を与える場合には本条の規定による訂正の方法をとるべきであると考えられている。

そして，この考えを前提として法114条に括弧書きが付されている。これは，戸籍は，国民の親族的身分関係を登録公証するものであるから，その記載に真実の身分関係と齟齬する疑いが生じたときは，人事訴訟判決等により身分関係を対世的に確定した上，その結果に基づいて戸籍の訂正を行うことが戸籍の目的に最も適合することにもよる。なお，嫡出子否認による訂正の場合のように，その旨の裁判が確定して，初めて父子関係の法律上の推定が排除されて，法律関係に変動が生ずる事案においては，本条の規定による訂正の方法のみが許されることは明らかである。

もっとも，法113条と本条との関係について異なる見解もある。すなわち，虚偽の出生届出に基づく戸籍の記載を戸籍上の父母及び実親双方死亡後に訂正する方法につき，死者との間の親子関係存否確認の訴えは不適法としてこれを認めない判例があったため（最判昭34・5・12民集13巻5号576頁。もっともこの判例は，最大判昭45・7・15民集24巻7号861頁により変更された。），確定判決を取得することができない事案の処理との関係で，戸籍の記載と異なる事実を主張するのに形成訴訟による判決を除いては，必ずしも既判力を有する確定判決を要するものではなく，訴訟の前提問題として，あるいは訴訟外においてその旨主張できるはずであり，また，法113条の規定による戸籍訂正許可審判の申立てについては，家庭裁判所は，職権により事実の調査及び必要な証拠調べをして事実認定を行うものであるから（家事56），その認定に基づき，一般に，戸籍の訂正を行うことができないとする理論的根拠は見

当たらないとするものである。当初の戸籍の記載は，確定判決に基づき行われたものではないから，一旦戸籍に記載された後は，その訂正は，確定判決によらなければならないとする絶対的理由はないことも根拠とする。戦前の文献では，旧法165条（現行法114条の括弧書きが付される令和元年法律17号による改正前の条文と同じ）の解釈で，旧法165条は届出人又は事件本人のみが許可申請をし得るので婚姻や認知の無効については，旧法165条に基づく戸籍訂正を行うとするものもある（自治館編輯局編著『戸籍法詳解』（自治館，1917）1264頁以下）。

もっとも法113条の規定による戸籍訂正許可の審判は，認定事実について既判力を生ぜず，再度その真否が争われる余地が残るから，既判力を有する確定判決による訂正の方が紛争の抜本的解決策としてより好ましいとはいえよう。

いずれにしても，嫡出子否認のような形成訴訟による判決を要する場合を除き，法113条の規定により戸籍訂正許可の審判があれば，それに基づく訂正申請は，受理して差し支えないが（法務省民事局第二課戸籍実務研究会編『戸籍訂正・追完の手引き（新版）』（日本加除出版，1993）12頁・13頁），法114条の改正後はそのような許可審判は減少しているものと考えられる。

4 申請義務者等

申請義務者は，訴えを提起した者又は調停の申立人である。これらの者が所定期間内にその申請をしないときは，その相手方は裁判の謄本を添付して，申請をすることができる（戸117・63Ⅱ前段）。

5 申請期間・添付書類等

申請期間は，裁判が確定した日から1か月以内である。届出期間の起算日には，法43条の規定の適用がある（戸117）。なお，申請の期間の末日が申請

地市町村の休日に当たるときは，その市町村の休日の翌日が申請の期間の末日となる（昭和63・12・20通達7332号）。

　添付書類は，判決又は審判の謄本及び確定証明書である。なお，確定証明書は，裁判所書記官から本籍地市町村長に通知がされている場合（人訴規17，家事規134）は，省略して差し支えない（昭和24・2・17通知349号）。

6　検察官が訴えを提起した場合

　検察官が身分関係に関する事件について訴えを提起し，その判決が確定したときは，検察官から戸籍訂正請求をし，これに基づき戸籍訂正がされる（本条Ⅱ）。請求先は，事件本人の本籍地市町村長であり，請求書には，判決又は審判の謄本及びその確定証明書を添付する。しかし，本条の適用を受ける事件について，検察官が訴えを提起し得る場合は見当たらないようである。

第5章　戸籍の訂正

〔届出の規定の準用〕
第117条　第25条第1項，第27条から第32条まで，第34条から第39条まで，第43条から第48条まで，及び第63条第2項前段の規定は，戸籍訂正の申請に準用する。

　本条は，戸籍訂正の申請は，戸籍の届出と類似する点が多いので，戸籍の届出に関する通則のうち，本条掲記の諸規定を準用することを定めたものである。

　準用する規定は，①届出地に関する法25条1項，②届出の方法に関する法27条，③創設的届出における本人確認・不受理申出に関する法27条の2，④届出審査における調査権に関する法27条の3，⑤届書の様式に関する法28条，⑥届書の記載事項に関する法29条及び30条，⑦未成年者又は成年被後見人の届出に関する法31条及び法32条，⑧届書記載事項の不存在又は不知の場合における記載方法に関する法34条，⑨法定外の届書記載事項の記載に関する法35条，⑩届書の通数に関する法36条，⑪口頭による届出に関する法37条及び39条，⑫同意・承諾・許可を要する事件に関する法38条，⑬届出期間の起算日に関する法43条，⑭届出の催告と職権記載に関する法44条，⑮届出の追完に関する法45条，⑯期間経過後の届出に関する法46条，⑰死亡後に到達した届書に関する法47条，⑱受理・不受理の証明及び届書等の閲覧・記載事項の証明に関する法48条，並びに⑲裁判による認知の相手方の届出資格に関する法63条2項前段の各規定である。

第6章　電子情報処理組織による戸籍事務の取扱いに関する特例等

【前　注】

1　本章の沿革

(1)　平成6年戸籍法改正

　戸籍事務は，伝統的に，紙の媒体である戸籍簿に所定の事項を記載することを中核として遂行されてきたが，昭和年代の末頃から，法務省において，その一層の適正迅速な処理を推進するために電子情報処理組織（コンピュータ）を使用する方法についての調査・研究が行われてきた。その成果が実って，平成6年法律67号による戸籍法の改正により，電子情報処理組織を使用して戸籍事務を処理することを可能とする制度が導入された。この改正で，法に新たに第5章の2（「電子情報処理組織による戸籍事務の取扱いに関する特例」と題する章）が設けられ，3か条の条文が置かれた。その概要は，①法務大臣の指定する市町村長は，戸籍事務の全部又は一部を電子情報処理組織によって取り扱うことができる（戸117の2，平成19年法律35号による改正前），②この場合において，戸籍は，磁気ディスクに記録し，これをもって調製することとした上，その戸籍を蓄積して戸籍簿とし，更に除かれた戸籍を蓄積して除籍簿とする（戸117の3，平成19年法律35号による改正前），③上記②の戸籍又は除かれた戸籍に記録された事項の全部又は一部についての証明は，書面によって行うこととし，これらの書面は，戸籍法その他関連法令の規定の適用については，戸籍又は除かれた戸籍の謄本又は抄本とみなす（戸117の4，平成19年法律35号による改正前）というものであった。

第6章　電子情報処理組織による戸籍事務の取扱いに関する特例等

(2)　平成19年戸籍法改正等

　平成19年法律35号による戸籍法の改正により，法第5章の2は第6章に改められ，上記の3か条は，順次法118条・119条・120条に変更された。

　その後，平成23年に発生した東日本大震災の際に，東北地方の一部の市町村で戸籍の正本と副本が同時に滅失する危険が生じたことに鑑み，このような危険を回避するため，法務省では，管轄法務局等における戸籍の副本の保存を遠隔地で行うためのシステム（戸籍副本データ管理システム）を構築して，運用することとし，これに伴い戸籍法施行規則に所要の手当てがされた。

(3)　令和元年等の戸籍法改正

　令和元年法律17号による戸籍法の改正（以下この法律を「令和元年改正法」という。）において，行政手続における特定の個人を識別するための番号の利用等に関する法律，いわゆる「マイナンバー法」の規定による情報連携の対象に戸籍に関する情報を追加することを可能とする措置がされた。その概要は，上記(2)の戸籍副本データ管理システムの仕組みを活用した新たな戸籍事務処理のためのシステム（新システム，以下「戸籍情報連携システム」という。）を開発・構築し，戸籍に記載された各人について戸籍の副本に記録された情報により作成される個人単位の情報（戸籍関係情報）を整備し，これをもって上記の情報連携に対応するというものである。

　あわせて，上記戸籍情報連携システムの下で副本データを戸籍事務において利用し，本籍地以外での戸籍証明書の発行（広域交付）を可能とする等の措置も講じられた。このため，法第6章中の既存の規定（戸118～120）に所要の手直しがされたほか，法119条の2・120条の2から120条の8までの規定並びに法121条及び121条の2・121条の3の各規定が新設された。

　また，令和5年に一部改正され，同一の市町村内で請求から交付までの手続が完結する場合に限り公用請求の広域交付も可能となった（戸120の2Ⅰ②）。これらに伴い規則に所要の改正が施されるとともに，令和6年2月26日に法務省民事局から一連の通達や通知が発せられた。このうち，本章に直接関連するものとして，令和6年2月26日通達500号及び令和6年2月26日依命通

知501号がある。令和6年2月26日通達503号はオンラインシステムの詳細を扱うものであり，その他の通達や通知も含め，これらについては本章の解説において必要に応じて言及する。なお，戸籍情報システムと戸籍情報連携システムの接続に関するインターフェイス仕様等戸籍事務を処理する電子情報処理組織が備えるべき技術的基準の改正が必要となるので，平成6年11月16日通達7002号を一部改正する令和6年2月26日通達514号が発出されている。

2 現行規定の概要

以下に，現行の法第6章の各規定の概要について述べる。

(1) 電子情報処理組織による戸籍事務の取扱い（戸118〜120）

ア 戸籍情報連携システムによる戸籍事務の取扱い

法務大臣の指定する市町村長は，戸籍事務を電子情報処理組織（法務大臣の使用に係る電子計算機と市町村長の使用に係る電子計算機とを電気通信回線で接続した電子情報処理組織をいう。）によって取り扱う（戸118Ⅰ）。この規定にいう「電子情報処理組織」が，戸籍副本データ管理システムの仕組みを活用して開発・構築される「戸籍情報連携」であり，各市町村の電子計算機と法務省の電子計算機とがネットワーク化されるものである点で，令和元年改正前の法118条に規定されていた電子情報処理組織とは異なる。

法務大臣が上記の指定をする市町村長（以下「指定市町村長」という。）はこの戸籍情報連携システムを用いて戸籍事務を取り扱うのが原則であるが，この取扱いをすることが相当でない戸籍又は除かれた戸籍（例えば，年月日の表記として存在しない年月日の表記がされている戸籍など）については，この限りでない（戸118Ⅰただし書）。なお，上記の法務大臣の指定は，市町村長の申出に基づき，告示してしなければならない（戸118Ⅱ）。

イ 電子情報処理組織による戸籍の調製

指定市町村長が取り扱う戸籍事務においては，戸籍は，磁気ディスクに記録し，これをもって調製する（戸119Ⅰ）。この場合においては，磁気ディス

クをもって調製された戸籍を蓄積して戸籍簿とし，磁気ディスクをもって調製された除かれた戸籍を蓄積して除籍簿とする（戸119Ⅱ）。この規定は，令和元年改正前の法119条の規定と同じである。

ただし，上記の方法により調製された戸籍又は除かれた戸籍の副本は，戸籍情報連携システムの下では，管轄法務局若しくは地方法務局又はその支局（戸8Ⅱ）ではなく，法務大臣が保存することになるため，その根拠規定が設けられた（戸119の2）。

　ウ　電子情報処理組織による戸籍に記録する漢字の字体

戸籍事務を電子情報処理組織によって取り扱う場合において，氏又は名に漢字を用いるときは，常用漢字表に掲げる字体（括弧書きが添えられているものについては，括弧の外のものに限る。），規則別表第二に掲げる字体又はその他法務大臣の定める字体で記録するものとされた（戸規68条の3）。なお，その他法務大臣の定める字体については，法務省ホームページで公開されている（令和6・11・11通知2451号）。

また，戸籍事務を電子情報処理組織によって取り扱う場合は，氏名以外に漢字を用いるときは，上記と同様の取扱いとされた。ただし，本籍の表示についてはこの限りでない（令和6・2・26通達500号第5の1(2)）。

　エ　記録事項証明書

磁気ディスクをもって調製された戸籍又は除かれた戸籍に記録された事項の全部又は一部についての証明は，書面によって行うこととし（戸120Ⅰ），これらの書面は，戸籍法その他関連法令の規定の適用については，戸籍又は除かれた戸籍の謄本又は抄本とみなす（戸120Ⅱ）。

この規定の実質は，令和元年改正前の120条の規定と変わりはないが，新たに，磁気ディスクをもって調製された戸籍に記録された事項の全部又は一部を証明した書面を「戸籍証明書」と，磁気ディスクをもって調製された除かれた戸籍に記録された事項の全部又は一部を証明した書面を「除籍証明書」とそれぞれ称することとされた（戸120Ⅰ）。

(2) 戸籍事務処理を効率化するための措置（戸120の2～120の8）

　戸籍情報連携システムの導入により，戸籍事務処理の一層の効率化を図るための各般の措置が可能になった。法120条の2から120条の8までの規定が，これらの措置を定めるものである。これらの条文は，令和元年改正法で整備され，さらに令和5年に一部改正された。

　ア　戸籍証明書又は除籍証明書の広域交付

　戸籍又は除かれた戸籍が磁気ディスクをもって調製されているときは，法10条1項又は12条の2の請求（戸籍証明書又は除籍証明書の請求）は，いずれの指定市町村長に対してもすることができる（戸120の2Ⅰ）。戸籍情報連携システムは全国的な規模のコンピュータのネットワークであるから，上記の請求は，本籍地の市町村長だけでなく，いずれの指定市町村長に対してもすることができるとするものである。

　この「広域交付」により戸籍制度の利用者の利便性の向上に資することになるが，他方で，都市部の市町などに請求が集中するのを避けるとともに戸籍，除籍を一括して請求できることから本人確認について慎重を期すために，この請求を本籍地の市町村長以外の指定市町村長に対してするときは，郵送による請求及び代理人・使者による請求は許されず，本人による窓口請求のみが認められるものとされている（戸120の2Ⅱ）。

　イ　行政機関等に対する届出等であって戸籍に関する情報の提供を要するものをオンラインの方法によってするための措置

　前記のマイナンバー法に基づく情報連携により，社会保障や税に関するものなど一定の範囲の行政事務に関しては戸籍に関する情報を当該行政機関等に自動的に提供することが可能になるのであるが，令和元年改正法は，これに加えて，その他の行政事務に関しても，戸籍関係情報の提供を要する届出又は申請をオンラインの方式によってする場合における便宜を図るための措置を設けた。それが戸籍電子証明書の制度である。法120条の3第1項では，法120条の2の規定によりする法10条1項の請求は，戸籍電子証明書（磁気ディスクをもって調製された戸籍に記録された事項の全部又は一部を証明した電

第6章　電子情報処理組織による戸籍事務の取扱いに関する特例等

磁的記録）又は除籍電子証明書（磁気ディスクをもって調製された除かれた戸籍に記録された事項の全部又は一部を証明した電磁的記録）についてもすることができるとする。

　この請求があった場合における指定市町村長の対応について定めるのが法120条の3第2項の規定である。すなわち，請求者から一定の行政機関等に提供するものとして戸籍電子証明書又は除籍電子証明書の交付の請求があった場合には，当該指定市町村長は，戸籍情報連携システムを利用して当該請求に係る戸籍を特定し，請求者に対して，戸籍関係情報を必要とする行政機関等において戸籍電子証明書又は除籍電子証明書の情報を閲覧するために必要となる戸籍電子証明書提供用識別符号又は除籍電子証明書提供用識別符号（これらの符号が上記の閲覧に用いられるパスワードである。）を発行するものとされている（戸120の3Ⅱ）。

　これらの符号の発行を受けた者は，行政機関等に対する申請等であって戸籍証明書又は除籍証明書の提出を要するものの手続をする場合においては，これらの書面の提出に代えて，上記の符号を提供することとなる。その提供を受けた行政機関等は，当該符号に対応する戸籍電子証明書又は除籍電子証明書が保存されている閲覧用のサーバにアクセスして，これらの情報の提供を受けることができるのである（戸120の3Ⅲ）。

　なお，上記の各請求を本籍地の市町村長以外の指定市町村長に対してするときは，都市部の市町に請求が集中するのを避けるとともに本人確認をより慎重に行うため，郵送による請求及び代理人・使者による請求は許されず，本人による窓口請求のみが認められるものとされている（戸120の3Ⅳ）。

　　ウ　届書等情報の活用
　　⑺　届書等情報の作成・送信
　これまでの取扱いでは，2か所以上の市町村で戸籍の記載をすべき場合には，その市町村の数と同数の届書を提出することを要し（戸36Ⅰ），さらに，本籍地外で届出を規定するときは，これに加えて，なお1通の届書を提出しなければならないこととされ（戸36Ⅱ），戸籍実務では，この規定に従って複

数の届書が提出された場合，当該届出を受理した市町村長は，そのうちの1通を自らが所持し，その余は戸籍の記載をすべき市町村長に郵送する取扱いとされていた。また，上記の届書の保存については，戸籍の記載が終了したものを順次1か月ごとに管轄法務局等に送付して，ここで保存される仕組みとなっていた。しかしながら，このような取扱いの下では，届書が受理されてから戸籍の記載をすべき市町村長が受け取るまでに一定の時間を要したり，郵送事故等によって届書の滅失・棄損などの不測の事態も生じたりしかねない状況にあった。

このため，令和元年改正法においては，届書類の送付事務についても，戸籍情報連携システムを用いて電子的に取り扱うこととして，その効率化を図った。この措置を定めたのが法120条の4第1項の規定で，届書類を受理した指定市町村長は，当該届書類を電磁的に画像情報化した情報（以下「届書等情報」という。）を作成して，これを法務大臣の使用に係る電子計算機に送信するものとしている。その送信を受けた法務大臣は，当該届書等情報を磁気ディスクに記録した上（戸120の4Ⅱ），戸籍の記載をすべき市町村長に対し，届書等情報の送信を受けた旨を通知することとしている（戸120の5Ⅰ・Ⅲ）。

　(イ)　届書の通数

上記(ア)の措置により戸籍の記載をすべき指定市町村長が届書等情報の提供を受けることとすれば，届出人に義務付けられているところの戸籍の記載に必要な通数の届書の提出（戸36参照）は不要となる。このため，法120条の5第2項及び4項において所要の手当てがされている。

　エ　届書等情報の公開請求

法第4章の届出通則では，戸籍の記載を終了した後の届書等の公開に関し，利害関係人は，特別の理由がある場合に限り，届書その他市町村長の受理した書類の閲覧を請求し，又はその書類に記載した事項について証明書の交付を請求することができると定めている（戸48Ⅱ）。令和元年改正法は，新設した上記ウの届書等情報についても，法120条の6第1項の規定を設けて，

第6章　電子情報処理組織による戸籍事務の取扱いに関する特例等

届出通則の規定に倣った公開の方法を定めている。これに加えて，令和元年改正法では，届書等情報の公開請求は，当該届出を受理した指定市町村長だけでなく，当該届出に基づいて戸籍の記載をした指定市町村長に対してもすることができるとしている（戸120の6Ⅰ）。これは，戸籍情報連携システムの下では，上記いずれの指定市町村長も届書等情報を参照することが可能だからであり，これにより国民にとっての利便性が向上することになる。

なお，届書等情報の内容を証明する書面の交付の請求については，郵送請求が可能であり，かつ，戸籍謄本等の交付請求の場合と同様の請求者本人確認の手続がとられることとされている（戸120の6Ⅱ）。

　オ　分籍届及び転籍届の特例

分籍の届出の手続について定める法100条は，他の市町村に新本籍を定める場合には，戸籍の謄本を届書に添附しなければならないとし（戸100Ⅱ），転籍の届出について定める法108条も，同様の定めをしている（戸108Ⅱ）。

しかるに，戸籍情報連携システムの下においては，分籍の届出についていえば，届出地及び分籍地の市町村長がいずれも指定市町村長である場合には，届出人の戸籍の記録を参照することができるから，届出人に戸籍の謄本を提出させる必要がない。そこで，上記の場合には，法100条2項の規定を適用しないこととした（戸120の7）。同様の措置が転籍の届出についてもされている（戸120の8）。

　カ　戸籍届出の方法

戸籍の届出は，書面又は口頭で行うものとされている（戸27）。それに加えて，平成16年4月1日から戸籍手続もオンラインで届出又は申請ができることとなり（戸規79の2の4Ⅱ），オンライン届出等に関する通達が定められた（平成16・4・1通達928号）。また，令和元年法律17号による戸籍法の一部改正及び令和6年2月26日法務省令5号による戸籍法施行規則の一部を改正する省令が令和6年3月1日から施行され，令和6年2月26日通達503号により，前記平成16年の通達は廃止された。なお，オンラインによる届出における添付書面については，添付書面に代わるべき情報として作成者が電子署

名をした書面を添付しなければならない（戸規79の3Ⅲ）。また，電子署名が行われた添付書面の情報を送信するときは，添付書面の電子情報は，電子署名等に係る地方公共団体情報システム機構の認証業務に関する法律3条1項の規定に基づき作成されたものでなければならない等の条件がある（戸規79の3Ⅳ）。

(3) 戸籍情報連携システムを利用した戸籍事務に関する安全保護措置等（戸121・121の2）

既に述べたように，戸籍情報連携システムは既存の戸籍副本データ管理システムを活用して構築されるものであるが，この管理システムは，本来は，戸籍又は除かれた戸籍の副本の保存のために設置・管理されていたものである。各市町村長のこのシステムへの関与は，副本データを送信することにとどまり，戸籍事務を処理するに当たってこのシステムに保存されている他の市町村の戸籍又は除かれた戸籍の副本データを参照することまでは及ばなかった。ところが，戸籍情報連携システムにおいては，法務大臣がその使用に係る電子計算機において全国民の戸籍又は除かれた戸籍副本データを保存し，市町村長はこのデータを利用して戸籍事務を行うことになる。このため，戸籍情報連携システムに関する秘密が漏えいした場合には，戸籍又は除かれた戸籍に記録された情報が大量に漏えいする等の危険にさらされることになり，個人の権利・利益に重大な侵害を及ぼす危険がある。

そこで，令和元年改正法は，戸籍情報連携システムに関する秘密を保護するため，このシステムを構成する電子計算機の使用者である法務大臣及び各指定市町村長に対し，このシステムによって取り扱われる事務に関する秘密について，その漏えいの防止等の必要な措置を講ずる旨の規定を設けた（戸121）。あわせて，戸籍情報連携システムの運営に関する事務に従事する者又は従事していた者に対し，その業務に関して知り得た事務に関する秘密保持義務を課し（戸121の2），当該義務に反して秘密を漏えい・盗用する行為に対する罰則規定を設けた（戸132）。

第6章　電子情報処理組織による戸籍事務の取扱いに関する特例等

〔電子情報処理組織による戸籍事務〕
第118条　法務大臣の指定する市町村長は，法務省令で定めるところにより戸籍事務を電子情報処理組織（法務大臣の使用に係る電子計算機（磁気ディスク（これに準ずる方法により一定の事項を確実に記録することができる物を含む。以下同じ。）及び入出力装置を含む。以下同じ。）と市町村長の使用に係る電子計算機とを電気通信回線で接続した電子情報処理組織をいう。以下同じ。）によつて取り扱うものとする。ただし，電子情報処理組織によつて取り扱うことが相当でない戸籍又は除かれた戸籍として法務省令で定めるものに係る戸籍事務については，この限りでない。
②　前項の規定による指定は，市町村長の申出に基づき，告示してしなければならない。

　本条は，法務大臣の指定する市町村長（以下「指定市町村長」という。）は，戸籍事務について，原則として法務大臣の使用に係る電子計算機と当該指定市町村長の使用に係る電子計算機とを電気通信回線で接続した電子情報処理組織によって取り扱うこと（本条Ⅰ），法務大臣による指定は，市町村長の申出に基づき，告示して行うこと（本条Ⅱ）を定めるものである。
　本条は，戸籍事務のコンピュータ化を実現するため，平成6年の戸籍法及び住民基本台帳法の一部を改正する法律（平成6年法律67号）によって新設されたものである。
　その後，国民の利便性の向上及び行政運営の効率化を図るため，各種手続における戸籍証明書の添付に代え，行政機関等に戸籍に記載されている情報を提供すること等を目的とした戸籍情報の連携の実現を内容とする令和元年の法改正によって一部内容が改正された。

第118条〔電子情報処理組織による戸籍事務〕

1 電子情報処理組織による戸籍事務

(1) 法務大臣による指定

　市町村長が戸籍事務を電子情報処理組織によって取り扱うためには，法務大臣の指定を受ける必要がある。これは，電子情報処理組織による戸籍事務について全国的に統一した取扱いが要請されることから，統一性確保のために法務省において定める技術的基準に適合したコンピュータシステムを導入して事務を行うこと及び事務処理に当たり戸籍情報の保全，保護に必要な措置が講じられることを制度的に担保するためである。

　なお，戸籍情報の保全，保護に必要な措置とは，戸籍又は除かれた戸籍の滅失，毀損，漏えいを防止するための措置である（戸規68の２）。

(2) 戸籍情報システムによる戸籍事務

　戸籍事務は，磁気ディスクをもって調製する戸籍に記録する事務及びその戸籍記録の公開の事務であり，コンピュータを使って行う戸籍事務一般を指す。市町村が戸籍事務を処理するために用いるコンピュータシステムは，一般に戸籍情報システムと呼ばれている。

　令和元年改正前も，指定市町村長は，各市町村において個別に管理する電子情報処理組織である戸籍情報システムを利用して戸籍事務を取り扱っていたところ，指定市町村長が使用する戸籍情報システムは，他の指定市町村長が使用する戸籍情報システムと連携されているものではなかった。

(3) 電子情報処理組織による改正後の取扱い

　令和元年改正後は，法務大臣の使用に係る電子計算機を中心として，各指定市町村長の使用に係る電子計算機を相互に接続するという一体的な電子情報処理組織が構築されることとなり，改正前の本条１項に規定する「電子情報処理組織」の範囲を超えているものと考えられたことから，改正後の本条１項では，新たに構築されるシステムの構成に応じた形で「電子情報処理組織」の定義を明らかにしている。

　ここで，法務大臣の使用に係る電子計算機がいわゆる戸籍情報連携システ

第6章 電子情報処理組織による戸籍事務の取扱いに関する特例等

ムに，指定市町村長の使用に係る電子計算機がいわゆる戸籍情報システムに該当し，戸籍事務を電子情報処理組織によって取り扱うということは，これらのシステムをネットワークでつなぎ，指定市町村長が戸籍情報連携システムを利用して戸籍事務を実施することを意味するものであり，本条1項本文は，このことを定めている。

なお，指定市町村長は，戸籍事務の全部を電子情報処理組織によって取り扱うものとしており，戸籍事務の一部についてのみ電子情報処理組織によって取り扱うことを認める必要性がなくなったことから，令和元年改正前の本条1項における「全部又は一部」という文言が削除された。

2 電子情報処理組織によって取り扱うことが相当でない戸籍又は除かれた戸籍

本条1項ただし書にいう「電子情報処理組織によつて取り扱うことが相当でない戸籍又は除かれた戸籍」とは，電子情報処理組織による取扱いに適合しない戸籍，いわゆる改製不適合戸籍である。なお，除籍簿につづられ除かれた戸籍についても，画像情報として戸籍情報システムに登録することによって電子情報処理組織によって取り扱うことが可能であることから，同組織によって取り扱うものとされた（令和6・2・26通達500号第5の2）。

改製不適合戸籍は，①出生年月日欄の出生の年月日と出生事項中の出生の年月日の表記が異なっている場合，②年月日の表記として存在しない年月日の表記がされている場合，③同一人につき複数の戸籍が作成されている場合，④従前の戸籍に氏又は名の文字が誤字で記載されており，磁気ディスクをもって調製する戸籍の筆頭者氏名欄又は名欄にこれに対応する正字等で記録する取扱いを欲しない旨の申出があった場合の戸籍である（平6・11・16通達7000号第1の2，令和6・2・26通達513号）。

3 市町村長の申出による指定と告示

　市町村長は，法務大臣の指定により，電子情報処理組織によって戸籍事務を取り扱う権限と責務を有することになる。また，戸籍情報システムを導入する場合には，市町村の財政や人事に影響を与えることとなる。このため，本条2項では，戸籍情報システムを利用して戸籍事務を行うかどうかは，市町村の事務処理の実態に基づき市町村長が自主的に判断すべき事項であることを考慮して，法務大臣の指定は，市町村長の申出に基づいて行うこととしている。

　この指定の申出は，管轄法務局若しくは地方法務局又はその支局を経由して行われ，申出に当たっては，市町村長が使用する電子情報処理組織が戸籍事務を適正かつ確実に取り扱うことができるものであること，及び講じようとしている戸籍情報の保全及び保護の措置の内容を明らかにしなければならない（戸規70）。

　戸籍事務を電子情報処理組織を用いて行うことは，国民の社会生活に深く関わっている戸籍事務の処理方法の大きな変更であり，導入する市町村の住民だけでなく，当該市町村に本籍を有する者など，全国的に波及する事柄であることから，法務大臣の指定は，告示で行うこととされた。具体的には，広く一般国民に公示することとなる官報告示の方法で行われている。

　なお，平成7年3月13日に東京都豊島区及び東京都台東区において戸籍事務のコンピュータ化が開始されて以降，全国の市町村において順次取扱いが開始され，令和2年9月28日に東京都御蔵島村が戸籍事務のコンピュータ化を開始したことによって，現在は，全国の全ての市町村でコンピュータシステムによる戸籍事務処理が行われている。

第6章　電子情報処理組織による戸籍事務の取扱いに関する特例等

〔磁気ディスクによる戸籍・除かれた戸籍〕
第119条　前条第１項の場合においては，戸籍は，磁気ディスクに記録し，これをもつて調製する。
②　前項の場合においては，磁気ディスクをもつて調製された戸籍を蓄積して戸籍簿とし，磁気ディスクをもつて調製された除かれた戸籍を蓄積して除籍簿とする。

　本条は，電子情報処理組織を用いて戸籍事務を処理する場合の戸籍の調製方法並びに戸籍簿及び除籍簿の在り方について定めるものである。市町村長が戸籍事務を電子情報処理組織によって取り扱う場合には，戸籍の調製方法は磁気ディスクに記録することによる（本条Ⅰ）。この場合，磁気ディスクによって調製された戸籍を蓄積したものを戸籍簿，磁気ディスクによって調製された除かれた戸籍（戸籍から除かれた戸籍）を蓄積したものが除籍簿と位置づけられる（本条Ⅱ）。

1　磁気ディスクによる戸籍の記録・調製

　磁気ディスクとは，磁気記録によってデータを記録できる磁性表面層をもつ円盤状の記録媒体であるが，法118条１項により定義される磁気ディスクには，これに準ずる方法により一定の事項を確実に記録することができるものも含まれるとされていることから，磁気テープ，カートリッジテープ，光ディスク等も含まれる。磁気ディスクは，大量のデータを記録するとともに，短時間にデータの読み取りや書き込みができることから，戸籍の記録にこれを利用することで，戸籍事務の円滑，迅速，正確な処理が可能になる。
　すなわち，戸籍事務の処理を，紙の戸籍用紙を用いて戸籍を編製し，これに手作業で記載する方法によった場合，届出又は戸籍謄本等の交付請求があると，戸籍の検索，戸籍簿からの引き抜き，戸籍の記載，謄本等の作成，戸籍簿への編綴などに時間がかかるほか，転記又は編綴のミスや戸籍の滅失な

第119条〔磁気ディスクによる戸籍・除かれた戸籍〕

どのヒューマンエラーが生じる可能性がある。これに対し，戸籍を磁気ディスクによって記録する方法による場合には，戸籍の検索が容易になるとともに，戸籍の編綴作業が不要となるため，戸籍の散逸や滅失のおそれもなくなるほか，入力された情報や既にデータベースに記録されている情報に基づき，戸籍の管理を自動的，一元的に行うことが可能となり，戸籍の正確性や事務処理に係る作業時間の大幅な短縮が可能となる。このため，本条では，電子情報処理組織を用いて戸籍事務を処理する場合には，戸籍を磁気ディスクによって記録することとし，戸籍は磁気ディスクによって調製することを明らかにしている。

2 磁気ディスクによって調製される戸籍簿及び除籍簿

(1) 戸籍簿

　戸籍，戸籍簿，除かれた戸籍及び除籍簿の意義については，戸籍の記録媒体が磁気ディスクであっても，戸籍を紙の戸籍用紙に記載する場合と同様であり，法第6条に特別の定めがあるものを除き，第2章「戸籍簿」から第5章「戸籍の訂正」までに規定するのと同様の取扱いがされる。

　磁気ディスクをもって調製する場合にも，戸籍の編製基準は，一の夫婦及びこれと氏を同じくする子ごとに編製され（戸6），複数の戸籍の集合体である「戸籍簿」として管理することとなる。

　本条2項にいう「蓄積」とは，紙の戸籍用紙で調製された戸籍について用いられていた「つづる」という用語に相当するものとして用いられたものであり，磁気ディスクをもって調製された戸籍が集積したものが戸籍簿となるから，戸籍簿も磁気ディスクをもって調製されることとなる。

　なお，「簿」という用語は，紙をつづって調製される帳簿の意味に用いるのが一般的であるが，法令用語上は，磁気ディスクのように電子的，磁気的方法により記録する媒体によって調製されるものについても用いられている（不動産登記法2⑨等参照）。

(2) 除籍簿

　磁気ディスクをもって調製された一戸籍内の全員をその戸籍から除いたときは，その戸籍は戸籍簿から除くことになるが（戸12Ⅰ），この除かれた戸籍も，その前提となる戸籍簿が磁気ディスクをもって調製されていることから磁気ディスクをもって調製されることとなる。そして，この除かれた戸籍を蓄積したものを「除籍簿」として管理することとなり，この除籍簿についても，磁気ディスクをもって調製されることとなる。

　なお，電子情報処理組織による取扱いを開始する時点（法務大臣の指定の効力が生ずる日）までに除かれた戸籍は，改製の対象としない扱いがされていたことから，除かれた戸籍及び除籍簿は，紙で調製されたまま保存されていたが，画像情報として戸籍情報システムに登録して取り扱うことが可能となったことから指定日以前に除かれた戸籍も磁気ディスクをもって調製されることになる（戸規69，令和6・2・26通達500号第5の2）。

(3) 戸籍法施行規則の規定の適用

　規則第1章の戸籍簿・除籍簿に関する規定も，紙の戸籍に特有なものを除いて，磁気ディスクをもって調製される戸籍簿及び除籍簿についても適用がある。その主要なものは，次のとおりである。

　　ア　適用のないもの
　　(ｱ)　見出帳・見出票

　磁気ディスクをもって調製される戸籍簿及び除籍簿については，見出帳及び見出票を調製することを要しない（戸規71）。紙の戸籍簿及び除籍簿については，戸籍の検索の便から，見出帳及び見出票を調製することとされているが（戸規6），磁気ディスクの戸籍簿及び除籍簿については，電子計算機を使って容易に検索が可能であることから，戸籍や除かれた戸籍の索引のための見出帳及び見出票を作成する必要はない。

　　(ｲ)　滅失した戸籍・除籍の再製

　後記ウで説明するとおり副記録が備えられるので，滅失した戸籍又は除籍簿をこれと同一の事項の記録により回復するときは，副記録に基づき機械的

に復元することができることから，厳格な再製手続による必要はない。このため，この場合は，法11条（法12条2項において準用する場合を含む。）の命令によること及び告示をする必要はない。また，この場合の回復は再製ではないから，再製に関する事項を記録する必要はない。

　イ　適用のあるもの
　　(ア)　戸籍の編綴
　磁気ディスク内に配列があるわけではないが，磁気ディスクをもって調製された戸籍を蓄積する順序については，本籍を表示する地番若しくは街区符号の番号の順序又は筆頭に記載した者の氏のあいうえおの順序に従って戸籍情報の整理，管理がされる必要がある（戸規3）。

　　(イ)　保存期間・保管方法等
　磁気ディスクの除籍簿については，保存期間の規定の適用を受けるほか，年ごとに区分して管理できる仕組みを備える必要がある（戸規5）。
　さらに，戸籍簿又は除籍簿の持出禁止（戸規7），保管施設（戸規8），戸籍簿又は除籍簿が滅失した場合の報告・具申（戸規9），再製の申出があった場合の報告・具申（戸規10），再製原戸籍の保存期間（戸規10の2）の規定の適用を受ける。

　ウ　特則：戸籍簿の副記録の備付け
　市町村長は，磁気ディスクの戸籍簿及び除籍簿に記録されている事項と同一の事項の記録を別に備える必要がある（戸規72）。法8条2項では，管轄法務局等において副本を保存することとされているが，これとは別に規則72条において市町村長が戸籍簿及び除籍簿と同一の事項の記録を備えることとしたのは，バックアップに万全を期すとともに，万一，戸籍簿又は除籍簿が滅失したときは，同一の事項の記録によりこれを速やかに回復し，戸籍事務の円滑な遂行を確保するためである。

第6章　電子情報処理組織による戸籍事務の取扱いに関する特例等

〔戸籍・除かれた戸籍の副本の保存〕
第119条の2　前条の規定により磁気ディスクをもつて調製された戸籍又は除かれた戸籍の副本は，第8条第2項の規定にかかわらず，法務大臣が保存する。

　本条は，法8条2項が紙をもって調製された戸籍につき，管轄法務局若しくは地方法務局又はその支局において当該戸籍の副本を保存する旨を定めるところ，その特例として，磁気ディスクをもって調製された戸籍の副本については，その全市町村の分を法務大臣が保存する旨を定めるものである。

1　本条の趣旨

(1)　法務大臣による副本の保存の意義

　本条は，令和元年法律17号による戸籍法の一部改正において新設された規定である。上記の改正は，主として行政手続における特定の個人を識別するための番号の利用等に関する法律（以下「マイナンバー法」という。）の規定による連携情報の対象に戸籍に関する情報を追加することを可能にすることを目的とするものであるところ，この情報連携の対象となるべき個人単位の戸籍に関する情報（マイナンバー法9Ⅲ）を法務大臣が作成するものとされた。本条は，法務大臣が上記のような戸籍に関する情報（戸121の3）の作成主体として位置づけられたことから，その前提として，同情報の作成の基礎となる戸籍の副本データを，同大臣において保存することとしたものである。

　なお，このような副本データの保存の仕組みは，上記の改正法により新たに構築される電子情報処理組織（法務大臣の使用に係る電子計算機と市町村長の使用に係る電子計算機を通信回線で接続した電子情報処理組織。戸118Ⅰ）を利用することによって可能となるのであるが，この仕組みは，平成25年に法務省が構築した戸籍副本データ管理システム（管轄法務局等における戸籍の副本の保存を遠隔地において行うためのシステム）を更に発展させた新たなシステ

第119条の2〔戸籍・除かれた戸籍の副本の保存〕

ムとして構築されたものである。

(2) **法務大臣が保存する副本の機能**

　法務大臣が保存する副本データは，上記のとおり，市町村において戸籍の正本が滅失した場合のバックアップにも利用できるほか，マイナンバー法に基づいて提供される戸籍関係情報の作成の基礎となり，さらには市町村間の戸籍事務の連携をも可能にする。

　すなわち，戸籍や除かれた戸籍が磁気ディスクをもって調製されている当該市町村においては，戸籍事務のコンピュータ処理が可能となるのであるが，各市町村のシステムは個々に独立しており，各システム間はネットワーク化されていないため，市町村間で戸籍情報や届書情報等を相互に利用し合う「戸籍事務の連携」を図ることができなかった。しかし，磁気ディスクをもって調製された戸籍又は除かれた戸籍の正本と副本はその概念上，同一内容のものであるから，法務大臣が市町村長から送信されたこれらの副本の情報を保存し，活用することができれば，法務大臣の使用に係る電子計算機を通じて各市町村長間でネットワーク化が図られたのと同等の効果が生じる。そのため，令和元年法律17号による法改正では，戸籍事務を法118条1項に規定する電子情報処理組織によって取扱うことを可能とし，いわゆる戸籍証明書等の広域交付の実現（戸120の2）等，戸籍事務においてのデジタル化のメリットを発揮させることとしたものである。

　なお，上記のシステムにおいて，法務大臣はマイナンバー法による戸籍関係情報の作成主体となるにとどまるのであって，磁気ディスクをもって調製された戸籍又は除かれた戸籍の作成主体は市町村長であることに変わりはない。

2 戸籍の正本と副本

　従前は戸籍を磁気ディスクをもって調製する場合にも，戸籍は，正本と副本とを設け，正本は市町村役場に，副本は管轄法務局若しくは地方法務局又

はその支局が保存するものとされていた（戸8）。しかし，令和元年法律17号による戸籍法の一部改正法の施行後は，副本は，法務大臣が保存することになった。

　副本は，市町村に備え付けられた正本が地震・火災等の事故により滅失した場合に，これを再製資料として利用するためのものである。戸籍又は除かれた戸籍が磁気ディスクで調製される場合は，副本も磁気ディスクで調製されたものを保存することとなるため，市町村役場にある正本が滅失した場合でも，戸籍の情報が電磁的に記録されている副本が残存していれば，それを活用して機械的に正確な再製が可能となる。このため，市町村長は，戸籍又は除かれた戸籍に記録をした後遅滞なく，磁気ディスクをもって調製された副本（電磁的記録）を作成して，電気通信回線を通じ法務大臣の使用に係る電子計算機に送信しなければならないこととされている（戸規75Ⅰ）。

　この電気通信回線を通じた送信の方法に関する技術的基準については，法務大臣が定めることとされ，送信に供される電気通信回線その他の電気通信設備の整備，管理等に関する事項が定められている（戸規75Ⅴ）。この技術的基準に関する法務省の通達は，令和6年2月26日通達514号により一部改正されている。

　一方，法務大臣は，必要があれば，いつでも戸籍又は除かれた戸籍の副本を電気通信回線を通じてその使用に係る電子計算機に送信させることができる（戸規75Ⅱ）。これは，各市町村における戸籍事務を統一的にバックアップすることを可能にするための措置である。

　なお，磁気ディスクをもって調製された副本には，規則15条の適用はなく，新たに戸籍を編製したとき，戸籍の編製の日から25年を経過したとき，又は戸籍の全部を消除したときであっても，1か月ごとに戸籍の副本を管轄法務局若しくは地方法務局又はその支局に送付する必要はない（戸規75Ⅲ）。

③ 法務大臣による戸籍の副本の保存

　戸籍の副本は管轄法務局若しくは地方法務局又はその支局において保存していたが，地震・津波等により市役所又は町村役場が倒壊するというような大きな被害が生じた場合には，当該被災市町村と同一又は近接した地域にある管轄法務局等の庁舎も被災するおそれがあり，そうなると，正本と副本とがともに同時に滅失する危険性がある。

　このため，上記２のとおり，戸籍の記録後遅滞なく，戸籍の副本を電気通信回線を通じて法務大臣の使用に係る電子計算機に送信しなければならないとされ（戸規75Ⅰ），当該市町村と同一又は近接した地域以外の地域に戸籍の副本を保存するものとしている。実務上，送信された副本は，東西に分かれて設置された法務大臣が管理する副本データ管理サーバ内に集中して保存，管理されている。そして，法務大臣は，その使用に係る電子計算機に戸籍又は除かれた戸籍の副本の送信を受けたときは，前に送信を受けた戸籍の副本を消去することができる（戸規75の２Ⅰ）。

　戸籍の副本の保存期間は，除かれた戸籍に係るものについては，当該除かれた戸籍が戸籍簿から除かれた日の属する年の翌年から150年とされている（戸規75の２Ⅱ，戸規75の２Ⅲでは，再製原戸籍の副本の保存期間について特則が定められている。）。戸籍に係るものについては，これが除かれるまで当然に戸籍の副本として保存し，除かれた後は除かれた戸籍の副本として保存することになることから，保存期間について特段の規定は置かれていない。

　なお，法務大臣が市町村長から送信された上記の副本の情報を保存し，これを活用することによって，戸籍事務においてデジタル化のメリットも発揮することが可能となることについては，既に述べたとおりである。

第6章　電子情報処理組織による戸籍事務の取扱いに関する特例等

〔戸籍・除かれた戸籍の記録事項の証明〕
第120条　第119条の規定により戸籍又は除かれた戸籍が磁気ディスクをもつて調製されているときは、第10条第1項又は第10条の2第1項から第5項まで（これらの規定を第12条の2において準用する場合を含む。）の請求は、戸籍謄本等又は除籍謄本等に代えて、磁気ディスクをもつて調製された戸籍に記録されている事項の全部若しくは一部を証明した書面（以下「戸籍証明書」という。）又は磁気ディスクをもつて調製された除かれた戸籍に記録されている事項の全部若しくは一部を証明した書面（以下「除籍証明書」という。）についてすることができる。
②　戸籍証明書又は除籍証明書は、第100条第2項及び第108条第2項の規定並びに旅券法（昭和26年法律第267号）その他の法令の規定の適用については、戸籍又は除かれた戸籍の謄本又は抄本とみなす。

　本条は、戸籍又は除かれた戸籍が磁気ディスクをもって調製されている場合においては、戸籍謄本等又は除籍謄本等の交付の請求に代えて、当該磁気ディスクに記録されている事項の全部又は一部を証明した戸籍証明書又は除籍証明書の交付を請求することができること、及びこれらの証明書は、戸籍法その他法令の規定の適用については、戸籍謄本等又は除籍謄本等とみなすことを定める規定である。[注]

◆◆◆◆◆◆◆◆◆◆◆◆◆◆◆◆◆◆◆◆◆◆◆◆◆◆◆◆◆◆◆◆◆◆◆◆◆◆

（注）　戸籍法の規定の構成は、紙の戸籍による取扱いを原則とし（第2章から第5章まで）、磁気ディスクによる戸籍の取扱い（第6章）は特例と位置づけているところ、令和元年法律17号による改正前の第6章中本条1項には、戸籍又は除かれた戸籍が磁気ディスクをもつて調製されているときは、戸籍謄抄本等の交付の請求に代えて、「磁気ディスクをもつて調製された戸籍又は除かれた戸籍に記録されている事項の全部又は一部を証明した書面についてすることができる。」とする規定が置かれていた。この規定の趣旨は現行の本条1項と同じであるが、磁気ディスクに記録されている事項を証明した書面についての略称は定められていなかった。令和元年の改正においては上記「戸籍証明書」及び「除籍証明書」の略称が付加されたのであるが、これは、

第120条〔戸籍・除かれた戸籍の記録事項の証明〕

同改正において，戸籍記載事項の新たな証明方法として，戸籍電子証明書及び除籍電子証明書並びにこれらの提供を受けるための識別符号（有効期間を発行から3か月とするパスワード）である戸籍電子証明書提供用識別符号及び除籍電子証明書提供用識別符号といった新たな類型が創設されたこと（戸120の3）により，戸籍法に規定される電子情報に係る書類等が多様化するに至ったことから，本条1項の「書面」についても，文言を簡略化し，概念を明確化する観点から，その略称を設けたものである。

1 戸籍証明書等の請求等

　戸籍又は除かれた戸籍が磁気ディスクをもって調製されている場合は，その性質上戸籍又は除かれた戸籍の謄抄本等を交付することができない。磁気ディスクには，戸籍又は除かれた戸籍の情報が電磁的記録として記録されており，人間が直接可読できないから，戸籍又は除かれた戸籍に記録されている事項を公開するには，電磁的記録を可読できる文字等に変換して表示して出力する必要があるが，この文字等に変換された記録は「謄抄本」の概念には当たらないからである。

　このため，戸籍又は除かれた戸籍が磁気ディスクをもって調製されている場合には，紙の戸籍や除かれた戸籍の謄抄本等を前提にした法10条1項又は10条の2第1項から5項まで（これらの規定を法12条の2において準用する場合を含む。）の請求は，磁気ディスクをもって調製された戸籍又は除かれた戸籍に記録されている事項の全部又は一部を証明した書面についてすることができるとされ，前者を「戸籍証明書」，後者を「除籍証明書」と呼称することとされた。これらの証明書の交付を請求することができる者，請求の要件，その手続等は，謄抄本等の交付を請求する場合と同様である。

　なお，請求に当たっては，市町村が定める手数料を納付しなければならない（地方自治法227・228Ⅰ）。

第6章　電子情報処理組織による戸籍事務の取扱いに関する特例等

２　戸籍証明書等の効力

　本条２項は，戸籍証明書又は除籍証明書の効力について定めている。法100条２項は分籍の届出をする場合に，法108条２項は転籍の届出をする場合に，それぞれ届書に戸籍の謄本を添付することを義務付けており，旅券法その他の法令においても，行政手続上の申請等に当たって戸籍又は除かれた戸籍の謄抄本等の提出を義務付ける規定が設けられている（旅券法３Ⅰ②，鉱業登録令19等）ところ，本条２項では，これらの規定の適用上，戸籍証明書又は除籍証明書が戸籍又は除かれた戸籍の謄抄本とみなされることを明らかにしている。磁気ディスクをもって調製された戸籍に記録されている事項の全部を証明した戸籍証明書が戸籍の謄本と，その一部を証明した戸籍証明書が戸籍の抄本とそれぞれみなされ，除籍証明書についても，上記と同じ対応関係で除籍の謄本又は抄本とみなされる。

〔戸籍証明書等の請求市町村〕
第120条の2　第119条の規定により戸籍又は除かれた戸籍が磁気ディスクをもつて調製されているときは，次の各号に掲げる請求は，当該各号に定める者に対してもすることができる。
一　第10条第1項（第12条の2において準用する場合を含む。次項及び次条（第3項を除く。）において同じ。）の請求　指定市町村長（第118条第1項の規定による指定を受けている市町村長をいう。以下同じ。）のうちいずれかの者
二　第10条の2第2項（第12条の2において準用する場合を含む。次条（第3項を除く。）において同じ。）の請求（市町村の機関がするものに限る。）　当該市町村の長（指定市町村長に限る。）
②　前項の規定によりする第10条第1項の請求（本籍地の市町村長以外の指定市町村長に対してするものに限る。）については，同条第3項及び第10条の3第2項の規定は適用せず，同条第1項中「現に請求の任に当たつている者」とあり，及び「当該請求の任に当たつている者」とあるのは，「当該請求をする者」とする。

　本条1項は，法10条1項に規定された者（以下「本人等」という。）は，戸籍証明書又は除籍証明書（以下「戸籍証明書等」という。）の交付の請求を，いずれの指定市町村長（法118条1項の規定により，法務大臣の指定を受けて戸籍事務を電子情報処理組織によって取り扱う市町村長）に対してもすることができる旨（いわゆる「戸籍証明書等の広域交付」）及び市町村の機関がする広域交付の請求についての特則を定める規定であり，本条2項は，本人等が上記の請求を本籍地の市町村以外の指定市町村長にする場合の手続の特例について定める規定である。

第6章　電子情報処理組織による戸籍事務の取扱いに関する特例等

1 本人等による戸籍証明書等の請求

(1)　趣　旨

　法10条1項は本人等がその戸籍の謄抄本等の交付を請求することができることを定める規定である。この規定においては，明文で定めてはいないものの，戸籍謄本等の交付請求は戸籍簿を管理する本籍地の市町村長に対してのみすることができるものとしており，本籍地外の市町村長に対してこれをすることは認めていない。現実の問題としても，紙で調製された戸籍の正本については，各市町村間で相互に利用することができないから（規則7条は，戸籍簿等の原則持出し禁止を定めている。），戸籍謄本等の交付の請求について上記のような限定をするほかない。

　一方で，戸籍又は除かれた戸籍を磁気ディスクをもって調製されている場合（戸119）には，法10条1項の請求は，戸籍謄本等に代えて，戸籍証明書等についてすることができる（戸120Ⅰ）。この場合の戸籍証明書等の請求は，いずれの指定市町村長に対してもすることができるとするのが，本条1項1号の規定の趣旨である。

　指定市町村長は，その戸籍事務を法118条1項に規定する電子情報処理組織によって取り扱っているから，このシステムを通じて他の指定市町村長が備える戸籍簿に記録されている情報も利用することができ，それによって戸籍証明書等の交付請求に応ずることができる。いわゆる「戸籍証明書等の広域交付」と称される措置である。

　なお，本条1項では，請求することができる戸籍証明書等の種類を限定していないが，広域交付による本人等請求又は公用請求は，当分の間，戸籍又は除籍に記録されている事項の全部を証明したもの（いわゆる戸除籍謄本）に限り，請求することができる（令和6・2・26法務省令5号附則3Ⅰ）。このことは，法120条の3の解説にある電磁的記録の請求も同様とされている（同附則3Ⅱ）。

(2) 広域交付の請求が認められる場合

広域交付の請求ができるのは，上記のとおり，後記3の場合を除き，法10条1項に規定されている本人等に限られる。

本人等以外の者による戸籍謄本等の請求（いわゆる「第三者請求」）については，法10条の2において各種の請求要件が定められており，市町村長においてこれらの要件が具備されているか否かを確認する必要があるなど，本人等請求の場合に比して厳格な審査が求められている。このため，仮に広域交付の請求を第三者請求の場合にも認めることとすると，一度の手続で広範囲の戸籍証明書等を取得することが可能であるため，更に厳格な審査が求められることになり，当該戸籍を管掌する本籍地の市町村長以外の市町村長の負担が大きくなるという問題がある。

これに加えて，広域交付においては，請求者が任意の指定市町村長に対して戸籍証明書等の交付請求をすることが認められるため，人口が集中している都市部の市町村長に請求が集中すること等により，これら一部の市町村において戸籍証明書等の交付に係る事務負担が過度に増大するおそれもある。

以上の理由により，戸籍証明書等の広域交付の請求については，後記3の場合を除き，本人等請求の場合に限定しているのである。

2 広域交付の請求の手続

本条2項は，法10条1項に規定する本人等が，広域交付の請求を本籍地の市町村長以外の市町村長に対してする場合の手続の制限について定めている。広域交付の請求を認めることとすると，一度の請求において交付を求めることができる戸籍証明書等の範囲が広がることになるため，戸籍情報の保護の見地から，より厳格な本人確認を行う必要がある。このため，上記のような非本籍地の市町村長に対する請求については，郵送による請求（戸10Ⅲ）のほか，代理人その他請求者と異なる者による請求（戸10の3Ⅱ）も認めないこととしている（本条Ⅱ）。つまり，本人等が当該市町村の市役所又は町村

第6章　電子情報処理組織による戸籍事務の取扱いに関する特例等

役場に出頭して請求する方法に限られる（令和6・2・26通達500号第1の1(2)）。

　郵送請求を認めないのは，都市部の一定の地域の市町村に郵送請求が集中して，これらの市町村の事務負担が増大するおそれがあること，広域交付においては厳格な本人確認が求められるところ，郵送請求を認める場合には，写真付き身分証明書が送付されてきても，請求を受けた市町村において，窓口における同じ書類によるのと同様の，より厳格な本人確認を行うことが性質上困難であることによる。

　また，代理人等による請求を認めないのは，この請求においては，代理人等自身の本人確認，代理権限等確認，交付請求の主体である請求者の本人確認を行う必要があるところ，本人確認事務及び代理権限等確認事務の負担が増大することや不正請求の危険性が拡大することについて，市町村から強い懸念が示されたこと，専門職代理人による広域交付の請求が可能となると，都市部の一定の地域の市町村に請求が集中して，これらの市町村の事務負担が増大するおそれがあることによるものである。

　本条の規定に基づき広域交付の請求をするには，請求をする者は，市町村長に対し，マイナンバーカードの提示等規則11条の2第1号の方法により，当該請求をする者の氏名及び住所又は生年月日を明らかにしなければならない（戸規73の2Ⅰ）。

　なお，請求に当たっては，市町村が定める手数料を納付しなければならない（地方自治法227・228Ⅰ）。

(1)　**戸籍証明書等の作成・交付**

　戸籍謄本等の請求は，その性質上，戸籍がある本籍地の市町村長に対してするものであるから，発行される戸籍謄本等の作成名義人はその本籍地の市町村長である。このことは，本籍地の市町村長が指定市町村長である場合も同様で，戸籍証明書等の交付請求がされた場合に，戸籍証明書等の記載内容が戸籍又は除かれた戸籍の内容と同一である旨を証明するのは同市町村長である。

これに対し，広域交付においては，本籍地以外の市町村長に対しても戸籍証明書等の交付の請求をすることが可能になるのであるが，この場合は，請求を受けた市町村長が，自らの名義で，戸籍証明書等の記載内容が本籍地の戸籍又は除かれた戸籍に記録されている事項を証明した書面であることを付記して証明する（戸規73の3）。なお，広域交付の請求により本籍地以外の市町村長が戸籍証明書等を交付した場合は，本籍地の市町村長に対してその旨の情報を提供するものとされている（戸規73の4）。

(2) 相続手続による活用

国民の社会生活において戸籍証明書等が必要となる主要な場面として，相続手続が挙げられる。この相続手続においては，相続人自身の戸籍証明書等だけでなく，被相続人についてその出生から死亡までの戸籍証明書等が必要になる場合があるが，相続人や被相続人が過去に転籍をしたことがあるときなどには，複数の本籍地に分散している戸籍についての戸籍証明書等を集める必要がある。この場合に，それぞれの戸籍がある本籍地の市町村長に対し，窓口又は郵送での交付請求をすることになると，必要な戸籍証明書等をそろえるのに相当の時間や手間がかかるなど，戸籍証明書等を必要とする者にとって極めて不便である。

この点，広域交付の請求が認められると，相続人が被相続人の配偶者及び子であるという典型的な相続の場面では，相続人が本人等として，本籍地外の指定市町村長に対しても，被相続人やその配偶者及び自己の戸籍証明書等の交付の請求をすることが可能となるから（本人のみならず，その配偶者，直系尊属又は直系卑属も，法10条1項の請求をすることができる。），相続手続において必要となる戸籍証明書等の収集の負担が大幅に軽減されることになる。

3 公用請求の場合

本条1項2号は，戸籍又は除かれた戸籍が磁気ディスクにより調製されているときは，法10条の2第2項（法12条の2において準用する場合を含む。）に

規定する公用請求のうち市町村の機関がするものについては，当該市町村の長に対してすることができるものとしている。すなわち，甲市町村の機関は，乙市町村が所掌する戸籍又は除かれた戸籍に関する証明書につき，甲市町村長に対して請求することができるものとしている。そして，政令指定都市では，同一市内の他の区長に対する請求もこれによることができる（令和6・2・26依命通知501号2）。

　上記の公用請求については，窓口に出頭して請求する方法のほか，郵送や代理人による請求も認められている（令和6・2・26通達500号第1の2(2)）。そして，請求者又はその代理人は，規則11条の2第1号の方法により，その氏名及び所属機関，住所又は生年月日を明らかにしなければならない（戸規73の2Ⅱ）。また，戸籍証明書等の送付の請求をするときは，規則11条の2⑤ロの方法，すなわち市町村の機関の所在地への郵送等によることができる（戸規73の2Ⅲ）。

〔戸籍電子証明書提供用識別符号の発行〕
第120条の3　前条第１項の規定によりする第10条第１項の請求又は前条第１項の規定によりする第10条の２第２項の請求（法務省令で定める事務を遂行するために必要がある場合における当該請求に限る。以下この条（第３項を除く。）において同じ。）は，戸籍電子証明書（第119条の規定により磁気ディスクをもつて調製された戸籍に記録された事項の全部又は一部を証明した電磁的記録（電子的方式，磁気的方式その他人の知覚によつては認識することができない方式で作られる記録であつて，電子計算機による情報処理の用に供されるものとして法務省令で定めるものをいう。以下同じ。）をいう。以下同じ。）又は除籍電子証明書（第119条の規定により磁気ディスクをもつて調製された除かれた戸籍に記録された事項の全部又は一部を証明した電磁的記録をいう。以下同じ。）についてもすることができる。

②　前項の規定によりする第10条第１項又は第10条の２第２項の請求があつたときは，指定市町村長は，当該請求をした者に対し，戸籍電子証明書提供用識別符号（当該請求に係る戸籍電子証明書を識別することができるように付される符号であつて，法務省令で定めるものをいう。以下同じ。）又は除籍電子証明書提供用識別符号（当該請求に係る除籍電子証明書を識別することができるように付される符号であつて，法務省令で定めるものをいう。以下同じ。）を発行するものとする。

③　指定市町村長は，行政機関等（情報通信技術を活用した行政の推進等に関する法律（平成14年法律第151号）第３条第２号に規定する行政機関等その他の法務省令で定める者をいう。）から，法務省令で定めるところにより，前項の規定により発行された戸籍電子証明書提供用識別符号又は除籍電子証明書提供用識別符号を示して戸籍電子証明書又は除籍電子証明書の提供を求められたときは，法務省令で定めるところにより，当該戸籍電子証明書提供用識別符号に対応する戸籍電子証明書又は当該除籍電子証明書提供用識別符号に対応する除籍電子証明書を提供するものとする。

④　第１項の規定によりする第10条第１項及び第10条の２第２項の請求

第6章　電子情報処理組織による戸籍事務の取扱いに関する特例等

> については，これらの規定中「交付」とあるのは，「第120条の3第3項の規定により同項に規定する行政機関等に提供すること」とし，第1項の規定によりする第10条第1項の請求（本籍地の市町村長以外の指定市町村長に対してするものに限る。）については，同条第3項及び第10条の3第2項の規定は適用せず，同条第1項中「現に請求の任に当たつている者」とあり，及び「当該請求の任に当たつている者」とあるのは，「当該請求をする者」とする。

　本条は，法10条1項に規定する本人等から，戸籍に関する情報の提供を必要とする行政手続に係る申請を行うに当たり，当該行政機関等に対して当該情報を電磁的記録により提供することを指定市町村長に請求することができること，及び一定の場合に市町村の機関が戸籍に関する情報の提供を電磁的記録により求めることができることを定めるものである。

1　本条の趣旨

　本条は，令和元年法律17号による戸籍法の改正において新設され，令和5年法律58号により一部改正された規定で，国民の利便性の向上及び行政の効率化の観点から，行政機関等への届出・申請について戸籍証明書等の添付省略という行政目標を実現することを企図したものである。

　すなわち，上記改正前の戸籍法においては，戸籍に関する情報の公開・提供は，紙の戸籍証明書等の交付によって行われることを前提にしていたため，各種の行政手続に係る届出・申請をオンライン方式によってしようとしても，戸籍に関する電磁的記録を送信することができず，上記の行政目標の実現に資することができなかった。

　この点については，上記の改正において，マイナンバー法19条8号・9号の規定による情報連携（以下「情報連携」という。）の対象に戸籍に関する情報を追加することを可能とする措置が講じられ（戸121の3），これにより一

定の行政事務においては，この情報連携により，戸籍証明書等の添付の省略が図られることになった。

　しかしながら，マイナンバー法が射程としている行政事務以外の分野においては，同法に基づいて提供される戸籍関係情報について情報連携はできないから，依然として紙の戸籍証明書等を提出する必要が生じていた。加えて，情報連携については，現在，我が国に存する戸籍又は除かれた戸籍にはコンピュータ処理が可能となっていないものが一定数残存しているため，それらの副本から情報連携の用に供される戸籍関連情報を作成することができないという制約のほかに，「いわゆる基本4情報」（氏名，生年月日，性別，住所）を含む情報をやり取りしない運用となっていることから，戸籍証明書等の情報そのものを利用することができないといった制約も存在する。

　このような状況を踏まえて，各種行政手続に係るオンライン届出・申請において，情報連携では対応することができない場合であっても，戸籍証明書等の添付省略を実現するため，電子的な方法によって戸籍事項を証明する電磁的記録（戸籍電子証明書又は除籍電子証明書）をワンタイムパスワード（戸籍電子証明書提供用識別符号又は除籍電子証明書提供用識別符号）方式より国の行政機関等に提供することを可能とする措置を講じた。これが，本条の趣旨である。

２　本条のうち本人等請求の場合の説明

(1) 戸籍電子証明書又は除籍電子証明書の請求

　本条1項は，まず，法120条の2第1項の規定によりする法10条1項の請求は，戸籍電子証明書又は除籍電子証明書（以下戸籍電子証明書と除籍電子証明書とを合わせて「戸籍電子証明書等」という。）についてすることができるとしている。また，後述のとおり，法務省令で定める事務を遂行するため必要があるときは，市町村の機関も同様に請求することができるとしている。

　法120条の2第1項1号の規定は，法119条の規定により戸籍又は除かれた

第6章　電子情報処理組織による戸籍事務の取扱いに関する特例等

　戸籍が磁気ディスクをもって調製されているときは，法10条1項の請求は，いずれの指定市町村長（法118条1項の規定により法務大臣の指定を受けて戸籍事務を電子情報処理組織によって取り扱っている市町村長）に対してもすることができる旨を定めるものである。この規定によってする法10条1項の請求（すなわち本人等請求）は戸籍電子証明書等についてもすることができるとする本条1項の意味するところは，本人等は，法10条1項に定める戸籍謄本等の交付の請求のほかに，戸籍に関する情報の提供を必要とする各種行政手続に係る届出・申請をしようとする場合には，戸籍電子証明書等を当該行政機関等に提供することを請求することもできるという点にある。このことを法文上明確にするために，本条4項では，本条1項の規定による法10条1項の請求については，同項中「交付」とあるのは，「第120条の3第3項の規定により同項に規定する行政機関等に提供すること」とする規定を置いている。

　「戸籍電子証明書」とは，磁気ディスクをもって調製された戸籍に記録された事項の全部又は一部を証明した電磁的記録をいい，「除籍電子証明書」とは，磁気ディスクをもって調製された除かれた戸籍に記録された事項の全部又は一部を証明した電磁的記録をいう。いずれも電磁的記録であるから，複製や送受信といった処理が可能となる。

　この戸籍等の電子証明書の請求の手続は，本籍地で行う場合は，本籍地の市町村長に対して戸籍謄本等を請求する場合と同様であり，本籍地以外の市町村で行う場合は，法120条の2で定める広域交付の請求の場合と同様である。本人確認の方法も同じである（令和6・2・26通達500号第4の1）。

　なお，請求に当たっては，市町村が定める手数料を納付しなければならない（地方自治法227・228Ⅰ）。

(2)　戸籍電子証明書提供用識別符号等の発行

　指定市町村長に対して上記の戸籍電子証明書等の請求があった場合には，当該市町村長は，法118条1項の電子情報処理組織を利用して，請求された戸籍を特定した上，当該請求をした者に対し，戸籍電子証明書等そのものを提供するのではなく，戸籍の情報を必要とする行政機関等において戸籍電子

第120条の3〔戸籍電子証明書提供用識別符号の発行〕

証明書等の内容を確認するために必要となる戸籍電子証明書提供用識別符号又は除籍電子証明書提供用識別符号（以下戸籍電子証明書提供用識別符号と除籍電子証明書提供用識別符号とを合わせて「戸籍電子証明書提供用識別符号等」という。）を発行する（本条Ⅱ）。この戸籍電子証明書提供用識別符号等というのは，請求に基づき生成された戸籍電子証明書等と紐付けされた，いわゆるワンタイムパスワードであり，規則79条の2の2の規定及び令和6年2月26日通達500号第4の2⑵アによれば，アラビア数字16桁の組合せにより，戸籍電子証明書等ごとに定めるものとされている。そして，戸籍電子証明書提供用識別符号等を発行するには，規則付録32号様式によらなければならず，同識別符号等の有効期間は，発行の日から起算して3か月とされている。そこで，行政機関等が戸籍電子証明書等の提供を受けるためには当該期間内に同識別符号等を示して提供を受けることが必要となる。なお，当該期間内であれば複数の行政機関等がこれを利用することができる。

⑶　**行政機関等に対する戸籍電子証明書等の提供**

　戸籍電子証明書提供用識別符号等の発行を受けた者は，戸籍情報の提供を必要とする行政手続に係る届出・申請等をする場合には，戸籍証明書等の提出に代えて，戸籍電子証明書提供用識別符号等を行政機関等に提出することとなる。そして，その提出を受けた行政機関等は，当該指定市町村長に対し当該符号等を示して，これに対応する戸籍電子証明書等の提供を受けることができる（本条Ⅲ）。実際には，行政機関等は，戸籍電子証明書等が保存されている閲覧用のサーバにアクセスし，当該戸籍電子証明書等の内容を閲覧することになる（戸規79の2の3Ⅱ）。

　行政機関等が当該サーバから，戸籍証明書等により確認すべき事項に係る情報を入手し，又は参照することができた場合には，戸籍証明書等の提出は不要となり，添付書面の省略が図られることとなる（情報通信技術を活用した行政の推進等に関する法律11参照）。

第6章　電子情報処理組織による戸籍事務の取扱いに関する特例等

③ 戸籍電子証明書等の広域交付等

　本条1項の規定によりする法10条1項1号の請求は，いずれの指定市町村長に対してもすることができる（いわゆる広域交付，戸120の2Ⅰ）。したがって，本籍地の市町村長のほか，他の市町村長に対しても，本条3項に規定する行政機関等に，戸籍電子証明書等を提供することの請求をすることができる。もっとも，当面の間，戸籍又は除籍に記録されている事項の全部を証明したもの（いわゆる戸除籍謄本）に限り，請求することができるにとどまる（法120条の2の解説1の(1)参照）。なお，本籍地の市町村長以外の指定市町村長に対してする場合には，戸籍証明書等の広域交付の場合と同様，郵送請求や代理人その他の者による請求は認められないという制約がある（本条Ⅳ，法120条の2の解説参照）。

④ 公用請求の場合

　本条1項では，市町村の機関が当該市町村の長に対してする公用請求のうち法務省令で定める事務を遂行するために必要があるものについては，戸籍電子証明書等を提供することの請求をすることができるものとしている。すなわち，当該市町村が本籍地である場合はもとより，本籍地が他の市町村にある場合も広域交付の請求と同様の手続（法120条の2の解説3参照）で戸籍電子証明書等を提供することの請求をすることができる。

第120条の4〔届書等情報の法務大臣への提供〕

〔届書等情報の法務大臣への提供〕
第120条の4　指定市町村長は，この法律の規定により提出すべきものとされている届書若しくは申請書又はその他の書類で戸籍の記載をするために必要なものとして法務省令で定めるもの（以下この項において「届書等」という。）を受理した場合には，法務省令で定めるところにより，当該届書等の画像情報（以下「届書等情報」という。）を作成し，これを電子情報処理組織を使用して，法務大臣に提供するものとする。
②　前項の規定により届書等情報の提供を受けた法務大臣は，これを磁気ディスクに記録するものとする。

　本条は，指定市町村長が届書等を受理した場合には，当該届書等についての画像情報（以下「届書等情報」という。）を作成し，これを電子情報処理組織を利用して法務大臣に提供すべきこと，及びこの提供を受けた法務大臣が当該届書等情報を磁気ディスクに記録すべきことを定めるものである。

1　本条の趣旨

　戸籍法は，戸籍に関する届出は，届出事件の本人の本籍地又は届出人の所在地でこれをしなければならないとしている（戸25Ⅰ）から，例えば，届出人が本人の本籍地以外の所在地で戸籍の届出をしたような場合には，その届出に基づく戸籍の記載をすべきなのは，届出を受理した市町村長ではなく本籍地の市町村長である。

　このような場合，現行戸籍法の建前では，届出を受理した市町村長において，本籍地の市町村長に対し戸籍の届書等を紙の媒体のまま郵送で送付するという方法をとることになるが，その送付に充てる届書等も届出人に提供させることになっている（戸36Ⅰ・Ⅱ。届出人は，戸籍の記載をすべき市町村長が複数であるときは，その数に応ずる通数の届書等をも提出しなければならない。）。そして，送付を受けた本籍地の市町村長は，届書等を保管し，必要に応じこ

れを閲覧に供する（戸48Ⅱ・Ⅲ）などの取扱いをしている。

　しかしながら，このような取扱いによっては，届書が受理されてから戸籍の記載をすべき市町村長に届書類が到着するまでに一定の時間を要し，その分，戸籍の記載がされるまでにタイムラグが生じたり，郵送事故等により受理された届書に沿った戸籍の記載がされなかったりするといったリスクも生じかねない。また，届書等を，場合によっては複数通提出しなければならない届出人側にとっての負担も無視できないものがある。

　そこで，令和元年法律17号による戸籍法の改正において，指定市町村長が届出を受理したときは，届書類等を電磁的記録化した情報（届書等情報）を作成した上で，法務大臣の使用に係る電子計算機に送信し，法務大臣においてこれを保存するとともに，戸籍の記録をすべき市町村長が法務大臣の保存する届書等情報を利用して戸籍を記録をしたり，届書等情報を出力したものを閲覧に供したりすることを可能とする仕組みを構築した。この仕組みを定めたのが本条である。これにより，戸籍事務の効率化が図られるほか，市町村間にとって物理的な郵送作業が不要となり，届出人にとっても，送付のため必要とされる届書類等を余分に作成する負担がなくなるといった効果が生じることになる。

2　本条の説明

(1)　届書等情報の作成と法務大臣への提供

　指定市町村長は，届書等を受理したときは，当該届書等の画像情報（届書等情報）を作成しなければならない（本条Ⅰ）。具体的には，届書等の情報をスキャナ等で読み取って届書等情報を作成することになる。その上で，指定市町村長は，この届書等情報を電子情報処理組織を利用して法務大臣に提供しなければならない（本条Ⅰ）。これらの情報の作成方法や送信方法の詳細は規則78条の2第2項から6項までに規定されている。指定市町村長は，法118条の規定により法務大臣の指定を受けて戸籍事務を電子情報処理組織（法

務大臣の使用に係る電子計算機と市町村長の使用に係る電子計算機とを通信回線で接続した電子情報処理組織）を使用して取り扱っているから，法務大臣に対して上記の届書等情報を提供することが可能になるのである。

ここにいう「届書等」とは，①戸籍の記載をするために提出された届出，報告，申請，請求若しくは嘱託，証書若しくは航海日誌の謄本又は裁判に係る書面（本条Ⅰ及び戸規78の2Ⅰの規定により添付し，又は提出すべきこととされている書面を含む。），②法24条2項の規定による戸籍の訂正に係る書面，③法44条3項の規定による戸籍の記載に係る書面，④不受理申出に関する規則53条の4第2項の書面，及び⑤不受理申出取下げに係る規則53条の4第5項の書面を指す（戸規78の2Ⅰ）。

(2) 法務大臣による記録

上記(1)により届書等情報の提供を受けた法務大臣は，これを磁気ディスクに記録するものとされる（本条Ⅱ）。この措置は，法務大臣が提供を受けた届書等情報を読み取り可能な磁気ディスクに記録しておけば，戸籍の記録をすべき市町村長が，届書等情報を参照して，当該届出の内容を戸籍に反映させること等を可能にするためである。このために法務大臣は一定期間その情報を保存することが必要であるが，規則78条の3では，送信された情報ごとにその保存期間が定められている。

なお，届書等情報が法務大臣に提供された後の手続については，法120条の5の解説を参照されたい。

3 本条の副次的な意義

本条は，上記のとおり，届書等情報の保存主体を法務大臣と定め，戸籍の記録をすべき市町村長がこの届書等情報を参照することができることを法律上明らかにしたものであるが，この規定を受けて，届書等情報について届書類同様の戸籍法独自の公開方法[注]が設けられた（戸120の6）。この公開方法は，戸籍に関する情報の利用者の利便に資するという実務上のメリットの

第6章 電子情報処理組織による戸籍事務の取扱いに関する特例等

ほか，これを法律で規定することによって，届書等情報についても，行政機関の保有する情報の公開に関する法律及び個人情報の保護に関する法律の適用除外規定（戸128・129）の対象とする必要があるという法制上の要請に応える意味をも有する。

さらに，戸籍記載完了後の書類を管轄法務局若しくは地方法務局又はその支局に送付する必要がなくなり（戸規78の4Ⅱによる戸規48Ⅱの不適用），市町村長における書類の保存期間の改正も行われ，事務の効率化に貢献することとなった。

◆◆

（注）　通常の親族的身分関係についての証明は戸籍によって行うことで足りるが，実務上，例えば，戸籍の記録が届出の内容と異なるとして戸籍訂正手続をとろうとする場合において，届出の際の添付書類（出生証明書（戸49Ⅲ）や死亡診断書（戸86Ⅱ）を確認すべき場合）や届書自体（出生届において届け出た子の名と戸籍に記録された名が異なる場合等）を証明資料として用いる必要があることから，届書等の記載事項証明が用いられている。届書が紙媒体であることから，証明が申請された場合には，つづられている届書類の中から該当の届書類を探し出し，届書及び添付書類を複写し，届書類に記載された事項に相違ない旨を証明しているところ，届書等情報を電磁的に作成し，保存することにより，検索が容易になり，届書等情報に記録された事項の証明を求められた際の事務負担を軽減することができるとともに，速やかに証明書を発行することができるため，記載事項証明書の請求者のメリットも大きいと考えられる。

〔法務大臣による届書等情報提供通知〕
第120条の5　2箇所以上の市役所又は町村役場で戸籍の記載をすべき場合において，届出又は申請を受理した市町村長が指定市町村長であり，かつ，当該届出又は申請により戸籍の記載をすべき市町村長（当該届出又は申請を受理した市町村長を除く。）のうち指定市町村長であるもの（以下この項において「戸籍記載指定市町村長」という。）があるときは，法務大臣は，戸籍記載指定市町村長に対し，前条第1項の提供を受けた旨を通知するものとする。
② 前項の場合においては，第36条第1項及び第2項（これらの規定を第117条において準用する場合を含む。）の規定にかかわらず，提出すべき届書又は申請書の数は，戸籍の記載をすべき市町村長の数から当該市町村長のうち指定市町村長であるものの数を減じた数に1を加えた数とする。
③ 本籍地外で届出又は申請をする場合（2箇所以上の市役所又は町村役場で戸籍の記載をすべき場合を除く。）であつて，届出又は申請を受理した市町村長及び当該届出又は申請により戸籍の記載をすべき市町村長がいずれも指定市町村長であるときは，法務大臣は，当該戸籍の記載をすべき指定市町村長に対し，前条第1項の提供を受けた旨を通知するものとする。
④ 前項の場合においては，第36条第2項（第117条において準用する場合を含む。）の規定は，適用しない。

　本条は，2か所以上の市役所又は町村役場で戸籍の記載をすべき場合において，届出又は申請を受理した市町村長（以下「届出等受理指定市町村長」という。）のほか，届出又は申請に基づき戸籍の記載をすべき市町村長（以下「戸籍記載指定市町村長」という。）が指定市町村長である場合には，法務大臣が設置・管理する法118条1項の電子情報処理組織（戸籍情報連携システム）を利用して届書等情報の受渡しができるところ，戸籍記載指定市町村長が戸籍に記録する事務処理を行う端緒を与えるため，届出等受理指定市町村長から届書等情報の提供を受けた法務大臣がその旨を通知する手続を定めるとと

もに，紙の届書又は申請書を提出する場合に必要とされる謄本の作成，提出手続（戸36）の例外を定めるものである。

1 戸籍記載指定市町村長が複数存在する場合の届書等情報の提供を受けた法務大臣による戸籍記載指定市町村長への通知

　本条１項は，２か所以上の市町村で戸籍の記載が必要となる場合（例えば，夫及び妻の本籍地でない市町村を新たな本籍地と定め，婚姻届を提出する場合等）において，届出又は申請を受理した市町村長が指定市町村長であり，戸籍の記載をする市町村長のうちに１つでも指定市町村長があるときは，法120条の４により法務大臣に届書等情報が提供されることを前提に，法務大臣が，法118条１項の電子情報処理組織を利用して戸籍の記載をする指定市町村長に対し，届書等情報の提供を受けたことを通知することを定めるものである。

　法120条の４の解説にあるとおり，法務大臣は，提供を受けた届書等情報を読み取り可能な磁気ディスクに記録するので（戸120の４Ⅱ），本条１項により通知を受けた市町村長は，届書等情報を参照して，当該届出の内容を戸籍に反映することが可能となる。

　規則78条の４第１項は，法務大臣は上記の通知を法118条１項の電子情報処理組織を使用してするものとし，当該通知を受けた市町村長は，当該届書等情報（当該通知に係るものに限る。）の内容を参照することができることを定めている。そして，当該通知を受けた市町村長は受付帳に所要の記録等を行う（戸規78の４Ⅳ・21Ⅰ）。後記３で説明する本条３項の場合も同様である。

2 戸籍記載指定市町村長が複数存在する場合の届書又は申請書の提出手続の例外

　本条２項は，２か所以上の市町村で戸籍の記載をする場合や本籍地以外で戸籍の届出をする場合に届書を複数提出しなければならないとする法36条１

項及び２項の規定（法117条において準用する場合を含む。）にかかわらず，届出又は申請を受理する市町村長に提出する届書又は申請書の通数については，当該市町村長用に最低限，１通のみ提出することで足り，戸籍の記載をするに当たり法118条１項の電子情報処理組織を利用して届書等情報を確認することができる指定市町村長の数を差し引くことができることを定めるものである。

３ 戸籍記載指定市町村長が単独である場合の届書等情報の提供を受けた法務大臣による戸籍記載指定市町村長への通知

　本条３項は，本条１項のように２か所以上の市町村で戸籍の記載をするわけではないが，本籍地以外で戸籍の届出又は申請をすることにより受理地と本籍地とで戸籍事務を行う必要がある場合において，届出又は申請を受理した市町村長及び戸籍の記載をすべき市町村長がいずれも戸籍事務を法118条１項の電子情報処理組織によって取り扱っているときは，法120条の４により法務大臣に届書等情報が提供されることを前提に，法務大臣が，当該電子情報処理組織を利用して戸籍の記載をする指定市町村長に対し，届書等情報の提供を受けたことを通知することを定めるものである。

４ 戸籍記載指定市町村長が単独である場合の届書又は申請書の提出手続の例外

　本条４項は，本条３項の場面においては，届出又は申請を受理した市町村長及び戸籍の記載をする市町村長のいずれもが，指定市町村長として法118条１項の電子情報処理組織を利用して届書等情報を確認することができることから，本籍地以外で戸籍の届出又は申請をする場合に当該届出地又は申請地用として届書を１通加えて提出しなければならないとする法36条２項の規定（法117条において準用する場合を含む。）の適用を除外して，１通の届書を加えて提出する必要がないことを定めるものである。

第6章　電子情報処理組織による戸籍事務の取扱いに関する特例等

> 〔届書等情報の請求〕
> 第120条の6　利害関係人は，特別の事由がある場合に限り，届出若しくは申請を受理した指定市町村長又は当該届出若しくは申請によつて戸籍の記載をした指定市町村長に対し，当該届出又は申請に係る届書等情報の内容を法務省令で定める方法により表示したものの閲覧を請求し，又は届書等情報の内容について証明書を請求することができる。
> ②　第10条第3項及び第10条の3の規定は，前項の場合に準用する。

　本条は，届書等情報の閲覧又は届書等情報の内容を証明した書面の請求について，法48条2項の特例として，届書等情報に係る届出若しくは申請を受理した指定市町村長又は当該届出若しくは申請によって戸籍の記載をした指定市町村長に対してすることができる旨を定めたものである。

1　届書等情報の公開

　法48条2項は，届書等が紙で保存されることを前提に，利害関係人が届書等の閲覧や届書等に記載した事項について，証明書を請求することができることとしている。
　他方で，令和元年法律17号による戸籍法の一部改正により，法120条の4の規定が追加され，同条の規定により，届書等を受理した指定市町村長（法118条の規定に基づき法務大臣が指定した市町村長）は，当該届書等の画像情報（以下「届書等情報」という。）を作成し，電子情報処理組織を使用して法務大臣に提供するものとされ（戸120の4Ⅰ）。また，届書等情報の提供を受けた法務大臣は，この画像情報を磁気ディスクに記録するものとされた（戸120の4Ⅱ）。
　法48条2項の届書等の閲覧やその記載事項の証明書に係る請求については，当該届書等を実際に保存している機関に対してすることが前提となっている。他方，指定市町村長は，法118条の規定に基づき，法務大臣が構築した戸籍

情報連携システム（法119条の2の規定に基づき，全国の戸除籍の副本等の電子データが磁気ディスクに蓄積されている。）にアクセスすることができ，届書等情報についても，上記のとおり，その画像情報は磁気ディスクに記録されているので，当該届書等情報に係る届出等を受理した指定市町村長及び当該届出等によって戸籍の記載をした指定市町村長において参照することができる（その前提として，法務大臣から戸籍記載指定市町村長に届書等情報があることが通知される。戸120の5Ⅰ・Ⅲ）。そこで，当該届書等情報の閲覧やその内容についての証明書に係る請求についても，これらの指定市町村長において事務を取り扱うことができるようになった。

このように戸籍の届出等を受理した指定市町村長及び戸籍の記載をした指定市町村長の双方において届書等情報の閲覧又はその内容についての証明書に応ずることにより，国民の利便性も高まるので，本条の規定が設けられている。

なお，届書等情報の閲覧やこれによって証明する情報の請求に関する方法といった技術的細目的な事項については，法務省令に委任されている[注]。

◆◆◆◆◆◆◆◆◆◆◆◆◆◆◆◆◆◆◆◆◆◆◆◆◆◆◆◆◆◆◆◆◆◆◆◆◆◆

（注）　規則78条の5では，日本産業規格A列3番又は4番の用紙に出力する方法とすることや，届書等情報の内容に関する証明書には，市町村長が，規則付録30号書式による付記をし，職氏名を記して職印を押さなければならないことが定められている。

2　届書等情報公開の請求者及び請求の事由

本条の「利害関係人」及び「特別の事由がある場合」については，法48条2項の「利害関係人」及び「特別の事由がある場合」と同様である。

「利害関係人」とは，①届出事件本人又は届出人，②届出事件本人の親族，③官公吏（職務の執行に関係ある場合に限る。）であり，単に財産上の利害関係のある者は，利害関係人に該当しない（昭和22・4・8通達277号）。

また，「特別の事由がある場合」とは，①法令によって市町村において受

理した届書類の記載事項の提出が義務付けられている場合，②戸籍訂正申請又は身分行為の無効確認の裁判，若しくはその前提として届書類の記載事項を確認する必要がある場合等，身分上の権利行使のため必要とする場合，③戸籍の記載がされない外国人に関する届書について請求する場合などをいう。

3 届書等情報の請求方法

届書等情報の内容についての証明書に係る請求については，本条2項の規定により，法10条3項の規定を準用していて，法48条2項と同様に，郵便その他の方法により，送付を求めることができる。また，本人確認についても，法10条の3の規定を準用している。

4 不正手段による届書等情報の取得等に対する過料等

偽りその他不正の手段により本条1項の規定による閲覧をし，又は証明書の交付を受けた者は，10万円以下の過料に処せられる（戸136）。

また，市町村長が，正当な理由なく，本条1項の規定による請求を拒んだときは，10万円以下の過料に処せられる（戸139③）。

〔分籍届の特例〕
第120条の7　第100条第2項の規定は，第119条の規定により届出事件の本人の戸籍が磁気ディスクをもつて調製されている場合において，届出地及び分籍地の市町村長がいずれも指定市町村長であるときは，適用しない。

　本条は，分籍届について，法100条2項の特例を定めたものである。
　法100条2項は，分籍をしようとする者が，他の市町村に新本籍を定める場合に，当該分籍届に，戸籍の謄本の添付を求める規定である。
　令和元年法律17号による戸籍法の一部改正により，法119条の規定によって届出事件本人の戸籍が磁気ディスクをもって調製されている場合において，届出地及び分籍地の市町村長がいずれも指定市町村長（法118条の規定に基づき法務大臣が指定した市町村長）であるときは，戸籍の記載をすべき市町村長は，法務大臣が構築した戸籍情報連携システム（戸籍の副本に記録されている情報を含む。）を利用することができ（戸118Ⅰ），届出事件本人の戸籍の情報を参照することができる。
　このため，このような場合における分籍届については，法100条2項の規定を適用せず，戸籍の謄本の提出を要しないとされたものである。

第6章　電子情報処理組織による戸籍事務の取扱いに関する特例等

> 〔転籍届の特例〕
> 第120条の8　第108条第2項の規定は，第119条の規定により届出事件の本人の戸籍が磁気ディスクをもつて調製されている場合において，届出地及び転籍地の市町村長がいずれも指定市町村長であるときは，適用しない。

　本条は，転籍届について，法108条2項の特例を定めたものである。

　法108条2項は，転籍をしようとする者が，他の市町村に転籍をする場合に，当該転籍届に，戸籍の謄本の添付を求める規定である。

　令和元年法律17号による戸籍法の一部改正により，法119条の規定によって届出事件本人の戸籍が磁気ディスクをもって調製されている場合において，届出地及び転籍地の市町村長がいずれも指定市町村長（法118条の規定に基づき法務大臣が指定した市町村長）であるときは，戸籍の記載をすべき市町村長は，法務大臣が構築した戸籍情報連携システム（戸籍の副本に記録されている情報を含む。）を利用することができ（戸118Ⅰ），届出事件本人の戸籍の情報を参照することができる。

　このため，このような場合における転籍届について，法108条2項の規定を適用せず，戸籍の謄本の提出を要しないとされたものである。

第121条〔秘密漏えい等の保護措置〕

> 〔秘密漏えい等の保護措置〕
> 第121条　法務大臣及び指定市町村長は，電子情報処理組織の構築及び維持管理並びに運用に係る事務に関する秘密について，その漏えいの防止その他の適切な管理のために，電子情報処理組織の安全性及び信頼性を確保することその他の必要な措置を講じなければならない。

　本条は，法務大臣及び指定市町村長に対し，電子情報処理組織の構築及び維持管理並びに運用に係る事務に関する秘密について，その漏えいの防止等の必要な措置を講ずることを求める規定である。

1　秘密漏えい防止，適切な管理の必要性

　令和元年法律17号による戸籍法の一部改正により新たに設けられた制度を実現するため，法務大臣により，戸籍事務を取り扱う電子情報処理組織の一部であって法務大臣の使用に係る電子計算機として戸籍情報連携システムが構築されることになったが，同システムにおいては，全国民の戸籍又は除かれた戸籍の副本を保存することになる（戸118Ⅰ・119・119の2）。また，指定市町村長は，その使用に係る電子計算機である戸籍情報システムと戸籍情報連携システムとを電気通信回線で接続し，法務大臣の保存する戸籍又は除かれた戸籍の副本を利用して戸籍事務を行うこととなる（戸118Ⅰ）。

　このため，新たに構築された戸籍情報連携システム及びこれと接続された戸籍情報システムに関する秘密が漏えいした場合には，戸籍又は除かれた戸籍の副本に記録された情報が大量に漏えいする等の危険にさらされることとなり，個人の権利利益に重大な侵害を及ぼす危険がある。

　そこで，新たに構築される戸籍情報連携システム及びこれと接続する戸籍情報システムに関する秘密を保護するため，これらのシステムを構成する電子情報処理組織を使用する法務大臣及び指定市町村長に対し，これらのシステムによって取り扱われる事務に関する秘密について，その漏えいの防止等

の必要な措置を講ずべき旨の規定が設けられた。

2 保護の対象となる規定

　本条において保護の対象として念頭に置かれている「秘密」とは，新たに構築される戸籍情報連携システム及びこれと接続する戸籍情報システムの機器構成・設定等，暗号アルゴリズム，暗号・復号に必要な情報等である。
　これらの情報が漏えいした場合には，システムの機器等の脆弱部分が明らかになり，その部分に対する攻撃で処理能力が低減する危険性，不正アクセス，情報の破棄・改ざん等，暗号化処理機能の危殆化，復号化処理による漏えいの危険性があるため，特にこれらの秘密を保護する必要がある。

3 適切な管理のために講ずべき措置

　本条において規定されている適切な管理のために講ずべき措置としては，組織的保護措置（職員研修，安全管理者の設置等），物理的保護措置（保管庫の施錠，立入制限，防災対策等），技術的措置（情報の暗号化等）である。

〔秘密保持義務等〕
第121条の2　電子情報処理組織の構築及び維持管理並びに運用に係る事務に従事する者又は従事していた者は，その業務に関して知り得た当該事務に関する秘密を漏らし，又は盗用してはならない。

本条は，電子情報処理組織の構築及び維持管理並びに運用に係る事務に従事する者又は従事していた者に対して，その業務に関して知り得た当該事務に関する秘密保持義務を課すものである。

1 事務従事者の秘密保持

　法121条の解説のとおり，新たに構築された戸籍情報連携システム及びこれと接続する戸籍情報システムに関する秘密が漏えいした場合には，戸籍又は除かれた戸籍の副本に記録された情報が大量に漏えいする等の危険にさらされることとなり，個人の権利利益に重大な侵害を及ぼす危険がある。

　そこで，新たに構築される戸籍情報連携システム及びこれと接続する戸籍情報システムに関する秘密を保護するため，これらのシステムの構築及び維持管理並びに運用に係る事務に従事する者又は従事していた者に対して，その業務に関して知り得た当該事務に関する秘密を漏らし，又は盗用することを禁止し，これに違反した場合には，罰則を科す（戸132）こととしている。

2 保護の対象となる秘密

　本条において保護の対象として念頭に置かれている「秘密」とは，法121条の場合と同様である。

③ 秘密の漏えいに対する罰則

　本条の規定に違反して秘密を漏らし，又は盗用した者は，2年以下の拘禁刑又は100万円以下の罰金に処せられる（戸132）。

第121条の3〔法務大臣による副本の利用〕

> 〔法務大臣による副本の利用〕
> 第121条の3　法務大臣は，行政手続における特定の個人を識別するための番号の利用等に関する法律（平成25年法律第27号）第19条第8号又は第9号の規定による提供の用に供する戸籍関係情報（同法第9条第3項に規定する戸籍関係情報をいう。）を作成するため，第119条の規定により磁気ディスクをもつて調製された戸籍又は除かれた戸籍の副本に記録されている情報を利用することができる。

　本条は，法務大臣が，行政手続における特定の個人を識別するための番号の利用等に関する法律（以下「マイナンバー法」という。）19条8号又は9号の規定に基づき提供する戸籍関係情報を作成するため，戸籍又は除かれた戸籍の副本に記録されている情報を利用することができることを定めるものである。

1　本条の趣旨

　法務大臣は，磁気ディスクをもって調製された戸籍又は除かれた戸籍の副本を保存しているところ（戸119の2），本条において，①戸籍関係情報の作成の主体が法務大臣であること，②戸籍関係情報は戸籍又は除かれた戸籍の副本に記録されている情報を利用して作成すること，③法務大臣による戸籍関係情報の作成に係る事務を戸籍法上の戸籍に関する事務として取り扱うこと（法1条1項にいう「この法律に別段の定め」として本条が存在する。）を明らかにしている。

2　マイナンバー法に基づく戸籍関係情報の提供

　マイナンバー法では，個人番号（マイナンバー）やこれに対応する情報提供用個人識別符号（いわゆる機関別符号）等を内容に含む個人情報を特定個人情報と定め（マイナンバー法2Ⅷ），特定個人情報のやり取りをすることに

第6章　電子情報処理組織による戸籍事務の取扱いに関する特例等

ついて一定の制限を加えており（同法19），その制限の下では特定個人情報を利用することができるとしている（同法9）。

　具体的には，特定個人情報を含む情報の受渡しは，マイナンバー法19条8号に規定する国の行政機関等の情報照会者及び情報提供者又は同条9号に規定する市町村長等の条例事務関係情報照会者及び条例事務関係情報提供者が，それぞれ内閣総理大臣が設置，管理する情報提供ネットワークシステムを利用して行わなければならないとされている（マイナンバー法21Ⅱ）。そして，情報提供者から情報提供ネットワークシステムを通じて特定個人情報の提供があった場合に，法令の規定により当該特定個人情報と同一の内容の情報を含む書面の提出が義務付けられているときは，当該書面の提出があったとみなすとされているため，特定個人情報の提供ができた場合には，添付書面の省略が可能となる（同法22Ⅱ）。すなわち，行政官庁に対する届出の際に特定個人情報を記載した書面の提供が義務付けられている場合であっても，行政官庁自らがマイナンバー法19条の制限の下に情報提供ネットワークシステムを利用して当該情報を取得するときは，届出人は，そのような書面の添付を省略することができる。これにより，届出人に対するサービスが向上するとともに行政官庁も効率的に行政実務を行うことができる。

　ここで，戸籍証明書の添付省略を実現するに当たり，法務大臣が情報照会者又は条例事務関係情報提供者の立場でマイナンバー法に従って戸籍に記載された情報を提供するには，情報提供用個人識別符号（マイナンバーに代わる符号）を内包する情報としてこれを管理する必要がある（マイナンバー法9Ⅲ）。そして，マイナンバー法上，このような情報は，「戸籍関係情報」と定義され，法務大臣は，戸籍関係情報を情報提供ネットワークシステムを通じて提供するための事務の処理に関して，一定の限度で情報提供用個人識別符号が利用できるとされている（同法9Ⅲ）。

　これらのマイナンバー法の規定を受けて，戸籍法においては，本条において，法務大臣が上記マイナンバー法にいう「戸籍関係情報」を作成するため，磁気ディスクをもって調製された戸籍又は除かれた戸籍の副本に記録されている情報を利用することができると定められたのである。

第7章 不服申立て

【前　注】

　本章は，平成19年法律35号による戸籍法の一部改正により，同改正前の第6章の章名「雑則」を「不服申立て」に改め，同章を第7章として，関連規定を収めたものである。

　本章中の法122条は，戸籍事件について，市町村長の処分を不当とする者は，原則として，家庭裁判所に不服の申立てをすることができると規定する。戸籍事件の性質に鑑みて，一般の行政処分に対する不服申立ての方法（行政不服審査法によるもの）ではなく，家庭裁判所の判断に委ねることが適当と考えられたことによる。ただし，戸籍事件のうち法124条に規定する請求（戸籍謄本等の交付請求等）に係るものについては，一般の不服申立てによるものとされる。

　法123条は，法122条と対をなすもので，戸籍事件（法124条に規定する請求に係るものを除く。）に関する市町村長の処分又は不作為については，行政不服審査法に基づく審査請求をすることができない旨を規定する。

　法124条は，戸籍謄本等の交付請求等の戸籍情報に関する公開請求についての市町村長の処分又はその不作為に不服がある者は，管轄法務局長等に審査請求をすることができると規定する。これらの請求は，家庭裁判所の職務との関連性が希薄であることから，これに対する市町村長の処分・不作為についての不服申立ては，管轄法務局長等への審査請求によることとしたのである。

第7章　不服申立て

> 〔不服の申立て〕
> 第122条　戸籍事件（第124条に規定する請求に係るものを除く。）について，市町村長の処分を不当とする者は，家庭裁判所に不服の申立てをすることができる。

　本条は，戸籍事件について市町村長の処分を不当とする者は，原則として，家庭裁判所に不服の申立てをすることができることを規定している。

1　本条の趣旨

　行政庁がした処分に不服がある場合は，一般に，上級行政庁に対して不服申立てをすることができる（行政不服審査法1・4）。市町村長が法に基づいて行う戸籍事件に関する処分も行政処分であるが，本条は，これに対する不服申立てについては，その性質上，家庭裁判所の管轄とするのが適当であるとする見地から，一般の行政処分に対する不服申立てとは異なり，戸籍事件について市町村長の処分を不当とする者は家庭裁判所に不服申立てをすることができる旨を規定している。これが本条の趣旨とするところであり，これに関連して法123条では，原則として，戸籍事件に関する市町村長の処分又は不作為については，審査請求をすることができない旨を定めている（本条と同一の例外もある。）。

　本条では，上記の原則に例外を設け，市町村長が行う処分又はその不作為のうち法124条に規定する請求（市町村長に対する戸籍謄本の交付請求等）に係る市町村長の処分については，本条の対象から除外している。戸籍謄本の交付等の請求は，戸籍法その他の法令に従って戸籍簿に記載された事項の公開請求であって，その性質上，家庭裁判所が所管する事務との直接の関連性をもたないので，上記の請求に係る処分に対して不服がある者は，家庭裁判所に対する不服申立てではなく，行政不服審査法による審査請求をすることができることとしているのである。

2 本条の対象となる市町村長の処分

(1) 処分の主体

本条による不服申立ての対象となるのは，戸籍事件について市町村長がした処分である。ここにいう「市町村長」には，特別区の区長並びに地方自治法252条の19第1項の指定都市の区長及び総合区長が含まれる（戸4）。

市町村長に何らかの事故があるため職務を行うことができないか，又は市町村長が欠けた場合には，地方自治法の定めるところに従って特定の者がこの職務を代理することになるが，その職務代理者も本条にいう「市町村長」に当たる。

外国に駐在する日本の大使，公使又は領事についても，法の規定に従って戸籍に関する事務を処理する場合には，本条を類推適用すべきである（戸40参照）。

(2) 違法な処分

ア 処分性

本条にいう「処分」とは，市町村長の公権力の行使と認められる行為又は不作為を指す。単なる書類の保存整理のような処分性のない事務の処理は，これに当たらない。また，「戸籍事件」についての処分を対象とするのであって，例えば，保存期間の経過によって廃棄処分されたが，焼却される以前の戸籍に関する行政証明（富山家高岡支審昭51・9・10家月29巻3号93頁）や，住民基本台帳法による附票の事務（広島家審昭53・1・19家月30巻10号41頁）などは，これに該当しない。

市町村長の「処分」と認められるものであれば，例えば，届出・申請等を受理するという積極的処分であると，これらを不受理とするなどの消極的処分であるとを問わない。戸籍実務においては，前者についての不服申立てはまれであり（ただし，後記ウ参照），多く問題になるのは後者である。

イ 違法な処分

市町村長の「違法な」処分とは，典型例でいえば，法令の定める要件を備

えていない不適法な届出を受理するとか，その反対に，その要件を備えた適法な届出であるのにこれを不受理とするというような処分である。

　そこで，不服申立てにおいては，市町村長による届出の適法性に関する判断の当否が問われる。例えば，東京高裁昭和26年4月9日決定（家月3巻3号13頁）は，市長が，法律の許す範囲外にあることの明らかな文字（国民一般の常用の文字でないもの）を用いた名を付けて提出した出生届を受理しなかった事案で，同届出は違法の内容を含むとして不受理処分は相当であると判断している。

　他方，市町村長の審査権の範囲外の処分であるとしたものに，最高裁平成26年4月14日決定（民集68巻4号279頁）がある。この決定の事案は，再婚後の夫と縁組したため妻との共同親権となった子につき，再婚後の夫の子に対する虐待を理由とする離婚前の夫からの申立てにより，当該離婚前の夫に親権者の変更を命ずる家庭裁判所の確定審判に基づいてされた親権者変更の届出について，市長が，「当該親権者変更の申立てを請求し得る法律上の根拠がなく，また，当該申立てによる審判に基づく届出も戸籍法上許容されない」との理由で届出を受理しなかったというものである。最高裁は，「戸籍事務管掌者は，親権者変更の確定審判に基づく戸籍の届出について，当該審判が無効であるためその判断内容に係る効力が生じない場合を除き，当該審判の法令違反を理由に上記届出を不受理とする処分をすることができない」と判示して，当該市長の不受理処分を違法とした。

　この事例で，最高裁は，問題となった審判には民法819条6項による親権者の変更をすることができない場合であるのに，その解釈を誤った法令違反があることは認めたものの，家庭裁判所がこのような解釈をとったことをもって直ちに当該審判が無効となるものということはできないと判断した。確定裁判との関係で市町村長の審査権の限界を示すものとして注目すべき判決である。

　なお，市町村長による届出の適法性に関する判断の基準では，市町村長の審査権限の範囲も問題となろう。市町村長は，原則として，届出事項につい

て提出された書面に基づき事実関係を確認するにとどまり、その内容の真否を確定するまでには及ばない点である。提出される書面は、作成主体、作成時期などが異なり区々様々なものがあるところ、客観的にその内容の真否に疑念を抱くべき事情がない場合は、処分は違法とならないが、疑義を抱くべき客観的な事情がある場合において、法27条の3に基づく調査権を行使しないときは、違法と判断されることがあると考えられる。

　ウ　戸籍訂正の申請との関係

　市町村長の積極的処分に対する本条の不服申立てがまれであることは前記アに述べたとおりであるが、実務で問題になり得るのは、届出が不適法であって受理すべきでないのに、これを誤って受理して戸籍の記載がされ、その記載が不適法又は真実に反するという場合に、本条の申立てができるかである。

　この場合について、旧戸籍法の時代の判例は、戸籍訂正の手続によるべきであって、本条の不服申立ては許されないとの見解をとり（大判大15・6・17大審院民集5巻468頁）、戸籍の先例も同じ見解に立っていた（大正4・10・2回答1557号）。

　現行戸籍法の下でも、高裁の裁判例では、同様の態度が維持されている（東京高決昭58・11・8家月36巻8号112頁）。この高裁決定の事案は、市長の職権による戸籍訂正がその限度を超えて違法であるというものであったが、同決定は、戸籍法が定める戸籍訂正の手続に関する規定は、およそ戸籍の記載を変更する全ての場合に適用されるのであって、その記載がされるに至った経緯は問わないと解すべきであるとし、市町村長による違法な戸籍訂正に基づく記載を元通りに改めるのも戸籍訂正の手続によるべきであり、本条（当時の条文は118条）の規定に基づく家庭裁判所に対する不服申立ては許されないと解するのが相当であるとした。

　以上の裁判例・戸籍先例の取扱いは、市町村長の違法な処分により戸籍に不適法又は真実に反する記載がされた場合、本条によって家庭裁判所に不服申立てをし、必要な戸籍訂正を命ずる審判を得、それに基づいて戸籍の訂正

をするという迂路をたどるよりも，直ちに戸籍訂正の手続によって是正するのが直截かつ簡明な方法であるとの認識を前提にするものと考えられる。

なお，市町村長の違法な処分によって戸籍の記載がされた場合であっても，それが戸籍訂正を要しないものであれば，本条による不服申立てをする実益がないから，これを認めるべきではない。

③ 家庭裁判所の審判手続

本条による不服申立ては，家庭裁判所に対してなされることが要件となる。申立てをすることができる者は，市町村長の当該処分によって直接の利害を有する者に限るべきである。この不服申立事件は調停に付されることなく，審判事件として扱われる。手続の概要は，以下のとおりである。

(1) **管　轄**

この審判事件の管轄は，市役所・区役所又は町村役場が所在する地の家庭裁判所である（家事226④）。

(2) **手続行為能力**

本条による不服申立ては，成年被後見人となるべき者，及び成年被後見人であっても法定代理人によらずに，自らすることができる（家事227本文・118）。ただし，これらの者が当該処分を受けた届出その他の行為を自らすることができる場合に限る（家事227ただし書）。

(3) **市町村長の意見聴取**

家庭裁判所は，上記審判の手続においては，処分を行った市町村長の意見を聴かなければならない（家事229Ⅱ）。

(4) **審判及びその告知**

家庭裁判所は，戸籍事件についての市町村長の処分に対する不服申立てを理由があると認めるときは，当該市町村長に対し，審判で，相当の処分を命じなければならない（家事230Ⅱ）。当該申立てに理由がないと認めるときは，これを却下する審判をすべきである。この審判は，申立人のほか，当該市町

村長にも告知することを要する（家事230Ⅰ）。

(5) 即時抗告

前記(4)の市町村長に相当の処分を命ずる審判に対しては当該市町村長が，前記(4)の申立てを却下する審判に対しては申立人が，それぞれ即時抗告をすることができる（家事231⑥・⑦）。

4 行政訴訟提起の可否

違法な行政処分に対しては，一般に，行政不服審査以外に行政訴訟によってその取消し・変更を求めることが認められている（裁判所法3Ⅰ，行政事件訴訟法）。この点，法では行政訴訟の提起を禁止する規定を設けていないが，本条において，身分関係に最も密接な関係を有する家庭裁判所に対する特別な不服申立てが定められており，家庭裁判所の審判に不服があるときは，高等裁判所への抗告，さらには，最高裁判所への許可抗告も認められている以上，排他的にこの方法によらせる趣旨とみるのが相当であるから，通常の行政訴訟は許されないと解するのが相当である（同旨，宮崎地判昭38・9・5訟月9巻10号1211頁参照，青木＝大森『全訂戸籍法』473頁）。

第7章　不服申立て

> 〔行政不服審査法の適用除外〕
> 第123条　戸籍事件（次条に規定する請求に係るものを除く。）に関する市町村長の処分又はその不作為については，審査請求をすることができない。

　本条は，戸籍事件に関する市町村長の処分又はその不作為について不服がある者は，原則として，法122条に規定する家庭裁判所に対する不服申立ての手続によるべきであって，行政不服審査法による審査請求をすることができない旨を規定する。

1 本条の趣旨

　法は，戸籍事件についての市町村長の処分に対する不服申立てについては，その性質上，家庭裁判所の管轄とすることが適当であるとの見地から，法122条の規定を設け，家庭裁判所に不服申立てをすることができるものとしている。
　一般の行政処分に対する不服申立てについては，行政不服審査法が規定する審査請求の手続が設けられているから，法122条の規定は，その特則をなすものである。このため，本条において，上記の市町村長の処分に対する不服申立てについては，重ねて審査請求の手続によることはできない旨を定めたのである。

2 本条の例外

　本条では，上記の原則に例外を設けて，市町村長が行う処分又はその不作為のうち法124条に規定する請求（市町村長に対する戸籍謄本等の交付請求等）に係る市町村長の処分は本条の対象から除外している。
　これらの処分については，行政処分に対する不服申立ての原則的な形態で

第123条〔行政不服審査法の適用除外〕

ある審査請求の対象とする旨を確認し，法124条において，戸籍謄本等の交付請求等について市町村長が行う処分等に不服がある者は管轄法務局長等に対する審査請求をすることができるとしている。法122条の解説のとおり，戸籍謄本等の交付等の請求は，戸籍法その他の法令に従って戸籍に記載された事項の公開請求であって，その性質上，家庭裁判所が所管する事務との直接の関連性をもたないので，上記の請求に係る処分に対して不服がある者は，家庭裁判所に対する不服申立てではなく，通常の不服申立て手段である行政不服審査法による審査請求をすることができることとしているのである。

〔戸籍の謄本等の交付請求等についての市町村長の処分又はその不作為に対する審査請求〕
第124条　第10条第1項又は第10条の2第1項から第5項まで（これらの規定を第12条の2において準用する場合を含む。），第48条第2項，第120条第1項，第120条の2第1項，第120条の3第1項及び第120条の6第1項の規定によりする請求について市町村長が行う処分又はその不作為に不服がある者は，管轄法務局長等に審査請求をすることができる。

　本条は，市町村長に対する戸籍謄本等の交付請求その他戸籍情報の公開請求について市町村長がした処分又はその不作為に不服がある者は，管轄法務局長等に対して，行政不服審査法の規定による審査を請求することができる旨を定めるものである。(注)

(注)　本条は，平成19年の法改正（戸籍公開制度の改正）の際に新設され（平成19年法律35号），平成26年法律68号（行政不服審査法の全部改正）制定の際に，「不作為」も不服審査の対象とされた。その後，令和元年の法改正（戸籍の電子情報処理）の際に（令和元年法律17号），不服審査の対象行為を拡張する修正が行われた。

1　戸籍情報の公開請求及びこれについての市町村長の対応

(1)　戸籍情報の公開請求

　本条が対象としている戸籍情報の公開請求は，次のとおりであり，これらの詳細は，該当条文の解説を参照されたい。

　ア　戸籍謄本等又は除籍謄本等の交付請求

　戸籍謄本等の交付請求とは，戸籍の謄本若しくは抄本又は戸籍に記載した事項に関する証明書の交付請求であって，その請求主体により，①本人等請求（戸10），②第三者請求（戸10の2Ⅰ），③公用請求（戸10の2Ⅱ）及び弁護

第124条 〔戸籍の謄本等の交付請求等についての市町村長の処分又はその不作為に対する審査請求〕

士等請求（戸10の2Ⅲ～Ⅴ）に分かれる。

　除籍謄本等の交付請求とは，除かれた戸籍の謄本若しくは抄本又は除かれた戸籍に記載した事項に関する証明書の交付であって，これについては，上記の戸籍謄本等の交付請求に関する規定が準用される（戸12の2）。

　　イ　届書の閲覧等の請求
　利害関係人は，特別の事由がある場合に，届書その他市町村長の受理した書類の閲覧の請求又はその書類に記載した事項についての証明書を請求することができる（戸48Ⅱ）。

　　ウ　戸籍証明書又は除籍証明書の交付請求
　磁気ディスクをもって調製された戸籍（戸119）に記録されている事項の全部又は一部を証明した書面を戸籍証明書というが，これについては，上記に掲げた各規定による戸籍謄本等の請求に代えてすることができる（戸120Ⅰ）。

　磁気ディスクをもって調製された除かれた戸籍（戸119）に記録されている事項の全部又は一部を証明した書面を除籍証明書というが，これについては，上記ア①から③までに掲げた各規定を準用する規定（戸12の2）による除籍謄本等の請求に代えてすることができる（戸120Ⅰ）。

　　エ　戸籍証明書及び除籍証明書の広域交付の請求
　市町村長が法務大臣の指定を受けて戸籍事務を電子情報処理組織（戸118Ⅰ）によって取り扱うことができる場合（以下当該市町村長を「指定市町村長」という。）は，上記戸籍証明書又は除籍証明書の交付の請求（法10条1項（法12条の2において準用する場合を含む。）及び法120条の規定によりする請求，すなわち本人等請求に限る。）は，上記のいずれの指定市町村長に対しても，これをすることができる（戸120の2Ⅰ）。この請求を戸籍証明書又は除籍証明書の「広域交付」の請求という。

　　オ　戸籍電子証明書又は除籍電子証明書の発行請求
　上記エの戸籍証明書又は除籍証明書の交付の請求（法10条1項（法12条の2において準用する場合を含む。）及び法120条の規定によりする請求に限る。）を

923

することができる者は，指定市町村長に対し，戸籍電子証明書又は除籍電子証明書の発行を請求することができる（戸120の３Ⅰ）。

　　カ　届書等情報の公開の請求
　利害関係人は，特別の事由がある場合に限り，届出若しくは申請を受理した指定市町村長又は当該届出若しくは申請によって戸籍の記載をした指定市町村長に対し，当該届出又は申請に係る届書等情報の内容を法務省令で定める方法により表示したものの閲覧を請求し，又は届書等情報の内容について証明書を請求することができる（戸120の６Ⅰ）。

(2)　市町村長の対応
　上記(1)の各請求（以下これらを総称して「交付等請求」という。）がされた場合，市町村長のこれらについての対応は，次の３つのいずれかである。
　①　請求に応じた措置をする。
　②　請求の全部又は一部に応じない処分をする（以下「不交付決定」という。）。
　③　請求に対して何らの処分もしない（以下「不作為」という。）。
　本条において，管轄法務局長等に対する審査請求の対象とすることが認められているのは，上記②の不交付決定と③の不作為である。

2　不交付決定

(1)　市町村長の審査
　市町村長は，交付等請求があった場合には，それぞれの該当条文に適合する請求であるかどうかを審査する。
　その具体的な手順は，平成28年３月31日通達346号により定められており，戸籍謄本等又は除籍謄本等の交付請求があった場合の一部を例にとって説明すると，法10条１項の本人等請求については，当該請求者が戸籍に記載されている者，その配偶者又は直系尊属若しくは直系卑属であることを認定する必要があり，法10条の２第１項の第三者請求，同条２項の公用請求及び同条

第124条〔戸籍の謄本等の交付請求等についての市町村長の処分又はその不作為に対する審査請求〕

3項の弁護士等請求においては，原則として，交付請求書に明らかにすべき事項が明らかにされているかどうかを審査することによって，各項前段に規定された実体的交付要件を確認するものとされている。

(2) **不交付決定**

市町村長は，交付請求が法に定める要件を満たさないものと判断したときは，不交付決定を行うが，請求者が当該決定に対して行政不服審査法の規定による審査を請求することができるので，当該不交付決定も，行政不服審査法に定める要件を満たしておくことを要する。

例えば，不交付決定は，書面により行うことを要し，当該決定の相手方に対し，①当該処分につき審査請求ができる旨，②審査請求をすべき行政庁（管轄法務局長等），及び③審査請求をすることができる期間を書面で教示すること（行政不服審査法60）等が必要である。そして，当該決定書は当該請求者に対して交付しなければならない。

3 審査請求

審査請求は行政不服審査法施行令及び行政不服審査法施行規則の定めに従って行われる。その要点は，以下のとおりである。

(1) **審査請求**

交付請求等に対する市町村長の不交付決定又は不作為に不服がある者は，当該市町村役場の所在地の管轄法務局長等に審査請求をすることができる（本条）。

審査請求は，原則として，処分があったことを知った日の翌日から起算して3か月以内に，書面（審査請求書）を提出してしなければならない。

(2) **審　理**

審査請求を受けた管轄法務局長等は，その請求の当否について審理をするが，そのために，当該審査庁に所属する職員のうちから審理手続を行う審理員を指名する。

当該審理員は，処分庁等に対し弁明書の提出を求めるものとし，審査請求人は，弁明書に対する反論書を提出することができる。さらには，口頭意見陳述も可能である。

審査請求人は，証拠提出をしたり，証拠収集の申立てをすることができ，審理員は，書類その他の物件の所持人に対し，その物件の提出を求める等行政不服審査法が定める証拠収集をすることができる。さらには，審査請求人は，提出書類等の閲覧等も許される。

審理員は，必要な審理を終えたと認めるときは，審理手続を終結し，遅滞なく，審理員意見書を作成し，事件記録とともに審査庁である管轄法務局長等に提出する。

(3) 裁　決

管轄法務局長等は，審理員から審理員意見書の提出を受けたときは，遅滞なく，次のア又はイにより裁決をしなければならない。

　ア　交付請求等に対する処分についての審査請求に係る裁決

当該審査請求が法定の期間の経過後にされたときは，当該審査請求を却下し，審査請求に理由がない場合は，当該審査請求を棄却する。

審査請求に理由がある場合は，当該処分の全部又は一部を取り消す。

　イ　不作為についての審査請求に係る裁決

当該審査請求が当該不作為に係る処分についての申請から相当の期間が経過しないでされたものである場合，その他不適法である場合は，当該審査請求を却下し，当該審査請求に理由がない場合には，当該審査請求を棄却する。

当該審査請求に理由がある場合は，当該不作為が違法又は不当である旨を宣言する。

裁決は，裁決書により行い，裁決書には，①主文，②事案の概要，③審理関係人の主張の要旨，④理由を記載する。裁決書には，上記の審理員意見書を添付することを要する。

裁決は，審査請求人に送達された時に，その効力を生ずる。

第124条 〔戸籍の謄本等の交付請求等についての市町村長の
　　　　処分又はその不作為に対する審査請求〕

(4) **裁決後の市町村長の対応**

　裁決の内容が，市町村長のした不交付決定の全部又は一部を取り消すものであるときは，市町村長は，当該交付請求等につき当該取消し部分に対応する処分をしなければならない。また，裁決の内容が，市町村長の当該交付請求等に対する不作為を違法又は不当とするものである場合には，これに対応する処分をしなければならない。

第7章　不服申立て

> 第125条　削除

　本条は，戸籍法制定の当初，法務省令への委任を定めるとの現行の法131条に相当する規定として存在していたが，平成19年法律35号により，当該条文は所要の修正を施した上で法131条として置かれた（法131条の解説参照）。この改正の際に，法124条として，戸籍の謄本等の交付請求等についての市町村長の処分については，管轄法務局長等に審査請求をすることができる旨の規定が新設され（法124条の解説参照），次条である本条において，「前条の処分の取消しの訴えは，当該処分についての審査請求の裁決を経た後でなければ，提起することができない。」との条文が新設された。このように，本条は，戸籍謄本等の交付請求等についての市町村長の処分に対する不服申立てに審査請求前置主義を定めるものであったが，行政不服審査法の制定の際に，行政処分に不服がある場合において不服申立てをするか，直ちに出訴するかは，国民が選択できることが原則であるべきであるとの観点から，行政不服審査法の施行に伴う関係法律の整備等に関する法律により，改正（削除）された。

第8章　雑　則

【前　注】

　本章では，性質上，戸籍法の他の章に分類することが難しい規定をまとめて収めている。その主要なものは，戸籍事件に関して一般の行政法上の規律が及ばないとするものである。その概要は次のとおりである。

1　学術研究のための戸籍情報の提供

　法126条は，学術研究の目的達成のための戸籍情報の提供に関する規定である。すなわち，戸籍に係る情報については，統計の作成又は学術研究であって，公益性が高く，かつ，その目的を達成する上でこれを利用する必要があると認められるもののために，その必要の限度において，提供することができるとする。このような学術研究のための戸籍情報の提供は，平成19年法律35号による戸籍法の改正前においては，第三者による戸籍情報の公開請求の一環として，法務省の通達に基づいて運用されてきたのであるが，同改正により第三者請求の要件が厳格に定められたことから，上記の運用の法的根拠が失われたため，本章において独立の根拠規定が設けられたという経緯がある。

2　関連行政法の不適用・特例等

　(1)　法127条は，戸籍事件に関する市町村長の処分については，行政手続法第2章及び第3章の規定を適用しないとする規定である。行政手続法は，行政処分等に関する手続に関し共通する事項を定めることによって，行政運営における公正の確保と透明性の向上を図り，もって国民の権利利益の保護

に資することを目的とする法律であり，その第2章は，行政庁が申請に対する処分をする場合における審査基準，標準処理期間等について定め，その第3章は，行政庁によって，不利益処分をする場合の聴聞手続について定めている。

しかるに，戸籍事件に関する市町村長の処分については，その審査基準は戸籍法及び関連法令によって定められており，また，一般の行政事務における各種許認可の取消しのような不利益処分を含まない。このため，行政手続法第2章及び第3章の規定は，戸籍事件に関する市町村長の処分には適用しないこととされたのである。

(2) 法128条は，戸籍及び除籍の副本，法48条2項に規定する書類並びに届書等情報については，行政機関の保有する情報の公開に関する法律の規定は，適用しないとする。これは，上記の副本，書類及び届書等情報は，国の行政機関である法務局長等が保存するものであるが，その公開については戸籍法に厳格な定めがされていることによる。

(3) 法129条は，戸籍及び除籍の正本及び副本，法48条2項に規定する書類並びに届書等情報に記録されている保有個人情報（個人情報の保護に関する法律60条1項に規定する保有個人情報をいう。）については，個人情報の保護に関する法律第5章第4節の規定は適用しないとしている。これも，前記(2)と同様，上記に掲げた書類等に記録されている情報の公開については，戸籍法に厳格な定めがされていることによる。

(4) 法130条1項は，情報通信技術を活用した行政の推進等に関する法律6条1項の規定により同項に規定する電子情報処理組織を使用してする届出の届出地及び同項の規定により同項に規定する電子情報処理組織を使用してする申請の申請地については，法第4章及び第5章の規定にかかわらず，法務省令で定めるところによると規定する。

情報通信技術を活用した行政の推進等に関する法律6条1項は，行政機関等に対して行われる書面等によってする申請又は届出については，主務省令で定めるところにより，電子情報処理組織（当該行政機関等の使用に係る電子

計算機と当該申請者等の使用に係る電子計算機とを電気通信回線で接続する電子情報処理組織）をもってすること（いわゆるオンライン申請等）ができると定めている。これを受けて、規則79条の2の4第2項は戸籍に関する届出又は申請（規則別表第六に掲げるものに限る。）も上記の方法によってすることができることを定めているところ、法130条1項は、この場合の届出地又は申請地は法第4章及び第5章の定めによるのではなく、規則が別に定めるところによるとしている。そして、その定めは、規則79条の8においてされ、届出事件の本人の本籍地でしなければならないのが原則であるが、一定の届出については例外的な取扱いも認められている。なお、上記のオンライン方式による戸籍に関する届出等が届出人等の生存中に発信されたが、その情報の着信が当該届出人等の死亡後であっても、市町村長はこれを受理しなければならないとされている（戸130Ⅱによる戸47の準用）。

3 法務省令への委任

法131条は、戸籍法に定めるもののほか、届書その他の戸籍事務の処理に関し必要な事項は、法務省令で定めるとする。

第8章 雑　則

> 〔学術研究等における戸籍情報の提供〕
> 第126条　市町村長又は法務局若しくは地方法務局の長は，法務省令で定める基準及び手続により，統計の作成又は学術研究であつて，公益性が高く，かつ，その目的を達成するために戸籍若しくは除かれた戸籍に記載した事項又は届書その他市町村長の受理した書類に記載した事項に係る情報を利用する必要があると認められるもののため，その必要の限度において，これらの情報を提供することができる。

　本条は，学術研究等における戸籍情報の提供について定める規定である。その要点は，市町村長又は法務局長等は，公益性の高い統計の作成又は学術研究であって，その目的達成のために戸籍に関する情報を利用する必要があると認められるもののために，その必要な限度で，その情報を提供することができるとすることにある。

1　学術研究等のための戸籍情報の利用

　学術研究等を目的とする戸籍謄抄本の交付請求等については，昭和50年代以前から，制度上は，第三者の請求による戸籍情報の利用の一環として位置づけられ，実務の運用としては，統一した判断及び処理が行われるようにするため，具体的事案ごとに事前にその適否を判断して行われてきたが，昭和57年に至って，適正な交付請求と迅速かつ円滑な交付事務を確保するとの観点から，通達（昭和57・2・17通達1282号，平成20・4・7通達1000号により廃止）が発出され，以降，これに基づく運用が実施されてきた。
　この通達による取扱いは，その対象を医学研究を目的とするものに限定しているわけではないが，実際の利用は，主として，医療機関が，特定の疾病にかかる患者の生存率等を統計的に調査するために供されてきた。
　具体的には，戸籍又は除籍の記載事項に係る情報により生存又は死亡の事実を確認し，死亡している場合には死亡届書に添付された死亡診断書に記載されている事項に係る情報により，その死因を確認するものである。そして，

第126条〔学術研究等における戸籍情報の提供〕

このような場合における戸籍情報の利用の許否の判断は，法務局長等が担ってきた。

　以上に述べたように，学術研究等における戸籍情報の利用は通達に基づいて運用されてきたが，平成19年法律35号による法改正により，法10条の2第1項において，第三者による戸籍謄抄本等の交付請求の要件が限定列挙の形で定められることとされたところ，学術研究等を目的とする戸籍謄抄本等の交付請求は，法10条の2が定めるいずれの要件にも該当しないものになると考えられた。このため，上記の改正の際に，本条が新設されたのである。

　学術研究の目的でする戸籍情報の利用については，全国的に統一された基準によって必要な情報を研究機関等に提供する取扱いをする必要があり，各市町村の個人情報保護条例等に委ねるのは適当ではない。このため，本条では，統計の作成又は学術研究について，公益性が高いこと，提供する情報が必要な限度にとどまることという要件を明記した上で，法務省令（戸規79の10～79の12）で定める基準及び手続によって，このような情報の提供を認めたのである。

２　学術研究等のための戸籍情報提供の基準及び手続

(1)　基　　準

　本条の法務省令で定める基準は，規則79条の10において次のとおりとされている。

　①　大学その他の統計の作成又は学術研究を目的とする団体若しくはそれらに属する者の申出に係るものであること

　②　統計の作成又は学術研究が医学の発達その他の公益性が高いと認められる事項を目的とするものであって，当該統計又は学術研究の内容が公表されること

　③　戸籍等に記載した事項に係る情報を利用することが統計の作成又は学術研究のために必要不可欠であり，かつ，当該情報の範囲がその目的を達成するために必要な限度を超えないこと

④ 戸籍等に記載した事項に係る情報提供により，戸籍等に記載されている者又は配偶者，直系尊属若しくは直系卑属その他の親族の権利利益が害されるおそれがないと認められること

(2) 手続

本条の法務省令で定める手続は，規則79条の11及び79条の12において，次のように定められている。なお，具体的な手続等については通達（平成20・4・7通達1000号第8）に詳細な定めがされている。

　ア　法務局長等の承認

本条の規定により戸籍等に記載した事項に係る情報の提供の申出をしようとする者は，当該情報を市町村が保有している場合には，あらかじめ当該市町村を管轄する法務局長等（当該法務局又は地方法務局の長が二以上あるときは，その一の長）の承認を得なければならない（戸規79の11）。

　イ　戸籍情報の提供の方法

本条の規定による戸籍等に記載した事項に係る情報の提供は，戸籍若しくは除籍の謄抄本又は戸籍等に記載した事項についての証明書を交付することによって行う。この場合において，上記の証明書は，規則付録34号書式によって作らなければならない（戸規79の12Ⅰ）。

また，戸籍又は除籍が磁気ディスクをもって調製されているときは，これらの謄抄本又は証明書に代えて，磁気ディスクをもって調製された戸籍又は除籍に記録されている事項の全部若しくは一部を証明した書面を交付することによって行う（戸規79の12Ⅱ）。

3 手数料について

上述の学術研究等のための戸籍情報の利用に係る手数料については，戸籍法に明文の規定がない。

なお，法務局等で保管されている届書類の記載事項証明及び閲覧については，法令上手数料の規定がないため，無料とされている。

第127条〔行政手続法の適用除外〕

> 〔行政手続法の適用除外〕
> 第127条　戸籍事件に関する市町村長の処分については，行政手続法（平成５年法律第88号）第２章及び第３章の規定は，適用しない。

　本条は，戸籍事件に関する市町村長の処分については，行政手続法の第２章の「申請に対する処分」（行手５～11）及び第３章の「不利益処分」（行手12～31）の規定を適用しないことを明確にしたものである。

1　行政手続法の概要

　行政手続法は，平成５年に制定された法律で，平成６年10月１日から施行されている。この法律は，「処分，行政指導及び届出に関する手続並びに命令等を定める手続に関し，共通する事項を定めることによって，行政運営における公正の確保と透明性（行政上の意思決定について，その内容及び過程が国民にとって明らかであることをいう。第46条において同じ。）の向上を図り，もって国民の権利利益の保護に資すること」を目的とするもので（行手１Ⅰ），その主眼とするところは，次の２点にある。

(1)　申請に対する処分の手続の規制

　第１は，申請（法令に基づき，行政庁の許可，認可，免許その他の自己に対し何らかの利益を付与する処分（以下「許認可等」という。）を求める行為であって，当該行為に対して行政庁が諾否の応答をすべきこととされているもの）に対する処分の手続において行政庁が一般的に遵守すべき事項を定めることである（行手５～11）。具体的には，行政庁は，①申請により求められた許認可等をするかどうかをその法令の定めに従って判断するために必要とされる基準（以下「審査基準」という。）を定めるものとすること（行手５Ⅰ），②申請を受けてからこれに対する処分をするまでに通常要すべき標準的な期間を定めるよう努めること（行手６），③申請がされた場合には，遅滞なくその審査を開始しなければならず，かつ，申請が法令に定められた形式上の要件に適

合しないものであるときは，速やかに，申請者に対して補正を求め，又は当該申請により求められた許認可等を拒否しなければならないこと（行手7），④申請により求められた許認可等を拒否する処分をする場合は，申請者に対し，同時に，当該処分の理由を示さなければならないこと（行手8Ⅰ本文）等を定めている。

(2) 不利益処分の手続の規制

第2に，行政庁が不利益処分（法令に基づき，特定の者を名宛人として，直接に，これに義務を課し，又はその権利を制限する処分をいう。例えば，許認可の取消し・停止，法令で認められた特定の行為の中止・禁止・改善の命令，工事計画の廃止命令，建物の除去命令，金銭の納付命令などがこれに当たる。）をする場合においては，当該被処分者の権利利益を保護する観点から，より慎重な手続を踏むことを義務付けることである（行手12～31）。

具体的には，行政庁は，①不利益処分をするかどうか，又はどのような不利益処分とするかについてその法令の定めに従って判断するために必要とされる基準（以下「処分基準」という。）を定め，かつ，これを公にしておくよう努めなければならないこと（行手12Ⅰ），②許認可等を取り消す不利益処分をしようとする場合には，当該不利益処分の名宛人となるべき者が受けることになる不利益の程度に応じて，その者について意見陳述のための手続をとらなければならないこと（行手13Ⅰ），③不利益処分をする場合には，その名宛人に対し，同時に，当該不利益処分の理由を示さなければならないこと（行手14Ⅰ本文）などを定めている。

2 戸籍事件に関する市町村長の処分についての行政手続法の適用除外

本条は，戸籍事件に関する市町村長の処分については，上記の行政手続法第2章（申請に対する処分）及び第3章（不利益処分）の規定は適用しないとしている。その理由は，以下の点にある。

第127条〔行政手続法の適用除外〕

(1) 戸籍事件に関する市町村長の処分の中核となるのは，法が定める各種の届出等に対して受否の判定をすることであるが，この判定の方法は，当該届書等に基づき事実関係を把握した上で，関係法令の定める要件を充足しているか否かについて審査するものである。すなわち，行政手続法5条に規定する審査基準に相当するものは，あらかじめ関係法令において定められており，裁量の余地はない。

(2) 戸籍事件に関する市町村長の処分については，管轄法務局長等による助言等が予定されている。すなわち，戸籍に関する事務は市町村長がこれを管掌するが（戸1Ⅰ），戸籍は国民の身分関係を登録し，これを公証する唯一の手段であるから，全国で統一的に処理される必要がある。このため，法務大臣は，市町村長が戸籍事務を処理するに当たりよるべき基準を定めることができるとする（戸3Ⅰ）。その上で，市役所又は町村役場の所在地を管轄する法務局長等は，戸籍事務の処理に関し必要があると認めるときは，市町村長に対し，報告を求め，又は助言若しくは勧告をすることができるとし（戸3Ⅱ前段），さらに，この場合において，戸籍事務の処理の適正を確保するため特に必要があると認めるときは，指示をすることができるとしている（戸3Ⅱ後段）。

(3) 戸籍事件について市町村長の処分を不当とする者は，家庭裁判所に不服の申立てをすることができる（戸122）。この処分に対する不服については，家庭裁判所による司法審査が用意されており，これによって処分の適正性が担保されている。

(4) 戸籍事件に関する市町村長の処分には，行政手続法に定める不利益処分に該当するものが存在しない。

本条は，以上の諸点を考慮して行政手続法の適用を除外したものである。

第8章 雑則

> 〔情報公開法の適用除外〕
> 第128条 戸籍及び除かれた戸籍の副本，第48条第2項に規定する書類並びに届書等情報については，行政機関の保有する情報の公開に関する法律（平成11年法律第42号）の規定は，適用しない。

本条は，戸籍に関する情報については，行政機関の保有する情報の公開に関する法律（以下「情報公開法」という。）の規定は適用しないことを明文で定めたものである。

1 情報公開法及びその関連法律の概要

情報公開法は，平成11年に制定された法律で，その目的は，「国民主権の理念にのっとり，行政文書の開示を請求する権利につき定めること等により，行政機関の保有する情報の一層の公開を図り，もって政府の有するその諸活動を国民に説明する責務が全うされるようにするとともに，国民の的確な理解と批判の下にある公正で民主的な行政の推進に資すること」にある（情報公開1）。ここにいう「行政機関」とは，①法律に基づき内閣に置かれる機関，②内閣の所轄の下に置かれる機関，③国の行政機関として置かれる機関（府省庁），及び④会計検査院等をいい（情報公開2Ⅰ），「行政文書」とは，行政機関の職員が職務上作成し，又は取得した文書，図面及び電磁的記録であって，当該行政機関の職員が組織的に用いるものとして，当該行政機関が保有しているものをいう（情報公開2Ⅱ）。

この情報公開法の施行に伴い，関連して改正を必要とする法律を一括して改正する法律として，同時に制定されたのが，行政機関の保有する情報の公開に関する法律の施行に伴う関係法律の整備等に関する法律（以下「整備法」という。）である。この整備法によって，法を含む26の法律について所要の改正が行われた。法改正においては，法117条の6（当時）の規定を新設し，法48条2項本文に規定する書類については情報公開法の規定は適用しない旨

を規定するものであった（整備法6）。

　法48条2項に規定する書類とは，届書その他市町村長が受理した書類であるが，これらは，戸籍の記載が終了した後に，国の行政機関である法務局等に送付されて，そこで保管されることになるものである（戸規48）。そして，上記の書類の公開については，法48条2項において，「利害関係人」が「特別の事由がある場合に限り」公開請求をすることができる旨の厳格な定めがされている。このため，情報公開法の規定は適用されないとされたのである。

２　戸籍法のその後の改正

　上記の法117条の6の規定は，その後，平成15年法律61号，平成19年法律35号及び令和元年法律17号により改正されて，情報公開法の適用除外対象に「戸籍及び除かれた戸籍の副本」及び「届書等情報」が順次追加され，さらに条文の位置も変更されて，現行の本条となった。

　このうち，戸籍及び除かれた戸籍の副本は，国の行政機関である管轄法務局等が保存するものではあるが（戸8Ⅱ），その用途は，戸籍の正本が滅失又は毀損した場合に再製の資料とすることにあり，本来公開が予定されていないものである。このため，情報公開法の規定は適用されないとされた。

　また，「届書等情報」とは，法48条2項に規定する届書等の画像情報をいう。すなわち，令和元年法律17号により改正された法118条により，法務大臣の指定を受けた市町村長は，戸籍事務を電子情報処理組織（法務大臣の使用に係る電子計算機と市町村長の使用に係る電子計算機とを電気通信回線で接続した電子情報処理組織をいう。）によって取り扱うものとされたところ，この指定を受けた市町村長（以下「指定市町村長」という。）は，届書等を受理した場合には，その画像情報を作成し，これを上記の電子情報処理組織を使用して，法務大臣に提供し（戸120の4Ⅰ），同大臣は，届書等情報を磁気ディスクに記録する（戸120の4Ⅱ）とともに，この提供を受けたことを当該届出等に基づいて戸籍の記載をすべき指定市町村長に通知すべきものとされた

第8章 雑　則

（戸120の5Ⅰ・Ⅲ）。この措置は，紙の媒体で市町村長に提出された届書等の情報を電子化することによって，戸籍事務処理の一層の効率化を図るものである。

　そして，この届書等情報も，その情報の公開については法48条2項と同様の厳格な制限が設けられているため（戸120の6），情報公開法が適用されないこととされたのである。

　なお，情報公開法は国の行政機関が保有する情報を直接の対象とするものであり，地方公共団体が保有する情報はその対象外であるところ，情報公開法25条は，「地方公共団体は，この法律の趣旨にのっとり，その保有する情報の公開に関し必要な施策を策定し，及びこれを実施するよう努めなければならない」と規定されている。ただし，戸籍情報については，上記の経緯及び理由により，戸籍法の独自の定めが適用されることになる。

> 〔個人情報保護法の適用除外等〕
> 第129条　戸籍及び除かれた戸籍の正本及び副本，第48条第2項に規定する書類並びに届書等情報に記録されている保有個人情報（個人情報の保護に関する法律（平成15年法律第57号）第60条第1項に規定する保有個人情報をいう。）については，同法第5章第4節の規定は，適用しない。

　本条は，戸籍の個人情報については，個人情報の保護に関する法律（以下「個人情報保護法」という。）の規定は適用しないことを定めるものである。

1　個人情報保護法の概要

(1)　保有個人情報とは

　個人情報保護法は平成15年に制定された法律で，その目的は，当初は，「高度情報通信社会の進展に伴い個人情報の利用が著しく拡大していることにかんがみ，個人情報の適正な取扱いに関し，基本理念及び政府による基本方針の作成その他の個人情報の保護に関する施策の基本となる事項を定め，国及び地方公共団体の責務等を明らかにするとともに，個人情報を取り扱う事業者の遵守すべき義務等を定めることにより，個人情報の有用性に配慮しつつ，個人の権利利益を保護すること」にあるとされていた（個人情報1）。その後，この規定は令和3年法律37号により改正されているが，上記の目的がその一部とされていることに変わりはない。

　そして，個人情報保護法上「個人情報」というのは，生存する個人に関する情報であって，当該情報に含まれる氏名，生年月日その他の記述等により特定の個人を識別することができるもの（他の情報と容易に照合することができ，それにより特定の個人を識別することができることとなるものを含む。）をいう（個人情報2Ⅰ）。

　個人情報保護法は，以上のように「個人情報」の用語を定義した上で，行

政機関等が保有する「保有個人情報」については，行政機関等の職員が職務上作成し，又は取得した個人情報であって，当該行政機関等の職員が組織的に利用するものとして，当該行政機関等が保有しているものをいい，行政文書（行政機関の保有する情報の公開に関する法律2条2項に規定する行政文書をいう。），法人文書（独立行政法人等の保有する情報の公開に関する法律（平成13年法律140号）2条2項に規定する法人文書をいう。）及び地方公共団体等行政文書に記録されているものに限ると定義している（個人情報60Ⅰ）。なお，ここにいう「行政機関等」は，国の行政機関（法128条の解説1参照）のほか，地方公共団体も含む（個人情報2 XI）。

(2) 行政機関等における個人情報の取扱い

　ア　保有の制限

行政機関等は，個人情報を保有するに当たっては，法令の定める所掌事務又は業務を遂行するため必要な場合に限り，かつ，その利用目的をできる限り特定しなければならず（個人情報61Ⅰ），その特定された利用目的の達成に必要な範囲を超えて，個人情報を保有してはならない（個人情報61Ⅱ）。

また，利用目的を変更する場合には，変更前の利用目的と相当の関連性を有すると合理的に認められる範囲を超えて行ってはならない（個人情報61Ⅲ）。

　イ　開示，訂正及び利用停止

個人情報保護法は，上記アのとおり，行政機関等による個人情報の保有及びその利用について厳格な制限をした上で，その第5章第4節（個人情報76～108）において，何人も，行政機関の長等に対し，自己を本人とする保有個人情報についての開示，訂正及び利用停止を請求することができるとして，その手続を定めている。したがって個人情報保護法第5章第4節は，「行政機関等」ではなく「行政機関」に関する規定であること，すなわち地方公共団体には適用されないことに注意を要する。

　　㋐　開示請求

本人から開示請求（個人情報76Ⅰ）があった場合には，行政機関の長等は，当該保有個人情報に個人情報保護法が定める不開示情報が含まれているとき

を除いて，請求に応じなければならない（個人情報78）。

　(イ)　訂正の請求

　本人は，前記(ア)により開示を受けた保有個人情報等の内容が事実でないと思料するときには，個人情報保護法の定めるところにより，当該保有個人情報を保有する行政機関の長等に対し，当該保有個人情報の訂正（追加又は削除を含む。）を請求することができる（個人情報90Ⅰ）。

　(ウ)　利用停止の請求

　本人は，自己を本人とする保有個人情報がこれを保有する行政機関により個人情報保護法の規定に違反して保有され，取り扱われ，取得され又は利用されているときは，当該保有個人情報を保有する行政機関の長等に対して，その情報の利用の停止又は消去を請求することができ（個人情報98Ⅰ①），また，個人情報保護法の規定に違反して当該保有個人情報が提供されているときは，上記の行政機関の長等に対し，その情報の提供の停止を請求することができる（個人情報98Ⅰ②）。

2　法務局等が保有する戸籍情報についての個人情報保護法の適用除外

　市役所又は町村役場の所在地の管轄法務局長等は，市町村長が管掌する戸籍事務の処理の助言等に当たるため，戸籍及び除籍の正本及び副本，法48条に規定する届書並びに届書等情報，その他市町村長が受理した書類であって戸籍の記載手続完了後に市町村長から送付されるものを保管しているところ，これらに記載された戸籍に関する情報は，個人情報保護法60条１項にいう「保有個人情報」に当たる。

　しかしながら，これらの戸籍情報の公開及び訂正に関しては，法において独自の手続が規定されており，また，これらの戸籍情報の利用停止請求に関しては，そのような請求を認めることは相当でないと考えられた。そこで，上記の戸籍に関する情報については，個人情報保護法第５章第４節の規定を

第8章 雑　則

適用しないこととしたものである。
　なお，市町村が保有する個人情報については，条例により個人情報保護法と同趣旨の個人からの情報開示請求等が規定されていると思料されるところ，本条の趣旨に基づき戸籍関連情報は法に従った処理をすることとなろう。

第130条〔電子情報処理組織による届出等の特例等〕

> 〔電子情報処理組織による届出等の特例等〕
> 第130条　情報通信技術を活用した行政の推進等に関する法律第6条第1項の規定により同項に規定する電子情報処理組織を使用してする届出の届出地及び同項の規定により同項に規定する電子情報処理組織を使用してする申請の申請地については，第4章及び第5章の規定にかかわらず，法務省令で定めるところによる。
> ②　第47条の規定は，情報通信技術を活用した行政の推進等に関する法律第6条第1項の規定により同項に規定する電子情報処理組織を使用してした届出及び申請について準用する。

　本条は，電子情報処理組織を使用してする届出の届出地及び申請の申請地については，法第4章及び第5章の規定の適用を受けず，法務省令の定めによることを明文化したものである。

1　デジタル手続法の概要

(1)　目的・基本原則

　情報通信技術を活用した行政の推進等に関する法律（以下「デジタル手続法」という。）は，情報通信技術を活用し，行政手続等の利便性の向上や行政運営の簡素化・効率化を図るため，行政のデジタル化に関する基本原則及び行政手続のオンライン化のための必要な事項等を定める法律である（デジタル手続1）。

　ここにいう「行政のデジタル化に関する基本原則」としては，①デジタルファースト（個々の手続・サービスが一貫してデジタルで完結する。），②ワンスオンリー（1度提出した情報は，2度提出することを不要とする。），③コネクテッド・ワンストップ（民間サービスを含め，複数の手続・サービスをワンストップで実現する。）等が挙げられている（デジタル手続2）。

　そして，この基本原則に基づく「行政手続のオンライン化のための必要な

第8章　雑　則

事項」としては，(i)国の行政手続（申請及び申請に基づく処分通知のほか，本人確認や手数料納付も含む。）について原則としてオンライン化を実施すること，(ii)行政機関間の情報連携等によって入手・参照できる情報に係る添付書類について添付を不要とする規定を整備することなどが掲げられている。

(2)　電子情報処理組織による申請等

上記(1)(i)に掲げた国の行政手続のオンライン化について定めているのが，本条が引用するデジタル手続法6条1項の規定である。

同項は，申請等のうち当該申請等に関する他の法令の規定において書面等により行うことその他の方法が規定されているものについては，当該法令の規定にかかわらず，主務省令で定めるところにより，電子情報処理組織（行政機関等の使用に係る電子計算機とその手続等の相手方の使用に係る電子計算機とを電気通信回線で接続した電子情報処理組織をいう。）を使用する方法により行うことができる旨を定める。

その上で，上記の方法により行われた申請等については，当該申請等に関する他の法令に規定する方法により行われたものとみなして，当該法令その他の当該申請等に関する法令の規定を適用すると定め（デジタル手続6Ⅱ），さらに，上記の方法により行われた申請等については，当該行政機関等の使用に係る電子計算機に備えられたファイルへの記録がされた時に当該行政機関等に到達したものとみなすと定めている（デジタル手続6Ⅲ）。

2　本条の定めについて

(1)　法務省令の定め

本条1項は，法が定める各種の届出及び申請を電子情報処理組織を使用してする場合の届出地及び申請地については，法務省令の定めるところによる旨を規定している。この届出及び申請を上記以外の方法によってする場合の届出地及び申請地については，法第4章及び第5章が定めるところであるが，電子情報処理組織を使用してする場合には，この各章の規定を適用せずに，

第130条〔電子情報処理組織による届出等の特例等〕

法務省令の定めによるとするのである。これを受けて規則が所要の規定（戸規79の2の4～79の12）を設けている。

まず，法が定める各種届出及び申請を電子情報処理組織を用いてするためには，その前提として，当該戸籍に関する事務が電子情報組織を用いて処理されていなければならない。規則は，この当然の理を定めて，法118条1項の市町村長（法務大臣の指定を受けて戸籍事務を電子情報処理組織によって取り扱っている市町村長）に対してする規則別表第六に掲げる届出又は申請は，この電子情報処理組織を使用してすることができるとする（戸規79の2の4Ⅱ）。具体的には，その届出又は申請をする者は，法又は規則の規定により届書又は申請書に記載すべきこととされている事項に係る情報を市町村長の使用に係る電子計算機に送信しなければならず（戸規79の3Ⅰ前段），当該届出又は申請の際に添付又は提供すべきこととされている書面等があるときは，当該書面等に代わるべき情報を併せて送信することを要するとしている（戸規79の3Ⅰ後段）。

その上で，上記の方法による届出又は申請に係る届出地については，原則として，届出事件の本人の本籍地に限るとされ（戸規79の8Ⅱ本文），届出人の所在地への届出（戸25Ⅰ）はできないとしている。

ここでは，届書又は申請書に記載すべき事項が電子情報に転換されて送信され瞬時に相手方に受信されるから，届出人の所在地での届出を認めることは，かえって手続上の迂路を設けることになり非効率であるという理由による。

ただし，これにはいくつかの例外がある。胎児認知の届出（戸61）及び認知された胎児の死亡届（戸65）は母の本籍地でしなければならない（戸規79の8Ⅱただし書）。これは，当該届出に基づく戸籍の処理は胎児の母の本籍地でされることになるからである。また，帰化の届出（戸102の2），就籍の届出（戸110）及び判決による就籍の届出（戸111）は新本籍地で，外国人に関する届出は届出人の所在地でそれぞれしなければならない（戸規79の8Ⅱただし書）。前者は，届出事件の本人についての戸籍を新本籍地で編製する必

第8章　雑　則

要があるからであり，後者は，外国人に関する届出については戸籍の処理を要しないからである。

(2)　**死亡後に到達した届出**

　本条2項は，法47条の規定は，デジタル手続法6条1項の規定により同項に規定する電子情報処理組織を使用してした届出及び申請について準用する旨規定する。

　法47条は，届出人が郵便又は特定の信書便によって発送した届書については，市町村長は，当該届出人の死亡後であっても，これを受理しなければならないとし（戸47Ⅰ），その届書が受理されたときは，届出人の死亡の時に届出があったものとみなすとしている（戸47Ⅱ）。

　いうまでもなく，郵便等によって届書を発送した場合には，その到着までに一定の日時を要するから，その間に届出人が死亡する事態が起こり得ることに配慮した規定である。

　電子情報処理組織を使用して届書又は申請書に記載すべき事項に係る情報を発信した場合には，瞬時に相手方に到達するのが通常ではあるが，その僅かな時間差の間に届出人が死亡するというケースも想定されないではない。そこで，念のために法47条の規定を準用したのである。

> 〔法務省令への委任〕
> 第131条　この法律に定めるもののほか，届書その他戸籍事務の処理に関し必要な事項は，法務省令で定める。

　本条は，戸籍事務を円滑に運用するために，届書その他戸籍事務の処理に必要な具体的な詳細事項については，法務省令（戸籍法施行規則）で定めることを明確にしたものである。

1　本条制定の経緯

　旧戸籍法の下では，同法に定めるもののほか，戸籍事務処理に必要な事項は戸籍法施行細則に定められていたが，現行法の下では，これに代わって戸籍法施行規則が設けられた。全体的な傾向をみると，旧戸籍法に定められていた事項の多くが規則に移されているといえる。これは，戸籍事務の処理に関する具体的・詳細な事項まで法で規定されていると，些細な内容を変更する改正であっても，国会審議を経た手続が必要になり，迅速な対応をすることが困難になるのを考慮したことによる。これらの事項の定めを規則に委任しておけば，省令改正手続によって機動的な対応が可能になるのである。

　本条は，現行法が制定された当時，125条として規定されていたが，「外」の漢字を「ほか」と平仮名にした上で，平成19年に131条として規定し直したものである。

2　規則に定める事項

　本条の委任に基づいて規則が定める事項は，戸籍の記載手続（戸規第2章）及び届出手続（戸規第3章）に関する詳細がその主流を占めているが，近時において際立っているものに次の2つがある。

　(1)　平成19年法律35号の法改正において創設的届出及び戸籍謄抄本の交付

第8章 雑　則

請求の際に届出人の本人確認をする制度が導入され，これに伴い規則においてその本人確認の詳細な方法が定められた。

(2)　電子情報処理組織を用いた戸籍事務処理の範囲が拡大してきたことに伴って，市町村長がそのような取扱いをする場合の特例（戸規第4章）及び電子情報処理組織を使用して届出又は申請等をする場合の特例（戸規第4章の3）が定められた。

第9章 罰　則

【前　注】

　本章には，戸籍に係る違法又は不当な行為（不作為を含む。）に対し刑罰又は過料の制裁を科すことを定める規定が置かれている。(注)

(注)　本章の罰則規定については，令和元年法律17号の改正により法135条・136条・139条の一部改正がなされ，令和6年3月1日から施行されている。また，令和4年法律68号による戸籍法の一部改正により，法132条から134条について，「懲役」が「拘禁刑」に改められ，刑法等一部改正法施行日（令和7年6月1日）から施行される。

1　刑罰の対象となる行為

(1)　秘密漏えい

　法121条の2の規定に違反して秘密を漏らし，又は盗用する行為（戸132，2年以下の拘禁刑又は100万円以下の罰金）。

(2)　戸籍事務従事者による不正行為

　戸籍に関する事務に従事する市町村の職員若しくは職員であった者又は市町村長の委託を受けて行う戸籍に関する事務の処理に従事している者若しくは従事していた者が，その事務に関して知り得た事項を自己若しくは第三者の不正な利益を図る目的で提供し，又は盗用する行為（戸133，1年以下の拘禁刑又は50万円以下の罰金）。

(3)　戸籍記載事項外の虚偽の届出

　戸籍の記載又は記録を要しない事項について虚偽の届出をする行為（戸134前段，1年以下の拘禁刑又は20万円以下の罰金）。外国人に関する事項について虚偽の届出をする行為も同様である（戸134後段）。

(4) **戸籍情報を不正受領する行為**

偽りその他不正の手段により，①法10条1項若しくは法10条の2第1項から5項までの規定による戸籍謄本等の交付，法12条の2の規定による除籍謄本等の交付又は法120条1項の規定による戸籍証明書若しくは除籍証明書の交付を受ける行為，②法120条の3第2項の規定による戸籍電子証明書提供用識別符号若しくは除籍電子証明書提供用識別符号の発行を受ける行為，又は③法120条の3第3項の規定による戸籍電子証明書若しくは除籍電子証明書の提供を受ける行為（戸135，30万円以下の罰金）。

2 過料の制裁の対象となる行為

(1) **届書等情報等を不正受領する行為**

偽りその他不正の手段により，①法48条2項の規定による閲覧をし，若しくは法48条2項の規定による証明書の交付を受ける行為，又は②法120条の6第1項の規定による閲覧をし，若しくは法120条の6の規定による証明書の交付を受ける行為（戸136，10万円以下の過料）。

(2) **届出の懈怠**

正当な理由がなくて期間内になすべき届出又は申請をしない不作為（戸137，5万円以下の過料）。

(3) **催告期間を徒過する不作為**

市町村長が，法44条1項又は2項の規定によって，期間を定めて届出又は申請の催告をした場合において，正当な理由がなくてその期間内に届出又は申請をしない不作為（戸138，10万円以下の過料）。

(4) **市町村長の不作為**

市町村長の以下に掲げる不作為（戸139，10万円以下の過料）。

　　ア　正当な理由がなくて届出又は申請を受理しないこと（戸139①）。

　　イ　戸籍の記載又は記録をすることを怠ること（戸139②）。

　　ウ　正当な理由がなくて届書その他受理した書類の閲覧を拒むこと，又

は法120条の6第1項の規定による請求を拒むこと（戸139③）。
　エ　正当な理由がなくて，①戸籍謄本等，除籍謄本等，法48条1項若しくは2項の証明書，戸籍証明書若しくは除籍証明書を交付しないこと，②戸籍電子証明書提供用識別符号若しくは除籍電子証明書提供用識別符号の発行をしないこと，又は③戸籍電子証明書若しくは除籍電子証明書を提供しないこと（戸139④）。
　オ　その他戸籍事件について職務を怠ること（戸139⑤）。

3　過料の裁判管轄

過料についての裁判は，簡易裁判所がするものとされている（戸140）。

第9章 罰則

> 〔秘密の漏えい・盗用に対する罰則〕
> 第132条 第121条の２の規定に違反して秘密を漏らし，又は盗用した者は，２年以下の拘禁刑又は100万円以下の罰金に処する。

　本条は，電子情報処理組織の構築及び維持管理並びに運用に係る事務に従事する者又は従事していた者が，その業務に関して知り得た秘密を漏えい又は盗用した場合の罰則規定である。令和元年法律17号による戸籍法の改正により新設された。

　その後，令和４年法律68号により「懲役」が「拘禁刑」に改められた。

1 法121条の２の規定

　上記の電子情報処理組織というのは，戸籍事務を処理するために，法務省令で定めるところにより法務大臣の使用に係る電子計算機と市町村長の使用に係る電子計算機とを電気通信回線で接続した電子情報処理組織をいう（戸118Ⅰ）。これは，令和元年法律17号により改正された戸籍法において新たに構築された戸籍情報連携システムであり，この構築により，法務大臣の使用に係る電子計算機において全国民の戸籍又は除かれた戸籍の副本に記録された情報を保存・蓄積しておき，市町村長はこれらの情報を利用して戸籍事務を処理することとされた。このような新たに構築される大規模な情報処理システムに関する機器構成・設定等，暗号アルゴリズム，暗号・復号に必要な情報等の秘密が漏えいした場合には，戸籍又は除かれた戸籍の副本に記録された情報が大量に外部に流出する等の危険にさらされ，国民の利益・プライバシーが侵害されるおそれがあるほか，上記の情報処理システムの安全性・信頼性が毀損されることになる。

　このため，法121条の２において，上記の電子情報処理組織の構築及び維持管理並びに運用に係る事務に従事する者又は従事していた者に対して，その業務に関して知り得た当該事務に関する秘密を漏らし，又は盗用してはな

らないとの秘密保持義務を定めている。

2 本条の規定

　本条は，上記の秘密保持義務に違反した者に対する罰則を定めることによって，法121条の2の規定の実効性を担保しようとするものであり，その刑罰は，当該違反がもたらす影響の重大性に鑑みて，2年以下の拘禁刑又は100万円以下の罰金に処されるという重いものになっている。

第9章　罰　則

> 〔戸籍事務処理従事者に対する罰則〕
> 第133条　戸籍に関する事務に従事する市町村の職員若しくは職員であつた者又は市町村長の委託（2以上の段階にわたる委託を含む。）を受けて行う戸籍に関する事務の処理に従事している者若しくは従事していた者が，その事務に関して知り得た事項を自己若しくは第三者の不正な利益を図る目的で提供し，又は盗用したときは，1年以下の拘禁刑又は50万円以下の罰金に処する。

　本条は，戸籍に関する事務の処理に従事する者若しくは従事していた者が，その事務に関して知り得た事項を不正な利益を図る目的で提供又は盗用した場合の罰則規定である。令和元年法律17号による改正により新設された。
　その後，令和4年法律68号により「懲役」が「拘禁刑」に改められた。

1　個人情報としての戸籍情報の保護の必要性

　近時，我が国に高度情報通信ネットワーク社会が形成されつつある中で，行政機関における個人情報の利用がますます拡大してきている。このような個人情報の取扱いに関しては，個人情報の保護に関する法律において基本的事項が定められており，各行政機関がこれに沿った措置を講じて，当該個人情報の不正利用等による個人の権利利益への侵害を防止することに努めているところである。市町村長が保有する戸籍情報に関しても，それが国民の身分関係という高度な個人情報の性質を帯びていることに鑑み，平成19年法律35号による戸籍法の改正において，第三者による公開請求の要件を制限するなどの規制が導入されて，その保護が強化されたのであるが，さらに，令和元年法律17号による戸籍法の改正において，戸籍に関する情報を，行政手続における特定の個人を識別するための番号の利用等に関する法律（以下「マイナンバー法」という。）19条8号又は9号の規定による情報連携の対象に戸籍に関する情報を追加することを可能とする措置が講じられた。これに加え

第133条〔戸籍事務処理従事者に対する罰則〕

て，上記の改正法においては，新たな戸籍情報処理のシステム（法務大臣の使用に係る電子計算機と市町村長の使用に係る電子計算機とを電気通信回線で接続した電子情報処理組織）の構築により，上記の市町村長は，この電子情報処理組織を利用して他の市町村の戸籍又は除かれた戸籍の副本の記録された情報を取り扱うこととなる。このように，戸籍事務の処理に当たって従前よりも広範囲で個人情報を取り扱うこととなるため，電子情報処理組織の不正利用に対する抑止力を高めるとともに，電子情報処理組織における個人情報の取扱いに対する国民の信頼を確保する必要がある。その一貫として，戸籍事務に従事する職員等の不正行為を未然に防止する措置をとることも効果的な方法と考えられたところである。

2 本条の趣旨

本条は，上記1のような戸籍事務をめぐる現下の状況を契機として設けられたもので，戸籍に関する事務の処理に従事している者又は従事していた者が，その事務に関して知り得た事項を自己又は第三者の不正な利益を図る目的で提供し又は盗用する行為に対し刑罰（1年以下の拘禁刑又は50万円以下の罰金）を科することとしている。前述の電子情報処理組織の構築により，戸籍事務に従事する者の全員がこの電子情報処理組織の下で職務を行うことになるが，個人情報の保護や戸籍事務に対する国民の信頼の確保といった要請は，戸籍事務処理の方式が電子情報処理組織によるか否かに関わるものではないから，犯罪の構成要件上はこの点を区別することなく，およそ戸籍事務に従事する者が職務上知り得た事項を不正に提供する行為を罰則の対象としている。

本条の罰則の適用を受けるのは，①戸籍に関する事務の処理に従事する市町村の職員又は職員であった者，②市町村長の委託（2段階以上の再委託を含む。）を受けて戸籍に関する事務処理に従事している者又は従事していた者である。なお，法務省の職員については，個人情報の保護に関する法律において，その業務に関して知り得た保有個人情報を不正に提供する行為に対

第9章 罰　則

し本条と同様の罰則規定が設けられているため（個人情報の保護に関する法律180），本条の適用対象にする必要がないとされている。

第134条〔戸籍の記載を要しない事項について虚偽の届出をした者に対する罰則〕

> 〔戸籍の記載を要しない事項について虚偽の届出をした者に対する罰則〕
> 第134条　戸籍の記載又は記録を要しない事項について虚偽の届出をした者は，1年以下の拘禁刑又は20万円以下の罰金に処する。外国人に関する事項について虚偽の届出をした者も，同様とする。

　本条は，戸籍に記載することを要しない事項について虚偽の届出をした者に対する罰則規定である。なお，令和4年法律68号により「懲役」が「拘禁刑」に改められた。

1　戸籍の記載を要する事項についての虚偽の届出

　市町村長による戸籍の記載又は記録は客観的な真実に合致したものであることが望ましく，そのためには，届出人による届書の記載事項が上記の要件を満たすものでなければならない。この要請に故意に違反する行為を防止する方策として，刑法は，虚偽の届出をして権利又は義務に関する公正証書の原本である戸籍簿（電磁的方式によって調製されているものを含む。）に虚偽の記載又は記録をさせた者に対し，5年以下の拘禁刑又は50万円以下の罰金を科すことにしている（刑157Ⅰ）。これは，当該届出に係る事項が戸籍への記載又は記録を要するものである場合の制裁である。このような届出が虚偽であって，これに基づいて公簿である戸籍簿に虚偽の事項が登載された場合には，戸籍制度に対する信頼が毀損され，国民の権利利益が害されるおそれがあることから，係る届出をした者に対し特に厳しい刑罰をもって臨むことにしているのである。

2　戸籍に記載等を要しない事項についての虚偽の届出

　他方，戸籍に記載等を要しない事項について虚偽の届出がされた場合はど

第9章　罰　則

うかというと，この場合は刑法157条1項の適用は受けないものの，これらの届出に関する書類は，規則50条の定めるところにより市町村長がこれを保存し，閲覧・証明書の交付などの公証に供する重要な書類であるから，これに虚偽の事項が含まれている場合には，程度は異なるにしても，前記1の場合と同様に国民の不信・不都合を招くおそれがある。そこで，本条において，上記の届出に係る書類の正確性を担保するため，虚偽の届出をした者を1年以下の拘禁刑又は20万円以下の罰金に処することとしたのである。(注) あわせて，戸籍に記載又は記録することを要しない外国人に関する事項について虚偽の届出をした者に対しても，同じ刑罰を科している。

◆◆

（注）　本条の罰金額の変遷に関し，本条（平成19年法律35号による改正前の戸124）が定める罰金額は，元は昭和23年の法施行時に「1000円以下」と規定され罰金等臨時措置法2条1項の規定により1万円とされていた。しかし，あまりに低額すぎるので，他の法律（特に前記の刑157Ⅰ）に定める罰金の額と均衡を図るため昭和51年法律66号の改正により「10万円以下」に増額され，さらに外国人登録法における同種事案に対する罰金額が昭和57年法律75号の改正により20万円以下に引き上げられたこと（外国人登録法（平成24年7月9日廃止）18Ⅰ②）との整合性を図るため，昭和59年法律45号の改正において上記の「10万円以下」の規定が「20万円以下」に改められたという経緯がある。

第135条〔不正手段により謄本の交付を受けた者に対する罰則〕

> 〔不正手段により謄本の交付を受けた者に対する罰則〕
> 第135条　偽りその他不正の手段により，第10条第１項若しくは第10条の２第１項から第５項までの規定による戸籍謄本等の交付，第12条の２の規定による除籍謄本等の交付若しくは第120条第１項の規定による戸籍証明書若しくは除籍証明書の交付を受けた者，第120条の３第２項の規定による戸籍電子証明書提供用識別符号若しくは除籍電子証明書提供用識別符号の発行を受けた者又は同条第３項の規定による戸籍電子証明書若しくは除籍電子証明書の提供を受けた者は，30万円以下の罰金に処する。

　本条は，不正の手段を用いて，戸籍・除籍の謄抄本，戸籍事項証明書等の戸籍情報の提供を受けた者に対する罰則である。

1　本条の沿革

(1)　昭和51年の改正

　我が国の戸籍の公開制度は，戦後における現行戸籍法の制定以来，公開を原則としつつ，「正当な理由」がある場合には公開を拒むことができるとする制度として運用されてきたが，昭和40年代に至って，経済の高度成長，社会生活の多様化などの状況の変化に伴い，個人のプライバシーを保護すべきであるとの要請が高まってきた。そこで，昭和51年法律66号によって，当時の法10条の規定が改正され，戸籍謄抄本の交付及び戸籍記載事項の証明を請求するに当たっては，「請求の事由」を明らかにすべきものとされ，あわせて，除籍謄抄本の交付及び除籍記載事項の証明の請求に関しても，法12条の２において，当時の法10条よりも厳しい規制をする規定が設けられた。同時に，これらの戸籍公開に関する規制の実効性を担保するために，法121条の２の規定が設けられて，偽りその他の不正手段によって戸籍謄抄本の交付を受けた者に対する過料の制裁が定められた。そして，これとの均衡上，届書

第9章 罰　則

や戸籍訂正申請書等につき不正の手段を用いて閲覧し又は証明書の交付を受けた者に対しても過料に処することとされた。

(2)　平成19年の改正

　その後，我が国社会における個人のプライバシー保護の要請が一層高まってきたこと，戸籍の公開制度を悪用する事例が続発したことなどに鑑みて，平成19年法律35号により，この制度を抜本的に見直す改正が行われた。この改正においては，戸籍・除籍謄抄本等の交付請求をするには，いわゆる本人等請求（戸10・12の2）の場合を除いて，請求の事由を明らかにし，請求者についての本人確認に必要な事項を明らかにすべきことなど規制が強化された。これにより，請求の事由や請求者についての本人確認事項の真実性を担保し，謄抄本交付等の事務の適正円滑な運用を図るため，不正の手段によって謄抄本等の交付を受けた者に対する制裁を強化する必要が生じた。そこで，上記の法121条の2の規定のうち，前段部分を法133条に移してその内容を改め，不正な手段を用いて戸籍及び除籍の謄抄本又は戸籍事項証明書（磁気ディスクをもって調製された戸籍又は除籍に記録されている事項の全部若しくは一部を証明した書面）の交付請求をした者に対する制裁も強化して，刑罰である罰金を科するものに改められた。

　なお，届書や戸籍訂正申請書等につき不正の手段を用いて閲覧し又は証明書の交付を受けた者に対する制裁は，行政罰である過料[注]のまま別条（戸136）で規定されることになった。

(3)　令和元年の改正

　　ア　概　説

　次いで，令和元年法律17号によって，新しい戸籍情報処理システムを構築すること等を内容とする戸籍法の改正が行われ，上記(2)の法133条の規定が本条に移され，その内容が冒頭に掲げたものに改められた。この改正は，本条の罰則の対象となる行為（不正な手段を用いて戸籍に関する情報を取得する行為）の範囲を拡大し，①法120条の3第2項の規定による戸籍電子証明書提供用識別符号又は除籍電子証明書提供用識別符号の発行を受けた者，②法

120条の3第3項の規定による戸籍電子証明書又は除籍電子証明書の提供を受けた者を追加したことである。以下に概説する（なお，詳細については，法120条の3の解説ほか関連規定の解説を参照されたい。）。

　　イ　新システムによる戸籍情報利用の利便性の拡大
　上記の戸籍法の改正により，戸籍事務処理の一層の効率化を図るため，新たに法務大臣の使用に係る電子計算機と市町村長の使用に係る電子計算機とを通信回線で接続する電子情報処理組織が構築されることになった。その詳細については第6章を参照されたいが，これにより，全国の市町村の戸籍事務処理システムがネットワーク化され，戸籍事項証明書等の交付の請求をする者は，いずれの市町村長に対してもこれをすることが可能となった。
　そこで，法10条1項のいわゆる本人等請求の場合には，本籍地の市町村長以外の市町村長に対しても戸籍事項証明書等を請求することができることとした（戸120の2Ⅰ①）。
　これに加えて，法は，上記の電子情報処理組織を利用して，国民が行政機関等に対する申請をオンラインでするために必要な戸籍に関する電磁的記録を提供することも可能とした。この仕組みの詳細は，第6章を参照されたいが，法10条1項の本人等請求をすることができる者は，戸籍電子証明書（磁気ディスクをもって調製された戸籍に記録された事項の全部又は一部を証明した電磁的記録）又は除籍電子証明書（磁気ディスクをもって調製された除かれた戸籍に記録された事項の全部又は一部を証明した電磁的記録）をも請求することできることとなった（戸120の3Ⅰ）。この請求があったときは，市町村長は，当該請求者に対して戸籍電子証明書提供用識別符号又は除籍電子証明書提供用識別符号を発行し（戸120の3Ⅱ），当該識別符号の発行を受けた者が，行政機関等に対する申請をする際に，戸籍事項証明書等の提出に代えて戸籍電子証明書提供用識別符号等を提出すれば，当該行政機関等が，当該市町村長に対し，上記各識別符号を示してこれに対応する戸籍電子証明書等の提供を求め，これを受けることになる。

ウ　改正の内容

　前記イに掲げた，①戸籍電子証明書提供用識別符号及び除籍電子証明書提供用識別符号，並びに②戸籍電子証明書及び除籍電子証明書は，その内容において戸籍事項証明書と同じものであるから，不正の手段を用いてこれらの発行又は提供を受けた者に対しては，戸籍事項証明書の不正取得と同じ刑罰を科する必要がある。これが，上記の令和元年改正法の趣旨である。

◆◆

(注)　「過料」は，行政上の秩序を維持するために，行政法規上の義務違反に対して少額の金銭を徴収する制裁である。過料は刑罰ではないので，刑法・刑事訴訟法は適用されない。これに対して「罰金」は刑罰であり，これらの法律が適用される。

2　本条の解説

　上記1の沿革から明らかなとおり，本条は，不正の手段を用いて戸籍に記載・記録されている情報を取得した者に対する罰則である。

　本条にいう「偽りその他不正の手段」とは，①戸籍に記載されている者(本人)以外の者が本人であると請求資格を偽って請求した場合，②職務上の必要があるときにのみ請求できるのに，その必要があるかのように装って請求した場合，③不当な使用目的を秘し，正当であるかのような虚偽の事由を示して請求した場合などである。ただし，本条の構成要件は戸籍情報の「交付」，「発行」又は「提供」を受けることにあるから，上記のような不正の手段による請求をしても，その交付前に不正が発覚して目的を達しなかった場合，その他何らかの事由により請求が認められなかった場合には，本条の違反は成立しない。

　なお，他人の名義を冒用して戸籍情報の交付・提供を請求する書面を作成して提出した場合には，その請求者について私文書偽造・偽造私文書等行使罪（刑159・161）が成立するが，併せて本条の適用をも受けることになる。

第136条〔不正手段により届書等の閲覧・証明書の交付を受けた者に対する過料〕

〔不正手段により届書等の閲覧・証明書の交付を受けた者に対する過料〕
第136条　偽りその他不正の手段により，第48条第2項（第117条において準用する場合を含む。以下この条において同じ。）の規定による閲覧をし，若しくは同項の規定による証明書の交付を受けた者又は第120条の6第1項の規定による閲覧をし，若しくは同条の規定による証明書の交付を受けた者は，10万円以下の過料に処する。

本条は，不正な手段を用いて届書等の閲覧又は証明書の交付を受けた者に対し過料の制裁を科する規定である。

1　本条の対象となる行為

(1)　届書等の閲覧及びその記載事項の証明（戸48Ⅱ）

法48条2項は，利害関係人は，特別の事由がある場合に限り，届書その他市町村長の受理した書類の閲覧を請求し，又はその書類に記載した事項について証明書を請求することができると定める。この閲覧又は証明書の交付について不正の手段を用いた者に対する制裁については，昭和51年法律66号の改正により，立法化されたが，この改正経過は法135条の解説を参照されたい。

(2)　届書等情報の請求（戸120の6Ⅰ）

令和元年法律17号による戸籍法の一部改正によって，戸籍事務を法務大臣の使用に係る電子計算機と市町村長の使用に係る電子計算機を通信回線で接続した電子情報処理組織により取り扱う方式が導入されている。その詳細は，第6章を参照されたいが，従前は市町村長が法務大臣に対して提供すべきものとされていた届書・申請書等の書類についても，これを直接提出する方法に代えて，その画像情報（以下「届書等情報」という。）を作成し，これを電子情報処理組織を用いて法務大臣に提供することが可能となる（戸120の4

Ⅰ）。そして，この届書等情報についても，前記(1)の法48条2項の規定との均衡上，利害関係人は，特別の事由がある場合に限り，その内容を表示したものの閲覧を請求し，又はその内容について証明書を請求することができるとされ（戸120の6Ⅰ），これに伴い，不正の手段を用いて上記の届書等情報を取得する行為が本条の対象に追加されたのである。

なお，上記の改正において従前の条文の位置（戸134）が改められて本条に移された。

2 行為の態様・過料の制裁

本条は，「偽りその他不正の手段」を用いることを制裁の要件としている。その意味についても，法135条の解説を参照されたい。

過料の額は10万円以下とされている。

> 〔届出を怠った者に対する過料〕
> 第137条　正当な理由がなくて期間内にすべき届出又は申請をしない者は，5万円以下の過料に処する。

　本条は，戸籍法が定めている期間内にすべき届出や申請を懈怠した者に対する罰則規定である。

1　届出又は申請の懈怠

(1)　本条による制裁の対象

　戸籍法は，報告的届出について，それぞれ届出義務者が届出をなすべき期間を定めている。その趣旨は，国民に関する身分関係の発生又は変動をできる限り速やかに戸籍に反映させることにある。そのため，本条により，届出義務者がその期間を徒過したときは5万円以下の過料の制裁を受ける旨を定めて，所定期間内の届出の励行を促している。戸籍訂正について，申請義務者が所定の期間内の申請を怠った場合も同様である。

　本条による制裁の対象は，「届出」と「申請」の懈怠に限られ，法41条が定める外国の方式による証書の謄本の「提出」の懈怠は，これに含まれない。外国にある日本人がその国の方式に従って作らせた届出事件に関する証書について，日本国内におけるのと同様，一律にその提出期間を定めて，その懈怠に制裁を科することは，それぞれの外国における諸般の事情が異なり得ることを考慮すると，妥当でないことによる。

(2)　届出又は申請の「懈怠」

　戸籍法において届出又は申請をすべき期間が定められている場合，届出・申請義務者は，所定の期間内に届書又は申請書を発送しただけでは足りず，同期間内にこれらが到達しなかったときは，懈怠の責を免れない。届出・申請義務者が一定の事実を知った日から期間が起算される場合であっても，市町村長は，一応その事件が発生した日から起算して所定期間内に届出又は申

請をしない者があることを知ったときには，届出又は申請を怠ったものとして処理しても差し支えない（大正3・12・28回答1125号）。もっとも，届出をすべき者が法定代理人のない未成年者である場合には，その者が成年に達した後に，市町村長が相当期間を定めて催告したにもかかわらず，催告に応じないときに，初めて懈怠の責任が生じる（大正4・7・8回答1021号）。また，届出義務者が数人ある場合については，それらの者が同順位であって全員が届出を懈怠したときは，各自がその責めを負うべきであるが，その義務者のうちの1人が期間内に届出をすれば，他の者の届出義務は消滅し懈怠の責を負うことはない（大正4・9・17回答1413号）。届出をなすべき順位が定められているときの第二順位以下の義務者は，法44条1項の催告を受けたにもかかわらず，その催告において指定された相当期間をも徒過した場合に，初めて懈怠の責めを負うとされる（昭和37・1・13回答20号）。なお，届出の催告は届出義務者の所在地の市町村においてすることができる（大正5・3・18回答252号）。

以上に対して，所定の期間内に届出又は申請がされなかった場合であっても，これについて正当な理由があるときは，本条の「懈怠」には当たらない。例えば，外国に在留し又は離島に居住しているなどの事情により，郵送等に日時を要し，遅滞なく届書又は申請書を発送しても所定期間内に到達しないことが明らかな場合には，正当な理由があるとして，懈怠の責めを免れる（明治36・12・24回答952号）。

2 簡易裁判所に対する通知

市町村長が，本条に定める届出，申請又はその追完を怠った者があることを知ったときは，遅滞なく，届出事件を具して，管轄簡易裁判所にその旨を通知しなければならない（戸規65）。

③ 外国人に対する適用

　戸籍法は，外国人に対しては適用されないのが原則である。しかし，日本において発生した出生又は死亡等のように，特に日本人以外の者に対しても，その届出を命じている事項については，これを怠った外国人には本条の規定が適用される（明治32・8・5回答1442号，昭和5・3・20回答275号，昭和24・3・23回答3961号，昭和24・11・10通達2616号，昭和27・9・18回答274号）。

第9章　罰　則

> 〔催告期間を徒過した者に対する過料〕
> 第138条　市町村長が，第44条第1項又は第2項（これらの規定を第117条において準用する場合を含む。）の規定によつて，期間を定めて届出又は申請の催告をした場合に，正当な理由がなくてその期間内に届出又は申請をしない者は，10万円以下の過料に処する。

　本条は，届出又は申請の義務者に対して，市町村長が届出又は申請を一定期間内にすべき旨を催告したにもかかわらず，その指定期間を徒過した者に対する罰則規定であり，法137条の制裁よりも重い制裁を科して，戸籍の記載の適正を図ろうとするものである。

1 本条の趣旨

　市町村長は，届出を怠った者があることを知ったときは，相当の期間を定めて，届出義務者に対し，その期間内に届出をすべき旨を催告しなければならず（戸44Ⅰ），この期間内に届出義務者が届出をしなかったときは，さらに相当の期間を定めて，催告をすることができる（戸44Ⅱ）。これらの規定は，戸籍訂正の申請を怠っている者について準用されている（戸117）。[注1]

　本条は，上記の催告を受けた届出義務者又は申請義務者が指定された期間内に所定の届出又は申請を怠った場合に，その者に対し10万円以下の過料に処することを定める。法137条においては，法定の期間内になすべき届出等を怠った者に対する制裁が定められているが（5万円以下の過料），本条は，市町村長から催告を受け，さらに正当な理由がないにもかかわらず，なおこれに応じない者に対して法137条が定めるよりも重い制裁を科すこととするものであり，国民の身分関係をできる限り早期に反映させるための措置である。したがって，法137条の適用によって既に制裁を受けている者に対して，重ねて本条による制裁を科すことを妨げられない。また，法44条1項及び2項による2度の催告がされた場合において，それぞれに指定された期間を徒

970

過したときは，そのいずれについても懈怠の制裁を科することができるものと解される。(注2)

◆◆◆

(注1) 法44条1項は，市町村長が「届出を怠つた者があることを知ったとき」と規定しているが，戸籍事務の管掌者である市町村長において法が定める届出を要する事実が発生したことを知る機会は極めて希少であると考えられる。ただし，家庭裁判所において法に規定する審判事件について審判が確定した場合には，裁判所書記官から市町村長に対し，最高裁判所規則に基づいて，その旨の通知がされることになっているので，当該市町村長は，届出の催告を行うなど適当な措置を講じ，戸籍の記載の完備に努めるべきものとされている（昭和23・1・13通達17号）。
(注2) 青木＝大森『全訂戸籍法』476頁参照。

2 届出の追完についての本条の適用の有無

　届出の追完についても法44条の催告の規定が準用される（戸45）。すなわち，市町村長は，届出を受理した場合に，届書に不備があるため戸籍の記載をすることができないときは，届出人に，その追完をさせなければならないとされ（戸45前段），この場合には法44条の規定を準用するとされている（戸45後段）。これにより，当該届出人が届出の追完を怠っている場合には，市町村長は期間を定めて届出を催告することを要し，この期間が徒過されたときは，再度の催告をすることができる。そして，当該届出人がこれらの催告にもかかわらず届出を懈怠した場合には，法137条が適用されて過料の制裁を受けることになると解される。(注3) ただし，この場合に，本条を適用することはできない。本条括弧書きにおいては，法44条の規定を法117条において準用する場合を含むと規定しているが，法45条において準用する場合を含むとは規定していないからである。これは，追完の懈怠の場合は，ともかくも届出がされているのであるから，届出がされず，しかも市町村長の催告があってもなお懈怠している場合に比して，届出義務者の義務違反の程度が軽度とみられていることによるものと思われる。

(注3)　青木＝大森『全訂戸籍法』476頁・252頁参照。

３　簡易裁判所への通知

　市町村長は，本条に定める届出又は申請を怠った者があることを知ったときは，遅滞なく，届出事件を具して，管轄簡易裁判所にその旨を通知しなければならない（戸規65）。裁判所に過料の制裁の発動を促す措置である。

４　過料の額

　本条所定の過料額は，昨今の経済事情の変動などに鑑み，これに適合させるとともに，他の法律に定める過料額との均衡を図るため，昭和51年法律66号による改正において，それまで「1000円以下」とされていたものが「5万円以下」に増額され，平成19年法律35号による改正において「10万円以下」に増額された。

〔市町村長に対する過料〕
第139条　次の場合には，市町村長を10万円以下の過料に処する。
　一　正当な理由がなくて届出又は申請を受理しないとき。
　二　戸籍の記載又は記録をすることを怠つたとき。
　三　正当な理由がなくて，届書その他受理した書類の閲覧を拒んだとき，又は第120条の6第1項の規定による請求を拒んだとき。
　四　正当な理由がなくて，戸籍謄本等，除籍謄本等，第48条第1項若しくは第2項（これらの規定を第117条において準用する場合を含む。）の証明書，戸籍証明書若しくは除籍証明書を交付しないとき，戸籍電子証明書提供用識別符号若しくは除籍電子証明書提供用識別符号の発行をしないとき，又は戸籍電子証明書若しくは除籍電子証明書を提供しないとき。
　五　その他戸籍事件について職務を怠つたとき。

　本条は，戸籍事務に関して，その職務を懈怠した市町村長に対し制裁を科する規定である。

1　本条の対象者

　戸籍事務の管掌者である市町村長がその職務を懈怠するという事態は極めてまれであると考えられるが，あえて本条の制裁規定が設けられたのは，国民の社会生活上，戸籍に記載・記録された事項に関する情報の利用が不可欠なものであることを考慮したことによるものと思われる。このことに鑑みると，罰則の対象である本条にいう「市町村長」の意味は，厳格に解さなければならない。特別区の区長並びに指定都市（地方自治法252の19Ⅰ柱書）の区長及び総合区長がこれに含まれる（法4条において，市長に関する規定は特別区の区長に準用されている。）。これらの者の職務代理者は，明文で定められていないから，含まないものと解すべきであり，事務補助者は，その職責に照らして，含まれないことが明らかである。ただし，本条各号に掲げる職務懈

怠が市町村長の職務代理者又は事務補助者に対する監督を怠ったことによって生じたときは，市町村長は，本条の規定による制裁を免れない。また，本条による制裁は個人に対するものであるから，市町村長として職務懈怠があった者に対しては，その離職後であっても本条の制裁を科し得るものと解すべきである（明治35・2・5回答86号）。

2 職務懈怠の態様

　本条各号に例示されているのは，戸籍事務管掌者である市町村長にとっての基本的な職務であるが，本条5号において「その他戸籍事件について職務を怠つたとき」と定められているから，本条による制裁の範囲は，市町村長の職務全般について及ぶことになる。本条5号に該当するものとしては，戸籍事務を電子情報処理組織によって取り扱っている市町村長は，戸籍又は除かれた戸籍に記録したときは，遅滞なく，当該戸籍の副本を電気通信回線を通じて法務大臣の使用に係る電子計算機（副本サーバ）に送信しなければならないとされているが（戸規75Ⅰ），市町村長が送信を怠った場合には，本条5号に該当し，過料の制裁を科されることになる（昭和23・12・9回答2831号参照）。また，届書等情報についても同様と考えられる。

　次に，本条1・3号及び4号は，法が定める届出，申請又は要求に応じて市町村長が職務を行うべきであるのに，これを懈怠している場合を規定しているが，これらの場合における市町村長の職務懈怠は，その個々の届出ごとに処断すべきである。例えば，市町村長が数個の届出について継続して戸籍の記載を怠った場合には，それらを1個の行為として処断すべきではなく，各懈怠行為につきそれぞれ本条を適用して，過料を科すべきである（大決明32・9・22民録5輯8巻18頁，大決大3・1・26民録20輯28頁，大決大8・6・6民録25輯973頁）。[注] なお，本条4号に掲げる「戸籍証明書」，「除籍証明書」「戸籍電子証明書提供用識別符号」，「除籍電子証明書提供用識別符号」「戸籍電子証明書」及び「除籍電子証明書」の各用語の意味については法135条の

解説を参照されたい。

━━━━━━━━━━━━━━━━━━━━━━━━━━━━━━━━━━━━━━

（注）　本文に掲げた各判例の要旨は，次のとおりである。
　①　大審院明治32年9月22日決定（民録5輯8巻18頁）
　　　戸籍吏は，諸般の届出あるごとにこれを遅滞なく登記すべき職責があるから，戸籍の記載を怠った行為ごとに罰するべきである。
　②　大審院大正3年1月26日決定（民録20輯28頁）
　　　数個の戸籍法の違反の行為に対し，各別に過料に科することは違法ではない。
　③　大審院大正8年6月6日決定（民録25輯8巻973頁）
　　　市町村長が数個の届書につき継続して戸籍の記載を怠りたる場合においては，これを1個の行為とみなし処断すべきものとする規定がなければ，この場合においても，法178条2号〈注：現行本条2号〉に該当する数個の違反行為あるものとして，各行為に対し各別に法所定の30円以下の過料に処すべきものであり，したがって，各行為に対する過料の合算額が，同条所定の30円を超過することを妨げない。

3 過料の額

　本条の過料額は，昨今の経済事情（特に貨幣価値）の変動などに鑑み，これを適合させるとともに，他の法律に定める過料額との均衡を図るため，昭和51年法律66号の改正において従前「1000円以下」とされていたものが「5万円以下」に増額され，平成19年法律35号の改正において更に「10万円以下」に増額された。

第9章 罰 則

> 〔過料の裁判の管轄〕
> 第140条 過料についての裁判は,簡易裁判所がする。

本条は,法136条から法139条に定める過料の制裁についての管轄を簡易裁判所と定めた規定である。

1 過料の手続

法136条から139条に定める過料の裁判は,簡易裁判所の管轄（事物管轄）に属する。具体的には,その土地管轄が非訟事件手続法119条の規定によって過料に処せられる者の普通裁判籍の所在地（住所地）を管轄する簡易裁判所が過料の裁判を行う（昭和24・1・26回答106号）。

もし,過料に処せられるべき者の住所が日本国内にないとき又は住所が知れないときは,同法5条によって,過料に処せられるべき者の居所地を管轄する簡易裁判所の管轄に属し,日本国内に居所がないか又は居所が知れないときは,過料に処せられるべき者の最後の住所地を管轄する簡易裁判所の管轄となる。それもない場合は,東京簡易裁判所の管轄とされる（非訟8,非訟規則6）。

過料の裁判手続は,同法120条に基づいて,あらかじめ検察官の意見を聴くとともに,当事者の陳述を聴き,理由を付した決定によって行うことを原則とする。

しかし,裁判所が相当と認めるときには,当事者の陳述を聴かずに略式の手続で過料の裁判をすることもできる（非訟122Ⅰ）。この略式の裁判に対しては,その告知を受けた日から1週間以内に当事者及び検察官は異議の申立てをすることができる。異議の申立ては,過料の裁判の執行停止の効力を有する（同条Ⅱ）。適法な異議の申立てがあったときは,裁判所は,原則に立ち返って当事者の意見を聴いて,更に過料についての裁判をすることになる（同条Ⅳ）。その結果,略式裁判の結果と符合するときは,これを認可し,そ

うでない場合には略式裁判を取り消し，改めて過料の裁判を行う（同条Ⅴ・Ⅵ）。過料の裁判については，原則どおりなされたものであるか，異議の申立てがあって再度された裁判であるかを問わず，当事者及び検察官は即時抗告をすることができ，即時抗告は執行停止の効力を有する（非訟120Ⅲ）。

民事上の秩序罰であって，刑罰ではない過料の裁判手続が，公開の法廷ではなく非訟事件手続法により非公開の方式で処理されることについては，憲法82条及び32条に違反するものではない（最大決昭41・12・27民集20巻10号2279頁）。

確定した過料の決定の執行は，検察官の命令に基づいて執行されるが，この検察官の命令は，執行力を有する債務名義と同一の効力を有し，民事執行法その他強制執行の手続に関する法令の規定によって執行される（非訟121Ⅰ・Ⅱ）。

2　失期通知

前述のとおり，過料の制裁は簡易裁判所の裁判によって行われるので，戸籍事務を掌る市町村長としては，届出・申請又は追完を怠った者があるときは，遅滞なく，届出事件についての懈怠の事由を明らかにして，管轄簡易裁判所に通知（「失期通知」と称される。）をしなければならない（戸規65，準則41Ⅰ・付録32号様式）。通知をすべき簡易裁判所は，失期通知を行う市町村を管轄する簡易裁判所ではなく，前記1に記載のとおり過料に処せられるべき者の管轄簡易裁判所であり（昭和24・2・11回答3659号），届出事件について住所を異にする共同の届出義務者がある場合には，それぞれの届出義務者の住所地を管轄する簡易裁判所に通知しなければならない（昭和22・5・29通達445号）。この失期通知をすべき市町村長は，届書等を受理した市町村長に限られないが，二重の通知は必要がなく，かえって混乱を招くおそれもあるので，受理市町村長において規則65条所定の失期通知を了したときは，届書又は申請書に失期通知済みである旨を記載し（準則41Ⅱ），本籍地市町村長

第9章 罰　則

が二重の通知をしないようにしなければならない。また，在外公館が届出の懈怠を知ったときは，届出人に遅延理由書の提出を求め，届書類とともに外務省に送付するものとされる（大正14・10・9回答9049号）。

　これらの通知は，所定期間内に届出等がなされない場合には，正当な理由の有無に関係なく一応通知し，正当な理由があるか否かの問題は，裁判所の審査判断に任せることとなる（大正11・4・29回答1307号）。なお，市町村長からの通知の有無に関係なく，簡易裁判所が懈怠のあることを知ったときは，簡易裁判所は過料の裁判をすることができるとされている（明治37・7・13回答750号）。

附　則

【前　注】

　法令は，本則と附則に分けられ，本則には本体的な規定が置かれ，附則には本則に付随する内容を定める規定が置かれている（法制執務研究会編『ワークブック法制執務新訂第2版』（ぎょうせい，2018）75頁）。附則には，当該法令の施行期日，当該法令の各規定の適用関係，既存の法律関係と本則で定める新しい法律関係との調整などの経過措置，当該法令の制定に伴う既存の法令の改廃に関する規定などが置かれる（法制執務研究会・前掲270頁）。

　現行の戸籍法は，昭和22年法律224号として制定され，昭和23年1月1日から施行されたが，その後多くの改正がなされ，その改正の際に所要の附則も制定されている。さらには，従来から存在する附則についても改正が行われることがある。法改正がされたものの，本書の内容現在とする令和7年6月1日において未だ施行されていないものもあるので，以下においては，「第1」において，戸籍法制定時の附則について解説し，「第2」において，その後の戸籍法の改正（施行済み）に関する附則を解説する。そして，「第3」において，令和7年6月1日の時点で未だ施行されていない法改正に関する附則を解説する。

　なお，上記のとおり，附則には改正法の施行期日等を定めるものがあるが，既に施行されている場合は，この点を附則の説明として行う意義も乏しいので，本書においては，施行期日に関する規定は戸籍法制定時のものを除き，法文を掲載せず，解説において説明することとする。また，上記戸籍法の制定や改正に伴う附則のうち，改正に当たっての経緯を知る参考となるもの等，説明しておく意義のあるものに限って解説を試みることとする。

第1 戸籍法制定時の附則

【前注】

　戸籍法の制定時には，附則として126条から141条までの規定が置かれていたが，平成19年法律35号によって整理され，附則1条から15条までとして規定し直された。ただし，改正前の139条は，寄留法の一部改正に関するものであったところ，同法は昭和27年に既に廃止されていたことから，削除されている。

〔施行期日〕
第1条　この法律は，昭和23年1月1日から，これを施行する。

　戸籍法の施行日は，昭和23年1月1日である。なお，民法の一部を改正する法律（昭和22年法律222号）によって，民法第4編及び第5編（親族編・相続編）が平仮名による現代文表記として全部改正されているが，戸籍法はこの民法の改正に沿った内容で制定されたものであり，同一日に施行された。

〔新法・旧法・新旧民法・応急措置法〕
第2条　この附則で，新法とは，この法律による改正後の戸籍法をいい，旧法とは，従前の戸籍法をいい，新民法とは，この法律と同日に施行される民法の一部を改正する法律をいい，旧民法とは，従前の民法をいい，応急措置法とは，昭和22年法律第74号をいう。

　本条は，この附則における用語を定義した規定である。なお，「応急措置法」とは，昭和22年法律74号による日本国憲法の施行に伴う民法の応急的措置に関する法律（昭和22年5月3日施行）のことである。同法は，戸主等家に関する規定や家督相続等の新憲法と抵触すると考えられる規定を適用しないこと等を定めており，例えば，憲法施行日以降に生じた相続については，旧戸籍法中，家督相続に関する規定を適用しないものとしていた。なお，応急措置法は，新民法の施行により，昭和23年1月1日に失効した。

附　則　第1　戸籍法制定時の附則

〔旧法による戸籍と本籍〕
第3条　旧法の規定による戸籍は，これを新法の規定による戸籍とみなす。ただし，新法施行後10年を経過したときは，旧法の規定による戸籍は，法務省令の定めるところにより，新法によつてこれを改製しなければならない。
②　旧法によつて定められた本籍は，新法によつて定められたものとみなす。

　本条は，旧法による戸籍の現行戸籍法による戸籍への改製を現行戸籍法の施行と同時に行うことが不可能であったため，旧法の規定による戸籍と本籍を，現行戸籍法による戸籍・本籍とみなす旨を定めたものである。本条にいう旧法による戸籍には，大正3年戸籍法による戸籍のほか，旧法によって効力を有することとされていた明治31年戸籍法による戸籍も含まれる（大正3年戸籍法附則184Ⅰ）。なお，明治19年式戸籍は，昭和22年11月13日の司法省訓令4号により，全て現行戸籍法施行前に旧法の戸籍に改製するよう命令されていた（昭和22・11・14訓令1415号参照）ので，このようにして改製された戸籍が本条により新法の規定による戸籍とみなされる。
　これらの従前の戸籍は，戸主を中心として「家」の構成員を記載しており，現行法による夫婦及びその子から構成される戸籍（戸6参照）とはその構造が異なっていたが，上記のとおり，現行戸籍法の施行と同時に改製することが不可能であったので，本条により，従前の戸籍を現行法による戸籍とみなして，これを公開したり，戸籍の記載事由が生じたときは，従前の戸籍に記載するものとしたのである。そして，この場合における戸籍の取扱いに関しては，昭和23年1月13日通達17号が発せられている。
　本条1項ただし書に定められたところにより，昭和33年から旧法の規定による戸籍の改製作業が行われ，昭和32年6月1日法務省令27号により，市町村長は昭和33年4月1日に改製作業に着手し，速やかに完了すべきものとされた（戸籍法附則第3条第1項の戸籍の改製に関する省令（昭和32年法務省令27

号）21）。特に，従来の戸籍に三代以上にわたって記載されているときは，法6条に合うように分割して新戸籍を編製する等の作業も行われた。この改製作業は，戸籍簿の滅失など特別な事由のある場合を除き，昭和41年度に全部完了するに至った。なお，この改製作業に伴って新戸籍を編製した際の，除かれた戸籍及びその副本（改製原戸籍）の保存期間は，当初は50年とされていたが，昭和36年12月8日法務省令57号によって80年とされ，平成22年5月6日法務省令22号により，150年に改められている（戸籍法附則第3条第1項の戸籍の改製に関する省令7）。

〔旧法を適用する場合〕
第4条　旧民法を適用する場合に関しては，新法施行後も，なお，旧法を適用する。

　本条は，新法が施行された後も，旧民法が適用される場合（例えば，昭和22年5月2日以前に家督相続が発生していた場合）につき，なお，旧法を適用する旨を定めている。このために，戸籍の編製替えの作業等も行われた。
　もっとも，前条で解説した旧法の規定による戸籍の改製作業が終わった戸籍について，被相続人が旧民法施行当時に既に死亡していたときは，本来は旧民法が適用され，家督相続の届出がなされることになるが，家督相続による戸籍の編製は省略し，改製原戸籍の被相続人の事項欄に，死亡事項とともに家督相続事項を記載するにとどめる取扱いとする旨の先例がある（昭和33・5・29通達1070号）。

〔新法施行前の届出等による戸籍の記載と新法の適用〕
第5条　新法は，新法施行前の届出その他の事由によつて，戸籍の記載をし，又は新戸籍を編製する場合にもこれを適用する。

　本条は，新法の施行前の届出その他の事由によって戸籍の記載又は新戸籍

編製をするときは,新法に従うことを定めている。戸籍の記載に法13条を適用するのが便利であるので,法の遡及的適用を認めたものである。もっとも,本条は,旧法によれば新戸籍を編製すべきでない事項についても,新法によれば新戸籍を編製すべき場合に当たるとの理由で,新法施行前に届出によって新戸籍を編製するというような趣旨ではなく,新戸籍を編製すべきか否かは専ら旧法によってこれを決し,旧法の規定により新戸籍を編製し,又は他の戸籍に入る場合におけるその記載については,新法施行前の届出であっても法13条等の規定を適用するとの趣旨であるとされた。すなわち,どの戸籍に入れるべきか,新戸籍を編製すべきかという,いわゆる戸籍の変動については,新法施行前の届出に基づくものは旧法によって決定すべきものとされていた(昭和23・1・13通達17号(19),昭和23・6・9回答767号)。

〔旧法戸籍の在籍者についての新戸籍編製〕
第6条　附則第3条第1項の戸籍に在る者について新戸籍を編製する場合には,同項の戸籍に在るその者の子でこれと引き続き氏を同じくする者は,新戸籍に入る。ただし,その子に配偶者又は戸籍を同じくする子があるときは,この限りでない。
②　前項の場合に,新本籍が従前の本籍地と同一の市町村内に定められたときは,第30条第2項の規定は,これを適用しない。

法6条及び18条で定められたとおり,氏を同じくする親子は同一の戸籍に入ることが戸籍法の原則となったため,本条では,法施行当時において旧法の戸籍にあった者について新戸籍を編製するときは,その者と氏を同じくし,かつ,同一の戸籍内にある子は,新戸籍編製の際に同一の戸籍に入れること(随従入籍)とした。この入籍は,法律上当然の効果としてするものであって,当事者の意思に基づくものではない。本条にいう子には,養子も含まれ,また,嫡出であるかどうかを問わない。さらに,夫婦について新戸籍を編製するときは夫婦の一方のみの子も含む(昭和23・2・23回答88号(3))。ただし,

旧法下で認められていた嫡母庶子関係や継親子関係はこれに含まれないものとされた。

なお，本条2項では，新本籍が従前の本籍地市町村と同一であるときは，新戸籍を編製するに当たって従前の戸籍を参照すればよいため，法30条2項に基づき子の氏名及び出生の年月日を入籍届に記載する必要はないことが定められている。

〔旧民法の規定で入籍した子の復氏〕
第7条　第19条第1項及び第99条の規定は，新民法附則第12条の規定によって従前の氏に復する場合にこれを準用する。

旧民法下では，他家にある戸主の親族を入籍させたり（旧民737，親族入籍），婚姻又は養子縁組によって他家に入った者が自己の親族を入籍させたり（旧民738，引取入籍）することができた。そこで，現行民法附則12条は，応急措置法施行前に未成年の子が旧民法737条又は738条の規定によりその父又は母の家に入った場合には，その子は，成年に達した時から1年以内に従前の氏に復することができ，その子が現行民法施行前に成年に達した場合において新法施行後1年以内も同様である，と定めた。

このような取扱いは，現行民法にある未成年の子の氏の変更において子が成年に達した際の復氏に関する規定（民791Ⅳ）と同趣旨であるので，本条では，その際に適用されるべき戸籍法の規定（戸19Ⅰ・99）を準用することを定めた。

〔配偶者の一方の分籍禁止〕
第8条　附則第3条第1項の戸籍に在る者で配偶者のある者は，配偶者とともにしなければ，分籍をすることができない。

附則3条1項により，旧法の規定による戸籍も現行戸籍法による戸籍とみ

なされたが，旧法の規定による戸籍では夫婦が筆頭者やその配偶者ではない場合（例えば，筆頭者の長男が婚姻したことにより妻が「婦」として当該戸籍に入籍する場合）も多く見られた。本条は，そのような夫婦が分籍をするときは，夫婦同籍を原則とする現行戸籍法（戸6）に鑑み，必ず夫婦が共同して分籍の届出をなすべき旨を定めた。

〔応急措置法による親権の決定についての届出〕
第9条　応急措置法施行後新法施行前に，応急措置法第6条第2項前段の規定によつて，親権者を定める協議が調つたときは，親権者は，新法施行の日から10日以内に，協議を証する書面を添付して，その旨を届け出なければならない。この場合には，第38条第1項ただし書及び第39条の規定を準用する。
②　応急措置法施行後新法施行前に応急措置法第6条第2項後段又は第3項に規定する裁判が確定したときは，親権者は，新法施行の日から10日以内に，裁判の謄本を添付して，その旨を届け出なければならない。その届書には，裁判が確定した日を記載しなければならない。

日本国憲法の施行と同時になされた応急措置法の施行（昭和22年5月3日）後，現行戸籍法の施行（昭和23年1月1日）前の間は，旧民法の規定とは異なり，親権は父母が共同して行使すべきものとされていた（応急措置法3・6Ⅰ）。そして，父母が離婚するとき，又は父が子を認知するときは，父母の協議で親権者を定めることとされ，協議が調わないとき，又は協議をすることができないときは，裁判所がこれを定め（応急措置法6Ⅱ），さらに子の利益のために必要あるときは，裁判所は親権者を変更することができるとされていた（応急措置法6Ⅲ）。しかし，応急措置法では，戸籍に関しては何らの立法措置がとられず，本来戸籍に記載すべきこれらの親権事項について，戸籍の届出などの規定がされていなかった。そこで，本条は，応急措置法施行中に協議又は裁判で定められた親権者，親権者の指定・変更について，現行戸籍法の施行後，戸籍の届出をすべき旨を定めた。

[新法施行の際婚姻関係のない父母の親権]
第10条　第78条の規定は，新民法附則第14条第1項ただし書の規定によつて協議で親権者を定めようとする者にこれを準用する。
②　第63条の規定は，新民法附則第14条第2項又は第3項に規定する裁判が確定した場合において親権者にこれを準用する。

　応急措置法の施行の間は，親権は父母が共同して行使すべきものとされていた（応急措置法6Ⅰ）ところ，新民法施行の際に，婚姻中でない父母が共同親権者である場合には，引き続き共同して親権を行うものとされたが，協議でその一方を親権者と定めることもでき（昭和22年法律222号附則14Ⅰ），その協議が調わないとき，又は協議をすることができないときは，家庭裁判所は父又は母の請求によって協議に代わる審判により親権者の指定をすることができ（同14Ⅱ），さらにこの指定を変更することができた（同14Ⅲ，民819Ⅵ）。そこで，本条は，この協議又は審判に関する戸籍の届出について規定した。本条の協議による親権者の指定の届出については，法78条（創設的届出である。）が準用され（本条Ⅰ），審判による親権者の指定及び親権者変更の届出については，法63条が準用されている（本条Ⅱ・戸63。なお，戸79参照）。

　　[新法施行の際の後見監督人]
第11条　新法施行の際現に後見監督人の地位に在る者は，新法施行の日から10日以内に第85条において準用する第81条又は第82条に規定する届出をしなければならない。

　旧民法では，後見が開始するときは後見監督人を選任することを要したが（旧民910・911），現行民法では，後見監督人は必須の機関ではない（民849）。そこで，現行民法が施行された際に後見監督人であった者は，当然にはその地位を失うことはないと定められた（昭和22年法律222号附則20・19）。ところで，旧民法施行当時，後見監督人に関する事項は戸籍に記載されなかったが，

附　則　第1　戸籍法制定時の附則

現行戸籍法では，後見監督人についても戸籍に記載するものと定めたので（戸85・81・82），その施行当時，後見監督人の地位にある者は，本条の定めるところにより届出をしなければならないものとした。

〔旧戸籍についての転籍〕
第12条　附則第3条第1項の戸籍について転籍の届出があつたときは，新法の規定にかかわらず，従前の戸籍によつて戸籍を編製する。

　本条は，附則3条1項によって新法による戸籍とみなされた旧法の規定による戸籍について，転籍の届出があった際には，旧法の規定によって戸籍を編製する旨を定めた。転籍の際に現行戸籍法に沿った戸籍を編製することも考えられるが，転籍は，いわゆる新戸籍編製ではなく，戸籍の所在場所の変更に過ぎないので，この趣旨を貫徹させた。なお，同一市町村への転籍については，転籍事項を従来の用紙の事項欄に記載して差し支えないものとされた（昭和23・4・21回答658号）。

〔廃止された法令・新法施行前の届出委託の効力〕
第13条　左の法令は，これを廃止する。
　　　明治5年太政官布告第235号（改姓名に関する件）
　　　明治6年太政官布告第118号（御歴代の御諱及び御名の文字の使用に関する件）
　　　昭和15年法律第4号（委託又は郵便による戸籍届出に関する件）
　　　昭和21年司法省令第47号（昭和20年勅令第542号ポツダム宣言の受諾に伴い発する命令に関する件に基く出生及び死亡の届出等に関する件）
②　この法律施行前にされた戸籍届出の委託については，昭和15年法律第4号は，なお，その効力を有する。この場合には，同法第1条第1項の確認は，家庭裁判所がこれをする。
③　第122条の規定は，前項の確認にこれを準用する。

本条は，現行戸籍法の施行に伴って廃止された法令を列挙するものである。現行戸籍法は，大正3年戸籍法を改正する形式をとっているため，大正3年戸籍法は含まれていない。

　明治5年太政官布告235号は，改姓名に関するもので法107条に置き換えられた。

　明治6年太政官布告118号は，歴代天皇の御名の文字をそのまま使用することを禁止するものであるが，憲法の精神に抵触するので廃止された。

　昭和15年法律4号（委託又ハ郵便ニ依ル戸籍届出ニ関スル件）は，本条1項で廃止しながら2項でなお効力を有することとされた。同法は，1条において，戸籍届出の委託に関して，以下のように定めていたため（現行法47条に相当），裁判所の確認については，現行戸籍法の施行後は，家庭裁判所がこれを行い（本条Ⅱ），これに対する不服の申立てにつき法122条を準用することとした（本条Ⅲ）。

「戸籍届出ノ委託ヲ為シタル後届出人死亡シ其ノ死亡後其ノ委託ニ基キ届書ノ提出アリタル場合ニ於テハ届出人カ戦時又ハ事変ニ際シ戦闘其ノ他ノ公務ニ従事シ自ラ戸籍ノ届出ヲ為スコト困難ナルニ因リ其ノ委託ヲ為シタルモノナルコトニ付裁判所ノ確認アリタルトキニ限リ戸籍吏其ノ届書ヲ受理スルコトヲ得

前項ノ届書ニハ其ノ事由ヲ記載シ且前項ノ確認アリタルコトヲ証スル書面ヲ添附スルコトヲ要ス」

　昭和21年司法省令47号は，出生及び死亡の届出地を事件発生地に限定するものであるが，法51条・88条・89条の規定により不要となるので廃止された。

〔施行前の行為に対する過料〕
第14条　この法律施行前にした行為に対する過料に関する規定の適用については，なお，従前の例による。

　本条は，現行戸籍法の施行（昭和23年1月1日）前にした行為に対して，

過料に関する法の不遡及の原則を明らかにしたものである。もっとも，正当な理由なく期間内にすべき届出をしない場合，その期間が施行の前後にわたり，施行後に届出期間を徒過したときは，現行戸籍法に対する違反にも該当するので，同法に従って処罰すべきであると考えられる。

〔係属中の過料事件〕
第15条　この法律施行の際現に裁判所に係属している過料事件については，なお，従前の例による。

　本条は，現行戸籍法施行の当時（昭和23年1月1日）において既に裁判所に係属していた過料事件について，全て従前の規定に従って処理すべき旨を定めている。現行戸籍法の施行前，昭和22年5月3日の裁判所法（昭和22年法律59号）の施行以後は，従前の管轄裁判所であった区裁判所は存在せず，当該区裁判所の所在地を管轄する地方裁判所が事件を受理することとされていた。そのため，本条にいう過料事件も，引き続き管轄する地方裁判所で処断される。

第2 戸籍法の改正も含まれる法律（令和7年6月1日までに施行済みのもの）の附則

【前 注】

　現行戸籍法は，これまで幾多の改正を経て来たが，その中には，戸籍法の改正を目的とするもののほか，他の法律と一括して改正する法律も存在する。そして，これらの改正法は戸籍法とは別個の法律であって，その附則は，戸籍法の一部をなすものではない。しかし，これらの改正法の附則は，当該改正法によって改正された戸籍法の適用関係について規定するものであるので，その主要なものにつき以下において解説することとした。この趣旨から，罰則に関する経過措置に関する規定（「改正規定の施行前にした行為に対する罰則の適用については，なお従前の例による。」とするもの）は，罪刑法定主義の観点から当然の規定であるので，条文の掲載及びその解説は割愛した。さらに，本則で解説したものや，旧行政不服審査法制定に伴う不服申立てに関する経過措置（昭和37年法律161号），戸籍公開制度の改正の際に新設された法124条（戸籍の謄本等の交付請求等についての市町村長の処分につき管轄法務局長等への審査請求を可能とするもの。）に関する経過措置（平成19年法律35号）も，解説する意義に乏しいので，割愛した。

　なお，戸籍法の改正も含まれる法律（令和7年6月1日までに施行済みのもの）に関する附則については，当該改正に関する条文を一括して掲載し，その後に，それらの条文を解説することとする。

附　則　第2　戸籍法の改正も含まれる法律（令和7年6月1日までに施行済みのもの）の附則

> **国籍法の施行に伴う戸籍法の一部を改正する等の法律（昭和25年5月4日法律第148号）附則（抄）**
> 2　この法律の施行前における国籍の取得又は喪失に関しては，この法律の施行後も，なお，改正前の戸籍法を適用する。

　本附則は，国籍法の施行に伴う戸籍法の一部を改正する等の法律（昭和25年法律148号，同年7月1日から施行）の附則である。国籍法（昭和25年法律147号）の施行前の旧国籍法（明治32年法律66号）では，外国人が日本人の妻となったり，日本人の養子となった場合は日本の国籍を取得することとされ，本法による改正前の戸籍法では，このための規定が設けられていたので，本附則2項において，本法の施行前における国籍の取得又は喪失に関しては改正前の戸籍法を適用する旨を規定した。

民法等の一部を改正する法律（昭和51年6月15日法律第66号）附則（抄）

> **民法等の一部を改正する法律（昭和51年6月15日法律第66号）附則（抄）**
> （民法の一部改正に伴う経過措置）
> 2　この法律の施行前3月以内に離婚し，又は婚姻が取り消された場合における第1条の規定による改正後の民法第767条第2項（同法第749条及び第771条において準用する場合を含む。）の規定の適用については，同項中「離婚の日から3箇月以内」とあるのは，「民法等の一部を改正する法律（昭和51年法律第66号）の施行の日から3箇月以内」とする。
> （戸籍法の一部改正に伴う経過措置）
> 4　第3条中戸籍法第52条第1項の改正規定の施行の日前13日以内に出生した子について，同項の規定の改正により新たに届出義務者となつた母の届出に関する戸籍法第43条第1項の規定の適用については，同項中「届出事件発生の日」とあるのは，「民法等の一部を改正する法律（昭和51年法律第66号）第3条中戸籍法第52条第1項の改正規定の施行の日」とする。

　民法等の一部を改正する法律（昭和51年法律66号，一部を除き公布の日である昭和51年6月15日から施行）により，民法では，婚氏続称の制度が新設された（民767Ⅱ）。本附則2項は，婚氏続称に関する経過措置を定めるものであり，本改正法の施行前3月以内に離婚をし，又は婚姻が取り消された場合における婚氏続称のための届出期間は，本改正法の該当規定の施行の日（昭和51年6月15日）から3か月以内とされた。

　次に，上記改正法により，戸籍法では，戸籍公開の制限，出生届の届出義務者や死亡届の届出資格者の拡大等の改正が行われた。

　本附則4項は，出生届の届出義務者に関する改正に関するものであり，法52条1項では，嫡出子出生届は，父がこれをし，父が届出をすることができない場合は母が行うものとされていたのを，父又は母がこれをするものとされた（本改正法のこの部分の規定は，公布の日から起算して6月を超えない範囲内において政令で定める日（昭和51年12月1日）から施行）ことに伴う経過規定

附　則　第2　戸籍法の改正も含まれる法律（令和7年6月1日までに施行済みのもの）の附則

である。これによれば，本改正法施行の日前13日以内に出生した子について母が行うべき届出は，施行日（昭和51年12月1日）から起算して14日以内にしなければならないとされた。

国籍法及び戸籍法の一部を改正する法律（昭和59年5月25日法律第45号）附則（抄）
(外国人と婚姻をした者の戸籍の編製に関する経過措置)
第7条　この法律の施行前に日本国民と日本国民でない者との婚姻の届出があつた場合の戸籍の編製については，なお従前の例による。
(出生等の届出に関する経過措置)
第8条　出生，死亡若しくは帰化の届出又は国籍の留保の意思の表示に係る届出に関する第2条の規定による改正後の戸籍法（以下「新戸籍法」という。）の規定は，この法律の施行前に出生，死亡又は帰化があつた場合において同条の規定による改正前の戸籍法の規定により算定するとしたならばその期間の満了の日が施行日以後となる届出についても適用し，同条の規定による改正前の戸籍法の規定により算定するとしたならばその期間の満了の日が施行日前となる届出については，なお従前の例による。
(国籍の喪失があつた場合の戸籍の届出に関する経過措置)
第9条　この法律の施行前に国籍の喪失があつた場合の国籍喪失の届出については，なお従前の例による。
2　この法律の施行前に国籍を喪失した者は，国籍喪失の届出をすることができる。この場合においては，新戸籍法第103条第2項の規定を準用する。
(外国の国籍の喪失の届出に関する経過措置)
第10条　新戸籍法第106条第1項の規定は，この法律の施行前に外国の国籍を喪失した場合については，適用しない。
2　外国の国籍をも有していた日本国民でこの法律の施行前にその外国の国籍を喪失したものは，その喪失の届出をすることができる。この場合においては，新戸籍法第106条第2項の規定を準用する。
(外国人との婚姻による氏変更に関する経過措置)
第11条　この法律の施行前に日本国民でない者と婚姻をした者が新戸籍法第107条第2項の規定により施行日に氏の変更の届出をすることができる場合においては，その届出の期間は，施行日から6月とする。

附　則　第2　戸籍法の改正も含まれる法律（令和7年6月1日までに施行済みのもの）の附則

> **（附則第5条第1項又は第6条第1項の規定によつて国籍を取得した場合の届出）**
> 第13条　新戸籍法第102条の規定は，附則第5条第1項又は第6条第1項の規定によつて国籍を取得した場合の国籍取得の届出について準用する。

　国籍法及び戸籍法の一部を改正する法律（昭和59年法律45号，昭和60年1月1日施行。以下，本附則の解説においては，「本改正法」という。）により国籍法の一部が改正され，国籍の取得につき，これまでの父系血統主義から父母両系血統主義に改められたり，届出による国籍取得の制度が新設されたこと等に伴い，戸籍法も一部改正されたが，本附則は，この改正に伴う経過措置等を定めるものである。これには，婚姻に関わるもの，届出期間に関するもの，及び国籍の得喪に関するものがあるので，分けて説明する。

1　婚姻に関わるもの

　本附則7条は，本改正法により法16条に3項が新設され，日本人が外国人と婚姻したときは，その日本人につき新戸籍を編製するものとされたが（その詳細は，法16条の解説を参照されたい。），本改正法施行前に日本人が外国人と婚姻していたときは，従前どおり，新戸籍を編製せず，当該日本人の身分事項欄に婚姻の事実を記載するに止めることを規定している。

　本附則11条は，本改正法により，外国人と婚姻した日本人配偶者は，婚姻成立後6か月以内に限り，家庭裁判所の許可を得ないで，その氏を外国人配偶者の称している氏に変更する旨の届出をすることが可能となったこと（戸107Ⅱ）に関する経過措置を定めている。これによれば，本改正法施行前である昭和59年7月2日以降に外国人と婚姻した者は，本改正法施行の日から昭和60年6月末日までは，その氏を外国人配偶者の称している氏に変更する旨の届出をすることができるものとされた。

国籍法及び戸籍法の一部を改正する法律（昭和59年5月25日法律第45号）附則（抄）

②　届出期間に関するもの

　本附則8条は、出生、死亡若しくは帰化の届出又は国籍の留保の意思の表示に係る届出の期間が本改正法により改正（外国で出生した等の場合の届出期間は3月とする。）されたことに伴う経過措置を定めている。本改正法の施行日に従前の規定による期間が満了していないときは、新法に定める期間を適用し、施行日には既に満了していたときは、改正前の規定を適用する。

　なお、本改正の際に、法41条（外国の方式による証書の謄本の在外公館等への届出に関する規定）も、届出期間を「1箇月」から「3箇月」に変更されたが、これに関する経過措置は設けられていない。出生届等は、新たに義務が課される者が存在し、かつ、失期の場合に法137条に基づく過料の制裁が存在するので、経過措置が必要とされたが、法41条の場合はそのような事情が存在しないので、経過措置が置かれなかったものと考えられる。

③　国籍の得喪に関するもの

　本附則9条は、本改正法の施行前に日本の国籍の喪失があった場合の戸籍の届出に関する経過措置を定めている。改正前は、日本の国籍の喪失があった場合における戸籍への届出期間は国籍喪失後1か月であり、かつ、国籍を喪失した本人は届出義務を負わなかったので、本改正法の施行前に日本の国籍を喪失していた場合は、本改正法施行もこの定めを継続するとともに（本附則9Ⅰ）、国籍を喪失した本人も届けることができるものとした（本附則9Ⅱ）。

　本附則10条は、本改正により重国籍者が外国の国籍を喪失した場合には一定期間内に戸籍の届出義務を負うこととなったこと（戸106）に関する経過措置を定めている。改正前は、重国籍者はそのような届出義務を負わなかったが、本改正法施行後もこの定めを継続するとともに（本附則10Ⅰ）、国籍喪失の届出をすることができるものとした（本附則10Ⅱ）。

附　則　第2　戸籍法の改正も含まれる法律（令和7年6月1日までに施行済みのもの）の附則

　本附則13条は，本改正により，父母両系血統主義による日本国籍の取得が定められたが，本改正前に日本人母から出生した子についても本改正法施行後3年以内に法務大臣に対する届出による国籍取得の制度が設けられたので（本附則5条Ⅰ。なお，同6条は，父又は母がそのようにして日本の国籍を取得した場合の子についての届出による日本国籍の取得を定める。），この場合における戸籍の届出につき法102条の規定を準用し，国籍取得の届出をすべきものとされた。

民法等の一部を改正する法律（昭和62年9月26日法律第101号）附則（抄）
(離縁等の場合の氏に関する経過措置)
第4条　この法律の施行前3月以内に離縁をし，又は縁組が取り消された場合における新法第816条第2項（新法第808条第2項において準用する場合を含む。）の規定の適用については，新法第816条第2項中「離縁の日から3箇月以内」とあるのは，「民法等の一部を改正する法律（昭和62年法律第101号）の施行の日から3箇月以内」とする。

　民法等の一部を改正する法律（昭和62年法律101号，昭和63年1月1日施行）は，養子法制の改正に関する法律であって，これにより特別養子の制度が新設されたほか，既存の養子制度についても改正され，その中に縁氏続称の制度の新設も含まれる。
　本附則は，縁氏続称に関する経過措置を定めるものであり，本改正法の施行前3月以内に離縁をし，又は縁組が取り消された場合における縁氏続称のための届出期間は，本改正法の施行の日から3か月以内とされた。

附　則　第2　戸籍法の改正も含まれる法律（令和7年6月1日までに施行済みのもの）の附則

> 戸籍法及び住民基本台帳法の一部を改正する法律（平成6年6月29日法律第67号）附則（抄）
> （戸籍の改製に関する経過措置）
> 2　第1条の規定による戸籍法の改正に伴う戸籍の改製に関する事務に，市町村長の委託を受けて従事している者又は従事していた者は，その事務に関して知り得た事項をみだりに他人に知らせ，又は不当な目的に使用してはならない。
> 3　第1条の規定による改正後の戸籍法第2条から第4条までの規定は，前項の事務について準用する。
> 4　前二項に定めるもののほか，第1条の規定による戸籍法の改正に伴う戸籍の改製に関し必要な経過措置は，法務省令で定める。

　本附則は，戸籍法及び住民基本台帳法の一部を改正する法律（平成6年法律67号）により，法務大臣の指定する市町村長は，戸籍事務を電子情報処理組織によって取り扱うことができることとされたことに関する附則である。なお，同改正法は，平成6年12月1日から施行されている。

　本附則2項は，市町村が従来の紙戸籍からコンピュータ戸籍に改製する事務を業者に委託することがあるが，その事務に従事している者又は従事していた者は，その事務に関して知り得た事項をみだりに他人に知らせ，又は不当な目的に使用してはならないことを定めるものである。市町村の地方公務員は地方公務員法に基づき秘密保持義務を負うことに平仄を合わせ，民間業者も同項により義務を負わせた。なお，秘密保持義務に関しては，令和元年法律17号により，法121条の2の規定が新設されている（詳細は，同条の解説を参照されたい。）。

　本附則3項は，市町村が従来の紙戸籍からコンピュータ戸籍に改製する事務を行うに当たり，法2条（戸籍事務管掌者の除斥），3条（法務大臣等による戸籍事務処理の基準の制定及び関与）及び4条（特別区・政令指定都市の区及び総合区への準用）の規定（各規定の詳細は各規定の解説を参照されたい。）を準用するために設けられた。

戸籍法及び住民基本台帳法の一部を改正する法律（平成6年6月29日法律第67号）附則（抄）

　本附則4項は，コンピュータ戸籍に改製するための必要な経過措置は法務省令で定めるものとしているところ，平成6年10月21日法務省令51号により，戸籍法施行規則に「第4章　電子情報処理組織による戸籍事務の取扱いに関する特例」を新設した際に，同省令附則の2条において戸籍の改製に関する規定が設けられている。

附　則　第2　戸籍法の改正も含まれる法律（令和7年6月1日までに施行済みのもの）の附則

> **後見登記等に関する法律（平成11年12月8日法律第152号）附則（抄）**
> **（戸籍法の一部改正に伴う経過措置）**
> 第6条　この法律の施行前に生じた事由による前条の規定による改正前の戸籍法第81条，第82条及び第84条（同法第85条において準用する場合を含む。）の届出については，前条の規定にかかわらず，なお従前の例による。
> 2　民法改正法附則第3条第3項の規定により従前の例によることとされる準禁治産者及びその保佐人については，前条の規定にかかわらず，なお従前の例による。

　本附則は，平成11年法律149号により民法の成年後見制度が改正された際に制定された後見登記等に関する法律（平成11年法律152号，いずれの法律も平成12年4月1日に施行）の附則である。

　法11条の解説にあるとおり，平成11年法律149号による民法の改正で従前の禁治産宣告等の制度が後見開始の審判等に改められ，同審判等の事実は戸籍ではなく後見登記に記載されることとなった。そして，登記官が，後見の登記等をしたときは，戸籍事務を管掌する者は，登記官からの通知に基づき，当該通知に係る成年被後見人とみなされる者又は被保佐人とみなされる者の戸籍を再製しなければならないものとされた（その詳細は，法11条の解説3(2)及び（注5）を参照されたい）。

　本附則6条は，民法の改正前に生じた事由による禁治産宣告等による戸籍への届出は，従前どおり行うものとしている。もっとも，その後に後見登記がなされたときは，上記のとおり，戸籍の再製がなされ，戸籍上成年後見に関する記載は存在しなくなる。

> 戸籍法の一部を改正する法律（平成14年12月18日法律第174号）附則（抄）
> （経過措置）
> 第2条　この法律による改正後の第11条の2第1項（第12条第2項において準用する場合を含む。）の規定は，この法律の施行前に虚偽の届出等（届出，報告，申請，請求若しくは嘱託，証書若しくは航海日誌の謄本又は裁判をいう。以下同じ。）若しくは錯誤による届出等又は市町村長の過誤による記載がされた戸籍又は除かれた戸籍であって，その記載につき第24条第2項，第113条，第114条又は第116条の規定によって訂正がされたものについても，適用する。ただし，当該除かれた戸籍が第128条第1項ただし書の規定による改製によって除かれたもの又は当該改製前に除かれたものであるときは，この限りでない。
> 2　この法律による改正後の第11条の2第2項（第12条第2項において準用する場合を含む。）の規定は，この法律の施行前に市町村長が記載をするに当たって文字の訂正，追加又は削除をした戸籍又は除かれた戸籍についても，適用する。ただし，当該除かれた戸籍が前項ただし書に規定するものであるときは，この限りでない。

　本附則は，戸籍法の一部改正（平成14年法律174号，公布の日である平成14年12月18日から施行）により，虚偽の届出等により戸籍に記載された事項につき戸籍の訂正があったときや，市町村長の過誤により文字の訂正等がなされているときは，当該戸籍に記載されている者からの申出に基づき当該戸籍の再製をすることができる制度が新設されたこと（その詳細は，法11条の2の解説を参照されたい。）に関する経過措置を定めている。
　これによれば，改正法施行前に戸籍訂正や市町村長の過誤記載がなされていても，さらには，その戸籍が除かれていても，改正法施行後は戸籍再製の申出をすることができるものとされた。もっとも，除かれた戸籍のうち，旧戸籍法（明治19年10月16日内務省令22号，明治31年法律12号及び大正3年法律26号）に基づく旧様式の戸籍（法128条1項ただし書の規定による改製によって除

附　則　第2　戸籍法の改正も含まれる法律（令和7年6月1日までに施行済みのもの）の附則

かれたもの又は当該改製前に除かれたもの（明治19年式戸籍，明治31年式戸籍及び大正4年式戸籍）を指す。）は，申出再製の対象とはならない（平成14・12・18通達3000号第3の2）。

戸籍法の一部を改正する法律（令和元年5月31日法律第17号）附則（抄）
（電子情報処理組織によって戸籍事務を取り扱う市町村長の指定に係る経過措置）
第3条　この法律の施行の際現にこの法律による改正前の戸籍法（以下「旧法」という。）第118条第1項（旧法第4条において準用する場合を含む。）の規定による指定を受けている市町村長（特別区の区長を含むものとし，地方自治法第252条の19第1項の指定都市にあっては，区長又は総合区長とする。）は，施行日に新法第118条第1項（新法第4条において準用する場合を含む。）の規定による指定を受けたものとみなす。

　戸籍法の一部を改正する法律（令和元年法律17号）は，戸籍のコンピュータ化をさらに推し進めるための改正法であり，マイナンバー制度との連携など戸籍に関する情報の行政機関における連携等，各制度ごとに施行期日が異なるが，全ての改正規定は令和6年3月1日までに施行されている。

　本附則については，各制度の施行期日に関する規定（本附則1）及び各制度の施行期日までの読替規定（本附則2）を割愛し，本附則3条について解説することとする。

　平成6年法律67号による戸籍法の改正により，法務大臣の指定する市町村長は，戸籍事務を電子情報処理組織によって取り扱うことができることとされたが，本附則3条では，令和元年法律17号による改正戸籍法の施行前に法務大臣から指定されていた市町村長は，同改正法による指定を受けたものとみなすことにより，再度の指定がなくても済むようにしたものである。

行政手続における特定の個人を識別するための番号の利用等に関する法律等の一部を改正する法律（令和5年6月9日法律第48号）附則（抄）
（戸籍法の一部改正に伴う経過措置）
第6条　附則第1条第3号に掲げる規定の施行の際現に戸籍の筆頭に記載されている者（以下「筆頭者」という。）（既にこの項又は次項の規定による届出をした者を除く。）は，第3号施行日から起算して1年以内に限り，当該筆頭者の戸籍に記載されている氏に係る氏の振り仮名の届出をすることができる。
2　前項の届出をすることができる筆頭者であって，附則第1条第3号に掲げる規定の施行の際現に同項の氏について第7条の規定による改正後の戸籍法（以下「新戸籍法」という。）第13条第2項の規定による同条第1項第2号の読み方（以下「一般の読み方」という。）以外の氏の読み方を使用しているものは，第3号施行日から起算して1年以内に限り，前項の届出に代えて現に使用している氏の読み方を示す文字を戸籍の記載事項とする旨の届出をすることができる。この場合において，当該届出に係る戸籍に記載されている者に係る新戸籍法第13条第1項第2号，第29条第4号，第107条第1項及び第107条の3の規定その他の法令の規定の適用については，当該届出に係る文字を氏の振り仮名とみなす。
3　第1項の届出をすることができる筆頭者が当該戸籍から除籍されているときは，次に掲げる者は，第3号施行日から起算して1年以内に限り，その順序に従って，前二項の届出をすることができる。ただし，既に当該戸籍について前二項の届出がされているときは，この限りでない。
　一　配偶者（その戸籍から除かれた者を除く。）
　二　子（その戸籍から除かれた者を除く。）
4　第2項の届出をする者は，現に使用している氏の読み方が通用していることを証する書面を提出しなければならない。
第7条　附則第1条第3号に掲げる規定の施行の際現に戸籍に記載されている者（筆頭者を除く。）であって，第3号施行日以後に新たに編製される戸籍（以下この条及び附則第11条において「新戸籍」とい

行政手続における特定の個人を識別するための番号の利用等に関する法律等の一部を改正する法律（令和5年6月9日法律第48号）附則（抄）

う。）の筆頭に記載されるもの（既にこの項又は次項の規定による届出をした者を除く。）は，第3号施行日から起算して1年以内に限り，当該新戸籍に記載されている氏に係る氏の振り仮名の届出をすることができる。

2 　前項に規定する者であって，附則第1条第3号に掲げる規定の施行の際現に同項の氏について一般の読み方以外の氏の読み方を使用しているものは，第3号施行日から起算して1年以内に限り，同項の届出に代えて現に使用している氏の読み方を示す文字を当該者に係る新戸籍の記載事項とする旨の届出をすることができる。この場合において，当該届出に係る新戸籍に記載されている者に係る新戸籍法第13条第1項第2号，第29条第4号，第107条第1項及び第107条の3の規定その他の法令の規定の適用については，当該届出に係る文字を氏の振り仮名とみなす。

3 　第1項に規定する者が当該者に係る新戸籍から除籍されているときは，次に掲げる者は，第3号施行日から起算して1年以内に限り，その順序に従って，前二項の届出をすることができる。ただし，既に当該新戸籍について前二項の届出がされているときは，この限りでない。
　一　配偶者（その戸籍から除かれた者を除く。）
　二　子（その戸籍から除かれた者を除く。）

4 　前三項の規定は，新戸籍が編製される日前に当該新戸籍に記載される氏について前条第1項又は第2項の届出がされているときは，適用しない。

5 　第2項の届出をする者は，現に使用している氏の読み方が通用していることを証する書面を提出しなければならない。

第8条　附則第1条第3号に掲げる規定の施行の際現に戸籍に記載されている者（既にこの項又は次項の規定による届出をした者を除く。）は，第3号施行日から起算して1年以内に限り，当該者の戸籍に記載されている名に係る名の振り仮名の届出をすることができる。

2 　前項に規定する者であって，附則第1条第3号に掲げる規定の施行の際現に同項の名について一般の読み方以外の名の読み方を使用しているものは，第3号施行日から起算して1年以内に限り，同項の届出に代えて現に使用している名の読み方を示す文字を戸籍の記載事項と

する旨の届出をすることができる。この場合において，当該届出をした者に係る新戸籍法第13条第1項第2号，第29条第4号，第107条の2及び第107条の4の規定その他の法令の規定の適用については，当該届出に係る文字を名の振り仮名とみなす。

3　前項の届出をする者は，現に使用している名の読み方が通用していることを証する書面を提出しなければならない。

第9条　本籍地の市町村長（特別区の区長を含むものとし，地方自治法（昭和22年法律第67号）第252条の19第1項の指定都市（以下この項において「指定都市」という。）にあっては，区長又は総合区長とする。以下この条及び附則第13条において同じ。）は，第3号施行日から起算して1年を経過した日に，市役所（特別区の区役所を含むものとし，指定都市にあっては，区又は総合区の区役所とする。）又は町村役場の所在地を管轄する法務局又は地方法務局の長（次項において「管轄法務局長等」という。）の許可を得て，附則第1条第3号に掲げる規定の施行の際現に戸籍に記載されている者に係る氏の振り仮名を戸籍に記載するものとする。ただし，同日の前日までに附則第6条第1項若しくは第2項の届出又は附則第7条第1項若しくは第2項の届出があったときは，この限りでない。

2　本籍地の市町村長は，第3号施行日から起算して1年を経過した日に，管轄法務局長等の許可を得て，附則第1条第3号に掲げる規定の施行の際現に戸籍に記載されている者（同日の前日までに前条第1項又は第2項の届出をした者を除く。）に係る名の振り仮名を戸籍に記載するものとする。

3　本籍地の市町村長は，前二項の場合において，附則第1条第3号に掲げる規定の施行の際現に戸籍に記載されている者に一般の読み方以外の氏の読み方又は名の読み方が使用されていると認めるときは，前二項の規定にかかわらず，氏の振り仮名又は名の振り仮名に代えてその使用されている氏の読み方又は名の読み方を示す文字を当該者の戸籍に記載することができる。この場合において，この項の規定により当該文字を戸籍に記載された者に係る新戸籍法第13条第1項第2号，第29条第4号，第107条第1項及び第107条の2の規定その他の法令の規定の適用については，当該記載に係る文字を氏の振り仮名又は名の

行政手続における特定の個人を識別するための番号の利用等に関する法律等の一部を改正する法律（令和5年6月9日法律第48号）附則（抄）

　　　振り仮名とみなす。
　4　本籍地の市町村長は，第3号施行日後遅滞なく，附則第1条第3号に掲げる規定の施行の際現に戸籍に記載されている者に対し，前三項の規定により当該者の戸籍に記載しようとする氏の振り仮名若しくは名の振り仮名又は一般の読み方以外の氏の読み方若しくは名の読み方を示す文字を通知するものとする。ただし，あらかじめ通知することが困難である場合は，この限りでない。
第10条　前条第1項の規定により戸籍に氏の振り仮名が記載されたときは，当該戸籍の筆頭者（既にこの項又は次項の規定による届出をした者を除く。同項において同じ。）は，氏の振り仮名を変更する旨の届出をすることができる。
　2　前条第1項の規定により戸籍に氏の振り仮名が記載された場合において，当該戸籍の筆頭者が附則第1条第3号に掲げる規定の施行の際現に一般の読み方以外の氏の読み方を使用しているときは，当該戸籍の筆頭者は，戸籍の記載事項を現に使用している氏の読み方を示す文字に変更する旨の届出をすることができる。この場合において，当該届出に係る戸籍に記載されている者に係る新戸籍法第13条第1項第2号，第29条第4号，第107条第1項及び第107条の3の規定その他の法令の規定の適用については，当該届出に係る文字を氏の振り仮名とみなす。
　3　前条第3項の規定により戸籍に一般の読み方以外の氏の読み方を示す文字を記載されたときは，当該戸籍の筆頭者（既にこの項又は次項の規定による届出をした者を除く。同項において同じ。）は，戸籍の記載事項を一般の読み方による氏の振り仮名に変更する旨の届出をすることができる。
　4　前条第3項の規定により戸籍に一般の読み方以外の氏の読み方を示す文字を記載された場合において，当該戸籍の筆頭者が附則第1条第3号に掲げる規定の施行の際現に戸籍に記載された氏の読み方以外の氏の読み方であって一般の読み方以外のものを使用しているときは，当該戸籍の筆頭者は，戸籍の記載事項を現に使用している氏の読み方を示す文字に変更する旨の届出をすることができる。この場合において，当該届出に係る戸籍に記載されている者に係る新戸籍法第13条第

附　則　第2　戸籍法の改正も含まれる法律（令和7年6月1日までに施行済みのもの）の附則

　　1項第2号，第29条第4号，第107条第1項及び第107条の3の規定その他の法令の規定の適用については，当該届出に係る文字を氏の振り仮名とみなす。
5　新戸籍法第107条の3の規定は，前各項の届出には，適用しない。
6　第1項から第4項までの届出をしようとする者に配偶者があるときは，配偶者とともに当該届出をしなければならない。
7　附則第6条第3項の規定は，第1項から第4項までの筆頭者が当該戸籍から除籍されている場合について準用する。この場合において，同条第3項中「第3号施行日から起算して1年以内に限り，その」とあるのは，「その」と読み替えるものとする。
8　第2項又は第4項の届出をする者は，当該届出に係る現に使用している氏の読み方が通用していることを証する書面を提出しなければならない。
第11条　前条の規定は，附則第9条第1項又は第3項の規定により氏の振り仮名又は一般の読み方以外の氏の読み方を示す文字が記載された戸籍に記載されている者（筆頭者を除く。）であって，新戸籍の筆頭に記載されるものについて準用する。ただし，当該新戸籍が編製される日前に当該新戸籍に記載される氏について前条第1項から第4項までの届出又はこの条において準用する前条第1項から第4項までの届出がされているときは，この限りでない。
第12条　附則第9条第2項の規定により戸籍に名の振り仮名を記載された者（既にこの項又は次項の規定による届出をした者を除く。同項において同じ。）は，当該名の振り仮名を変更する旨の届出をすることができる。
2　附則第9条第2項の規定により戸籍に名の振り仮名を記載された者であって，附則第1条第3号に掲げる規定の施行の際現に一般の読み方以外の名の読み方を使用しているものは，戸籍の記載事項を現に使用している名の読み方を示す文字に変更する旨の届出をすることができる。この場合において，当該届出により戸籍の記載事項を変更した者に係る新戸籍法第13条第1項第2号，第29条第4号，第107条の2及び第107条の4の規定その他の法令の規定の適用については，当該届出に係る文字を名の振り仮名とみなす。

行政手続における特定の個人を識別するための番号の利用等に関する法律等の一部を改正する法律（令和5年6月9日法律第48号）附則（抄）

3　附則第9条第3項の規定により戸籍に一般の読み方以外の名の読み方を示す文字を記載された者（既にこの項又は次項の規定による届出をした者を除く。同項において同じ。）は、戸籍の記載事項を一般の読み方による名の振り仮名に変更する旨の届出をすることができる。

4　附則第9条第3項の規定により戸籍に一般の読み方以外の名の読み方を示す文字を記載された者であって、附則第1条第3号に掲げる規定の施行の際現に戸籍に記載された名の読み方以外の名の読み方であって一般の読み方以外のものを使用しているものは、戸籍の記載事項を現に使用している名の読み方を示す文字に変更する旨の届出をすることができる。この場合において、当該届出により名の読み方を示す文字を変更した者に係る新戸籍法第13条第1項第2号、第29条第4号、第107条の2及び第107条の4の規定その他の法令の規定の適用については、当該届出に係る文字を名の振り仮名とみなす。

5　新戸籍法第107条の4の規定は、前各項の届出には、適用しない。

6　第2項又は第4項の届出をする者は、当該届出に係る現に使用している名の読み方が通用していることを証する書面を提出しなければならない。

第13条　本籍地の市町村長は、附則第6条から前条までの規定の施行に必要な限度において、関係地方公共団体の長その他の者に対し、附則第1条第3号に掲げる規定の施行の際現に戸籍に記載されている者に係る氏名の振り仮名並びに現に使用されている氏の読み方及び名の読み方を示す文字に関する情報の提供を求めることができる。

第14条　一般の読み方以外の氏の読み方又は名の読み方を示す文字に用いることができる仮名及び記号の範囲は、新戸籍法第13条第3項の法務省令で定められた仮名及び記号の範囲とする。

1　本附則制定の趣旨

　行政手続における特定の個人を識別するための番号の利用等に関する法律（マイナンバー法）等の一部を改正する法律（令和5年法律48号）により、戸

籍法については，氏名の振り仮名を戸籍の記載事項とするとの改正がされている。その詳細は，法13条，107条の2の解説を参照されたい。

本附則は，従前の戸籍には氏名の振り仮名が記載されていなかったので，これを戸籍に記載するための手続を定めている。この改正の施行期日について，本附則1条3号は「(前略) 第7条の規定並びに附則 (中略) 第6条から第14条まで (後略) の規定　公布の日から起算して2年を超えない範囲内において政令で定める日」と規定されており，具体的には，令和7年5月26日から施行される。

本附則は，所定の期間内の届出による氏又は名の振り仮名等の記載，届出がなかった場合の本籍地市町村長によるこれらの記載，本籍地市町村長によって記載された場合における氏又は名の振り仮名等の変更等について定めている。なお，本附則では，氏名として用いられる文字の読み方として一般に認められているもの (「一般の読み方」) を「振り仮名」と，また，一般の読み方以外の場合は「一般の読み方以外の氏の読み方」又は「一般の読み方以外の名の読み方」と規定して両者を区別している。そして，本附則に基づき「氏の読み方を示す文字」又は「名の読み方を示す文字」が届出等に基づき戸籍に記載されたときは，法13条1項2号，29条4号，107条の2及び107条の4の規定その他の法令の規定の適用については，当該届出に係る文字が氏の振り仮名又は名の振り仮名とみなされている (本附則6Ⅱ・7Ⅱ・8Ⅱ・9Ⅲ・10Ⅳ・12Ⅱ・Ⅳ)。

② 届出による氏又は名の振り仮名等の記載

附則6条1項では，戸籍の筆頭者は，戸籍法の改正部分の施行日から起算して1年以内に限り，当該筆頭者の戸籍に記載されている氏に係る氏の振り仮名の届出をすることができるものとしている (届出地につき法25条1項参照)。法13条2項では，氏名の振り仮名の読み方は，氏名として用いられる文字の読み方として一般に認められているもの (以下「一般の読み方」という。) で

行政手続における特定の個人を識別するための番号の利用等に関する法律等の一部を改正する法律（令和5年6月9日法律第48号）附則（抄）

なければならないが，既に戸籍に記載されている者の氏が一般の読み方とは異なる場合もあり，同条2項では，この場合は，上記の期間内に現に使用している氏の読み方を示す文字を戸籍の記載事項とする旨の届出をすることができるものとしている。なお，同条2項の届出に当たっては，現に使用している氏の読み方が通用していることを証する書面を提出しなければならない（本附則6Ⅳ）。さらに，戸籍の筆頭者が当該戸籍から除籍されているときは，配偶者又は子はその順序にしたがって当該届出をすることができる（本附則6Ⅲ）。

次に本附則7条では，戸籍法の改正部分の施行日以降に新戸籍が編製された場合についても，本附則6条と同一の届出をすることができることが定められている。もっとも，新戸籍が編製される日前に当該新戸籍に記載される氏について同条1項又は2項の届出がされているときは，届出は不要である（本附則7Ⅳ）。

本附則8条では，戸籍に記載されている名の振り仮名に関して，氏の振り仮名に関する上記附則6条と同趣旨の定めがされている。すなわち，戸籍法の改正部分の施行日において戸籍に記載されている者（既に届出をした者を除く。）は，同施行日から起算して1年以内に限り，当該者の戸籍に記載されている名に係る名の振り仮名の届出をすることができるものとしている（本附則8Ⅰ）。そして，既に戸籍に記載されている者の名が一般の読み方とは異なる場合もあり，この場合は，上記の期間内に現に使用している名の読み方を示す文字を戸籍の記載事項とする旨の届出をすることができる（本附則8Ⅱ）。なお，この届出に当たっては，現に使用している名の読み方が通用していることを証する書面を提出しなければならない（本附則8Ⅲ）。

③ 本籍地の市町村長による振り仮名等の記載

本附則9条は，本附則6条から8条までの規定に従い氏又は名の振り仮名について届出がなされない場合があるので，この場合の振り仮名の記載方法

附　則　第2　戸籍法の改正も含まれる法律（令和7年6月1日までに施行済みのもの）の附則

を明らかにしている。これによれば，本籍地の市町村長は，戸籍法の改正部分の施行日から起算して1年を経過した日に，管轄法務局長等の許可を得て，現に戸籍に記載されている者に係る氏又は名の振り仮名を戸籍に記載するものとしている（本附則9Ⅰ・Ⅱ。もっとも，それまでに各届出があった場合は，この限りでない。）。この場合において，一般の読み方以外の氏の読み方又は名の読み方が使用されているときは，その氏の読み方又は名の読み方を示す文字を当該者の戸籍に記載することができる。

　本籍地の市町村長は，これらの手続を行うために，戸籍法の改正部分の施行日後遅滞なく（なお，同条4号にいう「第3号施行日」については，前記1の解説を参照されたい。），戸籍に記載されている者に対し，当該者の戸籍に記載しようとする氏の振り仮名若しくは名の振り仮名又は一般の読み方以外の氏の読み方若しくは名の読み方を示す文字を通知するものとしている。ただし，あらかじめ通知することが困難である場合は，通知はされない（本附則9Ⅳ）。

4　氏又は名の振り仮名の変更

　本附則10条は，本籍地の市区町村長が本附則9条の規定に基づき戸籍に氏の振り仮名又は一般の読み方以外の氏の読み方を記載した場合における，戸籍の筆頭者等からの振り仮名又は読み方の変更について定めている。同条1項は，一般の読み方同士の変更で，例えば「東」を戸籍に「ヒガシ」との振り仮名が記載されたのを「アズマ」に変更（その逆もある）するような場合である。同条2項は，戸籍に一般の読み方で振り仮名が記載された場合において，一般の読み方以外の氏の読み方に変更する場合である。「西川」につき「ニシカワ」から「サイカワ」に変更するような場合は，同条1項か2項かいずれかで対処し得る。3項は，戸籍に一般の読み方以外の氏の読み方が記載された場合において，一般の読み方による氏の振り仮名に変更する場合である。4項は，戸籍に一般の読み方以外の氏の読み方が記載された場合に

行政手続における特定の個人を識別するための番号の利用等に関する法律等の一部を改正する法律（令和5年6月9日法律第48号）附則（抄）

おいて，他の一般の読み方以外の氏の読み方に変更する場合である。いずれも，1項で「既にこの項又は次項の規定による届出をした者を除く」等の括弧書きが付されているので，1度に限り，本籍地の市町村長に対する届出により変更をすることができ，また，いずれの場合も，家庭裁判所の許可を得ずに変更することができる（本附則10Ⅴ）。なお，これらの届出をしようとする者に配偶者があるときは，配偶者とともに当該届出をしなければならないし（本附則10Ⅵ），筆頭者が当該戸籍から除籍されている場合は，附則6条3項の規定が準用されている（本附則10Ⅶ）。また，同条2項又は4項の規定に基づき一般の読み方以外の氏の読み方に変更する旨の届出をする場合は，現に使用している氏の読み方が通用していることを証する書面を提出しなければならない（本附則10Ⅷ）。

本附則11条は，本附則9条の規定に基づき本籍地の市町村長により氏の振り仮名又は一般の読み方以外の氏の読み方を示す文字が記載された戸籍から新戸籍に入籍した当該新戸籍の筆頭者（例えば，氏の振り仮名等が市町村長により記載された後に，その氏を称して婚姻し，新戸籍の筆頭者になった者）が，当該新戸籍の氏の振り仮名等について変更する旨の届出をすることを可能とするために，本附則10条の規定を準用するものである。

本附則12条は，本籍地の市町村長が戸籍に名の振り仮名又は一般の読み方以外の名の読み方を記載した場合につき，氏に関する本附則10条と同じような届出をすることができることを規定している。すなわち，同条1項は，一般の読み方同士の変更で，例えば「裕子」を戸籍に「ユウコ」との振り仮名が記載されたのを「ヒロコ」に変更（その逆もある）するような場合である。同条2項は，戸籍に一般の読み方で振り仮名が記載された場合において，一般の読み方以外の名の読み方に変更する場合である。3項は，戸籍に一般の読み方以外の名の読み方が記載された場合において，一般の読み方による名の振り仮名に変更する場合である。4項は，戸籍に一般の読み方以外の名の読み方が記載された場合において，他の一般の読み方以外の名の読み方に変更する場合である。いずれも，1項で「既にこの項又は次項の規定による届

出をした者を除く」等の括弧書きが付されているので，1度に限り，本籍地の市町村長に対する届出により変更をすることができ，また，いずれの場合も，家庭裁判所の許可を得ずに変更することができる（本附則12Ⅴ）。また，同条2項又は4項の規定に基づき一般の読み方以外の名の読み方に変更する旨の届出をする場合は，現に使用している名の読み方が通用していることを証する書面を提出しなければならない（本附則12Ⅵ）。

5 情報の提供

本附則13条は，本籍地の市町村長は，戸籍に氏若しくは名の振り仮名又は氏若しくは名の読み方を記載するに当たって，関係地方公共団体の長その他の者に対し，氏名の振り仮名並びに現に使用されている氏の読み方及び名の読み方を示す文字に関する情報の提供を求めることができることを規定している。戸籍に記載されてる者が現に居住している市町村等では，当該者の氏名につき，仮名を用いて事務に当たっていることが多いので，その情報の提供を求めることができる。

6 氏又は名の振り仮名を記載する文字

本附則14条は，本附則に基づき戸籍に氏若しくは名の振り仮名又は氏若しくは名の読み方を記載するに当たっては，その文字を改正後の法13条3項に定めるものと同一のものとすることを定めている。

第*3* 戸籍法の改正も含まれる法律（令和7年6月1日現在未施行のもの）の附則

　戸籍法の一部改正も含まれる法律で本書刊行時既に公布されているが，令和7年6月1日現在未施行のものは，離婚後共同親権に関するもの及び電子判決に関するものがある。これらの附則は，以下においてその概要を説明する。

① 電子判決に関する改正法附則

　民事訴訟法等の一部を改正する法律（令和4年法律48号）に基づき，民事訴訟法では電子判決の制度が新設され，民事関係手続等における情報通信技術の活用等の推進を図るための関係法律の整備に関する法律（令和5年法律53号）により，戸籍法中，「判決」が「電子判決」に改められる等の改正がなされ，施行期日が公布後5年以内とされている（電子判決書の改正（令和4年法律48号）は公布の日から4年以内の政令で定める日から施行されているが，戸籍法の改正は電子判決書改正の施行日よりも後に設定される見込みである。）。

　上記民事訴訟法等の一部を改正する法律（令和4年法律48号）の附則17条の1項によれば，「施行日以後に提起されるものにおける判決の言渡しの方式，電子判決書への記録事項，電子判決書に基づかない判決の言渡し，電子判決書及び電子判決書の作成に代わる電子調書の送達，変更の判決に係る言渡期日の呼出し並びに簡易裁判所の事件に係る電子判決書への記録事項について適用し，訴えに係る事件であって施行日前に提起されたものにおける判決の言渡しの方式，判決書の記載事項，判決書の原本に基づかない判決の言渡し，判決書及び判決書の作成に代えて記載される調書の送達，変更の判決に係る言渡期日の呼出し並びに簡易裁判所の事件に係る判決書の記載事項については，なお従前の例による」ものとされており，電子判決書は，民事訴

附　則　第3　戸籍法の改正も含まれる法律（令和7年6月1日現在未施行のもの）の附則

訟法等の一部を改正する法律（令和4年法律48号）の施行日以降に提起された訴えに限り行われる。そして，同条2項では，決定及び命令についても同様とされている。

② 離婚後共同親権に関する改正法附則

　民法等の一部を改正する法律（令和6年法律33号）により，父母の離婚後等の子の養育に関する見直しがなされ，夫婦の離婚後の子に対する親権につき，夫婦の合意又は家庭裁判所の審判に基づき単独親権とするか共同親権とするかが決定されることとなった（改正法は，公布の日から起算して2年を超えない範囲内において政令で定める日から施行される。）。

　そして，同法附則2条では，原則として，改正法は，改正法の施行前に生じた事項にも適用するとしているので（もっとも，同条の規定による改正前の民法の規定により生じた効力を妨げないものとされている。），改正法の施行前に離婚後の親権を父母いずれかの単独親権とされていたときは，そのまま，その効力を維持するが，改正法施行後は，これを父母の共同親権に変更することができるようになる。さらに，同附則6条では，親権者の変更の請求に関する経過措置として，親権者の変更の請求（施行日前に当該請求に係る審判が確定したものを除く。）は，施行日以後は，新民法819条6項（新民法749条において準用する場合を含む。）の規定によりされた親権者の変更の請求とみなすものとし，改正法施行前に親権者の変更が申し立てられていても，審判が確定していなければ，父母の共同親権に変更する審判をすることができるものとされている。

事 項 索 引

【あ行】

アポスティーユ ································· 340
誤って受理した場合の戸籍訂正 ··········· 757
「家」 ··· 2
移記 ·· 158
　──を要しない事項 ····················· 819
　──を要する氏の変更に関する事
　　項 ·· 819
　──を要する身分事項 ·················· 819
遺言書の検認 ································· 472
意思能力 ································ 302, 306
一部事務組合 ································· 21
委任代理 ······································ 264
違法な記載 ···································· 840
遺漏 ·· 842
姻族関係の終了 ······························ 692
受附 ·· 176
受付帳への記入 ······························ 172
氏 ·· 45, 132
　──の同一性について ·················· 709
　──の変動 ································ 45
　──を改めようとする子の届出 ······· 713
　養子の── ································ 488
氏の振り仮名
　──の変更手続 ··························· 808
　──の変更届 ····························· 808
氏の変更 ······································ 221
　──と訂正・更正 ······················· 782
　──の効果 ································ 783
　──の届出 ································ 778
　──の範囲 ································ 793
　外国人と婚姻した日本人配偶者の
　　── ······································ 221
　外国人との婚姻に伴う── ············ 186
　父又は母が外国人である場合の
　　── ······································ 222
氏の変更届 ···································· 779
　法107条2項による── ··············· 786
　法107条3項による── ··············· 789
　法107条4項による── ··············· 792
訴えにおける審理 ···························· 443
永年使用のもの ······························ 781

閲覧 ······································ 374, 376
縁組 → 養子縁組
縁氏続称 ···························· 514, 516, 538
　──の効果 ································ 542
応急措置法 ··································· 981
　──による親権の決定についての
　　届出 ····································· 986
おそれ再製 ···································· 121
親子関係存否確認等の裁判 ··············· 399
　──に基づく戸籍訂正によって戸
　　籍を消除された子の出生届 ········ 399
親子関係不存在確認の裁判 ········ 116, 118
オンライン届出 ································· 7

【か行】

街区符号 ······································· 49
外国官憲等が作成した証書の謄本 ······· 340
外国公文書の認証を不要とする条約
　 ·· 340
外国国籍喪失の届出 ················ 772, 773
外国国籍の取得 ······························ 746
外国裁判所の判決謄本 ····················· 342
外国人 ··· 44
　──と婚姻した場合の新戸籍の編
　　製 ·· 184
　──との婚姻に伴う氏の変更 ··· 186, 221
　──の氏名の表記方法 ·················· 402
　──の届出 ································ 269
　本籍地外で──に関する届出をす
　　る場合 ··································· 320
外国に在る日本人 ···························· 269
外国における日本人の届出 ··············· 333
外国の方式による証書の謄本 ············ 339
改製原戸籍 ···································· 125
改製不適合戸籍 ······························ 870
回復 ·· 158
学術研究等のための戸籍情報の利用
　に係る手数料 ····························· 934
学術研究のための戸籍情報の提供
　 ······································ 929, 932
　──の基準及び手続 ···················· 933
確定証明書 ···································· 511
確定判決 ······································ 851

事項索引

——に基づく戸籍訂正の範囲 ……… 853
——に基づく就籍 ……………………… 830
——による戸籍訂正 …………………… 851
掛紙 …………………………………………… 53
家事事件手続規則 ………………………… 355
片仮名 ……………………………… 396, 397
家庭裁判所
　——からの通知 ……………………… 354
　——で免ぜられた法定代理人，保
　　佐人又は補助人 ………………… 635
　——の許可 …………………… 706, 711
　——の審判手続 ……………………… 918
　——の手続 …………………… 782, 804
加入 ………………………………………… 139
紙戸籍 ……………………………………… 51
仮戸籍 ……………………………………… 108
　——の調製 …………………………… 105
過料 ……………………………… 952, 967
　——の裁判管轄 ……………………… 953
管外転籍 ……………………… 160, 818
管轄法務局長等 …………………………… 29
　——が行う調査 ……………………… 33
　——の関与 …………………………… 31
　——の許可 …………………………… 353
　——の許可を要しない戸籍の職権
　　訂正 ………………………………… 249
　——の許可を要する戸籍の職権訂
　　正 …………………………………… 248
管轄法務局等
　——における届書等の保存 ……… 177
　——への書類の送付 ……………… 176
官公署
　——による死亡報告の報告先 …… 669
　——による報告 …………… 669, 769
　——の通知義務 …………………… 355
　死亡報告をすべき—— …………… 669
勧告 ………………………………………… 32
漢字の字種 → 字種
漢字の字体 → 字体
漢字の表 ………………………………… 396
管掌 ………………………………………… 20
官庁の許可 ……………………………… 327
管内転籍 ………………………………… 818
管理権 ……………………………… 622, 623
　——の辞任 …………………………… 622
　——の辞任・回復の届出 ………… 622

管理権喪失 …………………… 608, 619
管理権喪失審判取消届 ……………… 621
管理権喪失審判の取消し …………… 619
帰化 ……………………………………… 741
　——した者 …………………………… 741
　——の届出 …………………………… 742
帰化者の氏名に用いる文字 ………… 744
機関委任事務 …………………………… 19
期間経過後の届出 ……………………… 364
期間の制限 ……………………………… 596
記載事項証明書 ………………………… 376
記載事項の不存在 ……………………… 312
記載事項の不知 ………………………… 312
記載例 …………………………………… 150
棄児 ……………………………………… 428
　——の死亡 …………………………… 432
　——の引取り ………………………… 433
棄児発見届によらない事務処理の例
　…………………………………………… 430
棄児発見の申出 ………………………… 429
義務者が数人いる場合 ………………… 663
旧法 ……………………………………… 981
　——戸籍の在籍者についての新戸
　　籍編製 ……………………………… 984
　——による戸籍と本籍 …………… 982
　——を適用する場合 ……………… 983
求報告 …………………………………… 32
旧民法の規定で入籍した子の復氏 …… 985
協議上の離婚（協議離婚）…… 571, 578
　——である旨 ………………………… 583
　——の届出 …………………………… 580
　——の届出の効果 ………………… 586
協議による親権者指定の届出 ……… 613
協議離縁 ………………………………… 523
　——の届出人 ………………………… 525
行政機関等に対する戸籍電子証明書
　等の提供 ……………………………… 893
行政訴訟提起の可否 …………………… 919
行政手続における特定の個人を識別
　するための番号の利用等に関する
　法律 ……………………………………… 8
行政手続における特定の個人を識別
　するための番号の利用等に関する
　法律等の一部を改正する法律（令
　和5年6月9日法律第48号）……… 1006
行政手続法 ……………………………… 935

1020

事項索引

──の適用除外 935, 936
強制認知 441
行政不服審査法
　──の適用除外 920
虚偽の届出（虚偽届出） 113, 959
寄留法 980
記録事項証明書 862
　──における申出再製に関する事項の取扱い 123
　──の請求市町村 883
近親者間等の婚姻禁止 548
国又は地方公共団体 80
契印 52
警察官による報告 676
形式的審査 170
刑事施設での死亡の場合の報告 673
刑死・被収容者死亡の報告 672
係属中の過料事件 990
刑罰 951
懈怠 967
欠格事由 635, 645
　──の定めの機能 636
検案書 658
　──に代わる書面 659
現行戸籍法 → 戸籍法
検察官
　──が訴えを提起した場合 857
　──が特別養子離縁の裁判を請求した場合 536
検視調書 676
現に請求の任に当たっている者 70
　──の確認 71
子 164
　──が父又は母と氏を異にする場合 703
　──の意思に反する訴え 442
　──の成年後の復氏 708
　──の男女の別 389
子の氏
　──の原始取得 703
　──の変更による入籍 200
　──変更 703
子の名
　──が常用平易な文字と筆写における書き方の習慣上の差である出生届 401

──が常用平易な文字の範囲外の出生届等 399
　──が同一戸籍内の者と同一名を用いる出生届 401
　──に振り仮名（傍訓）を付した出生届 403
　──に用いる文字 396
広域交付 42, 863, 883, 885
　戸籍証明書等の── 883
　戸籍電子証明書等の── 894
航海中の死亡 679
航海中の出生 423
航海日誌 423
　──の謄本 168, 424
　──への記載 424
後見監督人 → 未成年後見監督人
後見登記等に関する法律 1002
公証 43
公設所 426, 680
皇族 47
口頭による届出 278, 324
　──に際し市町村長が作成する書面 332
交付請求書 78
公用請求 74, 82, 887, 894
高齢者消除 353
告示 871
国籍 584
　──の証明 730
　──の選択 730
　──の喪失 730
　──を取得する権利 759
　父又は母が外国人であるときの氏名及び── 390
国籍取得者
　──の氏 739
　──の氏名に用いる文字 739
　──の名 739
国籍取得の届出 731
　──と戸籍の処理 736
　──の諸要件 735
国籍選択
　──における日本国籍の不選択 747
　──の催告 761
　──の催告をする必要がある者の把握 765

1021

事項索引

――の制度 ……………………… 759
重国籍解消の方法としての――義
　務 …………………………… 760
国籍選択宣言 ………………………… 759
国籍選択未了者 ……………………… 765
――の通報義務 …………………… 766
国籍選択未了者通知 ………………… 765
国籍喪失 ……………………………… 746
――の戸籍の記載 ………………… 770
――の届出 ………………………… 748
――の報告 …………………… 768, 769
国籍の得喪 …………………………… 727
――に関する戸籍の記載 ………… 729
――の変遷 ………………………… 727
国籍不留保者の国籍の再取得 …… 733
国籍法 …………………………… 385, 727
国籍法及び戸籍法の一部を改正する
　法律 ………………………………… 995
国籍法の施行に伴う戸籍法の一部を
　改正する等の法律 ……………… 992
国籍留保 ……………………………… 751
――の意思表示 …………………… 730
――の制度 ………………………… 751
――の届出 ………………………… 752
国籍留保届 …………………………… 757
告知 …………………………………… 918
誤字 …………………………………… 401
個人情報 ……………………………… 956
個人情報保護 ………………………… 41
個人情報保護法 ……………………… 941
戸籍
　――上の処理 ………………… 543, 598
　――に関する事務　→　戸籍事務
　――に記載されている者 ……… 66
　――に記載すべき事項を明かにす
　　るために必要なもの ………… 316
　――に記載する年の表示 ……… 139
　――に記載する文字 …………… 138
　――の回復 ……………………… 686
　――の公開 ……………………… 39
　――の公開制度 ………………… 5
　――の職権訂正　→　職権訂正
　――の正本　→　正本
　――のつづり方 ………………… 51
　――の訂正　→　戸籍訂正
　――の手続 ……………………… 424

――の同一性について …………… 709
――の届書に添付するその他の書
　類 …………………………………… 330
――の筆頭に記載した者　→　筆頭
　者 ……………………………………… 63
――の表示 …………………… 63, 292
――の副本　→　副本
――の編製　→　戸籍編製
戸籍関係情報 …………………… 860, 911
戸籍記載完了後の届書類の処理 … 176
戸籍記載事項外の虚偽の届出 …… 951
戸籍記載指定市町村長 …………… 899
戸籍事件 ……………………………… 27
戸籍事項欄 …………………… 138, 148
戸籍事務 ……………………… 20, 131
――の管掌者　→　戸籍事務管掌者
――のコンピュータ処理 ………… 6
――の処理に必要な具体的な詳細
　事項 ……………………………… 949
戸籍事務管掌者 ……………………… 20
――に対する通知 ………………… 534
――の除斥 ………………………… 27
――の代理 ………………………… 22
戸籍事務（処理）従事者
――による不正行為 ……………… 951
――に対する罰則 ………………… 956
戸籍事務処理の基準・関与 ……… 29
戸籍証明書 …………………… 862, 881
――等の広域交付　→　広域交付
――等の効力 ……………………… 882
――等の作成・交付 ……………… 886
本人等による――等の請求 …… 884
戸籍情報
――の公開請求 …………………… 922
――を不正受領する行為 ………… 952
戸籍情報システム ………………… 869
戸籍情報連携 ……………………… 861
戸籍情報連携システム ………… 8, 860
――による戸籍事務の取扱い …… 861
戸籍制度 ……………………………… 1
戸籍訂正 ………………… 383, 434, 835
――の申請との関係 ……………… 917
――の申請の期間 …………… 849, 856
――の範囲 ………………………… 838
――の方法 ………………………… 836
誤って受理した場合の―― ……… 757

事項索引

　　確定判決による ── ………………… 851
　　確定判決による ── の申請期間 …… 856
　　錯誤遺漏の通知・職権による ──
　　　………………………………………… 246
戸籍訂正申請の義務 ……………………… 848
戸籍訂正申請の申請義務者 ………… 848, 856
戸籍訂正手続許可の申立て …………… 843
戸籍電子証明書 ……………… 863, 891, 893
　　── 等の広域交付等 ………………… 894
戸籍電子証明書提供用識別符号 …… 864, 893
　　── の発行 ………………………… 889
戸籍謄本等 ………………………………… 66
　　── の作成・交付 …………………… 73
　　── の交付請求における説明要求
　　　………………………………………… 99
戸籍の記載（戸籍記載）
　　………………………… 131, 173, 176, 255
　　── が法律上許されないものであ
　　　ること …………………………… 841
　　── に錯誤があること ……………… 842
　　── の事由 …………………………… 166
　　── の順序 …………………………… 139
　　── の場所と形式 …………………… 140
　　── を要しない届書等の保存 ……… 178
　　官公署による死亡報告に基づく
　　　── ………………………………… 670
　　帰化の届出と ── …………………… 743
　　棄児発見調書に基づく ── ………… 430
　　航海中又は公設所における死亡の
　　　届出による ── …………………… 680
　　国籍喪失の届出と ── ……………… 750
　　国籍留保届に基づく ── …………… 757
　　失踪宣告の取消しの届出による
　　　── ………………………………… 686
　　嫡出の推定が重複する場合の出生
　　　届の ── …………………………… 422
　　本籍不明者・認識不能者の死亡報
　　　告による ── ……………………… 677
　　未成年後見に関する ── …………… 611
　　養子縁組取消しの届出による ── … 514
戸籍の記載事項 …………………………… 140
　　── の利用の方法 …………………… 81
　　── の利用の目的 …………………… 81
　　── の利用を必要とする事由 ……… 81
　　公設所における出生に関する ── … 427
　　就籍の届出による ── ……………… 828

戸籍の処理
　　姻族関係終了の届出がされた場合
　　　の ── ……………………………… 694
　　氏変更の届出がされた場合の ── … 785
　　死亡の届出がされた場合の ── …… 660
　　生存配偶者の復氏の届出がされた
　　　場合の ── ………………………… 691
　　成年に達した子が従前の氏に復す
　　　る場合の ── ……………………… 720
　　嫡出否認の訴えが提起された場合
　　　における出生の届出と ── ……… 417
　　転籍の届出がされた場合の ── …… 818
　　名の変更の届出がされた場合の
　　　── ………………………………… 806
　　法98条の入籍届がされた場合の
　　　── ………………………………… 716
　　法107条2項の届出がされた場合
　　　の ── ……………………………… 788
　　法107条3項の届出がされた場合
　　　の ── ……………………………… 791
　　法107条4項の届出がされた場合
　　　の ── ……………………………… 793
戸籍の変動 ………………………………… 132
　　婚姻の届出による ── ……………… 552
　　届出人若しくは届出事件の本人で
　　　ない者の ── ………………… 298, 471
　　養子縁組による ── ………………… 489
　　離縁による ── ……………………… 519
戸籍副本データ管理システム ………… 7, 860
戸籍編製 …………………………………… 44
　　── の基準 …………………………… 44
　　── の単位 …………………………… 44
戸籍簿 ………………………… 39, 51, 859, 872
　　── が滅失した場合の再製 ………… 102
　　── の副記録 ………………………… 875
　　── の補完 …………………………… 102
　　── の持出禁止 ……………………… 58
　　── の滅失 …………………………… 102
　　── の滅失のおそれがある場合の
　　　再製・補完 ………………………… 107
　　申出による ── の再製 …………… 111
戸籍法 ……………………………………… 2, 3
　　── の属人的適用 ………………… 333
戸籍法及び住民基本台帳法の一部を
　改正する法律（平成6年6月29日
　法律第67号） …………………………… 1000

1023

事項索引

戸籍法三三則 …………………………………… 1
戸籍法施行規則 …………………………… 949
戸籍法の一部を改正する法律（平成
　14年12月18日法律第174号）……… 1003
戸籍法の一部を改正する法律（令和
　元年5月31日法律第17号）…………… 1005
婚姻 ………………………………… 179, 335, 545
　――の意思 ……………………………… 546
　――の実質的成立要件 ………………… 546
　――の無効 ……………………………… 568
婚姻障害 …………………………………… 501
婚姻適齢 …………………………………… 547
婚姻の届出 ………………………… 551, 557
　――による戸籍の変動 ………………… 552
　――の効果 ……………………………… 564
婚姻の取消し ……………………………… 566
　――の効力 ……………………………… 567
　――の際の氏を称する届出 …………… 570
　――の成立要件 ………………………… 566
　――の届出・戸籍記載の請求 ………… 567
婚氏続称 ………………………………… 576, 594
　――の効果 ……………………………… 597
　――の実質的要件 ……………………… 595
　――の届出 …………………………… 594, 598
コンピュータ …………………………… 859
　――の共同運用 ………………………… 23

【さ行】

在外公館
　――で受理した書類に不備がある
　　　場合等の処理 …………………… 345
　――で受理した書類の送付 ………… 344
　――への届出 ……………………… 334, 341
催告
　――の相手方 ………………………… 352
　――の時期 …………………………… 352
　――の方法 …………………………… 351
催告期間を徒過する不作為 ………… 952
再婚禁止期間 …………………………… 549
再催告 …………………………………… 352
再製 ……………………………………… 102
　――の効力の発生 …………………… 106
　戸籍簿が全部又は一部が滅失した
　　　場合の―― ……………………… 102
再製案 …………………………………… 121
再製原戸籍 ………………………… 108, 122

再製戸籍の副本 ………………………… 106
再製資料の収集 ………………………… 103
再度の改名 ……………………………… 798
裁判 ……………………………………… 168
　――による親権者指定届 ……… 616, 620
　――による親権者変更届 …………… 616
　――による親権喪失等の審判取消
　　　届 ………………………………… 616
　――による離縁 → 裁判上の離縁
裁判確定日から起算される場合 …… 349
裁判上の離縁（裁判離縁）………… 532
　――原因 ……………………………… 533
　――の種別 …………………………… 532
　――の届出 …………………………… 534
裁判上の離婚（裁判離婚）……… 572, 588
　――の届出 …………………………… 590
　――の取消しの届出 ………………… 588
裁判認知 ………………………… 466, 468
　――の成立 …………………………… 467
在留外国人の死亡通知 ……………… 654
錯誤・遺漏の訂正 ……………………… 840
錯誤による届出 ………………………… 113
雑則 ……………………………………… 929
三代戸籍禁止の原則 ………………… 188
資格者 …………………………………… 409
磁気ディスク ………………………… 859, 872
死刑執行の報告 ………………………… 672
事件 ……………………………………… 149
事項欄 …………………………………… 148
指示 ……………………………………… 32
字種 ……………………………………… 396
字体 ………………………………… 396, 862
　――の訂正及び更正 ………………… 803
市長 ……………………………………… 21
市町村長 ………………………………… 20
　――以外の管掌者 …………………… 21
　――による処分 ……… 70, 451, 563, 585
　――による通知 ……………………… 247
　――の意見聴取 ……………………… 918
　――の過誤 …………………………… 113
　――の職権 …………………………… 169
　――の処理 …………………………… 432
　――の対応 …………………………… 922
　――の通知 …………………………… 766
　――の不作為 ………………………… 952
　――の申出による指定 ……………… 871

事項索引

|　　　──への通知義務 ……………… 252
実方戸籍 …………………………… 226
失期通知 ……………… 341, 364, 977
実親の氏 …………………………… 710
失踪 ………………………………… 651
失踪宣告 …………………… 652, 682
　　　──の制度 ……………………… 652
　　　──の届出 ……………………… 684
失踪宣告の取消し …………… 653, 683
　　　──の届出 ……………………… 685
指定市町村長 ……………………… 869
指定都市の区 ……………………… 35
指定都市の区及び総合区 ………… 35
指定未成年後見人による後見開始届 … 625
事変 ………………………………… 668
死亡 ………………………………… 651
　　　──後に到達した届書 ………… 365
　　　──後に到達した届出 ………… 948
　　　──の事実の戸籍への記載 …… 651
　　　──の届出 ……………………… 656
　　　──の届出地 …………………… 666
　　　──の届出人 …………………… 662
　　　──の年月日時分 ……………… 657
　　　──の場所 ……………………… 657
　　　──前に発送した届出の効力 … 367
水難，火災その他の事変によって
　　　──した者がある場合 ………… 674
死亡後受理 ………………………… 370
死亡者の身元が判明した場合の報告 … 676
司法省 ……………………………… 2
死亡診断書 ………………………… 330
死亡地が分明でない場合 ………… 666
死亡報告 …………………… 668, 669
死亡報告書
　　　──に記載すべき事項 ………… 669
　　　──の記載事項 ………………… 674
死亡養子との離縁許可 …………… 531
氏名の記載順序 …………………… 163
氏名の振り仮名 ……… 136, 160, 1012
　　　──の変更 ……………………… 807
氏名の変更 ………………………… 775
重国籍者の外国国籍の選択 ……… 746
重国籍者の日本国籍の離脱 ……… 747
重婚禁止 …………………………… 547
住所 ………………………………… 292
住所及び仕事に関する事項 ……… 584

就籍 ………………………… 813, 823
　　　──すべき戸籍 ………………… 827
　　　──の届出によらない場合 …… 825
　　　──の要件 ……………………… 823
　　　確定判決に基づく── ………… 830
　　　判決による──の要件 ………… 829
就籍者が称する氏 ………………… 827
就籍届 ……………………………… 400
就籍届出地の特例 ………………… 834
従前の戸籍 ………………………… 151
住民基本台帳事務 ………………… 654
出生 ………………………………… 379
　　　──による入籍 ………………… 194
　　　──の届出 ……………………… 387
　　　──の届出地 …………………… 406
　　　──の年月日時分 ……………… 390
　　　──の場所 ……………………… 390
出生子の入籍戸籍 ………………… 463
出生証明書 ………………… 330, 394
出生地 ……………………………… 390
出生届
　　　──等に記載される子の名の取扱
　　　　い ……………………………… 399
　　　──の届出義務を負わない届出人
　　　　………………………………… 413
　　　親子関係存否確認等の裁判に基づ
　　　　く戸籍訂正によって戸籍を消
　　　　除された子の── ……………… 399
　　　子の名が常用平易な文字の範囲外
　　　　の── ………………………… 399
　　　子の名が同一戸籍内の者と同一名
　　　　を用いる── …………………… 401
　　　子の名に振り仮名（傍訓）を付し
　　　　た── ………………………… 403
　　　出生後長年経過し相当の年齢に達
　　　　した者の── ………………… 400
　　　父又は母以外の──の届出義務者
　　　　………………………………… 412
　　　父未定の子の── ……………… 420
　　　嫡出でない子の──の届出義務者 … 411
出生届出済証明 …………………… 373
出生年月日欄 ……………………… 148
出訴期間 …………………………… 443
受理 ………………………………… 171
　　　──後の手続 …………………… 173
　　　──の手続 ……………………… 172

1025

事項索引

―― 又は不受理の証明 ……………… 372, 373
―― 又は不受理の判定 ……………… 451
受理通知 ………………………………… 281
準拠法 …………………………………… 335
　身分行為に関する―― ……………… 339
準正子の嫡出子出生届による認知の
　効力 …………………………………… 461
渉外婚姻の取消し又は無効 …………… 569
渉外裁判離婚 …………………………… 591
渉外的婚姻 ……………………………… 555
渉外的な身分行為に関する創設的届
　出 ……………………………………… 335
渉外的養子縁組 ………………………… 489
　――の形式的要件 …………………… 492
　――の実質的成立要件 ……………… 489
渉外的離婚 ……………………………… 577
証書の真正性 …………………………… 340
証書の謄本 ……………………………… 168
承諾 ……………………………………… 327
証人 ……………………………… 309, 523
　――の特定 …………………………… 310
　――を必要とする事件の届出 ……… 309
情報公開法 ……………………………… 938
　――の適用除外 ……………… 938, 939
情報連携 ……………………………… 8, 890
証明書面の有効期間 ……………………… 97
証明力 …………………………………… 43
常用漢字表 ……………………………… 396
常用平易な文字 ………………………… 396
嘱託 ……………………………………… 167
職務懈怠 ………………………………… 974
職務代理者 ……………………………… 28
助言 ……………………………………… 32
除籍 …………………………… 124, 244, 296
　――の謄本等の交付請求 …………… 129
　――の表示及び再製，補完 ………… 128
　――の副本 …………………………… 127
除籍証明書 …………………………… 862, 881
除籍電子証明書 ………………… 864, 891, 892
除籍電子証明書提供用識別符号 …… 864, 893
除籍謄本等 ……………………………… 129
除斥の対象となる戸籍事件 ……………… 27
除籍簿 ………………………… 124, 859, 872
　――の保存 …………………………… 126
　――の保存期間等 …………………… 126
職権記載 ……………………… 351, 353, 511

職権訂正
　管轄法務局長等の許可を要しない
　　戸籍の―― ………………………… 249
　管轄法務局長等の許可を要する戸
　　籍の―― …………………………… 248
署名 ……………………………………… 294
書面による届出 ………………………… 277
親権 ………………………… 601, 608, 612, 622, 623
　――の回復の届出 …………………… 622
　――の辞任 …………………………… 622
　――の辞任の届出 …………………… 622
　――の停止 → 親権停止
　――と戸籍の記載 …………………… 608
　――の帰属 …………………………… 602
　――の喪失 → 親権喪失
親権者 …………………………………… 601
　――の届書の記載 …………………… 509
　――の指定 → 親権者指定
　――の変更 → 親権者変更
親権者指定 ……………………… 574, 583
親権者指定届
　――に関する記載事項 ……………… 590
　協議による―― ……………………… 612
　裁判所による―― …………………… 616
親権者変更 ……………………………… 617
親権者変更届 …………………………… 620
親権喪失 ………………………………… 618
親権喪失審判取消届 …………………… 621
親権喪失審判の取消し ………………… 619
親権停止 ……………………………… 608, 618
親権停止審判取消届 …………………… 621
親権停止審判の取消し ………………… 619
人口動態調査 …………………………… 379
人口動態調査票 ………………………… 175
人口動態統計事務 ……………………… 654
新戸籍の編製（新戸籍編製）… 133, 158, 296
　旧法戸籍の在籍者についての―― …… 984
　生存配偶者の復氏とそれによる
　　―― ………………………………… 215
　分籍の届出による―― ……………… 241
　法17条による―― …………………… 191
　未成年の子が成年に達した後の
　　―― ………………………………… 216
　離縁又は縁組の取消しの際に称し
　　ていた氏を称する旨の届出が
　　あった場合の―― ………………… 217

離婚又は婚姻の取消しの際に称し
　ていた氏を称する旨の届出が
　あった場合の—— ………………… 216
審査請求 ……………………………… 925
人事訴訟規則 ………………………… 355
壬申戸籍 ………………………………… 1
申請 …………………………………… 167
申請書の記載事項 …………………… 850
真正性の担保 ………………………… 340
申請地 ………………………………… 850
診断書 ………………………………… 658
　　—— に代わる書面 ……………… 659
　　—— 又は検案書に代わる書面 … 659
審判 …………………………………… 918
審判離縁 ……………………………… 532
審判離婚 ……………………………… 588
新法施行
　　—— の際婚姻関係のない父母の親
　　　権 ……………………………… 987
　　—— の際の後見監督人 ………… 987
　　—— 前の届出等による戸籍記載と
　　　新法の適用 …………………… 983
推定相続人の廃除 …………… 695, 697
　　—— の効果 ……………………… 698
　　—— の裁判 ……………………… 698
　　—— の請求 ……………………… 698
　　—— の届出 ……………… 697, 699
　　—— の取消し …………………… 699
　　—— の取消しの届出 …… 697, 700
推定力 ………………………………… 113
請求 ………………………… 7, 167, 881
　　—— の拒絶 ……………………… 72
　　—— の事由 ……………… 69, 903
　　—— の認諾離縁 ………………… 533
　　—— の任に当たっている者の確認 … 87
　　—— の方法 ……………………… 68
請求事項 ……………………………… 68
請求者 ………………………… 66, 903
請求者本人の特定 …………………… 97
正字 …………………………………… 403
生存配偶者の復氏 …………………… 689
　　—— の届出 ……………………… 690
性同一性障害者の性別の取扱いの特
　例に関する法律 …………………… 234
正当な事由による名の変更 ………… 795
正当な理由 …………………………… 40

性別の取扱いの変更 ………………… 234
　　—— の届出 ……………… 717, 718
成年後見人の婚姻 …………………… 549
成年に達した子の復氏 ……………… 717
正本 …………………………………… 57
　　—— の備付け …………………… 57
世帯主
　　—— との続柄 …………………… 392
　　—— の氏名 ……………………… 392
選定未成年後見人 …………………… 632
全面公開 ……………………………… 40
全面公開原則 ………………………… 6
総合区 ………………………………… 35
創設的届出 ………………… 256, 335
　　渉外的な身分行為に関する—— … 335
　　無効な—— による記載の訂正 … 845
総則 …………………………………… 19
相続 …………………………………… 126
相続税法上の通知 …………………… 654
相続手続 ……………………………… 887
送付を求める方法 ………… 92, 97
俗字 …………………………………… 401
即時抗告 ……………………………… 919
訴訟上の和解・請求の認諾による離
　婚 …………………………………… 589
その余の記載事項 …………………… 590

【た行】

第1号法定受託事務 ………………… 25
第三者請求 ………………… 74, 78, 885
　　—— の原則非公開 ……………… 6
胎児認知 ……………………………… 455
　　—— された子が出生した場合 … 460
　　—— される子 …………………… 456
　　—— の届出 ……………… 455, 457
　母が婚姻中である場合の—— の届
　　出 ………………………………… 459
大正4年式戸籍 ……………………… 3
代理権限等の確認 …………… 71, 94
代理人による口頭の届出 …………… 325
他の市町村長の手続 ………………… 176
他の市町村長への届書等の送付 …… 173
遅延理由書 …………………………… 341
父未定の子の出生届 ………………… 420
父を定める訴え ……………………… 420
地番号 ………………………………… 49

事項索引

地方自治法の規定の適用除外 …………… 34
地方独立行政法人 …………………………… 25
嫡出子 ……………………………… 194, 380
　──の出生届の届出義務者 …………… 409
　──の身分の取得 ……………………… 487
　──又は嫡出でない子の別 …………… 389
嫡出性の否認 ……………………………… 415
嫡出でない子 ……………………… 199, 382
　──の出生届の届出義務者 …………… 411
嫡出の推定
　──が重複する場合 …………………… 421
嫡出否認の訴え …………………… 415, 416
　──が提起された場合における出
　　生の届出と戸籍の処理 ……………… 417
嫡出否認の否認権の喪失 ………………… 417
調書 ………………………………………… 429
　──に基づく新戸籍編製 ……………… 429
調停離縁 …………………………………… 532
調停離婚 …………………………………… 588
追完 ………………………………………… 359
　──の対象となる届出 ………………… 358
　──の届出をしない場合の催告 ……… 361
追完届
　無効な身分行為の追認のための
　　── …………………………………… 361
通則 ………………………………………… 261
通達 ………………………………………… 30
通知 ………………………………………… 30
　──を受けた管轄法務局長等の処
　　理 ……………………………………… 767
通名の永年使用による名の変更 ………… 797
続柄欄
　父母との── ………………………… 145
　養父母との── ……………………… 147
訂正 ………………………………………… 139
提訴期間（出訴期間） …………………… 443
適切な管理のために講ずべき措置 ……… 908
デザイン上の差 …………………………… 401
デジタル手続法（情報通信技術を活
　用した行政の推進等に関する法
　律） ……………………………………… 945
手数料 ………………………………… 37, 43
手続行為能力 ……………………………… 918
転縁組 ……………………………………… 527
電子情報処理組織 ………………………… 859
　──によって取り扱うことが相当

　　でない戸籍又は除かれた戸籍 …… 870
　──による戸籍事務 ………………… 868
　──による戸籍事務の取扱い ……… 861
　──による戸籍事務の取扱いに関
　　する特例 …………………………… 859
　──による戸籍の調製 ……………… 861
　──による申請等 …………………… 946
　──による届出 ……………………… 278
電子判決 …………………………………… 1017
転籍 ………………………………… 813, 815
　──の届出 …………………………… 815
　旧戸籍についての── ……………… 988
転籍届 ……………………………… 816, 866
　──の特例 …………………… 866, 906
転籍届出地の特例 ………………………… 820
天皇 ………………………………………… 47
添付書類
　遺言による認知の届出の── ……… 471
　確定判決による就籍の届出の── … 832
　確定判決による戸籍訂正の届出の
　　── …………………………………… 856
　帰化の届出の── …………………… 743
　協議離縁の届出の── ……………… 527
　国籍取得の届出の── ……………… 736
　国籍喪失の届出の── ……………… 749
　戸籍訂正申請の── ………………… 850
　裁判上の離婚の届出の── ………… 591
　裁判による親権者指定届の── …… 620
　裁判認知の届出の── ……………… 468
　死亡の届出の── …………………… 658
　就籍の届出の── …………………… 827
　親権者変更届の── ………………… 621
　親権喪失，親権停止又は管理権喪
　　失審判取消届の── ………………… 621
　親権又は管理権の辞任又は回復の
　　届出の── …………………………… 624
　胎児認知の届出の── ……………… 458
　転籍の届出の── …………………… 817
　特別養子縁組の届出の── ………… 511
　名の変更の届出の── ……………… 806
　入籍の届出の── …………………… 715
　認知された胎児の死産届出の── … 474
　認知の届出の── …………………… 450
　分籍の届出の── …………………… 723
　法107条1項の届出の── …………… 784
　法107条4項の届出の── …………… 793

事項索引

未成年後見終了の届出の── ……… 644
未成年後見監督人就職届の── …… 647
未成年後見監督人地位喪失届の
　── …………………………… 648
未成年後見監督人任務終了届の
　── …………………………… 650
未成年後見人の地位喪失の届出の
　── …………………………… 638
未成年者の後見の開始の届出の
　── …………………………… 632
養子縁組の届出の── ……………… 504
同意 ……………………………… 327, 497
統一請求書 …………………………… 83
当該国に大使等が駐在していない場
　合の処理 …………………………… 343
同居・別居時期 …………………… 584
当事者
　──の一方死亡後の離縁 ………… 529
　──の世帯主の氏名 ……………… 584
　──の父母等に関する事項 ……… 584
同氏の親子同籍の原則 ………… 45, 46
同氏の親子同籍の例外 …………… 46
「謄抄本」の概念 …………………… 881
同性婚 ……………………………… 550
盗用 ………………………………… 954
特別区 ……………………………… 35
特別の事由 ………………………… 375
特別養子 …………………………… 231
　──の戸籍の編製及び記載 ……… 512
特別養子縁組 ………………… 223, 493
　──の形式的成立要件 …………… 499
　──の効果 ……………………… 501
　──の実質的成立要件 …………… 494
　──の審判が確定した場合 ……… 510
　──の審判を請求した者 ………… 510
　──の成立要件 ………………… 494
　──の届出 ……………………… 510
　──の取消し …………………… 501
　──の無効 ……………………… 501
特別養子縁組成立の審判の謄本 …… 511
特別養子離縁 ……………………… 520
　──の効果 ……………………… 521
　──の戸籍の処理 ……………… 536
　──の届出 ……………………… 535
　──の届出及び戸籍の処理 ……… 522
　──の要件及び手続 …………… 521

匿名出産 …………………………… 431
届書
　──等への受附の番号及び年月日
　　の記入 ………………………… 172
　──における戸籍の表示 ………… 296
　──の規定の準用 ……………… 332
　──の通数 ……………………… 317
　──の不備 ……………………… 357
　──の様式 ……………………… 289
　協議離婚の── ………………… 581
　公設所における出生があった場合
　　の── ………………………… 427
　国籍留保の── ………………… 754
　婚姻の── ……………………… 559
　婚氏続称の── ………………… 598
　就籍の── ……………………… 827
　胎児認知の── ………………… 458
　民法791条1項から3項までの規
　　定による子の氏変更の── …… 715
届書記載事項 ……………………… 694
届書審査における調査権 ………… 287
届書等情報 ………… 175, 864, 895, 896
　──等を不正受領する行為 ……… 952
　──の公開 ………………… 902, 903
　──の請求方法 ………………… 904
　──の法務大臣への提供 ………… 895
　不正手段による──の取得等に対
　　する過料等 …………………… 904
届書等情報提供通知 ……………… 899
届書の記載
　氏の変更の届出の── …………… 784
　帰化の届出の── ……………… 743
　協議による親権者指定届の── … 615
　国籍喪失の届出の── …………… 749
　裁判による親権者指定届の── … 621
　親権又は管理権の辞任又は回復の
　　届出の── …………………… 623
　名の変更の届出の── …………… 805
　認知の届出の── ……………… 449
　法107条3項による氏の変更の届出
　　の── ………………………… 791
　法107条4項による氏の変更の届出
　　の── ………………………… 793
届書の記載事項 …………… 291, 389
　外国国籍喪失の届出の── ……… 774
　確定判決による就籍の届出の── … 831

1029

事項索引

国籍取得の届出の—— …………… 735
死亡届における—— ……………… 656
成年に達した子の復氏の届出にお
　ける—— …………………………… 719
転籍の届出の—— ………………… 816
認知された胎児の死産届におけ
　る—— ……………………………… 474
分籍の届出における—— ………… 723
未成年後見監督人地位喪失届にお
　ける—— …………………………… 648
未成年後見監督人に関する届出に
　おける—— ………………………… 646
未成年後見監督人任務終了届にお
　ける—— …………………………… 650
未成年後見終了の届出における
　—— ………………………………… 644
未成年後見人の地位喪失の届出に
　おける—— ………………………… 638
未成年者の後見の開始の届出にお
　ける—— …………………………… 631
養子縁組の届出における—— …… 504
届書の記載方法 ……………………… 294
届出
　——に際し同意又は承諾を証する
　　書面 ……………………………… 332
　——によって効力を生ずべき行為 845
　——による国籍取得 ……………… 732
　——の規定の準用 ………………… 858
　——の懈怠 ………………………… 952
　——の催告 ………………………… 351
　——の錯誤 ………………………… 802
　——の受否 ………………………… 757
　——の性質 ……………… 538, 690, 723
　——の代理 ………………………… 264
　——の追完 ………………………… 356
　——の手続 ………………………… 691
　——の年月日 ……………………… 291
　——の要件 ………………………… 539
　——をすべき者 …………………… 261
　遺言による認知の—— …………… 470
　姻族関係終了の—— ……………… 693
　氏の変更の—— …………… 778, 784
　外国国籍喪失の—— ……… 772, 773
　外国人に関する—— ……………… 320
　外国人母の出生した子について日
　　本人父がする法62条の—— …… 463
　帰化の—— ………………………… 742
　期間経過後の—— ………………… 364
　協議による親権者指定の—— …… 613
　協議離婚の—— …………………… 580
　虚偽の—— ……………… 113, 959, 960
　口頭による—— …………… 278, 324
　国籍取得の—— …………………… 731
　国籍喪失の—— …………………… 748
　国籍留保の—— …………………… 752
　婚姻の—— ………………… 551, 557
　婚氏続称の—— …………… 594, 598
　在外公館への—— ………………… 334
　裁判上の離縁の—— ……………… 534
　裁判による親権者指定届の—— … 620
　裁判離婚・離婚の取消の—— …… 588
　錯誤による—— …………………… 113
　失踪宣告の—— …………………… 684
　失踪宣告の取消しの—— ………… 685
　死亡の—— ………………………… 656
　出生の—— ………………………… 387
　書面による—— …………………… 277
　親権・管理権の辞任・回復の—— … 622
　親権者変更届の—— ……………… 620
　親権喪失, 親権停止又は管理権喪
　　失審判取消届の—— …………… 621
　推定相続人の廃除の—— …… 697, 699
　生存配偶者の復氏の—— ………… 690
　成年に達した子の復氏の—— …… 717, 718
　胎児認知の—— …………… 455, 457
　代理人による口頭の—— ………… 325
　父又は母の氏を称する子の氏変更
　　の—— …………………………… 708
　追完の対象となる—— …………… 358
　電子情報処理組織による—— …… 278
　転籍の—— ………………………… 815
　特別養子縁組の—— ……………… 510
　特別養子離縁の—— ……………… 535
　届出資格がない者からの—— …… 354
　名の変更の—— …………… 795, 805
　入籍の—— ………………………… 709
　認知の—— ………………………… 448
　配偶者とともにする—— … 714, 719
　法54条による—— ………………… 422
　法107条3項による氏の変更の
　　—— ……………………………… 790
　法107条4項による氏の変更の

1030

　　　　── 793
　　未成年後見終了の── 644
　　未成年者の後見の開始の── 631
　　郵送による── 366
　　養子縁組の取消しの── 513
　　離縁の── 523
　　離縁の際の氏を称する── 538
届出期間 347
　　──の起算日 347
　　──の満了日 348
　　氏の変更の届出の── 784
　　外国国籍喪失の届出の── 773
　　確定判決による就籍の届出の── 832
　　国籍取得の届出の── 735
　　国籍喪失の届出の── 748
　　国籍留保の届出の── 754
　　婚氏続称の届出における── 598
　　裁判による親権者指定届における
　　　── 621
　　死亡届における── 656
　　就籍の届出の── 827
　　出生の届出の── 388
　　成年に達した子の復氏の届出にお
　　　ける── 719
　　特別養子縁組の届出における── 511
　　名の変更の届出の── 805
　　法107条4項による氏の変更の届出
　　　の── 793
　　未成年後見監督人地位喪失届にお
　　　ける── 648
　　未成年後見監督人に関する届出に
　　　おける── 646
　　未成年後見監督人任務終了届にお
　　　ける── 649
　　未成年後見終了の届出における
　　　── 644
　　未成年後見人の地位喪失の届出に
　　　おける── 638
　　未成年者の後見の開始の届出にお
　　　ける── 631
届出義務者 301, 409
　　──及び届出資格者以外の者によ
　　　る届出 665
　　──による出生届に基づく場合 425
　　──による届出 677
　　公設所において出生があった場合

　　　の── 426
　　裁判認知の届出における── 468
　　裁判離婚の届出における── 590
　　死亡における── 663
　　認知された胎児の死産届出におけ
　　　る── 473
　　未成年後見監督人地位喪失届にお
　　　ける── 647
　　未成年後見監督人に関する届出に
　　　おける── 646
　　未成年後見監督人任務終了届にお
　　　ける── 649
　　未成年後見終了の届出における
　　　── 644
　　未成年後見人の地位喪失の届出に
　　　おける── 637
　　未成年者の後見の開始の届出にお
　　　ける── 631
届出義務の順序 663
届出資格がない者からの届出 354
届出資格者
　　裁判離婚の届出における── 590
　　死亡の届出における── 664
届出事件 291
　　──の本人の氏名及び氏名の振り
　　　仮名 293
届出受理後の手続 459
届出地 266
　　──以外で受理した届出の効力 268
　　──としての「所在地」 267
　　──としての「本籍地」 266
　　──の一般原則 820
　　──の特例 820
　　姻族関係終了の届出における── 694
　　氏の変更の届出の── 784
　　外国国籍喪失の届出の── 773
　　確定判決による就籍の届出の── 832
　　協議による親権者指定届における
　　　── 614
　　協議離婚の届出における── 580
　　婚姻の届出における── 558
　　婚氏続称の届出における── 598
　　国籍取得の届出の── 735
　　国籍喪失の届出の── 748
　　国籍留保の届出の── 754
　　裁判による親権者指定届における

1031

事項索引

　　——…………………………………… 621
　裁判認知の届出における—— ………… 468
　死亡における—— …………………… 666
　就籍の届出の—— …………………… 827
　親権又は管理権の辞任又は回復の
　　届出における—— ………………… 623
　成年に達した子の復氏の届出にお
　　ける—— ………………………… 719
　胎児認知の届出における—— ………… 457
　父又は母の氏を称する入籍の届出
　　における—— ……………………… 715
　特別養子縁組の届出における—— …… 511
　名の変更の届出の—— ……………… 805
　認知の届出における—— …………… 449
　法107条3項による氏の変更の届出
　　の—— …………………………… 791
　法107条4項による氏の変更の届出
　　の—— …………………………… 793
　未成年後見監督人地位喪失届にお
　　ける—— ………………………… 648
　未成年後見監督人に関する届出に
　　おける—— ……………………… 646
　未成年後見監督人任務終了届にお
　　ける—— ………………………… 649
　未成年後見終了の届出における
　　—— ……………………………… 644
　未成年後見人の地位喪失の届出に
　　おける—— ……………………… 638
　未成年者の後見の開始の届出にお
　　ける—— ………………………… 631
　養子縁組の届出における—— ………… 504
　離縁の届出における—— …………… 524
届出等受理指定市町村長 ……………… 899
届出人
　——でない者の新本籍 ……………… 299
　——の死亡 ………………………… 367
　——の出生の年月日 ………………… 292
　——又は届出事件の本人 …………… 296
　——若しくは届出事件の本人でな
　　い者の戸籍の変動 ……… 298, 471
　遺言による認知の届出における
　　—— ……………………………… 471
　姻族関係終了の届出における—— …… 693
　氏の変更の届出の—— ……………… 784
　外国国籍喪失の届出の—— …………… 773
　確定判決による就籍の届出の—— …… 832
　協議による親権者指定届における
　　—— ……………………………… 614
　協議離婚の届出における—— ………… 580
　国籍取得の届出の—— ……………… 735
　国籍喪失の届出の—— ……………… 748
　国籍留保の届出の—— ……………… 753
　婚姻の届出における—— …………… 557
　婚氏続称の届出における—— ………… 598
　裁判による親権者指定届における
　　—— ……………………………… 620
　就籍の届出の—— …………………… 827
　準正子の嫡出子出生届における
　　—— ……………………………… 461
　親権者変更届における—— …………… 620
　親権喪失，親権停止又は管理権喪
　　失審判取消届における—— ……… 621
　親権又は管理権の辞任又は回復の
　　届出における—— ………………… 623
　成年に達した子の復氏の届出にお
　　ける—— ………………………… 718
　胎児認知の届出における—— ………… 457
　父又は母の氏を称する入籍の届出
　　における—— ……………………… 713
　転籍の届出の—— …………………… 816
　特別養子縁組の届出における—— …… 510
　名の変更の届出の—— ……………… 805
　認知の届出における—— …………… 448
　分籍の届出における—— …………… 723
　法107条3項による氏の変更の届出
　　の—— …………………………… 790
　法107条4項による氏の変更の届出
　　の—— …………………………… 793
　養子縁組の届出における—— ………… 503
　離縁の届出における—— …………… 523
届出人死亡後に受理した場合の受理
　日 ………………………………… 367
届出人死亡時の判断 …………………… 368
届出能力 ……………………… 262, 541
届出の方法 …………………………… 277
　姻族関係終了の届出における—— …… 694
　協議による親権者指定届における
　　—— ……………………………… 614
　協議離婚の届出における—— ………… 580
　婚姻の届出における—— …………… 558
　国籍留保の届出の—— ……………… 753
　裁判による親権者指定届における

事項索引

―― 621
親権又は管理権の辞任又は回復の
　　届出における ―― 623
胎児認知の届出における ―― 458
認知の届出における ―― 449
届出有効期間 791

【な行】

内密出産 431
内務省 2
名の振り仮名
　　――の変更手続 810
　　――の変更届 810
名の変更
　　――の効果 805
　　――の届出 795
　　通名の永年使用による ―― 797
　　名の訂正・更正と ―― 802
名の変更届 400
名欄 143
日本国外において出生があった場合
　　408
日本国憲法 3
日本国憲法の施行に伴う民法の応急
　　的措置に関する法律 3
日本国籍
　　――の取得 729
　　――の証明 385
　　――の喪失 768
　　――の不留保 747
　　自己の志望により，外国の公務員
　　　の職に就いたことによる ――
　　　の喪失宣告 747
日本国民 47
日本の戸籍制度の特色 17
入籍 158, 193, 296, 385, 701
　　――する者 135
　　――の届出 709
　　父又は母と同氏の場合における
　　　―― 201
　　父又は母の氏を称する ―― の届出 703
任意調査権 170
任意認知 435, 446
　　――の届出 446
認識不能者 676
認知 337, 435

―― された子の国籍取得 732
―― された胎児の死産届 473
―― に関する遺言の謄本 471
―― の意思表示 437
―― の効果 444
―― の届出 448
―― の取消し 439, 440
―― の方式 437
―― の無効 439
―― の要件の具備 462
―― を受ける子 446
―― をする者 446, 455
　数人の子の ―― 452
認知者 435
認知準正 461
認知請求権 466
　　―― の放棄 444
認知届の効果 453
認知の訴え 441
　　―― の当事者 466
認知無効・取消しの主張の手続 441
除かれた戸籍 → 除籍

【は行】

配偶者 164, 218
　　―― とともにする届出 714, 719
　　―― の一方の分籍禁止 985
配偶欄 147
廃除 → 推定相続人の廃除
破産者 636
罰則 951
判決
　　―― 以外の手続による裁判上の離
　　　　婚 574
　　―― による就籍 829
判決確定証明書 342
判決離縁 533
判決離婚 589
筆頭者 63, 163
　　―― の除籍 64
筆頭者氏名欄 143
人 23
被認知者死亡の場合 452
秘密 908, 909
秘密の漏えい 907, 951, 954
　　―― に対する罰則 910

1033

——の防止	867, 907
秘密保持義務	909
標準様式	290
平仮名	396, 397
夫婦が称すべき氏	560
夫婦が称する氏	180
夫婦に関する戸籍の編製方法	182
夫婦の一方が失踪宣告を受けた場合	689, 692
夫婦の一方が死亡した場合	689, 692
夫婦同氏同一戸籍の原則	180
夫婦同氏の原則	560
副記録 → 戸籍簿の副記録	
復氏	205, 215, 216
——すべき者	582
旧民法の規定で入籍した子の——	985
復籍	213, 214, 215
副本	58
——の作成	59
——の送付	59
——の廃棄	61
——の保存	60
不交付決定	924
不受理通知	281
不受理の申出	280, 281, 283, 451
——がされている場合	585
——の取下げ	285
附則	979
不知 → 記載事項の不知	
不当な目的	71
不服申立て	913, 914
父母との続柄欄	145
父母の婚姻	462
父母の氏名及び本籍	390
父母欄	144
分籍	240, 721
——の届出	722
分籍届	866
——の特例	866, 905
紛争処理手続における代理業務	85
変更できる氏	790
弁護士が行う特別な業務	86
弁護士等請求	74, 83
報告	167
報告的届出	255, 334
法人及び複数の未成年後見人	629

法定期間内に届出をしない場合	350
法定受託事務	19
法定代理	265
法定代理人	
——による代行	708
家庭裁判所で免ぜられた——	635
法定様式	289
法の適用に関する通則法	335
法107条4項による氏の変更届の対象者	792
法114条の訂正申請の申立人等	847
法116条と法113条の規定による訂正との関係	854
法122条による不服申立ての審判事件の管轄	918
法務局等が保有する戸籍情報	943
法務省令	30
——で定める事項	657
——への委任	949
法務大臣	29
——による記録	899
——による副本の保存	876, 879
——への提供	896
法令に定められている事項	315
補完 → 戸籍簿の補完	
保護の対象となる規定	908
補正	338
保存	57
本人確認	87, 280, 281, 282, 370
本人等請求	66
本人等による戸籍証明書等の請求	884
本籍	48, 64
——が明かでない者	271
——がない者	272
——の決定	48
——の場所	48
——の表示方法	49
本籍地市町村長への通知	589
本籍不明者	273, 676
本籍分明届	269, 271
本籍欄	142
翻訳者を明らかにした訳文	342

【ま行】

| 埋火葬の許可 | 654 |
| マイナンバー制度 | 8, 1005 |

事項索引

──への対応等 ………………………… 8
マイナンバー法に基づく戸籍関係情
　報の提供 …………………………… 911
窓口請求 ……………………………… 88, 95
未成年後見 …………………………… 609
　──の開始 ………………………… 609
　──の終了 ………………………… 641
未成年後見監督人 ………………… 610, 645
　──の指定 ………………………… 645
　──の選定 ………………………… 645
　──の地位喪失 …………………… 647
未成年後見監督人就職届 …………… 646
未成年後見監督人地位喪失 ………… 647
未成年後見監督人地位喪失届 ……… 647
未成年後見監督人任務終了届 ……… 648
未成年後見終了の届出 ……………… 644
未成年後見人 ………………………… 627
　──等の指定又は選任 …………… 610
　──の地位喪失 …………………… 634
　──の地位喪失の届出 ………… 634, 637
　規定により──となるべき者がい
　　ない場合 ………………………… 629
　最後に親権を行う者の指定による
　　── ……………………………… 627
　親権を行う父母の一方が管理権を
　　有しない場合における他の一
　　方の指定による── …………… 628
　選定── …………………………… 632
　法人及び複数の── ……………… 629
未成年者 ……………………………… 635
　──が成年に達した場合の後見終
　　了届 ……………………………… 353
　──の後見 ………………………… 601
　──の後見終了の届出 …………… 641
　──の後見の開始 ………………… 626
　──の後見の開始の届出 ………… 631
　──の婚姻 ………………………… 548
　──又は成年被後見人の創設的届
　　出 ………………………………… 305
　──又は成年被後見人の報告的届
　　出 ………………………………… 301
未成年被後見人
　──が死亡したとき …………… 641, 643
　──が成年に達したとき ……… 641, 643
　──について新たに親権者が生じ
　　たとき ………………………… 641, 643

見出帳 ………………………………… 54
見出票 ………………………………… 54
身分行為に関する準拠法 …………… 339
身分事項欄 ………………………… 138, 148
民間事業者への委託 ………………… 24
民間データセンター ………………… 23
民間のクラウド事業者 ……………… 23
民事訴訟法等の一部を改正する法律
　（令和4年法律48号） ……………… 1017
民法
　──と戸籍法の連携関係 ………… 2
民法典の成立 ………………………… 2
民法等の一部を改正する法律（昭和
　51年6月15日法律第66号） ……… 993
民法等の一部を改正する法律（昭和
　62年9月26日法律第101号） …… 999
民法等の一部を改正する法律（令和
　6年法律33号） …………………… 1018
無効な創設的届出による記載の訂正 … 845
無効な身分行為の追認のための追完
　届 …………………………………… 361
無籍者 …………………………… 243, 272
明治5年式戸籍 ……………………… 1
明治19年式戸籍 ……………………… 1
明治31年式戸籍 ……………………… 2
命名権の濫用 ………………………… 402
命名行為が無効の場合 ……………… 802
滅失　→　戸籍簿の滅失
申出再製 ……………………………… 112
　──の方法 ………………………… 120
　記録事項証明書における──に関
　　する事項の取扱い ……………… 123
申出による戸籍簿の再製 …………… 111

【や行】

やむを得ない事由 …………………… 779
　──の緩和を認めているもの …… 781
郵送による届出 ……………………… 366
郵便局 ………………………………… 25
行方の知れない者 …………………… 636
養方戸籍 ……………………………… 225
養子
　──が15歳未満の場合の死後離縁
　　の申立人と届出人 ……………… 531
　──の氏 …………………………… 488
　──の新戸籍 ……………………… 227

1035

事項索引

──の離縁後に法定代理人となる
　べき者 ································· 525
15歳以上の成年に達していない
　── ······································ 523
15歳未満の── ··························· 525
養子縁組 ·························· 337, 475
　──当事者の一方死亡後の離縁届
　　出 ·· 529
　──取消の際の氏を称する届出 ···· 516
　──による戸籍の変動 ················ 489
　──による入籍 ························ 203
　──の効果 ······························· 487
　──の実質的要件 ····················· 476
　──の代諾者 ··························· 506
　──の届出 ······················ 486, 503
　──の取消し ··························· 513
　──の取消原因 ······················· 513
　──無効 ································· 515
養子死亡後の離縁 ······················· 530
養子離縁 ·························· 337, 517
養親死亡後の離縁 ······················· 529
養親の氏 ···································· 710
養父母との続柄欄 ······················· 147
養父母欄 ···································· 146

【ら行】

欄外訂正 ···································· 114
離縁
　──による戸籍の変動 ················ 519
　──による養子の氏の変動の有無
　　 ·· 518

　──の際の氏を称する届出 ········· 538
　──の届出 ······························· 523
　──の取消し ··························· 532
　──の取消しとその届出 ············ 534
　──の取消しによる復氏 ············ 207
　──の方法 ······························· 518
　請求の認諾── ······················· 533
　当事者の一方死亡後の── ········ 529
　養子死亡後の── ····················· 530
　養親死亡後の── ····················· 529
利害関係人 ······················· 374, 844
離婚 ································ 336, 571
　──により復氏した後の氏を変更
　　するもの ······························· 782
　──による復氏 ························ 205
　──の意思 ······························· 578
　──の届出後に婚氏続称の届出が
　　された場合 ··························· 598
　──の届出と婚氏続称の届出が同
　　時にされた場合 ····················· 599
　──の届出による戸籍の変動 ····· 576
　──の取消し ··························· 593
　──の無効 ······························· 593
離婚意思の審査の要否 ················· 585
離婚原因 ···································· 572
離婚後共同親権 ························ 1018
離婚当事者に外国人がある場合 ···· 586
漏えいの防止 ····················· 867, 907

【わ行】

和解離縁 ···································· 533

先 例 索 引

明治5年8月24日太政官布告235号 ··· 776, 989
明治6年太政官布告118号 ·· 396, 989
明治31年7月26日回答569号 ··· 277, 366, 449
明治31年9月20日回答849号 ·· 289
明治31年9月21日回答1143号 ··· 348
明治31年9月22日回答972号 ·· 428
明治31年9月27日回答1240号 ··· 52
明治31年9月28日回答975号 ·· 277, 310, 311
明治31年10月1日回答813号 ·· 277, 449
明治31年10月15日回答979号 ··· 376
明治31年10月22日回答915号 ··· 312, 670, 828
明治31年10月26日回答1539号 ·· 313
明治31年11月10日回答1857号 ·· 146
明治31年12月15日回答2154号 ·· 293
明治31年12月20日回答1335号 ·· 376
明治32年1月10日回答2289号 ·· 418
明治32年1月26日回答1788号 ·· 143, 145
明治32年2月20日回答2301号 ·· 294
明治32年3月29日回答224号 ·· 447
明治32年4月13日回答39号 ·· 550
明治32年5月27日回答934号 ·· 635
明治32年8月5日回答1442号 ·· 969
明治32年10月5日回答1107号 ··· 270, 273
明治32年11月15日回答1986号 ·· 267, 406, 504, 822
明治32年12月14日回答2052号 ·· 164
明治34年3月9日回答175号 ·· 270
明治34年5月22日回答284号 ·· 295
明治34年5月23日回答489号 ·· 309
明治34年5月28日回答571号 ·· 628
明治34年7月1日回答667号 ·· 58
明治35年2月5日回答86号 ·· 974
明治36年1月13日回答1112号 ··· 107
明治36年2月28日回答158号 ·· 145
明治36年4月7日回答163号 ·· 267, 580
明治36年6月23日回答518号 ·· 460

先例索引

明治36年10月26日回答866号	430
明治36年12月24日回答952号	968
明治37年7月13日回答750号	978
明治43年1月14日回答25号	107
明治43年4月18日回答86号	817
明治43年5月28日回答416号	458
明治45年5月7日回答725号	479
大正元年11月25日回答708号	550
大正3年4月8日回答586号	390, 657
大正3年4月23日回答157号	479
大正3年5月19日回答793号	357, 568
大正3年11月17日回答1110号	328, 329, 331, 663
大正3年11月17日回答1599号	270, 275
大正3年11月21日回答1575号	432
大正3年12月9日回答1684号	143
大正3年12月28日回答893号	148, 343, 841
大正3年12月28日回答999号	265, 449
大正3年12月28日回答1125号	28, 147, 350, 352, 358, 506, 670, 841, 842, 968
大正3年12月28日回答1962号	125, 359, 361
大正3年12月28日回答1992号	663
大正3年12月28日回答1994号	325, 352, 429
大正4年1月9日回答1009号	354, 357, 842
大正4年1月11日回答1800号	142, 552
大正4年1月12日回答253号	685
大正4年1月14日回答1805号	348
大正4年1月15日回答1717号	358
大正4年1月16日回答1184号	173, 247, 841
大正4年1月28日回答125号	470
大正4年2月19日回答207号	316, 724
大正4年2月19日回答220号	412, 414
大正4年2月19日回答224号	669
大正4年5月4日回答508号	277
大正4年6月12日回答784号	668
大正4年6月23日回答361号	429
大正4年6月24日回答634号	360
大正4年6月26日回答519号	357, 359, 361
大正4年7月1日回答691号	146, 253, 361
大正4年7月7日回答638号	331
大正4年7月7日回答942号	665

大正4年7月7日回答1008号	357
大正4年7月8日回答1021号	968
大正4年7月13日回答952号	278, 357
大正4年7月13日回答1022号	669
大正4年7月20日回答115号	673
大正4年8月6日回答1293号	427, 700
大正4年9月8日回答1334号	567, 837
大正4年9月17日回答1413号	432, 844, 848, 968
大正4年10月2日回答1557号	917
大正4年10月25日回答1674号	142
大正4年11月6日回答1564号	643
大正5年2月3日回答1833号	651
大正5年3月15日回答226号	278, 357, 358, 725
大正5年3月18日回答252号	352, 968
大正5年3月18日回答353号	310
大正5年3月22日回答69号	353
大正5年3月23日回答319号	357
大正5年3月23日回答413号	176
大正5年4月19日回答481号	412
大正5年5月17日回答417号	411
大正5年6月7日回答465号	278, 324, 325, 694, 825
大正5年6月29日回答1024号	668
大正5年7月11日回答965号	839
大正5年10月21日回答629号	48, 360, 816
大正5年10月25日回答709号	380
大正5年10月26日回答921号	659
大正5年10月28日回答988号	146
大正5年11月2日回答1331号	436, 838
大正5年11月10日回答1505号	843
大正6年1月20日回答1997号	360
大正6年2月26日回答352号	253
大正6年3月5日回答363号	147
大正6年3月6日回答197号	360, 462
大正6年3月19日回答370号	460
大正6年6月8日回答903号	462
大正6年7月13日回答853号	550
大正6年8月25日回答924号	802
大正6年9月26日回答1827号	659
大正6年10月5日回答1884号	843

先例索引

大正 7 年 3 月16日回答402号	642
大正 7 年 3 月20日回答364号	456
大正 7 年 5 月11日回答613号	307, 412, 843
大正 7 年 5 月16日回答1030号	421
大正 7 年 5 月23日回答1105号	425
大正 7 年 5 月30日回答1159号	380, 461
大正 7 年 7 月 4 日回答1296号	436
大正 7 年 9 月13日回答1735号	551
大正 7 年10月 4 日回答1082号	265, 308
大正 7 年10月16日回答2031号	145
大正 7 年11月11日回答1389号	353
大正 7 年11月22日回答2487号	839
大正 7 年12月21日回答2436号	178, 425
大正 8 年 3 月28日回答710号	462
大正 8 年 4 月 7 日回答835号	849
大正 8 年 6 月 4 日回答1276号	412
大正 8 年 6 月 4 日回答1518号	659
大正 8 年 6 月26日回答841号	358, 359
大正 8 年 9 月13日回答3685号	461
大正 8 年 9 月15日回答2816号	843
大正 8 年10月20日回答4374号	164
大正 8 年12月16日回答5357号	685, 686
大正 9 年 3 月 2 日回答178号	642
大正 9 年 5 月31日回答1553号	685
大正 9 年 6 月26日回答2156号	844
大正 9 年11月10日回答3663号	367
大正10年 4 月 4 日回答1361号	271, 825
大正10年 4 月11日回答849号	460
大正10年12月27日回答2449号	294
大正11年 4 月15日回答893号	779
大正11年 4 月17日通牒1057号	253
大正11年 4 月29日回答1177号	106, 107
大正11年 4 月29日回答1307号	978
大正11年 5 月16日回答1688号	380, 411
大正11年 6 月 7 日回答2156号	515, 840
大正12年 1 月 6 日回答4887号	336
大正12年 2 月 6 日回答328号	138, 139, 143, 396
大正12年 9 月14日回答3212号	668
大正12年 9 月28日回答3370号	659

先例索引

大正13年5月6日回答7383号	106
大正13年11月14日回答11606号	753, 754, 756
大正13年11月17日回答11904号	840
大正14年1月7日回答12645号	660
大正14年1月28日回答34号	743, 744, 779
大正14年2月27日回答537号	106
大正14年5月19日回答4744号	755
大正14年10月9日回答9049号	341, 978
大正14年11月7日回答9510号	340
大正14年12月12日通牒10648号	427, 672
大正15年9月16日回答5800号	749
大正15年11月26日回答8355号	339
大正15年12月1日回答8851号	844, 849
大正15年12月9日回答9557号	106
昭和2年4月22日回答2979号	28
昭和2年8月5日回答6488号	434
昭和2年10月11日回答7271号	382
昭和3年1月18日回答83号	696
昭和3年6月13日回答7035号	270, 273
昭和3年9月27日回答10510号	433
昭和3年12月12日回答11462号	149
昭和4年1月17日回答271号	438
昭和4年8月30日回答7926号	265, 307
昭和5年3月20日回答275号	969
昭和5年4月25日回答292号	105
昭和5年5月9日回答404号	374, 375, 377
昭和5年6月5日回答611号	446
昭和5年6月17日回答622号	146
昭和6年7月7日回答724号	145
昭和6年7月8日回答730号	250
昭和6年7月24日回答794号	310
昭和6年8月14日回答699号	302
昭和6年10月19日回答805号	548, 686
昭和7年5月28日回答542号	105
昭和7年6月4日回答250号	447
昭和7年7月8日回答709号	515
昭和7年7月16日回答740号	105, 107
昭和7年7月16日回答765号	358
昭和7年8月18日回答828号	401, 801

先例索引

昭和7年8月26日回答858号	142
昭和7年12月20日回答1451号	106
昭和8年3月24日回答387号	756
昭和8年3月30日回答420号	661
昭和8年7月18日回答1040号	384
昭和8年12月19日回答1740号	128
昭和9年2月12日回答175号	265, 307, 461
昭和9年3月5日回答300号	382
昭和9年4月14日回答519号	841
昭和9年6月25日回答921号	548
昭和9年7月20日回答1002号	782, 802
昭和9年12月7日回答1612号	839, 840
昭和9年12月28日回答1110号	358
昭和10年2月18日回答118号	749, 770
昭和10年6月26日回答662号	302
昭和10年10月5日回答1169号	801
昭和10年10月21日回答1222号	295
昭和10年10月26日回答1239号	478
昭和11年2月13日回答166号	302
昭和11年3月26日回答286号	384
昭和11年5月4日回答361号	663
昭和11年6月18日回答616号	145
昭和11年7月15日回答785号	358
昭和11年9月24日回答1159号	324, 559
昭和12年4月7日回答371号	144, 785
昭和12年5月17日回答587号	853
昭和12年9月22日通牒1283号	268
昭和13年3月1日回答1728号	198, 463
昭和13年8月4日回答940号	368
昭和14年7月26日通牒768号	842
昭和14年10月9日通牒1100号	559
昭和15年3月26日通牒359号	369
昭和15年4月8日通牒432号	195
昭和16年4月28日回答384号	670
昭和16年6月5日通牒547号	681
昭和16年7月22日回答708号	427
昭和16年9月29日通牒907号	69
昭和17年2月3日通牒60号	670, 675
昭和17年2月25日回答86号	661

先例索引

昭和18年12月3日回答943号	447
昭和19年1月18日回答1051号	384
昭和19年3月6日回答124号	515
昭和19年6月22日通牒446号	659
昭和19年9月25日回答640号	670, 675
昭和20年4月6日通牒13号	684
昭和20年5月22日通牒88号	107
昭和20年5月25日回答114号	419
昭和20年6月23日回答130号	328
昭和20年7月17日回答228号	670
昭和20年12月6日回答631号	659
昭和21年1月7日通牒719号	670
昭和21年2月14日通牒78号	250
昭和21年3月20日通牒164号	548, 670
昭和21年5月31日通牒358号	659
昭和21年9月7日回答570号	840
昭和21年10月12日回答679号	670, 674
昭和21年11月12日通牒767号	562
昭和22年1月7日通牒896号	390
昭和22年4月8日通達277号	374, 375, 377, 903
昭和22年4月16日通達317号	4, 302, 411
昭和22年5月16日回答391号	667
昭和22年5月29日通達445号	410, 977
昭和22年6月11日回答335号	354
昭和22年6月20日回答522号	479
昭和22年6月25日回答595号	563
昭和22年7月17日回答618号	178, 407
昭和22年7月18日回答608号	247, 368, 557, 580
昭和22年8月15日回答791号	157, 391
昭和22年8月16日回答789号	146
昭和22年10月14日通達1263号	250
昭和22年11月14日訓令1415号	982
昭和22年12月4日回答1717号	659
昭和22年12月10日回答1500号	390
昭和22年12月18日回答1766号	407
昭和22年12月22日回答3914号	507
昭和23年1月13日通達17号	134, 147, 165, 175, 206, 207, 208, 215, 250, 354, 399, 479, 480, 584, 585, 595, 660, 690, 718, 783, 971, 982, 984
昭和23年1月29日通達136号	198, 402, 463

1043

先例索引

昭和23年1月31日回答37号	401
昭和23年1月31日回答143号	722
昭和23年1月31日回答370号	796
昭和23年2月20日回答87号	242, 709
昭和23年2月23日回答88号	984
昭和23年3月4日回答246号	198
昭和23年3月5日回答327号	197
昭和23年3月8日回答165号	207
昭和23年3月9日回答82号	134
昭和23年3月12日回答5号	710
昭和23年3月17日回答137号	251
昭和23年3月20日回答171号	241
昭和23年3月27日回答401号	479
昭和23年3月29日回答452号	399
昭和23年4月8日回答193号	710
昭和23年4月15日回答373号	206, 207, 307, 723
昭和23年4月15日回答926号	816
昭和23年4月20日回答208号	209, 517, 554, 577, 692, 724
昭和23年4月21日回答658号	134, 689, 988
昭和23年4月21日回答945号	300
昭和23年4月27日回答757号	241, 722
昭和23年5月6日回答652号	164, 209
昭和23年5月6日回答1131号	816
昭和23年5月7日回答249号	184, 191
昭和23年5月8日回答977号	585, 604
昭和23年5月14日回答904号	479
昭和23年5月17日通達1310号	373
昭和23年5月18日回答934号	817
昭和23年5月18日回答963号	300, 561
昭和23年5月18日回答1028号	198
昭和23年5月20日回答1074号	329, 700, 832
昭和23年5月22日回答1089号	722
昭和23年5月29日回答1454号	300
昭和23年6月9日回答767号	984
昭和23年6月9日回答1636号	484, 506
昭和23年6月11日回答1750号	784
昭和23年6月18日回答1916号	209
昭和23年6月24日通達1989号	753
昭和23年7月1日回答1676号	259, 712

先例	頁
昭和23年7月1日回答1788号	518
昭和23年7月1日回答1804号	193
昭和23年7月10日回答2052号	462
昭和23年7月20日回答2225号	507
昭和23年8月9日回答2076号	196
昭和23年8月12日回答2127号	149
昭和23年8月12日回答2153号	820
昭和23年8月15日回答2413号	486
昭和23年8月17日回答2177号	583, 592
昭和23年8月21日回答2438号	149
昭和23年8月30日回答2474号	215
昭和23年9月9日回答2484号	40
昭和23年10月11日通達70号	651
昭和23年10月11日回答2301号	164
昭和23年10月11日回答3097号	844
昭和23年10月11日回答3100号	473
昭和23年10月15日回答207号	148
昭和23年10月15日回答660号	265, 307, 412, 479
昭和23年10月16日回答2648号	206, 213, 582
昭和23年10月23日回答1640号	207, 209
昭和23年10月23日回答1994号	189
昭和23年10月28日回答3274号	462
昭和23年11月12日回答3579号	484, 507
昭和23年11月12日通達3585号	531, 609, 617
昭和23年11月30日回答3186号	503, 507
昭和23年12月1日回答1998号	147, 395, 552, 660
昭和23年12月1日回答3429号	215
昭和23年12月3日回答2194号	388
昭和23年12月6日回答3000号	207
昭和23年12月9日回答2831号	974
昭和23年12月9日回答2929号	358
昭和23年12月9日回答3185号	642, 643
昭和23年12月9日回答3780号	712
昭和23年12月14日回答2086号	228
昭和23年12月15日回答2321号	184
昭和23年12月22日回答3914号	485, 503
昭和24年1月26日回答106号	976
昭和24年2月3日回答195号	214
昭和24年2月4日回答200号	209, 241, 329, 723

先例索引

昭和24年2月4日回答3876号 …………………………………………………………… 486
昭和24年2月11日回答3659号 …………………………………………………………… 977
昭和24年2月17日通知349号 ……………………………… 241, 469, 511, 534, 723, 850, 857
昭和24年3月7日回答499号 ……………………………………………………… 463, 583, 604
昭和24年3月15日通達252号 ……………………………………………………………… 669
昭和24年3月15日回答3268号 …………………………………………………… 480, 487
昭和24年3月15日回答3499号 …………………………………………………… 613, 617
昭和24年3月15日回答4022号 …………………………………………………………… 709
昭和24年3月23日回答3961号 ……………………………………………… 259, 274, 969
昭和24年3月25日通達654号 ……………………………………………………………… 659
昭和24年3月28日回答652号 ……………………………………………………………… 852
昭和24年4月2日回答798号 ……………………………………………………………… 825
昭和24年4月6日回答436号 ………………………………………………… 214, 358, 478, 577
昭和24年4月6日回答3189号 …………………………………………………………… 668
昭和24年4月11日回答725号 …………………………………………………………… 527
昭和24年4月18日回答898号 …………………………………………………………… 214
昭和24年4月21日回答925号 …………………………………………………………… 530
昭和24年4月27日回答842号 …………………………………………………………… 686
昭和24年5月21日回答1149号 ………………………………………………………… 800
昭和24年5月30日回答1264号 ………………………………………………………… 563
昭和24年5月31日回答1277号 ………………………………………………………… 203
昭和24年6月9日通達1309号 …………………………………………………………… 659
昭和24年6月24日回答1396号 ………………………………………………………… 357
昭和24年7月6日回答1532号 …………………………………………………………… 418
昭和24年7月11日回答1585号 ………………………………………………………… 529
昭和24年7月19日回答1643号 …………………………………………………… 267, 268, 822
昭和24年7月19日回答1648号 …………………………………………………… 486, 714
昭和24年7月21日回答1647号 ………………………………………………………… 209
昭和24年8月30日回答1933号 ………………………………………………………… 507
昭和24年9月1日回答1935号 …………………………………………………………… 783
昭和24年9月5日回答1940号 ……………………………………………… 104, 105, 106, 107
昭和24年9月5日回答1942号 …………………………………………………… 352, 382
昭和24年9月9日回答2034号 …………………………………………………………… 478
昭和24年9月17日回答2109号 ………………………………………………………… 711
昭和24年9月28日通達2204号 …………………………………………… 178, 269, 334, 345, 425
昭和24年9月30日回答2175号 …………………………………………………… 178, 425, 678
昭和24年11月5日回答2545号 ………………………………………………………… 589
昭和24年11月5日回答2551号 ………………………………………………………… 608
昭和24年11月5日通達2563号 ………………………………………………………… 158

先例索引

昭和24年11月10日通達2616号 ……………………………………………… 260, 274, 969
昭和24年11月11日回答2641号 ……………………………………………………… 159
昭和24年11月17日通達2681号 ……………………………………………………… 670
昭和24年11月21日回答2693号 ………………………………………………… 259, 714
昭和24年12月17日通達2943号 ……………………………………………………… 175
昭和25年1月6日回答2号 …………………………………………………… 551, 669
昭和25年1月7日回答22号 …………………………………………………………… 455
昭和25年1月19日通達129号 ………………………………………………………… 345
昭和25年1月23日回答145号 …………………………………………………… 340, 342
昭和25年1月30日回答173号 ………………………………………………………… 357
昭和25年1月30日通達194号 ………………………………………………………… 219
昭和25年1月30日回答230号 ………………………………………………………… 575
昭和25年2月3日回答154号 …………………………………………………… 159, 628
昭和25年2月6日回答284号 …………………………………… 258, 617, 622, 690, 693
昭和25年2月8日通達343号 ………………………………………………………… 669
昭和25年2月16日回答449号 ………………………………………………………… 384
昭和25年2月16日回答450号 ………………………………………………………… 360
昭和25年2月21日回答520号 ………………………………………………………… 548
昭和25年3月24日回答766号 ………………………………………………………… 384
昭和25年3月28日最高裁家庭局第二課長回答家庭甲74号 ……………………… 758
昭和25年3月30日回答859号 …………………………………………………… 526, 608
昭和25年4月10日回答916号 ………………………………………………………… 660
昭和25年4月10日回答932号 …………………………………………………… 219, 430
昭和25年4月10日回答933号 ………………………………………………………… 214
昭和25年4月11日回答918号 ………………………………………………………… 554
昭和25年4月18日回答1012号 ………………………………………………… 104, 105
昭和25年5月2日回答931号 …………………………………………………………… 22
昭和25年5月16日通達1258号 ……………………………………………………… 208
昭和25年5月23日通達1357号 ………………………………………………… 345, 346
昭和25年6月1日通達1566号 ………………………………… 164, 243, 741, 744, 770
昭和25年6月10日回答1653号 ………………………………………… 583, 590, 604
昭和25年6月10日回答1655号 ………………………………………………… 690, 692
昭和25年7月1日通達1677号 ……………………………………………………… 669
昭和25年7月1日回答1790号 ……………………………………………………… 572
昭和25年7月27日通達2029号 ……………………………………………………… 654
昭和25年8月3日第9回法務省・裁判所戸籍事務連絡協議会決議 …………… 802
昭和25年8月5日回答2128号 ……………………………………………………… 414
昭和25年8月9日回答2096号 ……………………………………………………… 711
昭和25年8月17日回答2205号 ……………………………………………………… 241

1047

先例索引

昭和25年8月19日回答259号	825
昭和25年8月22日回答2245号	509
昭和25年8月29日通達2324号	450
昭和25年8月30日回答2354号	108
昭和25年9月12日通達2467号	509
昭和25年9月12日回答2468号	50
昭和25年9月12日回答2506号	434
昭和25年9月21日回答2537号	354
昭和25年9月22日通達2573号	488, 526, 585, 604, 607
昭和25年9月22日通達2605号	670
昭和25年9月28日通達2634号	210
昭和25年10月8日回答2712号	308, 784
昭和25年10月10日回答2633号	481
昭和25年10月16日通達2404号	210
昭和25年11月9日回答2909号	520
昭和25年11月9日回答2910号	429, 825
昭和25年11月17日回答2977号	654
昭和25年12月4日回答3089号	606, 642
昭和25年12月5日回答3082号	353
昭和25年12月5日回答3108号	841
昭和25年12月6日回答3081号	251
昭和25年12月27日回答3352号	142
昭和26年1月6日通達3406号	712
昭和26年1月10日回答3419号	526
昭和26年1月23日回答20号	710
昭和26年1月24日回答59号	555
昭和26年1月26日回答67号	208
昭和26年1月31日回答71号	805
昭和26年2月10日回答209号	515, 846
昭和26年2月12日回答237号	557
昭和26年2月13日回答274号	784
昭和26年2月20日回答312号	213
昭和26年3月6日回答412号	614
昭和26年3月19日通達454号	334, 342
昭和26年3月27日回答613号	750
昭和26年3月30日回答666号	128
昭和26年4月23日回答851号	60
昭和26年4月30日回答899号	561, 786
昭和26年5月10日回答947号	52

昭和26年5月18日通達1004号	203
昭和26年5月30日通達1140号	393
昭和26年6月21日回答1289号	556
昭和26年6月22日回答1231号	488, 526, 527, 607
昭和26年6月27日回答1332号	195
昭和26年7月19日回答1542号	343
昭和26年7月23日回答1505号	841
昭和26年7月28日回答1544号	339
昭和26年8月14日回答1640号	293
昭和26年8月14日回答1653号	526
昭和26年8月29日回答1745号	345
昭和26年9月4日通達1787号	539, 710
昭和26年9月18日回答1805号	250
昭和26年9月27日回答1804号	610, 617
昭和26年10月5日新潟協議会決議報告	441, 452
昭和26年10月17日回答1959号	805
昭和26年11月5日回答1915号	527
昭和26年11月5日通達2102号	485, 507, 509
昭和26年12月5日回答1673号	242, 710, 722
昭和26年12月5日回答1773号	828
昭和26年12月20日通達2413号	407
昭和26年12月20日回答2416号	250
昭和26年12月28日回答2424号	185, 786
昭和26年12月28日回答2476号	506
昭和26年12月28日回答2483号	826
昭和27年1月31日回答44号	153, 427, 672
昭和27年2月13日回答133号	145, 251
昭和27年3月5日回答239号	336
昭和27年4月7日回答399号	430
昭和27年4月19日通達438号	826
昭和27年5月24日回答751号	782
昭和27年6月5日通達782号	828
昭和27年6月7日通達804号	430
昭和27年6月16日通達842号	52
昭和27年6月19日回答852号	213
昭和27年7月1日回答930号	840
昭和27年8月5日通達1102号	251
昭和27年8月29～30日福岡協議会決議	145
昭和27年9月17日回答220号	718

先例索引

昭和27年9月18日回答274号	259, 969
昭和27年9月25日回答326号	782, 783
昭和27年11月8日回答609号	377
昭和27年11月19日回答661号	377
昭和28年1月14日回答40号	556
昭和28年3月3日回答284号	243
昭和28年4月8日回答561号	341
昭和28年4月15日通達597号	370, 371
昭和28年4月25日回答698号	825
昭和28年6月24日通達1062号	243
昭和28年6月26日回答1075号	826
昭和28年7月20日回答1238号	382
昭和28年8月1日回答1343号	450
昭和28年9月3日回答1609号	105
昭和28年10月13日回答1831号	335
昭和28年10月21日回答1957号	450
昭和28年11月24日回答2207号	484
昭和28年12月2日回答2273号	382
昭和28年12月11日回答2335号	382, 623
昭和28年12月25日回答2479号	643
昭和29年2月15日回答297号	429, 431, 824, 825
昭和29年3月6日回答509号	268, 457
昭和29年3月18日回答611号	49
昭和29年4月14日回答752号	826, 832
昭和29年5月21日回答1053号	709, 710
昭和29年6月3日通達1116号	377
昭和29年7月1日回答1335号	298
昭和29年8月4日回答1588号	577
昭和29年8月20日回答1721号	506
昭和29年10月23日回答2206号	583
昭和29年11月20日通達2432号	270, 273, 275, 320
昭和29年12月24日回答2601号	329
昭和30年1月18日通達76号	330, 744
昭和30年2月9日通達245号	556
昭和30年2月15日通達289号	823
昭和30年2月16日回答311号	802
昭和30年2月26日回答379号	743
昭和30年4月5日通達603号	64, 142
昭和30年5月1日回答905号	506

昭和30年6月3日回答1117号	390, 576, 592, 657
昭和30年6月6日回答1086号	64
昭和30年6月15日通達1199号	724
昭和30年6月20日回答1232号	725
昭和30年6月20日通達1259号	743
昭和30年8月1日回答371号	823
昭和30年8月1日回答1545号	667
昭和30年8月1日通達1602号	485, 508, 854
昭和30年8月3日回答1656号	378
昭和30年10月31日回答2290号	713
昭和30年11月4日回答2350号	691, 693
昭和30年12月5日回答596号	742
昭和31年1月23日回答31号	663
昭和31年2月15日回答295号	183, 554
昭和31年2月17日回答190号	749
昭和31年2月18日回答326号	376
昭和31年3月6日回答91号	825
昭和31年3月6日回答389号	824
昭和31年4月25日通達839号	556
昭和31年5月2日通達838号	213, 577
昭和31年6月13日回答1244号	854
昭和31年6月29日通達1468号	250
昭和31年7月12日回答1557号	577
昭和31年7月14日回答381号	830
昭和31年9月3日回答2046号	313
昭和31年9月3日回答2058号	183
昭和31年9月28日回答2234号	608
昭和31年10月17日回答2397号	329
昭和31年11月7～8日岩手協議会決議	278
昭和31年11月8日通達2590号	407
昭和31年11月13日回答2394号	583
昭和31年11月20日回答2659号	564
昭和32年1月14日回答63号	307, 817
昭和32年1月31日回答163号	652
昭和32年2月13日回答256号	508
昭和32年2月26日回答381号	307, 805
昭和32年3月6日回答442号	782
昭和32年3月6日回答443号	714
昭和32年6月3日回答1052号	388, 753

先例索引

昭和32年8月1日通達1358号	652
昭和32年9月13日回答1743号	663
昭和32年9月21日通達1833号	752
昭和32年11月5日回答2124号	378
昭和32年11月7日回答2107号	329
昭和32年11月11日回答2150号	146
昭和32年12月14日通達2372号	752
昭和33年3月10日回答110号	710
昭和33年3月29日通達633号	191
昭和33年4月23日回答204号	485
昭和33年5月29日回答1064号	190
昭和33年5月29日通達1070号	983
昭和33年8月6日回答1586号	329
昭和33年9月10日回答449号	377
昭和33年9月15日通達1847号	108
昭和33年10月9日回答478号	106
昭和33年10月29日回答509号	838
昭和33年11月18日回答551号	107
昭和33年12月3日回答2432号	592
昭和33年12月20日通達2612号	52
昭和33年12月23日通達2613号	757
昭和34年1月19日回答61号	142
昭和34年1月20日回答82号	201, 712
昭和34年3月30日通達657号	684
昭和34年4月8日通達624号	362, 485, 508
昭和34年5月29日回答265号	485
昭和34年7月11日回答1508号	450
昭和34年7月22日回答1550号	361
昭和34年7月22日回答3261号	486
昭和34年8月27日通達1545号	389
昭和34年8月28日通達1827号	448
昭和34年9月22日通知489号	408
昭和34年10月31日回答2426号	590
昭和34年11月21日回答2568号	755
昭和34年11月30日回答595号	350
昭和34年12月16日回答2896号	583
昭和34年12月19日回答2946号	663
昭和35年1月19日回答147号	756
昭和35年2月22日通達421号	684

先例	頁
昭和35年4月28日回答994号	657
昭和35年6月8日回答1400号	591
昭和35年6月17日回答1513号	826
昭和35年6月20日回答1495号	388, 753
昭和35年8月1日回答1902号	64
昭和35年8月3日回答2011号	336
昭和35年9月26日回答392号	564
昭和35年10月25日回答2660号	668
昭和35年10月27日通達2616号	330
昭和35年10月27日回答2679号	376
昭和35年12月16日通知472号	251
昭和35年12月16日通達3091号	198, 251
昭和35年12月19日回答3195号	694
昭和35年12月28日回答3364号	592
昭和36年1月11日回答63号	291, 292
昭和36年1月14日回答113号	148
昭和36年2月28日回答486号	51, 52
昭和36年4月7日回答824号	685
昭和36年7月3日回答1578号	699
昭和36年8月5日回答1915号	828
昭和36年10月11日回答2556号	431
昭和36年12月14日回答3114号	447, 448
昭和37年1月13日回答20号	350, 968
昭和37年2月13日回答309号	642
昭和37年4月17日回答1064号	756
昭和37年5月29日通達1448号	657
昭和37年5月30日通達1469号	527, 685
昭和37年6月29日回答1839号	528, 614
昭和37年7月7日通達1873号	392
昭和37年7月14日回答1989号	526
昭和37年8月9日回答2258号	278
昭和37年8月11日回答2294号	854
昭和37年9月13日依命通知396号	531, 607, 642
昭和37年9月13日回答2620号	107
昭和37年11月2日回答3175号	122
昭和37年11月21日通知495号	58
昭和37年11月24日回答3390号	805
昭和37年11月29日回答3438号	714
昭和37年11月29日回答3439号	526, 531, 607

昭和37年12月 3 日回答3513号	668
昭和37年12月 5 日回答3514号	105
昭和38年 1 月 7 日回答3771号	49
昭和38年 3 月14日回答751号	784
昭和38年 3 月16日回答800号	294
昭和38年 3 月27日回答900号	159
昭和38年 3 月30日回答918号	447
昭和38年 3 月30日回答925号	329
昭和38年 5 月14日回答1359号	142
昭和38年 5 月15日回答1421号	402
昭和38年 7 月 1 日回答1837号	382
昭和38年 7 月12日回答2009号	677
昭和38年 7 月18日栃木協議会決議	410
昭和38年10月29日通達3058号	198
昭和39年 2 月 5 日回答273号	755
昭和39年 2 月 6 日回答276号	382
昭和39年 2 月13日回答319号	531
昭和39年 2 月26日回答379号	828
昭和39年 2 月27日通達381号	108, 109
昭和39年 3 月 6 日回答554号	753
昭和39年 3 月11日回答640号	685
昭和39年 4 月 6 日回答1497号	53
昭和39年 5 月 4 日回答1617号	426, 431
昭和39年 5 月14〜15日徳島協議会決議	335
昭和39年 5 月27日回答1951号	551
昭和39年 5 月30日回答2044号	61
昭和39年 6 月15日回答2086号	382
昭和39年 7 月 9 日回答2480号	670
昭和39年 7 月27日通達2683号	655
昭和39年 8 月 5 〜 6 日島根協議会決議	401
昭和39年 9 月 9 日回答3019号	399
昭和39年 9 月30日回答3190号	54
昭和40年 1 月 7 日通達4016号	438
昭和40年 3 月16日回答540号	551
昭和40年 4 月10日回答781号	202
昭和40年 4 月12日回答838号	185, 561, 786
昭和40年 5 月28日回答1080号	378
昭和40年 6 月21日回答1430号	401
昭和40年 7 月 7 日回答1490号	825

昭和40年7月19日回答1881号	753
昭和40年7月22日回答1723号	142
昭和40年8月23日回答2439号	758
昭和40年9月18日回答2533号	127
昭和40年9月22日回答2834号	382
昭和40年10月2日回答2887号	105
昭和40年12月11日回答3441号	659
昭和40年12月14日回答3688号	758
昭和41年1月5日回答3707号	197
昭和41年2月1日回答315号	378
昭和41年5月13〜14日愛知協議会決議	673
昭和41年6月4日回答1252号	382
昭和41年6月8日回答1239号	755
昭和41年8月22日通達2431号	178
昭和41年9月30日通達2594号	252
昭和42年3月8日回答373号	383, 471
昭和42年3月27日回答365号	185, 561
昭和42年8月4日回答2152号	395
昭和42年8月21日通達2414号	655
昭和42年9月26日回答2650号	49, 818
昭和42年10月4日通達2671号	393
昭和43年4月5日回答689号	462
昭和43年6月28日回答2304号	384
昭和44年3月11日回答422号	49, 818
昭和44年4月1日訓令481号	108
昭和44年5月7日回答892号	158
昭和44年7月7日回答1348号	818
昭和44年9月1日依命通知1025号	730
昭和44年9月1日通達1741号	730
昭和44年11月17日回答2144号	183
昭和44年11月25日回答2620号	253
昭和45年1月31日回答464号	447
昭和45年3月31日通達1261号	64, 142, 390, 427, 657
昭和46年2月17日回答567号	419
昭和46年3月11日回答1166号	757
昭和46年4月23日回答1608号	335, 754
昭和46年4月26日回答1637号	755
昭和46年6月9日回答2071号	105
昭和46年6月17日回答2074号	749

昭和46年6月24日通知158号	757
昭和46年7月23日回答2423号	755
昭和46年11月17日回答3408号	64
昭和46年12月21日回答3592号	756
昭和46年12月21日通達3589号	112
昭和47年1月8日回答48号	690
昭和47年1月27日回答560号	755
昭和47年5月2日通達1766号	250, 803
昭和47年8月23日回答420号	402, 801
昭和47年10月12〜13日宮崎協議会決議	145
昭和47年11月15日回答4679号	785
昭和48年2月7日回答1217号	758
昭和48年8月20日回答6451号	756
昭和48年8月23日共同通達6498号	661
昭和48年11月17日依命通知8522号	105
昭和49年9月5日福井協議会決議	41
昭和49年10月1日通達5427号	251, 412
昭和50年2月4日通達664号	127
昭和50年2月12日東京協議会決議	590
昭和50年2月13日回答747号	412
昭和50年3月26日通知1600号	345
昭和50年4月30日回答2221号	300, 583
昭和50年5月23日通達2696号	403
昭和50年9月25日回答5667号	426
昭和50年10月7日鳥取協議会決議	41
昭和51年1月14日通達280号	342, 569, 591
昭和51年1月23日通達900号	281
昭和51年2月28日回答6545号	756
昭和51年3月17日回答2153号	755
昭和51年5月31日通達3233号	570, 599, 600
昭和51年8月12日回答4580号	756
昭和51年11月4日通達5351号	46, 202, 599, 702, 711
昭和51年11月4日通達5353号	595
昭和51年11月5日通達5641号	49, 72, 73, 78, 410, 818
昭和52年3月11日回答1594号	659
昭和52年4月4日回答1861号	552
昭和52年4月6日通達1671号	321
昭和52年4月6日通知1672号	174, 321
昭和52年5月14日回答2647号	345

昭和52年10月7日回答5117号	568
昭和53年2月3日回答633号	359
昭和53年7月22日通達4184号	214, 520, 590
昭和53年11月17日回答6220号	661
昭和54年6月9日通達3313号	148, 292, 657
昭和54年8月21日通達4391号	252, 643
昭和54年8月31日通達4471号	620
昭和54年9月1日通達4481号	661
昭和55年1月18日通達680号	214, 590
昭和55年3月26日通知1914号	251
昭和55年8月27日通達5218号	185, 187, 586
昭和56年5月18日回答3112号	49
昭和56年9月14日通達5537号	251, 399, 402, 800
昭和56年9月14日通知5542号	745
昭和57年2月16日回答1480号	405
昭和57年2月17日通達1282号	376, 932
昭和57年4月30日通達2972号	118, 438, 450, 451, 463
昭和57年8月4日回答4844号	752
昭和57年12月18日回答7608号	456
昭和57年12月25日回答7679号	358
昭和58年2月28日依命回答1294号	128
昭和58年3月14日通達1819号	818
昭和58年3月14日依命通知1821号	818
昭和58年4月1日通達2285号	596, 597
昭和58年6月13日回答3356号	307
昭和58年10月24日通達6115号	655
昭和59年6月1日第148回戸籍事務連絡協議会結論	597
昭和59年8月9日回答4115号	597
昭和59年8月30日回答4661号	591
昭和59年11月1日通達5500号	46, 49, 186, 187, 202, 330, 335, 402, 555, 712, 713, 738, 739, 740, 743, 756, 763, 764, 766, 767, 770, 772, 774, 786, 787, 788, 789, 791, 792, 793, 794
昭和59年11月1日通達5506号	741
昭和59年11月15日通達5815号	754
昭和60年2月19日回答871号	460
昭和62年6月15日通達1544号	482
昭和62年10月1日通達5000号	46, 199, 201, 202, 210, 211, 224, 225, 227, 228, 232, 487, 507, 512, 516, 518, 530, 531, 536, 537, 539, 542, 543, 544, 550, 565, 599, 600, 690, 702, 711, 712
昭和62年10月1日通達5001号	537, 820
昭和63年3月29日通達2020号	691

先例索引

昭和63年9月17日通達5165号	485, 508
昭和63年10月3日回答5341号	374
昭和63年12月20日通達7332号	349, 597, 849, 857
平成元年2月20日回答470号	253
平成元年10月2日通達3900号	336, 342, 456, 558
平成2年3月1日通達600号	138, 150
平成2年10月5日通達4400号	203, 520
平成2年10月20日通達5200号	251, 398, 401, 403, 404, 739, 803
平成3年1月5日回答183号	459
平成3年1月22日回答428号	820
平成3年11月28日通達5877号	144
平成3年12月27日通達6210号	174, 321, 558, 581
平成4年1月8日回答178号	413
平成4年3月30日通達1607号	803
平成5年6月3日回答4318号	756
平成5年6月3日回答4319号	756
平成5年9月14日回答6145号	402
平成5年10月29日通知6934号	377
平成6年4月4日回答2437号	582
平成6年11月16日通達7000号	138, 150, 870
平成6年11月16日通達7002号	139, 150, 175, 657, 861
平成6年11月16日通達7005号	46, 160, 201, 299, 403, 404, 554, 657, 713, 803
平成7年1月30日通達669号	388
平成7年2月28日通達2003号	127
平成7年12月26日通達4491号	318
平成8年9月24日通達1700号	127
平成9年3月11日回答445号	756
平成10年1月16日回答94号	360
平成10年1月30日通達180号	454
平成10年7月24日通知1374号	341
平成11年11月11日通知2420号	456, 459
平成12年3月15日通達600号	31, 32, 34, 303, 304, 376
平成12年3月29日回答765号	756
平成13年6月15日通達1544号	399
平成14年4月1日回答835号	23
平成14年12月18日訓令2999号	108, 121
平成14年12月18日通達3000号	111, 112, 114, 123, 1004
平成14年12月18日依命通達3002号	108, 121
平成15年3月18日通達748号	281

先例索引

平成15年11月18日回答3426号	756
平成16年 4 月 1 日通達769号	589
平成16年 4 月 1 日通達850号	54
平成16年 4 月 1 日通達928号	866
平成16年 6 月23日通達1813号	235, 237, 239
平成16年 9 月27日通達2664号	397, 398, 401, 801
平成16年11月 1 日通達3008号	119, 146, 251
平成20年 4 月 7 日通達1000号	71, 72, 73, 78, 80, 81, 82, 84, 85, 87, 89, 90, 91, 92, 93, 94, 96, 97, 99, 100, 248, 281, 283, 286, 367, 370, 371, 374, 932, 934
平成20年 5 月27日通達1503号	284
平成20年 5 月27日通達1504号	286
平成20年12月12日通知3217号	203, 236, 713
平成20年12月18日通達3302号	49, 736, 737, 738, 739, 740
平成22年 3 月24日通知730号	119
平成22年 3 月24日通知731号	119, 430
平成22年 5 月 6 日通達1080号	126, 341
平成22年 7 月21日通達1770号	345
平成22年 9 月 6 日通知2191号	652
平成22年11月30日通達2903号	398, 739
平成22年12月27日通達3200号	288, 475, 477, 564
平成23年 6 月 7 日通知1364号	660
平成23年 9 月12日通知2132号	286
平成24年 2 月 2 日通達271号	584
平成24年 6 月25日通達1550号	402
平成25年 3 月 6 日回答203号	338
平成25年 3 月21日通知285号	665
平成25年 3 月25日通達305号	677
平成25年 3 月28日通知316号	632
平成25年 3 月28日通知317号	24
平成25年11月14日回答947号	23
平成26年 1 月27日通達77号	115
平成26年 6 月19日回答713号	202, 713
平成26年 7 月31日通知819号	320
平成26年12月24日通知1462号	678
平成27年 3 月 9 日通知308号	542
平成27年 5 月20日回答645号	754
平成27年11月19日通達1359号	617
平成28年 3 月22日通達296号	60
平成28年 3 月31日通達346号	72, 924

先例索引

平成28年6月7日通達584号	549, 551
平成28年6月7日依命通知585号	551
平成29年10月2日通達1150号	562, 584
平成30年1月18日回答19号	23
平成30年11月15日通知1586号	81
令和元年6月20日通達286号	845
令和元年12月19日回答1000号	139
令和2年4月3日通達544号	665
令和3年8月27日通達1622号	290, 294
令和4年3月17日通達555号	252
令和6年2月9日通達317号	61
令和6年2月26日通達500号	151, 176, 249, 292, 322, 330, 344, 346, 353, 425, 457, 474, 558, 680, 681, 770, 860, 862, 870, 874, 886, 888, 892, 893
令和6年2月26日依命通知501号	860, 888
令和6年2月26日通達502号	356
令和6年2月26日通達503号	69, 278, 861, 866
令和6年2月26日通達504号	290, 294, 395, 504, 584, 598, 631, 646, 691, 694, 700, 715, 720, 723, 735, 754, 763, 774, 784, 788, 791, 793, 805, 827
令和6年2月26日通達507号	655
令和6年2月26日通達513号	870
令和6年2月26日通達514号	861, 878
令和6年11月11日通知2451号	862

判 例 索 引

大判明治32年1月12日民録5輯1巻7頁 ………………………………… 455, 466
大決明治32年9月22日民録5輯8巻18頁 ………………………………… 974, 975
大判明治40年11月6日民録13輯1093頁 …………………………………… 477
大判明治45年4月5日民録18輯343頁 ……………………………………… 443
大決大正3年1月26日民録20輯28頁 ……………………………………… 974, 975
大判大正4年1月26日民録21輯49頁 ………………………………………… 545
大判大正4年3月13日民録21輯312頁 ……………………………………… 478
大決大正5年4月19日民録22輯774頁 ……………………………………… 854
大判大正5年4月29日民録22輯824頁 ……………………………………… 436, 442
大判大正5年5月11日民録22輯940頁 ……………………………………… 277
大判大正6年12月20日民録23輯2178頁 …………………………………… 477
大決大正6年12月26日民録23輯2229頁 …………………………………… 488
大決大正7年4月9日民録24輯510頁 ……………………………………… 839
大決大正8年6月6日民録25輯973頁 ……………………………………… 974, 975
大判大正10年12月9日民録27輯2100頁 …………………………………… 436
大決大正11年1月16日大審院民集1巻1頁 ……………………………… 43
大判大正11年2月25日大審院民集1巻69頁 ……………………………… 571
大判大正11年3月27日大審院民集1巻137頁 …………………………… 441
大決大正11年4月10日大審院民集1巻182頁 …………………………… 348
大判大正11年4月25日大審院民集1巻222頁 …………………………… 839
大判大正11年7月29日大審院民集1巻443頁 …………………………… 506
大判大正11年9月2日大審院民集1巻448頁 …………………………… 477
大決大正11年11月6日大審院民集1巻633頁 …………………………… 43, 837
大決大正11年12月21日大審院民集1巻783頁 …………………………… 838
大判大正12年7月23日大審院民集2巻518頁 …………………………… 302
大判大正15年6月17日大審院民集5巻468頁 …………………………… 307, 723, 917
大判大正15年10月11日大審院民集5巻703頁 …………………………… 438
大判昭和4年7月4日大審院民集8巻686頁 …………………………… 438
大判昭和7年5月11日大審院民集11巻1062頁 ………………………… 550
大判昭和7年12月14日大審院民集11巻2323頁 ………………………… 43
大判昭和10年7月16日大審院民集19巻1278頁 ………………………… 384
大判昭和11年6月30日大審院民集15巻1290頁 ………………………… 264, 277, 559
大判昭和11年11月18日新聞4079号14頁 ………………………………… 508
大判昭和11年12月4日大審院民集15巻23号2138頁 …………………… 268
大判昭和12年12月1日大審院民集16巻1691頁 ………………………… 779

1061

判例索引

大判昭和13年7月27日大審院民集17巻1528頁	508
大判昭和13年12月24日大審院民集17巻2533頁	383, 417, 419
大連判昭和15年1月23日大審院民集19巻1号54頁	195
大判昭和15年9月20日大審院民集19巻1596頁	383
大判昭和16年2月3日大審院民集20巻70頁	579
大判昭和16年7月29日大審院民集20巻1019号	552
大阪高決昭和23年4月21日家族法大系Ⅰ261頁	785
最判昭和23年12月23日民集2巻14号493頁	477
東京高決昭和24年7月28日家月1巻9・10号6頁	801
福岡高決昭和24年10月7日高民2巻2号194頁	758
最判昭和25年12月28日民集4巻13号701頁	475
東京高決昭和26年4月9日家月3巻3号13頁	916
大阪高決昭和26年10月12日家月5巻5号153頁	785
大阪高決昭和27年2月22日家月5巻5号159頁	796
大阪高決昭和27年5月27日家月5巻5号161頁	797
大阪高決昭和27年9月16日家月5巻5号167頁	801
最判昭和27年10月3日民集6巻9号753頁	362, 508, 853
大阪高決昭和27年10月31日家月5巻5号164頁	800
最判昭和28年4月23日民集7巻4号396頁	43
最判昭和29年4月30日民集8巻4号861頁	442
大阪高決昭和29年6月4日家月6巻6号51頁	801
最大判昭和30年7月20日民集9巻9号1122頁	467
大阪高判昭和30年10月15日家月7巻11号70頁	780
最判昭和31年7月19日民集10巻7号908頁	559
東京高決昭和32年2月21日家月9巻2号44頁	797
大阪高決昭和32年5月27日家月9巻5号61頁	797
最判昭和32年6月21日民集11巻6号1125頁	444
最判昭和32年7月20日民集11巻7号1314頁	853, 854
最判昭和33年6月2日民集12巻9号1281頁	348
最判昭和33年7月25日民集12巻12号1823頁	573
広島高岡山支決昭和33年10月17日家月11巻2号66頁	798
東京高決昭和34年1月12日東高民時報10巻1号1頁	780
広島高岡山支決昭和34年5月7日家月12巻4号93頁	801
最判昭和34年5月12日民集13巻5号576頁	384, 855
福岡高決昭和34年7月4日家月12巻6号132頁	785
最判昭和34年8月7日民集13巻10号1251頁	550, 579
最判昭和35年2月25日民集14巻2号279頁	507
札幌高決昭和35年5月27日家月12巻8号135頁	785
高松高決昭和35年6月11日家月13巻5号137頁	797
東京家審昭和35年10月3日家月13巻3号152頁	401

1062

判例索引

神戸家審昭和36年2月21日家月13巻5号152頁	712
横浜家審昭和36年12月27日家月14巻6号128頁	798
高松高判昭和37年1月20日下民集13巻1号45頁	309
大阪高決昭和37年2月15日家月14巻6号122頁	799
最判昭和37年4月10日民集16巻4号693頁	444
最判昭和37年4月27日民集16巻7号1247頁	380, 436, 461, 466
前橋家沼田支審昭和37年5月25日家月14巻9号112頁	804
仙台高秋田支判昭和37年8月29日高民15巻6号452頁	592
東京高決昭和37年10月25日家月15巻3号136頁	813
福岡高宮崎支決昭和38年6月27日家月15巻10号138頁	797
東京高決昭和38年7月17日東高民時報14巻7号204頁	781
宮崎地判昭和38年9月5日訟月9巻10号1211頁	919
名古屋家一宮支審昭和38年10月8日家月15巻12号183頁	404
最判昭和38年11月28日民集17巻11号1469頁	579
大阪高決昭和40年1月28日家月17巻3号54頁	797
大阪高決昭和40年6月29日家月17巻11号105頁	780
大阪高決昭和40年9月21日家月18巻2号81頁	801
東京家審昭和41年2月23日家月18巻9号93頁	798
大阪家岸和田支審昭和41年3月2日家月18巻10号76頁	404, 804
広島家審昭和41年6月7日家月19巻1号61頁	844
東京家審昭和41年8月2日家月19巻2号121頁	800
最大決昭和41年12月27日民集20巻10号2279頁	977
鳥取家米子支審昭和42年2月16日家月19巻9号82頁	804
岐阜家高山支審昭和42年8月7日家月20巻2号55頁	785
最判昭和42年12月8日家月20巻3号55頁	362, 571, 579
最決昭和43年1月30日民集22巻1号81頁	348
東京家審昭和43年4月25日家月20巻10号91頁	563
最判昭和43年4月26日民集22巻4号1055頁	348
最判昭和43年8月27日民集22巻8号1733頁	442, 466
最判昭和43年9月26日民集22巻9号2013頁	348
東京家審昭和43年10月3日家月21巻2号187頁	785
横浜家川崎支審昭和43年12月16日家月21巻4号158頁	712
和歌山家審昭和43年12月27日家月21巻6号72頁	785
最判昭和44年1月31日裁判集民94号193頁	559, 584
最判昭和44年4月3日民集23巻4号709頁	368, 547
最判昭和44年5月29日民集23巻6号1064頁	381, 442
東京高決昭和44年6月11日家月22巻2号49頁	796
名古屋高決昭和44年10月8日家月22巻5号62頁	781
最判昭和44年10月31日民集23巻10号1894頁	546
東京高判昭和44年11月13日下民集20巻11・12号815頁	579

判例索引

最判昭和44年11月27日民集23巻11号2290頁	467
東京家審昭和45年5月11日家月22巻11・12号94頁	314
最判昭和45年7月15日民集24巻7号861頁	384, 855
最判昭和45年11月24日民集24巻12号1931頁	368
最判昭和45年11月24日民集24巻12号1943頁	573
広島高岡山支決昭和46年2月1日家月23巻8号44頁	801
大阪家審昭和46年2月23日家月23巻11・12号116頁	796
仙台高決昭和46年3月4日家月23巻11・12号67頁	799
名古屋高判昭和46年11月29日判タ272号232頁	585
仙台家審昭和47年1月20日家月24巻10号117頁	818
最判昭和47年7月25日民集26巻6号1263頁	362, 547, 550
宇都宮家審昭和49年8月15日家月27巻5号144頁	816
最判昭和49年10月11日家月27巻7号46頁	442
富山家高岡支審昭和51年9月10日家月29巻3号93頁	915
東京高決昭和51年11月5日判時842号81頁	781
最判昭和52年2月14日家月29巻9号78頁	439
広島家審昭和53年1月19日家月30巻10号41頁	915
最判昭和53年2月24日民集32巻1号110頁	438, 450, 463
最判昭和53年7月17日民集32巻5号980頁	479
東京高決昭和53年11月2日家月31巻8号64頁	799
最判昭和54年3月30日家月31巻7号54頁	368, 448, 457
東京高決昭和54年9月14日家月31巻11号85頁	709
最判昭和54年11月2日判時955号56頁	476
東京高決昭和54年11月29日家月32巻7号50頁	844
水戸家常陸太田支審昭和55年10月23日戸籍431号59頁	552
最判昭和57年3月19日民集36巻3号432頁	443, 467, 468
最判昭和57年3月26日裁判集民135号449頁	579
広島高岡山支決昭和57年11月25日家月36巻3号157頁	798
最決昭和58年10月13日判時1104号66頁	397
東京高決昭和58年11月8日家月36巻8号112頁	917
最大判昭和62年9月2日民集41巻6号1423頁	573
最判昭和63年2月16日民集42巻2号27頁	560
最判平成元年4月6日民集43巻4号193頁	440
大阪家審平成元年7月13日家月42巻10号68頁	186
大阪高決平成3年8月2日家月44巻5号33頁	186
大阪高決平成3年9月4日判時1409号75頁	781
福岡高決平成6年9月27日判時1529号84頁	781
東京高決平成9年3月28日家月49巻10号89頁	786
最判平成9年10月17日民集51巻9号3925頁	453, 454, 459
最判平成20年6月4日民集62巻6号1367頁	464, 729, 732

福岡高決平成22年10月25日家月63巻8号64頁 ……………………………………… 786
最決平成26年4月14日民集68巻4号279頁 ………………… 568, 617, 637, 824, 916
東京高決平成26年10月2日判時2278号66頁 …………………………………… 781
最判平成27年12月16日民集69巻8号2427頁 …………………………………… 549
最判平成27年12月16日民集69巻8号2586頁 …………………………… 180, 560
東京家審令和元年7月26日判タ1471号255頁 …………………………………… 799
大阪高決令和元年9月18日判タ1475号75頁 …………………………………… 799
札幌地判令和3年3月17日判時2487号3頁 …………………………………… 551
最決令和3年6月23日判タ1488号94頁 ………………………………………… 562
大阪地判令和4年6月20日判時2537号40頁 …………………………………… 551
札幌高判令和6年3月14日判タ1524号51頁 …………………………………… 551
東京高判令和6年10月30日 ……………………………………………………… 551
福岡高判令和6年12月13日 ……………………………………………………… 551

1065

戸籍法コンメンタール

2025年3月17日　初版発行

編著者	南　　　敏　文
	櫻　庭　　　倫
発行者	和　田　　　裕

発行所　日本加除出版株式会社
本　社　〒171-8516
　　　　東京都豊島区南長崎3丁目16番6号

組版　㈱郁文　　印刷　㈱精興社　　製本　牧製本印刷㈱

定価はカバー等に表示してあります。

落丁本・乱丁本は当社にてお取替えいたします。
お問合せの他、ご意見・感想等がございましたら、下記まで
お知らせください。

〒171-8516
東京都豊島区南長崎3丁目16番6号
日本加除出版株式会社　営業部
電話　03-3953-5642
FAX　03-3953-2061
e-mail　toiawase@kajo.co.jp
URL　www.kajo.co.jp

【お問合せフォーム】

Ⓒ 2025
Printed in Japan
ISBN978-4-8178-4992-2

JCOPY 〈出版者著作権管理機構　委託出版物〉

本書を無断で複写複製（電子化を含む）することは、著作権法上の例外を除き、禁じられています。複写される場合は、そのつど事前に出版者著作権管理機構（JCOPY）の許諾を得てください。
また本書を代行業者等の第三者に依頼してスキャンやデジタル化することは、たとえ個人や家庭内での利用であっても一切認められておりません。

〈JCOPY〉　HP：https://www.jcopy.or.jp，e-mail：info@jcopy.or.jp
　　　　　電話：03-5244-5088，FAX：03-5244-5089